日本議会政治史事典

トピックス
1881
-
2015

日外アソシエーツ編集部編

日外アソシエーツ

A Cyclopedic Chronological Table of Parliamentary Government in Japan
1881-2015

Compiled by

Nichigai Associates, Inc.

©2016 by Nichigai Associates, Inc.

Printed in Japan

本書はディジタルデータでご利用いただくことが
できます。詳細はお問い合わせください。

●編集担当● 高橋 朝子

刊行にあたって

　明治維新以降、日本は近代国家としての形を整えるべく、憲法の制定・議会の開設をはじめ様々な制度改革をおこなった。急速な社会状況の変化のなか、自由民権運動から普通選挙運動、婦人参政権運動などの国民の政治参加への動きも起こり、主義主張を同じくする者が集まって「政党」を結成し、議会の場でも論争が行われるようになった。議会とは国民から選ばれた議員によって社会の規範となる法律を審議・議決して制定する機関「立法府」であり、その議会制民主主義に基づく政治体制、議会政治の形は次第に整えられていった。だがしばしば、議会は提出された法案の内容について、激しく争われる場となる。安全保障関連法案の成立にあたっての強行採決などは記憶に新しい。

　本書は、1881 年（明治 14 年）から 2015 年（平成 27 年）までの 135年間における日本の議会政治に関する出来事を収録した年表形式の事典である。大隈重信の国会開設意見書の奉呈から、第 1 回衆議院選挙・第 1 回帝国議会召集に始まり、予算や法案の審議・成立、政党の結成・合流・解散などの変遷、内閣の決定事項、国会議員が関係した疑獄事件、国際条約の承認まで、幅広いテーマを収録し、明治以降の日本の議会政治史を概観できる資料を目指した。巻末には分野別索引、事項名索引を付し、利用の便をはかった。

　編集にあたっては誤りや遺漏のないよう努めたが、不十分な点もあるかと思われる。お気付きの点はご教示いただければ幸いである。

　本書が日本の議会政治史についての便利なデータブックとして多くの方々に活用されることを期待したい。

　2015 年 11 月

　　　　　　　　　　　　　　　　　　　　日外アソシエーツ

目　　次

凡　例 ………………………………………………………………… (6)

日本議会政治史事典―トピックス 1881-2015

本　文…………………………………………………………………　1

分野別索引……………………………………………………………　301

事項名索引……………………………………………………………　345

凡　例

1．本書の内容
　本書は、日本の議会政治に関する出来事を年月日順に掲載した記録事典である。

2．収録対象
（1）帝国議会・国会の召集、衆議院・参議院の選挙、法案の審議、政党の変遷、内閣の決定事項、国会議員が関係した疑獄事件、国際条約の承認など、日本の議会政治に関する重要なトピックとなる出来事を幅広く収録した。

（2）収録期間は1881年（明治14年）から2015年（平成27年）10月までの約135年間、収録項目は4,690件である。

3．排　列
（1）各項目を年月日順に排列した。

（2）日が不明な場合は各月の終わりに置いた。

4．記載事項
　各項目は、分野、内容を簡潔に表示した見出し、本文記事で構成した。

5．分野別索引
（1）本文に記載した項目を分野別にまとめた。

（2）分野構成は、索引の先頭に「分野別索引目次」として示した。

（3）各分野の中は年月日順に排列し、本文における項目の所在は、見出しと年月日で示した。

6．事項名索引
（1）本文記事に現れる用語、テーマ、法律名、人名、政党名などを事項名とし、読みの五十音順に排列した。

（2）各事項の中は年月日順に排列し、本文記事の所在は、見出しと年月日で示した。

7. 参考文献

本書の編集に際し、主に以下の資料を参考にした。

『議会制度百年史 資料編』衆議院, 参議院　1990.11

『内閣制度百年史』内閣制度百年史編纂委員会編　大蔵省印刷局　1985.12

『年表 議会政治史』岡本清一, 藤馬龍太郎著　至誠堂　1960.4

『現代日本政治史年表・解説』戦後日本政治史研究会著　法律文化社　1990.9（第 3 刷）

『現代政治史年表』信夫清三郎著　三一書房　1960.11

『国会がわかる本―議会制度 100 年』議会制度研究会編　第一法規出版　1991.7

『日本政党史辞典』村川一郎編著　国書刊行会　1998.1

『女性参政関係資料集―女性参政 60 周年記念』市川房枝記念会出版部　2006.11

『目で見る議会政治百年史』衆議院, 参議院編　大蔵省印刷局　1990.11

『近代日本総合年表 第 4 版』岩波書店編集部編　岩波書店　2001.11

『年表 昭和・平成史―1926-2011』中村政則, 森武麿編　岩波書店　2012.7

「読売年鑑」読売新聞社

「朝日新聞縮刷版」朝日新聞社

「CD 毎日新聞」毎日新聞社

1881年
（明治14年）

3.18 〔国会〕**国会開設意見書奉呈** 参議大隈重信、有栖川宮熾仁親王を経て『国会開設意見書』を奉呈。同年中にイギリス流議院内閣制の憲法を制定、1882年末に議員を召集し、1883年初頭に議会を開催するとの内容。

3.18 〔政治〕**『東洋自由新聞』創刊** 西園寺公望・松田正久ら、『東洋自由新聞』を創刊。4月8日、西園寺が勅命により東洋自由新聞社主を辞す。6月、廃刊となる。

4.7 〔政治〕**農商務省設置** 農商務省が設置される。

4.28 〔法律〕**「会計法」制定** 「会計法」が制定され、予算制度が整備される。

5.30 〔政治〕**統計院設置** 太政官に統計院が設置される。

7.6 〔法律〕**岩倉意見書** 右大臣岩倉具視、憲法制定の基本方針として『大綱領』を上奏。あわせて「綱領」・「意見第1・2・3」を太政大臣・左大臣に提出。ヘルマン・ロエスレル内閣法律顧問指導により井上毅が起草したもので、プロシア流の君主専制憲法を採用し、強大な天皇大権を認める内容。

7.20 〔事件〕**北海道開拓使官有物払い下げ問題** 北海道開拓使官有物払い下げが決定される。8月1日、払い下げ決定が発表され、世論の猛反発を受ける。

9月 〔政党〕**近畿自由党設立** 近畿地方の有志ら、近畿自由党を設立する。11月、立憲政党と改称。

10.11 〔事件〕**北海道開拓使官有物払い下げ中止** 御前会議において、北海道開拓使官有物の払い下げ中止、参議大隈重信罷免が決定される。

10.12 〔国会〕**「国会開設の勅諭」発布** 「国会開設の勅諭」が発布される。開設時期は1890年とされる。

10.12 〔政治〕**明治14年の政変** 参議大隈重信、北海道開拓使官有物払い下げ問題にからんで辞職。13日、大隈派の犬養毅、尾崎行雄、島田三郎、矢野文雄ら、官を辞する。憲法の制定を巡り、君主大権を旨とする伊藤博文ら薩長藩閥が議院内閣制を支持する大隈派を追放した事件。

10.18 〔政党〕**自由党創立会議** 自由党創立会議が東京で開催され、盟約・規則が制定される。

10.21 〔政治〕**参事院設置** 太政官の6部（法制・会計・軍事・内務・司法・外務）が廃止され、参事院が設置される。また、参議と各省卿の兼任制が復活。

10.29 〔政党〕**自由党設立** 自由党結党式が挙行され、板垣退助が総理、中島信行が副総理、後藤象二郎・馬場辰猪・末広重恭・竹内綱らが常議員に就任。

12.28 〔法律〕**「陸軍刑法」・「海軍刑法」制定** 「陸軍刑法」および「海軍刑法」が制定される。

1882年
（明治15年）

1.4　〔法律〕「**軍人勅諭**」　「軍人勅諭」が発布される。

2.1　〔政党〕**立憲政党設立**　立憲政党が設立され、中島信行が総理に就任。

2.12　〔政党〕**東洋議政会設立**　尾崎行雄・犬養毅ら、東洋議政会を設立。3月14日、立憲改進党設立に合流。

3.1　〔政治〕『**時事新報**』**創刊**　『時事新報』が創刊される。

3.12　〔政党〕**九州改進党設立**　嘉悦氏房ら、九州改進党を設立。九州の自由派各社が合同したもの。

3.14　〔法律〕**伊藤渡欧**　伊藤博文参議、憲法取調のためヨーロッパへ向けて出発。伊東巳代治参事院書記官らが随行。1883年8月3日、帰国。

3.14　〔政党〕**立憲改進党設立**　河野敏鎌ら、立憲改進党設立の趣意書を発表。

3.18　〔政党〕**立憲帝政党設立**　福地源一郎ら藩閥勢力、立憲帝政党を設立。

4.6　〔事件〕**岐阜事件**　板垣退助、岐阜で遊説中に暴漢に襲われ負傷。その際の言葉「吾死スルトモ自由ハ死セン（板垣死すとも自由は死せず）」が広く世に知られることとなる。

4.16　〔政党〕**立憲改進党結党式**　立憲改進党結党式が挙行され、大隈重信が総理、河野敏鎌が副総理、小野梓・牟田口元学・春木義彰が幹事に就任。

5.25　〔政党〕**東洋社会党設立**　樽井藤吉ら、東洋社会党の党則を制定。7月7日、同党の結社が禁止される。

6.3　〔法律〕「**集会条例**」**改正**　「集会条例」が改正され、政党活動の制限が厳しくなる。

6.25　〔政治〕『**自由新聞**』**創刊**　板垣退助ら、自由党機関誌『自由新聞』を創刊。

6.27　〔法律〕「**日本銀行条例**」**制定**　『日本銀行条例』が制定される。10月10日、日本銀行が開業。

7.27　〔法律〕「**行政官吏服務紀律**」**制定**　「行政官吏服務紀律」が制定される。

8.5　〔法律〕「**戒厳令**」**制定**　「戒厳令」が制定される。

8.30　〔外交〕「**済物浦条約**」**調印**　「済物浦条約」が調印される。壬午事変における日本公使館襲撃などの事後処理のための条約で、主な内容は実行犯の逮捕、被害者・遺族への見舞金・損害賠償、公使館護衛のための漢城への日本軍駐留権など。同時に「日朝修好条規続約」が調印され、居留地拡大・市場追加などが定められた。11月22日、公布。

8月　〔事件〕**福島事件**　河野広中を中心とする自由党員や農民ら、福島県令三島通庸の県会を無視した暴政に対する反対運動を展開し、福島事件が勃発。11月28日、自由万歳・圧政撲滅を掲げる農民らと警官隊の衝突が発生。12月1日に河野が逮捕されるなど、逮捕者は2000人に達した。

11.11　〔政党〕**板垣・後藤渡欧**　自由党総理板垣退助・後藤象二郎、ヨーロッパ外遊に出発。

1883年6月22日、帰国。

12.7 〔政治〕**府県会中止を建議** 右大臣岩倉具視、府県会中止意見書を提出。自由民権運動の激化に伴い、県令と府県会の衝突が続発する事態を受けてのこと。以後、府県会への政府の統制が強まることとなる。

12.11 〔法律〕**「為替手形・約束手形条例」制定** 「為替手形・約束手形条例」が制定される。

12.12 〔法律〕**「請願規則」制定** 「請願規則」が制定される。手続きを加重し、請願運動を阻止しようとするもの。

12.16 〔法律〕**「郵便条例」制定** 「郵便条例」が制定される。

12.22 〔法律〕**「陸海軍整備の詔書」公布** 「陸海軍整備の詔書」が公布される。壬午事変を受け、軍隊の目的を国内の治安維持から対外戦争に変更し、軍備拡張を図るもの。

1883年
（明治16年）

1.4 〔法律〕**「叙勲条例」** 「叙勲条例」が制定される。

2.2 〔政治〕**日本同志懇親会開催** 鳩山和夫・田口卯吉ら全国の府県会議員、日本同志懇親会を開催。3日、禁止が命ぜられる。

3.15 〔政党〕**立憲政党解散命令** 立憲政党、解散を命ぜられる。

3.20 〔事件〕**高田事件** 北陸地方で自由党員26名が内乱陰謀容疑で逮捕され、新潟県・高田警察署に送られる。赤井景韶が起訴され、重禁獄9年の判決を受ける。

4.16 〔法律〕**「新聞紙条例」改正** 「新聞紙条例」が改正される。主な内容は検閲制度の強化、保証金制度の新設など。

4.19 〔外交〕**下関戦争賠償金返還** アメリカ政府、下関戦争の際に不当に受領した賠償金を日本政府に返還。

5.13 〔政党〕**偽党撲滅演説会** 自由党、偽党撲滅演説会を東京で開催し、立憲改進党・三菱を激しく攻撃。以後、両党の対立が激化。

7.2 〔政治〕**『官報』発行** 『官報』第1号が発行される。

8.4 〔法律〕**「陸軍治罪法」制定** 「陸軍治罪法」が制定される。1884年3月21日、「海軍罪治法」が制定される。

9.24 〔政党〕**車界党設立** 自由党左派の奥宮健之ら、車界党を設立。人力車夫の生活権を守るための結社。同日、結社禁止を命ぜられる。

9.24 〔政党〕**立憲帝政党解散命令** 立憲帝政党、解散を命ぜられる。

10.23 〔法律〕**「医師免許規則」など制定** 「医師免許規則」、「医師開業試験規則」が制定される。

12.28 〔法律〕**「徴兵令」改正** 「徴兵令」が改正される。主な内容は現役・予備役・後備役の制定、現役志願者制度の創始などで、国民皆兵を徹底。

- 3 -

1884年
（明治17年）

1.4　〔法律〕「官吏恩給令」制定　「官吏恩給令」が制定され、太政官に恩給局が設置される。

2.16　〔政治〕大山渡欧　陸軍卿大山巌ら、兵制視察のためヨーロッパへ向けて出発。1885年1月15日、帰国。

3.15　〔法律〕「地租条例」制定　「地租条例」が制定される。これに伴い「地租改正条例」を廃止。

3.17　〔政治〕制度取調局設置　宮内省に制度取調局が設置され、伊藤博文参議が総裁を兼任。これに伴い憲法取調所を廃止。憲法・皇室典範を起草。

5.13　〔事件〕群馬事件　自由党員湯浅理兵ら、群馬県陣馬ヶ原で農民数千人とともに蜂起し、高利貸し・警察署などを襲撃。42名が起訴される。

5.26　〔法律〕「兌換銀行券条例」制定　「兌換銀行券条例」が制定され、銀本位制が導入される。7月1日、施行。

7.7　〔法律〕「華族令」制定　「華族令」が制定される。

9.23　〔事件〕加波山事件　茨城・福島の自由党員らによる三島通庸県令暗殺計画が発覚。加波山に拠り政府転覆を訴えるビラを配布し、24日に警官隊と衝突。

10.28　〔政治〕大蔵省会計年度改正　大蔵省会計年度が改正され、1886年度以降は4月1日から起算することが定められる。

10.29　〔政党〕自由党解党決議　自由党大会が大阪で開催され、解党が決議される。福島事件・高田事件・加波山事件などにおける自由党員の過激な運動、政府の弾圧が原因。自由民権運動の終焉。

10.31　〔事件〕秩父事件　埼玉・秩父地方の農民数千人、自由党員井上伝蔵らを指導者として蜂起し、郡役所・高利貸などを襲撃。11月、軍隊により鎮圧される。

11.8　〔事件〕飯田事件　愛知・長野の自由党員らの挙兵計画が発覚し、村松愛蔵が逮捕される。同月に名古屋事件が発覚するなど、この頃政府転覆計画が相次ぐ。

12.15　〔法律〕「鎮守府条例」制定　「鎮守府条例」が制定される。

12.17　〔政党〕大隈ら立憲改進党離党　立憲改進党総理大隈重信・副総理河野敏鎌、離党。事実上の解党状態となる。

1885年
（明治18年）

1.9　〔外交〕「漢城条約」調印　「漢城条約」が調印される。甲申事変の善後処理に関する条

約。1884年12月4日に起きた朝鮮・漢城での開化派によるクーデターで日本公使館が襲撃され、日本人居留民が殺されたもの。

3.16 〔法律〕「歳入出予算条規」制定　「歳入出予算条規」が制定される。1886年度から実施。

4.6 〔政治〕小作慣行調査通達　小作慣行調査が各府県に通達される。

4.10 〔法律〕「国防会議条例」制定　「国防会議条例」が制定される。1886年12月22日、廃止。

4.18 〔法律〕「専売特許条例」制定　「専売特許条例」が制定される。

4.18 〔外交〕「天津条約」調印　「天津条約」が調印され、日清両国が朝鮮から撤兵することが定められる。

5.5 〔法律〕「屯田兵条例」制定　「屯田兵条例」が制定される。

5.8 〔政党〕九州改進党解党　九州改進党が解党する。

9.24 〔法律〕「違警罪即決例」制定　「違警罪即決例」が制定・公布される。

10.9 〔外交〕「メートル法条約」加入　「メートル法条約」に加入する。

11.23 〔事件〕大阪事件　旧自由党員大井憲太郎らの朝鮮改革運動が発覚し、関係者が大阪・長崎で逮捕される。

12.22 〔法律〕「内大臣および宮中顧問官官制」公布　「内大臣および宮中顧問官官制」が公布され、三条実美が内大臣、伊藤博文が宮内大臣に就任。

12.22 〔内閣〕第1次伊藤内閣成立　伊藤博文、初代総理大臣に就任し、第1次伊藤内閣が成立。外務大臣井上馨、内務大臣山県有朋、大蔵大臣松方正義、陸軍大臣大山巌、海軍大臣西郷従道、司法大臣山田顕義、文部大臣森有礼、農商務大臣谷干城、逓信大臣榎本武揚。

12.22 〔内閣〕内閣制度創設　内閣制度が創設される。内閣総理大臣および宮内・外務・内務・大蔵・陸軍・海軍・司法・文部・農商務・逓信の各大臣を設置し、宮内大臣以外をもって内閣を組織すること、および内閣の職権が定められる。これに伴い太政官職制を廃止。

12.23 〔内閣〕「内閣制度創始に関する詔勅」　「内閣制度創始に関する詔勅」が発布される。同日、内閣に法制局が設置される。

12.26 〔政治〕政綱5章頒布　伊藤博文首相、各省事務整理綱領（政綱5章）を各大臣に頒布する。

12.28 〔政治〕『官報』公布制度確立　布告・布達は『官報』掲載をもって公式とし、別に配布しないこととする旨が布達される。『官報』による公布制度が確立。

1886年
（明治19年）

1.28 〔政治〕師団と改称　全国の6鎮台が第1～第6師団と改称される。

1.28 〔外交〕「日本・ハワイ国間渡航条約」調印　「日本・ハワイ国間渡航条約」が調印される。

2.26 〔法律〕「公文式制定の件」公布　「公文式制定の件」が公布される。

2.27　〔法律〕「各省官制通則」公布　「各省官制通則」が公布され、各省大臣の職権が規定される。

3.2　〔法律〕「帝国大学令」公布　「帝国大学令」が公布され、東京大学を帝国大学と改称。

3.26　〔法律〕「税関官制」公布　「税関官制」が公布される。

4.10　〔法律〕「師範学校令」など公布　「師範学校令」、「小学校令」、「中学校令」、「諸学校通則」が公布される。

4.17　〔法律〕「会計検査院官制」など公布　「会計検査院官制」、「鎮守府官制」、「造幣局官制」、「印刷局官制」が公布される。

4.26　〔法律〕「海軍条例」公布　「海軍条例」が公布され、海軍における統帥権の独立が確立される。

4.29　〔法律〕「華族世襲財産法」公布　「華族世襲財産法」が公布される。

4.29　〔外交〕「日米犯罪人引渡条約」調印　「日米犯罪人引渡条約」が調印される。

5.1　〔外交〕第1回条約改正会議　第1回条約改正会議が外務省において開催され、井上馨外相が各国公使に改正条約案を提示。同会議での条約改正は失敗し、政府批判の世論が沸騰。

5.5　〔法律〕「裁判所官制」など公布　「裁判所官制」、「警視庁官制」が公布される。

5.10　〔法律〕「教科用図書検定条例」公布　「教科用図書検定条例」が公布される。

6.5　〔外交〕「万国赤十字条約」加入　「万国赤十字条約」に加入する。

7.13　〔法律〕標準時制定　「本初子午線経度計算方および標準時の件」が公布され、東経135度の子午線時が標準時と定められる。1888年1月1日、施行。

7.20　〔法律〕「地方官官制」公布　「地方官官制」が公布される。

7月　〔事件〕静岡事件　静岡の自由党員による箱根離宮落成式襲撃計画が発覚し、東京・静岡で自由党員多数が逮捕される。1887年7月13日、25人に有罪判決。

8.6　〔政治〕法律取調所設置　外務省に法律取調所が設置される。条約改正の準備のための機関。1887年11月、司法省に移管。

8.13　〔法律〕「登記法」など公布　「登記法」が公布される。「公文式」に基づく最初の法律。同日、「公証人規則」が公布される。

1887年
（明治20年）

2.15　〔政治〕『国民之友』創刊　徳富猪一郎、『国民之友』を創刊。

3.14　〔法律〕「海防費補助の詔勅」発布　「海防費補助の詔勅」が発布され、手許金30万円が下賜される。

3.23　〔法律〕「所得税法」公布　「所得税法」が公布される。

5.6　〔法律〕「叙位条例」公布　「叙位条例」が公布される。

| 5.14 | 〔法律〕「取引所条例」公布　「取引所条例」が公布される。 |

5.14　〔法律〕「取引所条例」公布　「取引所条例」が公布される。

5.18　〔法律〕「私設鉄道条例」公布　「私設鉄道条例」が公布される。

5.21　〔法律〕「学位令」公布　「学位令」が公布される。

6.2　〔法律〕「軍事参議官条例」など公布　「軍事参議官条例」、「監軍部条例」が公布される。

7.7　〔法律〕「横浜正金銀行条例」公布　「横浜正金銀行条例」が公布される。

7.29　〔外交〕条約改正会議無期延期　井上外相、法典編纂完成まで条約改正会議を無期延期することを各国公使に通告。9月16日、井上外相が辞任し、伊藤首相が外相を兼任。

9.28　〔政治〕治安維持などについて訓示　伊藤首相、地方長官に治安維持（建言・請願の違反者処罰など）について訓示する。

10.3　〔政治〕大同団結運動　後藤象二郎、民間政客70名以上を招き、芝三緑亭で時弊を論ずる。丁亥倶楽部を設立し、1888年に各地を遊説。大同団結運動の始まり。

10.4　〔政治〕全国有志大懇親会　各地の政客が東京に集結し、全国有志大懇親会が開催される。12月15日、2府18県の代表が地租軽減・言論集会の自由・条約改正反対の建白書を元老院に提出。この頃、各地の有志が相次いで上京して外交政策刷新・地租軽減・言論自由を訴える、三大建白運動が激化。

10.8　〔法律〕「陸軍大学校条例」公布　「陸軍大学校条例」が公布される。1888年7月16日、「海軍大学校官制」が公布される。

12.26　〔法律〕「保安条例」公布　「保安条例」が公布・即日施行される。急進的な政治運動の鎮圧を目的に、言論・集会・結社・出版の自由を制限する内容。同日、星亨・中島信行・尾崎行雄・中江兆民ら570余名が東京からの退去を命ぜられる。

12.29　〔法律〕改正「新聞紙条例」など公布　改正「新聞紙条例」が公布され、発行届出制度が創設される。同日、改正「出版条例」および「版権条例」が公布され、版権保護が出版取締から分離。

1888年
（明治21年）

1.4　〔法律〕「大勲位菊花章頸飾等各種勲章製式の件」公布　「大勲位菊花章頸飾等各種勲章製式の件」が公布され、菊花章頸飾・宝冠章・旭日桐花大綬章・瑞宝章が創設される。

4.3　〔政治〕『日本人』創刊　志賀重昂・三宅雪嶺・井上圓了・杉浦重剛ら政教社同人、雑誌『日本人』を創刊。

4.25　〔法律〕「市制及町村制」公布　「市制及町村制」が公布される。1889年4月1日、市制および町村制が順次施行され、一定の条件を満たす男子に選挙権が付与される。11日、東京に市制を施行。

4.30　〔法律〕「枢密院官制」公布　「枢密院官制」が公布される。憲法草案の諮詢、憲法草案および附属法典を審議する機関。伊藤博文、首相を辞任して枢密院議長に就任。他に枢密顧問官17名が任命される。

| 4.30 | 〔内閣〕**黒田内閣成立**　黒田清隆が首相に就任し、黒田内閣が成立。外相大隈重信・内相山県有朋・蔵相松方正義・陸相大山巌・海相西郷従道・法相山田顕義・文相森有礼・逓信相榎本武揚は留任し、榎本が農相を臨時兼任、伊藤博文が班列（無任所相）に就任。 |

| 5.8 | 〔法律〕**枢密院開院式**　枢密院開院式が挙行され、明治天皇が皇室典範・憲法草案を諮詢。 |

| 5.14 | 〔法律〕**「参軍官制」など公布**　「参軍官制」、「陸軍参謀本部条例」、「海軍参謀本部条例」、「師団司令部条例」が公布される。 |

| 5.25 | 〔法律〕**枢密院第1回会議**　枢密院第1回会議が開催され、皇室典範の審議を開始。6月18日、憲法草案の審議を開始。 |

| 7.10 | 〔政治〕**『東京朝日新聞』創刊**　『めざまし新聞』を改題し、『東京朝日新聞』が創刊される。 |

| 11.20 | 〔政治〕**『大阪毎日新聞』創刊**　『大阪日報』を改題し、『大阪毎日新聞』が創刊される。 |

| 11.26 | 〔外交〕**条約改正案手交**　大隈重信外相、ドイツ臨時代理公使に条約改正案を手交。1889年1月7日、イギリス・イタリア・オーストリア・フランス・ロシア各公使に送付。 |

1889年
（明治22年）

| 1.3 | 〔政治〕**『大阪朝日新聞』創刊**　『朝日新聞』を改題し、『大阪朝日新聞』が創刊される。 |

| 1.22 | 〔法律〕**「徴兵令」改正**　「徴兵令」が改正され、戸主の徴兵猶予などが廃止される。11月12日、再び改正。 |

| 1.24 | 〔政治〕**官吏の演説・叙述解禁**　官吏が政治的・学術的な意見を演説・叙述することを認める訓令が発せられる。 |

| 2.5 | 〔法律〕**枢密院、憲法などについて上奏**　枢密院、「皇室典範」・「大日本帝国憲法」・「議院法」・「衆議院議員選挙法及附録」・「貴族院令」についての議事を完結し、上奏。 |

| 2.11 | 〔法律〕**「大日本帝国憲法」発布**　「大日本帝国憲法」が発布される。アジア初の憲法で、主な特徴は強大な天皇大権、行政権の優位、統帥権の独立など。同時に憲法附属法（「皇室典範」・「議院法」・「衆議院議員選挙法及附録」・「貴族院令」・「会計法」）が公布される。また憲法発布恩赦が行われる。1890年11月29日施行。 |

| 2.11 | 〔事件〕**森文相暗殺**　森有礼文相、官邸玄関で西野文太郎に刺される。12日、死去。享年43。16日、大山巌陸相が文相を兼任。 |

| 2.12 | 〔内閣〕**超然主義を宣言**　黒田首相、地方長官会議における訓示で超然主義を宣言。15日、伊藤博文が府県会議長に政党内閣を否定する訓示を発する。 |

| 2.28 | 〔法律〕**「府県会議員選挙規則」公布**　「府県会議員選挙規則」が公布される。 |

| 3.9 | 〔法律〕**「参謀本部条例」など公布**　「参謀本部条例」、「海軍参謀部条例」が公布される。これに伴い「参軍官制」が廃止される。 |

| 3.14 | 〔法律〕**「国税徴収法」公布**　「国税徴収法」が公布される。 |

| 3.22 | 〔内閣〕後藤逓信相就任　後藤象二郎、逓信相に任命される。これにより大同団結運動が政社派と非政社派に分裂。 |

3.22　〔内閣〕後藤逓信相就任　後藤象二郎、逓信相に任命される。これにより大同団結運動が政社派と非政社派に分裂。

3.23　〔法律〕「土地台帳規則」公布　「土地台帳規則」が公布され、地券が廃止される。

4.19　〔外交〕条約改正案報じられる　条約改正案の要旨が『ロンドン・タイムズ』に掲載される。5月、邦訳記事が国内の諸新聞に掲載され、条約改正反対運動が勃発。

5.10　〔法律〕「会計検査院法」公布　「会計検査院法」が公布される。これに伴い「会計検査院官制」が廃止される。

5.10　〔政党〕大同倶楽部・大同共和会設立　犬養毅・植木枝盛・末広重恭・河野広中ら政治社派、大同倶楽部を設立。同日、大井憲太郎ら非政社派、大同共和会を設立。

7.31　〔法律〕「土地収用法」公布　「土地収用法」が公布される。

9.30　〔外交〕条約改正反対運動　元老院への条約改正建白350のうち、中止論185、断行論120と報道される。この頃、条約改正案に対する賛否両論の演説会開催・建白書提出が相次ぎ、枢密院・元老院・宮中側近らの間でも反対論が続出する。

10.11　〔外交〕伊藤枢密院議長辞表奉呈　伊藤枢密院議長、大隈重信外相の条約改正案に反対し、辞表を奉呈。30日、免官。

10.15　〔外交〕御前会議で条約改正を審議　御前会議、条約改正について審議を行う。

10.18　〔事件〕大隈外相襲撃　大隈重信外相、退庁の途中で福岡玄洋社員来島恒喜が投げた爆弾により負傷。

10.24　〔内閣〕黒田首相辞任　黒田清隆首相、条約改正交渉など外交の失敗を理由に辞任。25日、内大臣三条実美が首相を兼任。

11.8　〔法律〕「議会並議員保護の件」公布　「議会並議員保護の件」が公布される。

12.10　〔外交〕将来外交の政略　閣議で「将来外交の政略」が議決され、条約改正交渉・調印済み条約の実施延期が決定される。14日、大隈外相が辞表を奉呈。24日、免官。

12.19　〔政党〕愛国公党設立表明　板垣退助ら旧自由党員、大阪で懇親会を開催し、愛国公党設立を表明。1890年1月3日、趣意書を発表。

12.19　〔政党〕自由党設立　大同共和会の大井憲太郎ら、自由党を設立。

12.24　〔法律〕「内閣官制」公布　「内閣官制」が公布される。

12.24　〔内閣〕第1次山県内閣成立　山県有朋、首相に就任し第1次山県内閣が成立。山県が内相を兼任し、青木周蔵が外相、岩村通俊が農商務省、大木喬任が班列に就任。外相・蔵相・陸相・海相・法相・文相・逓信相は前内閣より留任。藩閥政府と称される。

12.24　〔政治〕大井枢密院議長就任　大木喬任元老院議長、枢密院議長に任ぜられる。

1890年
（明治23年）

1.21　〔政党〕自由党結党式　自由党の結党式が挙行される。2月21日から23日にかけて、党大

会が開催され、主義・綱領などが決定。

2.1 〔政治〕『国民新聞』創刊　徳富猪一郎、『国民新聞』を創刊。

2.10 〔法律〕「裁判所構成法」公布　「裁判所構成法」が公布され、司法権の独立が確立される。

2.11 〔政治〕金鵄勲章制定　「金鵄勲章創設の詔」が発布され、「金鵄勲章の等級製式佩用式」が公布される。

4.12 〔政党〕立憲改進党大会　立憲改進党大会が開催され、政綱選定委員会が設置される。

4.21 〔法律〕「民法」など公布　「民法」財産編・財産取得編（12章まで）・債権担保編・証拠編が公布される。後に民法典論争が起こり、本民法が施行されることなく新民法が制定されることになる。同日、「民事訴訟法」が公布される。

4.26 〔法律〕「商法」公布　「商法」が公布される。

5.5 〔政党〕愛国公党設立　板垣退助ら、愛国公党組織大会を挙行。8月4日、解散。

5.14 〔政党〕庚寅倶楽部設立決定　自由党・大同倶楽部・愛国公党、合同して庚寅倶楽部を設立することを決定。6月17日、届出。9月4日、解散。

5.17 〔法律〕「府県制」・「郡制」公布　「府県制」、「郡制」が公布される。

6.10 〔選挙〕第1回貴族院多額納税者議員選挙　第1回貴族院多額納税者議員選挙が実施される。9月29日、45名が議員に任ぜられる。

6.12 〔法律〕「法制局官制」公布　「法制局官制」が公布される。

6.21 〔法律〕「官吏恩給法」など公布　「官吏恩給法」、「官吏遺族扶助法」、「軍人恩給法」が公布される。

6.30 〔法律〕「行政裁判法」公布　「行政裁判法」が公布される。

7.1 〔選挙〕第1回衆議院選挙　第1回衆議院議員総選挙が行われた。定数300。獲得議席は立憲自由党（大同倶楽部・愛国公党・自由党・九州同志会が選挙後に合同）130、立憲改進党41などで、民党が吏党を圧倒した。

7.14 〔選挙〕第1回貴族院伯子男爵議員選挙　第1回貴族院伯子男爵議員選挙が実施される。当選者数は伯爵15、子爵70、男爵20。

7.22 〔政党〕九州同志会設立　九州連合同志会、連合体から政党に改組し、九州同志会を設立。8月7日、解散。

7.25 〔法律〕「集会及政社法」公布　元老院より「集会及政社法」が公布される。主な内容は政社に対する取り締まり強化、政党の連繋禁止、女性の政事活動禁止など。

8.4 〔政党〕民党各派解散　愛国公党・自由党が解散。17日、大同倶楽部が解散。

8.21 〔政党〕大成会設立　杉浦重剛ら衆議院の無所属議員、大成会を設立。

8.25 〔政党〕立憲自由党設立決定　旧自由党・旧大同倶楽部・旧愛国公党・九州同志会の民党各派委員が会合を開き、立憲自由党設立を決定。立憲改進党は意見の相違から参加せず。

8.28 〔政党〕弥生倶楽部設立　立憲自由党所属議員、政務調査のために弥生倶楽部を設立。

8.30 〔政党〕議員集会所設立　立憲改進党所属議員、議案調査のために議員集会所を設立。

9.1 〔政党〕立憲改進党が新党不参加　立憲改進党、民党各派の合同問題について臨時大会を開催。合同条件が同意に至らず、不参加を決定。

| 9.15 | 〔政党〕**立憲自由党結党式** 大井憲太郎・河野広中・片岡健吉ら旧自由党系諸派が合同し、立憲自由党結党式を挙行。主義・綱領などを決定し、自由主義・民権拡張・地方分権強化・政党内閣・対等外交成立などを表明。 |

9.20 〔法律〕**「賞勲局官制」公布** 「賞勲局官制」が公布される。

9.29 〔国会〕**貴族院勅選議員任命** 初の貴族院勅選議員59名が任命される。10月24日までに2名を追加任命。

10.7 〔法律〕**「刑事訴訟法」など公布** 「刑事訴訟法」が公布され、「治罪法」が廃止される。同日、「民法」財産取得編（13章以降）、人事編が公布される。

10.10 〔国会〕**第1回帝国議会召集詔書公布** 第1回帝国議会召集詔書が公布される。

10.10 〔法律〕**「請願法」公布** 「請願法」が公布される。

10.20 〔政治〕**元老院廃止** 元老院が廃止される。

10.24 〔国会〕**初代貴族院議長任命** 伊藤博文が初代貴族院議長、東久世通禧が副議長に任ぜられる。

10.30 〔法律〕**「教育勅語」発布** 「教育勅語」が発布される。

11.25 〔国会〕**第1回帝国議会召集** 第1回帝国議会（通常会）が召集された。26日、中島信行（立憲自由党）が初代衆議院議長、津田真道（大成会）が副議長に任ぜられる。29日、開院式を挙行。1891年3月8日、閉会式を挙行。会期実数99日間。

12.2 〔法律〕**「度量衡法」案提出** 政府、貴族院に「度量衡法」案を提出。1891年1月28日、修正議決。3月4日、衆議院で可決成立。24日、公布。

12.3 〔国会〕**明治24年度総予算案提出** 衆議院に明治24年度総予算案が提出される。民党、予算案に反対し藩閥政府を攻撃。1891年3月2日、修正議決。6日、貴族院で可決成立。

12.6 〔国会〕**山県首相、施政方針演説** 山県首相、衆議院で施政方針演説を行う。論旨は国家独立の維持、国防の重要性など。

1891年
（明治24年）

1.19 〔政党〕**板垣が立憲自由党離党** 板垣退助、立憲自由党に離党届を提出。予算案修正をめぐる党内対立が原因で、その後離党者が続出。

1.20 〔事件〕**帝国議会議事堂焼失** 帝国議会議事堂が焼失。衆議院は旧工部大学校講堂、貴族院は鹿鳴館に仮議事堂を設置。23日、狭隘のため、貴族院議員仮議事堂を帝国ホテルに移転。

2.24 〔政党〕**立憲自由党分裂** 片岡健吉ら土佐派（旧愛国公党）29名、立憲自由党を離党。25日、離党者ら、自由倶楽部を設立し、政府と妥協。第2回議会解散後の12月26日、立憲自由党に復帰。

2.26 〔国会〕**会期延長詔書公布** 第1回帝国議会の会期延長詔書が公布される。延長期間は2月27日から3月7日までの9日間。予算修正案作成が目的。

1891年（明治24年）　　　　　　　　　　　　　　　　　　　　　　　　日本議会政治史事典

3.2　　〔国会〕**明治24年度総予算案修正議決**　衆議院本会議、明治24年度総予算案を修正議決。631万円減額。中江兆民・杉浦重剛、議会の黄白妥協活動に失望して議員辞職。

3.6　　〔国会〕**明治24年度総予算成立**　参議院、明治24年度総予算案を可決し、予算が成立。

3.8　　〔国会〕**第1回帝国議会閉会**　第1回帝国議会閉会式が宮中豊明殿において挙行される。

3.20　　〔政党〕**自由党と改称**　立憲自由党、大阪で党大会を開催。自由党と改称し、板垣退助が総務となる。他に幹事3名を設置。25日、板垣が総理に就任。

5.6　　〔内閣〕**第1次松方内閣成立**　山県有朋が首相を辞任し、松方正義が首相（蔵相兼任）に就任。主な閣僚は外相青木周蔵、内相西郷従道、法相山田顕義など。

5.29　　〔政党〕**自由党宣言・党則発表**　自由党、宣言・党則を発表し、社会主義排斥を言明。

5.29　　〔内閣〕**青木外相ら辞任**　青木周蔵外相、大津事件で引責辞任。後任は榎本武揚。6月1日、西郷従道内相・山田顕義法相が引責辞任。後任は内相が品川弥二郎、法相が田中不二麿。

6.1　　〔政治〕**大木枢密院議長辞任**　大木喬任、枢密院議長を辞任。後任は伊藤博文。

7.4　　〔外交〕**「万国郵便条約」調印**　「万国郵便条約」が調印される。

7.21　　〔国会〕**伊藤貴族院議長辞任**　伊藤博文、貴族院議長を辞任。後任は蜂須賀茂韶。

10.15　　〔政党〕**自由党党則改正**　自由党、党大会を開催し、党則改正・宣言・党議を議決。

10.30　　〔国会〕**帝国議会仮議事堂竣工**　帝国議会仮議事堂、内幸町2丁目に竣工。

11.8　　〔政党〕**大隈・板垣が会談**　枢密顧問官大隈重信、板垣退助と会見。立憲改進党・自由党連合の機運が高まる。12日、現職の枢密顧問官でありながら立憲改進党に関係し板垣と会見したとして、政府が大隈を辞職させる。

11.21　　〔国会〕**第2回帝国議会召集**　第2回帝国議会（通常会）が召集された。26日、開院式。会期は1892年2月23日までの90日間。1891年12月25日に衆議院が解散し、会期実数は30日間。

11.28　　〔国会〕**明治25年度総予算案提出**　衆議院に明治25年度総予算案並各特別会計予算案が提出される。12月14日、予算委員長が歳出794万円削減とする査定大綱を報告。18日、松方首相が歳出削減不同意を表明。

11.30　　〔国会〕**松方首相、施政方針演説**　松方首相兼蔵相、衆議院で施政方針演説を行う。論旨は国防強化、国力充実など。

12.18　　〔国会〕**足尾銅山に関する質問書提出**　立憲改進党の田中正造、衆議院に足尾銅山鉱毒問題に関する質問書を提出。

12.22　　〔国会〕**蕃勇演説**　樺山資紀海相、海軍省経費削減に反対し、維新以来の今日の日本があるのは薩長政府の力であると藩閥政治を礼賛する「蕃勇演説」を行う。23日、衆議院が総予算案のうち軍艦製造費・製鋼所設立費を否決。25日、総予算案のうち歳出の部全部について、892万円削減として審議終了。

12.25　　〔国会〕**衆議院解散**　総予算削案修正議決（予算削減）を受け、松方正義首相が衆議院を解散させる。初の衆議院解散。これにより明治25年度総予算が不成立となる。

12.28　　〔政党〕**大隈が立憲改進党入党**　大隈重信、立憲改進党に入党。30日、代議士総会長に就任。

－ 12 －

1892年
（明治25年）

1.28 〔法律〕「予戒令」公布　「予戒令」が公布される。同日、政府反対党の選挙運動員が拘束される。

2.15 〔選挙〕**第2回衆議院選挙**　第2回衆議院議員総選挙が行われた。各地で内務省による選挙干渉が続発し、民党候補・支持者と警察の衝突で多数の死傷者が出た。特に佐賀3区・高知2区では投票不能となり、再投票が行われた。定数300。獲得議席は民党の自由党96、同立憲改進党38、吏党諸派124、無所属44。

2.23 〔内閣〕**選挙干渉善後策協議**　松方首相兼内相、官邸に伊藤博文・黒田清隆・井上馨・西郷従道・大山巌を招き、選挙干渉の善後策について協議。伊藤、選挙干渉に関係した官憲の処分を主張。山県有朋は招待されるも不参加。

3.11 〔内閣〕**品川内相辞任**　品川弥二郎内相、選挙干渉問題に対する政府内・議会・世論の批判の高まりを受け、引責辞任。後任は副島種臣。

3.18 〔国会〕「**明治25年度において前年度予算を施行するの件**」公布　「明治25年度において前年度予算を施行するの件」が公布される。衆議院解散により同年度予算が不成立となったことに伴う措置。

4.12 〔外交〕**条約改正案調査委員会設立**　条約改正案調査委員会が設立され、伊藤博文枢密院議長ほか6名が委員に任ぜられる。

4.27 〔政党〕**中央交渉部設立**　大成会を中心とする吏党派衆議院議員の多くが結集し、中央交渉部を設立。

5.2 〔国会〕**第3回帝国議会召集**　第3回帝国議会（特別会）が召集された。3日、星亨（弥生倶楽部）が衆議院議長、曽禰荒助（中央交渉部）が副議長に任ぜられる。6日、開院式。6月15日、閉会式。会期実数は40日間。

5.7 〔国会〕**明治25年度追加予算案提出**　衆議院に明治25年度追加予算案が提出される。5月31日、軍艦製造費・製鋼所設立費・震災予防調査会設備費を削除し、修正議決。6月6日、貴族院が軍艦製造費・震災予防調査会設備費を復活させ、衆議院に回付。以後、両院で対立が続く。11日、貴族院が両院の不一致について直裁を仰ぐための上奏案を可決。13日、天皇が予算に対する協賛権について、両院の間に差はないと勅裁。14日、両院で追加予算案が可決成立。軍艦製造費は削除、震災予防調査会設備費は存置となる。

5.7 〔法律〕「**鉄道公債法**」案提出　政府、「鉄道公債法」案を衆議院に提出。全国的な鉄道網構築のため、今後建設する鉄道線路および完成期限を定めたもの。後に「鉄道敷設法」案と改題され、6月21日に公布される。

5.9 〔国会〕**松方首相、施政方針演説**　松方首相兼蔵相、衆議院で施政方針演説を行い、必要な事業を経営し、国力の発展、国権の拡張に努めることが必要と主張。

5.11 〔法律〕**選挙干渉に関する諸案議決**　貴族院、選挙干渉に関し政府に反省を求める建議案を可決。12日、衆議院が選挙干渉に関する内閣弾劾上奏案を、直接天皇に訴えるのは不穏であるとして僅差で否決。14日、衆議院が選挙干渉弾劾決議案を可決。16日、「停会詔書」が発布され、22日までの7日間、議会が停会。

－ 13 －

1893年（明治26年）	日本議会政治史事典

5.16 〔法律〕「民法典」論争　「民法商法施行延期法律」案、貴族院に提出される。日本本来の家族制度とフランス民法に由来する夫婦中心の小家族主義原理を併せ持つ民法が、国情に合致しないとの理由。27日、審議において延期派議員と断行派議員が激しく論戦。28日、修正議決。6月10日、衆議院で可決成立。11月24日、公布。

6.22 〔政党〕国民協会同志懇親会　国民協会、15日の創立大会に続き、同志懇親会を開催。品川弥二郎・西郷従道、いわゆる「品川の生首演説」で枢密顧問官を辞して同会に入会することを表明。

7.30 〔内閣〕松方首相辞表奉呈　松方首相、河野内相の選挙干渉善後処置に反対して27日に辞任した高島陸相・樺山海相の後任人事が難航し、辞表を奉呈。

8.8 〔内閣〕第2次伊藤内閣成立　松方内閣が総辞職し、第2次伊藤博文内閣が成立。陸奥宗光が外相、後藤象二郎が農相に就任、首相経験者の黒田清隆が逓信相、山県有朋が法相となり、元勲内閣と称される。

8.8 〔政治〕大木枢密院議長就任　大木喬任、再び枢密院議長に任ぜられる。

11.6 〔政党〕東洋自由党設立　大井憲太郎、立憲自由党を離党し、東洋自由党を設立。日本で初めて労働者保護を標榜した政党。12月、衆議院解散を受けて解党。

11.20 〔政党〕国民協会大会　国民協会大会が開催され、西郷従道が会長、品川弥二郎が副会長に選出される。

11.25 〔国会〕第4回帝国議会召集　第4回帝国議会（通常会）が召集された。29日、開院式。会期は90日間。2日間の延長を経て、1893年3月1日に閉会式。会期実数は92日間。

11.30 〔国会〕明治26年度総予算案提出　明治26年度総予算案並各特別会計予算案が衆議院に提出される。1893年2月22日、修正議決。26日、貴族院で可決成立。

12.1 〔国会〕井上首相臨時代理、施政方針演説　井上首相臨時代理、衆議院で施政方針演説を行う。11月27日に伊藤首相が交通事故で重傷を負ったため、1893年2月6日まで井上が首相臨時代理を務めた。

1893年
（明治26年）

1.12 〔国会〕明治26年度総予算案修正議決　衆議院、明治26年度総予算案を修正議決し、政府に同意を要求。軍艦建造費を削除、官吏俸給・官庁経費を削減するなど、歳出871万円を削減する内容。16日、井上首相臨時代理が演説を行い、不同意を表明。同日、衆議院が再度同意要求の動議を可決。17日、政府が不同意と回答。

1.23 〔国会〕「停会詔書」発布　「停会詔書」が発布され、2月6日までの15日間、議会が停会となる。総予算案をめぐる政府と衆議院の対立を受けての措置。

2.7 〔国会〕伊藤内閣不信任上奏案可決　衆議院、伊藤内閣不信任上奏案を可決。同日、政府の対応措置を待つため、2月25日まで19日間の休会を議決。8日、伊藤博文首相が参内して解散詔書を奏請するが、拒否される。

2.10 〔法律〕「在廷の臣僚及帝国議会の各員に告ぐ」詔勅発布　軍艦建造費に関して、「在廷の臣僚及帝国議会の各員に告ぐ」詔勅が発布される。軍備の充実を国家の急務と定め、6

		年間にわたり内廷費を節約し、文武官僚の俸給の1割を納付させ、軍艦建造費に充当するとの内容。伊藤博文首相の奏請によるもので、政府が窮地に陥る度に大詔喚発を奏請する憲政史上の悪弊の始まり。5日、伊藤首相が衆議院で施政方針演説を行い、詔勅遵奉を表明。

2.15　〔外交〕**条約改正に関する上奏案可決**　衆議院、条約改正に関する上奏案を可決。

2.22　〔国会〕**明治26年度総予算案修正議決**　衆議院、軍艦建造費を承認し、明治26年度総予算案を修正議決。26日、貴族院で可決成立。

3.4　〔法律〕**「弁護士法」公布**　「弁護士法」が公布され、弁護士制度が定められる。これに伴い「代言人規則」を廃止。

3.25　〔法律〕**「法典調査会規則」公布**　「法典調査会規則」が公布される。4月14日、総裁・副総裁・主査委員が任命され、調査会が発足。

4.14　〔法律〕**「集会及政社法」改正公布**　「集会及政社法」改正が公布され、政談集会の開催や政社組成の手続きに関する法整備が行われるとともに、それらが安寧秩序を加害すると判断された場合は禁止できるよう定められた。

7.8　〔外交〕**条約改正方針を閣議決定**　伊藤内閣、臨時閣議を開催し、条約改正交渉に関する方針を決定。

10.1　〔政党〕**大日本協会設立**　安部井磐根ら、大日本協会を設立。12月29日、解散を命じられる。

11.4　〔政党〕**立憲改進党大会**　立憲改進党、党大会を開催し、責任内閣・民力休養・政費節減などを決議。

11.15　〔政党〕**自由党大会**　自由党、党大会を開催し、公約履行・条約改正・地租軽減・地価修正などを決議。

11.25　〔国会〕**第5回帝国議会召集**　第5回帝国議会（通常会）が召集された。28日、開院式。会期は1894年2月26日までの90日間。12月30日、衆議院が解散。会期実数は33日間。

11.29　〔国会〕**星衆議院議長不信任決議案可決**　衆議院、星亨議長不信任動議を可決。取引所開設の際、星が米穀・株式両取引所顧問に就任し、また政商と密会したことを弾劾するもの。星、議長辞職勧告を拒否。12月1日、衆議院が星議長不信任上奏案を提出し、即日可決。星による院議無視を弾劾するもの。

11.29　〔国会〕**明治27年度総予算案提出**　明治27年度総予算案並各特別会計予算案が衆議院に提出される。12月30日、衆議院解散のため、審議未了で不成立となる。

12.2　〔国会〕**伊藤首相、施政方針演説**　伊藤首相、衆議院で施政方針演説を行い、行政整理実行・経費節減などを表明。

12.2　〔政党〕**自由党分裂**　長谷場純孝ら18名、自由党を離党。4日、同志倶楽部を設立。

12.4　〔政党〕**星が自由党離党**　星亨、自由党を離党。

12.4　〔事件〕**官紀振粛問題**　衆議院、官紀振粛上奏案を可決。米穀取引所認可に関する後藤農相の官紀紊乱を弾劾するもの。5日、伊藤首相・後藤農務相、進退について聖断を仰ぐことを上奏。

12.5　〔国会〕**星議長出席停止議決**　衆議院、懲罰議決を行い、星亨議長を1週間の出席停止とする。12日、星が登院し、平然として議長席に着く。

12.13　〔国会〕**星議長を除名**　衆議院、星亨議長を議院を軽侮するものとして除名。15日、楠本正隆（同盟倶楽部）、後任議長に任ぜられる。

12.18　〔国会〕**伊藤首相、衰竜の袖に隠れる**　衆議院、官紀振粛上奏案可決後政府の処決なきため、国務大臣の処決を促すの決議案を可決。伊藤首相、進退について聖断を仰いでいると弁明し、衰竜の袖に隠れる（天皇の威徳を盾にする）行為と非難される。23日、枢密院、衆議院の上奏に対する御下問を受け、国務大臣の進退は天皇大権に存じ、外聞の容喙を許さないと奏議。

12.19　〔外交〕**現行条約励行建議案提出**　衆議院、現行条約励行建議案を提出。政府、直ちに議会を停会。期間は28日までの10日間。その後、衆議院解散のため審議未了となる。

12.29　〔外交〕**陸奥外相が現行条約励行建議案に反対**　陸奥外相、衆議院で演説を行い、現行条約励行建議案に反対する旨の演説を行う。演説終了後、政府が再び議会を停会。期間は1894年1月11日までの14日間。

12.30　〔国会〕**衆議院解散**　伊藤首相、理由を明らかにしないまま衆議院を解散。これにより明治27年度総予算が不成立となる。

1894年
（明治27年）

1.22　〔内閣〕**後藤農相辞任**　後藤象二郎、官紀振粛問題により農相を辞任。後任は榎本武揚。

1.24　〔国会〕**貴族院議員有志が内閣との提携拒否**　貴族院議員有志、衆議院解散の理由を明らかにしない内閣とは提携できないことを決議し、伊藤首相に忠告書を送付。2月10日、伊藤首相が返答。19日、議員有志が返答内容に対し抗議。

2.6　〔政治〕**神官・僧侶の政治活動禁止**　選挙に際し、神官・僧侶の政事活動が禁止される。

2月　〔政治〕**新聞発行停止が続出**　この頃、諸新聞に政府を批判する記事が多数掲載され、発行停止処分が相次ぐ。

3.1　〔選挙〕**第3回衆議院選挙**　第3回衆議院議員総選挙が行われた。定数300。獲得議席は自由党120、立憲改進党60、同盟倶楽部18、吏党諸派68、無所属34。

3.24　〔政党〕**帝国財政革新会設立**　田口卯吉ら、帝国財政革新会を設立。

3.28　〔政治〕**非藩閥主義新聞記者大会**　非藩閥主義新聞記者大会が開催され、政府反対を決議。

4.2　〔外交〕**日英条約改正委員会**　日英条約改正委員会がロンドンで開催される（6月27日まで）。

4.3　〔政党〕**中国進歩党設立**　犬養毅ら、立憲改進党を離党し、中国進歩党を設立。

5.3　〔政党〕**立憲革新党設立**　同志倶楽部・同盟倶楽部・無所属議員の一部らが合同し、立憲革新党を設立。9日、結党式を挙行。

5.5　〔政党〕**立憲改進党臨時大会**　立憲改進党、臨時党大会を開催し、不当な議会解散について政府を詰問することなどを協議。

5.12　〔国会〕**第6回帝国議会召集**　第6回帝国議会（特別会）が召集された。同日、楠本正隆（立憲革新党）が衆議院議長、片岡健吉（自由党）が副議長に任ぜられる。15日、開院式。会期は6月4日までの21日間。6月2日に衆議院が解散し、会期実数は19日間。

5.16	〔国会〕**伊藤首相、施政方針演説**	伊藤首相、衆議院で施政方針演説を行い、第5回帝国議会の主たる解散理由が現行条約励行建議案提出であることを明らかにする。

5.16　〔国会〕**伊藤首相、施政方針演説**　伊藤首相、衆議院で施政方針演説を行い、第5回帝国議会の主たる解散理由が現行条約励行建議案提出であることを明らかにする。

5.17　〔国会〕**内閣弾劾案否決**　衆議院、前議会解散・軍艦千島事件に関して民党連合が提出した、閣臣の責任に関する上奏案（内閣弾劾案）を僅差で否決。

5.18　〔国会〕**内閣不信任案否決**　衆議院、自由党が提出した解散に関する決議案（先の衆議院解散を不当とする内容）を否決。同日、民党連合が修正決議案（内閣不信任）を提出するが、再び否決。21日、特別委員会起草の第5回議会解散に伴う内閣の行為に対し不信任を表明する決議案を可決。29日、伊藤首相、政府には衆議院の解散理由を公示する義務はないと表明。

5.31　〔国会〕**内閣不信任上奏案可決**　衆議院、海軍改革及び行政整理等に関する内閣の行為に対し不信任を表明する上奏案を可決。自由党が提出し、民党連合が修正したもの。

6.2　〔国会〕**衆議院解散**　伊藤博文首相、内閣不信任上奏案可決を受けて衆議院を解散させる。

7.16　〔外交〕**「日英通商航海条約」調印**　「日英通商航海条約」が調印され、領事裁判権が廃止される。

8.1　〔外交〕**日清戦争にあたって宣戦布告**　「清国に対する宣戦布告の詔書」が発布される。7月25日に豊島沖で清国艦隊と遭遇戦が発生していた。

8.16　〔法律〕**「軍事公債条例」公布**　「軍事公債条例」が公布される。朝鮮半島情勢に対応するため、5000万円を募集するもの。

8.26　〔外交〕**「大日本大朝鮮両国盟約」調印**　「大日本大朝鮮両国盟約」が調印される。日清戦争を朝鮮独立のための戦争と定義した攻守同盟。

9.1　〔選挙〕**第4回衆議院選挙**　第4回衆議院議員総選挙が行われた。定数300。獲得議席は自由党107、立憲改進党49、立憲革新党39、国民協会32、帝国財政革新会5、中国進歩党4、無所属64。

10.3　〔法律〕**「金鵄勲章年金令」公布**　「金鵄勲章年金令」が公布される。

10.15　〔国会〕**第7回帝国議会召集**　第7回帝国議会（臨時会）が広島に召集された。同日、楠本正隆（立憲革新党）が衆議院議長、島田三郎（立憲改進党）が副議長に任ぜられる。18日、開院式。会期は24日まで。22日、会期を残して閉会式挙行。会期実数は4日間。

10.19　〔内閣〕**伊藤首相が日清戦争について演説**　伊藤首相、貴族院で日清戦争の事情について演説を行う。20日、衆議院で演説。

10.20　〔国会〕**臨時軍事費予算案など可決**　衆議院、政府が提出した臨時軍事費予算案・「臨時軍事費特別会計法」案を可決。21日、貴族院が両案を可決成立。

10.21　〔国会〕**日清戦争関連諸案可決**　衆議院、征清事件及軍備に関する建議案・日清事件に関する上奏案・遠征軍隊の戦功を表彰するの決議案を可決。時局に鑑み、政争を一時中断して政府に協力する姿勢を示す。

12.6　〔政治〕**山県枢密院議長辞任**　山県有朋、枢密院議長を辞任。1895年3月17日、黒田清隆が後任議長に任ぜられる。

12.22　〔国会〕**第8回帝国議会召集**　第8回帝国議会（通常会）が召集された。24日、開院式。1895年3月27日、閉会式。会期実数は90日間。

1895年
（明治28年）

1.8 〔国会〕**伊藤首相、施政方針演説**　伊藤首相、衆議院で施政方針演説を行い、日清戦争に対処するため軍事・外交に専念することを表明。

1.8 〔国会〕**明治28年度総予算案提出**　政府、明治28年度総予算案並各特別会計予算案を衆議院に提出。23日、修正議決。2月12日、貴族院で可決成立。

3.20 〔外交〕**日清戦争講和交渉開始**　清国全権李鴻章、下関に上陸。日本側全権伊藤・陸奥両名と会見し、講和交渉を開始。

4.17 〔外交〕**「下関条約」調印**　「日清講和条約」が調印される。主な内容は清韓宗属関係の解消、日本への遼東半島・台湾・澎湖列島割譲、日本への賠償金2億両支払い、日本への最恵国待遇の付与など。

4.23 〔外交〕**三国干渉**　ロシア・ドイツ・フランス、日本に対し清国への遼東半島還付を要求。5月10日、遼東半島還付に関する詔勅を発布。還付は伊藤内閣の失政だとして政府を非難する世論が高まる。

6.19 〔政党〕**政友有志会結社禁止**　政友有志会、結社禁止を命ぜられる。この頃、新聞の発行停止命令や会合・演説の中止命令が相次ぐ。

8.27 〔内閣〕**松方蔵相辞任**　松方正義、戦後経営や臨時議会召集などをめぐる意見の不一致を理由に、蔵相を辞任。渡辺通信相が蔵相を兼任。10月9日、白根専一が通信相に就任。

10.31 〔外交〕**日清戦争賠償金受領**　第1回日清戦争賠償金5000万両をロンドンにおいて受領。

11.8 〔外交〕**「遼東半島還付条約」調印**　「遼東半島還付条約」が調印される。16日、還付報償金3000万両を受領。

11.22 〔政党〕**自由党が伊藤内閣と提携**　自由党、伊藤内閣との提携宣言書を発表。

12.25 〔国会〕**第9回帝国議会召集**　第9回帝国議会（通常会）が召集された。28日、開院式。会期は90日間。2日間の会期延長を経て、1896年3月29日に閉会式。会期実数は92日間。

12月 〔選挙〕**普選運動開始**　木下尚江・中村八郎ら、松本において普通選挙運動を開始。

1896年
（明治29年）

1.9 〔国会〕**閣臣の責任に関する上奏案否決**　衆議院、閣臣の責任に関する上奏案を否決。遼東半島還付や朝鮮政策について政府の責任を追及する内容。

1.9 〔国会〕**明治29年度総予算案提出**　明治29年度総予算案並各特別会計予算案が衆議院に提出される。軍事費増加を増税・煙草専売などにより賄う内容。2月4日、僅かな修正のみで

可決。3月5日、貴族院で可決成立。

1.10 〔国会〕**伊藤首相、施政方針演説**　伊藤首相、衆議院で施政方針演説を行い、日清戦争講和の経緯および戦後政策について報告。

1.17 〔法律〕**「治安警察法」案提出**　政府、貴族院に「治安警察法」案を提出。「保安条例」と「予戒令」を統合強化した内容。3月6日、否決。

1.20 〔政党〕**立憲改進党解党決議**　立憲改進党、代議士総会を開催。民党合同に賛成し、解党することを決議。

2.11 〔外交〕**漢城で親露派クーデター**　朝鮮・漢城で親ロシア派によるクーデターが発生。高宗はロシア公使館に避難、金弘集は殺害され、ロシアの傀儡政権が成立。

2.15 〔外交〕**対朝鮮失政に関する内閣処決決議案提出**　衆議院に対朝鮮失政に関する内閣処決決議案が提出される。同日、決議案上程を前にして政府が議会を停会。期間は24日までの10日間。25日、決議案を否決。

2.20 〔政党〕**新党設立決議**　民党大懇親会が開催され、現内閣退陣・責任内閣実現のため各派が合同して新党を設立することを決議。24日、立憲革新党が党大会を開催し、解党を決議。同日、大手倶楽部が解散。26日、立憲改進党が解党。27日、中国進歩党が解党。

3.1 〔政党〕**進歩党設立**　立憲改進党・立憲革新党・中国進歩党・大手倶楽部・帝国財政革新会が合同し、進歩党を設立。大隈重信が党首となり、宣言・綱領を発表。

3.28 〔法律〕**「葉煙草専売法」など公布**　「葉煙草専売法」・「登録税法」・「酒税法」・「営業税法」が公布される。

3.31 〔法律〕**「台湾に施行すべき法令に関する法律」公布**　「台湾に施行すべき法令に関する法律」が公布され、台湾総督管理区域において、総督の命令が法律と同一の効力を有するものと定められる。同法案の審議中、憲法が新領土（台湾）にも施行されるかどうかをめぐる「六三問題」が論争となり、外地統治方式の先例となる。

4.1 〔政治〕**拓殖務省設置**　拓殖務省が設置され、高島鞆之助が拓殖務相に任ぜられる。植民地事務を所管する機関。

4.14 〔政党〕**板垣入閣**　板垣退助自由党総理が内相として入閣し、政府と自由党の提携が成立。16日、板垣が自由党総理を辞任し、党籍離脱。

4.27 〔法律〕**「民法」改正公布**　「民法」改正が公布される。1890年公布の旧民法の財産編などに代わる内容。

5.14 〔外交〕**「小村・ウェーバー覚書」調印**　日本側全権小村寿太郎とロシア側全権カール・ウェーバー、「朝鮮問題に関する覚書」に調印。

6.8 〔国会〕**楠本衆議院議長辞任**　楠本正隆、授爵に伴い衆議院議長を辞任。

6.9 〔外交〕**「山県・ロバノフ協定」調印**　山県有朋首相とロシア外相アレクセイ・ロバノフ＝ロストフスキー、サンクトペテルブルクにおいて「朝鮮問題に関する日露議定書」に調印。主な内容は朝鮮独立の保証、朝鮮における日露両国の勢力均衡など。

8.28 〔内閣〕**伊藤首相・板垣内相辞表奉呈**　伊藤博文首相と板垣退助内相、大隈重信・松方正義の入閣問題をめぐり対立し、ともに辞表奉呈。これを受け、各大臣が相次いで辞表奉呈。

8.31 〔内閣〕**伊藤首相辞任**　伊藤博文、首相を辞任。枢密院議長黒田清隆、臨時に首相を兼任。9月10日、松方正義に大命降下。

9.18 〔内閣〕**第2次松方内閣成立**　松方正義、首相に就任（蔵相兼任）。大隈重信、外相として

入閣。通称松隈内閣。

10.3 〔国会〕**近衛篤麿貴族院議長就任** 近衛篤麿、9月28日に辞任した蜂須賀茂韶の後任として貴族院議長に任ぜられる。

10.12 〔内閣〕**松方首相が施政方針発表** 松方首相、地方長官を召集し、施政方針を発表。主な内容は軍備拡張・教育改善・実業奨励・言論出版集会の自由の尊重・行政刷新・財政整理など。

11.1 〔政党〕**進歩党が内閣督励決議** 進歩党、党大会を開催し、内閣督励を決議。

12.22 〔国会〕**第10回帝国議会召集** 第10回帝国議会（通常会）が召集された。同日、鳩山和夫（進歩党）が衆議院議長に任ぜられる。25日、開院式。会期は1897年3月24日までの90日間。25日、閉会式。

1897年
（明治30年）

1.10 〔政党〕**板垣自由党総理就任** 自由党、臨時党大会を開催し、板垣退助が総理に就任。

1.19 〔国会〕**松方首相、施政方針演説** 松方首相、衆議院で施政方針演説を行い、台湾経営の安定、教育制度の拡張が急務と訴える。

1.19 〔国会〕**明治30年度総予算案提出** 明治30年度総予算案並各特別会計予算案が提出される。1月8日に提出、18日に撤回された予算案に代わり再提出されたもの。3月19日、両院協議会の成案成立。同日、両院で可決成立。

1.27 〔政党〕**実業同志倶楽部設立** 原善三郎・松本重太郎ら衆議院の実業派議員22名、実業同志倶楽部を設立。

2.28 〔政党〕**新自由党設立** 杉村寛正ら1月から2月にかけて自由党を離党した多数の議員、新自由党を設立し、宣言・綱領を決議。

3.24 〔法律〕**「新聞紙条例」改正公布** 「新聞紙条例」改正が公布される。主な内容は発行停止日数の制限、発行禁止の廃止など。

3.29 〔法律〕**「貨幣法」公布** 「貨幣法」が公布され、金本位制が採用される。10月1日、施行。

6.10 〔選挙〕**第2回貴族院多額納税者議員選挙** 第2回貴族院多額納税者議員選挙が実施される。9月29日、45名が議員に任ぜられる。

7.10 〔選挙〕**第2回貴族院伯子男爵議員選挙** 第2回貴族院伯子男爵議員選挙が実施される。当選者は伯爵15名、子爵70名、男爵35名。

9.2 〔政治〕**拓殖務省廃止** 行政整理により拓殖務省が廃止される。植民地事務は内務省に移管され、台湾事務局が再置される。

10.6 〔政党〕**公同会設立** 新自由党・議員倶楽部・国民倶楽部所属議員ら、公同会を設立。

10.31 〔政党〕**進歩党と松方内閣が対立** 進歩党、代議士総会を開催し、松方内閣との提携断絶を決議。内閣に対する4ヵ千葉県流山市加条の要望（閣僚中の異分子排斥、予算再調査および不急経費削減、台湾政策の刷新、非立憲的行為の禁止）が拒否されたため。11月4日、政府

	反対声明を発表。6日、大隈重信外相が辞任し、進歩党官吏が全員辞職。
11.5	〔政党〕**尾崎外務参事官ら罷免**　外務参事官尾崎行雄ら進歩党出身者、在官の身でありながら党の会議に出席し、内閣との提携断絶に関与したとして、懲戒免職となる。
11.8	〔内閣〕**政府が自由党に提携要望**　政府、自由党に提携を要望。9日、自由党が代議士会を開催し、提携拒否を決議。
12.18	〔政党〕**進歩党が松方内閣と絶縁**　進歩党、党大会を開催し、松方内閣との絶縁、内閣更迭を決議。その後、国民協会・公同会・実業同志会が政府との対立姿勢を明らかにする一方、新自由党が政府との提携姿勢を示す。
12.21	〔国会〕**第11回帝国議会召集**　第11回帝国議会（通常会）が召集された。24日、開院式。会期は1898年3月23日までの90日間。12月25日、衆議院が解散。会期実数は2日間。
12.21	〔政党〕**同志会設立**　長谷場純孝ら進歩党薩派議員、離党して同志会を設立。
12.25	〔国会〕**衆議院解散**　衆議院に内閣不信任決議案が提出される。同日、決議案上程を前に松方正義首相が衆議院を解散させる。
12.25	〔国会〕**明治31年度総予算案提出**　明治31年度総予算案並各特別会計予算案が衆議院に提出される。解散のため審議未了となり不成立。
12.28	〔内閣〕**松方内閣総辞職**　松方正義内閣が総辞職。衆議院の反対により内閣総辞職した初の事例。黒田枢密院議長、伊藤博文に組閣を勧告。29日、伊藤に大命降下。

1898年
（明治31年）

1.12	〔内閣〕**第3次伊藤内閣成立**　伊藤博文、3度首相に就任。藩閥・進歩党・自由党の三者提携を目論むも失敗し、官僚内閣となる。
2.6	〔内閣〕**朝野和衷**　伊藤首相と板垣自由党総理が会談し、政府と自由党の妥協（朝野和衷）が成立。
2.9	〔国会〕**「明治31年度において前年度予算を施行するの件」公布**　「明治31年度において前年度予算を施行するの件」が公布される。衆議院解散により同年度予算が不成立となったことに伴う措置。
3.15	〔選挙〕**第5回衆議院選挙**　第5回衆議院議員総選挙が行われた。定数300。獲得議席は自由党105、進歩党104、国民協会29、山下倶楽部26、同志倶楽部13、無所属23。
4.15	〔内閣〕**伊藤首相が板垣入閣拒否**　伊藤首相、自由党に対し板垣入閣の拒否を通告。16日、林有造自由党政務委員ら、政府との提携が不可能であることを表明。18日、自由党代議士総会が政府との絶縁を決議。
4.25	〔外交〕**「西・ローゼン協定」調印**　外相西徳二郎と駐日ロシア公使ロマン・ロマノヴィッチ・ローゼン、東京で韓国に関する紛争についての協定に調印。主な内容は韓国の主権および完全な独立の確認、韓国への内政不干渉など。本協定の成立により韓国が日本の勢力圏であることが明確に、満州がロシアの勢力圏であることが暗黙に承認された。
5.5	〔政党〕**自由党が政府反対決議**　自由党、党大会を開催し、政府反対を決議。

- 21 -

1898年（明治31年）　　　　　　　　　　　　　　　　　　　　　　　　　　　日本議会政治史事典

5.8 〔政党〕**山下倶楽部設立**　衆議院の実業派議員ら48名、山下倶楽部を設立。6月11日、解散。

5.14 〔国会〕**第12回帝国議会召集**　第12回帝国議会（特別会）が召集された。16日、片岡健吉（自由党）が衆議院議長、元田肇（国民協会）が副議長に任ぜられる。19日、開院式。会期は21日間。6月9日から15日まで7日間の会期延長となるが、10日に衆議院が解散。会期実数は23日間。

5.21 〔法律〕**「衆議院議員選挙法」改正法律案提出**　政府、「衆議院議員選挙法」改正法律案提出を衆議院に提出。主な内容は被選挙人の納税資格廃止、選挙人の納税資格緩和など。6月4日、修正議決。貴族院審議未了のため廃案。

5.25 〔国会〕**伊藤首相、施政方針演説**　伊藤首相、衆議院で施政方針演説を行い、「衆議院議員選挙法」改正について説明。

5.26 〔法律〕**「地租条例」中改正法律案など提出**　政府、「地租条例」中改正法律案など各種増税法案を衆議院に提出。6月10日、「地租条例」中改正法律案を圧倒的多数で否決。

5.30 〔法律〕**遼東半島に関する上奏案否決**　衆議院、進歩党が提出した遼東半島問題に関する政府弾劾上奏案を否決。

6.7 〔国会〕**「停会詔書」発布**　衆議院特別委員長、「地租条例」中改正法律案否決を本会議に報告。次いで同法案をはじめとする各種増税法案を継続審査とする動議が提出されるが否決。伊藤首相、同法案は国運の進歩を阻害すると表明。同日、「停会詔書」が発布される。期日は9日までの3日間。

6.10 〔国会〕**衆議院解散**　衆議院、特別地価修正に関する建議案審議の動議が提出されるが否決。ついで「地租条例」中改正法律案を27対247で否決。これを受け、伊藤首相が衆議院を解散。

6.11 〔政党〕**自由党・進歩党が合同を決議**　自由党が評議員会を、進歩党が代議士会を開催し、それぞれ両党の合同を決議。

6.18 〔政党〕**憲政党結党式準備委員会**　自由党・進歩党・山下倶楽部・同志倶楽部・無所属議員ら、憲政党創立委員を選出し、結党式準備委員会を開催。

6.21 〔法律〕**法例改正など公布**　法例改正が公布され、1890年公布の旧法例が廃止される。同日、「民法」改正が公布され、親族編（親族法）・相続編（相続法）が編成される。また、「戸籍法」が公布され、従来の戸籍制度に代えて家制度が規定される。

6.21 〔政党〕**自由党・進歩党解党**　自由党・進歩党、憲政党設立のために解党。伊藤内閣打倒・政党内閣樹立を達成することが目的。

6.22 〔政党〕**憲政党設立**　憲政党結党式が挙行され、宣言書・綱領（政党内閣を言明）・党則を議決。片岡健吉が会長に就任。

6.24 〔政党〕**伊藤首相が新党設立表明**　伊藤首相、元老会議において憲政党に対抗するため新政党を設立する意向を表明。山県有朋の反対を受け、政党内閣の是非をめぐり論争となる。

6.24 〔内閣〕**伊藤首相辞表奉呈**　伊藤首相、山県との議論に憤慨して辞表奉呈。政党政治の必要を痛感し、後継首相として板垣退助・大隈重信を推薦。27日、両名に大命降下。

6.30 〔内閣〕**第1次大隈内閣成立**　大隈重信、首相に就任（外相兼任）。板垣退助、内相として入閣。日本初の政党内閣で、隈板内閣と称される。

8.10 〔選挙〕**第6回衆議院選挙**　第6回衆議院議員総選挙が行われた。定数300。獲得議席は憲政党120、憲政本党124、国民協会21、日吉倶楽部9、無所属26。

－ 22 －

8.22	〔事件〕共和演説事件	尾崎行雄文相、帝国教育会茶話会における演説で財閥中心の金権政治を排撃し、共和政治に言及。後日、これが不敬であるとして、宮内省、政党内閣に批判的な枢密院や貴族院、星亨ら与党憲政党内の旧自由党派などから非難を浴びる。

8.22 〔事件〕**共和演説事件** 尾崎行雄文相、帝国教育会茶話会における演説で財閥中心の金権政治を排撃し、共和政治に言及。後日、これが不敬であるとして、宮内省、政党内閣に批判的な枢密院や貴族院、星亨ら与党憲政党内の旧自由党派などから非難を浴びる。

10.18 〔政党〕**社会主義研究会設立** 村井知至・片山潜ら、社会主義研究会を設立。1900年1月28日、社会主義協会と改称。

10.18 〔政党〕**中正倶楽部設立** 大井憲太郎ら憲政党中立派議員の一部、中正倶楽部を設立。

10.19 〔政党〕**憲政倶楽部設立** 平岡浩太郎・河野広中ら憲政党中立派議員の一部、憲政倶楽部を設立。

10.24 〔内閣〕**尾崎文相辞任** 尾崎行雄文相、共和演説への非難の高まりを受け、辞表奉呈。25日、閣議が開催され、後任人事をめぐり大隈重信首相と板垣退助内相が対立。大隈が独断で犬養毅を文相に推薦。27日、犬養が文相に任ぜられる。同日、板垣が大隈の独断を批判し犬養の文相就任に反対する上奏を行う。

10.28 〔政党〕**憲政党の内部対立激化** 犬養文相就任問題をめぐり、憲政党内の旧自由党派と旧進歩党派の対立が激化。同日、板垣内相ら旧自由党派の3閣僚が辞表奉呈。29日、辞任。

10.29 〔政党〕**憲政党分裂** 憲政党内の旧自由党派議員ら、党大会を開催し、解党を決議。ついで憲政党を再結成し、役員・綱領・党則を議決。同日、解党および結党届を提出。

10.31 〔内閣〕**大隈首相辞表奉呈** 大隈首相・犬養文相・大東義徹法相・大石正巳農相、辞表奉呈。文相後任をめぐる閣内不一致が理由。11月5日、山県有朋に大命降下。

11.3 〔政党〕**憲政本党設立** 憲政党内の旧進歩党派議員ら、憲政本党を設立。平岡浩太郎・工藤行幹・河野広中・大井憲太郎・鈴木重遠が総務委員に就任。

11.7 〔国会〕**第13回帝国議会召集** 第13回帝国議会（特別・通常会）が召集された。12月3日、開院式。会期は90日間。9日、片岡健吉（憲政党）が衆議院議長、元田肇（国民協会）が副議長に任ぜられる。7日間の延長を経て、1899年3月10日に閉会式。会期実数は97日間。

11.8 〔内閣〕**第2次山県内閣成立** 山県有朋、首相に就任し、第2次山県内閣が成立。藩閥超然内閣が復活するが、山県は持論であった政党排撃論を放棄し、憲政党との提携を模索。

11.30 〔内閣〕**肝胆相照** 山県首相、官邸に憲政党議員を招いて茶話会を開催。その席上で演説を行い、政府と憲政党との提携（肝胆相照）成立を明らかにする。

12.5 〔国会〕**明治32年度総予算案提出** 政府、明治32年度総予算案並各特別会計予算案を衆議院に提出。24日、修正議決。1899年2月13日、貴族院で可決成立。

12.8 〔国会〕**山県首相、施政方針演説** 山県首相、衆議院で施政方針演説を行い、強固な財政・国家の信用・一般経済の緩和を重視する姿勢を示す。

12.8 〔法律〕**「地租条例」中改正法律案など提出** 政府、「地租条例」中改正法律案（地租増徴案）・「田畑地価修正法律」案を衆議院に提出。9日、憲政本党が代議士総会を開催し、地租増徴反対を決議。20日、修正議決。27日、貴族院で可決成立。30日、公布。世論の激しい反発にも関わらず、ほぼ原案通りに可決されたことに対し、黄白政策（政府の憲政本党利用、代議士買収）批判が高まる。

12.15 〔政党〕**地租増徴期成同盟会設立** 東京・大阪・横浜などの実業家ら、地租増徴期成同盟会を設立し、渋沢栄一が会長に就任。これに先立つ10日、谷干城らの地租増徴反対同盟会が檄文を全国に頒布するなど、地租増徴賛成・反対両派が活発に活動。

1899年
（明治32年）

1.9 〔政党〕**選挙法改正期成同盟会設立**　京浜地方の実業家ら、選挙法改正期成同盟会を設立し、渋沢栄一が会長に就任。

2.8 〔法律〕**「衆議院議員選挙法」改正法律案提出**　政府、衆議院に「衆議院議員選挙法」改正法律案を提出。主な内容は被選挙人の納税資格廃止、選挙人の納税資格緩和、単記記名投票、定員445名への増員など。23日、修正議決。3月9日、貴族院で修正議決。同日、衆議院が不同意。両院協議会で成案成立せず、審議未了となる。

7.4 〔政党〕**国民協会解散**　国民協会が解散する。

7.5 〔政党〕**帝国党設立**　国民協会所属議員ら、帝国党を設立。同日、結党式を挙行し、宣言・綱領を議決。国家主義的な官僚政党。

7.17 〔外交〕**改正条約実施**　イギリスなど12ヵ国との間の改正条約が発効。主な内容は法権の完全な回復（領事裁判権の全廃）、税権の回復（特定重要輸入品を除く）、外国人居留地の廃止（外国人の内地雑居許可）など。

7.29 〔外交〕**「ハーグ陸戦条約」調印**　オランダ・ハーグで開催された第1回万国平和会議において、「陸戦の法規慣例に関する条約」（「ハーグ陸戦条約」）が調印される。日本は1911年11月6日に批准、1912年1月13日に公布。

10.2 〔政党〕**普通選挙期成同盟会設立**　木下尚江・河野広中・片山潜・幸徳秋水・安部磯雄ら、普通選挙期成同盟会を設立。

11.20 〔国会〕**第14回帝国議会召集**　第14回帝国議会（通常会）が召集された。22日、開院式。会期は90日間。14日の延長があり、会期実数は94日間。1900年2月24日、閉会式。

11.21 〔政党〕**選挙法改正期成全国各市連合会設立**　全国53市、選挙法改正期成全国各市連合会を設立。市部独立選挙区制を期して活動し、12月に政府・議会・政党・各種団体などに意見書を送付。

11.24 〔国会〕**明治33年度総予算案提出**　政府、衆議院に明治33年度総予算案並各特別会計予算案を提出。14日、修正議決。1900年1月20日、貴族院で可決成立。

12.5 〔法律〕**「議員汚職に関する法律案」提出**　衆議院に「議員汚職に関する法律案」が提出される。政治の腐敗、政府の買収・汚職、地方議員選挙干渉などに関し、刑法事官吏汚職罪を両院議員・地方議会議員に適用する案。1900年2月8日、否決。

12.9 〔法律〕**「宗教法」案提出**　政府、貴族院に「宗教法」案を提出。宗教団体を法人とし、行政監督の対象とする案。22日に仏教各宗委員が仏教徒大会を開催し、1900年1月21日に全国仏教徒大会が開催されるなど、仏教界が同法案に激しく反対。1900年2月17日、否決。

12.16 〔法律〕**「衆議院議員選挙法」中改正法律案提出**　政府、衆議院に「衆議院議員選挙法」中改正法律案を提出。内容は前議会に提出したものとほぼ同一で、選挙権の納税資格の緩和、1府県1選挙区制など。1900年1月31日、修正議決。2月19日、貴族院で修正議決。同日、衆議院が不同意。2月23日、両院協議会で成案が成立し、即日両院で可決成立。3月29日、公布。

1900年
（明治33年）

2.12 〔法律〕「鉄道国有法」案・「私設鉄道買収法」案提出　政府、衆議院に「鉄道国有法」案・「私設鉄道買収法」案を提出。審議未了となる。

3.10 〔法律〕「治安警察法」公布　「治安警察法」が公布される。主な内容は集会・結社・言論などの自由の制限、労働運動の取り締まりなど。これに伴い「集会及政社法」が廃止される。

4.11 〔政党〕憲政党が政権配分について政府と交渉　憲政党総務委員星亨ら、山県首相と政権配分問題について交渉する。

5.31 〔政党〕憲政党が政府との提携断絶　憲政党総務委員星亨ら、山県首相に閣僚の入党または党員の入閣を要望するが、拒否される。これを受け、憲政党が政府との提携断絶を宣言。6月1日、伊藤博文に党首就任を要請。伊藤、これを拒否。

6.15 〔外交〕清国への陸軍派兵決定　臨時閣議が開催され、義和団から公使館を保護するため、清国へ陸軍を派兵することが決定。

7月 〔政党〕伊藤ら新党設立準備　伊藤博文・井上馨・西園寺公望・伊東巳代治・金子堅太郎・末松謙澄・渡辺国武・原敬・星亨・松田正久ら、新党の設立を準備。

8.23 〔政党〕伊藤と星が新党について協議　伊藤博文と憲政党総務委員星亨ら、新政党組織について協議。

8.25 〔政党〕立憲政友会創立委員会開催　立憲政友会創立委員会が開催され、宣言・綱領を発表。

8.27 〔政党〕憲政本党が尾崎ら除名　憲政本党、立憲政友会設立に関与した尾崎行雄ら31名を除名。除名者は立憲政友会に入党し、尾崎が総務委員となる。

9.13 〔政党〕憲政党解党　憲政党、臨時党大会を開催し、解党を決議。

9.15 〔政党〕立憲政友会設立　立憲政友会発会式が挙行され、伊藤博文が総裁に就任。主な党員は西園寺公望・星亨・原敬・尾崎行雄など。

9.24 〔政党〕国民同盟会　近衛篤麿・頭山満ら、国民同盟会を設立し、清国の独立保全・朝鮮の扶立などを唱える。

9.26 〔内閣〕第2次山県内閣総辞職　首相山県有朋以下全閣僚が辞表奉呈。10月7日、伊藤博文に大命降下。

10.8 〔外交〕第1回北京列国公使会議　清国に派兵した8ヵ国、義和団事件に関する第1回北京列国公使会議を開催。12月24日、列国公使団、清国全権委員に講和条件書を交付。30日、清国が講和条件を受諾。

10.19 〔内閣〕第4次伊藤内閣成立　伊藤博文、4度目の首相に就任。山県有朋ら官僚閥、貴族院に拠り伊藤内閣と対立。

10.27 〔政治〕西園寺枢密院議長就任　西園寺公望、枢密院議長に任ぜられる。

12.21 〔内閣〕星逓信相辞任　星亨逓信相、辞表奉呈。11月15日に東京市参事会員収賄事件に関

して告発されたことを受けての措置。22日、辞任。後任は原敬。

12.22　〔国会〕**第15回帝国議会召集**　第15回帝国議会（通常会）が召集された。25日、開院式。会期は1901年3月24日までの90日間。3月25日、閉会式。

1901年
（明治34年）

1.22　〔国会〕**明治34年度総予算案提出**　政府、明治34年度総予算案並各特別会計予算案を衆議院に提出。2月7日、修正議決。3月20日、貴族院で修正議決。同日、衆議院が不同意。22日、両院協議会で成案が成立し、衆議院で即日可決。23日、貴族院で可決成立。

1.26　〔国会〕**増税諸法案提出**　政府、増税諸法案（「酒造税法」改正法、「酒精及び酒精含有飲料税法」、「麦酒税法」、「砂糖消費税法」、「関税定率法」改正法）を衆議院に提出。北清事変の軍費に流用した各基金の欠損補充および事変後の財源として、酒税・関税を増徴し、麦酒税・砂糖消費税を新設する内容。2月19日、修正議決。3月16日、貴族院で可決成立。30日、公布。

2.13　〔国会〕**伊藤首相、施政方針演説**　伊藤博文首相、貴族院で施政方針演説を行う。内容は財政の困難と増税の必要性、行財政整理など。

2.15　〔政党〕**工藤ら憲政本党離党**　工藤行幹ら増税に反対する16名、憲政本党を離党。4日の議員総会で増税案賛成が決議されたことを受けてのこと。その後、離党者が相次ぐ。18日、離党議員34名が三四倶楽部を設立。

2.25　〔法律〕**貴族院特別委員会が増税諸法案否決**　貴族院、特別委員会で増税諸法案を否決。27日、本会議に増税諸法案が上程され、伊藤首相が増税の必要性を訴える演説を行う。同日、「停会詔書」が発布される。期間は3月8日までの10日間。

3.2　〔法律〕**増税諸法案について交渉提案**　政府、貴族院の院内会派6派（研究会・茶話会・木曜会・旭倶楽部・庚子会・無所属倶楽部）に、増税諸法案についての交渉を提案。3日、6派が交渉を拒否。

3.6　〔法律〕**元老が増税諸法案に関して調停**　山県有朋・井上馨・西郷従道・松方正義の4元老、明治天皇の御沙汰により政府と貴族院の間の調停に乗り出す。しかし不成功に終わる。

3.9　〔国会〕**「停会詔書」発布**　「停会詔書」が発布される。期間は13日までの5日間。同日、伊藤首相が明治天皇に勅裁を乞う。

3.12　〔法律〕**増税諸法案の成立を命じる詔勅**　明治天皇、貴族院議長近衛篤麿に速やかに廟謨を翼賛するようにとの勅語を賜う。14日、貴族院が増税諸法案に協賛するとの勅語奉答文を可決し、法案を委員会に再付託。

3.16　〔法律〕**増税諸法案成立**　貴族院で増税諸法案を可決成立。30日、公布。

3.18　〔国会〕**内閣不信任決議案提出**　憲政本党など、衆議院に伊藤内閣不信任決議案を提出。停会・勅裁奏請を濫用する政府を弾劾する内容。19日、128対155で否決。

4.15　〔内閣〕**財政緊縮計画案提出**　渡辺蔵相、明治35年度以降の財政緊縮計画（事業繰延・官業中止）案を閣議に提出。立憲政友会出身閣僚、これに反対。

5.2　〔内閣〕**伊藤内閣辞表奉呈**　伊藤内閣、渡辺国武蔵相を除く全閣僚が辞表奉呈。渡辺蔵相

－ 26 －

の財政緊縮計画案をめぐる閣内不一致が理由。3日、渡辺蔵相が辞表奉呈。

5.10 〔内閣〕**伊藤首相辞任** 伊藤博文、首相を辞任。枢密院議長西園寺公望、臨時に内閣総理大臣を兼任。26日、桂太郎に大命降下も辞退。30日、再び大命降下。

5.18 〔政党〕**社会民主党設立** 安部磯雄・片山潜・幸徳秋水ら、社会民主党の結党届けを提出。20日、宣言書を発表。同日、結社禁止を命ぜられる。3日、社会平民党への組織変更を届け出るが、即日結社禁止。

6.2 〔内閣〕**第1次桂内閣成立** 桂太郎、首相に就任。主な閣僚は外相小村寿太郎、蔵相曽禰荒助など。官僚主体の内閣で、綬帳内閣と称される。

6.21 〔事件〕**星暗殺** 元衆議院議長・元逓信相星亨、東京市役所参事会議室で伊庭想太郎に刺殺される。享年52。以後、立憲政友会の内部対立が激化。

9.7 〔外交〕**「北京議定書」調印** 小村寿太郎ら列強および清国の全権委員、「北清事変に関する最終議定書」に調印。主な内容は列強への賠償金4億5000万両の支払い、公使館周辺の警察権の列強への引き渡し、清国内への列強軍の駐留権など。

12.7 〔国会〕**第16回帝国議会召集** 第16回帝国議会(通常会)が召集された。10日、開院式。会期は1902年3月9日までの90日間。3月10日、閉会式。

12.10 〔国会〕**明治35年度総予算案提出** 政府、明治35年度総予算案並各特別会計予算案を衆議院に提出。26日、撤回、再提出。

12.10 〔事件〕**田中が足尾鉱毒事件について直訴** 田中正造、帝国議会開院式より帰る途中の明治天皇に足尾鉱毒事件について直訴を試みる。警察官に取り押さえられて直訴は失敗に終わるが、事件の概要および直訴状の内容が広く報道される。これに先立つ10月23日、田中は衆議院議員を辞職していた。

12.12 〔国会〕**桂首相、施政方針演説** 桂太郎首相、衆議院で施政方針演説を行い、北清事変の経緯および時局の終結を報告。

12.23 〔外交〕**「日露協商」交渉打ち切り** 伊藤博文、「日露協商」交渉の一時打ち切りをロシア外相に通告。

12.26 〔国会〕**北清事変賠償金財政問題** 桂太郎首相、北清事変の賠償金額が確定しており、これを予算に編入して歳出財源にできるとの演説を行う。これに先立つ16日、衆議院に賠償金支出の際には予算をもって議会の協賛を要するとの法案が提出され、19日には曽禰蔵相が演説を行い法案に反対。25日に政府と立憲政友会の間で妥協が成立していた。桂の演説後、法案が撤回される。

12.26 〔国会〕**明治35年度総予算案並各特別会計予算案再提出** 政府、明治35年度総予算案並各特別会計予算案を衆議院に再提出。28日、修正議決。1902年2月8日、貴族院で修正議決。同日、衆議院が不同意。12日、両院協議会で成案が成立し、衆議院が即日可決。14日、貴族院で可決成立。

1902年
(明治35年)

1.30 〔外交〕**日英同盟成立** 「日英同盟協約」が調印される。

1902年（明治35年）　　　　　　　　　　　　　　　　　　　　　　日本議会政治史事典

2.12　〔法律〕**普選法案提出**　花井卓蔵・河野広中・中村弥六ら、「衆議院議員選挙法」中改正法律案（衆法）を衆議院に提出。日本初の普通選挙法案。25日、否決。

2.12　〔外交〕**日英同盟について報告**　桂太郎首相、貴族院で「日英同盟協約」交渉の経緯について報告。同日、小村外相が衆議院で交渉の経緯について報告。

2.24　〔法律〕**「衆議院議員選挙法」中改正法律案提出**　政府、衆議院に「衆議院議員選挙法」中改正法律案を提出。人口増加・新市制施行に伴い市部選出議員を増員し、全国53市全てを独立選挙区とする内容。27日、修正議決。3月9日、貴族院で修正議決し、衆議院が即日同意成立。4月5日、公布。

8.10　〔選挙〕**第7回衆議院選挙**　第7回衆議院議員総選挙が行われた。任期満了に伴う初の総選挙。定数376。獲得議席は立憲政友会191、憲政本党95、帝国党17、壬寅会28、同志倶楽部13、無所属32。

10.28　〔内閣〕**海軍拡張案など提出決定**　桂内閣、閣議を開催し、海軍拡張案・地租増徴継続案を第17回帝国議会に提出することを決定。

12.2　〔法律〕**「国勢調査に関する法律」公布**　「国政調査に関する調査」が公布され、国政調査を10年ごとに実施することが定められる。

12.3　〔政党〕**立憲政友会・憲政本党が提携**　伊藤立憲政友会総裁と大隈憲政本党総理が会談し、政府の財政計画に反対することで合意。両党提携の黙約が成立。4日、両党が党大会を開催し、海軍拡張容認・地租増強継続反対を決議。

12.6　〔国会〕**第17回帝国議会召集**　第17回帝国議会（通常会）が召集された。7日、片岡健吉（立憲政友会）が衆議院議長、元田肇（立憲政友会）が副議長に任ぜられる。9日開院式。会期は1903年3月8日までの90日間。12月28日に衆議院が解散し、会期実数は20日間。

12.11　〔国会〕**明治36年度総予算案提出**　政府、明治36年度総予算案並各特別会計予算案を衆議院に提出。衆議院解散により審議未了で不成立となる。

12.11　〔法律〕**「地租増徴案」提出**　政府、衆議院に「地租条例」中改正法律案を提出。海軍拡張の財源とするため、地租増徴の期限を撤廃して永久税とする内容。衆議院解散により審議未了で不成立となる。

12.13　〔国会〕**桂首相、施政方針演説**　桂太郎首相、衆議院で施政方針演説を行い、日本の権益を護持するために海軍拡張が必要であることを訴える。

12.16　〔法律〕**「地租増徴案」否決**　衆議院、特別委員会で「地租条例」中改正法律案を否決。桂太郎首相・山本海相ら、本会議で法案成立を訴える。採決に入る直前、政府が議会を停会。期間は20日までの5日間。

12.17　〔事件〕**教科書検定疑獄事件**　教科書検定疑獄事件に関する初の検挙が行われ、143名が拘引される。

12.19　〔法律〕**「地租増徴案」撤回勧告**　近衛貴族院議長、「地租条例」中改正法律案について政府と立憲政友会・憲政本党との間を調停するため、両党に妥協を提案するが拒否される。同日、近衛が政府に法案撤回を勧告。20日、政府が再び議会を停会。期間は21日から27日までの7日間。

12.25　〔法律〕**「地租増徴案」妥協案提示**　桂太郎首相・山本海相・曽禰蔵相ら、立憲政友会代表松田正久・原敬、憲政本党代表大石正巳・犬養毅と会見。「地租条例」改正について市街宅地以外の地租を3厘引き下げる妥協案を提示。両党、これを拒否。

12.28　〔国会〕**衆議院解散**　桂太郎首相、衆議院で行財政整理・財政計画について説明し、海軍拡張の財源は地租増徴継続以外にないことを言明。同日、「地租条例」中改正法律案の採決

－ 28 －

直前に衆議院を解散させる。

1903年
（明治36年）

1.2 〔内閣〕**地租増徴継続断念** 桂太郎首相・曽禰蔵相、新たな財政計画を内定。地租増徴の継続を断念し、鉄道建設費を海軍拡張費に充当し、鉄道建設費を公債で賄うというもの。22日、山県有朋・伊藤立憲政友会総裁らと会談し、新財政計画について合意。後日、立憲政友会内で総裁専制との批判が起こる。

2.6 〔国会〕**「明治36年度において前年度予算を施行するの件」公布** 「明治36年度において前年度予算を施行するの件」が公布される。衆議院解散により同年度予算が不成立となったことに伴う措置。

3.1 〔選挙〕**第8回衆議院選挙** 第8回衆議院議員総選挙が行われた。定数376。獲得議席は立憲政友会175、憲政本党85、中正倶楽部31、帝国党17、政友倶楽部13、無所属55。

4.13 〔法律〕**「小学校令中改正の件」公布** 「小学校令中改正の件」が公布される。小学校教科書用図書を文部省が編纂することが定められ、国定教科書制度が成立。

4.21 〔外交〕**対露政策を協議** 山県有朋・伊藤博文・桂太郎首相・小村外相、京都・無隣庵で会合し、対露政策について協議。ロシアとの交渉により満州問題・朝鮮問題を解決することで合意。

4.28 〔法律〕**地租増徴撤回発表** 桂太郎首相、貴族院6会派の代表に立憲政友会との妥協案を発表。地租増徴継続案を形式的に議会に提出した後に撤回し、海軍拡張費を行政整理・事業繰延・公債募集などで賄うというもの。

5.8 〔国会〕**第18回帝国議会召集** 第18回帝国議会が召集された。9日、片岡健吉（立憲政友会）が衆議院議長、杉田定一（立憲政友会）が副議長に任ぜられる。12日、開院式。会期は21日間。3日の延長があり、会期実数は24日間。6月5日、閉会式。

5.8 〔政党〕**政友倶楽部設立** 板倉中・竜野周一郎ら立憲政友会離党議員・除名議員・無所属議員、政友倶楽部を設立。第18回議会閉会の際に解散。

5.14 〔国会〕**明治36年度追加予算案提出** 政府、明治36年度追加予算案を衆議院に提出。海軍拡張費などに関するもの。30日、海軍拡張費を容認し、修正議決。6月2日、貴族院で可決成立。

5.14 〔法律〕**「地租条例」中改正法律案提出** 政府、衆議院に「地租条例」中改正法律案を提出。前議会に提出したものとほぼ同一の内容。19日、衆議院、特別委員会で否決し、本会議に上程。28日、政府が法案撤回。

5.16 〔国会〕**桂首相、施政方針演説** 桂太郎首相、衆議院で施政方針演説を行い、国防の充実・交通機関の整備・台湾経営を重点課題に挙げ、議会の協賛を要請。

5.21 〔国会〕**桂内閣が立憲政友会と妥協** 「停会詔書」が発布される。期間は23日までの3日間。桂内閣、正式に立憲政友会との妥協交渉を開始。同日、立憲政友会が議員総会を開催し、政府の妥協案について討議。24日、妥協案を承認。同日、尾崎行雄・片岡健吉・望月圭介ら妥協反対派が離党。以後も離党者が続出。

– 29 –

1903年（明治36年）　　　　　　　　　　　　　　　　　　　　　　　　　　　　日本議会政治史事典

5.26　〔国会〕**内閣弾劾上奏案提出**　憲政本党、代議士総会を開催し、内閣弾劾上奏案提出を決議。地租増徴案否決を理由に前議会を解散し、立憲政友会一党のみとの妥協により今議会で増徴案を撤回したことが非立憲的だとの趣旨。27日、衆議院で内閣弾劾上奏案が否決される。

6.23　〔外交〕**日露交渉開始決定**　御前会議が開催され、日露交渉開始および交渉の基本方針が決定される。

6.24　〔外交〕**七博士意見書**　東京帝国大学教授富井政章・戸水寛人・小野塚喜平次・金井延・高橋作衛・寺尾亨、学習院教授中村進午の7名、桂内閣の対露外交を弱腰と批判し、ロシアの満州からの撤退を実現するため開戦を要求する意見書を発表。6月10日付けで桂首相・小村外相に提出した建白書を『東京朝日新聞』に転載したもの。

7.13　〔政治〕**西園寺枢密院議長辞任**　西園寺公望が枢密院議長を辞任し、伊藤博文が後任議長に任ぜられる。14日、伊藤が立憲政友会総裁を辞任し、西園寺が後任総裁に就任。

7.26　〔政党〕**対外硬同志会設立**　近衛篤麿・頭山満ら、対外硬同志会を設立。8月9日、対露同志会と改称し、ロシアの満州からの撤兵、清国の満州解放などを要求。

10.6　〔外交〕**小村・ローゼン交渉開始**　小村外相とロシア公使ローゼン、東京で第1回会談を行い、日露交渉が開始される。

10.12　〔外交〕**『万朝報』対露主戦論に転向**　『万朝報』、社是を対露主戦論に転換し、内村鑑三・幸徳秋水・堺利彦ら非戦論記者の退社を発表。

11.15　〔政党〕**平民社設立**　幸徳秋水・堺利彦ら、平民社を設立し、週刊『平民新聞』を創刊。非戦論・社会主義を唱える。

12.3　〔政党〕**立憲政友会・憲政本党が提携**　立憲政友会の松田正久・原敬と憲政本党の大石正巳・犬養毅・加藤高明が会合し、行財政整理・対露問題について提携することで合意。議会開催を前に政府反対派が230余名の絶対多数となる。一方、両党内で提携派と非提携派が対立。

12.4　〔国会〕**徳川家達貴族院議長就任**　徳川家達、近衛篤麿の任期満了により、後任の貴族院議長に任ぜられる。

12.4　〔政党〕**立憲政友会・憲政本党党大会**　立憲政友会と憲政本党、それぞれ党大会を開催し、対露問題解決・行財政整理などを決議。

12.5　〔国会〕**第19回帝国議会召集**　第19回帝国議会（通常会）が召集された。同日、河野広中（憲政本党）が衆議院議長に任ぜられる。10日、開院式。会期は1904年3月8日までの90日間。12月11日に衆議院が解散し、会期実数は2日間。

12.10　〔国会〕**勅語奉答文事件**　河野衆議院議長、自ら起算した勅語奉答文案を上程し、可決される。慣例に反して予め文案を内示しておらず、その文中に内閣弾劾の文言が含まれていたため、林有造ら5名が先例にもとる違法な議決であるとして再審議を要求。河野、これを拒否。議論が紛糾するも、一時不再理の原則によりそのまま上奏することに決定。田中宮相、上奏文奉答のための河野参内を延期するよう通告。

12.11　〔国会〕**衆議院解散**　政府、本会議休憩中に突如衆議院を解散。勅語奉答文事件を受けての措置。

12.30　〔内閣〕**対清韓方針決定**　桂内閣、閣議を開催。対露交渉が決裂した際の対清韓方針として、清国の中立維持などを決定。

－ 30 －

1904年
（明治37年）

1.28 〔外交〕**戦時財政について懇談**　政府、首相官邸に銀行家らを招き、対露開戦時の公債募集について懇談する。

2.3 〔国会〕**「明治37年度において前年度予算を施行するの件」公布**　「明治37年度において前年度予算を施行するの件」が公布される。衆議院解散により同年度予算が不成立となったことに伴う措置。

2.4 〔外交〕**対露交渉打ち切り決定**　御前会議が開催され、対露交渉を打ち切り軍事行動をとることが決定。

2.6 〔外交〕**対露国交断絶**　小村外相、ロシア公使ローゼンに日露交渉打ち切りと国交断絶を通告。

2.10 〔外交〕**日露戦争開戦**　「ロシアに対する宣戦の詔勅」が発布される。

3.1 〔選挙〕**第9回衆議院選挙**　第9回衆議院議員総選挙が行われた。定数379。獲得議席は立憲政友会133、憲政本党90、甲辰倶楽部39、無名倶楽部25、帝国党19、自由党18、無所属55。

3.16 〔政党〕**立憲政友会・憲政本党が戦争協力を決議**　立憲政友会、党大会を開催し、軍費負担を辞さない旨を決議。同日、憲政本党が党大会を開催し、交戦目的と財政監督に関する宣言書を採択。

3.18 〔国会〕**第20回帝国議会召集**　第20回帝国議会（臨時会）が召集された。同日、松田正久（立憲政友会）が衆議院議長、箕浦勝人（憲政本党）が副議長に任ぜられる。20日、開院式。会期は29日までの10日間。30日、閉会式。

3.20 〔外交〕**戦時増税で合意**　桂太郎首相、立憲政友会の松田正久・原敬、憲政本党の大石正巳・箕浦勝人ら、戦時増税に関して合意に達する。

3.23 〔国会〕**桂首相、施政方針演説**　桂太郎首相、衆議院で施政方針演説を行う。主な内容は日露戦争の目的を達し、速やかに平和の克復に努めることなど。26日、貴族院で施政方針演説。

3.23 〔事件〕**秋山露探問題**　衆議院、秋山定輔議員の露探問題に関する調査委員設置動議を可決。秋山が主宰する『二六新報』に、公債発行を批判する記事「内閣弾劾問題」などが掲載されたことを問題視したもの。26日、調査委員会、露探の確証は無いが、反日行為が確認されたと報告。本会議、「内閣弾劾問題」について、自ら処遇を決するよう秋山に求める動議を議決。27日、秋山が議員辞職。

3.29 〔国会〕**臨時軍事費予算など成立**　臨時軍事費予算・明治37年度追加予算が成立する。

3.30 〔法律〕**「臨時事件費支弁に関する法律」公布**　「臨時事件費支弁に関する法律」が公布され、公債発行・一時借入金・特別会計資金繰替使用の権限などが定められる。

4.1 〔法律〕**「非常特別税法」など公布**　「非常特別税法」が公布され、地租など10科目以上を増税するほか、新税を創設することが定められる。同日、「煙草専売法」が公布され、専売制が導入される。

6.10 〔選挙〕**第3回貴族院多額納税者議員選挙**　第3回貴族院多額納税者議員選挙が実施され

る。9月29日、45名が議員に任ぜられる。

7.10 〔選挙〕**第3回貴族院伯子男爵議員選挙** 第3回貴族院伯子男爵議員選挙が実施される。当選者は伯爵17名、子爵70名、男爵56名。

8.22 〔外交〕**「第1次日韓協約」調印** 「第1次日韓協約」が調印され、日本が韓国の財政・外交権を事実上掌握する。

11.28 〔国会〕**第21回帝国議会召集** 第21回帝国議会（通常会）が召集された。30日、開院式。会期は1905年2月27日までの90日間。2月28日、閉会式。

11.30 〔国会〕**明治38年度総予算案提出** 政府、明治38年度総予算案並各特別会計予算案を衆議院に提出。12月17日、内閣が修正。同日、修正議決。28日、貴族院で可決成立。

12.3 〔外交〕**桂首相、施政方針演説** 桂太郎首相、衆議院で施政方針演説を行い、日露戦争の戦争目的を達成するため、予算案・政法などへの協賛を要請。20日、貴族院で施政方針演説。

12.9 〔外交〕**戦時増税で妥協案成立** 桂太郎首相、立憲政友会の松田正久・原敬・大岡育造、憲政本党の犬養毅・鳩山和夫・武富時敏ら、戦時増税について協議し、地租増徴率低減などの妥協案が成立。

12.17 〔法律〕**「臨時事件費支弁に関する法律」など修正議決** 政府提出の「臨時事件費支弁に関する法律」案（公債発行・一時借入金の上限額を規定）、「非常特別税法」中改正法律案（各種税率増加）、「塩専売法」案、「相続税法」案、いずれも衆議院で修正議決。26日から28日にかけて、貴族院で4法案が可決成立。1906年1月1日、公布。

1905年
（明治38年）

3.22 〔法律〕**「貴族院令」改正公布** 「貴族院令」改正が公布され、議員数が勅選125名以内、伯爵17名以内、子爵70名以内、男爵56名以内に制限される。

6.1 〔外交〕**米国大統領に講和斡旋依頼** 駐米公使高平小五郎、小村外相の訓電に従いセオドア・ルーズベルト米国大統領に日露戦争の講和斡旋を依頼。

6.9 〔外交〕**ルーズベルト大統領が講和勧告書提示** セオドア・ルーズベルト大統領、日露両国に講和勧告書を提示。

6.28 〔外交〕**立憲政友会・憲政本党が講和について決議** 立憲政友会代表原敬、桂太郎首相に講和問題に関する決議文を提出。同日、憲政本党連合会が講和問題に関する宣言書を議決。

8.10 〔外交〕**ポーツマス会議** 日露講和会議がアメリカ東部ポーツマスで開始される。日本側全権委員小村寿太郎・高平小五郎、ロシア側全権委員セルゲイ・ウィッテ・ロマン・ローゼンに12ヶ条の講和条件を提示。

8.12 〔外交〕**「第2回日英同盟協約」調印** 「第2回日英同盟協約」がロンドンで調印される。

9.1 〔外交〕**「日露休戦議定書」調印** 「日露休戦議定書」が調印される。

9.5 〔事件〕**日比谷焼討事件** 講和反対国民大会、東京・日比谷公園で開催される。講和条約破棄などを決議して解散した後、群衆が暴徒化して内相官邸・国民新聞社・各地の警察署などを襲撃。6日、東京市・府下5郡に「戒厳令」が施行される。同日、「新聞・雑誌の取締に関

– 32 –

日本議会政治史事典　　　　　　　　　　　　　　　　　　　　　　　　　　　1905年（明治38年）

する件」が施行される。主な内容は皇室の尊厳冒瀆、政体の変革、朝憲紊乱に関する記事を掲載する新聞・雑誌の取締りなど。

9.5　〔外交〕「ポーツマス条約」調印　「日露講和条約」および追加約款、ポーツマスにおいて調印される。主な内容は朝鮮半島における日本の優越権の確認、ロシアから日本への遼東半島南端部の租借権委譲、東清鉄道の一部の租借権委譲、樺太南部の割譲など。

9.9　〔外交〕憲政本党が政府問責決議案議決　憲政本党代議士評議員連合会、屈辱講和および帝都騒乱事件に関し政府問責決議案を議決。

9.21　〔外交〕ポーツマス条約批准拒否を上奏　法学博士戸水寛人・金井延・寺尾亨・中村進午・岡田朝太郎、文学博士建部遯吾の6名、ポーツマス条約批准拒否の上奏文を奉呈。

10.9　〔政党〕平民社解散　平民社が解散する。

10.16　〔外交〕「平和克復の詔勅」発布　「平和克復の詔勅」が発布される。

11.17　〔外交〕「韓国保護条約」調印　「第2次日韓協約」（「韓国保護条約」）が調印される。主な内容は韓国の外交権を日本が管理指揮すること、漢城に統監府を設置することなど。

11.29　〔外交〕「戒厳令」解除　東京府に敷かれていた「戒厳令」が解除され、「新聞・雑誌の取締に関する件」が廃止される。

12.1　〔政党〕普通選挙連合会設立　西川光二郎・山口義三・安部磯雄・木下尚江ら、普通選挙連合会を設立。

12.2　〔事件〕大学独立問題　久保田譲文相、東京帝国大学総長山川健次郎を罷免。戸水寛人らによるポーツマス条約批准拒否上奏を受けての措置。後任総長は松井直吉。これが大学自治および学問の自由の侵害であるとして、5日に東京帝国大学教授らが松井総長に辞職を勧告し、桂太郎首相・久保田文相への抗議書提出を決議。同日、京都帝国大学法学科の全教授が辞表を提出。14日、久保田文相・松井総長が辞任。

12.19　〔内閣〕桂内閣総辞職　桂太郎首相と西園寺公望立憲政友会総裁が会見し、後継内閣について協議。20日、西園寺が首相就任を了承。21日、桂内閣、総辞職を決定。1906年1月6日、西園寺に大命降下。桂園による政権たらい回しの始まり。

12.21　〔政治〕山県枢密院議長就任　山県有朋、枢密院議長に任ぜられる。

12.22　〔外交〕「満州に関する日清条約」調印　「満州に関する日清条約」が調印され、清国が遼東半島租借権および南満州鉄道譲渡などを承諾。

12.23　〔政党〕大同倶楽部設立　佐々友房・安達謙蔵ら帝国党・甲辰倶楽部・自由党3党所属および無所属の衆議院議員89名、大同倶楽部を設立。

12.24　〔政党〕原立憲政友会院内総理就任　立憲政友会代議士総会が開催され、原敬が院内総理に就任。

12.25　〔国会〕第22回帝国議会召集　第22回帝国議会（通常会）が召集された。28日、開院式。会期は1906年3月27日までの90日間。3月28日、閉会式。

12.29　〔政党〕政交倶楽部設立　島田三郎ら旧同攻会所属衆議院議員、政交倶楽部を設立。衆議院解散の際に解散。

－ 33 －

1906年
(明治39年)

1.7 〔内閣〕**第1次西園寺内閣成立** 西園寺公望が首相に就任し、第1次西園寺公望内閣が成立。

1.14 〔政党〕**日本平民党設立** 樋口伝・西川光二郎ら、日本平民党を設立。

1.19 〔国会〕**松田衆議院議長辞任** 松田正久、衆議院議長を辞任。23日、杉田定一 (立憲政友会) が後任の議長に任ぜられる。

1.25 〔国会〕**西園寺首相、施政方針演説** 西園寺公望首相、両院で施政方針演説を行い、ロシアとの平和克復・満州経営・韓国保護国化は日本の務めであると主張。

1.25 〔国会〕**明治39年度総予算案提出** 政府、明治39年度総予算案並各特別会計予算案を衆議院に提出。2月10日、修正議決。3月6日、貴族院で可決成立。

1.28 〔政党〕**日本社会党設立** 堺利彦・深尾韶ら、日本社会党を設立。

2.24 〔政党〕**日本社会党設立** 日本社会党と日本平民党が合同し、新たに日本社会党を設立。結党式・第1回党大会を東京で開催。

3.2 〔法律〕**「国債整理基金特別会計法」など公布** 「国債整理基金特別会計法」(国債整理のため毎年一般会計から特別会計に資金を繰り入れることを規定)、「非常特別税法」改正 (臨時的な戦時税を永久税化)、公布される。

3.3 〔法律〕**「鉄道国有法」案提出** 政府、「鉄道国有法」案を衆議院に提出。私鉄3線を買収する内容。16日、可決。27日、貴族院で修正議決。同日、衆議院で同意成立。31日、公布。

6.8 〔法律〕**「南満州鉄道株式会社に関する件」公布** 「南満州鉄道株式会社に関する件」が公布される。11月26日、南満州鉄道設立。

8.1 〔法律〕**「関東都督府官制」公布** 「関東都督府官制」が公布される。

12.25 〔国会〕**第23回帝国議会召集** 第23回帝国議会 (通常会) が召集された。28日、開院式。会期は1907年3月27日までの90日間。3月28日、閉会式。

12.25 〔政党〕**猶興会設立** 旧政交倶楽部所属衆議院議員ら、猶興会を設立。

1907年
(明治40年)

1.20 〔政党〕**憲政本党党則改正** 憲政本党、党大会を開催。党則を改正 (政務委員制廃止・審議委員制設置) したほか、政権接近・軍備充実を声明。大隈総理、引退を表明。2月20日、総理を辞任。

1.22	〔国会〕**西園寺首相、施政方針演説**	西園寺公望首相、両院で施政方針演説を行い、同盟国・友好国との協調、産業振興、貿易拡大を表明。

1.22 〔国会〕**明治40年度総予算案提出** 政府、明治40年度総予算案並各特別会計予算案を衆議院に提出。総予算歳出総額の三分の一を陸軍省・海軍省所管経費が占める内容。2月7日、内閣が修正。12日、可決。3月6日、貴族院が修正議決。9日、衆議院が同意成立。

2.1 〔法律〕**「公式令」公布** 「公式令」が公布され、法令の公布形式が整備される。

2.17 〔政党〕**日本社会党第2回党大会** 日本社会党、第2回党大会を開催。社会主義実現手段について議会政策派と直接行動派が対立。

2.19 〔法律〕**「郡制廃止法律案」提出** 政府、「郡制廃止法律案」を衆議院に提出。3月2日、可決。21日、貴族院で否決。

2.22 〔政党〕**日本社会党結社禁止** 日本社会党、結社禁止を命ぜられる。

3.29 〔法律〕**「樺太に施行すべき法令に関する法律」公布** 「樺太に施行すべき法令に関する法律」が公布される。

4.1 〔政治〕**帝国鉄道庁など設置** 帝国鉄道庁・樺太庁が設置される。

4.24 〔法律〕**「刑法」改正公布** 「刑法」改正が公布される。同法が全面改正され、旧刑法は廃止。

7.24 〔外交〕**「第3次日韓協約」調印** 「第3回日韓協約」が調印され、日本が韓国内政の全権を事実上掌握。

7.30 〔外交〕**「第1次日露協約」調印** 日本側全権大使本野一郎在ロシア日本大使とロシア側全権大使アレクサンドル・イズヴォリスキー外相、「第1次日露協約」に調印。清国の独立と領土の保全、清国の門戸開放と列国の機会均等を確認する一方、秘密協定で日露両国の満州・外蒙古・朝鮮における権益の相互尊重を定める。

12.25 〔国会〕**第24回帝国議会召集** 第24回帝国議会（通常会）が召集された。28日、開院式。会期は1908年3月26日までの90日間。3月27日、閉会式。

1908年
（明治41年）

1.1 〔政治〕**内大臣府設置** 内大臣府が設置される。

1.21 〔国会〕**内閣不信任決議案提出** 衆議院に西園寺内閣不信任決議が提出される。政府の財政計画（増税）に反対してのこと。23日、不信任案が否決される。

1.21 〔法律〕**増税諸法案提出** 政府、衆議院に「酒税法」中改正法律案・「砂糖消費税法」中改正法律案・「石油消費税法」案を提出。2月4日、いずれも修正議決。22日、いずれも貴族院で可決成立。同日に「砂糖消費税法」改正が、3月16日に残り2法が公布される。

1.22 〔国会〕**明治41年度総予算案提出** 政府、明治41年度総予算案並各特別会計予算案を衆議院に提出。2月13日、可決。3月5日、貴族院で可決成立。

1.23 〔国会〕**西園寺首相、施政方針演説** 西園寺公望首相、両院で施政方針演説を行い、東

洋における平和維持、国家財政の強化を重点課題に掲げる。

3.28 〔法律〕「監獄法」など公布　「監獄法」、「刑法施行法」が公布される。

4.25 〔法律〕「衆議院議員選挙法」改正公布　「衆議院議員選挙法」改正が公布され、政府の請負をなす者または政府の請負をなす目的をもって設立された法人役員の被選挙権が剥奪される。

5.15 〔選挙〕第10回衆議院選挙　第10回衆議院議員総選挙が行われた。定数379。獲得議席は立憲政友会187、憲政本党70、大同倶楽部29、猶興会29、無所属64。

7.1 〔政党〕各派連合幹事会　河野広中、憲政本党・大同倶楽部・猶興会・無所属議員ら在野勢力の連合を企図し、各派連合幹事会を開催する。

7.4 〔内閣〕西園寺内閣総辞職　西園寺公望首相の病気を理由に、西園寺内閣が突如として総辞職。12日、桂太郎に大命降下。財政上の失策と山県有朋ら元老の画策が真の理由とされる。

7.14 〔内閣〕第2次桂内閣成立　桂太郎が首相（蔵相兼任）に就任し、第2次桂太郎内閣が成立。8月27日、小村寿太郎が外相に任ぜられる。超然内閣の立場を取り、一視同仁主義を標榜。

8.29 〔内閣〕新財政計画発表　政府、緊縮財政を内容とする新財政計画を発表。

12.5 〔内閣〕鉄道院設置　「鉄道院官制」が公布され、内閣に鉄道院が設置される。初代総裁は後藤新平。

12.21 〔政党〕又新会設立　河野広中・島田三郎ら19日に解散した旧猶興会所属衆議院議員、又新会を設立し、官僚政治打破・3税廃止を宣言。

12.22 〔国会〕第25回帝国議会召集　第25回帝国議会（通常会）が召集された。23日、長谷場純孝（立憲政友会）が衆議院議長、肥塚龍（憲政本党）が副議長に任ぜられる。25日、開院式。会期は1909年3月24日までの90日間。3月25日、閉会式。

1909年
（明治42年）

1.21 〔国会〕桂首相、施政方針演説　桂太郎首相、両院で施政方針演説を行い、締盟列国との親善、東洋平和の強固、行財政整理、国防・教育・交通・産業などの充実を唱える。

1.21 〔国会〕明治42年度総予算案提出　政府、明治42年度総予算案並各特別会計予算案を衆議院に提出。2月13日、修正議決。3月13日、貴族院で可決成立。

4.11 〔事件〕日本製糖汚職事件　「輸入原料砂糖戻税」改正に関する贈収賄事件が発覚。1902年制定・有効期間5年の同法を延長させる改正法案が成立する際、大日本製糖会社から衆議院議員20名に金品が渡されていたというもの。後日、同社取締役や議員らが検挙される。

4.13 〔法律〕「貴族院令」改正公布　「貴族院令」改正が公布され、伯子男爵議員の定数が伯爵17名以内、子爵70名以内、男爵63名以内に変更される。

5.6 〔法律〕「新聞紙法」公布　「新聞紙法」が公布され、発行規定・掲載内容についての規制が強化される。これに伴い「新聞紙条例」を廃止。

6.14 〔政治〕伊藤枢密院議長就任　伊藤博文、枢密院議長に任ぜられる。

7.6　〔外交〕**日韓併合の方針決定**　桂内閣が閣議を開催し、日韓併合の方針を決定。

10.26　〔事件〕**伊藤博文暗殺**　伊藤博文枢密院議長、ハルビン駅で韓国人安重根に狙撃され死去。享年69。11月4日、国葬が営まれる。

11.17　〔政治〕**山県枢密院議長就任**　山県有朋、暗殺された伊藤博文の後任として枢密院議長に任ぜられる。

12.22　〔国会〕**第26回帝国議会召集**　第26回帝国議会（通常会）が召集された。24日、開院式。会期は1910年3月23日までの90日間。3月24日、閉会式。

1910年
(明治43年)

1.19　〔法律〕**「関税定率法」改正法律案提出**　政府、「関税定率法」改正法律案を衆議院に提出。協定税率を廃止し、固定税率を規定する内容。3月19日、両院協議会で成案が成立。同日、衆議院で可決。3月22日、貴族院で可決成立。4月15日、公布。

1.21　〔国会〕**明治43年度総予算案提出**　政府、明治43年度総予算案並各特別会計予算案を衆議院に提出。2月12日、修正議決。3月9日、貴族院で可決成立。

1.22　〔国会〕**桂首相、施政方針演説**　桂太郎首相、両院で施政方針演説を行い、日清協約締結と税制改革の意向を表明。

3.1　〔政党〕**中央倶楽部設立**　大同倶楽部・戊申倶楽部所属議員ら、中央倶楽部を設立し、発会式を挙行。同日、大同・戊申両倶楽部が解散。

3.13　〔政党〕**立憲国民党設立**　憲政本党・無名会・又新会所属議員ら、立憲国民党を設立し、結党式を挙行。犬養毅・大石正巳・河野広中が常務委員に就任。同日、憲政本党・無名会が解散。

3.25　〔法律〕**「地租条例」改正など公布**　「地租条例」改正が公布され、地租が軽減される。同日、「宅地地価修正法」が公布される。

5.25　〔事件〕**大逆事件**　明治天皇暗殺計画が発覚し、長野県で宮下太吉ら4名が逮捕される。6月1日、幸徳秋水逮捕。以後、各地で社会主義者・無政府主義者ら多数が逮捕され、26名が暗殺計画に関与したとして起訴された。1911年1月18日、大審院で幸徳・宮下ら24名に死刑、2名に有期刑の判決。19日、刑を執行。12名は無期懲役に減刑。第2次世界大戦後、その多くが官憲によるフレームアップだったことが判明。

6.22　〔内閣〕**拓殖局設置**　「拓殖局官制」が公布され、内閣に拓殖局が設置される。職掌は植民地事務など。

7.4　〔外交〕**「第2次日露協約」調印**　「第2次日露協約」が調印される。主な内容は満州の現状維持、鉄道に関する相互協力など。

8.22　〔外交〕**「韓国併合に関する条約」調印**　「韓国併合に関する条約」が漢城で調印される。29日、公布・発効。

8.29　〔外交〕**韓国併合**　「韓国併合に関する詔書」が公布され、日本が韓国を併合。同日、「韓国の国号を改め朝鮮と称する件」・「朝鮮総督府設置に関する件」が公布される。

－ 37 －

1911年（明治44年）　　　　　　　　　　　　　　　　　　　　　　　　　日本議会政治史事典

10.1　〔外交〕**朝鮮総督府設置**　朝鮮総督府が設置される。これに伴い統監府を廃止。

12.5　〔国会〕**徳川家達貴族院議長再任**　徳川家達、任期満了により貴族院議長に再任される。

12.20　〔国会〕**第27回帝国議会召集**　第27回帝国議会（通常会）が召集された。23日、開院式。
会期は1911年3月22日までの90日間。3月23日、閉会式。

12.21　〔政党〕**又新会解散**　又新会が解散する。

1911年
（明治44年）

1.21　〔国会〕**桂首相、施政方針演説**　桂太郎首相、両院で施政方針演説を行い、東洋の平和の
増進、国防の充実を重点課題に挙げる。

1.21　〔国会〕**明治44年度総予算案提出**　政府、明治44年度総予算案並各特別会計予算案を衆
議院に提出。2月14日、修正議決。3月13日、可決成立。

1.26　〔内閣〕**情意投合**　桂太郎首相と西園寺公望立憲政友会総裁が会談し、政府と立憲政友会
の提携（情意投合）が成立。29日、桂が立憲政友会議員を上野精養軒に招き、提携を公表。

2.4　〔国会〕**歴史教科書に関する質問書提出**　藤沢元造衆議院議員（無所属）、国定歴史教科
書中の南北朝に関する記述について質問案を提出。14日、小松原文相が南朝正統主義に基づ
く教科書改訂を訓令。16日、藤沢が質問案を撤回し、議員辞職。

2.21　〔外交〕**「日米通商航海条約」調印**　「日米通商航海条約」（「小村条約」）が調印され、日
本が関税自主権を回復。

3.25　〔法律〕**「朝鮮に施行すべき法令に関する法律」公布**　「朝鮮に施行すべき法令に関す
る法律」が公布される。

3.29　〔法律〕**「工場法」公布**　「工場法」が公布される。主な内容は女性従業員・年少従業員の
保護など。

6.1　〔政党〕**青鞜社設立**　平塚雷鳥ら、青鞜社を設立。9月1日、雑誌『青鞜』を創刊。

6.10　〔選挙〕**第4回貴族院多額納税者議員選挙**　第4回貴族院多額納税者議員選挙が実施され
る。9月29日、45名が貴族院議員に任ぜられる。

7.10　〔選挙〕**第4回貴族院伯子男爵議員選挙**　第4回貴族院伯子男爵議員選挙が実施される。
当選者は伯爵17名、子爵70名、男爵63名。

8.25　〔内閣〕**第2次桂内閣総辞職**　桂太郎首相、政綱実行が一段落したとして辞表奉呈、内閣
総辞職。28日、西園寺公望に大命降下。

8.30　〔内閣〕**第2次西園寺内閣成立**　西園寺公望が首相に就任し、第2次西園寺公望内閣が成
立。主な閣僚は内相原敬、文相長谷場純孝、法相松田正久など。

9.6　〔国会〕**長谷場衆議院議長辞任**　長谷場純孝、文相就任に伴い衆議院議長を辞任。

10.25　〔政党〕**社会党設立**　片山潜ら、社会党を設立。27日、結社禁止を命ぜられる。

12.23　〔国会〕**第28回帝国議会召集**　第28回帝国議会が召集された。24日、大岡育造（立憲政友

－ 38 －

会）が衆議院議長に任ぜられる。27日、開院式。会期は1912年3月25日までの90日間。3月26日、閉会式。

1912年
（明治45年/大正元年）

1.23 〔国会〕**西園寺首相、施政方針演説**　西園寺公望首相、両院で施政方針演説を行い、締盟列国との親善、財政均衡保持を訴える。

1.23 〔国会〕**明治45年度総予算案提出**　政府、明治45年度総予算案並各特別会計予算案を衆議院に提出。2月13日、可決。3月7日、貴族院で可決成立。

2.24 〔法律〕**「衆議院議員選挙法」中改正法律案提出**　政府、「衆議院議員選挙法」中改正法律案を衆議院に提出。主な内容は小選挙区制度の導入など。3月5日、修正議決。20日、貴族院で修正議決。同日、衆議院が不同意。22日、両院協議会で成案が成立。23日、衆議院で可決。同日、貴族院で否決、不成立。

5.15 〔選挙〕**第11回衆議院選挙**　第11回衆議院議員総選挙が行われた。本選挙から沖縄選挙区が設置される。定数381。獲得議席は立憲政友会209、立憲国民党95、中央倶楽部31、無所属46。

8.21 〔国会〕**第29回帝国議会召集**　第29回帝国議会（臨時会）が召集された。同日、大岡育造（立憲政友会）が衆議院議長、関直彦（立憲国民党）が副議長に任ぜられる。23日、開院式。会期は25日までの3日間。26日、閉会式を挙行。

8.23 〔国会〕**明治45年・大正元年度追加予算案提出**　政府、明治45年・大正元年度追加予算案を衆議院に提出。内容は大喪費154万円。24日、可決。同日、貴族院で可決成立。

8.24 〔内閣〕**明治天皇哀悼演説**　西園寺公望首相、両院で明治天皇崩御に対する哀悼演説を行う。

9.13 〔政治〕**明治天皇大喪の儀**　明治天皇大喪の儀が東京・青山葬場殿で挙行される。同日、「恩赦に関する詔書」が公布される。同日夜、陸軍大将乃木希典夫妻が殉死。26日、「恩赦令」・「大赦令」が公布される。

11.22 〔内閣〕**2個師団増設問題**　閣議が開催され、上原勇作陸相が朝鮮に2個師団を増設する案を提出。30日、臨時閣議が開催され、行財政整理（緊縮財政）を理由に否決。

12.2 〔内閣〕**上原陸相辞任**　上原陸相、2個師団増設案が否決されたため、帷幄上奏権を行使して単独辞任。陸軍、軍部大臣現役武官制を利用して倒閣するため、後任陸相を出さず。3日、閣議が開催され、後任陸相不在のため内閣総辞職を決定。軍部は内閣打倒に成功するが、国民の猛反発を招き、第1次憲政擁護運動が全国的に展開されることになる。

12.5 〔内閣〕**西園寺内閣総辞職**　西園寺公望内閣、閣内不一致を理由に総辞職。17日、桂太郎に大命降下。

12.15 〔政党〕**憲政擁護決議**　立憲政友会、大懇親会を開催し、官僚政治根絶と憲政擁護を決議。

12.19 〔政治〕**第1次憲政擁護運動**　犬養・尾崎・板垣ら、憲政擁護第1回大会を東京で開催し、閥族打破・憲政擁護を決議。その後、12月27日に憲政擁護大懇親会が築地精養軒で開催されるなど、各地で憲政擁護大会が相次ぐ。第1次憲政擁護運動の始まり。

－ 39 －

1913年（大正2年）　　　　　　　　　　　　　　　　　　　　　　　　　　　　日本議会政治史事典

12.21　〔内閣〕**第3次桂内閣成立**　桂太郎が首相（外相兼任）に就任し、第3次桂太郎内閣が成立。
　　　　　陸相は木越安綱、海相は斎藤実が留任。

12.24　〔国会〕**第30回帝国議会召集**　第30回帝国議会（通常会）が召集された。27日、開院式。
　　　　　会期は1913年3月26日までの90日間。3月27日、閉会式。

1913年
（大正2年）

1.19　〔政党〕**立憲政友会・立憲国民党が憲政擁護宣言**　立憲政友会・立憲国民党、それぞれ
　　　　党大会を開催。閥族打破・憲政擁護を宣言し、桂内閣弾劾を決議。

1.21　〔国会〕**「停会詔書」発布**　「停会詔書」が発布される。期間は2月4日までの15日間。組
　　　　閣から日が浅く、予算書の印刷が未完成なことが口実。桂太郎首相、停会中に新党結成準備
　　　　を進める。立憲政友会など野党、非立憲的な停会に対し、内閣不信任決議を準備。

1.21　〔政党〕**立憲国民党分裂**　河野広中・大石正巳・島田三郎ら、立憲国民党を脱党。以後も
　　　　離党者が続出し、立憲国民党が分裂。脱党者らは立憲同志会に合流し、党残留者らは憲政擁
　　　　護運動に邁進。

2.5　〔国会〕**桂首相、施政方針演説**　桂太郎首相、両院で施政方針演説を行い、行財政整理に
　　　　邁進することを表明。

2.5　〔国会〕**桂内閣不信任決議案提出**　立憲政友会と立憲国民党、桂内閣不信任決議案を衆
　　　　議院に提出。同日、「停会詔書」が発布される。期間は9日までの5日間。8日、桂太郎首相が
　　　　西園寺公望立憲政友会総裁と会見し、不信任決議案撤回を要請。9日、西園寺が拒否。

2.5　〔国会〕**大正2年度総予算案提出**　政府、大正2年度総予算案並各特別会計予算案を衆議
　　　　院に提出。桂内閣総辞職のため、2月22日に撤回。

2.7　〔政党〕**立憲同志会宣言書発表**　桂太郎、立憲同志会宣言書を発表。24日、総会を開催
　　　　し、綱領・政策を発表。

2.9　〔政党〕**内閣不信任決議案撤回の詔勅**　西園寺公望、召命により参内し、内閣不信任決
　　　　議案を撤回するべしとの詔勅を賜る。

2.10　〔国会〕**「停会詔書」発布**　「停会詔書」が発布される。期間は12日までの3日間。

2.10　〔政党〕**西園寺の違勅問題**　立憲政友会、議員総会を開催。西園寺公望総裁が詔勅に従い
　　　　政府との対決姿勢を緩和するよう求めるが、総会は党の主張と個人の奉勅とは別であるとし
　　　　て、政府との対決続行を決議。3月29日、西園寺が総裁を辞任。

2.10　〔事件〕**憲政擁護運動が暴動化**　東京・上野公園や神田などで憲政擁護大会が開催され
　　　　る。議会停会などに興奮した群衆が国会議事堂に向けてデモ行進し、警官隊と衝突。さらに
　　　　国民新聞社や警察署などを襲撃し、軍隊が出動するに至る。11日に大阪、13日から14日にか
　　　　けて神戸、16日に広島、17日から19日にかけて京都など、暴動が各地に波及。

2.11　〔内閣〕**大正の政変**　第3次桂太郎内閣、憲政擁護運動の高まりを受けて総辞職。元老会
　　　　議、海軍大将山本権兵衛を後継首相に推薦。12日、山本に大命降下。

2.15　〔政党〕**無所属団と称する**　立憲国民党所属議員の大半と中央倶楽部の全議員、衆議院内

－ 40 －

で無所属団と称する。

2.19 〔政党〕**立憲政友会が山本内閣と提携**　立憲政友会、議員総会を開催し、山本権兵衛内閣との提携を決議。立憲国民党、立憲政友会に提携断絶を通告。憲政擁護運動が分裂。

2.20 〔内閣〕**第1次山本内閣成立**　山本権兵衛が首相に就任し、第1次山本権兵衛内閣が成立。主な閣僚は内相原敬など。

2.23 〔政党〕**立憲政友会分裂**　尾崎行雄ら山本内閣との提携反対派、立憲政友会を離党。24日、離党議員らが政友倶楽部を設立し、立憲国民党と提携。

2.27 〔国会〕**山本首相、施政方針演説**　山本首相、両院で施政方針演説を行い、行財政整理を表明。

2.27 〔国会〕**大正2年度総予算案並各特別会計予算案再提出**　政府、大正2年度総予算案並各特別会計予算案を衆議院に再提出。3月15日、可決。26日、貴族院で可決成立。

2.27 〔政治〕**軍部大臣現役武官制改正を表明**　政友倶楽部の林毅陸、衆議院本会議で山本内閣の政綱に関する質問書を提出。3月11日、山本首相が軍部大臣現役武官制および「文官任用令」の改正を表明。

5.10 〔外交〕**「排日土地法」に抗議**　政府、5月2日に米国・カリフォルニア州議会がで可決された「カリフォルニア州外国人土地法」に関して米国政府に抗議。市民権獲得資格の無い外国人（実質的に日本人）の土地所有などを禁じた法律。19日、米国政府が遺憾の意を表明。6月4日、再抗議。

6.13 〔法律〕**軍部大臣現役武官制廃止**　「陸軍省官制」・「海軍省官制」が改正され、軍部大臣現役武官制の規定が削除される。

6.13 〔内閣〕**行政整理綱要発表**　山本首相、行政整理綱要を発表。主な内容は法令178件改廃、官吏6000名減員、政費7000万円削減など。

8.1 〔法律〕**「文官任用令」改正**　「文官任用令」が改正され、自由任用の範囲が拡大される。

12.19 〔政党〕**亦政会設立**　亦楽会と政友倶楽部が合同し、亦政会が設立される。24日、中正会と改称。

12.23 〔政党〕**立憲同志会結党式**　河野広中ら立憲国民党離党者、立憲同志会結党式を挙行。加藤高明が総理、大浦兼武・大石正巳・河野広中が総務に就任。

12.24 〔国会〕**第31回帝国議会召集**　第31回帝国議会（通常会）が召集された。26日、開院式。会期は1914年3月25日までの90日間。3月26日、閉会式。

1914年
（大正3年）

1.21 〔国会〕**山本首相、施政方針演説**　山本首相、両院で施政方針演説を行い、行財政整理の続行、大礼使の設置を表明。

1.21 〔国会〕**大正3年度総予算案提出**　政府、大正3年度総予算案並各特別会計予算案を衆議院に提出。海軍拡張費1億5400万円（軍艦建造費7000万円など）が争点となる。2月12日、修正議決。軍艦建造費3000万円削除。3月13日、貴族院で修正議決。軍艦製造費を全額削減。

1914年（大正3年）　　　　　　　　　　　　　　　　　　　　　　　　　　　　　　日本議会政治史事典

14日、衆議院が不同意。19日、両院協議会で成案が成立。23日、衆議院で可決。同日、貴族
院で否決。予算不成立。

1.23　〔事件〕**シーメンス事件**　ドイツ・シーメンス商会による日本海軍高官への贈賄事件が報
道される。同日、島田三郎（立憲同志会）が衆議院予算総会で事件について質疑。2月16日、
政府が事件の全容を発表。

2.3　〔法律〕**「営業税法」中改正法律案提出**　政府、「営業税法」中改正法律案を衆議院に提
出。16日、修正議決。3月20日、貴族院で修正議決。23日、衆議院で同意成立。31日、公布
され、税率が改正される。

2.10　〔国会〕**山本内閣弾劾決議案否決**　立憲同志会・立憲国民党・中正会、シーメンス事件
に関する山本内閣弾劾決議案を衆議院本会議に提出。205対165で否決。

2.10　〔事件〕**国民大会が暴徒化**　国民大会が東京・日比谷公園で開催され、内閣弾劾を決議。
その後、群衆が国会議事堂に向けてデモを行うが暴徒化し、中央新聞社・立憲政友会本部な
どを襲撃。軍隊の出動に至る。

3.6　〔国会〕**大岡衆議院議長辞任**　大岡育造、文相として入閣したことに伴い、衆議院議長を
辞任。7日、長谷場純孝が後任議長に任ぜられる。

3.15　〔国会〕**長谷場衆議院議長死去**　長谷場純孝衆議院議長が死去。17日、奥繁三郎（立憲政
友会）が後任議長に任ぜられる。

3.19　〔国会〕**山本内閣弾劾上奏決議案提出**　立憲国民党・立憲同志会・中正会、衆議院に山
本内閣弾劾上奏決議案を提出。

3.23　〔国会〕**「停会詔書」発布**　貴族院、大正3年度総予算案両院協議会成案を否決。同日、衆
議院において19日提出の内閣弾劾上奏決議案を審議中、「停会詔書」が発布される。期間は
25日までの3日間。

3.24　〔内閣〕**山本内閣総辞職**　第1次山本権兵衛内閣、予算不成立を受けて総辞職。

3.26　〔政治〕**元老会議が政局収拾を協議**　山県・松方・大山の元老会議、政局の混乱を受け、
事態打開の方策を協議。徳川家達貴族院議長を後継首相に推薦するが、固辞される。

3.28　〔国会〕**「大正3年度において前年度予算を施行するの件」公布**　「大正3年度におい
て前年度予算を施行するの件」が公布される。第31回帝国議会で同年度予算が成立しなかっ
たことに伴う措置。

3.29　〔政党〕**立憲政友会有志が超然内閣反対決議**　立憲政友会、有志代議士会を開催し、政
党を基盤としない超然内閣に反対を決議。

3.31　〔内閣〕**清浦に大命降下**　枢密院副議長清浦奎吾に大命降下。閣僚候補の多くが貴族院や
官僚出身で超然内閣の傾向が強かったため、4月2日に立憲政友会・立憲国民党がそれぞれ代
議士会を開催、超然内閣反対を決議し対決姿勢を示す。さらに海軍拡張問題をめぐって対立
する海軍が海相の推薦を拒絶。4月7日、組閣を断念。鰻香内閣と称される。13日、大隈重信
に大命降下。

4.16　〔内閣〕**第2次大隈内閣成立**　大隈重信が首相（内相兼任）に就任し、第2次大隈重信内閣
が成立。主な閣僚は外相加藤高明、法相尾崎行雄など。

5.4　〔国会〕**第32回帝国議会召集**　第32回帝国議会（臨時会）が召集された。5日、開院式。
会期は7日までの3日間。8日、閉会式。

5.5　〔国会〕**大正3年度追加予算案提出**　政府、大正3年度追加予算案を衆議院に提出。内容
は昭憲皇太后大喪費123万円。6日、両院で可決成立。

－ 42 －

5.6	〔内閣〕**大隈首相が皇太后哀悼演説**	大隈首相、両院で昭憲皇太后崩御に対する哀悼演説を行う。

5.6 〔内閣〕**大隈首相が皇太后哀悼演説** 大隈首相、両院で昭憲皇太后崩御に対する哀悼演説を行う。

6.18 〔政党〕**西園寺立憲政友会総裁辞任** 立憲政友会、臨時党大会を開催。西園寺公望総裁の辞任が了承され、原敬が後任総裁、村野常右衛門が幹事長に就任。

6.20 〔国会〕**第33回帝国議会召集** 第33回帝国議会（臨時会）が召集された。22日、開院式。会期は28日までの7日間。29日、閉会式。

6.22 〔国会〕**大正3年度追加予算案提出** 政府、大正3年度追加予算案を衆議院に提出。内容は軍艦製造費652万円。26日、可決。28日、貴族院で可決成立。

6.23 〔国会〕**大隈首相、施政方針演説** 大隈首相、両院で施政方針演説を行い、国防の充実、官営事業の民営化を訴える。

9.3 〔国会〕**第34回帝国議会召集** 第34回帝国議会が召集された。4日、開院式。会期は6日までの3日間。3日間の延長があり、会期実数は6日間。10日、閉会式。

9.4 〔国会〕**大正3年度追加予算案など提出** 政府、大正3年度追加予算案・臨時軍事費予算案（第1次世界大戦費）を衆議院に提出。7日、可決。9日、貴族院で可決成立。

9.5 〔内閣〕**大隈首相が対独参戦について演説** 大隈首相、両院でドイツとの戦争について演説。

12.3 〔政党〕**立憲政友会・立憲国民党が政府と敵対** 立憲政友会、党大会を開催。外交・経済・国防に関する覚書を発表し、政府反対を宣言。同日、立憲国民党が党大会を開催し、2個師団増設反対を決議。

12.5 〔国会〕**第35回帝国議会召集** 第35回帝国議会（通常会）が召集された。7日、開院式。会期は1915年3月6日までの90日間。12月25日に衆議院が解散し、会期実数は19日間。

12.8 〔国会〕**大隈首相、施政方針演説** 大隈首相、両院で施政方針演説を行い、国防の充実を訴える。

12.8 〔国会〕**大正4年度総予算案提出** 政府、大正4年度総予算案並各特別会計予算案を衆議院に提出。25日、衆議院解散のため審議未了。

12.25 〔国会〕**衆議院解散** 衆議院、大正4年度総予算案を修正議決。修正内容は2個師団増設費否決など。同日、大隈首相が衆議院を解散させる。

12.29 〔国会〕**「大正4年度において前年度予算を施行するの件」公布** 「大正4年度において前年度予算を施行するの件」が公布される。衆議院解散により同年度予算が不成立となったことに伴う措置。

1915年
（大正4年）

1.18 〔外交〕**21ヶ条要求** 政府、中華民国政府に対華21ヶ条要求を提示。5月7日、民国政府に最後通牒を発する。9日、民国政府が受諾を回答。25日、同要求に基づく「日華条約」が調印される。

3.25 〔選挙〕**第12回衆議院選挙** 第12回衆議院議員総選挙が行われた。定数381。獲得議席は

1915年（大正4年）　　　　　　　　　　　　　　　　　　　　　　　　　　　日本議会政治史事典

立憲同志会153、立憲政友会108、中正会33、立憲国民党27、大隈伯後援会（公友倶楽部）12、無所属48。大浦兼武内相による選挙干渉が行われ、第36回帝国議会で政治問題化。

5.17　〔国会〕第36回帝国議会召集　第36回帝国議会（特別会）が召集された。同日、島田三郎（立憲同志会）が衆議院議長、花井貞蔵（中正会）が副議長に任ぜられる。20日、開院式。会期は6月9日までの21日間。6月10日、閉会式。

5.20　〔国会〕大正4年度追加予算案提出　政府、大正4年度追加予算案を衆議院に提出。内容は2個師団増設費・軍艦製造費など5822万円。6月1日、可決。9日、貴族院で可決成立。

5.22　〔国会〕大隈首相、施政方針演説　大隈首相、両院で施政方針演説を行い、行財政整理、国防の充実を訴える。

6.3　〔外交〕内閣弾劾決議案否決　衆議院、対中国外交の失敗に関する内閣弾劾決議案を133対233で否決。

6.7　〔国会〕大浦内相弾劾決議案否決　衆議院、第12回衆議院議員総選挙における収賄事件に関する大浦内相弾劾決議案を否決。大浦は5月25日に選挙法違反・収賄罪で告発されていた。

6.8　〔国会〕内閣不信任決議案審議が紛糾　衆議院、選挙干渉に関する大隈内閣不信任決議案の審議が紛糾し、立憲政友会・立憲国民党議員の多くが退席。審議は続行され、決議案は否決された。

6.9　〔国会〕島田衆議院議長不信任決議案否決　衆議院に島田議長不信任決議案が提出される。前日の内閣不信任決議案審議において、多くの議員が退席したにも関わらず採択を強行したことを非難するもの。決議案は否決され、混乱のうちに議会が閉会。

6.28　〔事件〕高松汚職事件　衆議院議員白川友一・板倉中ら、高松汚職事件で拘引される。第35回帝国議会で2個師団増設費を通過させるため、大浦内相が代議士らに贈賄したというもの。

7.29　〔事件〕大浦内相辞表提出　大浦内相、高松汚職事件に関して辞表を提出。30日、辞任。8月3日、貴族院議員を辞す。9月25日、起訴猶予処分となる。

7.30　〔内閣〕大隈首相辞表奉呈　閣議が開催され、高松汚職事件に関して内閣総辞職を決定。大隈首相、全閣僚の辞表奉呈。8月3日、元老会議が留任勧告。9日、辞表が却下される。

8.10　〔内閣〕第2次大隈内閣改造　第2次大隈重信内閣が内閣改造を行う。大隈首相が外相を兼任し、一木喜徳郎が内相に就任。

8.11　〔政党〕立憲政友会が内閣留任反対　立憲政友会、議員総会を開催し、大隈内閣留任反対を決議。30日、立憲同志会主催の与党連合時局大会が開催され、大隈内閣支援を決議。

11.10　〔政治〕大正天皇即位大礼　大正天皇の即位大礼が京都御所紫宸殿で挙行される。同日、「恩赦詔書」が発布され、「減刑令」が公布される。

11.29　〔国会〕第37回帝国議会召集　第37回帝国議会（通常会）が召集された。12月1日、開院式。会期は1916年2月28日までの90日間。2月29日、閉会式。

12.6　〔国会〕大正5年度総予算案提出　政府、大正5年度総予算案並各特別会計予算案を衆議院に提出。25日、修正議決。1916年1月29日、貴族院各派が予算案否決の方針を決定し、政府と対立。元老山県有朋の調停により、議会閉会後の大隈首相辞任を約して妥協成立。2月12日、貴族院で可決成立。

12.7　〔国会〕大隈首相、施政方針演説　大隈首相、両院で施政方針演説を行い、国力の増進を重点課題に掲げる。

12.18　〔国会〕大隈内閣弾劾決議案否決　衆議院、大隈内閣弾劾決議案を否決。高松汚職事件があったにも関わらず聖旨を頼って留任したこと、大浦前内相が不起訴処分になったこと、

－ 44 －

乃木家再興事件の3点を弾劾したもの。審議中、大隈首相が出所進退は君命によるものであり、弾劾派議員の発言は君主権を侵すものであると発言し、議事が紛糾。

1916年
（大正5年）

1.12 〔事件〕**大隈首相暗殺未遂事件**　大隈首相、宮中からの帰途に爆弾を投げつけられるが、爆発せず無事。犯人は大陸浪人福田和五郎らで、袁世凱排撃を主張しての犯行だった。

2.3 〔国会〕**汚職罪検挙に関する上奏案否決**　衆議院、汚職罪検挙に関する上奏案（内閣弾劾上奏案）を否決。

2.7 〔法律〕**「簡易生命保険法」案提出**　政府、「簡易生命保険法」案を衆議院に提出。17日、可決。27日、貴族院で修正議決。同日、衆議院が不同意。28日、両院協議会で成案が成立。同日、両院で可決成立。7月10日、公布。10月1日、創業。

5.24 〔政党〕**3党党首会談**　加藤立憲同志会総理・原敬立憲政友会総裁・犬養立憲国民党総務、子爵三浦梧楼邸で会談。6月6日、外交および国防の方針に関する覚書を決定。10日、覚書を発表し、元老排除・政党政治・憲政常道の確立を表明。

10.4 〔内閣〕**第2次大隈内閣総辞職**　第2次大隈重信内閣が総辞職。後継首相として、大隈が加藤高明と寺内正毅を、元老院は寺内を推薦。同日、寺内に大命降下。

10.9 〔内閣〕**寺内内閣成立**　寺内正毅内閣が成立。寺内、外相・蔵相を兼任。官僚を基盤とする超然内閣。

10.10 〔政党〕**憲政会設立**　立憲同志会・中正会・公友倶楽部所属議員の多くが結集し、憲政会を設立。結党式を挙行し、加藤高明が総裁、富田幸次郎が幹事長、加藤政之助が政調会長に就任。同日、立憲同志会が解党。20日、中正会が解散。憲政会と立憲政友会の保守2大政党対立の構図が成立。

12.25 〔国会〕**第38回帝国議会召集**　第38回帝国議会（通常会）が召集された。27日、開院式。会期は1917年3月26日までの90日間。1月25日に衆議院が解散し、会期実数は30日間。

12.25 〔政党〕**公正会設立**　公友倶楽部の残存議員と旧中正会所属議員ら、公正会を設立。第38回帝国議会解散の際に解散。

1917年
（大正6年）

1.9 〔外交〕**対中不干渉決定**　寺内内閣、閣議を開催し、列国との協調、中国に対する内政不干渉を決定。

1.15 〔外交〕**寺内首相が対中外交で議会に協力要請**　寺内首相、貴族院各会派代表・原敬立憲政友会総裁・犬養立憲国民党総務と会談し、対中国外交に関して協力を要請。別途、加藤

憲政会総裁にも要請。

1.21 〔政党〕**憲政会・立憲国民党・公正会が寺内内閣反対決議** 憲政会・立憲国民党・公正会、それぞれ党大会を開催し、寺内内閣反対を決議。立憲政友会も党大会を開催し、寺内内閣に対する厳正中立を決議（実際には与党的の行動を取る）。

1.23 〔国会〕**寺内首相、施政方針演説** 寺内首相、両院で施政方針演説を行い、国防の充実、産業・貿易の振興を表明。

1.23 〔国会〕**寺内内閣不信任決議案提出** 憲政会・立憲国民党、寺内内閣の超然主義を批判し、内閣不信任決議案を衆議院に提出。

1.23 〔国会〕**大正6年度総予算案提出** 政府、大正6年度総予算案並各特別会計予算案を衆議院に提出。衆議院解散により審議未了となる。

1.25 〔国会〕**衆議院解散** 内閣不信任決議案が衆議院本会議に上程される。寺内首相、決議案可決が必至な状況を受け、採決直前に衆議院を解散させる。

2.21 〔国会〕**「大正6年度において前年度予算を施行するの件」公布** 「大正6年度において前年度予算を施行するの件」が公布される。衆議院解散により同年度予算が不成立となったことに伴う措置。

4.5 〔法律〕**「請願令」公布** 「請願令」が公布される。

4.20 〔選挙〕**第13回衆議院選挙** 第13回衆議院議員総選挙が行われた。定数381。獲得議席立憲政友会165、憲政会121、立憲国民党35、無所属60。

6.2 〔外交〕**臨時外交調査委員会参加を要請** 寺内首相、原敬立憲政友会総裁・加藤憲政会総裁・犬養立憲国民党総務と会談し、外交に関する国論を統一するため臨時外交調査委員会への参加を要請。原・犬養は提案を支持。内閣の責任が不明になるとして、5日に加藤が辞退。

6.6 〔外交〕**臨時外交調査委員会設置** 宮中に臨時外交調査委員会が設置される。天皇に直属し、外交に関する重要案件を考査・審議する機関。

6.10 〔政党〕**犬養立憲国民党総理就任** 立憲国民党、犬養毅を総理に推薦。20日、就任。

6.15 〔政党〕**維新会設立** 衆議院の新人議員・無所属議員ら、維新会を設立。勢力42名で、与党的の立場を取る。

6.19 〔外交〕**立憲政友会・立憲国民党が中立決議** 立憲政友会と立憲国民党、それぞれ党大会を開催。外交・国防に関する国論統一のため、対寺内内閣厳正中立を決議。20日、憲政会が代議士会を開催し、内閣反対を決議。

6.21 〔国会〕**第39回帝国議会召集** 第39回帝国議会（特別会）が召集された。同日、大岡育造（立憲政友会）が衆議院議長、浜田国松（立憲国民党）が副議長に任ぜられる。23日、開院式。会期は7月13日までの21日間。1日間の延長があり、会期実数は22日間。7月15日、閉会式。

6.26 〔国会〕**寺内首相、施政方針演説** 寺内首相、両院で施政方針演説を行い、中国との友好を訴え、臨時外交調査委員会設立を報告。

6.30 〔外交〕**寺内内閣不信任決議案否決** 衆議院、寺内内閣不信任決議案を否決。選挙干渉、対中国外交失敗、臨時外交調査委員会の違憲性を弾劾する内容。7月11日、後藤新平内相の処決を求める決議案を否決。後藤が提出した中国情勢に関する各種文書が国辱的であるとするもの。13日、臨時外交調査委員会廃止決議案を否決。いずれも憲政会・立憲国民党が提出したもの。

7.25 〔法律〕**「製鉄業奨励法」公布** 「製鉄業奨励法」が公布される。

9.1 〔法律〕「暴利取締令」公布　「暴利取締令」が公布される。物価高騰の折、買い占めおよび売り惜しみを禁ずる内容。

9.12 〔政治〕金輸出禁止　「金貨幣・金地金輸出許可に関する件」が公布され、金本位制が事実上停止される。

11.2 〔外交〕「石井・ランシング協定」　日本とアメリカ、「石井・ランシング協定」を締結。主な内容は中国の統一の尊重、中国の門戸開放促進、満州・東部内蒙古における日本の特殊権益の確認など。7日、協定を公表。

12.5 〔国会〕徳川家達貴族院議長再任　徳川家達、任期満了により貴族院議長に再任される。

12.25 〔国会〕第40回帝国議会召集　第40回帝国議会が召集された。27日、開院式。会期は1918年3月26日までの90日間。3月27日、閉会式。

1918年
（大正7年）

1.21 〔国会〕大正7年度総予算案提出　政府、大正7年度総予算案並各特別会計予算案を衆議院に提出。2月12日、修正議決。3月12日、貴族院で可決成立。

1.22 〔国会〕寺内首相、施政方針演説　寺内首相、両院で施政方針演説を行い、東洋の平和、締盟列国との協調、国防充実、教育振興、産業奨励などを表明。

3.25 〔法律〕「貴族院令」改正公布　「貴族院令」改正が公布され、伯子男爵議員の定数が伯爵20名以内、子爵73名以内、男爵73名以内に増員される。

3.26 〔内閣〕寺内首相が両院で演説　寺内首相、会期終了について両院で演説。

4.25 〔法律〕「外国米の輸入等に関する件」公布　「外国米の輸入等に関する件」が公布される。2月2日に米価が暴騰したことなどを受けての措置。

6.10 〔選挙〕第5回貴族院多額納税者議員選挙　第5回貴族院多額納税者議員選挙が実施される。9月29日、46名が貴族院議員に任ぜられる。

7.10 〔選挙〕第5回貴族院伯子男爵議員選挙　第5回貴族院伯子男爵議員選挙が実施される。当選者は伯爵20名、子爵73名、男爵73名。

8.10 〔政党〕米価暴騰で警告　立憲政友会、米価暴騰に関して寺内首相に警告を発する。

8.13 〔内閣〕米穀強制買取決定　閣議が開催され、米価暴騰対策を協議。米穀強制買取のため、国庫からの1000万円支出を決定。

8.16 〔法律〕「雑穀収用令」公布　「雑穀収用令」が公布される。

8.17 〔政党〕米騒動について政府の処決を要求　憲政会、米騒動に関して政府の処決を要求。同日、山口県宇部・福岡県田川峰地炭鉱などで、米騒動に関するストが暴徒化し、軍隊が出動。以後、九州各地の炭鉱に波及。

9.2 〔政治〕全国新聞記者大会　全国新聞記者大会が東京で開催され、寺内正毅内閣弾劾を決議。

1919年（大正8年）　　　　　　　　　　　　　　　　　　　　　　　　　日本議会政治史事典

9.21　〔内閣〕寺内内閣総辞職　　寺内正毅内閣、米騒動の責を負い総辞職。同日、西園寺公望に大命降下。25日、拝辞。26日、元老会議が原敬を後継首相に推薦。27日、原に大命降下。

9.29　〔内閣〕原内閣成立　　原敬が首相に就任し、原内閣が成立。主な閣僚は内相床次竹二郎、蔵相高橋是清など。立憲政友会を基盤とする典型的な政党内閣で、原は平民宰相と称される。大正デモクラシーの始まり。

10.30　〔法律〕「米及び籾の輸入税の低減又は免除に関する緊急勅令」公布　　「米及び籾の輸入税の低減又は免除に関する緊急勅令」が公布される。

11.28　〔法律〕「皇室典範」増補公布　　「皇室典範増補」が公布され、皇族女性と王公族との婚姻が認められる。

12.6　〔法律〕「大学令」・「高等学校令」公布　　「大学令」、「高等学校令」が公布され、公立・私立校が認められる。1919年11月22日、大阪医科大学が大学令による最初の公立大学として設立を認可される。

12.25　〔国会〕第41回帝国議会召集　　第41回帝国議会（通常会）が召集された。27日、開院式。会期は1919年3月26日までの90日間。3月27日、閉会式。

12.28　〔法律〕「衆議院議員選挙法」中改正法律案提出　　立憲国民党、「衆議院議員選挙法」中改正法律案提出を衆議院に提出。主な内容は納税条件の10円以上から2円以上への引き下げなど。1919年3月8日、否決。

1919年
（大正8年）

1.18　〔外交〕パリ講和会議　　パリ講和会議が開催される。第1次世界大戦の講和条件を討議する会議で、日本からは全権委員西園寺公望・牧野伸顕らが出席。

1.21　〔国会〕原首相、施政方針演説　　原敬首相、両院で施政方針演説を行い、4大政綱（国防の充実・教育の振興・産業の奨励・交通機関の整備）を表明。

1.21　〔国会〕大正8年度総予算案提出　　政府、大正8年度総予算案並各特別会計予算案を衆議院に提出。2月13日、可決。3月18日、貴族院で可決成立。

1.27　〔法律〕「衆議院議員選挙法」中改正法律案提出　　憲政会、「衆議院議員選挙法」中改正法律案を衆議院に提出。主な内容は納税条件の10円以上から2円以上への引き下げ、独立の生計を営む者への選挙権付与など。3月8日、否決。

2.9　〔選挙〕普通選挙期成大会　　河野広中ら、普通選挙期成大会を東京で開催。この頃、東京・名古屋・京都など各地で普選運動が活発に展開される。

2.25　〔法律〕「衆議院議員選挙法」中改正法律案提出　　政府、「衆議院議員選挙法」中改正法律案を衆議院に提出。主な内容は小選挙区制の導入、納税条件の10円以上から3円以上への引き下げなど。3月8日、修正議決。25日、貴族院で可決成立。5月23日、公布。

3.10　〔政党〕純正国民党設立　　立憲国民党離党議員ら、純正国民党を設立。

3.20　〔政党〕正交倶楽部と改称　　衆議院の無所属団、正交倶楽部と改称。

3.25　〔国会〕軍部大臣武官制撤廃を主張　　植原悦二郎（立憲国民党）、衆議院本会議におい

－ 48 －

て、軍部の政治的発言権を保証する軍部大臣武官制、官僚の特権的地位を保証する「文官任用令」が非立憲的であるとして、撤廃または緩和を主張。田中善立（憲政会）、軍部大臣武官制の廃止を主張。

4.5 〔法律〕「都市計画法」公布　「都市計画法」が公布される。

4.10 〔法律〕「史蹟名勝天然記念物保存法」公布　「史蹟名勝天然記念物保存法」が公布される。

4.12 〔政治〕関東庁・関東軍設置　関東州の統治機関である関東都督府を改組し、関東庁と関東軍が設置される。

6.28 〔外交〕ヴェルサイユ条約　パリ講和会議において「同盟及び連合国と独逸国との平和条約（ヴェルサイユ条約）」、「国際連盟規約」などが調印される。中国は山東問題を不服としてヴェルサイユ条約に調印せず。同日、国際労働機関（ILO）に加盟。

10.29 〔外交〕第1回国際労働会議　第1回国際労働会議（ILO）、ワシントンで開催される。日本からは政府代表鎌田栄吉らが出席。

12.15 〔政党〕普選期成関西労働連盟設立　関西の18労働団体が結集し、普選期成関西労働連盟を設立。1月18日、普選要求演説会を大阪市で開催し、普選要求デモを実施。この頃、各地で普選を求める団体設立や大会開催が相次ぐ。

12.24 〔国会〕第42回帝国議会召集　第42回帝国議会（通常会）が召集された。26日、開院式。会期は1920年3月25日までの90日間。2月26日に衆議院が解散し、会期実数は63日間。

1920年
（大正9年）

1.21 〔選挙〕立憲国民党が普選促進議決　立憲国民党、党大会を開催し、普通選挙促進を決議。

1.22 〔国会〕原首相、施政方針演説　原敬首相、両院で施政方針演説を行い、山東半島の中国への還付、教育改善、産業奨励、交通通信機関改良、国防充実を表明。

1.22 〔国会〕大正9年度総予算並各特別会計予算案提出　政府、大正9年度総予算並各特別会計予算案を衆議院に提出。2月13日、修正議決。26日、衆議院解散のため、貴族院で審議未了となる。

1.22 〔法律〕「衆議院議員選挙法」中改正法律案提出　憲政会、立憲国民党、新政会および無所属団、それぞれ「衆議院議員選挙法」中改正法律案を衆議院に提出。主な内容はいずれも普通選挙の導入。2月14日、各案が上程され、憲政会案で3党が同調。26日、衆議院解散により審議未了となる。

1.31 〔政党〕全国普選期成連合会設立　普選期成同盟会など42団体が結集し、全国普選期成連合会を設立。普選運動を指導する全国的な統一組織が誕生。

2.6 〔政党〕普通選挙期成全国労働大連盟設立　関東・関西の労働同盟が合同し、普通選挙期成全国労働大連盟を設立。

2.11 〔選挙〕参政権獲得民衆大会・普選促進大会　立憲労働党が参政権獲得民衆大会を東京・上野公園両大師前で開催。同日、普通選挙期成同盟会が普選促進大会を上野公園で開催

1920年（大正9年）　　　　　　　　　　　　　　　　　　　　　　　　　日本議会政治史事典

し、日比谷公園まで普選大示威行進（デモ行進）。

2.26　〔国会〕**衆議院解散**　原敬首相、衆議院において普通選挙実施は時期尚早であり、階級打破を目的とする納税資格撤廃を拒否すると言明。同日、普選法案討議中に衆議院を解散させる。

3.17　〔国会〕**「大正9年度において前年度予算を施行するの件」公布**　「大正9年度において前年度予算を施行するの件」が公布される。衆議院解散により同年度予算が不成立となったことに伴う措置。

3.28　〔政党〕**新婦人協会設立**　平塚らいてう・市川房枝・奥むめおら、新婦人協会を設立し、婦人参政権運動を開始。5月10日、神戸支部が最初の女性主催政談演説会を開催。

5.10　〔選挙〕**第14回衆議院選挙**　第14回衆議院議員総選挙が行われた。定数464。獲得議席は立憲政友会278、憲政会110、立憲国民党29、無所属47。

5.15　〔政治〕**鉄道省など設置**　鉄道省が設置され、元田肇が鉄道相に任ぜられる。これに伴い鉄道院を廃止。同日、内閣統計局・軍需局を統合し、内閣に国勢院が設置される。

6.29　〔国会〕**第43回帝国議会召集**　第43回帝国議会（特別会）が召集された。同日、奥繁三郎（立憲政友会）が衆議院議長、粕谷義三（立憲政友会）が副議長に任ぜられる。7月1日、開院式。会期は28日までの28日間。7月29日、閉会式。

7.1　〔法律〕**「衆議院議員選挙法」中改正法律案提出**　憲政会と立憲国民党、それぞれ「衆議院議員選挙法」中改正法律案を衆議院に提出。いずれも普通選挙法案。7月12日、両案とも否決。

7.3　〔国会〕**原首相、施政方針演説**　原敬首相、両院で施政方針演説を行い、税制の整理、尼港事件への対処、物価問題の解決を重点課題に挙げる。

7.3　〔国会〕**大正9年度追加予算案提出**　政府、大正9年度追加予算案を衆議院に提出。主な内容は八八艦隊計画など軍備拡充。7月15日、修正議決。28日、貴族院で修正議決。同日、衆議院が同意成立。

7.8　〔国会〕**「西にレーニン、東に原敬」発言**　憲政会の永井柳太郎衆議院議員、国務大臣演説に対する質疑において「今日の世界においてなお階級専制を主張する者は、西に露国過激政府のニコライ・レーニンあり、東には我が原敬総理大臣あり」と発言。14日、5日間の出席停止処分となる。

7.10　〔国会〕**原内閣不信任決議案否決**　衆議院、8日に憲政会・立憲国民党が提出した原内閣不信任決議案を否決。普選実行の阻止、不当な前議会解散、シベリア出兵問題における無策を弾劾する内容。

7.27　〔政治〕**内閣・大臣弾劾国民大懇親会**　内閣・大臣弾劾国民大懇親会が東京・日比谷で開催される。

12.9　〔政党〕**日本社会主義同盟設立**　大杉栄・堺利彦・山川均ら、日本社会主義同盟を設立。

12.25　〔国会〕**第44回帝国議会召集**　第44回帝国議会（通常会）が召集された。27日、開院式。会期は1921年3月26日までの90日間。3月27日、閉会式。

－ 50 －

1921年
（大正10年）

1.18 〔法律〕「衆議院議員選挙法」中改正法律案提出　憲政会と立憲国民党、それぞれ「衆議院議員選挙法」中改正法律案（普選法案）を衆議院に提出。2月3日、両案とも否決。

1.22 〔国会〕原首相、施政方針演説　原敬首相、両院で施政方針演説を行い、国力充実、円満な国際関係の保持を訴える。

1.22 〔国会〕大正10年度総予算案提出　政府、大正10年度総予算案並各特別会計予算案を衆議院に提出。2月12日、可決。3月23日、貴族院で可決成立。

1.25 〔国会〕大学昇格問題　憲政会の下岡忠治議員、衆議院で大学昇格問題（中橋徳五郎文相二枚舌問題）を追求。中橋が東京高等工業学校・広島高等工業学校・神戸高等商業学校の大学昇格を公言していながら、大正10年度予算案で大学昇格が承認されなかったというもの。

1.30 〔事件〕満鉄重役背任事件　衆議院予算総会において、南満州鉄道重役の背任事件（塔錬炭鉱不当払い下げ）が問題化。

2.3 〔政党〕憲政会が尾崎・田川を除名　衆議院、憲政会と立憲国民党が提出した「衆議院議員選挙法」中改正法律案をいずれも否決。自党提出法案に不満を持つ憲政会の田川大吉郎・尾崎行雄、一事不再議を主張。5日、憲政会が2名を除名。

2.9 〔国会〕高等教育機関に関する建議案可決　貴族院、高等教育機関に関する建議案を可決。大学昇格問題に関して政府の適切な措置を求める内容。

2.10 〔国会〕軍備制限に関する決議案否決　衆議院本会議、8日に尾崎行雄が提出した軍備制限に関する決議案を否決。

2.14 〔政治〕内閣弾劾国民大会　内閣弾劾国民大会が東京で開催される。18日、再び開催。

2.19 〔国会〕原内閣不信任決議案否決　衆議院、原内閣不信任決議案を否決。内外政策の不振を糾弾する内容。

3.11 〔国会〕風教に関する決議案否決　貴族院、風教に関する決議案を上程。大学昇格問題に関して中橋徳五郎文相を弾劾する内容。原敬首相が決議案が可決された場合は内閣総辞職するとして一蓮托生を唱えたため、貴族院が倒閣の責任を回避。126対164で否決。

3.24 〔事件〕宮中某重大事件に関する床次内相不信任決議案否決　衆議院、床次内相不信任決議案を否決。宮中某重大事件をめぐる報道およびその取締に関して床次を弾劾する内容。

4.8 〔法律〕「借地法」・「借家法」公布　「借地法」・「借家法」が公布される。

4.11 〔法律〕「市制」・「町村制」改正公布　「市制」・「町村制」改正が公布され、選挙権が拡張される。1922年4月20日、「府県制」改正が公布され、選挙権が拡張される。

4.12 〔法律〕「郡制廃止に関する法律」公布　「郡制廃止に関する法律」が公布される。

9.17 〔政党〕軍備縮小同志会設立　尾崎行雄ら、軍備縮小同志会を設立。1922年1月29日、尾崎ら有志議員60名が軍備縮小に関する質問書を衆議院に提出。

11.4 〔事件〕原敬暗殺　原敬首相、東京駅で山手線大塚駅職員中岡艮一に刺殺される。享年

66。同日、外相内田康哉が臨時首相を兼任。5日、内田臨時首相が全閣僚の辞表奉呈。12日、西園寺公望が元老の意向として、高橋是清を後継首相に推薦。

11.12 〔政党〕**全国普選断行同盟設立** 尾崎行雄ら、全国普選断行同盟を設立。

11.12 〔外交〕**ワシントン会議** ワシントン会議が開幕（1922年2月6日まで）。史上初の軍縮会議で、太平洋・東アジアに権益を有するアメリカ・イギリス・イタリア・オランダ・フランス・ベルギー・ポルトガル・中華民国・日本の9ヵ国が参加。日本からは全権委員加藤友三郎・徳川家達・幣原喜重郎らが参加。

11.13 〔内閣〕**高橋内閣成立** 高橋是清に大命降下。また閣僚の辞表が却下され、全閣僚が留任。同日、首相（蔵相兼任）に就任し、高橋是清内閣が成立。

11.16 〔政党〕**高橋立憲政友会総裁就任** 高橋是清、立憲政友会総裁に就任。

12.13 〔外交〕**「四ヵ国条約」調印** ワシントン会議において、アメリカ・イギリス・フランス・日本が「太平洋方面における島嶼たる属地及び島嶼たる領地に関する四ヵ国条約」（「四ヵ国条約」）に調印。太平洋における各国の領土・権益を保障する内容。これに伴い日英同盟を破棄。

12.24 〔国会〕**第45回帝国議会召集** 第45回帝国議会（通常会）が召集された。26日、開院式。会期は1922年3月25日までの90日間。3月26日、閉会式。

1922年
（大正11年）

1.21 〔国会〕**高橋首相、施政方針演説** 高橋首相、両院で施政方針演説を行い、ワシントン会議に関して報告するとともに、対中国政策・国際的経済競争について表明。

1.21 〔国会〕**大正11年度総予算案提出** 政府、大正11年度総予算案並各特別会計予算案を衆議院に提出。2月14日、憲政会・立憲国民党が提出した予算案返付動議が否決され、野党議員が議場から総退場した後に可決。3月24日、貴族院で可決成立。

1.22 〔選挙〕**第1回普選断行国民大会** 第1回普選断行国民大会が東京で開催される。5日に第2回大会、2月19日に第3回大会を開催。

2.4 〔外交〕**「山東還付条約」調印** ワシントン会議において、日本と中国が「日中両国間山東懸案解決に関する条約」（山東還付条約）に調印。これにより日本がドイツから獲得した山東省権益（膠州湾・青島の租借地・山東鉄道など）の返還が決定したが、鉄道・鉱山に関する一部権益は日本が確保した。

2.6 〔外交〕**「ワシントン海軍軍縮条約」調印** ワシントン会議において「海軍軍備制限に関する条約」が調印され、列強海軍の主力艦（戦艦・空母・巡洋艦）の保有数・排水量に制限が課せられる。

2.8 〔政治〕**清浦枢密院議長就任** 清浦奎吾、1日に死去した山県有朋の後任として枢密院議長に任ぜられる。

2.11 〔法律〕**「衆議院議員選挙法」中改正法律案提出** 野党3派、「衆議院議員選挙法」中改正法律案（普選法案）を衆議院に提出。23日の審議中、奥繁三郎議長、清瀬一郎議員（立憲国民党）が発言取り消し命令を拒んだとして懲罰委員に付託。また傍聴席から立憲政友会議員

- 52 -

席に向けて蛇が投じられ、院外に警察官が出動して請願者を取り締まるなど、議事が紛糾。24日、奥議長の行動を不当として議場整理に関する先決動議が提出され、再び議事が紛糾。25日、先決動議を否決。3月2日、法案を否決。

2.20 〔法律〕「過激社会運動取締法」案提出　政府、「過激社会運動取締法」案を貴族院に提出。3月3日に東京・大阪の新聞社・通信社20社の代表が結集して過激社会運動取締法案反対新聞同盟を設立するなど、世論が猛反発。24日、修正議決。25日、衆議院での議事が紛糾し、審議未了のまま第45回帝国議会が閉会。

3.2 〔内閣〕一蓮托生を否認　高橋首相、貴族院予算委員会秘密会において学校昇格問題に関する中橋文相の進退について言及。予算案がどうなろうと中橋文相一人の責任であるとして、一蓮托生を否認。

3.16 〔国会〕高橋内閣不信任決議案否決　衆議院、11日に提出された高橋内閣不信任決議案を否決。

3.22 〔国会〕綱紀粛正に関する建議案　貴族院、綱紀粛正に関する建議案(同成会・公正会・茶話会・無所属会案)を否決。23日、綱紀粛正に関する建議案(研究会案)を可決。

3.28 〔外交〕「山東鉄道沿線撤兵に関する協定」調印　日本と中国、「山東鉄道沿線撤兵に関する協定」に調印。5月8日、撤兵完了。

4.1 〔外交〕南洋庁設置　パラオ諸島に南洋庁が設置される。

4.20 〔法律〕「治安警察法」改正公布　「治安警察法」改正が公布され、女性の政談集会への参加および発起の禁止が解除される。政党加入は禁止。

4.23 〔法律〕「健康保険法」公布　「健康保険法」が公布される。

5.2 〔内閣〕内閣改造をめぐり立憲政友会が分裂　高橋首相、閣議において内閣改造を提議するが、中橋徳五郎文相・元田肇鉄相が反対。立憲政友会が内閣改造派と非改造派に分裂し、横田千之助が改造派領袖として活躍。6日、高橋首相が内閣改造中止を表明。

5.5 〔法律〕「刑事訴訟法」公布　「刑事訴訟法」が公布される。これに伴い、1890年10月7日公布の旧刑事訴訟法が廃止される。

6.6 〔内閣〕高橋首相辞表奉呈　閣議において再び内閣改造が提議され、中橋徳五郎文相・元田肇鉄相が反対。高橋首相、閣内不一致のため辞表奉呈。立憲政友会、中橋・元田ら6名を除名。9日、元老松方正義ら、海軍大将加藤友三郎を後継首相に推薦。12月8日、中橋・元田らが復党。

6.12 〔内閣〕加藤内閣成立　加藤友三郎が首相(海相兼任)に就任し、加藤友三郎内閣が成立。貴族院を中心とした超然内閣で、立憲政友会と提携。

7.15 〔政党〕日本共産党創立大会　日本共産党創立大会が東京で開催され、堺利彦が中央執行委員長に就任。11月、コミンテルン第4回大会で日本支部として承認される。

7.16 〔政治〕憲政擁護民衆大会　憲政擁護民衆大会が東京・芝公園で開催され、加藤内閣打倒・政党内閣組織を宣言。

9.1 〔政党〕立憲国民党解党　立憲国民党が解党する。

10.20 〔内閣〕普通選挙調査会設置　内閣に普通選挙調査会が設置される。

11.8 〔政党〕革新倶楽部設立　犬養毅・尾崎行雄ら衆議院の旧立憲国民党所属議員と無所属議員、革新倶楽部を設立。

12.8 〔外交〕「日華郵便約定」調印　「日華郵便約定」が調印される。これに伴い在華郵便局

が閉鎖される。

12.25 〔国会〕**第46回帝国議会召集**　第46回帝国議会（通常会）が召集された。27日、開院式。
会期は1923年3月26日までの90日間。3月27日、閉会式。

12.28 〔国会〕**奥議長の処決を促す決議案否決**　衆議院、奥繁三郎議長の処決を促す決議案を
否決。第45回帝国議会最終日、「過激社会運動取締法」案審議をめぐる混乱の際の奥議長の
措置を違法とする内容。

12.29 〔外交〕**枢密院が政府弾劾上奏案可決**　枢密院、「日華郵便約定」に関して政府弾劾上奏
案を可決。諮詢の手続きに大権干犯の疑義があり、約定の内容も既得権を損傷するものであ
るとの内容。30日、政府が枢密院上奏案への反対および約定の裁可を上奏。31日、裁可。

1923年
（大正12年）

1.23 〔国会〕**加藤首相、施政方針演説**　加藤首相、両院で施政方針演説を行い、軍備縮小、行
財政整理、官紀振粛を訴える。

1.23 〔国会〕**大正12年度総予算案提出**　政府、大正12年度総予算案並各特別会計予算案を衆
議院に提出。2月13日、可決。各特別会計予算案は修正議決。3月23日、貴族院で可決され、
総予算が成立。各特別会計予算案は修正議決。24日、衆議院で各特別予算案修正に同意成立。

2.2 〔政党〕**婦人参政権獲得同盟設立**　高木冨代・高橋千代ら、婦人参政権獲得同盟を設立。
婦人参政権建議案を提出し、3月13日に上程されるが、審議未了となる。

2.11 〔法律〕**「衆議院議員選挙法」中改正法律案提出**　「衆議院議員選挙法」中改正法律案
（普選法案、衆法）が衆議院に提出される。24日、上程。3月1日、否決。

2.11 〔選挙〕**普選各派連合大懇親会開催**　普選各派連合大懇親会が東京・上野で開催され、
流血事件が発生。

2.17 〔国会〕**粕谷衆議院議長就任**　粕谷義三（立憲政友会）が衆議院議長、松田源治（立憲政友
会）が副議長に任ぜられる。

2.18 〔選挙〕**普選即行全国記者大会**　普選即行全国記者大会が東京・築地精養軒で開催される。

2.19 〔国会〕**加藤内閣不信任決議案否決**　衆議院、7日に憲政会、10日に革新倶楽部が提出し
た加藤内閣不信任決議案をいずれも否決。

2.24 〔選挙〕**普選即行国民大会**　普選即行国民大会および大デモが東京で開催される。

3.10 〔外交〕**21ヶ条要求の破棄通告**　中国、21ヶ条要求に基づいて締結された「日華条約」
の破棄を通告。3月14日、日本が拒否。

3.30 〔法律〕**「工場法」改正など公布**　「工場法」改正が公布され、就業時間11時間制が導入
される。同日、「工場労働者最低年齢法」が公布され、最低年齢が14歳と定められる。

4.14 〔外交〕**「石井・ランシング協定」破棄**　「石井・ランシング協定」破棄に関する日米公
文が交換される。

4.18 〔法律〕**「陪審法」公布**　「陪審法」が公布され、刑事裁判に公認陪審制が導入される。第

45回帝国議会で違憲論争を引き起こして審議未了となり、第46回議会で激論の末に成立したもの。

8.24 〔内閣〕**加藤首相死去**　加藤友三郎首相が死去。享年63。25日、内田康哉外相、臨時首相を兼任。26日、内田臨時首相、全閣僚の辞表奉呈。27日、松方正義・西園寺公望両元老、絶対多数与党の立憲政友会を無視して山本権兵衛海軍大将を後継首相に推薦。28日、山本に大命降下。

9.1 〔政治〕**関東大震災発生**　関東大震災が発生。2日、内閣に臨時震災救護事務局が設置され、東京府下に「戒厳令」が施行される。同日、「非常徴発令」が公布される。11月16日、戒厳令を解除。

9.2 〔内閣〕**第2次山本内閣成立**　山本権兵衛が首相に就任し、第2次山本権兵衛内閣が成立。主な閣僚は内相後藤新平、陸相田中義一、文相兼逓信相犬養毅。通称地震内閣。

9.7 〔政治〕**「支払猶予令」など公布**　「私法上の金銭債務の支払延期及び手形等の権利保存行為の期間延長に関する件」(「支払猶予令」)が公布され、9月1日から30日間のモラトリアムが実施される。同日、「生活必需品に関する暴利取締りの件」(「暴利取締令」)、「治安維持の為にする罰則に関する件」(「治安維持令」)が公布される。

9.12 〔法律〕**「帝都復興に関する詔書」公布**　「帝都復興に関する詔書」が公布される。

9.16 〔事件〕**甘粕事件**　憲兵大尉甘粕正彦ら、東京憲兵隊本部において無政府主義者大杉栄、内縁の妻伊藤野枝、甥の橘宗一を殺害。

9.27 〔内閣〕**帝都復興院設置**　内閣に帝都復興院が設置される。1924年2月25日、内務省に移管。

10.15 〔選挙〕**普選断行決定**　犬養・岡野・後藤・田・平沼の5大臣が会議を開催し、普通選挙の即時断行と具体案を決定。22日、閣議で了承。27日、法制審議会が普通選挙について審議を開始。12月5日、法制審議会が普通選挙について答申。

12.10 〔国会〕**第47回帝国議会召集**　第47回帝国議会(臨時会)が召集された。11日、開院式。会期は20日までの10日間。3日間の延長があり、会期実数は13日間。24日、閉院式。通称震災対策議会。

12.11 〔国会〕**大正12年度追加予算案第1号提出**　政府、大正12年度追加予算案第1号を衆議院に提出。内容は帝都復興費。19日、修正議決。22日、貴族院で可決成立。

12.11 〔法律〕**「保険会社に対する貸付金に関する法律案」提出**　政府、「保険会社に対する貸付金に関する法律案」を衆議院に提出。保険会社が震災被害者の被保険者に対し任意出損する場合、保険会社に資金を貸与するというもの。23日、法案に不備が多いとして、衆議院が審議中止を決定。田健治郎農相、これを受けて辞表を提出。24日、辞任。

12.13 〔国会〕**山本首相、施政方針演説**　山本権兵衛首相、両院において施政方針演説を行い、帝都復興計画について説明。井上準之助蔵相、衆議院において財政演説を行い、帝都復興に関する追加予算について説明。

12.24 〔法律〕**「特別都市計画法」公布**　「特別都市計画法」が公布される。12月11日に衆議院に提出された「帝都復興計画法」を修正したもの。

12.25 〔国会〕**第48回帝国議会召集**　第48回帝国議会(通常会)が召集された。27日、開院式。会期は1924年3月26日までの90日間。1月31日に衆議院が解散し、会期実数は36日間。

12.27 〔内閣〕**第2次山本内閣総辞職**　山本権兵衛首相、虎ノ門事件の責を負い全閣僚の辞表奉呈。31日、西園寺公望・松方正義両元老、枢密院議長清浦奎吾を後継首相に推薦。1924年1月1日、清浦に大命降下。

－ 55 －

1924年
（大正13年）

1.7 〔政党〕**第2次憲政擁護運動**　革新倶楽部、清浦内閣反対を表明。9日、憲政会が内閣反対を決定。10日、立憲政友会・憲政会・革新倶楽部3党の院外団員、憲政擁護のための三派連合会を第2憲政擁護会と改称し、運動開始を決議。以後、憲政擁護・普選断行・貴族院改革をスローガンとする第2次憲政擁護運動が全国的に展開される。15日、立憲政友会幹部会議が内閣反対を決定。高橋総裁、爵位を返上して貴族院議員を辞し、衆議院議員に立候補すると声明。

1.7 〔内閣〕**清浦内閣成立**　清浦奎吾が首相に就任。貴族院を基盤に組閣して超然主義の姿勢を示し、貴族院内閣・貴族特権内閣と称される。

1.13 〔政治〕**浜尾枢密院議長就任**　浜尾新、清浦奎吾の首相就任に伴い、後任の枢密院議長に任ぜられる。

1.16 〔政党〕**立憲政友会分裂**　立憲政友会、清浦内閣支持の改革派と内閣反対の幹部派に分裂。同日に山本達雄・床次竹二郎・中橋徳五郎・元田肇ら、20日に鳩山一郎らと、改革派が多数脱党。

1.18 〔政党〕**護憲三派連盟結成**　高橋立憲政友会総裁・加藤憲政会総裁・犬養革新倶楽部党首、三浦梧楼邸で会合し、政党内閣制確立で合意。20日、護憲三派代議員協議会が開催され、政党内閣制確立・特権勢力打破のため清浦内閣を否認することで意見が一致。護憲三派連盟を結成。同日、立憲政友会・革新倶楽部がそれぞれ党大会を開催し、内閣反対を決議。21日、憲政会が党大会を開催し、内閣反対を決議。

1.20 〔政党〕**新政倶楽部設立**　立憲政友会離党議員ら、新政倶楽部を設立。29日、新政倶楽部を解党して政友本党を設立し、政綱・宣言を発表。床次竹二郎が総裁に就任。

1.22 〔国会〕**清浦首相、施政方針演説**　清浦首相、貴族院で施政方針演説を行い、文教振興、帝都復興、地方発展、衆議院議員選挙権拡張を表明。

1.22 〔国会〕**大正13年度総予算案提出**　政府、大正13年度総予算案並各特別会計予算案を衆議院に提出。31日、衆議院解散のため審議未了となる。

1.29 〔政党〕**護憲三派同盟成立**　立憲政友会・憲政会・革新倶楽部党の三派交渉委員会、清浦内閣および政友本党打倒のため総選挙対策について協定を締結。

1.30 〔事件〕**三派連合憲政擁護関西大会**　立憲政友会・憲政会・革新倶楽部の三派連合憲政擁護関西大会が大阪で開催される。大会後、帰京途上の三派幹部が乗った列車を転覆させようとする陰謀が発覚。31日、衆議院で浜田国松（革新倶楽部）が列車転覆陰謀事件に関して質疑。暴漢（立憲政友会院外壮士）3名が議場に乱入して議場が混乱。暴漢乱入事件の調査のため、休憩となる。

1.31 〔国会〕**衆議院解散**　清浦首相、暴漢乱入事件調査のための休憩中、突如として衆議院を解散させる。議会外における護憲三派の倒閣運動などを解散理由に掲げたが、懲罰解散と称され国民の反発を買う。

2.12 〔政党〕**立憲政友会・憲政会提携**　高橋立憲政友会総裁・加藤憲政会総裁ら両党幹部が岡崎久次郎邸で会合し、憲政擁護運動・普選実現・貴族院改革・選挙対策などについて協議。両党協調の端緒となる。

2.25	〔政党〕護憲三派が共同声明書発表	立憲政友会・憲政会・革新倶楽部の護憲三派、憲政の確立・総選挙における選挙協力などに関する共同声明書を発表。

2.25 〔政党〕**護憲三派が共同声明書発表**　立憲政友会・憲政会・革新倶楽部の護憲三派、憲政の確立・総選挙における選挙協力などに関する共同声明書を発表。

2.29 〔国会〕**「大正13年度において前年度予算を施行するの件」公布**　「大正13年度において前年度予算を施行するの件」が公布される。衆議院解散により同年度予算が不成立となったことに伴う措置。

3.5 〔法律〕**「火災保険貸付勅令案」撤回勧告**　枢密院、2月27日に閣議決定された「火災保険貸付勅令案」の撤回を勧告。6日、清浦内閣が勅令案撤回、国庫剰余金の責任支出を決定。7日、清浦首相が勅令案撤回を上奏。4月12日、「火災保険助成金の件」が公布される。

3.8 〔国会〕**高橋貴族院議員辞職**　高橋是清、貴族院議員を辞職。5月12日、衆議院議員に当選。

3月 〔政党〕**日本共産党解党**　日本共産党、山川均により解党を決議。

5.10 〔選挙〕**第15回衆議院選挙**　第15回衆議院議員総選挙が行われた。定数464。獲得議席は憲政会151、立憲政友会100、革新倶楽部30、政友本党116、中正倶楽部（総選挙時は無所属議員が組織する院内団体）42、実業同志会8、無所属17。

5.18 〔政党〕**清浦内閣総辞職を決議**　憲政会・立憲政友会・革新倶楽部の護憲三派幹部連合協議会、清浦内閣総辞職を決議。

5.28 〔外交〕**米国移民制限問題に関する声明を発表**　緊急閣議が開催され、アメリカの移民制限問題に関する声明書を発表。この月、アメリカの上下両院で日本人入国禁止条項を含む「新移民法」案が可決され、26日にクーリッジ大統領が署名していた。

5.30 〔政党〕**中正倶楽部設立**　衆議院の無所属・新選議員ら、中正倶楽部を設立。

6.7 〔内閣〕**清浦内閣総辞職**　閣議が開催され、内閣総辞職を決定。同日、清浦奎吾首相が全閣僚の辞表奉呈。9日、加藤高明に大命降下。

6.11 〔内閣〕**加藤内閣成立**　加藤高明が首相に就任し、加藤高明内閣が成立。主な閣僚は内相若槻礼次郎、農相高橋是清、通信相犬養毅など。護憲三派内閣と称され、政党内閣制を確立。

6.25 〔国会〕**第49回帝国議会召集**　第49回帝国議会（特別会）が召集された。26日、粕谷義三（立憲政友会）が衆議院議長、小泉又次郎（憲政会）が副議長に任ぜられる。28日、開院式。会期は7月18日までの21日間。7月19日、閉会式。

7.1 〔国会〕**加藤首相、施政方針演説**　加藤首相、両院で施政方針演説を行い、普通選挙法案の次期国会提出、綱紀粛正、行財政整理、貴族院改革などについて訴える。

7.1 〔国会〕**大正13年度追加予算案提出**　政府、大正13年度追加予算案（第1号・第2号・特第1号）を衆議院に提出。主な内容は帝都復興費・震災復旧費など。9日、可決。17日、貴族院で可決成立。

7.1 〔外交〕**「排日移民法」施行**　アメリカの「新移民法」（「排日移民法」）が施行される。同日、衆議院が米国新移民法に関する決議案、貴族院が北米合衆国新移民法に関する決議案を可決。

7.5 〔法律〕**「小作調停法」案提出**　政府、「小作調停法」案を衆議院に提出。続発する小作争議を解決するための法案。9日、可決。13日、貴族院で可決成立。22日、公布。

7.18 〔国会〕**貴族院制度改正に関する建議案可決**　衆議院、貴族院制度改正に関する建議案を可決。その後、貴族院で審議未了となる。

8.12 〔法律〕**政務次官・参与官設置**　「各省官制通則改正の件」が公布され、政務次官・参与

官が設置される。

9.4　〔法律〕「普選法」案大綱決定　政府と護憲三派による普選連合協議会、「普通選挙法」案大綱を決定。

10.10　〔内閣〕貴族院調査委員会設置　内閣に貴族院調査委員会が設置される。貴族院制度改革案作成のための機関。

12.5　〔国会〕徳川家達貴族院議長再任　徳川家達、任期満了により貴族院議長に再任される。

12.12　〔法律〕「普選法」案決定　閣議が開催され、「普通選挙法」案を決定。18日、枢密院が法案の精査を開始。1925年2月12日、枢密院が普選法案原案を修正。主な内容は被選挙権付与年齢の引き上げ、選挙権欠格条項の拡大など。13日、政府と枢密院、法案に関する妥協が成立。20日、枢密院で法案可決。

12.13　〔政党〕婦人参政権獲得期成同盟会設立　久布白落実・市川房枝・中沢美代ら、婦人参政権獲得期成同盟会を設立。1925年、婦選獲得同盟と改称。

12.24　〔国会〕第50回帝国議会召集　第50回帝国議会（通常会）が召集された。26日、開院式。会期は1925年3月25日までの90日間。3回計5日間の延長があり、会期実数は95日間。3月31日、閉会式。

1925年
（大正14年）

1.19　〔政党〕護憲三派党大会　革新倶楽部、党大会を開催。20日、憲政会・立憲政友会、それぞれ党大会を開催。三派いずれも普通選挙法成立、貴族院制度改正などを決議。

1.22　〔国会〕加藤首相、施政方針演説　加藤首相、両院で施政方針演説を行い、普通選挙断行、貴族院改革、行財政の根本整理、綱紀粛正の4大政綱を表明。

1.22　〔国会〕大正14年度総予算案提出　政府、大正14年度総予算案並各特別会計予算案を衆議院に提出。2月12日、可決。3月24日、貴族院で修正議決。修正内容は歳出97万円削減。25日、衆議院が同意成立。

2.11　〔法律〕「治安維持法」案・「労働争議調停法」案等反対デモ　労働諸団体が結集し、「治安維持法」案・「労働争議調停法」案等反対デモを東京で開催。

2.18　〔法律〕「治安維持法」案提出　政府、「治安維持法」案を衆議院に提出。国体・政体の変革や私有財産制度の否認を目的に結社を組織、または加入した者などを処罰するもの。3月7日、修正議決。修正内容は処罰対象から政体の変革を削除。19日、貴族院で可決成立。4月22日、公布。5月12日、施行。

2.20　〔法律〕「普通選挙法」案提出　政府、「衆議院議員選挙法」中改正法律案を衆議院に提出。主な内容は普通選挙の導入、被選挙権の拡大、中選挙区制の採用など。3月2日、議事紛糾のうちに修正議決。修正内容は華族戸主への選挙権・被選挙権付与。26日、貴族院で修正議決。27日、衆議院が不同意。28日、両院協議会で成案が成立。29日、両院で可決成立。5月5日、公布。有権者数が334万人から1415万人に増加。

3.9　〔法律〕「貴族院令」改正案提出　政府、「貴族院令」改正案を貴族院に提出。主な内容は華族議員の年齢引き上げ、被選有爵議員の定数削減、多額納税者議員の定数増加、特殊官公

－ 58 －

職者勅任議員制・帝国学士院会員議員制の創設など。25日、修正議決。5月5日、公布。

3.24 〔国会〕**衆議院正副議長の党籍離脱に関する希望決議案可決**　衆議院、衆議院正副議長の党籍離脱に関する希望決議案を可決。同日、粕谷議長が立憲政友会、小泉副議長が憲政会を離党。衆議院正副議長党籍離脱の慣行が始まる。

3.29 〔国会〕**加藤内閣不信任決議案否決**　衆議院に加藤内閣不信任決議案が提出される。同日、否決。

4.1 〔政治〕**農林省・商工省設置**　農商務省を分割し、農林省・商工省が設置される。高橋是清が農相兼商相に就任。

4.4 〔政党〕**高橋が引退表明**　高橋是清立憲政友会総裁、引退を表明し、陸軍大将田中義一を後任に推挙。10日、総裁を辞任。13日、立憲政友会議員総会が開催され、田中を総裁に推戴。

4.13 〔政治〕**中学校で軍事教練**　「陸軍現役将校学校配属令」が公布され、全国の中学校以上で軍事教練を実施することが定められる。

5.5 〔政党〕**三派合同覚書**　立憲政友会・革新倶楽部・中正倶楽部の有志らが協議会を開催し、三派合同覚書を決定。14日、革新倶楽部・中正倶楽部が立憲政友会に合同。同日、田中義一が立憲政友会総裁に就任。

5.10 〔政党〕**革新倶楽部分裂**　革新倶楽部、立憲政友会との合同を決議。尾崎行雄らが合同に反対し、分裂状態に陥る。

6.1 〔政党〕**新正倶楽部設立**　革新倶楽部・中正倶楽部両党の残留議員と無所属議員ら、新正倶楽部を設立。

7.10 〔選挙〕**第6回貴族院伯子男爵議員選挙**　第6回貴族院伯子男爵議員選挙が実施される。当選者は伯爵18名、子爵66名、男爵66名。

7.30 〔政党〕**立憲政友会・憲政会が決裂**　加藤内閣、閣議を開催し、税制整理案について協議。立憲政友会出身の小川法相・岡崎農相らが整理案に反対し、立憲政友会と憲政会の協調関係が決裂。

7.31 〔内閣〕**加藤内閣総辞職**　閣議で内閣総辞職を決定。加藤首相、全閣僚の辞表奉呈。税制改正に関する閣内不一致が理由。

8.2 〔内閣〕**内閣総辞職却下**　小川法相・岡崎農相・野田商相の3名を除き、加藤首相以下各閣僚の辞表が却下され、第2次加藤内閣が成立。後任は法相が江木翼、農相が早速整爾、商相が片岡直温。立憲政友会・革新倶楽部が下野し、憲政会単独政権となる。憲政会は政友本党との協調路線に舵を切る。

8.10 〔政党〕**無産政党組織準備委員会第1回協議会**　日本農民組合発案による無産政党組織準備委員会第1回協議会が大阪で開催される。

8.13 〔政党〕**協調決裂の声明書**　立憲政友会、憲政会との協調決裂に関する声明書を発表。

8.18 〔法律〕**「労働組合法」案発表**　内務省、「労働組合法」案を発表。12月8日、閣議で同法案要綱が決定。

9.10 〔選挙〕**第6回貴族院多額納税者議員選挙**　第6回貴族院多額納税者議員選挙が実施される。9月29日、66名が貴族院議員に任ぜられる。

9.18 〔国会〕**帝国議会仮議事堂全焼**　帝国議会仮議事堂、改修作業中の作業員の火の不始末により全焼。12月、仮議事堂が竣工。

9.20 〔選挙〕**第1回貴族院帝国学士院会員議員選挙**　第1回貴族院帝国学士院会員議員選挙が

実施される。10月10日、4名が貴族院議員に任ぜられる。

9.25 〔政治〕**浜尾枢密院議長死去**　枢密院議長浜尾新が死去。享年76。10月1日、穂積陳重が後任議長に任ぜられる。

11.29 〔政党〕**無産政党分裂**　第3回無産政党綱領規約調査委員会が開催され、日本労働総同盟が脱退。無産政党は結成前に左右両派に分裂。

12.1 〔政党〕**農民労働党設立**　農民労働党結党式が挙行され、浅沼稲次郎が書記長に就任。即日、結社禁止が命じられる。

12.5 〔政党〕**政友本党・立憲政友会が提携**　床次政友本党総裁、立憲政友会との提携について声明。あわせて憲政会との提携は考慮しないことを明言。

12.15 〔外交〕**満州派兵決定**　加藤内閣が閣議を開催し、満州への警備兵2500名増派を決定。11月22日に発生した郭松齢の反乱に備えてのこと。

12.25 〔国会〕**第51回帝国議会召集**　第51回帝国議会（通常会）が召集された。26日、開院式。会期は1926年3月25日までの90日間。3月26日、閉会式。

1926年
（大正15年/昭和元年）

1.14 〔事件〕**陸軍機密費横領問題**　立憲政友会総裁田中義一が立憲政友会入りの際に用意した政治資金300万円が、シベリア出兵の際の陸軍機密費を横領したものではないかとの疑惑が浮上。

1.21 〔国会〕**加藤首相、施政方針演説**　加藤首相、両院で施政方針演説を行い、国民生活の充実安定のため社会政策的施設が必要であると訴える。

1.21 〔国会〕**大正15年度総予算案提出**　政府、衆議院に大正15年度総予算案並各特別会計予算案を提出。2月1日、撤回。

1.28 〔国会〕**「停会詔書」発布**　加藤首相死去を受け、「停会詔書」が発布される。期間は31日までの4日間。

1.28 〔内閣〕**加藤首相死去**　加藤高明首相が病死。享年67。同日、若槻礼次郎内相が首相を臨時兼任し、全閣僚の辞表奉呈。29日、若槻に大命降下。

1.29 〔政党〕**若槻憲政会総裁就任**　若槻礼次郎、憲政会総裁に就任。

1.30 〔内閣〕**第1次若槻内閣成立**　若槻礼次郎が首相に就任し、第1次若槻礼次郎内閣が成立。憲政会内閣。

2.1 〔国会〕**大正15年度総予算案並各特別会計予算案再提出**　政府、大正15年度総予算案並各特別会計予算案を衆議院に再提出。24日、可決。3月24日、貴族院で可決成立。

2.9 〔法律〕**「労働組合法」案提出**　政府、「労働組合法」案を衆議院に提出。各地で反対デモが相次ぎ、審議未了となる。

3.2 〔事件〕**松島遊郭移転疑獄**　衆議院、松島遊郭移転に関する疑獄事件について、議員・政務官の行動に関する調査を調査委員に付託。

3.5 〔政党〕**労働農民党設立** 農民労働党を継承し、労働農民党が大阪で設立される。委員長は杉山元治郎。10月に分裂し、12月12日に左翼無産政党として再出発。

3.20 〔事件〕**中山艦事件** 中国・広州で、黄埔軍官学校長蔣介石らによる中国共産党員弾圧が始まる。以後、中国国民党内で蔣介石の影響力が強まる。

3.27 〔法律〕**「地租条例」改正など公布** 「地租条例」改正、「営業収益税法」、「資本利子税法」が公布される。これに伴い「営業税法」を廃止。

4.8 〔政治〕**穂積陳重死去** 枢密院議長穂積陳重が死去。享年70。12日、倉富勇三郎が後任議長に任ぜられる。

6.24 〔法律〕**「府県制」改正など公布** 「府県制」改正、「市制」改正、「町村制」改正が公布され、普通選挙制が導入される。

9.3 〔政治〕**浜松市会議員選挙** 浜松市会議員選挙が実施される。日本初の普通選挙。

10.17 〔政党〕**日本農民党設立** 日本農民党が設立される。

11.4 〔政党〕**新無産政党設立** 安部磯雄・吉野作造ら、新無産政党設立声明書を発表。

12.4 〔政党〕**日本共産党再建大会** 日本共産党再建大会が山形で開催される。

12.5 〔政党〕**社会民衆党設立** 安部磯雄ら、労働農民党から分裂して社会民衆党を設立。

12.9 〔政党〕**日本労農党設立** 三宅庄一・浅沼稲次郎・麻布久・三輪寿壮ら、労働農民党から分裂して日本労農党を設立。

12.14 〔政党〕**立憲政友会・政友本党提携** 田中立憲政友会総裁・床次政友本党総裁が会談し、両党の提携が成立。

12.24 〔国会〕**第52回帝国議会召集** 第52回帝国議会（通常会）が召集された。26日、開院式。会期は1927年3月25日までの90日間。3月26日、閉会式。

1927年
（昭和2年）

1.18 〔国会〕**若槻首相、施政方針演説** 若槻首相、両院で施政方針演説を行い、対中国内政不干渉、自作農創設を表明。

1.18 〔国会〕**昭和2年度総予算案提出** 政府、昭和2年度総予算案並各特別会計予算案を衆議院に提出。2月10日、可決。3月24日、貴族院で可決成立。各特別会計予算案は修正議決。25日、衆議院が同意成立。

1.20 〔国会〕**若槻内閣不信任決議案提出** 立憲政友会と政友本党、若槻内閣不信任決議案を衆議院に共同提出。松島遊郭移転疑獄・朴烈事件などに関し、内閣の処決を求める内容。同日、「停会詔書」が発布される。期間は22日までの3日間。

1.20 〔政党〕**3党首会談で政争中止申し合わせ** 若槻憲政会総裁・田中立憲政友会総裁・床次政友本党総裁が党首会談を行い、政争中止を申し合わせる。大正天皇の服喪中に政争とは不謹慎であるとの党内外の声に応えたもの。23日、内閣不信任決議案を撤回。

1.26 〔法律〕**震災手形処理問題** 政府、「震災手形損失補償公債法」案および「震災手形善後

処理法」案（「震災手形両法」案）を衆議院に提出。3月3日、衆議院本会議に上程。立憲政友会が反対し、議事が紛糾。4日、可決。23日、貴族院で可決成立。30日、公布。

2.7　〔政治〕**大正天皇大喪儀**　大正天皇大喪儀が新宿御苑で挙行される。同日、「恩赦詔書」が発布され、「大赦令」・「減刑令」・「復権令」が公布される。

2.25　〔政党〕**憲本連盟**　憲政会と政友本党、両党の提携に関する覚書（憲本連盟覚書）を交換。3月1日、両党の代議士会がそれぞれ覚書を承認し、憲本連盟が成立。これにより立憲政友会が孤立化。

3.14　〔事件〕**昭和金融恐慌**　片岡直温蔵相、衆議院予算総会において東京渡辺銀行が破綻したと失言（実際には破綻していなかった）。これを契機に取り付け騒ぎが発生し、15日に渡辺銀行・あかぢ銀行が休業。昭和金融恐慌が勃発。

3.24　〔事件〕**陸軍機密費横領問題をめぐり議事紛糾**　清瀬一郎衆議院議員（新政倶楽部）、臨時軍事費決算の討論中に陸軍機密費横領問題に言及し、議事が紛糾。議員16名の告訴問題に発展する。

3.25　〔国会〕**衆議院正副議長が引責辞任**　粕谷義三衆議院議長・小泉又三郎副議長、昭和金融恐慌をめぐる議会の混乱の責任を取り辞任。同日、仮議長選挙が行われ、森田茂（憲政会）が選任される。26日、森田が議長、松浦五兵衛（政友本党）が副議長に任ぜられる。森田議長、党籍離脱。

3.28　〔政党〕**立憲政友会が総裁公選制導入**　立憲政友会、議員総会を開催。田中総裁、総裁公選制の導入を声明。4月14日、議員総会を開催して党則を改正し、総裁公選制を制度化。15日、臨時大会を開催し、田中義一を総裁に再任。16日、山本条太郎が幹事長に就任。

3.30　〔法律〕**「震災手形両法」など公布**　「震災手形損失補償公債法」、「震災手形善後処理法」、「銀行法」が公布される。

3.31　〔法律〕**「公益質屋法」公布**　「公益質屋法」が公布される。

4.1　〔法律〕**「兵役法」公布**　「兵役法」が公布される。「徴兵令」を改題・全面改正したもので、原則として日本国民の全男子に兵役の義務が課されることになる。

4.5　〔法律〕**「商工会議所法」公布**　「商工会議所法」が公布される。

4.13　〔内閣〕**「日本銀行非常貸出補償令案」決定**　閣議が開催され、「憲法」第8条および第70条に基づく緊急勅令として「日本銀行非常貸出補償令案」を決定。昭和金融恐慌で経営危機に陥った台湾銀行救済が目的。

4.17　〔内閣〕**若槻内閣総辞職**　枢密院、「日本銀行非常貸出補償令案」が「憲法」第8条および第70条に該当しないとして、否決。これを受け、第1次若槻礼次郎内閣が総辞職。枢密院が内閣を倒した唯一の事例。19日、田中義一に大命降下。

4.20　〔内閣〕**田中内閣成立**　田中義一が首相に就任し、田中義一内閣が成立。田中が外相を兼任し、主な閣僚は蔵相高橋は清など。立憲政友会内閣。

4.22　〔法律〕**「支払猶予令」可決**　枢密院、「私法上の金銭債務の支払延期及手形等の権利保存行為の期間延長に関する緊急勅令」案（「支払猶予令」）を可決。即日公布され、3週間のモラトリアムが実施される。

4.22　〔外交〕**内政外交施政方針発表**　田中首相、日本は中国共産党の活動に対して無関係ではあり得ないとする内政外交施政方針を発表。

5.3　〔国会〕**第53回帝国議会召集**　第53回帝国議会（臨時会）が召集された。4日、開院式。会期は8日までの5日間。9日、閉院式。

－ 62 －

5.5	〔国会〕**衆議院が施政方針演説を要求**　衆議院、政府の施政方針に関する緊急質問を行い、施政方針演説実施を要求。8日、田中首相が貴族院で施政方針演説を行う。主な内容は財界救済など。
5.7	〔国会〕**衆議院が枢密院を弾劾**　衆議院、枢密院の奉答に関する決議案を可決。「日本銀行非常貸出補償令案」をめぐる枢密院の対応を弾劾する内容。
5.9	〔法律〕**「日本銀行特別融通及損失補償法」など公布**　「日本銀行特別融通及損失補償法」、「台湾の金融機関に対する資金融通に関する法律」が公布される。
5.27	〔内閣〕**資源局設置**　内閣に資源局が設置される。人的・物的資源の統制計画を立案・調査するための機関。
6.1	〔政党〕**立憲民政党設立**　憲政会・政友本党が合流して立憲民政党を設立。党則・宣言・綱領・政策を決定し、議会中心主義を言明。浜口雄幸が総裁、桜内幸雄が幹事長に就任。この時点で衆議院第1党となる。
6.2	〔内閣〕**高橋蔵相辞任**　高橋是清、蔵相を辞任。後任蔵相は三土忠造文相で、水野錬太郎が文相に就任。
6.3	〔政党〕**革新党設立**　革新倶楽部が解散し、尾崎行雄・清瀬一郎らが革新党を設立。
6.15	〔内閣〕**行政制度審議会設置**　内閣に行政制度審議会が設置される。
6.20	〔外交〕**ジュネーブ海軍軍縮会議**　日本・アメリカ・イギリスの3ヵ国、ジュネーブ海軍軍縮会議を開催。日本からは全権斎藤実・石井菊次郎らが出席。ワシントン海軍軍縮条約で主力艦保有に制限が課せられたことに続き、補助艦の制限について協議。8月4日、交渉決裂。
6.27	〔外交〕**東方会議**　田中義一首相兼蔵相主催により、東方会議が開催される。内閣の対中国政策審議会で、7月7日に田中首相が「対支政策要綱」を発表。
8.6	〔政治〕**銀行合同促進依頼**　大蔵省、銀行合同促進依頼を地方長官に通達。以後、銀行の合同が相次ぐ。
9.16	〔事件〕**野田醤油労働争議**　野田醤油社内に設立された野田醤油労働組合、全員参加無期限ストライキに突入。組合側の国会への直接請願に加え、広範な不買運動や各地の労働組合による同情デモなども発生し、争議は社外を巻き込んで泥沼化。1928年4月20日、労使間で協定が成立。戦前最長のスト。
11.10	〔内閣〕**地租委譲延期**　田中首相、地租の市町村への委譲を当初予定の昭和4年度から昭和5年度へ延期することを決定。立憲政友会全幹部、抗議のため辞表を提出。14日、撤回。
12.24	〔国会〕**第54回帝国議会召集**　第54回帝国議会（通常会）が召集された。26日、開院式。会期は1928年3月25日までの90日間。1月21日に衆議院が解散し、会期実数は27日間。
12.26	〔国会〕**昭和2年度追加予算案第1号提出**　政府、昭和2年度追加予算案第1号を衆議院に提出。内容は大礼予算。27日、可決。同日、貴族院で可決成立。

1928年
（昭和3年）

1.21	〔国会〕**衆議院解散**　立憲民政党、田中内閣不信任決議案を衆議院に提出。田中首相、内

— 63 —

1928年（昭和3年）　　　　　　　　　　　　　　　　　　　　　　　　　　　　　日本議会政治史事典

閣不信任決議案の上程直前に衆議院を解散させる。

1.21　〔国会〕**昭和3年度総予算案提出**　政府、昭和3年度総予算案並各特別会計予算案を衆議院に提出。衆議院解散により審議未了となる。

1.21　〔国会〕**田中首相、施政方針演説**　田中首相、両院で施政方針演説を行い、地租の市町村委譲、失業対策、食糧供給対策を表明。

1.23　〔外交〕**「日ソ漁業条約」調印**　「日ソ漁業条約」が調印される。

2.1　〔政党〕**『赤旗』創刊**　日本共産党中央機関紙『赤旗』が創刊される。

2.19　〔内閣〕**鈴木内相が議会中心主義否認**　鈴木喜三郎内相、議会中心主義を否認する声明を発表し、政治問題化。

2.20　〔選挙〕**第16回衆議院選挙**　第16回衆議院議員総選挙が行われた。国政選挙における初の普通選挙。定数466。獲得議席は立憲政友会218、立憲民政党216、実業同志会4、社会民衆党4、革新党3、労働農民党2、九州民憲党1、日本労農党1、無所属17。

3.15　〔国会〕**「昭和3年度において前年度予算を施行するの件」公布**　「昭和3年度において前年度予算を施行するの件」が公布される。衆議院解散により同年度予算が不成立となったことに伴う措置。

3.15　〔政党〕**三・一五事件**　政府、日本共産党員などを全国で一斉検挙。容疑は「治安維持法」違反。4月10日、検挙に関する記事が解禁される。逮捕者は1道3府27県で約1600人に達し、うち484名が起訴される。1929年4月16日、1930年2月26日にも全国で一斉検挙。

4.8　〔政党〕**政実協定成立**　立憲政友会と実業同志会の間に営業収益税の地方委譲などの政策協定（政実協定）が成立。以後、実業同志会が与党化して存在意義を失い、解党へ向かう。

4.10　〔政党〕**労働農民党など結社禁止**　労働農民党・日本労働組合評議会・全日本無産青年同盟、「治安警察法」に基づき結社禁止となる。

4.17　〔政党〕**明政会届出**　無所属の鶴見祐輔ら6名、明政会設立を衆議院に届け出る。

4.20　〔国会〕**第55回帝国議会召集**　第55回帝国議会（特別会）が召集された。同日、元田肇（立憲政友会）が衆議院議長、清瀬一郎（革新党）が副議長に任ぜられ、両名とも党籍離脱。23日、開院式。会期は5月6日までの14日間。5月7日、閉院式。

4.23　〔国会〕**昭和3年度追加予算案第1号・第2号・特第1号提出**　政府、昭和3年度追加予算案第1号・第2号・特第1号提出を衆議院に提出。主な内容は大礼予算など。25日、可決。26日、貴族院で可決成立。

4.25　〔国会〕**田中首相、施政方針演説**　田中首相、衆議院で施政方針演説を行い、大礼予算、山東出兵、最近の不祥事などについて説明。26日、貴族院で施政方針演説。

4.27　〔国会〕**田中内閣不信任決議案提出**　立憲民政党、田中内閣不信任決議案を衆議院に提出。6日、決議案上程。討論の終結後、採決に至らず会期終了。

4.27　〔国会〕**鈴木内相の処決其の他に関する決議案提出**　尾崎行雄ら、鈴木内相の処決其の他に関する決議案を衆議院に提出。選挙干渉問題について鈴木内相を弾劾する内容。28日、決議案趣旨弁明。5月3日、鈴木内相が辞表を提出。4日、決議案が可決される。同日、鈴木内相が辞任。田中が内相兼任。

4.27　〔法律〕**「治安維持法」中改正法律案提出**　政府、「治安維持法」中改正法律案を衆議院に提出。内容は死刑・無期刑の追加。審議未了となる。

4.28　〔国会〕**「停会詔書」発布**　「停会詔書」が発布される。期間は30日までの3日間。5月1

－ 64 －

日本議会政治史事典　　　　　　　　　　　　　　　　　　　　　　1929年（昭和4年）

日、再び「停会詔書」発布。期間は3日までの3日間。

5.22　〔内閣〕**水野文相優諚問題**　水野錬次郎文相、田中義一首相兼内相が久原房之助を入閣さ
せようとしたことに反対し、辞表を提出。23日、望月圭介逓信相が内相に任ぜられ、久原が
後任の逓信相に就任。同日、昭和天皇からの優諚により水野が辞表を撤回。このことが田中
と水野による天皇の政治利用であると批判され、25日に水野が文相を辞任。後任文相は勝田
主計。

6.28　〔法律〕**「治安維持法」改正緊急勅令案可決**　枢密院、「治安維持法」改正緊急勅令案を
可決。治安維持法改正案が審議未了になった事を受け、緊急勅令により同法を改正。死刑・
無期刑を追加する内容で、29日に公布。

7.1　〔政治〕**内務省保安科・特別高等課強化**　政府、内務省保安科を拡充強化。3日、従来の
警視庁・大阪など主要府県に加え、全府県に特別高等課を設置。

7.7　〔外交〕**中国が不平等条約改訂宣言**　中国国民政府、不平等条約改訂宣言、「臨時弁法
7ヶ条」を発表。19日、「日清通商航海条約」破棄を日本に通告。日本は拒否。1930年5月6
日、「日華関税協定」が調印され、中国が関税自主権を回復。1940年11月30日、「日華基本条
約」が調印され、不平等条約を破棄。

7.22　〔政党〕**無産大衆党設立**　無産大衆党が設立され、鈴木茂三郎が書記長に就任。

8.1　〔政党〕**立憲民政党分裂**　床次竹二郎顧問らが立憲民政党を離党し、同党が分裂。離党議
員ら、9日に新党倶楽部を設立し、9月4日に衆議院に届け出る。

8.27　〔外交〕**「パリ不戦条約」調印**　「戦争放棄に関する条約」がパリにおいて調印される。
第1条に含まれる「人民の名に於て厳粛に宣言」との文言が、憲法の定める天皇大権を侵す
ものであるとして政治問題化。

9.7　〔内閣〕**経済審議会設置**　内閣に経済審議会が設置される。

11.10　〔政治〕**昭和天皇即位大礼**　昭和天皇の即位大礼が京都御所において挙行される。同日、
「恩赦詔書」が発布され、「減刑令」・「復権令」が公布される。

12.20　〔政党〕**日本大衆党設立**　日本農民党・日本労農党・無産大衆党・民権党・中部民衆党・
信州大衆党・島根自由党が合同し、日本大衆党を設立。平野力三が書記長、高野岩三郎が中
央執行委員長に就任。

12.22　〔政党〕**労働者農民党設立**　大山郁夫ら、労働者農民党結成大会を開催。旧労働農民党を
継承したもの。24日、解散を命ぜられる。

12.24　〔国会〕**第56回帝国議会召集**　第56回帝国議会（通常会）が召集された。26日、開院式。
会期は1929年3月25日までの90日間。3月26日、閉院式。

12.27　〔法律〕**「衆議院議員選挙法」中改正法律案提出**　「衆議院議員選挙法」中改正法律案
（衆法）が衆議院に提出される。内容は婦人参政権の導入。審議未了となる。

1929年
（昭和4年）

1.17　〔政党〕**労農大衆党設立**　水谷長三郎ら、労農大衆党を設立。

— 65 —

1929年（昭和4年）　　　　　　　　　　　　　　　　　　　日本議会政治史事典

1.20　〔政党〕立憲民政党が政府反対　立憲民政党、党大会を開催。浜口総裁、政府の対中国政策、地租・営業収益税の地方委譲、公債発行などに反対の演説を行う。

1.22　〔国会〕昭和4年度総予算案提出　政府、昭和4年度総予算案並各特別会計予算案を衆議院に提出。2月12日、可決。3月15日、貴族院で可決成立。

1.22　〔国会〕田中首相、施政方針演説　田中首相、両院で施政方針演説を行い、社会教育の振興、自作農創設、拓殖省新設、地租・営業収益税の地方委譲を表明。

1.23　〔外交〕「人民の名に於て」問題　中村啓次郎（立憲民政党）、衆議院で「パリ不戦条約」に関して田中義一首相兼外相に質疑し、「人民の名に於て」の文言が憲法違反・国体無視として問題となる。

1.31　〔外交〕満州某重大事件の真相発表決議案否決　衆議院、満州某重大事件の真相発表決議案を否決。

2.10　〔国会〕田中内閣不信任決議案否決　衆議院、5日に立憲民政党が提出した田中内閣不信任決議案を大混乱のうちに否決。

2.22　〔国会〕田中首相の措置に関する決議案可決　貴族院、田中首相の措置に関する決議案を可決。21日に提出されたもので、水野文相優諚問題について田中首相を弾劾する内容。

3.5　〔事件〕山本宣治暗殺事件　衆議院議員山本宣治（旧労働農民党）、右翼団体七生義団員黒田保久二に刺殺される。暗殺理由は山本が「治安維持法」改正（同日衆議院で可決、19日に貴族院で可決成立）に強硬に反対していたため。

3.7　〔法律〕「衆議院議員選挙法」中改正法律案提出　「衆議院議員選挙法」中改正法律案（衆法）が衆議院に提出される。内容は小選挙区制の導入。11日、審議入り。立憲民政党および小会派が反対し、議事が紛糾。22日、可決。貴族院で審議未了となる。

3.14　〔国会〕元田衆議院議長辞任　元田肇、「衆議院議員選挙法」中改正法律案（小選挙区制案）をめぐる混乱の中、衆議院議長を辞任。15日、川原茂輔（立憲政友会）が後任議長に就任。18日、川原が党籍離脱。

3.28　〔法律〕「糸価安定融資補償法」公布　「糸価安定融資補償法」が公布される。

3.28　〔外交〕「済南事件解決に関する文書」調印　「済南事件解決に関する文書」が調印される。5月20日、山東省から撤兵。

4.2　〔法律〕「救護法」公布　「救護法」が公布される。

4.12　〔法律〕「資源調査法」公布　「資源調査法」が公布される。

4.15　〔法律〕「府県制」改正公布　「府県制」改正が公布され、地方議会議員の議案発議権、条例制定権が確立される。

4.17　〔政党〕国民同志会と改称　実業同志会、党大会を開催し、国民同志会と改称。

5.2　〔外交〕南京・漢口両事件に関する交換公文調印　南京事件および漢口事件に関する交換公文が調印される。

6.5　〔内閣〕緊縮財政を表明　浜口立憲民政党総裁、緊縮財政策を提言。

6.10　〔政治〕拓務省設置　拓務省が設置される。所管は植民地事務・監督、南満州鉄道・東洋拓殖の業務監督、海外移民事務など。これに伴い内閣拓殖局を廃止。当初は田中首相が拓相を兼任。

6.22　〔外交〕「パリ不戦条約」問題で内閣辞職要求　立憲民政党、「パリ不戦条約」問題に関

－ 66 －

して田中内閣の引責辞職を求める声明を発表。

6.26 〔外交〕枢密院が「パリ不戦条約」可決　政府、「人民の名において」の字句は日本国に限り適用がないものと諒解するとの留保宣言付きで「パリ不戦条約」批准する方針を表明。枢密院、批准書案を可決。内田康哉、枢密顧問官を引責辞任。

6.28 〔外交〕「万国郵便条約」調印　「万国郵便条約」が調印される。1931年6月26日、公布。7月1日、施行。

7.1 〔外交〕満州某重大事件責任者処分　政府、満州某重大事件に関して責任者の処分を発表。河本大作大佐、停職となる。

7.2 〔内閣〕田中内閣総辞職　田中義一首相、満州某重大事件の処理に関して勅勘を被り、内閣総辞職。

7.2 〔内閣〕浜口内閣成立　浜口雄幸に大命降下。同日、浜口雄幸内閣が成立。主な閣僚は外相幣原喜重郎、蔵相井上準之助など。立憲民政党内閣。

7.5 〔政党〕新党倶楽部が立憲政友会に合流　新党倶楽部、立憲政友会に合流。9月18日、衆議院に届け出る。勢力243名。

7.9 〔内閣〕10大政綱発表　浜口内閣、10大政綱を発表。内容は政治の公明、国民精神の作興、綱紀の粛正、対中外交の刷新（協調外交）、軍縮の促進、財政の整理緊縮、国債非募集と減税、金解禁の断行、社会政策確立（産業合理化）、教育刷新。

7.19 〔内閣〕社会政策審議会など設置　10大政綱具体化のため、内閣に社会政策審議会・関税審議会・国際貸借審議会を設置。11月21日、産業合理化審議会を設置。

7.29 〔内閣〕昭和4年度予算執行緊縮を決定　閣議が開催され、昭和4年度予算の執行緊縮を決定。削減額は9100万円。8月1日、実施。

8月 〔事件〕五私鉄疑獄事件　五私鉄疑獄事件が発覚する。鉄道相小川平吉が北海道鉄道・東大阪電鉄・伊勢電鉄・奈良電鉄・博多湾電鉄の5社に便宜を図り、美明理委賄賂を受け取ったというもの。9月26日、小川が起訴される。

8月 〔事件〕売勲疑獄事件　売勲疑獄事件が発覚。9月11日、前賞勲局総裁天岡直嘉・衆議院議員堤清六（立憲政友会）が起訴される。

9.11 〔政党〕立憲政友会が政府攻撃　両院の昭和4年度実行予算説明会において、立憲政友会所属議員が政府を激しく攻撃。12日、立憲政友会が議会の議決した予算を政府の専断で破棄するのは議会の予算審議権の侵害であるとの声明を発表。

10.12 〔政党〕犬養立憲政友会総裁就任　立憲政友会が臨時党大会を開催し、犬養毅が総裁、山口義一が幹事長に就任。

10.15 〔内閣〕官吏減俸案決定　閣議が開催され、官吏の1割減俸を決定。検事・判事・鉄道省職員らを中心に反対運動が起きる。22日、減俸案を撤回。

11.1 〔政党〕労農党設立　労農党が設立され、大山郁夫が委員長に就任。旧労働者農民党を継承したもの。

11.21 〔内閣〕金解禁決定　閣議が開催され、1930年1月11日からの金解禁を決定。

11.29 〔内閣〕小橋文相辞任　小橋一太文相、越後鉄道疑獄事件に連座して辞任。後任は田中隆三。後に裁判で無罪判決。

12.10 〔政党〕社会民衆党分裂　社会民衆党が分裂。1930年1月15日、離党者らが全国民衆党を設立。

1930年（昭和5年）　　　　　　　　　　　　　　　　　　　　　　　　　　日本議会政治史事典

12.23　〔国会〕第57回帝国議会召集　第57回帝国議会（通常会）が召集された。同日、堀切善兵衛（立憲政友会）が衆議院議長に任ぜられる。24日、堀切が党籍離脱。26日、開院式。会期は1930年3月25日までの90日間。1月21日に衆議院が解散し、会期実数は27日間。

1930年
（昭和5年）

1.11　〔政治〕金解禁実施　金解禁が実施される。デフレ下での金解禁断行は輸出業に大打撃を与え、世界恐慌も重なり深刻な不況を招き、経済失政と批判される。

1.15　〔政党〕全国民衆党設立　社会民衆党離党者ら、全国民衆党を設立。高野岩三郎が顧問に就任。

1.21　〔国会〕犬養立憲政友会総裁が政府追求　犬養立憲政友会総裁、衆議院で海軍軍縮問題、綱紀粛正、失業対策などに関して政府を追及。

1.21　〔国会〕衆議院解散　浜口首相、犬養立憲政友会総裁の演説終了後、与党少数のため衆議院を解散させる。

1.21　〔国会〕昭和5年度総予算並各特別会計予算案提出　政府、昭和5年度総予算並各特別会計予算案を衆議院に提出。衆議院解散のため審議未了となる。

1.21　〔国会〕浜口首相、施政方針演説　浜口首相、両院で施政方針演説を行い、財政緊縮、綱紀粛正などを表明。

1.21　〔外交〕ロンドン海軍軍縮会議　ロンドン海軍軍縮会議が開催される。日本からは首席全権若槻礼次郎・政府代表斎藤博外務省情報局長らが出席。4月22日、「ロンドン海軍軍縮条約」に調印。

1.31　〔政党〕立憲政友会が8大政策発表　立憲政友会、国防経済を中心とする8大政策を発表。

2.20　〔選挙〕第17回衆議院選挙　第17回衆議院議員総選挙が行われた。定数466。獲得議席は立憲民政党273、立憲政友会174、国民同志会6、革新党3、社会民衆党2、日本大衆党2、労農党1、無所属5。

3.10　〔国会〕「昭和5年度において前年度予算を施行するの件」公布　「昭和5年度において前年度予算を施行するの件」が公布される。衆議院解散により同年度予算が不成立となったことに伴う措置。

4.1　〔外交〕第3次軍縮妥協案了承　閣議が開催され、ロンドン海軍軍縮会議においてアメリカが提示した第3次妥協案の了承を決定。米英日の補助艦艇比率を10：10：6.975とする内容で、3月17日に海軍が反対声明を発表していた。2日、ロンドン海軍軍縮会議において日米英3ヵ国が補助艦艇比率で合意に達する。20日、末次信正海軍軍令部次長が「ロンドン海軍軍縮条約」案に不同意を表明。

4.21　〔国会〕第58回帝国議会召集　第58回帝国議会（特別会）が召集された。同日、藤沢幾之輔（立憲民政党）が衆議院議長、小山松寿（立憲民政党）が副議長に任ぜられる。22日、藤沢・小山が党籍離脱。23日、開院式。会期は5月13日までの21日間。5月14日、閉院式。

4.22　〔外交〕「ロンドン海軍軍縮条約」調印　ロンドン海軍軍縮会議において「海軍軍備の制限及び縮小に関する条約」が調印される。

－ 68 －

4.25	〔国会〕浜口首相、施政方針演説	浜口首相、両院で施政方針演説を行い、義務教育強化、産業合理化に取り組むことを訴える。また、幣原外相が貴族院で外交演説を行い、「ロンドン海軍軍縮条約」について報告。井上蔵相が衆議院で財政演説を行い、一般会計における公債減額を表明。

4.25 〔政治〕**統帥権干犯問題** 立憲政友会の犬養毅総裁と鳩山一郎、衆議院において政府が海軍の同意無しに「ロンドン海軍軍縮条約」を締結したのは統帥権の干犯であるとして政府を攻撃。以後、貴族院や国会外を巻き込んで議論が紛糾。

5.6 〔外交〕**「日華関税協定」調印** 「日華関税協定」が調印され、中国が関税自主権を回復。16日、発効。

5.19 〔政治〕**統帥権干犯問題で海軍が遺憾の意を表明** 加藤寛治海軍軍令部長、「ロンドン海軍軍縮条約」締結における日本の譲歩に対して遺憾の意を表明。6月10日、加藤海軍軍令部長が帷幄上奏して辞表奉呈。11日、加藤が更迭される。7月23日、海軍軍事参議官会議、ロンドン海軍軍縮条約奉答文を決定。

5.22 〔法律〕**「輸出補償法」など公布** 「輸出補償法」が公布される。同日、「関税定率法」改正が公布され、穀物・セメントなどの関税が免除される。

6.2 〔政治〕**臨時産業合理局設置** 商工省に臨時産業合理局が設置される。

7.20 〔政党〕**全国大衆党設立** 全国民衆党・日本大衆党・無産政党統一全国協議会が合同し、全国大衆党を設立。麻生久が中央執行委員長に就任。

8.11 〔外交〕**枢密院が「ロンドン海軍軍縮条約」審査開始** 枢密院、「ロンドン海軍軍縮条約」審査委員を指名。委員長は伊東巳代治。9月1日、審査委員会が統帥権干犯の有無に関して議論を開始。10月1日、枢密院が条約案を無条件承認。

8.19 〔内閣〕**農山漁村救済策決定** 閣議が開催され、農山漁村救済のため7000万円の低利資金融資を行うことを決定。

10.2 〔外交〕**「ロンドン海軍軍縮条約」批准** 「ロンドン海軍軍縮条約」が批准される。3日、財部彪海相が辞任。後任は安保清種。1931年1月1日、公布。

11.14 〔事件〕**浜口雄幸首相暗殺事件** 浜口雄幸首相、東京駅で愛国社員佐郷屋留雄に狙撃され重傷を負う。統帥権干犯問題に関連しての犯行。15日、幣原喜重郎外相が首相臨時代理に任ぜられる。浜口首相は一命を取り留めたものの容態が思わしくなく、1931年4月13日に首相を辞任。8月26日、死去。

12.24 〔国会〕**第59回帝国議会召集** 第59回帝国議会（通常会）が召集された。26日、開院式。会期は1931年3月25日までの90日間。2日間の延長があり、会期実数は92日間。3月28日、閉院式。

1931年
（昭和6年）

1.19 〔法律〕**「地租法」案など提出** 政府、「地租法」案および「営業収益税法」中改正法律案を衆議院に提出。前者は課税基準を地価から賃貸価格に改訂する内容。後者は海軍軍縮に伴う減税措置。3月3日、可決。27日、貴族院で可決成立。3月31日、地租法が公布され、これに伴い「地租条例」が廃止される。4月1日、営業収益税法改正が公布される。

| | | 1931年（昭和6年） | 日本議会政治史事典 |

1.22　〔国会〕昭和6年度総予算案提出　政府、昭和6年度総予算案並各特別会計予算案を衆議院に提出。2月18日、可決。3月13日、貴族院で可決成立。各特別会計予算案は修正議決。14日、衆議院が同意成立。

1.22　〔国会〕幣原首相臨時代理、施政方針演説　幣原首相臨時代理、両院で施政方針演説を行い、緊縮財政の継続などを表明。

2.3　〔政治〕幣原首相臨時代理失言問題　幣原首相臨時代理、衆議院予算総会において「ロンドン海軍軍縮条約」をめぐる統帥権干犯問題に関して失言。条約は批准されているから国防を危うくするものではないとの趣旨を、立憲政友会が天皇に責任を負わせるものだと問題視したもの。議会が1週間以上紛糾し、乱闘騒ぎも発生。12日、幣原首相臨時代理が失言を取り消し、予算総会の審議が正常化。

2.21　〔法律〕「労働組合法」案など提出　政府、「労働組合法」案、「労働争議調停法」案を衆議院に提出。3月17日、可決。貴族院で審議未了となる。

3.9　〔内閣〕幣原首相臨時代理解任　幣原首相臨時代理、その任を解かれる。10日、浜口首相が登院。

3.20　〔国会〕浜口内閣不信任決議案否決　衆議院、浜口内閣不信任決議案を否決。19日に立憲政友会が提出したもの。

3.30　〔法律〕「抵当証券法」など公布　「抵当証券法」、「蚕糸業組合法」が公布される。

4.1　〔法律〕「重要産業統制法」公布　「重要産業の統制に関する法律」が公布される。不況カルテル結成を推奨することで、企業の存続や雇用の安定を図るもの。

4.2　〔法律〕「刑事補償法」など公布　「刑事補償法」、「労働者災害扶助法」が公布される。

4.13　〔政党〕若槻立憲民政党総裁就任　立憲民政党が両院議員評議員連合会を開催し、若槻礼次郎が総裁に就任。

4.13　〔内閣〕浜口内閣総辞職　浜口雄幸首相の症状が悪化し、内閣総辞職。浜口、立憲民政党総裁も辞任。

4.14　〔内閣〕第2次若槻内閣成立　若槻礼次郎に大命降下。同日、第2次若槻/礼次郎内閣が成立。立憲民政党内閣。

5.27　〔法律〕官吏俸給減俸　「高等官官等俸給令」・「判任官俸給令」改正が公布され、官吏俸給が約1割減俸される。

6.22　〔内閣〕臨時行政財政整理審議会設置　内閣に臨時行政財政整理審議会が設置される。

7.5　〔政党〕全国労農大衆党設立　社会民衆党・全国大衆党・労農党が合同し、全国労農大衆党を設立。麻生久が書記長に就任。

8.4　〔政治〕南陸相が満蒙問題について訓示　南次郎陸相、軍司令官・師団長会議において満蒙問題の積極的解決を訓示。軍部の外交関与として問題化。6日、南陸相が幣原外相の忠告を一蹴。

9.18　〔外交〕満州事変勃発　奉天近郊の柳条湖で、関東軍が南満州鉄道の線路を爆破する事件（柳条湖事件）が発生。関東軍、これを中国軍の仕業であるとして軍事行動を開始し、中国軍と衝突。19日、緊急閣議が開催され、不拡大・局地解決の方針を決定。しかし関東軍は若槻内閣の不拡大方針を無視して事態を拡大し、満州全土占領に至る。

9.21　〔外交〕満州事変を国際連盟に提訴　中国、満州事変について国際連盟に提訴。

9.23　〔外交〕日中紛争解決勧告決議案採択　国際連盟、緊急理事会を開催し、日中紛争解決

－ 70 －

勧告決議案を採択。

9.24 〔外交〕**満州事変不拡大声明**　政府、満州事変に関する第1次声明を発表し、不拡大・局地解決の方針を言明。

10.24 〔外交〕**満州撤兵勧告案採択**　国際連盟、理事会を開催し、日本に対する満州撤兵勧告案を13対1で採択。反対票は日本のみ。26日、日本政府が満州事変に関する第2次声明を発表し、日中直接交渉の基本的原則(撤兵条件など)を提示。

11.10 〔政党〕**禁輸出再禁止断行決議**　立憲政友会、議員総会を開催し、禁輸出再禁止の断行を決議。同日、井上蔵相が金本位制維持を表明。

11.21 〔政党〕**協力内閣論**　安達謙蔵内相、立憲政友会・立憲民政党の両党協力による挙国一致の親軍政権樹立論(協力内閣論)を提案。立憲政友会主流の反対により実現せず。

12.5 〔国会〕**徳川家達貴族院議長再任**　徳川家達、任期満了により貴族院議長に再任される。

12.10 〔外交〕**リットン委員会設置**　国際連盟日支紛争調査委員会(リットン委員会)が設置される。委員長はヴィクター・ブルワー=リットン。

12.11 〔内閣〕**第2次若槻内閣総辞職**　若槻礼次郎首相、協力内閣成立を断念。あくまで協力内閣を主張する安達謙蔵内相に単独辞職を勧告するが、拒否される。同日、閣内不一致のため第2次若槻礼次郎内閣が総辞職。12日、犬養毅立憲政友会総裁に大命降下。

12.13 〔政党〕**安達らが立憲民政党離党**　安達前内相ら、立憲民政党を離党。

12.13 〔内閣〕**金輸出再禁止**　閣議が開催され、金輸出再禁止(金本位制停止)が決定される。17日、「銀行券の金貨兌換に関する緊急勅令」が公布され、日本銀行券の金貨への兌換が停止。

12.13 〔内閣〕**犬養内閣成立**　犬養毅が首相(外相兼任)に就任し、犬養内閣が成立。主な閣僚は蔵相高橋是清、陸相荒木貞夫など。立憲政友会を基盤とし、戦前最後の政党内閣となる。

12.23 〔国会〕**第60回帝国議会召集**　第60回帝国議会(通常会)が召集された。同日、中村啓次郎(立憲民政党)が衆議院議長、増田義一(立憲民政党)が副議長に任ぜられる。24日、中村・増田が党籍離脱。26日、開院式。会期は1932年3月25日までの90日間。1月21日に衆議院が解散し、会期実数は27日間。

1932年
(昭和7年)

1.14 〔内閣〕**芳沢外相就任**　犬養首相が兼任していた外相を辞任し、芳沢謙吉が外相に任ぜられる。

1.19 〔政党〕**社会民衆党が三反主義決議**　社会民衆党、党大会を開催して反資本主義・反共産主義・反ファッショの三反主義を決議。

1.21 〔国会〕**犬養首相、施政方針演説**　犬養首相、両院で施政方針演説を行い、公債発行、満蒙権益擁護、金輸出再禁止などを表明。

1.21 〔国会〕**衆議院解散**　犬養首相、与党少数のため衆議院を解散させる。

1.21 〔国会〕**昭和7年度総予算案提出**　政府、昭和7年度総予算並各特別会計予算案を衆議

1932年（昭和7年）　　　　　　　　　　　　　　　　　　　　　　　日本議会政治史事典

院に提出。衆議院解散により審議未了となる。

1.28 〔外交〕**第1次上海事変**　上海共同租界周辺で日本海軍陸戦隊と中国第19路軍が衝突。その後、日中双方が増援を派遣し、戦闘が拡大。5月5日、「上海停戦協定」が成立。30日、撤兵。

2.9 〔事件〕**血盟団事件**　前蔵相・貴族院議員井上準之助が血盟団員に射殺される。享年64。3月5日、三井合名理事長団琢磨が血盟団員に射殺される。享年75。

2.16 〔外交〕**満蒙国家建設会議**　満蒙国家建設会議が奉天で開催される。18日、東北行政委員会が満蒙新国家樹立宣言を発表。19日、宣統帝愛新覚羅溥儀を元首に推戴。23日、国号を満州国と決定。

2.20 〔選挙〕**第18回衆議院選挙**　第18回衆議院議員総選挙が行われた。定数466。獲得議席は立憲政友会301、立憲民政党146、社会民衆党3、全国労農大衆党2、革新党2、無所属12。

2.29 〔外交〕**リットン調査団来日**　リットン調査団が来日。国際連盟日支紛争調査委員会が満州事変などについて調査するため派遣したもの。3月11日、上海に向けて出発。

3.1 〔外交〕**満州国建国**　満州国建国が宣言される。9日、愛新覚羅溥儀が執政に就任し、建国式を挙行。1934年3月1日、帝政に移行し、愛新覚羅溥儀が皇帝に即位。

3.4 〔外交〕**日中停戦に関する勧告決議案採択**　国際連盟、日中停戦に関する勧告決議案を採択。

3.12 〔外交〕**満蒙処理方針要綱**　閣議において満蒙処理方針要綱が決定され、新国家建設方針が正式に承認される。

3.14 〔国会〕**「昭和7年度において前年度予算を施行するの件」公布**　「昭和7年度において前年度予算を施行するの件」が公布される。衆議院解散により同年度予算が不成立となったことに伴う措置。

3.16 〔内閣〕**中橋内相辞任**　中橋徳五郎内相、健康上の理由で辞任。犬養毅首相が内相を兼任。25日、鈴木喜三郎が内相に任ぜられる。

3.18 〔国会〕**第61回帝国議会召集**　第61回帝国議会（臨時会）が召集された。同日、秋田清（立憲政友会）が衆議院議長、植原悦二郎（立憲政友会）が副議長に任ぜられる。20日、開院式。同日、秋田・植原が党籍離脱しない意向を表明。会期は24日までの5日間。25日、閉院式。

3.20 〔国会〕**昭和6年度・7年度追加予算案提出**　政府、昭和6年度追加予算案第1号・第2号、昭和7年度追加予算案第1号・特第1号を衆議院に提出。主な内容は満州事変費や第1次上海事変費など。22日、可決。23日、貴族院で可決成立。

3.22 〔国会〕**犬養首相、施政方針演説**　犬養首相、衆議院で施政方針演説を行う。満州事変などについて報告し、満蒙権益擁護・国民の財産生命保護を表明。23日、貴族院で施政方針演説を行う。

3.26 〔法律〕**「満州事変に関する経費支弁の為公債発行に関する法律」公布**　「満州事変に関する経費支弁の為公債発行に関する法律」が公布される。

4.15 〔政党〕**社会民衆党分裂**　赤松克麿ら国家社会主義派、社会民衆党を離党。

5.8 〔政党〕**比例代表制を主張**　立憲政友会関東大会が開催され、犬養総裁が衆議院議員選挙への比例代表制導入を主張する演説を行う。

5.15 〔事件〕**五・一五事件**　古賀清志中尉を中心とする海軍青年将校ら、首相官邸などを襲撃し、犬養毅首相を射殺。享年78。決起の目的は軍部を中心とする政権を樹立し、国家改造を行うことだった。

― 72 ―

5.16	〔内閣〕**犬養内閣総辞職**　高橋是清蔵相、首相臨時代理に任ぜられる。同日、高橋が全閣僚の辞表を奉呈し、犬養毅内閣が総辞職。大正デモクラシーと称される政党内閣制の時代が終焉。22日、斎藤実に大命降下。
5.20	〔政党〕**鈴木立憲政友会総裁就任**　立憲政友会が臨時党大会を開催し、鈴木喜三郎が総裁に就任。
5.23	〔国会〕**第62回帝国議会召集**　第62回帝国議会（臨時会）が召集された。6月1日、開院式。会期は6月14日までの14日間。15日、閉院式。通称農村救済議会。
5.26	〔内閣〕**斎藤内閣成立**　斎藤実が首相に就任し、斎藤実内閣が成立。立憲政友会から3名、立憲民政党から2名が入閣し、軍部・官僚・政党のバランスの上に成立した挙国一致内閣。
5.29	〔政党〕**日本国家社会党設立**　社会民衆党を離党者ら、日本国家社会党を設立。赤松克麿が党務長に就任。
5.30	〔内閣〕**4大政綱決定**　斎藤内閣が閣議を開催し、4大政綱を決定。内容は対外政策の確立、人心不安の一掃、政界の浄化、軍紀の振粛。
6.3	〔国会〕**斎藤首相、施政方針演説**　斎藤首相が両院で施政方針演説を行い、議会政治尊重、満州国承認、農村救済を表明。同日、高橋蔵相が衆議院で財政演説を行い、赤字公債発行による財政措置の実行を表明。
6.3	〔国会〕**昭和7年度追加予算案第1号・特第1号提出**　政府、昭和7年度追加予算案第1号・特第1号を衆議院に提出。主な内容は満州事変費など。9日、可決。14日、貴族院で可決成立。
7.1	〔法律〕**「資金逃避防止法」公布**　「資金逃避防止法」が公布される。
7.10	〔選挙〕**第7回貴族院伯子男爵議員選挙**　第7回貴族院伯子男爵議員選挙が実施される。当選者は伯爵18名、子爵66名、男爵66名。
7.15	〔国会〕**議会振粛要綱**　衆議院議会振粛委員会、議会振粛要綱申し合わせ案を決定。16日、秋田衆議院議長・徳川貴族院議長に手交。8月22日、衆議院で各派協議会が申し合わせ案を承認し、建議委員会設置を決定。11月29日、貴族院で各派交渉会が議会振粛について報告し、衆議院提案の常置委員会設置に反対。
7.15	〔法律〕**「手形法」公布**　「手形法」が公布される。
7.22	〔政治〕**失業対策委員会設置**　内務省に失業対策委員会が設置される。
7.24	〔政党〕**社会大衆党設立**　社会民衆党と全国労農大衆党が合同し、社会大衆党を設立。安部磯雄が中央執行委員長、麻生久が書記長に就任。
8.22	〔国会〕**第63回帝国議会召集**　第63回帝国議会（臨時会）が召集された。23日、開院式。会期は30日までの8日間。3回計5日間の延長があり、会期実数は13日間。9月5日、閉院式。農村救済議会と称される。
8.23	〔法律〕**「金銭債務臨時調停法」案提出**　政府、「金銭債務臨時調停法」案を衆議院に提出。9月1日、修正議決。3日、貴族院で修正議決。同日、衆議院で可決成立。7日、公布。
8.25	〔国会〕**斎藤首相、施政方針演説**　斎藤首相、両院で施政方針演説を行い、米価低落・繭価暴落・負債増加の時局に鑑み、農村負債の救済、時局匡救対策に尽力することを表明。
8.25	〔国会〕**昭和7年度追加予算案第1号・特第1号提出**　政府、昭和7年度追加予算案第1号・特第1号を提出。内容は時局匡救対策費など。31日、可決。9月2日、貴族院で可決成立。
9.5	〔政治〕**国民自力厚生運動開始**　内務省、国民自力更生運動の開始を通達。

9.10　〔選挙〕**第7回貴族院多額納税者議員選挙**　第7回貴族院多額納税者議員選挙が実施される。9月29日、66名が貴族院議員に任ぜられる。

9.15　〔外交〕**「日満議定書」調印**　「日満議定書」が調印され、日本が満州国を承認。17日、国民政府が抗議。

9.20　〔選挙〕**第2回貴族院帝国学士院会員議員選挙**　第2回貴族院帝国学士院会員議員選挙が実施される。10月10日、4名が貴族院議員に任ぜられる。

9.24　〔内閣〕**文官分限委員会設置**　「文官分限令中改正の件」が公布され、文官身分保障の拡充が決定。同日、内閣に文官分限委員会が設置される。

10.1　〔外交〕**リットン報告書手交**　リットン調査団、日本に『国際連盟日支紛争調査委員会報告書』を手交。主な内容は満州事変が日本の自衛行為であることの否定、満州国建国の不承認、条約で認められた満州における日本の権益の尊重、満州自治政府（中国主権下）樹立、満州の非武装地帯化など。2日、政府が公表。

10.30　〔事件〕**熱海事件**　静岡県熱海町で警察が日本共産党員を一斉検挙。

12.22　〔政党〕**国民同盟設立**　国民同盟が設立され、安達謙蔵が総裁に就任。立憲民政党脱党者らが設立した国策研究倶楽部を改組したもの。

12.24　〔国会〕**第64回帝国議会召集**　第64回帝国議会（通常会）が召集された。26日、開院式。会期は1933年3月25日までの90日間。3月26日、閉院式。

1933年
（昭和8年）

1.9　〔内閣〕**岡田海相辞任**　岡田啓介海相が辞任。後任は大角岑生。

1.21　〔国会〕**斎藤首相、施政方針演説**　斎藤首相、両院で施政方針演説を行い、農山漁村・中小企業匡救対策を表明。

1.21　〔国会〕**昭和8年度総予算案提出**　政府、昭和8年度総予算案並各特別会計予算案を衆議院に提出。2月14日、可決。3月8日、貴族院で可決成立。

1.28　〔国会〕**昭和7年度追加予算案第1号・特第1号提出**　政府、昭和7年度追加予算案第1号・特第1号を衆議院に提出。主な内容は満州事変費。31日、可決。2月2日、貴族院で可決成立。

2.24　〔外交〕**日本軍満州撤退勧告案採択**　国際連盟総会、日本軍を満鉄附属地に撤退させることを先決要件とする勧告案を賛成42・反対1（日本）・危険1（シャム）で採択。日本首席全権松岡洋右、議場から退場。3月27日、政府が国際連盟脱退を通告。6月7日、国際連盟が満州国不承認決議案を採択。

3.29　〔法律〕**「米穀統制法」など公布**　「米穀統制法」、「外国為替管理法」、「農村負債整理組合法」が公布される。

4.1　〔法律〕**「児童虐待防止法」公布**　「児童虐待防止法」が公布される。

4.6　〔法律〕**「日本製鉄株式会社法」公布**　「日本製鉄株式会社法」が公布される。1934年1月29日、官営八幡製鉄所と釜石鉱山・九州製鋼・富士製鋼・三菱製鉄・輪西製鉄の民間5社が合併し、半官半民の国策会社である日本製鉄株式会社が設立される。

5.5	〔法律〕「少年救護法」公布	「少年救護法」が公布される。

5.26 〔事件〕**滝川事件**　文部省、滝川幸辰京都帝国大学法学部教授の刑法学説を赤化思想と指弾し、休職処分とする。法学部、宮本英脩学部長以下全教授が抗議のため辞表を提出。9月5日、著書『刑法読本』が発禁処分となる。以後、大学自治・学問の自由が急速に失われる。

5.31 〔外交〕**「塘沽停戦協定」調印**　「塘沽停戦協定」が調印され、満州事変における軍事的衝突が終結。

6.7 〔政党〕**佐野学らが転向**　日本共産党中央委員長佐野学と同党幹部鍋山貞親、獄中で転向声明「共同被告同志に告ぐる書」を発表。以後、転向者が相次ぐ。

6.9 〔国会〕**徳川家達貴族院議長辞任**　徳川家達貴族院議長が辞任。近衛文麿が後任議長に任ぜられる。

9.9 〔内閣〕**荒木陸相が国策提言**　荒木陸相、陸軍が作成した内外国策を高橋蔵相に提言。

9.14 〔内閣〕**内田外相辞任**　内田康哉外相が辞任。広田弘毅が後任外相に就任し、広田外交（協調外交）を展開。

9.27 〔法律〕**「海軍軍令部令」公示**　「海軍軍令部令」が公布され、軍令部長を軍令部総長と改称。同日、「艦隊令」、「鎮守府令」、「要港部令」が公布される。

10.3 〔内閣〕**五相会議**　首相・外相・蔵相・陸相・海相による五相会議が開催される。国防・外交・財政の調整にあたるインナー・キャビネットで、権力集中を図るために設置されたが、軍部大臣の発言力増大を招くことになる。

10.22 〔政党〕**政党連合運動表面化**　立憲政友会久原房之助・立憲民政党富田幸次郎ら両党の幹部が会談し、ファッショ的政党連合運動が表面化する。12月20日、中島商相が政党連合運動声明を発表。25日、両党幹部が政党連合運動について懇談。

11.7 〔内閣〕**農村恐慌対策を協議**　第1回内政会議（首相・蔵相・内相・農相・拓相・商相・文相・鉄道相）が開催され、農村恐慌対策に関して協議。12月22日、農家負担軽減など農村対策5項目を決定。12月26日、閣議決定。

12.8 〔政党〕**松岡衆議院議員辞任**　松岡洋右、政党解消論を唱え、衆議院議員辞職願を提出するとともに、立憲政友会を離党。23日、政党解消連盟を設立。27日、議員辞職。

12.9 〔政治〕**軍民離間声明**　陸軍省と海軍省、政党・財閥などによる軍事費削減主張は軍民離間を目論む反軍的行動であるとの声明を発表し、軍部批判を威圧。1934年1月24日、衆議院において安藤正純（立憲政友会）が声明について追求。

12.23 〔国会〕**第65回帝国議会召集**　第65回帝国議会（通常会）が召集された。26日、開院式。会期は1934年3月25日までの90日間。3月26日、閉院式。

12.23 〔政治〕**皇太子誕生**　皇太子（昭和天皇第1皇子、第5子）継宮明仁親王が誕生。1934年2月11日、「恩赦詔書」が発布され、「減刑令」・「復権令」が公布される。

1934年
(昭和9年)

1.23 〔国会〕**斎藤首相、施政方針演説**　斎藤首相、両院で施政方針演説を行い、思想善導、産

業統制、米穀統制を表明。

1.23 〔国会〕**昭和9年度総予算案提出**　政府、昭和9年度総予算案並各特別会計予算案を衆議院に提出。2月13日、可決。3月14日、貴族院で可決成立。

1.23 〔内閣〕**荒木陸相辞任**　荒木貞夫陸相が辞任。後任は林銑十郎。

2.3 〔事件〕**足利尊氏論**　中島久万吉商相、衆議院予算総会において、雑誌『現代』掲載の「足利尊氏論」について陳謝。皇国史観に基づき逆賊とされていた足利尊氏を再評価する内容で、斎藤内閣の軍備縮小・軍部抑制路線に不満を持つ貴族院議員や右派勢力らにより政治問題化。9日、中島が商相を辞任。後任は松本烝治。

2.15 〔事件〕**五月雨演説**　岡本一己（無所属）、衆議院で鳩山一郎文相の帝国人造絹糸株式会社（帝人）株に関する収賄疑惑に言及（五月雨演説）。同日、議員岡本一己の発言に関する事実調査特別委員会を設置。3月3日、衆議院が岡本発言調査報告書を可決し、収賄を事実無根と断定。3日、鳩山文相が辞任し、斎藤首相が文相兼任。辞任理由は疑惑を追及された際の「明鏡止水の心境」との言葉が辞任の意思表示と報道され、嫌気がさしたため。10日、議員岡本一己懲罰事犯の件が議決され、岡本が2週間の出席停止処分となる。

2.22 〔法律〕**「衆議院議員選挙法」中改正法律案提出**　政府、「衆議院議員選挙法」中改正法律案を衆議院に提出。主な内容は選挙費用削減措置、選挙公営化、選挙違反の取締強化など。3月15日、修正議決。24日、貴族院で修正議決。同日、衆議院が不同意。25日、両院協議会で成案が成立。同日、両院で可決成立。6月23日、公布。

3.8 〔国会〕**斎藤内閣不信任決議案否決**　衆議院、斎藤内閣不信任決議案を否決。2月12日に国民同盟が提出したもの。

3.28 〔法律〕**「石油業法」公布**　「石油業法」が公布される。原油の供給確保を目的とする法。

3.29 〔法律〕**「臨時米穀移入調節法」など公布**　「臨時米穀移入調節法」、「政府所有米穀特別処理法」が公布される。

4.7 〔法律〕**「日本銀行金買入法」など公布**　「日本銀行金買入法」、「貿易調節及通商擁護に関する法律」が公布される。

5.3 〔政治〕**倉富枢密院議長辞任**　倉富勇三郎枢密院議長が辞任し、一木喜徳郎が後任議長に任ぜられる。

5.19 〔事件〕**帝人事件**　帝国人造絹糸（帝人）の株式売買をめぐる疑獄に関して、黒田英雄大蔵次官が召喚される。7月21日、元商相中島久万吉衆議院議員を召喚。1937年12月16日、黒田・中島・帝人社長・台湾銀行頭取ら起訴された全員に無罪判決が言い渡される。事件の存在自体が否定され、検察ファッショとの批判が巻き起こる。今日では斎藤内閣倒閣を目的とするフレームアップであるとの説が有力。

6.1 〔政治〕**思想局設置**　文部省に思想局が設置される。

7.3 〔内閣〕**斎藤内閣総辞職**　斎藤実内閣、帝人事件に関連して総辞職。4日、元老西園寺公望が重臣らと協議。元老の後継首班奉請に際する重臣会議の慣例の始まり。同日、岡田啓介に大命降下。7日、立憲政友会が岡田内閣への協力を拒否。

7.8 〔内閣〕**岡田内閣成立**　岡田啓介が首相に就任し、岡田啓介内閣が成立。主な閣僚は外相広田弘毅、内相後藤文夫など。立憲政友会から床次竹二郎が逓信相、内田信也が鉄道相、山崎達之輔が農相として入閣し、いずれも党から除名される。

7.20 〔内閣〕**10大政策発表**　岡田首相、10大政策を発表。内容は国防の充実、日満親善再調整、綱紀粛正・政界浄化、対軍縮会議方針、対政党態度など。

- 76 -

8.6 〔外交〕**在満機構改革問題**　陸軍省、在満機構改組原案を発表。関東軍による対満州政策一元化を目的とするもの。8日、林銑十郎陸相が満州駐留大使を首相直属とする方針を発表。20日、拓務省が独自の在満機構改組案を発表し、陸軍省と対立。9月10日、岡田首相が妥協案を広田外相・林陸相に提示。14日、閣議で在満機構改革案が了承される。

10.1 〔事件〕**陸軍パンフレット事件**　陸軍省、『国防の本義と其強化の提唱』（陸軍パンフレット）を配布。陸軍主導の社会主義国家創立、計画経済採用など、ファシズム体制構築を主張する内容。3日、立憲政友会が陸軍パンフレットを非難する声明を発表。3日、衆議院で斎藤隆夫（立憲民政党）が陸軍パンフレットおよび軍事費偏重に関して追求。政党政治家や美濃部達吉ら学者の多くが陸軍パンフレットを批判する一方、統制経済に賛意を示す議員も存在した。

11.1 〔政党〕**若槻立憲民政党総裁辞任**　若槻礼次郎立憲民政党総裁、総務会で辞意を表明。5日、議員総会評議委員連合協議会、辞任を了承して後任人事を若槻に一任するが、町田忠治が総裁就任を拒否。9日、町田が総務会長に就任し、総裁権限代行。1935年1月20日、党大会が開催され、町田忠治が総裁、川崎卓吉が幹事長に就任。

11.26 〔政党〕**立憲政友会・立憲民政党が提携**　立憲政友会と立憲民政党、国難打開の共同声明を発表。

11.27 〔国会〕**第66回帝国議会召集**　第66回帝国議会（臨時会）が召集された。28日、開院式。会期は12月4日までの7日間。2回計5日間の延長があり、会期実数は12日間。12月10日、閉院式。

11.27 〔内閣〕**藤井蔵相辞任**　藤井真信蔵相が辞任し、高橋是清が後任の蔵相に任ぜられる。

11.29 〔国会〕**昭和9年度追加予算案第1号・特第1号提出**　政府、昭和9年度追加予算案第1号・特第1号を衆議院に提出。主な内容は農村救済費、室戸台風対策費。12月7日、可決。9日、貴族院で可決成立。

11.30 〔国会〕**岡田首相、施政方針演説**　岡田首相、両院で施政方針演説を行い、災害対策などを表明。

12.3 〔外交〕**「ワシントン海軍軍縮条約」破棄決定**　閣議が開催され、「ワシントン海軍軍縮条約」の単独破棄が決定。29日、アメリカに通告。1936年12月31日、条約が失効。

12.5 〔国会〕**爆弾動議**　東武（立憲政友会）、衆議院予算総会において突如として農村救済費1億8000万円を要求する緊急動議（爆弾動議）を提出。同日、可決。13日、秋田清が衆議院議長を辞任し、立憲政友会を離党。党利党略に基づく爆弾動議を批判しての行動。2月9日、岡田首相が1500万円の支出を表明。

12.10 〔法律〕**「凶作地に対する政府所有米穀の臨時交付に関する法律」公布**　「凶作地に対する政府所有米穀の臨時交付に関する法律」が公布される。

12.24 〔国会〕**第67回帝国議会召集**　第67回帝国議会（通常会）が召集された。同日、浜田国松（立憲政友会）が衆議院議長に任ぜられる。26日、開院式。会期は1935年3月25日までの90日間。3月26日、閉院式。

12.26 〔内閣〕**対満事務局設置**　内閣に対満事務局が設置され、林銑十郎陸相が事務局総裁を兼任。また関東庁を廃止して関東局を設置。在満機構改革問題が終結。

1935年
（昭和10年）

1.22 〔国会〕**岡田首相、施政方針演説**　岡田首相、両院で施政方針演説を行い、企業増税、公債発行、米穀・蚕糸・肥料対策を表明。

1.22 〔国会〕**昭和10年度総予算案提出**　政府、昭和10年度総予算案並各特別会計予算案を衆議院に提出。2月14日、可決。3月8日、貴族院で可決成立。

1.23 〔外交〕**「北満鉄道譲渡協定」調印**　日本・満州国・ソ連が「北満鉄道譲渡協定」に調印し、北満鉄道のソ連から満州への売却が決定。

2.18 〔事件〕**天皇機関説問題**　菊池武夫（男爵議員、公正会）、貴族院において美濃部達吉（無所属、帝国学士院会員議員）の天皇機関説を非難。25日、美濃部が貴族院で「一身上の弁明」と称される釈明演説を行う。28日、江藤源九郎衆議院議員が美濃部を不敬罪で告発。4月9日、美濃部の著書『憲法撮要』『逐条憲法精義』『日本国憲法ノ基本主義』が発禁処分となる。7月31日、立憲政友会が議員総会を開催し、天皇機関説排撃を声明。9月18日、美濃部が起訴猶予となるが、議員辞職。貴族院の秩序維持のための辞任であり、学説の誤りを認めるものではないと声明。20日、閣議が美濃部声明に遺憾の意を表明。21日、美濃部が声明を撤回。

3.14 〔国会〕**永年在職議員表彰**　衆議院の各派協議会、在職30年以上の議員を院議をもって表彰することを決定。16日、尾崎行雄ら6名が永年在職議員として表彰される。1937年3月1日、貴族院の各派交渉会、在職30年以上かつ30回以上の議会に出席した議員を院議をもって表彰することを決定。18日、徳川家達ら12名が永年在職議員として表彰される。

3.15 〔国会〕**昭和10年度追加予算案第2号・特第2号提出**　政府、昭和10年度追加予算案第2号・特第2号を衆議院に提出。内容は東北振興応急費など。25日、可決。同日、貴族院で可決成立。

3.20 〔国会〕**政教刷新に関する建議案可決**　貴族院、政教刷新に関する建議案を全会一致で可決。

3.23 〔国会〕**国体明徴決議案可決**　衆議院、立憲政友会が提出した国体明徴決議案を可決。

3.30 〔法律〕**「臨時利得税法」公布**　「臨時利得税法」が公布され、企業への課税が強化される。

4.1 〔法律〕**「青年学校令」など公布**　「青年学校令」、「青年学校教員養成所令」が公布される。10月1日、青年学校が開校。

4.6 〔法律〕**「倉庫業法」公布**　「倉庫業法」が公布される。

4.6 〔政治〕**国体明徴を訓示**　真崎甚三郎教育総監、国体明徴を全陸軍に訓示。10日、松田文相が国体明徴を全国学校長に訓令。5月3日、岡田首相が地方長官会議において国体明徴・官紀振粛訓示。

5.8 〔法律〕**「選挙粛正委員会令」公布**　「選挙粛正委員会令」が公布される。選挙管理を所管する選挙粛正中央連盟ならびに各府県に地方長官を会長とする選挙粛正委員会を設置する内容で、選挙運動に対する官憲の干渉が強化される。

5.11 〔内閣〕**内閣審議会設置**　内閣に内閣審議会が設置される。内閣・議会による挙国一致の国策審議機関。また、内閣調査局が附置される。

－ 78 －

5.22 〔政党〕**立憲民政党と立憲政友会の提携解消**　立憲民政党、立憲政友会に提携解消を通告。28日、国体明徴に関する立憲政友会の共同声明に反対を通告。

8.3 〔内閣〕**第1次国体明徴声明**　岡田内閣、「国体明徴に関する政府声明」を発表し、天皇機関説は国体の本義に反すると言明。

9.5 〔内閣〕**林陸相辞任**　林銑十郎陸相が辞任。川島義之が後任の陸相に任ぜられる。

9.8 〔内閣〕**床次逓信相死去**　床次竹二郎逓信相が死去。享年70。12日、望月圭介が後任の逓信相に任ぜられる。

10.15 〔内閣〕**第2次国体明徴声明**　岡田内閣、「国体明徴に関する政府声明」を発表し、天皇機関説は芟除（除去の意）されるべしと言明。

12.9 〔外交〕**第2次ロンドン海軍軍縮会議**　第2次ロンドン海軍軍縮会議が開催される。日本からは全権永野修身らが出席。1936年1月15日、日本が会議からの脱退を通告。無制限建艦競争が始まる。

12.22 〔内閣〕**内閣制度創始50周年記念式典**　内閣制度創始50周年記念式典が挙行される。

12.23 〔政党〕**昭和会設立**　望月圭介ら立憲政友会離党議員と無所属議員の一部、昭和会を設立。同日、衆議院に届け出る。勢力18名。

12.24 〔国会〕**第68回帝国議会召集**　第68回帝国議会（通常会）が召集された。26日、開院式。会期は1936年3月25日までの90日間。1月21日に衆議院が解散し、会期実数は27日間。

1936年
（昭和11年）

1.21 〔国会〕**岡田首相、施政方針演説**　岡田首相、両院で施政方針演説を行い、重要産業の統制、恒久的な災害対策、国体明徴を表明。

1.21 〔国会〕**衆議院解散**　衆議院において立憲政友会が岡田内閣不信任決議案を提出。同日、岡田首相が政局打開のため衆議院を解散させる。

1.21 〔国会〕**昭和11年度総予算案提出**　政府、昭和11年度総予算案並各特別会計予算案を衆議院に提出。衆議院解散のため審議未了となる。

2.20 〔選挙〕**第19回衆議院選挙**　第19回衆議院議員総選挙が行われた。定数466。獲得議席は立憲民政党205、立憲政友会175、昭和20、社会大衆党18、国民同盟15、諸派7（うち無産政党4）、無所属26。各地で選挙粛正委員会による苛烈な取締が横行。与党が勝利する一方、無産政党が議会に進出。

2.26 〔内閣〕**岡田内閣総辞職**　二・二六事件において岡田啓介首相が殺害されたとの情報に基づき、後藤文夫内相が首相臨時代理に任ぜられる（29日、岡田の生存を確認）。同日、後藤首相臨時代理が全閣僚の辞表奉呈。28日、岡田啓介内閣が総辞職。

2.26 〔事件〕**二・二六事件**　陸軍の皇道派青年将校ら、下士官・兵1400名以上を率いてクーデターを決行。内大臣斎藤実・蔵相高橋是清・教育総監渡辺錠太郎らを殺害、国会議事堂・首相官邸など永田町一帯を占拠し、国家改造を要求。27日、東京市に「戒厳令」が公布・即日施行される。29日、反乱部隊の兵士らが原隊に帰順し、クーデターが鎮圧される。その後、

1936年（昭和11年）　　　　　　　　　　　　　　　　　　　　　　　　　　　　　日本議会政治史事典

蹶起将校の多くが処刑された。

3.4　〔内閣〕**近衛文麿に大命降下**　近衛文麿に組閣の大命降下。同日、健康上の理由により拝辞。5日、広田弘毅に大命降下。陸軍、組閣に関する要求声明を発表し、自由主義者の入閣を拒否。

3.9　〔内閣〕**広田内閣成立**　広田弘毅が首相に就任し、広田弘毅内閣が成立。広田が外相を兼任し、主な閣僚は蔵相馬場鍈一、陸相寺内寿一など。

3.13　〔政治〕**一木枢密院議長辞任**　一木喜徳郎、枢密院議長を辞任。平沼騏一郎が後任議長に任ぜられる。

3.24　〔政治〕**メーデー禁止を通達**　内務省、メーデー禁止を全国に通達。

4.2　〔内閣〕**有田八郎外相就任**　岡田首相が兼任の外相を辞任し、有田八郎が外相に任ぜられる。

5.1　〔国会〕**第69回帝国議会召集**　第69回帝国議会（特別会）が召集された。同日、富田幸次郎（立憲民政党）が衆議院議長、岡田忠彦（立憲民政党）が副議長に任ぜられる。4日、開院式。会期は24日までの21日間。2回計2日の延長があり、会期実数は23日間。5日、富田・岡田が党籍離脱。27日、閉院式。

5.6　〔国会〕**広田首相、施政方針演説**　広田首相、両院で施政方針演説を行い、国体明徴、挙国一致などを表明。

5.6　〔内閣〕**内閣審議会廃止**　内閣審議会が廃止される。

5.7　〔国会〕**粛軍演説**　斎藤隆夫（立憲民政党）、衆議院において寺内寿一陸相への質問演説を行う。議会を軽視する軍部、軍部と親しい政治家を痛烈に批判する内容で、粛軍演説と称される。

5.12　〔国会〕**貴族院機構の改正に関する建議案可決**　貴族院、貴族院機構の改正に関する建議案を可決。この頃より貴族院内において世襲議員廃止、有爵議員削減、多額納税者議員改廃、職能議員新設など、制度改革の議論が活発化。11月9日、内閣に貴族院制度調査会が設置される。

5.14　〔国会〕**皇軍将校侮辱演説**　津村重舎（研究会）、貴族院において永田陸軍軍務局長暗殺事件を取り上げて軍部を批判する演説を行う。軍部・右翼が皇軍将校を侮辱するものと猛反発。15日、懲罰委員会に付託される。貴族院における唯一の懲罰事例。同日、自ら議員を辞職。

5.18　〔内閣〕**軍部大臣現役武官制復活**　「陸軍省官制」・「海軍省官制」が改正され、軍部大臣現役武官制が復活。目的は二・二六事件への関与が疑われる予備役武官の大臣就任阻止などだが、軍部独裁への途を拓くことになる。

5.21　〔国会〕**聖旨奉体庶政一新に関する決議案可決**　衆議院、聖旨奉体庶政一新に関する決議案を可決。

5.23　〔国会〕**議会制度革正に関する決議案など可決**　衆議院、議会制度革正に関する決議案および「衆議院議員選挙法」改正に関する決議案を可決。7月15日、内閣に議院制度調査会、選挙制度調査会が設置される。11月16日、議院制度調査会が寺内陸相の出席を要求。17日、寺内陸相が拒否し、軍部と政党の対立が激化。

5.25　〔政党〕**東方会設立**　中野正剛ら、東方会を設立し、衆議院に届け出る。勢力8名。

5.27　〔法律〕**「商工組合中央金庫法」など公布**　「商工組合中央金庫法」、「東北興業株式会社法」が公布される。10月7日、東北興業株式会社が設立される。世界恐慌、昭和東北大飢饉、三陸地震で疲弊した東北地方における殖産興業を目的とする国策会社。11月30日、政策金融

－ 80 －

機関である商工組合中央金庫が設立される。

5.28 〔法律〕「米穀自治管理法」など公布　「米穀自治管理法」、「重要輸出品取締法」が公布される。

5.29 〔法律〕「思想犯保護観察法」など公布　「思想犯保護観察法」、「重要肥料業統制法」が公布される。

6.3 〔法律〕「退職積立金及退職手当法」公布　「退職積立金及退職手当法」が公布される。

6.15 〔法律〕「不穏文書臨時取締法」公布　「不穏文書臨時取締法」が公布される。

7.1 〔内閣〕情報委員会設置　内閣に情報委員会が設置される。

7.14 〔内閣〕閣議で陸軍省見解発表　寺内寿一陸相、閣議において国防予算大綱、行政機構改革及び対満国策確立に関する陸軍相の見解を発表。

8.7 〔内閣〕大陸・南方進出の国策の基準　首相・外相・蔵相・陸相・海相による五相会議が開催され、「大陸・南方進出の国策の基準」を決定。

8.25 〔内閣〕庶政一新の7大国策14項目　閣議が開催され、庶政一新の7大国策14項目を決定。

9.21 〔内閣〕軍部が中央行政機構・地方行政機構・議会制度改革案提出　寺内陸相と永野修身海相、中央行政機構・地方行政機構・議会制度改革案を広田首相に提出。10月30日、議会制度改革案が新聞に掲載され、批判を浴びる。11月4日、広田首相が中央地方行政機構並びに議会制度の刷新改善に関する軍部案を閣僚に配布し、問題化。この頃、軍部が議院内閣制・政党内閣制の廃止、政党の行動を規制するための政党法制定、議会からの内閣弾劾権の剥奪を柱とする政党政治改革論を提唱し、政党と激しく対立。

10.17 〔政党〕大日本青年党設立　橋本欽五郎ら、大日本青年党を設立。

11.5 〔政党〕軍人の政治関与排撃決議　斎藤隆夫ら立憲民政党有志議員、軍部の政治関与排撃を決議。6日、寺内陸相が議会制度改革案に関し、陸軍は憲法を遵守するとの声明を発表。

11.7 〔国会〕新議事堂落成　帝国議会新議事堂落成式が挙行される。

11.25 〔外交〕「日独防共協定」調印　「共産「インターナショナル」ニ対スル協定」（「日独防共協定」）が調印される。28日、社会大衆党が協定反対を表明。

12.24 〔国会〕第70回帝国議会召集　第70回帝国議会（通常会）が召集された。26日、開院式。会期は1937年3月25日までの90日間。6日間の延長があり、会期末日の31日に衆議院が解散。会期実数は96日間。

12.28 〔外交〕「日ソ漁業条約効力1年延長に関する暫定協定」調印　「日ソ漁業条約効力1年延長に関する暫定協定」が調印される。

1937年
（昭和12年）

1.21 〔国会〕広田首相、施政方針演説　広田首相、両院で施政方針演説を行い、国防充実、教育刷新、民生安定、対満政策確立などの7大政綱を表明。

1937年（昭和12年）   日本議会政治史事典

1.21　〔国会〕**昭和12年度総予算案提出**　政府、昭和12年度総予算案並各特別会計予算案を衆議院に提出。2月3日、撤回。

1.21　〔国会〕**腹切り問答**　浜田国松（立憲政友会）、衆議院本会議において軍部の政治関与を糾弾。答弁に立った寺内寿一陸相との間で激論を交わす。同日、陸軍が現在の政党とは庶政一新を語れないと表明。22日、事態収拾のため議会が2日間の停会。寺内陸相、広田首相に衆議院解散を要求。解散しないなら単独辞任すると放言し、政党出身閣僚と対立。

1.23　〔内閣〕**広田内閣総辞職**　広田弘毅首相、腹切り問答をめぐる閣内不一致を理由に全閣僚の辞表奉呈。広田弘毅内閣が総辞職。同日、陸軍が政界の革新が急務との声明を発表。25日、宇垣一成に大命降下。29日、陸軍の組閣協力拒否のため辞退。通称宇垣流産内閣。同日、林銑十郎に大命降下。30日、陸軍がファッショ政治を企図しない旨の声明を発表。

2.2　〔内閣〕**林内閣成立**　林銑十郎が首相（外相・文相兼任）に就任し、林銑十郎内閣が成立。主な閣僚は蔵相結城豊太郎などで、立憲政友会・立憲民政党からの入閣者は無し。同日、政府が衆議院に10日までの休会を申し入れる。3日、衆議院の各派協議会が休会拒絶を決定。同日、政府が昭和12年度総予算案を含む全ての提出議案を撤回。8日、政府が国体明徴、政党内閣の否定、外交一元化、軍備充実、産業統制の5大政綱を発表。

2.4　〔国会〕**「停会詔書」発布**　広田内閣総辞職に伴う混乱を収拾するため、「停会詔書」が発布される。期間は10日までの7日間。10日、再び「停会詔書」が発布される。期間は14日までの4日間。

2.9　〔内閣〕**中村陸相辞任**　中村孝太郎陸相が辞任。杉山元が後任陸相に任ぜられる。

2.11　〔法律〕**「文化勲章令」公布**　「文化勲章令」が公布される。4月28日、長岡半太郎・横山大観ら9名に授与。

2.15　〔国会〕**昭和12年度総予算案並各特別会計予算案再提出**　政府、昭和12年度総予算案並各特別会計予算案を衆議院に再提出。政府、26日と3月3日の2度にわたり修正（計2億2400万円減額）。軍部予算をめぐる政府・軍部と議会の対立の末、8日に可決。29日、貴族院で可決成立。

2.15　〔国会〕**林首相、施政方針演説**　林銑十郎首相、両院で施政方針演説を行う。内容は臨戦態勢確立、祭政一致、総親和など。

2.17　〔政党〕**鈴木立憲政友会総裁辞意表明**　鈴木喜三郎立憲政友会総裁、病気のため引退を表明。28日、議員総会が開催され、総裁代行委員会設置を決定。鳩山一郎・前田米蔵・島田俊雄・中島知久平が委員に任ぜられる。

3.3　〔内閣〕**佐藤尚武外相就任**　林銑十郎首相、兼任していた外相を辞任し、佐藤尚武を外相に任命。5日、佐藤外相が戦争回避、対中対等外交を表明。

3.30　〔法律〕**「揮発油税法」など公布**　「揮発油税法」、「糸価安定施設法」が公布される。

3.31　〔国会〕**食い逃げ解散**　林銑十郎首相、昭和12年度予算成立を機に衆議院を解散させる。立憲政友会・立憲民政党の重要法案審議引き延ばし戦術に対抗し、議会を刷新するための懲罰措置だが、国民の反発を買い「食い逃げ解散」と称される。

3.31　〔法律〕**「母子保護法」など公布**　「母子保護法」、「アルコール専売法」が公布される。

4.5　〔法律〕**「保健所法」など公布**　「保健所法」、「防空法」が公布される。

4.30　〔選挙〕**第20回衆議院選挙**　第20回衆議院議員総選挙が行われた。定数466。獲得議席は立憲民政党179、立憲政友会175、社会大衆党36、昭和会18、国民同盟11、東方会11、諸派7、無所属29。林銑十郎首相の意に反して与党は議席を減らし、無産政党である社会大衆党が躍進。

- 82 -

5.1	〔外交〕満州国が「重要産業統制法」公布	満州国において「重要産業統制法」が公布される。

5.3 〔政党〕3党が内閣即時陣要求　立憲民政党・立憲政友会・社会大衆党の3党、林内閣の即時退陣を要求する声明を発表。17日、林銑十郎首相が政党の反省を見るまで総辞職しないと表明。28日、立憲民政党と立憲政友会、改めて内閣即時退陣を要求する共同声明を発表。

5.14 〔内閣〕企画庁設置　内閣調査局を改組し、企画庁が設置される。戦時統制経済の実現をもくろむ革新官僚の拠点として重要政策の立案にあたり、後に「国家総動員法」など総動員計画を作成。

5.21 〔政党〕昭和会解散　唯一の与党である昭和会が解散。24日、望月圭介（旧昭和会）が林銑十郎首相に総辞職を進言。

5.26 〔内閣〕文教審議会設置　内閣に文教審議会が設置される。

5.31 〔内閣〕林内閣総辞職　林銑十郎内閣が総辞職する。6月1日、近衛文麿に大命降下。

5.31 〔政治〕『国体の本義』配布　文部省、パンフレット『国体の本義』を全国に配布。

6.4 〔内閣〕第1次近衛内閣成立　近衛文麿が首相に就任し、第1次近衛文麿内閣が成立。主な閣僚は蔵相賀屋興宣、外相広田弘毅。立憲民政党から永井柳太郎、立憲政友会から中島知久平が入閣して挙国一致内閣となるが、軍部に比して政党の発言力は微弱だった。

6.7 〔国会〕近衛貴族院議長辞任　近衛文麿、首相就任に伴い貴族院議長を辞任。19日、松平頼寿（研究会）副議長が議長に昇格。

7.1 〔内閣〕中央経済会議設置　日満間の総合経済審議機関として、内閣に中央経済会議が設置される。

7.7 〔外交〕盧溝橋事件　北京近郊の盧溝橋で日本軍と中国軍が衝突し、日中戦争が勃発。11日、政府が北支事変と命名。9月2日、支那事変と改称。

7.23 〔国会〕第71回帝国議会召集　第71回帝国議会（特別会）が召集された。同日、小山松寿（立憲民政党）が衆議院議長、金光庸夫（立憲政友会）が副議長に任ぜられる。25日、開院式。会期は8月7日までの14日間。8日、閉院式。

7.27 〔国会〕近衛首相、施政方針演説　近衛首相、両院で施政方針演説を行い、挙国一致、国防充実、経済発展を表明。

7.27 〔国会〕昭和12年度追加予算案第1号・特第1号提出　政府、昭和12年度追加予算案第1号・特第1号を衆議院に提出。主な内容は北支事変費。28日、可決。29日、貴族院で可決成立。

7.27 〔内閣〕北支事変に関し自衛行動を取る声明　政府、北支事変に関して自衛行動を取る旨の声明を発表し、兵力動員決定を言明。

8.10 〔法律〕「人造石油製造事業法」など公布　「人造石油製造事業法」、「帝国燃料興業株式会社法」が公布される。1938年1月19日、帝国燃料興業株式会社が設立される。

8.11 〔法律〕「産金法」公布　「産金法」が公布される。

8.12 〔法律〕「北支事変特別税法」公布　「北支事変特別税法」が公布される。

8.13 〔法律〕「製鉄事業法」公布　「製鉄事業法」が公布される。

8.14 〔法律〕「貿易及関係産業の調整に関する法律」など公布　「貿易及関係産業の調整に関する法律」、「貿易組合法」が公布される。

1937年（昭和12年）　　　　　　　　　　　　　　　　　　　　　　　　　　　　日本議会政治史事典

8.15　〔外交〕**日中全面戦争突入**　近衛内閣、「支那軍の暴虐を膺懲し、南京政府の反省を促す」
　　　との声明を発表し、事件不拡大方針を放棄。同日、中華民国が全国総動員令を発し、大本営
　　　を設置。日中全面戦争に突入する。

8.24　〔内閣〕**国民精神総動員実施要綱決定**　閣議が開催され、国民精神総動員実施要綱を決
　　　定。9月9日、内閣が訓令を発す。

9.3　〔国会〕**第72回帝国議会召集**　第72回帝国議会（臨時会）が召集された。同日、衆議院の
　　　小山・金光正副議長が党籍離脱。4日、開院式。会期は8日までの5日間。9日、閉院式。

9.4　〔国会〕**臨時軍事費予算案提出**　政府、臨時軍事費予算案を衆議院に提出。7日、可決。
　　　8日、貴族院で可決成立。

9.5　〔国会〕**近衛首相、施政方針演説**　近衛首相、両院で施政方針演説を行い、日中戦争の
　　　長期化を辞さないと言明。

9.10　〔法律〕**「軍需工業動員法の適用に関する法律」など公布**　「軍需工業動員法の適用に
　　　関する法律」、「臨時軍事費特別会計法」、「支那事変に関する臨時軍事費支弁の為公債発行に
　　　関する法律」、「臨時船舶管理法」が公布される。

9.13　〔外交〕**日中戦争を国際連盟に提訴**　中国国民政府、日中戦争に関して国際連盟に提訴。
　　　10月6日、国際連盟が日本の中国に対する行動は「九ヵ国条約」・「パリ不戦条約」違反であ
　　　るとの決議案を採択。

9.25　〔内閣〕**内閣情報部設置**　内閣情報部が設置される。これに伴い情報委員会を廃止。

10.12　〔政党〕**国民精神総動員中央連盟設立**　国民精神総動員中央連盟が設立され、有馬頼寧
　　　が会長に就任。

10.15　〔内閣〕**「臨時内閣参議官制」公布**　「臨時内閣参議官制」が公布・即日施行され、池田
　　　成彬・宇垣一成・末次信正・町田忠治ら軍部・政界・財界代表10名が参議に任ぜられる。日
　　　中戦争に関する政治方針についての諮問機関。

10.17　〔政党〕**銃後三大運動**　全日本労働総同盟、時局に鑑み争議中止と戦争支持を声明。出征
　　　将士並遺家族慰問及義金運動・愛国貯金運動・罷業絶滅産業平和確立運動の銃後三大運動を
　　　決定。

10.21　〔外交〕**「九ヵ国条約」会議が日本招請**　「九ヵ国条約」会議、日本の参加を招請。27
　　　日、政府が不参加を表明。11月12日、再招請を拒否。11月2日、九ヵ国条約会議がベルギー・
　　　ブリュッセルで開催される。24日、会議が無期休会となる。

10.25　〔内閣〕**企画院設置**　内閣に企画院が設置される。企画庁と内閣資源局を統合したもの
　　　で、総動員体制に関する諸政策を立案し、各省庁に実施させる機関。

11.6　〔外交〕**「日独伊防共協定」調印**　イタリア、「共産「インターナショナル」ニ対スル協
　　　定」に調印。「日独防共協定」と称される2国間協定から「日独伊防共協定」と称される3国
　　　間協定となる。

11.15　〔政党〕**社会大衆党新綱領決定**　社会大衆党第6回全国大会が開催され、文部省の『国体
　　　の本義』を新綱領に採択。

11.18　〔法律〕**「大本営令」公示**　「大本営令」が公示される。20日、宮中に大本営を設置し、
　　　あわせて大本営政府連絡会議を設置。

12.10　〔内閣〕**教育審議会設置**　内閣に教育審議会が設置される。これに伴い文教審議会を廃止。

12.15　〔事件〕**第1次人民戦線事件**　運動家山川均・代議士加藤勘十ら労農派400余名、人民戦

－ 84 －

日本議会政治史事典　　　　　　　　　　　　　　　　　　　　　　　　　　　　1938年（昭和13年）

　　　　線の結成を企てたとして「治安維持法」により一斉検挙される。22日、加藤が委員長を務め
　　　　る日本無産党・日本労働組合全国評議会が結社禁止を命ぜられる。これ以後、検挙対象が日
　　　　本共産党員以外の共産主義者・社会主義者に拡大。

12.24　〔国会〕**第73回帝国議会召集**　第73回帝国議会（通常会）が召集された。26日、開院式。
　　　　会期は1938年3月25日までの90日間。1日間の延長があり、会期実数は91日間。3月27日、閉
　　　　院式。

1938年
（昭和13年）

1.11　〔政治〕**厚生省設置**　内務省から衛生局と社会局を分離し、厚生省が設置される。初代厚
　　　　相は木戸幸一文相が兼任。

1.11　〔政治〕**支那事変根本処理方針決定**　御前会議において「支那事変根本処理方針」が決
　　　　定される。

1.16　〔外交〕**第1次近衛声明**　近衛首相、「爾後蔣介石政府を対手とせず」の文言で知られる、
　　　　中国との和平交渉を打ち切る声明を発表。同時に川越茂駐中大使に帰国を命令。20日、中国
　　　　が駐日大使を本国に召還し、国交が断絶。

1.22　〔国会〕**近衛首相、施政方針演説**　近衛首相、両院で施政方針演説を行い、国家総動員
　　　　体制の完成、生産力拡充、戦後処理の諸対策確立を表明。

1.22　〔国会〕**昭和13年度総予算案提出**　政府、昭和13年度総予算案並各特別会計予算案を衆
　　　　議院に提出。2月12日、可決。3月7日、貴族院で可決成立。

2.1　〔事件〕**第2次人民戦線事件**　経済学者大内兵衛・経済学者美濃部亮吉・運動家佐々木更
　　　　三ら38名、人民戦線の結成を企てたとして「治安維持法」により一斉検挙される。

2.11　〔法律〕**憲法発布50周年祝賀式典**　憲法発布50周年祝賀式典が貴族院議場で挙行され
　　　　る。同日、「恩赦詔書」が発布され、「減刑令」・「復権令」が公布される。

2.19　〔法律〕**「国家総動員法」案提出**　政府、「国家総動員法」案を衆議院に提出。斎藤隆夫
　　　　（立憲民政党）・牧野良三（立憲政友会）らが違憲論を唱え、両院で憲法論・政治論が白熱。3
　　　　月16日、可決。24日、貴族院で可決成立。

3.3　〔法律〕**黙れ事件**　陸軍省軍務課国内班長佐藤賢了中佐、衆議院「国家総動員法」案委員
　　　　会に陸軍省説明員として出席。法案説明中に委員に対して「黙れ」と放言し、議事が紛糾。
　　　　4日、杉山元陸相が陳謝。

3.16　〔法律〕**「スターリンの如く」発言**　西尾末広（社会大衆党）、衆議院本会議において「国
　　　　家総動員法」案賛成演説を行った際、「ヒトラーの如く、ムッソリーニの如く、あるいはス
　　　　ターリンの如く大胆に進むべき」と発言。このうち「スターリン」の部分が立憲民政党・立
　　　　憲政友会により問題化。23日、議員除名となる。

3.26　〔法律〕**「商店法」公布**　「商店法」が公布される。商店労務者保護を目的とし、午後10
　　　　時閉店制などを定めた法。

3.29　〔法律〕**「重要鉱物増産法」公布**　「重要鉱物増産法」が公布される。

－ 85 －

1938年（昭和13年）

3.30　〔法律〕「工作機械製造事業法」など公布　「工作機械製造事業法」、「航空機製造事業法」が公布される。

3.31　〔法律〕「支那事変特別税法」公布　「支那事変特別税法」が公布される。臨時軍事費の財源とするため、各種の増税を定めた法律。

4.1　〔法律〕「国家総動員法」公布　「国家総動員法」が公布される。5月5日、施行。

4.1　〔法律〕「国民健康保険法」など公布　「国民健康保険法」、「社会事業法」、「恩給金庫法」、「庶民金庫法」が公布される。5月7日、恩給金庫が設立される。8月1日、庶民金庫が設立される。

4.2　〔法律〕「農地調整法」公布　「農地調整法」が公布される。自作農の創設・維持を目的とする法。

4.4　〔法律〕「灯火管制規則」公布　「灯火管制規則」が公布される。10日、施行。

4.5　〔法律〕「商法」改正公布　「商法」改正が公布され、株式会社規定が全面改正される。同日、「有限会社法」が公布される。

4.6　〔法律〕電力管理2法公布　「電力国家管理法」が公布され、発送電の国家管理が定められる。同日、「日本発送電株式会社法」が公布される。

4.17　〔政治〕自治制発布50周年記念式典　自治制発布50周年記念式典が挙行される。

5.4　〔法律〕「工場事業場管理令」公布　「工場事業場管理令」が公布される（「国家総動員法」発令）。

5.4　〔内閣〕国家総動員審議会設置　内閣に国家総動員審議会が設置される。

5.26　〔内閣〕第1次近衛内閣改造　第1次近衛文麿内閣、内閣改造を実施。宇垣一成が外相、池田成彬が蔵相兼商相、荒木貞夫が文相に就任。

6.3　〔内閣〕杉山陸相辞任　杉山元、病気を理由に陸相を辞任。板垣征四郎が後任陸相に任ぜられる。

6.10　〔内閣〕議会制度審議会設置　内閣に議会制度審議会が設置され、水野錬太郎が総裁に就任。これに伴い議院制度調査会・貴族院制度調査会・選挙制度調査会が廃止される。

6.10　〔内閣〕五相会議設置　閣議が開催され、首相・外相・蔵相・陸相・海相による五相会議の設置を決定。24日、五相会議が「今後の支那事変指導方針」を決定。本年中に戦闘目的を達成するとの内容。

6.23　〔内閣〕物資需給計画決定　閣議が開催され、鋼材・綿花・重油など38品目の使用を制限する物資需給計画を決定。

7.15　〔外交〕東京オリンピック開催権返上　閣議が開催され、1940年オリンピック東京大会開催権の返上、日本万国博覧会の延期を決定。日中戦争の影響などによるもので、史上初の欧米以外でのオリンピック開催が幻に終わる。

7.16　〔政治〕失業対策委員会設置　厚生省に失業対策委員会が設置される。

7.26　〔外交〕宇垣・クレイギー会談　宇垣外相とロバート・レスリー・クレイギー駐日イギリス大使、天津租界問題などに関する会談を開始。

9.30　〔内閣〕宇垣外相辞任　宇垣外相、陸軍が主張する対中国関係統括中央機関（興亜院）設置に反対して辞任。近衛首相が外相を兼任。10月29日、有田八郎が外相に任ぜられる。

10.14　〔外交〕国際連盟との協力関係終止　閣議が開催され、国際連盟諸機関に対する協力の

－ 86 －

日本議会政治史事典 1939年（昭和14年）

終止を決定。9月30日に国際連盟が規約第16条の制裁発動を認めたことに対する措置。11月2日、通告（天羽声明）。1933年2月24日の国際連盟脱退通告後も続いていた国際警察活動への協力、国際会議へのオブザーバー派遣などの協力関係が終結。

11.3 〔内閣〕**第2次近衛声明** 近衛首相、大東亜新秩序建設に関する声明を発表。「国民政府といえども新秩序建設に来たり参ずるにおいては、あえてこれを拒否するもあらず」と語り、「蔣介石政府を対手とせず」との姿勢を修正。

12.16 〔内閣〕**興亜院設置** 内閣に興亜院が設置される。対中国政策の一元化を目的とする機関で、外交を除く政治・経済・文化に関する政策立案と事務処理を所管。

12.22 〔内閣〕**第3次近衛声明** 近衛首相、対中国外交に関する声明を発表し、近衛3原則（善隣友好・共同防共・経済提携）を表明。

12.24 〔国会〕**第74回帝国議会召集** 第74回帝国議会（通常会）が召集された。26日、開院式。会期は1939年3月25日までの90日間。3月26日、閉院式。

1939年
（昭和14年）

1.4 〔内閣〕**第1次近衛内閣総辞職** 第1次近衛文麿内閣が総辞職する。同日、平沼騏一郎に大命降下。

1.5 〔内閣〕**平沼内閣成立** 平沼騏一郎が首相に就任し、平沼騏一郎内閣が成立。主な閣僚は外相有田八郎、蔵相石渡荘太郎、無任所国務省近衛文麿。

1.5 〔政治〕**平沼枢密院議長辞任** 平沼騏一郎、首相就任に伴い枢密院議長を辞任。後任議長は近衛文麿。1月21日、小川郷太郎（立憲民政党）が枢密院議長の国務大臣兼摂は「憲法」・「枢密院官制」に抵触する疑義があるとして、衆議院において政府を追及。

1.7 〔法律〕**「国民職業能力申告令」公布** 「国民職業能力申告令」が公布される3月31日、登録完了。

1.21 〔国会〕**昭和14年度総予算案提出** 政府、昭和14年度総予算案並各特別会計予算案を衆議院に提出。2月13日、可決。3月7日、貴族院で可決成立。

1.21 〔国会〕**平沼首相、施政方針演説** 平沼首相、両院で施政方針演説を行い、東亜新秩序建設の諸方策を表明。

2.9 〔内閣〕**国民精神総動員強化方策決定** 閣議が開催され、国民精神総動員強化方策を決定。

3.2 〔国会〕**臨時軍事費予算追加案臨第1号提出** 政府、臨時軍事費予算追加案臨第1号提出を衆議院に提出。9日、可決。13日、貴族院で可決成立。

3.25 〔法律〕**「軍用資源秘密保護法」公布** 「軍用資源秘密保護法」が公布される。

3.28 〔内閣〕**国民精神総動員委員会設置** 内閣に国民精神総動員委員会が設置され、荒木貞夫が委員長に就任。

3.31 〔法律〕**「工場就業時間制限令」など公布** 「工場就業時間制限令」、「従業者雇入制限令」「賃金統制令」、「工場事業場技能者養成令」が公布される。

- 87 -

1939年（昭和14年）　　　　　　　　　　　　　　　　　　　　　　　　日本議会政治史事典

4.1　〔法律〕「国境取締法」公布　　「国境取締法」が公布される。

4.5　〔法律〕「映画法」など公布　　「映画法」が公布される。映画の国策統制に関する法律。同日、「海運組合法」、「造船事業法」が公布される。

4.6　〔法律〕「船員保険法」公布　　「船員保険法」が公布される。

4.8　〔法律〕「宗教団体法」公布　　「宗教団体法」が公布される。

4.12　〔法律〕「米穀配給統制法」など公布　　「米穀配給統制法」、「大日本航空株式会社法」、「帝国鉱業開発株式会社法」が公布される。

4.12　〔政党〕立憲政友会後継総裁問題　　立憲政友会、鈴木総裁の後継総裁をめぐり中島知久平派と鳩山一郎派が激しく対立。28日、鈴木総裁が中島・鳩山ら総裁代行委員4名を解任し、久原房之助・三土忠造・芳沢謙吉を委員に指名。

4.30　〔政党〕立憲政友会分裂　　立憲政友会革新派（中島知久平派）が臨時党大会を開催し、中島が総裁に就任。同党、革新派98名と正統派（久原房之助派）70名に分裂。5月20日、正統派が党大会を開催し、久原が総裁に就任。

7.8　〔法律〕「国民徴用令」公布　　「国民徴用令」が公布される。15日、施行。

7.10　〔選挙〕第8回貴族院伯子男爵議員選挙　　第8回貴族院伯子男爵議員選挙が実施される。当選者は伯爵18名、子爵66名、男爵66名。

7.13　〔国会〕松平頼寿貴族院議長再任　　松平頼寿（研究会）、任期満了に伴い貴族院議長に再任される。

7.15　〔外交〕有田・クレイギー会談　　有田外相とクレイギー駐日イギリス大使、天津租界問題などに関する会談を開始。8月21日、決裂。

7.26　〔外交〕「日米通商航海条約」破棄　　アメリカ、「日米通商航海条約」破棄を日本に通告。1940年1月26日、失効。

8.28　〔内閣〕平沼内閣総辞職　　平沼騏一郎内閣、「独ソ不可侵条約」締結および日独伊三国同盟交渉中止を受け、「欧州の天地は複雑怪奇なる新情勢を生じた」として内閣総辞職。同日、予備役陸軍大将阿部信行に大命降下。

8.30　〔内閣〕阿部内閣成立　　阿部信行が首相に就任し、阿部信行内閣が成立。阿部が外相を兼任し、主な閣僚は蔵相青木一男、陸相畑俊六、海相吉田善吾など。

9.4　〔外交〕欧州戦争不介入　　政府、欧州戦争不介入および日中戦争解決の方針を発表。5日、アメリカが中立を宣言。

9.10　〔選挙〕第8回貴族院多額納税者議員選挙　　第8回貴族院多額納税者議員選挙が実施される。9月29日、66名が貴族院議員に任ぜられる。

9.19　〔内閣〕価格等統制応急的措置決定　　閣議が開催され、価格等統制について、9月18日現在の水準に凍結するとの応急的措置を決定。

9.20　〔選挙〕第3回貴族院帝国学士院会員議員選挙　　第3回貴族院帝国学士院会員議員選挙が実施される。10月10日、4名が貴族院議員に任ぜられる。

9.25　〔内閣〕野村外相任命　　阿部首相が兼任の外相を辞任し、野村吉三郎が外相に任ぜられる。

9.30　〔法律〕「国家総動員法等の施行の統括に関する件」公布　　「国家総動員法等の施行の統括に関する件」が公布され、首相が総動員業務を統括することが定められる。

— 88 —

日本議会政治史事典　　　　　　　　　　　　　　　　　　　　　　　　　　　1940年（昭和15年）

10.11　〔法律〕「兵役法施行令」改正公布　　「兵役法施行令」改正が公布される。主な内容は第
　　　　　三乙種の設定、短期現役制の廃止など。

10.18　〔法律〕「国家総動員法」関係6勅令公布　　「国家総動員法」に関する6勅令（「価格統制
　　　　　令」・「地代家賃統制令」・「賃金臨時措置令」・「会社職員給与臨時措置令」・「電力調整令」・
　　　　　「軍需品工場事業場検査令」）が公布される。

12.6　〔法律〕「小作料統制令」公布　　「小作料統制令」が公布される。

12.16　〔法律〕「総動員物資使用収用令」公布　　「総動員物資使用収用令」が公布される。

12.22　〔内閣〕満州開拓政策基本要綱　　閣議が開催され、「満州開拓政策基本要綱」が決定さ
　　　　　れる。

12.23　〔国会〕第75回帝国議会召集　　第75回帝国議会（通常会）が召集された。26日、開院式。
　　　　　会期は1940年3月24日までの90日間。2日間の延長があり、会期実数は92日間。3月27日、閉
　　　　　院式。

12.26　〔国会〕阿部内閣総辞職要求決議　　衆議院各派の有志代議士240余名、阿部内閣総辞職要
　　　　　求を決議。27日、決議文を阿部首相に手交。

12.29　〔法律〕「土地工作物管理使用収用令」など公布　　「土地工作物管理使用収用令」、「工
　　　　　場事業場使用収用令」が公布される。

1940年
（昭和15年）

1.14　〔内閣〕阿部内閣総辞職　　阿部内閣が総辞職。政権が掲げた欧州戦争不介入・日中戦争解
　　　　　決路線が不調のため、畑俊六陸相が主張する退陣論を受け入れたもの。同日、米内光政に大
　　　　　命降下。

1.16　〔内閣〕米内内閣成立　　米内光政が首相に就任し、米内内閣が成立。主な閣僚は外相有田
　　　　　八郎、蔵相桜内幸雄、陸相畑俊六。

1.26　〔内閣〕低物価政策発表　　政府、戦時物価政策（低物価政策）を発表。

1.26　〔外交〕「日米通商航海条約」失効　　「日米通商航海条約」が失効。更新交渉に失敗し、
　　　　　日米無条約時代に入る。

2.1　〔国会〕昭和15年度総予算案提出　　政府、昭和15年度総予算案並各特別会計予算案を衆
　　　　　議院に提出。22日、可決。3月15日、貴族院で可決成立。

2.1　〔国会〕米内首相、施政方針演説　　米内光政首相、両院で施政方針演説を行う。主な内
　　　　　容は国体明徴、国防力強化、戦時国民生活の確保など。

2.1　〔法律〕「陸運統制令」・「海運統制令」公布　　「陸運統制令」、「海運統制令」が公布さ
　　　　　れる。

2.2　〔国会〕反軍演説　　斎藤隆夫（立憲民政党）、衆議院本会議において対中国政策について政
　　　　　府・軍部を批判する「支那事変処理を中心とした質問演説」（反軍演説）を行い、政治問題化。
　　　　　3日、小山議長が斎藤を懲罰委員に付すことを宣告。同日、斎藤が離党。3月7日、衆議院が

－ 89 －

1940年（昭和15年）　　　　　　　　　　　　　　　　　　　　　日本議会政治史事典

賛成296、反対7、棄権121、欠席23で斎藤の議員除名を議決。各党が除名を党議決定し、これに異議を唱える議員らの多くも棄権・欠席に留まる。

2.11　〔法律〕「紀元2600年に際し時艱克服の詔書」など発布　「紀元2600年に際し時艱克服の詔書」、「恩赦詔書」が発布される。

3.9　〔政党〕社会大衆党が反軍演説で大量除名　社会大衆党、斎藤隆夫議員除名の党議に反対した鈴木文治・片山哲ら8名を除名。22日、安部磯雄委員長ら10名が離党。1941年1月21日、安部が議員辞職。

3.25　〔国会〕聖戦貫徹議員連盟設立　衆議院各派の有志議員100余名、聖戦貫徹議員連盟を設立。6月11日、各党党首に解党を進言。

3.29　〔法律〕「地方税法」など公布　「地方税法」、「地方分与税法」が公布される。

4.8　〔法律〕「国民体力法」など公布　「国民体力法」、「石炭配給統制法」が公布される。

5.1　〔法律〕「国民優生法」公布　「国民優生法」が公布される。

5.27　〔政党〕久原・安達が新党結成同意　久原房之助立憲政友会久原派総裁と安達謙蔵国民同盟総裁の2党首会談が行われ、新党結成で意見が一致。

6.24　〔政治〕近衛枢密院議長辞任　近衛文麿、枢密院議長を辞任し、新体制運動推進の決意を表明。同日、原嘉道が後任議長に任ぜられる。7月7日、近衛が新体制の所信を発表。

7.4　〔内閣〕畑陸相単独辞任勧告　陸軍首脳部、米内光政内閣打倒を企図し、畑俊六陸相に単独辞職を勧告。

7.16　〔内閣〕米内内閣総辞職　畑俊六陸相、陸軍首脳部の意向に従い辞表を提出。米内光政首相が後任陸相の推挙を求めるも、陸軍が拒否。米内内閣が総辞職に追い込まれる。17日、近衛文麿に大命降下。

7.22　〔内閣〕第2次近衛内閣成立　近衛文麿が首相に就任し、第2次近衛内閣が成立。主な閣僚は外相松岡洋右、陸相東条英機、海相吉田善吾など。

7.26　〔内閣〕基本国策要綱　閣議が開催され、国家政策の基本方針である「基本国策要綱」が決定される。主な内容は大東亜新秩序の建設、国防国家体制の確立など。8月1日、発表。

7.27　〔政治〕世界情勢の推移に伴う時局処理要綱　大本営政府連絡会議、南進政策である「世界情勢の推移に伴う時局処理要綱」を決定。

7月　〔政党〕政党相次ぎ解散　この頃、新体制に協力するため政党の解散が相次ぐ。主な解散政党は日本革新党（1日）、社会大衆党（6日）、立憲政友会久原派（16日）、立憲民政党永井派（25日）、国民同盟（26日）、立憲政友会中島派（30日）、立憲民政党（8月15日）など。

8.8　〔政党〕新体制促進同志会設立　解散した諸政党が結集し、新体制促進同志会結成大会を開催。衆議院の過半数を占める。

8.9　〔政治〕官吏制度改革要綱決定　閣議が開催され、官吏制度改革要綱、各種委員会・調査会の整理方針を決定。

8.17　〔内閣〕国民生活新体制要綱発表　企画院、国民生活新体制要綱（国民奢侈生活抑制方策）を発表。

8.23　〔政党〕新体制準備会委員決定　新体制準備会、委員および常任幹事を決定。両院議員・財界・学界・言論界の代表者が参加。

8.28　〔政党〕新体制準備会第1回総会　新体制準備会第1回総会が開催される。近衛文麿首相

－ 90 －

が新体制樹立の声明を発表し、新体制運動を政党運動ではなく国民組織運動であると規定。9月17日、第6回総会が開催され、新体制運動中核組織を大政翼賛会、運動名を大政翼賛運動と命名。

9.5 〔内閣〕**吉田海相辞任**　吉田善吾海相が辞任。後任は及川古志郎。

9.11 〔政治〕**部落会・町内会・隣保班・市町村常会整備要綱**　内務省、部落会・町内会・隣保班・市町村常会整備要綱を各府県に通牒。

9.23 〔外交〕**北部仏印進駐**　日本軍、22日に成立した「日・仏印軍事細目協定」(「西原・マルタン協定」)に基づき、北部仏印への進駐を開始。

9.27 〔政党〕**大政翼賛会綱領など決定**　閣議が開催され、大政翼賛会の綱領・規約・人事が決定。大政翼賛運動が始まる。

9.27 〔外交〕**日独伊三国同盟成立**　ベルリンで「日独伊三国間条約」調印式が挙行され、特命全権大使来栖三郎、ドイツ外相ヨアヒム・フォン・リッベントロップ、イタリア外相ガレアッツォ・チアーノが調印。これにより日独伊三国同盟が成立。

10.1 〔内閣〕**総力戦研究所設置**　内閣に総力戦研究所が設置される。

10.12 〔政党〕**大政翼賛会発会式**　大政翼賛会発会式が挙行され、近衛文麿が総裁、有馬頼寧が事務総長に就任。下部組織として議会局・企画局・総務局・組織局・東亜部を設置し、中央協力会議を附置。両院議員は議会局貴族院部・衆議院部の所属となる。

10.22 〔政党〕**東方会解党**　東方会が解党。これにより全ての政治団体が解散。

10.23 〔政治〕**文化思想団体の政治活動禁止**　政府、文化思想団体の政治活動禁止を決定。

10.25 〔内閣〕**対蘭印経済発展の為の施策決定**　閣議が開催され、「対蘭印経済発展の為の施策」を決定。

11.2 〔法律〕**「大日本帝国国民服令」公布**　「大日本帝国国民服令」が公布される。

11.9 〔政治〕**神祇院設置**　内務省に神祇院が設置される。

11.10 〔政治〕**紀元2600年祝典**　紀元2600年祝典が挙行される。11日、奉祝会が開催される。

11.13 〔外交〕**支那事変処理要綱決定**　御前会議が開催され、「支那事変処理要綱」を決定。

11.29 〔国会〕**帝国議会開設50年記念式典**　帝国議会開設50年記念式典が貴族院議場で挙行される。

11.30 〔外交〕**「日華基本条約」調印**　政府、南京国民政府(汪兆銘政権)との間に「日華間基本関係に関する条約」を調印するとともに、日満華共同宣言を発表。

12.6 〔内閣〕**内閣情報局設置**　内閣情報局が設置される。これに伴い内閣情報部が廃止される。

12.7 〔内閣〕**経済新体制確立要綱**　閣議が開催され、「経済新体制確立要綱」を決定。

12.20 〔政党〕**衆議院議員倶楽部設立**　ほぼ全ての衆議院議員、大政翼賛会の下に統一会派衆議院議員倶楽部を設立し、衆議院に届け出る。所属議員435名、不参加議員7名。

12.20 〔内閣〕**大政翼賛会事務の内閣所管決定**　閣議が開催され、大政翼賛会に関する事務を内閣所管とすることを決定。27日、「内閣所属部局及職員官制中改正の件」(「大政翼賛会の所管の件」)が公布される。

12.24 〔国会〕**第76回帝国議会召集**　第76回帝国議会(通常会)が召集された。26日、開院式。会期は1941年3月25日までの90日間。3月26日、閉院式。

1941年
(昭和16年)

1.6 〔政治〕**官吏身分保障制度撤廃** 「文官分限令」改正など文官制度改革に関する9勅令が公布され、官吏身分保障制度が撤廃される。

1.11 〔法律〕**「新聞紙等掲載制限令」公布** 「新聞紙等掲載制限令」が公布される。

1.21 〔国会〕**近衛首相、施政方針演説** 近衛文麿首相、両院で施政方針演説を行う。内容は大東亜新秩序の確立、自給自足体制の確立など。

1.21 〔国会〕**昭和16年度総予算案提出** 政府、昭和16年度総予算案並各特別会計予算案を衆議院に提出。2月2日、可決。15日、貴族院で可決成立。

1.22 〔国会〕**戦時体制強化に関する決議案など可決** 衆議院、戦時体制強化に関する決議案を可決。同日、時局の重大性を理由に、慣例を破り国務大臣の演説に対する質疑を行わないとの動議を可決。

1.24 〔政治〕**大政翼賛会の性格論争** 衆議院予算総会において大政翼賛会の合憲性が問題となり、近衛文麿首相が違憲ではないと言明。27日、近衛が貴族院において大政翼賛会は上意下達・下情上通の機関であり、議会の権限を侵害するものではなく、むしろ議会の機能を補充するものであるとして、政策決定行動をとらないことを表明。

1.27 〔国会〕**時艱克服に関する決議案可決** 貴族院、時艱克服に関する決議案を可決。

1.30 〔政治〕**重要産業統制協議会設立** 重要産業統制協議会が設立される。

2.8 〔政党〕**大政翼賛会が公事結社であると言明** 近衛文麿首相、衆議院予算総会において大政翼賛会の性格が公事結社であることを言明。

2.24 〔国会〕**議員任期1年延長** 「衆議院議員の任期延長に関する法律」、「府県会議員、市町村会議員等の任期延長に関する法律」が公布される。各議員の任期が1年間延長され、衆議院議員の任期が1942年4月29日となる。これにより、1年間一切の選挙が行われなくなる。

3.1 〔法律〕**「国民学校令」公布** 「国民学校令」が公布され、小学校を国民学校と改称。4月1日、施行。

3.3 〔法律〕**「国家総動員法」改正公布** 「国家総動員法」改正が公布され、政府の統制権が大幅に拡張される。20日、施行。

3.6 〔法律〕**「医療保護法」公布** 「医療保護法」が公布される。

3.7 〔法律〕**「国防保安法」など公布** 「国防保安法」、「貸家組合法」、「国民労務手帳法」が公布される。

3.10 〔法律〕**「治安維持法」改正公布** 「治安維持法」改正が公布され、予防拘禁制が導入される。5月15日、予防拘禁所が設置される。

3.11 〔法律〕**「労働者年金保険法」公布** 「労働者年金保険法」が公布される。

3.12 〔外交〕**松岡外相欧州歴訪** 松岡洋右外相、ソ連・ヨーロッパ諸国訪問に出発。3月24日にヨシフ・スターリン、27日にアドルフ・ヒトラーと会談。4月22日、帰国。

日本議会政治史事典　　　　　　　　　　　　　　　　　　　　　　　　　　　　1941年（昭和16年）

3.13　〔法律〕「蚕糸業統制法」など公布　　「蚕糸業統制法」、「国民貯蓄組合法」、「農地開発法」、「木材統制法」が公布される。

3.17　〔法律〕「船舶保護法」公布　　「船舶保護法」が公布される。

4.1　〔政治〕「生活必需物資統制令」公布　　「生活必需物資統制令」が公布される。生活必需物資の生産・配給・消費・価格などを全面的に統制するための法律。同日、東京・大阪など6都市で米穀配給通帳制を実施。

4.13　〔外交〕「日ソ中立条約」調印　　「大日本帝国及『ソヴィエト』社会主義共和国連邦間中立条約」が調印される。条約本文で日ソ両国間の相互不可侵・相互中立を定め、声明書で満州国およびモンゴル人民共和国の領土保全と相互不可侵が定められた。

4.16　〔外交〕日米交渉開始　　野村吉三郎駐米大使とコーデル・ハルアメリカ国務長官が会談。アメリカによる満州国承認、日本の対中国和平条件具体化など4項目からなる「日米諒解案」に基づき日米交渉が開始される。22日、松岡洋右外相が欧州歴訪から帰国し、日米諒解案に強硬に反対。

5.3　〔法律〕「重要機械製造事業法」公布　　「重要機械製造事業法」が公布される。

5.14　〔法律〕「貿易統制令」公布　　「貿易統制令」が公布される。

5.27　〔内閣〕科学技術新体制確立要綱決定　　閣議が開催され、科学技術新体制確立要綱を決定。

7.2　〔外交〕情勢の推移に伴う帝国国策要綱決定　　御前会議が開催され、「情勢の推移に伴う帝国国策要綱」を決定。陸軍の主張する対ソ戦準備、海軍の主張する南方進出（対米英海戦を辞さず）を両立させる内容。

7.16　〔内閣〕第2次近衛内閣総辞職　　第2次近衛文麿内閣が総辞職。日米交渉に関して強硬姿勢を譲らない松岡洋右を更迭して内閣改造することが目的。17日、近衛に大命降下。

7.18　〔内閣〕第3次近衛内閣成立　　近衛文麿が首相に就任し、第3次近衛文麿内閣が成立。主な閣僚は外相豊田貞次郎など。

8.12　〔政治〕低物価方策・米価二重価格制決定　　物価対策審議会、低物価方策および米価二重価格制を決定。

8.30　〔法律〕「重要産業団体令」など公布　　「重要産業団体令」、「株式価格統制令」、「金属類回収令」が公布される。

9.2　〔政党〕翼賛議員同盟設立　　衆議院議員326名、翼賛議員同盟設立を届け出る。大政翼賛会が公事結社であると規定されたため、傘下の衆議院倶楽部も政治活動が不可能となり解散し、全代議士が無所属となった事態を受けてのこと。11月12日、残余の代議士26名が興亜議員同盟、8名が同人倶楽部を設立。14日、11名が議員倶楽部を設立。

9.6　〔外交〕第1次帝国国策遂行要領決定　　御前会議、10月下旬を目途に対米英蘭戦争準備を完了させるとの「第1次帝国国策遂行要領」を決定。

10.2　〔外交〕ハル4原則手交　　野村吉三郎駐米大使とコーデル・ハルアメリカ国務長官が会談。アメリカ、ハル4原則（全ての国家の領土と主権の尊重、内政不干渉、通商平等原則の遵守、太平洋における現状維持）の確認、中国・仏印からの撤退を要求する覚書を手交。

10.15　〔外交〕ゾルゲ事件　　南満州鉄道嘱託尾崎秀実、国際スパイ容疑で検挙される。18日、ソ連国籍のドイツ人である『フランクフルター・ツァイトゥング紙』特派員リヒャルト・ゾルゲを検挙。ソ連のスパイ組織に対する一連の摘発により、17名が有罪判決（うち尾崎・ゾルゲ両名は死刑）を受け、他に2名が未決拘留中に獄中死。

－ 93 －

1941年（昭和16年）   日本議会政治史事典

10.16 〔内閣〕**第3次近衛内閣総辞職** 第3次近衛文麿内閣が総辞職。日米交渉の不調、強硬姿勢を崩さない陸軍の説得失敗による閣内不一致が理由。17日、東条英機に大命降下。

10.18 〔内閣〕**東条内閣成立** 東条英機が首相に就任し、東条英機内閣が成立。東条が陸相・内相を兼任し、主な閣僚は外相東郷茂徳、蔵相賀屋興宣など。

11.5 〔外交〕**第2次帝国国策遂行要領決定** 御前会議、日米交渉に関する甲案・乙案を決定。また、両案ともアメリカに容れられなかった場合に12月初旬の武力発動を決意する「第2次帝国国策遂行要領」を決定。

11.5 〔外交〕**来栖大使米国派遣** 政府、来栖三郎駐独大使を遣米特命全権大使として派遣。親米派の来栖に野村吉三郎駐米大使を補佐させ、日米交渉を進展させることが目的。

11.15 〔国会〕**第77回帝国議会召集** 第77回帝国議会（臨時会）が召集された。16日、開院式。会期は20日までの5日間。21日、閉院式。

11.16 〔国会〕**臨時軍事費予算追加案臨第1号提出** 政府、臨時軍事費予算追加案臨第1号を衆議院に提出。17日、可決。18日、貴族院で可決成立。

11.17 〔国会〕**国策遂行に関する決議案可決** 貴族院、国策遂行に関する決議案を可決。

11.17 〔国会〕**東条首相、施政方針演説** 東条英機首相、両院で施政方針演説を行う。内容は高度国防国家体制の確立など。

11.22 〔法律〕**「国民勤労報国協力令」公布** 「国民勤労報国協力令」が公布される。14歳から40歳の男子、14歳から25歳の未婚女子に勤労奉仕を義務づける内容。

11.22 〔法律〕**「酒税等の増徴等に関する法律」公布** 「酒税等の増徴等に関する法律」が公布される。

11.26 〔法律〕**「産業設備営団法」公布** 「産業設備営団法」が公布される。

11.26 〔外交〕**ハル・ノート提示** コーデル・ハルアメリカ国務長官、日本側乙案を拒否し、「合衆国及日本国間協定の基礎概略」（ハル・ノート）を提示。主な内容はハル4原則の承認要求、満州事変以来の日本の対外政策の否定（日本軍の中国・インドシナからの完全撤退、中華民国国民政府以外の中国における政府の否認など）。27日、大本営政府連絡会議がハル・ノートを最後通牒と結論。

12.1 〔外交〕**対米開戦決定** 御前会議、ハル・ノートの拒否、対米英蘭開戦を決定。

12.8 〔外交〕**太平洋戦争勃発** 日本陸軍がマレー半島に上陸し英印軍と交戦（マレー作戦）し、日本海軍がハワイ・オアフ島のアメリカ軍基地を空襲（真珠湾攻撃）。同日、米英両国に宣戦布告。米英も対日宣戦布告。太平洋戦争が勃発。9日、中国国民政府が日本に宣戦布告。11日、ドイツ・イタリア両国がアメリカに宣戦布告。

12.11 〔外交〕**「対米英戦共同遂行・単独不講和及び新秩序建設に関する日独伊三国協定」調印** 「対米英戦共同遂行・単独不講和及び新秩序建設に関する日独伊三国協定」が調印される。

12.15 〔国会〕**第78回帝国議会召集** 第78回帝国議会（臨時会）が召集された。16日、開院式。会期は17日までの2日間。18日、閉院式。

12.16 〔国会〕**東条首相、施政方針演説** 東条英機首相、両院で施政方針演説を行う。内容は米英蘭打倒の国防体制確立など。

12.16 〔国会〕**臨時軍事費予算追加案臨第1号提出** 政府、臨時軍事費予算追加案臨第1号を衆議院に提出。同日、衆議院で可決。同日、貴族院で可決成立。

- 94 -

12.16 〔法律〕「物資統制令」など公布　「物資統制令」が公布される。同日、「国民徴用令」改正が公布され、労働力統制が強化される。

12.19 〔法律〕「戦時犯罪処罰の特例に関する法律」など公布　「戦時犯罪処罰の特例に関する法律」、「言論、出版、集会、結社等臨時取締法」が公布される。

12.21 〔外交〕「日本・タイ国同盟条約」調印　「日本・タイ国同盟条約」が調印される。

12.22 〔国会〕衆議院正副議長辞任　小山松寿衆議院議長、田子一民副議長が辞任。

12.23 〔法律〕「敵産管理法」公布　「敵産管理法」が公布される。

12.24 〔国会〕第79回帝国議会召集　第79回帝国議会（通常会）が召集された。同日、田子一民（翼賛議員同盟）が衆議院議長、内ヶ崎作三郎（翼賛議員同盟）が副議長に任ぜられる。26日、開院式。会期は1942年3月25日までの90日間。2月15日、政府提出の全議案を原案通り成立させ、会期を余して自然休会となる。3月26日、閉院式。

1942年
（昭和17年）

1.1 〔政治〕為替相場円建制実施　為替相場、米英貨基準を廃止し、円建制を実施。

1.16 〔政党〕大日本翼賛壮年団設立　大日本翼賛壮年団が設立される。

1.18 〔外交〕「日独伊軍事協定」調印　「日独伊軍事協定」が調印され、アメリカ西海岸が日本、東海岸がドイツ・イタリアの作戦地域と定められる。

1.21 〔国会〕昭和17年度総予算案提出　政府、昭和17年度総予算案並各特別会計予算案を衆議院に提出。2月3日、可決。10日、貴族院で可決成立。

1.21 〔国会〕東条首相、施政方針演説　東条英機首相、両院で施政方針演説を行う。内容は戦時必勝体制の確立など。

1.31 〔内閣〕技術院設置　内閣に技術院が設置される。

2.13 〔法律〕「兵器等製造事業特別助成法」公布　「兵器等製造事業特別助成法」が公布される。

2.18 〔内閣〕翼賛選挙貫徹運動基本要綱決定　臨時閣議が開催され、翼賛選挙貫徹運動要綱、翼賛選挙貫徹基本方針を決定。

2.20 〔法律〕「戦時金融金庫法」など公布　「戦時金融金庫法」、「南方開発金庫法」が公布される。

2.21 〔法律〕「食糧管理法」公布　「食糧管理法」が公布される。

2.21 〔内閣〕大東亜建設審議会設置　内閣に大東亜建設審議会が設置される。

2.23 〔政党〕翼賛政治体制協議会設立　翼賛政治体制協議会が設立される。大政翼賛会・両院議員・財界・言論界代表33名からなり、阿部信行が会長に就任。3月18日、警視庁により政治結社として許可される。特定候補者を推薦し、または推薦運動を行う機関。

2.24 〔法律〕「戦時民事特別法」・「戦時刑事特別法」など公布　「戦時民事特別法」・「戦時

1942年（昭和17年）　　　　　　　　　　　　　　　　　　　　　　　　日本議会政治史事典

刑事特別法」が公布され、裁判手続き簡易化、民事訴訟における調停制度拡張、灯火管制違反罰則設定などが定められる。同日、「日本銀行法」（旧日銀法）が公布され、管理通貨制度が法的に確立される。

2.25　〔法律〕**「国民医療法」など公布**　「国民医療法」、「戦時災害保護法」が公布される。

3.7　〔外交〕**今後執るべき戦争指導の大綱決定**　大本営政府連絡会議、進攻作戦終了後の基本方針である「今後執るべき戦争指導の大綱」を決定。

3.17　〔政党〕**農地制度改革同盟・立憲養成会解散命令**　内務省、平野力三らの農地制度改革同盟、田中沢二らの立憲養成会に解散命令。

3.25　〔法律〕**「戦時海運管理令」公布**　「戦時海運管理令」が公布される。

3.28　〔法律〕**「永代借地権の整理に関する件」公布**　「永代借地権の整理に関する件」が公布される。4月1日、永代借地権を土地所有権に転換。

4.6　〔政党〕**翼賛政治体制協議会が衆議院議員候補者推薦**　翼賛政治体制協議会、第21回衆議院議員総選挙の候補者466名（各選挙区1名）を推薦。総選挙後の5月5日、協議会が解散。

4.24　〔事件〕**尾崎不敬事件**　尾崎行雄（翼賛政治体制協議会非推薦）、不敬罪で起訴される。第21回衆議院議員総選挙の選挙戦において田川大吉郎候補（翼賛政治体制協議会非推薦）の応援演説をした際、「売家と唐様で書く三代目」という川柳を引用したことが明治維新以来3代目にあたる昭和天皇を揶揄したとされたもの。12月21日、東京地裁で懲役8ヵ月執行猶予2年の判決。1944年6月27日、大審院で無罪判決。なお、総選挙では尾崎は当選、田川は落選だった。

4.30　〔選挙〕**第21回衆議院選挙**　第21回衆議院議員総選挙が行われた。いわゆる翼賛選挙で、尾崎不敬事件をはじめ翼賛政治体制協議会非推薦候補者に対する選挙干渉が全国的に行われた。定数466。獲得議席は翼賛政治体制協議会推薦381、非推薦85。

5.6　〔政党〕**議員倶楽部解散**　議員倶楽部、翼賛政治体制確立のため解散。以後、興亜議員同盟（12日）、同交会（14日）、翼賛議員同盟（19日）、東方会（23日）と、衆議院の院内会派が相次ぎ解散。

5.15　〔政党〕**大政翼賛会の機能刷新に関する件**　閣議が開催され、大政翼賛会の機能刷新に関する件を決定。翼賛会を改組し、各種国民運動の指導機能を強化する内容。

5.20　〔政党〕**翼賛政治会設立**　衆議院で院内会派翼賛政治会が設立され、阿部信行が会長に就任。22日、衆議院に届け出る。所属議員449名。23日、それまで翼賛政治会参加を拒んでいた東方会が解散し、全員が翼賛政治会に加入。刑事訴追者2名を除く全代議士が所属する、唯一の院内団体となる。同日、各派交渉会が議院協議会と改称。貴族院においても411名中326名が参加。

5.25　〔国会〕**第80回帝国議会召集**　第80回帝国議会（臨時会）が召集された。同日、岡田忠彦が衆議院議長、内ヶ崎作三郎が副議長に任ぜられる。27日、開院式。会期は28日までの2日間。29日、閉院式。

5.27　〔国会〕**東条首相、施政方針演説**　東条英機首相、両院で施政方針演説を行う。内容は翼賛政治体制の確立など。

6.9　〔内閣〕**安藤大政翼賛会副総裁入閣**　安藤紀三郎大政翼賛会副総裁、無任所国務相として東条英機内閣に入閣。政府と大政翼賛会の関係が強化される。

6.11　〔外交〕**「米ソ相互援助条約」など調印**　「米ソ相互援助条約」、「米ソ経済協定」が調印される。

— 96 —

7.1 〔政治〕**地方事務所設置**　「地方官官制」が改正され、地方事務所が設置される。かつての郡役所に相当する機関。

7.24 〔内閣〕**全国主要新聞社の整理統合方針決定**　閣議が開催され、全国主要新聞社の整理統合方針（1県1紙主義）を決定。

7.28 〔内閣〕**行政簡素化具体案決定**　閣議が開催され、行政簡素化を目指す内閣各省機構改革の具体案を決定。主な内容は中央官庁職員の減員など。11月1日、「行政簡素化令」が公布される。

8.14 〔内閣〕**部落会などに大政翼賛会世話役設置**　閣議が開催され、部落会・町内会などに大政翼賛会の世話役を設置することを決定。

9.1 〔内閣〕**東郷外相辞任**　東郷茂徳外相、大東亜省設置に反対して辞任。17日、谷正之が外相に任ぜられる。

11.1 〔政治〕**大東亜省設置**　拓務省・興亜院・対満事務局・外務省東亜局・南洋局を統合し、大東亜省が設置される。所管は委任統治領・占領地域の統治。初代大東亜相は青木一男。

12.23 〔政党〕**大日本言論報国会設立**　大日本言論報国会が設立され、徳富蘇峰が会長に就任。

12.24 〔国会〕**第81回帝国議会召集**　第81回帝国議会（通常会）が召集された。26日、開院式。会期は1943年3月25日までの90日間。3月26日、閉院式。

1943年
（昭和18年）

1.9 〔外交〕**日華共同声明**　日本と南京国民政府（汪兆銘政権）が日華共同宣言を発表し、南京国民政府がアメリカ・イギリスに宣戦布告。同日、「日華協定」に調印。主な内容は南京政府への租界返還、治外法権の撤廃など。

1.20 〔内閣〕**生産増強勤労緊急対策要綱決定**　閣議が開催され、生産増強勤労緊急対策要綱を決定。

1.28 〔国会〕**昭和18年度総予算案提出**　政府、昭和18年度総予算案並各特別会計予算案を衆議院に提出。2月13日、可決。3月2日、貴族院で可決成立。

1.28 〔国会〕**東条首相、施政方針演説**　東条英機首相、両院で施政方針演説を行う。主な内容はビルマ独立の承認、大東亜建設など。

1.30 〔国会〕**昭和18年度追加予算案第1号提出**　政府、昭和18年度追加予算案第1号を衆議院に提出。内容は軍事関係費。2月13日、可決。3月2日、貴族院で可決成立。

2.8 〔政党〕**翼賛政治会・大政翼賛会一元化反対**　東条英機首相、衆議院予算委員会において翼賛政治会と大政翼賛会の一元化に反対を表明。

3.11 〔法律〕**「日本証券取引所法」など公布**　「日本証券取引所法」、「農業団体法」、「水産業団体法」が公布される。これに伴い「農会法」、「茶業組合規則」を廃止。

3.12 〔外交〕**東条首相中国訪問**　東条英機首相、南京国民政府（汪/兆銘政権）を訪問。15日、帰国。

1943年（昭和18年）　　　　　　　　　　　　　　　　　　　　　　　　　　日本議会政治史事典

3.18　〔法律〕「**戦時行政特例法」など公布**　「戦時行政特例法」、「戦時行政職権特例」、「許可認可等臨時措置法」、「行政査察規程」が公布され、首相の独裁権が強化される。

3.31　〔外交〕**東条首相満州国訪問**　東条英機首相、満州国を訪問。4月4日、帰国。

4.1　〔法律〕「**陪審法の停止に関する法律」公布**　「陪審法の停止に関する法律」が公布される。

4.20　〔内閣〕**東条内閣第1次改造**　東条英機内閣が第1次改造を行い、重光葵が外相に就任。10月8日、第2次改造を行い、東条首相が商相、八田嘉明鉄道相が逓信相を兼任し、岸信介が無任所国務大臣に就任。

5.3　〔外交〕**東条首相フィリピン訪問**　東条英機首相、フィリピンを訪問。8日、帰国。

5.26　〔政党〕**興亜運動一元化**　大政翼賛会、外局として興亜総本部を設置し、興亜運動を一元化。

5.31　〔外交〕**大東亜政略指導大綱決定**　御前会議、「大東亜政略指導大綱」を決定。主な内容はマレー・蘭印の日本領編入、ビルマ・フィリピンの独立承認など。

6.1　〔法律〕「**東京都制」公布**　「東京都制」が公布される。7月1日に実施され、東京府・東京市を廃止し東京都を設置。

6.1　〔内閣〕**戦力増強企業整備要綱決定**　閣議が開催され、超重点主義に基づく「戦力増強企業整備要綱」を決定。

6.15　〔国会〕**第82回帝国議会召集**　第82回帝国議会（臨時会）が召集された。16日、開院式。会期は18日までの3日間。19日、閉院式。

6.16　〔国会〕**昭和18年度追加予算案第1号・特第1号提出**　政府、昭和18年度追加予算案第1号・特第1号を衆議院に提出。主な内容は食糧生産管理増強費など。17日、可決。18日、貴族院で可決成立。

6.16　〔国会〕**東条首相、施政方針演説**　東条英機首相、両院で施政方針演説を行い、大東亜戦争完遂の決意を表明。

6.16　〔法律〕「**道府県会議員等の任期延長に関する法律」案提出**　政府、「道府県会議員等の任期延長に関する法律」案を衆議院に提出。同日、可決。17日、貴族院で可決成立。22日、公布。

6.25　〔内閣〕**学徒戦時動員体制確立要綱決定**　閣議が開催され、「学徒戦時動員体制確立要綱」を決定。

6.26　〔法律〕「**企業整備資金措置法」公布**　「企業整備資金措置法」が公布される。

6.30　〔外交〕**東条首相南方諸地域訪問**　東条英機首相、南方諸地域を訪問。7月12日、帰国。

7.1　〔法律〕「**地方行政協議会令」公布**　「地方行政協議会令」が公布される。全国9ヶ所に設置され、地方行政の総合調整にあたる機関。

8.1　〔外交〕**ビルマ独立宣言**　ビルマが独立を宣言し、バー・モウが国家代表に就任。同日、「日・ビルマ同盟条約」が調印され、ビルマがアメリカ・イギリスに宣戦布告。

9.15　〔外交〕**日独共同声明**　日本とドイツ、日独共同声明を発表し、日独伊三国同盟を再確認。

9.30　〔外交〕**今後執るべき戦争指導の大綱**　御前会議、「今後執るべき戦争指導の大綱」を決定。絶対国防圏を設定し、日本の勢力範囲をマリアナ諸島・カロリン諸島・西ニューギニアに縮小させる内容。

－ 98 －

10.12	〔内閣〕教育に関する戦時非常措置方策決定	閣議が開催され、教育に関する戦時非常措置方策を決定。

10.12 〔内閣〕**教育に関する戦時非常措置方策決定** 閣議が開催され、教育に関する戦時非常措置方策を決定。

10.14 〔外交〕**フィリピン共和国独立宣言** フィリピン共和国（フィリピン第2共和国）が独立を宣言し、ホセ・ラウレルが大統領に就任。同日、「日比同盟条約」が調印される。1944年9月23日、フィリピンがアメリカ・イギリスに宣戦布告。

10.21 〔事件〕**東方同志会一斉検挙** 衆議院議員中野正剛ら東方同志会（東方会が解散して思想結社へ改組した団体）員、倒閣運動容疑により検挙される。26日、中野が釈放されるが、同日夜に割腹自殺。1944年3月23日、東方同志会が解散。

10.25 〔国会〕**第83回帝国議会召集** 第83回帝国議会（臨時会）が召集された。26日、開院式。会期は28日までの3日間。29日、閉院式。

10.26 〔国会〕**東条首相、施政方針演説** 東条英機首相、両院で施政方針演説を行う。内容は大東亜戦争完遂のための戦力増強策など。

10.30 〔外交〕**「日華同盟条約」調印** 「日華同盟条約」が調印され、南京国民政府（汪兆銘政権）との連携が強化される。これに伴い「日華基本条約」が失効。

10.31 〔法律〕**「軍需会社法」公布** 「軍需会社法」が公布される。

11.1 〔政治〕**軍需省・農商省・運輸通信省設置** 企画院・農林省・商工省・通信省・鉄道省を整理統合し、軍需省・農商省・運輸通信省を設置。東条英機首相が軍需相を兼任し、山崎達之輔が農商相、八田嘉明が運輸通信相に任ぜられる。

11.5 〔外交〕**大東亜会議開催** 大東亜会議が帝国議事堂で開催される。参加国は日本・満州国・中華民国南京国民政府・タイ・フィリピン・ビルマ・自由インド仮政府。6日、大東亜共同宣言を発表。

12.1 〔政治〕**学徒出陣開始** 第1回学徒兵、陸軍へ入営または海軍へ入団。

12.21 〔内閣〕**都市疎開実施要綱** 閣議が開催され、都市疎開実施要綱を決定。

12.24 〔国会〕**第84回帝国議会召集** 第84回帝国議会（通常会）が召集された。26日、開院式。会期は1944年3月24日までの90日間。25日、閉院式。

12.24 〔法律〕**「徴兵適齢臨時特例」公布** 「徴兵適齢臨時特例」が公布され、適齢が満19歳に1歳引き下げられる。

12.31 〔内閣〕**電力動員緊急措置要綱決定** 閣議が開催され、電力動員緊急措置要綱を決定。

1944年
（昭和19年）

1.4 〔法律〕**「戦時官吏服務令」など公布** 「戦時官吏服務令」、「文官懲戒戦時特例」が公布される。綱紀振粛のための措置。

1.18 〔内閣〕**緊急国民勤労動員方策要綱など決定** 閣議が開催され、緊急国民勤労動員方策要綱および緊急学徒勤労動員方策要綱を決定。労働需要増加を見込んでの措置。

1.21 〔国会〕**昭和19年度総予算案提出** 政府、昭和19年度総予算案並各特別会計予算案を衆

1944年（昭和19年）　　　　　　　　　　　　　　　　　　　　　　　　日本議会政治史事典

議院に提出。29日、可決。2月7日、貴族院で可決成立。

1.21　〔国会〕昭和19年度追加予算案第1号提出　政府、昭和19年度追加予算案第1号を衆議院
　　　に提出。内容は食糧増産対策費。29日、可決。2月7日、貴族院で可決成立。

1.21　〔国会〕東条首相、施政方針演説　東条英機首相、両院で施政方針演説を行う。内容は
　　　戦力増強、勤労動員の強化など。

1.26　〔政治〕「防空法」による初の疎開命令　「防空法」による初の疎開命令が東京・名古屋
　　　に発令され、指定区域内の建物が強制取り壊しとなる。

2.15　〔法律〕「戦時特殊損害保険法」公布　「戦時特殊損害保険法」が公布される。これに伴
　　　い「戦争保険臨時措置法」が廃止される。

2.17　〔法律〕「大日本育英会法」公布　「大日本育英会法」が公布される。

2.21　〔政治〕軍政・軍令一元化　東条英機首相兼陸相が参謀総長、嶋田繁太郎海相が軍令部総
　　　長を兼任し、軍政・軍令が一元化される。

2.25　〔内閣〕決戦非常措置要綱決定　閣議が開催され、決戦非常措置要綱を決定。主な内容
　　　は学徒動員の徹底、国民勤労体制の刷新など。

3.22　〔国会〕重大戦局に対応する政府の所信　東条英機首相、衆議院において重大戦局に対
　　　応する政府の所信について演説。23日、貴族院で演説。

3.30　〔外交〕「日ソ漁業条約改定協定」など調印　「日ソ漁業条約の5年間効力存続に関する議
　　　定書」、「北樺太に於ける日本国の石油及び石炭の利権の委譲に関する議定書」が調印される。

4.18　〔内閣〕中央行政官庁の許認可等の事務の廃止及び地方委譲に関する件決定　閣議
　　　が開催され、中央行政官庁の許認可等の事務の廃止及び地方委譲に関する件を決定。決戦非
　　　常措置要綱に基づく措置。

4月　　〔政治〕小笠原諸島民強制疎開　小笠原諸島の島民6800余名、本土へ強制疎開。

5.20　〔法律〕「許可認可等臨時措置令」公布　「許可認可等臨時措置令」が公布される。

6.30　〔内閣〕学童疎開促進要綱決定　閣議が開催され、学童疎開促進要綱を決定。8月から
　　　実施。

7.17　〔内閣〕嶋田海相辞任　嶋田繁太郎、海相を辞任し軍令部総長に専任。海軍内における反
　　　東条英機・反嶋田の動きを受け、サイパン島陥落の責任を取る形での辞任。野村直邦が後任
　　　の海相に任ぜられる。

7.18　〔内閣〕東条内閣総辞職　東条英機内閣が総辞職。サイパン島陥落以来、重臣層が政治・
　　　軍事両面で行き詰まった東条内閣倒閣に動いていた。20日、小磯国昭・米内光政に大命降下。

7.22　〔内閣〕小磯内閣成立　小磯国昭が首相に就任し、小磯国昭内閣が成立。主な閣僚は外相
　　　重光葵、蔵相石渡荘太郎など。

8.4　　〔内閣〕一億国民総武装決定　閣議が開催され、一億国民総武装を決定。竹槍訓練などが
　　　開始される。

8.5　　〔内閣〕最高戦争指導会議設置　政戦両略の一致と国民精神高揚のため、内閣情報局に
　　　最高戦争指導会議が設置される。これに伴い大本営政府連絡会議が廃止される。

8.7　　〔政治〕原枢密院議長死去　原嘉道枢密院議長が死去。享年78。10日、鈴木貫太郎が後任
　　　の枢密院議長に任ぜられる。

－ 100 －

8.23	〔法律〕「学徒勤労令」・「女子挺身勤労令」公布	「学徒勤労令」および「女子挺身勤労令」が公布される。

8.23　〔法律〕「学徒勤労令」・「女子挺身勤労令」公布　「学徒勤労令」および「女子挺身勤労令」が公布される。

9.6　〔国会〕第85回帝国議会召集　第85回帝国議会（臨時会）が召集された。7日、開院式。会期は11日までの5日間。12日、閉院式。

9.7　〔国会〕小磯首相、施政方針演説　小磯国昭首相、両院で施政方針演説を行う。主な内容は戦意高揚と必勝国家体制の確立、食糧増産など。

9.7　〔国会〕昭和19年度追加予算案第1号提出　政府、昭和19年度追加予算案第1号を衆議院に提出。10日、可決。11日、貴族院で可決成立。

9.13　〔国会〕松平貴族院議長死去　松平頼寿貴族院議長が死去。享年69。18日、貴族院葬が営まれる。10月11日、徳川圀順が後任の議長に任ぜられる。

9.16　〔外交〕特派使節モスクワ派遣提議　佐藤尚武駐ソ大使、特派使節のモスクワ派遣を提議。ヴャチェスラフ・モロトフ・ソ連外相、これを拒否。

12.24　〔国会〕第86回帝国議会召集　第86回帝国議会（通常会）が召集された。26日、開院式。会期は1945年3月25日までの90日間。3月26日、閉院式。

1945年
（昭和20年）

1.21　〔国会〕小磯首相、施政方針演説　貴族院で小磯国昭首相が施政方針演説を行い、本土決戦の方針を表明した。

1.21　〔国会〕昭和20年度予算案提出　衆議院に昭和20年度総予算案並びに特別会計予算案が提出された。総予算学は24億円。1月30日に衆議院で可決後、貴族院で2月8日に可決され、成立した。

2.8　〔国会〕昭和20年度総予算案可決成立　1月30日に衆議院で可決された昭和20年度総予算案ならびに昭和19年度追加予算、昭和20年度の追加予算案が貴族院で可決され成立した。

2.11　〔外交〕ヤルタ協定署名　クリミア半島ヤルタで首脳会談を行っていたフランクリン・ルーズベルト・ウィンストン・チャーチル・ヨシフ・スターリンの米英ソ3カ国首脳が、対独戦後処理、ソ連の条件付き対日参戦等を決定しヤルタ協定に署名した。

2.14　〔政治〕近衛文麿が戦局観を単独上奏　近衛文麿が戦局について日本の敗戦は必至と単独で上奏した。

3.6　〔法律〕国民勤労動員令公布　「国民勤労動員令」が公布された。

3.18　〔内閣〕決戦教育措置要綱閣議決定　閣議が学校の授業停止及び増産・防衛への学徒動員決戦教育等の決戦教育措置要綱を決定した。

3.30　〔政党〕大日本政治会結成　翼賛政治会を改組し大日本政治会が結成された。352名が参加、総裁に南次郎が就任した。

4.5　〔内閣〕小磯内閣総辞職　小磯国昭首相が辞表を奉呈、小磯内閣が総辞職した。

4.5　〔外交〕日ソ中立条約不延長を通告　ソ連が日ソ中立条約の不延長を通告した。

1945年（昭和20年）　　　　　　　　　　　　　　　　　　　　　　　　　　日本議会政治史事典

4.7　〔内閣〕**鈴木貫太郎内閣成立**　鈴木貫太郎が内閣総理大臣に任命され、鈴木内閣が成立。戦争終結を任務とし、外相兼大東亜相に東郷茂徳、内相に安倍源基、蔵相広瀬豊作、陸相阿南惟幾、海相米内光政。

4.13　〔内閣〕**国民義勇隊を閣議決定**　国民義勇隊組織に関する件、国民戦闘組織に関する件が閣議決定された。

5.9　〔内閣〕**政府、大東亜戦争遂行を声明**　ドイツの無条件降伏を受け、日本政府はドイツの降伏に関わらず戦争遂行決意は不変と声明を出した。

5.19　〔政治〕**逓信院設置**　運輸通信相を廃止し、運輸省・逓信院が設置された。初代運輸相には小日山直登運輸通信相が就任した。

5.22　〔法律〕**戦時教育令公布**　「戦時教育令」が公布された。教育活動を停止し、学徒隊を組織する。

6.8　〔国会〕**衆議院議長島田俊雄任命**　第87回帝国議会衆議院は議長に大日本政治会の島田俊雄を任命した。

6.8　〔国会〕**第87回帝国議会召集**　第87回帝国議会（臨時会）が召集された。本土決戦に備える。会期4日で13日に閉院した。

6.8　〔政治〕**今後採るべき戦争指導の基本大綱決定**　最高戦争指導会議が「今後採るべき戦争指導の基本大綱」を決定した。

6.9　〔国会〕**鈴木首相、施政方針演説**　第87回帝国議会での施政方針演説で、鈴木首相は本土決戦準備態勢を確立すると表明した。

6.29　〔内閣〕**戦時緊急措置委員会設置**　内閣に戦時緊急措置委員会が設置された。

7.26　〔外交〕**対日ポツダム宣言を発表**　ベルリン郊外、ポツダムで開催されていたハリー・S.トルーマン、ウィンストン・チャーチル、ヨシフ・スターリンによる米・英・ソ3カ国首脳会談が、対日終戦条件及び戦後処理方針に関する共同宣言、ポツダム宣言を発表した。

7.28　〔外交〕**鈴木首相、ポツダム宣言黙殺を表明**　鈴木貫太郎首相が記者団に対し、ポツダム宣言の黙殺と戦争邁進を表明した。

8.8　〔外交〕**ソ連、対日宣戦布告**　ソ連がヤルタ協定に従って日本に宣戦布告、9日に満州、南樺太へ侵攻した。

8.10　〔外交〕**ポツダム宣言受託を申し入れ**　御前会議が深夜に開催され、国体維持を条件にポツダム宣言受諾を決定し、連合国に申し入れた。

8.14　〔外交〕**ポツダム宣言受諾を決定**　8月10日のポツダム宣言受諾の申し入れに対し、12日、連合国から国家統治権減を連合国最高司令官の制限下におく旨回答があった。御前会議はこれに対し回答受諾を申し入れ、ポツダム宣言受諾が決定した。

8.15　〔内閣〕**阿南惟幾自殺**　陸軍大臣阿南惟幾が自刃した。

8.15　〔内閣〕**鈴木内閣総辞職**　鈴木貫太郎内閣が総辞職した。

8.17　〔内閣〕**東久邇内閣成立**　東久邇稔彦王内閣が成立した。首相兼陸相に東久邇稔彦王、外相に重光葵、内相山崎巌、海相米内光政、国務相近衛文麿、緒方竹虎、8月19日より小畑敏四郎。

8.20　〔外交〕**マニラで降伏文書受領**　マニラに赴いていた川辺虎四郎全権らが連合軍司令部より降伏文書ならびに日本陸海軍に対する一般命令第一号などを受領した。

－ 102 －

8.22 〔政治〕**終戦処理会議設置**　最高戦争指導会議を廃止し、終戦処理会議が設置された。

8.23 〔内閣〕**陸軍大臣下村宏任命**　陸軍大臣に下村宏が任命された。東久邇稔彦王首相は兼任していた陸相を辞任。

8.26 〔政治〕**終戦連絡中央事務局設置**　外務省内に終戦連絡中央事務局が設置された。

8.26 〔政治〕**農林省・商工省設置**　大東亜省、軍需省、農商省を廃止し、農林省、商工省が設置された。初代農林相には千石興太郎元農商相、商工相に中島知久平元軍需相が就任した。

8.28 〔内閣〕**一億総懺悔を声明**　東久邇稔彦首相が国体護持、一億総懺悔を声明した。

8.28 〔政治〕**GHQ横浜に設置**　連合国軍が進駐を開始、連合国総司令部（GHQ）が横浜に設置された。のち9月15日に東京に移動した。

9.1 〔国会〕**第88回帝国議会召集**　第88回帝国議会（臨時会）が召集された。4日に開院式。会期実質2日間で6日に閉院した。

9.2 〔政治〕**陸海軍の解体、軍需生産停止を指令**　GHQが陸海軍の解体、軍需生産の全面停止を指令した。

9.2 〔外交〕**降伏文書調印**　アメリカの戦艦ミズーリの艦上で、全権重光葵、梅津美治郎が降伏文書に調印した。

9.5 〔国会〕**東久邇首相、施政方針演説**　東久邇稔彦首相が施政方針演説を行い、戦争終結に至る経緯の報告ならびに民生安定など戦後復興策8項目を表明した。

9.9 〔政治〕**マッカーサー元帥、日本管理方式について声明**　連合国最高司令官マッカーサー元帥が、間接統治、自由主義助長等の日本管理方式について声明した。

9.11 〔政治〕**GHQ戦犯容疑者39名の逮捕を命令**　GHQが東条英機元首相ら39名の戦犯容疑者の逮捕を命令した。東条英機は自殺を試み、未遂に終わった。

9.14 〔政党〕**大日本政治会解消**　衆議院大日本政治会が解散総会を開いた。

9.17 〔内閣〕**外務大臣に吉田茂任命**　重光葵外務大臣が辞任し、後任に吉田茂が任命された。

9.19 〔政治〕**新聞規則に関する覚書**　GHQはプレス・コード（日本新聞規則）に関する覚書を交付した。22日にはラジオ・コードを交付した。

9.20 〔法律〕**ポツダム緊急勅令公布**　「ポツダム宣言の受諾に伴い発する命令に関する緊急勅令」が公布された。GHQ指令の事項を、勅令・閣令・省令によって実施できることとする。

9.22 〔外交〕**米国、対日方針を発表**　アメリカ政府が、降伏後の初期の対日方針を発表した。日本の民主化・非武装化、軍国主義の根絶、基本的人権の確立、経済の民主化・非軍事化を指導するとした。

9.30 〔政治〕**外地銀行等の閉鎖を指令**　GHQは外地銀行、外国銀行、戦時特別金融機関の閉鎖を指令した。

10.4 〔法律〕**マッカーサー、憲法改正の必要を示唆**　マッカーサー元帥と近衛国務相が会見。マッカーサーは憲法改正の必要について示唆した。

10.4 〔政治〕**政治・宗教の自由の制限撤廃**　GHQは、「政治的公民的及び宗教的自由に対する制限の撤廃に関する覚書」を交付した。政治犯の釈放、「治安維持法」・「国防保安法」の廃止、思想警察の廃止などを内容とする。

10.5 〔内閣〕**議会制度審議会設置**　内閣に議会制度審議会が設置された。15日に廃止された。

1945年（昭和20年）   日本議会政治史事典

10.5　　〔内閣〕**東久邇内閣総辞職**　GHQの政治・宗教の自由制限撤廃の指令を実行し得ず、東
　　　　久邇稔彦王内閣が総辞職した。

10.9　　〔内閣〕**幣原喜重郎内閣成立**　幣原喜重郎内閣が成立した。外務大臣吉田茂、国務大臣に
　　　　松本烝治が就任。

10.10　〔法律〕**近衛文麿憲法改正を検討**　マッカーサーから示唆されたことを受け、近衛文麿
　　　　が内大臣府御用掛として憲法改正の検討に着手した。13日には憲法学者佐々木惣一を任命
　　　　した。

10.10　〔政治〕**マッカーサー、5大改革を要求**　マッカーサーが幣原喜重郎と会談し、婦人解放
　　　　と選挙権付与、労働組合の結成奨励、学校教育の自由化、専制政治の廃止、経済機構の民主
　　　　主義化の5大改革を口頭で要求した。また、憲法改正の必要についても示唆した。

10.10　〔政治〕**政治犯3000名釈放**　10月4日の指令に基づき、社会主義者・共産主義者等の政治
　　　　犯3000人が釈放された。釈放された徳田球一、志賀良雄らが声明「人民に訴う」を発表した。

10.13　〔法律〕**憲法問題調査委員会設置を決定**　内閣は幣原喜重郎マッカーサー会談で憲法改
　　　　正を示唆されたことを受け、松本烝治国務大臣を中心に憲法改正の研究を開始することとし
　　　　た。25日に憲法問題調査委員会を設置した。

10.13　〔法律〕**国防保安法等廃止**　「国防保安法廃止等に関する件」が公布され、「国防保安
　　　　法」、「軍機保護法」、「言論出版集会結社等臨時取締法」、「不穏文書臨時取締法」、「軍用資源
　　　　秘密保護法」が廃止された。

10.13　〔選挙〕**婦人参政権付与方針決定**　政府は、婦人参政権付与、選挙年齢の引き下げを発
　　　　表した。

10.15　〔法律〕**治安維持法廃止**　「治安維持法廃止等の件」が公布され、「治安維持法」、「思想
　　　　犯保護観察法」が廃止された。

10.17　〔政治〕**第2次大戦終局恩赦**　第2次大戦終局にあたり、「恩赦詔書」が発布された。

10.22　〔政治〕**教育制度の基本方針の覚書交付**　GHQは議会の立法手続等の報告に関する覚
　　　　書、日本の教育制度の行政に関する覚書を交付した。

10.25　〔法律〕**憲法問題調査委員会設置**　内閣に憲法問題調査委員会が設置された。委員長に
　　　　松本烝治が就任、27日に初会合を開いた。

10.25　〔外交〕**日本の外交機能を停止**　GHQは日本の在外公館の資産及び文書引き渡し、在外
　　　　外交代表召還に関する覚書を交付、日本の外交機能の全面的停止と在外外交機関の引き渡し
　　　　を命じた。

10.30　〔政治〕**軍国主義・国家主義教員を排除**　GHQは教職員の調査、精選及び資格決定に関
　　　　する覚書を交付、軍国主義者、極端な国家主義者を追放した。

10.30　〔外交〕**連合国極東諮問委員会開会**　アメリカのワシントンで、連合国極東諮問委員会
　　　　が開かれた。米、英、中国、オーストラリア、カナダ、フランス、オランダ、シンガポール、
　　　　フィリピン、インドが参加、ソ連は不参加。

11.1　　〔法律〕**憲法改正への関与を否定**　GHQは、近衛文麿が行っていた憲法改正への研究に
　　　　ついて委嘱した事実はないとの声明を発表した。

11.2　　〔政党〕**日本社会党結成**　日本社会党が結成され、書記長に片山哲が就任した。

11.3　　〔政党〕**新日本婦人同盟結成**　市川房枝を会長に、新日本婦人同盟が結成された。

11.5　　〔内閣〕**戦災復興院設置**　内閣に戦災復興院が設置された。

11.6	〔政治〕**財閥解体始まる**	GHQは持株会社の解体に関する覚書を交付、財閥解体を指示した。

11.6　〔政治〕**財閥解体始まる**　GHQは持株会社の解体に関する覚書を交付、財閥解体を指示した。

11.9　〔政党〕**日本自由党結成**　旧政友会系の議員を中心に日本自由党が結成され、総裁に鳩山一郎が就任した。

11.13　〔外交〕**ポーレー対日賠償委員長来日**　ポーレー対日賠償委員長が来日した。12月7日、軍需関連工業設備の移動などの賠償中間計画を発表。

11.16　〔政党〕**日本進歩党結成**　日本進歩党が結成された。旧大日本政治会所属の議員で、旧民政党、旧政友会中島派が多数を占めた。12月18日に総裁に町田忠治を選出。

11.17　〔法律〕**兵役の廃止**　ポツダム勅令「兵役法廃止等に関する件」が公布された。

11.18　〔政治〕**民間航空禁止**　GHQの指示により、民間航空が全面的に禁止された。

11.19　〔政治〕**小磯国昭らの逮捕命令**　GHQは小磯国昭元首相、荒木貞夫ら11名を戦犯容疑者として逮捕を命令した。

11.21　〔法律〕**治安警察法廃止**　ポツダム勅令「治安警察法等廃止の件」が公布された。

11.22　〔法律〕**近衛文麿憲法改正案奉呈**　近衛文麿が、天皇制を護持する憲法改正の大綱案を奉呈した。24日には佐々木惣一が帝国憲法改正の必要について天皇に進講した。

11.22　〔内閣〕**農地改革について閣議決定**　閣議は、地主の土地保有限度を五町歩とする農地制度改革要綱を決定した。

11.24　〔政治〕**内大臣府廃止**　内大臣府が廃止された。

11.26　〔国会〕**第89回帝国議会召集**　第89回帝国議会（臨時会）が召集された。翌日開院式を行い、12月18日に解散した。

11.28　〔国会〕**幣原首相、施政方針演説**　幣原喜重郎首相が施政方針演説で、議会機能の確立、民主主義の復活のための障害の除去、国民生活の安定を表明した。

12.1　〔政党〕**日本共産党再建大会**　日本共産党が再建大会となる第4回大会を19年ぶりに開いた。行動要綱を決定し、6日、書記長に徳田球一を選出した。

12.1　〔政治〕**陸海軍省廃止**　陸軍省、海軍省が廃止され、第一復員省、第二復員省が設置された。

12.2　〔政治〕**戦犯59人の逮捕を命令**　GHQは梨本宮守正王、平沼騏一郎元首相、広田弘毅ら59人を戦犯容疑者として逮捕を命令した。

12.6　〔政治〕**戦犯9名の逮捕を命令**　GHQは近衛文麿元首相、木戸幸一元内大臣ら9名を戦犯容疑者として逮捕を命令した。16日、近衛文麿は服毒自殺。

12.8　〔法律〕**憲法改正4原則を明示**　衆議院予算委員会での答弁で、松本国務大臣が個人の構想として、天皇統治権不変、議会の権限拡大、責任内閣制、国民権利の確立の憲法改正4原則を表明した。

12.9　〔政治〕**農地改革に関する覚書交付**　GHQは「農地改革に関する覚書」を交付した。1946年3月15日までに改革計画の提出を求める。

12.14　〔政治〕**貿易庁、石炭庁設置**　貿易庁と石炭庁が設置された。

12.15　〔政治〕**国家神道禁止を指令**　GHQは国家神道に対する政府の保証・支援・保全・監督及弘布の廃止に関する覚書を交付。国家神道を禁止した。

| 1946年（昭和21年） | 日本議会政治史事典 |

12.17 〔法律〕**改正衆議院議員選挙法公布**　改正「衆議院議員選挙法」が公布された。選挙権年齢を20歳に引き下げ、女性に参政権が付与された。

12.18 〔国会〕**衆議院解散**　衆議院が解散した。帝国議会下では最後となった。

12.18 〔政党〕**日本協同党結成**　日本協同党が結成された。協同組合主義による改革を掲げ、雑誌「改造」社長山本実彦が委員長に就任した。

12.19 〔選挙〕**総選挙の日程を決定**　幣原内閣は総選挙の実施を1946年1月21日または22日に施行と決定したが、翌日GHQは施行期日の延期を指令した。

12.20 〔法律〕**国家総動員法廃止**　「国家総動員法及戦時緊急措置法廃止法」が公布された。

12.22 〔法律〕**労働組合法公布**　「労働組合法」が公布された。団結権、団体交渉権等を保証する。

12.27 〔法律〕**憲法研究会が草案を政府に提出**　高野岩三郎、森戸辰男らの憲法研究会が民間からの憲法草案を発表した。

12.28 〔法律〕**宗教法人令公布**　ポツダム勅令、「宗教法人令」が公布された。これにより「宗教団体法」等が廃止された。

12.29 〔法律〕**改正農地調整法公布**　第1次農地改革を行うための改正「農地調整法」が公布された。

12.29 〔法律〕**政治犯の資格回復**　ポツダム勅令「政治犯人等の資格回復に関する件」が公布された。

12.31 〔政治〕**情報局廃止**　情報局が廃止された。

1946年
（昭和21年）

1.1 〔政治〕**天皇の神格化を否定**　新日本建設に関する詔書が公布された。天皇の神格を否定した「人間宣言」の詔勅。

1.4 〔政治〕**公職追放の覚書交付**　GHQは「好ましくない人物の公職よりの除去に関する覚書」、「ある種類の政党、協会、結社その他の団体の廃止に関する覚書」を交付した。軍国主義者の公職からの追放、超国家主義団体の解散等を指令するもの。

1.7 〔政治〕**アメリカ、日本統治体制改革に関する政策を決定**　アメリカ政府は「日本の統治体制の改革に関する政策文書」を決定し、マッカーサーに参考資料として送付した。改革の目的、改革の内容を提示するもの。

1.21 〔法律〕**自由党が憲法改正要綱発表**　日本自由党が「憲法改正要綱」を発表した。

1.29 〔政治〕**琉球列島、小笠原等の行政権を分離**　GHQは「若干の外郭地域の日本からの政治上及行政上の分離に関する覚書」を交付した。奄美大島を含む琉球列島、小笠原等を対象とする。

2.2 〔法律〕**憲法問題調査委員会が改正案を決定**　憲法問題調査委員会が、甲・乙両改正案を決定し、甲案を松本試案として提出した。

- 106 -

2.3 〔法律〕**GHQが憲法草案作成を決定**　マッカーサーがGHQとして憲法草案を作成し、日本政府に提示することとして、GHQ民放局に草案作成を指示した。

2.8 〔法律〕**日本政府、憲法改正草案を提出**　日本政府が、憲法改正草案要綱（松本案）をGHQに正式に提出した。

2.13 〔法律〕**GHQが憲法草案を提示**　GHQは日本政府が2月8日に提出した憲法草案は受け入れがたいとし、GHQ案を交付した。

2.14 〔法律〕**進歩党が憲法改正要綱を決定**　日本進歩党が「憲法改正案要綱」を発表した。

2.17 〔法律〕**新円発行、旧円預貯金封鎖**　「金融緊急措置令」、「日本銀行券預入令」が公布された。新円発行のため預貯金が封鎖された。また、主食供出に対する強権発動を規定する「食料緊急措置令」、「隠匿物資等緊急措置令」も公布された。

3.3 〔法律〕**物価統制令公布**　ポツダム勅令「物価統制令」が公布された。

3.5 〔法律〕**憲法懇談会が憲法草案を発表**　尾崎行雄、岩波茂雄、稲田正次らの憲法懇談会が「日本国憲法草案」を発表した。

3.6 〔法律〕**政府が憲法改正草案を発表**　日本政府が憲法改正草案要綱を発表した。GHQ草案を支持する内容で、主権在民、象徴天皇制、戦争放棄を規定する。

3.16 〔政治〕**引揚げに関する覚書交付**　GHQは「引揚げに関する覚書」を交付した。

3.20 〔法律〕**極東委員会が憲法制定の政策を決定**　極東委員会は、「日本憲法草案に関する政策」を決定した。新憲法の制定にあたって、国民にも周知された上で審議されるよう要求するもので、27日にマッカーサーに伝えられた。

3.27 〔国会〕**前年度予算の施行を決定**　「昭和二十一年度において前年度予算を施行するの件」が公布された。

4.5 〔外交〕**連合国対日理事会初会合**　最高司令官の諮問機関で、米・英・ソ・中からなる連合国対日理事会が初会合を開いた。

4.7 〔内閣〕**幣原内閣打倒人民大会開催**　幣原内閣打倒人民大会が日比谷公園で開かれ、「国民の手になる民主憲法の制定」を決議した。

4.10 〔選挙〕**第22回衆議院選挙**　第22回衆議院議員総選挙が行われた。婦人参政権を含む新選挙法による最初の普通総選挙で、議員定数466に対し、女性議員39名が当選した。自由140、進歩94、社会93、協同14、共産5、諸派38、無所属80、欠員2。

4.17 〔法律〕**政府が憲法改正法案を発表**　政府がひらがな口語体の日本国憲法草案を発表した。

4.22 〔内閣〕**幣原内閣総辞職**　衆院選での敗北に関わらず続投を表明していた幣原内閣が総辞職した。

4.29 〔政治〕**A級戦犯起訴状を発表**　極東軍事裁判所は、東条英機ら28名のA級戦犯容疑者の起訴状を発表した。

5.3 〔政治〕**極東軍事裁判所開廷**　極東軍事裁判所が開廷した。

5.4 〔政党〕**鳩山一郎公職追放**　GHQが衆議院議員、自由党総裁鳩山一郎公職追放を指令した。

5.7 〔法律〕**教職員追放令公布**　「教職員の除去、修業禁止及復職等の件」が公布された。教職員追放令。

1946年（昭和21年）   日本議会政治史事典

5.16 〔国会〕第90回帝国議会召集   第90回帝国議会（臨時会）が召集された。開院式は6月10
日に行われた。

5.17 〔政治〕経済安定本部を設置   GHQが「経済安定本部に関する覚書」を交付した。

5.21 〔政治〕皇族の特権を廃止   GHQは「皇族に関する覚書」を交付、皇族の特権廃止を指
令した。

5.22 〔内閣〕第1次吉田内閣成立   自由・進歩連立内閣。第1次吉田茂内閣が成立した。大蔵
大臣石橋湛山、文部大臣田中耕太郎、農林大臣和田博雄国務大臣幣原喜重郎など。

6.4 〔政治〕極東委員会が天皇制廃止問題を論議と報道   極東委員会が天皇制廃止問題を
公式に討議しているとAP外電が伝えた。

6.7 〔内閣〕危機突破対策を決定   閣議は、社会秩序保持の声明、食糧非常時突破に関する声
明、食糧危機突破対策要領に基づく具体的対策からなる、食糧危機突破対策要領を決定し、
13日に発表した。

6.8 〔法律〕枢密院、帝国憲法改正草案可決   枢密院が帝国憲法改正草案を可決した。マッ
カーサー草案の原則を取り入れたもの。

6.12 〔法律〕占領目的違反行為の違反処罰に関する勅令交付   ポツダム勅令「連合国占領
軍の占領目的に有害な行為に対する処罰等に関する勅令」が公布された。

6.15 〔政治〕復員庁・俘虜情報局設置   第一・第二復員省を廃止し、内閣に復員庁が設置さ
れた。総裁に幣原喜重郎国務大臣が就任。また、俘虜情報局が設置された。

6.18 〔国会〕議員法規調査委員会設置を決定   衆議院各派交渉会は議員法規調査委員会の設
置を決定した。

6.19 〔内閣〕国務大臣に金森徳次郎が就任   憲法問題専任の国務大臣として、金森徳次郎が
就任した。

6.20 〔法律〕帝国憲法改正案衆院提出   政府は衆議院に帝国憲法改正案を提出した。25日、
吉田首相が改正について演説した。

6.21 〔国会〕マッカーサー、議会における三原則を声明   マッカーサー、議会における憲法
改正審議について3原則を声明した。審議について十分な時間と機会をとるべきこと、審議
の手続きが、現行憲法との法的連続性を保証するべきことなど。

6.21 〔国会〕吉田首相、施政方針演説   衆議院で吉田首相が施政方針演説を行った。憲法改
正による民主化の浸透、食糧問題の解決を表明した。

6.26 〔政治〕自営のための戦争も交戦権も放棄と言明   吉田首相が衆議院本会議での憲法改
正質疑の答弁で、自営のための戦争も交戦権も放棄した旨発言した。

6.28 〔法律〕衆議院帝国憲法改正委員選定   憲法改正について、衆議院本会議での質疑が終
了し、73名からなる衆議院帝国憲法改正案委員会に付託された。委員長は自由党の芦田均。

6.29 〔法律〕共産党憲法草案発表   日本共産党が「日本人民共和国憲法草案」を発表した。

7.1 〔法律〕衆院帝国憲法改正案委、審議開始   衆議院帝国憲法改正案委員会が審議を開
始、吉田首相、金森国務相が提案理由を説明した。

7.1 〔内閣〕公職適否審査委員会設置   内閣に公職適否審査委員会が設置された。

7.1 〔政治〕逓信省設置   通信員を廃止し、逓信省が設置され、担当大臣に一松定吉国務相が
就任。

－ 108 －

			1946年（昭和21年）

7.3　〔内閣〕**臨時法制調査会設置**　内閣に臨時法制調査会が設置され、会長に吉田茂が就任した。

7.23　〔法律〕**帝国憲法改正案委、小委員選定**　帝国憲法改正案委員会は質疑を終了し、14名からなる非公開の衆議院帝国憲法改正小委員会を設置した。委員長は芦田均。

7.24　〔国会〕**昭和21年度改定総予算案提出**　昭和21年度改定総予算案が衆議院に提出された。総額560億8千万円。8月21日に衆議院可決、貴族院で9月12日に可決され、成立した。

8.8　〔内閣〕**軍需補償打切り方針を決定**　閣議は戦時補償打切りの根本方針を決定した。

8.10　〔内閣〕**教育刷新委員会設置**　内閣に教育刷新委員会が設置された。委員長には安倍能成が就任した。昭和24年6月教育刷新審議会と改称する。

8.12　〔政治〕**経済安定本部設置**　経済安定本部、また下部組織として物価庁が設置された。

8.17　〔法律〕**憲法小委員会の修正案に再修正申立て**　帝国憲法改正案小委員会の皇室財産に関する修正案に対し、磯貝詮三衆議院議長などが吉田首相に再修正を申し立て、反対を表明した。

8.18　〔政党〕**日本自由党大会開催**　日本自由党大会が開催され、吉田茂が総裁に就任。

8.21　〔国会〕**衆院磯貝議長不信任決議案**　衆議院は磯貝議長の不信任決議案を提出、翌日否決された。

8.21　〔法律〕**帝国憲法改正案委員会、修正案可決**　衆議院帝国憲法改正案委員会が、小委員会の共同修正案について付帯決議を伏して可決した。

8.23　〔国会〕**磯貝衆院議長辞任**　磯貝詮三衆議院議長が辞任、自由党の山崎猛が議長に任命された。

8.24　〔法律〕**衆院、帝国憲法改正案修正議決**　衆議院で憲法改正案が衆議院修正、付帯決議とともに可決された。直ちに貴族院に送付された。

8.26　〔法律〕**貴族院で憲法審議始まる**　貴族院で憲法改正案の審議が開始された。

8.30　〔法律〕**貴族院憲法改正案特別委員選定**　憲法改正案が貴族院帝国憲法改正案特別委員会に付託された。委員長は安倍能成。

9.28　〔法律〕**帝国憲法改正案小委員選定**　貴族院の帝国憲法改正案特別委員会は、審査の進捗を図り橋本実斐を委員長とし15名からなる小委員会を選定した。

10.3　〔法律〕**貴族院特別委員会で憲法改正案修正議決**　貴族院帝国憲法改正案特別委員会は小委員会の修正案を修正可決した。

10.7　〔法律〕**衆院、帝国憲法改正案回付案同意成立**　衆議院本会議は、憲法改正案の貴族院回付案について直ちに可決した。

10.21　〔法律〕**「自作農創設特別措置法」公布**　「自作農創設特別措置法」、改正「農地調整法」が公布された。第2次農地改革。

10.22　〔内閣〕**引揚者等援護緊急対策**　閣議は引揚者等援護緊急対策を決定した。

10.29　〔法律〕**「日本国憲法」成立**　枢密院が帝国憲法改正案を可決し、「日本国憲法」が成立した。11月3日公布、公布式典が貴族院議場で挙行された。1947年5月3日施行。

11.5　〔内閣〕**新かなづかい決定**　閣議は現代かなづかい実施の件を決定した。

— 109 —

1947年（昭和22年）　　　　　　　　　　　　　　　　　　　　日本議会政治史事典

11.25　〔国会〕**第91回帝国議会召集**　第91回帝国議会（臨時会）が召集された。26日開院式が行われた。

11.27　〔国会〕**吉田首相、施政方針演説**　吉田首相は施政方針演説で、憲法改正に伴う諸法規の整備、経済再建緊急対策を表明した。

12.3　〔内閣〕**経済再建強化緊急措置を閣議決定**　閣議は経済再建強化緊急措置を決定した。

12.14　〔法律〕**国会法案最終案決定**　衆議院議員法規調査委員会は「国会法」案の最終案を決定した。16日、GHQが同意して最終決定した。

12.17　〔法律〕**国会法案提出**　衆議院に「国会法」案が提出された。12月21日可決、貴族院では審議未了。

12.17　〔国会〕**衆議院解散決議案否決**　衆議院野党3党が提出した解散決議案が否決された。

12.17　〔内閣〕**倒閣国民大会開催**　宮城前広場で吉田内閣打倒国民大会が開催された。

12.18　〔外交〕**ソ連未帰還者の引揚げに関する協定**　GHQはソ連未帰還者の引揚げに関する協定成立を発表した。

12.27　〔国会〕**第92回帝国議会召集**　第92回帝国議会（通常会）が召集された。28日に開院式を行った。最後の帝国議会となる。

1947年
（昭和22年）

1.4　〔法律〕**公職追放令改正**　ポツダム勅令、「公職に関する就職禁止、退官、退職等に関する勅令を改正する件・市町村長の立候補禁止等に関する件」が公布された。戦時中の市町村長追放を改正する。

1.16　〔法律〕**皇室典範公布**　「皇室典範」・「皇室経済法」・「内閣法」が公布された。

1.28　〔内閣〕**吉田内閣打倒・危機突破国民大会開催**　吉田内閣打倒・危機突破国民大会が開催され、30万人が参加した。

1.28　〔外交〕**ストライク賠償調査団来日**　米国陸軍省が派遣したストライク賠償調査団が来日した。

2.3　〔法律〕**国会法案衆院提出**　「国会法」案が、各派共同提案として衆議院に提出された。21日に可決。その後貴族院で3月18日に修正がなされ、これに対し19日に同意して成立。4月30日に公布された。

2.14　〔国会〕**吉田首相、施政方針演説**　吉田首相は施政方針演説で、石炭増産、経済統制による弊害の是正、労働運動の民主化等を表明した。

2.15　〔内閣〕**木村小左衛門農相就任**　木村小左衛門が農相に就任した。

2.20　〔政党〕**日本農民党結成**　中野四郎らが日本農民党を結成した。

3.1　〔国会〕**昭和22年度予算案提出**　昭和22年度予算案が衆議院に提出された。総額1145億円。17日に衆議院で可決し、25に貴族院で可決成立した。

– 110 –

		1947年（昭和22年）

3.2 〔政党〕**国民協同党結成** 協同民主党、国民党が合同し、国民協同党が結成された。書記長には三木武夫が就任。

3.10 〔法律〕**閉鎖機関令公布** ポツダム勅令「閉鎖機関令」が公布された。

3.13 〔法律〕**請願法公布** 請願に関する手続きや権利、制限に関する「請願法」が公布された。

3.25 〔国会〕**昭和22年度予算案、特別会計予算案可決成立** 貴族院で昭和22年度予算案、同特別会計予算案が可決成立した。

3.31 〔国会〕**帝国議会終わる** 第92回帝国議会、衆議院が解散し、「帝国議会」が終了した。

3.31 〔法律〕**改正衆議院議員選挙法公布** 改正「衆議院議員選挙法」が公布された。大選挙区、連記制を戦前の中選挙区、短期性に戻し、選挙運動の規制を強化する。

3.31 〔法律〕**教育基本法・学校教育法公布** 「教育基本法」・「学校教育法」が公布された。6・3を採用する。4月1日に施行され、神学生による小中学校が発足した。

3.31 〔法律〕**財政法公布** 「財政法」が公布された。

3.31 〔政党〕**民主党結成** 進歩党が解党し民主党が結成された。最高顧問に幣原喜重郎、筆頭最高委員に斎藤隆夫が就任。

4.5 〔選挙〕**第1回統一地方選挙** 初の都道府県知事・市区町村長の選挙となる第1回統一地方選挙が行われた。30日には都道府県会・市区町村会議員選挙が行われた。

4.7 〔法律〕**労働基準法公布** 「労働基準法」が公布された。

4.14 〔法律〕**独占禁止法公布** 「私的独占の禁止及び公正取引の確保に関する法律」、いわゆる独占禁止法が公布された。

4.16 〔法律〕**裁判所法公布** 「裁判所法」が公布された。

4.17 〔法律〕**地方自治法公布** 「地方自治法」が公布された。

4.20 〔選挙〕**第1回参議院選挙** 第1回参議院議員通常選挙が行われた。定数250、全国区100議席に対し、社会17、自由8、民主6、国協3、共産3、諸派6、無所属57。地方区150議席に対し自由31、社会30、民主23、国協7、共産1、諸派7、無所属51。

4.25 〔選挙〕**第23回衆議院選挙** 第23回衆議院議員総選挙が行われた。定数466議席に対し社会143、自由131、民主126、国協31、日農4、共産4、諸派14、無所属13。

4.30 〔法律〕**国会法公布** 「議員法」を廃して「国会法」が公布された。

5.17 〔政党〕**緑風会結成** 参議院で無所属議員74名からなる緑風会が結成された。

5.18 〔政党〕**民主党大会** 民主党が党大会を開き、芦田均総裁、幣原喜重郎名誉総裁、斎藤隆夫最高顧問を選出した。

5.20 〔国会〕**第1回国会召集** 第1回特別国会が召集された。21日、議長に社会党の松木駒吉を選出。12月9日に閉会。

5.20 〔内閣〕**第1次吉田内閣総辞職** 第1次吉田茂内閣が総辞職した。

5.24 〔内閣〕**片山哲内閣成立** 23日、衆参両院が内閣総理大臣に社会党の片山哲を指名、24日に片山内閣が成立した。片山首相が各国務大臣を兼務する「ひとり内閣」で、自由・民主・国協に連立への協力を要請した。自由党は28日、連立への参加を拒否し、30日、民主党は極右・極左の排除の条件付きで参加を決定した。

– 111 –

1947年（昭和22年）　　　　　　　　　　　　　　　　　　　　　　　日本議会政治史事典

6.1　〔内閣〕**片山内閣組閣完了**　片山哲内閣の組閣が完了した。社会・民主・国協3党の連立内閣で、外務大臣芦田均、内務大臣に木村小左衛門、国務大臣と内閣官房長官を西尾末広が兼務した。

6.11　〔内閣〕**経済危機突破緊急対策要綱を発表**　政府は配給公団の設立、物価改定、輸出振興等8項目からなる経済危機突破緊急対策要綱を発表した。

6.19　〔政治〕**日本占領基本政策採択**　極東委員会は「日本占領基本政策」を採択した。

6.25　〔内閣〕**矢野蔵相辞任**　矢野庄太郎蔵相が辞任、後任に栗栖赳夫が就任した。

7.1　〔国会〕**片山首相、施政方針演説**　片山首相が施政方針演説を行い、憲法理念の遵守、経済危機の突破、行政の刷新を表明した。

7.1　〔法律〕**飲食業営業緊急措置令公布**　ポツダム勅令「飲食業営業緊急措置令」が公布された。

7.1　〔政治〕**公正取引委員会設置**　総理庁に公正取引委員会が設置された。

7.4　〔政治〕**初の経済白書発表**　経済安定本部は初の経済白書となる第1次経済実相報告書を発表した。

7.21　〔国会〕**政党法立案各派小委員会が共同声明**　GHQの示唆に基づく政党法立案各派小委員会は、特別委員会を設置して法案提出に向かうべきとの特別委員会設置に関する共同声明を発表した。

8.14　〔内閣〕**片山首相が連合国に感謝の演説**　片山首相は衆議院で、連合国に対する特別感謝方向の件について演説した。

8.14　〔政治〕**対日借款5億ドル**　GHQは5億ドルの対日借款を許可し、輸出入回転基金を設定した。

9.1　〔政治〕**労働省設置**　労働省が設置され、初代労相に米窪満亮が就任した。

9.16　〔政治〕**マッカーサー、警察制度改革方針を指示**　マッカーサーは自治体警察の独立・公安委員会の設置の警察制度改革方針を指示した。

9.25　〔法律〕**臨時石炭鉱業管理法案提出**　衆議院に「臨時石炭鉱業管理法」案（炭鉱国管法案）が提出された。10月、衆議院はこれをめぐって紛糾し、22日、衆議院は本法案について中間報告を求める動議を可決した。

10.15　〔政治〕**復員庁廃止**　復員庁が廃止された。

10.21　〔法律〕**国家公務員法公布**　「国家公務員法」が公布された。中央人事行政機関として臨時人事委員会を設置した。

11.4　〔内閣〕**農林大臣罷免**　片山首相は平野力三農相を罷免し、自身が臨時代行として兼任することとした。12月23日、波多野鼎が後任に就任した。

11.30　〔法律〕**郵便貯金法公布**　11月26日に参議院で可決、28日に衆議院で可決成立した「郵便貯金法」が公布された。

12.9　〔国会〕**第1回国会閉会**　第1回特別国会が会期204日で閉会した。

12.13　〔政党〕**社会党左派が党内野党声明**　社会党左派が、波多野鼎農相人事を不満として、四党協定を破棄し党内野党化するとの声明を発表した。10、30。

12.17　〔法律〕**警察法公布**　「警察法」が公布された。国家地方警察、自治体警察の二元体制とし、各警察を運営管理する各自治体の公安委員会、国家公安委員会を設置する。

－ 112 －

日本議会政治史事典　　　　　　　　　　　　　　　　　　　　　　　　　1948年（昭和23年）

12.18 〔法律〕**過度経済力集中排除法公布**　1948年6月30日までの時限立法として、「過度経済力集中排除法」が公布された。

12.20 〔国会〕**第2回国会召集**　第2回通常国会が召集された。

12.20 〔法律〕**臨時石炭鉱業管理法公布**　3年間の時限立法として、「臨時石炭鉱業管理法」が公布された。

12.22 〔法律〕**改正民法公布**　「民法」、「戸籍法」の改正法が公布された。親族・相続編が根本的に改正され、「家」制度を廃止された。

12.31 〔政治〕**内務省廃止**　内務省が廃止された。

1948年
（昭和23年）

1.1 〔政治〕**建設院設置**　戦災復興院に代わり建設院が新たに設置された。初代総裁に木村小兵衛が就任。

1.1 〔政治〕**総理庁内事局設置**　総理庁に内事局が設置され、内務省警保局に代わり総理庁内事局第一局を設置した。

1.6 〔政治〕**日本の再軍備演説**　アメリカのロイヤル陸軍長官が、日本を反共防壁とするため初期の非軍事化から占領政策を転換すると再軍備の演説を行った。

1.7 〔政治〕**地方財政委員会設置**　総理庁に地方財政委員会が設置された。初代委員長に竹田儀一国務大臣が就任。

1.22 〔国会〕**片山首相、施政方針演説**　片山首相が施政方針演説を行い、生産増強、インフレ抑制等を表明した。

1.27 〔内閣〕**行政整理に関する件を閣議決定**　閣議は、2万3000人の減員等行政整理に関する件を決定した。

2.1 〔政治〕**総理庁に賠償庁設置**　終戦連絡事務局を廃止し、総理庁に賠償庁を設置した。

2.9 〔法律〕**国立国会図書館法公布**　4日に衆参両院で可決した「国立国会図書館法」が公布された。

2.10 〔内閣〕**片山内閣総辞職**　鉄道運賃と郵便料金の値上げを巡っての社会党左右両派の対立による閣内不統一から、片山内閣が総辞職した。

2.15 〔政治〕**法務庁設置**　司法省・法制局を廃止し、法務長が設置された。初代法務総裁に鈴木義男法相が就任。

2.16 〔内閣〕**臨時行政機構改革審議会設置**　閣議に臨時行政機構改革審議会が設置された。

2.23 〔内閣〕**次期内閣総理大臣を芦田均に決定**　21日、衆議院が次の内閣総理大臣として民主党の芦田均を指名。参議院は吉田茂を指名した。両院協議会でも成案が得られず、憲法第67条2項により、衆議院の議決を国会の議決し、芦田の就任が決まった。

3.7 〔政治〕**新警察制度発足**　総理庁に国家公安委員会、国家及び地方警察本部を設置し、新しい警察制度が発足した。

－ 113 －

1948年（昭和23年）   日本議会政治史事典

3.8　　〔政治〕**国家消防庁設置**　総理庁に国家消防庁が設置された。

3.10　〔内閣〕**芦田均内閣成立**　芦田均内閣が成立した。民主・社会・国協の3党連立内閣で、芦田は外相を兼務した。

3.15　〔政党〕**民主自由党結成**　自由党に民主党を離党派が合流し、民主自由党が結成された。総裁に吉田茂、幹事長に山崎猛が就任。

3.16　〔国会〕**昭和22年度予算補正案提出**　公務員給与改善費を盛り込んだ昭和22年度予算補正が衆議院に提出された。19日に衆議院可決、20に参議院で可決成立した。

3.20　〔国会〕**芦田首相、施政方針演説**　芦田首相が施政方針演説を行い、インフレ克服・民生安定を表明した。

3.20　〔外交〕**ドレイパー賠償調査団来日**　アメリカから奴隷バー賠償調査団が来日した。5月18日、対日賠償の大幅縮小・経済復興優先等の報告書を発表した。

3.23　〔政治〕**日本の非武装化指令を発表**　極東委員会は日本の非武装化指令を発表した。

3.27　〔国会〕**昭和23年度暫定予算提出**　4月分の予算案、昭和23年度暫定予算案が衆議院に提出された。4月1日に衆議院で可決、同日参議院で可決され成立した。

4.2　　〔国会〕**昭和23年度暫定予算補正**　4月分追加を内容とする昭和23年度暫定予算補正が衆議院に提出された。5日衆議院可決後参議院でも可決され成立した。

4.3　　〔国会〕**GHQが国会審議の遅滞を警告**　GHQのホイットニー民政局長が、昭和23年度予算を巡る国会審議の遅滞に対し、急速な展開を要望した。

5.1　　〔政治〕**海上保安庁設置**　運輸省に海上保安庁が設置された。

5.2　　〔法律〕**サマータイム実施**　4月28日に公布された「夏時刻法」により、サマータイムが実施された。1952年4月11日に廃止された。

5.18　〔法律〕**政府職員の新給与実施に関する法律**　「政府職員の新給与実施に関する法律」案が衆議院に提出された。29日に衆議院可決、31日に参議院可決、同日公布された。

6.7　　〔国会〕**昭和23年度予算提出**　昭和23年度予算が国会に提出された。総額3993億円。7月2日衆議院本会議で可決され、4日、参議院で可決成立した。

6.19　〔国会〕**教育勅語排除を可決**　衆議院は「教育勅語等排除に関する決議案」を可決、参議院は「教育勅語等の失効確認に関する決議案」した。教育勅語・軍人勅語・戊申詔書・青少年学徒への勅語が排除される。

6.30　〔法律〕**国有財産法公布**　「国有財産法」が公布された。6月18日に衆議院、28日に参議院で可決された。

6.30　〔法律〕**予防接種法公布**　「予防接種法」が公布された。

7.1　　〔法律〕**水産庁設置法公布**　「水産庁設置法」が公布され、農林省に水産庁が設置された。

7.1　　〔政治〕**行政管理庁等設置**　行政調査部を廃止して総理庁に行政管理庁が設置され、初代長官に船田享二行政調査部総裁が就任した。

7.4　　〔国会〕**昭和23年度予算成立**　昭和23年度予算が可決成立した。

7.6　　〔内閣〕**西尾国務大臣辞任**　献金問題で起訴が決定した西尾末広国務大臣が辞任、後任に苫米地義三が就任した。

7.10　〔法律〕**刑事訴訟法公布**　憲法理念に基づいて全面改正された「刑事訴訟法」が公布され

－ 114 －

た。5月に衆議院に提出された後、7月、衆議院が参議院の修正に同意せず、両院協議会による成案を可決したもの。

7.10 〔法律〕**大麻取締法公布**　6月10日衆議院に提出され、19日に可決、28日に参議院で可決成立した「大麻取締法」が公布された。

7.12 〔法律〕**警察官等職務執行法公布**　「警察官等職務執行法」が公布された。

7.12 〔法律〕**日本学術会議法公布**　「日本学術会議法」が公布された。

7.13 〔法律〕**優生保護法公布**　「優生保護法」が公布された。9月11日施行。

7.15 〔法律〕**教育委員会法公布**　「教育委員会法」が公布された。

7.15 〔法律〕**少年院法公布**　「少年院法」が公布された。

7.15 〔法律〕**農業改良助長法公布**　「農業改良助長法」が公布された。

7.20 〔法律〕**国民の祝日に関する法律公布**　「国民の祝日に関する法律」が公布された。元日・成人の日・春分の日・天皇誕生日・子供の日・文化の日・勤労感謝の日の9祝日を制定。

7.20 〔法律〕**食糧保持臨時措置法公布**　「食糧保持臨時措置法」が公布された。

7.22 〔法律〕**マッカーサー、国家公務員法改正を指示**　マッカーサーが芦田首相に書簡を送り、公務員のスト禁止、鉄道・専売事業の公共企業体化するよう、「国家公務員法」の抜本改正を指示した。

7.24 〔法律〕**消防法公布**　「消防法」が公布された。5月に衆議院で可決後、7月、参議院での修正に衆議院が同意せず、衆議院議決案が可決されて公布されたもの。

7.29 〔法律〕**政治資金規制法公布**　「政治資金規正法」が公布された。

7.29 〔法律〕**民生委員法公布**　6月26日に衆議院、30日に参議院で可決された「民生委員法」が公布された。

7.30 〔法律〕**医師法等公布**　「医師法」、「保健婦助産婦看護婦法」「歯科衛生士法」、「歯科医師法」が公布された。

7.30 〔法律〕**消費生活協同組合法公布**　「消費生活協同組合法」が公布された。

8.1 〔政治〕**経済調査庁設置**　総務庁に経済調査庁が設置された。

8.1 〔政治〕**工業技術庁設置**　「工業技術庁設置法」が公布され、商工省に工業技術庁が設置された。同日、中小企業庁も設置された。

8.3 〔法律〕**新聞出版用紙割当事務庁設置法公布**　「新聞出版用紙割当事務庁設置法」が公布された。

8.17 〔政治〕**金融制度の改革に関する覚書**　GHQは「金融制度の全面的改革に関する覚書」を交付した。

9.2 〔政治〕**引揚同胞対策審議会設置**　総理庁に引揚同胞対策審議会が設置された。

9.10 〔事件〕**昭電疑獄事件で農林次官逮捕**　復興金融公庫からの融資を巡る贈収賄事件、昭電疑獄事件で、前農林次官重政誠之らが逮捕された。13日に大蔵主計局長福田越夫、19日に民主自由党顧問大野伴睦が逮捕された。大野、副田は後に無罪となった。

9.30 〔事件〕**昭電疑獄事件で経済安定本部総務長官逮捕**　昭電疑獄事件で、経済安定本部総務長官栗栖赳夫逮捕された。栗栖は10月2日、国務大臣を辞任、1959年12月に有罪判決を受

けた。

10.6 〔事件〕昭電疑獄事件で前国務大臣逮捕　昭電疑獄事件で前国務大臣西尾末広が逮捕された。1958年に無罪判決を受けた。

10.7 〔内閣〕芦田内閣総辞職　昭電疑獄事件で現職大臣が逮捕されたことが直接の原因となり、芦田内閣が総辞職した。芦田は11月8日、民主党総裁も辞任した。

10.11 〔国会〕第3回国会召集　第3回臨時国会が召集された。11月8日、開会式において吉田首相は「公務員法改正法」の成立を急ぎ、施政方針演説を取りやめた。11月30日に成立をもって解散。

10.14 〔国会〕国会、芦田茂を内閣総理大臣に指名　衆議院は決選投票の結果内閣総理大臣に吉田茂を指名、参議院も吉田を指名した。

10.15 〔内閣〕第2次吉田茂内閣成立　第2次吉田茂内閣が成立した。一旦各国務大臣の職務を自身が兼務とした。

10.19 〔内閣〕第2次吉田内閣組閣完了　第2次吉田内閣の組閣が完了した。吉田首相は外相を兼務する。

10.26 〔政党〕民主自由党役員決定　民主党の役員人事は、幹事長広川弘禅、最高顧問幣原喜重郎、総務会長星島二郎、瀬尾、政務調査会長青木孝義を決定した。

11.12 〔政治〕極東国際軍事裁判所判決　極東国際軍事裁判所は、戦犯25人の被告に有罪判決を下した。東条英機ら7名を絞首刑、木戸幸一ら16名を終身刑、東郷茂徳、重光葵に禁固刑を言い渡した。

11.15 〔国会〕施政方針演説要求を可決　衆議院は、吉田首相の施政方針演説を要求し、「内閣総理大臣の施政方針演説に関する決議案」を可決した。吉田首相は今回の国会が「公務員法」改正のための国会であり、同案成立直後の解散を言明、憲法第七条による解散権を主張したため、解散権論争が起こった。

11.28 〔国会〕解散権論争終わる　憲法第7条により衆議院解散権は内閣にもあるとする政府と、第7条による解散は第69条をふまえなければならないとする野党側の解散権論争は、GHQのウィリアムズ国会課長が斡旋に入り、「公務員法改正法」を今国会中に成立させること、解散権は第69条をの手続きを踏むこととして、与野党が合意した。

11.30 〔法律〕「公務員法改正法」成立　「公務員法改正法」が成立し、第3回臨時国会が解散した。

12.1 〔国会〕第4回国会召集　第4回通常国会が召集され、2日に開会式を行った。

12.2 〔政党〕労働者農民党結成　労働者農民党が結成され、主席に黒田寿男が就任した。

12.3 〔法律〕国家公務員法の一部を改正する法律公布　マッカーサーからの示唆に基づき、人事院の設置・争議行為の禁止等を内容とする「国家公務員法の一部を改正する法律」案が11月9日に衆議院に提出された。11月30日に修正可決、参議院の同日可決を受けて成立し、公布された。

12.4 〔国会〕吉田首相、施政方針演説　吉田首相が施政方針演説を行い、衆議院の解散と、昭電疑獄事件の究明等を表明した。

12.6 〔事件〕衆院が芦田らの逮捕を許諾　衆議院は昭電疑獄事件に関し、芦田均ら3名の逮捕について許諾した。芦田元首相は7日に逮捕された。1952年10月に無罪判決が出た。

12.8 〔国会〕年内解散回避の要望を伝達　松岡衆議院議長が、野党側の年内解散回避の要望を吉田首相に伝達し、首相はこれを拒否した。

日本議会政治史事典　　　　　　　　　　　　　　　　　　　　　　1949年（昭和24年）

12.10　〔政党〕**民主党総裁に犬養健**　民主党第5回党大会で、11月8日に辞任した芦田総裁に代わり、犬養健が総裁に決定した。

12.19　〔政治〕**経済安定9原則の書簡送付**　マッカーサーは、経済安定9原則について吉田首相に書簡を送った。

12.20　〔法律〕**公共企業体労働関係法公布**　「公共企業体労働関係法」が公布された。

12.23　〔国会〕**衆院、吉田内閣不信任案可決**　衆議院野党8派が連合して吉田内閣不信任案を提出、賛成227、反対130で可決し、解散した。

12.23　〔政治〕**A級戦犯絞首刑執行**　東条英機元首相、広田弘毅元首相ら、A級戦犯7名の絞首刑が執行された。

1949年
（昭和24年）

1.4　〔内閣〕**行政機構刷新審議会設置**　内閣に行政機構刷新審議会が設置された。

1.12　〔法律〕**教育公務員特例法公布**　「教育公務員特例法」が公布された。教育公務員の任免・分限・服務等を法制化する。

1.14　〔政治〕**外国人の対日投資を許可**　GHQが「日本国内での外国人の事業活動に関する覚書」を交付した。外国人の対日投資活動を制限付きで許可するもので、民間外資導入が始まった。

1.15　〔法律〕**官吏任用叙級令廃止**　「官吏任用叙級令」が廃止された。

1.23　〔選挙〕**第24回衆議院選挙**　第24回衆議院議員総選挙が行われた。民主自由党が264議席の絶対多数を獲得、社会党、民主党、国協党は大きく後退した。また、この日最高裁判所裁判官国民審査が初めて実施された。

2.1　〔外交〕**GHQ経済顧問が来日**　GHQ経済顧問ドッジ公使が来日した。

2.9　〔政党〕**民主党役員決定**　民主党役員会は幹事長に保利茂、総務会長に稲垣平太郎、政務調査会長に千葉三郎を決定した。

2.11　〔国会〕**第5回国会召集**　第5回特別国会が召集された。衆議院議長に幣原喜重郎が選出された。

2.11　〔内閣〕**第2次吉田内閣総辞職**　第2次吉田内閣が総辞職した。

2.14　〔政党〕**民主党が入閣巡り分裂**　民主党が、第3次吉田内閣への入党を巡り、犬養健らの連立派、苫米地義三らの野党はに事実上分裂した。

2.16　〔内閣〕**第3次吉田内閣成立**　2月11日に衆参両院で指名され、第3次吉田内閣が成立した。吉田は外相を兼任し、民主党連立派から2名が入閣したほか、非議員の殖田俊吉が就任した。

2.25　〔内閣〕**行政機構刷新及び人事整理に関する件**　閣議は「行政機構刷新及び人員整理要綱」を決定した。

3.7　〔政治〕**ドッジラインを明示**　ドッジアメリカ公使が、超均衡予算、補助金全廃等の経済

– 117 –

1949年（昭和24年）   日本議会政治史事典

安定9原則の実行に関して声明を発表した。ドッジラインと言われる。

3.8 〔政党〕**民主党野党は犬養健を除名**　民主党野派は第6回全国大会で犬養健の除名を決定した。

3.16 〔政治〕**外国為替管理委員会設置**　総理庁に外国為替監理委員会が設置された。

3.31 〔国会〕**昭和23年度予算補正成立**　船舶運営会補助費等を含む昭和23年度予算補正が成立した。

4.1 〔政治〕**対日援助見返資金特別勘定の設定を指令**　GHQは、日銀に対日援助見返資金特別勘定の設置を要求し、「ガリオアおよびエロア輸入物資の円勘定に関する覚書」を交付した。

4.4 〔法律〕**改正団体等規正令公布**　ポツダム政令、改正「団体等規正令」が公布された。占領軍に反抗的な団体、軍国主義的団体、右翼団体の結成禁止と解散を命じるものだが、適用範囲を左翼団体にも拡大し、構成員の届出を義務づけた。

4.6 〔国会〕**国会、阿波丸事件に基づく請求権を放棄を決定**　衆参両院が、阿波丸事件に基づく日本国の請求権の放棄に関する決議案を可決した。4月14日、請求権処理に関する日米間協定が成立した。

4.6 〔政治〕**経済安定本部が総合報告書を発表**　経済安定本部は、「太平洋戦争による戦争被害に関する総合報告書」を発表した。

4.20 〔国会〕**昭和24年度予算成立**　昭和24年度予算が可決成立した。政府関係機関予算を新設、歳出7046億円、歳入7049億円。ドッジの内示による超均衡予算。

4.20 〔法律〕**吉田首相、憲法改正の意志がない旨言明**　吉田首相、衆議院外務委員会で政府に現在憲法改正の意志がないことを言明した。

4.23 〔政治〕**1ドル360円の単一為替レート設定**　GHQは「日本円に対する公式為替レート設定の覚書」を交付した。1ドル360円の単一為替レートを設定するもので、4月25日から実施された。

5.10 〔外交〕**シャウプ税制使節団来日**　シャウプ税制使節団が税制改革のため来日した。

5.11 〔法律〕**行政機関職員定員法案衆院提出**　「行政機関職員定員法」案が衆議院に提出された。25日に参議院委員会が可決し、27日に参議院本会議で修正された。衆議院は30日に同意し、31日に公布された。26万8000人の行政整理。

5.16 〔法律〕**簡易生命保険法公布**　「簡易生命保険法」が参議院で可決・成立して公布された。

5.16 〔法律〕**鉱山保安法公布**　「鉱山保安法」が参議院で可決成立し、即日公布された。

5.20 〔国会〕**最高裁、司法権の独立**　最高裁判所は、「浦和充子事件」に関して、参議院法務委員会による「検察及び裁判の運営等に関する調査」が、国政調査権の範囲を逸脱するとする意見書を参議院議長に提出した。

5.23 〔国会〕**参議院会期延長巡り紛糾**　参議院が会期の延長を巡って紛糾し、議長の登壇が阻止された。松島副議長が職権で会期延長の採決を行った。

5.24 〔国会〕**参院法務委員会が国政調査権について声明**　浦和充子事件に関する国政調査権に関する5月20日の最高裁判所の抗議に対し、参議院法務委員会伊藤法務委員長が、国政調査権は司法・行政等の干渉を受けるものではない等の談話と声明を発表した。

5.24 〔法律〕**出版法及び新聞紙法を廃止する法律公布**　「出版法及び新聞紙法を廃止する法律」が公布された。

- 118 -

5.24 〔法律〕年齢のとなえ方に関する法律公布　満年齢を法制化する「年齢のとなえ方に関する法律」が公布された。

5.25 〔政治〕通商産業省設置　商工省、貿易庁を廃し、通商産業省が設置され、初代通産相に稲垣平太郎商工相が就任した。

5.30 〔国会〕参院の混乱で4名の懲罰動議可決　5月23日の参議院の混乱について、参議院は、社会党の金子洋文、共産党の中西功、板野勝次、社会党カニエ邦彦の4名の懲罰動議を可決した。

5.31 〔法律〕国立学校設置法公布　「国立学校設置法」が公布された。

6.1 〔政治〕省庁改組　省庁が改組された。総理庁に代わり総理府を設置。地方財政委員会を廃し、総理府に地方自治庁を設置、初代長官に木村小兵衛地方財政委員長が就任。通信省に代わり郵政省、電気通信省を設置、初代郵政相兼電気通信相に小沢佐重喜が就任。大蔵省に国税庁を設置、法務長を法務府と改称した。

6.4 〔法律〕水防法公布　「水防法」案は参議院での修正と衆議院の同意を得て5月22日に成立し、公布された。

6.10 〔法律〕弁護士法公布　「弁護士法」案が、5月10日のに可決された後、参議院で修正に対し衆議院が同意せず、5月30日に衆議院議決案を可決して公布された。

8.10 〔法律〕出入国の管理に関する政令公布　ポツダム政令「出入国の管理に関する政令」が公布された。

9.15 〔政治〕シャウプ勧告を発表　GHQは、直接税を中心とし、徴税強化等「税制改革に関するシャウプ勧告」の全文を発表した。

9.19 〔法律〕政治的行為に関する人事院規則制定　「政治的行為に対する人事院規則」が公布された。公務員の政治活動を制限するもの。

10.25 〔国会〕第6回国会召集　第6回臨時国会が召集された。開会式は11月1日に行った。12月3日閉会。

10.26 〔法律〕国会改正法案可決成立　第4次「国会法」改正法案が可決成立した。

10.30 〔外交〕ドッジ再来日　1950年度予算および一般経済問題検討のためアメリカのドッジ公使が再来日した。

10.31 〔国会〕議員4名の登院停止処分を決定　第5回国会末の混乱に関して、議員金子洋文、中西功、板野勝次、カニエ邦彦の4名に20日から30日の登院停止処分を決定した。

11.1 〔外交〕米国務省、対日講和条約を検討中と発表　米国務省が対日講和条約を検討中と発表し、講和論争が活発化した。

11.8 〔国会〕吉田首相、施政方針演説　吉田茂首相が施政方針演説を行い、平和条約の早期決定、行政機構の合理化等を表明した。

11.11 〔国会〕吉田首相が講和問題に言及　吉田首相が参議院で講和問題について、全面講和の前提としてであれば単独講和でも賛成であり、不利益な条約は受け入れないと言明した。

11.14 〔国会〕松平参院議長死去　参議院議長の松平恒雄が死去した。翌日後任に佐藤尚武が就任、17日に参議院葬を行った。

12.1 〔国会〕昭和24年度予算補正可決成立　公共事業費等を内容とする昭和24年度予算補正が参議院で可決成立した。

1950年（昭和25年）　　　　　　　　　　　　　　　　　　　　　　　　　　　　　　　　日本議会政治史事典

12.1　〔法律〕**外為・外国貿易管理法公布**　「外国為替及び外国貿易管理法」が公布された。

12.3　〔法律〕**食糧確保臨時措置法改正案めぐり紛糾**　参議院本会議が「食糧確保臨時措置法」改正案の審議が難航し、中間報告を求める動議の採決中に時間切れとなった。

12.4　〔国会〕**第7回国会召集**　第7回通常国会が召集された。

12.15　〔法律〕**漁業法公布**　5月に閣議から提出された「漁業法」案は、第6回国会の衆議院で11月28日修正され、参議院での可決を経て、公布された。

12.15　〔法律〕**私立学校法案公布**　「私立学校法」が公布された。

12.19　〔法律〕**国家公務員に対する臨時年末手当の支給に関する法律公布**　「国家公務員に対する臨時年末手当の支給に関する法律」が公布された。

12.24　〔政治〕**地方行政調査委員会設置**　総理府に地方行政調査委員会設置が設置された。

12.26　〔法律〕**身体障害者福祉法案公布**　「身体障害者福祉法」が公布された。

1950年
（昭和25年）

1.1　〔法律〕**憲法第9条は自衛権を否定しないと言明**　マッカーサー元帥が年頭の辞で、日本国憲法第9条は自衛権を否定するものではないと言明した。

1.19　〔政党〕**日本社会党が分裂**　日本社会党が大会で左右両派に分裂し、国会活動をのぞき別々の期間を設けた。右派委員長は片山哲、書記長水谷長三郎、左派は書記長鈴木茂三郎を選出した。のち、4月3日に再統一した。

1.21　〔国会〕**昭和25年度予算国会提出**　昭和25年度予算が衆議院に提出された。総額6614億円。

1.23　〔国会〕**吉田首相、施政方針演説**　吉田首相が施政方針演説を行い、早期講和の実現、戦争放棄が自衛権の放棄を意味しないと表明した。

1.31　〔外交〕**グラッドレー統合参謀本部議長来日**　アメリカのグラッドレー統合参謀本部議長らが来日した。沖縄強化と日本の軍事基地強化を声明し、2月10日に離日した。

2.9　〔外交〕**米国に日本在外事務所設置を許可**　マッカーサーは、米国4大都市への日本在外事務所の設置を許可した。

2.13　〔国会〕**吉田首相、基地の存在を義務と答弁**　吉田首相が参議院外務委員会で、占領下の軍事基地の存在は当然であると答弁した。

3.1　〔政党〕**自由党結成**　民主自由党、民主党連立派が合同し、自由党を結成した。総裁に吉田茂が就任。

3.4　〔国会〕**通商産業大臣不信任案否決**　衆議院は、民主党等が共同で提出した池田大蔵大臣兼通商産業大臣不信任決議案を否決した。

3.7　〔政治〕**戦犯の仮釈放を指令**　マッカーサーが日本国内で服役中の戦犯仮釈放を指令した。

－ 120 －

3.16	〔国会〕徳田要請問題で証人喚問	参議院在外同胞引揚特別委員会は、徳田要請問題について日本共産党書記長徳田球一を証人喚問した。3月24日、事実であると認定。

3.16 〔国会〕**徳田要請問題で証人喚問** 参議院在外同胞引揚特別委員会は、徳田要請問題について日本共産党書記長徳田球一を証人喚問した。3月24日、事実であると認定。

4.3 〔国会〕**昭和25年度予算可決成立** 昭和25年度予算が参議院で可決され、成立した。

4.3 〔法律〕**一般職の職員給与に関する法律公布** 「一般職の職員給与に関する法律」が公布された。

4.11 〔法律〕**公職選挙法案成立** 衆議院本会議は「公職選挙法」案回付案に同意し、成立した。「衆議院議員選挙法」、「参議院議員選挙法」等別々に別れていたものを統合する法律で、4月15日に公布された。

4.20 〔法律〕**地方税法案衆院通過** シャウプ勧告に基づく税制改革法案、「地方税法」案を巡っては、GHQが18日、地方税法案に対する一切の修正を認めないと幣原衆議院議長に通告していた。20日、衆議院は直ちに散開すべしとの動議を否決、地方税法案を上程審議すべしとの動議を可決して、野党各派が退場した中で可決、通過させた。

4.26 〔政党〕**野党外交対策協議会が共同声明を発表** 野党外交対策協議会が、平和・永世中立・全面講和を主張する声明を発表した。

4.28 〔政党〕**国民民主党結成** 民主党、国民協同党、新政治協議会が合同し、国民民主党を結成した。最高委員長に苫米地義三が就任。

4.30 〔国会〕**野党、内閣不信任決議案提出** 衆議院で野党が吉田内閣不信任決議案を提出した。5月1日にこれを否決した。

5.1 〔法律〕**地方税法案否決** 「地方税法」案が参議院本会議で否決された。2日、両院協議会でも成案が得られず、不成立となった。

5.1 〔法律〕**精神衛生法公布** 「精神衛生法」案が公布された。

5.3 〔政党〕**日本共産党の非合法化を示唆** マッカーサーが、日本共産党が憲法の破壊を企図しているとして非難し、非合法化を示唆した。

5.4 〔法律〕**国籍法法公布** 明治33年の国籍法を廃止し、あらたに「国籍法」が公布された。

5.6 〔内閣〕**天野貞祐文部大臣就任** 文部大臣兼通産大臣の高瀬荘太郎が通産大臣となり、後任の文部大臣に非議員の天野貞祐が就任した。

5.18 〔政治〕**トルーマン大統領が対日講和交渉について声明** アメリカのハリー・S.トルーマン大統領が、対日講和交渉の早期開始を希望する声明を発表した。

5.30 〔政治〕**総理庁地方財政委員会設置** 総理庁に地方財政委員会が設置された。

6.1 〔政治〕**北海道開発庁設置** 総理府に北海道開発庁が設置された。

6.1 〔外交〕**単独講和締結の見解発表** 外務省が外交青書の前身にあたる『戦後日本の移り変り』を発表し、単独講和締結の見解を明らかにした。

6.4 〔選挙〕**第2回参議院選挙** 第2回参議院議員通常選挙が行われた。半数を改選するもので、全国区56、地方区76名が決定した。自由党52、社会党36、民主党9、緑風会9、農民協同党3、共産党2、労働党2、無所属19。

6.6 〔政党〕**共産党中央委員の公職追放を指令** マッカーサーは、共産党中央委員の公職追放を指令した。レッド・パージの始まり。

6.21 〔外交〕**ダレス国務長官顧問来日** アメリカのダレス国務長官顧問が来日し、マッカーサー、吉田首相、衆参両院議長や各党代表らと会見した。

| 1950年（昭和25年） | 日本議会政治史事典 |

6.26 〔政党〕『アカハタ』30日間発行停止の指令　マッカーサーは、日本共産党『アカハタ』の30日間発行停止を指令した。7月18日には無期限停止とした。

6.28 〔内閣〕第3次吉田内閣第1次改造　第1次改造吉田内閣が成立した。法務総裁に大橋武夫、厚生大臣に黒川武雄など。

7.8 〔政治〕警察力と海上保安力の強化を指令　マッカーサーは、吉田首相宛書簡で、国家警察予備隊の創設、海上保安庁の拡充を指令した。

7.12 〔国会〕第8回国会召集　第8回臨時国会が召集され、衆議院に地方税法案が提出された。

7.14 〔国会〕吉田首相、施政方針演説　吉田首相は施政方針演説で、早期単独講和の実現と国際連合への協力を表明した。

7.31 〔法律〕地方税法案可決成立　参議院本会議で「地方税法」案が可決成立し、公布された。

8.21 〔法律〕警察予備隊令公布　ポツダム政令「警察予備隊令」が公布され、第一陣約7000名が入隊した。

9.21 〔政治〕第2次シャウプ勧告発表　第2次シャウプ税制勧告が発表された。平衡交付金の大幅減額等を内容とする。

9.30 〔法律〕出入国管理長設置令公布　ポツダム政令「出入国管理長設置令」が公布され、10月1日に設置された。

10.7 〔外交〕ドッジ来日　ドッジが来日し、ディスインフレ堅持の声明を発表した。

10.10 〔内閣〕行政機構簡素化の基本方針を決定　閣議は行政機構簡素化の基本方針を決定した。

10.13 〔政治〕政府、公職追放を解除　政府は平野力三、石井光次郎ら、解除請願中の1万90名の公職追放解除を発表した。

10.31 〔法律〕占領目的阻害行為処罰令公布　ポツダム政令、「占領目的阻害行為処罰令」が公布され、翌日施行された。

10.31 〔政党〕沖縄社会大衆党結成　沖縄社会大衆党が結成された。委員長に平良辰雄が就任。

11.4 〔政治〕沖縄群島政府発足　沖縄群島政府が発足し、知事に平良辰雄が就任し、11月13日、議会が発足した。

11.10 〔政治〕旧軍人の公職追放解除を発表　政府は、旧軍人3250名の追放解除を発表した。

11.21 〔国会〕第9回国会召集　第9回臨時国会が召集され、開会式は翌日行われた。

11.24 〔国会〕吉田首相、施政方針演説　吉田首相は施政方針演説で、早期講和と、電力事業の再編対策を表明した。

11.24 〔法律〕「電気事業再編成令」、「公益事業令」公布　23日、閣議は本法案を議会を経ずポツダム政令で実施すると決定した。24日、衆議院議院運営委員会で吉田首相は政令について説明を行った。参議院の議院運営委員会野党はマッカーサーの書簡の公表を要求したが、吉田首相はこれを拒否した。

11.24 〔政治〕対日講和7原則を発表　アメリカ国務省が対日講和7原則を発表した。

11.26 〔法律〕吉田首相、憲法改正は意図しないと言明　外務省の西村条約局長が衆議院外務委員会で講和条約が憲法に抵触する場合は憲法を改正すべきであると発言。翌日吉田首相は衆議院本会議で憲法改正は考えてないと発言した。

– 122 –

11.27	〔国会〕**国会審議権尊重に関する決議案可決**　参議院本会議は「国会審議権尊重に関する決議案」を可決した。政府はマッカーサー書簡の内容の公表を考慮すると言明し、解決した。	

11.27　〔国会〕**国会審議権尊重に関する決議案可決**　参議院本会議は「国会審議権尊重に関する決議案」を可決した。政府はマッカーサー書簡の内容の公表を考慮すると言明し、解決した。

12.4　〔国会〕**昭和25年度予算補正可決**　昭和25年度予算補正が野党各派が欠席の中で可決された。9日、参議院で可決、成立した。

12.9　〔法律〕**地方公務員法修正可決成立**　参議院で「地方公務員法」案が修正議決され、衆議院が同意し、成立した。12月13日に公布された。

12.10　〔国会〕**第10回国会召集**　第10回通常国会が召集された。

12.15　〔政治〕**公益事業委員会設置**　総理府に公益事業委員会が設置された。

1951年
（昭和26年）

1.1　〔政治〕**マッカーサー、年頭声明**　マッカーサーが年頭声明で、講和と集団安全保障の必要を協調した。

1.23　〔国会〕**昭和26年度予算衆院提出**　衆議院本会議に昭和26年度予算案が提出された。総額6574億円。2月27日に衆議院で可決し、3月28日に参議院で可決、成立した。

1.25　〔外交〕**特使ダレス来日**　アメリカのダレス特使を団長とする講和使節団が来日した。

1.26　〔国会〕**吉田首相、施政方針演説**　吉田首相は施政方針演説で、再軍備は内外の疑惑を招くと言明した。

1.29　〔外交〕**吉田首相・ダレス特使会談**　吉田首相とダレス特使が第1回会談し、対日講和条約に関して協議した。31日、2月7日にも会談した。

1.31　〔政治〕**土地調整委員会設置**　総理府に土地調整委員会が設置された。

2.2　〔外交〕**ダレス特使、対日講和の基本原則表明**　ダレス特使は日米協会での演説で集団安全保障と米軍駐留の講和方針を表明した。

2.10　〔政党〕**社会民主党結成**　社会革新党を改称して社会民主党が結成された。委員長に平野力三、書記長に佐竹春記が就任。

2.11　〔外交〕**吉田首相、米との安全保障の取り決めを歓迎**　吉田首相首相が、独立回復後の日本の果たすべき役割について、米国との安全保障の取り決めを歓迎し、自営の責任を認識していると声明を発表した。

2.13　〔国会〕**吉田首相、ダレス会談について国会に報告**　吉田首相、ダレス特使との会談の内容を国会に報告した。翌日、講和問題について質疑を行った。

3.13　〔国会〕**衆議院議長に林譲治当選**　10日に死去した幣原喜重郎議長に代わり、自由党の林譲治国務相が当選した。国務相は辞任。

3.14　〔外交〕**日本のユネスコ加入を承認**　国連経済社会理事会が、国際連合教育科学文化機関（ユネスコ）への日本の加入を承認した。

1951年（昭和26年）　　　　　　　　　　　　　　　　　　　　　　　　日本議会政治史事典

3.29　〔国会〕川上議員の除名を決定　1月27日に行った質疑演説に関して懲罰委員会の決定に従わなかったとして、共産党の川上貫一議員を除名処分とした。

3.31　〔法律〕結核予防法公布　「結核予防法」案が可決成立し、公布された。

3.31　〔法律〕資金運用部資金法公布　「資金運用部資金法」案が参議院で可決成立し、公布された。

3.31　〔法律〕農林漁業資金融通法公布　「農林漁業資金融通法」が30日に参議院で可決成立し、公布された。

3.31　〔政治〕ダレスが対日講和草案を発表　ダレス特使が、対日講和条約草案を発表した。

4.1　〔政治〕琉球臨時中央政府発足　琉球臨時中央政府が発足し、初代行政主席に比嘉秀平が就任した。

4.11　〔政治〕マッカーサー解任　アメリカのハリー・S.トルーマン大統領は、連合国最高司令官マッカーサーを解任、後任にリッジウェイ中将が就任した。マッカーサーは4月16日に離日した。

4.16　〔国会〕マッカーサーへの感謝決議を可決　衆参両院は、マッカーサー元帥に対する感謝決議案を可決した。

4.16　〔外交〕ダレス特使再来日　ダレス特使が再来日。17日、対日講和についてアメリカの方針は変わらないと声明を発表した。

4.18　〔外交〕ダレス・リッジウェイ・吉田会談　ダレス特使、リッジウェイ最高司令官、吉田首相が会談し、早期講和を確認した。

5.1　〔政治〕占領下諸法規の再検討権限を政府に委譲　リッジウェイが、ポツダム政令等、占領下諸法規の再検討の権限を日本政府へ委譲すると声明を発表した。6日、首相の諮問機関として政令諮問委員会が設置された。

5.9　〔国会〕吉田首相、ダレス会談の経過を報告　吉田首相が、国会でダレス会談の経過について報告した。

5.10　〔法律〕食糧管理法改正法案不成立　麦の統制撤廃を内容とする「食糧管理法改正法」案について、衆参両院の協議会で成案が得られず、不成立となった。

5.14　〔政治〕ガリオア援助打切りを声明　GHQが対日ガリオア援助を6月末で打ち切るとの声明を発表した。

5.14　〔政治〕政令諮問委員会初会合　占領法規改定のための政令諮問委員会が初会合を開いた。

5.17　〔国会〕条約局長がリッジウェイ声明について発言　衆議院外務委員会で西村条約局長が、占領下諸法規についてのリッジウェイの声明には憲法改正を含まないと答弁した。

6.4　〔法律〕公営住宅法案公布　5月28日、参議院での修正に衆議院が同意して成立した「公営住宅法」が公布された。

6.5　〔法律〕モーターボート競争法成立　「モーターボート競争法」案が、6月2日に参議院で否決されたのを受け、憲法第59条の規定により衆議院の再議決で成立した。

6.8　〔法律〕住民登録法公布　「住民登録法」は6月2日、参議院での修正に衆議院が同意して成立し、公布された。

6.9　〔法律〕土地収用法公布　参議院で提出された「土地収用法」案が衆議院での可決を経て

－ 124 －

公布された。

6.9　〔法律〕**民事調停法案公布**　5月31日に参議院で可決成立した「民事調停法」案が公布された。

6.15　〔法律〕**信用金庫法公布**　「信用金庫法」案が5月28日に参議院で可決成立し、公布された。

6.18　〔法律〕**総理府に公職資格審査会設置**　「公職に関する就職禁止、退職等に関する勅令の一部を改正する制令・公職資格審査会設置令」が公布され、総理府に公職資格審査会が設置された。

6.20　〔政治〕**第1次追放解除発表**　6月16日にGHQから公職追放メモランダム・ケース撤回の覚書が交付され、政府は第1次追放解除を発表。三木武吉、石橋湛山ら政財界2958名が追放解除となった。

6.21　〔外交〕**ILOとユネスコ、日本加盟を承認**　国際労働機関（ILO）総会、ユネスコ総会はそれぞれ日本の加盟を承認した。

6.23　〔内閣〕**インフレ抑制政策を発表**　政府は8項目の新経済政策を発表した。インフレ抑制、経済規模拡大による国民生活の向上等を内容とする。

6.30　〔法律〕**覚せい剤取締法公布**　「覚せい剤取締法」案が参議院での可決後、衆議院で6月2日に可決成立し、公布された。

7.4　〔内閣〕**第3次吉田内閣第2次改造**　吉田内閣打2次改造内閣が発足。厚生大臣に橋本龍伍、農林大臣に根本龍太郎等が就任。

8.2　〔政治〕**第2次追放解除を発表**　政府は第2次追放解除を発表、鳩山一郎、河上丈太郎ら1万3904名が追放解除となった。

8.12　〔外交〕**ソ連が対日講和参加を通告**　ソ連政府がアメリカ大使に、対日講和会議参加を通告した。

8.16　〔国会〕**第11回国会召集**　第11回臨時国会が召集された。8月18日閉会。

8.16　〔内閣〕**吉田首相兼外相が外交問題に関して演説**　吉田首相兼外相が、講和に関する外交交渉の経過を説明した。

8.16　〔政治〕**政府、旧軍人の追放解除を発表**　政府は、旧陸海軍正規将校1万1185名の追放解除を発表した。

8.18　〔国会〕**国会、講和全権委員を決定**　国会は講和全権委員に星島二郎、苫米地義三、徳川宗敬らを決定した。

8.28　〔内閣〕**行政簡素化本部設置**　閣議は行政機構改革に関する件を決定し、行政簡素化本部を設置した。

8.31　〔外交〕**講和全権団出発**　吉田首相ら全権団が、対日講和会議出席のためアメリカへ出発した。

9.4　〔外交〕**対日講和会議開催**　対日講和会議がサンフランシスコで開催された。52カ国が参加。

9.5　〔政党〕**新政クラブ結成**　松村謙三らが新政クラブを結成した。

9.8　〔外交〕**対日平和条約調印**　対日平和条約、日米安全保障条約調印。参加52カ国のうち、ソ連、チェコスロバキア、ポーランドをのぞく49カ国が調印した。両条約とも1952年4月28日に発効した。

1951年（昭和26年）　　　　　　　　　　　　　　　　　　　　　　　日本議会政治史事典

10.4　〔法律〕**出入国管理令公布**　ポツダム政令「出入国管理令」が公布された。社会主義国への出入国の取り締まりを強化する。

10.5　〔内閣〕**人員整理を閣議決定**　閣議は人員整理に関する件を決定した。12万3052名が対象となる。

10.10　〔国会〕**第12回国会召集**　第12回臨時国会が召集された。11月30日閉会。

10.12　〔国会〕**吉田首相、施政方針演説**　吉田首相が施政方針婉然津を行った。安保条約について、日本にとって最前の道であり、これにより主権が制限されない旨を表明した。

10.18　〔政治〕**芦田・吉田再軍備論争**　衆議院平和条約及び日米安全報償条約特別委員会で、吉田首相と芦田均が再軍備問題について論争が起こった。

10.24　〔政党〕**日本社会党分裂**　日本社会党が臨時大会で、平和条約・安保条約を巡り左派と右派に分裂した。左派委員長鈴木茂三郎、右派書記長浅沼稲次郎。

10.26　〔外交〕**平和条約・安保条約衆院通過**　平和条約の締結について承認を求める件は賛成307、反対47、日米安保条約の締結について承認を求める件が賛成289、反対71でそれぞれ承認され、衆議院を通過した。

11.1　〔政治〕**入国管理庁設置**　出入国管理庁を改組し、外務省に入国管理庁が設置された。

11.18　〔外交〕**平和条約・安保条約参院通過、批准手続き終了**　平和条約の締結について承認を求める件は賛成174、反対45、日米安保条約の締結について承認を求める件が賛成147、反対76で、それぞれ承認され、批准手続きが終了した。

11.21　〔外交〕**FAO日本の加盟を承認**　国際連合食糧農業機構（FAO）が日本の加盟を承認した。

11.28　〔法律〕**旅券法公布**　「旅券法」案が17日に衆参両院で可決され、公布された。

11.29　〔法律〕**公職追放覚書該当者指定解除法公布**　「公職に関する就職禁止、退職等に関する勅令の規定による覚書該当者の指定の解除に関する法律」案は、21日に参議院で可決、22日に衆議院で可決成立し、公布された。

11.30　〔法律〕**行政機関定員法改正修正案可決**　参議院本会議は、「行政機関職員定員法」改正案を可決、衆議院も同日同意が成立した。復活定員増で10月5日の閣議決定を骨抜きにする内容。

12.1　〔法律〕**博物館法公布**　衆議院で11月22日、参議院で26日に可決され成立した「博物館法」が公布された。

12.10　〔国会〕**第13回国会召集**　第13回通常国会が召集された。会期延長5回実質235日間、7月31日閉会。

12.10　〔外交〕**ダレス来日**　アメリカ国務相顧問ダレスが4度目となる来日。

12.27　〔内閣〕**第3次吉田内閣第3次改造完了**　26日、第3次吉田内閣第3次改造を行い、法務総裁に非議員の木村篤太郎を起用。

1952年
（昭和27年）

1.18 〔外交〕**日本・インドネシア賠償中間協定仮調印** 日本インドネシア賠償中間協定が仮調印。総額80億ドル。

1.18 〔外交〕**李承晩ライン設定** 韓国政府が日本に対し、漁業資源保護のための漁区境界線、李承晩ラインの設定を宣言、28日に、日本政府はこれに抗議した。

1.23 〔国会〕**吉田首相、施政方針演説** 吉田首相は施政方針演説で、国際的信頼の確立、外資導入、治安立法を表明した。

1.23 〔国会〕**昭和27年度予算衆院提出** 昭和27年度予算が衆議院に提出された、2月26日に野党早退場のまま可決、参議院で3月27日に可決され成立した。

1.26 〔外交〕**特使ラスク来日** アメリカ大統領特使ラスクらが、日米行政協定交渉のため来日した。

1.29 〔外交〕**日米行政協定正式交渉開始** 日米安全保障条約第3条に基づく行政協定正式交渉が開始された。

1.31 〔国会〕**警察予備隊の防衛隊への改組を首相言明** 吉田首相が衆議院予算委員会で、警察予備隊を10月で切り換え、防衛隊とすると答弁した。

2.8 〔政党〕**改進党結成** 国民民主党、農民協同党、新政クラブが合同し、改進党を結成した。幹事長に三木武夫が就任。

2.15 〔外交〕**第1次日韓会談開始** 第1次日韓正式会談が開始された。4月26日事実上打切りとなった。

2.26 〔国会〕**衆院昭和27年度予算可決** 衆議院は野党側が総退場した中で昭和27年度予算を可決した。

2.28 〔外交〕**日米行政協定調印** 日米安全保障条約第3条に基づく行政協定に両国が調印。4月28日に発効した。

2.29 〔国会〕**国会、行政協定に関する質疑** 行政協定調印に対する野党側の質問に対し、政府は行政協定は国会の承認を必要としないと答弁した。

3.6 〔国会〕**吉田首相、自衛のための戦力は9条に違反しないと発言** 吉田首相が参議院予算委員会で自衛のための戦力は憲法第9条に反するものではないと発言。10日、自衛のための戦力保持も再軍備であり、憲法改正が必要であると訂正した。

3.14 〔法律〕**起業合理化促進法公布** 「起業合理化促進法」が公布された。

3.14 〔法律〕**憲法9条の解釈で参考人聴取** 国会両院法規委員会は、憲法第9条の解釈について、衆議院議員田中伊三次、東京大学教授鵜飼信成、一橋大学教授大平梧を参考人として意見聴取を行った。18日には衆議院議員芦田均、一橋大学教授田上穣治から意見聴取を行った。

3.25 〔外交〕**日米行政協定の国会承認に関する件を否決** 参議院本会議は、日米行政協定は国会の承認を必要とするとする決議案を否決した。翌日には衆議院も否決した。

3.27 〔国会〕**昭和27年度予算可決成立** 参議院で昭和27年度予算が可決され、成立した。

1952年（昭和27年）

3.27　〔法律〕私立学校振興会法公布　「私立学校振興会法」案が18日の衆議院可決、25日の参議院可決で成立し、公布された。

3.31　〔法律〕外務公務員法公布　「外務公務員法」案が20日の衆議院可決、31日の参議院可決で成立し、公布された。

4.2　〔政治〕琉球中央政府発足　琉球中央政府が発足し、主席に比嘉秀平が就任した。

4.17　〔法律〕破防法案国会提出　「破壊活動防止法」案、「公安調査庁設置法」案、「公安審査委員会設置法」案が閣議から衆議院に提出された。

4.21　〔法律〕公職追放令廃止　「公職追放令」が廃止され、28日に施行された。

4.28　〔政治〕GHQ廃止　GHQ、極東委員会、対日理事会が廃止された。

4.28　〔外交〕対日平和条約、日米安保条約発効　対日平和条約、日米安全保障条約が発効した。

4.30　〔内閣〕外務大臣に岡崎勝男　吉田首相は兼務していた外相を辞任し、外相に岡崎勝男が就任した。

5.15　〔法律〕衆院、破防法案修正議決　衆議院、「破壊活動防止法」と関連2法案修正議決。

5.29　〔外交〕IMF、IBRD、日本の加盟を承認　国際通貨基金（IMF）、国際復興開発銀行（IBRD）がそれぞれ日本の加盟を承認した。日本は8月13日に加盟調印。

6.1　〔政治〕麦の統制撤廃　麦の統制が撤廃された。

6.5　〔法律〕衆院、公職選挙法改正案可決　衆議院本会議は、「公職選挙法の一部を改正する法律」案を可決した。選挙運動期間短縮、選挙運動制限、戸別訪問禁止等を内容とする。参議院で7月30に修正され、衆議院がこれに同意して成立、8月16日に公布された。

6.9　〔外交〕日印平和条約調印　日本とインドが平和条約に調印した。

6.10　〔法律〕衆院、デモ取締法案可決　「集団示威運動等の秩序保持に関する法律」が衆議院で可決された。参議院で審議未了となった。

6.17　〔国会〕衆院の解散制度に関する勧告案決定　衆参両院の法規委員会は、衆議院の解散制度に関する勧告案を決定し、両院議長に勧告した。解散は憲法宇第69条のみに規制されない、ただし、7条による解散も運用においては規制を加えるべきであるとする内容。

6.19　〔法律〕参院法務委、破防法案ほか公安2法案否決　参議院法務委員会が、「破壊活動防止法」案ほか公安2法案について、原案、修正案とも否決した。

6.23　〔外交〕国連憲章義務受諾を宣言　政府は国連加盟申請書を国連に提出し、国連憲章義務受諾を宣言した。

6.26　〔国会〕衆院、吉田内閣不信任決議案否決　衆議院は吉田内閣不信任決議案を否決した。

7.2　〔政治〕南方連絡事務局設置　総理府に南方連絡事務局が設置された。

7.3　〔法律〕参院、破防法・関連2法案修正議決　参議院が「破壊活動防止法」案ほか公安2法案で緑風会の修正案を可決した。

7.4　〔法律〕衆院、破防法関連回付案に同意　衆議院が、7月3日に参議院で可決された「破壊活動防止法」案ほか公安2法案修正案に同意し、同法案が成立した。

7.21　〔法律〕破壊活動防止法公布　「破壊活動防止法」が公布された。「団体等規正令」を廃止した。

7.25	〔外交〕**国連の特権及び免除に関する協定署名**　国際連合の特権及び免除に関する国際連合と日本国との間の協定が調印された。	

7.25　〔外交〕**国連の特権及び免除に関する協定署名**　国際連合の特権及び免除に関する国際連合と日本国との間の協定が調印された。

7.30　〔法律〕**労働三法改正案成立**　両院の協議会で「労働関係調整法」等改正案の成案が成立し、31日、両院で成案が可決され成立した。

8.1　〔政治〕**自治庁、保安庁設置**　総理府に、地方自治庁等に代わり自治庁、保安庁、経済安定本部に代わり経済審議庁、国家消防本部が設置された。自治庁長官に岡野清豪地方自治庁長官、保安庁長官に吉田首相、保安庁長官に周東英雄経済安定本部総務官がそれぞれ就任した。

8.1　〔政治〕**法務省設置**　法務府等を廃止し、法務省が設置され、初代法務大臣に木村篤太郎法務総裁が就任した。また、内閣に法制局が設置された。

8.11　〔外交〕**日米民間航空運送協定調印**　日米民間航空運送協定に調印した。

8.12　〔内閣〕**天野文相辞任**　天野貞祐文部大臣が辞任し、後任に岡野清豪自治長官が兼任で就任。

8.18　〔政治〕**地方制度調査会設置**　7月25日法案の参議院での修正に衆議院が31日に同意して成立した「地方制度調査会設置法」が公布され、総理府に地方制度調査会が設置された。

8.26　〔国会〕**第14回国会召集**　第14回通常国会が召集された。衆議院議長に自由党の大野伴睦が当選。

8.28　〔国会〕**衆議院解散**　政府が憲法第7条により、衆議院の解散を決定、議長が解散詔書を朗読した。

8.31　〔国会〕**参議院緊急集会**　参議院は緊急集会を開き、中央選挙管理委員を指名した。

10.1　〔国会〕**第25回衆議院選挙**　第25回衆議院議員総選挙が行われた。自由240、改進85、社会右派57、社会左派54、労農4、協同2、日本再建1、諸派4、無所属19。このうち追放解除となったものが139名が当選した。

10.4　〔国会〕**第14国会の抜打ち解散は違憲と提訴**　改進党の衆議院議員苫米地義三が、第14回国会の衆議院解散は憲法違反であり無効であると最高裁に提訴した。1953年4月15日最高裁は、最高裁に対して不適法な訴えであるとして却下した。

10.8　〔国会〕**最高裁、警察予備隊違憲訴訟を却下**　社会党左派が最高裁に提訴した警察予備隊に関する違憲訴訟について、最高裁は、抽象的違憲審査権はなしとして却下した。

10.15　〔政治〕**保安隊発足**　警察予備隊を改編して保安隊が発足した。

10.24　〔国会〕**第15回国会召集**　第15回特別国会が召集された。衆議院議長には大野伴睦が選出された。12月22日に3月31日まで99日間の会期延長を議決するが、3月14日に衆議院解散で閉会。

10.24　〔国会〕**内閣総理大臣に吉田茂指名**　国会は内閣総理大臣に吉田茂を指名した。

10.24　〔内閣〕**第3次吉田内閣総辞職**　第3次吉田内閣が総辞職した。

10.30　〔内閣〕**第4次吉田茂内閣成立**　第4次吉田茂内閣が成立した。法務大臣に犬養健、外務大臣に岡崎勝男、通商産業大臣に池田勇人など。大蔵大臣の向井忠晴、保安庁長官木村篤太郎の2名が非議員で登用された。

11.12　〔外交〕**日米船舶貸借協定調印**　日米船舶貸借協定が調印された。

11.24　〔国会〕**吉田首相、施政方針演説**　吉田首相が施政方針演説で、アジア諸国との友好増進、暴力主義的活動の取締、教育制度の改革等を表明した。

11.25 〔内閣〕**戦力に関する統一見解を決定**　閣議は戦力に関する法制局の要請8項目を承認し、統一見解を決定した。

11.27 〔国会〕**池田通産相の発言が問題化**　池田勇人通商産業大臣が衆議院で中小企業の倒産や自殺があってもやむを得ないという趣旨の発言をして問題化した。

11.28 〔国会〕**衆院、池田通産大臣不信任案可決**　衆議院は27日の池田通産大臣の問題発言を受け、改進・社会両派等が提出した大臣不信任決議案を可決した。

11.29 〔内閣〕**池田通産大臣辞任**　27日の自身の問題発言と、それに対する衆議院の不信任決議案を受け、池田勇人通商産業大臣兼経済審議庁長官が辞任した。後任は小笠原三九郎農相が兼任。12月5日農林大臣に広川弘禅が任命され、小笠原は通産省専任となった。

12.2 〔法律〕**憲法改正の国民投票制度要綱を答申**　選挙制度委員会が、憲法改正国民投票制度要綱を政府に答申した。

12.12 〔内閣〕**政府が衆議院解散権について言明**　衆議院予算委員会で政府が解散権について、憲法第69条の場合のみに限られるものとは考えないとして、7条のみを根拠として行いうると言明した。

12.21 〔外交〕**国連の日本加入に関する決議**　国連総会は、日本の国際連合への加入に関してアメリカの決議案を採択した。

12.22 〔外交〕**国際電気通信条約調印**　日本が国際電気通信条約に署名した。

12.24 〔国会〕**昭和27年度予算補正可決成立**　昭和27年度予算補正が参議院で可決され成立した。

1953年
（昭和28年）

1.5 〔外交〕**韓国大統領来日**　韓国の李承晩大統領が来日した。

1.6 〔外交〕**日韓会談再開で合意**　日韓首脳会談は、52年4月から中断している日韓会談を再開することで合意した。

1.12 〔内閣〕**義務教育費国庫負担を決定**　政府は、義務教育費を全額国家負担方針とする方針を決定した。

1.29 〔国会〕**昭和28年度予算提出**　昭和28年度予算が衆議院に提出された。総額9605億円。3月2日に衆議院で可決され、参議院では審議未了となった。

1.30 〔国会〕**吉田首相、施政方針演説**　吉田首相は施政方針演説で、占領下の行過ぎを是正し、義務教育費の全額国庫負担、公共企業体のスト規制等を表明した。

2.21 〔法律〕**スト規制法国会提出**　政府は「スト規制法」案、「電気事業及び石炭鉱業における争議行為の方法の規制に関する法律」案を衆議院に提出した。

2.24 〔内閣〕**行政人員節減を決定**　閣議は、行政人員を2割削減する内容の行政制度の改革に関する件を決定した。

2.28 〔国会〕**吉田首相のバカヤロー発言**　衆議院予算委員会での質疑中に、吉田首相が社会

党右派の西村栄一議員に「バカヤロー」と発言、首相は失言として直ちに取り消したが、野党が納得せず問題化した。

3.2 〔国会〕**吉田首相に対する懲罰動議可決**　2月28日の衆議院での吉田首相の暴言に対し、衆議院は自由党広川派・民同派議員欠席の中、懲罰動議を可決した。

3.3 〔内閣〕**広川農林大臣罷免**　吉田首相は広川農林大臣を罷免し、後任に田子一民を任命した。

3.5 〔外交〕**竹島を日本領と言明**　岡崎勝男外務大臣が、竹島は日本の領土であると言明した。

3.14 〔国会〕**バカヤロー解散**　衆議院は、吉田内閣不信任決議案を可決、政府は衆議院を解散した。「バカヤロー解散」と言われる。

3.18 〔国会〕**参議院緊急集会開会**　衆議院の解散を受け、参議院緊急集会が開催された。

3.18 〔政党〕**鳩山自由党結成**　自由党鳩山一郎が、分党派を結成した。

3.20 〔国会〕**参議院緊急集会閉会**　参議院緊急集会は、昭和28年度暫定予算の他、4法案を可決して閉会した。

3.26 〔法律〕**法律の期限を変更する法律公布**　参議院緊急集会で可決成立した「期限等の定めのある法律につき当該期限等を変更するための法律」が公布された。

4.2 〔外交〕**日米友好通商航海条約調印**　日米友好通商航海条約に調印した。

4.15 〔外交〕**第2次日韓会談開始**　休止していた日韓会談が再開されたが、7月23日、請求権・漁業問題で対立し、自然休会となった。

4.19 〔選挙〕**第26回衆議院選挙**　第26回衆議院議員総選挙が行われた。左派が躍進し、自由党は過半数を割った。自由199、改進76、社会左派72、社会右派66、自由鳩山派35、労農5、共産1、諸派1、無所属11。

4.24 〔選挙〕**第3回参議院選挙**　第3回参議院議員通常選挙が行われた。全国区、自由16、社会左派8、緑風8、社会右派3、改進3、無所属15。地方区は自由30、社会左派10、緑風8、社会右派7、改進5、諸派1、無所属14。

5.12 〔外交〕**日仏文化協定調印**　戦後初の文化協定となる日仏文化協定が調印された。

5.18 〔国会〕**第16回国会召集**　第16回特別国会が召集された。衆議院議長には改進党の堤康次郎、参議院議長には19日、緑風会の河合弥八が当選した。8月10日閉会。

5.18 〔内閣〕**第4次吉田内閣総辞職**　第4次吉田内閣が総辞職した。

5.19 〔国会〕**吉田茂を内閣総理大臣に指名**　衆議院、参議院とも内閣総理大臣に吉田茂を指名した。衆議院では改進党の重光葵を推す票も多く過半数を得られず、決選投票の結果だった。

5.21 〔内閣〕**第5次吉田内閣成立**　第5次吉田内閣が成立した。

5.25 〔国会〕**昭和28年度暫定予算補正提出**　昭和28年度暫定予算補正、6月分の予算案が衆議院に提出された。衆議院は29日、参議院で30日に可決され成立した。

6.13 〔国会〕**昭和28年度予算提出**　衆議院に昭和28年度予算が提出された。総額9682億円。衆議院では7月17日に修正、31日に参議院で可決され成立した。

6.16 〔国会〕**吉田首相、施政方針演説**　吉田首相は施政方針演説で、貿易振興の必要、防衛政策の堅持を表明した。

6.26 〔外交〕**MSA協定文書を発表**　衆議院予算委員会で、岡崎勝男外務大臣が日米相互援助

1953年（昭和28年）   日本議会政治史事典

協定（MSA協定）日米交換文書を発表した。緊急質問に対し、外相は海外派兵は行わないと
言明した。

7.3   〔法律〕衆院労働委員会スト規制法案を巡り紛糾　衆議院労働委員会が、「スト規制法」
案先議の動議を巡り紛糾した。

7.15   〔法律〕金管理法公布　参議院で6月26日に可決後、衆議院で7月7日に可決成立した「金
管理法」が公布された。

7.15   〔外交〕MSA日米交渉開始　MSA日米交渉が始まった。

7.17   〔国会〕昭和28年度予算修正議決　衆議院で昭和28年度予算修正が議決された。一般会
計を28億円減額し、総額9654億円とした。18日、参議院議院運営委員会ではこれに対し国会
が予算案の増額修正ができるのかという予算修正権論議が起こった。

7.17   〔国会〕尾崎行雄に名誉議員の称号　衆議院は、60年7ヵ月在職した前議員尾崎行雄に衆
議院名誉議員の称号を送ることを決定した。

7.29   〔法律〕参院、スト規制法案質疑巡り紛糾　参議院労働委員会は、スト規制法案の一般
質問打切りの緊急動議提案を巡り混乱した。

7.30   〔国会〕参院、昭和28年度予算可決　参議院は、野党が総退場した中で昭和28年度予算
を可決した。

7.30   〔国会〕保安隊の自衛軍化巡り防衛論争　衆議院予算委員会で、保安隊の自衛軍化を巡
り吉田首相と改進党の芦田均議員の間で防衛論争が起こった。

7.31   〔国会〕衆院予算委員長解任決議案提出　与党は尾崎予算委員長解任決議案を提出、混
乱の中で昭和28年度予算が成立した。8月3日撤回された。

8.1   〔国会〕衆院議長不信任決議案否決　衆議院本会議は7月31日、会期延長を巡って堤康次
郎議長不信任決議案を提出したが、否決された。

8.1   〔法律〕恩給法改正法公布　「恩給法の一部を改正する法律」案は、6月30日の衆議院提
出後、7月22日に修正可決、参議院で30日に修正されたのに対し、衆議院が同意し成立、公
布された。旧軍人の恩給が復活した。

8.3   〔法律〕スト規制法案中間報告を求める　参議院で「スト規制法」暗について労働委員
長の中間報告を求める動議が可決された。4日、栗山労働委員長が中間報告を行った。5日に
可決成立した。

8.6   〔国会〕MSA交渉中間報告　岡崎外相が、衆議院本会議でMSA交渉に関する中間報告を
行った。

8.7   〔法律〕スト規制法公布　「スト規制法」、「電気事業及び石炭鉱業における争議行為の方
法の規制に関する法律」が公布された。

8.8   〔外交〕ダレス来日　アメリカのダレス国務長官が来日し、奄美群島返還の声明を発表
した。

8.14   〔法律〕日雇労働者健康保険法公布　衆議院で7月28日に可決後、参議院で7日可決成立
した「日雇労働者健康保険法」が公布された。

8.17   〔法律〕農産物価格安定法公布　「農産物価格安定法」案が衆議院で7月22日、参議院で
30日に可決され成立、この日公布された。

9.1   〔法律〕町村合併促進法公布　参議院で7月22日に可決後、衆議院での修正を経て8月8日
に成立した「町村合併促進法」が公布された。

－ 132 －

		1953年（昭和28年）

10.2 〔外交〕池田・ロバートソン会談　池田勇人特使とアメリカのロバートソン国務次官補が会談し、防衛問題について虚偽を行った。3日、防衛力漸増等で合意等の共同声明を発表した。

10.6 〔外交〕第3次日韓会談開始　日韓会談が再開されたが、21日、久保田貫一郎代表の発言を巡って決裂した。

10.29 〔国会〕第17回国会召集　第17回臨時国会が召集された。

11.3 〔外交〕日韓問題解決に関する決議案可決　衆議院で、日韓問題解決に関する決議案が可決された。参議院でも7日に可決された。

11.7 〔国会〕参院、昭和28年度予算補正可決成立　11月3日に衆議院で可決された昭和28年度予算補正が参議院で可決、成立した。

11.15 〔外交〕ニクソン米副大統領来日　アメリカのドワイト・D.アイゼンハワー大統領の親善特使として、リチャード・ニクソン副大統領夫妻が来日した。戦後初めての国賓の来日となった。

11.17 〔政党〕自由党2党首会談　自由党吉田総裁と自由党分党派鳩山総裁が党首会談を行い、吉田は分派の復党を求めた。

11.19 〔外交〕日本の戦争放棄強要は米国の誤りと発言　来日中のリチャード・ニクソン副大統領が、日米協会で演説で、戦争放棄の憲法強要したのはアメリカの誤りであると言明した。

11.29 〔政党〕自由党分党派が復党　自由党分党派のうち、鳩山総裁ら大部分が自由党に復党した。一部は復党せず、のち日本自由党を結成した。

11.30 〔国会〕吉田首相、所信表明演説　吉田首相は所信表明演説で、東南アジア諸国への賠償問題の解決、日韓関係の打開を表明した。

11.30 〔国会〕第18回国会召集　第18回臨時国会が召集された。12月8日閉会。

12.2 〔外交〕日本の国際司法裁判所加盟を承認　国連総会が、日本の国際司法裁判所加盟を承認した。

12.8 〔国会〕昭和28年度予算補正成立　昭和28年度予算補正が、衆議院での5日の可決を受け、参議院で可決・成立した。米価対策費、公務員給与改善費等を内容とする。

12.9 〔政党〕日本自由党結成　自由党分党派のうち、自由党に復党しなかった三木武夫ら8名が、日本自由党を結成した。

12.10 〔国会〕第19回国会召集　第19回通常国会が召集された。6月15日閉会。

12.25 〔内閣〕奄美群島返還　12月24日、奄美群島の返還に関する日米協定が調印された。奄美群島に関する日本国とアメリカ合衆国との間の協定の締結について承認を求めるの件が提出され、衆議院、参議院ともこれを承認し、25日に発効した。これにより奄美群島が日本に復帰した。

1954年
（昭和29年）

1.13 〔法律〕**憲法擁護国民連合結成**　憲法擁護国民連合が結成された。議長に片山哲が就任。片山らの平和憲法擁護の会、社会党両派、労農党のほか、婦人団体連合会、日本ペンクラブなどの120あまりの団体が参加。

1.14 〔内閣〕**警察制度改正要綱を閣議決定**　閣議は警察制度改正要綱を決定した。

1.15 〔内閣〕**人員整理に関する県閣議決定**　閣議は、6万名余の人員整理に関する県を閣議決定した。

1.27 〔国会〕**吉田首相、施政方針演説**　吉田首相が施政方針演説で、インフレ防止、資本に蓄積を表明した。

1.27 〔国会〕**昭和29年度予算衆院提出**　昭和29年度予算が衆議院に提出された。総額9995億円。3月4日に修正され、このうち特別会計予算については可決した。衆議院送付後30日目の4月2日に参議院議決に至らず、衆議院の議決が国会の議決となった。

2.1 〔事件〕**保全経済会の政治献金問題について証人喚問**　衆議院行政監察特別委員会が、保全経済界の政治献金問題について、保全経済会顧問で衆議院議員の平野力三らを証人喚問した。

2.15 〔法律〕**警察法案国会提出**　衆議院に「警察法」案が提出された。都道府県警察一元化等既存の警察法を全面的に改正する内容で、5月15日に衆議院で修正可決後、参議院で6月7日に可決された。

2.19 〔外交〕**国連軍の地位に関する協定調印**　日本国における国際連合の軍隊の地位に関する協定に署名した。

2.23 〔事件〕**汚職容疑議員の逮捕許諾請求を期限付きで許諾**　造船疑獄を巡り、衆議院は有田二郎議員の逮捕許諾請求について、3月3日までの期限付きで許諾する動議を可決した。検察庁は逮捕許諾は期限を付けることができないとの見解を表明し、裁判所もこれを是認した。

3.4 〔国会〕**衆院、昭和29年度予算修正議決**　衆議院は、昭和29年度予算について修正可決した。ただし、特別会計予算については可決した。

3.8 〔外交〕**日米協定調印**　日米相互防衛援助協定（MSA協定）、米国農産物購入協定、経済措置協定、投資保証協定に調印した。

3.11 〔外交〕**アメリカとの協定の批准について国会に提出**　3月8日に調印したMSA協定等4協定について、それぞれ承認を求める件が衆議院に提出された。いずれも3月31日に衆議院が承認、参議院が4月28日に承認して5月1に発効した。

3.15 〔国会〕**昭和28年度予算補正国会提出**　昭和28年度予算補正が衆議院に提出された。義務教育費国庫負担金を内容とするもので、20日衆議院可決、29日に参議院で可決成立した。

3.23 〔法律〕**秘密保護法案衆院提出**　「日米相互防衛援助協定等に伴う秘密保護法」案が衆議院に提出された。5月14日に可決され、参議院での26日の修正に31日衆議院が同意して成立し、6月9日に公布された。

3.30 〔事件〕**有田議員逮捕許諾要求衆院提出**　鉄道会館事件を巡り、衆議院に有田義光議員

日本議会政治史事典　　　　　　　　　　　　　　　　　　　　　　　　　　　　1954年（昭和29年）

逮捕許諾要求書が提出された。衆議院は4月1日これを許諾し、有田は2日に逮捕された。

4.1　〔国会〕**原子力の国際管理決議案可決**　衆議院は、第5福竜丸事件をめぐり、原子力の国際管理に関する決議案を可決した。

4.2　〔国会〕**昭和29年度予算参院議決に至らず**　昭和29年度予算が、衆議院送付の日から30日目にあたるこの日のうちに参議院議決に至らず、憲法第60条第2項により衆議院の議決を国会の議決となり、3日、自然成立した。

4.7　〔事件〕**造船疑獄で2議員逮捕許諾要求**　造船疑獄事件に関して、関谷勝利議員、岡田五郎議員の逮捕許諾要求書が提出された。衆議院は13日にこれを許諾し、両議員は14日に逮捕された。

4.10　〔事件〕**造船疑獄で議員逮捕許諾要求**　造船疑獄事件に関して、加藤武徳議員の逮捕許諾要求書が参議院に提出された。参議院は15日にこれを許諾し、加藤議員は同日逮捕された。

4.16　〔法律〕**防衛2法案について質疑**　衆議院内閣・外務連合委員審査会は、防衛2法案について質疑を行い、佐藤法制局長官が自衛隊の海外任務について、平和的目的であれば憲法違反にならないと答弁した。

4.16　〔事件〕**造船疑獄事件で逮捕許諾要求**　造船疑獄事件に関して、荒木万寿夫議員の逮捕許諾要求書が衆議院に提出された。24日、衆議院はこれを不許諾とした。

4.21　〔内閣〕**犬養法相が指揮権を発動**　犬養健法相が造船疑獄事件について検事総長に対する指揮権を発動し、翌日辞任した。

4.22　〔内閣〕**犬養法相辞任**　犬養健法相が辞任し、後任に加藤鐐五郎が就任した。

4.23　〔国会〕**法相の指揮権発動に関し警告決議可決**　参議院本会議で、野党側が法務大臣の検事総長に対する指揮権発動に関し内閣に警告するの決議案を可決した。

4.24　〔国会〕**吉田内閣不信任決議案否決**　衆議院本会議は、社会党両派が協同で提出した吉田内閣不信任決議案を否決、改進党が提出した決議案については堤康次郎衆議院議長が審議不要を宣告した。

5.1　〔外交〕**MSA協定発効**　日米相互防衛援助協定、MSA4協定が発効した。

5.4　〔外交〕**ガリオア・エロア返済で日米共同声明**　ガリオア・エロア返済問題の交渉開始について、日米は共同声明を発表した。

5.14　〔外交〕**日米艦艇貸与協定署名**　日米艦艇貸与協定に署名、この批准について承認を求めるの件が国会に提出された。衆議院は18日、参議院は29日にこれを承認し、6月5日に発効した。

5.15　〔法律〕**地方交付税法公布**　「地方財政平衡交付金法の一部を改正する法律」案が衆議院に提出された。「地方交付税法」に切替、4月13日に衆議院での修正、5月10日に参議院での修正可決後、衆議院で5月13日に同意して成立した。

5.15　〔法律〕**利息制限法公布**　「利息制限法」が公布された。4月19日に衆議院に提出され、30日、参議院で5月6日に可決され成立した。

5.19　〔法律〕**厚生年金保険法公布**　「厚生年金保険法」が公布された。3月29日に衆議院に提出され、4月22日の修正可決後、5月14日の参議院での修正可決に翌日衆議院が同意し成立したもの。

5.29　〔法律〕**教育2法案成立**　「義務教育諸学校における教育の政治的中立の確保に関する法律」、公立学校教員の政治活動の制限を強化する「教育公務員特例法の一部を改正する法律」

－ 135 －

1954年（昭和29年）　　　　　　　　　　　　　　　　　　　　　　　　　　　　　　　　日本議会政治史事典

の修正案回付案に衆議院が同意、成立した。6月3日公布。2月22日に衆議院に提出後、3月26日に修正可決、参議院で5月14日に修正されたもの。

6.2　〔法律〕**防衛2法案可決成立**　「防衛庁設置法」案、「自衛隊法」案が参議院で政府原案通り可決し、成立した。

6.3　〔国会〕**衆議院、警官隊を導入し会期延長を議決**　衆議院本会議が会期延長を巡って紛糾し乱闘騒ぎとなった。堤康次郎議長は警官隊を導入して2日間の会期延長を議決した。社会党は左右両派合同で堤議長の不信任案を提出したが、5日に否決された。

6.4　〔国会〕**変則国会はじまる**　社会党両派は会期延長を無効として以後の審議への不参加を共同声明で発表した。日本自由、労農、共産、の各党はこれに同調して審議を欠席。6月5日には野党欠席のもと、さらに10日間の会期延長。6月15日閉会。

6.7　〔法律〕**参院、警察法案中間報告請求**　参議院は議長職権により本会議を開き、社会党両派、無所属クラブが欠席する中、「警察法」案について中間報告を求めるの動議を可決、堀地方行政委員会理事が中間報告を行った。同日、可決成立させた。

6.8　〔法律〕**警察法案公布**　全面的に改定した「警察法」案が公布された。国家地方警察及び自治体警察を廃止し、都道府県警察、警察庁を設置する。

6.9　〔国会〕**社会党議員に懲罰動議**　堤康次郎衆議院議長、社会議員堤ツルヨ、山口シヅエを懲罰委員に付する旨宣告した。また、社会党議員大石ヨシエ他43名を懲罰委員会に付す動議を可決した。15日、45名を30日間の登院停止とする処分を決定した。浅沼稲次郎は懲罰にあたらずとした。

6.9　〔法律〕**自衛隊法公布**　「自衛隊法」が公布された。

6.10　〔政党〕**5党代表者会談**　国会紛糾の事態収拾のため、自由、社会左派、社会右派、改進、日本自由の5党代表者会談が開かれた。全員協議会の開会、自粛3法案成立のための臨時国会の召集を決定した。

6.15　〔国会〕**全員協議会開会**　衆議院本会議で全員協議会を開会、国会自粛に関する共同声明を可決した。

6.19　〔内閣〕**加藤法務大臣辞任**　加藤鐐五郎法務大臣が辞任し、後任に非議員の小原直が就任した。

6.21　〔法律〕**奄美群島復興特別措置法公布**　「奄美群島特別復興措置法」が公布された。衆議院で5月29日、参議院で6月15日に可決成立した。

7.1　〔政治〕**防衛庁設置、自衛隊発足**　保安庁を廃止し、総理府に防衛庁が設置された。初代長官に木村篤太郎保安長官が就任した。また、保安隊を改組して自衛隊が発足し、陸海空の3軍方式に拡大された。

9.25　〔外交〕**竹島問題の国際司法裁判所付託を提案**　竹島の領有問題で、政府は国際司法裁判所への提訴を韓国側に提案したが、10月28日韓国政府はこれを拒絶した。

9.26　〔外交〕**吉田首相、欧米7カ国歴訪**　吉田首相はカナダ、アメリカ、フランス、西ドイツ、イタリア、バチカン、イギリスの7カ国歴訪に出発した。

10.28　〔外交〕**日中・日ソ国交回復国民会議結成**　日中・日ソ国交回復国民会議が結成された。理事長に風見章。

11.5　〔外交〕**日本・ビルマ平和条約他調印**　日本ビルマ平和条約及び賠償協定・経済協力協定に調印した。

11.24　〔政党〕**日本民主党結成**　自由党離党派、改進党、日本自由党が合同し、日本民主党を結

－ 136 －

成した。総裁に鳩山一郎、副総裁に重光葵、幹事長に岸信介、政務調査会長に松村謙三、総務会長に三木武彦が就任。

11.30 〔国会〕**吉田首相、所信表明演説**　吉田首相は所信表明演説で、生産と貿易の計画的推進、災害対策等を表明した。

11.30 〔国会〕**第20回国会召集**　第20回臨時国会が召集された。

12.6 〔国会〕**衆院、内閣不信任決議案提出**　衆議院、自由党を除く各党が吉田内閣不信任決議案を提出した。

12.7 〔内閣〕**吉田内閣総辞職**　吉田内閣が総辞職した。

12.8 〔政党〕**自由党総会開催**　自由党両議員総会が開かれ、総裁に緒方竹虎を選出した。

12.9 〔国会〕**内閣総理大臣に鳩山一郎を指名**　衆参両院は、内閣総理大臣に日本民主党の鳩山一郎を指名した。

12.10 〔国会〕**第21回国会召集**　第21回通常国会が召集された。

12.10 〔内閣〕**第1次鳩山内閣成立**　第1次鳩山一郎内閣が成立した。大蔵大臣に非議員の一萬田尚登が登用された。

12.11 〔国会〕**衆院議長松永東当選**　衆議院は議長選挙を行い、日本民主党の松永東が当選した。

12.16 〔外交〕**ソ連外相が対日関係正常化について声明**　ソ連のモロトフ外相が、対日関係正常化の用意がある旨の声明を発表した。

12.22 〔内閣〕**第9条に対する政府の統一見解を発表**　衆議院予算委員会で、大村清一防衛庁長官は、憲法は自衛権を否定していない、自衛ため実力攻撃を阻止することは国際紛争解決のための武力行使とは違う、自衛隊のように自衛のため必要な範囲の部隊を設けることは違憲ではない等とする、憲法第9条に対する政府の統一見解を発表した。

1955年
（昭和30年）

1.4 〔外交〕**ビキニ被爆の補償について日米合意**　ビキニ被爆の補償について日米で合意した。

1.18 〔政党〕**社会党、左右両派統一促進決議**　社会党、左派・右派がそれぞれ臨時党大会を開き、共通の統一実現決議案を採択した。

1.22 〔国会〕**鳩山首相、施政方針演説**　鳩山一郎内閣総理大臣、施政方針演説を行う。

1.24 〔国会〕**衆議院解散**　衆議院解散。通称「天の声解散」。

1.25 〔外交〕**ソ連、国交正常化文書提示**　元ソ連代表部首席ドムニツキー、国交正常化に関する文書を提示。2月4日、対ソ国交正常化交渉の開始を決定。

2.27 〔選挙〕**第27回衆議院選挙**　第27回衆議院議員総選挙が行われた。革新派が躍進し、162議席となった。日本民主185、自由112、社会左派89、社会右派67、労農4、共産2、諸派1、無所属6。

1955年（昭和30年）   日本議会政治史事典

3.18　〔国会〕第22回国会召集　第22回特別国会が召集された（〜7月30日）。

3.19　〔内閣〕第2次鳩山内閣成立　第2次鳩山一郎内閣が成立。

3.29　〔法律〕鳩山首相、憲法改正希望を答弁　鳩山一郎内閣総理大臣、占領下における憲法は無効であると憲法改正希望を答弁。31日、発言撤回。

3.31　〔国会〕昭和30年度暫定予算成立　昭和30年度の暫定予算が成立した（24日提出）。

4.1　〔外交〕「婦人参政権に関する条約」調印　「婦人参政権に関する条約」に調印した。

4.12　〔内閣〕総務会長、保守合同について発言　三木武吉民主党総務会長、保守合同のためには鳩山一郎内閣総理大臣に固執しないと発言。

4.15　〔外交〕日中民間漁業協定調印　日中民間漁業協定が調印された。

4.18　〔外交〕バンドン会議開催　インドネシアのバンドンで、アジア・アフリカ会議（バンドン会議）が開催された。日本からは高碕達之助経済審議庁長官が代表として参加。平和10原則を採択。

4.19　〔外交〕日米防衛分担金削減交渉妥結　日米防衛分担金削減交渉が妥結した。

4.25　〔国会〕昭和30年度予算提出　昭和30年度の予算を国会に提出。6月8日衆議院で修正可決、7月1日参議院で可決成立。

4.25　〔国会〕鳩山首相、施政方針演説　鳩山一郎内閣総理大臣、施政方針演説を行う。

5.7　〔内閣〕米予約買付け制採用決定　米予約買付け制の採用が決定した。

5.17　〔国会〕昭和30年度暫定補正予算提出　昭和30年度の暫定補正予算を国会に提出。5月31日参議院で可決成立。

5.31　〔外交〕日米余剰農産物協定調印　日米余剰農産物協定が調印された。

6.1　〔外交〕日ソ交渉開始　松本俊一全権代表とヤコフ・マリク・ソ連駐英大使が会談、日ソ交渉がロンドンで開始された。

6.4　〔政党〕民主・自由党首会談　民主党党首鳩山一郎と自由党党首緒方竹虎が会談、保守結集の原則合意の共同声明を発表。

6.7　〔外交〕ガット加入のための議定書調印　関税及び貿易に関する一般協定（ガット）加入のための議定書に調印。9月10日正式加入。

6.11　〔法律〕鳩山首相、憲法改正の提案権は政府にありと発言　鳩山一郎内閣総理大臣、憲法改正の提案権は政府にありと発言。

7.5　〔法律〕清瀬議員、現行憲法をマッカーサー憲法と発言　清瀬一郎衆議院議員、現行憲法をマッカーサー憲法と発言。

7.9　〔外交〕日タイ特別円処理協定調印　日タイ特別円処理協定が調印された。

7.11　〔法律〕自主憲法期成議員同盟結成　自主憲法期成議員同盟が結成された。

7.20　〔政治〕経済企画庁設置　経済企画庁が設置された。

7.30　〔国会〕議院運営委員会紛糾　参議院議院運営委員会、「国防会議法」案・「憲法調査会法」案の継続審議をめぐって乱闘騒ぎに発展。両法案とも審議未了となる。

7.31　〔内閣〕杉原防衛庁長官辞任　杉原荒太防衛庁長官辞任。

− 138 −

| | 日本議会政治史事典 | 1956年（昭和31年） |

8.2　〔内閣〕**防衛閣僚懇談会設置を決定**　防衛閣僚懇談会設置が決定された。8月9日、防衛閣僚懇談会は昭和31年度自衛隊増強計画を決定。

8.5　〔内閣〕**米軍5飛行場の拡張を表明**　政府、米軍5飛行場の拡張を表明した。

8.23　〔外交〕**重光外相渡米**　重光葵外務大臣渡米。29日ジョン・フォスター・ダレス国務長官と会談、「日米安保条約」改正等について協議。

10.13　〔政党〕**社会党統一**　日本社会党統一大会開催。1951年10月に分裂していた左派と右派が統一された。

11.14　〔外交〕**日米原子力協定調印**　日米原子力協定が調印された。

11.15　〔政党〕**自由民主党結成**　自由党と日本民主党が合同して、自由民主党が結成された。保守合同。10月の社会党統一とともに「55年体制」が成立した。

11.15　〔政治〕**公務員制度調査会、改革を答申**　公務員制度調査会、改革を答申した。

11.22　〔国会〕**第23回国会召集**　第23回臨時国会が召集された（～12月16日）。

11.23　〔内閣〕**第3次鳩山内閣成立**　第3次鳩山一郎内閣成立。

12.2　〔国会〕**鳩山首相、所信表明演説**　鳩山一郎内閣総理大臣、所信表明演説。

12.6　〔外交〕**国連加盟決議案、衆院で可決**　国際連合への加盟決議案、衆議院で可決。

12.14　〔外交〕**日韓問題に関する決議案、衆院で可決**　日韓問題に関する決議案、衆議院で可決された。

12.15　〔外交〕**国連加盟について論議**　国際連合への加盟について論議。

12.16　〔法律〕**「原子力委員会設置法」「原子力基本法」成立**　「原子力委員会設置法」「原子力基本法」が参議院で可決成立した。12月19日公布。

12.20　〔国会〕**第24回国会召集**　第24回通常国会が召集された（～1956年6月3日）。

12.22　〔内閣〕**内閣制度七十周年記念式典**　内閣制度七十周年記念式典が行われた。

1956年
（昭和31年）

1.1　〔政治〕**総理府に原子力委員会設置**　総理府に原子力委員会を設置した。

1.17　〔外交〕**日ソ交渉再開**　日ソ交渉、ロンドンで再開される。3月20日、領土問題で対立、無期休会となる。7月31日交渉再開、8月13日再び決裂。

1.30　〔国会〕**昭和31年度予算提出**　昭和31年度の予算を国会に提出。2月28日衆議院で可決、3月27日参議院で可決成立。

1.30　〔国会〕**鳩山首相、施政方針演説**　鳩山一郎内閣総理大臣、施政方針演説を行う。

1.31　〔法律〕**鳩山首相、現行憲法に反対と発言**　鳩山一郎内閣総理大臣、軍備を持たない現行憲法には反対と発言。2月1日、社会党から鳩山首相に問責決議案が提出される。2月2日、発言取り消し。

1956年（昭和31年）　　　　　　　　　　　　　　　　　　　　　　　　　　　日本議会政治史事典

2.9　〔国会〕**原水爆実験禁止要望決議案可決**　「原水爆実験禁止要望決議案」、衆議院で可決される。10日、参議院でも可決。

2.11　〔法律〕**「憲法調査会法」案提出**　「憲法調査会法」案、衆議院に提出、3月29日可決、5月16日参議院で可決成立。

2.14　〔国会〕**昭和30年度補正予算提出**　昭和30年度の補正予算を国会に提出。2月17日衆議院で可決、2月20日参議院で可決成立。

2.29　〔国会〕**鳩山首相、敵基地侵略容認発言**　鳩山一郎内閣総理大臣、自衛のためなら敵基地を侵略してもよいと発言、直後に取り消し。3月1日、参議院で社会党から鳩山首相に戒告決議案、3月2日、衆議院で社会党から鳩山首相に引退勧告決議案が提出された。

3.1　〔法律〕**国防会議法案提出**　「国防会議の構成等に関する法律（国防会議法）」案、衆議院に提出、5月2日可決、6月3日参議院で可決成立。7月2日公布。

3.8　〔法律〕**「新教育委員会法」案提出**　「地方教育行政の組織及び運営に関する法律（新教育委員会法）」案、衆議院に提出、4月20日可決、6月2日参議院で可決成立。選挙で選出していた教育委員を知事等による任命とするもの。6月30日公布。

3.15　〔法律〕**清瀬議員、現行憲法をマッカーサー憲法と再び発言**　清瀬一郎文部大臣、再び現行憲法をマッカーサー憲法と発言。4月19日清瀬文相不信任決議案否決。

3.19　〔法律〕**「公職選挙法」改正案提出**　小選挙区制を導入する「公職選挙法の一部を改正する法律」案、国会に提出される。5月16日衆議院で修正可決するが、参議院で審議未了となる。

3.22　〔外交〕**日米技術協定調印**　日米技術協定に調印した。

3.30　〔内閣〕**行政機構改革案要綱を閣議決定**　行政機構改革案要綱を閣議決定した。

4.5　〔政党〕**自由民主党臨時党大会**　自由民主党は臨時党大会を開き、初めての総裁選を実施。総裁に鳩山一郎内閣総理大臣を選出。

4.29　〔外交〕**日ソ漁業交渉開始**　日ソ漁業交渉がモスクワで開始される。5月14日、河野一郎農林大臣とアレクサンドル・イシコフ漁業大臣が会見、「日ソ漁業条約」「海難救助協定」に調印。

5.9　〔外交〕**日比賠償協定調印**　日本・フィリピン両政府、賠償協定に調印。7月23日発効、国交正常化。

5.19　〔政治〕**総理府に科学技術庁設置**　総理府に科学技術庁を設置した。

6.2　〔国会〕**国会に警官隊導入**　「新教育委員会法」案をめぐる混乱のため、松野鶴平参議院議長は参院内に500人の警官隊を導入する。

6.11　〔法律〕**内閣に憲法調査会設置**　内閣に憲法調査会を設置した。

7.1　〔政治〕**運輸省に気象庁設置**　運輸省に気象庁を設置した。

7.2　〔内閣〕**内閣に国防会議設置**　内閣に国防会議を設置した。

7.6　〔政治〕**『経済白書』発表**　経済企画庁、経済白書『日本経済の成長と近代化』を発表。「もはや戦後ではない」と記された。

7.8　〔選挙〕**第4回参議院選挙**　第4回参議院議員通常選挙が行われた。革新派が議席の三分の一を上回り、憲法改正の発議は当面見送りに。自民287、社会166、共産1、諸派1、無所属12。

10.7　〔外交〕**日ソ交渉全権団出発**　日ソ交渉全権団、ソ連へ出発。19日「日ソ国交回復に関する共同宣言（日ソ共同宣言）」「通商航海に関する議定書」調印。12月5日、日ソ共同宣言批

－ 140 －

准、12月12日発効。

10.26 〔外交〕**国際原子力機関憲章調印** 「国際原子力機関憲章」に調印した。

11.12 〔国会〕**第25回国会召集** 第25回臨時国会が召集された（～12月13日）。

11.16 〔国会〕**鳩山首相、所信表明演説** 鳩山一郎内閣総理大臣、所信表明演説を行う。

12.12 〔国会〕**党首会談で国会正常化申合せ** 自由民主党の鳩山一郎内閣総理大臣と社会党の鈴木茂三郎委員長、党首会談を開いて国会の正常化を申し合わせる。

12.14 〔政党〕**自由民主党大会** 自由民主党の党大会が開催され、総裁に石橋湛山を選出した。

12.18 〔外交〕**日本、国連に加盟** 国連総会で日本の国連加盟案が採択され、日本が国際連合に加盟。

12.19 〔政治〕**国連加盟で大赦令** 国際連合加盟に伴って「大赦令」が公布される。

12.20 〔国会〕**第26回国会召集** 第26回通常国会が召集された（～1957年5月19日）。

12.23 〔内閣〕**石橋内閣成立** 石橋湛山内閣が成立。

1957年
（昭和32年）

1.16 〔政党〕**労農党解党大会** 労農党は解党大会を開き、社会党との合同を決定。

1.31 〔内閣〕**石橋首相、岸外相を首相代理に指名** 石橋湛山内閣総理大臣、病気のため岸信介外務大臣を首相臨時代理に指名する。

2.1 〔国会〕**昭和31年度補正予算提出** 昭和31年度の補正予算を国会に提出。3月8日衆議院で可決、3月22日参議院で可決成立。

2.1 〔国会〕**昭和32年度予算提出** 昭和32年度の予算を国会に提出。3月9日衆議院で可決、3月31日参議院で可決成立。

2.4 〔国会〕**岸首相代理、施政方針演説** 岸信介内閣総理大臣臨時代理、施政方針演説を行う。

2.8 〔外交〕**日本・ポーランド国交回復** 日本・ポーランド両政府、国交回復協定に調印。

2.13 〔外交〕**日本・チェコスロバキア国交回復** 日本・チェコスロバキア両政府、国交回復議定書に調印。

2.14 〔外交〕**日ソ漁業委員会設置** 日ソ漁業委員会が設置され、東京で初会合が開かれた。

2.15 〔内閣〕**内閣に臨時食糧管理調査会設置** 内閣に臨時食糧管理調査会を設置した。

2.23 〔内閣〕**石橋内閣総辞職** 石橋湛山内閣が総辞職した。

2.25 〔内閣〕**第1次岸内閣成立** 第1次岸信介内閣が成立。石橋内閣の全閣僚が留任、岸首相は外相兼任。

2.27 〔国会〕**岸首相、所信表明演説** 岸信介内閣総理大臣、所信表明演説を行う。石橋内閣の施政方針を引き継ぐと表明。

－ 141 －

1957年（昭和32年）   日本議会政治史事典

2.28　〔国会〕**衆議院解散要求を否決**　27日に「社会党」の提出した衆議院解散要求に関する決議案を否決。

3.13　〔国会〕**昭和31年度補正予算第二号提出**　昭和31年度の補正予算第二号を国会に提出。3月19日衆議院で可決、3月22日参議院で可決成立。

3.15　〔外交〕**原水爆禁止決議可決**　「原水爆の禁止に関する決議」案、参議院で可決。

3.21　〔政党〕**自由民主党大会**　自由民主党の党大会が開催され、総裁に岸信介を選出した。

4.15　〔政治〕**総理府に雇用審議会設置**　総理府に雇用審議会を設置した。

4.25　〔国会〕**核兵器保有は違憲**　小滝彬防衛庁長官、参議院の内閣委員会で、攻撃的核兵器の保有は違憲との政府統一見解を表明した。

5.7　〔国会〕**岸首相、自衛のための核兵器の保有は合憲と発言**　岸信介内閣総理大臣、参議院の内閣委員会で、自衛の範囲内の核兵器保有は合憲と発言。

5.20　〔外交〕**岸首相、東南アジア6ヵ国訪問に出発**　岸信介内閣総理大臣、東南アジア6ヵ国訪問に出発（～6月4日）。各国首脳にアジア開発基金構想を提示した。

6.3　〔外交〕**岸首相、蔣介石総統と会談**　岸信介内閣総理大臣、台北で蔣介石台湾総統と首脳会談。

6.14　〔内閣〕**防衛力整備計画決定**　国防会議、第1次防衛力整備計画を決定。

6.16　〔外交〕**岸首相渡米**　岸信介内閣総理大臣、アメリカへ出発（～7月1日帰国）。21日、ドワイト・D.アイゼンハワー大統領と日米首脳会談で共同声明発表。

7.10　〔内閣〕**第1次岸内閣改造内閣成立**　第1次岸信介改造内閣が成立。藤山愛一郎を民間から外務大臣に起用。

8.1　〔内閣〕**内閣・総理府分離**　内閣と総理府を分離する。

8.1　〔外交〕**アメリカ、在日米地上軍の撤退開始を発表**　アメリカ政府、在日米地上軍の撤退開始を発表。

8.6　〔外交〕**日米安全保障委員会発足**　日米安全保障委員会が発足した。

8.13　〔法律〕**憲法調査会初会合**　憲法調査会の初めての会合が開かれる。社会党は不参加。

9.14　〔外交〕**安全保障に関する日米公文交換**　「日米安全保障条約」と「国際連合憲章」との関係に関する日米公文交換。

9.24　〔外交〕**国連総会に核実験停止決議案提出**　日本政府、国際連合の総会に核実験停止決議案を提出した。

9.28　〔政治〕**初の『外交青書』発表**　外務省、初の外交青書『わが外交の近況』を発表。

10.1　〔外交〕**日本、国連安保理非常任理事国に**　日本、国際連合安全保障理事会非常任理事国に選出。

10.4　〔外交〕**インドのネール首相来日**　インドのジャワハルラール・ネール首相が来日した（～10月14日）。

11.1　〔国会〕**岸首相、施政方針演説**　岸信介内閣総理大臣、施政方針演説を行う。

11.1　〔国会〕**第27回国会召集**　第27回臨時国会が召集された（～14日）。

– 142 –

日本議会政治史事典　　　　　　　　　　　　　　　　　　　　　　　　　　　　　　1958年（昭和33年）

11.14　〔法律〕「中小企業団体法」成立　　「中小企業団体の組織に関する法律（中小企業団体法）」が13日参議院で可決、14日衆議院で可決成立した。

11.18　〔外交〕岸首相、東南アジア9ヵ国訪問に出発　　岸信介内閣総理大臣、東南アジア9ヵ国訪問に出発（～12月8日）。

12.6　〔外交〕「日ソ通商条約」調印　　「日ソ通商条約」が調印された。

12.17　〔内閣〕経済目標・長期経済計画閣議決定　　昭和33年度経済目標・経済運営の基本的態度・新長期経済計画を閣議決定した。

12.19　〔外交〕日米安保委員会、空対空誘導弾受入れ決定　　日米安保委員会、空対空誘導弾の受入れを決定した。

12.20　〔国会〕第28回国会召集　　第28回通常国会が召集された（～1958年4月25日）。

1958年
（昭和33年）

1.20　〔外交〕日本・インドネシア間平和条約調印　　「日本・インドネシア間平和条約調印」、賠償協定、貿易焦げつき債権放棄の議定書に調印。

1.29　〔国会〕岸首相、施政方針演説　　岸信介内閣総理大臣、施政方針演説を行う。

1.29　〔国会〕昭和33年度予算提出　　昭和33年度の予算を国会に提出。3月3日衆議院で可決、3月31日参議院で可決成立。

1.29　〔外交〕スカルノ大統領来日　　インドネシアのスカルノ大統領、来日（～2月15日）。

1.30　〔国会〕一萬田蔵相、インドネシア債権放棄への予算措置について遺憾の意を表明　　一萬田尚登大蔵大臣、インドネシア貿易での焦げつき債権放棄に対する予算措置について遺憾の意を表明。

2.4　〔外交〕日印通商協定調印　　日本・インド通商協定・円借款協定に調印。

2.8　〔外交〕藤山外相、ベトナム賠償について発言　　藤山愛一郎外務大臣、南ベトナムとの賠償には北ベトナムも含むという見解を発言。

2.16　〔政党〕沖縄社会党結成　　沖縄社会党が結成された。

3.5　〔外交〕第4次日中民間貿易協定調印　　第4次日中民間貿易協定が北京で調印された。

3.12　〔政治〕公務員の政治活動制限は合憲　　最高裁判所、「公務員法」により一般職公務員の政治活動を制限することは合憲であると判決。

4.4　〔外交〕米英ソに核実験停止要望　　日本政府、アメリカ・イギリス・ソ連に核実験停止要望を申し入れる。

4.18　〔政党〕自民・社会党首会談　　自由民主党の岸信介内閣総理大臣と社会党の鈴木茂三郎委員長、党首会談を開いて内閣不信任案提出・解散について合意。

4.18　〔外交〕原水爆実験禁止に関する決議案可決　　原水爆実験禁止に関する決議案、衆議院で可決される。21日、参議院でも可決。

－ 143 －

1958年（昭和33年）　　　　　　　　　　　　　　　　　　　　　　　　　日本議会政治史事典

4.25　〔国会〕**衆議院解散**　衆議院解散。通称「話し合い解散」。

4.25　〔外交〕**日韓会談再開**　日韓会談が全面再開された。

5.22　〔選挙〕**第28回衆議院選挙**　第28回衆議院議員総選挙が行われた。二大政党になって最初の総選挙で、投票率76.99％と戦後最高になった。全国区52名（うち補欠2名）、自民19、社会21、緑風5、共産1、諸派1、無所属5。地方区75名、自民42、社会28、共産1、無所属4。

6.10　〔国会〕**第29回国会召集**　第29回特別国会が召集された（〜7月8日）。

6.12　〔内閣〕**第2次岸内閣成立**　第2次岸信介内閣が成立。石橋内閣の全閣僚が留任、岸首相は外相兼任。

6.16　〔外交〕**日英・日米原子力協定調印**　日英原子力協定・日米原子力協定が調印された。

6.17　〔国会〕**岸首相、所信表明演説**　岸信介内閣総理大臣、所信表明演説を行う。

6.18　〔法律〕**「管理職手当法」改正**　「市町村立学校職員給与負担法の一部を改正する法律（管理職手当法）」、国会に提出。27日衆議院で可決、7月4日参議院で可決成立。7月9日公布。

7.21　〔政党〕**日本共産党大会**　11年ぶりに第7回日本共産党大会開催、議長野坂参三に、書記長に宮本顕治を選出。

8.22　〔国会〕**次期主力戦闘機選定で論議**　衆議院決算委員会で、次期主力戦闘機の機種選定について論議。

9.11　〔外交〕**日米安保条約改定で合意**　藤山愛一郎外務大臣とジョン・フォスター・ダレス国務長官が東京で会談し、「日米安保条約」改定交渉で合意した。10月4日、東京で改定交渉開始。

9.26　〔外交〕**インド大統領来日**　インドのラジェンドラ・プラサド大統領、来日（〜10月4日）。

9.29　〔国会〕**第30回国会召集**　第30回臨時国会が召集された（〜12月7日）。

9.30　〔国会〕**岸首相、施政方針演説**　岸信介内閣総理大臣、施政方針演説を行う。

10.8　〔法律〕**改正「警職法」案提出**　「警察官職務執行法の一部を改正する法律（警職法）」案が国会に提出され、与野党で激しく対立。

10.15　〔外交〕**日本・ラオス経済協力協定提出**　日本・ラオス経済及び技術協力協定締結の承認を求める件を衆議院に提出。28日承認、31日参議院承認、1959年1月23日発効。

10.31　〔外交〕**新安保条約では西太平洋は範囲外と言明**　岸信介内閣総理大臣、衆議院の外務委員会で新「日米安保条約」では西太平洋は条約適用範囲外と言明した。

11.4　〔国会〕**抜き打ち会期延長**　国会の会期延長を衆議院で強行議決。社会党、会期延長無効を主張して審議拒否。

11.22　〔政党〕**自民・社会党首会談**　自由民主党の岸信介内閣総理大臣と社会党の鈴木茂三郎委員長、党首会談を開いて「警職法」の改正は審議未了とすること、衆議院を自然休会とすること等で合意。

12.2　〔外交〕**フィリピン大統領来日**　フィリピンのガルシア大統領来日（〜12月6日）、参議院で演説。

12.10　〔国会〕**第31回国会召集**　第31回通常国会が召集された（〜5月2日）。

12.10　〔法律〕**最低賃金法案提出**　「最低賃金法」案、衆議院に提出、1959年2月26日可決、4月3日参議院で修正、4月7日衆院同意成立。4月15日公布。

－ 144 －

日本議会政治史事典　　　　　　　　　　　　　　　　　　　　　　　　1959年（昭和34年）

12.27　〔内閣〕**自民党3閣僚辞任**　自由民主党反主流派の池田勇人国務大臣・三木武夫経済企画
　　　　　庁長官兼科学技術庁長官　・灘尾弘吉文部大臣の3閣僚が辞表を提出、31日辞任。

1959年
（昭和34年）

1.12　〔内閣〕**岸内閣改造**　橋本龍伍文部大臣・世耕弘一経済企画庁長官・坂田道太厚生大臣・
　　　　　伊能繁次防衛庁長官任命、通産大臣高碕達之助が科学技術庁長官兼任。

1.23　〔国会〕**昭和34年度予算提出**　昭和34年度の予算を国会に提出。3月3日衆議院で可決、3
　　　　　月31日参議院で可決成立。

1.24　〔政党〕**自由民主党大会**　自由民主党の党大会が開催され、総裁に岸信介を再選出した。

1.25　〔外交〕**藤山外相、安保条約改定について発言**　藤山愛一郎外務大臣、3月中に「日米
　　　　　安全保障条約」改定調印、沖縄・小笠原は区域外と発言。

1.27　〔国会〕**岸首相、施政方針演説**　岸信介内閣総理大臣、施政方針演説を行う。

2.4　〔法律〕**国民年金法案提出**　「国民年金法」案、衆議院に提出、3月24日可決、4月8日参
　　　　　議院で修正、4月9日衆院同意成立。4月16日公布、11月1日施行。

2.18　〔外交〕**藤山外相、安保条約試案発表**　藤山愛一郎外務大臣、「日米安全保障条約」の改
　　　　　定試案（藤山試案）を発表。

2.19　〔法律〕**社会党、最低賃金法案採決で審議拒否**　「最低賃金法」案の採決に抗議して社
　　　　　会党が審議拒否決定。

3.2　〔外交〕**日本・カンボジア経済技術協力協定調印**　日本・カンボジア経済技術協力協定
　　　　　が調印された。

3.9　〔国会〕**防御用核兵器使用は合憲と言明**　政府は参議院予算委員会で、核弾頭を搭載し
　　　　　たロケット弾「オネスト・ジョン」を防御用兵器として使用することは違憲ではないと言
　　　　　明。12日にも防御用小型核兵器は合憲と言明。

3.9　〔外交〕**浅沼訪中施設団長、米帝国主義は日中両国の敵と発言**　浅沼稲次郎社会党訪
　　　　　中使節団長、「アメリカ帝国主義は日中両国人民共同の敵」と発言。17日、中国政府と共同
　　　　　声明を発表。

3.19　〔内閣〕**攻撃的兵器を持つことは憲法の趣旨ではないとの政府統一見解を発表**　伊
　　　　　能繁次防衛庁長官、衆議院内閣委員会で、攻撃的兵器を持つことは憲法の趣旨ではないとの
　　　　　政府統一見解を発表。

3.28　〔政治〕**安保改定阻止国民会議結成**　社会党・総評などで日米安保条約改定阻止国民会
　　　　　議を結成。

3.30　〔事件〕**東京地裁、米軍駐留は違憲なため砂川事件被告は無罪と判決**　東京地裁、
　　　　　「日米安全保障条約」によるアメリカ軍の駐留は違憲なため、砂川事件の全被告は無罪と判
　　　　　決（伊達判決）。12月16日、最高裁が破棄差し戻し。

4.13　〔外交〕**安保条約改定交渉再開**　「日米安全保障条約」改定交渉再開。

－ 145 －

1959年（昭和34年）　　　　　　　　　　　　　　　　　　　　　　　　　日本議会政治史事典

4.15　〔政治〕**安保改定阻止国民会議、第1次統一行動**　日米安保条約改定阻止国民会議、第1次統一行動を東京で開催。

5.1　〔法律〕**「防衛庁設置法」「自衛隊法」改正**　改正「防衛庁設置法」・改正「自衛隊法」が参議院で可決成立。

5.13　〔外交〕**日本・南ベトナム賠償協定調印**　日本・ベトナム共和国（南ベトナム）間賠償協定・借款協定が調印された。

6.2　〔選挙〕**第5回参議院選挙**　第5回参議院議員通常選挙が行われた。社会党が票を伸ばせず、自民党が安定過半数を獲得。全国区52名（うち補欠2名）、自民22、社会17、緑風4、共産1、諸派1、無所属7。地方区75名、自民49、社会21、緑風2、無所属3。

6.18　〔内閣〕**第2次岸改造内閣成立**　第2次岸信介改造内閣が成立。

6.22　〔国会〕**第32回国会召集**　第32回臨時国会が召集された（～7月3日）。

6.25　〔国会〕**岸首相、所信表明演説**　岸信介内閣総理大臣、所信表明演説を行う。

7.2　〔外交〕**日加原子力協定調印**　日本・カナダ原子力協定が調印された。

7.11　〔外交〕**岸首相、欧州・中南米11ヵ国訪問に出発**　岸信介内閣総理大臣、ヨーロッパ・中南米11ヵ国訪問に出発（～8月11日）。

8.12　〔外交〕**日韓会談再開**　第4次日韓全面会談が再開された。

9.13　〔政党〕**社会党大会で西尾末広を統制委員会へ**　日本社会党大会で、西尾末広を党規違反により統制委員会へ付する決議案を採択。16日、西尾派、社会党再建同志会を結成。

10.12　〔外交〕**日本、国連経済社会理事国に**　国連総会で、日本が国際連合の経済社会理事会の理事国に選ばれる。

10.25　〔政党〕**社会党分裂**　西尾末広の社会党再建同志会は日本社会党から離党、社会クラブ結成。

10.26　〔国会〕**第33回国会召集**　第33回臨時国会が召集された（～12月27日）。

10.26　〔外交〕**ガット総会開催**　関税及び貿易に関する一般協定（ガット）の総会が東京で開催された。

10.28　〔国会〕**岸首相、災害対策等について演説**　岸信介内閣総理大臣、災害対策等について演説を行う。

10.31　〔政治〕**初の『教育白書』発表**　文部省、初の教育白書『わが国の教育水準』を発表。

11.6　〔政治〕**国防会議、次期主力戦闘機を決定**　国防会議は次期主力戦闘機にロッキードF104C改装型を採用することを決定した。

11.16　〔外交〕**藤山外相、在日米軍の出動範囲について発言**　藤山愛一郎外務大臣、参議院予算委員会で在日米軍の極東外への出動は自由と発言。18日、極東に限定と修正。

11.20　〔外交〕**国連総会、軍縮共同決議案等採択**　国際連合、総会で軍縮共同決議案・核拡散防止決議案・児童の権利に関する宣言を採択。

11.25　〔政党〕**社会党河上派離党**　日本社会党河上派12人離党。27日、民社クラブ結成。

11.27　〔事件〕**安保改定阻止国民会議のデモ、国会乱入**　日米安保条約改定阻止国民会議、第8次統一行動を東京で開催。デモ隊の一部が国会構内に乱入。

－ 146 －

11.30	〔政党〕**民主社会主義新党準備会結成**	社会クラブ・民社クラブ、民主社会主義新党準備会を結成した。

11.30　〔政党〕**民主社会主義新党準備会結成**　社会クラブ・民社クラブ、民主社会主義新党準備会を結成した。

12.2　〔法律〕**国会周辺のデモ規制立法化を要請**　加藤鐐五郎衆議院議長、国会周辺のデモ規制立法化を自民党・社会党・社会クラブ・民社クラブの4党に要請。

12.21　〔法律〕**デモ規制法案提出**　「国会の審議権の確保のための秩序保持に関する法律（デモ規制法）」案、衆議院に提出。

12.23　〔外交〕**日本・ベトナム賠償協定を承認**　日本・ベトナム間賠償協定・借款協定を承認。

12.28　〔政党〕**民主社会クラブ結成**　社会クラブ・民社クラブは合同して、民主社会クラブを結成した。

12.29　〔国会〕**第34回国会召集**　第34回通常国会が召集された（〜1960年7月15日）。

1960年
（昭和35年）

1.6　〔外交〕**日米新安保条約・新行政協定交渉が妥結**　藤山愛一郎外相、マッカーサー駐日米国大使と会談し、新安保条約及び新行政協定を妥結。

1.19　〔外交〕**日米新安保条約・日米新行政協定に調印**　岸信介首相ほか日米新安保条約調印全権団が調印のため渡米。19日日米新安保条約・日米新行政協定に調印。同日、岸首相とドワイト・D.アイゼンハワー大統領の日米首脳会談が行われ、事前協議については日本の意思を尊重するとの共同声明を発表した。24日帰国。

1.24　〔政党〕**民主社会党結党大会**　日本社会党右派の国会議員が活動方針の違いから党を分離し、民主社会党を結成。代表に西尾末広、書記長に曽祢益が就任した。

1.27　〔外交〕**ソ連、日米新安保条約を非難**　ソ連は、日米新安保条約を非難。外国軍隊が撤退しない限り、歯舞島・色丹島は引き渡さないと通告した。

1.30　〔政党〕**緑風会、参議院同志会に改称**　1947年5月に緑風会が結成され、参議院議員76人を擁し第一党となるが、その後の選挙で議員数が徐々に減少し10人の小会派となる。無所属クラブに大同団結を呼びかけるも、名称が障害となったため、緑風会を解散し、参議院同志会として再結成された。

2.1　〔国会〕**加藤衆院議長が辞任**　加藤衆議院議長が辞任し、清瀬一郎が後任議長に就任。同日岸信介首相が、衆議院で施政方針演説を行う。

2.1　〔国会〕**「極東」の範囲の政府統一見解**　岸信介首相は、衆議院予算委員会で新安保条約における「極東」の範囲を、「フィリピン以北、日本の周辺」とし中国沿岸や沿海州は含まないという政府統一見解を答弁。しかし、10日には同委員会において、「北千島は含まず、金門・馬祖島は含まれる」と答弁。さらに3月1日には、自民党三木武夫・松村謙三派が、石井総務会長に、金門・馬祖島を含めることに反対の申し入れを行った。

2.19　〔外交〕**日米安保特委、国会の修正権など論議**　日米安保特別委員会は、審議を開始し、条約の提出形式、国会の修正権の有無などを論議。

2.24　〔政党〕**社会党臨時大会を開催**　社会党は臨時大会を開催し、委員長に浅沼稲次郎、書記

1960年（昭和35年）　　　　　　　　　　　　　　　　　　　　　　　　日本議会政治史事典

　　　長に江田三郎を選出した。

3.25　〔外交〕アデナウァー西独首相が来日　　コンラート・アデナウァー西ドイツ首相が来日。

4.15　〔外交〕第4次日韓会談が全面再開　　第4次日韓会談が全面再開。

4.20　〔外交〕在日米軍への防衛義務は個別的自衛権　　岸信介首相は、衆議院日米安保特別委
　　　員会において、自衛隊の在日米軍への防衛義務は集団的自衛権ではなく、個別的自衛権の発
　　　動と答弁。

4.26　〔外交〕安保改定阻止国民会議、国会請願デモ　　日米安全保障条約の改定に反対する安
　　　保改定阻止国民会議は第15次統一行動として、国会へ終日請願デモを行い、全学連や警官隊
　　　と衝突した。5月14日には10万人による2回目の国会請願デモを行った。社会党は、請願署名
　　　者数を1350万人と発表した。

5.9　〔政治〕衆院安保特委、厚木米軍基地問題を追及　　社会党、民社党は、衆議院安保特別
　　　委員会で、厚木米軍基地問題を追及。岸信介首相は、在日U2型機にスパイ行為があれば、米
　　　国に厳重に抗議すると言明した。

5.19　〔法律〕安保関連法案、自民党による強行採決　　衆議院安保特委は、自民党による質疑
　　　打ち切りと、新安保条約・新行政協定の承認及び関係法令3案の一括採決を強行し激しいも
　　　み合いとなる。清瀬一郎衆議院議長は、同日夜11時すぎに警官隊500人を国会内に導入し、衆
　　　院本会議を強行開会。社会党・民社党不在の中、50日の会期延長が単独可決された。翌20日
　　　午前0時6分から開会した本会議では、同じく野党及び与党反主流派不在の中、日米新安保
　　　条約の締結・新行政協定の承認及び日米安保条約等関係法令整理法案を可決。野党は、会期
　　　延長や新安保条約の議決の無効、衆議院解散を要求し、国会の空白状態となる。

5.20　〔政治〕ソ連、U2型機日本駐留を非難　　ソ連政府は、在日米軍のU2型機のソ連領空侵
　　　犯について抗議し、日米新安保条約を非難する。

5.20　〔外交〕全国各地の各界で安保強行採決反対　　日本婦人団体連合会、日本YMCA、日本
　　　文芸家協会、新安保反対関西各界懇談会など、日本各地の各界で新安保の強行採決反対と岸
　　　内閣の退陣、国会解散を求める声明などが相次いだ。また、全学連主流派は、首相官邸に乱
　　　入し、警官隊と衝突した。

5.24　〔外交〕社党委員長、米大使に大統領訪日延期を要請　　浅沼稲次郎社会党委員長は、
　　　マッカーサー駐日米国大使に対し、ドワイト・D.アイゼンハワー大統領の訪日延期を申し入
　　　れた。6月16日には閣議で大統領の訪日延期要請を決定した。

5.26　〔国会〕参院本会議、50日間の会期延長　　参議院は、衆議院の日米安保条約関連法案強
　　　行採決により社会党、民主社会党、無所属クラブ、共産党が欠席する中、自民党・参議院同
　　　志会のみで50日間の会期延長を採択した。

5.28　〔政治〕岸首相、政局収拾で所信表明　　岸信介首相は、記者会見において日米安保反対
　　　の抗議デモに関連して、政局収拾のために所信表明。政局の転換は考えない。また、「声な
　　　き声にも耳を傾けなければならない」「今のは声ある声だけだ」として、「声ある声」を批判。

5.30　〔国会〕参院同志会、国会正常化まで審議拒否を決定　　参議院同志会は、国会の正常化
　　　まで審議拒否することを決定。

6.1　〔政党〕社会党、代議士会で議員総辞職の方針　　社会党、代議士会において議員総辞職
　　　の方針を決定した。6月2日には民主社会党に協力を要請するが、3日拒否される。

6.4　〔外交〕安保改定阻止第1次実力行使　　日米安保改定阻止第1次実力行使（6.4統一行動）
　　　に総評、中立系組合など76単産参加。国電が始発から運休となるなど、全国で交通ストライ
　　　キ、小売店約2万店の閉店ストライキが行われた。

－ 148 －

| | | 日本議会政治史事典 | 1960年（昭和35年） |

6.8 〔国会〕**最高裁、衆議院解散の有効無効は権限外** 最高裁は、苫米地訴訟において、衆議院解散の有効・無効の審査は高度の政治性をもつため、司法裁判所の権限外にあると判決を下した。

6.8 〔国会〕**参院自民党、安保特別委を単独開始** 参議院自民党は、安保特別委員会を開き、単独にて審議を開始。日米新安保条約関係諸議案の提案理由を聴取した。

6.15 〔外交〕**安保改定阻止国民会議統一行動** 安保改定阻止国民会議統一行動を実施。全国で111単産が参加した。この日、右翼団体が国会デモ隊に暴行を加える事件が発生。また、全学連数千人が、国会構内に突入し、警官隊と衝突。当時東大生の樺美智子さんが死亡したほか、負傷者多数となった。

6.17 〔国会〕**在京7新聞社、共同宣言** 朝日新聞社、読売新聞社、毎日新聞社、日経新聞社、産経新聞社、東京新聞社、東京タイムズの在京7社は、6月15日に国会内で起きた流血事件を憂慮し、「暴力を排し議会主義を守れ」と題した共同宣言を行った。

6.17 〔事件〕**社会党顧問、右翼少年に刺される** 社会党顧問の河上丈太郎、議員面会所で右翼少年に刺され、重傷を負う。

6.18 〔外交〕**安保改正阻止国民会議統一行動** 日米新安保条約、協定が自然承認される18日、全国で安保改定阻止国民会議統一行動を実施。東京では33万人が国会デモを行い、徹夜で国会を包囲した。

6.18 〔外交〕**日米新安保条約・行政協定自然承認** 日米新安保条約締結について承認を求める件、日米新行政協定の締結について承認を求める件、衆議院送付から30日目にあたる18日までに参議院議決に至らず、憲法第61条により衆院の議決が国会の議決となる自然承認となった。

6.20 〔外交〕**参院、日米安保関係法令整理法案可決** 参議院で、「日米安保条約等関係法令整理法」案が自民党単独で可決成立した。

6.23 〔内閣〕**岸首相、退陣を表明** 岸信介首相、閣議において退陣を表明。7月15日第2次岸内閣は総辞職した。

6.23 〔外交〕**日米新安保条約・行政協定が発効** 新安保条約批准書を交換し、「日米新安保条約」、「日米新行政協定」が発効した。

7.1 〔政治〕**自治省を設置** 自治庁を改組し、自治省を設置した。

7.14 〔政党〕**自由民主党、池田総裁を選出** 自由民主党は、党大会において岸信介総裁の退陣表明を受け、池田勇人総裁を選出した。同日、首相官邸での池田新総裁就任レセプションで、岸首相が暴漢に襲われ負傷する。

7.18 〔国会〕**第35回国会召集** 第35回臨時国会が召集された。会期を7月22日までの5日間とする。同日内閣総理大臣に自民党の池田勇人が指名される。

7.19 〔内閣〕**第1次池田内閣が成立** 第1次池田勇人内閣が成立。初の女性大臣として中山マサが厚生大臣に就任。

9.5 〔政治〕**池田首相、所得倍増政策を発表** 池田勇人首相は、高度成長及び所得倍増計画を発表。

9.6 〔外交〕**小坂外相、訪韓し、日韓共同声明を発表** 小坂善太郎外相は、戦後初の政府代表として韓国を訪問。日韓共同声明を発表した。翌7日帰国。

9.8 〔外交〕**第一回日米安保協議委員会開会** 第一回日米安保協議委員会を開催。

– 149 –

1961年（昭和36年）   日本議会政治史事典

9.29　〔外交〕第4回列国議会同盟東京会議を開催　東京において、第4回列国議会同盟会議を
　　　開催。参議院議場で開会式を行い、議長に清瀬一郎を選出。10月7日に軍縮決議案などを採
　　　択して閉会した。

10.12　〔事件〕浅沼稲次郎社会党委員長、刺殺される　日本社会党の浅沼稲次郎委員長が、日
　　　比谷公会堂で行われた三党党首演説会において演説中、突然壇上に上がった右翼少年に刺さ
　　　れ死亡した。犯人は、愛国党から全アジア反共青年連盟に転じた17歳の少年で、その後留置
　　　場内で縊死した。また、同日山崎巌公安委員長は辞意を表明した。10月18日池田勇人首相
　　　が、衆議院本会議で追悼演説を行い、20日には社会党葬が行われた。

10.13　〔内閣〕山崎公安委員長・自治相が辞任　10月12日の浅沼稲次郎社会党委員長刺殺事件
　　　に際し、山崎巌国家公安委員長・自治相が引責辞任。後任に、周東英雄が任命された。

10.17　〔国会〕第36回国会召集　第36回臨時国会が召集され、翌18日開会。衆議院で「公明選
　　　挙に関する決議案」、「暴力排除に関する決議案」を可決。参議院でも「暴力排除に関する決
　　　議案」を可決し、24日衆院を解散した。会期は10日間であったが、解散のため実質会期は
　　　8日間だった。

11.20　〔選挙〕第29回衆議院選挙　10月24日の衆議院の解散を受け、第29回衆議院議員総選挙
　　　が行われた。選挙結果は、自民296議席、社会145議席、民社17議席、共産3議席、諸派1議
　　　席、無所属5議席。

12.5　〔国会〕第37回国会召集　衆議院総選挙を受け、第37回特別国会が召集された。第1次池
　　　田内閣が総辞職。衆院では、議長の人選を巡り紛糾するが、12月7日議長選挙により無所属
　　　の清瀬一郎が当選、再任。副議長には社会党の久保田鶴松が選出される。また、内閣総理大
　　　臣には池田勇人が指名される。22日閉会。

12.8　〔内閣〕第2次池田内閣が成立　池田勇人が内閣総理大臣に任命され、第2次池田勇人内
　　　閣が成立した。

12.12　〔国会〕池田首相、所信表明演説　池田勇人首相は、衆参両院において所信表明演説を
　　　行い、選挙公明化の検討、日米関係の緊密化・アジアアフリカ諸国との経済交流進展などを
　　　表明した。

12.24　〔国会〕議会開設70周年式典　議会開設70周年式典が開催された。

12.26　〔国会〕第38回国会召集　第38回通常国会が召集された。会期は150日間、延長1回15日
　　　間で1961年6月8日まで開かれた。

12.27　〔政治〕閣議において、国民所得倍増計画を決定　池田勇人首相は、閣議において、国
　　　民所得倍増計画及び治山事業10か年計画を決定した。首相の諮問機関である経済審議会の答
　　　申を受けたもので、その後の高度経済成長政策への誘導計画となった。

1961年
（昭和36年）

1.28　〔国会〕衆院、昭和36年度予算案を提出　衆議院は、昭和36年度の予算案（1兆9527億
　　　円、財投7292億円）を提出した。4月1日成立。前年度比24.4％増の所得倍増計画1年目の積極
　　　的な予算となった。

1.29　〔国会〕昭和35年度予算国会提出　昭和35年度予算案が国会に提出された。

－ 150 －

日本議会政治史事典			1961年（昭和36年）

1.30 〔国会〕池田首相、施政方針演説　池田勇人首相は、衆参両院で施政方針演説を行い、寛容と忍耐の精神、安全保障体制の堅持、国民所得倍増計画などを表明した。

2.5 〔政党〕社会党、構造改革論を軸とする新運動方針　日本社会党中央執行委員会は、構造改革論を軸とする新たな運動方針を決定した。「平和革命論」の一つで、社会主義を目指すならば、独占資本の構造を崩すために生産関係に労働者が積極的に介入する必要があり、その中で、部分的な改革をかちとり、それによって広範な日常的要求に応えることが可能になるという論。

2.21 〔政治〕暴力犯罪防止対策要綱を決定　閣議において、「暴力犯罪防止対策要綱」を決定した。

3.8 〔政党〕日本社会党大会を開催　日本社会党大会を開き、河上丈太郎を委員長に選出した。

3.31 〔法律〕港湾整備緊急措置法を公布　「港湾整備緊急措置法」を公布した。

4.1 〔政治〕国民皆保険、拠出制国民年金が発足　国民皆保険と拠出制国民年金が発足。

4.27 〔法律〕参院、防衛2法が可決　参議院で、防衛2法（「防衛庁設置法」、「自衛隊法」改正案が可決、成立。6月12日公布。8月1日施行した。

4.29 〔法律〕農業基本法が可決　衆議院において社会・共産党欠席の中、「農業基本法」が強行可決した。6月6日参議院を通過し、6月12日公布される。日本の農業政策の目的と基本方針を規定した宣言的な法律で、規模拡大と近代化を目指す農業の構造改革と米麦から畜産や果樹などへの選択的な拡大によって、農業と他産業との経済的社会的格差を是正することが目的であった。

5.10 〔外交〕ガリオア・エロア両債務の返済交渉申し入れ　小坂善太郎外相は、ライシャワー駐日米国大使にガリオア・エロア両債務の返済交渉の開始を申し入れる。6月10日には債務返済に関する日米両国の覚書に署名した。ガリオアは占領地救済基金、エロアは占領地経済復興援助基金のことで、日本側の試算で総額17億500余万ドルと言われる。当初、援助ということであったが、のちに債務として返済することとなり、4億9000万ドルを年利2.5%、15年で計算し国の特別会計に計上された。1962年1月9日対米債務返済協定に署名。

6.19 〔外交〕池田首相、米国・カナダ訪問　池田勇人首相と小坂善太郎外相は、日米首脳会談のために米国、カナダ訪問に出発。6月22日、ジョン・F.ケネディ大統領との日米首脳会談において日米貿易経済合同、教育文化、科学の3委員会設置に合意し、日米共同声明を発表。6月30日帰国。

7.18 〔内閣〕第2次防衛力整備計画を閣議決定　ミサイル装備などを決めた5カ年計画の第2次防衛力整備計画を閣議決定した。

8.14 〔外交〕ミコヤン・ソ連第一副首相が来日　ミコヤン・ソ連第一副首相がソ連工業見本市への出席のため来日。8月16日池田勇人首相に、日米安保体制を批判したフルシチョフ親書を渡す。8月22日帰国。8月28日ミコヤン第一副首相は、池田首相からのフルシチョフ親書に対する反論をソ連・グロムイコ外相に手渡す。

9.25 〔国会〕第39回国会召集　第39回臨時国会が召集された。9月27日開会。会期37日で、10月31日閉会。

9.26 〔内閣〕貿易・為替自由化促進計画を閣議決定　貿易・為替自由化促進計画を閣議決定し、国際収支改善対策を閣議で了承した。

9.28 〔国会〕池田首相、施政方針演説　池田勇人首相は、衆参両院で施政・外交・財政について演説し、米ソの核実験再開反対、物価の安定、国際収支の均衡回復などを表明した。

10.3 〔内閣〕石炭対策関係閣僚会議を設置　政府は、石炭対策関係閣僚会議を設置。

－ 151 －

1962年（昭和37年）   日本議会政治史事典

10.20　〔外交〕**第6次日韓会談を開始**　第6次日韓会談を開始。日本側の首席代表は杉道助、韓国側の代表は裵義換が務めた。

10.25　〔政治〕**衆議院、核実験禁止を決議**　ソ連の核実験再開をうけ、10月25日衆議院で核実験禁止に関する決議案を可決。10月27日には参議院でも可決された。

11.2　〔外交〕**第一回日米貿易経済合同委員会を開催**　神奈川県・箱根にて第1回日米貿易経済合同委員会を開催。11月4日貿易自由化推進等の共同声明を発表。

11.9　〔政治〕**臨時行政調査会を設置**　総理府に、臨時行政調査会（第1次臨調）を設置。

11.16　〔外交〕**池田首相、東南アジア4か国を訪問**　池田勇人首相は、11月16日東南アジア4か国訪問に出発。11月30日帰国。

11.19　〔法律〕**災害対策基本法を公布**　「災害対策基本法」を公布。

11.29　〔法律〕**児童扶養手当法を公布**　1961年11月29日「児童扶養手当法」を公布。1962年1月1日施行。

12.9　〔国会〕**第40回国会召集**　第40回通常国会が召集された。1962年1月17日開会。会期は150日間で、5月7日閉会。

12.13　〔外交〕**アルゼンチン大統領夫妻が来日**　フロンディシ・アルゼンチン大統領夫妻が来日した。

12.26　〔政治〕**初の『農業白書』を公表**　農林省は、「農業基本法」に基づく初の『農業白書』を公表した。

1962年
（昭和37年）

1.19　〔国会〕**昭和37年度予算を国会提出**　昭和37年度予算案を国会に提出。3月31日予算が成立。総額2兆4268億円、前年比24.3%増の大型予算となった。

1.31　〔外交〕**日タイ特別円協定に調印**　特別円処理に関する日・タイ新協定に署名した。

2.13　〔内閣〕**第1次港湾整備5か年計画を閣議決定**　閣議において、第1次港湾整備5か年計画を決定。

3.6　〔外交〕**日米ガット関税取り決め調印**　日米ガット関税の取り決めを調印。

3.13　〔政治〕**コレラ防疫対策実施要綱を決定**　政府は、コレラ防疫対策実施要綱を決定。

5.10　〔法律〕**新産業都市建設促進法を公布**　「新産業都市建設促進法」が公布される。全国総合開発計画に沿い、地域格差の是正や大都市への過度の人口集中を防ぎ、雇用の安定を図ることを目的とした。北海道道央、八戸、郡山、新潟、富山、徳島、日向、延岡などが指定され、その地域には政府の公共事業が優先的に配分されたり、起債や税制面で優遇措置がとられた。ただし、地域によっては、開発が思うように進まなかったり、公害が発生したりした。

5.11　〔内閣〕**農産物の需要と生産の長期見通し**　農産物の需要と生産の長期見通し第一回が閣議決定された。

－ 152 －

5.29	〔内閣〕オリンピック担当相に川島国務相　オリンピック担当相に川島行政管理庁長官が就任。
6.8	〔内閣〕農業構造改善事業促進対策を了承　閣議において、農業構造改善事業促進対策を了承した。
6.12	〔外交〕外相、米国大使と沖縄援助について会談　小坂外相は、ライシャワー駐日米国大使と、沖縄援助についての第1回目の会談を行った。これにより、日本政府の調査団派遣を決定。
7.1	〔選挙〕第6回参議院選挙　第6回参議院議員通常選挙が行われた。全国区51名（うち補欠1名）、自民党21、社会党15、民社党3、共産党2、参議院同志会が2、無所属8、地方区76名（うち補欠1名）、自民党48、社会党22、民社党1、共産党1、無所属4。非改選分と合計すると自民党は143の安定過半数となった。また、女性が8名当選を果たした。
7.6	〔内閣〕藤山経済企画庁長官が辞任　藤山愛一郎経済企画庁長官は、池田内閣の経済政策を批判して辞任。
7.10	〔政治〕総理府に中央防災会議を設置　総理府に中央防災会議を設置した。
7.14	〔政党〕自民党、池田首相を総裁に再選　自由民主党大会において、池田勇人首相を、党総裁に再選した。
8.1	〔外交〕第2回日米安保協議委員会開催　第2回日米安保協議委員会を開催した。
8.4	〔国会〕第41回国会召集　第41回臨時国会が召集された。8月8日開会。会期は30日間で、9月2日閉会。
8.6	〔国会〕松野参院議員長が辞任　参議院は、松野鶴平議長の辞任を許可。議長選挙において、自民党の重宗雄三が当選、副議長選挙では、自民党の重政庸徳が当選。
8.10	〔国会〕池田首相、所信表明演説　第41回臨時国会の開会をうけ、池田勇人首相は、衆参両院にて所信表明演説を行った。高度成長政策の推進、人づくり、貿易・為替の自由化などを表明した。
8.22	〔政治〕社会保障制度審議会が答申　社会保障制度審議会は、社会保障制度の総合調整に関する基本方針について答申した。また、社会保障制度の推進に関して勧告を行った。
9.1	〔内閣〕臨時司法制度調査会を設置　内閣に、臨時司法制度調査会を設置した。
10.5	〔内閣〕全国総合開発計画を閣議決定　国土の総合的利用・開発・保全・産業立地の適正化などを目的とした「国土総合開発法」に則った計画として、全国総合開発計画を閣議決定した。都市の過密を防止するとともに、地域格差是正を主な目的とし、拠点開発方式による人口と産業の地方分散を図った。
10.6	〔政治〕第一回国政に関する公聴会を開催　第一回国政に関する公聴会（1日内閣）を岡山にて開催。首相を始め、各省大臣が地方に赴き、一般の人々の声を聴くという趣旨。
10.15	〔内閣〕麻薬対策関係閣僚会議を設置　麻薬対策関係閣僚会議を設置した。また、総理府に、麻薬対策推進本部を設置。
11.1	〔政治〕防衛庁に防衛施設庁を設置　防衛庁に、調達庁を廃止して、防衛施設庁を設置した。
11.2	〔外交〕沖縄援助に関する日米協議委員会を設置　大平正芳外相は、ライシャワー駐日米国大使と会談し、沖縄援助に関する日米協議委員会の設置を決定した。
11.4	〔外交〕池田首相、欧州7か国訪問　池田勇人首相は、西ドイツ、フランス、英国、ベル

1963年（昭和38年）   日本議会政治史事典

　　　　ギー、イタリア、バチカン、オランダの欧州7か国訪問に出発。11月25日帰国。

11.14　〔外交〕日英通商航海条約に調印　　ロンドンにて「日英通商航海条約」に調印した。

11.27　〔政党〕社会党大会、江田ビジョン批判決議　　社会党第22回党大会において、江田三郎
　　　　書記長の江田ビジョン（党全国活動家会議の講演で、日本が目指すべき未来像として、米国
　　　　の平均した生活水準の高さ、ソ連の徹底した生活保障、英国の議会制民主主義、日本国憲法
　　　　の平和主義を挙げ、これらを調整して進む時、大衆と結んだ社会主義が生まれる）に対する
　　　　批判決議が232対211で採択された。これにより、江田は書記長を辞任。11月29日成田知巳
　　　　が書記長に選出された。

12.8　　〔国会〕第42回国会召集　　第42回臨時国会が召集された。12月10日開会。会期は12日間、
　　　　延長2回4日間のため、16日間の会期となった。12月23日閉会。

12.10　〔国会〕池田首相、所信表明演説　　第42回臨時国会召集をうけ、池田勇人首相は両院に
　　　　て所信表明演説を行った。米国・欧州・日本の協力体制、日韓関係の正常化、石炭問題対策
　　　　を表明した。

12.23　〔国会〕昭和37年度補正予算が成立　　参議院にて昭和37年度補正予算が可決成立した。

12.24　〔国会〕第43回国会召集　　第43回通常国会が召集された。1963年1月23日開会。会期は
　　　　150日間、延長45日間で195日の会期実数となった。7月6日閉会。

1963年
（昭和38年）

1.8　　　〔内閣〕手島郵政相が辞任　　手島栄郵政相が辞任し、後任に小沢久太郎が任命された。

1.22　　〔国会〕昭和37年度補正予算、38年度予算提出　　1日22日昭和37年度補正予算案を国会
　　　　に提出。貿易自由化対策費を盛り込んだもので、2月8日衆議院で可決し、2月15日参議院で
　　　　可決成立した。同じく1月22日、2兆8500億円からなる昭和38年度予算案を国会に提出。3月
　　　　2日衆院で可決し、3月30日参院で可決成立した。

1.23　　〔国会〕池田首相、所信表明演説　　池田勇人首相は、衆参両院にて施政・外交・財政に関
　　　　する所信表明演説を行った。人づくりは国づくりの根幹、社会資本の充実などを表明した。

2.8　　　〔外交〕IMF、八条国移行の対日勧告　　国際通貨基金（IMF）は、日本に対して国際収
　　　　支の悪化を理由にした為替取引制限ができなくなる八条国への移行を勧告。

2.20　　〔外交〕日本、ガット11条国に移行　　日本は、関税及び貿易に関する一般協定（ガット）
　　　　理事会で、11条国（国際収支擁護を理由とした輸入制限を行なっていないガット加盟国）へ
　　　　の移行を通告。

3.29　　〔外交〕日本ビルマ間経済及び技術協力協定　　ビルマ・ラングーンにて、日本・ビルマ
　　　　間経済及び技術協力に関する協定に調印。賠償再検討により無償1億4000万ドル、借款3000
　　　　万ドルを供与。

3.30　　〔法律〕中小企業近代化促進法などを公布　　「中小企業近代化促進法」、「戦没者等の妻
　　　　に対する特別給付金支援法」、「国民健康保険法」など改正法を公布。

4.6　　　〔政治〕臨時農地等被買収者問題調査室など設置　　総理府に、臨時農地等被買収者問題

－ 154 －

調査室・臨時在外財産問題調査室を設置。

6.18 〔法律〕**職安法、緊急失対法改正案を強行採決** 衆議院社会労働委員会において「職業安定法」、「緊急失業対策法改正法」案を強行採決。6月23日衆議院、7月1日参議院を通過した。社会党は採決の無効を主張し、各委員会への出席を拒否した。

7.10 〔法律〕**近畿圏整備法を公布** 「近畿圏整備法」を公布。総理府に近畿圏整備本部を設置した。

7.12 〔政治〕**生存者に対する叙勲復活を決定** 生存者叙勲の開始について閣議を決定。

7.20 〔法律〕**中小企業基本法を公布** 「中小企業基本法」を公布。

8.13 〔政治〕**臨時行政調査会、首都行政改革答申** 臨時行政調査会は、首都行政改革について答申し、東京都と隣接する7県を管理する首都圏庁設置を勧告した。

8.20 〔内閣〕**行政改革本部を設置** 内閣に、行政改革本部を設置。

8.27 〔外交〕**日米綿製品協定調印** 日米綿製品協定が調印された。

9.10 〔内閣〕**筑波研究学園都市建設を了解** 閣議において、筑波研究学園都市建設を了解した。

9.14 〔外交〕**航空機内での行為に関する条約に調印** 航空機内で行われた犯罪その他ある種の行為に関する条約に調印。

9.23 〔外交〕**池田首相、東南アジア、大洋州訪問** 池田勇人首相は、9月23日フィリピン、インドネシア、オーストラリア、ニュージーランドの4か国を訪問。10月6日帰国。

10.15 〔国会〕**第44回国会召集** 第44回臨時国会が召集された。10月17日開会。12月18日までの予定であったが、10月23日衆議院を解散。

10.18 〔国会〕**池田首相、所信表明演説** 池田勇人首相は、衆参両院において所信・外交・財政に関する演説を行う。農業・中小企業の近代化、日中貿易は政経分離で実施などを表明した。

11.21 〔選挙〕**第30回衆議院選挙** 第30回衆議院議員総選挙が行われた。自民党283、社会党144、民社23、共産5、無所属12が当選。うち女性は7名が当選した。

11.24 〔外交〕**池田首相、ケネディ前大統領葬儀のため渡米** 1963年11月22日ジョン・F.ケネディ米国大統領がダラスで暗殺される。11月24日池田勇人首相は、大統領葬儀参列のため、渡米。11月26日リンドン・ジョンソン新大統領と会談し、28日帰国。

12.4 〔国会〕**第45回国会召集** 第45回特別国会が召集された。会期は15日間で、12月18日閉会。12月7日衆議院議長に自民党・船田中、副議長に自民党・田中伊三次が当選。

12.9 〔内閣〕**第3次池田勇人内閣が成立** 衆参両院で池田勇人が内閣総理大臣に指名され、同日全閣僚留任で第3次池田内閣が成立した。

12.10 〔国会〕**池田首相、所信表明演説** 池田勇人首相は、衆参両院において、所信表明演説を行った。日韓国交正常化の交渉促進、消費者物価の安定等を表明。

12.20 〔国会〕**第46回国会召集** 第46回通常国会が召集された。1964年1月20日開会。会期は150日で、延長40日となり、6月26日閉会。

— 155 —

1964年
（昭和39年）

1.7 〔内閣〕**戦没者に対する叙位・叙勲復活を決定** 閣議において、戦没者に対する叙位・叙勲の復活を決定した。

1.17 〔内閣〕**公共料金の値上げ1年間停止** 経済閣僚懇談会は、当面の物価安定具体策として公共料金値上げの1年間停止を決定した。

1.21 〔国会〕**昭和39年度予算案を提出** 昭和38年度補正予算として義務教育国庫負担金、新幹線工事促進費などを提出。2月11日衆議院、2月14日参議院で可決。同じく1月21日、3兆2554億円からなる昭和39年度予算案を提出。3月2日衆院、3月31日参院で可決。

1.21 〔国会〕**池田首相、所信表明演説** 池田勇人首相は、衆参両院において、施政・外交・財政について所信表明演説を行う。日韓諸懸案の解決、消費者物価の安定に努力することを表明。

2.14 〔政治〕**初の『漁業白書』を発表** 水産庁は、「沿岸漁業等振興法」に基づく、初の『漁業白書』を発表。

3.27 〔政治〕**公害対策推進連絡会議を設置** 総理府に、公害対策推進連絡会議を設置。

4.1 〔外交〕**日本、IMF8条国に移行** 日本は、国際通貨基金（IMF）の勧告により8条国（国際収支上の理由に基づいては為替制限をしないIMF加盟国の義務を負う）に移行。本格的な開放経済体制へと移行した。

4.6 〔外交〕**ポンピドゥ仏首相夫妻が来日** ポンピドゥ・フランス首相夫妻が来日。4月9日共同コミュニケを発表した。

4.28 〔外交〕**日本、OECDに加盟** 経済協力開発機構（OECD）加入は、国会の承認を経て、フランス政府に預託し、21番目の加盟国となった。7月26日にはOECD全会一致で日本の加盟招請を決定し、為替の自由化義務など義務了解覚書に署名。

5.12 〔外交〕**結社の自由に関する調査調停委員会設置** 国際労働機関（ILO）は、結社の自由に関する実情調査調停委員会、対日実情調査委員会（ドライヤー委員会）を設置した。

5.14 〔外交〕**ソ連最高会議議員団が来日** ソ連のミコヤン第一副首相率いるソ連最高議会議員団が来日し、池田勇人首相にフルシチョフ首相からの親書を手渡す。5月28日離日。

6.24 〔国会〕**池田内閣不信任決議案を否決** 衆議院は、池田勇人内閣不信任決議案を否決した。

6.29 〔内閣〕**佐藤国務相が辞任** 佐藤栄作は、北海道開発庁長官・科学技術庁長官を辞任。

7.1 〔法律〕**母子福祉法を公布** 「母子福祉法」を公布・施行。

7.1 〔政治〕**宇宙開発推進本部を設置** 科学技術庁に、宇宙開発推進本部を設置。

7.10 〔政党〕**池田勇人総裁が3選** 自由民主党臨時党大会において総裁選が行われ、佐藤栄作とのし烈な争いの末、池田勇人総裁が3選を果たした。

8.7 〔内閣〕**輸入懇談会の設置を決定** 閣議は、首相の私的諮問機関として輸入懇談会の設

日本議会政治史事典　　　　　　　　　　　　　　　　　　　　　　　　　　　　　1965年（昭和40年）

置を決定。

8.20　〔外交〕**世界商業通信衛星組織に暫定協定**　日本は、世界商業通信衛星組織
（INTELSAT）に関する暫定協定、特別協定に加盟調印した。

8.26　〔政治〕**米国に原子力潜水艦寄港を承諾**　米国原子力潜水艦寄港について事務レベルで
の交渉を経て、8月26日原子力委員会は、米国原子力潜水艦寄港に安全性に問題なしとの統
一見解を発表。これをうけ、8月28日政府は、米国に原子力潜水艦の寄港受諾を通告。社会
党、民社党、共産党は反対声明を出す。

9.1　〔政治〕**一般職国家公務員の欠員不充填**　閣議は、一般職国家公務員の欠員不充填を決
定した。

9.29　〔政治〕**臨時行政調査会が答申**　臨時行政調査会は、行政改革に関する意見を答申した。

10.25　〔内閣〕**池田首相、退陣を表明**　池田勇人首相は、病気療養のため退陣を表明した。

11.9　〔国会〕**第47回国会召集**　第47回臨時国会が召集された。会期は40日間。同日、第3次池
田勇人内閣総辞職。自由民主党両院議員総会では、池田首相の裁断により佐藤栄作を首相候
補に決定した。同日、内閣総理大臣に佐藤栄作が指名され、佐藤作内閣が成立した。12月
18日閉会。

11.17　〔政党〕**公明党を結成**　1961年11月に結成された政治団体公明政治連盟（公政連）が参議
院の院内会派を作っていたものを、創価学会の池田大作会長が、公政連の政党化と衆議院へ
の進出を発表したことをうけ、1964年11月17日公明党が結成された。初代委員長に原島宏
治、書記長に北条宏を選出した。

11.21　〔国会〕**佐藤首相、所信表明演説**　佐藤栄作首相は、衆参両院において、所信・外交・財
政演説を行った。寛容と調和の政治、日韓問題の早期妥結、消費者物価の安定などを表明
した。

12.1　〔政党〕**自民党、佐藤総裁を選出**　自由民主党は、党大会において、佐藤栄作を正式に
総裁として選出。

12.21　〔国会〕**第48回国会召集**　第48回通常国会が召集された。1965年1月21日開会。会期は
150日、延長一回で会期実数163日。6月1日閉会。

1965年
（昭和40年）

1.8　〔内閣〕**社会開発懇談会を開催決定**　閣議において、社会開発懇談会の設置を了解。

1.10　〔外交〕**ILO調査団が来日**　国際労働機関（ILO）の結社の自由に関する実情調停委員会
がドライヤーを団長とする調査団を派遣。1月23日には政府、総評と三者会談を行った。8月
31日報告書を発表。

1.10　〔外交〕**佐藤首相、日米首脳会談のため訪米**　佐藤栄作首相は、日米首脳会談のため米
国を訪問。リンドン・ジョンソン大統領と会談し、沖縄返還問題、航空協定問題のほか、中
国・ベトナムなど国際問題について意見交換。1月13日日米安保堅持の共同声明を発表。1月
17日帰国。

－ 157 －

1965年（昭和40年）　　　　　　　　　　　　　　　　　　　　　日本議会政治史事典

1.19　〔政党〕自民党、党近代化の基本憲章を決定　自由民主党第16回党大会において、党近代化の基本憲章を決定。自民党本部に国民運動本部を新設した。

1.22　〔国会〕昭和40年度予算を提出　国会は、3兆6580億円からなる昭和40年度予算を提出。3月3日衆議院で可決、3月31日参議院で可決成立した。

1.22　〔内閣〕閣議、中期経済計画を決定　閣議において、中期経済計画を決定した。

1.25　〔国会〕佐藤首相、所信表明演説　佐藤栄作首相は、衆参両院で施政・外交・財政に関する所信表明演説を行った。アジアの緊張緩和、社会開発の積極的推進、ILO問題の解決などを表明。

2.9　〔内閣〕外交関係閣僚等懇談会を設置　閣議において、外交関係閣僚等懇談会設置を決定。

2.12　〔外交〕衆院、国際労働条約に関する特別委員会設置　国会に国際労働条約に関する特別委員会、予算委員会の中に三矢問題調査小委員会を設置する。

2.17　〔外交〕椎名外相、日韓基本条約に仮調印　椎名外相、日韓交渉推進のため韓国を訪問。2月20日日韓基本条約に仮調印し、帰国。

2.23　〔法律〕母子保健法案を提出　衆議院に「母子保健法」案を提出。8月10日修正・可決。8月11日参議院で可決し、8月18日公布となった。

5.17　〔外交〕ILO87号条約批准を承認　国会は、ILO87号条約（結社の自由及び団結権の保護に関する条約）の批准を承認。5月18日条約批准に伴い、職員団体制度の整備などを盛り込んだ「国家公務員法改正法」等関係法の各改正法を公布。6月14日条約を批准。批准国としては70番目であった。

6.22　〔外交〕日韓基本関係条約に署名　東京にて、「日韓基本関係条約」に署名。また、在日韓国人の法的地位など4本の付属協定にも調印した。12月18日発効。

7.3　〔政治〕公務員制度審議会を設置　総理府に、公務員制度審議会を設置。

7.4　〔選挙〕第7回参議院選挙　第7回参議院議員通常選挙が行われた。自民71、社会36、民社3、共産3、無所属3の結果となり、自由民主党の過半数を維持した。女性9名が当選した。

7.22　〔国会〕第49回国会召集　第49回臨時国会が召集された。会期は21日間、7月30日開会。参議院議長選では、自民党の重宗雄三、副議長選では自民党の河野謙三を選出した。8月11日閉会。

7.30　〔国会〕佐藤首相、所信表明演説　佐藤栄作首相は、衆参両院において所信・外交・財政に関する演説を行った。日韓関係の正常化、経済成長の不均衡は正などを表明した。

8.11　〔政治〕同和対策審議会が答申　同和対策審議会は、同和地区に関する社会的及び経済的諸問題を解決するための基本方策について答申。

8.17　〔内閣〕地価対策閣僚協議会を設置　地価対策閣僚協議会を設置。

8.19　〔政治〕佐藤首相、戦後初の沖縄視察　佐藤栄作首相は、戦後首相初の沖縄を視察。沖縄の祖国復帰が実現しない限り、戦後は終わらないと発言。

8.27　〔内閣〕沖縄問題閣僚協議会を設置　沖縄問題閣僚協議会を設置。

10.5　〔国会〕第50回国会召集　第50回臨時国会が召集された。会期は70日間で、12月13日閉会。会期について与野党が対立したため、戦後初めて記名投票にて会期を議決した。

10.13　〔国会〕佐藤首相、所信表明演説　佐藤栄作首相、衆参両院で所信・外交・経済について

－ 158 －

の演説を行う。日韓条約の必要性、沖縄の本土復帰、公債政策の採用を表明した。

11.13 〔外交〕**日韓特別委員会を設置** 参議院議員を議長職権で開会。自民党・民社党で日韓特別委員会設置を強行した。

12.10 〔外交〕**日本、国連安保理非常任理事国に当選** 日本は、国連安全保障理事会の非常任理事国に当選した。

12.20 〔国会〕**第51回国会召集** 第51回通常国会が召集された。翌1966年1月27日開会。衆議院議長に自民党・山口喜久一郎、副議長に自民党・園田直が選出された。会期は150日間、延長40日間で、6月27日閉会。

12.22 〔内閣〕**内閣制度80周年記念式典** 内閣制度80周年記念式典を総理官邸で開催した。

1966年
(昭和41年)

1.21 〔外交〕**日ソ航空協定調印** 「日ソ航空協定」が調印された。

1.27 〔国会〕**昭和41年度予算案を提出** 政府は、衆議院に4兆3142億円からなる昭和41年度予算案を提出。3月5日可決。4月2日参議院で可決し、成立。

1.28 〔国会〕**佐藤首相、所信表明演説** 佐藤栄作首相は、衆参両院で施政・外交・経済に関する所信表明演説を行った。不況克服、ベトナム問題の解決、物価安定対策を表明した。

3.25 〔内閣〕**第1次土地改良長期計画** 閣議において、第1次土地改良長期計画を決定した。

4.6 〔政治〕**東南アジア開発閣僚会議を開催** 東京にて東南アジア開発閣僚会議を開催。翌4月7日共同コミュニケを発表。

5.14 〔国会〕**佐藤内閣不信任決議案提出** 衆議院、社会党が佐藤栄作内閣の不信任決議案を提出するが、同日否決される。

5.25 〔国会〕**軍事行動中の米艦立ち寄り答弁** 衆議院外務委員会に置いて、椎名外相及び安川外務省北米局長は、軍事行動中の米国原子力空母エンタープライズの日本寄港は、日米安保条約の事前協議には当たらず、戦争介入にもあたらないと発言。5月30日米国原子力潜水艦スヌーク号が横須賀港に初入港。

6.25 〔法律〕**国民の祝日法改正の公布** 国民の祝日法改正案で与野党が対立したため、衆議院議長山口喜久一郎の調停により、建国記念日の日取りを決める審議会を設置することで妥協。9月15日を敬老の日、10月10日を体育の日、建国記念日については6か月以内に政令で定めるとし、国民の祝日に関する法律の一部改正は6月7日衆院、6月25日参議院で可決し公布された。

6.28 〔法律〕**内閣法改正法の公布** 「内閣法改正法」が公布され、国務大臣1名の増員、内閣官房長官国務大臣制となった。

7.1 〔政治〕**中部圏開発整備本部を設置** 総理府に、中部圏開発整備本部を設置。初代長官に瀬戸山三男建設相・首都圏整備委員長・近畿圏整備本部長官が就任。

7.8 〔政治〕**建国記念日審議会を設置** 祝日法改正に伴い、建国記念日を定める建国記念日審議会を設置した。菅原通済ら10委員に委嘱し、7月28日初会合が行われた。

— 159 —

1966年（昭和41年）　　　　　　　　　　　　　　　　　　　　　　　　日本議会政治史事典

7.11　〔国会〕**第52回国会召集**　第52回臨時国会が召集された。翌7月12日開会。会期は20日間で、7月30日閉会。

7.12　〔国会〕**佐藤首相、所信表明演説**　佐藤栄作首相、衆参両院にて所信表明演説を行う。物価安定対策などを表明した。

8.1　〔内閣〕**第1次佐藤内閣第2次内閣改造**　第1次佐藤内閣第2次内閣改造が行われ、官房長官には愛知揆一を起用した。

10.14　〔内閣〕**荒舩運輸相辞任**　9月12日参議院運輸委員会にて、選挙区への急行停車問題で荒舩清十郎運輸相の責任を追及。10月11日には衆議院運輸委員会で、その政治姿勢を追及され、14日運輸相を辞任。後任に藤枝泉介が起用された。

10.31　〔政治〕**中央教育審、後期中等教育の拡充を答申**　中央教育審議会、後期中等教育の拡充整備について答申。別記として「期待される人間像」を発表した。正しい愛国心をもつこと、天皇への敬愛は国への敬愛に通づることなどを挙げており、国家主義への復帰の危険を指摘された。

11.4　〔内閣〕**藤山経企庁長官辞任**　藤山愛一郎・経済企画庁長官は、総裁選に出馬するため辞任。

11.29　〔政治〕**第3次防衛力整備計画大綱を決定**　閣議は、第3次防衛力整備計画大綱を決定。防衛を米国の無償援助に頼ることができなくなり、日本の経済的負担能力に応じた防衛力整備を計画。自衛隊の18万人体制、海上自衛隊の護衛艦などの強化、航空自衛隊の地対空誘導弾ナイキ装備部隊などを中心とする。必要経費は5か年で2兆3000億円をめどとした。

11.30　〔国会〕**第53回国会召集**　第53回臨時国会が召集された。12月1日衆議院議長に綾部健太郎が選出された。会期は21日間で12月20日閉会。

12.1　〔政党〕**自民党大会で、佐藤総裁を再選**　自由民主党大会において、佐藤栄作総裁を再選した。

12.3　〔内閣〕**第1次佐藤内閣第3次改造**　第1次佐藤栄作内閣第3次改造を行う。12月1日の総裁選で相当数の批判票が出たことをうけ、佐藤主流派体制の確立を打ち出し、18閣僚のうち、14人を主流派から出した。そのため、右翼片肺内閣とも呼ばれた。経済企画庁長官に宮沢喜一を起用した。

12.5　〔国会〕**佐藤首相、所信表明演説**　佐藤栄作首相は、衆参両院において所信表明演説を行い、自民党のみの出席の中、政界浄化、交通安全施策の強化を表明。

12.5　〔政党〕**野党4書記長、国会解散へ結束強化**　社会党、民主社会党、公明党、共産党の野党4書記長は、書記長会談を行い、衆議院の早期解散を目指し、結束強化の共同声明を発表した。

12.6　〔国会〕**昭和41年度補正予算を提出**　昭和41年度補正予算を衆議院に提出。12年19日可決。12月20日参議院で可決成立した。

12.8　〔政治〕**建国記念日審議会、2月11日を答申**　建国記念日審議会は、建国記念の日を2月11日と答申。12月9日政令を公布した。国民文化会議、紀元節問題懇談会などを抗議声明を発表した。

12.19　〔外交〕**経済的、社会的権利に関する国際規約調印**　経済的、社会的及び文化的権利に関する国際規約、市民的及び政治的権利に関する国際規約に調印。

12.27　〔国会〕**第54回国会召集**　第54回通常国会が召集された。会期150日間であったが、同日で衆議院を解散。

－ 160 －

1967年
（昭和42年）

1.27 〔外交〕**宇宙条約に署名**　月その他の天体を含む宇宙空間の探査及び利用における国家活動を律する原則に関する条約「宇宙条約」に署名した。

1.29 〔選挙〕**第31回衆議院選挙**　第31回衆議院議員総選挙が行われた。自民277、社会140、民社30、公明25、共産5、無所属9議席となった。公明党は初の衆院選となった。また、女性は7名の当選となった。

2.13 〔政党〕**公明党大会を開催**　公明党は党大会を開催し、委員長に竹入義勝、書記長に矢野絢也を選出。

2.15 〔国会〕**第55回国会召集**　第55回特別国会が召集された。同日、衆議院議長に自民党・石井光太郎、副議長に自民党・園田直が選出された。会期は136日間で、延長1回21日間となり157日の会期となった。7月21日閉会。

2.17 〔国会〕**第2次佐藤内閣が成立**　衆参両院で、佐藤栄作が内閣総理大臣に指名される。同日第2次佐藤内閣が成立した。閣僚はすべて再任。

3.13 〔国会〕**昭和42年度予算案を提出**　衆議院は、4兆9509億円からなる昭和42年度予算案を提出。4月28日可決。5月27日参議院で可決成立。

3.14 〔国会〕**佐藤首相、所信表明演説**　佐藤栄作首相、衆参両院にて施政・外交・財政・経済に関する所信表明演説を行う。風格ある社会の建設、住宅建設の推進、政治道義の確立などを表明した。

3.14 〔内閣〕**雇用対策基本計画を決定**　閣議は、雇用対策基本計画、第3次防衛力整備計画の主要項目の所要経費を決定した。

4.21 〔政治〕**武器禁輸の3原則を言明**　佐藤栄作首相は、衆議院予算委員会で武器禁輸の3原則を言明。武器の輸出が許されないケースとして共産国向け、国連決議で禁止されているもの、紛争当事国への輸出などをあげた。

5.15 〔外交〕**ケネディ・ラウンドが妥結**　ガット主催の一般関税交渉で、3年にわたりジュネーブを中心に交渉が行われ、1967年5月15日参加48ヵ国で妥結、6月30日調印が行われた。1962年に米国の故ケネディ大統領が交渉を提唱したことからケネディ・ラウンドと呼ばれる。

6.6 〔内閣〕**資本自由化の基本方針決定**　6月2日の外資審議会の答申をうけ、閣議で資本取引の自由化につき基本方針を決定。7月1日から実施。外資法による認可制を残しながら、塩化ビニールなど外資比率50％までの33業種と鉄鋼など外資比率100％の17業種を自動認可とした。

6.21 〔政党〕**民社党大会を開催**　民主社会党大会を開催し、委員長に西村栄一を選出。

6.22 〔内閣〕**福永内閣官房長官が辞任**　福永健司内閣官房長官が辞任し、後任に官房副長官の木村俊夫が起用された。

6.30 〔政治〕**佐藤首相、朴韓国大統領就任式に参列**　佐藤栄作首相、韓国の朴正熙大統領の就任式典参列のために訪韓。7月2日日米韓国府の4か国会談を行い、同日帰国。首相として初の訪韓となった。

1967年（昭和42年）   日本議会政治史事典

7.27   〔国会〕第56回国会召集　第56回臨時国会が召集された。同日開会。会期は15日間、延
        長1回8日間で、会期実数23日間。8月18日閉会。

7.28   〔国会〕佐藤首相、所信表明演説　佐藤栄作首相、衆参両院にて所信表明演説を行う。
        医療保険制度の改善を表明。

7.28   〔政治〕臨時行政改革閣僚協議会を設置　臨時行政改革閣僚協議会を設置。

8.1   〔内閣〕沖縄問題懇談会を発足　首相の諮問機関として沖縄問題懇談会を発足。

8.3   〔法律〕公害対策基本法を公布　「公害対策基本法」を公布。立法過程で企業の無過失責
        任が削除され、公害対策としては骨抜きとなったが、日本の公害対策行政の第一歩となった。

8.7   〔国会〕佐藤内閣不信任決議案を否決　社会党は、衆議院に内閣不信任決議案を提出。
        同日否決される。

8.9   〔外交〕第一回日韓定期閣僚会議を開催　第一回日韓定期閣僚会議を開催し、8月11日
        共同コミュニケを発表した。

8.20   〔政党〕社会党大会を開催　日本社会党大会が開催され、委員長に勝間田清一、書記長に
        山本幸一が選出された。

9.7   〔外交〕佐藤首相、中華民国を訪問　佐藤栄作首相は、中華民国を訪問。9月8日日台首
        脳会談を行い、9月9日共同声明を発表。同日帰国。

9.20   〔外交〕佐藤首相、東南アジア5か国訪問　佐藤栄作首相は、東南アジア5か国（ビルマ、
        マレーシア、シンガポール、タイ、ラオス）を訪問。9月30日帰国。

10.8   〔外交〕佐藤首相、東南アジア・大洋州訪問　佐藤栄作首相は、東南アジア（インドネ
        シア、フィリピン、ベトナム）、大洋州（オーストラリア、ニュージーランド）を訪問。10月
        21日帰国。

11.12   〔外交〕佐藤首相、日米首脳会談のため訪米　佐藤栄作首相は、日米首脳会談のため訪
        米。反日共系全学連が訪米阻止を掲げて抗議デモを行い、空港周辺の警官隊と衝突（第2次羽
        田事件）。11月15日沖縄返還は継続協議、小笠原諸島は早期に返還とする日米共同声明を発
        表した。11月20日帰国。

12.4   〔国会〕第57回国会召集　第57回臨時国会が召集された。12月5日開会。会期は20日間
        で、12月23日閉会。

12.5   〔国会〕佐藤首相、所信表明演説　佐藤栄作首相、衆参両院にて所信表明演説を行う。
        沖縄返還は両3年内に合意と確信、国民の安全保障に対する自覚が必要と表明。

12.8   〔政治〕小笠原復帰準備対策本部を設置　総理府に、小笠原復帰準備対策本部を設置。

12.15   〔内閣〕国家公務員定員削減を決定　閣議において、一省庁一局の削減、国家公務員の
        定員削減を決定。また、特殊法人の整理統合案を了承した。

12.27   〔国会〕第58回国会召集　第58回通常国会が召集された。会期は150日、延長10日間で会
        期実数160日。1968年6月3日閉会。

— 162 —

1968年
（昭和43年）

1.1 〔政党〕**公明党、非武装中立路線を発表**　公明党は、機関紙において日米安保条約解消後、非武装中立路線をとることを発表。

1.1 〔外交〕**共産党、日米軍事同盟の打破を発表**　共産党、日本の自衛権を認めるとする安全保障政策"日米軍事同盟の打破、沖縄の祖国復帰実現"を発表。

1.26 〔国会〕**衆院、昭和43年度予算案を提出**　5兆8185億円からなる昭和43年度予算案を衆議院に提出。3月18日可決。4月15日参議院で可決成立した。

1.27 〔国会〕**佐藤首相、所信表明演説**　佐藤栄作首相、衆参両院にて施政・外交・財政・経済に関する所信表明演説を行う。核兵器を保有せず、持ち込みも許さないこと、沖縄返還実現に努力すること表明。

2.2 〔内閣〕**今後の行政改革推進について決定**　閣議において、今後における行政改革の推進について決定。

2.6 〔内閣〕**倉石農相発言問題**　倉石忠雄農相、記者会見において現行憲法では他力本願であり、軍艦や大砲が必要と発言。2月7日野党が倉石発言に反発し、憲法違反であるとし罷免を要求し、審議がストップした。2月23日倉石農相が辞任し、後任に西村直己が起用された。

3.28 〔外交〕**インドネシア・スハルト大統領来日**　インドネシア・スハルト大統領が来日。3月29日、31日と佐藤栄作首相と会談。

4.5 〔外交〕**小笠原返還協定に調印**　南方諸島及びその他の諸島に関する日本国とアメリカ合衆国との間の協定「小笠原返還協定」に調印。6月26日小笠原諸島が日本に復帰した。

5.30 〔法律〕**消費者保護基本法を公布**　「消費者保護基本法」を公布。

6.4 〔事件〕**日通事件に関して大倉精一議員を逮捕**　東京地検は、6月4日日通事件に関して、社会党の大倉精一参議院議員を収賄容疑で逮捕。6月24日自民党の池田正之輔議員を取り調べ、6月25日両名を起訴。1971年9月20日東京地裁で実刑判決が下された。

6.15 〔政治〕**文化庁を設置**　文部省の内部部局であった文化局と外局の文化財保護委員会を統合し、文部省外局として文化庁が発足。

7.7 〔選挙〕**第8回参議院選挙**　第8回参議院議員通常選挙が行われた。全国区51名（含補欠1名）、自民21、社会12、公明9、民社4、共産3、無所属2。地方区75名、自民48、社会16、公明4、民社3、共産1、無所属3の結果となった。女性の当選は5名。この選挙で初めて、女性の投票率が男性を上回った。

7.30 〔政治〕**税制調査会、税制の簡素化などを答申**　税制調査会は、長期税制、土地税制、税制の簡素化などを答申。

8.1 〔国会〕**第59回国会召集**　第59回臨時国会が召集された。8月3日参議院議長に自民党・重宗雄三、副議長に自民党・安井謙が選出された。会期は10日間で、8月10日閉会。

8.3 〔国会〕**佐藤首相、所信表明演説**　佐藤栄作首相は、衆参両院において所信表明演説を行う。食管制度の検討、大学紛争への憂慮を表明した。

— 163 —

1969年（昭和44年）   日本議会政治史事典

8.20   〔外交〕日米自動車交渉が妥結   日米自動車交渉が妥結。

8.21   〔外交〕野党3党、チェコ事件に抗議声明   8月20日にソ連・東欧諸国軍がチェコに侵入
        した（チェコ事件）ことをうけ、21日社会党、民主社会党、公明党の3党は抗議声明。24日に
        は共産党もソ連を非難する声明。

9.11   〔政党〕社会党大会を開催   日本社会党大会を開催、勝間田清一委員長が辞任。人事調整
        がつかず休会し、10月4日同大会で、新委員長に成田知巳、書記長に江田三郎を選出。

10.8   〔内閣〕臨時国鉄問題閣僚協議会を設置   臨時国鉄問題閣僚協議会を設置。

10.9   〔政治〕沖縄の国政参加に合意   沖縄に関する日米協議委員会は、沖縄の国政参加に合
        意。衆議院5名、参議院2名とし、評決は認めないとした。

10.10   〔政治〕沖縄、第一回行政首席直接選挙   沖縄において、第1回行政首席直接選挙、第8
        回立法院選挙が行われた。首席には、社会大衆・社会・人民の野党3党の革新統一候補の長
        屋良朝苗が当選。立法院選挙では、革新共闘側が得票数で自民党を上回るが、小選挙区制の
        ため当選議員は自民18、革新共闘14と改選前と変わらなかった。

10.29   〔内閣〕三木外相、総裁選出馬のため辞任   三木武夫外相は、総裁選出馬のため辞任。

11.22   〔内閣〕閣議、農産物の需要と生産見通し決定   「農業基本法」に基づき、閣議におい
        て、農産物の需要と生産の長期見通しを決定。

11.26   〔内閣〕地価対策閣僚会議を開催   地価対策閣僚会議を開催し、地価公示制度の創設な
        ど地価対策を決定した。

11.27   〔政党〕自民党臨時大会、佐藤総裁の3選   自民党臨時大会が開かれ、佐藤栄作総裁の3
        選が決まった。11月29日自民党役員として幹事長に田中角栄、11月30日には総務会長に鈴木
        善三、政務調査会長に根本龍太郎が起用された。

12.10   〔国会〕第60回国会召集   第60回臨時国会が召集された。会期は12日間で、12月21日
        閉会。

12.17   〔内閣〕輸入自由化促進についての基本方針   閣議において、輸入自由化促進について
        の基本方針を決定。

12.23   〔外交〕在日米軍基地の整理案を提示   第9回日米安全保障協議委員会において、米国側
        より148か所の在日米軍基地・施設の整理案を提示。調布など返還・縮小の41か所を公表
        した。

12.27   〔国会〕第61回国会召集   第61回通常国会が召集された。会期は150日間、延長72で、
        会期実数222日間。1969年8月5日閉会。

1969年
（昭和44年）

1.27   〔国会〕佐藤首相、所信表明演説   佐藤栄作首相、衆参両院において施政・外交・財政・
        経済に関する所信表明演説を行う。本年中の沖縄返還時期取り決め、公共料金の抑制、教育
        制度改革を表明した。

1.27   〔国会〕平成44年度予算案を提出   衆議院は、6兆7395億円からなる平成44年度予算案

                                    － 164 －

日本議会政治史事典　　　　　　　　　　　　　　　　　　　　　　　　　　　1969年（昭和44年）

を提出。3月4日可決。4月1日参議院で可決成立した。

2.18　〔国会〕平成43年度補正予算を提出　食管会計への繰り入れなど平成43年度補正予算を
　　　衆議院に提出。2月20日可決。2月22日参議院で可決成立。

5.16　〔法律〕国家公務員総定員法が成立　行政機関の職員の定員に関する法律（「国家公務員
　　　総定員法」）を可決成立。

5.23　〔政治〕初の『公害白書』を提出　厚生省は、「公害対策基本法」に基づく初の『公害白
　　　書』を提出。巨大な石油化学コンビナートの形成が公害の悪化を招いたとして企業側に公害
　　　防止への努力を求めた。また、各種環境基準の制定、監視測定体制の確立など、総合的防止
　　　策の推進を訴えた。

5.30　〔内閣〕新全国総合開発計画を決定　閣議において、新全国総合開発計画を決定。20年
　　　後の国づくりのビジョンを設定したもので、長期を目標とする初の国土計画。大規模な工業
　　　基地、農業基地などの建設整備を掲げたことで、地方に大規模工場建設構想を誘発。むつ小
　　　川原・志布志の2地区の開発反対運動は注目を浴びた。

7.11　〔内閣〕第2次行政改革計画を決定　閣議において、第2次行政改革計画を決定。

7.16　〔国会〕石井衆院議長が辞任　衆議院・石井光次郎議長、小平久雄副議長が辞任。7月16
　　　日衆院仮議長選挙において、議長に松田竹千代、副議長に藤枝泉介が選出される。

7.30　〔国会〕佐藤内閣不信任決議案を否決　衆議院、佐藤栄作内閣不信任決議案を否決。

8.7　〔法律〕大学運営に関する臨時措置法を公布　1968年に始まった大学紛争を規制するた
　　　めの法律として「大学運営に関する臨時措置法」を公布。紛争大学の学長は補佐機関や審議
　　　機関、執行機関を設ける、6カ月以内の一時急行ができるなどとした措置を盛り込んだ。政
　　　府の強権的紛争対策に、教職員組合、学生団体のみならず、学長有志も反対を表明したが、
　　　衆参両院の強行採決により可決成立。

9.4　〔外交〕愛知外相、ソ連、米国を訪問　愛知揆一外相は、ソ連を訪問し、コスイギン首
　　　相と北方領土問題などで会談。9月12日ロジャーズ米国国務長官と沖縄返還問題で会談。9月
　　　27日帰国。

9.12　〔内閣〕国鉄の財政再建について閣議決定　日本国有鉄道（国鉄）の財政再建に関する基
　　　本方針について、閣議決定。

10.2　〔外交〕日米航空交渉が妥結　日米航空交渉が妥結。

11.17　〔外交〕佐藤首相、日米首脳会談のために渡米　佐藤栄作首相、日米首脳会談のために
　　　愛知揆一外相とともに米国を訪問。11月19日リチャード・ニクソン大統領と首脳会談を行
　　　い、21日日米共同声明を発表。沖縄施政権返還は米国の軍事上の権限を犯さないかぎりで
　　　1972年を目途とすることなどが盛り込まれた。

11.28　〔内閣〕沖縄復帰対策閣僚協議会を設置　沖縄復帰対策閣僚協議会を設置。

11.29　〔国会〕第62回国会召集　第62回臨時国会が召集された。12月1日開会。会期は14日間で
　　　あったが、12月2日衆議院を解散。

12.1　〔国会〕佐藤首相、所信表明演説　佐藤栄作首相、衆参両院にて所信表明演説を行う。
　　　沖縄の核抜きを本土並みに、1972年の沖縄返還、日米安保体制堅持を表明した。

12.2　〔国会〕衆議院解散　衆議院が解散された。

12.27　〔選挙〕第32回衆議院総選挙　第32回衆議院議員総選挙が行われた。「沖縄・安保総選挙」
　　　と呼ばれ、外交政策を軸に1970年代の日本の選択を迫る選挙となったが、自民288、社会90、

－ 165 －

公明47、民社31、共産14、無所属16の結果となった。自民党は無所属からの鞍替え14議席を含め300議席の大台にのる大勝利となった。

1970年
（昭和45年）

1.14 〔国会〕**第63回国会召集**　第63回特別国会が召集された。1月15日開会。衆議院議長に自民党・船田中、副議長に自民党・荒舩清十郎を選出。

1.14 〔内閣〕**第3次佐藤内閣が成立**　第63回特別国会で佐藤栄作が内閣総理大臣に指名され、第3次佐藤内閣が成立した。

2.3 〔外交〕**核拡散防止条約に調印**　政府は「核拡散防止条約」に米国、英国、ソ連の3首都において調印。

2.14 〔国会〕**佐藤首相、所信表明演説**　佐藤栄作首相、衆参両院で施政・外交・財政・経済に関する所信表明演説を行う。1970年代の政治に取り組む基本構想を表明。

2.14 〔国会〕**昭和44年度補正予算を衆院に提出**　食糧管理費などを盛り込んだ昭和44年度補正予算を衆議院に提出。3月2日可決。3月4日参議院を可決成立。

2.14 〔国会〕**昭和45年度予算案を衆院に提出**　7兆9497億円からなる昭和45年度予算案を衆議院に提出。3月20日可決。4月17日参議院を可決成立。

2.20 〔内閣〕**総合農政基本方針を閣議決定**　米の過剰が政治問題化したことから、2月20日総合農政推進閣僚協議会では、米の減産などを盛り込んだ総合農政の基本方針を閣議決定。4月18日農林省は、米生産調整対策実施要綱を通達した。

2.24 〔法律〕**「防衛庁設置法」の一部改正**　衆議院は、自衛官の定員増、准尉制度の新設などを盛り込んだ「防衛庁設置法等の一部を改正する法律」案を提出。4月28日可決。5月13日参議院を可決。5月25日公布。

3.3 〔政治〕**米国、沖縄復帰準備委員会設置に署名**　愛知揆一、マイヤー駐日米国大使は、沖縄復帰準備委員会設置に署名。3月24日沖縄にて初会合、日米琉諮問委員会を廃止。

3.31 〔内閣〕**沖縄復帰対策の基本方針**　沖縄復帰対策の基本方針を閣議決定。

4.19 〔外交〕**日中覚書貿易協定・会談コミュニケに調印**　松村謙三、周恩来は、日中覚書貿易の会談コミュニケ・貿易協定に調印。日本軍国主義の復活を批判する。23日佐藤栄三首相は、日中覚書貿易の会談コミュニケは内政干渉であり、軍国主義化は誤解と反論。

5.1 〔内閣〕**新経済社会発展計画を閣議決定**　新経済社会発展計画を閣議決定。

5.1 〔政治〕**沖縄・北方対策庁、管理室を設置**　総理府に沖縄・北方対策庁、管理室を設置。

5.3 〔政党〕**公明党と創価学会を完全分離**　池田大作創価学会会長は、公明党と創価学会を完全に分離することを表明。

6.1 〔政治〕**中央交通安全対策会議を設置**　総理府に、中央交通安全対策会議を設置。

6.23 〔外交〕**日米安保条約自動延長**　政府は、日米安保条約の自動延長を声明。

6.24	〔外交〕**安保条約廃棄宣言全国統一行動**　社会党、共産党、総評など統一行動実行委員会主催による安保条約廃棄宣言全国統一行動を行う。全国1345か所、77万4000人が参加。
7.31	〔内閣〕**内閣に公害対策本部設置**　内閣に公害対策本部が設置された。
8.10	〔政治〕**中国政府の尖閣列島油田調査許可に抗議**　愛知揆一外相、参議院沖縄・北方問題特別委員会で、中国が米国石油会社への尖閣列島油田調査許可に抗議したと答弁。以後、同島の帰属問題に発展。
8.25	〔政治〕**第3次資本自由化措置を決定**　8月17日の外資審議会答申に基づき、第3次資本自由化措置を閣議決定。9月1日実施。自由化率は80%強となる。
10.17	〔政治〕**公務員制度審議会答申**　公務員制度審議会は、公務員などの労働関係の基本に関する事項について答申。
10.18	〔外交〕**佐藤首相、国連総会出席のため渡米**　佐藤栄作首相は、国際連合総会出席のため米国を訪問。10月21日国連創立25周年記念総会で演説を行う。10月27日帰国。
10.20	〔政治〕**初の『防衛白書』を公表**　政府は、初の『防衛白書』を公表。
10.24	〔政治〕**佐藤首相、ニクソン米大統領と会談**　佐藤栄作首相、リチャード・ニクソン米国大統領と会談し、繊維交渉再開で合意。
10.29	〔政党〕**自民党臨時党大会、佐藤総裁4選**　自由民主党臨時党大会において、佐藤栄作総裁を4選。内閣改造は見送ることを表明。
11.1	〔政治〕**中央公害審査委員会を設置**　総理府は、中央公害審査委員会を設置。
11.9	〔外交〕**日米繊維交渉再開**　日米会談での合意をうけ、日米繊維交渉が開催。12月13日第11次会談を行うも、双方妥協なく、交渉は再び中断となる。
11.15	〔選挙〕**沖縄国政参加選挙**　沖縄国政参加選挙が行われ、衆議院議員5名、参議院議員2名が選出される。投票率は83.58%。
11.20	〔政治〕**沖縄復帰対策要綱など閣議決定**　第1次沖縄復帰対策要綱、行政機構の簡素合理化の推進について閣議決定。
11.24	〔国会〕**第64回国会召集**　第64回臨時国会が召集された。11月25日開会。公害国会と呼ばれ、公害対策関連法案が多く提出された。会期25日で、12月18日閉会。
11.25	〔国会〕**議会開設80周年記念式典**　議会開設80周年記念式典を参議院議場で開催。憲政記念館を起工するほか、都道府県の木を植樹。
11.25	〔国会〕**佐藤首相、所信表明演説**　佐藤栄作首相、衆参両院で所信表明演説を行う。北方領土の早期解決、日米繊維問題の解決、公害対策拡充強化を表明。
12.9	〔外交〕**日中国交回復促進議員連盟が発足**　日中国交回復促進議員連盟が発足。藤山愛一郎会長のほか378人が参加。
12.18	〔法律〕**公害対策基本法改正案関連法を可決**　参議院にて、公害対策基本法改正、公害犯罪処罰法、水質汚濁防止法、海浜汚染防止法など14法案を可決。公害対策の法体制が整備された。12月25日公布。
12.21	〔外交〕**日米安保協議委員会在日米軍の移駐で合意**　日米安保協議委員会は、在日米軍の実戦兵力を1971年6月までに沖縄・韓国に移駐することで合意。
12.26	〔国会〕**第65回国会召集**　第65回通常国会が召集された。翌1971年1月22日開会。会期は150日間、1971年5月24日閉会。

1971年（昭和46年）　　　　　　　　　　　　　　　　　　　　　　　　　　　　日本議会政治史事典

12.30　〔外交〕愛知外相、駐日米大使と会談　愛知揆一外相は、駐日米国大使と会談。コザ事
　　　　件の収拾と再発防止で合意。

1971年
（昭和46年）

1.21　〔政党〕自民党、総裁任期を3年に延長　自由民主党は党大会で、総裁任期を3年に延長。

1.22　〔国会〕佐藤首相、所信表明演説　佐藤栄作首相、衆参両院で施政・外交・財政・経済に
　　　　関する演説を行う。物価・公害の克服などに言明。北京政府を中華人民共和国政府と正式呼
　　　　称に改める。

1.22　〔国会〕昭和46年度予算を提出　衆議院、9兆4143億円からなる昭和46年度予算を衆院に
　　　　提出。3月1日可決。3月29日参議院で可決成立。

2.9　　〔内閣〕小林法相が辞任　小林武治法相が辞任し、2月17日後任に植木庚子郎が起用さ
　　　　れた。

3.23　〔内閣〕沖縄復帰対策要綱を閣議決定　第2次沖縄復帰対策要綱を閣議決定。

4.16　〔内閣〕臨時総合交通問題閣僚協議会を設置　内閣に、臨時総合交通問題閣僚協議会を
　　　　設置。

6.11　〔政治〕中央教育審議会が答申　中央教育審議会は、今後における学校教育の総合的な
　　　　拡充整備のための基本施策を答申。

6.17　〔外交〕沖縄返還協定に調印　琉球諸島及び大東諸島に関する日本国とアメリカ合衆国
　　　　との間の協定（沖縄返還協定）に調印。東京では、調印阻止のデモ隊が機動隊と衝突。

6.27　〔選挙〕第9回参議院選挙　第9回参議院議員通常選挙が行われた。全国区50名、自民21、
　　　　社会11、公明8、民社2、共産5、無所属1。地方区76名、自民42、社会28、公明2、民社2、共
　　　　産1、無所属1の結果となる。

7.1　　〔政治〕環境庁を設置　公害行政の一元化を目指し、内閣公害対策本部、総理府公害対策
　　　　室、厚生省大臣官房国立公園部、環境衛生局公害部、通商産業省公害保安局公害部、経済企
　　　　画庁国民生活局の一部、林野庁指導部造林保護課の一部などど環境関係部署を統合し、環境
　　　　庁を設置。

7.1　　〔外交〕佐藤首相、朴大統領就任式参列で訪韓　佐藤栄作首相、韓国の朴正熙大統領就
　　　　任式参列のため韓国を訪問。ソウルの地下鉄建設協力を約束し、同日帰国。

7.5　　〔内閣〕第3次佐藤内閣第1次改造　第3次佐藤内閣第1次改造を行う。外相に福田赳夫、
　　　　通産相に田中角栄が就任。また、自由民主党役員を決定し、幹事長に保利茂、総務会長に中
　　　　曽根康弘、政務調査会長に小坂善太郎が就任した。

7.14　〔国会〕佐藤首相、所信表明演説　佐藤栄作首相、衆参両院で所信表明演説。総合農政
　　　　の推進、流通機構の整備などの物価対策、医療保険制度の抜本改正などを表明。

7.14　〔国会〕第66回国会召集　第66回臨時国会が召集された。17日開会。参議院議長に河野
　　　　謙三、副議長に安井謙が選出される。会期は11日間。7月24日閉会。

7.23　〔外交〕衆院に日中国交回復決議案を提出　日中国交回復促進議員連盟は、衆議院に日

－ 168 －

日本議会政治史事典　　　　　　　　　　　　　　　　　　　　　　　　　　　　　　1971年（昭和46年）

中国交回復決議案を提出。審議未了となる。

8.2　〔内閣〕増原防衛庁長官が辞任　増原恵吉防衛庁長官が辞任し、後任に西村直己を起用。

8.2　〔内閣〕民社党大会を開催　民社党大会において、春日一幸委員長を選出。

8.10　〔政治〕国家公務員の第2次定員削減計画　閣議において、国家公務員の第2次定員削減計画の実施を決定。

8.17　〔政治〕経済関係閣僚協議会、円平価堅持方針　経済関係閣僚協議会において、円平価堅持の方針を決定した。

8.28　〔政治〕円の変動為替相場制を採用　政府は、円の変動為替相場制を採用を決定。

9.3　〔内閣〕沖縄復帰対策要綱を決定　閣議において、第3次沖縄復帰対策要綱を決定。

9.21　〔事件〕竹入公明党委員長、暴漢に刺される　竹入義勝公明党委員長が、暴漢に刺され重傷を負う。

9.23　〔政治〕中小企業緊急救済対策要綱を決定　米国が金とドルの交換を一時停止するなどドル防衛緊急対策（ドルショック）を発表したことをうけ、打撃を受けた日本の中小企業の緊急救済対策要綱を決定。

10.11　〔政治〕公務員制度審議会が答申　公務員制度審議会が、在籍専従機関について答申。

10.16　〔国会〕第67回国会召集　第67回臨時国会が召集された。10月18日開会。会期は70日間、延長1回3日間で、実質会期73日間。12月27日閉会。

10.19　〔国会〕佐藤首相、所信表明演説　佐藤栄作首相は、衆参両院で所信、外交、財政に関する演説を行う。沖縄返還の円滑な実現、国際通貨体制の立て直しのための努力などを表明。

11.16　〔内閣〕平泉科学技術庁長官が辞任　平泉渉科学技術庁長官が辞任。後任に木内四郎が起用された。

11.24　〔外交〕衆院、沖縄返還協定締結承認　衆議院は、議長職権により開会し、社会党、共産党欠席の中、沖縄返還協定の締結について承認を求めるの件、承認。12月22日参議院沖縄返還協定特別委員会で、沖縄返還協定の締結について承認を求めるの件、承認。

12.3　〔内閣〕西村防衛庁長官が辞任　西村直己防衛庁長官が辞任し、後任に江崎真澄が起用される。

12.18　〔政治〕スミソニアン体制　ドルショックにより国際通貨体制が混乱したことをうけ、10か国蔵相会議において、通貨の新交換比率を決定（スミソニアン体制）。1ドル＝308円の固定相場制に復帰した。

12.24　〔国会〕佐藤内閣不信任決議案を否決　衆議院は、佐藤内閣不信任決議案を否決。

12.29　〔国会〕第68回国会召集　第68回通常国会が召集された。1972年1月29日開会。会期は150日間、延長21日間で、実質171日間。6月16日閉会。

12.30　〔国会〕沖縄関係議案5件を可決　沖縄・北方特別委員会は、自民単独で沖縄関係議案5件を可決。これにより沖縄の国内法手続きが完了した。

－ 169 －

1972年
（昭和47年）

1.3 〔外交〕**日米繊維協定に調印** 日米繊維協定に調印。翌1973年10月1日から3年間毛及び化合繊の年間輸出伸び率を前年比5％以内に制限する。

1.5 〔政治〕**佐藤首相、ニクソン米国大統領と会談** 佐藤栄作首相、リチャード・ニクソン米国大統領と会談のため、米国を訪問。沖縄返還を5月15日とし1月7日日米共同声明を発表。

1.28 〔国会〕**昭和47年度予算を提出** 衆議院に、11兆4704億円からなる昭和47年度予算案を提出。修正後、11兆4676億円の予算となり、4月3日可決。4月28日参議院で可決成立。

1.28 〔内閣〕**原労相が辞任** 原健三郎労相が辞任し、後任に塚原俊郎が起用された。

1.29 〔国会〕**佐藤首相、所信表明演説** 佐藤栄作首相、衆参両院で施政・外交・財政・経済について所信表明演説。日米関係の強化、日ソ平和条約の締結、高度福祉国家の建設を表明。

2.8 〔政治〕**第4次防衛力整備計画大綱を決定** 第4次防衛力整備計画大綱を閣議決定。

3.15 〔政治〕**沖縄の施政返還** 米国より沖縄の施政権が27年ぶりに返還。本土復帰を果たし、沖縄県が発足。政府は、沖縄の本土復帰を記念し、恩赦を実施。

3.24 〔政治〕**佐藤首相、中国を唯一正統な政府と発言** 佐藤栄作首相、衆議院外務委員会にて、日中国交正常化に関し、中華人民共和国を中国の唯一正統な政府と認識していると発言。

3.27 〔国会〕**沖縄返還を巡る密約問題で質疑** 衆議院予算委員会で、社会党・横路孝弘、楢崎弥之助らが、沖縄返還交渉を巡る対米密約問題で質疑。外務省の公電漏えい事件に発展した。4月4日警視庁は、漏えい事件に絡み、外務省事務官と毎日新聞記者を逮捕。4月5日東京地検に起訴される。

6.11 〔政治〕**「日本列島改造論」を発表** 田中角栄通産相は、「日本列島改造論」を発表。

6.15 〔国会〕**佐藤内閣不信任決議案を否決** 社会党、公明党、民社党、二院クラブが共同で佐藤内閣不信任決議案を衆議院に提出。同日否決される。

6.17 〔内閣〕**佐藤首相、退陣を表明** 佐藤栄作首相、自民党両院議員総会において、退陣を表明。

7.1 〔政治〕**公害等調整委員会を設置** 中央公害審査委員会、土地調整委員会を統合し、公害等調整委員会を設置。

7.5 〔政党〕**自民党大会で、田中角栄総裁を選出** 自由民主党大会で、佐藤栄作総裁の退任をうけ、田中角栄総裁が選出される。

7.6 〔国会〕**第69回国会召集** 第69回臨時国会が召集された。同日開会し、内閣総理大臣に田中角栄を指名。会期7日間で、7月12日閉会。

7.7 〔内閣〕**第1次田中内閣が成立** 田中角栄を首班とする第1次田中角栄内閣が成立。田中首相が、郵政相、経済企画庁長官を兼任する。

7.12 〔国会〕**田中首相、所信表明演説** 田中角栄首相、衆参両院において所信表明演説を行う。

| | | 日本議会政治史事典 | 1973年（昭和48年） |

7.14 〔内閣〕**日本列島改造構想を調整** 閣議において、新全国総合開発計画を練り直し、日本列島改造構想との調整を決定した。

7.22 〔外交〕**田中首相の訪中を招請** 大平正芳外相、孫平化中日友好協会副秘書長、肖向前中日友好協会常任理事と会談。田中角栄首相の訪中を招請した。

8.15 〔外交〕**田中首相、訪中招請を受諾** 田中角栄首相、孫平化中日友好協会副秘書長、肖向前中日友好協会常任理事と会談。首相の訪中を招請し、これを受諾。

8.31 〔外交〕**田中首相、日米首脳会談のため渡米** 田中角栄首相、大平正芳外相とともに、日米首脳会談のためハワイに出発。9月1日貿易不均衡是正などの共同声明を発表。9月3日帰国。

9.8 〔外交〕**日中国交正常化の基本方針** 自民党は、日中国交正常化の基本方針を決定。

9.29 〔外交〕**日中国交正常化** 9月25日田中角栄首相、中国訪問に出発。同日周恩来首相と会談し、日中国交正常化の基本方針で合意。27日毛沢東首席と会談。29日、日中共同声明に調印し、国交正常化を果たす。30日帰国。

10.9 〔内閣〕**第4次防衛力整備計画を決定** 閣議において、総額約4兆6300億円からなる第4次防衛力整備計画を決定。

10.27 〔国会〕**第70回国会召集** 第70回臨時国会が召集された。会期は21日間だったが、11月13日衆議院を解散。

10.28 〔国会〕**田中首相、所信表明演説** 田中角栄首相、衆参両院において、所信・外交・財政に関する演説を行う。日中国交正常化の報告、日米安保体制堅持、第4次防衛力整備計画の必要性、列島改造論の重要性を表明した。

10.29 〔外交〕**日中民間覚書貿易協定調印** 日中民間覚書貿易協定に調印。以後、政府間通商協定に引き継ぐ。

11.8 〔外交〕**日中共同声明に関する決議案** 衆議院において、日中共同声明に関する決議案を可決。11月13日参議院で可決。

12.10 〔選挙〕**第33回衆議院選挙** 衆議院の解散をうけ、第33回衆議院議員総選挙が行われた。定数491、自民271、社会118、共産38、公明29、民社19、諸派2、無所属14の結果となった。

12.10 〔政治〕**国土総合開発推進本部を設置** 総理府に国土総合開発推進本部を設置。

12.22 〔国会〕**第71回国会召集** 第71回特別国会が召集された。同日開会。衆議院議長に自民党・中村梅吉、副議長に自民党・秋田大助が選出される。同日第2次田中内閣が成立。会期は150日間、延長2回130日で、実数280日間。1973年9月27日閉会。

1973年
（昭和48年）

1.19 〔外交〕**大平外相、インガソル駐日米大使と会談** 大平正芳外相は、インガソル駐日米国大使と会談。日米安保条約運用協議会の設置で合意。

1.26 〔国会〕**昭和48年度予算案を提出** 衆議院に、14兆2840億円からなる昭和48年度予算案を提出。3月13日可決。4月11日参議院にて可決成立した。

1973年（昭和48年）   日本議会政治史事典

1.26 〔内閣〕**土地対策要綱を決定**　地価対策閣僚協議会は、土地対策要綱を決定。

1.27 〔国会〕**田中首相、所信表明演説**　田中角栄首相、衆参両院にて施政・外交・財政・経済についての演説を行う。アジアの平和と安定に寄与、国際収支不均衡の是正、土地対策の推進を表明。

1.30 〔政治〕**沖縄国際海洋博覧会推進対策本部を設置**　総理府に、沖縄国際海洋博覧会推進対策本部を設置。

2.1 〔国会〕**増原防衛庁長官、防衛力の限界で紛糾**　増原防衛庁長官は、衆議院予算委員会において "平和時の防衛力の限界" について見解を表明し、紛糾した。

2.12 〔政治〕**円を変動相場制に移行**　米国がドルを10%切り下げることを決定し、スミソニアン体制が崩壊。翌2月13日日本政府は、14日から円を変動相場制に移行することを決定。また、円の変動相場制移行に伴う中小企業に対する緊急措置を発表。

2.13 〔内閣〕**経済社会基本計画を閣議決定**　経済社会基本計画を閣議決定。円の変動相場制移行に伴う中小企業に対する緊急措置を発表。

4.2 〔政治〕**建設省、全国の地価上昇を発表**　建設省は、1972年1年間の全国平均の宅地の地価上昇率は33%と、1971年の2倍以上であったと公表。

4.10 〔内閣〕**田中首相、公職選挙法の今国会で改正を表明**　田中首相は、参議院予算委員会において、小選挙区制採用を含む「公職選挙法」の今国会での改正を表明した。

4.11 〔国会〕**衆院物価問題特委、商社の社会的責任を追及**　衆議院物価問題特別委員会、総合商社6社の代表を呼び、企業の社会的責任を追及。

4.13 〔政治〕**総理府に老人対策本部を設置**　総理府に老人対策本部を設置。

4.24 〔選挙〕**4野党、小選挙区制導入阻止の院内共闘**　社会党、共産党、公明党、社民党の4野党は、小選挙区制の導入阻止のための院内共闘を決めた。

4.27 〔内閣〕**第5次資本自由化を閣議決定**　閣議において、第5次資本自由化を決定。

5.1 〔内閣〕**内閣広報室を設置**　内閣が進める重要政策について、各府省庁と連携しつつ様々な媒体を活用した広報を推進するため内閣広報室を設置した。

5.11 〔内閣〕**衆院選挙制度改革案を決定**　政府は、衆議院選挙制度改革案を決定。総定数を511名、小選挙区制と比例代表制の比率を6対4とした。

5.15 〔選挙〕**小選挙区制反対の全国統一行動**　社会党、共産党、公明党、総評などの主催により、小選挙区制反対の全国統一行動が行われる。

5.15 〔政治〕**日本、東ドイツと国交を樹立**　日本政府は、東ドイツ（ドイツ民主共和国）と国交を樹立した。

5.29 〔内閣〕**増原防衛庁長官、天皇の発言を公にし、辞任**　増原恵吉防衛庁長官は、ご進講に際しての昭和天皇の防衛問題に関する発言を公にしたとして、辞任。後任に、山中貞則が起用された。

6.16 〔政治〕**公職選挙法改正案の提出を断念**　衆参両院議長の申し入れにより、田中首相「公職選挙法」改正案を今国会で提出することを断念。

6.22 〔法律〕**筑波大学法案、防衛2法案を強行採決**　自民党は、衆議院文教委員会で「筑波大学法」案、衆院内閣委員会で「防衛2法」案がそれぞれ強行採決。6月28日、29日にそれぞれ衆院を通過。7月17日自民党は、参議院の関係委員会で「筑波大学法」案、「防衛2法」案を強行採決。

- 172 -

7.6	〔法律〕生活関連物資の買占売惜しみへの緊急措置法	米国の大豆、穀物の輸出規制に伴い世界の穀物の需給が逼迫化。政府は、「生活関連物資等の買占め及び売惜しみに対する緊急措置に関する法律」を公布。7月14日同法の対象に大豆製材など14品目を指定。

7.25　〔政治〕資源エネルギー庁を設置　石油、電力、ガスなどのエネルギーの安定供給政策や省エネルギー・新エネルギー（原子力、太陽光、風力、スマートコミュニティ等）政策を所管する経済産業省の外局として資源エネルギー庁を設置。

7.29　〔外交〕田中首相、日米首脳会談のため訪米　田中角栄首相は、日米首脳会案のために訪米。昭和天皇の訪米、リチャード・ニクソン大統領の訪日などの共同声明を発表。8月6日帰国。

8.24　〔外交〕日韓定期閣僚会議延期を決定　金大中事件を受け、9月に開催予定だった日韓定期閣僚会議の延期を決定。

9.3　〔政治〕公務員制度審議会最終答申　公務員制度審議会は、国家公務員、地方公務員及び公共企業体の職員の労働関係の基本にかかわる事項について最終答申。

9.12　〔外交〕ガット東京ラウンド　関税及び貿易に関する一般協定（ガット）閣僚会議を開催。102か国が交渉に参加し、ガットで初めて本格的に非関税措置の軽減に取り組んだ。9月14日東京宣言。

9.26　〔外交〕田中首相、欧州ソ連訪問　田中角栄首相、フランス、英国、西ドイツ、ソ連訪問に出発。10月8日ソ連のブレジネフ書記長、コスイギン首相と会談。10月11日帰国。

11.16　〔内閣〕石油供給制限などの緊急対策要綱を決定　政府は、石油危機に対応するため、石油大口需要産業への供給制限など6項目の緊急対策要綱を決定。官庁における石油、電力の節約対策実施要綱も閣議決定した。同日、内閣に緊急石油対策推進本部を設置。また、6月22日には政府は石油危機打開のため親アラブ寄りの中央政策に転換することを決めた。

11.25　〔内閣〕第2次田中改造内閣が発足　11月23日愛知揆一蔵相が急死したことをうけ、第2次田中改造内閣が発足。新蔵相に福田赳夫を起用し、これまでの財政政策の修正を表明。その後、総需要抑制政策が遂行される。

12.1　〔国会〕第72回国会召集　第72回通常国会が召集された。会期は150日、延長一回35日。会期実数は185日。1974年6月3日閉会。

12.10　〔外交〕三木副総理、政府特使として中東8か国歴訪　三木武夫副総理は、石油危機打開のために政府特使として、中東8か国を歴訪。

12.21　〔法律〕石油2法が成立　「国民生活安定緊急措置法」、「石油需給適正化法」のいわゆる石油緊急2法が成立。翌22日公布。石油需給適正化法に基づき、緊急事態宣言。国民生活安定緊急対策本部は、当面の緊急対策について決定。

12.25　〔政治〕OPEC、日本を友好国とみなす　OPECの石油担当相会議において、日本を友好国とみなし、必要量供給することを決定。

1974年
（昭和49年）

1.7　〔外交〕田中首相、東南アジア5か国訪問　田中角栄首相、東南アジア5か国訪問に出

1974年（昭和49年）   日本議会政治史事典

発。1月17日帰国。歴訪中のタイでは、経済侵略反対を叫ぶ5000人の学生デモが発生。インドネシアでは反日デモが暴徒化。1万人以上の群衆が日本車を焼き、日本企業に放火したとされる。田中首相は大統領府に閉じ込められ、ヘリコプターで脱出し、帰国。

1.11　〔内閣〕**石油電力の第2次使用節減対策**　閣議は、石油・電力の第2次使用節減対策を決定。15％の削減などを目指す。

1.12　〔国会〕**田中首相、所信表明演説**　田中角栄首相、衆参両院にて施政・外交・財政・経済に関する所信表明演説を行う。物価対策の推進を強調した。

1.21　〔国会〕**昭和49年度予算案を提出**　衆議院は、17兆994億円からなる昭和49年度予算案を提出。3月12日可決。4月10日参議院で可決成立。

1.30　〔外交〕**日韓大陸棚協定**　韓国・ソウルにおいて「日韓大陸棚協定」に調印。

2.11　〔政治〕**石油消費国会議を開催**　米国・ワシントンにおいて、石油消費国会議を開催。日米欧の13か国が参加。

3.14　〔政治〕**田中首相、国旗国歌の法制化を発言**　田中角栄首相、日の丸、君が代を国旗、国歌として法制化の時期であると発言した。

3.16　〔政治〕**生活関連物資の値上げ抑制策**　国民生活安定緊急対策本部は、石油製品の価格引き上げを承認し、生活関連物資の値上げ抑制策を決定。

4.10　〔内閣〕**三公社五現業のスト権問題**　閣議において、三公社五現業のスト権問題について、関係閣僚協議会および諮問機関として専門委員懇談会を設置することを決定。2年を目標として結論を出すとして、ゼネスト中止を労働団体に要請した。しかし、公労協、官公労、民間労組などを賃上げ、スト権問題でゼネストを敢行、600万人が参加した。4月13日収拾。

4.12　〔法律〕**靖国神社法が可決**　衆議院内閣委員会において、「靖国神社法」が混乱の中修正議決された。社会党、共産党、公明党、民社党は、前尾衆院議長に法案の委員会差し戻しを要求し、国会が空転。5月24日衆院は、「靖国神社法」を自民党単独で可決した。

4.20　〔外交〕**日中航空協定に調印**　中国・北京において日中航空協定に調印。4月26日、日本国と中華人民共和国との航空運送協定の締結について承認を求める件を衆議院に提出。5月7日承認。5月15日参議院でも承認。6月24日発効。

5.22　〔法律〕**教頭職法制化法案を可決**　参議院文教委員会は、「教頭職法制化法」案の質疑を打ち切り、社会党欠席の中、動議可決をおこない、5月27日同法案は可決された。これにより参院は空転となった。

6.26　〔政治〕**国土庁を設置**　内閣国土総合開発本部（総理府国土総合開発対策室を含む）、経済企画庁総合開発局、首都圏整備委員会事務局、近畿圏整備本部、中部圏開発整備本部、建設省計画局宅地部の一部、自治省小笠原総合事務所を統合して、国土庁を設置。初代長官に西村英一が就任。

7.2　〔政治〕**中央選管委員長、企業ぐるみ選挙を批判**　堀米中央選挙管理委員会委員長は、個人的見解として、参議院選挙について企業ぐるみの選挙を批判する見解を発表した。7月4日には、橋本自民党幹事長が、同委員長を職権乱用、選挙の自由を妨害したとして東京地検に告発した。

7.7　〔選挙〕**第10回参議院選挙**　第10回参議院議員通常選挙が行われた。全国区54名（含補欠4名）、自民19、社会10、公明9、共産8、民社4、無所属4。地方区76名、自民44、社会18、公明5、共産5、民社1、諸派1、無所属2の結果となった。投票率は73.2％と参議院通常選挙史上最高を記録した。

7.12　〔内閣〕**三木副総理、首相の政治姿勢批判し辞任**　三木武夫副総理・環境庁長官は、田

－ 174 －

中角栄首相の政治姿勢を批判し、辞任。後任環境庁長官に毛利松平が就任。

7.16 〔内閣〕**蔵相、外相など辞任**　蔵相福田赳夫、外相大平正芳、行政管理庁長官保利茂がともに辞任。後任として、蔵相に大平正芳、外相に木村俊夫、行政管理庁長官に細田吉蔵が就任した。

7.24 〔国会〕**第73回国会召集**　第73回臨時国会が召集された。7月26日参議院議長選挙で河野謙三が、27日副議長に前田佳都男が選出された。会期は8日間で、7月31日閉会。

7.31 〔国会〕**田中内閣不信任案を否決**　衆議院は田中内閣不信任案を否決。同日、参議院は社会党、公明党、共産党、民社党が共同で提出した田中内閣総理大臣問責決議案を否決。

8.29 〔内閣〕**資源を大切にする運動本部を設置**　内閣に、資源とエネルギーを大切にする運動本部を設置した。

8.31 〔政治〕**石油需給の緊急事態宣言を解除**　政府は、「石油需給適正化法」に基づく緊急事態宣言を解除した。

9.12 〔外交〕**田中首相、4か国訪問**　田中角栄首相、メキシコ、ブラジル、米国、カナダの4か国訪問に出発。9月22日日米首脳会談を行う。9月27日帰国。

9.26 〔外交〕**日中定期航空路線開設**　日中定期航空路線が開設した。

10.2 〔外交〕**第61回列国議会同盟会議を開催**　第61回列国議会同盟会議東京会議を参議院議場で開催。63か国が参加し、10月11日閉会。

10.22 〔国会〕**田中首相の金脈問題で質疑**　『文芸春秋』11月号に掲載された立花隆「田中角栄その金脈と人脈」が、金脈政治の実態を暴露。10月22日参議院大蔵委員会は、田中首相の金脈問題で質疑が行われ、11月12日、13日、26日にも質疑を行う。自民党内からも公然と金脈政治に対する批判が出され、11月11日首相は、記者会見で初めて金脈政治についての釈明を行う。その後、第2次田中内閣第2次改造を行うが、衆議院、参院ともに田中首相の金脈問題で紛糾。資料提出を求められた国税庁は守秘義務を理由に資料の提出を拒否。11月26日田中首相は退陣を表明。

10.28 〔外交〕**田中首相、3か国訪問**　田中角栄首相、ニュージーランド、オーストラリア、ビルマの3か国を訪問。11月8日帰国。

11.18 〔外交〕**フォード米国大統領が来日**　ジェラルド・フォード米国大統領が来日。現職大統領の初の来日となった。19日昭和天皇と会見、同日田中角栄首相と会談。11月20日共同声明を出し、22日離日。

12.4 〔政党〕**自民党、三木武夫総裁を選出**　田中角栄総裁の後任総裁選出について、自民党内主流派の大平・田中派は党則に基づく選挙を求めたが、反主流派の福田・三木派は話し合いによる選出を求め難航した。そうした中で、椎名副総裁の調停により、"実力者会談による決着"という形となり、その後合意を見いだせないなか椎名裁定案により三木武夫総裁が選出された。

12.9 〔国会〕**第74回国会召集**　第74回臨時国会が召集された。会期は17日間で、12月25日閉会。

12.9 〔内閣〕**三木武夫内閣が成立**　三木武夫内閣が成立。文相に、永井道雄元朝日新聞論説委員を起用した。また、自民党役員として、幹事長に中曽根康弘、総務会長に灘尾弘吉、政務調査会会長に松野頼三が就任した。

12.10 〔内閣〕**経済対策閣僚会議を設置**　経済対策閣僚会議を設置。

12.10 〔政治〕**佐藤栄作元首相がノーベル平和賞**　佐藤栄作元首相がノーベル平和賞を受賞。

1975年（昭和50年）   日本議会政治史事典

　　　　　1975年5月29日衆議院で、5月30日参議院で祝意を表明。

12.14　〔国会〕三木首相、所信表明演説　三木武夫は、衆参両院において所信表明演説をおこ
　　　　なった。産油国と消費国の協調、対話と協調の政治を表明した。

12.27　〔国会〕第75回国会召集　第75回通常国会が召集された。会期150日、延長40日間で、実
　　　　数190日。1975年7月4日閉会。

1975年
（昭和50年）

1.7　　〔内閣〕自動車排出ガス対策閣僚協議会　閣議は、自動車排出ガス対策閣僚協議会を
　　　　設置。

1.15　　〔外交〕宮沢外相、訪ソ　宮沢喜一外相が、ソ連を訪問。1月18日平和条約交渉の継続を
　　　　表明した日ソ共同声明を出す。

1.17　　〔政治〕第3次廃棄物処理施設整備計画　第3次廃棄物処理施設整備計画を決定。

1.24　　〔国会〕三木首相、所信表明演説　三木武夫首相、衆参両院で施政・外交・財政・経済に
　　　　関する所信表明演説を行う。産油国との対話と協調、日中平和友好条約締結の推進、経済の
　　　　安定成長などを強調した。

1.24　　〔国会〕昭和53年度予算を提出　衆議院に、21兆2888億円からなる昭和53年度予算を衆
　　　　院に提出。3月4日可決。4月2日参議院で可決成立。

2.14　　〔内閣〕経済対策閣僚会議、第1次不況対策を決定　経済対策閣僚会議、中小業向けの
　　　　融資の円滑化等の第1次不況対策を決定。

3.24　　〔内閣〕経済対策閣僚会議、第2次不況対策を決定　経済対策閣僚会議、公共事業費の
　　　　円滑な執行など第2次不況対策を決定。

3.29　　〔政治〕三木首相、野党党首と個別会談　三木武夫首相、「公職選挙法」、「政治資金規正
　　　　法」改正案説明等のため4野党党首と個別会談を行う。

4.4　　〔外交〕ルーマニア大統領夫妻来日　チャウシェスク・ルーマニア大統領夫妻が来日。

4.15　　〔内閣〕総合エネルギー対策閣僚会議設置　内閣に総合エネルギー対策閣僚会議を設置。

5.7　　〔政治〕南ベトナム共和国臨時政府を承認　政府は、南ベトナム共和国臨時政府を承認。

5.16　　〔政治〕初の『国土利用白書』を提出　「国土利用計画法」に基づき、初の『国土利用白
　　　　書』を提出。

6.16　　〔内閣〕経済対策閣僚会議、第3次不況対策　経済対策閣僚会議、住宅建設促進・公害
　　　　防止対策向け融資拡充等の第3次不況対策を決定。

7.3　　〔国会〕三木内閣不信任決議案を否決　衆議院、三木内閣不信任決議案を否決。

7.15　　〔法律〕公選法、政治資金改正法が成立　衆議院定数を20人増加、選挙公営拡大などを
　　　　盛り込んだ「公職選挙法」改正案、企業・団体献金に限度額を設定した「政治資金規正法」
　　　　改正案が公布された。

－ 176 －

7.23	〔外交〕**宮沢外相、日韓関係正常化のため訪韓**　宮沢喜一外相、日韓関係正常化のために訪韓。帰国後、金大中事件は決着したことを表明した。これにより9月15日、1年半ぶりにソウルで日韓定期閣僚会議を開催。
7.27	〔政党〕**共産党・創価学会、不干渉協定**　共産党、創価学会は、双方の路線に不干渉・共存の協定を発表。
8.2	〔外交〕**三木首相、日米首脳会談のため訪米**　三木武夫首相、日米首脳会談のために訪米。8月11日帰国。
8.15	〔政治〕**三木首相、戦後初の靖国神社参拝**　三木武夫首相、私人として現職首相で戦後初の靖国神社を参拝。
9.10	〔国会〕**第76回国会召集**　第76回臨時国会が召集された。会期は75日間、延長2回31日、実数は106日間。12月25日閉会。
9.15	〔内閣〕**経済対策閣僚会議、第4次不況対策**　経済対策閣僚会議、総額2兆円を追加する公共事業費の追加を盛り込んだ第4次不況対策を決定。
9.16	〔国会〕**三木首相、所信表明演説**　三木武夫首相、衆参両院において外交および所信表明演説を行う。景気浮揚策の実施、先進工業国と発展途上国との協調などを表明。
9.18	〔内閣〕**生涯設計計画検討連絡会議設置**　内閣、生涯設計計画検討連絡会議を設置。
9.20	〔外交〕**日ソ漁業協定承認**　衆議院は、漁業操業に関する日本国政府とソビエト社会主義共和国連邦政府との間の協定の締結について承認を求めるの件を提出。10月18日承認。10月22日参議院にて承認。10月23日発効。
9.23	〔内閣〕**婦人問題企画推進本部など設置**　総理府、婦人問題企画推進本部、婦人問題企画推進会議を設置。
10.9	〔国会〕**昭和50年度補正予算提出**　衆議院、戦後初の減額補正予算となる昭和50年度補正予算を提出。10月30日可決。11月7日参議院を可決成立。50年度の国債発行額は5兆4800億円と、歳入の国債依存度は戦後最高の26.3％となった。
10.22	〔政治〕**国民参政85周年など記念式典**　国立劇場において、国民参政85周年、普選50周年、婦人参政30周年の記念式典を開催。
11.15	〔政治〕**三木首相、サミット出席**　三木武夫首相、フランスで行われた第1回主要先進国首脳会議（ランブイエ・サミット）に出席。日本、米国、西ドイツ、英国、イタリア、フランスが参加。11月17日ランブイエ宣言を採択して閉幕。
12.1	〔内閣〕**三公社五現業の労働基本権問題**　閣議において、3公社5現業などの労働基本権問題等に関する基本方針を決定。
12.5	〔法律〕**財政特例法案可決**　オイルショック後の深刻な不況のため、税収が減少し国家財政は危機的状態となった。「財政法」第4条に基づき、赤字国債の発行を行うための「財政特例法」案が衆議院で可決された。その後、赤字国債は増え続ける。
12.19	〔国会〕**三木内閣不信任決議案否決**　衆議院、三木内閣不信任決議案を否決。
12.19	〔内閣〕**総合エネルギー政策の基本方向を決定**　総合エネルギー対策閣僚会議、総合エネルギー政策の基本方向を決定。
12.27	〔国会〕**第77回国会召集**　第77回通常国会が召集された。会期は150日間、1976年5月24日閉会。

1976年
（昭和51年）

1.15　〔内閣〕仮谷忠雄建設相が死去　建設相・仮谷忠雄衆議院議員が死去。1月19日後任建設相に竹下登が起用された。

1.23　〔国会〕三木首相、所信表明演説　三木武夫首相は、衆参両院において施政・外交・財政・経済に関する演説を行う。不況からの脱出、政治不信の解消を表明した。

1.23　〔国会〕昭和51年度予算を提出　衆議院、24兆2960億円からなる昭和51年度予算を提出。戦後初の特例公債を組み込み、公債依存率は29.9%となる。4月9日可決。5月8日参議院を可決成立。

1.27　〔事件〕共産党スパイ査問事件　衆議院、民社党委員長・春日一幸、1933年12月23日の共産党スパイ査問事件について質疑。

2.4　〔事件〕ロッキード事件が表面化　米国・上院外交委員会多国籍企業小委員会において公聴会が開かれ、ロッキード航空機製造会社の日本など数か国への違法政治献金などを公表。対日政界工作資金についての証言で、1000万ドルを児玉誉士夫、丸紅などに献金しており問題化する（ロッキード事件）。

2.23　〔事件〕ロッキード問題に関する決議案　衆議院は、米国に政府高官名を含むすべての資料提供を要求するというロッキード問題に関する決議案を全会一致で可決。同日参議院でも可決。

4.14　〔選挙〕衆院議員選挙の議員定数を違憲　最高裁は、1969年に12月27日に行われた第32回衆議院議員総選挙の議員定数についての千葉県第一区の有権者による衆議院議員定数是正の上告審で、現行定数を違憲と判決。選挙の無効については棄却。

4.28　〔外交〕核兵器不拡散条約を承認　衆議院、核兵器不拡散条約について承認を求める件を承認。5月24日参議院でも承認。調印以来6年ぶりとなった。6月8日政府は、核兵器不拡散条約の批准書を米英ソ3国に寄託。96番目の批准国となった。

5.3　〔法律〕政府主催の憲法記念日式典を開催　24年ぶりとなる政府主催の憲法記念日式典が、憲法記念館で開催。

5.14　〔内閣〕新経済五カ年計画を決定　閣議は、年率6%強の実質成長率を想定した新経済五カ年計画（昭和50年代前期経済計画）を決定した。

6.22　〔事件〕ロッキード事件で逮捕者　東京地検、ロッキード事件において前丸紅専務大久保利春を偽証容疑で逮捕。7月2日前丸紅専務・伊藤宏を偽証罪で逮捕。7月8日全日空社長・若狭得治を偽証罪及び外為法違反で逮捕。7月9日全日空副社長・渡辺尚次を偽証罪で逮捕。7月13日全丸紅会長・檜山広を外為法違反で逮捕。その後、全員起訴される。7月27日元首相田中角栄が受託収賄罪・外為法違反のため東京地検に逮捕される。8月16日起訴。8月20日元運輸政務次官・衆議院議員佐藤孝行、21日元運輸相橋本登美三郎が逮捕される。9月10日2人を受託収賄罪で起訴。

6.24　〔政治〕三木首相、プエルトリコ・サミットに出席　三木武夫首相、プエルトリコで行われる第2回主要先進国首脳会談（サンファン・サミット）のためにに出発。27日サミットが開催。28日国際協調確認の共同宣言（プエルトリコ宣言）を発表。

－ 178 －

日本議会政治史事典　　　　　　　　　　　　　　　　　　　　　　　　　　　1976年（昭和51年）

6.25　〔内閣〕**新自由クラブ結成**　自民党離党議員5名による新自由クラブを結成。代表には河野洋平が就任。6月26日衆議院に届け出。

7.8　〔外交〕**日米防衛協力小委員会を設置**　日米安保協議委員会は、日米安保条約の円滑かつ効果的な運用を図るため日米防衛協力小委員会の設置を決定。

8.17　〔政党〕**社会党、二段階政権構想発表**　社会党、社会党中心の選挙管理内閣をつくり、総選挙後に革新連合内閣樹立の二段階政権構想を発表した。

8.19　〔政党〕**自民党反三木派、挙党体制確立協議会を結成**　自民党反三木派（福田赳夫、大平正芳、田中角栄、椎名悦三郎、船田中、水田三喜男）は、挙党体制確立協議会（挙党協）を結成。代表世話人を船田中とする。

8.24　〔政党〕**自民党挙党協、党刷新を決議**　自民党挙党協は、両院議員総会を強行して党刷新を決議。参加者は271名。

8.30　〔政党〕**自民党五役、内閣改造・党人事刷新を提示**　自民党五役（中曽根康弘幹事長、灘尾総務会長、松野政務調査会会長、石田幹事長代理、安井参議院議員会長）、臨時国会前の内閣改造・党人事刷新等の収拾案を提示。

9.11　〔政党〕**自民党実力者四者会談**　三木武夫首相、中曽根康弘幹事長、保利茂、船田中の四者会談を行い、臨時国会召集と解散回避による党内対立収拾で合意。

9.15　〔政党〕**三木改造内閣・自民党役員を決定**　三木武夫内閣は、福田赳夫副総理、大平正芳蔵相を除く、反三木派の閣僚を更迭。また、自民党役員を決定し、幹事長に内田常雄、総務会長に松野頼三、政務調査会会長に桜内義雄が就任。

9.16　〔国会〕**第78回国会召集**　第78回臨時国会が召集された。会期は50日間で、11月4日閉会。

9.24　〔国会〕**三木首相、所信表明演説**　三木武夫首相、衆参両院にて所信表明演説を行う。ロッキード事件の真相解明を表明した。

10.21　〔政党〕**自民党挙党協、三木総裁退陣要求**　自民党挙党協総会は、三木/武夫総裁退陣要求を宣言し、福田赳夫副総理の後継総裁推薦を決定。

10.29　〔内閣〕**昭和52年以降の防衛計画大綱を決定**　閣議において、昭和52年以降の防衛計画大綱を決定。防衛構想としては、限定的かつ小規模な侵略に対しては日本の自衛隊が独力で排除するとして、自衛隊増強計画を明示した。また、独力での排除が困難な侵略に対しては日米安保体制による「アメリカの協力を待ってこれを排除する」として日米共同作戦の本格的強化を目指す。

11.5　〔内閣〕**福田副総理が辞任**　福田赳夫副総理・経済企画庁長官が辞任し、後任経済企画庁長官に野田卯一が任命される。

11.5　〔内閣〕**防衛費をGDP1パーセント以内と決定**　閣議において、毎年度の防衛費を国民総生産（GDP）の1パーセント以内とすることを決定。

12.5　〔選挙〕**第34回衆議院選挙**　第34回衆議院議員総選挙が行われた。新憲法の下、初の任期満了による選挙となった。定数20増の511議席、自民294、社会123、公明55、民社29、共産17、新自由クラブ17、無所属21の結果となる。11月15日公示。

12.13　〔外交〕**日米漁業交渉開始**　日米漁業交渉が開始。12月17日米国近海での操業について、米国の200海里漁業専管水域を尊重とすることを前提に、米近海での操業を確保することで実質合意。

12.17　〔内閣〕**三木首相退陣表明**　三木武夫首相は、退陣を表明。同時に、ロッキード事件の徹底究明、全党員による総裁公選制度の実現、金権体質及び派閥抗争の一掃などの自民党改革

－ 179 －

を提言。

12.23 〔政党〕**自民党、後継総裁に福田赳夫を選出**　自由民主党両院議員総会は、三木武夫総裁の後任に、福田赳夫を選出。

12.24 〔国会〕**第79回国会召集**　第79回臨時国会が召集された。三木武夫内閣が総辞職し、内閣総理大臣に福田赳夫を指名。衆議院議長に保利茂が選出された。会期は5日間で、12月28日閉会。

12.30 〔国会〕**第80回国会召集**　第80回通常国会が召集された。1977年1月31日開会。会期は150日間、延長1回12日間で、実数は162日間。1977年6月9日閉会。

1977年
（昭和52年）

1.30 〔外交〕**米国副大統領モンデール来日**　米国副大統領モンデール来日、米国の対日大幅赤字に福田赳夫首相に善処を要望した。

1.31 〔国会〕**福田首相、施政方針演説**　福田赳夫首相は、衆参両院にて施政・外交・財政・経済に関する方針を演説。日中平和友好条約の締結促進、雇用安定、景気浮揚、経済水域の設定を表明した。

2.1 〔国会〕**昭和52年度予算提出**　衆議院、28兆5142億円からなる昭和52年度予算提出。公債依存度は29.7％。3月15日一般・特別会計予算内閣修正承諾のうえ、3月18日可決。4月16日参議院で可決成立。

2.3 〔国会〕**昭和51年度補正予算提出**　衆議院、公共事業費などを盛り込んだ昭和51年度補正予算を提出。2月19日可決。2月22日参議院で可決成立。

2.14 〔外交〕**日韓大陸棚協定締結の承認**　衆議院は、日本国と大韓民国との間の両国に隣接する大陸棚の北部の境界線確定に関する協定及び日本国と大韓民国との間の両国の大陸棚の南部の共同開発に関する協定「日韓大陸棚協定」の締結について承認を求めるの件を提出。5月10日承認。参議院に送られるが、衆院送付の日から30日間にあたる6月8日中に参院議決に至らず、憲法第61条により衆議院の議決が国会の議決となった。1978年6月22日発効。

2.24 〔事件〕**ロッキード問題特委、中間報告**　衆議院ロッキード問題特別委員会で、中間報告が行われた。福田一法相は、いわゆる灰色高官名は公表しないと発言したことから紛糾。

3.9 〔政党〕**自民党、福田派解散**　自民党・福田派が解散を宣言。続いて、10日には大平派、16日には七日会（旧田中派）、30日には三木派が解散。既存の派閥は一応解消された。

3.15 〔外交〕**衆院予算委、日韓問題について集中審議**　衆議院予算委員会において、ソウル地下鉄問題（ソウル地下鉄車両購入に際し、三菱商事、丸紅、三井物産、日商岩井の4商社が1973年に落札した地下鉄60両、韓国鉄道126両の輸出価格を水増しし、日韓双方の政財界にリベートを流していたとされる問題）など日韓問題について集中審議。

3.17 〔外交〕**日ソ漁業交渉に関する決議案可決**　衆議院にて日ソ漁業交渉に関する決議案を可決。3月19日参議院で可決。

3.17 〔外交〕**日本・モンゴル無償経済援助協定**　日本・モンゴル無償経済援助協定に調印。

－ 180 －

日本議会政治史事典　　　　　　　　　　　　　　　　　　　　　　　　　　　　　　　　　1977年（昭和52年）

3.18　〔外交〕**日米長期漁業協定調印**　日米長期漁業協定に調印。200海里漁業水域を前提とした最初の協定で、入漁料の支払いなどが盛り込まれた。

3.26　〔政党〕**社会市民連合を結成**　江田三郎前社会党副委員長は、社会党を離党し、社会市民連合の結成を表明。

4.5　〔外交〕**園田官房長官、首相特使として訪ソ**　園田官房長官、日ソ漁業交渉打開のため首相特使として訪ソ。

4.13　〔事件〕**ロッキード問題で中曽根康弘を証人喚問**　参議院ロッキード問題特別委員会は、ロッキード問題について衆議院議員中曽根康弘を証人喚問。

4.25　〔政党〕**自民党、総裁候補者決定選挙の導入**　自由民主党大会において、全党員及び党友による総裁候補者決定選挙（予備選挙）の導入、総裁任期3年を2年2期までとすること等を決定。

4.26　〔政党〕**革新自由連合結成**　中山千夏ら3人により革新自由連合が結成される。

4.29　〔外交〕**ソ連、日ソ漁業条約破棄を通告**　ソ連、現行の日ソ漁業条約の破棄を通告した。1978年4月29日失効となった。

5.2　〔法律〕**領海法案・漁業水域暫定措置法案が成立**　参議院において、「領海法」案、「漁業水域暫定措置法」案を可決成立。7月1日から領海12海里、漁業水域を200海里とした。

5.4　〔政治〕**福田首相、サミット出席**　福田赳夫首相、第3回主要先進国首脳会議（ロンドン・サミット）出席のため英国に出発。5月7日ロンドン・サミットが行われ、5月8日持続的な経済成長、保護貿易主義抑制などのロンドン宣言を採択。

5.11　〔政治〕**沖縄地籍明確化法案**　沖縄施政返還時に、米軍基地の継続使用と自衛隊の基地確保のために発行した沖縄公用地暫定使用法が5月14日に期限切れとなるため、5年間の期限延長を中心とする法案。5月9日衆議院内閣委員会では、人民、民社、新自由クラブで可決したが、10日は徹夜の本会議で可決。18日参議院では、強行採決。そのため、期限切れの5月14日から4日間、基地利用の法的根拠がなくなるという事態になった。

5.13　〔法律〕**独占禁止法改正案を決議**　衆議院において、「独占禁止法」改正案が修正のうえ、決議された。5月27日参議院で可決、成立。12月2日施行。

5.22　〔外交〕**日ソ漁業暫定協定調印**　日ソ漁業暫定協定に調印。対日漁獲割当を70万トンとし、入漁料を支払うとした。

6.12　〔外交〕**石田労相、抑留漁船員問題で訪ソ**　石田博英労相、抑留漁船員問題解決等のためソ連を訪問。6月14日コスイギン首相と会談し、日ソ定期経済閣僚会議の設置で合意。

6.21　〔内閣〕**北洋漁業関係者の救済対策方針**　閣議において、北洋漁業関係者の救済対策方針を決定。

7.10　〔選挙〕**第11回参議院選挙**　第11回参議院議員通常選挙が行われた。全国区50、自民18、社会10、公明9、民社4、共産3、新自由クラブ1、社市連1、革自連1、無所属3。地方区76、自民46、社会17、公明5、民社2、共産2、新自由クラブ2、諸派1、無所属1の結果となった。

7.27　〔国会〕**第81回国会召集**　第81回臨時国会が召集された。7月28日参議院議長に自民党・安井謙、副議長に社会党・加瀬完が当選した。24年ぶりの野党第一党からの副議長選出となった。会期は8日間、8月3日閉会。

7.30　〔国会〕**福田首相、所信表明演説**　福田赳夫首相、衆参両院にて所信表明演説。景気回復のための機動的対処を表明した。

− 181 −

1977年（昭和52年）   日本議会政治史事典

8.3　〔国会〕**岸田参院事務総長が辞任**　岸田実参議院事務総長が辞任し、後任に植木正張を選任。

8.4　〔外交〕**ソ日漁業暫定協定に調印**　政府は、ソ日漁業暫定協定に調印。対ソ連の漁獲割当を33万5000トンとする。

8.6　〔外交〕**福田首相、ASEAN諸国歴訪**　福田首相、ASEAN諸国（マレーシア、ビルマ、インドネシア、シンガポール、タイ、フィリピン）歴訪に出発。8月7日マレーシア・クアラルンプールにてASEAN拡大首脳会議（ASEAN、日本、オーストラリア、ニュージーランド）に出席。日本ASEAN共同声明を発表。対ASEAN援助総額10億ドルを表明。8月18日帰国。

8.18　〔外交〕**福田ドクトリンを発表**　福田首相、フィリピン・マニラにおいて対東南アジア外交三原則（福田ドクトリン）を発表。日本の非軍事大国化、広範な分野での相互信頼、東南アジアの平和と繁栄に寄与することとした。

8.19　〔外交〕**福田首相、米国訪問**　福田赳夫首相、経済・貿易問題解決のため米国訪問。3月22日日米共同声明を発表。3月25日帰国。

8.26　〔外交〕**日朝友好促進議員連盟、訪朝代表団派遣**　日朝友好促進議員連盟は、久野忠治を団長とする訪朝代表団を派遣。9月6日日朝両国の交流促進などに関する共同声明及び北朝鮮の200海里経済水域実施に伴う漁業暫定合意に調印。9月7日帰国。

9.2　〔内閣〕**行政改革大綱を決定**　閣議において、行政改革大綱を決定。行政の近代化と効率化、特殊法人・審議会・補助金の整理合理化を図る。

9.3　〔政治〕**総合景気対策を決定**　政府は、住宅建設など公共投資7項目、事業規模2兆円にのぼる総合景気対策を決定。

9.12　〔外交〕**使用済み核燃料再処理施設に関する共同決定**　日・米両国は、使用済み核燃料再処理施設運転に関する共同決定書に調印。

9.20　〔政治〕**経済収支の黒字削減対策**　9月11日国際通貨基金（IMF）より日本の経常収支の黒字削減を勧告される。これをうけ、9月20日政府は、原油備蓄量の増量、ウラン鉱石の輸入促進など経済収支の黒字削減対策を決定。

9.27　〔政党〕**社会クラブを結成**　日本社会党大会の執行部人事で難航、衆議院議員楢崎弥之助、参議院議員田英夫、秦豊が離党を表明。9月30日、社会クラブを結成した。

9.29　〔国会〕**第82回国会召集**　第82回臨時国会が召集された。会期は40日間、延長1回18日間で、会期実数は58日。11月25日閉会。

10.3　〔国会〕**福田首相、所信表明演説**　福田赳夫首相、衆参両院において所信表明演説。ハイジャックの再発防止、構造不況業種対策を表明。

10.4　〔内閣〕**非人道的暴力防止対策本部の設置**　閣議において、ハイジャック等非人道的暴力防止対策本部の設置を決定。

10.5　〔内閣〕**福田法相が辞任**　福田一法相が辞任し、後任に瀬戸山三男が任命される。

11.3　〔外交〕**国連、ハイジャック防止決議案採択**　国際連合総会において、ハイジャック防止決議案が採択された。

11.4　〔内閣〕**第3次全国総合開発計画**　閣議において、10か年計画となる定住圏構想を盛り込んだ第3次全国総合開発計画（三全総）、中小企業為替変動対策緊急融資を決定。

11.28　〔政党〕**民社党大会で、佐々木良作委員長選出**　民社党大会において、佐々木良作委員長、塚本三郎書記長を選出。

－ 182 －

| | 日本議会政治史事典 | 1978年（昭和53年）|

11.28　〔内閣〕**福田改造内閣発足**　福田赳夫内閣改造が行われ、特設の対外経済担当国務大臣に非議員の牛場信彦が起用された。

12.7　〔国会〕**第83回国会召集**　第83回臨時国会が召集された。会期は4日間で、12月10日閉会。

12.13　〔政党〕**社会党大会**　日本社会党大会が開催され、全党員による委員長選挙のための党規約改正を承認。委員長に飛鳥田一雄、書記長に多賀谷直稔が選出された。

12.15　〔政治〕**福田首相・5党首個別会談**　福田赳夫首相、12月15日飛鳥田一雄社会党委員長、竹入義勝公明党委員長、佐々木良作民社党委員長、12月16日宮本顕治共産党委員長、河野洋平新自由クラブの5党党首と個別会談。経済危機打開策や昭和53年度予算編成について意見を交換した。

12.16　〔外交〕**日ソ・ソ日両漁業暫定協定の1年延長**　日本とソ連は、日ソ・ソ日両漁業暫定協定の1年間延長に関する議定書に調印。以後1984年まで毎年延長。

12.19　〔国会〕**第84回国会召集**　第84回通常国会が召集された。会期は150日、延長1回30日間で、会期実数は180日間。1978年6月16日閉会。

12.23　〔内閣〕**閣議、行政改革案を決定**　閣議において、中央省庁の再編、公務員の定年制を明文化するなどの行政改革案を決定。

12.28　〔政治〕**国防会議、次期主力戦闘機を決定**　国防会議、次期主力戦闘機にダグラスF15イーグル、対潜哨戒機にロッキードP3Cオライオンを採用することを決定。

1978年
（昭和53年）

1.4　〔政党〕**共産党、袴田里美前副委員長を除名**　日本共産党、袴田里美前副委員長の除名を公表した。

1.11　〔政党〕**公明党、現実路線への転換**　公明党党大会において、自衛隊認知、日米安保条約許容等の現実路線への転換を決定した。

1.13　〔外交〕**日米経済交渉**　日米経済交渉、7%経済成長で合意。

1.20　〔政党〕**自民党、全党員による総裁公選規程**　自由民主党大会、全党員による総裁公選規程を決定。

1.21　〔国会〕**福田首相、施政方針演説**　福田赳夫首相、衆参両院で施政方針演説を行う。国際収支の黒字減らし、内需拡大、景気回復対策などを表明した。

1.21　〔政党〕**自民党派閥の復活**　自民党旧田中派が、政治同友会を結成。以後、各派閥が復活。

1.24　〔国会〕**昭和53年度予算を提出**　衆議院、34兆2950億円からなる昭和53年度予算を提出。公債依存率32%。3月7日可決。4月4日参議院で可決成立。

1.26　〔選挙〕**最高裁、選挙ウグイス嬢への報酬は買収**　最高裁、選挙のウグイス嬢への報酬を買収と判断。

2.16　〔外交〕**日中民間長期貿易取決**　日中民間長期貿易取決め、北京で調印。

- 183 -

1978年（昭和53年）   日本議会政治史事典

2.22　〔外交〕**ソ連提案日ソ善隣条約案を拒否**　福田赳夫首相、ソ連提案日ソ善隣条約案を
拒否。

2.28　〔国会〕**原子力衛星規制に関する議決案可決**　衆議院において、原子力衛星規制に関す
る議決案を可決。

2.28　〔政治〕**与野党、戻し税方式の減税で合意**　自民党、社会党、公明党、民社党、共産党、
新自由クラブの6党幹事長・書記長会談により、戻し税方式による3000億円の減税等で合意。

3.1　〔政党〕**社会党、初の全党員による委員長選挙**　日本社会党、初の全党員による委員長
選挙により、飛鳥田一雄委員長を信任。同日、横浜市長を辞任。

3.10　〔外交〕**日米犯人引き渡し条約に締結の承認**　衆議院は、日本国とアメリカ合衆国との
間の犯罪人引渡しに関する条約の締結について承認を求めるの件を提出。4月18日承認。4月
21日参議院で承認。1980年3月26日発効。

3.11　〔政治〕**国際収支対策関係閣僚会議**　国際収支対策関係閣僚会議は、国際収支の黒字減
らしのため、民間航空機・ニッケル・ウランの緊急輸入を決定。

3.21　〔外交〕**日ソ漁業協力協定及びさけ・ます議定書**　長期的枠組みの漁業取決めとして日
ソ漁業協力協定、さけ・ます議定書に調印。

3.25　〔外交〕**北太平洋漁業条約改定議定書に調印**　日本、米国、カナダの3か国は、北太平
洋漁業条約改定議定書に調印。

3.26　〔政党〕**社会民主連合が結党**　社会民主連合（社民連）結成大会が開かれ、代表に田英夫、
書記長に楢崎弥之助を選出した。

4.4　〔外交〕**国際通貨基金協定に署名**　国際通貨基金協定に署名。

4.27　〔法律〕**衆院、「成田新法」を提出**　衆議院は、「新東京国際空港の安全確保に関する緊
急措置法（成田新法）」を提出。5月9日可決。5月9日参議院で可決。5月13日公布。

4.30　〔外交〕**福田首相、日米首脳会談のため訪米**　福田赳夫首相、日米首脳会談のため訪
米。5月3日日米首脳会談。5月7日帰国。

5.23　〔政治〕**中道4党党首会談**　公明党、民社党、新自由クラブ、社民党の中道4党は党首会談
を行い、保守・革新の概念を超えた政治改革で合意。7月11日第二回目、9月8日第三回目の
会談が行われ、自民・社会体制の打破を決定。

5.23　〔外交〕**初の国連軍縮特別総会が開会**　初の国連軍縮特別総会が開かれ、30日園田外相
が演説。7月1日軍縮宣言を採択。

5.30　〔外交〕**国際人権規約に調印**　園田外相は、国連本部で国際人権規約に調印。しかし、公
共企業体のスト権については留保。

6.14　〔外交〕**日韓大陸棚関連法案可決成立**　日韓大陸棚関連法案が可決成立。

7.5　〔政治〕**農林水産省を発足**　農林省が改組し、農林水産省を発足。

7.13　〔政治〕**福田首相、ボン・サミット出席**　福田赳夫首相、第4回主要先進国首脳会議（ボ
ン・サミット）出席のため、西ドイツを訪問。7月16日ボン・サミットが開催される。7月17
日ハイジャック防止に関するボン宣言が採択される。福田首相は、国際収支の黒字削減、経
済成長率の7%達成を公約した。

7.19　〔政治〕**防衛庁統合幕僚会議議長が更迭**　防衛庁統合幕僚会議議長栗栖弘臣は、記者会
見において緊急時には超法規的行動もありうると言明。7月28日議長を更迭。これをうけ、
27日福田赳夫首相は、防衛庁における有事立法に備えての防衛研究促進等の検討を指示。

－ 184 －

日本議会政治史事典　　　　　　　　　　　　　　　　　　　　　　　　　　　　　1978年（昭和53年）

8.15　〔政治〕**福田総理、靖国神社に参拝**　福田赳夫首相、内閣総理大臣の肩書で靖国神社に参拝。

8.15　〔外交〕**日中平和友好条約に調印**　8月8日園田外相、中国を訪問。8月11日副首相と会談。中国は覇権問題で大幅譲歩。12日日中平和友好条約に調印。

9.2　〔内閣〕**経済対策閣僚会議、経済成長推進対策**　経済対策閣僚会議は、内需拡大などで7%の経済成長推進対策を決定した。

9.4　〔外交〕**福田首相、中東4か国訪問**　福田赳夫首相は、中東からの石油の安定供給確保のため、中東4か国（イラン、カタール、アラブ首長国連邦、サウジアラビア）を訪問。9月14日帰国。

9.11　〔選挙〕**東京高裁、衆院議員の定数は合憲**　東京高裁民事9部は、現行の衆院議員の定数は合憲と判決。9月13日民事15部は格差違憲判決。

9.18　〔国会〕**第85回国会召集**　第85回臨時国会が召集された。会期は34日間、10月21日閉会。

9.19　〔外交〕**日中平和友好条約の締結を承認**　衆議院において、日本国と中華人民共和国との間の平和友好条約（「日中平和友好条約」）の締結について承認を求める件を提出。10月16日承認。10月18日参議院において承認。10月22日鄧小平副首相が来日。10月23日批准書を交換し、発効。

9.20　〔国会〕**福田首相、所信表明演説**　福田赳夫首相、衆参両院において所信表明演説を行う。中東諸国を含めた全方位平和外交、内需拡大対策を表明した。

10.10　〔外交〕**シュミット・西ドイツ首相来日**　シュミット西ドイツ首相夫妻が来日。10月13日通貨安定協力について共同声明。同日離日。

10.17　〔政治〕**靖国神社にA級戦犯を合祀**　靖国神社に東条英機、広田弘毅らA級戦犯14名を合祀。1979年4月19日これが表面化。以後、首相・閣僚の靖国参拝が国際問題となる。

11.1　〔政党〕**自民党、全党員による総裁候補者決定選挙**　自由民主党は、初の全党員による総裁候補者決定選挙（予備選挙）を告示。立候補者は福田首相、中曽根康弘首相、河本通産相、大平幹事長。11月26日予備選挙では、1位が大平、2位福田、3位中曽根、4位河本となる。27日福田総理が本選挙への立候補を辞退したことから、本選挙は行われなかった。

11.27　〔外交〕**有事の際の日米防衛協力の指針**　日米安保協議委員会、有事の際の日米防衛協力の指針を決定。

12.1　〔政党〕**自民党党大会で、大平正芳総裁を選出**　自民党党大会を開催、大平正芳総裁を選出。

12.6　〔国会〕**第86回国会召集**　第86回臨時国会が召集された。福田内閣が総辞職し、衆参両院で内閣総理大臣に大平正芳が指名される。会期は7日間で、12月12日閉会。

12.6　〔内閣〕**第1次大平正芳内閣**　大平正芳を首班とする第1次大平正芳内閣が発足。自民党役員人事は、幹事長に斎藤邦吉、総務会長に倉石忠雄、政務調査会長に河本敏夫が就任。

12.22　〔国会〕**第87回国会召集**　第87回通常国会が召集された。会期150日間、延長1回25日、会期実数175日間。1979年6月14日閉会。

－ 185 －

1979年
（昭和54年）

1.4　〔事件〕**ダグラス・グラマン事件**　米国証券取引委員会において、米航空機メーカー・ダグラス社とグラマン社が航空機の売り込みを巡って、日本政府高官に巨額のわいろをおくっていた事実が明るみになる。グラマン事件は防衛庁が導入予定の早期警戒機E2Cや軍用機部品の売り込みを巡り、米国人コンサルタントに支払った手数料の一部が政府高官にわたったとされる。

1.25　〔国会〕**昭和54年度予算を提出**　衆議院、38兆6001億円からなる昭和54年度予算を提出。公債依存度39.6％。3月7日予算委員会で否決されるが、同日本会議で可決。4月3日参議院で可決成立。

1.25　〔国会〕**大平首相、施政方針演説**　大平正芳首相は、衆参両院にて施政・外交・財政・経済に関する演説を行う。文化重視の日本型福祉社会の建設を表明。

2.1　〔国会〕**参院、議長選挙で灘尾弘吉が当選**　参議院議長・保利茂の辞任に伴う、議長選挙で自民・灘尾弘吉が当選。

2.2　〔法律〕**衆院、元号法案を提出**　衆議院、元号の法制化のため「元号法」案を提出。4月24日可決。6月6日参議院で可決。6月12日公布。

2.6　〔外交〕**中国副首相・鄧小平来日**　中国副首相・鄧小平が来日。2月7日大平正芳首相とカンボジア情勢等について会談したほか、対ベトナム制裁を表明。2月8日離日。

2.22　〔国会〕**6党国会対策委員長会談**　6党国会対策委員長会談（自民、社会、公明、民社、共産、新自由クラブ）において、自民党は、野党側の早期警戒機E2C予算の削減要求を拒否。2月23日衆議院予算委員会は、E2C予算を巡り審議が空転。2月26日E2C予算は凍結。解除時期は議長一任で合意し、正常化。

3.1　〔国会〕**予算修正問題**　自民党・大平正芳首相、公明党・竹入委員長、民社党・佐々木良作委員長の3党首会談で、予算修正問題について協議。公明、民社は予算書の書換えを要求。同日新自由クラブ・河野代表とも会談。同日、自民党は予算書の書換えを拒否し、福祉年金の引上げ等の実質修正を各党に回答。

3.7　〔国会〕**衆院予算委、昭和54年度予算否決**　衆議院予算委は、昭和54年度予算を否決。予算委員会において予算が否決された事態に関する緊急質問があり、同日衆院本会議で、昭和54年度予算が可決。

3.15　〔政治〕**省エネルギー・省資源対策推進会議**　省エネルギー・省資源対策推進会議は、5％の石油消費節減対策を決定。

4.12　〔外交〕**ガット東京ラウンドが妥結**　関税及び貿易に関する一般協定（ガット）東京ラウンド（多角的貿易交渉）が妥結。日本、米国、ECなどが仮調印。7月27日ガット東京ラウンドのジュネーブ議定書に調印。

4.30　〔外交〕**大平首相、日米首脳会談のため訪米**　大平正芳首相、日米首脳会談のため米国に出発。5月2日日米賢人会議の設置などで合意する。5月7日帰国。

5.9　〔外交〕**大平首相、国連貿易開発会議出席**　大平正芳首相、第5回国連貿易開発会議出席のためフィリピンを訪問。5月11日帰国。

5.15	〔事件〕ダグラス・グラマン事件の捜査終結	東京地検、ダグラス・グラマン事件の捜査終結を宣言。5月24日衆議院航空機疑惑特別委員会において5億円の工作資金で松野頼三元防衛庁長官を証人喚問。7月25日松野議員辞職。

5.15　〔事件〕ダグラス・グラマン事件の捜査終結　東京地検、ダグラス・グラマン事件の捜査終結を宣言。5月24日衆議院航空機疑惑特別委員会において5億円の工作資金で松野頼三元防衛庁長官を証人喚問。7月25日松野議員辞職。

5.22　〔内閣〕航空機疑惑問題防止協議会設置を決定　閣議、航空機疑惑問題防止協議会設置を決定。

6.22　〔政治〕大平首相、E2C予算執行の凍結解除を要請　大平首相、灘尾、安井両院議長にE2C予算執行の凍結解除を要請。6月27日灘尾議長、航空機輸入特別委員会に、7月4日安井議長が議員運営委員会に協議を要請。7月12日灘尾・安井両院議長は、政府にE2C予算執行の凍結解除を通告。

6.24　〔外交〕カーター米国大統領が来日　ジミー・カーター米国大統領が東京サミットのため来日。

6.28　〔政治〕東京サミットが開催　第5回主要先進国首脳会議、東京で開催（東京サミット）。米国ジミー・カーター大統領、英国マーガレット・サッチャー首相、西ドイツ・ヘルムート・シュミット首相、フランス・ヴァレリー・ジスカールデスタン大統領、カナダ・ジョー・クラーク首相、EC・ロイ・ジェンキンズ委員長及び、日本の大平正芳首相ら各国首脳が出席。6月28日インドシナ難民問題で特別声明。6月29日世界的石油危機に処する東京宣言を採択し、閉幕。

7.16　〔政党〕新自由ク・西岡武夫幹事長が離党　新自由クラブ幹事長・衆議院議長の西岡武夫が、路線問題対立で離党。その後、4議員が離党した。

7.17　〔政治〕防衛庁、第5次防衛力整備計画　防衛庁、第5次防衛力整備計画（中期業務見積もり）を発表した。

7.20　〔外交〕国連難民会議を開催　国連難民会議を開催。日本、米国、ソ連、中国、EC諸国などが参加。インドシナ難民35万人の救済策を検討した。

7.25　〔外交〕山下防衛庁長官、日韓防衛首脳会談　山下防衛庁長官、日韓防衛首脳会談のため韓国に出発。初の現職防衛庁長官の訪韓となった。7月26日帰国。

8.3　〔内閣〕経済審議会、新経済社会7ヵ年計画　経済審議会、日本型福祉型福祉社会実現の新経済社会7ヵ年計画（昭和54年〜60年度）を答申。

8.30　〔国会〕第88回国会召集　第88回臨時国会が召集された。会期は30日間であったが、9月7日衆議院を解散。

9.3　〔国会〕大平首相、所信表明演説　大平正芳首相、衆参両院にて所信表明演説。財政再建のため行政改革と新たな国民負担の実施の必要を表明。

9.17　〔選挙〕第35回衆議院選挙　第35回衆議院議員総選挙が行われた。共産39、公示。10月7日総選挙が行われ、自民248、社会107、公明57、共産39、民社35、新自由クラブ4、社民連2、無所属19という結果となった。

9.26　〔内閣〕国家公務員の第5次定員削減計画　閣議において、昭和55年度以降の国家公務員の第5次定員削減計画を決定。5年間で4.2%、3万7000人を削減。

10.30　〔国会〕第89回国会召集　第89回特別国会が召集された。同日第1次大平内閣総辞職。衆議院議長には自民党・灘尾弘吉、副議長には社会党・岡田春夫が当選。会期は18日間で、11月16日閉会。

11.2　〔政党〕公明・民社連合政権を目指すことで合意　公明民社2党首会談において、公明・民社を主導とする連合政権を目指すことで合意した。

1980年（昭和55年）　　　　　　　　　　　　　　　　　　　　　　　　　日本議会政治史事典

11.6　〔国会〕**大平正芳を内閣総理大臣に指名**　衆参両院ともに決選投票の末、大平正芳を内閣総理大臣に指名。11月9日第2次大平正芳内閣が成立。党内抗争で組閣は難航し、文相は大平首相が兼任。外相には非議員の大来佐武郎を起用した。

11.20　〔内閣〕**文相に谷垣専一任命**　大平首相が兼任していた文相に、谷垣専一が任命された。

11.26　〔国会〕**第90回国会召集**　第90回臨時国会が召集された。会期は16日間、12月11日閉会。

11.26　〔政党〕**新自由クラブ、新代表に田川誠一**　新自由クラブ・河野洋平が代表を辞任し、後任代表に田川誠一が選出される。幹事長代行に山口敏夫が就任。

11.27　〔国会〕**大平首相、所信表明演説**　大平正芳首相、衆参両院にて所信表明演説。綱紀粛正と政治倫理の確立、行政の整理と簡素化などを表明。

12.5　〔外交〕**大平首相、日中首脳会談のため中国訪問**　大平正芳首相、日中首脳会談のため中国を訪問。12月6日華国鋒首相と会談し、円借款500億円を約束、日中文化交流協定に調印。12月9日帰国。

12.15　〔外交〕**共産党代表団訪ソ**　共産党代表団がソ連を訪問。12月24日ソ両共産党関係正常化の共同声明を発表。日本共産党除名の志賀義雄をフルシチョフらが支持したことから両党の関係が悪化し、15年ぶりの関係正常化となった。

12.18　〔外交〕**女性差別を国際法違反とした国際協定採択**　国連総会は、あらゆる形式の女性差別を国際法違反と定めた国際協定を採択。

12.21　〔国会〕**財政再建に関する決議**　衆参両院本会議において、財政再建に関する決議を全会一致で採択した。

12.21　〔国会〕**第91回国会召集**　第91回通常国会が召集された。会期150日間、延長1回9日間で1980年5月27日までであったが、5月19日衆議院を解散。

1980年
（昭和55年）

1.10　〔政党〕**社会・公明、連合政権構想に合意**　社会党・公明党、連合政権構想に合意。

1.15　〔外交〕**大平首相、オセアニア3ヵ国訪問**　大平正芳首相、オセアニア3ヵ国（オーストラリア、ニュージーランド、パプアニューギニア）訪問に出発。環太平洋連帯構想の具体化で合意。1月20日帰国。

1.17　〔外交〕**公明党、日米安保存続是認に方針転換**　公明党は党大会において、日米安保条約は外交交渉による合意廃棄までは存続を是認することに方針を転換。

1.24　〔国会〕**昭和54年度補正予算を提出**　衆議院に災害復旧費などを盛り込んだ昭和54年度補正予算を提出。2月12日予算委員会で否決されるも、同日衆院本会議で可決。2月14日参議院で可決成立。

1.24　〔国会〕**昭和55年度予算を提出**　衆議院に42兆5888億円からなる昭和55年度予算を提出。公債依存度33.5%。3月8日予算委員会で否決されるも、同日衆院本会議で可決。4月4日参議院で可決成立。

1.25　〔国会〕**大平首相、施政方針演説**　大平正芳首相、衆参両院にて施政・外交・財政・経済

- 188 -

に関する方針演説。ソ連のアフガニスタン介入を非難し輸出規制等の対ソ制裁措置を表明。

2.1 〔内閣〕**久保田防衛庁長官辞任** 防衛庁長官・久保田円次が辞任し、後任に細田吉蔵を任命。

2.19 〔外交〕**園田前外相、特使として中近東訪問** 園田前外相、大平首相特使として中近東・東南アジア諸国に出発。日本の政治的役割を模索のためとされる。3月13日帰国。

3.13 〔国会〕**アフガンからのソ連撤退を要求する決議案** 衆議院、アフガニスタンからのソ連軍の撤退等を要求する決議案、北方領土解決問題の解決促進に関する決議案を可決。

4.1 〔政治〕**安全保障特別委員会の設置** 衆議院議員運営理事会、安全保障特別委員会の設置、調査室の設置などを申し合わせ。国会に、安保・防衛だけを審議する委員会が設置されたのは初めて。日米安保・自衛隊など国の安全保障問題に関わる諸問題を調査し、対策を立てることを目的としている。

4.30 〔外交〕**大平首相、米国・カナダ・メキシコ訪問** 大平首相、米国・カナダ・メキシコ訪問に出発。5月8日帰国予定であったが、故チトー・ユーゴスラビア大統領国葬参列のため、帰国を延期。8月11日帰国。

5.1 〔外交〕**大平・カーター日米首脳会談** 大平正芳首相、ジミー・カーター米国大統領による日米首脳会談が行われ、防衛力増強、貿易摩擦などの問題に関して、共存共苦の姿勢を表明。

5.1 〔外交〕**日米科学技術研究開発協力協定に調印** 日米科学技術研究開発協力協定に調印。

5.19 〔国会〕**衆議院解散** 5月16日衆議院、社会党が大平正芳内閣不信任決議案を提出。同日可決。これをうけ、5月19日衆議院を解散。

5.27 〔外交〕**華国鋒・中国首相が来日** 華国鋒中国首相が来日。5月28日日中首脳会談、日中閣僚会議の設置に合意。6月1日離日。

6.12 〔内閣〕**大平正芳首相、死去** 5月31日大平正芳首相、過労のため東京虎の門病院に入院。6月11日内閣総理大臣臨時代理に伊東正義内閣官房長官が就任。翌12日大平首相は死去。享年70。7月9日内閣・自民党合同葬。7月25日には飛鳥田一雄社会党委員長が衆議院本会議で追悼演説を行う。

6.20 〔政治〕**大来外相・竹下蔵相らサミットに出席** 大来外相、竹下蔵相、佐々木義武通産相、第6回主要先進国首脳会議出席のためイタリアに出発。

6.22 〔選挙〕**史上初の衆参同日選挙** 第36回衆議院議員総選挙、第12回参議院議員通常選挙が行われた。衆院選では、自民284、社会107、公明33、民社32、共産29、新自由クラブ12、社民連3、無所属11。参院選では、全国区50、自民21、社会9、公明9、共産3、民社3、社民連1、革自連1、無所属3。地方区76、自民48、社会13、共産4、公明3、民社2、諸派1、無所属5。

6.27 〔政党〕**自民党三木派が派閥解散宣言** 自民党三木派が派閥解散を宣言。同派の河本敏夫は独立を表明。その後、派閥解消が相次ぐ。

7.15 〔政党〕**自民党両院議員総会で、鈴木善幸総裁を選出** 自由民主党両院議員総会において、鈴木善幸総裁を選出。11月27日党大会において承認。

7.17 〔国会〕**第92回国会召集** 第92回特別国会が召集された。衆議院議長に福田一、参議院議長に徳永正利が当選。内閣総理大臣に鈴木善幸を指名し、鈴木善幸内閣が成立。

7.18 〔国会〕**航空機輸入に関する調査特委の設置否決** 衆議院議員運営委、航空機輸入に関する調査特別委員会設置の件を否決。

7.27 〔外交〕**国連平和維持活動への派遣に関する報告書** 外務省は、1980年代の安全保障

政策について、国連の平和維持活動への要員派遣、中期業務見積もりの繰上げ達成等に関する報告書を発表。

8.15 〔内閣〕閣議、徴兵は有事でも許されないとの見解　閣議、徴兵は違憲であり、有事の際でも許されないとの統一見解を決定。

8.27 〔法律〕奥野法相、自主憲法議論は望ましいと発言　衆議院法務委員会において奥野法相は、自主憲法制定の議論は望ましいと発言。

9.5 〔内閣〕総合経済対策を決定　政府は、公共事業の円滑な執行など8項目の総合経済対策を決定。

9.19 〔内閣〕斉藤厚相が辞任　斉藤邦吉厚生大臣が辞任し、後任に園田直が任命される。

9.29 〔国会〕第93回国会召集　第93回臨時国会が召集された。会期は50日、延長1回12日で、実質62日間。11月29日閉会。

10.1 〔政治〕中小企事業団・新エネ総合開発機構を設立　中小企業事業団、新エネルギー総合開発機構を設立。

10.2 〔国会〕鈴木首相、所信表明演説　鈴木善幸首相、衆参両院にて所信表明演説を行う。憲法順守、政治倫理の確立を表明した。

10.24 〔政治〕二党党首会談、防衛力整備で合意　自民・鈴木、民社・佐々木の2党党首会談において、憲法の枠内での防衛力整備で合意。民社党は、防衛2法賛成に転換。

11.28 〔国会〕北方領土解決促進に関する決議案可決　衆議院において、北方領土問題等の解決促進に関する決議案を可決。同日参議院でも可決成立。

11.28 〔内閣〕国鉄経営再建促進特別措置法など可決成立　参議院において、「国鉄経営再建促進特別措置法」、「臨時行政調査会設置法」案が可決成立。

11.29 〔国会〕議会開設90周年記念式典　議会開設90周年記念式典を開催。

12.2 〔内閣〕総合安全保障関係閣僚会議設置を決定　閣議において、総合安全保障関係閣僚会議設置を決定。官房長官が主宰し、同日初会合を行い、中東情勢と日本の安全保障について討議した。

12.3 〔外交〕初の日中閣僚会議を開催　初の日中閣僚会議を、北京で開催。

12.22 〔国会〕第94回国会召集　第94回通常国会が召集された。会期150日間、延長1回17日、実数167日間。1981年6月6日閉会。

1981年
（昭和56年）

1.8 〔外交〕鈴木首相ASEAN諸国訪問　鈴木首相ASEAN諸国（フィリピン、インドネシア、シンガポール、マレーシア、タイ）訪問に出発。1月20日帰国。

1.26 〔国会〕昭和55年度補正予算を提出　衆議院に、冷害対策費などを盛り込んだ昭和55年度補正予算を提出。2月10日可決。2月13日参議院で可決成立した。

1.26 〔国会〕昭和56年度予算を提出　衆議院に、46兆7881億円からなる昭和56年度予算を提

出。公債依存度26.2％。3月5日衆院予算委員会で29年ぶりに予算案単独強行採決。3月6日議長裁定、3月7日補充質問。同日衆院で可決。4月2日参議院で可決成立。

1.26 〔国会〕**鈴木首相、所信表明演説**　鈴木善幸首相、衆参両院にて施政・外交・財政・経済に関する演説。財政再建、専守防衛、総合安全保障と国際責任を表明。

1.30 〔国会〕**大蔵省、財政の中期展望を提出**　大蔵省、衆参両院予算委に財政の中期展望を提出。

3.2 〔外交〕**伊東外相、韓国を訪問**　伊東外相、韓国を訪問。日韓関係の修復を確認。3月3日帰国。

3.16 〔政治〕**臨時行政調査会設置**　総理府に臨時行政調査会設置。

3.20 〔国会〕**武器輸出問題等に関する決議案可決**　衆議院、武器輸出問題等に関する決議案を可決。4月2日参議院でも可決。

3.27 〔内閣〕**住宅建設五か年計画を決定**　閣議、住宅建設五か年計画を決定。

4.22 〔法律〕**有事法制研究について中間報告**　衆議院安全保障特委において、大村防衛庁長官、有事法制研究について中間報告。

5.4 〔外交〕**鈴木首相、米国・カナダ訪問**　鈴木善幸首相、米国・カナダ訪問に出発。5月10日帰国。

5.8 〔外交〕**日米首脳会談で「日米同盟」初めて明記**　日米首脳会談において、「日米同盟」を初めて明記した共同声明を発表。鈴木善幸首相、シーレーン1000海里防衛を表明。5月12日衆議院、5月13日参議院にて帰国報告し、日米同盟について論議。

5.13 〔政治〕**国際軍縮議員連盟結成**　国際軍縮議員連盟を結成。代表が宇都宮徳馬ほか、両院議員104名が参加。

5.26 〔法律〕**公職選挙法の一部を改正案**　参議院に公職選挙法の一部を改正する法律案提出。

5.28 〔外交〕**日本・東ドイツ通商航海条約調印**　日本・東ドイツ通商航海条約に調印。

6.9 〔外交〕**鈴木首相、欧州諸国歴訪に出発**　鈴木善幸首相、欧州諸国歴訪（西ドイツ、イタリア、ベルギー、英国、オランダ、バチカン、スイス、フランス）に出発。6月21日帰国。

6.11 〔法律〕**改正国家公務員法公布**　改正「国家公務員法」を公布。1985年3月31日から原則60歳定年制を導入。

7.10 〔政治〕**第2次臨時行政調査会、第1次答申**　第2次臨時行政調査会、増税なしの財政再建を主とする行政改革に関する第1次答申。7月17日対処方針を閣議決定。

7.18 〔政治〕**鈴木首相、オタワ・サミットに出発**　鈴木善幸首相、第7回主要先進国首脳会議に出席のためカナダ・米国に出発。7月20日オタワ・サミットに出席。25日帰国。

8.25 〔内閣〕**行財政改革に関する基本方針**　閣議において、行財政改革に関する当面の基本方針（行革大綱）及び関連36法案の立案を決定。

9.10 〔政治〕**鈴木首相、北方領土を視察**　鈴木善幸首相、現職の首相として初めて北方領土を視察。

9.21 〔政党〕**新自由クラブ・民主連合届出**　衆議院、新自由クラブ、社民連合の院内会派として新自由クラブ・民主連合届出。

9.24 〔国会〕**第95回国会召集**　第95回臨時国会が召集された。会期は55日間、延長1回11日、会期実数は66日。11月28日閉会。

－ 191 －

1982年（昭和57年）　　　　　　　　　　　　　　　　　　　　　　　　　　　　　日本議会政治史事典

9.28　　〔国会〕鈴木首相、所信表明演説　　鈴木首相、衆参両院にて所信表明演説。行財政改革
　　　　の推進を表明。

10.20　〔政治〕鈴木首相、南北サミット出席　　鈴木善幸首相、初の南北サミット（カンクン・サ
　　　　ミット）出席のため、メキシコに出発。10月22日、南北サミットを開催。10月26日開催。

10.29　〔法律〕行政改革特例法案　　衆議院にて「行政改革特例法」案を可決。11月27日参議院で
　　　　可決成立。

11.5　　〔事件〕ロッキード事件・小佐野被告に有罪　　東京地裁は、ロッキード事件関連の小佐
　　　　野賢治被告に国会偽証罪で実刑判決を下した。11月6日控訴。

11.13　〔法律〕老人保健法案修正議決　　衆議院本会議。老人医療費患者一部負担制導入などを
　　　　盛り込んだ「老人保健法」案改正案を可決。11月28日参議院で継続審議となる。

11.20　〔法律〕改正地方公務員法など公布　　退職金の減額を盛り込んだ改正「国家公務員等退
　　　　職手当法」、条例による定年制を導入した改正「地方公務員法」を公布。

11.30　〔内閣〕鈴木内閣改造　　鈴木内閣改造。また、自由民主党役員を決定。幹事長に二階堂
　　　　進、総務会長に田中龍夫、政務調査会長に田中六助が就任。

12.21　〔国会〕第96回国会召集　　第96回通常国会が召集された。会期150日、延長1回94日、会
　　　　期実数244日。1982年8月21日閉会。

12.22　〔政党〕社会党委員長選挙で、飛鳥田一雄が選出　　日本社会党委員長選挙において、飛
　　　　鳥田一雄が選出された。

1982年
（昭和57年）

1.25　　〔国会〕昭和57年度予算提出　　衆議院に49兆6808万円からなる昭和57年度予算を提出。
　　　　公債依存率は21%。3月9日可決。4月5日参議院で可決成立。

1.25　　〔国会〕鈴木首相、所信表明演説　　鈴木首相、衆参両院にて施政・外交・財政・経済に関
　　　　する演説を行う。行財政改革推進、国際経済摩擦解消、防衛大綱早期達成を表明。

1.26　　〔事件〕ロッキード事件で6被告に有罪判決　　東京地裁、ロッキード事件で全日空会長
　　　　若狭得治ら幹部6被告に有罪判決。

1.30　　〔内閣〕非関税障壁改善対策を決定　　経済対策閣僚会議、67項目の非関税障壁改善対策
　　　　を決定。また、市場開放問題苦情処理推進本部の設置を決定。

2.3　　　〔国会〕昭和59年度まで特例公債依存体質脱却　　衆議院予算委において、鈴木首相、昭
　　　　和59年度までに特例公債依存体質脱却に政治責任を持つと言明。

2.6　　　〔政党〕社会党大会、党綱領見直し　　日本社会党大会、党綱領「日本における社会主義
　　　　への道」見直しを承認。また、委員長に飛鳥田一雄、書記長に馬場昇を選出。

2.10　　〔政治〕第2次臨時行政調査会、第2次答申　　第2次臨時行政調査会、行政改革に関する
　　　　第2次答申。許認可などの整理合理化。

3.3　　　〔法律〕参議院規則の一部を改正する規則案　　参議院、参議院規則の一部を改正する規

－ 192 －

則案を可決。

3.5 〔外交〕**日豪原子力協定に署名**　日本政府は、日豪原子力協定に署名。

3.9 〔外交〕**イタリア・ベルティーニ大統領来日**　イタリア・ベテルィーニ大統領が来日。
3月11日参議院議場で演説。3月15日離日。

4.1 〔政治〕**地域改善対策室を開設**　総理府は、同和対策室を地域改善対策室に改組。「地域
改善対策臨時措置法」を施行。5年間の時限立法。

4.6 〔政治〕**グリーンカード制3年実施延期**　自民党は、グリーンカード（少額貯蓄等利用者
カード）制の3年間実施延期を決定。

4.14 〔外交〕**フランス・ミッテラン大統領来日**　フランス・ミッテラン大統領が来日。4月
16日衆議院議場で演説。4月18日離日。

4.28 〔法律〕**参院、公職選挙法改正案を提出**　参議院、公職選挙法改正特別委員会に、拘束
名簿式比例代表制の導入などを盛り込んだ「公職選挙法」改正案を提出。質疑終局の動議可
決で、国会審議が空転。5月10日正常化した。

5.27 〔外交〕**国連軍縮会議に関する決議案**　衆議院、第2回国連軍縮特別総会に関する決議案
を可決。全面核軍縮を要求。

5.31 〔外交〕**中国・趙紫陽首相が来日**　中国・趙紫陽首相が来日。日中首脳会談では、日中
提携強化を確認した。6月5日離日。

6.4 〔外交〕**鈴木首相、ヴェルサイユ・サミットに出席**　鈴木首相、第8回主要国首脳会議
に出席。第2回国連軍縮特別総会の一般演説において、軍縮を通じての平和三原則を提唱。6
月24日長崎の被爆者・山口仙二が核廃絶を訴える。

6.8 〔事件〕**ロッキード事件で有罪判決**　東京地裁は、ロッキード事件（全日空ルート）で元
運輸相・元衆議院議員の橋本登美三郎、元運輸政務次官・衆議院議員・佐藤孝行に有罪判決
を下す。

6.9 〔外交〕**第2回国連軍縮特別総会**　鈴木首相、第2回国連軍縮特別総会の一般演説におい
て、軍縮を通じての平和三原則を提唱。6月24日長崎の被爆者・山口仙二が核廃絶を訴える。

7.7 〔国会〕**衆院法務委、IBM問題集中審議**　衆議院法務委員会は、IBM問題について集中
審議。

7.9 〔内閣〕**昭和58年度予算概算要求枠を削減決定**　閣議において、昭和58年度予算概算
要求枠を、27年度予算の5%削減と決定した。初のマイナスシーリングとなる。

7.16 〔法律〕**公職選挙法改正案を参院で可決**　参議院にて、公明、共産、新政ク、第二院ク、
一の会欠席の中、「公職選挙法」改正案を可決。

7.23 〔政治〕**国防会議、五六中期業務見積もりを決定**　国防会議は、昭和58年度から62年度
までを対象とする中期業務見積もり（五六中業）について了承。

7.30 〔政治〕**第2次臨時行政調査会、第3次答申**　第2次臨時行政調査会、行政改革に関する
第3次答申。三公社の分割・民営化、国土庁と北海道・沖縄開発庁の統合などを答申。8月10
日対処方針を閣議決定。

8.4 〔法律〕**老人保健法案を修正議決**　参議院、「老人保健法」案で、老人医療費の患者一部
負担制などを修正し、議決。8月10日衆議院でも衆院本会議でも可決成立。8月17日公布。

8.18 〔国会〕**鈴木内閣不信任決議案を否決**　衆議院は、鈴木内閣不信任決議案を否決。

1982年（昭和57年）　　　　　　　　　　　　　　　　　　　　　　　　　日本議会政治史事典

8.23　〔外交〕デ・クエヤル事務総長が来日　ハビエル・ペレス・デ・クエヤル事務総長が来日。8月26日広島を訪問。8月28日離日。

8.24　〔法律〕公職選挙法を公布　参議院全国区に拘束名簿式比例代表制を導入した「公職選挙法」を公布。

8.26　〔外交〕教科書問題で、日韓共同コミュニケ　教科書問題で、日韓共同コミュニケ。日中共同声明を再確認し、教科書記述是正を表明した。

9.10　〔外交〕日米漁業協定　日米漁業協定に署名。

9.16　〔政治〕財政非常事態宣言　鈴木首相は、財政危機の実情を非常・緊急の事態として国民に負担増を記者会見で要請。

9.17　〔外交〕サッチャー英国首相夫妻が来日　マーガレット・サッチャー英国首相夫妻が来日。

9.20　〔内閣〕人事院給与勧告の実施見送り　給与関係閣僚会議、57年度の人事院給与勧告の実施見送りを決定。

9.24　〔内閣〕行政改革大綱、国鉄再建について声明　閣議において、臨時行政調査会の基本答申を受けた行政改革大綱、国鉄再建対策を決定。

9.26　〔外交〕鈴木首相、中国を訪問　鈴木首相は、中国訪問に出発。10月1日帰国。

10.8　〔内閣〕経済対策閣僚委員会、内需拡大策など　経済対策閣僚委員会、内需拡大策、不況産業対策などを決定。

10.12　〔内閣〕鈴木首相、退陣を表明　鈴木善幸首相、退陣を表明。

10.16　〔政党〕自民党総裁候補者決定選挙告示　鈴木首相の退陣を受け、自由民主党の総裁候補者決定選挙（予備選挙）が告示される。候補者は、中曽根行管長長官、中川科学技術庁長官、河本経済企画庁長官、安倍通産相が立候補。11月24日の予備選挙では、1位中曽根、2位河本、3位安倍となるが、河本と安倍が辞退したため、本選挙は行われなかった。

11.14　〔政治〕鈴木首相、故ブレジネフ書記長の国葬に出席　11月10日、故ブレジネフ書記長が死去したため、14日鈴木首相、故ブレジネフ書記長の国葬に出席。

11.26　〔国会〕第97回国会召集　第97回臨時国会召集。内閣総理大臣に中曽根康弘が指名され、第1次中曽根康弘内閣発足。会期は25日間、延長1回5日間、会期実数は30日間。12月25日閉会。

12.3　〔国会〕中曽根首相、所信表明演説　中曽根康弘は、衆参両院にて所信表明演説を行う。行財政改革の推進、日米信頼関係のの強化を表明。

12.7　〔内閣〕国鉄再建対策推進本部を設置　内閣に、国鉄再建対策推進本部を設置。

12.14　〔国会〕中曽根首相、防衛費1％の突破やむなし　予算委員会において、中曽根康弘首相、防衛費の対GDP比1％枠突破もやむなしとの見解を表明。

12.28　〔国会〕第98回国会召集　第98回通常国会が召集された。会期は150日間、1983年5月26日閉会。

1983年
（昭和58年）

1.11 〔外交〕**中曽根首相、初の韓国公式訪問**　中曽根康弘首相、現職の首相として初の韓国公式訪問。日韓首脳会談において、40億ドルの経済協力で合意。1月9日帰国。

1.13 〔内閣〕**市場開放策を決定**　経済対策閣僚会議において、関税引き下げ、輸入制限緩和などの市場開放策を決定した。

1.14 〔内閣〕**米国への武器技術供与を決定**　閣議において、米国の要請に基づく武器技術の供与を決定。

1.18 〔外交〕**日米首脳会談を開催**　1月17日中曽根康弘首相、日米首脳会談のため米国を訪問。1月24日中曽根首相、ロナルド・レーガン大統領との日米首脳会談を開催。相互信頼の強化、同盟関係の再確認などの基本認識で合意。中曽根首相、日米両国は運命共同体であると発言した。

1.22 〔国会〕**昭和58年度予算を提出**　衆議院に50兆3796億円からなる昭和58年度予算を提出。公債依存度は26.5%。3月3日可決。4月4日参議院で可決成立した。

1.24 〔国会〕**中曽根首相、施政表明演説**　中曽根康弘首相は、衆参両院において施政・外交・財政・経済に関する演説を行う。日米関係の強化、行財政改革の推進を強調し、戦後政治の見直しを表明。

1.26 〔事件〕**東京地裁、ロッキード事件論告求刑**　東京地裁は、ロッキード事件丸紅ルートの論告・求刑公判が行われる。検察側は、田中角栄元首相に懲役5年、追徴金5億円を求刑。

2.9 〔国会〕**田中議員辞職勧告決議案**　衆議院において、田中角栄議員辞職勧告決議案を社会、公明、民社、共産、新自連が共同で提出。

2.28 〔政治〕**第2次臨時行政調査会、第4次答申**　第2次臨時行政調査会は、調査会解散後に行政改革推進委員会（仮称）の設置を求めた行政改革推進の在り方を答申（第4次答申）。

4.5 〔内閣〕**経済対策閣僚会議、景気対策決定**　経済対策閣僚会議は、住宅建設の促進など、11項目の景気対策を決定。

4.15 〔法律〕**衆院、国鉄再建に関する臨時措置法議決**　衆議院は、日本国有鉄道の経営する事業の再建の推進に関する臨時措置法を修正議決。

4.20 〔法律〕**「サラ金規制法」案を議決**　参議院は、「貸金業の規制等に関する法律（サラ金規制法）」案を、修正議決。4月28日衆院で可決成立。

4.21 〔政治〕**中曽根首相、靖国神社に参拝**　中曽根康弘首相、靖国神社に参拝。内閣総理大臣だる中曽根康弘として参拝と表明。

4.30 〔外交〕**中曽根首相、東南アジア6ヵ国歴訪**　中曽根康弘首相、東南アジア6ヵ国（インドネシア、タイ、シンガポール、フィリピン、マレーシア、ブルネイ）歴訪に出発。5月30日プレム・タイ首相と会談。カンボジア問題の政治解決努力に合意。5月10日帰国。

5.8 〔政党〕**全国サラリーマン同盟が結成**　全国サラリーマン同盟（サラリーマン新党）が結成。代表に青木茂が選出される。参議院選挙の比例代表選出のために政党の結成が相次ぐ。

1983年（昭和58年）　　　　　　　　　　　　　　　　　　　　日本議会政治史事典

5.10　　〔法律〕**臨時行政改革推進審議会設置法**　衆議院は、「臨時行政改革推進審議会設置法」
を可決。5月20日参議院で可決成立。

5.24　　〔国会〕**中曽根内閣不信任案を否決即日**　衆議院は、社会党提出の中曽根内閣不信任案
を否決。同日参議院に社会党提出が中曽根内閣総理大臣問責決議案を提出。翌25日否決。

5.28　　〔政治〕**中曽根首相、ウィリアムズバーグ・サミット**　5月2日中曽根康弘首相は、第9
回主要国首脳会議（サミット）のため米国訪問。28日ウィリアムズバーグ・サミットが開催
され、5月30日ウィリアムズバーグ宣言を発表。

6.10　　〔内閣〕**山中通産相が辞任**　山中貞則通産大臣が辞任。後任に宇野宗佑が任命される。

6.10　　〔政治〕**国鉄再建管理委員会を設置**　総理府に、国鉄再建管理委員会を設置。

6.26　　〔選挙〕**第13回参議院選挙、初の比例代表制導入**　初の比例代表制導入による第13回
参議院議員通常選挙が行われた。改選議席126のうち、比例代表50、自民19、社会9、公明8、
共産5、民社4、サラ新2、新自ク1、福祉1、第二院ク1。選挙区76、自民49、社会13、公明6、
共産2、民社2、新自ク1、諸派2、無所属1.。

6.28　　〔内閣〕**臨時行政推進審議会を設置**　総理府に、臨時行政推進審議会を設置。7月4日土
光敏夫が会長に就任。

7.2　　〔内閣〕**昭和59年予算10%マイナスシーリング**　閣議において、昭和59年度予算の原
則10%マイナス・シーリングを決定。2年連続のマイナス・シーリングとなる。

7.18　　〔国会〕**第99回国会召集**　第99回臨時国会が召集された。参議院議長には自民党・木村
睦男が当選、副議長選挙には社会党・阿具根登が当選。会期は6日間、7月23日閉会。

8.1　　〔政党〕**社会党委員長選挙**　日本社会党委員長選挙において、石橋政嗣が無投票当選。9
月7日党大会で承認。8月4日田辺誠書記長が就任。

8.8　　〔国会〕**第100回国会召集**　第100回臨時国会が召集された。8月9日開会。会期は70日間、
延長1回12日間で11月28日までとなる。同日衆議院を解散。

9.9　　〔事件〕**大韓航空機事件で対ソ制裁措置**　9月1日におきたソ連軍戦闘機による領空侵犯
の大韓航空機撃墜事件で、9月9日政府は航空便の一部停止などの対ソ制裁措置を発表。9月
13日大韓航空機撃墜事件に関する決議案を可決。

9.10　　〔国会〕**中曽根首相、所信表明演説**　中曽根康弘首相、衆参両院にて所信表明演説。大
韓航空機事件でソ連を非難したほか、行政改革の推進を表明。

9.20　　〔政治〕**衆院、行政改革特別委員会を設置**　衆議院は、行政改革特別委員会を設置。

10.11　　〔法律〕**国家行政組織法改正案**　衆議院において、各省庁の部局、審議会設置手続きの政
令移管をもりこんだ「国家組織法」改正案を修正可決。また「総務庁設置法」案ほか行政改
革関連諸法案を可決。

10.12　　〔事件〕**田中元首相に実刑判決**　東京地裁において、ロッキード事件丸紅ルートの判決
下され、田中元首相は懲役4年、追徴金5億円の実刑判決が下された。

10.21　　〔内閣〕**国家公務員給与2%引上げ**　閣議は、国家公務員給与2%引上げを決定。人事院
勧告の6.74%を大きく下回る決定となり、藤井人事院総裁は、人事院制度を否定するものと
して遺憾の意を表明。

10.21　　〔内閣〕**政府、総合経済対策を発表**　政府は、内需拡大、輸入促進などの総合経済対策
を発表。

10.31　　〔外交〕**コール西ドイツ首相夫妻が来日**　コール・西ドイツ首相夫妻が来日。11月2日

参議院議場で演説。11月4日離日。

11.7 〔選挙〕**1975年の衆院選無効訴訟**　最高裁は、1975年6月2日の第36回衆議院議員総選挙の選挙無効訴訟において、現行の定数格差は最大1対3.94で、違憲状態ではあるが、国会が合理的期間内に是正しなかったとは言えないとして、合憲判決。

11.9 〔外交〕**レーガン米国大統領夫妻が来日**　ロナルド・レーガン米国大統領夫妻が来日。11月10日日本の市場開放、防衛努力を要請。11月11日衆議院議場で演説。11月12日離日。

11.23 〔外交〕**胡・中国共産党総書記が来日**　胡耀邦・中国共産党総書記が来日。11月25日衆議院議場で演説。11月30日離日。

11.27 〔政治〕**衆議院解散**　社会・公明・民社・社民連が共同で中曽根内閣不信任決議案を提出するが、同日衆議院を解散。

12.18 〔選挙〕**第37回衆院選挙で与野党伯仲**　第37回衆議院議員総選挙が行われた。自民250、社会112、公明58、民社38、共産26、新自ク7、社民連3、無所属16の与野党伯仲の結果となった。

12.20 〔政治〕**石橋社会党委員長、自衛隊は合法**　石橋社会党委員長は、自衛隊の法的地位について、違憲ではあるが、合法的な手続きに基づいて作られた存在との見解を示す。

12.23 〔政党〕**中曽根政権継続を了承**　自民党最高顧問会議において、田中問題にけじめをつけることを条件として中曽根政権の継続を了承した。

12.26 〔国会〕**第101回国会召集**　第101回特別国会が召集された。衆参両院とも内閣総理大臣に中曽根康弘を指名。衆議院議長に福永健司が選出された。会期は227日間、延長1回77日で会期実数227日間。1984年8月8日閉会。

12.26 〔政党〕**自民党役員を決定**　自由民主党は党役員を決定。田中六助幹事長、金丸信総務会長、藤尾正行政務調査会長が就任。

12.27 〔内閣〕**第2次中曽根康弘内閣が成立**　第2次中曽根康弘内閣が成立。自民党政権下で初の連立政権となり、新自由クラブから田川誠一を自治相に起用した。

1984年
（昭和59年）

1.24 〔内閣〕**中曽根内閣、全閣僚の資産初公開**　中曽根康弘首相は、初めて閣僚の資産を公開した。公開範囲は本人名義のみで、1.土地、建物、2.普通・当座預金を除く預貯金と国債、公債、株式などの有価証券、3.貸付金と借入金、4.ゴルフ会員権、自動車、百万円以上の美術工芸品等。家族名義や事業用資産は非公開であった。

1.25 〔国会〕**1984年度予算閣議決定**　閣議で、1984年度予算が50兆6272億円、財政投融資特別会計国債21兆1066億円と決定した。

1.25 〔内閣〕**行政改革の実施方針決定**　閣議で、行政改革に関する当面の実施方針について決定した。

2.6 〔国会〕**衆議院で政治倫理協議会発足**　衆議院で議院運営委員会が、与野党代表で構成された政治倫理協議会設置を決定した。これは議長の諮問機関で、座長は小沢一郎。29日に

— 197 —

は審査会設置に向けて、倫理綱領の制定、懲罰対象の拡大、議院証言法の改正の3優先課題を決定した。

2.6 〔国会〕**中曽根首相、施政方針演説** 中曽根康弘首相は施政方針演説で、行政・財政・教育の三大改革を宣言した。

2.8 〔国会〕**1984年度予算提出** 1984年度予算（50兆6272億円、公債依存率25.0％）を国会に提出した。3月13日に可決、参議院では4月10日に可決し、成立した。

2.24 〔内閣〕**公的年金制度改革を決定** 全国民共通・全国民で支える基礎年金制度を導入する公的年金制度の改革について閣議決定した。

2.27 〔政党〕**社会党委員長が、自衛隊は適法性なしと表明** 日本社会党大会（第48回続開定期大会）で石橋政嗣委員長は、「ニュー社会党」をスローガンに政権党への脱皮をめざすことを提唱した。また自衛隊の「違憲・合法論」については「国会の決定に基づき法的に存在（非武装中立路線を確認）」で決着した。

3.23 〔外交〕**中曽根首相、訪中** 中曽根康弘首相が中国訪問に出発。24日、趙紫陽首相と会談し、朝鮮半島の緊張緩和と平和維持、第2次円借款4700億円供与、日中友好21世紀委員会の設置などで一致した。

4.11 〔政党〕**自民党副総裁に田中派の二階堂を指名** 自民党副総裁の指名を一任されていた中曽根康弘首相が、田中派会長の二階堂進を指名した。田中角栄の影響力排除を約束していたため、党内外から批判を受けた。

4.23 〔政党〕**民社党、自民党との連合に意欲** 民社党第29回大会で佐々木委員長は、どの派閥から首相が出るか考慮した上で、自民党との連合政権を積極的に検討すると発言した。塚本三郎書記長も連合に意欲を示し、批判が続出した。

4.26 〔政党〕**公明党、自民党との連合については当面静観** 公明党第21回大会で竹入義勝委員長は、連合政権構想については当面、静観することを表明した。

4.27 〔内閣〕**対外経済対策決定** 経済対策閣僚会議で、市場開放・資本自由化等を決定した。

4.30 〔外交〕**中曽根首相、パキスタン・インド訪問** 中曽根康弘首相が、パキスタンとインド訪問に出発した。

5.23 〔国会〕**衆院、会期延長を議決** 衆議院において、自民党・新自由クラブのみで77日間（5月24日〜8月8日）の会期延長が議決された。しかし参議院では、社会党・公明党・共産党・社民連が欠席し議決に至らず国会審議が空転した。6月15日に正常化した。

6.6 〔外交〕**中曽根首相、ロンドンサミットへ出発** 中曽根康弘首相は、7日から開催される第10回主要先進国首脳会議（サミット）出席のためイギリスに出発した。アメリカのロナルド・レーガン大統領、イギリスのマーガレット・サッチャー首相と個別に会談した。

6.23 〔政党〕**新自由クラブ代表に河野洋平** 新自由クラブ全国代議員大会で、河野洋平を代表に選出した。

7.1 〔政治〕**総理府再編、総務庁設置** 行政機関の人事・組織・定員の一元的管理と行政改革監察の権限を集中して、内閣の総合調整機能の強化を図ることを目的として、総理府・行政管理庁を統合・再編し、総務庁を設置した。初代長官に後藤田正晴行政管理庁長官をあてた。

7.13 〔法律〕**医療制度改正案** 衆議院で、「健康保険法」等改正案が修正議決された。改正点は、1.本人自己負担割合の増加 2.退職医療制度の創設 3.国庫負担の削減 4.特定療養費制度創設（2007年に廃止）。

7.20 〔法律〕**「3公社民営化法」案修正議決** 衆議院で、「日本電信電話株式会社法」案・「電

日本議会政治史事典　　　　　　　　　　　　　　　　　　　　　　　　　　1984年（昭和59年）

電公社民営化法」案が修正議決された。参議院で継続審議。（第102回国会成立）。

7.27　〔法律〕「**男女雇用機会均等法**」**案修正議決**　「雇用の分野における男女の均等な機会
及び待遇の確保を促進する労働省関係法律の整備等に関する法律案」が衆議院を通過した。
参議院で継続審議された。（第102回国会成立）。

8.3　〔政治〕「**閣僚の靖国神社参拝問題に関する懇談会**」**設置**　「閣僚の靖国神社参拝問題
に関する懇談会」が設置された、初会合が行われた。これは公式参拝の是非を検討させるた
めに中曽根康弘首相が官房長官の私的諮問機関として置いたもの。委員は、法学者・宗教団
体関係者・財界人・作家等15人で、座長に林敬三日本赤十字社社長がなった。

8.21　〔内閣〕**臨時教育審議会設置**　総理府に、首相の直属機関「臨時教育審議会」を設置し
た。構成委員は25名で、会長には岡本道雄元京都大学学長がなった。

8.28　〔内閣〕**環境影響評価実施要項を決定**　閣議で、「環境アセスメント法」案の成立見送り
の代替措置として「環境影響評価実施要綱」を決定した。

9.6　〔外交〕**韓国大統領来日**　韓国の全斗煥大統領が来日した。同日宮中晩餐会で、天皇が
「両国間に不幸な過去が存したことは誠に遺憾であった」と表明した。中曽根康弘首相とは
朝鮮半島の情勢を中心に論議し、8日には日韓共同声明を発表した。

9.28　〔選挙〕**広島高裁、定数不均衡訴訟で現行違憲判決**　広島高等裁判所は、衆議院議員定
数不均衡訴訟で、現行の議員定数配分は違憲とした。（選挙そのものは有効）以後、東京・大
阪・札幌各高裁で違憲判決が出た。

10.16　〔政党〕**自民党、総裁立候補者の一本化調整を申合せ**　自由民主党最高顧問会議は、総
裁選立候補者選出には調整を図るべきとの意見をまとめ、党五役に一任することとした。

10.25　〔外交〕**ソ連最高会議議員団、6年ぶりに来日**　ソ連最高会議議員団（代表D.クナエフ
政治局員）が6年ぶりに来日し、福永健司衆議院議長・木村睦男参議院議長と会談した。翌26
日、中曽根康弘首相、安倍晋太郎外相と個別に会談した。

10.30　〔政党〕**自民党、三役決定**　自由民主党総会で、幹事長に金丸信、総務会長に宮沢喜一、
政務調査会長に藤尾正行が承認された。

10.31　〔政党〕**自民党総裁中曽根再選**　自由民主党両院議員総会で、中曽根が総裁に再選され
た。（総裁選立候補届け出中曽根のみ）。

11.1　〔内閣〕**第2次中曽根第1次改造内閣成立**　第2次中曽根第1次改造内閣でも新自由クラブ
との連立は継続され、山口敏夫新自由クラブ幹事長が労働大臣として初入閣した。竹下登大
蔵大臣・安倍晋太郎外務大臣は留任し、官房長官には中曽根康弘首相の腹心藤波孝生がつ
いた。

11.2　〔外交〕**中曽根首相、国葬参列のためインドに出発**　中曽根康弘首相は、10月31日に暗
殺されたインドのインディラ・ガンジー首相の国葬（3日）に参列するため、インドに出発し
た。3日にはラジブ・ガンジー新首相と会談、4日にはニコライ・チーホノフ・ソ連首相と会
談した。

11.6　〔内閣〕**河本敏夫通産大臣を特命大臣に任命**　中曽根康弘首相が、対外経済問題と民間
活力導入に関する特命事項担当国務大臣として河本敏夫を任命した。

12.1　〔国会〕**第102回国会召集**　第102回通常国会が召集された。（1985年1月25日〜6月25日ま
で　会期150日間　延長1回57日間　会期実数207日間）議員定数再配分問題が主題となった。

12.4　〔政党〕**公明党、自民党との連合で論議**　公明党大会で、自民党との連合問題について
論議された。

－ 199 －

12.14 〔法律〕「電電公社民営化法」案等議決　参議院で、「日本電信電話株式会社法」案・「電気通信事業法」案・「電電公社民営化法」案が修正議決された。衆議院は20日に可決した。

12.29 〔国会〕**1985年度予算を決定**　閣議で、1985年度予算が決定した。(52兆4996億円　財政20兆8580億円)。

1985年
(昭和60年)

1.1 〔外交〕**中曽根首相、首脳会談のため訪米**　中曽根康弘首相は、日米首脳会談のためアメリカに出発。2日、ロナルド・レーガン大統領と会談した。レーガン大統領は戦略防衛構想(SDI)への協力を求めたが、中曽根首相は研究に理解を示したのみだった。また貿易摩擦問題では、アメリカ側は、通信機器・エレクトロニクス・木材・医療機器・医薬品の分野への市場参入機会の拡大をを要求したが、日本側は外相レベルでの調整を約束しただけだった。

1.13 〔外交〕**中曽根首相、オセアニア4ヵ国歴訪**　中曽根康弘首相が、大洋州4ヵ国(フィジー・パプアニューギニア・オーストラリア・ニュージーランド)訪問に出発した。14日、フィジーのカミセセ・マラ首相、パプアニューギニアのマイケル・ソマレ首相と会談した。低レベル放射性核廃棄物の太平洋投棄計画凍結を約束した。

1.19 〔政党〕**社会党、原発容認部分を削除**　17日から行われている日本社会党第49回定期大会では、原子力発電所政策が討論の焦点となった。方針案中の原発運転継続運転容認部分は削除した。ニュー社会党の路線問題では、次期大会で「新宣言」を決定することとなった。

1.24 〔国会〕**福永衆院議長辞任**　福永健司衆議院議長が健康上の理由から辞任、許可された。後任議長に自民党の坂田道太が就任した。

1.25 〔国会〕**1985年度予算提出**　1985年度予算(52兆4996億円　公債依存率22.2%)を提出した。3月9日可決、参議院4月5日に可決した。

1.25 〔国会〕**第102回通常国会開会**　第102回通常国会開会式の中曽根康弘首相は施政方針演説で、行政・財政・税制・教育改革を表明した。会期57日延長して6月25日まで207日間。

1.31 〔国会〕**防衛費の対GNP比1%枠問題で答弁**　衆議院予算委員会で中曽根康弘首相が、防衛費の対GNP比1%枠を守る可能性が薄れたと答弁し、審議が中断した。2月4日に再開。

2.5 〔国会〕**大型間接税問題で紛糾**　衆議院予算委員会で、大型間接税導入問題について、多段階包括的消費税が否定された。

2.10 〔政党〕**社民連代表に江田五月**　社会民主連合大会で、江田が代表に、阿部昭吾が書記長に選出された。田英夫代表辞任。

3.12 〔外交〕**中曽根首相、ソ連書記長の国葬参列へ**　中曽根康弘首相は、3月10日に死去したソ連共産党書記長兼最高会議幹部会議長コンスタンティン・チェルネンコの国葬に参列するため訪ソした。14日、後任のミハイル・ゴルバチョフ書記長と日ソ関係改善について会談した。

3.31 〔法律〕**国家公務員定年制度実施**　これまで一部の例外を除いて国家公務員には定年制は導入されていなかったが、「国家公務員法」の一部改正法の成立により原則60歳定年制度が実施となった。

| 日本議会政治史事典 | 1985年（昭和60年） |

4.4　〔内閣〕**商業捕鯨から全面撤退へ**　閣議で、国際捕鯨委員会の商業捕鯨禁止決定に同意し、1988年3月末までに全面撤退することを決定した。

4.5　〔国会〕**1985年度予算可決**　参議院本会議で、1985年度予算が可決した。防衛費が6.9％増の3兆1371億円でGNPの0.997％。

4.5　〔外交〕**女子差別撤廃条約案件国会提出**　衆議院で、女子に対するあらゆる形態の差別の撤廃に関する条約（女子差別撤廃条約）の締結について承認を求めるの件の国会提出を決定した。6月4日承認、参議院6月24日承認、7月25日発効。

4.9　〔内閣〕**対外経済対策を決定**　1月の日米首脳会談で約束した市場参入機会拡大について経済対策閣僚会議は、日米経済摩擦を緩和するための包括的対外政策を決定した。関税の引下げ、輸入品の基準・認証制度の改善、製品輸入の促進等を3年内に全面実現することを明らかにした。

4.26　〔国会〕**衆院で会期延長を議決**　衆議院本会議で、自民党と新自由国民連合の賛成のみで57日間（4月30日〜6月25日）の会期延長を議決した。これに野党が反発し休会状態となり、参議院議決に至らず。

4.29　〔外交〕**中曽根首相、ボン・サミットに出発**　中曽根康弘首相は、5月2日からボンで開かれる第11回主要先進国首脳会議出席のため西ドイツに出発した。3日、第2次大戦終戦40周年政治宣言を採択した。

5.14　〔法律〕**「外国人登録法」政令改正**　閣議で、外国人登録時の指紋採取方式を回転式から平面式に変更することを決定した。法務省は県知事等に、押捺拒否者には登録済証明を発行せず、3ヵ月の説得後、告発するようにと通達した。

5.17　〔法律〕**「男女雇用機会均等法」案成立**　「雇用の分野における男女の均等な機会及び待遇の確保等に関する法律（男女雇用機会均等法）」が10日参議院本会議で可決後、衆議院本会議で可決、成立した。1986年4月1日施行。

5.17　〔法律〕**「補助金削減一括法」案可決成立**　参議院で、「補助金削減一括法」案が可決成立した。

5.31　〔選挙〕**自民党、衆院定数是正案提出**　自民党は、衆議院議員定数是正のため、6増6減案「公職選挙法の一部を改正する法律案」を国会に提出した。

6.14　〔法律〕**「国会法」改正案可決**　衆議院本会議で、「国会法の一部を改正する法律案」が共産党を除く多数で可決された。「国会法」中に政治倫理の章を設け、政治倫理綱領及び行為規範・政治倫理審査会に関する条文を規定した。24日参議院本会議も可決成立。28日公布。

6.17　〔法律〕**野党共同で「公職選挙法」改正案提出**　衆議院本会議に、社会党・公明党・民社党・社民連共同で、「公職選挙法の一部を改正する法律案」（6増6減案等）を提出した。

6.25　〔法律〕**「スパイ防止法」案継続審議**　「国家秘密法」案いわゆる「スパイ防止法」案は、異例の記名投票で自民党・新自由クラブの賛成で継続審議扱いとなった。反対運動が広がり、自民党内部からも批判が出て、12月20日実質審議なく廃案が決定した。

6.25　〔法律〕**「政治倫理審査会規程案」議決**　衆議院本会議で、「政治倫理綱領案」「行為規範案」（衆議院議員は年間100万円以上の報酬を得ている企業又は団体名等を議長に届出義務化等）「政治倫理審査会規程案」が議決された。参議院は次期国会に持ち越された。

6.26　〔政治〕**臨教審、第1次答申提出**　臨時教育審議会は、第1次答申を提出した。3部からなり、第1部の教育改革の基本方向として「個性重視」を最も重視すべき基本原則とした。第2部では生涯学習など8項目をあげ、第3部では「学歴社会の是正」を重視している。

7.12　〔外交〕**中曽根首相、西欧4ヵ国訪問**　中曽根康弘首相は、フランス・イタリア・ヴァチ

– 201 –

カン・ベルギーを訪問した。

7.17 〔選挙〕**最高裁、定数配分規定に違憲判決**　最高裁判所大法廷は、現行の衆議院議員定数配分規定は「憲法」が要請している投票価値の平等原則に反している（14条）と判断し、定数是正訴訟の出た21選挙区の選挙を違法とした。（選挙の無効については棄却）合理期間を超えて是正放置の国会に警告した。

7.22 〔政治〕**「行政改革の推進方策に関する答申」提出**　臨時行政改革推進審議会は、「行政改革の推進方策に関する答申」及び「昭和61年度予算に向けた行財政会改革に関する意見」を首相に提出した。

8.7 〔内閣〕**防衛庁「59中業」政府計画へ**　国防会議で中曽根康弘首相は、防衛庁の「59中期業務見積り」（対象期間1986年4月～1991年3月）を政府計画の格上げを指示した。

8.9 〔政治〕**靖国神社公式参拝是認**　官房長官の私的諮問機関である、閣僚の靖国神社参拝問題に関する懇談会（座長林敬三日赤社長）が報告書を、藤波孝生官房長官に提出した。報告書では、靖国神社は戦没者追悼の中心施設と認めているが、「憲法」の政教分離に形での参拝を促している。

8.14 〔内閣〕**河本大臣辞任**　沖縄開発庁長官で対外経済問題等特命大臣の河本敏夫が辞任した。沖縄開発庁長官の後任には藤本孝雄に、特命大臣は金子一平経企庁長官が兼任することとなった。

8.15 〔政治〕**中曽根首相、靖国神社公式参拝**　中曽根康弘首相と閣僚18名（海外出張中の2閣僚除く）が、靖国神社を公式参拝した。内閣総理大臣の資格での参拝は初めて。国内外から強い非難の声が上がった。

9.6 〔国会〕**防衛費の対GNP比1％枠撤廃先送り**　政府・自民党は、防衛庁の「59中期業務見積り」の政府計画格上げを決定したが、防衛費の対GNP比1％枠は尊重する旨申合せた。

9.18 〔国会〕**「59中期業務見積り」計画正式決定**　閣議で、総額18兆4000億円（1985年度価格）の新防衛計画「中期防衛力整備計画（1986～1990年度）」が決定した。しかし見通しの対GNP比が1.038％になるため、野党は1％枠が守られていないと批判した。

10.11 〔内閣〕**国鉄基本方針を決定**　閣議で、国鉄の6分割・民営化のための基本方針が決定された。

10.14 〔国会〕**第103回国会召集**　第103回臨時国会が召集された。（12月21日まで会期62日間延長1回7日間　会期実数69日間）「公職選挙法」改正問題が最大の争点。

10.18 〔政治〕**中曽根首相、靖国神社参拝見送り**　中曽根康弘首相は、靖国神社秋の例大祭参拝の見送りを表明した。

10.19 〔外交〕**中曽根首相、国連で演説**　中曽根康弘首相は、国際連合連合創設40周年記念総会出席のためアメリカに出発した。23日、国連記念総会で演説した。

10.31 〔内閣〕**国際協調のための経済構造調整研究会発足**　中曽根康弘首相の私的諮問機関として「国際協調のための経済構造調整研究会」が設置された。座長は元日本銀行総裁の前川春雄。

11.18 〔政党〕**社会党委員長に、石橋政嗣**　日本社会党委員長選挙で、石橋委員長が無投票で再選した。

11.24 〔政党〕**共産党覇権主義批判等綱領改正を決定**　日本共産党大会で、覇権主義批判等綱領の一部改正を決定した。

11.28 〔法律〕**「規制緩和一括法」案可決**　衆議院本会議で、民間活力導入のための「規制緩和

一括法」案が可決された。12月13日、参議院本会議も可決成立した。

12.6 〔選挙〕**中曽根首相が、各党党首に書簡**　中曽根康弘首相が、各党党首に衆議院議員定数是正の今国会での成立に協力を求めた書簡を送った。坂田・木村両院議長にも要請した。

12.13 〔内閣〕**国鉄職員3万人、公的機関へ**　閣議で、国鉄の余剰人員雇用対策として国・地方の公的機関で3万名の引受けを決定した。

12.18 〔政党〕**社会党、連合政権構想・原発問題等をめぐり紛糾**　日本社会党第50回定期大会で、連合政権構想・原発問題等「新宣言」に関する討論で紛糾、「新宣言」採択は続開大会に持ち越された。

12.22 〔政治〕**内閣制度創始百周年記念式典**　内閣制度創始百周年記念式典が、首相官邸で挙行された。

12.24 〔国会〕**第104回国会召集**　第104回通常国会が召集された。(1986年1月27日〜5月22日まで　会期150日間)。

12.28 〔内閣〕**第2次中曽根内閣第2次改造内閣**　第2次中曽根内閣第2次改造内閣が組閣された。安倍晋太郎外務大臣、竹下登大蔵大臣は留任。官房長官に後藤田が再起用され、科学技術庁長官として新自由クラブの河野洋平が入閣した。

1986年
(昭和61年)

1.4 〔政治〕**中曽根首相、三権の関係の再検討を表明**　中曽根康弘内閣総理大臣が、伊勢神宮を参拝。年頭記者会見では議員定数是正問題にも言及し、立法・行政・司法の三権の関係を見直す必要があるとの考えを表明した。

1.12 〔外交〕**中曽根首相訪加**　中曽根康弘内閣総理大臣が、カナダ訪問に出発(〜15日)。

1.15 〔外交〕**シェワルナゼ外相来日**　ソ連のエドゥアルド・シェワルナゼ外相が来日(〜19日)。日ソ外相定期協議が8年ぶりに開催され、安倍晋太郎外務大臣と会談。平和条約締結に向けて領土問題を含む諸問題を協議し、19日共同声明を発表。

1.22 〔政党〕**社会党「新宣言」を採択**　社会党第50回続開大会で「新宣言」が採択され、古典的なマルクス・レーニン主義から、西欧型社会民主主義路線への転換が決定する。前年12月の大会では「新宣言」への批判が続出したが、日本労働組合総評議会(総評)右派組合からの圧力等により、一転して満場一致での採択となった。

1.27 〔国会〕**第104回国会(常会)開会式**　第104通常国会が再開し、開会式が行われる。中曽根康弘内閣総理大臣は、施政方針演説で戦後政治の総決算の意義を改めて強調。行政・教育・税制・国鉄改革の断行のほか、真の国際国家実現のため、対外経済摩擦の克服に着実に取り組む考えを示した。

2.20 〔国会〕**4野党、予算修正案を共同提出**　社会党・公明党・民社党・社民連の野党4党が、所得税減税を中心とする2兆3400億円の予算修正案を自民党に共同提出。25日、自民党はこれを拒否した。

3.22 〔事件〕**マルコス疑惑が問題化**　参議院予算委員会で、フィリピン前大統領フェルディナンド・マルコスの不正蓄財と日本企業からの献金問題について質疑が行われる。

- 203 -

1986年（昭和61年）　　　　　　　　　　　　　　　　　　　　　　　　　　　　　　　　日本議会政治史事典

3.27　〔選挙〕**参院議員定数訴訟、最高裁で合憲判決**　第12回参議院議員通常選挙（1980年6月22日）における最大5.37倍の議員定数格差について、最高裁が合憲判決を下す。

4.7　〔政治〕**経構研、「前川レポート」を提出**　前日銀総裁・前川春雄が座長を務める首相の私的諮問機関・国際協調のための経済構造調整研究会（経構研）が、中曽根康弘内閣総理大臣に「前川レポート」を提出。日米貿易摩擦解消のため、日本経済構造の輸出指向型から国際協調型への転換、内需拡大、国際分業の促進、世界経済への貢献等を提言した。

4.12　〔外交〕**中曽根首相訪米**　中曽根康弘内閣総理大臣が、米国訪問に出発（～15日）。翌13日、キャンプデービットで行われたロナルド・レーガン大統領との日米首脳会談で、日本経済構造の輸入指向型への転換を約束。「前川レポート」の実行で合意した。

4.17　〔法律〕**補助金等臨時特例法案、修正議決**　衆議院本会議で、「国の補助金等の臨時特例等に関する法律」案（「補助金等臨時特例法」案）が修正議決。

4.23　〔事件〕**衆院対フィリピン援助特委、マルコス疑惑の実態解明を要求**　衆議院対フィリピン経済援助に関する調査特別委員会が、フィリピン前大統領フェルディナンド・マルコスの円借款にからむ汚職疑惑の解明を政府に要求。対外経済協力基金総裁・細見卓ほか2名より意見聴取を行なう。24日、参議院対フィリピン援助特委意見聴取。

4.24　〔政党〕**民社党第31回全国大会開催**　民社党第31回全国大会で、塚本三郎委員長が衆参同日選挙の阻止を表明。

5.1　〔事件〕**撚糸工連事件、横手・稲村議員起訴**　日本撚糸工業組合連合会（撚糸工連）の設備共同廃棄事業にからむ不正事件で、横手文雄議員（4月24日・民社党離党）が受託収賄罪、稲村佐近四郎議員（5月1日・自民党離党）が単純収賄罪で東京地検に起訴される。1989年11月6日、両名に有罪判決。

5.4　〔外交〕**東京サミット開幕**　東京で第12回主要先進国首脳会議（東京サミット）が開催され、5日「東京宣言」「国際テロリズムに関する声明」「原発事故に関する声明」を発表。6日、7ヵ国蔵相会議（G7）の創設を盛り込んだ「東京経済宣言」を採択して閉幕。中曽根康弘内閣総理大臣は「外交の中曽根」を印象づけ、同月行われた世論調査では、内閣支持率が53％を記録した。

5.8　〔選挙〕**定数是正問題の調停案提示**　定数是正問題協議会で周知期間の設定幅について議論が紛糾し、調停を求められていた坂田道太衆議院議長が、「8増7減」「周知期間30日間」の調停案を各党に提示した。9日、中曽根康弘内閣総理大臣が、同日選挙のための臨時国会召集の考えはない旨を表明。共産党を除く各党は、30日間の周知期間で同日選を阻止できると踏み、調停案を了承した。

5.14　〔事件〕**ロッキード事件、佐藤議員ら控訴審判決**　ロッキード事件の控訴審で、東京高裁が元運輸政務次官・佐藤孝行議員に有罪判決を下す。16日、元運輸大臣・橋本登美三郎にも有罪判決。

5.15　〔事件〕**野党3党、佐藤議員の審査を申し立て**　社会党・公明党・民社党の野党3党が、元運輸政務次官・佐藤孝行議員（無所属）を衆議院政治倫理審査会の審査対象とすることを申立てる。

5.21　〔法律〕**公職選挙法改正案、衆院可決**　衆議院本会議で、衆院の定数を「8増7減」とする「公職選挙法」改正案が可決。22日、参議院本会議で可決成立。23日改正「公職選挙法」公布、6月21日施行。

6.2　〔国会〕**第105回国会召集**　第105臨時国会が召集された。野党側が国会召集に反発し、本会議を開かぬまま異例の衆議院解散。中曽根康弘内閣総理大臣は「死んだふり」をして「公職選挙法」改正の成立を待ち、参議選に合わせた衆院の解散を断念したと思わせたことから、「死んだふり解散」と呼ばれる。

－ 204 －

日本議会政治史事典　　　　　　　　　　　　　　　　　　　　　　　　　　1986年（昭和61年）

6.10　〔政治〕**行革審最終答申**　3年間の任期切れを前に、臨時行政改革推進審議会（行革審）が今後の行財政改革における基本方針を最終答申。国債抑制の緩和、租税負担率を上げない範囲での新税の承認、新審議会の継続設置等を提言し、27日解散。

6.14　〔政治〕**中曽根首相、大型間接税導入を否定**　選挙決起大会で、中曽根康弘内閣総理大臣が「国民や自民党員が反対する大型間接税をやる考えはない」と言明。

7.6　〔選挙〕**衆参同日選挙で自民党圧勝**　第38回衆議院議員総選挙、第14回参議院議員通常選挙が行われた。自民党の思惑通りの衆参同日選となった（史上2回目）。「公職選挙法」の改正により、衆院の定数は512人となり、838人が立候補する少数激戦。衆参両院とも71％台の高い投票率で、自民党が圧勝。衆院では結党以来最多となる300議席を記録し、さらに無所属議員4名を追加公認。参院でも72議席を獲得し、安定多数を大幅に上回る成果をあげた。一方、社会党・民社党は不振が目立ち、衆院では社会党が前回の112議席から85議席に激減。社会党統一後、最低議席となった。民社党も前回の38議席から26議席と大幅に後退。参院でも社会党20議席、民社党5議席と改選数を減らす結果となった。

7.22　〔国会〕**第106回国会召集**　第106特別国会が召集された。25日まで、会期4日間。

7.22　〔政党〕**社民連、統一会派結成を決定**　社民連が衆議院の社会党・民社党の院内会派に2名づつ所属し、統一会派を組むことを決定（社会党に江田五月、菅直人。民社党に楢崎弥之助、阿部昭吾）。これにより、民社党が共産党を抜いて野党第3の会派となる。

7.22　〔内閣〕**第3次中曽根内閣発足**　第3次中曽根康弘内閣発足（～1987年11月6日）。選挙の功労者・金丸信を副総理に配し、大蔵大臣に宮沢喜一、文部大臣に藤尾正行を任命。後藤田正晴内閣官房長官再任。

8.12　〔政党〕**新自由クラブ、解党を決議**　7月の同日選挙で自民党が圧勝し、連立の余地がなくなったことから、新自由クラブ全国幹事会が解党を決議。15日の臨時党大会で決定。河野洋平代表が中曽根康弘自民党総裁に復党を申入れ、田川誠一を除く6議員が自民党に復入党した。

8.14　〔選挙〕**参院議員定数訴訟、東京高裁で合憲判決**　第13回参議院議員通常選挙（1983年6月26日）当時の5.56倍の定数格差について、東京高裁が合憲判決を下す。

9.5　〔政治〕**藤尾文相の発言が問題化**　藤尾正行文部大臣が『文芸春秋』誌上（1986年10月号）で述べた、「日韓併合は韓国側にも若干の責任がある」という発言が問題化。8日、中曽根康弘内閣総理大臣は、辞任を拒否した藤尾文相を罷免。9日、後任として塩川正十郎が文部大臣に任命された。

9.6　〔政党〕**土井たか子、社会党委員長選挙で圧勝**　社会党委員長選挙で、土井たか子が当選。国会に議席を持つ日本の政党で、初の女性党首が誕生した。衆参同日選敗北の総括と党再建を目指す社会党は思い切ったイメージチェンジを図っており、土井副委員長に白羽の矢が立った。上田哲元教宣局長との一騎討ちとなった委員長選は、土井5万1819票、上田1万289票という圧倒的な得票差で土井が当選。8日、第51回社会党臨時大会で土井中央執行委員長、山口鶴男書記長が選出された。

9.9　〔内閣〕**SDI研究参加が閣議決定**　中曽根内閣が米国の戦略防衛構想（SDI）研究への参加を閣議決定し、米政府に通達。

9.11　〔国会〕**第107回国会召集**　第107臨時国会が召集された。会期80日間、延長1回。12月20日までの会期実数101日。本国会では、「国鉄分割・民営化法」案と「老人保健法」改正案が主な課題となった。

9.11　〔政党〕**自民党・中曽根総裁の任期延長が決定**　自民党両院議院総会開催。総裁の任期延長の特例に関する党則を改正し、中曽根康弘総裁の任期1年延長を決定する。

－　205　－

1987年（昭和62年）　　　　　　　　　　　　　　　　　　　　　　　　　日本議会政治史事典

9.20　〔外交〕**中曽根首相訪韓**　中曽根康弘内閣総理大臣が、韓国訪問に出発（～21日）。翌21
　　　日、ソウルで全斗煥大統領と日韓首脳会談。藤尾正行元文部大臣の発言を陳謝するほか、外
　　　国人の指紋押捺制度を改正し、1回限りに簡素化する旨を表明した。

9.22　〔政治〕**中曽根首相、「知的水準発言」が問題化**　中曽根康弘内閣総理大臣が、自民党
　　　研修会で行われた講演で「黒人やメキシコ人を含めたアメリカ人の平均的知的水準は非常に
　　　低い」と発言。米国内で猛烈な反発を受け、25日米下院に中曽根非難決議案が提出される。
　　　27日、中曽根首相が米国民に陳謝のメッセージを伝達。10月17日、この件に関して衆議院本
　　　会議で陳謝するが、釈明の際の「単一民族」発言が国内で再び問題化。アイヌ民族等から抗
　　　議を受ける。

9.25　〔国会〕**国鉄改革特別委員会設置**　衆議院に日本国有鉄道改革に関する特別委員会が設
　　　置され、初会合が開かれる。

10.28　〔法律〕**国鉄分割・民営化関連8法案、衆院可決**　衆議院本会議で、「日本国有鉄道改革
　　　法」案（修正）ほか「国鉄分割・民営化関連8法」案可決。11月28日、参議院本会議で可決成
　　　立。12月4日、同法公布。

11.8　〔外交〕**中曽根首相訪中**　中曽根康弘内閣総理大臣が、中国訪問に出発（～9日）。胡耀邦
　　　中国共産党総書記と会談し、日中4原則を再確認した。翌9日、鄧小平党中央顧問委員会主任
　　　と会談。

11.10　〔外交〕**アキノ大統領来日**　フィリピンのコラソン・アキノ大統領が初来日（～13日）。
　　　中曽根康弘内閣総理大臣との日比首脳会談で、自国への経済援助を要請。対フィリピン援助
　　　拡大で合意し、中曽根首相は404億円の特別借款を約束した。

12.5　〔政党〕**第24回公明党大会開催**　公明党第24回党大会が開催され、矢野絢也中央執行委
　　　員長、大久保直彦書記長が選出される。

12.23　〔政治〕**政府税調、税制の抜本的改革案を答申**　政府税制調査会（政府税調）が、「税制
　　　の抜本的改革案」を答申。同日、自民党税制調査会も「税制の抜本的改革と昭和62年度税制
　　　改正大綱」を決定。両者は大型間接税「売上税」の導入、利子非課税制度「マル優」の原則
　　　的廃止など、ほぼその趣旨を同じくする。

12.29　〔国会〕**第108回国会召集**　第108通常国会が召集された。1987年5月27日まで、会期150
　　　日間。本国会では、中曽根内閣が売上税導入・マル優廃止を中心とする税制改革関連法案を
　　　提出。7月の同日選挙で中曽根康弘内閣総理大臣自らが売上税導入を否定したことから、選
　　　挙公約違反として野党からの激しい追及を受けることとなった。

12.30　〔内閣〕**1987年度予算案閣議決定**　中曽根内閣が1987年度予算案を閣議決定。一般会計
　　　予算54兆1010億円、財政投融資計画27兆813億円。防衛費は対前年度比5.2%増で、1976年に
　　　三木内閣が閣議決定したGNP比1%枠を初めて突破した（1.004%）。

1987年
（昭和62年）

1.10　〔外交〕**中曽根首相東欧4ヵ国訪問**　中曽根康弘内閣総理大臣が、フィンランド・東ドイ
　　　ツ・ユーゴスラビア・ポーランド訪問に出発（～17日）。15日、ベオグラード大学における
　　　演説で、平和と軍縮への5原則を提唱する。

日本議会政治史事典　　　　　　　　　　　　　　　　　　　　　　　　　　1987年（昭和62年）

1.16　〔国会〕**売上税等粉砕闘争協議会結成**　社会党・公明党・民社党・社民連の4野党書記長会談で、国会内共闘組織売上税等粉砕闘争協議会の設置を決定。20日、初会合が行われる。

1.20　〔政党〕**第47回自民党大会開催**　自民党第47回党大会が開催され、売上税導入・防衛費1％枠突破を盛り込んだ運動方針が採択される。

1.22　〔政党〕**進歩党結成**　新自由クラブの解党後、自民党への復党を拒絶した田川誠一が、支持者と共に進歩党を結成。政治倫理の確立を掲げ、田川が代表に就任した。

1.26　〔国会〕**第108回国会（常会）開会式**　第108通常国会が再開し、開会式が行われた。中曽根康弘内閣総理大臣は、施政方針演説で売上税には触れず、税制改革、防衛費の総額明示方式への転換等を表明。自民党大会で売上税の導入を決定したにも関わらず、施政方針演説では一切言及しない中曽根首相に対する世間の批判が高まり、野党も補充説明を要求するなど厳しく追及。2月2日、中曽根首相は衆議院代表質問の前に異例の補足発言を行ない、施政方針演説で述べた間接税制度の改正には売上税の創設を含むと説明した。

2.4　〔法律〕**売上税法案、所得税法等改正法案提出**　中曽根内閣が、売上高に5％の税率を課税する「売上税法」案、所得税・法人税の減税、マル優廃止等を盛り込んだ「所得税法等の一部を改正する法律案」（「所得税法等改正法」案）を衆議院に提出した。

2.10　〔政党〕**自民党税制改革推進全国会議開催**　自民党税制改革推進全国会議で、中曽根康弘内閣総理大臣が「身命を賭して税制改革を軌道に乗せる」決意を表明。地方代表者から選挙公約違反との批判が集中し、売上税反対表明が続出する。

3.8　〔選挙〕**参院岩手補選、社会党圧勝**　参議院岩手県選挙区選出議員補欠選挙で、売上税反対を掲げた社会党の小川仁一が当選。自民党候補19万7863票に対し、42万1432という圧倒的な票を得て、25年ぶりに議席を獲得。統一地方選の前哨戦として注目された参院岩手補選は社会党の圧勝に終わり、自民党に多大な衝撃を与えた。

4.13　〔法律〕**4野党、売上税法案撤回と中曽根首相退陣を要求**　社会党・公明党・民社党・社民連の野党4党が、「売上税法」案の撤回と中曽根康弘内閣総理大臣の退陣を要求。

4.15　〔国会〕**自民党、1987年度予算案強行採決**　衆議院予算委員会で、自民党が1987年度予算案を強行採決。

4.21　〔政治〕**新行革審発足**　総務省に臨時行政改革推進審議会（新行革審）が設置され、大槻文平が会長に就任。

4.23　〔法律〕**売上税法案、衆院議長預かりに**　原健三郎衆議院議長が「売上税法」案を議長預かりとし、税制改革協議機関を設置する調停案を提示。社会党・公明党・民社党・社民連の4野党はこれを受入れ、衆院本会議で予算案可決。売上税法案は事実上の廃案となる。

4.29　〔外交〕**中曽根首相訪米**　中曽根康弘内閣総理大臣が、米国訪問に出発（〜5月5日）。翌30日、ワシントンでロナルド・レーガン大統領と日米首脳会談。貿易摩擦とドル安問題が主要議題となり、中曽根首相は日本の5兆円規模の内需拡大策を表明する一方、対日半導体制裁措置の解除を求めた。レーガン大統領は農産物の自由化を要望。ドル安防止の政策協調で一致し、5月1日貿易不均衡是正に関する共同声明を発表した。

4.30　〔法律〕**拘禁2法案再提出**　中曽根内閣が、「監獄法」を全面改正する「刑事施設法」案、「留置施設法」案（「拘禁2法」案）を国会に提出。1982年の第96回国会に提出され、翌年廃案となった法案に若干の修正を加えた2度目の提出となる。今回の法案は第117回国会まで継続審議となるが、1990年1月の衆議院解散によって再度廃案となった。

5.12　〔法律〕**与野党国対委員長会談、売上税法案廃止で合意**　自民党・社会党・公明党・民社党・社民連の5党国会対策委員長会談が行われる。会期延長は行なわない、「売上税法」案の廃案、税制改革協議機関の設置で合意。27日、売上税法案廃案。

— 207 —

1987年（昭和62年）　　　　　　　　　　　　　　　　　　　　　　　　　　　日本議会政治史事典

5.20　〔国会〕**1987年度予算成立**　参議院本会議で、1987年度予算が可決成立した。

5.25　〔国会〕**税制改革協議会発足**　衆議院に税制改革協議会が設置され、伊東正義自民党政調会長が座長に就任した。

6.30　〔内閣〕**四全総閣議決定**　中曽根内閣が、第4次全国総合開発計画（四全総）を閣議決定。政治・経済等の諸機能の東京一極集中を是正し、中央省庁の一部部局の地方移転、工場・学術施設の地方誘致、大規模リゾート開発など、地方多極分散型の国土形成を図る。目標年次2000年、投資額1000兆円。

7.3　〔政治〕**米審、生産者米価引下げを答申**　米価審議会（米審）が、1987年生産者米価の5.95％引下げ（60kg 1万7557円）を答申。翌4日、閣議決定。31年ぶりの生産者米価引下げとなった。

7.6　〔国会〕**第109回国会召集**　第109臨時国会が召集された。会期65日間、延長1回。9月19日までの会期実数76日。

7.14　〔政治〕**新行革審、内需拡大策を緊急答申**　臨時行政改革推進審議会（新行革審）が、内需拡大のための財政刺激策を緊急答申。緊縮型財政路線から積極型財政への軌道修正の必要性を表明した。

7.29　〔事件〕**ロッキード事件、田中元首相ら控訴審判決**　ロッキード事件の控訴審で、東京高裁が元内閣総理大臣・田中角栄議員に有罪判決を下す。

7.31　〔法律〕**税制改正3法案提出**　中曽根内閣が、所得税減税・マル優廃止等を盛り込んだ「所得税法等の一部を改正する法律」（「所得税法等改正法」案）等の「税制改正3法」案を国会に提出。マル優廃止に野党側が反発し、国会審議が空転した。

8.7　〔政治〕**臨教審、最終答申**　臨時教育審議会（臨教審）が、個性重視・生涯学習体系への移行・9月入学制等を答申。「戦後政治の総決算」の一つとして教育改革を掲げる中曽根康弘内閣総理大臣の主導で、1984から始まった臨教審の最終答申（第4次答申）となる。20日、臨教審解散。

9.19　〔法律〕**税制改正3法案成立**　参議院本会議で、「所得税法等の一部を改正する法律」（「所得税法等改正法」）等の「税制改正3法」案が可決成立した。25日改正法公布、10月1日施行。

9.19　〔外交〕**中曽根首相訪米**　中曽根康弘内閣総理大臣が、米国訪問に出発（〜9月23日）。21日に行われたロナルド・レーガン大統領との日米首脳会談で、ペルシャ湾における支援を約束した。

10.2　〔外交〕**日米防衛首脳会談**　ワシントンで、栗原祐幸防衛庁長官とキャスパー・ワインバーガー米国国防長官が会談。航空自衛隊次期支援戦闘機（FSX）の日米共同開発で合意した。10月21日、ゼネラル・ダイナミックス社F16改造機に機種決定。

10.16　〔内閣〕**税制改革方針決定**　政府・自民党首脳会議で、直間比率の是正などを盛り込んだ「税制の抜本的改革に関する方針」が決定。ほか、当面の土地対策の指針として「緊急土地対策要綱」が決定した。

10.20　〔政党〕**自民党次期総裁に竹下指名**　中曽根康弘自民党総裁が、次期総裁に竹下登幹事長を指名（中曽根裁定）。8日の総裁選告示から、竹下幹事長、安倍晋太郎総務会長、宮沢喜一大蔵大臣の3候補者間で一本化調整が難航。話合いに結着がつかず、19日中曽根総裁に調整を一任していた。

10.31　〔政党〕**自民党総裁に竹下選出**　自民党第48回臨時党大会が開催され、第12代総裁に竹下登が選出される。

11.6　〔国会〕**第110回国会召集**　第110臨時国会が召集された。11日まで、会期6日間。

－ 208 －

| 日本議会政治史事典 | 1988年（昭和63年） |

11.6 〔内閣〕**竹下内閣発足**　衆議院299票、参議院143票で竹下登が第74代内閣総理大臣に指名され、即日組閣。副総理・大蔵大臣に宮沢喜一、外務大臣に宇野宗佑、内閣官房長官に小渕恵三など。

11.10 〔国会〕**土地問題特別委員会設置**　衆議院に土地問題等に関する特別委員会が設置され、11月19日審議開始。同特別委員会は参議院にも設置された。

11.27 〔国会〕**第111回国会召集**　第111臨時国会が召集された。12月12日まで、会期16日間。竹下登内閣総理大臣は、初の所信表明演説で「ふるさと創生」を提唱するとともに、新型間接税制度の導入を表明した。

12.15 〔外交〕**竹下首相、日本・ASEAN首脳会議に出席**　竹下登内閣総理大臣が、翌16日にマニラで行われる日本・ASEAN首脳会議に出席するため、フィリピンに出発（～16日）。首脳会議では軍事大国化を否定し、日本とASEAN間の連携を強調した。

12.28 〔国会〕**第112回国会召集**　第112通常国会が召集された。1988年5月25日まで、会期150日間。

1988年
（昭和63年）

1.12 〔外交〕**竹下首相、米・加訪問**　竹下登内閣総理大臣が、米国・カナダ訪問に出発（～20日）。翌13日、ロナルド・レーガン大統領と就任後初の日米首脳会談を行ない、ドル下落防止対策等の日米協力を確認。15日に行われたブライアン・マルルーニー首相との日加首脳会談では、経済協調を重視することで合意した。

1.22 〔内閣〕**政府機関の地方移転方針決定**　竹下内閣が、一省庁一機関の地方移転に関する基本方針を閣議決定。17省庁31機関が移転候補となった。

1.25 〔国会〕**第112回国会（常会）開会式**　第112通常国会が再開し、開会式が行われる。竹下登内閣総理大臣は、初の施政方針演説で「ふるさと創生」「世界に貢献する日本」を掲げ、抜本的税制改革を最重要課題と位置付けた。

2.6 〔国会〕**「殺人者」発言で予算委紛糾**　衆議院予算委員会で、浜田幸一委員長が共産党・正森成二議員の質問を妨害。同党宮本顕治議長を「殺人者」と発言し、予算委紛糾。審議が空転し、16日浜田は委員長を辞任した。

2.24 〔外交〕**竹下首相、韓国大統領就任式に出席**　竹下登内閣総理大臣が、翌25日の盧泰愚大統領就任式に出席するため韓国に出発（～25日）。就任式後の日韓首脳会談で両首脳は緊密化の促進を確認し、日韓五輪安全対策連絡協議会と日韓21世紀委員会の設置で合意した。

2.27 〔国会〕**4野党、予算修正案を共同提出**　社会党・公明党・民社党・社民連の野党4党が、総額2兆9400億円の大幅減税等の予算修正案を自民党に共同提出。3月2日自民党がこれを拒否して審議空転、8日に正常化した。

2.28 〔選挙〕**参院大阪補選、共産候補当選**　参議院大阪府選挙区選出議員補欠選挙で、共産党の吉井英勝が自民党・社会党両候補を破って当選した。

3.2 〔外交〕**在日米軍労務費特別協定改正議定書調印**　日米両政府が在日米軍労務費特別協定改正議定書に調印。1990年度までに、在日米軍基地の日本人従業員の人件費を全額日本側が負担することとなった。

— 209 —

1988年（昭和63年）   日本議会政治史事典

3.10　〔国会〕竹下首相「6つの懸念」を表明　衆議院予算委員会で、竹下登内閣総理大臣が大型間接税に関する「6つの懸念」を提示。逆進的な税体系、不公平感、事務負担の増大など、間接税の導入にあたって懸念される6つの問題点の解消に努めることを表明した。

3.25　〔政治〕税制改革素案決定　政府税制調査会が、新型間接税導入などを盛り込んだ税制改革素案を決定。

4.2　〔国会〕1988年度暫定予算案提出　竹下内閣が、3兆915億円の1998年度暫定予算案（4月8日までの分）を国会に提出した。4日衆議院可決、5日参議院可決成立。

4.7　〔国会〕1988年度予算成立　参議院本会議で、3月10日に衆議院を通過した1988年度予算案が可決成立した。

4.28　〔政治〕政府税調、中間答申　政府税制調査会が、新型間接税の導入、所得税の大幅減税等を骨子とする税制改革について中間答申を提出。自民党税制調査会（自民税調）も、間接税導入案を公表した。

4.29　〔外交〕竹下首相、西欧4ヵ国歴訪　竹下登内閣総理大臣が、イタリア・バチカン・イギリス・西ドイツを巡る西欧4ヵ国訪問に出発（〜5月9日）。5月4日マーガレット・サッチャー英首相と、5日にはヘルムート・コール西独首相と首脳会談を行った。

5.10　〔政党〕公明党大橋議員、池田大作を批判　公明党の大橋敏雄議員が、『文藝春秋』6月号誌上で創価学会名誉会長・池田大作を批判。6月6日、公明党は同議員を除名処分とした。

5.13　〔内閣〕奥野国土庁長官更迭　竹下登内閣総理大臣が、日中戦争や靖国参拝に関する保守的な発言が内外で問題となっていた奥野誠亮国土庁長官を更迭。後任として内海英男が任命された。

5.30　〔外交〕竹下首相、国連軍縮特別総会に出席　竹下登内閣総理大臣が、国連軍縮特別総会出席と欧州3ヵ国歴訪のため、米国・オランダ・フランス・ベルギーに向け出発。6月1日、ニューヨークで行われた総会で、世界的規模の核実験検証制度の設立等について演説を行なった。

6.14　〔政党〕「税制抜本改革大綱」決定　自民党税制調査会（自民税調）が所得減税、住民税・法人税の引下げ、帳簿方式による税率3％の消費税導入等を骨子とする「税制抜本改革大綱」を決定。

6.16　〔外交〕竹下首相、トロント・サミットに出席　竹下登内閣総理大臣が、トロントで開催される第14回主要先進国首脳会議（トロント・サミット）に出席するため、カナダに出発（〜26日）。19日サミット開幕。20日に「東西関係」「テロリズム」「麻薬」の政治宣言、21日には政策協調を確認した経済宣言を採択し、閉幕した。

6.18　〔事件〕リクルート事件発覚　川崎市助役・小松秀熙がリクルートコスモス社の未公開株を賄賂として受けとり、公開後に売却益1億円を受領していたことが判明。20日、小松助役解職。これを端緒として、政官財界等への未公開株譲渡問題が表面化。戦後最大級の疑獄事件に発展した。

6.28　〔内閣〕税制改革要綱閣議決定　竹下内閣が、税制改革要綱（減税9兆円、税率3％の消費税導入を柱とする増税6兆6000億円）を閣議決定した。

7.1　〔外交〕竹下首相訪豪　竹下登内閣総理大臣が、オーストラリア訪問に出発（〜7月5日）。4日、ボブ・ホーク首相と日豪首脳会談を行い、アフガニスタン等の地域問題解決に努めることで合意した。

7.5　〔事件〕リクルート事件政治問題化　リクルートコスモス社の未公開株譲渡問題で、中曽根康弘前内閣総理大臣、宮沢喜一大蔵大臣、安倍晋太郎幹事長ら自民党有力者の秘書が関

－ 210 －

日本議会政治史事典　　　　　　　　　　　　　　　　　　　　　　　　　　　　　1988年（昭和63年）

　　　　与していたことが判明。翌6日には竹下登首相の元秘書にも譲渡が判明し、同日リクルート
　　　　社会長・江副浩正が引責辞任。

7.19　〔国会〕**第113回国会召集**　第113臨時国会が召集された。会期70日間、延長2回。12月28
　　　　日までの会期実数163日。リクルート問題、税制改革が主な課題となった。

7.27　〔法律〕**1988年度の所得税臨時特例法案提出**　衆議院大蔵委員長が、減税案として
　　　　「昭和63年分の所得税の臨時特例に関する法律」案を本会議に提出。同日全会一致で可決し、
　　　　29日参議院可決。8月1日公布。

7.28　〔事件〕**なだしお事故連合審査**　7月23日に横須賀港沖で海上自衛隊潜水艦「なだしお」
　　　　が遊漁船「第一富士丸」と衝突し、遊漁船が沈没する事故が発生。この事故に関し、衆議院
　　　　で運輸委員会・内閣委員会・交通安全対策特別委員会・安全保障特別委員会連合審査会が行
　　　　われた。同日、参議院でも運輸委員会・内閣委員会連合審査会が開かれた。

7.29　〔法律〕**税制改革関連6法案提出**　竹下内閣が、「税制改革法」案・「消費税法」案等、「税
　　　　制改革関連6法」案を衆議院に提出。

8.1　〔事件〕**土井委員長、リクルート問題を追及**　土井たか子社会党委員長が、衆議院代表
　　　　質問でリクルート問題を追及。本来「税制国会」として召集された臨時国会を「リクルート
　　　　国会」と位置づけ、疑惑の解明を要求した。

8.4　〔事件〕**竹下首相・宮沢蔵相、元秘書らのリクルート問題関与を認める**　リクルート
　　　　社前会長・江副浩正の証人喚問を要求する社会党・共産党の両党欠席のまま、衆議院予算委
　　　　員会が再開。竹下登内閣総理大臣、宮沢喜一大蔵大臣は、元秘書らがリクルートコスモス社
　　　　未公開株を店頭公開直前に購入したことを認める。

8.22　〔事件〕**参院予算委、リクルート問題で紛糾**　参議院予算委員会が審議を開始。リク
　　　　ルート問題の証人喚問をめぐって、度々審議が中断する。

8.24　〔内閣〕**瓦防衛庁長官辞任**　瓦力防衛庁長官が、なだしお事故の責任をとって引責辞任。
　　　　後任として、田沢吉郎が任命された。

8.25　〔外交〕**竹下首相訪中**　竹下登内閣総理大臣が、中国訪問に出発（～30日）。同日、李鵬首
　　　　相と会談し、総額8100億円の円借款供与で合意する。翌26日、鄧小平・中央軍事委員会主席、
　　　　趙紫陽・第一副主席と会談。

9.5　〔事件〕**社民連・楢崎議員、リクルート問題を公表**　社民連の楢崎弥之助議員が、リク
　　　　ルートコスモス社長室長・松原弘から賄賂工作を受けたと公表。10月20日、東京地検が松原
　　　　室長を贈賄容疑で逮捕。11月10日起訴。

9.9　〔国会〕**税制問題等特別委員会設置**　衆議院本会議で、リクルート問題の調査を含む税
　　　　制問題等に関する調査特別委員会の設置が可決。委員会は12日に初会合を行ない、金丸信が
　　　　委員長に就任した。

9.16　〔外交〕**竹下首相、ソウル五輪開会式に出席**　竹下登内閣総理大臣が、翌17日のソウル
　　　　オリンピック開会式に出席するため、韓国に出発（～17日）。開会式同日に行われた盧泰愚
　　　　大統領との日韓首脳会談では、北朝鮮との緊張緩和で合意した。

9.20　〔国会〕**米の自由化反対決議採択**　衆議院本会議で、米の自由化反対に関する決議が全
　　　　会一致で採択される。翌21日、参議院本会議で採択。

9.22　〔法律〕**税制改革6法案趣旨説明**　衆議院本会議で、「消費税法」案等税制改革6法案の趣
　　　　旨説明。社会党・共産党欠席のまま、税制審議が始まる。

10.11　〔事件〕**リクルート事件の譲渡先リスト公表**　社会党と共産党が、リクルートコスモス
　　　　社未公開株の譲渡先リストを公表。リスト中に宮沢喜一大蔵大臣の名があると指摘するが、

－ 211 －

1988年（昭和63年）　　　　　　　　　　　　　　　　　　　　　　　　　日本議会政治史事典

　　　　　宮沢大臣はこれを否定。14日、この未公開株購入の名義問題について、衆議院税制問題等に
　　　　　関する調査特別委員会で宮沢大臣が説明。27日、再説明が行われる。

10.12　〔事件〕江副リクルート社前会長、病床質問　衆議院税制問題等に関する調査特別委員
　　　　　長・金丸信ほか各党理事が、都内で入院中のリクルート社前会長・江副浩正に病床質問。

10.12　〔外交〕石橋前社会党委員長ら訪韓　前社会党委員長・石橋政嗣らが、韓国訪問に出発
　　　　　（〜16日）。韓国統一民主党の招待を受けての訪問で、社会党は韓国との正式交流に踏み
　　　　　切った。14日、盧泰愚大統領と会談。大統領は同党の韓国政策転換を評価した。

10.21　〔選挙〕衆院議員定数訴訟、最高裁で合憲判決　第38回衆議院議員総選挙（1986年7月6
　　　　　日）当時の最大格差2.92倍の議員定数是正・選挙無効の上告訴訟で、最高裁が合憲判決を下
　　　　　す。同日行われた第14回参議院議員通常選挙当時の最大較差5.85倍についても合憲判決。

11.10　〔法律〕自民党、税制改革関連6法案強行採決　自民党が衆議院税制問題等に関する調
　　　　　査特別委員会を単独開会し、「消費税法」案等「税制改革関連6法」案を強行採決（2件可決、
　　　　　4件修正）。全野党が撤回を要求し、審議が空転する。

11.15　〔事件〕自公民3党幹事長・書記長会談　自民党・公明党・民社党3党幹事長・書記長会
　　　　　談が行われる。リクルート問題調査特別委員会の設置、未公開株譲渡先のリスト公表、証人
　　　　　喚問の実施等で基本合意。

11.15　〔事件〕衆院リクルート問題特委設置　衆議院本会議でリクルート問題調査特別委員会
　　　　　の設置が議決され、同特別委員会の初会合が行われる。委員長には原田憲が就任。リクルー
　　　　　ト社・リクルートコスモス社から提出された未公開株譲渡先のリスト（政官界26人）を公表
　　　　　し、江副浩正リクルート社前会長ほか2名の証人喚問を決定する。

11.16　〔法律〕税制改革関連6法案、衆院修正可決　衆議院本会議で、「消費税法」案等「税制
　　　　　改革関連6法」案を議決（2件可決、4件修正）。社会党・共産党は欠席。

11.17　〔法律〕「議員証言法」改正案、衆院可決　衆議院本会議で、「議院における証人の宣誓
　　　　　及び証言等に関する法律の一部を改正する法律」案が可決。21日参議院可決、26日改正「議
　　　　　員証言法」公布。

11.21　〔事件〕リクルート社前会長ほか2名証人喚問　衆議院リクルート問題調査特別委員会
　　　　　で、リクルート社前会長・江副浩正、前文部事務次官・高石邦男、前労働事務次官・加藤孝
　　　　　の証人喚問が行われる。

12.1　　〔事件〕宮沢蔵相、リクルート問題で陳謝　参議院税制問題等に関する調査特別委員会
　　　　　で、宮沢喜一大蔵大臣がリクルートコスモス社株購入問題に関するこれまでの国会発言を全
　　　　　面訂正し、陳謝する。

12.6　　〔事件〕リクルート社前会長ら証人喚問　参議院税制問題等に関する調査特別委員会
　　　　　で、リクルート社前会長・江副浩正、日本電信電話会社（NTT）取締役・式場英の証人喚問
　　　　　が行われる。翌7日、NTT元取締役・長谷川寿彦を証人喚問。

12.9　　〔内閣〕リクルート問題で宮沢蔵相辞任　リクルート問題に関する釈明が二転三転した
　　　　　ことの責任をとり、宮沢喜一大蔵大臣が辞任。後任は竹下登内閣総理大臣が兼任したが、24
　　　　　日村山達雄が任命される。

12.21　〔法律〕自民党、税制改革関連6法案強行採決　自民党が参議院税制問題等に関する調
　　　　　査特別委員会の審議を打ち切り、「消費税法」案等「税制改革関連6法」案を強行採決。

12.24　〔法律〕税制改革関連6法成立　参議院本会議で、「消費税法」案等「税制改革関連6法」
　　　　　案が可決成立。30日公布、1989年4月1日施行。

12.27　〔内閣〕竹下改造内閣発足　竹下登改造内閣が発足する。宇野宗佑外務大臣、村山達雄大

－ 212 －

蔵大臣、小渕恵三内閣官房長官ら主要閣僚は留任。

12.30 〔国会〕**第114回国会召集** 第114通常国会が召集された。会期150日間、延長1回。1989年6月22日までの会期実数175日。リクルート問題が主な課題となった。

1989年
(昭和64年/平成元年)

1.21 〔外交〕**北朝鮮労働党代表団、初来日** 社会党の招待で、金養建・国際事業部副部長を団長とする北朝鮮労働党代表団が初来日（～28日）。22日、土井たか子委員長と会談し、23日には党大会に出席した。

1.25 〔内閣〕**リクルート問題で原田経企庁長官辞任** リクルート社からの政治献金問題で、経済企画庁長官・原田憲が引責辞任。後任として、愛野興一郎が任命される。

1.27 〔政治〕**賢人会議発足** 首相の私的諮問機関・政治改革に関する有識者会議（賢人会議）が発足。初会合を行ない、林修三が座長に就任する。

1.31 〔外交〕**竹下首相、訪米** 竹下登内閣総理大臣が、米国訪問に出発（～2月7日）。2月1日、ハビエル・ペレス・デ・クエヤル国連事務総長と会談。2日、ワシントンでジョージ・H.W.ブッシュ第41代大統領と就任後初の日米首脳会談を行ない、世界的規模の日米協力を確認した。

2.7 〔政党〕**リクルート問題で塚本民社党委員長退陣表明** 秘書によるリクルートコスモス社未公開株譲渡問題の責任をとり、民社党委員長・塚本三郎が退陣を表明。23日、民社党大会で後任に永末英一を選出。

2.10 〔国会〕**竹下首相施政方針演説** 第114通常国会が再開し、開会式が行われる。竹下登内閣総理大臣は、施政方針演説で「ふるさと創生」の実現と「世界に貢献する日本」の推進を表明し、政治改革の断行を強調した。

2.12 〔選挙〕**参院福岡補選、自民大敗** 参議院福岡県選挙区選出議員補欠選挙で、社会党の渕上貞雄が当選。リクルート事件・消費税を争点とする初の国政選挙で、自民党は19万票差の大敗を喫した。

2.16 〔事件〕**リクルート問題で中曽根前首相ら証人喚問要求** 参議院予算委員会で山口鶴男社会党書記長が、リクルート問題に関して中曽根康弘前内閣総理大臣、前NTT会長・真藤恒ら5名の証人喚問を要求。

2.27 〔事件〕**リクルート問題で中曽根前首相記者会見** 中曽根康弘前内閣総理大臣が、リクルート疑惑について記者会見。秘書によるリクルートコスモス社未公開株の譲受や、NTTのスーパーコンピュータ購入問題への関与等について釈明し、証人喚問は拒否した。

2.28 〔事件〕**リクルート問題で衆院予算委紛糾** 前日の中曽根康弘前内閣総理大臣の記者会見での釈明をめぐって、衆議院予算委員会が紛糾。中曽根前首相がリクルート社前会長・江副浩正を税制調査会特別委員の一人として任命（1985年9月12日）していた問題で、野党は証人喚問を要求。国会審議が2ヵ月空転した。

3.28 〔事件〕**リクルート事件で高石前文部事務次官逮捕** リクルート事件に関する収賄容疑で、高石邦男前文部事務次官が東京地検に逮捕される。4月18日起訴。

– 213 –

1989年（昭和64年／平成元年）　　　　　　　　　　　　　　　　　　　　　　　日本議会政治史事典

3.30　〔事件〕リクルート社による竹下首相のパーティ券購入が判明　竹下登内閣総理大臣
　　　が自民党幹事長を務めていた1987年5月当時、リクルート社が竹下の後援パーティ券2000万
　　　円分を購入していたことが判明。4月4日には、3000万円分の購入が判明した。

3.30　〔外交〕竹下首相、北朝鮮との関係改善を提唱　衆議院予算委員会で、竹下登内閣総理
　　　大臣が朝鮮半島との過去の関係に深い反省と遺憾の意を表明。北朝鮮との関係改善のため、
　　　早期直接対話の実現を提唱した。発言中で「朝鮮民主主義人民共和国」という正式名称を使
　　　い、過去に対して「反省と遺憾」を表明した点で、日朝関係改善に向けた一つのターニング
　　　ポイントとなった。

4.7　〔政党〕4野党党首会談　社会党・土井たか子委員長、公明党・矢野絢也委員長、民社党・
　　　永末英一委員長、社民連・江田五月代表が党首会談。竹下内閣退陣、衆議院解散・総選挙要
　　　求、連合政権協議会の設置等で合意した。

4.11　〔事件〕リクルート問題で竹下首相釈明　リクルート社による政治献金・パーティ券の
　　　購入、秘書によるリクルートコスモス社未公開株の譲渡益等で、総額1億5100万円の資金提
　　　供を受けていた件について、竹下登内閣総理大臣が衆議院予算委員会で釈明。

4.12　〔外交〕李鵬首相初来日　中国の李鵬国務院総理が初来日（～16日）。同日、竹下登内閣
　　　総理大臣と日中首脳会談を行い、翌13日には天皇と会見。天皇は日中戦争について遺憾の意
　　　を表明した。

4.19　〔政党〕連合政権協議会初会合　4野党第1回連合政権協議会が行われ、清潔な政治の確
　　　立、経済構造の再設計等の政策課題を決定した。

4.25　〔内閣〕竹下首相、退陣表明　竹下登内閣総理大臣が国民の政治不信の責任をとり、予算
　　　成立後に辞任することを表明。

4.28　〔国会〕自民党、1989年度予算案を単独採決　野党欠席のまま25日に衆議院予算委員
　　　会を単独再開した自民党が、本会議で1989年度予算案を可決。憲政史上初めての、本会議で
　　　の予算案単独採決となった。

4.28　〔外交〕FSX日米共同開発交渉結着　日米両政府間で、航空自衛隊次期支援戦闘機
　　　（FSX）の共同開発交渉が結着。生産段階における米国側の作業分担比率を約40％とするこ
　　　とで合意した。

4.29　〔外交〕竹下首相、ASEAN諸国訪問　竹下登内閣総理大臣が、東南アジア5ヵ国訪問
　　　に出発（～5月7日）。

5.17　〔事件〕矢野公明党委員長退陣表明　公明党の矢野絢也委員長が、自身の明電工疑惑と
　　　同党議員のリクルート疑惑関与にからみ、退陣を表明。21日、公明党臨時大会で後任に石田
　　　幸四郎を選出。

5.19　〔政党〕自民党「政治改革大綱」決定　自民党政治改革委員会が、公正・公明な政治の
　　　実現、選挙制度の抜本改革等を柱とする「政治改革大綱」を決定。

5.25　〔事件〕リクルート問題で中曽根前首相証人喚問　衆議院予算委員会で高辻正己法務大
　　　臣が、リクルート事件の捜査状況に関して中間報告を行なう。同日、中曽根康弘前内閣総理
　　　大臣をリクルート問題で証人喚問。リクルート社からの総額1億960万の資金協力を表明する
　　　も、潔白を主張。NTTのスーパーコンピュータ購入問題への関与も否定した。

5.27　〔国会〕1989年度予算自然成立　1989年度予算自然成立。参議院送付から30日目にあた
　　　る本日中に議決に至らなかったため、憲法60条第2項の規定（衆議院の優越）によって、衆院
　　　の議決が国会の議決となった。予算の自然成立は1954年以来35年ぶり。

5.28　〔国会〕自民党、会期延長を単独採決　衆議院本会議で、自民党が第114通常国会の会期

－ 214 －

| | 日本議会政治史事典 | 1989年（昭和64年／平成元年） |

延長（29日〜6月22日までの25日間）を単独採決。参議院議決に至らず。

6.1 〔国会〕**原衆院議長、辞任願提出** 衆議院議長・原健三郎が、人心一新等を理由に辞任願を提出。翌2日、辞任許可。後任として田村元が議長に就任した。

6.2 〔政党〕**自民党総裁に宇野選出** 自民党両院議員総会で、第13代総裁に宇野宗佑が選出される。同日、衆参両院本会議で内閣総理大臣に指名。

6.3 〔内閣〕**宇野内閣発足** 前日に竹下内閣が総辞職し、宇野宗佑内閣が発足した。堀内光雄労働大臣ら、初入閣11人。

6.8 〔政党〕**共産党、不破委員長再任** 共産党中央委員会総会で、病気のため辞任した村上弘委員長の後任に不破哲三前委員長が選出される。

6.25 〔選挙〕**参院新潟補選、社会党圧勝** 参議院新潟県選挙区選出議員補欠選挙で、社会党の大渕絹子が大差で圧勝し初当選。社会党「マドンナ旋風」のさきがけとなった。

7.23 〔選挙〕**第15回参議院選挙で社会党圧勝、与野党逆転** 第15回参議院議員通常選挙が行われた。「マドンナ旋風」を巻き起こした社会党が圧勝。土井/たか子委員長が多数の女性候補を送りこんだ同党は、改選22議席の倍以上となる45議席を獲得した。一方、リクルート事件や消費税問題に加え、宇野宗佑内閣総理大臣の女性スキャンダル等で国民の不信をかった自民党は、改選69議席を大幅に下廻る36議席に激減。公明党・共産党・民社党も改選数を減らす結果となった。一方、労働組合を主体とする連合の会は12人中11人が当選。非改選を含めて自民党は過半数を失い、自民党多数の衆議院と野党多数の参院という与野党逆転現象（ねじれ国会）が生じることとなった。

7.24 〔内閣〕**宇野首相退陣表明** 参院選大敗の責任をとり、宇野宗佑内閣総理大臣が退陣を表明。

7.25 〔政党〕**4野党書記長会談** 社会党・公明党・民社党・社民連の野党4党書記長会談で、「消費税廃止法」案の臨時国会共同提出を確認。

8.7 〔国会〕**第115回国会召集** 第115臨時国会が召集された。12日まで、会期6日間。

8.8 〔政党〕**自民党総裁に海部選出** 自民党両院議員総会で、第14代総裁に海部俊樹が選出される。

8.9 〔国会〕**首相指名、衆院優越で海部に** 衆参両院本会議で内閣総理大臣の指名が行われ、衆議院は自民党の海部俊樹、参議院は社会党の土井たか子を指名。両院協議会でも意見が一致せず、憲法第67条第2項の規定（衆院の優越）によって衆院の議決が国会の議決となり、海部に決定。昭和生まれ初の首相が誕生することとなった。首相の指名で両院の意思が異なったのは、1948年以来41年ぶり。また、内閣総理大臣に女性が指名されたのはこれが初めてである。

8.10 〔内閣〕**第1次海部内閣発足** 第1次海部俊樹内閣が発足した。大蔵大臣に橋本龍太郎、外務大臣に中山太郎。森山真弓環境庁長官、非議員の高原須美子経済企画庁長官（初の民間人女性閣僚）が初入閣。女性閣僚の2名入閣はこれが初めてである。

8.25 〔内閣〕**森山真弓、女性初の官房長官に** 女性スキャンダルで辞任した山下徳夫内閣官房長官の後任として、森山真弓環境庁長官が就任。女性初の官房長官となった。

8.30 〔外交〕**海部首相、米国・カナダ・メキシコ歴訪** 海部俊樹内閣総理大臣が、米国・カナダ・メキシコ3ヵ国訪問に出発（〜10日）。9月1日、ジョージ・ブッシュ第41代大統領と就任後初の日米首脳会談。構造協議の積極的推進で合意し、グローバル・パートナーシップを確認した。

9.4 〔外交〕**第1回日米構造問題協議** 日米間の貿易不均衡の是正を目的とする、日米構造問

− 215 −

1989年（昭和64年／平成元年）　　　　　　　　　　　　　　　　　　　　　日本議会政治史事典

題協議の初会合が東京（外務省）で行われる（～5日）。

9.10　〔政党〕「土井ビジョン」発表　社会党・土井たか子委員長が、連合政権に向けた基本政策構想「新しい政治への挑戦」（土井ビジョン）を発表。平和と軍縮・豊かさ実感等を提唱し、日米安保体制・自衛隊・原発等について国民的討議を呼びかけるとともに、現実的対応を取ることを表明した。

9.17　〔外交〕日中友好議員連盟訪中団出発　伊東正義が団長を務める日中友好議員連盟訪中団が中国に出発（～19日）。同日李鵬国務院総理、18日江沢民中国共産党総書記、19日には鄧小平中央軍事委員会主席と会談。中国側は天安門事件に対する処置の正当性を主張し、友好関係の維持と円借款の継続を要望した。

9.28　〔国会〕第116回国会召集　第116臨時国会が召集された。12月16日まで、会期80日間。社会党・公明党・民社党・連合参議院が、参議院に「消費税法を廃止する法律案」など「消費税廃止関連3法」案と「税制再改革基本法」案を共同提出。2日、海部俊樹内閣総理大臣が所信表明演説を行ない、消費税の見直しのほか、政治の信頼回復など「対話と改革の政治」を強調した。

10.1　〔選挙〕参院茨城補選、自民新人当選　参議院茨城県選挙区選出議員補欠選挙で、自民党の野村五男が初当選。

10.16　〔政党〕「永末ビジョン」発表　社会党の「土井ビジョン」に対し、民社党の永末英一委員長が連合政権構想「永末ビジョン」を発表。自衛力保持・日米安保体制の堅持・原発促進等を提唱した。これに呼応して、30日には公明党の石田幸四郎委員長が連合政権協議に対する基本見解「石田見解」を発表。連合政権の基本政策に関する各党の見解の相違が浮彫りとなった。

10.26　〔法律〕「代替財源関連5法」案提出　社会党・公明党・民社党・連合参議院が、「通行税法」案・「物品税法」案など「代替財源関連5法」案を参議院に共同提出。

10.31　〔政党〕自民党、海部総裁再選　自民党臨時党大会で、海部俊樹総裁が再選。

11.12　〔外交〕ソ連最高会議代表団来日　アレクサンドル・ヤコブレフ政治局員を団長とするソ連最高会議代表団が来日。翌13日、海部俊樹内閣総理大臣らと対談。ヤコブレフ団長は、北方領土問題について第三の途を模索したいと表明。14日には天皇と会見し、訪ソを要請した。

12.1　〔国会〕参院で一般会計予備費等不承諾　参議院本会議で、1987・1988年度一般会計予備費、1988年度特別会計予備費の使用総調書が不承諾となった。

12.1　〔政党〕自民党、消費税見直し案決定　自民党が、入学金・出産費・家賃等のほか、食品の小売段階を非課税（流通段階は1.5%の軽減税率）とする消費税の見直し案を決定。

12.11　〔法律〕消費税廃止関連9法案、参院可決　参議院本会議で、野党提出の「消費税廃止関連3法」案・「税制再改革基本法」案・「代替財源関連5法」案の「消費税廃止関連9法」案が可決（うち、6件修正議決）。16日、衆議院審議未了で廃案となった。

12.13　〔法律〕改正「公職選挙法」成立　参議院本会議で、冠婚葬祭への寄付禁止強化等を盛り込んだ改正「公職選挙法」が可決成立。

12.15　〔国会〕1986年度決算不承諾　参議院本会議で、1986年度決算を是認しないと議決。戦後初の決算不承認となった。

12.21　〔外交〕社会党初の訪韓団出発　山口鶴男書記長が団長を務める社会党初の訪韓団が韓国に出発（～23日）。翌22日、統一民主党総裁・金泳三らと会談。日韓基本条約の維持を確認した。

12.25　〔国会〕第117回国会召集　第117通常国会が召集された。1990年5月23日まで、会期150

－ 216 －

日本議会政治史事典　　　　　　　　　　　　　　　　　　　　　　　　　　　　1990年（平成2年）

日間。1990年1月24日衆議院解散、会期実数31日。

12.29　〔内閣〕**1990年度予算案閣議決定**　海部内閣が1990年度予算案を閣議決定。一般会計予算は前年度比9.7%増の66兆2736億円、財政投融資計画34兆5727億円。16年ぶりに赤字国債を脱却した。1990年2月23日、368億円減額。

1990年
（平成2年）

1.2　〔政党〕**社会党、防衛費3年間の凍結を提唱**　社会党は、冷戦構造の変化に即し、国会決議で向こう3年間防衛費の凍結を宣言することを提唱した。

1.8　〔外交〕**海部首相、欧州8ヵ国に出発**　海部俊樹首相が、欧州8ヵ国を訪問し、各国首脳と会談した。14日にはタデウシュ・マゾビエツキ・ポーランド首相と、16日にはネーメト・ミクローシュ・ハンガリー首相と会談、両国には経済支援を表明した。

1.13　〔外交〕**自由民主党訪ソ団出発**　自由民主党訪ソ団（団長安倍晋太郎元幹事長）が出発した。15日にはミハイル・ゴルバチョフ議長とモスクワで会談し、議長は北方領土主張は日本固有の権利と表明した。両国とも関係改善や経済支援で一致し、1991年の来日を確認した。

1.22　〔国会〕**第117回通常国会再開**　第117回通常国会開会式が行われた。（1989年12月25日〜1990年1月24日まで、31日間）24日衆議院解散、2月18日総選挙を行うことが確定していたため、施政方針演説や各党代表質問は行われなかった。

1.24　〔国会〕**衆議院で消費税解散**　臨時閣議で衆議院が解散（消費税解散）となった。第39回衆議院議員総選挙は2月3日公示、18日投票と決定。社会党など4野党は党首会談し、連合政権協議の継続を確認した。

2.2　〔選挙〕**5党首公開討論会**　18日の衆議院議員総選挙前に日本記者クラブの主催により5党首公開討論会が開かれた。（自民党海部俊樹、社会党土井たか子・公明党石田幸四郎・共産党不破哲三・民社党永末英一）。

2.18　〔選挙〕**第39回衆議院選挙で自民党安定多数確保**　第39回衆議院議員総選挙が行われた。自民党275、社会党136、公明党45、共産党16、民社党14、社民連4、進歩1、無所属21。女性12名が当選、大久保直彦公明党副委員長、松本善明共産党議員団長が落選した。2月3日公示、953人が立候補、1票の最大格差は3.18倍だった。

2.27　〔国会〕**第118回国会召集**　第118回特別国会が召集された。（1990年2月27日〜6月26日まで　会期120日間）衆議院議長に自民党の桜内義雄、副議長に社会党の村山喜一を選出した。

2.28　〔内閣〕**第2次海部内閣発足**　首班指名選挙で与野党議席逆転の参議院（野党優位）では過半数を得られず決選投票となったが、海部が指名された。中山太郎外相・橋本龍太郎蔵相が留任、内閣官房長官に坂本三十次がなった。

3.2　〔国会〕**海部首相、施政方針演説**　第118回特別国会開会式で、海部俊樹首相が衆参両院で前回出来なかった施政方針演説を行なった。政治改革の推進・国際新秩序の構築への積極参加等を表明した。

3.2　〔外交〕**海部首相訪米**　海部俊樹首相が米国訪問に出発、ジョージ・H.W.ブッシュ大統領と日米首脳会談を行った。大統領は、「構造問題協議」について首相の最大の努力を要請するほか、新通商法スーパー301条の対象3品目をあげ解決を迫った。

－ 217 －

| | | 1990年（平成2年） | 日本議会政治史事典 |

3.8 〔国会〕野党に予算と法案の並行審議を要請　自民党が、野党各党に補正予算と関連法案の並行審議を要請した。これに野党が反発し、9日衆議院予算委員会の審議が空転した。22日審議再開。

3.9 〔政党〕土井委員長3選　日本社会党委員長選挙が行われたが、土井委員長以外に立候補届け出なく無投票で信任された。

3.22 〔国会〕参院で補正予算案否決　衆議院本会議で1989年度補正予算を可決したが、26日参議院本会議では、野党の反対多数により否決された。戦後初の両院協議会が開かれ、「憲法」第60条の衆議院の議決優位の規定により成立となった。

3.30 〔内閣〕第2次海部内閣、資産公開　第2次海部内閣が、資産を公開した。閣僚・政務次官の家族名義資産及び第1次内閣退任時の資産も公開対象とした。実勢価格の平均は15億円を超えた。

4.5 〔政党〕社会党規約改正案　日本社会党第55回定期大会（3日開会）で、党規約前文から「社会主義革命の達成」を削除し「社会民主主義の選択」に修正した改正案と、連合政権下で日米安保条約・自衛隊の存続を認める「新しい政治への挑戦」を採択した。

4.16 〔政党〕公明党、中道主義を明確化　公明党第28回大会で、中道主義を明確にするため党改革の着手や野党連合政権協議の凍結等を決定した。

4.18 〔政治〕新行革審、最終答申　新臨時行政改革推進審議会（新行革審）が海部首相に最終答申を提出した。公的規制の実質的半減・土地活用のための私権制限・国民負担率の50%未満抑制を維持等を盛り込んだ。

4.19 〔法律〕野党「消費税廃止関連法」案提出　衆議院に、社会党・公明党・民社党・進民連共同で「消費税法を廃止する法律案」・「消費譲与税法を廃止する法律案」・「地方交付税法の一部を改正する法律」案・「税制再改革基本法」案を提出した。6月22日否決。

4.26 〔選挙〕選挙制度審第1次答申　第8次選挙制度審議会（小林与三次会長）が、選挙制度と政治資金制度の改革についての答申を海部俊樹首相に提出した。(1)衆議院に小選挙区・ブロック比例代表制並立型を導入し、総定数を501（選挙区301・比例代表200）とする　(2)団体献金は政党に限定する　(3)連座制の対象を事前運動期間・秘書にまで広げ、抵触した者は5年間の立候補停止とする　等。

4.26 〔政党〕民社党も野党連合政権協議を白紙　民社党第35回定期大会で、野党連合政権協議の白紙還元等を決定した。委員長に大内啓伍、書記長に米沢隆など新執行部を選出した。

4.28 〔外交〕海部首相、アジア歴訪　海部俊樹首相が、アジア5ヵ国訪問に出発した。

4.30 〔外交〕在日韓国人の待遇改善　ソウルで行われた日韓外相定期協議で、在日韓国人3世以下の法的地位や待遇問題（指紋押捺は行わない・永住手続の簡素化等）について大筋で合意した。

5.10 〔国会〕1990年度予算可決　衆議院で1990年度予算が、自民党と一部無所属議員の賛成多数で政府原案通りに可決した。

5.17 〔内閣〕税制問題等調査特別委員会設置　衆議院に、税制問題等調査特別委員会が設置された。

5.18 〔国会〕1990年度暫定補正予算否決　参議院本会議で、1990年度暫定補正予算が否決されたが、「憲法」第60条第2項により衆議院の議決が国会の議決となった。暫定予算の補正は35年ぶり。

5.24 〔外交〕韓国大統領来日　韓国の盧泰愚大統領が来日した。宮中晩さん会で天皇が、「我が国によってもたらされた不幸な時期、貴国の苦しみを思い痛惜の念を禁じえない」とお言葉。

－ 218 －

25日に行われた第1回日韓首脳会談で海部俊樹首相が、朝鮮半島全体の人々に率直にお詫びの気持を申し述べたいと表明、また同日の衆議院議場での大統領演説に際し、桜内・土屋義彦両院議長も、過去への反省・遺憾の意を表明した。26日にも第2回首脳会談を行なった。

6.7 〔国会〕**1990年度予算成立** 参議院で1990年度予算（総額66兆2367億円余）が否決されたが、「憲法」第60条第2項により衆議院の議決が国会の議決となった。

6.10 〔選挙〕**参院福岡補選、非自民党当選** 参議院福岡県選挙区選出議員補欠選挙で、社会党公認（社民連・サラリーマン新党推薦）の三重野栄子が、自民党公認の住吉徳彦を12万票以上離して圧勝した。

6.11 〔内閣〕**「消費税廃止関連法」案で質疑** 衆議院本会議で、野党4会派提出の「消費税廃止関連4法」案と政府提出の「消費税見直し法」案の趣旨説明、質疑が行われた。22日、野党提出法案は否決、政府提出法案が可決され参議院に送られた。

6.26 〔内閣〕**税制問題等に関する両院合同協議会設置** 幹事長・書記長ら両院議員17名で構成される「税制問題等に関する両院合同協議会」が設置され、初会合が開かれた。会長に小沢一郎、下部機関として政策担当責任者ら12名による専門者会議を置いた（座長加藤六月）。

7.9 〔政党〕**共産党大会開催** 第19回共産党大会が13日まで開かれ、宮本顕治中央委員会議長が、独自路線の正しさを強調した。宮本議長と不破哲三幹部会委員長は留任、書記局長に志位和夫（35歳）が抜擢された。

7.31 〔選挙〕**選挙制度審第2次答申** 第8次選挙制度審議会が、「参議院議員の選挙制度の改革及び政党に対する公的助成等についての答申」（第2次答申）を海部俊樹首相に提出した。参議院比例選は政党名のほか個人名投票も認め、当選者は個人の得票順で決定する「非拘束名簿方式」などを盛る。

8.29 〔国会〕**中東支援策を決定** 海部俊樹首相が、民間航空機での食糧・医薬品等の輸送や医療協力団派遣、紛争周辺国への経済援助などの中東支援策を発表した。9月14日には第2次中東支援策をとして、多国籍軍に10億ドルの追加支援と、紛争周辺国エジプト・トルコ・ヨルダンに20億ドルを援助すると発表した。

9.18 〔政治〕**1990年版『防衛白書』** 閣議で、1990年版防衛白書「日本の防衛」を了承、「極東ソ連軍は潜在的脅威」の表現を削除した。

9.24 〔外交〕**北朝鮮との国交樹立提案** 朝鮮労働党の招待による自民党・社会党両党北朝鮮訪問団（団長金丸信、田辺誠）が、北朝鮮の平壌に到着した。訪問団は歓迎会で植民地支配を謝罪。26日には金日成主席（朝鮮労働党総書記）と会談した。28日、国交正常化に向け、戦後補償など8項目の3党共同宣言に調印した。

10.1 〔外交〕**海部首相中東訪問** 海部俊樹首相が中東5ヵ国訪問に出発した。エジプトのホスニー・ムバラク大統領、ヨルダンのハッサン皇太子・M.バドラン首相と会談。イラクのターハー・ヤスィーン・ラマダン第1副首相と会談した際には、クウェートからの撤退や人質解放を強く要請したが、拒否された。その後、トルコではユルドゥルム・アクブルト首相・トゥルグト・オザル大統領と会談し、サウジアラビア、オマーンと訪問した。

10.12 〔国会〕**第119回国会召集** 第119回臨時国会が召集された。（1990年10月12日～11月10日まで 会期30日間）海部俊樹首相所信表明演説。中東国会と呼ばれ、日本の貢献策として「国連平和協力法」案が審議された。

10.16 〔法律〕**「国連平和協力法」案提出** 政府は「国連平和協力法」案を決め、国会に提出した。衆議院本会議で討論が始まり、各党代表が追及。海部俊樹首相は「国際平和協力隊は、海外派兵に当たらない」と答弁した。

10.27 〔外交〕**ネルソン・マンデラ来日** 政府の招待で、南アフリカ黒人解放運動指導者のネ

ルソン・マンデラアフリカ民族会議副議長が来日した。海部俊樹首相と会談した際、国際問題にまで発展した梶山静六法相の「人種差別発言」について日本政府、国民の良識を求めた。30日衆議院本会議場で演説。

10.31 〔内閣〕**第3次行革審発足**　第3次臨時行政改革推進審議会(第3次行革審)が発足した。会長に鈴木永二日本経済団体連合会(経団連)会長が選出された。

11.7 〔国会〕**国会の地方移転決議**　衆参両議院本会議で、東京一極集中の排除を促す国会と政府機能を移転する決議を採択した。共産党を除く賛成多数で決定した。

11.8 〔法律〕**「国連平和協力法」案廃案**　自民党・社会党・公明党・民社党の4党の幹事長・書記長会談が行われ、自民党が「国連平和協力法」案の廃案を表明し、確定した。自公民3党は、自衛隊とは別に国連の平和活動(PKO)に協力する組織を作ることで合意した。

11.29 〔国会〕**議会開設100年**　参議院本会議場で「国会開設100年記念式典」を開いた。国立国会図書館では、特別展示「女性と政治」が1991年2月7日まで行われた。

12.10 〔国会〕**第120回国会召集**　第120回通常国会が召集された。(1990年12月10日～1991年5月8日まで　会期150日間)補正予算案提出に伴い大蔵大臣が財政演説を行なった。

12.20 〔国会〕**防衛計画を正式決定**　政府は、中期防衛力整備計画(1991～95年度)を正式に決定した。総額22兆7500億円で、年平均実質伸び率3.0%。

12.29 〔内閣〕**第2次海部改造内閣発足**　第2次海部改造内閣が発足した。中山外相、橋本蔵相、坂本官房長官は留任。科学技術庁長官に自民党参議院議員山東昭子が就任、戦後6人目の女性閣僚となった。小沢一郎幹事長ら自民党3役も留任。

1991年
(平成3年)

1.9 〔外交〕**海部首相が訪韓**　海部俊樹首相が韓国を訪問し、盧泰愚大統領と日韓首脳会談。日本と朝鮮民主主義共和国(北朝鮮)との国交正常化交渉について話をした。10日海部俊樹首相が、在日韓国人の指紋押捺制度の2年以内廃止の方針を表明した。

1.17 〔国会〕**湾岸戦争始まる**　イラク空爆により湾岸戦争が始まったため閣議で、湾岸危機対策本部を設置し、本部長には海部俊樹首相があたった。

1.24 〔国会〕**湾岸地域に自衛隊機派遣**　政府は安全保障会議で、「自衛隊法」施行令を改正し、特例として自衛隊輸送機を難民救援のために派遣することを決定した。また湾岸支援に90億ドル(約1兆2000億円)の追加資金協力を行うことも決めた。

1.25 〔国会〕**海部首相、施政方針演説**　第120回通常国会開会式で海部俊樹首相が、施政方針演説を行なった。湾岸地域支援問題についての貢献は当然との認識を示し、国民に理解を求めた。自衛隊機派遣についても「憲法理念に合致する」と強調した。

1.28 〔国会〕**自衛隊機派遣は違憲**　国会代表質問で、自民党・民社党は湾岸戦争における支援策を支持したが、社会党・共産党は「憲法」違反と追及した。

1.30 〔外交〕**第1回日朝国交正常化交渉**　第1回日本・北朝鮮国交正常化交渉が北朝鮮・平壌で行われた。中平立日本側首席代表が過去の歴史について遺憾を表明したが、戦後補償・核査察問題では一致しなかった。

| | | | 1991年（平成3年） |

4.8 〔政党〕**小沢幹事長が引責辞任**　自民党の小沢一郎幹事長が、7日に行われた東京都知事選挙結果や党内混乱の責任をとり辞任。後任に小渕恵三元官房長官。

4.16 〔外交〕**ゴルバチョフ・ソ連大統領来日**　ソ連のゴルバチョフ大統領が初来日した。海部俊樹首相は第1回首脳会談で、北方4島の返還を迫ったが、難色を示した。首脳会談は計6回行なった。

4.26 〔政党〕**中曽根元首相復党**　自民党党紀委員会は、リクルート事件の政治責任から1989年に離党した中曽根康弘元首相の復党を了承した。

4.27 〔外交〕**海部首相、ASEAN歴訪**　海部俊樹首相が、ASEAN5ヵ国を訪問した。マレーシアのマハティール・ビン・マハマド首相との会談では、自衛隊掃海艇のペナン港への入港を了承得た。タイでは、カンボジア国民政府を構成している3派代表と会談。シンガポールでは、日本の過去の反省を演説した。

5.8 〔法律〕**「消費税法」改正**　改正「消費税法」が可決成立した。家賃・入学金等が新たに非課税となる。15日公布、10月1日施行。

6.12 〔内閣〕**第3次行革審**　第3次臨時行政改革推進審議会（第3次行革審）は、行政改革推進における政治の強いリーダーシップを求め、政治・国会改革の実現や新農政ビジョンの策定などの提言を海部俊樹首相に提出した。

6.21 〔政党〕**土井委員長、辞意**　社会党の土井委員長が、統一地方選挙結果の責任をとって辞意を表明した。

6.25 〔選挙〕**選挙制度審議会答申**　第8次選挙制度審議会が、衆議院小選挙区区割り案を海部俊樹首相に答申。人口格差が2倍を超える選挙区が27になり、13市区が分割されるというもの。

7.10 〔法律〕**「政治改革関連法」案決定**　閣議で、「公職選挙法」改正・「政治資金規正法」改正・「政党助成法」の法案を決定した。法案は、衆議院の定数471、小選挙区300・比例区171に配分する並立制を導入する「公職選挙法」、企業・組合の政治献金を原則として政党に限るなどの「政治資金規正法」、政党に対して国が公的助成を行う「政党助成法」の改正案の3つ。

7.23 〔政党〕**社会党新委員長に田辺誠**　社会党委員長選挙で、上田哲元教宣局長を破り田辺誠副委員長が当選した。

7.30 〔政党〕**社会党、党改革案修正**　社会党臨時大会が行われ、「党改革のための基本方向」が決定、安保・自衛隊・原発で改革案を修正した。31日、田辺委員長の承認、山花貞夫を書記長に選出した。

8.5 〔国会〕**第121回国会召集**　第121回臨時国会が召集された。（1991年8月5日～10月4日まで　会期61日間）海部俊樹首相が、政治改革の実現を決意表明した。

8.10 〔外交〕**海部首相が訪中**　海部俊樹首相が天安門事件後、西側首脳として初めて中国を訪問し、李鵬首相と会談した。12日、江沢民中国共産党総書記と会談し、天安門事件以来の日中関係の修復を確認した。また中国に対し1300億円の借款供与を表明した。13日には楊尚昆国家主席とも会談した。

8.13 〔外交〕**海部首相、モンゴル訪問**　海部俊樹首相が、モンゴルを初訪問した。ダシン・ビャムバスレン首相と会談し、民主化支援と20億円の緊急援助を表明した。

9.11 〔法律〕**「国会法」改正案可決**　参議院本会議で、「国会法」改正案が可決した。従来は12月だった通常国会召集を1月に改める。

9.19 〔法律〕**「PKO協力法」案提出**　閣議で、「国連平和維持活動協力法（PKO協力法）」案・「国際緊急援助隊派遣法改正法」案を決定し、国会に提出した。10月2日衆議院で継続審議が決定した。

9.30 〔法律〕「政治改革関連3法」案廃案 小此木彦三郎衆議院政治改革特別委員会委員長が、「政治改革関連3法」案について、審議日数不足を理由に廃案することを提案し、与野党が了承した。

10.4 〔内閣〕政治改革挫折 海部俊樹首相や改革推進派は「政治改革関連3法」案の廃案に反発し、海部首相は総裁選不出馬を表明した。自民党の伊東正義政治改革本部長・同代理の後藤田正晴も辞任。自民党・社会党・公明党・民社党・共産党の幹事長・書記局長会談で、「政治改革協議会」設置が合意され、議論は継続するとなった。

10.14 〔内閣〕橋本蔵相辞任 橋本龍太郎蔵相が、証券・金融不祥事の監督責任と元秘書が富士銀行の不正融資に関与していたとして辞任した。

10.22 〔外交〕南ア制裁措置解除 閣議で、対南アフリカ経済制裁措置の解除を決定した。

10.27 〔政党〕自民党総裁に宮沢喜一 自民党総裁選挙が行われ、宮沢を選出した。2位が渡辺美智雄、3位が三塚博。29日臨時党大会で、宮沢総裁が決定。31日に綿貫民輔幹事長、佐藤孝行総務会長、森喜朗政調会長の党3役が決まった。

11.5 〔国会〕第122回国会召集 第122回臨時国会が召集された。11月5日〜12月21日まで 会期36日間 延長1回11日間 会期実数47日間。衆参両院で、宮沢喜一を首相に指名。

11.11 〔国会〕代表質問スタート 衆議院本会議で、政治改革への取り組み・国際貢献・コメ市場開放問題への対応などを中心に、代表質問が始まった。

11.11 〔外交〕米国務長官来日 アメリカのジェイムズ・ベーカー国務長官が来日した。コメ市場の開放についてウルグアイ・ラウンドでの解決を強調した。

11.14 〔事件〕宮沢首相、リクルート事件資料提出へ 衆議院予算委員会で宮沢首相は、リクルートコスモス未公開株譲渡に関する売買約定書など3点の資料提出を約束し、12月6日提出。15日には、渡辺副総理（外務大臣）・加藤紘一官房長官も資料提出に合意した。

11.27 〔法律〕「PKO協力法」案強行採決 衆議院の国際平和協力特別委員会で、自民党公明党だけで「国際連合平和維持活動協力法（PKO協力法）」案を強行採決し、紛糾した。12月3日衆議院本会議で修正可決したが、20日参議院で法案の継続審議が決定になり、事実上廃案となった。

12.19 〔政党〕社会党政権再編に意気込み 社会党第58回定期全国大会で田辺委員長が、政界再編成に向けて意欲を示した。21日、社会民主主義勢力の総結集を基本に、90年代半ばまでに政権獲得を目指す運動方針を採択した。

1992年
（平成4年）

1.7 〔外交〕アメリカ大統領来日 アメリカのジョージ・H.W.ブッシュ大統領が来日した。8日に宮沢首相と会談し、世界成長戦略に関する共同声明を発表した。

1.8 〔政党〕自民党副総裁に金丸信 自民党竹下派会長の金丸信が、党副総裁に就任した。

1.9 〔外交〕第2回日米首脳会談 日米首脳会談で、地球規模の協力に関する「東京宣言」と経済摩擦打開の「行動計画」を共同発表した。

| 日本議会政治史事典 | 1992年（平成4年） |

1.13 〔外交〕**南アフリカと外交再開** 日本と南アフリカ共和国の外交関係が半世紀ぶりに再開し、大使を交換した。

1.16 〔外交〕**宮沢首相が訪韓** 韓国で日韓首脳会談が行われ、アジア・太平洋地域の平和と安定で協力することで合意。盧泰愚大統領は、「国際連合平和維持活動協力法（PKO協力法）」案には懸念を表明した。17日の会談では、貿易不均衡是正の行動計画を6月末までに策定することで合意した。また宮沢首相が韓国国会で、従軍慰安婦問題で旧日本軍の関与について公式に謝罪した。

1.24 〔国会〕**第123回国会召集** 第123回通常国会が召集された。会期は6月2日まで。

1.31 〔外交〕**安保理常任理事国入り意欲** 宮沢首相が国連安全保障理事会首脳会議（安保理サミット）に出席し、安保理常任理事国への意欲を表した。またロシアのボリス・エリツィン大統領と初めて首脳会談に臨んだ。

2.9 〔選挙〕**参院奈良補選で自民候補大敗** 参議院奈良選挙区補欠選挙で、連合の会公認、社会・民主・社民連推薦の吉田之久が、自民党候補を大差で破り当選した。3月8日の。

2.20 〔法律〕**自民党が「憲法」解釈の変更求める** 自民党の「国際社会における日本の役割に関する特別調査会」（会長小沢一郎）が、国連の指揮下での武力行使は憲法上容認されるとして、政府の現在の「憲法」解釈の変更を求めた答申案を発表した。

3.8 〔選挙〕**参院宮城補選でも非自民党候補当選** 参議院宮城選挙区補欠選挙でも、連合の会公認、社会・民主・社民連推薦の萩野浩基（東北福祉大学長補佐）が、自民党候補らを破り当選した。

3.13 〔事件〕**社会党議員、政治資金疑惑で辞任** 社会党の衆議院議員上野建一が、ゴルフ場開発会社「真里谷」からの資金提供疑惑の責任をとり辞職した。

3.17 〔事件〕**社会党議員、また政治資金疑惑** 佐川急便グループとの不明朗な関係が指摘された社会党参議院議員安恒良一は、田辺委員長から議員辞職勧告を受けたが拒否、同党規律委員会が除名処分した。

4.6 〔外交〕**中国の江沢民総書記来日** 中国共産党総書記の江沢民が来日した。宮沢首相と会談で総書記は、中国の改革・開放政策への支援と天皇の訪中を要請。またPKO参加に慎重な対応を求めた。7日、天皇及び与党党首脳とも会談した。

5.22 〔外交〕**前熊本県知事が新党結成** 前熊本県知事の細川護熙が、新党「日本新党」を結成し、東京都選挙管理委員会に届け出た。参議院選挙に小池ユリ子（元ニュースキャスター）ら16人が立候補した。

6.3 〔外交〕**国連環境開発会議開幕** 国連環境開発会議が開幕した。日本から首席代表中村環境庁長官ら約150人、議員代表、竹下元首相・海部前首相ら13人、NGO関係者など多数が参加した。14日宮沢首相が、地球環境保全の政府開発援助を5年間で1兆円規模に拡大することを表明した。

6.3 〔外交〕**南アフリカ大統領来日** 南アフリカのフレデリック・ウィレム・デクラーク大統領が初めて来日した。宮沢首相との会談で、定期便開設の航空協定締結などを要請した。宮沢首相も、アパルトヘイト（人種隔離政策）撤廃に向けた改革路線の支持を表明した。

6.15 〔国会〕**141議員が集団辞職願** 社会党・社民連所属の全衆議院議員141人が「PKO協力法」案に反対し、衆議院解散・総選挙を求めて憲政史上例のない議員辞職願を桜内衆議院議長に提出。議長は受理せず、預かりとなった。

6.15 〔法律〕**「PKO協力法」成立** 「国際連合平和維持活動等に対する協力に関する法律（PKO協力法）」案、6月5日参議院国際平和協力特別委員会で自民党・公明党・民社党3党の

– 223 –

1992年（平成4年）　　　　　　　　　　　　　　　　　　　　　　　　　　　日本議会政治史事典

賛成多数で可決。9日参議院本会議で可決。11日衆議院国際平和協力特別委員会で修正可決。15日衆議院本会議で可決成立。社会党・社民連所属の議員は全員欠席、共産党は牛歩投票した。8月10日施行。

6.30　　〔国会〕**集団議員辞職願認めず**　衆議院の桜内議長は、社会党・社民連所属の全衆議院議員141人議員辞職願について、認められないと最終見解を示した。

7.1　　〔外交〕**アメリカ、「PKO法」を評価**　ワシントンで日米首脳会談が開かれ、ジョージ・H.W.ブッシュ大統領は、「PKO協力法」案成立を評価、また北方領土問題で全面支援を約束した。宮沢首相は内需拡大策を言明した。

7.26　　〔選挙〕**第16回参議院選挙で自民議席回復**　第16回参議院議員通常選挙が行われた。投票率は史上最低の50.72％。自民党68、社会党22、公明党14、共産党6、民社党3、日本新党4、連合の会0で、自民党が大幅に議席を回復した。女性13名が当選。

8.7　　〔国会〕**第124回国会召集**　第124回臨時国会が召集された。会期は8月11日まで。

8.7　　〔政治〕**『防衛白書』了承**　閣議で、1992年版防衛白書「日本の防衛」を了承した。「国際貢献と自衛隊」の章を設け、PKO協力に積極姿勢を表した。

8.27　　〔政党〕**金丸自民党副総裁辞任**　自民党副総裁金丸信が、1990年に渡辺広康元東京佐川急便社長から5億円のヤミ献金を受け取っていたことを認め、副総裁と竹下派会長辞任を表明した。

9.2　　〔外交〕**北方領土問題平行線**　渡辺外相が、ロシアのボリス・エリツィン大統領とモスクワで会談した。北方領土問題で4島の日本の主張の承認を求めたが、エリツィン大統領は、政経分離として対応、平行線に終わった。

9.20　　〔政党〕**共産党、野坂名誉議長解任**　共産党は中央委員会総会で、名誉議長の野坂参三の解任を発表した。戦前の海外亡命中に、幹部党員の山本県蔵をコミンテルンに密告したことが理由。12月28日には除名を発表した。

10.14　　〔国会〕**金丸自民党元副総裁議員辞職**　佐川急便グループからのヤミ献金疑惑で「政治資金規正法」違反を認めた金丸信自民党元副総裁が、衆議院議員の辞職願を提出、21日正式に辞任した。

10.22　　〔政党〕**竹下派会長に小渕恵三**　自民党竹下派最高幹部会が、小渕恵三を会長に決定した。これに小沢・羽田らが猛反発し、政治集団「改革フォーラム21」結成した。

10.30　　〔国会〕**第125回国会召集**　第125回臨時国会が召集された。（1992年10月30日～12月10日まで　会期40日　延長1回2日間　会期実数42日間）宮沢首相は異例の所信表明を行い、東京佐川急便事件など国民の政治不信について謝罪し、派閥優先の排除を強調した。

11.5　　〔外交〕**日朝国交正常化交渉決裂**　第8回日朝国交正常化交渉が始まったが、核兵器開発疑惑・大韓航空機爆破事件の「李恩恵」問題で中断、決裂した。

11.8　　〔外交〕**日韓、北朝鮮問題で連携**　宮沢首相と韓国の盧泰愚大統領が、京都で日韓首脳会談を行い、北朝鮮の核開発疑惑問題など北東アジア地域の平和・安定に向け緊密に協力することで一致した。

11.26　　〔事件〕**竹下元首相を証人喚問**　衆議院予算委員会は、東京佐川急便事件に関し、竹下登元首相を証人喚問した。野党側は総裁選に暴力団が関与した（皇民党事件）として追及したが、全く知らないと述べた。27日には東京地検が金丸を臨床尋問した。

12.10　　〔政党〕**自民党羽田が新派閥結成**　自民党小沢グループ「改革フォーラム21」代表の羽田孜が、竹下派（経世会）を離脱し、新派閥結成を表明。18日、羽田派が結成式を行なった（衆議院議員35人、参議院9人）。

－ 224 －

日本議会政治史事典　　　　　　　　　　　　　　　　　　　　　　　　　　　1993年（平成5年）

12.11　〔内閣〕**宮沢喜一改造内閣発足**　宮沢改造内閣が成立した。副総理・外相に渡辺美智雄、法相に後藤田正晴、官房長官に河野洋平、蔵相に林義郎、森山真弓文相と船田元が入閣した。また自民党幹事長に梶山静六、政調会長に三塚博が就任、佐藤総務会長は留任した。

12.12　〔内閣〕**婦人問題担当大臣設置**　宮沢首相は、初代婦人問題担当大臣に、河野洋平官房長官を任命した。

12.18　〔内閣〕**防衛整備計画減額**　政府は、現行の中期防衛力整備計画（91〜95年度）の予算を93年度から3年間で5800億円減額することを決めた。

12.24　〔政党〕**社会党委員長電撃辞意**　社会党の田辺誠委員長が、臨時中央執行委員会で辞意を表明した。

1993年
（平成5年）

1.6　〔政党〕**社会党新委員長に山花貞夫書記長**　社会党委員長に山花貞夫書記長が無投票で選出された。19日、臨時党大会で承認。書記長に赤松広隆を選出した。

1.22　〔国会〕**第126回国会召集**　第126回通常国会が召集された。（1993年1月22日〜6月18日（解散）まで　会期150日間　会期実数148日間）宮沢首相は施政方針演説で、政治改革を強調した。

2.3　〔政党〕**自衛隊合憲を答申**　自民党の「国際社会における日本の役割に関する特別調査会（会長小沢一郎）」が、自衛隊の国連軍参加について現「憲法」上問題なく可能だとする答申を宮沢総裁に提出した。

2.15　〔外交〕**ガリ国連事務総長が来日**　国際連合のブトロス・ガリ事務総長が来日し、宮沢首相との会談で、PKOモザンビーク活動への参加を要請した。

2.17　〔事件〕**竹下元首相・小沢自民党幹事長、証人喚問**　衆議院予算委員会が、佐川急便違法献金疑惑や皇民党事件問題で、竹下元首相と小沢自民党幹事長を証人喚問した。両者とも関与・疑惑を否定。

2.26　〔外交〕**統一ドイツ首相来日**　ドイツのヘルムート・コールが首相東西ドイツ統一後、初来日した。27日宮沢首相と会談し、ロシア支援や「日独対話フォーラム」発足などで合意した。

3.31　〔国会〕**1993年度予算可決**　衆議院で、93年度予算（総額72兆3548億円）が政府原案とおり可決された。年度内成立は22年ぶり。

3.31　〔法律〕**自民党「政治改革関連4法」案党議決定**　自民党は、衆議院定数500の単純小選挙区制導入を柱とする「公職選挙法」改正案など「政治改革関連4法」案を党議決定し、衆議院に提出した。社会党・公明党は4月8日、小選挙区比例代表制併用導入を柱とする「改革6法」案を共同で提出。

4.6　〔内閣〕**渡辺外相辞任**　副総理で外相の渡辺美智雄が病気を理由に辞任。渡辺派の武藤嘉文が外相に就任。8日後藤田正晴法相が、副総理に就任した。

4.16　〔外交〕**宮沢首相訪米**　アメリカ・ワシントンで、宮沢首相とビル・クリントン大統領が初会談を行なった。貿易不均衡や構造問題を協議する「日米経済協議機関」を新設すること

－ 225 －

1993年（平成5年）   日本議会政治史事典

で合意した。

4.17 〔法律〕**政治臨調が提言**　政治改革推進協議会（民間政治臨調、会長亀井正夫）が、与野党の改革案に代わる第3の案となる「衆議院選挙制度改革案」（小選挙区300、比例区200議席の連用制）と「政治浄化特別措置法」（連座制強化）を発表した。

6.14 〔政治〕**国会議員全員の資産初公開**　衆参全国会議員749人の資産が初公開された。自民党議員平均1億3217万円、野党議員4352万円、平均額約8850万円。。

6.18 〔国会〕**宮沢内閣不信任案を可決**　衆議院本会議で、社会党・公明党・民社党3党が提出の宮沢内閣不信任決議案が、賛成255、反対220で可決された。首相の政治改革への取組み姿勢に不満をもった自民党羽田派34人や他の派閥5人も賛成にまわった。与党の賛成投票は戦後初。宮沢首相が臨時閣議で衆議院の解散を決め、自民党他派閥若手議員ら11人が離党した。

6.21 〔政党〕**「新党さきがけ」旗揚げ**　自民党政治改革推進本部事務局長の武村正義ら衆議院議員10人（離党）が「新党さきがけ」を結成。党代表は武村。

6.23 〔政党〕**自民党分裂、新党結成**　羽田孜や小沢一郎らが離党し新党「新生党」を結成した。新生党は、前自民党議員44人で構成され、党首に羽田・代表幹事に小沢を据えた。抜本的政治改革の実現など5項目の基本綱領を発表し、政界再編に始動した。山口敏夫元労相、鳩山邦夫元文相も離党した。

7.7 〔外交〕**東京サミット開幕**　第19回主要先進国首脳会議（東京サミット）が9日まで開かれた。成長と雇用創出へ協調との経済宣言を採択した。ロシア支援、ウルグアイ・ラウンド年内決着、日本には黒字の大幅削減を厳しく明記された。7か国首脳（G7）＋ロシアのボリス・エリツィン大統領の会合も行われた。

7.10 〔外交〕**新日米経済協議で合意**　日米首脳会談が行われ、新日米経済協議の枠組みづくりで合意した。

7.18 〔選挙〕**第40回衆議院選挙で新党躍進、「55年体制」崩壊**　第40回衆議院議員総選挙が行われた。投票率は史上最低の67.26％。自民党223（過半数割れ）、社会党は67大幅減の70、新生党55、日本新党35、新党さきがけ13。新党の躍進が目立った。女性14人当選。38年間続いた自社両党主導の「55年体制」が崩壊した。

7.22 〔政党〕**宮沢内閣退陣**　自民党両院議員総会が開かれ、宮沢首相が、党分裂と総選挙結果の責任をとり退陣を表明した。

7.23 〔政党〕**日本新党・新党さきがけが基本政策発表**　日本新党の細川代表と新党さきがけの武村代表が、政治改革政権を樹立し、今年中に小選挙区比例代表並立制（各250人）を基本とした「政治改革法」案を成立させるとの基本政策を発表した。

7.30 〔政党〕**自民党総裁に河野洋平**　自民党総裁選が両院議員総会で行われ、16代総裁に河野官房長官を選出した。8月2日の党総務会では、幹事長に森喜朗、総務会長に木部佳昭、政調会長に橋本龍太郎が決まった。

8.3 〔国会〕**女性初の衆議院議長**　社会党の土井たか子が連立与党の統一衆議院議長（慣例では第1党から選出される）になることを受諾した。6日本会議で第68代衆議院議長に選出された。

8.4 〔内閣〕**「慰安婦」問題で談話**　政府は、朝鮮半島出身の従軍慰安婦の調査結果を公表。河野官房長官が、初めて「強制」を認め謝罪した。

8.5 〔国会〕**第127回国会召集**　第127回特別国会が召集された。（1993年8月5日～8月28日まで　会期10日間　延長14日間　会期実数24日間）6日開会。衆議院で自民党河野総裁を細川護熙が破って第79代首相に指名された。自民党政権38年で交代となり、野党に下った。

－ 226 －

8.9 〔内閣〕**細川護熙内閣成立** 非自民党・非共産党8党派連立の細川内閣が発足した。副総理・外相に羽田孜（新生党）、内閣官房長官に武村正義（新党さきがけ）、政治改革担当大臣に山花貞夫（社会党）、総務長官に石田幸四郎（公明党）、厚生大臣に大内啓伍（民社党）、科学技術庁長官に江田五月（社民連）の6党首が入閣。文相に赤松良子（非議員）、経済企画庁長官に久保田真苗（社会党）、環境庁長官に公明党の広中和歌子の女性3名も入閣した。

8.23 〔国会〕**細川首相、所信表明演説** 細川首相が、衆参両院本会議で所信表明演説を行ない、政治改革について1993年中に行うことを内閣の最優先課題と明言した。

9.4 〔外交〕**社会党委員長が初の訪韓** 山花社会党委員長が、党委員長として初めて韓国を訪問し、北朝鮮に偏った党の政策について反省を表明した。

9.17 〔国会〕**第128回国会召集** 第128回臨時国会が召集された。（1993年9月17日～1994年1月29日まで 会期90日間 延長45日間 会期実数135日間）「政治改革関連法」案が焦点の国会となる。

9.17 〔法律〕**「政治改革関連4法」案決定** 政府は、衆議院の小選挙区比例代表並立制（各250議席）導入、個人宛の企業献金禁止、政党への公的助成（415億円）を柱とする「政治改革関連4法」案を閣議決定した。

9.25 〔政党〕**社会党、「政治改革関連4法」案成立めざす** 社会党第60回定期大会で、非自民党政権樹立の意義を了承。質疑で異論が続出したが、「政治改革関連4法」案の年内成立をめざす方針を採択した。村山富市委員長、久保亘書記長を選出。

9.28 〔外交〕**アメリカ大統領、新政権へ期待** 日米首脳会談が行われ、ビル・クリントン大統領が、新政権への支持と期待・国連安保理常任理事国入り支持を表明した。また包括経済協議の合意に向けて積極的に取り組むことで合意した。

10.11 〔外交〕**ロシア大統領が来日** ロシアのボリス・エリツィン大統領が初めて日本を公式訪問し、連日首脳会談が行われた。東京宣言・経済宣言を発表し、1956年日ソ宣言を含むロシア、旧ソ連の対日条約・約束の継続を宣言した。

11.6 〔外交〕**細川首相、朝鮮半島の植民地支配謝罪** 韓国・慶州で金泳三大統領と日韓首脳会談を行なった。細川首相は、朝鮮半島の植民地支配に対し加害者として陳謝を表した。7日には共同記者会見を行なった。

11.16 〔法律〕**衆議院「政治改革関連法」案可決** 衆議院政治改革調査特別委員会が、「政治改革関連法」案を一部修正の上、可決。18日、衆議院本会議で自民党案が否決され、政府案が可決された。

12.1 〔内閣〕**改憲発言で防衛庁長官交代** 防衛庁長官の中西啓介が、自衛隊OBの集会で「日本国憲法」改正是認の発言をし問題となった。2日、自民党・共産党が罷免を要求し、審議が空転。中西長官は引責辞任し、後任に新生党の愛知和男が就任した。

12.6 〔事件〕**佐川急便問題で予算委員会紛糾** 佐川急便グループからの献金問題についての細川護熙内閣総理大臣の答弁をめぐって、衆議院予算委員会が紛糾した。

12.15 〔事件〕**細川首相、佐川急便問題で質疑** 参議院予算委員会で、細川首相に佐川清元佐川急便グループ会長からの1億円借り入れ問題を追及された。

12.16 〔政治〕**田中角栄元首相死去** ロッキード裁判の被告人田中角栄元首相が死去した。75歳。24日、最高裁大法廷で、受託収賄罪・外為法違反の公訴棄却された。

1994年
（平成6年）

1.21 〔法律〕「政治改革関連4法」案否決　参議院本会議で、「政治改革関連法」案が、賛成118・反対130で否決された。自民党の5人が賛成票を入れたが、連立与党の社会党の一部18人が反対した。

1.26 〔法律〕「政治改革関連4法」案で両院協議会設置　「政治改革関連4法」案の成立に向けて、衆参両院協議会の会合が初めて行われた。その後断続的に会合がされたが、与党妥協案・自民党対案調整がつかず決裂した。28日、細川首相と自民党の河野総裁が会談し、自民党案に大幅に歩み寄った妥協案で合意となった。

1.29 〔法律〕「政治改革関連4法」案可決　衆参両院本会議で、施行日を削除した政府案の「政治改革関連4法」案が可決した。

1.31 〔国会〕第129回国会召集　第129回通常国会が召集された。（1994年1月31日〜6月29日まで　会期150日間）「政治改革関連4法」案の修正や成立の確定が焦点。

2.3 〔政党〕社会党連立離脱の構え　細川首相の「国民福祉税」創設の発表を受けて、社会党が緊急中央執行委員会は、新税の撤回を申し入れ、拒絶された場合は、同党出身の閣僚と政務次官を引き上げることを決定した。

2.3 〔内閣〕新税「国民福祉税」創設発言　細川首相が未明に記者会見を行ない、税制改革草案を発表した。1997年4月から「国民福祉税（7%）」を導入し、消費税を廃止、また総額5兆3000億円の所得・住民減税を実施するというもの。

2.4 〔内閣〕「国民福祉税」白紙撤回　連立与党代表者会議で、細川首相の国民福祉税導入を中心とする増減税構想を2日ですべて白紙に戻すことで合意した。

2.11 〔外交〕日米包括協議、合意ならず　1993年7月に合意した「新日米経済協議」に基づく日米首脳会談が行われた。日本の市場開放の度合いを測る「数値目標」の設定で対立し、協議は事実上決裂した。

2.15 〔内閣〕防衛計画の見直し機関設置　政府は安全保障会議で、「防衛計画の大綱」の見直しを決定し、首相の私的諮問機関を設置することとした。

3.1 〔法律〕「政治改革関連4法」改正案を可決　衆議院本会議で、「政治改革関連4法」改正案が可決された。（1月28日に細川・河野のトップ会談の合意等を盛り込んだもの）4日、参議院本会議で可決。11日公布。

3.4 〔国会〕細川首相、施政方針演説　細川首相が、衆参両院本会議で初の施政方針演説を行なった。今後の課題として、政治改革から経済・行政改革に重点を移すと表明した。

3.9 〔外交〕アメリカの国務長官来日　アメリカのウォーレン・クリストファー国務長官が来日した。10日、細川首相・羽田副総理と個別に会談し、日米経済摩擦について思い切った市場開放措置を求めた。

3.20 〔外交〕細川首相、訪中　中国を訪問中の細川首相が、江沢民国家主席・李鵬首相と会談した。中国の人権問題について意見交換や北朝鮮の核開発疑惑問題に重大な懸念を表明し、中国の北朝鮮への働きかけを要請した。

		日本議会政治史事典	1994年（平成6年）

3.24 〔外交〕**韓国大統領来日**　韓国の金泳三大統領が来日し、日韓首脳会談を行なった。北朝鮮の核開発疑惑につき日・韓・米の協調で一致した。

4.8 〔内閣〕**細川首相、辞意表明**　細川首相が緊急の政府・与党首脳会議を開いて、自分の佐川急便からの借り入れ問題などから予算委員会が1か月間空転したことの責任をとり辞意を表明した。臨時閣議で正式表明した。

4.15 〔政党〕**渡辺美智雄が離党示唆**　自民党の渡辺元副総理が後継首相に意欲を示し、離党もありえると示唆した。新生党との政策連携による首相指名選挙出馬を目指すも、断念した。

4.22 〔内閣〕**羽田孜を首相を後継**　連立与党代表者会議が、新内閣の基本方針で合意した。社会党は間接税の引き上げと朝鮮半島問題の対応で妥協、後継首相に新生党党首の羽田孜の擁立を正式決定した。

4.25 〔国会〕**羽田孜首相誕生**　衆参両院本会議で、羽田孜を第80代首相に指名した。

4.25 〔内閣〕**社会党連立離脱**　両院本会議閉会後、新生党・改革・民社党・自由党・改革の会の5会派（社会党抜き）が、衆議院新統一会派「改新」を結成した。26日社会党村山富市委員長が、信義違反と反発して連立政権離脱を決定した。

4.28 〔内閣〕**羽田内閣発足**　羽田内閣が成立した。新生党・公明党主導の少数与党内閣（20人の閣僚のうち、新生党8人、公明党6人）。官房長官に熊谷弘、赤松良子文相は留任、環境庁長官に浜四津敏子（公明党）、法相に永野茂門（新生党）が任命された。

5.3 〔内閣〕**戦争発言で法相更迭**　永野茂門法相が新聞のインタビューで、「南京大虐殺はでっちあげ」「太平洋戦争は侵略戦争ではない」と発言し、中国・韓国が反発。7日、羽田首相が法相を更迭した。後任に民社党の中井洽。

5.22 〔政党〕**社民連解散**　社会民主連合（社民連）全国代表者会議が開かれ、党の解党と日本新党への合流を決定した。1978年結党から16年で幕。

6.1 〔政党〕**大内啓伍民社党委員長辞意**　民社党委員長の大内啓伍が、党中央執行委員会で委員長辞意を表明した。統一会派「改新」結成を提唱し、社会党の連立政権離脱を招いた責任をとった。

6.8 〔政党〕**民社党委員長に米沢隆**　民社党の役員選挙で、米沢隆が委員長、中野寛成が書記長に決定した。

6.23 〔政党〕**羽田内閣不信任案提出**　自民党は、羽田内閣不信任決議案を衆議院議長に提出した。

6.25 〔内閣〕**羽田内閣総辞職**　羽田首相が、連立与党と社会党の政権協議が上手くいかず、内閣総辞職を表明した。戦後2番目に短い首相在任日数となった。

6.28 〔政党〕**自民党が村山首相支持**　自民党の河野総裁と、社会党の村山委員長が会談。自民党・社会党・新党さきがけ3党の連立政権で合意し、村山首相支持の意向を提示した。

6.29 〔国会〕**2人目の社会党首相誕生**　首相指名選挙で決選投票の結果、旧与党支持の海部俊樹元首相を破り、社会党委員長村山富市が首相に指名された。1947年の片山哲以来の社会党首相が誕生した。自民・社会両党から多数の離反票。

6.30 〔内閣〕**村山内閣成立**　村山内閣が発足した。副総理・外相に河野洋平（自民党総裁）、蔵相武村正義（新党さきがけ代表）、通産相橋本龍太郎、官房長官五十嵐広三、科学技術庁長官田中真紀子。（入閣配分は、自民党13、社会党5、さきがけ2）。

7.8 〔外交〕**村山首相、米大統領と会談**　サミット出席のためイタリア・ナポリを訪れている村山首相が、アメリカのビル・クリントン大統領と初の首脳会談を行なった。過去の外交

– 229 –

政策の継続、日米安保条約の堅持などを表明した。

7.15 〔政治〕北朝鮮に危機感の『**防衛白書**』　閣議で、1994年度版防衛白書「日本の防衛」を了承した。北朝鮮情勢に危機感を表した。

7.18 〔国会〕**第130回国会召集**　第130回臨時国会が召集され、村山首相が初の所信表明演説を行なった。(1994年7月18日〜7月22日まで　会期5日間)。

7.20 〔内閣〕**村山首相、自衛隊の合憲を明言**　村山首相が、衆議院本会議の答弁で自衛隊の合憲を初めて公式に認めた。日米安保体制の堅持し、「日の丸」「君が代」が国旗・国家であるとの国民認識定着を尊重するなど、社会党のこれまでの基本政策の転換を表明した。

8.12 〔内閣〕**桜井環境庁長官更迭**　環境庁長官の桜井新が、記者会見で太平洋戦争の侵略性を否定する発言をし、韓国政府から公式抗議。14日、村山首相が長官を更迭し、後任に宮下創平元防衛庁長官(自民党)を任命した。

8.31 〔内閣〕**「戦後50年に向けての首相談話」発表**　村山首相が、戦後処理問題に取り組む基本指針「戦後50年に向けての首相談話」を発表した。アジア近隣諸国に向けに「平和友好交流計画」実施や、従軍慰安婦問題では民間基金創設構想の支援の考えなどを示唆した。

9.3 〔政党〕**社会党基本政策の大転換**　社会党臨時大会で執行部は、日米安保条約、自衛隊、「日の丸・君が代」、原発などに関し、従来の基本政策を転換した新政策を提案した。政策転換に反対する地方代議員提出の修正案を否決し、新政策案を承認した。自衛隊違憲や日米安保廃棄の方針は、正式に放棄した。

9.6 〔政党〕**野党党派が新党結成へ**　新生党・公明党・日本新党・民社党など共産党を除く野党党派が、新党協議会を発足させた。実行委員長に小沢一郎新生党代表幹事がなった。12月24日党名を「新進党」に決定。

9.13 〔法律〕**ルワンダ活動に「PKO法」初適用**　政府は、ルワンダ難民救援に「PKO協力法」の「人道的な国際救援活動」を初めて適用することを決定した。17日航空自衛隊先遣隊第1陣23人がザイールに出発した。

9.16 〔外交〕**国連常任理入り目指す**　村山首相が、参議院決算委員会で、国連改革と憲法の枠内を前提に国連安保理常任理事国入りする考えを表明した。

9.19 〔内閣〕**行政改革大綱を了承**　政府・与党首脳連絡会議で、規制緩和、特殊法人整理、地方分権など5項目を中心とする、行政改革大綱が了承された。

9.28 〔政党〕**野党会派、統一会派を結成**　共産党を除く野党・会派が、新統一会派「改革」を結成した。衆議院第2勢力となる187人で構成される。

9.28 〔政党〕**野党議員が新党結成へ準備**　共産党を除く野党の議員225人が、新党結成準備会を結成した。

9.30 〔国会〕**第131回国会召集**　第131回臨時国会が召集された。(1994年9月30日〜12月9日まで　会期65日間 延長6日間 会期実数71日間)村山首相は所信表明演説で、行政改革実現の決意などを表明した。衆議院副議長ポストをめぐり要求入れられず、統一会派「改革」181人が本会議を欠席した。

11.18 〔法律〕**「自衛隊法」改正公布**　在外邦人の救出に自衛隊機の使用を可能にする「自衛隊法」改正案が公布された。

11.21 〔法律〕**政治改革関連3法案可決**　参議院本会議で、「政治改革関連3法」案を可決、成立した。衆議院への小選挙区比例代表並立制導入に伴う300選挙区の区割り法は12月25日に施行。

11.25 〔法律〕**税制改革関連4法案可決**　参議院本会議で、消費税率を1997年4月に3%から

– 230 –

日本議会政治史事典　　　　　　　　　　　　　　　　　　　　　　　　　　　1995年（平成7年）

5%に引き上げるなどの「税制改革関連4法」案を可決、成立した。

12.10　〔政党〕**新進党旗揚げ**　新進党結成大会。共産党を除く野党9党派の衆参国会議員214人が参加する新進党が結成された。初代党首に海部俊樹（旧自由改革連合代表）、幹事長に小沢一郎（旧新生党代表幹事）。

12.12　〔外交〕**イスラエル首相が来日**　イスラエルのイツハク・ラビン首相が初来日した。首脳会談では、和平への支援や経済協力を求め、村山首相もパレスチナ支援を表明した。

1995年
（平成7年）

1.16　〔政党〕**新会派「民主連合・民主新党クラブ」結成へ**　社会党の山花新民主連合会長らによる超党派の民主リベラル新党準備会が、新会派「民主連合・民主新党クラブ」結成を決めた。しかし4月27日、結成を見送り、解散。

1.17　〔政治〕**阪神・淡路大震災発生**　兵庫県南部地震（阪神・淡路大震災）が発生。閣議で、非常災害対策本部を設置した。

1.18　〔内閣〕**大震災緊急対策を決定**　政府は、地震対策関係閣僚会議を開き、自衛隊・警察官（合わせて4万人）の派遣、食糧支援、仮設住宅など86項目の緊急対策を決定した。

1.20　〔国会〕**第132回国会召集**　第132回通常国会が召集された。（1995年1月20日〜6月18日まで　会期150日間）村山首相は施政方針演説で、阪神大震災の復旧・復興対策、日本列島全体の防災対策見直しに万全を期すと強調した。通称、地震対策国会。

1.20　〔内閣〕**地震対策担当相新設**　村山首相は、阪神大震災をうけて地震対策担当相を新設し、小里貞利北海道・沖縄開発庁長官に任命した。

2.10　〔内閣〕**阪神・淡路復興委員会設置**　閣議で、首相の諮問機関の「阪神・淡路復興委員会」設置の政令を決定した。特別顧問に後藤田正晴元副総理が内定した。

2.10　〔内閣〕**特殊法人見直し**　政府・与党は最終的な協議を行い、特殊法人の見直しで6件12法人の統合を決定した。政府系金融機関では協議が難航した。

2.22　〔法律〕**「震災復興基本方針・組織法」など可決**　参議院本会議で、震災復興の基本方針と阪神・淡路復興対策本部設置などを定めた「震災復興関連法」16法を可決した。

3.30　〔外交〕**北朝鮮国交正常化交渉再開**　与党3党からなる北朝鮮訪問団（団長渡辺美智雄）が、朝鮮労働党の金容淳書記らと会談し、中断している国交正常化交渉を前提条件なしで再開することで合意した。

3.31　〔内閣〕**規制緩和5ヵ年計画を決定**　閣議で、規制緩和推進5ヵ年計画（1995〜1999年度）を決定した。住宅・土地、情報・通信、流通など11分野1091項目が対象。

5.26　〔外交〕**北朝鮮代表団来日**　北朝鮮の国際貿易促進委員会代表団が来日し、団長の李成禄が、渡辺美智雄ら自民党幹部と会談した。日本に余剰米の援助要請に対し、政府は無償・有償各15万トンで合意した。

5.27　〔政党〕**社会党、民主・リベラル新党の方針案採択**　社会党臨時大会で、民主・リベラル新党の理念と結成方針を明記した「95年宣言」案と「当面の活動方針」案を採択した。

－ 231 －

1995年（平成7年）　　　　　　　　　　　　　　　　　　　　　　　日本議会政治史事典

6.3　　〔外交〕日韓併合条約発言で謝罪　　自民党の渡辺美智雄元副総理が日韓併合条約につい
て「条約は円満締結、植民地支配ではない」と発言した。韓国側反発を受け5日、「円満に」
を削除し謝罪した。

6.9　　〔国会〕戦後50年国会決議、衆院で採択　　戦後50年国会決議（「歴史を教訓に平和への決
意を新たにする決議」）問題は、衆議院本会議で、案文の修正を求めた新進党や反対する自民
党の一部議員などが欠席するのなか与党案通り賛成多数で採択した。

7.20　　〔政治〕第1回政党交付金支給　　「政党助成法」に基づいて初の政党交付金（総額149億
5073万9000円）が請求した8党に支給されたが、共産党は交付を受けず。

7.23　　〔選挙〕第17回参議院選挙　　第17回参議院議員通常選挙が行われた。投票率が国政選挙
で史上最低の44.52%。無党派層の棄権が増えた。社会党は結党以来最低の16議席。新進党
は議席数が倍増し参議院第2党になった。女性21名当選。

8.4　　〔国会〕第133回国会召集　　第133回臨時国会が召集された。（1995年8月4日〜8月8日まで
会期5日間）参議院本会議で、自民党の斉藤十朗が議長に、平成会の松尾官平が副議長に選出
された。

8.4　　〔国会〕中国とフランスの核実験に抗議決議　　衆参両院の本会議で、中国の核実験に対
する抗議と、フランスの核実験に反対する国会決議案を全会一致で採択した。

8.8　　〔内閣〕村山改造内閣発足　　村山改造内閣が成立した。河野副総理、武村蔵相と橋本通産
相が留任。自民党幹事長の森喜朗を建設相に任命。経済企画庁長官に大和総研事長の宮崎
勇をあて、経済対策重視を示した。

8.15　　〔内閣〕戦後50年首相談話　　村山首相が、戦後50年にあたっての首相談話を発表した。
植民地支配と侵略によってアジア諸国をはじめ多くの国々に損害と苦痛を与えたとお詫びを
表明した。

8.17　　〔外交〕核実験で中国への無償資金援助凍結　　中国が核実験の実行を発表した。これに
対し政府・与党は28日にODA（政府開発援助）の無償資金援助の凍結を決定し、河野外相が
これを駐日中国大使に伝えた。

9.22　　〔政党〕自民党新総裁に橋本龍太郎　　河野総裁の任期満了に伴い行われた自民党総裁選
挙で、小泉純一郎元郵政相を破って、橋本龍太郎通産相が選出された。25日には党3役が決
定、幹事長に加藤紘一、総務会長に塩川正十郎、政調会長に山崎拓。

9.28　　〔政治〕沖縄県知事、代理署名拒否　　沖縄県で米軍に土地を貸している地主が、賃貸契
約更新を拒否している問題で、国から代理署名を求められている大田昌秀沖縄県知事が県議
会で、土地調書などへの代理署名を拒否すると正式に表明した。

9.29　　〔国会〕第134回国会召集　　第134回臨時国会が召集された。（1995年9月29日〜12月15日
まで　会期46日間　延長32日間　会期実数78日間）所信表明演説では、景気・経済対策、「宗教
法人法」改正に積極的に取り組むと強調した。

10.18　　〔内閣〕沖縄代理署名問題で、防衛施設庁長官更迭　　沖縄県知事が米軍用地強制使用の
代理署名を拒否している問題で、防衛施設庁長官の宝珠山昇がオフレコの記者懇談で、村山
首相の対応を批判したことがメディアで報じられた。19日長官は更迭（辞任）となった。

11.1　　〔外交〕沖縄米軍基地に関する協議機関設置　　アメリカのウィリアム・ベリー国務長官
が来日し、河野外相と衛藤征士郎防衛庁長官と会談した。沖縄米軍基地の整理・縮小問題
で、具体的に検討する協議機関設置（「沖縄施設・区域特別行動委員会（SAC）」し1年後をめ
どに結論を出すことで合意した。

11.8　　〔内閣〕オフレコ発言で江藤総務庁長官辞任　　江藤隆美総務庁長官が、オフレコの記者

－ 232 －

懇談で「植民地時代の朝鮮で良いこともした」との発言が表面化した。10日、村山首相が長官に厳重注意したが、韓国は不満を表明。13日江藤は長官を辞任、後任に中山正暉。

11.14 〔外交〕**韓国大統領に謝罪の親書**　村山首相が、韓国の金泳三大統領に、植民地支配を改めて謝罪する親書をおくった。

11.21 〔外交〕**人種差別撤廃条約を採択**　衆議院本会議で、1965年の国連総会で採択された「あらゆる形態の人種差別の撤廃に関する国際条約（人種差別撤廃条約）」を全会一致で採択した。参議院へ送付、12月20日公布。

11.28 〔内閣〕**新防衛大綱決定**　閣議で、新防衛計画大綱「冷戦後の日本の防衛力整備の新指針」を正式決定した。防衛力の水準目標を災害やテロを含めた多様な事態へ切り替えている。

12.8 〔政党〕**新進党党首選**　新進党副党首羽田孜と小沢一郎幹事長が、党首公選出馬を表明した。1000円納入すれば、18歳以上の一般国民も投票に参加できる。27日圧倒的大差をつけて小沢が当選した。幹事長に米沢隆、政策審議会長に愛知和男を起用した。

12.25 〔国会〕**行政改革大綱決定**　臨時閣議で、特殊法人の整理・合理化に関する6法案などの行政改革大綱を決定した。

1996年
（平成8年）

1.5 〔内閣〕**村山首相辞意表明**　村山首相が辞意の意向を、橋本自民党総裁と武村新党さきがけ代表に伝えた。

1.11 〔国会〕**第135回国会召集**　村山首相の辞任を受け、第135回臨時国会が召集された。（1996年1月11日～1月13日まで　会期3日間）自社さ3党連立政権は維持され、橋本龍太郎自民党副総裁を首相に指名した。

1.11 〔内閣〕**第1次橋本内閣成立**　第1次橋本龍太郎内閣が発足した。社会党書記長の久保亘が副総理・蔵相、自民党の梶山静六が官房長官、池田行彦が外相、新党さきがけの菅直人が厚相に就任された。

1.19 〔政党〕**社会党、党名変更**　社会党大会で、党名を「社会民主党」に変更し、党綱領に代わる基本理念・新規約を定めた。16日に続投が決まった村山委員長は党首に、佐藤観樹書記長は幹事長の肩書に代わった。

1.22 〔国会〕**第136回国会召集**　第136回通常国会が召集された。（1996年1月22日～6月19日まで　会期150日間）橋本首相は初の施政方針演説の中で、住専（住宅金融専門会社）の不良債権処理に6850億円の財政資金を投入することについて、その必要性と理解を求めた。通称「住専国会」。

2.9 〔法律〕**「住専処理法」案を決定**　政府は、住専の債権を引き受け、回収に当たる住専処理機構を設立する「住専処理法」案を決定し国会に提出した。財政資金6850億円を住専整理の損失に補てんする内容。

2.15 〔事件〕**住専問題で議員の参考人質疑始まる**　衆議院予算委員会は、住専処理問題で参考人招致を行い、質疑が開始した。16日には、作成に直接かかわった議員4名（加藤紘一（元官房長官）、田名部匡省、藤井裕久、武村正義（前蔵相））を委員外の出席者として招致、政治家の責任問題を追及した。

– 233 –

| 1996年（平成8年） | 日本議会政治史事典 |

3.4 〔政党〕**住専処理問題で追加措置**　連立与党は、住専処理予算について国民の理解を得る目的で、母体行と大口貸出先の農林系金融機関の追加負担措置を決定。関連法案の衆議院通過をしようとした。

3.4 〔政党〕**新進党がピケ**　新進党議員が、1996年度予算から住専予算の削除を求めて、衆議院予算委員会室出入り口を封鎖して開会阻止を実行。封鎖は約3週間に及んだ。

3.9 〔政党〕**社会民主党第1回定期大会**　社会民主党が党名変更後初の定期大会を開いた。次期選挙は新党とする活動計画を決定した。

3.25 〔国会〕**新進党のピケ解除**　土井衆議院議長が、与野党5党首と会談し、国会正常化で合意した。（条件として、1.十分審議し強引な採決は行わない　2.自民党加藤幹事長の献金問題についての証人喚問は協議して対応する）新進党は座り込みを中止し、国会再開。予算委員会の連続空転を記録した（22日間）。

4.12 〔政治〕**普天間基地の移設を発表**　橋本首相とウォルター・モンデール駐日アメリカ大使が、沖縄の米軍基地の整理・統合・縮小をめぐる交渉を行ない、普天間飛行場機能を、同県嘉手納や岩国に移設し、5〜7年以内に日本に返還することを発表した。

4.14 〔外交〕**日米防衛協力見直し着手**　橋本首相とアメリカのウィリアム・ペリー国防長官が会談し、極東有事の際の「日米防衛協力のための指針」の見直し作業着手で合意した。

4.17 〔外交〕**日米首脳会談**　16日に来日したビル・クリントン大統領と橋本首相が、冷戦後の安全保障問題を中心に日米首脳会談が行われ意見を交換した。また日米防衛協力を強化していくことで合意した。

4.19 〔外交〕**日ロ『東京宣言』再確認**　ロシアのボリス・エリツィン大統領と訪ロ中の橋本首相が会談を行なった。1993年に合意署名した『東京宣言』（北方領土返還交渉の継続）の再確認と日ロ平和条約作業部会を再開することで合意した。

6.7 〔外交〕**「国連海洋法」条約批准**　1984年に国際的には発効していた「海洋法に関する国際連合条約（国連海洋法）」が国会で関連8法案とともに批准承認案を可決した。日本と周辺海域について7月20日に発効した。国内法整備の必要や周辺諸国との排他的経済水域の境界線問題などもあり批准が遅れていた。

6.18 〔法律〕**「住専関連法」案可決**　「住専処理法」・改正「預金保険法」・改正「農水貯金保険法」・「住専債権時効停止特別措置法」（6月21日施行）、「金融機関の経営健全化法」・「金融機関更生手続き特例法」（1997年4月1日施行）の6法案が参議院本会議で可決、成立した。

6.22 〔外交〕**橋本首相、韓国訪問**　韓国を訪問中の橋本首相は金泳三大統領と会談し、サッカーの2002年ワールドカップ共催を成功させることや、朝鮮半島の安定のための「4者（韓国、北朝鮮、アメリカ、中国）協議」の実現に協力していくことを確認した。

8.1 〔政治〕**首相に代行拒否文書送付**　大田沖縄県知事は、米軍施設強制使用に必要な「公告・縦覧」代行を拒否する通知文書を橋本首相に送付した。16日橋本首相は知事を相手取り「職務執行命令訴訟」を起こした。

8.14 〔政治〕**「官官接待」厳禁**　地方自治体などが公費で中央官僚を接待する「官官接待」について政府は、厳禁するとの方針を決めて各省庁官房長宛に通達した。

8.28 〔政治〕**職務執行命令訴訟上告審、国側勝訴**　沖縄・楚辺通信所の代理署名訴訟上告審で最高裁大法廷は、沖縄県知事の上告を棄却、国側の全面勝訴が確定した。

9.8 〔政治〕**沖縄県で全国初の県民投票**　沖縄県では「米軍基地の整理・縮小と日米地位協定の見直し」の賛否を問う県民投票が行われ、賛成票が89.09％に上ったが、投票率は59.53％の低いものだった。

— 234 —

		1996年（平成8年）

9.10 〔内閣〕**沖縄県に特別調整費50億円計上**　政府は、米軍基地問題をはじめ沖縄県が抱えるいろいろな問題の解決を図るために、50億円の特別調整費を予算計上することを閣議決定した。橋本首相は大田知事との会談で説明し、県知事も一定の評価をした。13日、知事は米軍用地強制使用手続きに応じる意向を発表した。

9.11 〔政党〕**新党「民主党」結成呼びかけ**　9日、新党結成で合意していた新党さきがけ副代表で菅直人と8月30日に新党さきがけを離党した鳩山由紀夫に、社民党の岡崎トミ子と新進党を離党した鳩山邦夫を加えた4人が、「民主党設立委員会」を呼びかけ発足させた。

9.12 〔政党〕**衆議院解散前に社民党議員、民主党参加**　社民党常任幹事会で、衆議院候補者全員が民主党に移行する方針を決めた。

9.17 〔政党〕**民主党移行方針撤回**　12日の社民党常任幹事会で民主党への意向を決定したが、方針を撤回。次期衆院選も社民党で戦うことを決めた。だが自らの決断で新党移行することも容認したため、現職衆議院議員35人が総選挙前に民主党に入党した。

9.24 〔政党〕**土井たか子議長が社民党新党首に**　村山が土井衆院議長に社民党復帰と党首就任を要請した。29日党首に就任した。

9.25 〔政治〕**設置以来初の政治倫理審査会**　加藤紘一幹事長が鉄骨加工会社共和から現金1000万円を受け取ったとされる問題で、衆議院の政治倫理審査会が開催され、1985年の設置以来初めての審査が行われた。加藤は6月4日の金融問題等特別委員会出席の時と同様に金銭授受を否定した。

9.27 〔国会〕**第137回国会召集**　第137回臨時国会が召集され開会されたが、戦後3回目の冒頭解散。3年3ヵ月ぶりの解散。

9.28 〔政党〕**民主党結党**　民主党が結党大会を開き、初代代表に鳩山由紀夫と菅直人の2人代表制を導入した。前衆議院議員52人と参議院議員から5人が結党に参加した。

10.20 〔選挙〕**第41回衆議院選挙**　第41回衆議院議員総選挙が行われた。戦後最低の投票率（59.65%）小選挙区比例代表並立制下で初選挙。自民党は単独では両院とも過半数に届かず、社民党・さきがけ惨敗。女性候補83人増の153人で、23人が当選した。

10.31 〔政党〕**自社さ政策合意**　政策協議を行ってきた自社さ3党は最終的に合意し、橋本自民党総裁・土井社民党党首・堂本暁子新党さきがけ議員団座長が、政策協議書に署名した。社さ両党は、閣僚を出さない「閣外与党」とし、協力関係は維持するが、連立時と同じスタンスではないとした。

11.1 〔外交〕**日独協議を毎年開催**　橋本龍太郎首相が、来日中のヘルムート・コールドイツ首相と首脳会談を行い、首脳会談を1997年から毎年開催する定期協議化することで合意した。

11.7 〔国会〕**第138回国会召集**　第138回特別国会が召集された。（1996年11月7日～11月12日会期6日間）衆参両院で、橋本龍太郎を首相に指名した。衆議院議長に伊藤宗一郎（自民党）、副議長に渡部恒三（新進党）が選出された。

11.7 〔内閣〕**第2次橋本内閣成立**　3年ぶりの自民党単独内閣として第2次橋本内閣が発足した。梶山官房長官と池田行彦外相が再任、自民党幹事長の三塚博が蔵相に就任した。政務次官の起用では、外務省に高村正彦元経済企画庁長官・大蔵省に中村正三郎元環境庁長官・農水省に保利耕輔元文相の閣僚経験者をあてた。

11.8 〔内閣〕**省庁再編**　橋本首相が、首相直属の行政改革推進機関の月内設置と、省庁の再編を発表した。2001年までに中央省庁の統廃合・新体制へ移行と実施時期を明言した。

11.18 〔外交〕**フランス大統領来日**　橋本首相が、来日中のジャック・シラクフランス大統領と会談した。両首脳は、「21世紀に向けての日仏協力20の措置」に合意し署名した。

- 235 -

1997年（平成9年）   日本議会政治史事典

11.29　〔国会〕**第139回国会召集**　第139回臨時国会が召集された。(1996年11月29日〜12月18日
　　　　　まで　会期20日間) 橋本首相が、衆参両院本会議で所信表明演説を行なった。内閣の最重要課
　　　　　題として、1.行政改革　2.経済構造　3.金融システム　4.社会保障構造　5.財政構造の5改革をあ
　　　　　げた。

12.2　〔外交〕**日米安保協議委員会で最終報告**　池田外相、久間防衛庁長官、ペリー国防長官
　　　　　らが、委員会を開いて、沖縄施設・区域特別行動委員会（SACO）の最終報告を了承した。11
　　　　　施設の返還面積(5002ha、21%)や時期などが確定。普天間飛行場については、1.沖縄本島東
　　　　　海岸に海上ヘリポート（長さ約1500m）を建設する　2.普天間実施委員会を設置して、1997年7
　　　　　月までに実施計画を作成する。

12.12　〔国会〕**消費税5%へ**　新進党が国会提出した「2001年まで消費税率3%据え置き」につい
　　　　　て、衆議院税制問題等特別委員会で与野党論戦の末、反対多数で否決された。13日本会議で
　　　　　も否決され、1997年4月から消費税が5%に引き上げることが確定した。

12.16　〔政党〕**羽田元首相、新進党離党**　新進党の小沢党首は、羽田元首相と離党について会
　　　　　談したが、慰留に失敗した。26日、羽田ら13人が離党し、新党太陽党の結党式を行なった。

1997年
(平成9年)

1.6　〔政党〕**久保社民党副党首、離党**　前大蔵大臣で社民党副党首の久保亘が離党した。13
　　　　日民主改革連合に入党。所属の参議院議員7人も相次ぎ離党した。

1.7　〔外交〕**橋本首相、ASEAN各国へ出発**　橋本龍太郎内閣総理大臣が、ブルネイ・マ
　　　　レーシア・インドネシア・ベトナム・シンガポールのASEAN5ヵ国への歴訪に出発した。各
　　　　国首脳と会談し、14日にはシンガポールで歴訪総括演説を行ない、ASEAN外交の基本原則
　　　　を経済重視から政治重視に転換する考えを表明した。

1.20　〔国会〕**第140回国会召集**　第140回通常国会が召集された（〜6月18日、150日間）。橋本
　　　　龍太郎内閣総理大臣は衆参両院本会議で施政方針演説を行い、中央省庁再編を中心とする行
　　　　政改革など6つの改革を断行することを決意表明した。

1.25　〔外交〕**北朝鮮問題で日韓連携強化**　韓国の金泳三大統領が来日し、橋本龍太郎内閣総理
　　　　大臣と日韓首脳会談が行われた。韓国・北朝鮮（朝鮮民主主義人民共和）・アメリカ・中国の
　　　　4ヵ国協議の早期実現で連携を確認、また対北朝鮮政策で連携を緊密にすることで合意した。

1.29　〔事件〕**オレンジ共済組合事件で友部参院議員逮捕**　友部達夫参議院議員（新進党を離
　　　　党）の政治団体が運営していたオレンジ共済組合による詐欺事件で、参院本会議は友部議員
　　　　の逮捕許諾請求を議決、逮捕・起訴された。4月4日友部議員への議員辞職勧告決議が参院で
　　　　可決。2000年懲役10年の実刑判決。2001年有罪が確定、議員失職。

3.18　〔内閣〕**財政構造改革5原則提示**　橋本龍太郎内閣総理大臣は財政赤字を解消するため
　　　　「財政構造改革会議」を設置し、財政赤字を対GDP（国内総生産）比で3%以内にする目標達
　　　　成を2003年とするほか、公共投資基本計画などの、「改革5原則」を打ち出した。

3.22　〔政党〕**民主党、政治方針決定**　民主党第1回党大会が開催され、1997年度の政治方針を
　　　　決定した。与党と連立して政権参加せず、当面は野党の立場を果たしていくことを表明し
　　　　た。二人代表制の継続も確認。

－ 236 －

| 日本議会政治史事典 | 1997年（平成9年） |

3.27 〔内閣〕**日債銀を全面支援**　大蔵省と日本銀行は、経営不振の日本債券信用銀行（日債銀）を全面支援する方針を決定した。住専処理のために設立した「新金融安定化基金」を活用して日債銀の増資引き受けをするほか、都市銀行など大株主にも増資引き受けを要請した。4月10日、日債銀はアメリカ大手銀行のバンカース・トラストとの業務・資本提携に合意。

3.28 〔内閣〕**「規制緩和推進計画」890項目追加**　政府は、「規制緩和推進計画」の再改定として890項目を追加した計画を閣議決定した。1996年3月の改定計画に新規分を加え、累計2823項目が盛り込まれた。

4.17 〔法律〕**駐留軍用地特別措置法改正**　沖縄米軍用地の暫定使用を可能にするのための改正「駐留軍用地特別措置法」は、新進党・民主党ら野党の賛成を受け圧倒的多数で11日衆議院本会議で可決、17日の参議院本会議で可決成立した。与党である社民党は過去の経緯から改正案に反対することを決め、村山富市前内閣総理大臣は棄権した。4月23日施行。

5.8 〔法律〕**アイヌ新法成立**　「アイヌ文化の振興並びにアイヌの伝統等に関する知識の普及及び啓発に関する法律」が可決成立。衆参両院の委員会で、アイヌの先住権は歴史的事実であるとする付帯決議がなされた。7月1日の施行にともない、1899年に制定された「北海道旧土人保護法」は廃止された。

6.7 〔外交〕**日米防衛新ガイドライン中間報告**　日米両国政府は、局長級の日米防衛協力小委員会を開いて、「日米防衛協力のための指針」見直しの中間報告が決定し、発表された。旧指針では日本有事対応が中心だったが、新指針では日本周辺有事の体制強化を詳細に盛り込んだ40項目が新たに明記されているのが特徴。

6.11 〔法律〕**均等法改正**　改正「男女雇用機会均等法」と関連法が可決成立。努力目標だった募集・採用や配置・昇進における男女差別が禁止となる。セクシャル・ハラスメントの防止義務が盛り込まれた一方、深夜業を規制していた女子保護規定は廃止された。6月18日公布、1999年4月1日施行（一部を除く）。

6.11 〔法律〕**経済関連法成立**　改正「独占禁止法」・改正「日本銀行法」などの経済の重要法案の改正が可決成立した。持ち株会社を原則解禁する改正「独占禁止法」は12月17日施行、大蔵省からの日本銀行の独立性を高め、金融政策の透明性を確保することを目的とした改正「日本銀行法」は1998年4月1日施行。

6.16 〔法律〕**医療保険制度改革関連法成立**　「健康保険法」「国民健康保険法」「老人保健法」「船員保険法」など計6法の一部を改正した医療保険制度改革関連法案が5月8日衆議院で可決、6月16日参議院で可決成立した。サラリーマン本人の一部負担が1割から2割に、医療費に含まれていた外来の薬剤費が医療費とは別途負担となる。9月1日施行。

6.17 〔法律〕**「臓器移植法」成立**　「臓器移植法」が可決成立。自民党の中山太郎元外務大臣らが提出した法案が4月24日衆議院で可決されたのち、脳死を一律に人の死とせず、事前に臓器提供の意思明確にした人に限るという修正がなされて6月17日参議院で可決、衆院に回付され成立。10月16日施行。

6.18 〔政党〕**細川元首相、新進党離党**　通常国会会期末の18日に、細川護熙元内閣総理大臣が、新進党を離党することを発表した。旧日本新党系議員の離党があとに続いた。

7.12 〔政治〕**カンボジア情勢で自衛隊機派遣**　橋本龍太郎内閣総理大臣はカンボジアの軍事情勢の悪化に対し、邦人救出に備えて航空自衛隊輸送機3機をタイのウタパオ基地へ派遣。16日情勢は鎮静化したとして撤収を決定。

8.18 〔内閣〕**行政改革会議集中討議**　橋本龍太郎内閣総理大臣を会長とする行政改革会議が開始された（〜21日）。中央省庁再編案の集中討議が行われ、1府12省庁への再編、将来の郵政民営化の方針などが決定された。

9.4 〔外交〕**橋本首相訪中**　橋本龍太郎内閣総理大臣が中国を訪問、李鵬首相と日中首脳会

— 237 —

1997年（平成9年）　　　　　　　　　　　　　　　　　　　　　　　　　　　　　　　　日本議会政治史事典

　　　談。橋本首相は中国側が懸念している日米防衛指針（ガイドライン）見直しについて、特定
　　　地域を想定していないと理解を求める。

9.5　　〔政党〕自民党、単独過半数回復　　自民党は新進党を離党した北村直人衆議院議員の復
　　　党によって衆院議席数が251となり、党分裂以来4年3ヵ月ぶりに単独過半数を回復した。

9.8　　〔政党〕自民党、橋本総裁を再選　　自民党総裁選が告示され、橋本龍太郎内閣総理大臣
　　　が13年ぶりの無投票で再選された。党役員は留任。

9.11　　〔内閣〕第2次橋下改造内閣発足　　行財政改革など6つの改革の実現を掲げて、第2次橋本
　　　龍太郎改造内閣が発足した。小渕恵三外務大臣・三塚博大蔵大臣・小泉純一郎厚生大臣が留
　　　任。ロッキード事件で有罪判決を受けた佐藤孝行が行政改革担当の総務庁長官に起用された
　　　（社民党・新党さきがけの反対で22日辞任）。

9.18　　〔政党〕民主党、二人代表制廃止　　民主党は両院議員総会を開き、二人代表制を廃止し
　　　て菅直人を代表、鳩山由紀夫を幹事長とする体制を了承した。

9.23　　〔外交〕日米ガイドライン決定　　日米両政府は日米安全保障協議委員会で「新しい日米
　　　防衛協力のための指針」（ガイドライン）を決定した。周辺有事の際の空港・港湾の使用な
　　　ど、緊密な協力関係を明記した。日本の集団的自衛権の行使、アメリカ軍への後方支援の地
　　　理的制限の撤廃など、日米同盟の本質を転換するもので、5月に提出される国会未審議の安
　　　保法制を既成事実として作成された。

9.29　　〔国会〕第141回国会召集　　第141回臨時国会が召集された（～12月12日）。橋本龍太郎内
　　　閣総理大臣は所信表明演説で佐藤孝行前総務庁長官の入閣・辞任を謝罪。衆参両院本会議で
　　　施政方針演説を行い、中央省庁再編を中心とする行政改革など6つの改革を断行することを
　　　決意表明した。

11.1　　〔外交〕日露首脳会談　　橋本龍太郎内閣総理大臣がロシアを訪問、クラスノヤルスクでボ
　　　リス・エリツィン大統領と日露首脳会談。日露経済協定合意。2日、北方領土問題を解決し
　　　て2000年までの平和条約締結へ向けて努力することで合意。

11.12　　〔外交〕日朝国交正常化交渉再開で合意　　自民党・社民党・新党さきがけの与党訪朝団、
　　　平壌で朝鮮労働党の代表団と会談、日朝国交正常化交渉の早期再開、日本人妻里帰り継続で
　　　合意。拉致疑惑では平行線だったが、14日に行方不明者として調査すると発表。

11.28　　〔法律〕「財政構造改革法」成立　　危機的な状況に陥っている財政を立て直すための具体
　　　的な数値目標を明示した「財政構造改革法」が、自民党・社民党・新党さきがけの与党3党の
　　　賛成により11月6日衆議院で可決、28日参議院で可決成立。12月5日施行。

12.1　　〔外交〕地球温暖化防止への京都会議　　二酸化炭素などの地球温暖化を引き起こすガス
　　　の排出削減を目指し、気候変動枠組み条約第3回締約国会議が開幕。約170の国と地域が参加
　　　した。11日先進国の温暖化ガス削減目標を盛り込んだ「京都議定書」を採択。

12.9　　〔法律〕「介護保険法」成立　　高齢者への介護サービスを40歳以上の国民が支払う保険料
　　　と公費で賄う公的介護保険制度を発足させる「介護保険法」が3日参議院で可決、9日衆議院
　　　で可決成立。12月17日公布、2000年4月1日の施行とともに介護保険制度がスタートする。

12.12　　〔法律〕「預金保険法」改正　　北海道拓殖銀行・山一証券の経営破綻を受け、金融不安へ
　　　の対応策の一環として、12月5日衆議院大蔵委員会に「預金保険法」改正案が提出された。
　　　預金保険機構の資金援助の対象に経営不振の金融機関・金故持ち株会社を追加するもの。銀
　　　行の安易な延命につながるとして野党が反対するなか委員会は与党の賛成多数で可決、野党
　　　欠席のまま9日衆院本会議、12日参議院本会議でも可決し、成立した。12月19日施行。

12.17　　〔内閣〕橋本首相、特別減税を発表　　橋本龍太郎内閣総理大臣が緊急記者会見を開き、景
　　　気低迷の打開を目指し赤字国債を財源に補正予算で2兆円の特別減税を実施すると発表した。

－ 238 －

| 日本議会政治史事典 | 1998年（平成10年） |

12.18 〔政党〕**新進党党首選** 新進党の党首選挙が行われ、小沢一郎党首が鹿野道彦元総務庁長官を僅差で破り、再選された。

12.24 〔内閣〕**貸し渋り対策に公的資金投入** 自民党の緊急金融システム安定化対策本部、金融安定化対策のための支援策を発表。金融機関の自己資本強化のため優先株を購入するにあたって国債3兆円、日銀融資10兆円などの公的資金を投入する。

12.24 〔政治〕**名護市ヘリ基地受け入れ表明** 橋本龍太郎内閣総理大臣は大田昌秀沖縄県知事と比嘉鉄也名護市長と個別に会談、普天間飛行場の代替ヘリポート建設への協力を要請。比嘉市長は建設の受け入れとともに市長辞任を表明。

12.26 〔政党〕**新党「フロムファイブ」結成** 細川護熙元内閣総理大臣ら衆参の国会議員5人、新党「フロムファイブ」を結成した。

12.27 〔政党〕**新進党解党** 新進党は両院議員総会を開き、小沢一郎党首が解党を宣言。結党以来3年で解党となった。政界再編成の動きが加速する。

1998年
（平成10年）

1.4 〔政党〕**新党平和、黎明クラブ結党** 新進党の解党により、旧公明党系の衆議院議員37人が新党平和を結成、代表に神崎武法を選出。旧公明党系の参議院議員18人は黎明クラブを結成し、代表に白浜一良を選出。黎明クラブは18日、非改選の参院議員と地方議員で結成されていた公明に合流、代表に浜四津敏子元環境庁長官を選出した。

1.12 〔国会〕**第142回国会召集** 第142回通常国会が召集された（～6月18日）。橋本龍太郎内閣総理大臣は冒頭、通例の施政方針演説に代えて、異例の「金融システム安定化対策と経済運営に関する演説」を行う。

1.23 〔政党〕**民政党結党大会** 国民の声・太陽党・フロムファイブが合流して誕生した、民政党の結党大会が開かれ、代表に羽田孜旧太陽党党首が就任した。

1.26 〔事件〕**大蔵省汚職事件で官僚逮捕、三塚蔵相辞任** 大蔵省金融証券検査官室長らが収賄容疑で逮捕された。28日、三塚博大蔵大臣が引責辞任、30日松永光衆議院予算委員長が後任に就任。

2.6 〔政治〕**代替ヘリ基地に沖縄県知事反対表明** アメリカ軍の普天間飛行場返還の替わりに建設が計画されている名護市沖ヘリポートについて、大田昌秀沖縄県知事が正式に反対することを決定した。一方2月8日に行われた名護市市長選挙では、地域振興を訴えた岸本建男前助役が基地建設反対派を破って当選した。

2.13 〔外交〕**イラクへの米武力行使に賛成** 小渕恵三外務大臣と来日中のビル・リチャードソン米国連大使が会談、日本政府は武力行使を選択肢とするアメリカと共同歩調をとると会談後の共同記者会見で表明。

2.16 〔法律〕**金融安定化2法成立** 金融システム不安の解消のため、預金保険機構の財源強化を図って公的資金投入を盛り込んだ「金融機能安定化緊急措置法」と改正「預金保険法」が参議院で可決、成立。2月18日施行。

2.19 〔事件〕**新井衆院議員が自殺** 自民党の新井将敬衆議院議員がホテルで首をつって自殺しているのが発見された。日興証券から利益供与を受けていたとして、東京地検から衆議院

— 239 —

1998年（平成10年）   日本議会政治史事典

に出された逮捕許諾請求が決定されていた。

3.13 〔法律〕「**組織的犯罪対策法**」**を閣議決定**　暴力団などの犯罪集団を取り締まるためと
して、組織的犯罪対策3法案が閣議決定された。捜査機関に電話などの通信傍受を認めるほ
か、マネーロンダリングの処罰を盛り込むもの。

3.19 〔法律〕**NPO法成立**　福祉や国際交流などの分野で活動する民間の非営利法人（NPO）
を支援するため、「特定非営利活動促進法（NPO法）」が衆議院で可決、成立。3月25日公布、
12月1日施行。

3.26 〔内閣〕**新全総案発表**　政府は2010〜2015年目標で新しい「全国総合開発計画」の案をま
とめた。人口と諸機能の一極集中型から、4つの国土軸が連携しあう多軸型国土構造への転
換を提唱。

4.2 〔外交〕**橋本首相、3ヵ国の首脳と会談**　橋本龍太郎内閣総理大臣、ロンドンでアジア欧
州会議（ASEM）に出席、3ヵ国の首脳と会談を行った。イギリスのトニー・ブレア首相とは
アジア経済危機克服のためのヨーロッパの援助を、初会談となる韓国の金大中大統領とは
「21世紀に向けた新しいパートシップ」の構築を、同じく初会談となる中国の朱鎔基首相と
は日中平和友好条約締結20周年を実りあるものとすることを、それぞれ確認。

4.8 〔国会〕**1998年度予算成立**　1998年度予算案、参議院で与党3党などの賛成多数で可決、
成立。9日、橋本龍太郎内閣総理大臣は財政構造改革を転換して景気浮揚に全力で取り組む
と表明。

4.24 〔内閣〕**過去最大の総合経済対策決定**　政府、景気浮揚のため、「財政構造改革法」の改
正、特別減税の追加・継続などを含んだ過去最大の事業規模となる16兆6500億円の総合経済
対策を決定した。財政出動も12兆円と過去最大に。

4.27 〔政党〕**民主党結党大会**　旧民主党・旧民政党・新党友愛・民主改革連合の4党がが合流
して誕生した、新民主党の結党大会が開かれ、代表に菅直人旧民主党代表が、幹事長には羽
田孜旧民政党代表がそれぞれ就任した。国会議員の数は衆参合わせて131。

4.28 〔内閣〕**ガイドライン関連法案閣議決定**　新しい「日米防衛協力のための指針」（ガイド
ライン）実施のため、「周辺事態法」と改正「自衛隊法」の法案を閣議決定、国会に提出し
た。社民党は反対。

5.12 〔法律〕「**サッカーくじ法**」**成立**　「スポーツ振興投票法（サッカーくじ法）」、衆議院で
可決、成立。スポーツ振興の資金確保のため、サッカーJリーグの試合結果を予想するくじ
発行について定めた。11月19日施行。

5.30 〔政党〕**社民党、閣外協力解消を決定**　社民党は両院議員総会を開き、橋本内閣への閣
外協力を解消することを正式決定。31日新党さきがけも解消を決定。6月1日、橋本龍太郎内
閣総理大臣・土井たか子社民党党首・武村正義新党さきがけ代表は党首会談を開き、社民
党・新党さきがけの閣外協力の解消を表明、自社さ体制が終了した。

6.5 〔法律〕「**PKO協力法**」**改正**　改正「国連平和維持活動（PKO）協力法」が参議院で可
決、成立。隊員の武器使用を個人の判断から上官命令に変更。6月12日施行。

6.5 〔法律〕「**金融システム改革法**」**成立**　日本版ビッグバン推進のため、金融・証券・保険分
野の規制緩和策などを定めた「金融システム改革法」が参議院で可決、成立。12月1日施行。

6.9 〔法律〕「**中央省庁改革基本法**」**成立**　中央省庁を1府12省庁に再編する「中央省庁改革
基本法」が参議院で可決、成立。独立行政法人の創設も定める。6月12日施行。

6.11 〔外交〕**日中両共産党、関係正常化で合意**　日本共産党と中国共産党、北京での実務者
協議で、断絶していた両党の関係を正常化することで正式に合意した。7月21日、北京で不

－ 240 －

不破哲三共産党委員長と江沢民中国国家主席が32年ぶりに会談。

6.20 〔外交〕**緊急通貨会議開催**　日本主催で、G7・ASEAN・中国・香港など18の国と地域の蔵相・中央銀行総裁らが参加した緊急通貨会議が開催された。G7とアジアとの協調、円安是正を確認した。

7.2 〔内閣〕**「金融再生トータルプラン」決定**　政府、「金融再生トータルプラン」を決定。破綻した金融機関の融資を引き継ぐ「ブリッジバンク」制度の導入を盛り込む。

7.12 〔選挙〕**第18回参議院選挙で自民惨敗**　第18回参議院議員通常選挙が行われた。自民党は16議席減らした44議席と惨敗。民主党は9議席アップで27議席、共産党は9議席アップで過去最高の15議席と躍進した。投票率が58.84％で、前回の44.52％を大きく上回った。

7.24 〔政党〕**自民党総裁選**　梶山静六前官房長官・小泉純一郎厚生大臣・小渕恵三外務大臣の3人が立候補して争われた自民党の代表選挙の投開票が行われ、小渕外相が新しい代表に選出された。25日、森喜朗幹事長・深谷隆司総務会長・池田行彦政調会長の党3役起用を決定。

7.30 〔国会〕**第143回国会召集**　第143回臨時国会が召集された（～10月16日）。衆議院が小渕恵三自民党総裁を、参議院が菅直人民主党代表を首相に指名。両院協議会は物別れに終わり、規定により小渕自民党総裁が内閣総理大臣に就任。

7.30 〔内閣〕**小渕内閣発足**　「経済再生内閣」と銘打った小渕恵三内閣が発足した。元首相の宮沢喜一を大蔵大臣に、作家の堺屋太一を民間から経済企画庁長官に、官房長官に野中広務を任命。

8.31 〔外交〕**北朝鮮ミサイル発射**　北朝鮮が弾道ミサイルを発射、三陸沖に着弾。日本政府は北朝鮮に抗議し、食料援助などを凍結。

9.18 〔法律〕**金融再生法案修正**　小渕恵三内閣総理大臣、金融再生関連法案の修正で菅直人民主党代表ら野党党首と個別に会談し、野党案を修正に盛り込むことで合意。10月12日「金融機能再生緊急措置法」・「金融再生委員会設置法」・改正「預金保険法」など8法、参議院で可決成立。

9.22 〔外交〕**日米首脳会談**　ニューヨークで小渕恵三内閣総理大臣がビル・クリントン大統領と初の首脳会談、金融安定化と北朝鮮情勢について確認。

9.30 〔外交〕**対人地雷禁止条約批准**　「対人地雷全面禁止条約（オタワ条約）」の批准承認を参議院で可決、成立。

10.7 〔外交〕**金大中大統領来日**　金大中韓国大統領夫妻が来日。8日、小渕恵三内閣総理大臣と日韓首脳会談。小渕首相は植民地支配への反省とおわびを表明、会談後未来志向の「日韓共同宣言」を発表。

10.14 〔法律〕**「議院証言法」改正**　改正「議院における証人の宣誓及び証言等に関する法律（議院証言法）」が衆議院で可決、成立。証人喚問中のテレビ中継や写真撮影が条件つきながら解禁される。11月10日施行。

10.14 〔政治〕**経済戦略会議、緊急提言**　小渕恵三内閣総理大臣の諮問機関である経済戦略会議、10兆円を超える追加財政出動などを含む緊急提言を首相に提出した。

10.15 〔法律〕**旧国鉄長期債務処理法成立**　「日本国有鉄道清算事業団債務処理法」が参議院で可決、成立。日本国有鉄道清算事業団（国鉄清算事業団）の長期債務の大部分を国の一般会計に受け入れ、残りを日本鉄道建設公団（鉄建公団）とJR各社に負担させるもの。22日施行、同日国鉄清算事業団は解散した。

10.20 〔政党〕**新党さきがけ解党**　新党さきがけ、解党式を開き活動終了。残った議員2人で新しくさきがけを発足させた。

1999年（平成11年）   日本議会政治史事典

10.23 〔内閣〕**金融再生担当相を新設**　小渕恵三内閣総理大臣、新しく金融再生担当大臣のポストを設け、柳沢伯夫国土庁長官を任命。国土庁長官は井上吉夫北海道・沖縄開発庁長官が兼務。

11.7 〔政党〕**公明党復活**　新党平和と公明、合流して公明党結党大会を開き、4年ぶりに「公明党」が復活した。代表に神崎武法新党平和代表、代表代行に浜四津敏子公明代表、幹事長に冬柴鉄三新党平和幹事長が就任。国会議員65人。

11.11 〔外交〕**小渕首相ロシア訪問**　小渕恵三内閣総理大臣、ロシアを訪問。12日モスクワで日露首脳会談、クラスノヤルスク合意を確認。13日、平和条約締結の目標を2000年までと明記した「モスクワ宣言」発表。

11.16 〔内閣〕**緊急経済対策を決定**　政府、総事業費過去最大の24兆円の緊急経済対策を決定。

11.19 〔政党〕**自民・自由、党首会談**　自民党総裁である小渕恵三内閣総理大臣、小沢一郎自由党党首と党首会談を行う。1999年の通常国会までに連立政権を樹立することで合意。

11.19 〔内閣〕**防衛庁の背任事件で処分**　額賀福志郎防衛庁長官、防衛庁の背任事件で証拠の組織的隠滅を認め、事務次官らの処分を発表。10月16日に現行憲法下で初めての問責決議が可決されていた額賀長官も11月20日に辞任し、野呂田芳成元農相が後任に任命された。

11.27 〔国会〕**第144回国会召集**　第144回臨時国会が召集された（～12月14日）。小渕恵三内閣総理大臣、2000年度までの経済再生を図ると所信表明演説。

11.28 〔外交〕**初の日韓閣僚懇談会**　鹿児島市で初めての日韓閣僚懇談会が開催される。小渕恵三内閣総理大臣に金鍾泌韓国首相が天皇訪問を要請。日韓新漁業協定が結ばれた。

11.30 〔政党〕**山崎派結成**　自民党の山崎拓前政調会長、国会議員37人で旧渡辺派から独立して山崎派（近未来政治研究会）を結成。

12.11 〔政党〕**「危機突破・改革議連」発足**　自民党の非主流派グループ、「危機突破・改革議員連盟」を立ち上げる。国会議員78人で設立総会を開き、代表に梶山静六元官房長官、幹事長に亀井静香元建設大臣を選出。

12.11 〔政党〕**森派結成**　自民党三塚派の緊急総会で、会長の三塚博元大蔵大臣が、会長を会長代行の森喜朗幹事長に禅譲。森派となる。

12.22 〔政党〕**加藤派結成**　自民党宮沢派は臨時総会で、宮沢喜一大蔵大臣から加藤紘一前幹事長へ会長を交代することを決定、加藤派が発足。河野洋平らが退会したため国会議員の数は70人。

1999年
（平成11年）

1.14 〔内閣〕**小渕連立内閣発足**　自民党・自由党2党による小渕連立内閣が発足。小渕恵三内閣総理大臣は、前年11月の自由党・小沢一郎党首との合意に基づいて3閣僚を退任させ、同党幹事長・野田毅を自治大臣に起用。自自連立では参議院は未だ過半数に至らず、政権のさらなる安定を図る小渕首相は、公明党を加えた自自公連携を推進した。

1.18 〔政党〕**民主党、菅代表再選**　民主党初の定期党大会で党代表選が行われ、菅直人代表が再選した。新執行部は羽田孜幹事長が留任、中野寛成代表代行が政調会長に就任した。

— 242 —

日本議会政治史事典		1999年（平成11年）

1.19 〔国会〕**第145回国会召集**　第145通常国会が召集された。8月13日まで、会期207日間。小渕恵三内閣総理大臣は、施政方針演説で1999年度を「経済再生元年」と位置づけ、実質経済成長率の0.5％成長を公約。継続審議となっている「日米防衛協力の指針（ガイドライン）関連法」の早期成立にも強い意欲を表明した。本国会では自自連立によって国会の運営が円滑化し、1999年度予算は戦後最速となる3月17日に成立。連立参加に傾斜した公明党の協力を得て、参議院での安定多数を確保したことにより、前述の「ガイドライン関連法」など重要法案が次々と成立した。

3.20 〔外交〕**ソウルで日韓首脳会談**　韓国を訪問していた小渕恵三内閣総理大臣が、ソウルで金大中大統領と会談。北朝鮮の中長距離ミサイルの開発・発射は容認できない考えで一致し、米国を含む3国の緊密な連携を確認した。経済面では、日韓投資協定の早期締結を目指す「日韓経済アジェンダ21」を発表。

5.7 〔法律〕**情報公開法成立**　参議院本会議で「情報公開法」が可決成立。中央省庁の行政文書等の原則公開が義務づけられた。2001年4月1日施行。

5.24 〔法律〕**ガイドライン関連法成立**　「周辺事態に際して我が国の平和及び安全を確保するための措置に関する法律（周辺事態法）」、「自衛隊法の一部を改正する法律（改正「自衛隊法」）」、改正「日米物品役務相互提供協定（ACSA）」の2法1協定からなる「ガイドライン関連法」が、参議院本会議で可決成立した。橋本内閣が前年に提出した同法の早期成立は、小渕内閣にとって重要課題であった。当初は「周辺事態」の定義等をめぐって野党の追及を受けたが、4月下旬に自民党・自由党・公明党の3党が共同修正を加えることで合意。同法は4月27日に衆議院を通過した。この修正協議の過程で公明党が連立参加に傾斜し、自自公3党主導体制に道筋をつけた。

6.18 〔外交〕**ケルン・サミット開幕**　ドイツのケルンで、第25回主要国首脳会議（サミット）が開幕。同日午後のG7首脳による経済討議では世界経済、国際金融システムの強化等が議論され、日本に景気刺激措置の持続を求める等の首脳声明を採択。同日午後、小渕恵三内閣総理大臣とビル・クリントン大統領が日米首脳会談を行い、米中関係の改善で合意。20日、「世界経済を持続的成長に向ける対処」「不拡散、軍備管理及び軍縮の促進」等を盛り込んだG8宣言、コソボ問題・中東和平プロセスなど地域問題に関するG8声明を採択して閉幕した。

7.8 〔法律〕**中央省庁改革関連法、地方分権一括法成立**　1府22省庁を1府12省庁に再編する「中央省庁改革関連法」（「内閣府設置法」、各省庁設置法等17法）と、機関委任事務の廃止を柱とする「地方分権の推進を図るための関係法律の整備等に関する法律」（地方分権一括法）が参議院本会議で可決成立。

7.9 〔外交〕**中国で日中首脳会談**　前日より中国を訪問中の小渕恵三内閣総理大臣が、朱鎔基国務院総理・江沢民国家主席と会談。小渕首相は「ガイドライン関連法」の「周辺事態」の認定に関し、中国との友好関係を重視すると表明。中国の世界貿易機関（WTO）加盟をめぐる交渉では、外資規制の緩和等で合意。21世紀に向けた日中協力を着実に推進することで一致した。

8.6 〔法律〕**産業再生法成立**　参議院本会議で、企業の生産性向上を目的とした「産業活力再生特別措置法」（「産業再生法」）が可決成立。10月1日施行。

8.9 〔法律〕**国旗・国歌法成立**　参議院本会議で「国旗及び国歌に関する法律」（「国旗・国歌法」）が可決成立し、日の丸・君が代が法制化された。13日公布、施行。

8.12 〔法律〕**改正住民基本台帳法成立**　全国民の住民票にコード番号を付し、本人確認事務の効率化を図る「住民基本台帳法の一部を改正する法律」（改正「住民基本台帳法」）が、参議院本会議で可決成立。

8.12 〔法律〕**組織犯罪対策3法成立**　「組織的な犯罪の処罰及び犯罪収益の規制等に関する法律（組織的犯罪処罰）」、「犯罪捜査のための通信傍受に関する法律（通信傍受法）」、「刑事訴訟法

－ 243 －

の一部を改正する法律（改正「刑事訴訟法」）」の組織犯罪対策3法が、参議院本会議で可決成立。野党は同時に可決された改正「住民基本台帳法」ともども、個人のプライバシーの侵害だとして、1992年の「PKO協力法」以来7年ぶりとなる牛歩戦術や長時間演説で激しく抵抗。徹夜の攻防を経ての採決となったが、連立に向けて結束を深めた自自公に多数で押し切られる形となった。

9.21 〔政党〕**自民党、小渕総裁再選**　8月13日、小渕恵三総裁は自由党の小沢一郎党首・公明党の神崎武法代表と会談し、9月の自民党総裁選後に自自公連立政権を発足することを確認した。この公明党の連立参加路線が争点となった自民党総裁選に、小渕総裁、加藤紘一前幹事長、山崎拓前政調会長の3候補が出馬。21日に党員・党友投票の開票と党所属議員の投開票が行われ、自自公批判を展開した加藤・山崎に小渕が圧勝して再選を決めた。30日、小渕総裁が党三役を決定。森喜朗幹事長は留任、総務会長に前政調会長池田行彦、政調会長には亀井静香が就任した。

9.25 〔政党〕**鳩山由紀夫、民主党代表に**　公明党の連立参加傾斜で守勢に立たされ、菅直人代表の党運営にも反発が強まる中、11日に民主党代表選が告示された。リベラル系は3選を目指す菅代表、保守系の若手議員や旧民社党系議員は「ニューリベラル」を掲げる鳩山由紀夫幹事長代理、旧社会党系議員は横路孝弘総務会長を擁立。25日、臨時党大会で党代表戦の投開票が行われた。3候補間で争われた代表選は鳩山・菅の決戦投票となったが、鳩山が52票差で当選し、第2代代表となった。

10.5 〔内閣〕**小渕新連立内閣発足**　9月下旬から自民党・自由党・公明党3党による自自公連立協議が本格化。10月4日、衆議院定数について比例代表20削減を次期臨時国会冒頭で処理すること、消費税の福祉目的税化等で合意。5日、自自公3党による小渕恵三新連立内閣が発足。前年7月の内閣発足以来、初めて両院で過半数を確保（衆院357議席、参議院141議席）し、与野党逆転の「ねじれ」が解消された。

10.19 〔政治〕**西村防衛次官、核武装発言**　西村真悟防衛政務次官（自由党）が、雑誌の対談で核武装を国会で検討すべきと発言。翌20日辞任し、後任に同じ自由党の西川太一郎が任命された。

10.29 〔国会〕**第146回国会召集**　第146回臨時国会が召集された。会期は12月15日まで。

2000年
（平成12年）

1.10 〔外交〕**小渕首相、東南アジア3ヵ国歴訪**　小渕恵三内閣総理大臣が、カンボジア・ラオス・タイの3ヵ国歴訪に出発。翌11日、カンボジアのフン・セン首相と会談。小渕首相はポル・ポト派政権幹部の罪を問う特別法廷に、日本人判事を派遣すると表明した。

1.20 〔国会〕**第147回国会召集**　第147通常国会が召集された。6月2日まで、会期135日間。同日、衆参両院に憲法調査会が設置され、本格的な憲法論議が開始されることとなった。

2.2 〔法律〕**「定数削減法」成立**　1月27日、民主党・共産党・社民党の野党3党欠席のなか、衆議院本会議で衆院比例定数を20削減する「公職選挙法」改正案（「定数削減法」案）が可決。翌28日、野党欠席のまま行われた異例の施政方針演説で、小渕恵三内閣総理大臣は景気対策を優先する考えを表明。7月の九州・沖縄サミット成功に尽力することを強調した。2月2日、野党3党欠席のまま、参議院本会議で改正「公職選挙法」（「定数削減法」）が可決成立。これにより、衆議院比例定数は480となった。

— 244 —

日本議会政治史事典	2000年（平成12年）

3.13　〔外交〕**北朝鮮、日本人拉致疑惑調査開始**　中国・北京で日朝赤十字会談が行われ、北朝鮮側は日本人拉致疑惑について調査を開始したと表明。被害者を発見した場合には日本側に通報し、適切な措置をとると明言した。

3.16　〔外交〕**米国防長官、沖縄航空管制権返還を表明**　来日中のウィリアム・コーエン米国防長官が、河野洋平外務大臣と会談。コーエン長官は、米軍嘉手納基地の管制下にある沖縄の航空管制権を日本に返還する考えを初めて表明した。

4.1　〔政党〕**自由党連立離脱・分裂**　小渕恵三内閣総理大臣（自民党総裁）、自由党・小沢一郎党首、公明党・神崎武法代表の与党3党首による政権運営協議が決裂。小渕首相は自由党との連立解消を表明した。3日、野田毅・前自治大臣ら、自由党から離れて連立政権残留を望むグループが保守党を結成し、扇千景参議院議員が党首に就任。5日、保守党所属議員26人が自由党に離党届を提出した。

4.2　〔内閣〕**小渕首相緊急入院**　小渕恵三内閣総理大臣が、脳梗塞で緊急入院。4日、早期回復は困難との判断から内閣総辞職。憲法70条の規定（内閣総理大臣が欠けたとき）による初の総辞職となった。翌5日、自民党両院議員総会で、森喜朗幹事長が後継総裁に選出された。5月14日死去。

4.5　〔内閣〕**森連立内閣発足**　衆参両院本会議で、森喜朗自民党総裁が第85代内閣総理大臣に指名される。森首相は公明党・神崎武法代表、保守党・扇千景党首と会談し、3党連立に合意。小渕内閣の閣僚を全員再任し、自公保3党による森喜朗連立内閣が発足した。

4.7　〔国会〕**森首相、所信表明演説**　衆参両院本会議で、森喜朗内閣総理大臣が就任後初の所信表明演説を行い、小渕内閣の基本政策継承を表明。新内閣を「日本新生内閣」と位置づけ、景気回復や教育改革に注力する考えを示した。

5.9　〔法律〕**改正公職選挙法成立**　衆議院本会議で、比例選出議員の政党間移動を禁止する改正「公職選挙法」が可決成立。

5.14　〔政治〕**小渕前首相死去**　入院後意識を回復することなく、小渕恵三前内閣総理大臣が脳梗塞で死去。

5.15　〔政治〕**森首相、「神の国」発言**　森喜朗内閣総理大臣が、自らが顧問を務める政治団体の会合で「日本の国は天皇中心の神の国」と発言。野党側から強い反発を受けるなど問題化し、17日参議院本会議で正式に陳謝した。

6.2　〔国会〕**衆議院解散**　衆議院が解散。これを受けて、森内閣は第42回衆院議員総選挙の13日公示、25日投票を閣議決定した。

6.3　〔政治〕**森首相、「国体」発言**　森喜朗内閣総理大臣が、奈良市で行われた演説会で「共産党と組む野党連立政権で《国体》を守ることができるのか」と発言。野党側が一斉に反発し、問題化する。26日、森首相は首相官邸で異例の記者会見を行ない、陳謝した。

6.25　〔選挙〕**第42回衆議院選挙で与党後退・民主躍進**　第42回衆議院議員総選挙が行われた。与党3党は、自民党233議席（37減）、公明党31議席（11減）、保守党7議席（11減）とそれぞれ後退したものの、絶対安定多数を確保。一方、民主党は127議席（32増）を獲得する大躍進をみせ、自由党、社民党も善戦。共産党は6議席を失い、第5党に転落した。

7.4　〔国会〕**第148回国会召集**　第148特別国会が召集された。7月6日まで、会期3日間。同日、衆参両院本会議で、森喜朗内閣総理大臣が指名された。

7.4　〔内閣〕**第2次森連立内閣発足**　自民党・公明党・保守党の3党による第2次森連立内閣が発足。宮沢喜一大蔵大臣、河野洋平外務大臣らは再任。官房長官には中川秀直が就任した。

7.8　〔外交〕**九州・沖縄サミット蔵相会合開催**　第26回主要国首脳会議（九州・沖縄サミッ

– 245 –

2000年（平成12年）　　　　　　　　　　　　　　　　　　　　　　　　　　　　　　日本議会政治史事典

ト）に先立ち、福岡市博物館で蔵相会合開催。首脳会議でIT革命、国際金融システム強化等の蔵相報告を行なうことを決定した。12〜13日には宮崎市のシーガイアで外相会合が行われ、「紛争予防のためのG8（主要8ヵ国）宮崎イニシアティヴ」を採択した。

7.21　〔外交〕**クリントン大統領、返還後初の沖縄訪問**　第26回主要国首脳会議（九州・沖縄サミット）に出席するため、ビル・クリントン大統領が沖縄を訪問。1972年の返還後、米国大統領の沖縄訪問はこれが初となる。翌22日、森喜朗内閣総理大臣と日米首脳会談を行い、沖縄米軍基地の段階的な整理・縮小に努めることで合意。

7.21　〔外交〕**九州・沖縄サミット開幕**　沖縄県名護市の万国津梁館で、第26回主要国首脳会議（九州・沖縄サミット）が開幕。21世紀に向けた一層の繁栄と、心の安寧、世界の安定のためにG8が果たす役割を探るという観点から、様々な課題について議論が交わされた。中でも「情報技術（IT）革命」が最重要課題となり、22日、ITを21世紀を形作る原動力と位置づけた「グローバルな情報社会に関する沖縄憲章」を採択。23日、安全保障理事会を含む国連改革の必要性などを盛り込んだ「G8宣言」を採択して閉幕した。

7.28　〔国会〕**第149国会召集**　第149臨時国会が召集された。8月9日まで、会期13日間。衆参両院本会議で森喜朗内閣総理大臣が所信表明演説を行い、IT社会の実現や「教育基本法」改正に強い意欲を示した。

7.30　〔政治〕**久世金融再生委員長、更迭**　森喜朗内閣総理大臣が、三菱信託銀行等から利益供与を受けていたことが発覚した久世公堯金融再生委員長を更迭。後任には、相沢英之元経済企画庁長官が任命された。

8.19　〔外交〕**森首相、南西アジア4ヵ国歴訪**　森喜朗内閣総理大臣が、バングラデシュ・パキスタン・インド・ネパールを巡る南西アジア4ヵ国歴訪に出発。21日、パキスタンのイスラマバードで、パルヴェーズ・ムシャラフ陸軍参謀長と会談。23日にはインドのニューデリーでアタル・ビハリ・バジパイ首相と会談。ムシャラフ陸軍参謀長とバジパイ首相は、それぞれ核実験の一時的凍結の継続を表明した。

8.21　〔政党〕**民主党、鳩山代表再選**　民主党代表選が告示され、鳩山由紀夫代表が無投票で再選。衆議院議員総選挙の成果を受けて、党内で鳩山代表再選支持の気運が高まり、対立候補が必要な人数の推薦人を集められなかったことによる。

8.22　〔外交〕**第10回日朝国交正常化交渉**　東京と千葉県木更津市で、第10回日朝国交正常化交渉が行われた（〜24日）。日本側は日韓国交正常化の際と同じ経済協力方式（日韓方式）を提起し、拉致問題に対する真摯な対応を求めた。一方、朝鮮側は「過去の清算」を再優先とし、議論は平行線に。両者の接点を見いだす必要性を確認し、今後も交渉を継続していくことで合意した。

9.3　〔外交〕**プーチン大統領初来日**　ロシアのウラジーミル・プーチン大統領が来日（〜5日）。同大統領の日本公式訪問は、就任後これが初となる。4〜5日、森喜朗内閣総理大臣と日露首脳会談を行い、森首相は国境線を画定した上での平和条約締結を提案。プーチン大統領は領土問題の存在は認めたものの、この提案を拒否。領土問題を巡る溝は埋まらず、今後も平和条約締結交渉を継続していくことで一致した。

9.19　〔政党〕**共産党、自衛隊活用を容認**　第7回共産党中央委員会総会開催（〜20日）。11月の第22回党大会に提案する決議案に、有時を含めた自衛隊の「活用」容認を初めて明記。「社会主義革命」「前衛政党」の表現を削除する党規約改訂案を了承した。

9.21　〔国会〕**第150回国会召集**　第150臨時国会が召集された。12月1日まで、会期72日間。森喜朗内閣総理大臣は、所信表明演説で「日本型IT社会」の実現に向け、国民運動として取組む意欲を示した。

10.26　〔法律〕**改正「公職選挙法」成立**　衆議院本会議で、参議院比例代表選の「非拘束名簿

－ 246 －

日本議会政治史事典 　　　　　　　　　　　　　　　　　　　　　　　　　　　　　　　2001年（平成13年）

式」導入等を盛り込んだ改正「公職選挙法」が可決成立。候補者名・政党名のいずれかに投票する新制度は、2001年夏の次期参院選から実施。

10.27 〔内閣〕**中川官房長官、更迭**　森喜朗内閣総理大臣が、女性スキャンダルや右翼団体幹部との交際疑惑が問題となっている中川秀直官房長官を更迭。後任として、森派の福田康夫が初入閣した。

11.21 〔国会〕**森内閣不信任案否決**　衆議院本会議で、野党4党が提出した森内閣不信任案が反対多数で否決された。自民党では、当初は不信任決議案に賛成を表明していた加藤紘一元幹事長、山崎拓元政調会長らが、党内での協議の末これを撤回。衆院本会議欠席に戦術を転換し、病欠を含め42人が欠席した。

11.22 〔法律〕**あっせん利得処罰法成立**　参議院本会議で、与党3党が共同提出した「公職にある者等のあっせん行為による利得等の処罰に関する法律」（「あっせん利得処罰法」）が可決成立。政治家や公設秘書が公務員に口利きして報酬を得ることを禁じ、私設秘書は処罰対象外とした。

11.24 〔政党〕**第22回共産党大会**　第22回共産党大会が行われ、自衛隊の「活用」容認を明記した大会決議と、「社会主義革命」「前衛政党」の表現を削除する党規約改訂を一部修正して採択。不破哲三議長、志位和夫委員長、市田忠義書記局長の人事が了承された。

12.5 〔内閣〕**第2次森改造内閣発足**　2001年1月の中央省庁再編を見すえた第2次森喜朗改造内閣が発足。森内閣総理大臣は重要課題として景気回復と行政・教育改革を掲げ、行政改革担当大臣に橋本龍太郎元首相を任用。宮沢喜一大蔵大臣（再編後は財務大臣）を留任する異例の布陣を敷き、戦後2度目の首相経験者2名入閣となった。

12.15 〔内閣〕**次期防閣議決定**　総額25兆1600億円を目処にした次期中期防衛力整備計画（次期防・2001〜2005年度）が閣議決定。期間中の年度平均伸び率は0.7%で、過去最低となった。

2001年
（平成13年）

1.6 〔政治〕**「1府12省庁」始動**　中央省庁が1府22省庁から1府12省庁に再編された。行政機構の抜本的見直しは約半世紀ぶり。初閣議では閣僚と副大臣、政務官の倫理規定などを盛り込んだ「大臣規範」も決定した。

1.7 〔外交〕**森首相、アフリカ・ヨーロッパ訪問へ出発**　森喜朗首相は7日から15日にかけて、南アフリカ、ケニア、ナイジェリア、ギリシャを訪問。現職首相がサハラ砂漠以前のアフリカやギリシャを訪問するのは初めて。

1.15 〔事件〕**KSD疑惑で辞任相次ぐ**　財団法人ケーエスデー中小企業経営者福祉事業団（KSD）に関する疑惑により、16日に小山孝雄参議院議員が受託収賄容疑で逮捕。23日に額賀福志郎経済財政相が責任を取り辞任。自民党の村上正邦参議院議員会長は15日に議員会長を辞任、翌月22日には議員を辞職、3月1日に逮捕。

1.31 〔国会〕**第151回国会召集**　第151回通常国会が召集された。会期は6月29日まで。

2.10 〔内閣〕**実習船事故対応から首相退陣論強まる**　森喜朗首相が実習船事故当時、第一報を受けた後もゴルフプレーを続行したことなどが問題視され、首相退陣論が強まった。

3.10 〔内閣〕**森首相、退陣の意向を表明**　森喜朗首相は自民党5役と会談し、9月に予定され

― 247 ―

2001年（平成13年）   日本議会政治史事典

ていた党総裁選挙を7月の参院選前に繰り上げ実施する意向を示した。4月18日正式表明。

4.6 〔法律〕**「DV防止法」成立**　「配偶者からの暴力防止・被害者保護法（DV防止法）」が衆議院本会議で全会一致で可決、成立した。

4.23 〔政党〕**自民党総裁に小泉純一郎**　自民党総裁選が投開票され、小泉純一郎が他候補に大差をつけて第20代総裁に選ばれた。同時に党3役も一新された。

4.25 〔政党〕**「自公保」連立継続で合意**　自民党小泉純一郎総裁が公明党の神崎武法代表、保守党の扇千景党首と会談。政策合意を交わし、3党連立の継続を確認した。

4.26 〔内閣〕**小泉内閣が発足**　森内閣の総辞職を受け、衆参両議院は首相指名選挙を行い、自民党の小泉純一郎総裁が第87代首相に選出され、小泉内閣が発足。派閥順送り人事をやめ、女性閣僚は過去最多の5人。若手や民間人も大幅に登用した。

5.24 〔外交〕**日中外相会談**　田中真紀子外相が訪中し、教科書問題や台湾問題、靖国神社参拝問題などについて唐家璇外相と会談したが、互いの主張は平行線を辿った。

5.29 〔内閣〕**小泉内閣の支持率85％**　『読売新聞』が実施した全国世論調査（面接型）で小泉内閣の支持率が85.5％となり、内閣発足直後の値を上回った。不支持率は5.7％。

6.7 〔国会〕**ハンセン病で国会決議**　衆議院本会議で「ハンセン病問題に関する決議」を全会一致で採択。ハンセン病訴訟の熊本地裁判決を受けて、「らい予防法」の改廃をおこなわなかった立法不作為責任を認め、ハンセン病患者と元患者に謝罪をした。8日、参議院も同様に採択。

6.15 〔法律〕**「ハンセン病補償法」が成立**　ハンセン病元患者に補償金を支給する法律が参議院本会議で全会一致で可決、成立した。補償金は元患者一人あたり800万円〜1400万円となる見込み。

6.18 〔外交〕**田中外相が米国務長官と会談**　田中真紀子外相が米国務省でパウエル国務長官と会談し、米ミサイル防衛計画を「理解する」という日本政府の立場を説明。5月25日のディーニ伊外相との会談にて同計画を強く批判したと報道されたことについて、真意を説明した。

6.21 〔内閣〕**構造改革の基本方針策定**　政府の経済財政諮問会議（議長・小泉純一郎首相）が経済財政運営の基本方針を正式に決定。「聖域なき構造改革」を掲げ、不良債権の最終処理の実現、特殊法人の民営化など「7つの改革プログラム」を掲げた。

6.30 〔外交〕**小泉首相、ブッシュ大統領と日米首脳会談**　小泉純一郎首相とジョージ・W.ブッシュ米大統領がワシントン近郊で会談。首相の構造改革断行の決意に、大統領は支持を表明。京都議定書に関する日米高官協議の開始や経済協議の立ち上げなどを盛り込んだ共同声明を発表した。

7.20 〔外交〕**ジェノバ・サミット開催**　第27回サミット（主要国首脳会議）がイタリアのジェノバで開幕。G7が世界経済成長に向け、強調して寄与することなどをうたう声明を採択。22日、G8宣言を採択し、終了。京都議定書問題について「意見の不一致」を明記し、例年盛り込まれる「軍縮、核不拡散、軍備管理」は削除された。

7.29 〔選挙〕**第19回参議院選挙で自民大勝**　第19回参議院議員通常選挙が行われた。初の非拘束名簿式で実施。自民党が「小泉旋風」に乗り大勝、改選61議席を上回る64議席を獲得した。

8.7 〔国会〕**第152回国会召集**　第152回臨時国会が召集された。会期は8月10日まで。

8.10 〔政党〕**小泉総裁再選**　自民党は両院議員総会を党本部で開き、小泉純一郎総裁の再選を正式に決定。任期は2年間。

－ 248 －

		2001年（平成13年）

8.13 〔政治〕**小泉首相、靖国神社参拝**　小泉純一郎首相が靖国神社を参拝した。15日に参拝する意向を明言していたが、国内外の反発に配慮して予定を前倒しした。首相の靖国参拝は96年の橋本龍太郎首相以来5年ぶり。

9.17 〔政党〕**扇保守党首が辞任**　保守党は両院議員総会を開き、扇千景党首の辞任の意向を受け、後任の党首に野田毅幹事長を全会一致で選出した。

9.25 〔外交〕**日米首脳会談で支援立法を公約**　小泉純一郎首相が訪米、ジョージ・W.ブッシュ米大統領と会談。テロ根絶へ連帯することを確認した。首相は、テロに対する「米軍支援立法」の早期制定など7項目の支援措置を説明し、できる限りの協力を行うと約束した。

9.27 〔国会〕**第153回国会召集**　第153回臨時国会が召集された。小泉純一郎首相は衆参両院本会議で所信表明演説を行い、構造改革の推進、国際協調の精神でのテロ対策などを国民に呼びかけた。

10.8 〔外交〕**小泉首相が訪中**　小泉純一郎首相が訪中し、江沢民国家主席、朱鎔基首相とそれぞれ会談した。首相は日中戦争の被害者に対し「心からのおわび」の意を表明。また、対テロ対策として米軍などへ日本が後方支援を行うことに理解を求めた。

10.15 〔外交〕**小泉首相が訪韓**　小泉純一郎首相が訪韓し、金大中大統領と会談を行い、未来志向の関係構築に全力を尽くす考えを伝えた。会談に先立ち、西大門独立公園を訪問し、戦前の植民地支配に対して「心からの反省とおわび」の意を表明。

10.16 〔内閣〕**「テロ関連3法」が成立**　参議院テロ防止特別委員会は、「テロ対策特別措置法」案などテロ関連3法案と与党修正案を与党3党などの賛成多数で可決。18日、3法案は衆議院本会議で可決。19日、参院本会議で与党3党などの賛成多数で可決、成立した。

10.21 〔外交〕**日ロ首脳会談、北方領土問題に提案**　小泉純一郎首相が上海でロシアのプーチン露大統領と会談した。首相は北方領土問題を「歯舞、色丹」の返還時期、「国後、択捉」の帰属問題を平行して協議したい考えを明確にし、大統領は理解を示した。

11.4 〔外交〕**ASEAN首脳会議開幕**　東南アジア諸国連合（ASEAN）首脳会議がブルネイのバンダルスリブガワン市内で行われた。米同時多発テロを受けて、テロ撲滅対策を盛り込んだ「2001・ASEAN反テロ共同行動宣言」を採択。5日、小泉純一郎首相は中国の朱鎔基首相、韓国の金大中大統領と3者会談を行い、対テロ組織について連携を強化することで一致。3国の経済閣僚会合と外相会合を定期的に開くことでも合意した。

11.16 〔政治〕**自衛隊派遣基本計画が閣議決定**　「テロ対策特別措置法」に基づき、米軍後方支援・難民救援のための自衛隊派遣の基本計画を決定。イージス艦派遣は見送られた。20日、小泉純一郎首相は後方支援の実地要項を承認。中谷防衛庁長官が、海上、空港両自衛隊に対し派遣命令を出した。25日、後方支援と救援物資輸送のため、海上自衛隊の補給艦、掃海母艦、護衛艦の3隻が出航。自衛隊発足以来初めて、戦時の他国軍に対し軍事的支援が行われる。

11.27 〔国会〕**自衛隊派遣が国会で承認**　「テロ対策特別措置法」に基づく自衛隊派遣の国会承認案が衆議院本会議で可決された。30日、参議院本会議で可決、成立。民主党は賛成方針を立てていたが、両院で一部議員が造反し、反対や棄権・欠席した。

11.29 〔内閣〕**医療制度改革大綱発表**　政府・与党社会保障改革協議会が医療制度改革大綱をまとめた。サラリーマンらの医療費自己負担を現行の2割から3割へ引き上げ、診療報酬改定は引き下げで検討することなどが盛り込まれた。12月17日に政府と自民党が2002年度の診療報酬改定を1.3％引き下げることで合意。診療報酬本体の引き下げは初めて。薬科と医療材料も1.4％引き下げ、実質下げ幅は2.7％となる。

12.8 〔外交〕**日・EU首脳、緊密協力へ**　小泉純一郎首相がベルギーのブリュッセルを訪問し、日・EU定期首脳協議を行った。新たな日欧関係の構築をめざし「日・EU協力のための

－ 249 －

2002年（平成14年）　　　　　　　　　　　　　　　　　　　　　　　　　　　　　日本議会政治史事典

　　　　　行動計画」を採択。政治・安保分野でも日欧関係を強化する方向を打ち出した。

12.19　〔選挙〕衆院選挙区の区割り見直し案を勧告　衆議院選挙区確定審議会が、国勢調査結
　　　　　果に基づき衆院選挙区の区割りを改定する案をまとめ、小泉純一郎首相に見直しを勧告した。

2002年
（平成14年）

1.4　　〔内閣〕文化庁長官に河合隼雄　小泉純一郎首相が記者会見で、佐々木正峰文化庁長官
　　　　　の後任として京大名誉教授の河合隼雄の起用を発表。同長官の民間人起用は17年ぶり3人目。

1.20　　〔政治〕田中外相と野上次官を更迭　外務省が「アフガニスタン復興支援NGO会議」へ
　　　　　の2団体のNGOの参加を会議直前に拒否。翌日、会議最終日（22日）のオブザーバー参加を
　　　　　許可。24日、田中真紀子外相は衆議院予算委員会で、自民党の鈴木宗男衆院議院運営委員長
　　　　　の圧力があったと野上義二外務次官が認めたと発言。野上外務次官はこれを否定し、両者が
　　　　　対立した。29日、小泉首相は田中外相と野上外務次官をともに更迭。鈴木委員長も辞意を表
　　　　　明した。

1.21　　〔国会〕第154回国会召集　第154回通常国会が召集され、塩川財務相の財政演説が行わ
　　　　　れた。会期192日間で7月31日閉会。

1.21　　〔外交〕アフガン復興支援国際会議開幕　アフガニスタンの復興を支援するための国際
　　　　　会議が2日間に渡って東京で開催された。アフガニスタン暫定政権、60の支援国とEU、21の
　　　　　国際機関が参加。22日、総額45億ドルの経済支援や、教育など6分野に優先的に取り組むこ
　　　　　とを明記した共同議長報告を発表し、閉幕。

2.1　　〔内閣〕外相に川口環境相　小泉純一郎首相から外相就任を打診されていた緒方貞子アフ
　　　　　ガニスタン支援政府代表が正式に辞退。首相は川口順子環境相を新外相に、後任の環境相に
　　　　　元環境長官の大木浩を起用することを決定。

2.6　　〔政党〕鹿野民主党副代表が離党　民主党の鹿野道彦副代表の私設秘書の給与を経営コ
　　　　　ンサルタント会社「業際都市開発研究所」が肩代わりしていたことが明らかとなり、鹿野は
　　　　　事実を認め民主党を離党した。

2.11　　〔内閣〕2003年4月から医療費3割負担　政府・与党が、小泉純一郎首相の主張通り
　　　　　2003年4月からのサラリーマンの医療費の自己負担額引き上げを正式決定。「医療制度改革関
　　　　　連法」案に明記することで合意。

2.12　　〔内閣〕外務省改革指針を発表　川口順子外相は外務省改革の基本方針「開かれた外務
　　　　　省のための10の改革」（骨太の方針）を発表。政治家の意見の文書化・公開、大使・幹部への
　　　　　民間人積極登用など10項目から構成されている。

2.20　　〔事件〕田中、鈴木を参考人招致　衆議院予算委員会で一連の外務省問題を巡る集中審
　　　　　議が行われ、田中真紀子、鈴木宗男両人が参考人として出席した。両者はアフガニスタン復
　　　　　興支援会議でのNPO団体の参加拒否に関する「圧力」について対立。また、鈴木に対して共
　　　　　産党は国後島の「友好の家」建設をめぐり、鈴木が関与したと追求し、鈴木はこれを否定し
　　　　　た。26日、鈴木は「友好の家」疑惑を文書で認めた。3月4日、川口順子外相が鈴木の北方四
　　　　　島支援事業への関与を調査報告書にまとめて発表した。6日、小泉首相は同事業の「支援委
　　　　　員会」見直し策の検討を自民党に指示。

－ 250 －

日本議会政治史事典　　　　　　　　　　　　　　　　　　　　　　　　　　2002年（平成14年）

2.27 〔内閣〕**政府、総合デフレ対策を決定**　政府の経済諮問会議が、不良債権処理の促進や、金融システムの安定化策などを柱にした「早急に取り組むべきデフレ対策」をとりまとめた。金融危機回避のためには資本注入も検討する従来の方針を確認する一方、日銀に対してさらなる金融緩和策を求めた。

2月 〔政治〕**内閣支持率が急落**　田中外相の更迭を受けて『朝日新聞』や『読売新聞』などが全国世論調査を実地。支持率は50パーセント以下になり、前回から急落。

3.11 〔政党〕**鈴木宗男、離党**　衆議院予算委員会が、一連の外務省問題を巡って自民党の鈴木宗男の証人喚問を行った。鈴木は同省の調査報告書で認定された北方四島支援事業への関与については認めたが、業者選定への関与などは否定。15日、鈴木は離党届を提出、受理された。

3.13 〔外交〕**北方領土「平行協議」取り下げ**　日ロ外務次官級協議がモスクで行われ、ロシア側が北方領土問題での「同時並行評議には合意していない」見方を説明。日本側は終了後、「平行協議」を取り下げる方向転換を明らかにした。

3.18 〔政党〕**加藤紘一が自民党離党**　加藤紘一元自民党幹事長が、元事務所代表の佐藤三郎容疑者が脱税容疑で逮捕された責任を取るとして山崎幹事長に離党届を提出、受理された。議員辞職はせず、加藤派の会長は辞任。27日、佐藤容疑者が会計責任者を務めていた資金管理団体から加藤あてに約9千万円以上が振り込まれていたこと、団体の政治資金収支報告には記載がなかったことが判明。4月8日、加藤は衆議院に議員辞職を表明。9日に衆院が辞職を許可。

3.20 〔事件〕**元秘書給与流用疑惑で辻本議員辞職**　『週刊新潮』が社会党の辻本清美議員の元政策秘書給与流用疑惑を報道。25日、同党の疑惑調査委員会は元政策秘書の給与を事務所の人件費に流用していたと指摘。26日、土井党首は辻本の辞職が必要という党見解を発表。辻本は議員辞職願を提出した。24日、テレビ番組内で辻本が給与の流用と政治資金規正法の「寄付」の形で処理をしていなかったことを公式に認めた。4月3日、調査委員会は土井党首の政策秘書が辻本に政策秘書2人を紹介していたことを公表。25日、辻本に対する参考人質疑が衆議院予算委員会で行われ、辻本は党ぐるみの名義貸しではないことを主張した。

3.22 〔外交〕**小泉首相が訪韓、拉致解決へ協力要請**　小泉純一郎首相が韓国を公式訪問し、金大中大統領と会談。22日、両首脳は日韓自由貿易協定を視野に入れて包括的な経済連携構想に関する共同研究会設置で合意し、日韓投資協定を結んだ。会談の中で小泉首相は北朝鮮による拉致問題についても韓国の協力を要請した。

4.12 〔外交〕**小泉首相、朱鎔基首相と会談**　小泉純一郎首相は中国海南島の訪問中に、中国の朱鎔基首相と会談。「日中経済パートナーシップ協議」を作ることで合意し、小泉首相が秋に中国を公式訪問することも決まった。

4.16 〔内閣〕**有事関連法案が閣議決定**　政府は安全保障会議と臨時閣議を開き、「武力攻撃事態法」案、「自衛隊法」改正案、「安全保障会議設置法」改正案の「有事関連3法」案を決定。17日には国会に提出し、この国会での成立をめざすとした。

4.18 〔国会〕**井上議長、辞表を提出**　井上裕参議院議長が、自らの政策秘書の裏金収受疑惑について参院与野党代表者会議で説明。疑惑については否定。19日、井上は国会を混乱させたとして辞表を副議長に提出。22日、参院本会議は辞任を認め、後任に自民党の倉田寛之自治相を選出した。5月2日、公共事業の競売入札妨害の疑いで井上の政策秘書ら6人に逮捕状が請求された動きを受け、井上は議員辞職願を提出。自身の関与は否定。

4.20 〔外交〕**G7が世界経済の回復確認**　19日からワシントンで開かれていた先進7か国財務省・中央銀行総裁会議（G7）は、世界経済回復への政策協調の必要性などを骨子とする共同声明を採択して閉幕。日本は、新たな経済活性化策のとりまとめを国際公約した。

— 251 —

2002年（平成14年）   日本議会政治史事典

4.21 〔政治〕**小泉首相、靖国繰り上げ参拝**　小泉純一郎首相が、春季例大祭が始まった靖国神社を参拝し、終戦記念日前後の参拝は行わないと発言。17日には例大祭に欠席すると語っており、中国、韓国との関係悪化を回避する狙いで参拝時期を大幅に繰り上げたと見られる。中韓両国は参拝に強く反発した。

4.27 〔外交〕**小泉首相、東南アジアなどを歴訪**　小泉純一郎首相はベトナムを訪問、ファン・バン・カイ首相、チャン・ドク・ルオン大統領と会談。29日、東ティモールのディリを訪問し、初代大統領に就任予定のグスマオら新政府首脳と会談した。

5.21 〔法律〕**衆院、京都議定書批准を承認**　衆議院本会議は京都議定書について政府の批准を承認し、関連する地球温暖化対策推進法の改正案も可決した。

5.28 〔内閣〕**内閣支持率下落、不支持上昇**　新聞各社が実施した全国世論調査で小泉内閣の支持率が40％前後に下落したことが明らかになった。不支持率は上昇し、同内閣発足以降初めて不支持率が支持率を上回った。

5.31 〔政治〕**政府首脳が「非核三原則」見直し発言**　安倍晋三官房副長官が「憲法上は、原爆（保有）も問題ではない」と講演したとする週刊誌報道をめぐり、福田官房長官は「法理論的には持てる」という従来の政治見解を述べた。その直後に政府首脳が「（将来）国民が核を持つべきだということになるかもしれない」と、非核三原則見直しに言及する発言をした。訪韓中の小泉純一郎首相はこれを受けて、「私の内閣では非核三原則は堅持する」と明言した。

6.20 〔政党〕**田中元外相党員資格停止、のちに辞職**　自民党の党紀委員会は、秘書給与流用疑惑が持たれている田中真紀子元外相に対し、2年間「党員資格を停止」する処分を決めた。8月9日、田中は公設秘書給与の流用疑惑の責任を取って衆議院議長に辞職願を提出した。

6.26 〔外交〕**カナナスキス・サミット開催**　カナダのカナナスキスで主要国首脳会議（サミット）が開催された。2006年のサミット会場に初めてロシアが選ばれた他、アフリカ支援の行動計画を採択、首脳声明と議長総括を発表して閉幕した。

7.1 〔外交〕**日韓首脳、南北交戦に冷静対応確認**　小泉純一郎首相がワールドカップサッカー閉会式のため来日した韓国の金大中大統領と会談。6月26日におきた韓国と北朝鮮の警備艇同士の交戦について、冷静に対応することで一致。大統領は北朝鮮に対する包容（太陽）政策の意字を伝え、首相は全面的な支持を表明した。

7.18 〔法律〕**郵政4法、「5減5増」改正公職選挙法成立**　参議院本会議で、「日本郵政公社法」など「郵政関連4法」と、衆議院小選挙区の区割りと比例代表の定数配分を見直す改正「公職選挙法」（5増5減）が可決、成立した。

7.29 〔政治〕**普天間代替、埋め立て方式承認**　政府と関係自治体による代替施設協議会が開かれ、沖縄県の米軍普天間飛行場代替施設のあり方を協議。移転先の名護市沖合のリーフを埋め立てて代替施設を建設することを柱とする基本計画案に合意した。

8.21 〔内閣〕**外務省「行動計画」発表**　川口順子外相が外務省改革の「アクション・プラン（行動計画）」を発表した。キャリア職員が自動的に横並び昇進する仕組みの廃止、「政と官」の関係見直しのため「政務本部」を省内に設置、国会や政党との連絡事務の担当を明確にするなどが盛り込まれた。

8.26 〔外交〕**日朝国交正常化交渉再開と過去精算協議へ**　25日、26日に平壌で日本と北朝鮮の外務省局長級協議が行われた。日朝国交正常化交渉の再開の検討を確認し、日本側が求める拉致問題回目と北朝鮮が求める「過去の清算」を包括的に協議するとの共同文書を発表し終了した。

9.8 〔外交〕**江沢民主席、首相訪朝を全面支持**　川口順子外相が北京で中国の江沢民国家主席と会談。江主席は小泉純一郎首相の北朝鮮訪問について全面的な支持を表明した。

－ 252 －

日本議会政治史事典　　　　　　　　　　　　　　　　　　　　　　　　　2002年（平成14年）

9.12　〔外交〕**小泉首相、米大統領と会談**　9日から訪米中の小泉純一郎首相がジョージ・W.ブッシュ米大統領とニューヨークで会談。大統領は首相の北朝鮮訪問に歓迎の意を示し、首相は対イラク問題で、国連を通じた国際協調の努力を米国に要請した。

9.17　〔外交〕**小泉首相、訪朝**　小泉純一郎首相は北朝鮮を訪問し、平壌市内で金正日総書記と会談。19日、北朝鮮側は拉致されたと見られる11人のうち8人の死亡と4人の生存を確認。金総書記は国家としての関与をも認め、謝罪した。両首脳は10月中に国交正常化交渉を再開することで合意。「日朝平壌宣言」に署名した。27日、小泉首相は拉致被害者12人の家族らと面会し、歴代政権の対応の不備を認め、国交正常化の前に拉致問題の解明が先という立場を表明した。10月15日拉致被害者5人帰国。

9.23　〔政党〕**民主党代表に鳩山由紀夫が3選**　民主党の代表選挙が臨時党大会で行われ、決選投票の末、鳩山由紀夫が菅直人を僅差で破り3選を決めた。24日、鳩山代表は幹事長に中野寛成を起用。

9.30　〔内閣〕**小泉改造内閣が発足**　小泉純一郎首相が政権発足後初めて内閣を改造、再び公明、保守両党との連立内閣を発足させた。6閣僚が交代し、11閣僚が留任。焦点となった金融相人事では、公的資金注入に慎重姿勢を保つ柳沢伯夫を交代させ、竹中経済財政省を金融相兼務とした。

10.18　〔国会〕**第155回国会召集**　第155回臨時国会が召集され、小泉純一郎首相が衆参両院本会議で所信表明演説を行った。経済再生について、金融機関への公的資金注入も辞さない決意を強調するもの。

10.26　〔外交〕**北朝鮮の核問題について日米韓会談**　メキシコで小泉純一郎首相とジョージ・W.ブッシュ米大統領と金大中韓国大統領が会談。北朝鮮の核開発問題について3か国が連携して外交手段による平和的解決を目指すことで一致した。

11.4　〔外交〕**日中韓首脳会談、ASEAN首脳会議**　カンボジア・プノンペンで小泉純一郎首相と中国の朱鎔基首相、韓国の金大中大統領が会談。北朝鮮の核開発問題について連携して計画の破棄を働きかけていくことで一致。東南アジア諸国連合（ASEAN）を加えた首脳会議も、核兵器計画の放棄を北朝鮮に求める議長声明を発表した。

11.12　〔政治〕**道路4公団民営化の動き**　政府の道路関係4公団民営化推進委員会は、民営化後の日本道路公団などの組織形態について、管理運営と建設を行う民営会社と道路の保有と公団の借金返済を行う独立行政法人「保有・債務返済機構」を設立する「上下分離」方式の導入で一致した。15日、民営化後の高速道路新規建設の財源確保について条件付きで通行料収入の一部を充てることを合意。26日、同委員会は民営化で発足する新会社を地域別に5分割することで大筋合意。12月6日に委員会は民営化会社による新規建設に慎重な最終報告を決定し小泉首相に提出。今井敬委員長は多数決に反対し、採決直前に辞任した。

12.3　〔政党〕**民主党鳩山代表が辞任表明**　民主党の鳩山由紀夫代表は党常任幹事会で、自由党との新党構想をめぐる混乱の責任を取り、国会最終日の13日に辞任する意向を表明。10日に民主党代表選が両院議会総会で行われ、菅直人前幹事長が後任に選出された。

12.25　〔政党〕**新保守党が発足**　保守党の結成大会が開かれ、保守党の9人と民主党から5人の議員が参加した。代表は民主党の熊谷弘前副代表、幹事長には保守党の二階俊博幹事長がそのまま就任。保守党の野田毅ら3人は自民党に入党届を提出。26日、小泉首相と公明党の神崎代表、保守新党の熊谷代表が会談し、3党連立政権の維持を確認した。

－ 253 －

2003年
（平成15年）

1.14 〔政治〕**小泉首相、靖国神社参拝** 小泉純一郎首相が靖国神社を参拝した。首相としての靖国参拝は3回目。中国、韓国は強く反発した。15日、韓国の大統領府報道官は、予定されていた金大中大統領と川口順子外相の会談取りやめを発表。川口外相は崔成泓外交通商相と会談。16日には、盧武鉉次期大統領と会談した。

1.20 〔国会〕**第156回国会召集** 第156回通常国会が召集され、塩川財務相が衆参両院で2002年度補正予算案について財政演説を行った。6月17日に40日間の会期延長を与党3党などの賛成多数で議決。野党4党は本会議に出席したうえで反対した。会期190日間で7月28日閉会。

1.23 〔内閣〕**小泉首相「公約破り、大したことじゃない」発言** 衆議院予算委員会の総括質疑で、小泉純一郎首相と民主党の菅直人代表が論戦。菅が3つの事例を挙げて「首相は公約を一つも守っていない」と批判。首相は「この程度の約束を守れなかったのは、大したことじゃない」と反論。

2.18 〔外交〕**安保理で日本、米英支持表明** イラク大量破壊兵器開発疑惑を受けて開催された国連安保理の公開討論会にて、日本の国連代表部の原口大使が演説。新たな安保理決議の採択を強く主張し、国際社会がイラクに対して断固とした態度で挑むべきだと訴え、日本の米英支持の立場を鮮明に示した。

2.20 〔事件〕**大島農水相公設秘書が不正受領** 衆議院予算委員会の「政治とカネ」を巡る集中審議で、大島理森農水相の元秘書が地元・青森県のビル管理会社社長から現金600万円を受け取っていたことを民主党の細野豪志が取り上げ、明らかになった。大島農水相の別の元秘書官も公共工事の口利き疑惑で追求されている。

2.22 〔外交〕**アフガニスタン支援に41億表明** アフガニスタン「平和の定着」国際会議が東京で開催された。冒頭のあいさつで川口順子外相は国連開発計画（UNDP）が策定した支援計画に対し、日本政府として41億6500万円を拠出することを正式表明。会議は日本など4か国が向こう1年間で5070万ドルの支援を行うことを柱とする議長総括を発表した。

2.22 〔外交〕**小泉首相、米国務長官と会談** 小泉純一郎首相は訪日中のパウエル米国務長官と会談し、イラク、北朝鮮問題について日米両国が緊密に連携して対応する考えで一致した。

2.25 〔外交〕**小泉首相、盧韓国大統領と初会談** 小泉純一郎首相が訪韓し、盧武鉉大統領と初めて会談を行った。北朝鮮の核開発について、平和的、外向的解決のため日米間3か国が緊密に連携する方針を確認した。

3.20 〔外交〕**イラク戦争について論戦** 19日の米国イラク攻撃開始を受け、衆参両院の本会議が翌日未明に欠けて開かれた。小泉純一郎首相はイラク戦争を支持したことを報告。野党各党は新たな国連安保理決議がないままの今回の攻撃は国際法や国連憲章に反すると主張。首相は大量破壊兵器拡散の脅威を放置できないなどと強調した。

3.31 〔内閣〕**大島農水相が辞任** 大島理森農水相が、一連の元秘書の献金流用疑惑などの監督責任を取って小泉純一郎首相に辞表を提出。後任には亀井義之元運輸相が任命された。

4.8 〔政治〕**男女協同参画会議が最終報告** 政府の男女協同参画会議が、2020年までに行政や企業、研究機関などの「指導的地位」に女性が占める割合を30％程度引き上げる数値目標を掲げた女性支援策の最終報告を発表。

– 254 –

日本議会政治史事典　　　　　　　　　　　　　　　　　　　　　　　　2003年（平成15年）

4.15　〔法律〕「**個人情報保護法**」**案が衆院通過、成立へ**　政府が今国会に再提出した個人情報保護関連5法案が、衆議院個人情報保護特別委員会で与党3党の賛成多数で可決された。内容は民間企業や行政機関に個人情報の「適切な取扱い」を義務づけるもの。5月6日、衆院本会議で可決。23日、衆院本会議で可決、成立した。

5.15　〔法律〕**有事関連3法案が衆院通過、成立へ**　「武力攻撃事態法」などの有事関連3法案を、与党3党と民主党が共同修正して衆議院本会議に提出し、可決。参議院に送付された。共産党、社民党は反対したが、基本的人権の保障を法案に明記するよう修正を求め、民主党も造反の動きはなかった。6月6日、参院本会議で与党3党と民主、自由両党などの賛成多数で可決、成立した。

5.28　〔政治〕**首都機能移転、事実上断念**　衆議院の国会等移転特別委員会は、国会や中央省庁などを東京以外の都市に移す首都機能移転候補地を検討してきたが、移転先の決定を見送る中間報告を賛成多数で採択し、綿貫衆院議長に提出した。

5.30　〔外交〕**小泉首相が露中首脳と会談**　小泉純一郎首相がロシアのサンクトペテルブルク市内でプーチン大統領と会談。東シベリアの石油パイプライン計画について大統領は日本が主張する「太平洋ルート」を優先的に着工する姿勢を示した。31日、首相は同市内で中国の胡錦濤国家主席と初めて会談し、北朝鮮の核開発問題について、平和的解決を目指すことで一致した。

6.6　〔外交〕**韓国の盧武鉉大統領が来日**　韓国の盧武鉉大統領が国賓として来日。7日、小泉純一郎首相と会談。北朝鮮の核開発問題について、平和的・包括的な解決が北朝鮮の国際社会参加の条件という考えで一致し、両国の連携を確認した。会談後、「未来志向の両国関係発展のために前進しなければならない」などとした共同声明を発表。

6.13　〔法律〕**イラク特別措置法案、国会へ提出**　政府は、イラクで米英軍の後方支援などに自衛隊を派遣する「イラク復興支援特別措置法」案と、03年11月1日に期限が切れる「テロ対策特措法」を2年間延長する改正案を閣議決定し、国会に提出した。政府案に盛り込まれていた大量破壊兵器処理支援活動については、自民党内で異論があり、削除された。

6.21　〔政党〕**共産党が綱領改定案提示**　共産党が第7回中央委員会総会を開催し、不破哲三議長が綱領改定案を示した。労働者などの国民諸階層や民主的党派と連携した「民主連合政府」の樹立を当面の目標とし、天皇制廃止の要求を削除し、自衛隊の存続を容認するものとなった。綱領の全面改定は1961年の綱領策定以来初めて。

7.19　〔政党〕**社民党土井党首、辞任を否定**　社民党の土井たか子党首は記者会見し、辻本清美前衆議院議員らによる秘書給与詐欺事件を受けて「信頼回復のために力を尽くす」と、党首を辞任しない意向を示した。

7.23　〔政党〕**民主党と自由党、合併へ**　民主党の菅直人代表と自由党の小沢一郎党首は会談し、両党が9月末までに合併することで合意した。民主党の党名や菅を代表とする執行部体制は維持され、事実上は民主党が自由党を吸収合併する形。24日、両党はそれぞれ臨時の常任幹事会と両院議員総会を開き、両党の党首の合意を了承。

7.26　〔法律〕**イラク特措法、強行裁決で成立**　イラクへの自衛隊派遣を可能とする「イラク復興支援特別措置法」が、25日に参議院外交防衛委員会で強行採決された。26日、参院本会議で採決され、与党3党の賛成多数で可決、成立。8月1日に交付、施行。政府は法成立によって、陸海空自衛隊を含む調査団をイラクに派遣するなど、自衛隊派遣の準備を本格化させる。

7.29　〔政党〕**小泉首相、自民総裁選に出馬表明**　小泉純一郎首相は記者会見し、9月の自民党総裁選で再選を目指す意向を正式に表明。政権公約（マニフェスト）には郵政民営化と道路関係4公団の民営化を柱に据える考えを示した。

8.18　〔外交〕**小泉首相、欧州歴訪**　小泉純一郎首相が欧州3か国を歴訪。18日、訪独しシュレー

－ 255 －

2003年（平成15年）　　　　　　　　　　　　　　　　　　　　　　　　　　　日本議会政治史事典

ダー独首相と会談。小泉首相は6か国協議で北朝鮮による核開発問題と日本人拉致問題を包
括的に解決していく考えを説明し、独首相は支持を表明。19日、ポーランドを訪問、ミレル
首相と会談。北朝鮮問題の包括的解決で一致。21日チェコを訪れ、シュピドラ首相と会談。

9.20　〔政党〕**自民党総裁選で小泉首相が圧勝**　自民党総裁選は、党所属国会議員の投開票と
地方票の開票が行われ、小泉純一郎首相が第1回投票で約6割の票を獲得。他候補に大差をつ
けて再選を果たした。夕方の記者会見で首相は衆議院解散について、26日に臨時国会を召集
し、10月中に解散に踏み切る考えを表明した。

9.21　〔政党〕**自民幹事長に安部晋三**　自民党総裁に再選した小泉純一郎首相が自民党3役人事
を決定。焦点だった幹事長については山崎拓に代わって安倍晋三官房副長官を起用。政調会
長は額賀福志郎幹事長代理を新任、堀内光男総務会長は留任。山崎幹事長は副総裁に就任
した。

9.22　〔内閣〕**小泉改造内閣が発足**　小泉純一郎首相は内閣改造を行い、自民党、公明党、保守
新党の3党連立による第2次改造内閣を発足した。自民党内から交代を求める声が強かった竹
中経済財政・金融相は兼務のまま留任。17閣僚のうち6人が留任、横滑りが2人で、新たに9
人が入閣した。

9.23　〔外交〕**国連総会で拉致問題について演説**　国連総会の一般演説が国連本部で始まっ
た。川口順子外相が日本の対北朝鮮政策について「拉致問題など日朝間の諸懸案を包括的に
解決し、日朝両国の正常化の実現をめざす」と演説。日本が国連総会で拉致問題を取り上げ
たのは初めて。

9.24　〔政党〕**民主党と自由党が合併**　民主、自由両党は合併調印式を行い、菅直人、小沢一郎
両党首が合併協議書に調印した。衆参両院の国会議員計204人が所属する新しい民主党が誕
生した。

9.26　〔国会〕**第157回国会召集**　第157回臨時国会が召集された。会期は10月10日まで。

10.10　〔国会〕**衆院が解散、総選挙へ**　衆議院が午後の本会議で解散された。政府は臨時閣議
を開き、第43回衆院総選挙を「28日公示、11月9日投票」の選挙日程にすることを決定。

11.9　〔選挙〕**第43回衆議院選挙で自民伸びず民主躍進**　第43回衆議院議員総選挙が行われ
た。自民党、公明党、保守新党の与党3党は絶対安定多数の議席を確保し小泉政権の存続を
決めた。だが、自民党は目標としていた単独過半数には届かなかった。民主党は大きく躍進
し、比例区では第1党となった。首相が構造改革路線の実績を訴えた「政権選択選挙」だっ
たが有権者の支持を万全に得られなかった結果となり、今後の政権運営や政策遂行に不安を
残す選挙となった。

11.10　〔政党〕**保守新党が自民党に合流**　保守新党は熊谷弘代表の落選など総選挙での惨敗を
受け、解党して自民党に合流する方針を決定した。17日、自民党の小泉純一郎総裁と保守新
党の二階幹事長が合併協議書に調印。21日付で保守新党は解散し、同党の衆参議院議員全員
が自民党に合流した。これにより自民党は単独過半数を確保。

11.13　〔政党〕**社民党土井党首が辞任**　社民党の土井たか子党首が選挙の敗北の責任をとるた
めに辞任の意向を示し、了承された。15日、同党は両院議員総会を開き、後任の党首に福島
瑞穂幹事長を選出した。

11.19　〔国会〕**第158回国会召集**　第158回特別国会が召集された。会期は11月27日まで。

11.29　〔内閣〕**自公連立の第2次小泉内閣が発足**　第158特別国会が召集され、衆参両院本会議
で小泉純一郎首相が第88代首相に選出された。首相は、第1次改造内閣の閣僚17人全員を再
任させ、自民、公明両党連立による第2次小泉内閣が発足。

12.9　〔内閣〕**自衛隊イラク派遣の基本計画が決定**　政府は臨時閣議で、「イラク復興支援特別

－ 256 －

措置法」に基づく自衛隊と文民のイラク派遣の概要を定めた基本計画を決定した。期間は12月15日から1年間。小泉純一郎首相は直後の記者会見で、主体的な支援のために自衛隊を含めた人道支援が必要と判断したと説明したが、具体的な派遣時期については言及を避けた。

12.22 〔政治〕**道路公団民営化の枠組み決まる**　道路関係4公団の民営化について政府・与党協議会が開かれ、民営化の基本的な枠組みを決定した。民営化後の新会社が新線建設を進める政府案が了承され、国の高速道路整備計画に定めた全線建設が可能になり、実質的に「プール制」が維持されることとなる。民営化推進委員会の田中一昭委員長代理と松田昌士委員は、推進委の最終報告が反映されていないとして委員を辞任した。

2004年
（平成16年）

1.1 〔政治〕**小泉首相が靖国神社参拝**　小泉純一郎首相が靖国神社を参拝した。首相就任以来4回目の参拝で、元日の参拝は初めて。中国、韓国政府や野党は反発。

1.8 〔政党〕**公明党、陸上自衛隊先遣隊派遣を了承**　公明党は拡大中央幹事会を開き、イラクへの陸上自衛隊先遣隊の派遣への対応を党三役に一任することを決めた。同党の冬柴幹事長は、自民党の安倍晋三幹事長に、先遣隊派遣を了承する意向を伝えた。

1.17 〔政党〕**共産党大会、綱領改定案を採択**　共産党が第23回共産党大会で、天皇制や自衛隊の当面の存続を要員することなどを柱とする党綱領改定案を一部修正して採択した。綱領の全面改定は1961年の策定以来初めて。

1.19 〔国会〕**第159回国会召集**　第159回通常国会が召集された。小泉純一郎首相は衆参両院の本会議で施策方針演説を行い、イラク復興支援の意義を強調した。6月16日閉会。

1.19 〔事件〕**古賀潤議員の学歴詐称問題浮上**　民主党の古賀潤一郎議員が2003年の衆院選に際し虚偽の学歴を公表した疑いが浮上した。卒業したとしている米国の大学の広報責任者は「在学していたが、卒業はしていない」と言明。27日、古賀は離党届を菅直人代表らに提出。29日、党常任幹事会で除籍が決定。9月24日、古賀は河野衆院議長宛に議員辞職願を提出。27日、議長は辞職を許可した。

1.20 〔内閣〕**65歳までの継続雇用を企業の義務に**　厚生労働省の労働政策審議会の部会で、企業に65歳までの雇用の継続を義務づけることなどを柱にした高齢者雇用対策を決定した。年金支給開始年齢が段階的に65歳へと引き上げられるのに伴い、仕事も年金もないという空白期間が生じないよう再雇用制度などの整備を求めるもの。

1.30 〔法律〕**自衛隊イラク派遣が衆院で承認**　イラク復興支援のための自衛隊派遣承認案と2003年度補正予算案は、衆議院本会議で与党単独で承認、参議院に送付された。前日の衆院復興支援特別委員会の採決を与党側が押し切ったことに反発して野党は予算委員会や本会議を欠席。自民党でも、加藤紘一元政調会長らが本会議を欠席した。

2.9 〔国会〕**国会、自衛隊の派遣を承認**　参議院の本会議でイラク復興支援のための自衛隊派遣が与党などの賛成多数で可決され、戦争状態にある外国に陸海空3自衛隊をそろって派遣する初めての事態に対して国会の承認手続きが終わった。1188億円のイラク復興支援経費を盛り込んだ2003年度補正予算も同じ本会議で賛成多数で可決、成立した。

2.28 〔外交〕**6か国協議、次回協議を決めて閉会**　北朝鮮の核開発問題をめぐる6か国協議が北京で行われ、6月末までに次回協議を開くことで合意して閉会。また、2度に渡り日朝協議

— 257 —

2004年（平成16年）　　　　　　　　　　　　　　　　　　　　　日本議会政治史事典

が行われたが、拉致被害者家族の帰国・来日問題などについての新たな進展はなかった。

3.1　　〔事件〕佐藤観樹議員に秘書名義借り疑惑　　民主党衆議院議員で元自治相の佐藤観樹が、2000年6月から2004年4月にかけて、公設第2秘書として採用していた女性から計450万円の寄付を受けていたことが判明。女性は在職当時秘書としての勤務実態がほとんどなく、元自治相側の「名義借り」だった疑いも浮上。4日、佐藤は国会内で河野洋平衆院議長に議員辞職願を退出。7日、愛知県警が詐欺の疑いで、佐藤と佐藤の公設第1秘書だった妻を逮捕した。

4.2　　〔外交〕日米合同委員会で地位協定新運用合意　　日米両国政府が日米合同委員会を開き、日米地位協定の新たな運用について、日本で凶悪犯罪を犯した米兵容疑者を日本の警察が取り調べる際は米軍司令部の代表者の同席を認めることで合意した。これにより日本側は、ひき逃げ、放火、強盗などの事件でも、被疑者の起訴以前の円滑な引き渡しが実現するとしている。

4.23　　〔内閣〕閣僚の公的年金保険料納付問題　　中川経済産業相、麻生総務相、石破防衛庁長官に国民年金の未納・未加入期間があったことが分かった。28日に、谷垣財務相、福田官房長官、茂木沖縄・北方相、竹中経済財政・金融相の4人についても国民年金保険料の未納期間があったことが明らかになった。民主党は菅直人代表が厚相在任中に未加入だったことが判明。29日、民主党の鳩山由紀夫前代表も過去に未納期間があったことを公表した。

5.7　　〔事件〕年金未納問題で辞任相次ぐ　　福田官房長官が国民年金保険料未納問題への対応の責任をとって辞任を表明。後任に細田博之副長官が昇格した。10日、民主党の菅直人代表も自らの国民年金未加入・保険料未納問題の責任をとって代表の辞任を表明。12日、公明党の神崎代表が、自らと党所属国会議員13人に国民年金未加入・未納期間があったと発表。13日、民主党は党所属議員33人に未加入・未納期間があったと公表。衆参両院の常任、特別委員長5人が責任を取って辞任した。

5.11　　〔法律〕年金改革関連法案が衆院を通過　　「年金改革関連法」案は衆議院本会議で、公的年金制度の一元化の検討が盛り込まれる修正を経て可決され、参議院に送付された。本会議では、本体の政府案と修正案を別々に採択し、民主党は政府案に反対したが修正案部分には賛成した。ただし、旧自由党系を中心に9人が修正案の採決において反対や退席などで造反した。

5.14　　〔事件〕小泉首相も年金未加入発覚　　小泉純一郎首相が86年3月までに6年以上の国民年金に未加入だったことを、飯島勲首相秘書官が記者会見で公表。いずれも国会議員に国民年金加入が義務づけられる前の期間であり、首相側は法律上問題はないと強調した。

5.17　　〔政党〕民主党代表選　　民主党の小沢一郎代表は、86年3月までに6年間国民年金の未加入期間があったことを明らかにし、党代表選の立候補辞退を表明した。18日、民主党の代表選が告示され、岡田克也幹事長が両院議員総会にて無投票で新代表に選出された。

5.21　　〔法律〕「裁判員制度法」が成立　　市民が重大な刑事事件の審理に参加する裁判員制度を創設する法案が参議院本会議で自民党、公明党、民主党などの賛成多数で可決、成立した。刑事裁判への市民参加は欧米で定着しているが、日本では戦前の陪審制度以来。2009年5月までに裁判員制度の運用が始まる。

5.22　　〔外交〕日朝首脳会談、拉致被害者の家族帰国　　小泉純一郎と北朝鮮の金正日総書記は平壌で首脳会談を行い、拉致被害者2夫妻の子ども5人が帰国。首相は北朝鮮へ食糧支援などを表明。安否不明の拉致被害者10人の再調査や核・ミサイル問題についての進展はなかった。7月9日残る1人がインドネシアで北朝鮮から到着した家族と再会、18日に日本に到着。

6.2　　〔法律〕道路公団民営化法が成立　　「道路関係4公団の民営化関連4法」案が、参議院本会議で与党の賛成多数により原案どおり可決、成立した。2005年度中の民営化が正式に決まった。

－ 258 －

| | 日本議会政治史事典 | 2004年（平成16年） |

6.5 〔法律〕年金改革法が成立　「年金改革関連法」が、参議院本会議で与党などの賛成多数で可決、成立した。民主党、社民党は欠席、共産党は出席して反対した。本会議は前日午後に始まったが、野党が倉田寛之参院議員の不信任決議案を求め、決議案採択のための議長役を務めた民主党出身の本岡昭次副議長が「散会」を宣言するなど、可決まで20時間がかかった。

6.8 〔外交〕小泉首相、自衛隊の多国籍軍参加を表明　小泉純一郎首相は、主要国首脳会議（シーアイランド・サミット）に参加するため訪米。ジョージ・W.ブッシュ米大統領と会談し、新たな国連安保理決議に基づき編成される多国籍軍への自衛隊の参加を事実上表明した。10日、首相はサミット閉幕後の記者会見で自衛隊の多国籍軍参加を正式に表明。

6.17 〔法律〕有事法制関連7法が成立　有事の際に国民を守るための避難や救援の手続きを定める「国民保護法」などの「有事法制関令7法」が参議院本会議で自民党、公明党、民主党などの賛成多数で可決、成立。2003年6月成立の「武力攻撃自体対処法」などと合わせ、有事やテロへの備えとして政府が進めてきた有事法制の骨格が整った。

6.18 〔内閣〕自衛隊多国籍軍参加を閣議決定　政府は閣議で、自衛隊のイラクでの多国籍軍参加についての統一見解を了承。イラク特措法施行令に国連安保理決議1546を追加することや関連する基本計画の変更を決定。自衛隊は日本独自の指揮下で人道復興支援を継続し、憲法が禁じている武力行使にあたる活動は行わないことを明確にした。

7.11 〔選挙〕第20回参議院選挙で民主が躍進、自民不振　第20回参議院議員通常選挙が行われた。年金改革と自衛隊のイラクでの多国籍軍参加が2大争点となる選挙だったが、自民党は目標の改選50議席を割る49議席にとどまった。公明党と合わせると60議席となり、絶対安定多数を維持したため小泉純一郎首相は続投の考えを明言。一方、民主党は50議席を獲得。共産党は大きく議席を減らし、社民党も低迷した。

7.14 〔事件〕日本歯科医師会の前会長、橋本派に1億円　日本歯科医師会の臼田貞夫前会長らが、2001年の参院選の直前に自民党橋本派に1億円を提供していたことが発覚。1億円は同派会長の橋本龍太郎元首相に臼田が直接小切手の形で手渡していた。橋本派は入金を認め、政治資金収支報告書を訂正。30日、橋本は問題の責任をとって、派閥会長の辞任と派閥を離脱する意向を表明した。11月30日、衆議院の政治倫理審査委員会の中で橋本は1億円の受領を認めた。

7.15 〔事件〕日歯連事件で議員逮捕　日本歯科医師会の政治団体である日本歯科医師連盟（日歯連）が政治家に5千万円を献金したように見せかけて日歯連に全額環流させ、そのうち3千万円を着服したことが分かり、の臼田貞夫日歯連前会長と自民党の吉田幸弘前衆院議員ら3人が業務上横領容疑で逮捕された。環流金の一部は2003年に行われた日歯会長選の際に臼田の再選用の工作資金として使われた。

7.29 〔外交〕民主党岡田代表、海外武力行使を容認発言　民主党の岡田克也代表がアメリカのワシントンで講演し、「憲法を改正して、国連安保理の明確な決議がある場合、日本の海外での武力行使を可能にし、世界の平和維持に積極的に貢献すべきだ」と述べた。集団的自衛権行使を求める立場との違いを鮮明にしているのが特徴。

7.30 〔国会〕第160回国会召集　第160回臨時国会が召集された。会期は8月6日まで。参院議長には自民党の扇千景が選出された。参院議長では女性初。

8.6 〔内閣〕郵政民営化の骨子発表　政府の経済財政諮問会議が郵政民営化基本方針の骨子を決め、発表した。2007年4月に郵政公社を民営化し、10年以内の移行期を設けて最終的には2017年までに持ち株会社の下に窓口ネットワーク、郵便、郵便貯金、簡易保険の4つの事業会社が入る形の実現をはかる。意見が分かれていた郵貯・簡保の全国一律サービス義務廃止や分社の時期などについての判断は先送りとした。9月10日、政府は臨時閣議を開き、基本方針を閣議決定し、郵政民営化促進本部の設置を決定した。

8.30 〔政党〕民主党代表に岡田克也再選　民主党の代表選が告示され、岡田克也代表の無投

2004年（平成16年）　　　　　　　　　　　　　　　　　　　　　　　　　　　　日本議会政治史事典

票再選が決まった。

9.21　〔外交〕**小泉首相が国連演説で常任理事国入りの訴え**　小泉純一郎首相が国連総会で演説し、安全保障理事会の常任理事国入りをめざす決意を表明した。安全保障理事会の常任・非常任理事国双方の下席数の拡大など、国連改革の必要性を強調し、国連憲章の「旧敵国条項」の削除と国連分担金負担率の見直しも求めた。

9.21　〔外交〕**日米首脳、在日米軍再編問題について会談**　小泉純一郎首相とジョージ・W.ブッシュ米大統領がニューヨークで会談した。大統領は在日米軍再編について、米軍による抑止力を維持しながら、沖縄など基地周辺自治体の負担軽減に前向きに取り組む考えを表明した。

9.25　〔外交〕**日朝実務協議開催、拉致の新たな安否情報無し**　北朝鮮による日本人拉致問題などに関する第2回日朝実務者協議が北京で行われた。北朝鮮側は安否不明の拉致被害者10人の再調査の経過を報告した。数人について、北朝鮮入国後の足取りなど新たな情報を報告したが、従来の説明を覆す内容はなかった。

9.27　〔内閣〕**小泉改造内閣が発足**　小泉純一郎首相が内閣改造を行い、自民党と公明党による第2次小泉改造内閣を発足させた。郵政民営化担当相には竹中経済財務相を兼務させ、麻生総務相と谷垣財務相は留任。外相には町村信孝自民党総務局長を任命、川口順子外相と山崎拓前同党副総裁を首相補佐官に起用。

10.12　〔国会〕**第161回国会召集**　第161回臨時国会が召集された。小泉純一郎首相は衆参両院本会議で所信表明演説を行い、郵政民営化や国と地方の税財政を見直す三位一体改革を加速する決意を表明した。

10.13　〔外交〕**イラク復興基金拠出国会議開会**　東京でイラク復興信託基金の第3回拠出国会合が都内で開かれ、57の国と国際機関が参加した。イラク暫定政府は復興戦略を発表。町村信孝外相は日本が基金に供出した4億9000万ドルのうち4000万ドルを選挙の実地費用に充てる方針を表明した。

10.24　〔外交〕**町村外相がパウエル米国務長官と会談**　町村信孝外相が来日したパウエル米国務長官と、在日米軍再編の具体化について会談し、閣僚級の戦略的な協議を重点的に行うことで一致。国務長官は新聞社等のインタビューにおいて、日米安保条約第6条の極東条項の取扱いについて「アメリカ側はいかなる解釈変更も求めていない」と述べた。

10.25　〔政党〕**公明党代表に神埼武法4選**　公明党代表選の立候補受付が行われ、神崎武法が無投票による4選が決まった。

11.20　〔外交〕**日米首脳会談でイラク支援継続を表明**　小泉純一郎首相がチリでジョージ・W.ブッシュ米大統領と会談。為替問題についてドル安円高に歯止めを考えで一致した。首相は期限切れが迫る自衛隊派遣の延長を念頭に、国際協調を重視してイラク復興支援に継続して取り組む方針を改めて表明した。

11.21　〔外交〕**小泉首相、胡錦濤中国国家主席と会談**　小泉純一郎首相はチリで胡錦濤中国国家主席と会談。首相は中国の原子力潜水艦による領海侵犯事件について再発防止を求め、東シナ海におけるガス田開発問題についても中国の改善を求めた。胡主席は首相の靖国神社参拝を批判し、参拝中止を求めた。

11.26　〔内閣〕**三位一体改革の全体像決定**　政府と与党は、国と地方の税財政を補助金縮減、地方へ財源移譲、地方交付税見直しを柱にする三位一体改革の全体像を最終決定した。2005、2006年度の補助金改革の対象と2004年度の地方への財源移譲額は、小泉首相が目標とした3兆円にはともに届かなかった。

12.9　〔内閣〕**自衛隊イラク派遣を1年延長**　政府は臨時閣議を開き、「イラク復興支援特別措置法」に基づく基本計画の変更を決定し、イラクへの自衛隊派遣を1年間延長し、2005年12

－ 260 －

日本議会政治史事典　　　　　　　　　　　　　　　　　　　　　　　　　　2005年（平成17年）

月14日までとした。

12.10　〔外交〕**沖縄の航空管制業務、2007年に返還**　米軍が担っていた沖縄本島と周辺の空
域での航空管制業務について、2007年をめどに日本に全面返還されることで日米政府が合意
したと国土交通省が発表した。

2005年
（平成17年）

1.21　〔国会〕**第162回国会召集**　第162回通常国会が召集された。小泉純一郎首相は衆参両院
本会議で施策方針演説を行い、「郵政民営化関連法」案の成立をめざす決意を強調。議論が
残る4分社化や職人の非公務員化など経営形態の具体案にまで踏み込んだ。

2.15　〔内閣〕**自衛隊法改正案、現場判断でミサイル撃墜可能に**　政府は、日本に向けて発
射された弾道ミサイルなどをミサイル防衛システムで撃墜する際の手続きを定めた「自衛隊
法」改正案を閣議決定した。防衛出動発令が時間的に不可能な緊急時には、対処要領に従っ
て自衛隊が撃墜ミサイルを発射できると明記した。

3.10　〔国会〕**強制わいせつ容疑で現役議員が辞職**　自民党の中西一善衆議院議員が、路上で
女性に抱きつくなどしたとして、警視庁に強制わいせつの現行犯で逮捕された。中西は逮捕
から半日もたたないうちに議員辞職願を衆院議長に提出。

3.25　〔内閣〕**国民保護指針が閣議決定**　政府が、外国からの攻撃に備えて国や地方自治体が
住民の避難や救援の方法を定める「国民保護に関する基本指針」を閣議決定した。7月22日、
政府は福井県と鳥取県がそれぞれ策定した国民保護計画を初めて閣議決定した。

3.31　〔政治〕**改正合併特例法の優遇措置終了**　市町村の合併促進をめざした改正「合併特例
法」で財政上の優遇措置が受けられる申請が締め切られた。全国の市町村は3月末時点で
1822に再編された。

4.25　〔内閣〕**郵政民営化関連法案を閣議決定**　政府と自民党が「郵政民営化関連法」案の修
正内容で合意。焦点となっていた民営会社間の株持ち合いについては、持ち株会社が完全売
却の直後に株を買い戻す余地を残した。27日、自民党総務会が法案提出を了承。政府は日本
郵政公社の民営化関連6法案を閣議決定し、国会に提出した。

5.16　〔政治〕**小泉首相、靖国神社参拝続行を明言**　小泉純一郎首相は衆議院予算委員会の答
弁で、時期を慎重に考慮したうえで2005年も靖国神社を参拝する考えを示した。21日、中国
の唐家璇国務委員は訪中した自民、公明両党幹事長との会談で小泉首相の靖国参拝について
改めて中止を求めた。23日、来日していた中国の呉儀副首相が、予定されていた小泉首相ら
との会談を中止して急遽帰国。24日、中国外務省は、首相の靖国問題などでの発言に対する
不満が帰国理由だと公式に認め、首相は不快感を表明。25日、細田博之官房長官は見解の表
明を避けた。

6.23　〔事件〕**経産省で数千万円の裏金管理**　経済産業省の大臣官房室で1988年度から1993年
度にかけて、外郭団体の研究費の一部を裏金として蓄えていたことが同省の内部調査で明ら
かになった。裏金は歴代の同室職員の間で引き継がれており、前室長は裏金の一部を個人的
な株取引に流用していた。8月26日、外部調査委員会が調査結果を報告。新たな裏金の存在
を発表し、裏金の総額は3700万円となった。29日、中川昭一経済産業相は、杉山秀二次官ら
職員22人を処分。企画室を廃止し、省内に大臣も所属する監察本部を設ける等とした再発防
止策を発表した。

－ 261 －

2005年（平成17年）　　　　　　　　　　　　　　　　　　　　　　　　　　　日本議会政治史事典

7.5　　〔法律〕**郵政民営化関連法案が衆院通過**　衆議院本会議で「郵政民営化関連法」案が自
民党と公明党の賛成多数で可決、参議院に送付された。自民党で大量の造反者が出たことか
ら、賛否の差は5票となった。政府は、反対票を投じた副大臣2人、政務官2人の免職を決定。

8.1　　〔法律〕**自民党が憲法改正草案を公表**　自民党新憲法起草委員会が条文形式にまとめた
憲法改正草案の原案を公表した。憲法9条は、戦力不保持を宣言する現行の第2項を削り、
「自衛隊を保持する」と明記。天皇制についてはほぼ現憲法を踏襲した。

8.8　　〔国会〕**小泉郵政解散**　小泉純一郎首相は、「郵政民営化関連法」案が参議院で否決され
たことを受け、以前からの主張どおり衆議院の解散を断行した。政府は、衆院選の日程を30
日公示、9月11日投票と閣議決定。衆院本会議に先立ち臨時閣議が行われ、首相は解散に反
対した島村宜伸農相を罷免、自らの農相兼務を決めた。また、選挙の結果で自民・公明両党
が過半数割れの場合は退陣すると表明した。11日、首相は農相に岩永峯一農水副大臣を昇格
させた。

8.8　　〔法律〕**「郵政民営化関連法」案、参院で否決**　参議院本会議で郵政民営化関連6法案が
採択された。賛成108、反対125となり、17票の大差で否決。野党各党の反対のほか、自民党
でも22人が反対し、8人が欠席・棄権した。

8.8　　〔政党〕**自民党、郵政法案反対組は公認しないと決定**　自民党は、衆議院本会議での
「郵政民営化関連法」案の採択において反対した37人の党議員を選挙で公認しないことを決
定。10日、反対組全員に対抗馬擁立も決定した。

8.15　　〔内閣〕**小泉内閣、戦後60年談話を閣議決定**　小泉内閣は戦後60年にあたっての首相談
話（小泉談話）を閣議決定した。「痛切な反省と心からのお詫びの気持ち」を表明して、平和
国家として　歩む決意を示した。

8.17　　〔政党〕**新党が相次いで結成**　綿貫民輔元衆議院議長や亀井静香元自民党政調会長らが、
自民党の郵政民営化反対派の受け皿となる新党「国民新党」の結成を発表。代表は綿貫。18
日、鈴木宗男元衆院議員が地域新党「新党大地」の結成を発表。21日、自民党を離党した小
林興起前衆院議員らは、新党「日本」の結成を発表。代表は田中康夫長野県知事。27日、新
党「日本」は党名を「新党日本」に変更。

9.11　　〔選挙〕**第44回衆議院選挙で自民圧勝**　第44回衆議院議員総選挙が行われた。自民党は
絶対安定多数を大きく上回る296議席を獲得し、公明党の31議席と合わせると与党全体の議
席は総定数の3分の2である320議席を越す圧勝となった。民主党は113議席で公示前からは
64議席を減らす惨敗となり、岡田克也代表は責任を取るため辞任の意向を表明。共産党は9
議席、社民党は7議席、国民新党は4議席、新党日本は1議席となった。

9.12　　〔政党〕**自公連立継続を確認**　小泉純一郎首相が公明党の神崎武法代表と会談。自公連
立政権の継続を確認し、連立政権が取り組む重点政策課題を明記した合意文書を交わした。

9.17　　〔政党〕**民主党の新代表に前原誠司**　民主党が岡田克也元代表の辞任を受けて代表選を行
い、前原誠司が前代表の菅直人を2票の差で破り、新代表に選出された。18日、前原代表は、
幹事長に鳩山由紀夫、国会対策委員長に野田佳彦、政調会長に松本剛明を起用した。20日、
両院議員総会で執行部や「次の内閣」などの主要人事が了承され、前原新体制が発足した。

9.20　　〔政党〕**国民新党と新党日本、衆院で統一会派結成**　国民新党と新党日本が、衆議院で
統一会派「国民新党・日本・無所属の会」を結成することで合意。国民新党4議員、新党日本
1議員、無所属の野呂田芳成議員が加わり、計6議員が参加。

9.21　　〔国会〕**第163回国会召集**　第163回特別国会が召集された。衆議院本会議で、第72代議
長に自民党の河野洋平が再選し、第63代副議長に民主党の横路孝弘が選出された。

9.21　　〔内閣〕**第3次小泉内閣が発足**　衆参両院の本会議で自民党の小泉純一郎総裁が第89代首
相に指名された。首相は閣僚17人を全員再任し、自民党と公明党の連立による第3次小泉内

－ 262 －

閣が発足。副大臣22人と政務官26人も決定、このうち副大臣18人、政務官21人が再任。

9.22 〔政党〕**自民党が郵政民営化関連法案を了承**　自民党総務会で、政府が特別国会に再提出する「郵政民営化関連法」案が全会一致で了承された。26日、政府は臨時閣議で郵政民営化関連6法案を決定し、国会に提出した。

9.26 〔国会〕**小泉首相、所信表明演説**　小泉純一郎首相が、衆参両院の本会議で所信表明演説を行った。「小さな政府」の実現をめざす考えを強調し、「郵政民営化関連法」案成立の必要性を訴えた。

10.11 〔法律〕**郵政民営化関連法案が成立**　衆議院は本会議で、政府が国会に再提出した「郵政民営化関連法」案を可決、参議院に送付した。14日、参院本会議で可決、成立した。これを受けて、日本郵政公社は2007年10月に解散し、郵便、郵便貯金、簡易保険の優勢3事業は民営化した4つの事業会社に分割されて引き継がれることが決まった。

10.17 〔政治〕**小泉首相が靖国参拝**　小泉純一郎首相が靖国神社を参拝した。首相就任以来5回目の参拝。中国と韓国両政府は強く抗議した。18日、中国は調整中だった町村信孝外相の訪中に拒否を表明した。

11.16 〔外交〕**小泉首相、ブッシュ米大統領と会談**　小泉純一郎首相は、来日中のジョージ・W.ブッシュ米大統領と京都で会談した。イラク復興支援について、今後も日米両国が一体となって取り組む重要性を確認した。

11.18 〔外交〕**小泉首相、韓国の盧武鉉大統領と会談**　小泉純一郎首相が訪韓し、韓国の盧武鉉大統領と釜山で会談した。盧大統領は首相や日本の国会議員らによる靖国神社参拝について強く抗議した。首相は反論し、双方の主張は平行線を辿った。

11.21 〔外交〕**小泉首相、プーチン露大統領と会談**　小泉純一郎首相は、来日中のプーチン露大統領と会談した。北方領土問題について、双方が受け入れ可能な解決策を目指して交渉継続することを確認した。共同声明の発表は見送られた。

11.22 〔政党〕**自民党が立党50年の記念大会**　自民党が立党50年記念党大会を開いた。「世界平和の実現に貢献」などをうたった新理念、「新憲法制定」「教育基本法改正」「小さな政府実現」などを目指す新綱領、「自衛軍」保持の明記やプライバシー権などを盛り込んだ新憲法草案を発表した。

12.1 〔内閣〕**医療制度改革の大綱が決定**　政府と与党は医療改革協議会で、高齢者の患者負担の引き下げや75歳以上の新高齢者医療保険創設などを柱とする医療制度改革大綱を決定した。これにより、2008年度に70歳から75歳が窓口で払う自己負担は原則2倍となることが決まった。

12.2 〔政党〕**社民党主に無投票再選で福島瑞穂**　任期満了に伴う社民党党首選が告示された。福島瑞穂党首以外に立候補の届け出はなく、福島の無投票再選が決まった。

12.8 〔政治〕**イラク自衛隊派遣を1年延長**　政府は臨時閣議で、「イラク復興支援特別措置法」に基づく自衛隊派遣の基本計画を変更。14日までの派遣期間を1年間延長することを決定した。

12.15 〔外交〕**ミサイル防衛システムの日米共同開発を決定**　政府は安全保障会議で、日米両国で共同技術研究を進めているミサイル防衛（MD）システムの次世代型迎撃ミサイルについて2006年度から共同開発に入ることを決定した。開発費用は9年間で日本側が10億から12億ドル、アメリカ側が11億から15億ドルとする方針。

— 263 —

2006年
（平成18年）

1.14 〔政党〕**共産党の不破議長が退任**　共産党の党大会最終日に、不破哲三議長が退任。後任議長は当面置かず、留任の志位委員長が党のトップとして党運営に当たる。

1.20 〔国会〕**第164回国会召集**　第164回通常国会が召集された。小泉純一郎首相は衆参両院本会議で施政方針演説を行った。公務員の総人件費削減などの改革基本方針を定めた「行政改革推進法」案を今国会で成立させる方針を示した。

2.3 〔国会〕**補正予算が成立**　衆議院本会議で2005年度補正予算が自民党、公明党の賛成多数で可決し、成立した。

2.10 〔政治〕**皇室典範改正、見送り方針**　政府・与党は女性・女系天皇を認める「皇室典範」改正案の今国会提出を見送る方針を固めた。小泉純一郎首相は当初、成立を目指す考えを明言していたが、8日に秋篠宮妃が懐妊を発表したことを機に自民党内に慎重論が強まったため、方針を転換した。

2.16 〔事件〕**民主党、「送金指示メール」騒動**　衆議院予算委員会で、2005年の衆院選に出馬した堀江貴文が選挙直前に社内メールで自民党の武部幹事長の次男に3000万円を振り込むよう指示していたと民主党の永田寿康が指摘。17日、武部幹事長、堀江ともこれを否定。28日、民主党はこの問題に対して党声明を出し、「メールは本物ではない」として謝罪した。永田は6か月の党員資格停止処分、野田佳彦国会対策委員長が引責辞任した。3月31日、前原誠司代表が引責辞任し、鳩山由紀夫幹事長ら執行部も総退陣。永田は議員辞職願を衆院事務局に提出した。

4.7 〔政党〕**民主党代表に小沢一郎選出**　民主党は両院議員総会を開き、小沢一郎前副代表を新代表に選出した。任期は前原誠司前代表の残任期間の9月末まで。

4.7 〔外交〕**普天間基地移設、国と名護市が基本合意**　沖縄県の米海兵隊普天間飛行場（宜野湾市）のキャンプ・シュワブ沿岸部（名護市）移設案について、額賀福志郎防衛長官と島袋吉和名護市長が会談し、集落の安全性確保のため、2本の滑走路を悪天候時の米軍機の着陸用と離陸用を使い分ける代用施設の修正案で基本合意した。

5.24 〔法律〕**改正防衛庁設置法が可決、成立**　防衛設備の調達機能を一元化する警備本部の新設が盛り込まれた改正「防衛庁設置法」などが参議院本会議で可決、成立した。

5.25 〔法律〕**改革推進法含む関連5法が成立**　小泉純一郎首相が「改革の総仕上げ」と位置づける「行政改革推進法」など「行政改革関連5法」が参議院本会議で可決し、成立。

6.1 〔法律〕**参院定数「4増4減」が成立**　参議院選挙の「一票の格差」是正のために定数を「4増4減」する改正「公職選挙法」が衆議院本会議で可決され、成立した。

7.15 〔外交〕**小泉首相、サミットに出席**　小泉純一郎首相は、ロシアのサンクトペテルブルクで行われる第32回主要国首脳会議に出席するためロシアを訪問。サミット開幕に先立ち、ロシアのプーチン大統領と会談し、北朝鮮のミサイル発射について、国連決議採択にロシアの協力を要請。同日、サミットが開幕。17日、サミットは北朝鮮の拉致問題の「早急な解決」や「ミサイル発射の凍結」、核計画の破棄などを要求する議長総括を発表し、閉会した。

8.10 〔外交〕**小泉首相、モンゴルを訪問**　小泉純一郎首相がモンゴルを訪問し、エンフボルト首相と会談した。両首脳はアジア地域をめぐる政治対話や情報交換を事務レベルで進めて

いくことで一致した。

8.15 〔政治〕**小泉首相、終戦記念日に靖国神社を参拝** 小泉純一郎首相が靖国神社を参拝した。現職首相が8月15日に参拝するのは1985年の中曽根康弘首相の公式参拝以来21年ぶりとなった。これを受けて中国と韓国はそれぞれ抗議声明を発表し、日本の中韓大使を呼んで抗議した。

8.24 〔外交〕**小泉首相、中央アジア2か国訪問へ** 小泉純一郎首相はカザフスタンでナザルバエフ大統領と会談。カザフスタンの経済発展に日本が積極的に関与する方針を伝え、ウラン鉱山開発などの資源の共同開発や人的交流の拡大などを盛り込んだ共同声明を発表した。29日、首相はウズベキスタンでカリモフ大統領と会談。ウズベキスタンの天然ウランなどの資源開発に協力して取り組むことで一致した。

9.12 〔政党〕**民主党代表に小沢一郎再選** 民主党の代表選が告示され、小沢一郎代表が無投票で再選となった。25日、同党は臨時党大会を開き、小沢代表の無投票再選を正式に承認。小沢は挙党態勢の維持のため、菅直人代表代行、鳩山由紀夫幹事長を留任する考えを示し、承認された。

9.20 〔政党〕**自民党新総裁に安部晋三選出** 自民党総裁選の党員票の開票と党所属国会議員の投開票が行われた。安倍晋三官房長官が第1回投票で全体の66%の票を獲得し、麻生太郎外相、谷垣禎一財務相に圧勝。その後、党本部で開かれた両院議員総会で第21代総裁に選出された。

9.25 〔政党〕**自公連立維持で合意** 自民党の安倍晋三総裁と公明党の神崎武法代表が、安倍内閣発足を前に連立政権合意に署名した、。

9.25 〔政党〕**自民党三役が決定** 自民党の安倍晋三総裁が党執行部の主要人事を発表。党三役には、幹事長に中川秀直政調会長、政調会長に中川昭一農相、総務会長に丹羽雄哉元厚相を起用した。

9.26 〔国会〕**第165回国会召集** 第165回臨時国会が召集された。会期85日間、12月19日閉会。

9.26 〔政党〕**公明党代表に太田昭宏が無投票当選** 退任する神崎武法代表の後任を選ぶ公明党の代表選が告示された。太田昭宏幹事長代行が立候補を届け出し、他に届け出がなかったため無投票当選となった。

9.26 〔内閣〕**安倍内閣が発足** 衆参両院の首相指名投票で自民党の安倍晋三総裁が第90代首相に選ばれ、自民党と公明党の連立内閣が発足された。民間からは元内閣府政策統括官で政策研究大学院大教授の大田弘子を経済財政相に起用。財務相に元科学技術相の尾身幸次、文部科学相に元労相の伊吹文明を充て、麻生太郎外相は留任。総裁選での論功行賞が色濃く反映された人事となった。また、塩崎恭久外務副大臣を官房長官に抜擢し、首相補佐官を増員するなど、首相官邸の機能強化に努めた。

9.28 〔国会〕**竹中平蔵が参院議員を辞職** 参議院は本会議で自民党の竹中平蔵参院議員の議員辞職を全会一致で許可した。竹中は「小泉内閣の総辞職で自らの政治家としての役割は終わった」として、26日に扇千景参院議長へ辞職願を提出していた。

9.29 〔国会〕**安倍首相、所信表明演説** 衆参両院で、安倍晋三首相が所信表明演説を行った。政府の憲法解釈において禁止されている集団的自衛権の行使について、具体的な研究作業に着手する方針を表明した。

10.8 〔外交〕**安倍首相、中国と韓国を訪問** 安倍晋三首相は北京で中国の胡錦濤国家主席と会談。両国は冷え込んだ関係改善のため、途絶えていた首脳の相互訪問を再開し、2国間や国際的課題を協力して解決する「戦略的互恵関係」を目指すことで合意した。9日、安倍首相はソウルで韓国の盧武鉉大統領と会談。北朝鮮の核実験について「断固とした姿勢で対処すべきだ」という見解で一致した。

10.10 〔外交〕**北朝鮮の核実験への抗議、衆院が決議採択**　衆議院本会議で、北朝鮮が9日に実地を発表した核実験に抗議し、核兵器と核計画の放棄を求める決議を全会一致で採択した。11日、参議院本会議でも同様の決議を採択。

10.13 〔外交〕**北朝鮮への独自制裁を閣議決定**　政府は閣議で、北朝鮮に対して日本独自の追加制裁措置を行うことを正式決定した。北朝鮮籍船舶の入港の全面禁止、北朝鮮からの輸入の全面禁止、北朝鮮国籍保有者の入国の原則禁止が柱となり、6か月の期限付きで発動する。入国禁止は11日から、入港と輸入の全面禁止は14日から適用。

11.1 〔事件〕**タウンミーティングでのやらせを政府が認める**　9月2日に青森県八戸市で開催された政府の「教育改革タウンミーティング」で、内閣府が参加者に「教育基本法」改正案に賛成の立場で質問するよう依頼していたことが衆議院教育基本法特別委員会で明らかになった。共産党の石井郁子議員が指摘し、政府がこれを認めた。9日、政府は166回分のタウンミーティングについても調査し、結果が判明するまでタウンミーティング開催を凍結することを決定。27日、内閣府と文部科学省が調査を行った8回分について、6回で国側の依頼により開催県の教育委員会などが参加者を動員していたとする調査結果を参議院教育基本法特別委員会理事会に報告した。12月13日、調査委員会が調査結果をまとめた最終報告書を安倍晋三首相に提出。政府による質問・発言の以来は全体の6割以上となる115回に達した。これを受けて安倍首相は責任を取るため給与3か月分の返納を表明した。

11.18 〔外交〕**安倍首相、ハノイで各国首脳と会談**　安倍晋三首相はアジア太平洋経済協力会議のためハノイを訪問。ジョージ・W.ブッシュ米大統領、胡錦濤中国国家主席、プーチン露大統領、盧武鉉韓国大統領とそれぞれ会談した。ブッシュ米大統領、プーチン露大統領、盧武鉉韓国大統領とは初めての会談となった。

11.27 〔政党〕**郵政民営化反対組11人が自民党に復党**　郵政民営化に反対して自民党を離れた衆議院議員ら12人が復党願いを提出した。中川秀直幹事長は条件として「郵政民営化への賛成」を含む誓約書の提出を求めた。平沼赳夫元経済産業相は誓約書提出を見送り、平沼以外の11人は誓約書を提出。自民党は11人の復党を内定した。

12.15 〔法律〕**改正教育基本法成立**　安倍晋三内閣が最重要法案と位置づけていたものの一つ、改正「教育基本法」が参議院本会議で賛成多数で可決、成立した。22日公布、同日施行。

12.15 〔法律〕**「防衛省」成立**　防衛庁の「防衛省昇格関連法」が、参議院本会議で賛成多数で可決、成立した。防衛庁が昇格したことで、自衛隊の海外派遣は本来任務へと格上げになった。

12.21 〔政治〕**本間政府税調会長が辞任**　政府税制調査会の本間正明会長が税調委員を辞任する意向を安倍晋三首相に電話で伝えた。首相は辞任を了承した。本間は格安の官舎に親しい女性と住んでいたとマスコミに問題視され、政府・与党内で自発的な辞任を求める声が相次いでいた。

12.27 〔内閣〕**佐田行革相が辞任、後任は渡辺内閣府副大臣**　佐田玄一郎行政改革相は、自らの政治団体が不適切な会計処理を行っていたことの責任を取るために閣僚を辞任する意向を表明した。安倍晋三首相は辞任を了承し、後任に渡辺喜美内閣府副大臣の起用を決定。

2007年
（平成19年）

1.9 〔法律〕**防衛省が発足**　「防衛庁設置法等の一部を改正する法律」の施行に基づき、防衛

日本議会政治史事典　　　　　　　　　　　　　　　　　　　　　　　　2007年（平成19年）

庁が省へと昇格し、防衛省が発足。安倍晋三首相は久間章生防衛庁長官に辞令を交付し、初代防衛相に任命した。

1.16　〔政党〕民主党大会で「与野党逆転」掲げる　民主党大会が開かれ、参院選での与野党逆転を「唯一最大の目標」とする活動計画を採択した。小沢一郎代表は、政治生命をかけて7月の参院選に挑む決意を表明した。

1.17　〔政党〕自民党大会、首相が改憲に意欲　自民党大会が開かれた。安倍晋三総裁はあいさつで憲法改正への意欲を改めて強調した。

1.25　〔国会〕第166回国会召集　第166回通常国会が召集された。会期は6月23日までの150日間、会期延長して7月5日162日間で閉会。

1.26　〔国会〕安倍首相が初の施策方針演説　衆参両院本会議で、安倍晋三首相が就任後初の施策方針演説を行った。首相は「戦後レジーム（体制）」からの脱却を進める決意を強調し、憲法改正の手続きを定める「国民投票法」案の成立に強い期待感を示した。

1.26　〔国会〕角田参院副議長が辞任　角田義一参議院副議長が、2001年の参院選で政治資金収支報告書に多額の寄付を記入しなかった疑いの責任を取り、参院議長に辞任願いを提出。30日、議長は辞任を許可し、後任に民主党の今泉昭参院幹事長を全会一致で選出した。

2.20　〔政治〕民主党小沢代表が事務所費を公開　民主党の小沢一郎代表が自らの資金管理団体陸山会の2年分の事務所費の内訳や関係書類を公開した。資金管理団体による不動産取得が政治家個人の財テクにつながると批判する与党に対して、小沢個人が不動産を所有する権利を持たないことを強調した。

2.21　〔法律〕改正公職選挙法が成立　参議院本会議で改正「公職選挙法」が可決、成立した。これにより、知事選と市区町村長選での公約（マニフェスト）の配布が解禁されることになる。交付は3月22日。

3.5　〔政治〕慰安婦問題について、首相「河野談話」継承を再表明　安倍晋三首相は参議院予算委員会で、従軍慰安婦問題に関しては1993年の河野洋平官房長官談話を基本的に継承する考えを改めて表明した。アメリカをはじめ国内外でこの問題の議論が活発化している中、政府の立場を明示し、沈静化を図る狙いがあった。

3.13　〔外交〕日豪安保共同宣言に署名　安倍晋三首相は首相官邸でオーストラリアのハワード首相と会談。両国の外相、防衛相による定期協議（日豪版2プラス2）の新設など、両国間の安全保障協力の強化を盛り込んだ「安全保障協力に関する日豪共同宣言（日豪安保共同宣言）」に署名した。

4.11　〔外交〕安倍首相、温家宝中国首相と会談　安倍晋三首相は首相官邸で温家宝中国首相と会談した。中国の首相の来日は6年半ぶりとなる。両首脳は、2006年10月の日中首脳会談で合意した「戦略的互恵関係」の具体化を促進することで一致し、経済対話や東シナ海のガス田などに関する合意内容を盛り込んだ「共同プレス発表」と、環境とエネルギーの協力に関する共同声明を発表した。

4.22　〔選挙〕参院補選で与野党が1勝1敗　参議院統一補欠選挙が福島、沖縄選挙区で行われた。福島では民主党公認の前衆議院議員の増子輝彦が初当選、夏の参院選の前哨戦と言われた沖縄では与党が押す前那覇市長の島尻安伊子が初当選した。

5.14　〔法律〕国民投票法が成立　安倍晋三首相が今国会で最優先としてきた「国民投票法」が参議院本会議で可決、成立した。これにより憲法改正の手続きが定められ、1947年の憲法施行から60年を経て、改憲に必要な法的環境が整った。

5.28　〔事件〕松岡農水相が議員宿舎で自殺　松岡利勝農林水産相が議員宿舎内で首つり自殺した。自らの資金管理団体に計上していた高額の光熱水費、事務所費問題について厳しい追

－ 267 －

2007年（平成19年）　　　　　　　　　　　　　　　　　　　　　　　　　　日本議会政治史事典

及を受けていた。安倍晋三首相は自らの任命責任に言及。31日、首相は後任に自民党高村派の赤木徳彦衆議院議員を起用した。

6.20 〔法律〕**改正イラク特措法が成立、2年延長**　「イラク復興支援特別措置法改正法」が参議院本会議で自民党、公明党などの賛成多数で可決、成立。期限は2007年7月末から2年間延長された。

6.29 〔法律〕**改正政治資金規正法が成立**　閣僚らの不透明な事務所費問題を契機として与党が提出した改正「政治資金規正法」が、参議院本会議で与党などの賛成多数で可決、成立した。資金管理団体の5万円以上の経常経費支出に領収書添付を義務づけるもの。

6.30 〔法律〕**公務員制度改革関連法成立**　「公務員制度改革関連法」が与党などの賛成多数で可決、成立した。官製談合の温床とされる押しつけ的天下りの根絶を目指し、各省庁による天下り斡旋を禁じて、内閣府に新設の「官民人材交流センター（新人材バンク）」が一元的に斡旋する。

6.30 〔法律〕**徹夜国会で社会保険庁改革・年金法が成立**　参議院本会議で「社会保険庁改革関連法」と「年金時効特例法」が自民党、公明党の賛成多数で可決、成立した。政府が5月末から矢継ぎ早に行っていた年金記録問題への対抗策がこれで一段落付いたことになる。

7.3 〔内閣〕**久間防衛相が辞任、後任に小池前首相補佐官**　久間章生防衛相は、米国が広島、長崎に投下した原子爆弾に関する自らの発言によって国民に誤解や与党に混乱を招いたとして、安倍晋三首相に辞任の意向を伝えた。首相はこれを了承し、後任に前首相補佐官の小池百合子を起用する考えを表明した。

7.3 〔内閣〕**初代海洋相に冬柴国交相**　政府は閣議で、国の海洋政策を一元化する「海洋基本法」を20日から施行する政令を決定。安倍晋三首相は新設の初代海洋相として冬柴鐵三国交相を任命。兼務となる。20日、海洋基本法が施行され、内閣官房に総合海洋政策本部が設置された。

7.7 〔事件〕**赤木農水相の政治資金問題が発覚**　赤木徳彦農林水産相の政治団体赤木徳彦後援会が主たる事務所の所在地として、事務所としての実態がない赤木の実家を届け出し、多額の経費を計上していたことが明らかになった。

7.26 〔政党〕**新党日本、荒井ら2人離党**　新党日本の田中康夫代表は、荒井広幸参議院議員と滝実衆議院議員の離党を許可したことを役員会で発表。同党は所属国会議員がいなくなったため、政党交付金を受給するための政党要件を失い、その旨を総務省に届け出た。

7.29 〔選挙〕**第21回参議院選挙で自民党が歴史的大敗、民主党が第1党に**　第21回参議院議員通常選挙が行われた。30日、改選121議席が確定。自民党は37議席しか獲得できず歴史的大敗。民主党は結党以来最高の60議席を獲得した。非改選と合わせた新勢力分野は民主党109、自民党83、公明党20、共産党7、社民党5、国民新党4、新党日本1、諸派・無所属13。自民党は結党以来、初めて参院第1党の座から落ちた。

8.1 〔内閣〕**赤木農水相を更迭**　安倍晋三首相は、赤木徳彦農林水産相を首相官邸に呼び、赤木の政治団体の不適切な会計処理の問題などを理由に辞任を求めた。赤木は要請を受け入れ、その場で辞表を提出した。

8.7 〔国会〕**第167回国会召集**　第167回臨時国会が召集された。参議院本会議では、議長に民主党の江田五月元科学技術庁長官、副議長に自民党の山東昭子元科学技術庁長官をそれぞれ全会一致で選出した。参院議長が自民党以外から選ばれるのは1955年の自民党結党以来初めて。臨時国会は10日、閉幕した。

8.27 〔内閣〕**安部改造内閣が発足**　安倍晋三首相が内閣改造を行い、自民党と公明党の連立による安部改造内閣を発足させた。官房長官には自民党の与謝野馨元経済財政相を充てた。外相には町村派会長の町村信孝元外相、防衛相には高村派会長の高村正彦元外相を起用。これ

－ 268 －

日本議会政治史事典　　　　　　　　　　　　　　　　　　　　　　　　2007年（平成19年）

に先立ち、首相は自民党の党三役人事を決定。幹事長に麻生派会長の麻生太郎外相、総務会
長に二階派会長の二階俊博国会対策委員長、政調会長に無派閥の石原伸晃幹事長代理を起用
した。

9.3　〔内閣〕**遠藤農水相が辞任、後任は若林前環境相**　遠藤武彦農林水産相は、自らが組合
長を務めていた農業共済組合が国から補助金の不正受給をしていた問題を受けて、安倍晋三
首相に辞表を提出。首相はこれを受理した。後任には若林正俊前環境相の起用が決定。4日、
認証式を経て就任した。

9.5　〔政党〕**民主党と新党日本、統一会派に正式合意**　民主党の小沢一郎代表と新党日本の
田中康夫代表が会談し、10日召集の臨時国会から参議院で統一会派を組むことで正式に合意
した。

9.10　〔国会〕**第168回国会召集**　第168回臨時国会が召集された。11日安倍晋三首相が所信表
明演説。2008年1月15日閉会、14年ぶりの越年となった。

9.12　〔内閣〕**安部首相が退陣**　安倍晋三首相が首相官邸で記者会見し、辞任を正式に表明し
た。24日、安部は病院で記者会見を行い、辞任の最大の理由を健康問題と説明。国民に多大
な迷惑をかけたと陳謝した。

9.23　〔政党〕**自民党総裁に福田康夫選出**　自民党総裁選の投開票が行われた。福田康夫元官
房長官が麻生太郎幹事長を破り、第22代総裁に選出された。

9.24　〔政党〕**自民党人事、四役体制に**　自民党の福田康夫総裁が党執行部の主要人事を決定。
幹事長に伊吹文明文部科学相、政調会長に谷垣禎一元財務相を起用し、総務会長は二階俊博
を再任させた。選対総局長を選挙対策委員長に変更し、古賀誠元幹事長を充て、執行部を三
役と選対委員長による「四役体制」とした。

9.25　〔政党〕**自民党と公明党、連立維持で合意**　自民党の福田康夫総裁と公明党の太田昭宏
代表が会談し、15項目からなる連立政権合意を交わした。

9.25　〔内閣〕**安倍内閣が総辞職**　安倍内閣が閣議で総辞職した。2006年9月26日の発足から
365日目の総辞職となり、現行憲法下では歴代7番目の短期政権となった。

9.25　〔内閣〕**福田首相が就任**　国会で首相指名を受け、自民党の福田康夫総裁が第91代、58人
目の首相に就任した。26日、認証式を行い、福田内閣が正式に発足した。

10.1　〔国会〕**福田首相、所信表明演説**　参議院本会議で福田康夫首相が就任後初の所信表明
演説を行った。「国民生活の安定を最優先」する考えを強調し、参院で与野党が逆転するね
じれ国会の状態で野党に歩み寄る姿勢を前面に出した。

10.23　〔政党〕**民主党と国民新党が統一会派に合意**　民主党の小沢一郎代表と国民新党の綿貫
民輔代表が会談し、参議院で統一会派を結成することで正式合意した。

10.29　〔事件〕**防衛省前事務次官を証人喚問**　衆議院テロ対策特別委員会で防衛省の守屋武昌
前事務次官の証人喚問が行われた。守屋は、軍需専門商社「山田洋行」の元専務による過剰
なゴルフ接待を受けていたことを明らかにし、謝罪。防衛装備品調達に便宜を図った疑いに
ついては否定した。11月15日、参議院外交防衛委員会の証人喚問で守屋は、山田洋行元専務
との宴席に額賀福志郎財務相と久間章生元防衛相の2人が同席したと明らかにした。2人は
「記憶はない」などと発言。

11.2　〔政党〕**福田首相が民主党に連立を打診、民主は拒絶**　福田康夫首相は、民主党の小沢
一郎代表と会談し、自民、公明両党と民主党による立政権樹立に向けた政策協議を始めるこ
とを提案した。小沢は「党内で協議する」として持ち帰ったが、民主党は役員会で連立参加
を拒否することを決定した。

－ 269 －

| 2008年（平成20年） | 日本議会政治史事典 |

11.16 〔外交〕**福田首相、初めての日米首脳会談**　福田康夫首相はワシントンでジョージ・W.
ブッシュ大統領と初の日米首脳会談を行った。北朝鮮に対するテロ支援国指定解除について
日米両国が緊密に連携する重要性を確認。首相は、海上自衛隊によるインド洋での給油活動
を再開するために「新テロ対策特別措置法」案の今国会成立に全力を尽くす考えを表明した。

12.21 〔法律〕**改正政治資金規正法が成立**　参議院本会議で改正「政治資金規正法」が可決、
成立。国会議員などの政治団体は1円以上の支出の領収書保存が義務づけられることになっ
た。情報公開の対象となるため、支出の透明度も増す見込み。

12.23 〔政党〕**社民党大会が開催、新執行部を選出**　社民党大会が行われ、福島瑞穂党首の無投
票3選を正式に承認。新執行部を選出し、幹事長には重野安正国会対策委員長が起用された。

2008年
（平成20年）

1.11 〔法律〕**「新テロ特措法」を再可決、海自インド洋の給油活動再開へ**　「テロ対策海
上阻止活動に対する補給支援活動の実施に関する特別措置法（新テロ特措法）」は、参議院本
会議で否決された後、衆議院本会議で再議決され、自民党や公明党などの3分の2以上の多数
で可決、成立した。憲法に基づき、参院で否決された法案が衆院で再可決成立するのは57年
ぶり。17日、石破茂防衛相はインド洋での給油活動再開のため、部隊に派遣命令を出した。
24日に護衛艦「むらさめ」、25日に補給艦「おうみ」がそれぞれ出向した。

1.16 〔政党〕**民主党大会で小沢代表が政権交代の決意表明**　民主党大会が開かれ、小沢一
郎代表は政治生命をかけて次期衆院選で政権交代を実現する決意を表明した。

1.17 〔政党〕**自民党大会、「党再生元年」の運動方針**　第75回自民党大会が開かれ、2007年7
月の参院選惨敗を踏まえ、2008年を「党再生元年」と位置づけた運動方針を採択。福田康夫
総裁は生活者・消費者重視の姿勢を強調した。

1.18 〔国会〕**第169回国会召集**　第169回通常国会が召集された。会期は6月15日までの150日
間。6月13日に会期を6日間延長し、21日までにすることを議決。衆参両院の本会議で福田康
夫首相は就任後初めての施政方針演説を行い、2008年度を生活者・消費者が主役の社会のス
タートの年と位置づけ、各省庁の消費者関連部署を統合した組織を新設し、消費者行政を強
化すると表明した。

2.6 〔内閣〕**消費者相に岸田沖縄相**　政府は消費者行政の一元化を検討する有識者会議「消
費者行政推進会議」の委員11人を発表。福田康夫首相は消費者相に岸田文雄国民生活相を任
命した。

3.31 〔法律〕**租税特措法が2か月延長、道路特定財源は期限切れ**　参議院本会議で、道路関
係を除く租税特別措置の期限を5月末から2か月間延長する「つなぎ法」が可決し、成立。つ
なぎ法は改正「租税特別措置法」と改正「地方税法」の2本からなる。ガソリン税などの道
路特定財源の暫定税率はこの日期限切れを迎えた。4月30日、改正租税特別措置法などの税
制関連法が、衆議院本会議で憲法の「みなし否決」規定により、再可決、成立。政府は同法
を即日交付し、ガソリン税の暫定税率を5月1日から復活させる政令を臨時閣議で決定。

4.21 〔外交〕**福田首相が韓国の李大統領と会談**　福田康夫首相は、就任後初来日した韓国の
李明博大統領と会談。年内の福田首相の訪韓、経済関係の強化、北朝鮮の核問題での日米韓
3か国の連携強化などで一致し、共同プレス発表で日韓新時代を強調した。

− 270 −

日本議会政治史事典　　　　　　　　　　　　　　　　　　　　　　　　　　　2008年（平成20年）

4.26　〔外交〕**日露首脳会談で北方領土の交渉進展を合意**　福田康夫首相がロシアのプーチ
ン大統領とモスクワ郊外で会談。北方領土問題に関する交渉を発展させていくことや、エネ
ルギー、運輸、環境分野での協力を具体化していくことで合意した。

5.7　〔外交〕**日中首脳会談、戦略的互恵強化で一致**　福田康夫首相が来日した胡錦濤国家主
席と会談。胡国家主席は中国国家主席としては10年ぶり、国賓としての来日。両首脳は「戦
略的互恵関係」をいっそう強化していくことで一致し、共同声明に署名した。

5.13　〔法律〕**道路財源法が再可決で成立**　道路特定財源を10年間維持する改正「道路整備財
源特例法」が、12日の参議院での否決を受けて、衆議院本会議にて憲法59条の規定に基づき
衆院の3分の2以上の賛成で再可決、成立した。また衆議院再可決前の閣議において、同法の規
定にかかわらず道路特定財源制度を廃止し、2009年度からは一般財源化する基本方針が決
まった。

6.11　〔国会〕**首相問責決議が現憲法下で初の可決**　民主党が社民党、国民新党と共同で参議
院に提出した福田康夫首相の問責決議案が参院本会議で可決された。参院での首相問責は初
めてだが、決議には法的拘束力はなく、首相は内閣総辞職や衆議院解散・総選挙は行わない
考えを表明。12日、衆院本会議で憲法69条に基づき、自民党や公明党が共同提出した内閣信
任案を可決した。

6.18　〔外交〕**東シナ海のガス田開発、日中が正式合意**　日中両政府が東シナ海のガス田の共
同開発についての合意内容を正式発表した。日本が共同開発を求めていた4ガス田のうち、
白樺（中国名・春暁）は開発へ参加、翌檜（中国名・龍井）は南側の日中中間線をまたぐ海域
の共同開発区域設定とすることが合意内容の柱となった。

7.7　〔政治〕**北海道洞爺湖サミット開催**　第34回主要国首脳会議（北海道洞爺湖サミット）が
開幕。主要8か国（G8）とアフリカ諸国首脳らによる拡大対話の朝食会から始まった。同日、
環境問題や経済問題など各分野についてG8首脳が協議し、首脳宣言を発表。世界の食糧安
全保障に関する首脳声明も採択。9日には、3日間の討議の成果をまとめた議長総括を発表。
G8に中国、インド、ブラジルなど8か国を加えた主要排出国会議（MEM）の首脳会議も行わ
れ、新興国が温室効果ガス排出量抑制に取り組む方針を明記した宣言を発表した。

8.1　〔内閣〕**福田改造内閣が発足**　福田康夫首相が内閣改造と自民党役員人事を行った。衆
院選に向けて、党幹事長に麻生太郎を起用。与謝野馨前官房長官を経済財政相、伊吹文明前
党幹事長を財務相に起用し、財政再建重視型の人材を配置した。首相は改造内閣を「安心実
現内閣」と表現。2日、閣僚認証式を終え、正式に発足した。

9.1　〔内閣〕**福田首相が退任**　福田康夫首相が緊急記者会見を行い、退陣の意向を表明した。
24日、福田内閣は総辞職した。

9.8　〔政党〕**民主党代表選、小沢一郎が無投票で3選目**　民主党の代表選が告示された。立
候補は小沢一郎代表のみで、無投票で3選となった。21日、臨時党大会で正式に承認された。

9.16　〔政党〕**公明党の太田代表が無投票再選**　公明党代表選が公示され、太田昭宏代表のみ
が立候補を届け出て、無投票再選となった。23日、党大会で正式に承認された。

9.19　〔内閣〕**太田農水相と白須次官が辞任**　太田誠一農林水産相が自らの政治団体の事務所
費問題や事故米不正転用問題などの責任をとって、福田康夫首相に辞表を提出。首相はこれ
を許可。白須敏朗事務次官も同日付で引責辞任した。24日の内閣総辞職までの間、町村官房
長官が農水相臨時代理を兼務。

9.22　〔政党〕**自民党総裁に麻生太郎が選出**　自民党総裁選の投開票が行われた。麻生太郎が
与謝野馨ら他4候補を破り、第23代総裁に選出された。麻生は党役員人事を行い、幹事長に
町村派の細田博之幹事長代理を起用。

9.24　〔国会〕**第170回国会召集**　第170回臨時国会が召集された。会期93日間で12月25日閉会。

－ 271 －

自民党の麻生太郎総裁が国会で首相指名を受け、第92代、59人目の首相に就任した。

9.24 〔内閣〕**麻生内閣が発足**　麻生太郎内閣が発足。財務相には財政出動に積極的な中川昭一を起用し、景気回復を優先する姿勢を見せた。米国発の金融危機などに対応するため、財務相と金融相は兼務とした。

9.28 〔内閣〕**中山国交相が辞任、後任に金子元行政改革相**　中山成彬国土交通相は成田空港拡張への反対を「ごね得」などと発言した一連の問題の責任を取るため、麻生太郎首相に辞表を提出し、受理された。29日、後任に金子一義元行政改革相が就任した。

9.29 〔国会〕**麻生首相、所信表明演説**　麻生太郎首相は衆参両院本会議で、就任後初の所信表明演説を行った。福田康夫前首相の辞任と中山成彬前国交相の発言についての謝罪の後、民主党に対し2008年度補正予算案やインド洋での自衛隊の給油活動継続などへの賛否を明らかにすることを要求した。

10.17 〔外交〕**日本、安保理非常任理事国に**　国連総会で、2008年末に任期が満了する国連安全保障理事会非常任理事国5か国の改選が行われた。日本はイランを破り、ウガンダ、メキシコ、トルコ、オーストリアと共に新理事国となった。任期は2009年1月から2年間で、日本は国連加盟国中最多の10回目の理事国入りとなった。

10.30 〔内閣〕**麻生首相、衆院選の先送りを表明**　麻生太郎首相が記者会見で新総合経済対策を発表し、衆議院解散については景気対策優先の立場から先送りすることを事実上表明した。同時に、経済状況次第で3年後に消費税率を引き上げる考えも明言した。

11.28 〔政党〕**麻生首相が小沢代表と初の党首討論**　麻生太郎首相と民主党の小沢一郎代表が国会で初めての党首討論を行った。小沢は首相が第2次補正予算案を通常国会に先送りしたことを批判し、衆議院の12月解散を求めた。首相は、予算案は通常国会冒頭に提出すると表明し、解散については金融災害の中で政治空白は作れないと発言。

12.8 〔内閣〕**麻生内閣の支持率急落、21%**　新聞各社が行った全国世論調査で、麻生内閣の支持率が20〜22%となった。前回の11月頭の調査から急落し、およそ半減となった。

12.13 〔外交〕**日中韓首脳のサミットが初の開催**　麻生太郎首相と中国の温家宝首相、韓国の李明博大統領が、福岡県太宰府で日中韓首脳会談を初めて単独開催で行った。3首脳はこの会談は歴史的な意義があると強調し、3か国が共同で金融危機に対処していくことなどの認識で一致。3か国間の未来志向で包括的な協力の探求をうたう共同声明に署名した。

2009年
（平成21年）

1.5 〔国会〕**第171回国会召集**　第171回通常国会が召集された。政権選択をかけた衆院選をにらんで野党は対決姿勢を強め、与党内には造反予備軍を抱えた状態という、麻生政権にとって厳しい国会運営となる。6月2日に7月28日まで55日間の会期延長を議決するが、7月21日に衆議院解散で閉会。

1.13 〔国会〕**2次補正予算が成立、渡辺喜美が自民党を離党**　2008年度第2次補正予算と関連法案が衆議院本会議で自民、公明両党などの賛成多数で可決、参議院に提出された。自民党の渡辺喜美元行政改革相はこの日離党し棄権。同党の松浦健太内閣府政務官、民主、社民両党議員らも棄権した。26日、参院本会議は2次補正の野党修正案を可決。衆院の議決と異なるため、両院協議会がもたれることになった。27日、補正予算は2日間にわたった異例の

－ 272 －

両院協議会を経て、衆院議決の優越を定めた憲法の規定によって成立した。

1.18 〔政党〕**自民党・民主党が党大会開催**　自民党と民主党はそれぞれ党大会を開き、年内に行われる次期衆院選に向けて政策や党組織の強化を進める方針を固めた。

1.28 〔内閣〕**麻生首相が施策方針演説**　衆参両院の本会議で麻生太郎首相は就任後初めての施策方針演説を行った。景気回復に全力を挙げる決意を表明したほか、2011年度からの消費税率引き上げの必要性を訴え、中福祉・中負担の「安心と活力ある社会」をめざす方針を示した。

2.17 〔内閣〕**中川財務・金融相が辞任**　中川昭一財務・金融相が麻生太郎首相に辞表を提出し、受理された。先進7か国財務相・中央銀行総裁会議（G7）閉幕後の記者会見でもうろうとした状態だったことの責任を取ったとしている。後任には与謝野馨経済財政相が起用され、与謝野は3役兼務となった。

2.18 〔外交〕**日露首脳会議がサハリンで開催**　麻生太郎首相は、日本の首相として初めてサハリン（樺太）を訪問し、ロシアのメドベージェフ大統領と会談した。北方領土問題について「新たな独創的で型にはまらないアプローチ」で「我々の世代で解決を」することで一致した。

2.24 〔外交〕**日米首脳が会談**　麻生太郎首相とバラク・オバマ米大統領がホワイトハウスで初の首脳会議を行った。日米同盟の一層の強化と、金融・経済危機をはじめとする国際社会の幅広い課題に協力して対処することを確認した。

3.26 〔内閣〕**平田財務副大臣が株売却問題で辞任**　自民党の平田耕一副大臣は、保有していた株式を市場外取引で自らのオーナー企業に市場の2倍近い価格で売却していた問題で辞任を表明。政府はこれを了承した。

3.27 〔政党〕**民主党、小沢代表辞任へ**　民主党の小沢一郎代表の公設秘書が、西松建設の違法献金事件で逮捕・起訴されたことを受けて、民主党は参議院議員総会と代議士会を開いて小沢代表の続投を了承。5月11日、小沢代表は党内で辞任を求める声が強まっていることを受け、代表の辞任を表明。12日、民主党は辞任を了承。

4.22 〔法律〕**道路財源一般化法が成立**　道路特定財源を2009年度から一般財源化する改正「道路整備事業財政特別措置法」が参議院本会議で、自民、民主、公明各党などの賛成多数で可決、成立した。1954年から続いていた道路特定財源制度の廃止が法的に確定した。

5.12 〔内閣〕**鴻池官房副長官が辞任、後任は浅野参議員**　鴻池祥肇官房副長官が麻生太郎首相に辞表を提出した。13日、政府は持ち回り閣議を開き、鴻池の辞任を認め、後任に自民党の浅野勝人参議院議員を充てることを決定。鴻池は辞任の理由を健康問題としたが、週刊誌に女性問題が掲載されたことが影響しているため、事実上の引責辞任。

5.16 〔政党〕**民主党新代表に鳩山由紀夫**　民主党は両院議会総会で小沢一郎前代表の辞任に伴う党代表選を行った。鳩山由紀夫幹事長が岡田克也副代表を破り、新代表に選出された。17日、鳩山代表は幹事長に岡田副代表、選挙担当の代表代行に小沢前代表を充てる執行部人事を決定。19日、同党は執行部人事を了承した。

5.29 〔法律〕**消費者庁設置関連法が成立**　消費者行政を一元化する「消費者庁設置関連法」が、参議院本会議で全会一致で可決、成立した。消費者庁は最短で2009年10月に新設されることになった。

6.12 〔内閣〕**鳩山総務相が辞任**　鳩山邦夫総務相は、日本郵政の西川善文社長の更迭要求を麻生太郎首相に拒否されたとして首相に辞表提出し、受理された。首相が事実上の更迭をした形になった。後任には佐藤勉国家公安委員長が兼務することに決まった。29日、日本郵政の株主総会が行われ、株式の全てを保有する政府が西川社長ら取締役9人全員の再任を承認。取締役会で西川の社長就任が決まり、佐藤総務相もこれを認めた。

| 2009年（平成21年） | 日本議会政治史事典 |

6.30 〔事件〕**民主党鳩山代表、虚偽記載を認める**　民主党の鳩山由紀夫代表は記者会見で、自身の資金管理団体友愛政経懇話会の収支報告書に故人や寄付をしていない人の名義を寄付者として記載していたことを認めた。公設秘書の独断だと結論づけ、自らの代表辞任は否定。虚偽献金の原資は鳩山本人の資金だと説明した。

7.1 〔内閣〕**麻生首相、2閣僚を補充**　麻生太郎首相は、与謝野馨財務相と佐藤勉総務相の閣僚ポストの兼務を一部解消することを決定。与謝野が兼務していた経済財政相に林芳正前防衛相を、佐藤が兼務していた国家公安委員長に林幹生自民党幹事長代理をそれぞれ充てた。2日、認証式を経て両人が正式就任。

7.8 〔法律〕**水俣病救済法が成立**　水俣病被害者の救済及び水俣病問題の解決に関する特別措置法案「水俣病被害者救済法」案が参議院本会議で可決、成立した。国の基準に満たず水俣病の未認定患者となっていた2万人に一時金などが支給されるようになる見込み。

7.13 〔法律〕**改正臓器移植法「脳死は人の死」が成立**　改正「臓器移植法（A案）」が参議院本会議で参院多数で可決、成立した。脳死を「人の死」とすることを前提に本人の意志が不明な場合でも家族の承諾で0歳からの臓器提供が可能になる。

7.21 〔国会〕**衆議院解散、8月30日に総選挙**　衆議院は本会議で解散された。政府は臨時閣議を開き、第45回選挙を8月18日告示の30日投開票の日程とすることを正式に決定した。

8.30 〔選挙〕**第45回衆議院選挙で民主党が308議席、政権交代**　第45回衆議院議員総選挙が行われた。政権選択が最大の焦点となった選挙で、民主党は過半数（241）を上回る308議席を獲得して政権奪取を果たした。自民党は119議席で結党以来初めて第2党に転落。麻生太郎首相は党総裁を辞任する考えを表明した。公明党21議席、共産党9議席、社民党7議席、みんなの党5議席、国民新党3議席、新党日本1議席、改革クラブ0議席、諸派1議席、無所属6議席。

9.1 〔政治〕**消費者庁が発足**　消費者行政の一元化を目指した消費者庁が発足した。

9.8 〔政党〕**公明党、新体制が整う**　公明党は全国代表者会議を開き、衆院選惨敗に伴う太田昭宏代表の辞任を認めた。新代表には参議院議員の山口那津男政調会長を選出。北側一雄幹事長の辞任に伴い、後任に井上義久副代表、政調会長に斉藤鉄夫環境相を起用する人事も正式発表され、新体制が整った。

9.9 〔政党〕**民・社・国が連立に合意**　民主党の鳩山由紀夫代表、社民党の福島瑞穂党首、国民新党の亀井静香代表は党首会談を開き、連立政権の樹立で正式に合意し「3党連立政権合意書」に署名した。政策合意の焦点となった外交・安全保障分野については日米地位協定改定の提訴と在日米軍基地のあり方を見直す文言を加えて決着した。

9.16 〔国会〕**第172回国会召集**　第172回特別国会が召集された。衆議院本会議で第73代議長に民主党の横路孝弘前副議長、第64代副議長に自民党の衛藤征士郎元防衛庁長官を選出した。

9.16 〔内閣〕**麻生内閣が総辞職、鳩山内閣が発足**　麻生内閣は臨時閣議を開き、総辞職。国会で首相指名を受けた民主党の鳩山由紀夫代表が第93代、60人目の首相に就任した。鳩山首相は直ちに組閣を終え、首相任命式と閣僚認証式を経て、民主党、社民党、国民新党の3党連立による鳩山内閣が発足した。

9.22 〔外交〕**鳩山首相、国連に出席し各国首脳と会談**　鳩山由紀夫首相はニューヨークで開かれた国連気候変動首脳級会合の開会式で演説し、2020年までに日本の温室効果ガスを1990年比で25％削減する新たな中期目標を表明した。会合の前に首相は胡錦濤中国国家主席と会談。会合開会式の後、バラク・オバマ米大統領、メドベージェフ露大統領、李明博韓国大統領とそれぞれ会談した。

9.28 〔政党〕**自民党総裁に谷垣禎一**　自民党総裁選で、党員票の開票と党所属国会議員の投開票が行われた。谷垣禎一元財務相が第1回投票で6割の票を獲得し、河野太郎元法務副大臣、西村康稔前外務政務官を破り、第24代総裁に選出された。

— 274 —

| 日本議会政治史事典 | 2010年（平成22年） |

10.10　〔外交〕**日中韓首脳が会談**　鳩山由紀夫首相は、中国の温家宝首相、韓国の李明博大統領
と北京市内で日中韓首脳会談を行った。3首脳は会談後、北朝鮮の核問題をめぐる6か国協議
の早期再開に向けた協力などを盛り込んだ「日中韓協力10周年を記念する共同声明」と、環
境問題に配慮した経済成長をめざす「持続可能な開発に関する共同声明」の2つの文書を発
表した。

10.26　〔国会〕**第173回国会召集**　第173回臨時国会が召集され、鳩山由紀夫首相が衆参両院本
会議で就任後初の所信表明演説を行った。首相は政権交代の意義を強調した一方、野党に施
策への協力を呼びかけた。衆議院での演説は52分間で首相の国会演説として1970年以降最長
となった。12月4日閉会。

11.11　〔内閣〕**事業仕分けが実施**　政府の行政刷新会議が2010年度予算の解散要求から無駄を洗
い出す「事業仕分け」の作業を開始した。9日間で計449事業を対象とする。27日、作業が終
了。削減が決まった総額は6699億円から7803億円で、目標としていた「概算要求の3兆円圧
縮」には届かなかった。国への返納を求めた基金や特別会計などの「埋蔵金」は9615億円と
なり、削減額と合わせた事業仕分けの財政上の成果は計1兆6315億～1兆7419億円となった。

11.13　〔外交〕**鳩山首相、来日した米大統領と会談**　鳩山由紀夫首相が、来日したバラク・オ
バマ米大統領と会談。両首脳は2010年の日米安全保障条約改定50周年に向けて日米同盟を深
化させるため「新しい協議のプロセス」を進めることで一致。沖縄の米軍普天間飛行場の移
設問題については両国の外務・防衛閣僚級の作業部会を設置し、迅速に結論を出すことで合
意した。

12.14　〔外交〕**鳩山首相、中国副主席と会談**　鳩山由紀夫首相は来日した中国の習近平国家副
主席と会談。

12.15　〔内閣〕**普天間移設問題、先送り決定**　政府は米軍普天間飛行場移設問題について、関
係閣僚に社民党党首の福島瑞穂消費者相と国民新党代表の亀井静香金融相らを加えた基本政
策閣僚委員会を開き、2006年の日米合意を見直し、移設先を改めて選定する政府方針を正式
決定した。結論は2010年に先送りし、与党3党で協議することでも合意。

12.22　〔政治〕**沖縄返還時の核密約文書が現存**　沖縄返還交渉をめぐり、当時の佐藤栄作首相
とリチャード・ニクソン米大統領とが交わしたとされる、有事における沖縄への核兵器再持
ち込みに関する「密約」文書を佐藤の遺族が保管し、現存していることが明らかになった。

2010年
（平成22年）

1.16　〔政党〕**民主党大会で小沢幹事長続投を了承**　民主党の定期党大会で小沢一郎幹事長
が、自らの資金管理団体陸山会の土地購入を巡って、元秘書らが政治資金規正法違反容疑で
逮捕されたことについて、違法性を否定。幹事長を続投する意向を正式に表明した。鳩山由
紀夫首相も小沢支持を表明し、事実上小沢の幹事長続投が了承された。

1.18　〔国会〕**第174回国会召集**　第174回通常国会が召集された。鳩山政権の発足後、初の通
常国会。会期は6月16日までの150日間。

1.24　〔政党〕**自民党大会が開催**　自民党が党大会を開催。谷垣禎一総裁は演説で政府・与党と
の対決姿勢を強調し、国会論戦を通じて鳩山内閣を追い込む考えを示した。

1.24　〔政治〕**移設反対派が沖縄名護市長に**　沖縄県名護市長選が投開票され、米軍普天間飛

— 275 —

2010年（平成22年）　　　　　　　　　　　　　　　　　　　　　　　　　　　　日本議会政治史事典

行場の移設受け入れ反対派の稲嶺進が、容認派で現職の島袋吉和を接戦で破り、初当選した。

1.29　〔国会〕**鳩山首相が施策方針演説**　衆議院本会議で鳩山由紀夫首相が就任後初めての施策方針演説を行った。演説では2010年度予算案を早期成立させ、2009年度第2次補正予算と合わせて景気対策を切れ目なく実行する方針を掲げた。デフレ克服に向けて日本銀行との政策協調を進める考えも表明した。

2.10　〔内閣〕**行政刷新相に枝野就任**　鳩山由紀夫首相は、仙谷由人行政刷新・国家戦略相の兼務を解き、民主党の枝野幸男元政調会長を行政刷新相に起用した。枝野は認証式を経て正式就任。

2.11　〔政治〕**民主党石川議員が離党**　民主党の小沢一郎幹事長の資金管理団体陸山会の土地購入を巡る政治資金規正法違反事件で起訴された責任を取り、石川知裕衆議院議員が離党届を提出した。15日、民主党は常任幹事会で正式に離党を承認した。

2.22　〔国会〕**自民党が審議拒否も、予算案や法案の審議進む**　自民党は党本部で役員会を開き、与党が小沢一郎民主党幹事長らの国会招致などに応じない限り国会審議を拒否することを決定。決定後、自民党は国会を欠席。民主党は自民党の欠席に乗じて予算案や法案の審議を進めた。25日、自民党は審議復帰し、国会は正常化した。

3.24　〔国会〕**2010年度予算が成立**　参議院本会議で2010年度予算が民主党、社民党、国民新党などの賛成多数で可決、成立した。一般会計総額は92兆2992億円となり過去最大。

3.26　〔法律〕**子ども手当法が成立**　鳩山政権の目玉政策である「子ども手当法」が参議院本会議で可決、成立した。支給は6月から始まり、2010年度は半額分として中学卒業までの子ども1人辺り月1万3000円を父母らに支給する。

4.10　〔政党〕**「たちあがれ日本」結党**　無所属の平沼越夫元経済産業相や3日に自民党へ離党届を出した与謝野馨元財務相らが新党「たちあがれ日本」の結成を発表した。結党趣旨に「打倒民主党」「日本復活」「政界再編」の3つを掲げる。代表は平沼、共同代表に与謝野が就任。結党メンバーは5人。

4.16　〔政治〕**水俣病の救済を閣議決定**　政府は2009年7月に成立した「水俣病被害者救済法」に基づく「救済措置の方針」を閣議決定した。訴訟外で救済を求めていた被害者を対象に救済の詳細を定め、一定基準を満たせば210万円の一時金などが支給されることになった。訴訟による解決を求めた被害者団体は3月に同様の条件で国などとの和解に合意しているため、全面解決に向けて救済措置と和解の2つの枠組みが決定したことになる。5月1日、水俣病の公式確認から54年を迎え、鳩山由紀夫首相が歴代首相で初めて犠牲者慰霊祭に出席し、謝罪した。

4.18　〔政党〕**「日本創新党」結党**　東京都の山田宏杉並区長と中田宏前横山市長らが、首長や首長経験者らによる新党「日本創新党」の結成を発表した。党首は山田、代表幹事に中田が就任。

4.23　〔政党〕**「新党改革」結党**　22日に自民党へ離党届を出した舛添要一前厚生労働相は、参議院議員6人による「新党改革」の結成を発表した。党代表に舛添、幹事長に荒井広幸が就任。新党は、既存の改革クラブの党名変更を総務相に届け出る形を取った。27日、参院会派の自民党・改革クラブは改革クラブの統一会派解消に伴い、会派名を自民党・無所属の会に変更した。

4.27　〔法律〕**殺人事件などの時効の廃止・延長が決定**　改正「刑事訴訟法」と刑法が、衆議院本会議で与党と自民、公明両党などの賛成多数で成立した。殺人事件などの公訴時効が廃止され、傷害致死など殺人以外で人を死亡させた罪の時効期間が2倍延長となる。政府は27日中に同改正法を交付、施行した。

4.27　〔政党〕**自民党、与謝野と舛添を除名**　自民党は与謝野馨元財務や舛添要一前厚生労働

－ 276 －

相ら7議員の離党届の扱いについて党規委員会で協議した。与謝野と舛添を除名処分とし、他5人の離党届は受理することを決定した。

4.28 〔政党〕**鳩山首相、小沢幹事長の続投を表明**　民主党の小沢一郎幹事長の資金管理団体陸山会を巡る政治資金規正法違反事件で、東京第5検察審査会が「起訴相当」とする議決をしたことに対し、鳩山由紀夫首相は小沢に幹事長を続投させる意向を表明をした。

5.25 〔内閣〕**独立行政法人の事業仕分けが終了**　政府の行政刷新会議は独立行政法人・公益法人・特別民間法人を対象にした事業仕分け第2段は前半が4月28日に、後半が5月25日終了した。117法人の233事業を対象とし、46法人の71事業の廃止を求めた。

5.28 〔内閣〕**辺野古移設を閣議決定、社民党が連立離脱へ**　沖縄県の米軍普天間飛行場移設問題について、日米両政府は日米同盟に関する外務、防衛担当閣僚（2プラス2）の共同文書を発表し、沖縄県名護市辺野古を移設先として明記した。鳩山由紀夫首相は臨時閣議を開き、名護市辺野古を移設先とする政府方針を閣議決定。閣議決定に反対した社民党党首の福島瑞穂消費者・少子化相は罷免された。30日、社民党は全国幹事長会議と臨時常任幹事会を開き、連立政権からの離脱を決定した。

6.2 〔内閣〕**鳩山首相が退陣、小沢幹事長も辞任**　緊急の民主党両院議員総会で鳩山由紀夫首相が退陣の意向を表明した。民主党は緊急の役員会と常任幹事会を開き、小沢一郎幹事長を含む執行部が総退陣した。

6.4 〔内閣〕**菅直人が首相に選出、菅内閣が発足**　民主党は両院議員総会を開いて代表選を行った。菅直人副総理兼財務相が樽床伸二衆議院環境委員長を破り、新代表に選出された。衆参両院本会議で菅は第94代、61人目の首相に選出された。8日、民主党、国民新党の連立による菅内閣が発足。11日、参議院本会議で菅首相は所信表明演説を行った。

6.11 〔内閣〕**亀井金融・郵政改革相辞任**　政府は閣議で、「郵政改革法」案の成立見送り方針に反発した国民新党の亀井静香代表の金融・郵政改革相辞任を決定。後任には同党の自見庄三郎幹事長が就任。民主党と国民新党は国会内で幹事長会談を開き、参院選後の連立政権の継続などを確認した。

7.11 〔選挙〕**第22回参議院選挙で民主敗北**　第22回参議院議員通常選挙が行われた。民主党は改選54議席から大きく減らし44議席にとどまり、民主党と国民新党の連立与党は非改選議席を合わせて参院の過半数を割り込む大敗となった。その他党派別当選者は、自民党51、みんなの党10、公明党9、共産党3、社民党2、たちあがれ日本1、新党改革1。

7.30 〔国会〕**第175回国会召集**　第175回臨時国会が召集され、自公政権下の2007年に続き、与党が参議院で過半数に満たない「ねじれ国会」が開幕した。参院議長に民主党の西岡武夫元文相、副議長に自民党の尾立秀久元厚生労働相が選出された。8月6日閉会。

8.10 〔外交〕**日韓併合100年で首相談話**　政府は閣議で、日韓併合100年の菅直人首相の「首相談話」を決定した。1995年のアジア諸国に対する植民地支配に関する村山首相談話を踏襲し、韓国に対する植民地支配について「痛切な反省と心からのおわび」を表明した。

8.30 〔政治〕**政府と日銀が追加の経済・金融対策を決定**　菅直人首相は日本銀行の白川方明総裁と会談し、政府・日銀の「意思疎通」をさらに強めていく方針を確認。円高・株安と景気の腰折れを阻止するため、追加の経済・金融対策を相次いで決定した。

9.11 〔外交〕**中国がガス田交渉延期**　中国漁船衝突事件を受けて、中国外務省は9月中旬に予定されていた東シナ海のガス田共同開発に関する局長級の条約交渉の延期を発表した。政府は、北京の日本大使館を通じて抗議した。

9.14 〔政党〕**民主代表戦で菅首相が再選**　民主党の臨時党大会で代表選の投開票が行われた。菅直人代表が小沢一郎前幹事長を大差で破り、再選。菅の代表任期は2012年9月まで。

－ 277 －

9.17 〔政党〕民主党議員総会で新人事を承認　民主党は両院議会総会を開催。岡田克也幹事長、玄葉光一郎政調会長、鉢呂吉雄国会対策委員長など主要な党役員人事を承認した。

9.17 〔内閣〕菅改造内閣が発足　民主党と国民新党の連立による菅改造内閣が発足した。大畠章宏経済産業相や馬淵澄夫国土交通相、海江田万里経済財政相ら9人が初入閣、前原誠司外相ら7人が前内閣から引き続きの起用となった。

10.1 〔国会〕第176回国会召集　第176回臨時国会が召集された。菅直人首相は衆参両院本会議で所信表明演説を行い、2010年度補正予算成立に向けて与野党連携の重要性を強調。「ねじれ国会」を乗り切る強い意欲を示した。12月3日閉会。

10.2 〔政党〕公明党代表、山口が再選　公明党が党大会を開き、山口那津男代表の再選を正式に承認した。

10.30 〔内閣〕特別会計の仕分け前半が終了　政府の行政刷新会議は、特別会計を対象にした事業仕分けの第3段前半日程の作業を終えた。4日間で、18の特別会計のうち、今後の検討も含めて4特別会計の廃止を決めた。個別に取り上げた43事業ではスーパー堤防など8事業を廃止すると判定した。

11.12 〔法律〕「ねじれ国会」で政府提出法案が初成立　政府提出の改正「保険業法」が参議院本会議で全会一致で可決、成立した。衆参の多数派が異なる「ねじれ国会」となって以降、政府提出法案が成立するのは初めて。

11.22 〔内閣〕国会軽視発言で柳田法相を更迭　柳田稔法相は、「国会軽視」ととれる自らの発言の責任を取って、菅直人首相に辞表を提出した。事実上の更迭であり、首相はこれを受理した。

12.17 〔内閣〕新防衛大綱を閣議決定　政府は安全保障会議と閣議を開き、新たな防衛計画の大綱（防衛大綱）を決定した。「動的防衛力」の概念が盛り込まれ、機動性や即応性を重視。中国の国防費増大や東シナ海などでの活動を「懸念事項」と位置づけ、南西諸島防衛力を強化する。

12.27 〔政党〕小沢の招致について政治倫理審議決の方針　民主党は、2011年1月の通常国会召集までに小沢一郎元代表の招致を衆議院政治倫理審査会で議決する方針を役員会で決定した。菅直人首相は、小沢元代表が招致拒否を続ける場合は離党を促す意向を表明。28日、小沢元代表は自らの資金管理団体陸山会の政治資金規正法違反事件について通常国会中に衆院政治倫理審査会に出席し、説明する考えを示した。

2011年
（平成23年）

1.13 〔政党〕民主党がマニフェストを見直す方針　民主党は党大会を開き、夏までに、2009年参院選のマニフェスト（政権公約）を見直す方針を決めた。党代表の菅直人首相は、内閣人事を断行する考えを表明した。

1.14 〔内閣〕菅第2次改造内閣が発足　菅直人首相の第2次改造内閣が発足した。民主党から枝野幸男官房長官、江田五月法務相らが新たに入閣し、参議院で問責決議を受けた仙谷由人前官房長官、馬淵澄夫前国土交通相は退任した。また、社会保障・税制改革をにらんで、たちあがれ日本の共同代表だった与謝野馨を党外から経済財政相に起用した。与謝野は13日に立ちあがれ日本に離党届を提出した。

1.20 〔外交〕**菅首相、「日米同盟が基軸」と演説**　菅直人首相は、東京都内で財界関係者や各国駐日大使らを前に外交・安全保障政策をテーマに演説をした。菅政権としての包括的な外交演説を行うのは初めて。日米同盟を基軸に据えるとともに、「平成の開国」を掲げて経済・資源外交を進める考えを改めて表明した。

1.21 〔外交〕**日米、「思いやり予算」に署名**　前原誠司外相と米国のルース駐日大使は、2011年度から5年間の在日米軍駐留経費の日本側負担（思いやり予算）などを定めた特別協定案に署名した。

1.23 〔政党〕**自民党大会で政権奪取を表明**　自民党は党大会を開き、谷垣禎一総裁は政権奪取の決意を表明した。

1.24 〔国会〕**第177回国会召集**　第177回通常国会が召集された。菅直人首相は施政方針演説で、消費増税・社会保障一体改革など政策課題実現に向けた与野党協議を訴えた。国会会期は6月22日までの150日間。6月22日に70日間の会期延長、8月31日閉会。

1.29 〔政党〕**みんなの党、初の党大会開催**　みんなの党は2009年8月の結党以来初となる党大会を開いた。渡辺喜美代表は、今国会で解散・総選挙に導くと決意を表明した。

2.9 〔国会〕**菅首相、初の党首討論**　菅直人首相は就任後初の党首討論に臨み、消費増税を含む税制抜本改革について2012年3月末までに関連法案の国会提出を目指す意向を表明した。自民党の谷垣禎一総裁は早期の衆議院解散・総選挙を求め、激しい応酬となった。公明党の山口那津男代表は、社会保障の具体的な改革案が示されるまでは協議に応じない考えを示した。

2.10 〔政党〕**小沢一郎元代表が離党要求を拒否**　菅直人首相は、民主党の小沢一郎元代表と会談。小沢元代表が政治資金規制法違反で強制起訴されたことを受け、首相は自発的な一時離党を求めたが、小沢元代表は拒否し、会談は決裂した。首相は、小沢の党員資格停止処分に踏み切った。

2.17 〔政党〕**民主党小沢系議員が会派離脱届提出**　民主党の小沢一郎元代表を支持する同党比例選出衆議院議員16人が、衆院の会派「民主党・無所属クラブ」からの離脱を求める意向を表明し、岡田克也幹事長あてに離脱届を提出した。執行部は認めない方針。

2.22 〔政党〕**民主党、小沢元代表の党員資格停止を決定**　民主党は常任幹事会を開き、政治資金規制法違反で強制起訴された小沢一郎元代表に対し、裁判の判決確定まで党員資格を停止する処分を最終決定した。常任理事会の前に行われた倫理委員会で、小沢は処分の不当性を主張したが、執行部側が押し切った。

2.24 〔政党〕**民主党・松木政務官が辞表**　民主党の小沢一郎元代表に近い、松木謙公農林水産政務官は、菅直人首相あてに政務官の辞表を提出し受理された。25日、政府は閣議で、松木の後任に民主党の吉田公一衆議院議員の起用を決定した。

3.6 〔内閣〕**前原外相が辞任**　前原誠司外相は、菅直人首相と会談し、在日韓国人から政治献金を受け取っていた問題の責任を取って辞任する意向を伝えた。菅首相は慰留したが、最終的に辞任を受け入れた。9日、菅首相は、前原の後任に松本剛明外務副大臣の昇格を決めた。

3.11 〔政治〕**東日本大震災発生**　14時46分ごろ、三陸沖を震源とするマグニチュード9.0の地震が発生。宮城県栗原市で最大震度7が観測されたほか、宮城県、福島県、茨城県、栃木県などでは震度6強を観測。岩手県、宮城県、福島県を中心とした太平洋沿岸部は巨大な津波に襲われ、甚大な被害を受けた。15時14分、災害の応急対策を強力に推進するため、「災害対策基本法」に基づき、菅直人首相を本部長とする緊急災害対策本部が閣議決定により設置された。また、東京電力福島第一原子力発電所が被災して放射性物質が漏れ出す深刻な事態になり、19時3分、政府は初めての「原子力緊急事態宣言」を発令した。4月1日持ち回り閣議で災害の呼称を「東日本大震災」とすることを決定。

— 279 —

2011年（平成23年）　　　　　　　　　　　　　　　　　　　　　　　　日本議会政治史事典

3.15　〔政党〕民主党・土肥議員が離党　民主党は常任理事会で、土肥隆一衆議院議員の離党を了承した。土肥は、竹島の領有権主張を中止するように日本政府に求めた宣言文に名前が載ったことの責任を取り、10日に衆院政治倫理審査会会長の辞任を表明していた。

3.18　〔法律〕統一選延期法が成立　東日本大震災の被災地で「統一地方選を延期する臨時特例法」が、参議院本会議で賛成多数で成立した。対象は特に被害が甚大だった岩手、宮城、福島の3県。

3.29　〔法律〕美術品保障法が成立　展覧会のために海外から借り受けた美術品が破損や盗難にあった際に、国が損害の一部を補償する「美術品国家補償法」が衆議院本会議で全会一致で可決、成立した。

3.31　〔法律〕子ども手当つなぎ法が成立　中学生までの子どもに月額1万3000円を支給する子ども手当を4月から半年間延長する「子ども手当つなぎ法」が成立した。参議院本会議で賛否が同数となり、西岡武夫議長の判断で可決された。

4.11　〔内閣〕原発被害賠償の紛争審査会発足　政府は、東京電力福島第一原子力発電所事故の被害者への対応の枠組みを協議する「原子力発電所事故による経済被害対応本部」を設置した。東電が賠償する範囲などを検討する「原子力損害賠償紛争審査会」も発足させた。

4.15　〔法律〕改正義務教育標準法が成立　公立小学校1年生の35人学級を実現するための改正「義務教育学校編制・教職員定数標準法」が、参議院本会議で可決・成立した。

4.22　〔国会〕復興誓う決議、衆院全会一致　衆議院は本会議で、東日本大震災からの復興への決意を示す「東日本大震災に関する決議」と「国際的支援に対する感謝決議」を全会一致で採択した。

4.27　〔法律〕被災者支援、初の法成立　東日本大震災の被災者を支援するため、税制上の負担軽減策を盛り込んだ「税制特例法」と参議院本会議で可決、成立した。

4.28　〔法律〕地域主権3法が成立　国と地方自治体との関係を見直す地域主権改革関連の3法案が、参議院本会議で可決、成立した。「国と地方の協議の場」を正式に法制化する。

5.13　〔内閣〕原発賠償支援を決定　政府は、東京電力福島第一原子力発電所事故に伴う損害賠償を支援する枠組みを関係閣僚会合で正式に決めた。東電の存続が前提で、債務超過にさせないことを明示。公的資金を投入して支援する一方、政府は東電の経営合理化を監督する。

5.18　〔法律〕参院憲法審査会規程が可決　憲法改正原案を審議する参議院憲法審査会の委員数や運営方法を定める審査会規程が、参院本会議で可決、制定された。

5.20　〔法律〕震災被災地選挙延期法、成立　東日本大震災で被災した岩手、宮城、福島の3県で地方選挙の延期を可能にする改正「選挙延期特例法」が、参議院本会議で可決、成立した。6月11日以降に任期満了を迎える10市町村長選と11市町村議選を9月22日まで延期できる。

5.20　〔法律〕地方議員年金制度を廃止　財政破綻が確実となっている地方議員年金制度を廃止するための改正「地方公務員等共済組合法」が、参議院本会議で可決、成立した。

5.27　〔法律〕「親権2年停止」成立　児童虐待の防止を目的に、親権を最長2年間停止できる制度の導入を柱とした、改正「民法」・改正「児童福祉法」が、参議院本会議で可決、成立した。親権を制限するには親子関係を絶つしかなかった現行制度を変更し、虐待する親から子を引き離しやすくする。

6.2　〔国会〕衆院で菅内閣不信任案を否決　衆議院は、自民党、公明党、たちあがれ日本の3党が提出した菅内閣に対する不信任決議案を否決した。衆院本会議に先立つ民主党代議士会で、菅直人首相は、震災対応の目処がついた段階で辞任する意向を表明した。

6.8　〔法律〕震災3県地デジ延期法が成立　東日本大震災で被害が大きかった岩手、宮城、福

－　280　－

島の3県で、地上デジタル放送への移行を、当初予定の7月24日から最長で1年間延期できるようにする「電波法の特例法」が、参議院本会議で全会一致で可決、成立した。

6.15 〔法律〕**改正NPO法が成立**　税制優遇措置を受けられるNPO法人の認定基準を緩和する改正「特定非営利活動促進法（NPO法）」が、参議院本会議で全会一致で可決、成立した。

6.15 〔法律〕**改正介護保険法が成立**　介護が必要な人の在宅生活を支えるため、24時間対応の新たな訪問サービスを導入することが柱の改正「介護保険法」が、参議院本会議で可決、成立した。

6.17 〔法律〕**ウイルス作成罪新設、改正刑法など成立**　「コンピュータウイルス作成罪」の新設を柱にした「刑法」などの改正案が、参議院本会議で与野党の賛成多数により可決、成立した。

6.17 〔法律〕**スポーツ基本法が成立**　超党派のスポーツ議員連盟がまとめた議員立法の「スポーツ基本法」が、参議院本会議で可決、成立した。1961年に制定されたスポーツ振興法が50年ぶりに全面改正され、国民がスポーツをする権利（スポーツ権）を初めて明記した。

6.17 〔法律〕**障害者虐待防止法など成立**　障害者に対する虐待の発見者に通報を義務づける「障害者虐待防止法」が、参議院本会議で全会一致で可決、成立した。また、全国61か所の社会保険病院と厚生年金病院を運営する独立行政法人「地域医療機能推進機構」を新設し、公的医療拠点として維持する改正「年金・健康保険福祉施設整理機構法」が、参院本会議で可決、成立した。

6.17 〔法律〕**被災者の相続放棄に猶予**　東日本大震災で死亡した人について、親族らが「相続放棄」の判断を求められる期限を11月末まで延長する「民法特例法」が、参議院本会議で可決、成立した。

6.20 〔法律〕**復興基本法が成立**　東日本大震災からの復興に向けた基本理念や「復興庁」創設を定めた「復興基本法」が、参議院本会議で可決、成立した。

6.27 〔内閣〕**原発相、復興相が決定**　菅直人首相は、原発事故収束・再発防止担当相に細野豪志首相補佐官を、復興担当相に松本龍防災相を充てる人事を発表した。これに伴い、蓮舫行政刷新相が退任し首相補佐官になり、松本が兼任していた環境相は江田五月法相が、行政刷新相は枝野幸男官房長官が兼務することとなった。また、亀井静香国民新党代表を首相補佐官に、自民党の浜田和幸参議院議員を復興担当の総務政務官に起用した。

6.27 〔内閣〕**菅首相、辞任3条件を明言**　菅直人首相は記者会見で、自らの辞任条件として、今年度第2次補正予算案の成立、再生可能エネルギー特別措置法案の成立、特例公債法案の成立が目処になると明言したが、具体的な辞任時期は示さなかった。

7.5 〔内閣〕**松本復興相辞任**　松本龍復興相は、菅直人首相に復興相と防災相の辞表を提出し、受理された。被災地での放言が批判を浴び、引責した。就任9日目での辞任となった。復興・防災担当相の後任に平野達男内閣府副大臣を起用した。

7.25 〔国会〕**第2次補正予算が成立**　東日本大震災の復旧対策を盛り込んだ2011年度の第2次補正予算が、参議院本会議で共産党をのぞく与野党の賛成多数で可決、成立した。総額1兆9988億円。

7.29 〔法律〕**改正障害者基本法が成立**　障害者の社会参加に関する基本理念を定めた改正「障害者基本法」が、参議院本会議で全会一致で可決、成立した。

7.29 〔内閣〕**政府が復興基本方針を決定**　政府は「東日本大震災復興対策本部」を開き、復興基本方針を決定した。復興期間は今後10年とし、当初5年間の「集中復興期間」に国と地方合わせて19兆円程度を投入する方針。

| 2011年（平成23年）　　　　　　　　　　　　　　　　　　　　　　　　日本議会政治史事典 |

8.3　〔法律〕原子力損害賠償支援機構法が成立　東京電力福島第一原子力発電所事故の賠償を支援する「原子力損害賠償支援機構法」が、参議院本会議で民主党、自民党、公明党などの賛成多数で可決、成立した。原子力事業者が出資して設立した支援機構が、被災者の賠償にあたる東電の資金繰りを支援する仕組み。政府は2兆円の交付国債を発行し、機構の運営を支える。

8.3　〔法律〕地方選再延期法が成立　東日本大震災の被災地での延期されている地方選挙を、さらに年末まで延期できるようにする改正「臨時特例法（地方選再延期法）」が、参議院本会議で可決、成立した。

8.4　〔法律〕改正国民年金法が成立　国民年金保険料の未払い分を過去に遡って追納できる期間を、現行の過去2年間から10年間に延長する改正「国民年金法」が、衆議院本会議で可決、成立した。

8.5　〔法律〕被災者支援2法が成立　東京電力福島第一原子力発電所事故の被災地で地方税を減免する改正「地方税法」と、原発事故や津波などの影響で避難した住民が住民票を移さなくても行政サービスを受けられるようにする「特例法」が、ともに参議院本会議で可決、成立した。

8.5　〔内閣〕原発賠償の中間指針を決定　東京電力福島第一原子力発電所事故の賠償範囲の指針作成を進めている政府の「原子力損害賠償紛争審査会」は、賠償の範囲や対象を示す中間指針をまとめた。

8.12　〔法律〕がれき処理特別措置法が成立　東日本大震災で生じたがれきの処理を国が市町村に代わって行えるようにする「がれき処理特別措置法」が、参議院本会議で全会一致で可決、成立した。

8.26　〔法律〕2法案が成立し、菅首相は辞任を表明　菅直人首相は、自らが退陣条件に掲げた2法、2011年度予算の財源として赤字国債の発行を認める「特例公債法」と、太陽光などで作る電力の買い取りを電力会社に義務づける「再生可能エネルギー特別措置法」が、ともに参議院本会議で可決、成立。菅首相はこれを受け、辞任を正式に表明した。

8.26　〔法律〕汚染土壌の対処特別措置法が成立　東京電力福島第一原子力発電所事故による放射性物質に汚染された廃棄物や土壌を国が除染する「放射性物質汚染対処特措法」が、参議院本会議で可決、成立した。

8.26　〔法律〕権限移譲を進める第2次一括法が成立　国が地方自治体の仕事を法令で細かく縛る「義務づけ・枠づけ」の見直しと、都道府県から市町村への権限移譲を進める「第2次一括法」が、参議院本会議で可決、成立した。

8.26　〔法律〕子ども手当特別措置法が成立　子ども手当の10月分以降の支給額を変える「子ども手当特別措置法」が、参議院本会議で民主党、自民党、公明党などの賛成で可決、成立した。

8.29　〔政党〕民主党新代表に野田財務相　民主党は両院議員総会で、党代表の菅直人首相の後継を決める代表戦の投開票を行い、野田佳彦財務相を新代表に選出した。

8.30　〔内閣〕新首相に野田代表　民主党の野田佳彦代表は国会で指名を受け、第95代の首相に選出された。野田は、国民新党の亀井静香代表と会談し、連立政権を継続することで合意した。

8.30　〔内閣〕菅内閣、総辞職　菅直人内閣は閣議で総辞職した。首相の在任期間は449日。

8.31　〔内閣〕民主党主要役員が決定　民主党は両院議員総会を開いて、輿石東幹事長、前原誠司政調会長、平野博文国会対策委員長を柱とする主要役員人事を了承した。また、衆議院の民主党会派からの離脱を表明していた小沢一郎元代表に近い16人の衆院議員が、輿石幹事長

－ 282 －

に会派離脱の撤回を申し出た。

9.2 〔内閣〕**野田内閣が発足** 民主党、国民新党の連立による野田佳彦内閣が、皇居での認証式を経て正式に発足した。

9.10 〔内閣〕**鉢呂経済産業相が辞任** 鉢呂吉雄経済産業相は、東京電力福島第一原子力発電所事故をめぐる不適切な言動の責任を取って野田佳彦首相に辞意を伝え、首相も了承した。就任9日目だった。12日、首相は後任に枝野幸男前官房長官を起用した。

9.13 〔国会〕**第178回国会召集** 第178回臨時国会が召集され、野田佳彦首相は衆参両院本会議で就任後初の所信表明演説を行った。首相は、震災からの復興や経済の立て直しへ与野党協力の必要性を訴えた。9月16日に14日間の会期延長、9月30日閉会。

9.21 〔外交〕**日米首脳会議、普天間移設に全力** 野田佳彦首相は就任後初めてバラク・オバマ米大統領とニューヨークの国連本部で会談し、日米同盟の深化させていくことで一致した。首相は沖縄県の米軍普天間飛行場の移設問題について、同県名護市辺野古に移す2010年5月の日米合意に沿って、沖縄の理解を得られるように全力を尽くすと伝えた。

9.30 〔法律〕**原発事故調査委法など成立** 東京電力福島第一原子力発電所事故の原因究明のため、国会に有識者の調査委員会と衆参国会議員の両院合同特別協議会を設ける「東京電力福島原子力発電所事故調査委員会設置法」と改正「国会法」が、参議院本会議で可決、成立。

9.30 〔政党〕**自民党新役員人事を決定** 自民党の谷垣禎一総裁は、政調会長に茂木敏充元金融相、総務会長に塩谷立元文部科学相、国対委員長に岸田文雄元沖縄・北方相を起用し、石原伸晃幹事長と大島理森副総裁を留任させる新役員人事を発表した。

10.20 〔国会〕**第179回国会召集** 第179回臨時国会が召集された。会期は12月9日までの51日間。

10.28 〔国会〕**野田首相、所信表明演説** 野田佳彦首相は衆参両院本会議で所信表明演説を行った。東日本大震災の復興策を盛り込んだ2011年度第3次補正予算案と所得税や法人税などを臨時増税する復興財源法案の早期成立を目指し、野党に協力を呼び掛けた。

10.31 〔事件〕**野田首相が外国人献金を認め、返金** 野田佳彦首相は衆議院本会議で、首相の資金管理団体「未来クラブ」が在日外国人2人から計約47万円の献金を受けていたことを初めて認め、10月26日に返金したことを公表した。寄付は日本人名で外国籍とは知らなかったとし、陳謝した。

11.11 〔外交〕**野田首相、TPP交渉への参加を表明** 野田佳彦首相は首相官邸で記者会見し、環太平洋経済連携協定（TPP）について、交渉プロセスに参加する方針を正式に発表した。農業や医療などTPP参加に反対する声が強い分野については、政府として支援する考えを示した。12日、野田首相は米ハワイで行われたバラク・オバマ米大統領との会談で、TPP交渉への参加方針を伝達し、オバマ大統領に歓迎された。首相は、13日のアジア太平洋経済協力会議（APEC）の首脳会議でもTPP交渉に参加する方針を表明した。

11.14 〔国会〕**平田参院議長を選出** 参議院本会議で、5日に死去した西岡武夫議長の後任に民主党の平田健二前参院幹事長を選出した。

11.20 〔政治〕**提言型政策仕分けが始まる** 行政刷新会議（議長・野田佳彦首相）の「提言型政策仕分け」が始まった。4日間の日程で、10分野25項目に及ぶ政策の検証を行った。なかでも停止中の高速増殖原型炉「もんじゅ」については、研究開発存続の是非を含め抜本的に見直すべきと提言した。

11.21 〔法律〕**「二重ローン救済法」が成立** 東日本大震災で被災した小規模事業者などに対する債権を金融機関から買い取り、事業再建を支援することを柱とした「東日本大震災事業者再生支援機構法」（二重ローン救済法）が参議院本会議で可決、成立した。

| 2012年（平成24年） | 日本議会政治史事典 |

11.30 〔法律〕**復興財源確保法が成立**　東日本大震災の復興財源をまかなうための「復興財源確保法」が参議院本会議で可決、成立した。2013年から25年間の所得増税が正式に決まった。

12.7 〔法律〕**改正国民年金法が成立**　今年度の基礎年金の国庫負担割合を2分の1に維持し、必要な約2兆5千億円を東日本大震災の復興債からまかなう改正「国民年金法」が参議院本会議で可決、成立した。

12.7 〔法律〕**復興特区法、被災者軽減税法が成立**　東日本大震災の被災地で復興を加速させるために規制や税制の特例を認める「復興特別区域（特区）法」、東日本大震災ののの被災者向けに税負担を追加軽減する「税制特例法」が参議院本会議で可決、成立した。

12.9 〔国会〕**2大臣の問責可決**　第179臨時国会は、一川保夫防衛相と山岡賢次消費者相に対する参議院での問責決議の可決で、閉幕した。野田佳彦首相は両大臣を続投させる方針を示した。

12.9 〔法律〕**B型肝炎特別措置法が成立**　集団予防接種でB型肝炎に感染した患者に給付金を支払う「B型肝炎ウイルス特別措置法」が参議院本会議で可決、成立した。

12.9 〔法律〕**復興庁設置法が成立**　東日本大震災の復興策の「司令塔」となる「復興庁設置法」が参議院本会議で可決、成立した。震災後1年となる2012年3月11日までの発足を目指す。

12.9 〔外交〕**4か国との原子力協定が可決**　日本がヨルダン、ベトナム、ロシア、韓国と各々結ぶ「原子力協定」の承認案を参議院本会議で可決した。原発の輸出を可能にする。

12.27 〔選挙〕**「一票の格差」拡大**　総務省が2011年9月2日現在の有権者数に基づき、衆参両院の選挙区別人口を公表。議員一人あたりの人口格差（一票の格差）は、衆議院300小選挙区で最大2.39倍、都道府県単位の参議院選挙区で最大5.05倍だった。

12.27 〔内閣〕**武器輸出三原則を緩和**　政府は安全保障会議を開き、武器の輸出を原則として禁じる「武器輸出三原則」を緩和することを正式に決め、藤村修官房長官談話として発表した。

12.28 〔政党〕**新党「大地・真民主」を結成**　鈴木宗男前衆議院議員が、国会議員5人による新党「大地・真民主」の結成を総務省に届けた。

12.28 〔政党〕**民主党議員、離党届提出**　野田佳彦首相が進める消費増税に反発して、民主党の衆議院議員9人が、樽床伸二幹事長代行に離党届を提出した。この前後に離党届を提出した議員を合わせ計11人の離党者を出した。

2012年
（平成24年）

1.4 〔政党〕**「新党きづな」設立**　前年末に民主党を離党届けを提出した内山晃元総務政務官ら衆議院議員9人が「新党きづな」の設立を総務省に届け出た。基本政策と推して、環太平洋経済連携協定（TPP）への参加反対や脱原発、デフレ下での増税反対などを掲げた。

1.13 〔内閣〕**野田改造内閣が発足**　野田佳彦首相が改造内閣を正式に発足させた。岡田克也前民主党幹事長を副総理兼一体改革・行政改革相に迎えるなど、5閣僚を交代させた。

1.20 〔政党〕**社民党・福島党首が無投票5選**　社民党の党首選が行われ、無投票で福島瑞穂党首の5選が決まった。

日本議会政治史事典　　　　　　　　　　　　　　　　　　　　2012年（平成24年）

1.24　〔国会〕**第180回国会召集**　第180回通常国会が召集された。野田佳彦首相は衆参両院の本会議で施政方針演説を行い、消費税引き上げを柱とする税と社会保障の一体改革を「やり遂げなければならない大きな課題」と位置付けた。6月21日に会期を79日間の大幅延長、9月8日閉会。

1.31　〔法律〕**原子力安全改革法案を閣議決定**　政府は、原子力発電所の運転期間を原則40年と定めることや、環境省の外局として原子力規制庁を設置することを柱とした「原子力安全改革法」案を閣議決定して国会に提出した。

2.8　〔外交〕**在日米軍再編計画を見直し**　日米両政府は在日米軍再編計画の見直しに関する基本方針を発表した。在沖縄米海兵隊のグアム移転と米軍普天間飛行場（沖縄県宜野湾市）移設を切り離すことを明記し、海兵隊移転を先送りする方針を正式決定した。普天間飛行場を同県名護市辺野古に移設する方針は堅持することも確認した。

2.10　〔内閣〕**復興庁が発足**　東日本大震災の復興施策を統括する「復興庁」が発足した。防災相兼務の平野達男復興相が復興相専任となり、防災相には中川正春前文部科学相が就任した。

2.17　〔法律〕**増税大綱を閣議決定**　政府は、消費税を2014年4月に8％、15年10月に10％まで引き上げることなどを盛り込んだ消費増税と社会保障一体改革の大綱を閣議決定した。与野党協議が整わないまま見切り発車し、3月末の法案提出に向けて作業を本格化させた。

2.26　〔内閣〕**野田首相、沖縄県を初訪問**　野田佳彦首相は、就任後初めて沖縄県を訪問した。27日には仲井真弘多沖縄県知事と会談し、米軍普天間飛行場の辺野古への移設に理解を求めたが、知事は県外移設を主張した。

2.27　〔政治〕**原発民間事故調は報告書を公表**　東京電力福島第一原子力発電所事故に関する独立検証委員会（民間事故調）は、菅直人前首相らの政府首脳による現場介入が無用の混乱と棄権の拡大を招いた可能性があるとする報告書を公表した。

2.29　〔法律〕**国家公務員給与削減法が成立**　国家公務員の給与を2012年度から2年間、平均7.8％削減する「国家公務員給与削減特例法」が参議院本会議で可決、成立。削減される人件費約5800億円は東日本大震災の復興財源となる。

3.30　〔法律〕**改正児童手当法が成立**　「子ども手当」に代わる手当を創設する改正「児童手当法」が参議院本会議で可決、成立した。手当の名称として2012年度から「児童手当」が復活する。

3.30　〔法律〕**消費税法案、閣議決定**　政府は、野田政権の最重要課題である消費増税法案を閣議決定した。消費税を2014年4月に8％、15年10月に10％に引き上げる。亀井静香代表が連立離脱を表明して分裂状態にある国民新党の自見庄三郎金融相も閣議で署名した。一方、民主党内で増税法案に反対する小沢一郎元代表グループの党役職者十数人が、一斉に辞表を提出して閣議決定に抗議を示した。

3.30　〔法律〕**福島復興再生特別措置法が成立**　福島県の復興を支援するための税制などの特例措置を定めた「福島復興再生特別措置法」が参議院で可決、成立した。

4.5　〔政党〕**国民新党、亀井代表を解任**　国民新党の下地幹郎幹事長ら連立維持派は、亀井静香代表と亀井亜紀子政調会長の解任を決定し、ふたりは6日に離党した。

4.20　〔国会〕**国交相と防衛相の問責可決**　参議院で、自民党、みんなの党、新党改革の3党が提出した前田武志国土交通相と田中直紀防衛相の問責決議が、野党の賛成多数でそれぞれ可決された。

4.26　〔事件〕**小沢被告に無罪判決**　陸山会事件に関連し、政治資金規正法違反（虚偽記入）で強制起訴された民主党元代表の小沢一郎被告に対し、東京地裁は無罪（求刑・禁錮3年）の判決を言い渡した。5月9日、指定弁護士は、無罪判決を不服として東京高裁に控訴した。

－ 285 －

2012年（平成24年）　　　　　　　　　　　　　　　　　　　日本議会政治史事典

4.27 〔法律〕**改正郵政民営化法が成立**　日本郵政グループを4社体制に再編する改正「郵政民営化法」が、参議院で、共同提出した民主党、自民党、公明党3党などの賛成多数で可決、成立した。

4.30 〔外交〕**野田首相がオバマ米大統領と会談**　野田佳彦首相は就任後初めてワシントンを訪れ、民主党首相としてバラク・オバマ米大統領とホワイトハウスで初の公式日米首脳会談を行った。両首脳は、日本の環太平洋経済連携協定（TPP）交渉参加に向けて協議を前進させることで一致した。また、日米同盟を「アジア太平洋地域における平和、安全保障、安定の礎」と位置付け、同盟強化を改めて確認する共同声明を取りまとめた。

5.8 〔政党〕**小沢元代表の党員資格を回復**　民主党は常任幹事会で、陸山会事件で無罪判決を受けた小沢一郎元代表の党員資格停止処分を10日付で解除することを決定した。

5.30 〔政党〕**野田首相と小沢元代表の会談は平行線**　野田佳彦首相は民主党本部で小沢一郎元代表と会談し、消費増税関連法案の国会での成立に協力を求めたが、小沢は反対姿勢を崩さなかった。6月3日に再び会談し、首相が法案成立のために内閣改造を行って自民党との修正協議に入る考えを表明したことに対し、小沢は採決が行われれば反対する考えを変えず、物別れに終わった。

6.4 〔内閣〕**野田再改造内閣発足**　野田佳彦首相が第2次改造内閣を発足させた。閣僚18人のうち、参議院で問責決議を受けた前田武志国土交通相と田中直紀防衛相ら5人が交代した。防衛相には民間から初めて森本敏・拓殖大学教授を起用した。

6.15 〔法律〕**消費増税で3党合意**　消費増税関連法案をめぐる民主党、自民党、公明党の実務者協議は、政府提出の消費税法案と自民党の社会保障制度改革基本法案の修正で合意した。消費税率は2014年4月に8％、15年10月に10％に引き上げる。

6.20 〔法律〕**原子力規制委員会設置法が成立**　「原子力規制委員会設置法」が参議院本会議で、民主党、自民党、公明党3党などの賛成多数で可決、成立した。原子力規制委員会は環境省の外局で、独立性の高い国家行政組織法3条に基づく委員会になる。原子力安全・保安院が安全規制を担う体制は解消する。

6.26 〔法律〕**消費増税、衆院通過**　消費税を2014年4月に8％、15年10月に10％に引き上げる消費増税関連法案が衆議院本会議で可決され、参議院に送付された。採決では民主党の小沢一郎元代表や鳩山由紀夫元首相ら57人が反対、16人が棄権・欠席した。

7.2 〔政党〕**小沢元代表ら50人が離党届**　消費増税関連法案に反対した民主党の小沢一郎元代表ら衆議院議員38人と参議院議員12人の計50人が、離党届を提出した。3日、民主党は常任幹事会で、離党届を提出した衆院議員の処分方針を決める一方、参院議員12人の離党届は受理し、処分を見送った。

7.5 〔政治〕**国会事故調査委員会が最終報告**　東京電力福島第一原子力発電所事故を検証する「国会事故調査委員会」は最終報告書を決定。事故を自然災害ではなく「人災」と断定し、官邸・規制当局も含めた危機管理体制は機能していなかったと指摘した。

7.9 〔政党〕**民主党、法案反対議員の処分を決定**　民主党は臨時常任幹事会で、衆議院採決で消費増税関連法案に反対し離党届を提出した小沢一郎元代表ら38人のうち、離党を撤回した1人を除く37人の除名を正式決定した。反対したが離党しなかった議員のうち17人を党員資格停止2か月、鳩山由紀夫元首相を同3か月の処分とした。党員資格停止2か月の処分を受けた中津川博郷議員は、18日に離党届を提出したが受理されず、31日に除名処分になった。

7.11 〔政党〕**小沢新党発足**　小沢一郎民主党元代表は新党結党議員大会を開き、新党名を「国民の生活が第一」と発表するとともに自ら代表に就任した。民主党に所属していた衆議院議員37人、参議院議員12人の計49人が参加し、衆院で公明党を上回る第3党になった。

7.24 〔政党〕**新会派「みどりの風」結成**　民主党を離党した谷岡郁子、行田邦子、舟山康江

－ 286 －

と国民新党を離党した亀井亜紀子の4名の参議院議員が、新会派「みどりの風」を結成した。

8.8 〔国会〕**野田首相、解散は「近いうちに」** 野田佳彦首相は谷垣禎一自民党総裁と会談し、消費増税関連法案の今国会での成立で合意した。自民党が要求した衆議院解散について、首相は「近いうちに国民に信を問う」ことを確認した。山口那津男公明党代表も了承した。

8.9 〔国会〕**内閣不信任案を否決** 衆議院は本会議で、自民党、公明党以外の野党6党提出した野田内閣不信任決議案を、民主党などの反対多数で否決した。

8.10 〔法律〕**「消費増税関連法」が成立** 消費増税関連法案が参議院本会議で民主党、自民党、公明党などの賛成多数で可決、成立した。消費税の引き上げ法が成立するのは18年ぶり。現行5%の消費税率は、2014年4月に8%、2015年10月に10%に引き上げられることになった。成立後、野田佳彦首相は記者会見で、消費増税は社会保障の財源を確保するためと強調した。

8.29 〔国会〕**首相問責決議を可決** 野田佳彦首相に対する問責決議案が参議院本会議で、自民党など野党の賛成多数で可決した。問責に法的拘束力はなく、首相は野党が求める国会会期内の衆議院解散には応じなかった。

9.11 〔内閣〕**尖閣諸島を国有化** 政府は、沖縄県・尖閣諸島（沖縄県）の魚釣島、北小島、南小島の3島について、購入費20億5000万円を拠出することを閣議決定した。これを受けて国と地権者が正式な売買契約を締結した。

9.14 〔政党〕**公明党、山口代表3選** 公明党の代表選が告示され、無投票で山口那津男代表の3選が決まった。

9.19 〔政治〕**原子力規制委員会が発足** 新たに原子力発電所の安全規制を担う原子力規制委員会が発足。初代委員長に田中俊一・前内閣府原子力委員長代理が任命された。

9.21 〔政党〕**野田首相が民主党代表再選** 民主党代表選が投開票され、野田佳彦首相が1回目の投票で有効投票の約3分の2を獲得し、大差で再選された。

9.26 〔政党〕**自民党総裁に安倍元首相** 自民党総裁選が投開票され、安倍晋三元首相が決選投票で石破茂前政調会長を逆転で破り、第25代総裁に選出された。

9.26 〔事件〕**小沢被告の控訴審は即日結審** 陸山会事件に関連し、政治資金規制法違反の罪で強制起訴され、一審で無罪とされた国民の生活が第一代表・小沢一郎被告の控訴審が東京高裁で始まった。検察官役の指定弁護士が求めた証人尋問などを高裁が認めなかったため、控訴審は1回で結審した。

9.28 〔政党〕**日本維新の会が発足** 地域政党大阪維新の会は、国政政党「日本維新の会」の設立届を総務省に提出し、受理された。代表は橋下徹大阪市長、幹事長は松井一郎大阪府知事。民主党、自民党、みんなの党から国会議員7人が合流した。

10.1 〔内閣〕**野田第3次改造内閣が発足** 野田佳彦首相は内閣改造を行い、財務相に城島光力・前国会対策委員長、文部科学相に田中真紀子衆議院議員など、10人が新たに入閣した。

10.17 〔選挙〕**参院選も「違憲状態」** 一票の格差が最大5倍となった2010年7月の参議院選挙区選は違憲だとして有権者が選挙無効を訴えた訴訟で、最高裁が「違憲状態」とする判決を下した。選挙無効の請求自体は退けた。最高裁は2011年3月に、2009年の衆院選でも「違憲状態」と判断しており、史上初めて衆参両院とも「違憲状態」という事態になった。

10.23 〔内閣〕**田中法相が辞任** 外国人献金問題や過去の暴力団関係者との交際が発覚した田中慶秋法相が、体調不良を理由に、野田佳彦首相に辞表を提出し、受理された。後任は滝実元法相が就任。

10.29 〔国会〕**第181回国会召集** 第181回臨時国会が召集され、野田佳彦首相は衆議院本会議で、就任から3度目の所信演説を行った。「明日への責任」という表現を20回繰り返し、早期

2012年（平成24年）　　　　　　　　　　　　　　　　　　　　　　　　　日本議会政治史事典

解散を求める野党を牽制した。野党は、先の国会で首相問責決議が可決された参議院での所信表明演説を拒否した。片方の院だけで演説するという初めての事態となった。

11.12　〔事件〕**小沢被告、二審も無罪**　政治資金規制法違反の罪で強制起訴された国民の生活が第一代表・小沢一郎被告に対する控訴審で、東京高裁は、無罪とした一審・東京地裁判決を支持し、検察官役の指定弁護士の控訴を棄却する判決を言い渡した。19日、指定弁護士が最高裁への上告を断念し上訴権を放棄したため、無罪が確定した。

11.13　〔政党〕**「太陽の党」結成**　石原慎太郎前東京都知事と「たちあがれ日本」の平沼赳夫代表は記者会見し、「太陽の党」の結成を発表した。共同代表に、石原と平沼が就任した。

11.16　〔国会〕**衆議院解散**　衆議院が解散され、政府は臨時閣議で「12月4日公示、16日投開票」の日程を決めた。衆院選は2009年8月以来3年4か月ぶり。

11.16　〔法律〕**改正公職選挙法が成立**　参議院本会議で、参院選の選挙区定数を4増4減する改正「公職選挙法」が可決、成立した。福島県、岐阜県の参議院議員定数を2議席ずつ減らし（計4議席）、神奈川県、大阪府の議席を2議席ずつ増やす（計4議席）ことで、参議院選挙区における一票の格差を少しでも解消する。2013年夏の参院選から適用。

11.16　〔法律〕**衆院選挙制度改革法が成立**　参議院本会議で、衆議院の「一票の格差」を是正するため、小選挙区を「0増5減」する「衆議院選挙制度改革法」が民主党、自民党、公明党などの賛成多数で可決、成立した。ただし、新たな選挙区の線引きは間に合わないため、12月16日の衆院選では適用しない。

11.17　〔政党〕**日本維新の会に太陽の党が合流**　太陽の党共同代表の石原慎太郎前東京都知事と日本維新の会の橋下徹代表は大阪市内で記者会見し、両党の合流を発表した。太陽の党は解党。合流後の党代表に石原、代表代行に橋下が就任した。

11.22　〔政党〕**「減税」と「反TPP」が新党結成**　「減税日本」代表の河村たかし名古屋市長と「反TPP・脱原発・消費増税凍結を実現する党（略称・反TPP）」の山田正彦代表は記者会見し、新党結成を発表した。党名は「減税日本・反TPP・脱原発を実現する党（略称・脱原発）」で、河村と山田が共同代表、亀井静香前国民新党代表が幹事長に就任した。

11.27　〔政党〕**「日本未来の党」結成**　滋賀県の嘉田由紀子知事は記者会見で、「卒原発」を掲げて新党「日本未来の党」を結成し、代表には嘉田が就任することを表明した。「国民の生活が第一」と「減税日本・反TPP・脱原発を実現する党」が合流を決め、「みどりの風」からは所属する3人の前衆議院議員が合流した。28日、「日本未来の党」は総務省宛てに政党設立届を提出し、受理された。

12.16　〔選挙〕**第46回衆議院選挙で自民党が圧勝**　第46回衆議院議員総選挙が行われた。自民党が294議席を獲得し過半数（241）を大きく上回った。公明党も31議席を獲得、自公両党で325議席に達し、3年3か月ぶりに政権復帰を決めた。民主党は、議席を改選前の230から57に減らし、野田佳彦首相は党代表辞任を表明した。小選挙区選の投票率は、戦後最低の59.32%。

12.25　〔政党〕**自民党三役に女性2人を起用**　自民党の安倍晋三総裁は、党の新執行部を発足させ、政調会長に高市早苗党広報本部長、総務会長に野田聖子元消費者相を起用した。党三役に女性が2人就任したのは初めて。

12.25　〔政党〕**民主党新代表に海江田元経済産業相**　民主党代表選が投開票され、海江田万里元経済産業相が馬淵澄夫元国土交通相を破り新代表に選出された。幹事長には細野豪志前政調会長、代表代行には大畠章宏元経産相が決まった。

12.26　〔国会〕**衆院議長に伊吹元幹事長を選出**　衆議院は本会議で、第74代議長に自民党の伊吹文明元幹事長、第65代副議長に民主党の赤松広隆元農相を選出した。

12.26　〔国会〕**第182回国会召集**　第182回特別国会が召集され、自民党の安倍晋三総裁は、第

－ 288 －

96代首相に選出された。国会は28日まで。

12.26 〔内閣〕**第2次安倍内閣が発足** 安倍晋三首相は組閣に着手し、自民党・公明党による第2次安倍内閣を発足させた。安倍首相は5年ぶりの再登板となった。

12.26 〔内閣〕**野田内閣が総辞職** 野田佳彦首相は臨時閣議で閣僚の辞表を取りまとめ、内閣総辞職した。首相の在任期間は482日間で民主党政権では最長。民主党は3年3か月で政権を手放した。

12.27 〔政党〕**「日本未来の党」が分裂、「生活の党」に党名変更** 日本未来の党（所属国会議員17人）は、党名を「生活の党」に改め、代表を嘉田由紀子滋賀県知事から森裕子参議院議員に変更することを総務省に届け出た。亀井静香衆議院議員は離党届を提出した。「生活の党」は小沢一郎衆院議員ら旧「国民の生活が第一」の衆参両院議員計15人で構成。

12.28 〔政党〕**「みどりの風」が政党に** 総務省は、政治団体「みどりの風」（共同代表・谷岡郁子参議院議員ら4人）が政党要件である国会議員5人以上を満たし、政党になったと発表した。日本未来の党を離れた亀井静香衆議院議員と、新党大地を離党した平山誠参議院議員が合流し、所属国会議員が6人となったため。

12.28 〔政党〕**政治団体「日本未来の党」を届け出** 日本未来の党前代表の嘉田由紀子滋賀県知事は、政治団体「日本未来の党」を総務省に届け出た。代表は嘉田知事、阿部知子衆議院議員が共同代表となった。政治団体「日本未来の党」は、国会議員が阿部共同代表1人なので、政党要件を満たしていない。

12.29 〔内閣〕**安倍首相、原発ゼロ見直しを表明** 安倍晋三首相は、首相就任後初めての地方視察で東京電力福島第一原子力発電所を訪れ、民主党政権が掲げた「2030年代の原発稼働ゼロ」という政策を見直す考えを改めて示した。

2013年
（平成25年）

1.4 〔政党〕**嘉田日本未来の党の代表辞任** 滋賀県の嘉田由紀子知事は、兼務している政治団体日本未来の党の代表を辞任し知事職に専念する意向を正式に表明した。共同代表の阿部知子衆議院議員が単独の代表となる。

1.25 〔政党〕**生活の党新代表に小沢一郎を選出** 生活の党は党大会で、新代表に小沢一郎衆議院議員を選出した。森裕子代表は辞任し、代表代行になった。

1.28 〔国会〕**第183回国会召集** 第183回通常国会が召集され、安倍晋三首相は、第2次安倍政権として初の所信表明演説を行った。経済の再生を最大かつ喫緊の課題として取り組む考えを強調した。6月26日閉会。

1.28 〔政党〕**みどりの風、代表発表** みどりの風は谷岡郁子参議院議員が代表に就くことを発表した。参院議員4人による共同代表制はやめる。日本未来の党を離党して加わった亀井静香衆議院議員は役職には就かない。

2.22 〔外交〕**安倍首相がTPP交渉参加の意向を表明** 安倍晋三首相はバラク・オバマ米大統領とホワイトハウスで会談し、環太平洋経済連携協定（TPP）について、すべての品目の関税撤廃が前提ではないとの共同声明を発表した。首相はこれを踏まえ、TPP交渉への参加の意向を固めた。

3.15	〔外交〕**安倍首相がTPP交渉参加を正式に表明**　安倍晋三首相は記者会見を開き、環太平洋経済連携協定（TPP）の交渉に参加することを正式に表明した。また、甘利明経済再生相をTPP担当相兼務にした。
3.21	〔政党〕**国民新党、解党**　国民新党代表の自見庄三郎参議院議員は、同日付で党を解党すると表明した。27日、参院に会派解散を届け出て、自見・元代表と所属していた浜田和幸議員は無所属となった。
3.25	〔選挙〕**衆院選、初の無効判決**　「一票の格差」が最大2.43倍になった2012年12月の衆院選をめぐり、二つの弁護士グループが選挙無効（やり直し）を求めた訴訟で、広島高裁は広島1区、2区の選挙を「違憲で無効」とする判決を言い渡した。国政選挙の無効判決は戦後初めて。ただし直ちに無効とはせず、2012年11月26日から衆議院の選挙区画定審議会が区割り改訂作業を始めていることから、1年後の本年11月26日を過ぎた段階で無効とする、異例の猶予期間を設けた。26日には、広島高裁岡山支部が岡山2区の選挙を無効とする判決を言い渡し、猶予期間は設けなかった。
3.28	〔選挙〕**小選挙区の区割り改訂案勧告**　政府の選挙区画定審議会は、小選挙区定数を「0増5減」する制度改革に伴う区割り見直し案をまとめ、安倍晋三首相に勧告した。
4.19	〔法律〕**インターネットでの選挙運動が解禁に**　インターネットを使った選挙運動を解禁する「公職選挙法」改正案が、参議院本会議で全会一致で可決、成立した。7月の参院選以降、地方選も含めて、選挙期間中のネット上での情報の更新や、ソーシャルメディアを使った投票呼び掛け等が可能になる。
4.28	〔選挙〕**参院補選、第2次安倍政権初の国政選挙で自民勝利**　第2次安倍政権が発足して以来初の国政選挙となる、参議院山口選挙区の補欠選挙が行われ、自民党新人の候補者が当選した。
4.29	〔外交〕**北方領土交渉再開で一致**　安倍晋三首相はモスクワのプーチン大統領とモスクワのクレムリンで会談し、北方領土交渉を再開し経済協力の拡大を通じて領土交渉を加速させることで一致した。
5.1	〔法律〕**安倍首相、憲法96条改正に言及**　安倍晋三首相は訪問先のサウジアラビア・ジッダで同行記者団に、憲法改正は昨年の衆院選でも公約として書いており、今度の参院選においても変わりはなく、自民党としては96条の改正作業から始めたい、と発言した。
5.9	〔国会〕**川口参院環境委員長を解任**　参議院環境委員会の川口順子委員長（自民）に対し、全野党が共同提出していた解任決議案が参院本会議で可決され、川口は解任された。中国要人との会談のため中国出張の滞在を延長し、参院環境委員会を流会にしたことが問題になっていた。国会法に基づく常任委員長解任は憲政史上初。
5.21	〔政党〕**みんなの党と日本維新の会、選挙協力を解消**　みんなの党は、参院選と東京都議選で日本維新の会との選挙協力を解消することを決めた。渡辺喜美代表は会見で、政策以前の価値観で大きな乖離が生じたと語った。日本維新の会の松井一郎幹事長はその対応を批判した。
5.22	〔外交〕**ハーグ条約を国会承認**　参議院本会議は、国際結婚が破綻した際の子どもの扱いを定める「ハーグ条約」の承認案を可決、承認した。一方の親が16歳未満の子どもを無断で国外に連れ去った場合、原則としていったん元の国に戻すことを加盟国に求める条約。
5.24	〔法律〕**共通番号法が成立**　国民全員に番号をふり、所得や社会保障などの個人情報を管理する「共通番号（マイナンバー）制度法」が参議院で可決、成立した。
5.27	〔法律〕**成年被後見人に選挙権を認める**　成年後見人制度で後見人が付いた人に選挙権を認める改正「公職選挙法」が参議院で可決、成立した。1か月の周知期間を経て7月の参院

選前から、後見人が付いた成年被後見人にも選挙権と被選挙権が認められる。また、成年被後見人に憲法改正に関する国民投票への投票権を認める改正「国民投票法」も成立した。

6.7 〔外交〕**日仏、原子力協力で共同声明**　安倍晋三首相は首相官邸でフランソワ・オランド仏大統領と会談し、原子力発電が重要との認識で一致。高速炉の共同開発を含む包括的原子力協力を盛り込んだ共同声明を発表した。

6.14 〔内閣〕**「アベノミクス」出そろう**　内閣は、経済政策の基本方針となる「経済財政運営と改革の基本方針（骨太の方針）」と「成長戦略」「規制改革実施計画」をそれぞれ閣議決定した。安倍晋三首相の経済政策（アベノミクス）が出そろった。「規制改革実施計画」には、市販薬のインターネット販売が原則解禁や混合診療の審査手続の迅速化などが盛り込まれた。

6.16 〔外交〕**中欧4か国と首脳会談**　安倍晋三首相はワルシャワ市内でポーランド、チェコ、スロバキア、ハンガリーの中欧4か国（V4）の首脳と会談した。原発輸出を後押しするためにエネルギー分野の協力を進めていくことなどで合意し、共同声明を発表した。

6.19 〔法律〕**原発新規準を決定**　原子力規制委員会は原子力発電所の新しい規制基準を決定した。重大事故、地震や津波、航空機テロなどの対策を大幅に強化。「原子炉等規制法」の規則として7月8日に施行。

6.24 〔法律〕**「0増5減」の新区割り法が成立**　衆議院の小選挙区定数を「0増5減」する「新区割り法」が成立。参議院で採決されなかったことを受け、憲法の「みなし否決」規定を適用、衆院で再可決した。次の衆院選から福井、山梨、徳島、高知、佐賀の5県で選挙区が3から2に減る。

6.26 〔国会〕**首相の問責決議が可決**　安倍晋三首相に対する問責決議が参議院本会議で採決され、野党の賛成多数で可決された。参院予算委員会の集中審議に安倍首相が出席しなかったことが理由。この可決により、電気事業法改正案などの法案が廃案になった。

7.21 〔選挙〕**第23回参議院選挙で自公が過半数、衆参のねじれは解消**　第23回参議院議員通常選挙が行われた。自民党と公明党で76議席を獲得した。非改選議席を合わせ参議院全議席の過半数を獲得し、国会で衆参の多数派が異なる「ねじれ」状態は3年ぶりに解消された。投票率は52.61％で、過去3番目の低さとなった。

7.23 〔内閣〕**TPP交渉に正式参加**　日本政府は、環太平洋経済連携協定（TPP）交渉に正式に参加した。12か国目の参加。

7.25 〔政党〕**福島社民党党首が辞任**　社民党の福島瑞穂党首は党常任幹事会で、参院選で1議席しか獲得できなかった責任を取って党首を辞任すること表明し、了承された。福島は、土井たか子前党首の後継として2003年に党首に就任した。

8.2 〔国会〕**第184回国会召集**　第184回臨時国会が召集された。参議院は、議長に自民党の山崎正昭前参院副議長、副議長に民主党の興石東前参院議員会長を選出。会期は同月7日まで。

8.7 〔政党〕**みんなの党、江田幹事長を更迭**　みんなの党の渡辺喜美代表は両院議員総会で、江田憲司幹事長を更迭し、後任に浅尾慶一郎政調会長を起用する人事案を提案し、了承された。

8.8 〔内閣〕**内閣法制局長官に集団的自衛権容認派を起用**　政府は閣議で、憲法解釈を担当する内閣法制局の長官に小松一郎駐仏大使を充てる人事を決めた。外務省出身者は初めて。憲法解釈による集団的自衛権の行使容認に前向きとされる。

8.19 〔外交〕**北方領土協議再開**　日本とロシアの外務次官級会議がモスクワで行われ、両国は、北方領土問題をめぐる政府間交渉を再開させた。

9.5 〔外交〕**対シリアでオバマ大統領と会談**　安倍晋三首相は、主要20か国・地域（G20）首

脳会議出席のため訪問中のロシア・サンクトペテルブルクでバラク・オバマ米大統領と会談。オバマ大統領は、シリアへの軍事介入に踏み切る考えに対し理解を求めた。

9.13 〔内閣〕**五輪担当相に下村文科相を任命** 安倍晋三首相は、下村博文文部科学相を2020年東京五輪・パラリンピック担当相に任命した。

9.19 〔内閣〕**安倍首相、福島第一原発を視察** 安倍晋三首相は、東京電力福島第一原子力発電所を視察し、放射線汚染水漏れの現場を視察した。首相は、汚染水は完全にブロックされているとの認識を改めて示した。また、東電に対して5、6号機の廃炉を要請した。

10.14 〔政党〕**社民党首に吉田党政審会長を選出** 社民党は、党首選の開票を行い、吉田忠智・党政審会長を選出した。

10.15 〔国会〕**第185回国会召集** 第185回臨時国会が召集された。安倍晋三首相は所信表明演説で「成長戦略の実行が問われる国会」と位置づけた。閉会は12月8日。

11.2 〔外交〕**日本とロシア、初の2プラス2** 日本ロシア両政府は、初の外務・防衛担当閣僚会合（2プラス2）を東京都内で開き、新たな海賊対策共同訓練を実施するなど安全保障分野での協力を強化することで一致した。

11.17 〔外交〕**安倍首相、ASEAN全10か国を訪問** 安倍晋三首相はラオス、カンボジア訪問を終えた。これで、首相就任から約1年で東南アジア諸国連合（ASEAN）10か国をすべて訪問した。

11.20 〔選挙〕**2012年の衆院選は「違憲状態」** 「一票の格差」が最大2.43倍だった2012年12月の第46回衆議院議員総選挙をめぐり、二つの弁護士グループが選挙無効を求めた計16件の訴訟の上告審判決で、最高裁大法廷は「違憲状態」との統一判断を示し、選挙無効の請求は退けた。最高裁は、国会による定数の小幅是正を肯定的に評価し、違憲の一歩手前の「違憲状態」にとどめた。

11.22 〔国会〕**猪木議員に登院停止30日** 参議院は本会議で、議院運営委員会の許可を得ずに北朝鮮を訪問した日本維新の会のアントニオ猪木参院議員に対し、登院停止30日の懲罰案を可決。参院議員の懲罰は63年ぶり。

11.26 〔法律〕**特定秘密保護法案、衆院を通過** 国の安全保障の機密情報を漏えいした公務員らへの罰則を強化することなどを柱とした「特定秘密保護法」案は、衆議院本会議で、自民党、公明党、みんなの党などの賛成多数で可決、参議院に送られた。

11.27 〔法律〕**「国家安全保障会議設置法」、成立** 政府の外交・安全保障政策の司令塔となる国家安全保障会議（日本版NCS）を設置する法案が、参議院本会議で賛成多数で可決、成立。

11.28 〔選挙〕**参院選、初の無効判決** 広島高裁岡山支部は、「一票の格差」が最大4.77倍だった7月の参院選を「違憲」と判断し、岡山選挙区について「即時無効」とする判決を言い渡した。参院選で選挙無効の判決が出たのは初めて。

12.6 〔法律〕**特定秘密保護法が成立** 「特定秘密保護法」は参議院本会議で、自民党、公明党の賛成多数により可決、成立した。安全保障に関する政府の機密情報を特定秘密に指定し、もらした公務員や民間業者に最高懲役10年の罰則を科すもの。衆議院採決で賛成したみんなの党が退席に転じ、野党の協力を得られないまま与党のみで成立。9日、安倍晋三首相は、臨時国会の閉会を受けて記者会見し、特定秘密保護法成立が拙速だとの批判に対し「今後とも丁寧に説明していきたい」と述べた。17日、有識者会議「情報保全諮問会議」で特定秘密対象の55項目を規定した。12月10日施行。

12.9 〔政党〕**みんなの党分裂、結いの党結成** みんなの党の江田憲司前幹事長ら衆参両院議員14人が浅尾幹事長に離党届けを提出した。結党4年余りで分裂。18日、みんなの党は江田の除名処分と比例選出議員13人に議員辞職勧告することを決定。江田らは新たに結いの党を

結成。

12.17 〔内閣〕**初の国家安全保障戦略を策定**　安倍内閣は、今後10年程度の外交・安全保障戦略の基本方針となる「国家安全保障戦略」(NSS) を初めて策定。「積極的平和主義」を強く打ち出すとともに中国を強く牽制。「新防衛計画大綱」と「中期防衛力整備計画」も閣議決定した。

12.26 〔選挙〕**参院選、「違憲状態」の判決13件**　「一票の格差」が最大4.77倍だった7月の参院選について、二つの弁護士グループが各地の高裁・支部に選挙無効 (やり直し) を求めた訴訟の判決が出そろった。計16件のうち「違憲状態」13件、「違憲・有効」2件、「違憲・無効」1件で、合憲とした判決はなかった。いずれも上告された。

12.26 〔政治〕**安倍首相就任から1年、靖国神社を参拝**　安倍晋三首相は、首相就任後初めて、東京・九段北の靖国神社を参拝した。参拝後「不戦の誓いを堅持する決意を新たにした」との談話を発表した。中国と韓国は強く反発し、米国も「失望した」との声明を出した。

12.27 〔政治〕**沖縄県知事、辺野古埋め立てを承認**　仲井真弘多沖縄県知事は記者会見し、政府による、米軍普天間飛行場 (宜野湾市) の移転先となる名護市辺野古沿岸の埋め立て申請を承認したと発表した。

2014年
(平成26年)

1.7 〔政治〕**国家安全保障局が発足**　国家安全保障会議 (日本版NCS) の中核組織となる国家安全保障局が正式に発足。初代局長は谷内正太郎・元外務次官。政府の外交・安全保障政策の司令塔機能の強化が狙い。

1.9 〔外交〕**安倍首相、中東・アフリカ4か国を訪問**　安倍晋三首相が、中東のオマーンおよびアフリカのコートジボワール、モザンビーク、エチオピアの4か国を訪問。現職首相の本格的なアフリカ訪問は2006年以来。

1.18 〔政党〕**結いの党、結党大会**　結いの党 (江田憲司代表) は結党大会を開き、野党勢力を結集し政界再編を目指すとの方針を打ち出した。

1.19 〔政治〕**名護市長選で、辺野古移設反対の現職が再選**　沖縄県名護市長選投開票。米軍普天間飛行場移設計画の賛否が争点だったが、同市辺野古への移設に反対する現職の稲嶺進市長が、移設推進を掲げた新人候補を破り、4000票余りの差をつけて再選された。投票率は76.71%。

1.24 〔国会〕**第186回国会召集**　第186回通常国会が召集された。安倍晋三首相はこの日召集された第186回通常国会の施政方針演説で、経済の好循環の実現、教育委員会制度の抜本的改革、農政大改革の推進などと共に、憲法解釈の変更による集団的自衛権の行使容認について「対応を検討する」と発言した。第2次安倍内閣発足後、首相が国会演説で集団的自衛権という言葉を使うのは初めて。6月22日閉会。

3.27 〔政治〕**みんなの党渡辺代表8億円借り入れ**　みんなの党の渡辺喜美代表は記者会見で、化粧品会社社長から2010年の参院選前に3億円、2012年の衆院選前に5億円を借り入れていたことを認め、資産報告書を訂正する考えを明らかにしたが、選挙資金や政治資金ではないと述べた。

− 293 −

2014年（平成26年）　　　　　　　　　　　　　　　　　　　　　　　　日本議会政治史事典

4.1　〔法律〕**武器輸出新原則を閣議決定**　内閣は「武器輸出三原則」に代わる「防衛装備移転三原則」を閣議決定した。武器輸出の原則禁止を定めた1976年以降、抜本的変更は初めて。

4.7　〔政党〕**渡辺みんなの党代表が辞任**　みんなの党の渡辺喜美代表は、8億円借り入れ問題の責任を取り、代表を辞任する意向を表明。11日、両院議員総会で、新代表に浅尾慶一郎幹事長が選出された。

4.11　〔法律〕**改正少年法が成立**　改正「少年法」が参議院本会議で可決、成立した。18歳未満の少年に言い渡せる有期刑の上限と判決時20歳未満の少年に言い渡される不定期刑の上限をそれぞれ5年引き上げるとともに、これまではなかった下限を設ける。少年審判に検察官が関わる範囲も広げる。

4.24　〔外交〕**安倍首相、オバマ大統領と会談**　安倍晋三首相は、国賓として来日中のバラク・オバマ米大統領と東京の迎賓館で会談し、環太平洋経済連携協定（TPP）等について交渉した。25日、「日米共同声明」で、TPPについては「重要な課題について前進する道筋を確認した」と発表した。

4.25　〔法律〕**改正著作権法が成立**　改正「著作権法」が参議院本会議で可決、成立した。紙の書籍にしかなかった「出版権」を電子書籍にも設定することなどを盛り込んだ。2015年1月1日に施行。

5.15　〔法律〕**安倍首相が集団的自衛権限定容認へ検討表明**　安倍晋三首相は、5月15日に私的諮問機関「安全保障の法的基盤の再構築に関する懇談会」（安保法制懇）から報告書が提出されたことを受けて記者会見を行い、憲法9条が禁じる武力行使にあたるとされてきた集団的自衛権の行使を可能にするために、憲法解釈の変更を検討する考えを表明した。

5.16　〔内閣〕**小松内閣法制局長官が退任**　内閣は、内閣法制局の人事について、体調不良の小松一郎長官が退任し、後任に横畠裕介次長を昇格させることを決定した。

5.23　〔法律〕**健康・医療戦略推進法が成立**　医療研究の司令塔となる独立行政法人「日本医療研究開発機構」を設立する法律と、「健康・医療戦略推進法」が参議院本会議で可決、成立した。2015年4月1日に発足。

5.23　〔法律〕**祝日「山の日」成立**　2016年から8月11日を「山の日」と定める改正「祝日法」が参議院で可決、成立した。法改正により、国民の祝日は年間16日になった。

5.23　〔法律〕**難病医療法、改正児童福祉法が成立**　難病患者に医療費を助成する「難病医療法」が参議院本会議で可決、成立した。42年ぶりの見直しで、助成対象の病気は56から約300に広がった。また、子どもの難病や慢性病の医療費助成を見直す改正「児童福祉法」も成立した。

5.29　〔政党〕**日本維新の会が分裂**　日本維新の会の石原慎太郎、橋下徹両代表は、それぞれ会見し、維新を二分して新党を結成する方針を発表。

5.29　〔外交〕**日本人拉致被害者の再調査で合意**　安倍晋三首相が、日本人拉致被害者を再調査することで北朝鮮と合意したと記者団に語った。北朝鮮が調査を開始した時点で、日本政府が行っている制裁措置の解除を始めると発表した。

5.30　〔内閣〕**内閣人事局が発足**　中央省庁の幹部人事を一元管理する内閣人事局が発足。首相と官房長官が各閣僚と協議して人事を決定する。

6.13　〔法律〕**改正国民投票法が成立**　憲法改正に必要な手続きを定めた改正「国民投票法」が参議院本会議で可決、成立した。国民投票ができる年齢が、4年後に「20歳以上」から「18歳以上」に引き下げられる。

6.13　〔法律〕**改正地方教育行政法が成立**　改正「地方教育行政法」が参議院本会議で可決、

－ 294 －

日本議会政治史事典　　　　　　　　　　　　　　　　　　　　　　2014年（平成26年）

成立した。施行は2015年4月。教育委員会制度の変更が柱で、首長主宰の「総合教育会議」の設置を義務づけるなど首長の権限を強化。教育委員長は廃止され、教育委員会の代表は首長が任命する教育長となる。

6.18 〔法律〕医療・介護総合確保推進法が成立　地域における医療及び介護の総合的な確保を推進するための関係法律の整備等に関する法律「医療・介護総合確保推進法」が参議院本会議で可決、成立した。年金収入280万円以上の人が介護サービスを受ける際の自己負担割合を現行の1割から2割に引き上げる等、介護についての自己負担が増える。

6.18 〔法律〕改正児童ポルノ禁止法が成立　児童ポルノの所持に罰則を設けることを柱とした改正「児童ポルノ禁止法」が参議院本会議で可決、成立した。罰則は1年以下の懲役または100万円以下の罰金。既に所持している人に自主的な処分を促すため、施行から1年間は罰則を適用しない。

6.20 〔法律〕過労死等防止対策推進法が成立　「過労死等防止対策推進法」が参議院本会議で可決、成立した。超党派による議員立法。過労死防止策を初めて国の責任と定めた。国は、過労死の実態や背景を調査研究するほか、遺族を含む協議会を設置し、防止策を大綱にまとめる。

8.1 〔政党〕「次世代の党」発足　日本維新の会から分かれた石原慎太郎グループは、「次世代の党」の設立届を総務相に提出した。党首は平沼赳夫衆議院議員。衆院19人、参議院3人の計22人で発足。

9.3 〔内閣〕第2次安倍改造内閣が発足　安倍晋三首相は内閣改造を行い、18閣僚のうち12人を交代させる一方、主要閣僚は留任させた。女性は5人で、過去最多に並んだ。また、自民党は臨時総務会で、党幹事長に谷垣禎一前総裁を起用する人事を了承した。

9.16 〔政党〕民主党、新役員決定　民主党の海江田万里代表は新しい党役員人事を発表。枝野幸男元官房長官を幹事長に、岡田克也前副総理を国政選挙担当の代表代行に起用した。

9.21 〔政党〕維新の党、結党大会を開く　日本維新の会と結いの党の合流による新党「維新の党」が結党大会を開いた。共同代表に、日本維新の会の橋下徹代表と、結いの党の江田憲司代表が就任。衆参53人の国会議員が所属。

9.21 〔政党〕公明党、山口代表4選　公明党は党大会を開き、山口那津男代表の4選を承認した。

9.29 〔国会〕第187回国会召集　第187回臨時国会が召集された。開会にあたり安倍晋三首相が所信演説を行い、この国会を「地方創生国会」と位置づけた。また「女性の活躍」についても強調した。閉会は11月21日。

10.20 〔内閣〕小渕・松島大臣辞任　小渕優子経済産業相と松島みどり法相が辞任した。小渕経産相は関連する政治団体の不透明な資金処理問題、松島法相は地元選挙区でうちわを配った問題の責任を取った。

11.6 〔法律〕サイバーセキュリティ基本法が成立　「サイバーセキュリティ基本法」が衆議院本会議で可決、成立した。サイバー攻撃に対して、国や自治体が安全対策を講じる責務があると定めた。政府は、官房長官をトップとしたサイバーセキュリティ戦略本部を設置することとした。

11.10 〔外交〕中国の習近平国家主席と会談　アジア太平洋経済協力会議（APEC）で北京を訪問中の安倍晋三首相は、中国の習近平国家主席と人民大会堂で会談した。国家主席との首脳会談は2011年12月以来。第2次安倍内閣では初めて。

11.16 〔政治〕沖縄県知事に翁長前那覇市長　沖縄県知事選挙が投開票され、辺野古移設反対の翁長雄志前那覇市長が、移設容認の現職・仲井真弘多知事らを破り初当選を決めた。投票率は64.13％。

－ 295 －

| 2015年（平成27年） | 日本議会政治史事典 |

11.16 〔外交〕**日米豪、安保連携を強化する方針** G20出席のため豪州ブリスベンを訪問中の安倍晋三首相は、バラク・オバマ米大統領、アボット豪首相と会談し、3か国による合同軍事演習や防衛技術の協力などを進めることで一致した。

11.21 〔国会〕**衆議院解散** 安倍晋三首相は、衆議院を解散した。衆院選は2012年12月以来。

11.21 〔法律〕**地方創生関連2法が成立** 地方創生関連2法が参議院本会議で可決、成立した。地方の人口減少抑制をめざす基本理念を定めた「まち・ひと・しごと創生法」、地域支援策の申請窓口を内閣府に一元化する改正「地域再生法」の2本で、いずれも年内に施行される。

11.28 〔政党〕**みんなの党、解党** みんなの党の浅尾慶一郎代表が記者会見を開き、みんなの党の解党を発表した。2009年に5人でスタートしたみんなの党は一時は36人にまで勢力を拡大したが、党内の路線対立が続いた。

12.14 〔選挙〕**第47回衆議院選挙で自公圧勝** 第47回衆議院議員総選挙が行われた。自民党・公明党両党は公示前を上回る325議席を獲得し、定数の3分の2（317）を越えた。民主党73議席、共産党21議席。小選挙区の投票率は戦後最低の52.66％。

12.15 〔政党〕**海江田民主党代表が辞任表明** 民主党の海江田万里代表は、自身の衆院選落選を受け、党代表の辞任を表明した。

12.23 〔政党〕**橋下維新の党共同代表が辞任** 維新の党の執行役員会で、橋下徹共同代表と松井一郎幹事長が当面の間、共同代表と幹事長をそれぞれ退くことが決まった。

12.24 〔国会〕**第188回国会召集** 第188回特別国会が召集され、衆参両院の本会議で安倍晋三首相が第97代首相に選出された。特別国会閉会は12月26日。

12.24 〔内閣〕**第3次安倍内閣が発足** 安倍晋三首相は組閣を行い、第3次安倍内閣が発足した。政治資金問題で野党側の追及を受けた江渡聡徳防衛相兼安全保障法制担当相を除き、第2次安倍改造内閣の閣僚17人を再任。江渡防衛相の後任には、中谷元・元防衛庁長官を起用した。首相は、経済政策「アベノミクス」の推進を再優先に掲げるとともに、集団的自衛権の行使容認に伴う安全保障法制の整備にも全力を挙げる方針。また、首相は組閣に際して公明党の山口那津男代表と会談し、連立政権を継続することを確認した。

12.26 〔政党〕**生活の党が改称** 生活の党は無所属の山本太郎参議院議員と合流し、名称を「生活の党と山本太郎となかまたち」に変更した。「国会議員5人以上」という政党要件を満たしたため、翌年の政党交付金を受け取ることができる。代表は引き続き小沢一郎衆議院議員が務める。

2015年
（平成27年）

1.8 〔政党〕**「日本を元気にする会」設立** 解党したみんなの党の参議院議員、次世代の党を離党したアントニオ猪木参院議員らが新党「日本を元気にする会」を結成し、設立を総務相に届け出た。代表には松田公太参院議員が就任。

1.16 〔外交〕**安倍首相中東歴訪に出発** 安倍晋三内閣総理大臣、中東歴訪に出発（〜21日）。エジプト・ヨルダン・イスラエル・パレスチナを訪問し、各国首脳や経済界との会談を行った。

1.18 〔政党〕**民主党代表選** 岡田克也代表代行・細野豪志元幹事長・長妻昭元厚生労働大臣の

三人が立候補して争われた民主党の代表選挙の投開票が行われ、岡田・細野の決戦投票の結果、岡田代表代行が新しい代表に選出された。19日、細野元幹事長の政調会長起用、枝野幸男幹事長の続投が決定。20日、長妻元厚生労働大臣と蓮舫元行政刷新大臣を代表代行に起用。

1.26 〔国会〕**第189回国会召集** 第189回通常国会が召集された。会期は6月24日までの150日間（6月22日、9月27日までの95日間の会期延長を決定、戦後最長に）。首相の所信表明演説はなし。2014年度補正予算案提出、30日衆議院通過、2月3日参議院で可決成立。

1.26 〔政党〕**「生活の党」共同代表制に** 「生活の党と山本太郎となかまたち」、党役員人事を決定。小沢一郎衆議院議員と山本太郎参議院議員がともに代表となる共同代表制を実施した。

2.12 〔国会〕**安倍首相、施政方針演説** 安倍晋三内閣総理大臣が衆参両院で施政方針演説を行った。「改革断行国会」として農協改革・安保法整備に意欲を示し、憲法改正のための国民的議論の深まりに期待した。

2.23 〔内閣〕**西川農水相辞任** 政治資金問題の責任を取って、西川公也農林水産大臣が辞任した。代表を務める自民党栃木県第2選挙区支部への木材加工会社からの寄付、砂糖の業界団体関連企業からの寄付が判明していた。後任は林芳正前農林水産大臣。

3.9 〔外交〕**メルケル首相来日** ドイツのアンゲラ・メルケル首相が来日（～10日）。講演会、美術館視察、財界人表敬訪問のほか、安倍晋三内閣総理大臣と日独首脳会談を行い、ウクライナ情勢への対応での連携、経済関係の強化を確認。メルケル首相は会談後の会見で「過去の総括は和解の前提」と歴史認識についても言及した。

3.20 〔国会〕**安倍首相「我が軍」発言** 参議院予算委員会で安倍晋三内閣総理大臣は、自衛隊と他国との訓練についての説明で、自衛隊について「我が軍」と表現した。30日、国際法上は軍隊であるという考えを採っているが「我が軍」という言葉は使わないと答弁。

3.29 〔外交〕**安倍首相、リー首相国葬に参列** 安倍晋三内閣総理大臣はシンガポールのリー・クアンユー首相の国葬に参列し、同じくシンガポールを訪問していた韓国の朴槿恵大統領らと言葉を交わした。

4.9 〔国会〕**2015年度予算成立** 2015年度予算案参議院で可決、成立。3月13日に与党の賛成多数で衆議院を通過、3月30日暫定予算が衆参両院で可決成立していた。

4.20 〔国会〕**町村衆院議長辞任** 町村信孝衆議院議長は軽い脳梗塞を発症していて職務継続が困難になったとして、衆院議長職を辞任した（6月1日死去）。21日、後任に大島理森衆院予算委員長が選出された。衆議院議長に就いたことにより大島理森は自民党番町政策研究所（大島派）の会長を辞任、山東昭子元参議院副議長が後任の会長に就任して「山東派」となった。

4.21 〔外交〕**安倍首相、バンドン会議出席** 安倍晋三内閣総理大臣はアジア・アフリカ首脳会議（バンドン会議）60周年記念首脳会議に出席するため、インドネシアを訪問した（～4月23日）、22日会議で演説。同日習近平国家主席と5か月ぶりの日中首脳会談を行い、持続的な関係改善を確認したほか、東シナ海や歴史認識問題、アジアインフラ銀行（AIIB）などについて意見を交換した。

4.22 〔事件〕**首相官邸にドローン落下** 首相官邸の屋上にドローン（小型無人飛行機）が落下しているのが発見された。24日福島県警に男が出頭し、翌25日威力業務妨害で逮捕された。9月4日ドローンの飛行を規制する改正「航空法」が成立した。

4.26 〔外交〕**安倍首相訪米** 安倍晋三内閣総理大臣が訪米（～5月3日）、28日バラク・オバマ大統領と日米首脳会談を行い、「日米防衛協力のための指針」（ガイドライン）改定による同盟強化、「環太平洋経済協定」（TPP）交渉の早期妥結を確認。29日にはアメリカ議会の上下両院合同会議で日本の首相として初めて演説し、先の大戦への痛切な反省と、安保法制を夏までに成就させる決意を語った。

2015年（平成27年）　　　　　　　　　　　　　　　　　　　　　　　日本議会政治史事典

4.27　〔外交〕**「日米防衛協力のための指針」改定**　日米両政府は「日米防衛協力のための指針」（ガイドライン）の18年ぶりの改定に合意した。日本の集団的自衛権の行使、アメリカ軍への後方支援の地理的制限の撤廃など、日米同盟の本質を転換するもので、5月に提出される国会未審議の安保法制を既成事実として作成された。

5.1　〔政党〕**太陽の党解散**　太陽の党が4月30日付けで解散し、次世代の党と合併。太陽の党の園田博之代表は、次世代の党の顧問に就任。

5.13　〔法律〕**スポーツ庁設置法、成立**　スポーツに関する施策を一元的に推進するスポーツ庁を設置するため、「文部科学省設置法」改正案が可決成立した。10月1日スポーツ庁設置、初代長官には1988年ソウルオリンピック金メダリストの元水泳選手、鈴木大地日本水泳連盟会長が就任。

5.15　〔法律〕**安保11法案、国会提出**　安倍内閣は前日閣議決定した「国際平和支援法」、「武力攻撃事態法」改正案、「周辺事態法」から名称変更した「重要影響事態法」、「国連平和維持活動協力法」改正案など安全保障法制の関連11法案を国会に提出した。成立すれば自衛隊の活動地域の制限を撤廃し、常時派遣や戦争中の他国の軍隊への後方支援、アメリカ軍以外への支援も可能となり、集団的自衛権の行使が可能となる。26日から審議入り。

5.17　〔政治〕**「大阪都構想」反対多数**　「大阪都構想」の是非を問う住民投票が実施され、1万741票差で反対多数となり都構想案は廃案となった。大阪維新の会の橋下徹代表は12月の任期満了での政界引退を表明。維新の党の江田憲司代表も辞意を表明し19日に辞任、幹事長の松野頼久衆議院議員が代表に選出された。

6.4　〔法律〕**安保法制は違憲見解**　衆議院憲法審査会に参考人として招かれた憲法学者三人が、自民党推薦の一人を含め全員、安保関連法案は憲法違反であるという見解を示した。

6.7　〔外交〕**エルマウ・サミット開幕**　ドイツのエルマウで、主要7ヵ国首脳会議（G7サミット）が開幕した。8日、地球温暖化対策で温室効果ガスの削減目標を盛り込んだ首脳宣言を採択して閉幕。ウクライナ危機へ介入するロシア、海洋進出を強める中国への対策も話し合われた。日仏・日独・日伊・日英の二国間首脳会談も行われた。

6.17　〔法律〕**18歳選挙権成立**　選挙権年齢を20歳以上から18歳以上に引き下げる、改正「公職選挙法」が可決成立。2016年夏の参院選から適用される。最高裁判所裁判官の国民審査や自治体の首長解職を求める住民投票の投票資格なども同様。選挙権年齢の変更は1945年以来70年ぶり。

6.17　〔法律〕**改正風営法成立**　規制を緩和した改正「風俗営業法」が可決成立。クラブを店内の明るさなどによって分類し、朝までの営業を可能にする。

6.25　〔内閣〕**オリンピック専任大臣就任**　2020年の東京オリンピック・パラリンピック開催準備を取り仕切る専任の担当大臣に、自民党の遠藤利明政調会長代理が就任。下村博文文部科学大臣の兼任が解消。国立競技場建設等の施設整備や関連組織との調整、選手強化支援などが求められる。

6.25　〔政治〕**自民勉強会で報道威圧発言**　自民党議員による勉強会「文化芸術懇話会」で参加議員や講師として招かれた作家百田尚樹らから沖縄や報道の自由を威圧する発言が出ていたことが判明。与野党双方から批判が出、27日勉強会代表の木原稔を青年局長を更迭、1年間の党内役職停止処分（のち3ヵ月に短縮）。

7.16　〔法律〕**安保11法案、衆院通過**　15日に衆議院特別委員会で強行採決して可決した安全保障法制の関連11法案が、自民党・公明党・次世代の党の賛成多数で衆院本会議で可決、衆院を通過した。民主党・共産党・社民党は討論終了後、維新の党は自党が提出した対案否決後にいずれも退席、生活の党と山本太郎となかまたちは本会議を欠席した。15日には安倍晋三内閣総理大臣は「まだ国民の理解が進んでいない」と認めていた。

－ 298 －

7.26 〔法律〕首相補佐官、安保関連法案について「法的安定性は関係ない」と発言　礒崎陽輔首相補佐官が講演中で「我が国を守るために必要な措置かどうかで、法的安定性は関係ない。」と発言した。8月3日参議院特別委員会へ参考人として招致され発言を撤回、辞任は否定。

7.28 〔法律〕参院選10増10減　2016年夏の参院選から、定数を10増10減する改正「公職選挙法」が可決成立。鳥取と島根、徳島と高知の選挙区を合区、宮城・新潟・長野でそれぞれ2減、北海道・東京・愛知・兵庫・福岡でそれぞれ2増させる。一票の格差の最大は4.77倍から2.97倍になる。13日には自民党の脇雅史前参院幹事長が格差是正には不十分として会派を退会していた。

7.31 〔法律〕自民議員が安保反対の学生を非難ツイート　自民党の武藤貴也衆議院議員は、安保関連法案に反対する学生団体「SEALDs」に対しツイッターで、自分中心で利己的な考えであると非難する内容を投稿していた。8月19日武藤議員は未公開株トラブルが週刊誌で報じられたことを謝罪。同日自民党に離党届を提出、受理された。

8.14 〔内閣〕安倍内閣、戦後70年談話を閣議決定　安倍内閣は戦後70年にあたっての首相談話（安倍談話）を閣議決定し、安倍晋三内閣総理大臣は官邸で記者会見して談話を読み上げた。過去の村山談話・小泉談話で使われた「植民地支配」「侵略」「反省」「おわび」といった文言や歴代内閣の方針を引用しながら、平和国家としての歩みや不戦の誓いを堅持する考えを示したと語った。

8.27 〔政党〕維新の党、分裂へ　維新の党の橋下徹最高顧問（大阪市長）と松井一郎顧問（大阪府知事）が離党。28日橋下市長は地域政党である大阪維新の会を国政政党とする新党結成の方針を表明。10月14日存続か新党かについての協議が決裂、執行部は片山虎之助前総務会長と馬場伸幸前国対委員長ら3名を除籍処分とした。続く10月15日、松浪健太選対委員長ら衆議院議員9名と地方議員153名の計162名が除籍処分となった。10月24日、除籍処分となった議員らが「臨時党大会」を開き解散宣言を出すが、松野頼久代表ら執行部側は否定。

8.28 〔法律〕女性活躍推進法成立　企業に女性の登用を促す「女性活躍推進法」が可決成立。2016年4月から、301人以上の常時雇用従業員がいる企業には、女性の管理職比率や採用比率の向上を目指す行動計画が義務づけられる。

8.28 〔法律〕農協改革関連法成立　改正「農業協同組合法」が可決成立。2016年4月施行。全国農業協同組合中央会（JA全中）の監査・指導権を廃止するなど権限を大幅に縮小して地域の農協の自主性を強化し、2019年9月までに特別民間法人から一般社団法人にする。

8.28 〔政党〕次世代の党、中山党首選出　次世代の党は平沼赳夫党首の辞任表明により、党首選を告示。中山恭子参議院会長が無投票で選出された。10月1日就任。立候補を検討していた松沢成文幹事長は路線の違いとして27日に離党届を提出、28日受理された。幹事長は和田政宗政調会長が兼任。9月25日平沼赳夫・園田博之衆議院議員が離党し、10月2日自民党に復党。

9.3 〔法律〕改正個人情報保護法・マイナンバー法成立　改正「個人情報保護法」、改正「行政手続における特定の個人を識別するための番号の利用等に関する法律（マイナンバー法）」が可決成立。前者の主な改正点は、プライバシー保護の監督・監視のため、2014年にできた「特定個人情報保護委員会」を改組する第三者機関「個人情報保護委員会」を2016年1月に発足させるというもの。後者の主な改正点は本人同意によりマイナンバー（社会保障・税番号）と銀行口座を結びつけられるようにするというもの。

9.8 〔政党〕自民党総裁選、安倍首相が無投票で再選　任期満了による自民党総裁選が告示され、安倍晋三内閣総理大臣の無投票の再選が決定した。立候補を検討していた野田聖子前総務会長は20人の推薦人が確保できず断念。安倍総裁の任期は2018年9月末まで。

9.11 〔法律〕改正労働者派遣法成立　「労働者派遣事業の適正な運営の確保及び派遣労働者

の保護等に関する法律等の一部を改正する法律（改正労働者派遣法）」が可決成立。人を代えれば企業が派遣社員を使い続けられるようになった。9月30日施行。

9.19　〔法律〕**安保法成立**　17日に参議院特別委員会で強行採決して可決した安全保障関連法案が、自民党・公明党・次世代の党・日本を元気にする会・新党改革の賛成多数で参院本会議で可決成立した。民主党・維新の党・共産党・社民党・生活の党と山本太郎となかまたちほか無所属クラブは反対した。集団的自衛権の行使を可能にし、自衛隊の役割を転換するもの。9月30日公布。安倍晋三内閣総理大臣は「国民に粘り強く説明」と表明。国会前では夜を徹して抗議行動が行われ、反対デモは法成立決定後も続いている。

9.19　〔政党〕**共産党、野党選挙協力を呼びかけ**　共産党は中央委員会総会で、自民党に対抗するため、次期衆院選での候補者調整を含む選挙協力を他の野党に呼びかける方針を決定。10月16日には安保政策の凍結の考えも示した。

9.26　〔外交〕**安倍首相国連総会出席**　安倍晋三内閣総理大臣は第70回国連（国際連合）総会出席のためニューヨークを訪問（〜30日）、3年連続で国連総会一般討論演説を行った。28日にはロシアのウラジーミル・プーチン大統領と11ヵ月ぶりの日露首脳会談を行い、大統領の年内訪日実現への調整で一致したが、北方領土問題での進展はなし。

9.30　〔事件〕**日歯連前会長ら逮捕**　政治団体「日本歯科医師連盟（日歯連）」が自民党の石井みどり参議院議員らの後援会に迂回寄付をしたとして、「政治資金規正法」違反の疑いで高木幹正日歯連前会長・村田憙信前副理事長・堤直文日歯連元会長が逮捕された。日歯連は11年前にも自民党の政治団体への献金隠し事件を起こしている。

10.7　〔内閣〕**第3次安倍改造内閣発足**　安倍晋三内閣総理大臣は内閣改造と自民党役員人事を行い、第3次安倍改造内閣を発足させた。麻生太郎副総理兼財務金融大臣・菅義偉官房長官ら主要閣僚・役員は留任。

10.22　〔外交〕**安倍首相モンゴル及び中央アジア5ヵ国訪問に出発**　安倍晋三内閣総理大臣、モンゴル・トルクメニスタン・タジキスタン・ウズベキスタン・キルギス・カザフスタン訪問に出発（〜28日）。各国首脳と会見し共同声明を発表した。首相在任中2度のモンゴル訪問、中央アジア5ヵ国全ての訪問は、いずれも日本の首相として初。

10.31　〔政党〕**「おおさか維新の会」設立**　国政政党「おおさか維新の会」の結党大会が開かれ、橋下徹大阪市長が代表に就任した。維新の党を除籍された国会議員18人が参加した。

分野別索引

分野別索引　目次

国　会 ……………………………………………… 303

法　律 ……………………………………………… 311

選　挙 ……………………………………………… 318

政　党 ……………………………………………… 320

内　閣 ……………………………………………… 325

政　治 ……………………………………………… 331

事　件 ……………………………………………… 335

外　交 ……………………………………………… 336

日本議会政治史事典　　　分野別索引　　　国会

【国会】

国会開設意見書奉呈	1881.3.18
「国会開設の勅諭」発布	1881.10.12
貴族院勅選議員任命	1890.9.29
第1回帝国議会召集詔書公布	1890.10.10
初代貴族院議長任命	1890.10.24
第1回帝国議会召集	1890.11.25
明治24年度総予算案提出	1890.12.3
山県首相、施政方針演説	1890.12.6
会期延長詔書公布	1891.2.26
明治24年度総予算案修正議決	1891.3.2
明治24年度総予算成立	1891.3.6
第1回帝国議会閉会	1891.3.8
伊藤貴族院議長辞任	1891.7.21
帝国議会仮議事堂竣工	1891.10.30
第2回帝国議会召集	1891.11.21
明治25年度予算案提出	1891.11.28
松方首相、施政方針演説	1891.11.30
足尾銅山に関する質問書提出	1891.12.18
蕃勇演説	1891.12.22
衆議院解散	1891.12.25
「明治25年度において前年度予算を施行する	
の件」公布	1892.3.18
第3回帝国議会召集	1892.5.2
明治25年度追加予算案提出	1892.5.7
松方首相、施政方針演説	1892.5.9
第4回帝国議会召集	1892.11.25
明治26年度予算案提出	1892.11.30
井上首相臨時代理、施政方針演説	1892.12.1
明治26年度総予算案修正議決	1893.1.12
「停会詔書」発布	1893.1.23
伊藤内閣不信任上奏案可決	1893.2.7
明治26年度予算案修正議決	1893.2.22
第5回帝国議会召集	1893.11.25
明治27年度総予算案提出	1893.11.29
星衆議院議員不信任決議案可決	1893.11.29
伊藤首相、施政方針演説	1893.12.2
星議長出席停止議決	1893.12.5
星議長を除名	1893.12.13
伊藤首相、衰竜の袖に隠れる	1893.12.18
衆議院解散	1893.12.30
貴族院議員有志が内閣との提携拒否	1894.1.24
第6回帝国議会召集	1894.5.12
伊藤首相、施政方針演説	1894.5.16
内閣弾劾案否決	1894.5.17
内閣不信任案否決	1894.5.18
内閣不信任上奏案可決	1894.5.31
衆議院解散	1894.6.2
第7回帝国議会召集	1894.10.15
臨時軍事費予算など可決	1894.10.20
日清戦争関連諸案可決	1894.10.21
第8回帝国議会召集	1894.12.22
伊藤首相、施政方針演説	1895.1.8
明治28年度総予算案提出	1895.1.8
第9回帝国議会召集	1895.12.25
明治29年度総予算案提出	1896.1.9
閣臣の責任に関する上奏案否決	1896.1.9
伊藤首相、施政方針演説	1896.1.10
楠本衆議院議長辞任	1896.6.8

近衛篤麿貴族院議長就任	1896.10.3
第10回帝国議会召集	1896.12.22
松方首相、施政方針演説	1897.1.19
明治30年度予算案提出	1897.1.19
第11回帝国議会召集	1897.12.21
明治31年度総予算案提出	1897.12.25
衆議院解散	1897.12.25
「明治31年度において前年度予算を施行する	
の件」公布	1898.2.9
第12回帝国議会召集	1898.5.14
伊藤首相、施政方針演説	1898.5.25
「停会詔書」発布	1898.6.7
衆議院解散	1898.6.10
第13回帝国議会召集	1898.11.7
明治32年度総予算案提出	1898.12.5
山県首相、施政方針演説	1898.12.8
第14回帝国議会召集	1899.11.20
明治33年度総予算案提出	1899.11.24
第15回帝国議会召集	1900.12.22
明治34年度総予算案提出	1901.1.22
伊藤首相、施政方針演説	1901.2.13
「停会詔書」発布	1901.3.9
内閣不信任決議案提出	1901.3.18
第16回帝国議会召集	1901.12.7
明治35年度総予算案提出	1901.12.10
桂首相、施政方針演説	1901.12.12
北清事変賠償金財政問題	1901.12.26
明治35年度総予算案並各特別会計予算案再議	
出	1901.12.26
第17回帝国議会召集	1902.12.6
明治36年度総予算案提出	1902.12.11
桂首相、施政方針演説	1902.12.13
衆議院解散	1902.12.28
「明治36年度において前年度予算を施行する	
の件」公布	1903.2.6
第18回帝国議会召集	1903.5.8
明治36年度追加予算案提出	1903.5.14
桂首相、施政方針演説	1903.5.16
桂内閣が立憲政友会と妥協	1903.5.21
内閣弾劾上奏案否決	1903.5.26
徳川家達貴族院議長就任	1903.12.4
第19回帝国議会召集	1903.12.5
勅語奉答文事件	1903.12.10
衆議院解散	1903.12.11
「明治37年度において前年度予算を施行する	
の件」公布	1904.2.3
第20回帝国議会召集	1904.3.18
桂首相、施政方針演説	1904.3.23
臨時軍事費予算など成立	1904.3.29
第21回帝国議会召集	1904.11.28
明治38年度総予算案提出	1904.11.30
第22回帝国議会召集	1905.12.25
松田衆議院議長辞任	1906.1.19
西園寺首相、施政方針演説	1906.1.25
明治39年度総予算案提出	1906.1.25
第23回帝国議会召集	1906.12.25
西園寺首相、施政方針演説	1907.1.22
明治40年度総予算案提出	1907.1.22
第24回帝国議会召集	1907.12.25
明治41年度総予算案提出	1908.1.22

－ 303 －

国会	分野別索引	日本議会政治史事典

西園寺首相、施政方針演説	1908.1.23	大隈内閣弾劾決議案否決	1915.12.18
内閣不信任決議案提出	1908.1.21	汚職罪検挙に関する上奏案否決	1916.2.3
第25回帝国議会召集	1908.12.22	第38回帝国議会召集	1916.12.25
桂首相、施政方針演説	1909.1.21	寺内首相、施政方針演説	1917.1.23
明治42年度総予算案提出	1909.1.21	大正6年度総予算案提出	1917.1.23
第26回帝国議会召集	1909.12.22	寺内内閣不信任決議案提出	1917.1.23
明治43年度総予算案提出	1910.1.21	衆議院解散	1917.1.25
桂首相、施政方針演説	1910.1.22	「大正6年度において前年度予算を施行するの	
徳川家達貴族院議長再任	1910.12.5	件」公布	1917.2.21
第27回帝国議会召集	1910.12.20	第39回帝国議会召集	1917.6.21
桂首相、施政方針演説	1911.1.21	寺内首相、施政方針演説	1917.6.26
明治44年度総予算案提出	1911.1.21	徳川家達貴族院議長再任	1917.12.5
歴史教科書に関する質問書提出	1911.2.4	第40回帝国議会召集	1917.12.25
長谷場衆議院議長辞任	1911.9.6	大正7年度総予算案提出	1918.1.21
第28回帝国議会召集	1911.12.23	寺内首相、施政方針演説	1918.1.22
西園寺首相、施政方針演説	1912.1.23	第41回帝国議会召集	1918.12.25
明治45年度総予算案提出	1912.1.23	原首相、施政方針演説	1919.1.21
第29回帝国議会召集	1912.8.21	大正8年度総予算案提出	1919.1.21
明治45年・大正元年度追加予算案提出	1912.8.23	軍部大臣武官制撤廃を主張	1919.3.25
第30回帝国議会召集	1912.12.24	第42回帝国議会召集	1919.12.24
「停会詔書」発布	1913.1.21	原首相、施政方針演説	1920.1.22
桂首相、施政方針演説	1913.2.5	大正9年度総予算案並各特別会計予算案提出	1920.1.22
大正2年度総予算案提出	1913.2.5	衆議院解散	1920.2.26
桂内閣不信任決議案提出	1913.2.5	「大正9年度において前年度予算を施行するの	
「停会詔書」発布	1913.2.10	件」公布	1920.3.17
山本首相、施政方針演説	1913.2.27	第43回帝国議会召集	1920.6.29
大正2年度総予算案並各特別会計予算案再提		原首相、施政方針演説	1920.7.3
出	1913.2.27	大正9年度追加予算案提出	1920.7.3
第31回帝国議会召集	1913.12.24	「西にレーニン、東に原敬」発言	1920.7.8
山本首相、施政方針演説	1914.1.21	原内閣不信任決議案否決	1920.7.10
大正3年度総予算案提出	1914.1.21	第44回帝国議会召集	1920.12.25
山本内閣弾劾決議案否決	1914.2.10	大正10年度総予算案提出	1921.1.22
大岡衆議院議長辞任	1914.3.6	大正10年度総予算案提出	1921.1.22
長谷場衆議院議長死去	1914.3.15	大学昇格問題	1921.1.25
山本内閣弾劾上奏決議案提出	1914.3.19	高等教育機関に関する建議案可決	1921.2.9
「停会詔書」発布	1914.3.23	軍備制限に関する決議案否決	1921.2.10
「大正3年度において前年度予算を施行するの		原内閣不信任決議案否決	1921.2.19
件」公布	1914.3.28	風教に関する決議案否決	1921.3.11
第32回帝国議会召集	1914.5.4	第45回帝国議会召集	1921.12.24
大正3年度追加予算案提出	1914.5.5	高橋首相、施政方針演説	1922.1.21
第33回帝国議会召集	1914.6.20	大正11年度総予算案提出	1922.1.21
大正3年度追加予算案提出	1914.6.22	高橋内閣不信任決議案否決	1922.3.16
大隈首相、施政方針演説	1914.6.23	綱紀粛正に関する建議案	1922.3.22
第34回帝国議会召集	1914.9.3	第46回帝国議会召集	1922.12.25
大正3年度追加予算案など提出	1914.9.4	奥議長の処決を促す決議案否決	1922.12.28
第35回帝国議会召集	1914.12.5	加藤首相、施政方針演説	1923.1.23
大隈首相、施政方針演説	1914.12.8	大正12年度総予算案提出	1923.1.23
大正4年度総予算案提出	1914.12.8	粕谷衆議院議長就任	1923.2.17
衆議院解散	1914.12.25	加藤内閣不信任決議案否決	1923.2.19
「大正4年度において前年度予算を施行するの		第47回帝国議会召集	1923.12.10
件」公布	1914.12.29	大正12年度追加予算案第1号提出	1923.12.11
第36回帝国議会召集	1915.5.17	山本首相、施政方針演説	1923.12.13
大正4年度追加予算案提出	1915.5.20	第48回帝国議会召集	1923.12.25
大隈首相、施政方針演説	1915.5.22	清浦首相、施政方針演説	1924.1.22
大浦内相弾劾決議案否決	1915.6.7	大正13年度総予算案提出	1924.1.22
内閣不信任決議案審議が紛糾	1915.6.8	衆議院解散	1924.1.31
島田衆議院議長不信任決議案否決	1915.6.9	「大正13年度において前年度予算を施行する	
第37回帝国議会召集	1915.11.29	の件」公布	1924.2.29
大正5年度総予算案提出	1915.12.6	高橋貴族院議員辞職	1924.3.8
大隈首相、施政方針演説	1915.12.7	第49回帝国議会召集	1924.6.25

加藤首相、施政方針演説	1924.7.1	犬養首相、施政方針演説	1932.1.21
大正13年度追加予算案提出	1924.7.1	昭和7年度総予算案提出	1932.1.21
貴族院制度改正に関する建議案可決	1924.7.18	衆議院解散	1932.1.21
徳川家達貴族院議長再任	1924.12.5	「昭和7年度において前年度予算を施行するの	
第50回帝国議会召集	1924.12.24	件」公布	1932.3.14
加藤首相、施政方針演説	1925.1.22	第61回帝国議会召集	1932.3.18
大正14年度総予算案提出	1925.1.22	昭和6年度・7年度追加予算案提出	1932.3.20
衆議院正副議長の党籍離脱に関する希望決議		犬養首相、施政方針演説	1932.3.22
案可決	1925.3.24	第62回帝国議会召集	1932.5.23
加藤内閣不信任決議案否決	1925.3.29	斎藤首相、施政方針演説	1932.6.3
帝国議会仮議事堂全焼	1925.9.18	昭和7年度追加予算案第1号・特第1号提出	1932.6.3
第51回帝国議会召集	1925.12.25	議会振粛要綱	1932.7.15
加藤首相、施政方針演説	1926.1.21	第63回帝国議会召集	1932.8.22
大正15年度総予算案提出	1926.1.21	斎藤首相、施政方針演説	1932.8.25
「停会詔書」発布	1926.1.28	昭和7年度追加予算案第1号・特第1号提出	1932.8.25
大正15年度総予算案並各特別会計予算案再提		第64回帝国議会召集	1932.12.24
出	1926.2.1	斎藤首相、施政方針演説	1933.1.21
第52回帝国議会召集	1926.12.24	昭和8年度総予算案提出	1933.1.21
若槻首相、施政方針演説	1927.1.18	昭和7年度追加予算案第1号・特第1号提出	1933.1.28
昭和2年度総予算案提出	1927.1.18	徳川家達貴族院議長辞任	1933.6.9
若槻内閣不信任決議案提出	1927.1.20	第65回帝国議会召集	1933.12.23
衆議院正副議長が引責辞任	1927.3.25	斎藤首相、施政方針演説	1934.1.23
第53回帝国議会召集	1927.5.3	昭和9年度総予算案提出	1934.1.23
衆議院が施政方針演説を要求	1927.5.5	斎藤内閣不信任決議案否決	1934.3.8
衆議院が枢密院を弾劾	1927.5.7	第66回帝国議会召集	1934.11.27
第54回帝国議会召集	1927.12.24	昭和9年度追加予算案第1号・特第1号提出	1934.11.29
昭和2年度追加予算案第1号提出	1927.12.26	岡田首相、施政方針演説	1934.11.30
田中首相、施政方針演説	1928.1.21	爆弾動議	1934.12.5
昭和3年度総予算案提出	1928.1.21	第67回帝国議会召集	1934.12.24
衆議院解散	1928.1.21	岡田首相、施政方針演説	1935.1.22
「昭和3年度において前年度予算を施行するの		昭和10年度総予算案提出	1935.1.22
件」公布	1928.3.15	永年在職議員表彰	1935.3.14
第55回帝国議会召集	1928.4.20	昭和10年度追加予算案第2号・特第2号提出	1935.3.15
昭和3年度追加予算案第1号・第2号・特第1号		政教刷新に関する建議案可決	1935.3.20
提出	1928.4.23	国体明徴決議案可決	1935.3.23
田中首相、施政方針演説	1928.4.25	第68回帝国議会召集	1935.12.24
田中内閣不信任決議案提出	1928.4.27	岡田首相、施政方針演説	1936.1.21
鈴木内相の処決其の他に関する決議案提出	1928.4.27	昭和11年度総予算案提出	1936.1.21
「停会詔書」発布	1928.4.28	衆議院解散	1936.1.21
第56回帝国議会召集	1928.12.24	第69回帝国議会召集	1936.5.1
田中首相、施政方針演説	1929.1.22	広田首相、施政方針演説	1936.5.6
昭和4年度総予算案提出	1929.1.22	粛軍演説	1936.5.7
田中内閣不信任決議案否決	1929.2.10	貴族院機構の改正に関する建議案可決	1936.5.12
田中首相の措置に関する決議案可決	1929.2.22	皇軍将校侮辱演説	1936.5.14
元田衆議院議長辞任	1929.3.14	聖旨奉体庶政一新に関する決議案可決	1936.5.21
第57回帝国議会召集	1929.12.23	議会制度革正に関する決議案など可決	1936.5.23
昭和5年度総予算並各特別会計予算案提出	1930.1.21	新議事堂落成	1936.11.7
浜口首相、施政方針演説	1930.1.21	第70回帝国議会召集	1936.12.24
犬養立憲政友会総裁が政府追求	1930.1.21	広田首相、施政方針演説	1937.1.21
衆議院解散	1930.1.21	腹切り問答	1937.1.21
「昭和5年度において前年度予算を施行するの		昭和12年度総予算案提出	1937.1.21
件」公布	1930.3.10	「停会詔書」発布	1937.2.4
第58回帝国議会召集	1930.4.21	林首相、施政方針演説	1937.2.15
浜口首相、施政方針演説	1930.4.25	昭和12年度総予算案並各特別会計予算案再提	
第59回帝国議会召集	1930.12.24	出	1937.2.15
幣原首相臨時代理、施政方針演説	1931.1.22	食い逃げ解散	1937.3.31
昭和6年度総予算案提出	1931.1.22	近衛貴族院議長辞任	1937.6.7
浜口内閣不信任決議案否決	1931.3.20	第71回帝国議会召集	1937.7.23
徳川家達貴族院議長再任	1931.12.5	近衛首相、施政方針演説	1937.7.27
第60回帝国議会召集	1931.12.23		

国会	分野別索引　　　　　　　　　　　　日本議会政治史事典

昭和12年度追加予算案第1号・特第1号提出	1937.7.27
第72回帝国議会召集	1937.9.3
臨時軍事費予算案提出	1937.9.4
近衛首相、施政方針演説	1937.9.5
第73回帝国議会召集	1937.12.24
近衛首相、施政方針演説	1938.1.22
昭和13年度総予算案提出	1938.1.22
第74回帝国議会召集	1938.12.24
平沼首相、施政方針演説	1939.1.21
昭和14年度総予算案提出	1939.1.21
臨時軍事費予算追加案臨第1号提出	1939.3.2
松平頼寿貴族院議長再任	1939.7.13
第75回帝国議会召集	1939.12.23
阿部内閣総辞職要求決議	1939.12.26
米内首相、施政方針演説	1940.2.1
昭和15年度総予算案提出	1940.2.1
反軍演説	1940.2.2
聖戦貫徹議員連盟設立	1940.3.25
帝国議会開設50年記念式典	1940.11.29
第76回帝国議会召集	1940.12.24
近衛首相、施政方針演説	1941.1.21
昭和16年度総予算案提出	1941.1.21
戦時体制強化に関する決議案など可決	1941.1.22
時艱克服に関する決議案可決	1941.1.27
議員任期1年延長	1941.2.24
第77回帝国議会召集	1941.11.15
臨時軍事費予算追加案臨第1号提出	1941.11.16
東条首相、施政方針演説	1941.11.17
国策遂行に関する決議案可決	1941.11.17
第78回帝国議会召集	1941.12.15
東条首相、施政方針演説	1941.12.16
臨時軍事費予算追加案臨第1号提出	1941.12.16
衆議院正副議長辞任	1941.12.22
第79回帝国議会召集	1941.12.24
東条首相、施政方針演説	1942.1.21
昭和17年度総予算案提出	1942.1.21
第80回帝国議会召集	1942.5.25
東条首相、施政方針演説	1942.5.27
第81回帝国議会召集	1942.12.24
東条首相、施政方針演説	1943.1.28
昭和18年度総予算案提出	1943.1.28
昭和18年度追加予算案第1号提出	1943.1.30
第82回帝国議会召集	1943.6.15
東条首相、施政方針演説	1943.6.16
昭和18年度追加予算案第1号・特第1号提出	1943.6.16
第83回帝国議会召集	1943.10.25
東条首相、施政方針演説	1943.10.26
第84回帝国議会召集	1943.12.24
東条首相、施政方針演説	1944.1.21
昭和19年度総予算案提出	1944.1.21
昭和19年度追加予算案第1号提出	1944.1.21
重大戦局に対応する政府の所信	1944.3.22
第85回帝国議会召集	1944.9.6
小磯首相、施政方針演説	1944.9.7
昭和19年度追加予算案第1号提出	1944.9.7
松平貴族院議長死去	1944.9.13
第86回帝国議会召集	1944.12.24
小磯首相、施政方針演説	1945.1.21
昭和20年度予算案提出	1945.1.21

昭和20年度総予算案可決成立	1945.2.8
第87回帝国議会召集	1945.6.8
鈴木首相、施政方針演説	1945.6.9
衆議院議長島田俊雄任命	1945.6.8
第88回帝国議会召集	1945.9.1
東久邇首相、施政方針演説	1945.9.5
第89回帝国議会召集	1945.11.26
幣原首相、施政方針演説	1945.11.28
衆議院解散	1945.12.18
前年度予算の施行を決定	1946.3.27
第90回帝国議会召集	1946.5.16
議員法規調査委員会設置を決定	1946.6.18
吉田首相、施政方針演説	1946.6.21
マッカーサー、議会における三原則を声明	1946.6.21
昭和21年度改定総予算案提出	1946.7.24
衆院磯貝議長不信任決議案	1946.8.21
磯貝衆院議長辞任	1946.8.23
第91回帝国議会召集	1946.11.25
吉田首相、施政方針演説	1946.11.27
衆議院解散決議案否決	1946.12.17
第92回帝国議会召集	1946.12.27
吉田首相、施政方針演説	1947.2.14
昭和22年度予算案提出	1947.3.1
昭和22年度予算案、特別会計予算案可決成立	
	1947.3.25
帝国議会終わる	1947.3.31
第1回国会召集	1947.5.20
片山首相、施政方針演説	1947.7.1
政党法立案各派小委員会が共同声明	1947.7.21
第1回国会閉会	1947.12.9
第2回国会召集	1947.12.20
片山首相、施政方針演説	1948.1.22
昭和22年度予算補正案提出	1948.3.16
芦田首相、施政方針演説	1948.3.20
昭和23年度暫定予算提出	1948.3.27
昭和23年度暫定予算補正	1948.4.2
GHQが国会審議の遅滞を警告	1948.4.3
昭和23年度予算提出	1948.6.7
教育勅語排除を可決	1948.6.19
昭和23年度予算成立	1948.7.4
第3回国会召集	1948.10.11
国会、芦田茂を内閣総理大臣に指名	1948.10.14
施政方針演説要求を可決	1948.11.15
解散権論争終わる	1948.11.28
第4回国会召集	1948.12.1
吉田首相、施政方針演説	1948.12.4
年内解散回避の要望を伝達	1948.12.8
衆院、吉田内閣不信任案可決	1948.12.23
第5回国会召集	1949.2.11
昭和23年度予算補正成立	1949.3.31
昭和24年度予算成立	1949.4.20
国会、阿波丸事件に基づく請求権を放棄を決	
定	1949.4.6
最高裁、司法権の独立	1949.5.20
参議院会期延長巡り紛糾	1949.5.23
参院法務委員会が国政調査権について声明	1949.5.24
参院の混乱で4名の懲罰動議可決	1949.5.30
第6回国会召集	1949.10.25
議員4名の登院停止処分を決定	1949.10.31

－ 306 －

吉田首相、施政方針演説	1949.11.8	参議院緊急集会開会	1953.3.18
吉田首相が講和問題に言及	1949.11.11	参議院緊急集会閉会	1953.3.20
昭和24年度予算補正可決成立	1949.12.1	第16回国会召集	1953.5.18
松平参院議長死去	1949.11.14	吉田茂を内閣総理大臣に指名	1953.5.19
第7回国会召集	1949.12.4	昭和28年度予算補正提出	1953.5.25
昭和25年度予算国会提出	1950.1.21	昭和28年度予算提出	1953.6.13
吉田首相、施政方針演説	1950.1.23	吉田首相、施政方針演説	1953.6.16
吉田首相、基地の存在を義務と答弁	1950.2.13	尾崎行雄に名誉議員の称号	1953.7.17
通商産業大臣不信任案否決	1950.3.4	吉田首相、施政方針演説	1953.7.17
徳田要請問題で証人喚問	1950.3.16	保安隊の自衛軍化巡り防衛論争	1953.7.30
昭和25年度予算可決成立	1950.4.3	参院、昭和28年度予算可決	1953.7.30
野党、内閣不信任決議案提出	1950.4.30	衆院予算委員長解任決議案提出	1953.7.31
第8回国会召集	1950.7.12	衆院議長不信任決議案否決	1953.8.1
吉田首相、施政方針演説	1950.7.14	MSA交渉中間報告	1953.8.6
第9回国会召集	1950.11.21	第17回国会召集	1953.10.29
吉田首相、施政方針演説	1950.11.24	参院、昭和28年度予算補正可決成立	1953.11.7
昭和25年度予算補正可決	1950.12.4	第18回国会召集	1953.11.30
第10回国会召集	1950.12.10	吉田首相、所信表明演説	1953.11.30
国会審議権尊重に関する決議案可決	1950.11.27	昭和28年度予算補正成立	1953.12.8
昭和26年度予算衆院提出	1951.1.23	第19回国会召集	1953.12.10
吉田首相、施政方針演説	1951.1.26	吉田首相、施政方針演説	1954.1.27
吉田首相、ダレス会談について国会に報告	1951.2.13	昭和29年度予算衆院提出	1954.1.27
衆議院議長に林譲治当選	1951.3.13	衆院、昭和29年度予算修正議決	1954.3.4
川上議員の除名を決定	1951.3.29	昭和28年度予算補正国会提出	1954.3.15
マッカーサーへの感謝決議を可決	1951.4.16	原子力の国際管理決議案可決	1954.4.1
吉田首相、ダレス会談の経過を報告	1951.5.9	昭和29年度予算参院議決に至らず	1954.4.2
条約局長がリッジウェイ声明について発言	1951.5.17	法相の指揮権発動に関し警告決議可決	1954.4.23
第11回国会召集	1951.8.16	吉田内閣不信任決議案否決	1954.4.24
国会、講和全権委員を決定	1951.8.18	衆議院、警官隊を導入し会期延長を議決	1954.6.3
第12回国会召集	1951.10.10	変則国会はじまる	1954.6.4
吉田首相、施政方針演説	1951.10.12	社会党議員に懲罰動議	1954.6.9
第13回国会召集	1951.12.10	全員協議会開会	1954.6.15
吉田首相、施政方針演説	1952.1.23	第20回国会召集	1954.11.30
昭和27年度予算衆院提出	1952.1.23	吉田首相、所信表明演説	1954.11.30
警察予備隊の防衛庁への改組を首相言明	1952.1.31	衆院、内閣不信任決議案提出	1954.12.6
衆院昭和27年度予算可決	1952.2.26	内閣総理大臣に鳩山一郎を指名	1954.12.9
国会、行政協定に関する質疑	1952.2.29	第21回国会召集	1954.12.10
吉田首相、自衛のための戦力は9条に違反し		衆議院議長松永東当選	1954.12.11
ないと発言	1952.3.6	鳩山首相、施政方針演説	1955.1.22
昭和27年度予算可決成立	1952.3.27	衆議院解散	1955.1.24
衆院の解散制度に関する勧告案決定	1952.6.17	第22回国会召集	1955.3.18
衆院、吉田内閣不信任決議案否決	1952.6.26	昭和30年度暫定予算成立	1955.3.31
第14回国会召集	1952.8.26	鳩山首相、施政方針演説	1955.4.25
衆議院解散	1952.8.28	昭和30年度予算提出	1955.4.25
参議院緊急集会	1952.8.31	昭和30年度暫定補正予算提出	1955.5.17
第25回衆議院選挙	1952.10.1	議院運営委員会紛糾	1955.7.30
第14国会の抜打ち解散は違憲と提訴	1952.10.4	第23回国会召集	1955.11.22
最高裁、警察予備隊違憲訴訟を却下	1952.10.8	鳩山首相、所信表明演説	1955.12.2
第15回国会召集	1952.10.24	第24回国会召集	1955.12.20
内閣総理大臣に吉田茂指名	1952.10.24	鳩山首相、施政方針演説	1956.1.30
吉田首相、施政方針演説	1952.11.24	昭和31年度予算提出	1956.1.30
池田通産相の発言が問題化	1952.11.27	原水爆実験禁止要望決議案可決	1956.2.9
衆院、池田通産大臣不信任案可決	1952.11.28	昭和30年度補正予算提出	1956.2.14
昭和27年度予算補正可決成立	1952.12.24	鳩山首相、敵基地侵略容認発言	1956.2.29
昭和28年度予算提出	1953.1.29	国会に警官隊導入	1956.6.2
吉田首相、施政方針演説	1953.1.30	第25回国会召集	1956.11.12
吉田首相のバカヤロー発言	1953.2.28	鳩山首相、所信表明演説	1956.11.16
吉田首相に対する懲罰動議可決	1953.3.2	党首会談で国会正常化申合せ	1956.12.12
バカヤロー解散	1953.3.14	第26回国会召集	1956.12.20

国会	分野別索引	日本議会政治史事典

昭和31年度補正予算提出	1957.2.1	昭和37年度補正予算、38年度予算提出	1963.1.22
昭和32年度予算提出	1957.2.1	池田首相、所信表明演説	1963.1.23
岸首相代理、施政方針演説	1957.2.4	第44回国会召集	1963.10.15
岸首相、所信表明演説	1957.2.27	池田首相、所信表明演説	1963.10.18
衆議院解散要求を否決	1957.2.28	第45回国会召集	1963.12.4
昭和31年度補正予算第二号提出	1957.3.13	池田首相、所信表明演説	1963.12.10
核兵器保有は違憲	1957.4.25	第46回国会召集	1963.12.20
岸首相、自衛のための核兵器の保有は合憲と		池田首相、所信表明演説	1964.1.21
発言	1957.5.7	昭和39年度予算を提出	1964.1.21
第27回国会召集	1957.11.1	池田内閣不信任決議案を否決	1964.6.24
岸首相、施政方針演説	1957.11.1	第47回国会召集	1964.11.9
第28回国会召集	1957.12.20	佐藤首相、所信表明演説	1964.11.21
岸首相、施政方針演説	1958.1.29	第48回国会召集	1964.12.21
昭和33年度予算提出	1958.1.29	昭和40年度予算を提出	1965.1.22
一萬田蔵相、インドネシア債権放棄への予算		佐藤首相、所信表明演説	1965.1.25
措置について遺憾の意を表明	1958.1.30	第49回国会召集	1965.7.22
衆議院解散	1958.4.25	佐藤首相、所信表明演説	1965.7.30
第29回国会召集	1958.6.10	第50回国会召集	1965.10.5
岸首相、所信表明演説	1958.6.17	佐藤首相、所信表明演説	1965.10.13
次期主力戦闘機選定で論議	1958.8.22	第51回国会召集	1965.12.20
第30回国会召集	1958.9.29	昭和41年度予算案を提出	1966.1.27
岸首相、施政方針演説	1958.9.30	佐藤首相、所信表明演説	1966.1.28
抜き打ち会期延長	1958.11.4	佐藤内閣不信任決議案提出	1966.5.14
第31回国会召集	1958.12.10	軍事行動中の米艦立ち寄り答弁	1966.5.25
昭和34年度予算提出	1959.1.23	第52回国会召集	1966.7.11
岸首相、施政方針演説	1959.1.27	佐藤首相、所信表明演説	1966.7.12
防御用核兵器使用は合憲と言明	1959.3.9	第53回国会召集	1966.11.30
第32回国会召集	1959.6.22	昭和41年度補正予算を提出	1966.12.6
岸首相、所信表明演説	1959.6.25	佐藤首相、所信表明演説	1966.12.5
第33回国会召集	1959.10.26	第54回国会召集	1966.12.27
岸首相、災害対策等について演説	1959.10.28	第55回国会召集	1967.2.15
第34回国会召集	1959.12.29	第2次佐藤内閣が成立	1967.2.17
昭和35年度予算国会提出	1961.1.29	昭和42年度予算を提出	1967.3.13
「極東」の範囲の政府統一見解	1960.2.1	佐藤首相、所信表明演説	1967.3.14
加藤衆院議長が辞任	1960.2.1	第56回国会召集	1967.7.27
参院本会議、50日間の会期延長	1960.5.26	佐藤首相、所信表明演説	1967.7.28
参院同志会、国会正常化まで審議拒否を決定		佐藤内閣不信任決議案を否決	1967.8.7
	1960.5.30	第57回国会召集	1967.12.4
最高裁、衆議院解散の有効無効は権限外	1960.6.8	佐藤首相、所信表明演説	1967.12.5
参院自民党、安保特別委を単独開始	1960.6.8	第58回国会召集	1967.12.27
在京7新聞社、共同宣言	1960.6.17	衆院、昭和43年度予算案を提出	1968.1.26
第35回国会召集	1960.7.18	佐藤首相、所信表明演説	1968.1.27
第36回国会召集	1960.10.17	第59回国会召集	1968.8.1
第37回国会召集	1960.12.5	佐藤首相、所信表明演説	1968.8.3
池田首相、所信表明演説	1960.12.12	第60回国会召集	1968.12.10
議会開設70周年式典	1960.12.24	第61回国会召集	1968.12.27
第38回国会召集	1960.12.26	佐藤首相、所信表明演説	1969.1.27
衆院、昭和36年度予算案を提出	1961.1.28	平成44年度予算案を提出	1969.1.27
池田首相、施政方針演説	1961.1.30	平成43年度補正予算を提出	1969.2.18
第39回国会召集	1961.9.25	石井衆院議長が辞任	1969.7.16
池田首相、施政方針演説	1961.9.28	佐藤内閣不信任決議案を否決	1969.7.30
第40回国会召集	1961.12.9	第62回国会召集	1969.11.29
昭和37年度予算を国会提出	1962.1.19	佐藤首相、所信表明演説	1969.12.1
第41回国会召集	1962.8.4	衆議院解散	1969.12.2
松野参院議員長が辞任	1962.8.6	第63回国会召集	1970.1.14
池田首相、所信表明演説	1962.8.10	佐藤首相、所信表明演説	1970.2.14
第42回国会召集	1962.12.8	昭和44年度補正予算を衆院に提出	1970.2.14
池田首相、所信表明演説	1962.12.10	昭和45年度予算案を衆院に提出	1970.2.14
昭和37年度補正予算が成立	1962.12.23	第64回国会召集	1970.11.24
第43回国会召集	1962.12.24		

| 日本議会政治史事典 | 分野別索引 | 国会 |

佐藤首相、所信表明演説	1970.11.25
議会開設80周年記念式典	1970.11.25
第65回国会召集	1970.12.26
佐藤首相、所信表明演説	1971.1.22
昭和46年度予算を提出	1971.1.22
第66回国会召集	1971.7.14
佐藤首相、所信表明演説	1971.7.14
第67回国会召集	1971.10.16
佐藤首相、所信表明演説	1971.10.19
佐藤内閣不信任決議案を否決	1971.12.24
第68回国会召集	1971.12.29
沖縄関係議案5件を可決	1971.12.30
昭和47年度予算を提出	1972.1.28
佐藤首相、所信表明演説	1972.1.29
沖縄返還を巡る密約問題で質疑	1972.3.27
佐藤内閣不信任決議案を否決	1972.6.15
第69回国会召集	1972.7.6
田中首相、所信表明演説	1972.7.12
第70回国会召集	1972.10.27
田中首相、所信表明演説	1972.10.28
第71回国会召集	1972.12.22
昭和48年度予算案を提出	1973.1.26
田中首相、所信表明演説	1973.1.27
増原防衛庁長官、防衛力の限界で紛糾	1973.2.1
衆院物価問題特委、商社の社会的責任を追及	
	1973.4.11
第72回国会召集	1973.12.1
田中首相、所信表明演説	1974.1.12
昭和49年度予算案を提出	1974.1.21
第73回国会召集	1974.7.24
田中内閣不信任案を否決	1974.7.31
田中首相の金脈問題で質疑	1974.10.22
第74回国会召集	1974.12.9
三木首相、所信表明演説	1974.12.14
第75回国会召集	1974.12.27
三木首相、所信表明演説	1975.1.24
昭和53年度予算を提出	1975.1.24
三木内閣不信任決議案を否決	1975.7.3
第76回国会召集	1975.9.10
三木首相、所信表明演説	1975.9.16
昭和50年度補正予算提出	1975.10.9
三木内閣不信任決議案否決	1975.12.19
第77回国会召集	1975.12.27
三木首相、所信表明演説	1976.1.23
昭和51年度予算を提出	1976.1.23
第78回国会召集	1976.9.16
三木首相、所信表明演説	1976.9.24
第79回国会召集	1976.12.24
第80回国会召集	1976.12.30
福田首相、施政方針演説	1977.1.31
昭和52年度予算提出	1977.2.1
昭和51年度補正予算提出	1977.2.3
第81回国会召集	1977.7.27
福田首相、所信表明演説	1977.7.30
岸田参院事務総長が辞任	1977.8.3
第82回国会召集	1977.9.29
福田首相、所信表明演説	1977.10.3
第83回国会召集	1977.12.7
第84回国会召集	1977.12.19

福田首相、施政方針演説	1978.1.21
昭和53年度予算を提出	1978.1.24
原子力衛星規制に関する議決案可決	1978.2.28
第85回国会召集	1978.9.18
福田首相、所信表明演説	1978.9.20
第86回国会召集	1978.12.6
第87回国会召集	1978.12.22
大平首相、施政方針演説	1979.1.25
昭和54年度予算を提出	1979.1.25
参院、議長選挙で灘尾弘吉が当選	1979.2.1
6党国会対策委員長会談	1979.2.22
予算修正問題	1979.3.1
衆院予算委、昭和54年度予算否決	1979.3.7
第88回国会召集	1979.8.30
大平首相、所信表明演説	1979.9.3
第89回国会召集	1979.10.30
大平正芳を内閣総理大臣に指名	1979.11.6
第90回国会召集	1979.11.26
大平首相、所信表明演説	1979.11.27
第91回国会召集	1979.12.21
財政再建に関する決議	1979.12.21
昭和54年度補正予算を提出	1980.1.24
昭和55年度予算を提出	1980.1.24
大平首相、施政方針演説	1980.1.25
アフガンからのソ連撤退を要求する決議案	1980.3.13
衆議院解散	1980.5.19
第92回国会召集	1980.7.17
航空機輸入に関する調査特委の設置否決	1980.7.18
第93回国会召集	1980.9.29
鈴木首相、所信表明演説	1980.10.2
北方領土解決促進に関する決議案可決	1980.11.28
議会開設90周年記念式典	1980.11.29
第94回国会召集	1980.12.22
鈴木首相、所信表明演説	1981.1.26
昭和55年度補正予算を提出	1981.1.26
昭和56年度予算を提出	1981.1.26
大蔵省、財政の中期展望を提出	1981.1.30
武器輸出問題等に関する決議案可決	1981.3.20
第95回国会召集	1981.9.24
鈴木首相、所信表明演説	1981.9.28
第96回国会召集	1981.12.21
鈴木首相、所信表明演説	1982.1.25
昭和57年度予算提出	1982.1.25
昭和59年度まで特例公債依存体質脱却	1982.2.3
衆院法務委、IBM問題集中審議	1982.7.7
鈴木内閣不信任決議案を否決	1982.8.18
第97回国会召集	1982.11.26
中曽根首相、所信表明演説	1982.12.3
中曽根首相、防衛費1%の突破やむなし	1982.12.14
第98回国会召集	1982.12.28
昭和58年度予算を提出	1983.1.22
中曽根首相、施政表明演説	1983.1.24
田中議員辞職勧告決議案	1983.2.9
中曽根内閣不信任案を否決即日	1983.5.24
第99回国会召集	1983.7.18
第100回国会召集	1983.8.8
中曽根首相、所信表明演説	1983.9.10
第101回国会召集	1983.12.26
1984年度予算閣議決定	1984.1.25

- 309 -

国会　　　　　　　　　　　　　分野別索引　　　　　　　　　　　日本議会政治史事典

中曽根首相、施政方針演説	1984.2.6	野党に予算と法案の並行審議を要請	1990.3.8
衆議院で政治倫理協議会発足	1984.2.6	参院で補正予算案否決	1990.3.22
1984年度予算提出	1984.2.8	1990年度予算可決	1990.5.10
衆院、会期延長を議決	1984.5.23	1990年度暫定補正予算否決	1990.5.18
第102回国会召集	1984.12.1	1990年度予算成立	1990.6.7
1985年度予算を決定	1984.12.29	中東支援策を決定	1990.8.29
福永衆院議長辞任	1985.1.24	第119回国会召集	1990.10.12
第102回通常国会開会	1985.1.25	国会の地方移転決議	1990.11.7
1985年度予算提出	1985.1.25	議会開設100年	1990.11.29
防衛費の対GNP比1%枠問題で答弁	1985.1.31	第120回国会召集	1990.12.10
大型間接税問題で紛糾	1985.2.5	防衛計画を正式決定	1990.12.20
1985年度予算可決	1985.4.5	湾岸戦争始まる	1991.1.17
衆院で会期延長を議決	1985.4.26	湾岸地域に自衛隊機派遣	1991.1.24
防衛費の対GNP比1%枠撤廃先送り	1985.9.6	海部首相、施政方針演説	1991.1.25
「59中期業務見積り」計画正式決定	1985.9.18	自衛隊機派遣は違憲	1991.1.28
第103回国会召集	1985.10.14	第121回国会召集	1991.8.5
第104回国会召集	1985.12.24	第122回国会召集	1991.11.5
第104回国会（常会）開会式	1986.1.27	代表質問スタート	1991.11.11
4野党、予算修正案を共同提出	1986.2.20	第123回国会召集	1992.1.24
第105回国会召集	1986.6.2	141議員が集団辞職願	1992.6.15
第106回国会召集	1986.7.22	集団議員辞職願認めず	1992.6.30
第107回国会召集	1986.9.11	金丸自民党元副総裁議員辞職	1992.10.14
国鉄改革特別委員会設置	1986.9.25	第125回国会召集	1992.10.30
第108回国会召集	1986.12.29	第126回国会召集	1993.1.22
売上税等粉砕闘争協議会結成	1987.1.16	1993年度予算可決	1993.3.31
第108回国会（常会）開会式	1987.1.26	宮沢内閣不信任案を可決	1993.6.18
自民党、1987年度予算案強行採決	1987.4.15	女性初の衆議院議長	1993.8.3
1987年度予算成立	1987.5.20	第127回国会召集	1993.8.5
税制改革協議会発足	1987.5.25	細川首相、所信表明演説	1993.8.23
第109回国会召集	1987.7.6	第128回国会召集	1993.9.17
第110回国会召集	1987.11.6	第129回国会召集	1994.1.31
土地問題特別委員会設置	1987.11.10	細川首相、施政方針演説	1994.3.4
第111回国会召集	1987.11.27	羽田孜首相誕生	1994.4.25
第112回国会召集	1987.12.28	2人目の社会党首相誕生	1994.6.29
第112回国会（常会）開会式	1988.1.25	第130回国会召集	1994.7.18
「殺人者」発言で予算委紛糾	1988.2.6	第131回国会召集	1994.9.30
4野党、予算修正案を共同提出	1988.2.27	第132回国会召集	1995.1.20
竹下首相「6つの懸念」を表明	1988.3.10	戦後50年国会決議、衆院で採択	1995.6.9
1988年度暫定予算案提出	1988.4.2	第133回国会召集	1995.8.4
1988年度予算成立	1988.4.7	中国とフランスの核実験に抗議決議	1995.8.4
第113回国会召集	1988.7.19	第134回国会召集	1995.9.29
税制問題等特別委員会設置	1988.9.9	行政改革大綱決定	1995.12.25
米の自由化反対決議採択	1988.9.20	第135回国会召集	1996.1.11
第114回国会召集	1988.12.30	第136回国会召集	1996.1.22
竹下首相施政方針演説	1989.2.10	新進党のピケ解除	1996.3.25
自民党、1989年度予算案を単独採決	1989.4.28	第137回国会召集	1996.9.27
1989年度予算自然成立	1989.5.27	第138回国会召集	1996.11.7
自民党、会期延長を単独採決	1989.5.28	第139回国会召集	1996.11.29
原衆院議長、辞任願提出	1989.6.1	消費税5%へ	1996.12.12
第115回国会召集	1989.8.7	第140回国会召集	1997.1.20
首相指名、衆院優越で海部に	1989.8.9	第141回国会召集	1997.9.29
第116回国会召集	1989.9.28	第142回国会召集	1998.1.12
参院で一般会計予備費等不承諾	1989.12.1	1998年度予算成立	1998.4.8
1986年度決算不承諾	1989.12.15	第143回国会召集	1998.7.30
第117回国会召集	1989.12.25	第144回国会召集	1998.11.27
第117回通常国会再開	1990.1.22	第145回国会召集	1999.1.19
衆議院で消費税解散	1990.1.24	第146回国会召集	1999.10.29
第118回国会召集	1990.2.27	第147回国会召集	2000.1.20
海部首相、施政方針演説	1990.3.2	森首相、所信表明演説	2000.4.7

- 310 -

衆議院解散	2000.6.2	第2次補正予算が成立	2011.7.25
第148回国会召集	2000.7.4	第178回国会召集	2011.9.13
第149回国会召集	2000.7.28	第179回国会召集	2011.10.20
第150回国会召集	2000.9.21	野田首相、所信表明演説	2011.10.28
森内閣不信任案否決	2000.11.21	平田参院議長を選出	2011.11.14
第151回国会召集	2001.1.31	2大臣の問責可決	2011.12.9
ハンセン病で国会決議	2001.6.7	第180回国会召集	2012.1.24
第152回国会召集	2001.8.7	国交相と防衛相の問責可決	2012.4.20
第153回国会召集	2001.9.27	野田首相、解散は「近いうちに」	2012.8.8
自衛隊派遣が国会で承認	2001.11.27	内閣不信任案を否決	2012.8.9
第154回国会召集	2002.1.21	首相問責決議を可決	2012.8.29
井上議長、辞表を提出	2002.4.18	第181回国会召集	2012.10.29
第155回国会召集	2002.10.18	衆議院解散	2012.11.16
第156回国会召集	2003.1.20	第182回国会召集	2012.12.26
第124回国会召集	1992.8.7	衆院議長に伊吹元幹事長を選出	2012.12.26
第157回国会召集	2003.9.26	第183回国会召集	2013.1.28
衆院が解散、総選挙へ	2003.10.10	川口参院環境委員長を解任	2013.5.9
第158回国会召集	2003.11.19	首相の問責決議が可決	2013.6.26
第159回国会召集	2004.1.19	第184回国会召集	2013.8.2
国会、自衛隊の派遣を承認	2004.2.9	第185回国会召集	2013.10.15
第160回国会召集	2004.7.30	猪木議員に登院停止30日	2013.11.22
第161回国会召集	2004.10.12	第186回国会召集	2014.1.24
第162回国会召集	2005.1.21	第187回国会召集	2014.9.29
強制わいせつ容疑で現役議員が辞職	2005.3.10	衆議院解散	2014.11.21
小泉郵政解散	2005.8.8	第188回国会召集	2014.12.24
第163回国会召集	2005.9.21	第189回国会召集	2015.1.26
小泉首相、所信表明演説	2005.9.26	安倍首相、施政方針演説	2015.2.12
第164回国会召集	2006.1.20	安倍首相「我が軍」発言	2015.3.20
補正予算が成立	2006.2.3	2015年度予算成立	2015.4.9
第165回国会召集	2006.9.26	町村衆院議長辞任	2015.4.20
竹中平蔵が参院議員を辞職	2006.9.28		
安倍首相、所信表明演説	2006.9.29	**【法律】**	
第166回国会召集	2007.1.25	「会計法」制定	1881.4.28
安倍首相が初の施策方針演説	2007.1.26	岩倉意見書	1881.7.6
角田参院副議長が辞任	2007.1.26	「陸軍刑法」・「海軍刑法」制定	1881.12.28
第167回国会召集	2007.8.7	「軍人勅諭」	1882.1.4
第168回国会召集	2007.9.10	伊藤渡欧	1882.3.14
福田首相、所信表明演説	2007.10.1	「集会条例」改正	1882.6.3
第169回国会召集	2008.1.18	「日本銀行条例」制定	1882.6.27
首相問責決議が現憲法下で初の可決	2008.6.11	「行政官吏服務紀律」制定	1882.7.27
第170回国会召集	2008.9.24	「戒厳令」制定	1882.8.5
麻生首相、所信表明演説	2008.9.29	「為替手形・約束手形条例」制定	1882.12.11
第171回国会召集	2009.1.5	「請願規則」制定	1882.12.12
2次補正予算が成立、渡辺喜美が自民党を離		「郵便条例」制定	1882.12.16
党	2009.1.13	「陸海軍整備の詔書」公布	1882.12.22
衆議院解散、8月30日に総選挙	2009.7.21	「叙勲条例」	1883.1.4
第172回国会召集	2009.9.16	「新聞紙条例」改正	1883.4.16
第173回国会召集	2009.10.26	「陸軍治罪法」制定	1883.8.4
第174回国会召集	2010.1.18	「医師免許規則」など制定	1883.10.23
鳩山首相が施策方針演説	2010.1.29	「徴兵令」改正	1883.12.28
自民党が審議拒否も、予算案や法案の審議進		「官吏恩給令」制定	1884.1.4
む	2010.2.22	「地租条例」制定	1884.3.15
2010年度予算が成立	2010.3.24	「兌換銀行券条例」制定	1884.5.26
第175回国会召集	2010.7.30	「華族令」制定	1884.7.7
第176回国会召集	2010.10.1	「鎮守府条例」制定	1884.12.15
第177回国会召集	2011.1.24	「歳入出予算条規」制定	1885.3.16
菅首相、初の党首討論	2011.2.9	「国防会議条例」制定	1885.4.10
復興誓う決議、衆院全会一致	2011.4.22	「専売特許条例」制定	1885.4.18
衆院で菅内閣不信任案を否決	2011.6.2	「屯田兵条例」制定	1885.5.5

| 法律 | 分野別索引 | 日本議会政治史事典 |

「違警罪即決例」制定	1885.9.24
「内大臣および宮中顧問官官制」公布	1885.12.22
「公文式制定の件」公布	1886.2.26
「各省官制通則」公布	1886.2.27
「帝国大学令」公布	1886.3.2
「税関官制」公布	1886.3.26
「師範学校令」など公布	1886.4.10
「会計検査院官制」など公布	1886.4.17
「海軍条例」公布	1886.4.26
「華族世襲財産法」公布	1886.4.29
「裁判所官制」など公布	1886.5.5
「教科用図書検定条例」公布	1886.5.10
標準時制定	1886.7.13
「地方官官制」公布	1886.7.20
「登記法」など公布	1886.8.13
「海防費補助の詔勅」発布	1887.3.14
「所得税法」公布	1887.3.23
「叙位条例」公布	1887.5.6
「取引所条例」公布	1887.5.14
「私設鉄道条例」公布	1887.5.18
「学位令」公布	1887.5.21
「軍事参議官条例」など公布	1887.6.2
「横浜正金銀行条例」公布	1887.7.7
「陸軍大学校条例」公布	1887.10.8
「保safe安条例」公布	1887.12.26
改正「新聞紙条例」など公布	1887.12.29
「大勲位菊花章頸飾等各種勲章製式の件」公布	1888.1.4
「市制及町村制」公布	1888.4.25
「枢密院官制」公布	1888.4.30
枢密院開院式	1888.5.8
「参軍官制」など公布	1888.5.14
枢密院第1回会議	1888.5.25
「徴兵令」改正	1889.1.22
枢密院、憲法などについて上奏	1889.2.5
「大日本帝国憲法」発布	1889.2.11
「府県会議員選挙規則」公布	1889.2.28
「参謀本部条例」など公布	1889.3.9
「国税徴収法」公布	1889.3.14
「土地台帳規則」公布	1889.3.23
「会計検査院法」公布	1889.5.10
「土地収用法」公布	1889.7.31
「議会並議員保護の件」公布	1889.11.8
「内閣官制」公布	1889.12.24
「裁判所構成法」公布	1890.2.10
「民法」など公布	1890.4.21
「商法」公布	1890.4.26
「府県制」・「郡制」公布	1890.5.17
「法制局官制」公布	1890.6.12
「官吏恩給法」など公布	1890.6.21
「行政裁判法」公布	1890.6.30
「集会及政社法」公布	1890.7.25
「賞勲局官制」公布	1890.9.20
「刑事訴訟法」など公布	1890.10.7
「請願法」公布	1890.10.10
「教育勅語」発布	1890.10.30
「度量衡法」案提出	1890.12.2
「予戒令」公布	1892.1.28
「鉄道公債法」案提出	1892.5.7

選挙干渉に関する諸案議決	1892.5.11
「民法典」論争	1892.5.16
「在廷の臣僚及帝国議会の各員に告ぐ」詔勅発布	1893.2.10
「弁護士法」公布	1893.3.4
「法典調査会規則」公布	1893.3.25
「集会及政社法」改正公布	1893.4.14
「軍事公債条例」公布	1894.8.16
「金鵄勲章年金令」公布	1894.10.3
「治安警察法」案提出	1896.1.17
「葉煙草専売法」など公布	1896.3.28
「台湾に施行すべき法令に関する法律」公布	1896.3.31
「民法」改正公布	1896.4.27
「新聞紙条例」改正公布	1897.3.24
「貨幣法」公布	1897.3.29
「衆議院議員選挙法」改正法律案提出	1898.5.21
「地租条例」中改正法律案など提出	1898.5.26
遼東半島に関する上奏案否決	1898.5.30
法例改正など公布	1898.6.21
「地租条例」中改正法律案など提出	1898.12.8
「衆議院議員選挙法」改正法律案提出	1899.2.8
「議員汚職に関する法律案」提出	1899.12.5
「宗教法」案提出	1899.12.9
「衆議院議員選挙法」中改正法律案提出	1899.12.16
「鉄道国有法」案・「私設鉄道買収法」案提出	1900.2.12
「治安警察法」公布	1900.3.10
増税諸法案提出	1901.1.26
貴族院特別委員会が増税諸法案否決	1901.2.25
増税諸法案について交渉提案	1901.3.2
元老が増税諸法案に関して調停	1901.3.6
増税諸法案の成立を命じる詔勅	1901.3.12
増税諸法案成立	1901.3.16
普選法案提出	1902.2.12
「衆議院議員選挙法」中改正法律案提出	1902.2.24
「国勢調査に関する法律」公布	1902.12.2
「地租増徴案」提出	1902.12.11
「地租増徴案」否決	1902.12.16
「地租増徴案」撤回勧告	1902.12.19
「地租増徴案」妥協案提示	1902.12.25
「小学校令中改正の件」公布	1903.4.13
地租増徴撤回宣言	1903.4.28
「地租条例」中改正法律案提出	1903.5.14
「臨時事件費支弁に関する法律」公布	1904.3.30
「非常特別税法」など公布	1904.4.1
「臨時事件費支弁に関する法律」など修正議決	1904.12.17
「貴族院令」改正公布	1905.3.22
「国債整理基金特別会計法」など公布	1906.3.2
「鉄道国有法」案提出	1906.3.3
「南満州鉄道株式会社に関する件」公布	1906.6.8
「関東都督府官制」公布	1906.8.1
「公式令」公布	1907.2.1
「郡制廃止法律案」提出	1907.2.19
「樺太に施行すべき法令に関する法律」公布	1907.3.29
「刑法」改正公布	1907.4.24
増税諸法案提出	1908.1.21
「監獄法」など公布	1908.3.28
「衆議院議員選挙法」改正公布	1908.4.25
「貴族院令」改正公布	1909.4.13

— 312 —

「新聞紙法」公布	1909.5.6
「関税定率法」改正法律案提出	1910.1.19
「地租条例」改正など公布	1910.3.25
「朝鮮に施行すべき法令に関する法律」公布	1911.3.25
「工場法」公布	1911.3.29
「衆議院議員選挙法」中改正法律案提出	1912.2.24
軍部大臣現役武官制廃止	1913.6.13
「文官任用令」改正	1913.8.1
「営業税法」中改正法律案提出	1914.2.3
「簡易生命保険法」案提出	1916.2.7
「請願令」公布	1917.4.5
「製鉄業奨励法」公布	1917.7.25
「暴利取締令」公布	1917.9.1
「貴族院令」改正公布	1918.3.25
「外国米の輸入等に関する件」公布	1918.4.25
「雑穀収用令」公布	1918.8.16
「米及び籾の輸入税の低減又は免除に関する緊急勅令」公布	1918.10.30
「皇室典範」増補公布	1918.11.28
「大学令」・「高等学校令」公布	1918.12.6
「衆議院議員選挙法」中改正法律案提出	1918.12.28
「衆議院議員選挙法」中改正法律案提出	1919.1.27
「衆議院議員選挙法」中改正法律案提出	1919.2.25
「都市計画法」公布	1919.4.5
「史蹟名勝天然記念物保存法」公布	1919.4.10
「衆議院議員選挙法」中改正法律案提出	1920.1.22
「衆議院議員選挙法」中改正法律案提出	1920.7.1
「衆議院議員選挙法」中改正法律案提出	1921.1.18
「借地法」・「借家法」公布	1921.4.8
「市制」・「町村制」改正公布	1921.4.11
「郡制廃止に関する法律」公布	1921.4.12
「衆議院議員選挙法」中改正法律案提出	1922.2.11
「過激社会運動取締法」案提出	1922.2.20
「治安警察法」改正公布	1922.4.20
「健康保険法」公布	1922.4.23
「刑事訴訟法」公布	1922.5.5
「衆議院議員選挙法」中改正法律案提出	1923.2.11
「工場法」改正など公布	1923.3.30
「陪審法」公布	1923.4.18
「帝都復興に関する詔書」公布	1923.9.12
「保険会社に対する貸付金に関する法律案」提出	1923.12.11
「特別都市計画法」公布	1923.12.24
「火災保険貸付勅令案」撤回勧告	1924.3.5
「小作調停法」案提出	1924.7.5
政務次官・参与官設置	1924.8.12
「普選法」案大綱決定	1924.9.4
「普選法」案決定	1924.12.12
「治安維持法」案・「労働争議調停法」案等反対デモ	1925.2.11
「治安維持法」案提出	1925.2.18
「普通選挙法」案提出	1925.2.20
「貴族院令」改正案提出	1925.3.9
「労働組合法」案発表	1925.8.18
「労働組合法」案提出	1926.2.9
「地租条例」改正など公布	1926.3.27
「府県制」改正など公布	1926.6.24
震災手形処理問題	1927.1.26
「震災手形両法」など公布	1927.3.30
「公益質屋法」公布	1927.3.31

「兵役法」公布	1927.4.1
「商工会議所法」公布	1927.4.5
「支払猶予令」可決	1927.4.22
「日本銀行特別融通及損失補償法」など公布	1927.5.9
「治安維持法」中改正法律案提出	1928.4.27
「治安維持法」改正緊急勅令案可決	1928.6.28
「衆議院議員選挙法」中改正法律案提出	1928.12.27
「衆議院議員選挙法」中改正法律案提出	1929.3.7
「糸価安定補償法」公布	1929.3.28
「救護法」公布	1929.4.2
「資源調査法」公布	1929.4.12
「府県制」改正公布	1929.4.15
「輸出補償法」など公布	1930.5.22
「地租法」案など提出	1931.1.19
「労働組合法」案など提出	1931.2.21
「抵当証券法」など公布	1931.3.30
「重要産業統制法」公布	1931.4.1
「刑事補償法」など公布	1931.4.2
官吏俸給減俸	1931.5.27
「満州事変に関する経費支弁の為公債発行に関する法律」公布	1932.3.26
「資金逃避防止法」公布	1932.7.1
「手形法」公布	1932.7.15
「金銭債務臨時調停法」案提出	1932.8.23
「米穀統制法」など公布	1933.3.29
「児童虐待防止法」公布	1933.4.1
「日本製鉄株式会社法」公布	1933.4.6
「少年救護法」公布	1933.5.5
「海軍軍令部令」公示	1933.9.27
「衆議院議員選挙法」中改正法律案提出	1934.2.22
「石油業法」公布	1934.3.28
「臨時米穀移入調節法」など公布	1934.3.29
「日本銀行金買入法」など公布	1934.4.7
「凶作地に対する政府所有米穀の臨時交付に関する法律」公布	1934.12.10
「臨時利得税法」公布	1935.3.30
「青年学校令」など公布	1935.4.1
「倉庫業法」公布	1935.4.6
「選挙粛正委員会令」公布	1935.5.8
「商工組合中央金庫法」など公布	1936.5.27
「米穀自治管理法」など公布	1936.5.28
「思想犯保護観察法」など公布	1936.5.29
「退職積立金及退職手当法」公布	1936.6.3
「不穏文書臨時取締法」など公布	1936.6.15
「文化勲章令」公布	1937.2.11
「揮発油税法」など公布	1937.3.30
「母子保護法」など公布	1937.3.31
「保健所法」など公布	1937.4.5
「人造石油製造事業法」など公布	1937.8.10
「産金法」公布	1937.8.11
「北支事変特別税法」公布	1937.8.12
「製鉄事業法」公布	1937.8.13
「貿易及関係産業の調整に関する法律」など公布	1937.8.14
「軍需工業動員法の適用に関する法律」など公布	1937.9.10
「大本営令」公示	1937.11.18
憲法発布50周年祝賀式典	1938.2.11
「国家総動員法」案提出	1938.2.19
黙れ事件	1938.3.3

法律	分野別索引		日本議会政治史事典

「スターリンの如く」発言	1938.3.16	「戦時海運管理令」公布	1942.3.25
「商店法」公布	1938.3.26	「永代借地権の整理に関する件」公布	1942.3.28
「重要鉱物増産法」公布	1938.3.29	「日本証券取引所法」など公布	1943.3.11
「工作機械製造事業法」など公布	1938.3.30	「戦時行政特例法」など公布	1943.3.18
「支那事変特別税法」公布	1938.3.31	「陪審法の停止に関する法律」公布	1943.4.1
「国家総動員法」公布	1938.4.1	「東京都制」公布	1943.6.1
「国民健康保険法」など公布	1938.4.1	「道府県会議員等の任期延長に関する法律」	
「農地調整法」公布	1938.4.2	案提出	1943.6.16
「灯火管制規則」公布	1938.4.4	「企業整備資金措置法」公布	1943.6.26
「商法」改正公布	1938.4.5	「地方行政協議会令」公布	1943.7.1
電力管理2法公布	1938.4.6	「軍需会社法」公布	1943.10.31
「工場事業場管理令」公布	1938.5.4	「徴兵適齢臨時特例」公布	1943.12.24
「国民職業能力申告令」公布	1939.1.7	「戦時官吏服務令」など公布	1944.1.4
「軍用資源秘密保護法」公布	1939.3.25	「戦時特殊損害保険法」公布	1944.2.15
「工場就業時間制限令」など公布	1939.3.31	「大日本育英会法」公布	1944.2.17
「国境取締法」公布	1939.4.1	「許可認可等臨時措置令」公布	1944.5.20
「映画法」公布	1939.4.5	「学徒勤労令」・「女子挺身勤労令」公布	1944.8.23
「船員保険法」公布	1939.4.6	国民勤労動員令公布	1945.3.6
「宗教団体法」公布	1939.4.8	戦時教育令公布	1945.5.22
「米穀配給統制法」など公布	1939.4.12	ポツダム緊急勅令公布	1945.9.20
「国民徴用令」公布	1939.7.8	マッカーサー、憲法改正の必要を示唆	1945.10.4
「国家総動員法等の施行の統括に関する件」		近衛文麿憲法改正を検討	1945.10.10
公布	1939.9.30	憲法問題調査委員会設置を決定	1945.10.13
「国家総動員法」関係6勅令公布	1939.10.18	国防保安等廃止	1945.10.13
「兵役法施行令」改正公布	1939.10.11	治安維持法廃止	1945.10.15
「小作料統制令」公布	1939.12.6	憲法問題調査委員会設置	1945.10.25
「総動員物資使用収用令」公布	1939.12.16	憲法改正への関与を否定	1945.11.1
「土地工作物管理使用収用令」など公布	1939.12.29	兵役の廃止	1945.11.17
「陸運統制令」・「海運統制令」公布	1940.2.1	治安警察法廃止	1945.11.21
「紀元2600年に際し時艱克服の詔書」など発		近衛文麿憲法改正案奉呈	1945.11.22
布	1940.2.11	憲法改正4原則を明示	1945.12.8
「地方税法」など公布	1940.3.29	改正衆議院議員選挙法公布	1945.12.17
「国民体力法」など公布	1940.4.8	国家総動員法廃止	1945.12.20
「国民優生法」公布	1940.5.1	労働組合法公布	1945.12.22
「大日本帝国国民服令」公布	1940.11.2	憲法研究会が草案を政府に提出	1945.12.27
「新聞紙等掲載制限令」公布	1941.1.11	宗教法人令公布	1945.12.28
「国民学校令」公布	1941.3.1	改正農地調整法公布	1945.12.29
「国家総動員法」改正公布	1941.3.3	政治犯の資格回復	1945.12.29
「医療保護法」公布	1941.3.6	自由党が憲法改正要綱発表	1946.1.21
「国防保安法」など公布	1941.3.7	憲法問題調査委員会が改正案を決定	1946.2.2
「治安維持法」改正公布	1941.3.10	GHQが憲法草案作成を決定	1946.2.3
「労働者年金保険法」公布	1941.3.11	日本政府、憲法改正草案を提出	1946.2.8
「蚕糸業統制法」など公布	1941.3.13	GHQが憲法草案を提示	1946.2.13
「船舶保護法」公布	1941.3.17	進歩党が憲法改正要綱を決定	1946.2.14
「重要機械製造事業法」公布	1941.5.3	新円発行、旧円預貯金封鎖	1946.2.17
「貿易統制令」公布	1941.5.14	物価統制令公布	1946.3.3
「重要産業団体令」など公布	1941.8.30	憲法懇談会が憲法草案を発表	1946.3.5
「酒税等の増徴等に関する法律」公布	1941.11.22	政府が憲法改正草案を発表	1946.3.6
「国民勤労報国協力令」公布	1941.11.22	極東委員会が憲法制定の政策を決定	1946.3.20
「産業設備営団法」公布	1941.11.26	政府が憲法改正法案を発表	1946.4.17
「物資統制令」など公布	1941.12.16	教職員追放令公布	1946.5.7
「戦時犯罪処罰の特例に関する法律」など公		枢密院、帝国憲法改正草案可決	1946.6.8
布	1941.12.19	占領目的違反行為の違反処罰に関する勅令交	
「敵産管理法」公布	1941.12.23	付	1946.6.12
「兵器等製造事業特別助成法」公布	1942.2.13	帝国憲法改正案衆院提出	1946.6.20
「戦時金融金庫法」など公布	1942.2.20	衆議院帝国憲法改正委員選定	1946.6.25
「食糧管理法」公布	1942.2.21	共産党憲法草案発表	1946.6.29
「戦時民事特別法」・「戦時刑事特別法」など		衆院帝国憲法改正案委、審議開始	1946.7.1
公布	1942.2.24	帝国憲法改正案委、小委員選定	1946.7.23
「国民医療法」など公布	1942.2.25		

憲法小委員会の修正案に再修正申立て	1946.8.17	公共企業体労働関係法公布	1948.12.20
帝国憲法改正案委員会、修正案可決	1946.8.21	官吏任用叙級令廃止	1949.1.15
衆院、帝国憲法改正案修正議決	1946.8.24	改正団体等規正令公布	1949.4.4
貴族院で憲法審議始まる	1946.8.26	簡易生命保険法公布	1949.5.16
貴族院憲法改正案特別委員選定	1946.8.30	吉田首相、憲法改正の意志がない旨言明	1949.4.20
帝国憲法改正案小委員選定	1946.9.28	出版法及び新聞紙法を廃止する法律公布	1949.5.24
貴族院特別委員会で憲法改正案修正議決	1946.10.3	鉱山保安法公布	1949.5.16
衆院、帝国憲法改正案回付案同意成立	1946.10.7	水防法公布	1949.6.4
「自作農創設特別措置法」公布	1946.10.21	年齢のとなえ方に関する法律公布	1949.5.24
「日本国憲法」成立	1946.10.29	漁業法公布	1949.12.15
国会法案最終案決定	1946.12.14	弁護士法公布	1949.6.10
国会法案提出	1946.12.17	行政機関職員定員法案衆院提出	1949.5.11
公職追放令改正	1947.1.4	国立学校設置法公布	1949.5.31
皇室典範公布	1947.1.16	出入国の管理に関する政令公布	1949.8.10
国会法案衆院提出	1947.2.3	政治的行為に関する人事院規則制定	1949.9.19
閉鎖機関令公布	1947.3.10	国会改正法案可決成立	1949.10.26
請願法公布	1947.3.13	私立学校法公布	1949.12.15
改正衆議院議員選挙法公布	1947.3.31	外為・外国貿易管理法公布	1949.12.1
教育基本法・学校教育法公布	1947.3.31	身体障害者福祉法案公布	1949.12.26
財政法公布	1947.3.31	食糧確保臨時措置法改正案めぐり紛糾	1949.12.3
労働基準法公布	1947.4.7	国家公務員に対する臨時年末手当の支給に関	
独占禁止法公布	1947.4.14	する法律公布	1949.12.19
裁判所法公布	1947.4.16	憲法第9条は自衛権を否定しないと言明	1950.1.1
地方自治法公布	1947.4.17	国籍法公布	1950.5.4
国会法公布	1947.4.30	精神衛生法公布	1950.5.1
飲食業営業緊急措置令公布	1947.7.1	一般職の職員給与に関する法律公布	1950.4.3
臨時石炭鉱業管理法案提出	1947.9.25	公職選挙法案成立	1950.4.11
国家公務員法公布	1947.10.21	地方税法案衆院通過	1950.4.20
郵便貯金法公布	1947.11.30	地方税法案否決	1950.5.1
警察法公布	1947.12.17	地方税法案可決成立	1950.7.31
過度経済力集中排除法公布	1947.12.18	警察予備隊令公布	1950.8.21
臨時石炭鉱業管理法公布	1947.12.20	出入国管理庁設置令公布	1950.9.30
改正民法公布	1947.12.22	占領目的阻害行為処罰令公布	1950.10.31
国立国会図書館法公布	1948.2.9	「電気事業再編成令」、「公益事業令」公布	1950.11.24
サマータイム実施	1948.5.2	吉田首相、憲法改正は意図しないと言明	1950.11.26
政府職員の新給与実施に関する法律	1948.5.18	地方公務員法改正可決成立	1950.12.9
消防法公布	1948.7.24	結核予防法公布	1951.3.31
刑事訴訟法公布	1948.7.10	農林漁業資金融通法公布	1951.3.31
国有財産法公布	1948.6.30	資金運用部資金法公布	1951.3.31
民生委員法公布	1948.7.29	民事調停法案公布	1951.6.9
大麻取締法公布	1948.7.10	食糧管理法改正法案不成立	1951.5.10
食糧保持臨時措置法公布	1948.7.20	公営住宅法案公布	1951.6.4
農業改良助長法公布	1948.7.15	土地収用法公布	1951.6.9
警察官等職務執行法公布	1948.7.12	住民登録法公布	1951.6.8
日本学術会議法公布	1948.7.12	信用金庫法公布	1951.6.15
予防接種法公布	1948.6.30	覚せい剤締法公布	1951.6.30
新聞出版用紙割当事務庁設置法公布	1948.8.3	モーターボート競走法成立	1951.6.5
優生保護法公布	1948.7.13	総理府に公職資格審査会設置	1951.6.18
教育委員会法公布	1948.7.15	出入国管理令公布	1951.10.4
医師法等公布	1948.7.30	旅券法公布	1951.11.28
少年院法公布	1948.7.15	公職追放覚書該当者指定解除法公布	1951.11.29
水産庁設置法公布	1948.7.1	博物館法公布	1951.12.1
国民の祝日に関する法律公布	1948.7.20	行政機関定員法改正修正案可決	1951.11.30
消費生活協同組合法公布	1948.7.30	外務公務員法公布	1952.3.31
マッカーサー、国家公務員法改正を指示	1948.7.22	私立学校振興会法公布	1952.3.27
政治資金規制法公布	1948.7.29	憲法9条の解釈で参考人聴取	1952.3.14
国家公務員法の一部を改正する法律公布	1948.12.3	起業合理化促進法公布	1952.3.14
「公務員法改正法」成立	1948.11.30	破防法案国会提出	1952.4.17
教育公務員特例法公布	1949.1.12	公職追放令廃止	1952.4.21

| 法律 | 分野別索引 | 日本議会政治史事典 |

衆院、破防法案修正議決	1952.5.15
衆院、公職選挙法改正案可決	1952.6.5
衆院、デモ取締法案可決	1952.6.10
参院法務委、破防法案ほか公安2法案否決	1952.6.19
参院、破防法・関連2法案修正議決	1952.7.3
衆院、破防法関連回付案に同意	1952.7.4
破壊活動防止法公布	1952.7.21
労働三法改正案成立	1952.7.30
憲法改正の国民投票制度要綱を答申	1952.12.2
スト規制法国会提出	1953.2.21
法律の期限を変更する法律公布	1953.3.26
金管理法公布	1953.7.15
日雇労働者健康保険法公布	1953.8.14
衆院労働委員会スト規制法案を巡り紛糾	1953.7.3
恩給法改正法公布	1953.8.1
農産物価格安定法公布	1953.8.17
町村合併促進法公布	1953.9.1
参院、スト規制法案質疑巡り紛糾	1953.7.29
スト規制法案中間報告を求める	1953.8.3
スト規制法公布	1953.8.7
憲法擁護国民連合結成	1954.1.13
警察法案公布	1954.6.8
警察法案国会提出	1954.2.15
地方交付税法公布	1954.5.15
利息制限法公布	1954.5.15
秘密保護法案衆院提出	1954.3.23
厚生年金保険法公布	1954.5.19
防衛2法案について質疑	1954.4.16
奄美群島復興特別措置法公布	1954.6.21
教育2法案成立	1954.5.29
防衛2法案可決成立	1954.6.2
参院、警察法案中間報告請求	1954.6.7
自衛隊法公布	1954.6.9
鳩山首相、憲法改正希望を答弁	1955.3.29
鳩山首相、憲法改正の提案権は政府にありと発言	1955.6.11
清瀬議員、現行憲法をマッカーサー憲法と発言	1955.7.5
自主憲法期成議員同盟結成	1955.7.11
「原子力委員会設置法」「原子力基本法」成立	1955.12.16
鳩山首相、現行憲法に反対と発言	1956.1.31
「憲法調査会法」案提出	1956.2.11
国防会議法案提出	1956.3.1
「新教育委員会法」案提出	1956.3.8
清瀬議員、現行憲法をマッカーサー憲法と再び発言	1956.3.15
「公職選挙法」改正案提出	1956.3.19
内閣に憲法調査会設置	1956.6.11
憲法調査会初会合	1957.8.13
「中小企業団体法」成立	1957.11.14
「管理職手当法」改正	1958.6.18
改正「警職法」案提出	1958.10.8
最低賃金法案提出	1958.12.10
国民年金法案提出	1959.2.4
社会党、最低賃金法案採決で審議拒否	1959.2.19
「防衛庁設置法」「自衛隊法」改正	1959.5.1
国会周辺のデモ規制立法化を要請	1959.12.2
デモ規制法案提出	1959.12.21
安保関連法案、自民党による強行採決	1960.5.19

港湾整備緊急措置法を公布	1961.3.31
参院、防衛2法が可決	1961.4.27
農業基本法が可決	1961.4.29
災害対策基本法を公布	1961.11.19
児童扶養手当法を公布	1961.11.29
新産業都市建設促進法を公布	1962.5.10
中小企業近代化促進法などを公布	1963.3.30
職安法、緊急失対法改正案を強行採決	1963.6.18
近畿圏整備法を公布	1963.7.10
中小企業基本法を公布	1963.7.20
母子福祉法を公布	1964.7.1
母子保健法案を提出	1965.2.23
国民の祝日法改正を公布	1966.6.25
内閣法改正法の公布	1966.6.28
公害対策基本法を公布	1967.8.3
消費者保護基本法を公布	1968.5.30
国家公務員法が成立	1969.5.16
大学運営に関する臨時措置法を公布	1969.8.7
「防衛庁設置法」の一部改正	1970.2.24
公害対策基本法改正案関連法を可決	1970.12.18
生活関連物資の買い売惜しみへの緊急措置法	1973.7.6
筑波大学法案、防衛2法案を強行採決	1973.6.22
石油2法が成立	1973.12.21
靖国神社法が可決	1974.4.12
教頭職法制化法案を可決	1974.5.22
公選法、政治資金改正法が成立	1975.7.15
財政特例法案可決	1975.12.5
政府主催の憲法記念日式典を開催	1976.5.3
領海法案・漁業水域暫定措置法案が成立	1977.5.2
独占禁止法改正法を決議	1977.5.13
衆院、「成田新法」を提出	1978.4.27
衆院、元号法案を提出	1979.2.2
奥野法相、自主憲法議論は望ましいと発言	1980.8.27
有事法制研究について中間報告	1981.4.22
公職選挙法の一部を改正案	1981.5.26
改正国家公務員法公布	1981.6.11
行政改革特例法	1981.10.29
老人保健法案修正議決	1981.11.13
改正地方公務員法など公布	1981.11.20
参議院規則の一部を改正する規則案	1982.3.3
参院、公職選挙法改正案を提出	1982.4.28
公職選挙法改正案を参院で可決	1982.7.16
老人保健法案を修正議決	1982.8.4
公職選挙法を公布	1982.8.24
衆院、国鉄再建に関する臨時措置法議決	1983.4.15
「サラ金規制法」案を議決	1983.4.20
臨時行政改革推進審議会設置法	1983.5.10
国家行政組織法改正案	1983.10.11
医療制度改正案	1984.7.13
「3公社民営化法」案修正議決	1984.7.20
「男女雇用機会均等法」案修正議決	1984.7.27
「電電公社民営化法」案等議決	1984.12.14
国家公務員定年制実施	1985.3.31
「男女雇用機会均等法」案成立	1985.5.17
「外国人登録法」政令改正	1985.5.14
「補助金削減一括法」案可決成立	1985.5.17
「国会法」改正案可決	1985.6.14
野党共同で「公職選挙法」改正案提出	1985.6.17
「政治倫理審査会規程案」議決	1985.6.25

「スパイ防止法」案継続審議	1985.6.25	「預金保険法」改正	1997.12.12
「規制緩和一括法」案可決	1985.11.28	金融安定化2法成立	1998.2.16
補助金等臨時特例法案、修正議決	1986.4.17	「組織的犯罪対策法」を閣議決定	1998.3.13
公職選挙法改正案、衆院可決	1986.5.21	NPO法成立	1998.3.19
国鉄分割・民営化関連8法案、衆院可決	1986.10.28	「サッカーくじ法」成立	1998.5.12
売上税法案、所得税法等改正法案提出	1987.2.4	「金融システム改革法」成立	1998.6.5
4野党、売上税法案撤回と中曽根首相退陣を		「PKO協力法」改正	1998.6.5
要求	1987.4.13	「中央省庁改革基本法」成立	1998.6.9
売上税法案、衆院議長預かりに	1987.4.23	金融再生法成立	1998.9.18
拘禁2法案再提出	1987.4.30	「議院証言法」改正	1998.10.14
与野党国対委員長会談、売上税法案廃止で合		旧国鉄長期債務処理法成立	1998.10.15
意	1987.5.12	情報公開法成立	1999.5.7
税制改正3法案提出	1987.7.31	ガイドライン関連法成立	1999.5.24
税制改正3法案成立	1987.9.19	中央省庁改革関連法、地方分権一括法成立	1999.7.8
1988年度の所得税臨時特例法案提出	1988.7.27	産業再生法成立	1999.8.6
税制改革関連6法案提出	1988.7.29	国旗・国歌法成立	1999.8.9
税制改革6法案趣旨説明	1988.9.22	組織犯罪対策3法成立	1999.8.12
自民党、税制改革関連6法案強行採決	1988.11.10	改正住民基本台帳法成立	1999.8.12
税制改革関連6法案、衆院修正可決	1988.11.16	「定数削減法」成立	2000.2.2
「議員証言法」改正案、衆院可決	1988.11.17	改正公職選挙法成立	2000.5.9
自民党、税制改革関連6法案強行採決	1988.12.21	改正「公職選挙法」成立	2000.10.26
税制改革関連6法成立	1988.12.24	あっせん利得処罰法成立	2000.11.22
「代替財源関連5法」案提出	1989.10.26	「DV防止法」成立	2001.4.6
消費税廃止関連9法案、参院可決	1989.12.11	「ハンセン病保障法」が成立	2001.6.15
改正「公職選挙法」成立	1989.12.13	衆院、京都議定書批准を承認	2002.5.21
野党「消費税廃止関連法」案提出	1990.4.19	郵政4法、「5減5増」改正公職選挙法成立	2002.7.18
「国連平和協力法」案提出	1990.10.16	「個人情報保護法」案が衆院通過、成立へ	2003.4.15
「国連平和協力法」案廃案	1990.11.8	有事関連3法案が衆院通過、成立へ	2003.5.15
「消費税法」改正	1991.5.8	イラク特別措置法案、国会へ提出	2003.6.13
「政治改革関連法」案決定	1991.7.10	イラク特措法、強行裁決で成立	2003.7.26
「国会法」改正案可決	1991.9.11	自衛隊イラク派遣が衆院で承認	2004.1.30
「PKO協力法」案提出	1991.9.19	年金改革関連法案が衆院を通過	2004.5.11
「政治改革関連3法」案廃案	1991.9.30	「裁判員制度法」が成立	2004.5.21
「PKO協力法」案強行採決	1991.11.27	道路公団民営化法が成立	2004.6.2
自民党が「憲法」解釈の変更求める	1992.2.20	年金改革法が成立	2004.6.5
「PKO協力法」成立	1992.6.15	有事法制関連7法が成立	2004.6.17
自民党「政治改革関連4法」案党議決定	1993.3.31	郵政民営化関連法案が衆院通過	2005.7.5
政治臨調が提言	1993.4.17	自民党が憲法改正草案を公表	2005.8.1
「政治改革関連4法」案決定	1993.9.17	「郵政民営化関連法」案、参院で否決	2005.8.8
衆議院「政治改革関連法」案可決	1993.11.16	郵政民営化関連法案が成立	2005.10.11
「政治改革関連4法」案否決	1994.1.21	改正防衛庁設置法が可決、成立	2006.5.24
「政治改革関連4法」案で両院協議会設置	1994.1.26	改革推進法含む関連5法が成立	2006.5.25
「政治改革関連4法」案可決	1994.1.29	参院定数「4増4減」が成立	2006.6.1
「政治改革関連4法」改正案を可決	1994.3.1	改正教育基本法成立	2006.12.15
ルワンダ活動で「PKO法」初適用	1994.9.13	「防衛省」成立	2006.12.15
「自衛隊法」改正公布	1994.11.18	防衛省が発足	2007.1.9
政治改革関連3法案可決	1994.11.21	改正公職選挙法が成立	2007.2.21
税制改革関連4法案可決	1994.11.25	国民投票法が成立	2007.5.14
「震災復興基本方針・組織法」など可決	1995.2.22	改正イラク特措法が成立、2年延長	2007.6.20
「住専処理法」案を決定	1996.2.9	改正政治資金規正法が成立	2007.6.29
「住専関連法」案可決	1996.6.18	徹夜国会で社会保険庁改革・年金法が成立	2007.6.30
駐留軍用地特別措置法改正	1997.4.17	公務員制度改革関連法成立	2007.6.30
アイヌ新法成立	1997.5.8	改正政治資金規正法が成立	2007.12.21
均等法改正	1997.6.11	「新テロ特措法」を再可決、海自インド洋の	
経済関連法成立	1997.6.11	給油活動再開へ	2008.1.11
医療保険制度改革関連法成立	1997.6.16	租税特措法が2か月延長、道路特定財源は期	
「臓器移植法」成立	1997.6.17	限切れ	2008.3.31
「財政構造改革法」成立	1997.11.28	道路財源法が再可決で成立	2008.5.13
「介護保険法」成立	1997.12.9	道路財源一般化法が成立	2009.4.22

- 317 -

法律		分野別索引		日本議会政治史事典

消費者庁設置関連法が成立	2009.5.29	「0増5減」の新区割り法が成立	2013.6.24
水俣病救済法が成立	2009.7.8	特定秘密保護法案、衆院を通過	2013.11.26
改正臓器移植法「脳死は人の死」が成立	2009.7.13	「国家安全保障会議設置法」、成立	2013.11.27
子ども手当法が成立	2010.3.26	特定秘密保護法が成立	2013.12.6
殺人事件などの時効の廃止・延長が決定	2010.4.27	武器輸出新原則を閣議決定	2014.4.1
「ねじれ国会」で政府提出法案が初成立	2010.11.12	改正少年法が成立	2014.4.11
統一選延期法が成立	2011.3.18	改正著作権法が成立	2014.4.25
美術品保障法が成立	2011.3.29	安倍首相が集団的自衛権限定容認へ検討表明	
子ども手当つなぎ法が成立	2011.3.31		2014.5.15
改正義務教育標準法が成立	2011.4.15	祝日「山の日」成立	2014.5.23
被災者支援、初の法成立	2011.4.27	健康・医療戦略推進法が成立	2014.5.23
地域主権3法が成立	2011.4.28	難病医療法、改正児童福祉法が成立	2014.5.23
参院憲法審査会規程が可決	2011.5.18	改正国民投票法が成立	2014.6.13
震災被災地選挙延期法、成立	2011.5.20	改正地方教育行政法が成立	2014.6.13
地方議員年金制度を廃止	2011.5.20	医療・介護総合確保推進法が成立	2014.6.18
「親権2年停止」成立	2011.5.27	改正児童ポルノ禁止法が成立	2014.6.18
震災3県地デジ延期法が成立	2011.6.8	過労死等防止対策推進法が成立	2014.6.20
改正介護保険法が成立	2011.6.15	サイバーセキュリティ基本法が成立	2014.11.6
改正NPO法が成立	2011.6.15	地方創生関連2法が成立	2014.11.21
ウイルス作成罪新設、改正刑法など成立	2011.6.17	スポーツ庁設置法、成立	2015.5.13
被災者の相続放棄に猶予	2011.6.17	安保11法案、国会提出	2015.5.15
スポーツ基本法が成立	2011.6.17	安保法制は違憲見解	2015.6.4
障害者虐待防止法など成立	2011.6.17	18歳選挙権成立	2015.6.17
復興基本法が成立	2011.6.20	改正風営法成立	2015.6.17
改正障害者基本法が成立	2011.7.29	安保11法案、衆院通過	2015.7.16
原子力損害賠償支援機構法が成立	2011.8.3	首相補佐官、安保関連法案について「法的安	
地方選再延期法が成立	2011.8.3	定性は関係ない」と発言	2015.7.26
改正国民年金法が成立	2011.8.4	参院選10増10減	2015.7.28
被災者支援2法が成立	2011.8.5	自民議員が安保反対の学生を非難ツイート	2015.7.31
がれき処理特別措置法が成立	2011.8.12	農協改革関連法成立	2015.8.28
子ども手当特別措置法が成立	2011.8.26	女性活躍推進法成立	2015.8.28
汚染土壌の対処特別措置法が成立	2011.8.26	改正個人情報保護法・マイナンバー法成立	2015.9.3
権限移譲を進める第2次一括法が成立	2011.8.26	改正労働者派遣法成立	2015.9.11
2法案が成立し、菅首相は辞任を表明	2011.8.26	安保法成立	2015.9.19
原発事故調査委法など成立	2011.9.30		
「二重ローン救済法」が成立	2011.11.21	**【選挙】**	
復興財源確保法が成立	2011.11.30	第1回貴族院多額納税者議員選挙	1890.6.10
復興特区法、被災者軽減税法が成立	2011.12.7	第1回衆議院選挙	1890.7.1
改正国民年金法が成立	2011.12.7	第1回貴族院伯子男爵議員選挙	1890.7.14
復興庁設置法が成立	2011.12.9	第2回衆議院選挙	1892.2.15
B型肝炎特別措置法が成立	2011.12.9	第3回衆議院選挙	1894.3.1
原子力安全改革法案を閣議決定	2012.1.31	第4回衆議院選挙	1894.9.1
増税大綱を閣議決定	2012.2.17	普通運動開始	1895.12月
国家公務員給与削減法が成立	2012.2.29	第2回貴族院多額納税者議員選挙	1897.6.10
消費税法案、閣議決定	2012.3.30	第2回貴族院伯子男爵議員選挙	1897.7.10
改正児童手当法が成立	2012.3.30	第5回衆議院選挙	1898.3.15
福島復興再生特別措置法が成立	2012.3.30	第6回衆議院選挙	1898.8.10
改正郵政民営化法が成立	2012.4.27	第7回衆議院選挙	1902.8.10
消費増税で3党合意	2012.6.15	第8回衆議院選挙	1903.3.1
原子力規制委員会設置法が成立	2012.6.20	第9回衆議院選挙	1904.3.1
消費増税、衆院通過	2012.6.26	第3回貴族院多額納税者議員選挙	1904.6.10
「消費増税関連法」が成立	2012.8.10	第3回貴族院伯子男爵議員選挙	1904.7.10
衆院選挙制度改革法が成立	2012.11.16	第10回衆議院選挙	1908.5.15
改正公職選挙法が成立	2012.11.16	第4回貴族院多額納税者議員選挙	1911.6.10
インターネットでの選挙運動が解禁に	2013.4.19	第4回貴族院伯子男爵議員選挙	1911.7.10
安倍首相、憲法96条改正に言及	2013.5.1	第11回衆議院選挙	1912.5.15
共通番号法が成立	2013.5.24	第12回衆議院選挙	1915.3.25
成年被後見人に選挙権を認める	2013.5.27	第13回衆議院選挙	1917.4.20
原発新規準を決定	2013.6.19	第5回貴族院多額納税者議員選挙	1918.6.10
		第5回貴族院伯子男爵議員選挙	1918.7.10

- 318 -

普通選挙期成大会	1919.2.9	第13回参議院選挙、初の比例代表制導入	1983.6.26
立憲国民党が普選促進議決	1920.1.21	1975年の衆院選無効訴訟	1983.11.7
参政権獲得民衆大会・普選促進大会	1920.2.11	第37回衆議院選挙で与野党伯仲	1983.12.18
第14回衆議院選挙	1920.5.10	広島高裁、定数不均衡訴訟で現行違憲判決	1984.9.28
第1回普選断行国民大会	1922.1.22	自民党、衆院定数是正案提出	1985.5.31
普選各派連合大懇親会開催	1923.2.11	最高裁、定数配分規定に違憲判決	1985.7.17
普選即行全国記者大会	1923.2.18	中曽根首相が、各党党首に書簡	1985.12.6
普選即行国民大会	1923.2.24	参院議員定数訴訟、最高裁で合憲判決	1986.3.27
普選断行決定	1923.10.15	定数是正問題の調停案提示	1986.5.8
第15回衆議院選挙	1924.5.10	衆参同日選挙で自民党圧勝	1986.7.6
第6回貴族院伯子男爵議員選挙	1925.7.10	参院議員定数訴訟、東京高裁で合憲判決	1986.8.14
第6回貴族院多額納税者議員選挙	1925.9.10	参院岩手補選、社会党圧勝	1987.3.8
第1回貴族院帝国学士院会員議員選挙	1925.9.20	参院大阪補選、共産候補当選	1988.2.28
第16回衆議院選挙	1928.2.20	衆院議員定数訴訟、最高裁で合憲判決	1988.10.21
第17回衆議院選挙	1930.2.20	参院福岡補選、自民大敗	1989.2.12
第18回衆議院選挙	1932.2.20	参院新潟補選、社会党圧勝	1989.6.25
第7回貴族院伯子男爵議員選挙	1932.7.10	第15回参議院選挙で社会党圧勝、与野党逆転	
第7回貴族院多額納税者議員選挙	1932.9.10		1989.7.23
第2回貴族院帝国学士院会員議員選挙	1932.9.20	参院茨城補選、自民新人当選	1989.10.1
第19回衆議院選挙	1936.2.20	5党首公開討論会	1990.2.2
第20回衆議院選挙	1937.4.30	第39回衆議院選挙で自民党安定多数確保	1990.2.18
第8回貴族院伯子男爵議員選挙	1939.7.10	選挙制度審第1次答申	1990.4.26
第8回貴族院多額納税者議員選挙	1939.9.10	参院福岡補選、非自民党当選	1990.6.10
第3回貴族院帝国学士院会員議員選挙	1939.9.20	選挙制度審第2次答申	1990.7.31
第21回衆議院選挙	1942.4.30	選挙制度審議会答申	1991.6.25
婦人参政権付与方針決定	1945.10.13	参院奈良補選で自民候補大敗	1992.2.9
総選挙の日程を決定	1945.12.19	参院宮城補選でも非自民党候補当選	1992.3.8
第22回衆議院選挙	1946.4.10	第16回参議院選挙で自民議席回復	1992.7.26
第1回統一地方選挙	1947.4.5	第40回衆議院選挙で新党躍進、「55年体制」崩壊	
第1回参議院選挙	1947.4.20		1993.7.18
第23回衆議院選挙	1947.4.25	第17回参議院選挙	1995.7.23
第24回衆議院選挙	1949.1.23	第41回衆議院選挙	1996.10.20
第2回参議院選挙	1950.6.4	第18回参議院選挙で自民惨敗	1998.7.12
第25回衆議院選挙	1953.4.19	第42回衆議院選挙で与党後退・民主躍進	2000.6.25
第3回参議院選挙	1953.4.24	第19回参議院選挙で自民大勝	2001.7.29
第26回衆議院選挙	1955.2.27	衆院選挙区の区割り見直し案を勧告	2001.12.19
第4回参議院選挙	1956.7.8	第43回衆議院選挙で自民伸びず民主躍進	2003.11.9
第27回衆議院選挙	1958.5.22	第20回参議院選挙で民主が躍進、自民不振	2004.7.11
第5回参議院選挙	1959.6.2	第44回衆議院選挙で自民圧勝	2005.9.11
第28回衆議院選挙	1960.11.20	参院補選で与野党が1勝1敗	2007.4.22
第6回参議院選挙	1962.7.1	第21回参議院選挙で自民党が歴史的大敗、民主党が第1党に	
第29回衆議院選挙	1963.11.21		2007.7.29
第7回参議院選挙	1965.7.4	第45回衆議院選挙で民主党が308議席、政権交代	
第30回衆議院選挙	1967.1.29		2009.8.30
第8回参議院選挙	1968.7.7	第22回参議院選挙で民主敗北	2010.7.11
第31回衆議院選挙	1969.12.27	「一票の格差」拡大	2011.12.27
沖縄国政参加選挙	1970.11.15	参院選も「違憲状態」	2012.10.17
第9回参議院選挙	1971.6.27	第46回衆議院選挙で自民党が圧勝	2012.12.16
第32回衆議院選挙	1972.12.10	衆院選、初の無効判決	2013.3.25
4野党、小選挙区制導入阻止の院内共闘	1973.4.24	小選挙区の区割り改訂案勧告	2013.3.28
小選挙区制反対の全国統一行動	1973.5.15	参院補選、第2次安倍政権初の国政選挙で自民勝利	
第10回参議院選挙	1974.7.7		2013.4.28
衆院議員選挙の議員定数を違憲	1976.4.14	第23回参議院選挙で自公が過半数、衆参のねじれは解消	
第34回衆議院選挙	1976.12.5		2013.7.21
第11回参議院選挙	1977.7.10	2012年の衆院選は「違憲状態」	2013.11.20
最高裁、選挙ウグイス嬢への報酬は買収	1978.1.26	参院選、初の無効判決	2013.11.28
東京高裁、衆院議員の定数は合憲	1978.9.11	参院選、「違憲状態」の判決13件	2013.12.26
第35回衆議院選挙	1979.9.17	第47回衆議院選挙で自公圧勝	2014.12.14
史上初の衆参同日選挙	1980.6.22		

【政党】

近畿自由党設立	1881.9月
自由党創立会議	1881.10.18
自由党設立	1881.10.29
立憲政党設立	1882.2.1
東洋改進会設立	1882.2.12
九州改進党設立	1882.3.12
立憲改進党設立	1882.3.14
立憲帝政党設立	1882.3.18
立憲改進党結党式	1882.4.16
東洋社会党設立	1882.5.25
板垣・後藤渡欧	1882.11.11
立憲政党解散命令	1883.3.15
偽党撲滅演説会	1883.5.13
立憲帝政党解散命令	1883.9.24
車界党設立	1883.9.24
自由党解党決議	1884.10.29
大隈ら立憲改進党離党	1884.12.17
九州改進党解党	1885.5.8
大同倶楽部・大同共和会設立	1889.5.10
愛国公党設立表明	1889.12.19
自由党設立	1889.12.19
自由党結党式	1890.1.21
立憲改進党大会	1890.4.12
愛国公党設立	1890.5.5
庚寅倶楽部設立決定	1890.5.14
九州同志会設立	1890.7.22
民党各派解散	1890.8.4
大成会設立	1890.8.21
立憲自由党設立決定	1890.8.25
弥生倶楽部設立	1890.8.28
議員集会所設立	1890.8.30
立憲改進党が新党不参加	1890.9.1
立憲自由党結党式	1890.9.15
板垣が立憲自由党離党	1891.1.19
立憲自由党分裂	1891.2.24
自由党と改称	1891.3.20
自由党宣言・党則発表	1891.5.29
自由党党則改正	1891.10.15
大隈・板垣が会談	1891.11.8
大隈が立憲改進党入党	1891.12.28
中央交渉部設立	1892.4.27
国民協会同志懇親会	1892.6.22
東洋自由党設立	1892.11.6
国民協会大会	1892.11.20
大日本協会設立	1893.10.1
立憲改進党大会	1893.11.4
自由党大会	1893.11.15
自由党分裂	1893.12.2
星が自由党離党	1893.12.4
帝国財政革新会設立	1894.3.24
中国進歩党設立	1894.4.3
立憲革新党設立	1894.5.3
立憲改進党臨時大会	1894.5.5
政友有志会結社禁止	1895.6.19
自由党が伊藤内閣と提携	1895.11.22
立憲改進党解党決議	1896.1.20
新党設立決議	1896.2.20
進歩党設立	1896.3.1

板垣入閣	1896.4.14
進歩党が内閣督励決議	1896.11.1
板垣自由党総理就任	1897.1.10
実業同志倶楽部設立	1897.1.27
新自由党設立	1897.2.28
公同会設立	1897.10.6
進歩党と松方内閣が対立	1897.10.31
尾崎外務参事官ら罷免	1897.11.5
進歩党が松方内閣と絶縁	1897.12.18
同志会設立	1897.12.21
自由党が政府反対決議	1898.5.5
山下倶楽部設立	1898.5.8
自由党・進歩党が合同を決議	1898.6.11
憲政党結党式準備委員会	1898.6.18
自由党・進歩党解党	1898.6.21
憲政党設立	1898.6.22
伊藤首相が新党設立表明	1898.6.24
中正倶楽部設立	1898.10.18
社会主義研究会設立	1898.10.18
憲政倶楽部設立	1898.10.19
憲政党の内部対立激化	1898.10.28
憲政党分裂	1898.10.29
憲政本党設立	1898.11.3
地租増徴期成同盟会設立	1898.12.15
選挙法改正期成同盟会設立	1899.1.9
国民協会解散	1899.7.4
帝国党設立	1899.7.5
普通選挙期成同盟会設立	1899.10.2
選挙法改正期成全国各市連合会設立	1899.11.21
憲政党が政権配分について政府と交渉	1900.4.11
憲政党が政府との提携断絶	1900.5.31
伊藤ら新党設立準備	1900.7月
伊藤と星が新党について協議	1900.8.23
立憲政友会創立委員会開催	1900.8.25
憲政本党が尾崎ら除名	1900.8.27
憲政党解党	1900.9.13
立憲政友会設立	1900.9.15
国民同盟会	1900.9.24
工藤ら憲政本党離党	1901.2.15
社会民主党設立	1901.5.18
立憲政友会・憲政本党が提携	1902.12.3
政友倶楽部設立	1903.5.8
対外硬同志会設立	1903.7.26
平民社設立	1903.11.15
立憲政友会・憲政本党が提携	1903.12.3
立憲政友会・憲政本党党大会	1903.12.4
立憲政友会・憲政本党が戦争協力を決議	1904.3.16
平民社解散	1905.10.9
普通選挙連合会設立	1905.12.1
大同倶楽部設立	1905.12.23
原立憲政友会院内総理就任	1905.12.24
政交倶楽部設立	1905.12.29
日本平民党設立	1906.1.14
日本社会党設立	1906.1.28
日本社会党設立	1906.2.24
猶興会設立	1906.12.25
憲政本党党則改正	1907.1.20
日本社会党第2回党大会	1907.2.17
日本社会党結社禁止	1907.2.22

各派連合幹事会	1908.7.1	三派合同覚書	1925.5.5
又新会設立	1908.12.21	革新倶楽部分裂	1925.5.10
中央倶楽部設立	1910.3.1	新正倶楽部設立	1925.6.1
立憲国民党設立	1910.3.13	立憲政友会・憲政会が決裂	1925.7.30
又新会解散	1910.12.21	無産政党組織準備委員会第1回協議会	1925.8.10
青鞜社設立	1911.6.1	協調決裂の声明書	1925.8.13
社会党設立	1911.10.25	無産政党分裂	1925.11.29
憲政擁護決議	1912.12.15	農民労働党設立	1925.12.1
立憲政友会・立憲国民党が憲政擁護宣言	1913.1.19	政友本党・立憲政友会が提携	1925.12.5
立憲国民党分裂	1913.1.21	若槻憲政会総裁就任	1926.1.29
立憲同志会宣言書発表	1913.2.7	労働農民党設立	1926.3.5
内閣不信任決議案撤回の詔勅	1913.2.9	日本農民党設立	1926.10.17
西園寺の違勅問題	1913.2.10	新無産政党設立	1926.11.4
無所属団と称する	1913.2.15	日本共産党再建大会	1926.12.4
立憲政友会が山本内閣と提携	1913.2.19	社会民衆党設立	1926.12.5
立憲政友会分裂	1913.2.23	日本労農党設立	1926.12.9
赤政会設立	1913.12.19	立憲政友会・政友本党提携	1926.12.14
立憲同志会結党式	1913.12.23	3党首会談で政争中止申し合わせ	1927.1.20
立憲政友会有志が超然内閣反対決議	1914.3.29	憲本連盟	1927.2.25
西園寺立憲政友会総裁辞任	1914.6.18	立憲政友会が総裁公選制導入	1927.3.28
立憲政友会・立憲国民党が政府と敵対	1914.12.3	立憲民政党設立	1927.6.1
立憲政友会が内閣留任反対	1915.8.11	革新党設立	1927.6.3
3党首会談	1916.5.24	『赤旗』創刊	1928.2.1
憲政会設立	1916.10.10	三・一五事件	1928.3.15
公正会設立	1916.12.25	政実協定成立	1928.4.8
憲政会・立憲国民党・公正会が寺内内閣反対		労働農民党など結社禁止	1928.4.10
決議	1917.1.21	明政会届出	1928.4.17
犬養立憲国民党総理就任	1917.6.10	無産大衆党設立	1928.7.22
維新会設立	1917.6.15	立憲政党分裂	1928.8.1
米価暴騰で警告	1918.8.10	日本大衆党設立	1928.12.20
米騒動について政府の処決を要求	1918.8.17	労働者農民党設立	1928.12.22
純正国民党設立	1919.3.10	労農大衆党設立	1929.1.17
正交倶楽部と改称	1919.3.20	立憲民政党が政府反対	1929.1.20
普選期成関西労働連盟設立	1919.12.15	国民同志会と改称	1929.4.17
全国普選期成連合会設立	1920.1.31	新党倶楽部が立憲政友会に合流	1929.7.5
普通選挙期成全国労働大連盟設立	1920.2.6	立憲政友会が政府攻撃	1929.9.11
新婦人協会設立	1920.3.28	犬養立憲政友会総裁就任	1929.10.12
日本社会主義同盟設立	1920.12.9	労農党設立	1929.11.1
憲政会が尾崎・田川を除名	1921.2.3	社会民衆党分裂	1929.12.10
軍備縮小同志会設立	1921.9.17	全国民衆党設立	1930.1.15
全国普選断行同盟設立	1921.11.12	立憲政友会が8大政策発表	1930.1.31
高橋立憲政友会総裁就任	1921.11.16	全国大衆党設立	1930.7.20
日本共産党創立大会	1922.7.15	若槻立憲民政党総裁就任	1931.4.13
立憲国民党解党	1922.9.1	全国労農大衆党設立	1931.7.5
革新倶楽部設立	1922.11.8	禁輸出再禁止断行決議	1931.11.10
婦人参政権獲得同盟設立	1923.2.2	協力内閣論	1931.11.21
第2次憲政擁護運動	1924.1.7	安達らが立憲民政党離党	1931.12.13
立憲政友会分裂	1924.1.16	社会民衆党が三反主義決議	1932.1.19
護憲三派連盟結成	1924.1.24	社会民衆党分裂	1932.4.15
新政倶楽部設立	1924.1.20	比例代表制を主張	1932.5.8
護憲三派同盟成立	1924.1.29	鈴木立憲政友会総裁就任	1932.5.20
立憲政友会・憲政会提携	1924.2.12	日本国家社会党設立	1932.5.29
護憲三派が共同声明書発表	1924.2.25	社会大衆党設立	1932.7.24
日本共産党解党	1924.3月	国民同盟設立	1932.12.22
清浦内閣総辞職を決議	1924.5.18	佐野学らが転向	1933.6.7
中正倶楽部設立	1924.5.30	政党連合運動表面化	1933.10.22
婦人参政権獲得期成同盟会設立	1924.12.13	松岡衆議院議員辞職	1933.12.8
護憲三派大会	1925.1.19	若槻立憲民政党総裁辞任	1934.11.1
高橋が引退表明	1925.4.4	立憲政友会・立憲民政党が提携	1934.11.26

政党　　　　　　　　　　　　　分野別索引　　　　　　　　　　　日本議会政治史事典

立憲民政党と立憲政友会の提携解消　1935.5.22
昭和会設立　1935.12.23
東方会設立　1936.5.25
大日本青年党設立　1936.10.17
軍人の政治関与排撃決議　1936.11.5
鈴木立憲政友会総裁辞意表明　1937.2.17
3党が内閣即時陣容要求　1937.5.3
昭和会解散　1937.5.21
国民精神総動員中央連盟設立　1937.10.12
銃後三大運動　1937.10.17
社会大衆党新綱領決定　1937.11.15
立憲政友会後継総裁問題　1939.4.12
立憲政友会分裂　1939.4.30
社会大衆党が反軍演説で大量除名　1940.3.9
久原・安達が新党結成同意　1940.5.27
政党相次ぎ解散　1940.7月
新体制促進同志会設立　1940.8.8
新体制準備委員決定　1940.8.23
新体制準備会第1回総会　1940.8.28
大政翼賛会綱領など決定　1940.9.27
大政翼賛会発会式　1940.10.12
東方会解党　1940.10.22
衆議院議員倶楽部設立　1940.12.20
大政翼賛会が公事結社であると言明　1941.2.8
翼賛議員同盟設立　1941.9.2
大日本翼賛壮年団設立　1942.1.16
翼賛政治体制協議会設立　1942.2.23
農地制度改革同盟・立憲養成会解散命令　1942.3.17
翼賛政治体制協議会が衆議院議員候補者推薦　1942.4.6
議員倶楽部解散　1942.5.6
大政翼賛会の機能刷新に関する件　1942.5.15
翼賛政治会設立　1942.5.20
大日本言論報国会設立　1942.12.23
翼賛政治会・大政翼賛会一元化反対　1943.2.8
興亜運動一元化　1943.5.26
大日本政治会結成　1945.3.30
大日本政治会解消　1945.9.14
日本社会党結成　1945.11.2
新日本婦人同盟結成　1945.11.3
日本自由党結成　1945.11.9
日本進歩党結成　1945.11.16
日本共産党再建大会　1945.12.1
日本協同党結成　1945.12.18
鳩山一郎公職追放　1946.5.4
日本自由党大会開催　1946.8.18
日本農民党結成　1947.2.20
国民協同党結成　1947.3.2
民主党結成　1947.3.31
緑風会結成　1947.5.17
民主党大会　1947.5.18
社会党左派が党内野党声明　1947.12.13
民主自由党結成　1948.3.15
労働者農民党結成　1948.12.2
民主自由党役員決定　1948.10.26
民主党総裁に犬養健　1948.12.10
民主党役員決定　1949.2.9
民主党が入閣巡り分裂　1949.2.14
民主党野党は犬養健を除名　1949.3.8
日本社会党が分裂　1950.1.19

自由党結成　1950.3.1
野党外交対策協議会が共同声明を発表　1950.4.26
国民民主党結成　1950.4.28
日本共産党の非合法化を示唆　1950.5.3
共産党中央委員の公職追放を指令　1950.6.6
『アカハタ』30日間発行停止の指令　1950.6.26
沖縄社会大衆党結成　1950.10.31
社会民主党結成　1951.2.10
新政クラブ結成　1951.9.5
日本社会党分裂　1951.10.24
改進党結成　1952.2.8
鳩山自由党結成　1953.3.18
自由党2党首会談　1953.11.17
自由党分党派が復党　1953.11.29
日本自由党結成　1953.12.9
5党代表者会談　1954.6.10
日本民主党結成　1954.11.24
自由党総会開催　1954.12.8
社会党、左右両派統一促進決議　1955.1.18
民主・自由党首会談　1955.6.4
社会党統一　1955.10.13
自由民主党結成　1955.11.15
自由民主党臨時党大会　1956.4.5
自由民主党大会　1956.12.14
労農党解党大会　1957.1.16
自由民主党大会　1957.3.21
沖縄社会党結成　1958.2.16
自民・社会党首会談　1958.4.18
日本共産党大会　1958.7.21
自民・社会党首会談　1958.11.22
自由民主党大会　1959.1.24
社会党大会で西尾末広を統制委員会へ　1959.9.13
社会党分裂　1959.10.25
社会党河上派離党　1959.11.25
民主社会主義新党準備会結成　1959.11.30
民主社会クラブ結成　1959.12.28
民主社会党結成大会　1960.1.24
緑風会、参議院同志会に改称　1960.1.30
社会党臨時大会を開催　1960.2.24
社会党、代議士会で議員総辞職の方針　1960.6.1
自由民主党、池田総裁を選出　1960.7.14
社会党、構造改革論を軸とする新運動方針　1961.2.5
日本社会党大会を開催　1961.3.8
自民党、池田首相を総裁に再選　1962.7.14
社会党大会、江田ビジョン批判決議　1962.11.27
池田勇人総裁が3選　1964.7.10
公明党を結成　1964.11.17
自民党、佐藤総裁を選出　1964.12.1
自民党、党近代化の基本憲章を決定　1965.1.19
自民党大会で、佐藤総裁を再選　1966.12.1
野党4書記長、国会解散へ結束強化　1966.12.5
公明党大会を開催　1967.2.13
民社党大会を開催　1967.6.21
社会党大会を開催　1967.8.20
公明党、非武装中立路線を発表　1968.1.1
社会党大会を開催　1968.9.11
自民党臨時大会、佐藤総裁の3選　1968.11.27
公明党と創価学会を完全分離　1970.5.3
自民党臨時党大会、佐藤総裁4選　1970.10.29

- 322 -

| 日本議会政治史事典 | 分野別索引 | 政党 |

自民党、総裁任期を3年に延長	1971.1.21
自民党大会で、田中角栄総裁を選出	1972.7.5
自民党、三木武夫総裁を選出	1974.12.4
共産党・創価学会、不干渉協定	1975.7.27
社会党、二段階政権構想発表	1976.8.17
自民党反三木派、挙党体制確立協議会を結成	
	1976.8.19
自民党挙党協、党刷新を決議	1976.8.24
自民党五役、内閣改造・党人事刷新を提示	1976.8.30
自民党実力者四者会談	1976.9.11
三木改造内閣・自民党役員を決定	1976.9.15
自民党挙党協、三木総裁退陣要求	1976.10.21
自民党、後継総裁に福田赳夫を選出	1976.12.23
自民党、福田派解散	1977.3.9
社会市民連合を結成	1977.3.26
自民党、総裁候補者決定選挙の導入	1977.4.25
革新自由連合結成	1977.4.26
社会クラブを結成	1977.9.27
民社党大会で、佐々木良作委員長選出	1977.11.28
社会党大会	1977.12.13
共産党、袴田里美前副委員長を除名	1978.1.4
公明党、現実路線への転換	1978.1.11
自民党、全党員による総裁公選規程	1978.1.20
自民党派閥の復活	1978.1.21
社会党、初の全党員による委員長選挙	1978.3.1
社会民主連合が結党	1978.3.26
自民党、全党員による総裁候補者決定選挙	1978.11.1
自民党大会で、大平正芳総裁を選出	1978.12.1
新自由ク・西岡武夫幹事長が離党	1979.7.16
公明・民社連合政権を目指すことで合意	1979.11.2
新自由クラブ、新代表に田川誠一	1979.11.26
社会・公明、連合政権構想に合意	1980.1.10
自民党三木派が派閥解散宣言	1980.6.27
自民党両院議員総会で、鈴木善幸総裁を選出	
	1980.7.15
新自由クラブ・民主連合届出	1981.9.21
社会党委員長選挙で、飛鳥田一雄が選出	1981.12.22
社会党大会、党綱領見直し	1982.2.6
自民党総裁候補者決定選挙告示	1982.10.16
全国サラリーマン同盟が結成	1983.5.8
社会党委員長選挙	1983.8.1
中曽根政権継続を了承	1983.12.23
自民党役員を決定	1983.12.26
社会党委員長が、自衛隊は適法性なしと表明	
	1984.2.27
自民党副総裁に田中派の二階堂を指名	1984.4.11
民社党、自民党との連合に意欲	1984.4.23
公明、自民党との連合については当面静観	
	1984.4.26
新自由クラブ代表に河野洋平	1984.6.23
自民党、総裁立候補者の一本化調整を申合せ	
	1984.10.16
自民党、三役決定	1984.10.30
自民党総裁に中曽根再選	1984.10.31
公明党、自民党との連合で論議	1984.12.4
社会党、原発容認部分を削除	1985.1.19
社民連代表に江田五月	1985.2.10
社会党委員長に、石橋政嗣	1985.11.18
共産党覇権主義批判等綱領改正を決定	1985.11.24

社会党、連合政権構想・原発問題等をめぐり	
紛糾	1985.12.18
社会党「新宣言」を採択	1986.1.22
民社党第31回全国大会開催	1986.4.24
社民連、統一会派結成を決定	1986.7.22
新自由クラブ、解党を決議	1986.8.12
土井たか子、社会党委員長選挙で圧勝	1986.9.6
自民党・中曽根総裁の任期延長が決定	1986.9.11
第24回公明党大会開催	1986.12.5
第47回自民党大会開催	1987.1.20
進歩党結成	1987.1.22
自民党税制改革推進全国会議開催	1987.10.20
自民党次期総裁に竹下指名	1987.10.20
自民党総裁に竹下選出	1987.10.31
公明党大橋議員、池田大作を批判	1988.5.10
「税制抜本改革大綱」決定	1988.6.14
リクルート問題で塚本民社党委員長退陣表明	1989.2.7
4野党首会談	1989.4.7
連合政権協議会初会合	1989.4.19
自民党「政治改革大綱」決定	1989.5.19
自民党総裁に宇野選出	1989.6.2
共産党、不破委員長再任	1989.6.8
4野党書記長会談	1989.7.25
自民党総裁に海部選出	1989.8.8
「土井ビジョン」発表	1989.9.10
「永末ビジョン」発表	1989.10.16
自民党、海部総裁再選	1989.10.31
社会党、消費税見直し案決定	1989.12.1
社会党、防衛費3年間の凍結を提唱	1990.1.2
土井委員長3選	1990.3.9
社会党規約改正案	1990.4.5
公明党、中道主義を明確化	1990.4.16
民社党も野党連合政権協議を白紙	1990.4.26
共産党大会開催	1990.7.9
小沢幹事長が引責辞任	1991.4.8
中曽根元首相復党	1991.4.26
土井委員長、辞意	1991.6.21
社会党新委員長に田辺誠	1991.7.23
社会党、党改革案修正	1991.7.30
自民党総裁に宮沢喜一	1991.10.27
社会党政権再編に意気込み	1991.12.19
自民党副総裁に金丸信	1992.1.8
金丸自民党副総裁辞任	1992.8.27
共産党、野坂名誉議長解任	1992.9.20
竹下派会長に小渕恵三	1992.10.22
自民党羽田が新派閥結成	1992.12.10
社会党委員長電撃辞意	1992.12.24
社会党新委員長に山花貞夫書記長	1993.1.6
自衛隊合憲を答申	1993.2.3
「新党さきがけ」旗揚げ	1993.6.21
自民党分裂、新党結成	1993.6.23
宮沢内閣退陣	1993.7.22
日本新党・新党さきがけが基本政策発表	1993.7.23
自民党総裁に河野洋平	1993.7.30
社会党、「政治改革関連4法」案成立めざす	1993.9.25
社会党連立離脱の構え	1994.2.3
渡辺美智雄が離党示唆	1994.4.15
社民連解散	1994.5.22
大内啓伍民社党委員長辞意	1994.6.1

- 323 -

政党　　　　　　　　　　　　分野別索引　　　　　　　　日本議会政治史事典

民社党委員長に米沢隆	1994.6.8
羽田内閣不信任案提出	1994.6.23
自民党が村山首相支持	1994.6.28
社会党基本政策の大転換	1994.9.3
野党改革派が新党結成へ	1994.9.6
野党会派、統一会派を結成	1994.9.28
野党議員が新党結成へ準備	1994.9.28
新進党旗揚げ	1994.12.10
新会派「民主連合・民主新党クラブ」結成へ	
	1995.1.16
社会党、民主・リベラル新党の方針案採択	1995.5.27
自民党新総裁に橋本龍太郎	1995.9.22
新進党党首選	1995.12.8
社会党、党名変更	1996.1.19
住専処理問題で追加措置	1996.3.4
新進党がピケ	1996.3.4
社会民主党第1回定期大会	1996.3.9
新党「民主党」結成呼びかけ	1996.9.11
衆院解散前に社民党議員、民主参加	1996.9.12
民主党移行方針撤回	1996.9.17
土井たか子党首が社民党新党党首に	1996.9.24
民主党結党	1996.9.28
自社さ政策合意	1996.10.31
羽田元首相、新進党離党	1996.12.16
久保社民党副党首、離党	1997.1.6
民主党、政治方針決定	1997.3.22
細川元首相、新進党離党	1997.6.18
自民党、単独過半数回復	1997.9.5
自民党、橋本総裁を再選	1997.9.8
民主党、二人代表制廃止	1997.9.18
新進党党首選	1997.12.18
新党「フロムファイブ」結成	1997.12.26
新進党解党	1997.12.27
新党平和、黎明クラブ結成	1998.1.4
民政党結党大会	1998.1.23
民主党結党大会	1998.4.27
社民党、閣外協力解消を決定	1998.5.30
自民党総裁選	1998.7.24
新党さきがけ解党	1998.10.20
公明党復活	1998.11.7
自民・自由、党首会談	1998.11.19
山崎派結成	1998.11.30
森派結成	1998.12.11
「危機突破・改革議連」発足	1998.12.11
加藤派結成	1998.12.22
民主党、菅代表再選	1999.1.18
自民党、小渕総裁再選	1999.9.21
鳩山由紀夫、民主党代表に	1999.9.25
自由党連立離脱・分裂	2000.4.1
民主党、鳩山代表再選	2000.8.21
共産党、自衛隊活用を容認	2000.9.19
第22回共産党大会	2000.11.24
自民党総裁に小泉純一郎	2001.4.23
「自公保」連立継続で合意	2001.4.25
小泉総裁再選	2001.8.10
扇保守党党首が辞任	2001.9.17
鹿野民主党副代表が離党	2002.2.6
鈴木宗男、離党	2002.3.11
加藤紘一が自民党離党	2002.3.18

田中元外相党員資格停止、のちに辞職	2002.6.20
民主党代表に鳩山由紀夫が3選	2002.9.23
民主党鳩山代表が辞任表明	2002.12.3
新保守党が発足	2002.12.25
共産党が綱領改定案提示	2003.6.21
社民党土井党首、辞任を否定	2003.7.19
民主党と自由党、合併へ	2003.7.23
小泉首相、自民総裁選に出馬表明	2003.7.29
自民党総裁選で小泉首相が圧勝	2003.9.20
自民幹事長に安部晋三	2003.9.21
民主党と自由党が合併	2003.9.24
保守新党が自民党に合流	2003.11.10
社民党土井党首が辞任	2003.11.13
公明党、陸上自衛隊先遣隊派遣を了承	2004.1.8
共産党大会、綱領改定案を採択	2004.1.17
民主党代表選	2004.5.17
民主党代表に岡田克也再選	2004.8.30
公明党代表に神埼武法4選	2004.10.25
自民党、郵政法案反対組は公認しないと決定	2005.8.8
新党が相次いで結成	2005.8.17
自公連立継続を確認	2005.9.12
民主党の新代表に前原誠司	2005.9.17
国民新党と新党日本、衆院で統一会派結成	2005.9.20
自民党が郵政民営化関連法案を了承	2005.9.22
自民党が立党50年の記念大会	2005.11.22
社民党主に無投票再選で福島瑞穂	2005.12.2
共産党の不破議長が退任	2006.1.14
民主党代表に小沢一郎選出	2006.4.7
民主党代表に小沢一郎再選	2006.9.12
自民党新総裁に安部晋三選出	2006.9.20
自民三役が決定	2006.9.25
自公連立維持で合意	2006.9.25
公明党代表に太田昭宏が無投票当選	2006.9.26
郵政民営化反対組11人が自民党に復党	2006.11.27
民主党大会で「与野党逆転」掲げる	2007.1.16
自民党大会、首相が改憲に意欲	2007.1.17
新党日本、荒井ら2人離党	2007.7.26
民主党と新党日本、統一会派に正式合意	2007.9.5
自民党総裁に福田康夫選出	2007.9.23
自民党人事、四役体制に	2007.9.24
自民党と公明党、連立維持で合意	2007.9.25
民主党と国民新党が統一会派に合意	2007.10.23
福田首相が民主党に連立を打診、民主は拒絶	
	2007.11.2
社民党大会が開催、新執行部を選出	2007.12.23
民主党大会で小沢代表が政権交代の決意表明	
	2008.1.16
自民党大会、「党再生元年」の運動方針	
民主党代表選、小沢一郎が無投票で3選目	2008.9.8
公明党の太田代表が無投票再選	2008.9.16
自民党総裁に麻生太郎が選出	2008.9.22
麻生首相が小沢代表と初の党首討論	2008.11.28
自民党・民主党が党大会開催	2009.1.18
民主党、小沢代表辞任へ	2009.3.27
民主党新代表に鳩山由紀夫	2009.5.16
公明党、新体制が整う	2009.9.8
民・社・国が連立に合意	2009.9.9
自民党総裁に谷垣禎一	2009.9.28
民主党大会で小沢幹事長続投を了承	2010.1.16
自民党大会が開催	2010.1.24

－ 324 －

「たちあがれ日本」結党	2010.4.10	維新の党、結党大会を開く	2014.9.21
「日本創新党」結党	2010.4.18	公明党、山口代表4選	2014.9.21
「新党改革」結党	2010.4.23	みんなの党、解党	2014.11.28
自民党、与謝野と舛添を除名	2010.4.27	海江田民主党代表が辞任表明	2014.12.15
鳩山首相、小沢幹事長の続投を表明	2010.4.28	橋下維新の党共同代表が辞任	2014.12.23
民主代表戦で菅首相が再選	2010.9.14	生活の党が改称	2014.12.26
民主党議員総会で新人事を承認	2010.9.17	「日本を元気にする会」設立	2015.1.8
公明党代表、山口が再選	2010.10.2	民主党代表選	2015.1.18
小沢の招致について政治倫理審議決の方針		「生活の党」共同代表制に	2015.1.26
	2010.12.27	太陽の党解散	2015.5.1
民主党がマニフェストを見直す方針	2011.1.13	維新の党、分裂へ	2015.8.27
自民党大会で政権奪取を表明	2011.1.23	次世代の党、中山党首選出	2015.8.28
みんなの党、初の党大会開催	2011.1.29	自民党総裁選、安倍首相が無投票で再選	2015.9.8
小沢一郎元代表が離党要求を拒否	2011.2.10	共産党、野党選挙協力を呼びかけ	2015.9.19
民主党小沢系議員が会派離脱届提出	2011.2.17	「おおさか維新の会」設立	2015.10.31
民主党、小沢元代表の党員資格停止を決定	2011.2.22		
民主党・松木政務官が辞表	2011.2.24	**【内閣】**	
民主党・土肥議員が離党	2011.3.15	内閣制度創設	1885.12.22
民主党新代表に野田財務相	2011.8.29	第1次伊藤内閣成立	1885.12.22
自民党新役員人事を決定	2011.9.30	「内閣制度創始に関する詔勅」	1885.12.23
民主党議員、離党届提出	2011.12.28	黒田内閣成立	1888.4.30
新党「大地・真民主」を結成	2011.12.28	超然主義を宣言	1889.2.12
「新党きづな」設立	2012.1.4	後藤逓信相就任	1889.3.22
社民党・福島党首が無投票5選	2012.1.20	黒田首相辞任	1889.10.24
国民新党、亀井代表を解任	2012.4.5	第1次山県内閣成立	1889.12.24
小沢元代表の党員資格を回復	2012.5.8	第1次松方内閣成立	1891.5.6
野田首相と小沢元代表の会談は平行線	2012.5.30	青木外相ら辞任	1891.5.29
小沢元代表ら50人が離党届	2012.7.2	選挙干渉善後策協議	1892.2.23
民主党、法案反対議員の処分を決定	2012.7.9	品川内相辞任	1892.3.11
小沢新党発足	2012.7.11	松方首相辞表奉呈	1892.7.30
新会派「みどりの風」結成	2012.7.24	第2次伊藤内閣成立	1892.8.8
公明党、山口代表3選	2012.9.14	後藤農相辞任	1894.1.22
野田首相が民主党代表再選	2012.9.21	伊藤首相が日清戦争について演説	1894.10.19
自民党総裁に安倍元首相	2012.9.26	松方蔵相辞任	1895.8.27
日本維新の会が発足	2012.9.28	伊藤首相・板垣内相辞表奉呈	1896.8.28
「太陽の党」結成	2012.11.13	伊藤首相辞任	1896.8.31
日本維新の会に太陽の党が合流	2012.11.17	第2次松方内閣成立	1896.9.18
「減税」と「反TPP」が新党結成	2012.11.22	松方首相が施政方針発表	1896.10.12
「日本未来の党」結成	2012.11.27	政府が自由党に提携要望	1897.11.8
民主党新代表に海江田元経済産業相	2012.12.25	松方内閣総辞職	1897.12.28
自民党三役に女性2人を起用	2012.12.25	第3次伊藤内閣成立	1898.1.12
「日本未来の党」が分裂、「生活の党」に党名		朝野和衷	1898.2.6
変更	2012.12.27	伊藤首相が板垣入閣拒否	1898.4.15
政治団体「日本未来の党」を届け出	2012.12.28	伊藤首相辞表奉呈	1898.6.24
「みどりの風」が政党に	2012.12.28	第1次大隈内閣成立	1898.6.30
嘉田日本未来の党の代表辞任	2013.1.4	尾崎文相辞任	1898.10.24
生活の党新代表に小沢一郎を選出	2013.1.25	大隈首相辞表奉呈	1898.10.31
みどりの風、代表発表	2013.1.28	第2次山県内閣成立	1898.11.8
国民新党、解党	2013.3.21	肝胆相照	1898.11.30
みんなの党と日本維新の会、選挙協力を解消		第2次山県内閣総辞職	1900.9.26
	2013.5.21	第4次伊藤内閣成立	1900.10.19
福島社民党党首が辞任	2013.7.25	星逓信相辞任	1900.12.21
みんなの党、江田幹事長を更迭	2013.8.7	財政緊縮計画案提出	1901.4.15
社民党首に吉田党政審会長を選出	2013.10.14	伊藤内閣辞表奉呈	1901.5.2
みんなの党分裂、結いの党結成	2013.12.9	伊藤首相辞任	1901.5.10
結いの党、結党大会	2014.1.18	第1次桂内閣成立	1901.6.2
渡辺みんなの党代表が辞任	2014.4.7	海軍拡張案など提出決定	1902.10.28
日本維新の会が分裂	2014.5.29	地租増徴継続断念	1903.1.2
「次世代の党」発足	2014.8.1	対清韓方針決定	1903.12.30
民主党、新役員決定	2014.9.16		

桂内閣総辞職	1905.12.19
第1次西園寺内閣成立	1906.1.7
西園寺内閣総辞職	1908.7.4
第2次桂内閣成立	1908.7.14
新財政計画発表	1908.8.29
鉄道院設置	1908.12.5
拓殖局設置	1910.6.22
情意投合	1911.1.26
第2次桂内閣総辞職	1911.8.25
第2次西園寺内閣成立	1911.8.30
明治天皇哀悼演説	1912.8.24
2個師団増設問題	1912.11.22
上原陸相辞任	1912.12.2
西園寺内閣総辞職	1912.12.5
第3次桂内閣成立	1912.12.21
大正の政変	1913.2.11
第1次山本内閣成立	1913.2.20
行政整理綱要発表	1913.6.13
山本内閣総辞職	1914.3.24
清浦に大命降下	1914.3.31
第2次大隈内閣成立	1914.4.16
大隈首相が皇太后哀悼演説	1914.5.6
大隈首相が対独参戦について演説	1914.9.5
大隈首相辞表奉呈	1915.7.30
第2次大隈内閣改造	1915.8.10
第2次大隈内閣総辞職	1916.10.4
寺内内閣成立	1916.10.9
寺内首相が両院で演説	1918.3.26
米穀強制買取決定	1918.8.13
寺内内閣総辞職	1918.9.21
原内閣成立	1918.9.29
高橋内閣成立	1921.11.13
一蓮托生を否認	1922.3.2
内閣改造をめぐり立憲政友会が分裂	1922.5.2
高橋首相辞表奉呈	1922.6.6
加藤内閣成立	1922.6.12
普通選挙調査会設置	1922.10.20
加藤首相死去	1923.8.24
第2次山本内閣成立	1923.9.2
帝都復興院設置	1923.9.27
第2次山本内閣総辞職	1923.12.27
清浦内閣成立	1924.1.7
清浦内閣総辞職	1924.6.7
加藤内閣成立	1924.6.11
貴族院調査委員会設置	1924.10.10
加藤内閣総辞職	1925.7.31
内閣総辞職却下	1925.8.2
加藤首相死去	1926.1.28
第1次若槻内閣成立	1926.1.30
「日本銀行非常貸出補償令案」決定	1927.4.13
若槻内閣総辞職	1927.4.17
田中内閣成立	1927.4.20
資源局設置	1927.5.27
高橋蔵相辞任	1927.6.2
行政制度審議会設置	1927.6.15
地租委譲延期	1927.11.10
鈴木内相が議会中心主義否認	1928.2.19
水野文相優諚問題	1928.5.22
経済審議会設置	1928.9.7
緊縮財政を表明	1929.6.5
田中内閣総辞職	1929.7.2
浜口内閣成立	1929.7.2
10大政綱発表	1929.7.9
社会政策審議会など設置	1929.7.19
昭和4年度予算執行緊縮を決定	1929.7.29
官吏減俸案決定	1929.10.15
金解禁決定	1929.11.21
小橋文相辞任	1929.11.29
農山漁村救済策決定	1930.8.19
幣原首相臨時代理解任	1931.3.9
浜口内閣総辞職	1931.4.13
第2次若槻内閣成立	1931.4.14
臨時行政財政整理審議会設置	1931.6.22
第2次若槻内閣総辞職	1931.12.11
犬養内閣成立	1931.12.13
金輸出再禁止	1931.12.13
芳沢外相就任	1932.1.14
中橋内相辞任	1932.3.16
犬養内閣総辞職	1932.5.16
斎藤内閣成立	1932.5.26
4大政綱決定	1932.5.30
文官分限委員会設置	1932.9.24
岡田海相辞任	1933.1.9
荒木陸相が国策提言	1933.9.9
内田外相辞任	1933.9.14
五相会議	1933.10.3
農村恐慌対策を協議	1933.11.7
荒木陸相辞任	1934.1.23
斎藤内閣総辞職	1934.7.3
岡田内閣成立	1934.7.8
10大政策発表	1934.7.20
藤井蔵相辞任	1934.11.27
対満事務局設置	1934.12.26
内閣審議会設置	1935.5.11
第1次国体明徴声明	1935.8.3
林陸相辞任	1935.9.5
床次逓信相死去	1935.9.8
第2次国体明徴声明	1935.10.15
内閣制度創始50周年記念式典	1935.12.22
岡田内閣総辞職	1936.2.26
近衛文麿に大命降下	1936.3.4
広田内閣成立	1936.3.9
有田八郎外相就任	1936.4.2
内閣審議会廃止	1936.5.6
軍部大臣現役武官制復活	1936.5.18
情報委員会設置	1936.7.1
閣議で陸軍省見解発表	1936.7.14
大陸・南方進出の国策の基準	1936.8.7
庶政一新の7大国策14項目	1936.8.25
軍部が中央行政機構・地方行政機構・議会制	
度改革案提出	1936.9.21
広田内閣総辞職	1937.1.23
林内閣成立	1937.2.2
中村陸相辞任	1937.2.9
佐藤尚武外相就任	1937.3.3
企画庁設置	1937.5.14
文教審議会設置	1937.5.26
林内閣総辞職	1937.5.31

第1次近衛内閣成立	1937.6.4
中央経済会議設置	1937.7.1
北支事変に関し自衛行動を取る声明	1937.7.27
国民精神総動員実施要綱決定	1937.8.24
内閣情報部設置	1937.9.25
「臨時内閣参議官制」公布	1937.10.15
企画院設置	1937.10.25
教育審議会設置	1937.12.10
国家総動員審議会設置	1938.5.4
第1次近衛内閣改造	1938.5.26
杉山陸相辞任	1938.6.3
議会制度審議会設置	1938.6.10
五相会議設置	1938.6.10
物資需給計画決定	1938.6.23
宇垣外相辞任	1938.9.30
第2次近衛声明	1938.11.3
興亜院設置	1938.12.16
第3次近衛声明	1938.12.22
第1次近衛内閣総辞職	1939.1.4
平沼内閣成立	1939.1.5
国民精神総動員強化方策決定	1939.2.9
国民精神総動員委員会設置	1939.3.28
平沼内閣総辞職	1939.8.28
阿部内閣成立	1939.8.30
価格等統制応急の措置決定	1939.9.19
野村外相任命	1939.9.25
満州開拓政策基本要綱	1939.12.22
阿部内閣総辞職	1940.1.14
米内内閣成立	1940.1.16
低物価政策発表	1940.1.26
畑陸相単独辞任勧告	1940.7.4
米内内閣総辞職	1940.7.16
第2次近衛内閣成立	1940.7.22
基本国策要綱	1940.7.26
国民生活新体制要綱発表	1940.8.17
吉田海相辞任	1940.9.5
総力戦研究所設置	1940.10.1
対蘭印経済発展の為の施策決定	1940.10.25
内閣情報局設置	1940.12.6
経済新体制確立要綱	1940.12.7
大政翼賛会事務の内閣所管決定	1940.12.20
科学技術新体制確立要綱決定	1941.5.27
第2次近衛内閣総辞職	1941.7.16
第3次近衛内閣成立	1941.7.18
第3次近衛内閣総辞職	1941.10.16
東条内閣成立	1941.10.18
技術院設置	1942.1.31
翼賛選挙貫徹運動基本要綱決定	1942.2.18
大東亜建設審議会設置	1942.2.21
安藤大政翼賛会副総裁入閣	1942.6.9
全国主要新聞社の整理統合方針決定	1942.7.24
行政簡素化具体案決定	1942.7.28
部落などに大政翼賛会世話役設置	1942.8.14
東郷外相辞任	1942.9.1
生産増強勤労緊急対策要綱決定	1943.1.20
東条内閣第1次改造	1943.4.20
戦力増強企業整備要綱決定	1943.6.1
学徒戦時動員体制確立要綱決定	1943.6.25
教育に関する戦時非常措置方策決定	1943.10.12
都市疎開実施要綱	1943.12.21
電力動員緊急措置要綱決定	1943.12.31
緊急国民勤労動員方策要綱など決定	1944.1.18
決戦非常措置要綱決定	1944.2.25
中央行政官庁の許認可等の事務の廃止及び地方委譲に関する件決定	1944.4.18
学童疎開促進要綱決定	1944.6.30
嶋田海相辞任	1944.7.17
東条内閣総辞職	1944.7.18
小磯内閣成立	1944.7.22
一億国民総武装決定	1944.8.4
最高戦争指導会議設置	1944.8.5
決戦教育措置要綱閣議決定	1945.3.18
小磯内閣総辞職	1945.4.5
鈴木貫太郎内閣成立	1945.4.7
国民義勇隊を閣議決定	1945.4.13
政府、大東亜戦争遂行を声明	1945.5.9
戦時緊急措置委員会設置	1945.6.29
阿南惟幾自殺	1945.8.15
鈴木内閣総辞職	1945.8.15
東久邇内閣成立	1945.8.17
陸軍大臣下村宏任命	1945.8.23
一億総懺悔を声明	1945.8.28
外務大臣に吉田茂任命	1945.9.17
東久邇内閣総辞職	1945.10.5
議会制度審議会設置	1945.10.5
幣原喜重郎内閣成立	1945.10.9
戦災復興院設置	1945.11.5
農地改革について閣議決定	1945.11.22
幣原内閣打倒人民大会開催	1946.4.7
幣原内閣総辞職	1946.4.22
第1次吉田内閣成立	1946.5.22
危機突破対策を決定	1946.6.7
国務大臣に金森徳次郎が就任	1946.6.19
公職適否審査委員会設置	1946.7.1
臨時法制調査会設置	1946.7.3
軍需補償打切り方針を決定	1946.8.8
教育刷新委員会設置	1946.8.10
引揚者等援護緊急対策	1946.10.22
新かなづかい決定	1946.11.5
経済再建強化緊急措置を閣議決定	1946.12.3
倒閣国民大会開催	1946.12.17
吉田内閣打倒・危機突破国民大会開催	1947.1.28
木村小左衛門農相就任	1947.2.15
第1次吉田内閣総辞職	1947.5.20
片山哲内閣成立	1947.5.24
片山内閣組閣完了	1947.6.1
経済危機突破緊急対策要綱を発表	1947.6.11
矢野蔵相辞任	1947.6.25
片山首相が連合国に感謝の演説	1947.8.14
農林大臣罷免	1947.11.4
行政整理に関する件を閣議決定	1948.1.27
片山内閣総辞職	1948.2.10
臨時行政機構改革審議会設置	1948.2.16
次期内閣総理大臣を芦田均に決定	1948.2.23
芦田均内閣成立	1948.3.10
西尾国務大臣辞任	1948.7.6
芦田内閣総辞職	1948.10.7
第2次吉田茂内閣成立	1948.10.15

第2次吉田内閣組閣完了	1948.10.19	第2次岸改造内閣成立	1959.6.18
行政機構刷新審議会設置	1949.1.4	岸首相、退陣を表明	1960.6.23
第2次吉田内閣総辞職	1949.2.11	第1次池田内閣が成立	1960.7.19
第3次吉田内閣成立	1949.2.16	山崎公安委員長・自治相が辞任	1960.10.13
行政機構刷新及び人事整理に関する件	1949.2.25	第2次池田内閣が成立	1960.12.8
天野貞祐文部大臣就任	1950.5.6	第2次防衛力整備計画を閣議決定	1961.7.18
第3次吉田内閣第1次改造	1950.6.28	貿易・為替自由化促進計画を閣議決定	1961.9.26
行政機構簡素化の基本方針を決定	1950.10.10	石炭対策関係閣僚会議を設置	1961.10.3
インフレ抑制政策を発表	1951.6.23	第1次港湾整備5か年計画を閣議決定	1962.2.13
第3次吉田内閣第2次改造	1951.7.4	農産物の需要と生産の長期見通し	1962.5.11
吉田首相兼外相が外交問題に関して演説	1951.8.16	オリンピック担当相に川島国務相	1962.5.29
行政簡素化本部設置	1951.8.28	農業構造改善事業促進対策を了承	1962.6.8
人員整理を閣議承認	1951.10.5	藤山経済企画庁長官が辞任	1962.7.6
第3次吉田内閣第3次改造完了	1951.12.27	臨時司法制度調査会を設置	1962.9.1
外務大臣に岡崎勝男	1952.4.30	全国総合開発計画を閣議決定	1962.10.5
天野文相辞任	1952.8.12	麻薬対策関係閣僚会議を設置	1962.10.15
第3次吉田内閣総辞職	1952.10.24	手島郵政相が辞任	1963.1.8
第4次吉田茂内閣成立	1952.10.30	行政改革本部を設置	1963.8.20
戦力に関する統一見解を決定	1952.11.25	筑波研究学園都市建設を了解	1963.9.10
池田通産大臣辞任	1952.11.29	第3次池田勇人内閣が成立	1963.12.9
政府が衆議院解散権について言明	1952.12.12	戦没者に対する叙位・叙勲復活を決定	1964.1.7
義務教育費国庫負担を決定	1953.1.12	公共料金の値上げ1年間停止	1964.1.17
行政人員節減を決定	1953.2.24	佐藤国務相が辞任	1964.6.29
広川農林大臣罷免	1953.3.3	輸入懇談会の設置を決定	1964.8.7
第4次吉田内閣総辞職	1953.5.18	池田首相、退陣を表明	1964.10.25
第5次吉田内閣成立	1953.5.21	社会開発懇談会を開催決定	1965.1.8
奄美群島返還	1953.12.25	閣議、中期経済計画を決定	1965.1.22
警察制度改正要綱を閣議決定	1954.1.14	外交関係閣僚等懇談会を設置	1965.2.9
人員整理に関する県閣議決定	1954.1.15	地価対策閣僚協議会を設置	1965.8.17
犬養法相が指揮権を発動	1954.4.21	沖縄問題閣僚協議会を設置	1965.8.27
犬養法相辞任	1954.4.22	内閣制度80周年記念式典	1965.12.22
加藤法務大臣辞任	1954.6.19	第1次土地改良長期計画	1966.3.25
吉田内閣総辞職	1954.12.7	第1次佐藤内閣第2次内閣改造	1966.8.1
第1次鳩山内閣成立	1954.12.10	荒舩運輸相辞任	1966.10.14
第9条に対する政府の統一見解を発表	1954.12.22	藤山経企庁長官辞任	1966.11.4
第2次鳩山内閣成立	1955.3.19	第1次佐藤内閣第3次改造	1966.12.3
総務会長、保守连合について発言	1955.4.12	雇用対策基本計画を決定	1967.3.14
米予約買付け制採用決定	1955.5.7	資本自由化の基本方針決定	1967.6.6
杉原防衛庁長官辞任	1955.7.31	福永内閣官房長官が辞任	1967.6.22
防衛閣僚懇談会設置を決定	1955.8.2	沖縄問題懇談会を発足	1967.8.1
米軍5飛行場の拡張を表明	1955.8.5	国家公務員定員削減を決定	1967.12.15
第3次鳩山内閣成立	1955.11.23	今後の行政改革推進について決定	1968.2.2
内閣制度七十周年記念式典	1955.12.22	倉石農相発言問題	1968.2.6
行政機構改革案要綱を閣議決定	1956.3.30	三木外相、総裁選出馬のため辞任	1968.10.29
内閣に国防会議設置	1956.7.2	臨時国鉄問題閣僚協議会を設置	1968.10.8
石橋内閣成立	1956.12.23	閣議、農産物の需要と生産見通し決定	1968.11.22
石橋首相、岸外相を首相代理に指名	1957.1.31	地価対策閣僚会議を開催	1968.11.26
内閣に臨時食糧管理調査会設置	1957.2.15	輸入自由化促進についての基本方針	1968.12.17
石橋内閣総辞職	1957.2.23	新全国総合開発計画を決定	1969.5.30
第1次岸内閣成立	1957.2.25	第2次行政改革計画を決定	1969.7.11
防衛力整備計画決定	1957.6.14	国鉄の財政再建について閣議決定	1969.9.12
第1次岸改造内閣成立	1957.7.10	沖縄復帰対策閣僚協議会を設置	1969.11.28
内閣・総理府分離	1957.8.1	第3次佐藤内閣が成立	1970.1.14
経済目標・長期経済計画閣議決定	1957.12.17	総合農政基本方針を閣議決定	1970.2.20
第2次岸内閣成立	1958.6.12	沖縄復帰対策の基本方針	1970.3.31
自民党3閣僚辞任	1958.12.27	新経済社会発展計画を閣議決定	1970.5.1
岸内閣改造	1959.1.12	内閣に公害対策本部設置	1970.7.31
攻撃的兵器を持つことは憲法の趣旨ではない		小林法相が辞任	1971.2.9
との政府統一見解を発表	1959.3.19	沖縄復帰対策要綱を閣議決定	1971.3.23

臨時総合交通問題閣僚協議会を設置	1971.4.16
第3次佐藤内閣第1次改造	1971.7.5
増原防衛庁長官が辞任	1971.8.2
民社党大会を開催	1971.8.2
沖縄復帰対策要綱を決定	1971.9.3
平泉科学技術庁長官が辞任	1971.11.16
西村防衛庁長官が辞任	1971.12.3
原労相が辞任	1972.1.28
佐藤首相、退陣を表明	1972.6.17
第1次田中内閣が成立	1972.7.7
日本列島改造構想を調整	1972.7.14
第4次防衛力整備計画を決定	1972.10.9
土地対策要綱を決定	1973.1.26
経済社会基本計画を閣議決定	1973.2.13
田中首相、公職選挙法の今国会で改正を表明	
	1973.4.10
第5次資本自由化を閣議決定	1973.4.27
内閣広報室を設置	1973.5.1
衆院選挙制度改革案を決定	1973.5.11
増原防衛庁長官、天皇の発言を公にし、辞任	
	1973.5.29
石油供給制限などの緊急対策要綱を決定	1973.11.16
第2次田中改造内閣が発足	1973.11.25
石油電力の第2次使用節減対策	1974.1.11
三公社五現業のスト権問題	1974.4.10
三木副総理、首相の政治姿勢批判し辞任	1974.7.12
蔵相、外相など辞任	1974.7.16
資源を大切にする運動本部を設置	1974.8.29
三木武夫内閣が成立	1974.12.9
経済対策閣僚会議を設置	1974.12.10
自動車排出ガス対策閣僚協議会	1975.1.7
経済対策閣僚会議、第1次不況対策を決定	1975.2.14
経済対策閣僚会議、第2次不況対策を決定	1975.3.24
総合エネルギー対策閣僚会議設置	1975.4.15
経済対策閣僚会議、第3次不況対策	1975.6.16
経済対策閣僚会議、第4次不況対策	1975.9.15
生涯設計計画検討連絡会議設置	1975.9.18
婦人問題企画推進本部など設置	1975.9.23
三公社五現業の労働基本権問題	1975.12.1
総合エネルギー政策の基本方向を決定	1975.12.19
仮谷忠雄建設相が死去	1976.1.15
新経済五カ年計画を決定	1976.5.14
新自由クラブ結成	1976.6.25
昭和52年以降の防衛計画大綱を決定	1976.10.29
福田副総理が辞任	1976.11.5
防衛費をGDP1パーセント以内と決定	1976.11.5
三木首相退陣表明	1976.12.17
北洋漁業関係の救済対策方針	1977.6.21
行政改革大綱を決定	1977.9.2
非人道的暴力防止対策本部の設置	1977.10.4
福田法相が辞任	1977.10.5
第3次全国総合開発計画	1977.11.4
福田改造内閣発足	1977.11.28
閣議、行政改革案を決定	1977.12.23
経済対策閣僚会議、経済成長推進対策	1978.9.2
第1次大平正芳内閣	1978.12.6
航空機疑惑問題防止協議会設置を決定	1979.5.22
経済審議会、新経済社会7ヵ年計画	1979.8.3
国家公務員の第5次定員削減計画	1979.9.26
文相に谷垣専一任命	1979.11.20

久保田防衛庁長官辞任	1980.2.1
大平正芳首相、死去	1980.6.12
閣議、徴兵は有事でも許されないとの見解	1980.8.15
総合経済対策を決定	1980.9.5
斉藤厚相が辞任	1980.9.19
国鉄経営再建促進特別措置法など可決成立	
	1980.11.28
総合安全保障関係閣僚会議設置を決定	1980.12.2
住宅建設五か年計画を決定	1981.3.27
行財政改革に関する基本方針	1981.8.25
鈴木内閣改造	1981.11.30
非関税障壁改善対策を決定	1982.1.30
昭和58年度予算概算要求枠を削減決定	1982.7.9
人事院給与勧告の実施見送り	1982.9.20
行政改革大綱、国鉄再建について声明	1982.9.24
経済対策閣僚会議、内需拡大策など	1982.10.8
鈴木首相、退陣を表明	1982.10.12
国鉄再建対策推進本部を設置	1982.12.7
市場開放策を決定	1983.1.13
米国への武器技術供与を決定	1983.1.14
経済対策閣僚会議、景気対策決定	1983.4.5
山中通産相が辞任	1983.6.10
臨時行政推進審議会を設置	1983.6.28
昭和59年予算10%マイナスシーリング	1983.7.2
国家公務員給与2%引上げ	1983.10.21
政府、総合経済対策を発表	1983.10.21
第2次中曽根康弘内閣が成立	1983.12.27
中曽根内閣、全閣僚の資産初公開	1984.1.24
行政改革の実施方針決定	1984.1.25
公的年金制度改革を決定	1984.2.24
対外経済対策決定	1984.4.27
臨時教育審議会設置	1984.8.21
環境影響評価実施要項を決定	1984.8.28
第2次中曽根第1次改造内閣成立	1984.11.1
河本敏夫通産大臣を特命大臣に任命	1984.11.6
商業捕鯨から全面撤退へ	1985.4.4
対外経済対策を決定	1985.4.9
防衛庁「59中業」政府計画へ	1985.8.7
河本大臣辞任	1985.8.14
国鉄基本方針を決定	1985.10.11
国際協調のための経済構造調整研究会発足	
	1985.10.31
国鉄職員3万人、公的機関へ	1985.12.13
第2次中曽根内閣第2次改造内閣	1985.12.28
第3次中曽根内閣発足	1986.7.22
SDI研究参加が閣議決定	1986.9.9
1987年度予算案閣議決定	1986.12.30
四全総閣議決定	1987.6.30
税制改革方針決定	1987.10.16
竹下内閣発足	1987.11.6
政府機関の地方移転方針決定	1988.1.22
奥野国土庁長官更迭	1988.5.13
税制改革要綱閣議決定	1988.6.28
瓦防衛庁長官辞任	1988.8.24
リクルート問題で宮沢蔵相辞任	1988.12.9
竹下改造内閣発足	1988.12.27
リクルート問題で原田経企庁長官辞任	1989.1.25
竹下首相、退陣表明	1989.4.25
宇野内閣発足	1989.6.3
宇野首相退陣表明	1989.7.24

| 内閣 | 分野別索引 | 日本議会政治史事典 |

第1次海部内閣発足	1989.8.10
森山真弓、女性初の官房長官に	1989.8.25
1990年度予算案閣議決定	1989.12.29
第2次海部内閣発足	1990.2.28
第2次海部内閣、資産公開	1990.3.30
税制問題等調査特別委員会設置	1990.5.17
「消費税廃止関連法」案で質疑	1990.6.11
税制問題等に関する両院合同協議会設置	1990.6.26
第3次行革審発足	1990.10.31
第2次海部改造内閣発足	1990.12.29
第3次行革審	1991.6.12
政治改革挫折	1991.10.4
橋本蔵相辞任	1991.10.14
宮沢喜一改造内閣発足	1992.12.11
婦人問題担当大臣設置	1992.12.12
防衛整備計画減額	1992.12.18
渡辺外相辞任	1993.4.6
「慰安婦」問題で談話	1993.8.4
細川護熙内閣成立	1993.8.9
改憲発言で防衛庁長官交代	1993.12.1
新税「国民福祉税」創設発言	1994.2.3
「国民福祉税」白紙撤回	1994.2.4
防衛計画の見直し機関設置	1994.2.15
細川首相、辞意表明	1994.4.8
羽田孜を首相を後継	1994.4.22
社会党連立離脱	1994.4.25
羽田内閣発足	1994.4.28
戦争発言で法相更迭	1994.5.3
羽田内閣総辞職	1994.6.25
村山内閣成立	1994.6.30
村山首相、自衛隊の合憲を明言	1994.7.20
桜井環境庁長官更迭	1994.8.12
「戦後50年に向けての首相談話」発表	1994.8.31
行政改革大綱を了承	1994.9.19
大震災緊急対策を決定	1995.1.18
地震対策担当相新設	1995.1.20
阪神・淡路復興委員会設置	1995.2.10
特殊法人見直し	1995.2.10
規制緩和5ヵ年計画を決定	1995.3.31
村山改造内閣発足	1995.8.8
戦後50年首相談話	1995.8.15
沖縄代理署名問題で、防衛施設庁長官更迭	1995.10.18
オフレコ発言で江藤総務庁長官辞任	1995.11.8
新防衛大綱決定	1995.11.28
村山首相辞意表明	1996.1.5
第1次橋本内閣成立	1996.1.11
沖縄県に特別調整費50億円計上	1996.9.10
第2次橋本内閣成立	1996.11.7
省庁再編	1996.11.8
財政構造改革5原則提示	1997.3.18
日債銀を全面支援	1997.3.27
「規制緩和推進計画」890項目追加	1997.3.28
行政改革会議集中討議	1997.8.18
第2次橋下改造内閣発足	1997.9.11
橋本首相、特別減税を発表	1997.12.17
貸し渋り対策に公的資金投入	1997.12.24
新全総案発表	1998.3.26
過去最大の総合経済対策決定	1998.4.24
ガイドライン関連法案閣議決定	1998.4.28

「金融再生トータルプラン」決定	1998.7.2
小渕内閣発足	1998.7.30
金融再生担当相を新設	1998.10.23
緊急経済対策を決定	1998.11.16
防衛庁の背任事件で処分	1998.11.19
小渕連立内閣発足	1999.1.14
小渕新連立内閣発足	1999.10.5
小渕首相緊急入院	2000.4.2
森連立内閣発足	2000.4.5
第2次森連立内閣発足	2000.7.4
中川官房長官、更迭	2000.10.27
第2次森改造内閣発足	2000.12.5
次期防閣議決定	2000.12.15
実習船事故対応から首相退陣論強まる	2001.2.10
森首相、退陣の意向を表明	2001.3.10
小泉内閣が発足	2001.4.26
小泉内閣の支持率85%	2001.5.29
構造改革の基本方針策定	2001.6.21
「テロ関連3法」が成立	2001.10.16
医療制度改革大綱発表	2001.11.29
文化庁長官に河合隼雄	2002.1.4
外相に川口環境相	2002.2.1
2003年4月から医療費3割負担	2002.2.11
外務省改革指針を発表	2002.2.12
政府、総合デフレ対策を決定	2002.2.27
有事関連法案が閣議決定	2002.4.16
内閣支持率下落、不支持上昇	2002.5.28
外務省「行動計画」発表	2002.8.21
小泉改造内閣が発足	2002.9.30
小泉首相「公約破り、大したことじゃない」発言	2003.1.23
大島農水相が辞任	2003.3.31
小泉改造内閣が発足	2003.9.22
自公連立の第2次小泉内閣が発足	2003.11.29
自衛隊イラク派遣の基本計画が決定	2003.12.9
65歳までの継続雇用を企業の義務に	2004.1.20
閣僚の公的年金保険料納付問題	2004.4.23
自衛隊多国籍軍参加を閣議決定	2004.6.18
郵政民営化の骨子発表	2004.8.6
小泉改造内閣が発足	2004.9.27
三位一体改革の全体像決定	2004.11.26
自衛隊イラク派遣を1年延長	2004.12.9
自衛隊法改正案、現場判断でミサイル撃墜可能に	2005.2.15
国民保護指針が閣議決定	2005.3.25
郵政民営化関連法案を閣議決定	2005.4.25
小泉内閣、戦後60年談話を閣議決定	2005.8.15
第3次小泉内閣が発足	2005.9.21
医療制度改革の大綱が決定	2005.12.1
安倍内閣が発足	2006.9.26
佐田行革相が辞任、後任は渡辺内閣府副大臣	2006.12.27
久間防衛相が辞任、後任に小池前首相補佐官	2007.7.3
初代海洋相に冬柴国交相	2007.7.3
赤木農水相を更迭	2007.8.1
安倍改造内閣が発足	2007.8.27
遠藤農水相が辞任、後任は若林前環境相	2007.9.3
安部首相が退陣	2007.9.12
安倍内閣が総辞職	2007.9.25
福田首相が就任	2007.9.25

— 330 —

日本議会政治史事典　　　　　　　　分野別索引　　　　　　　　政治

消費者相に岸田沖縄相	2008.2.6
福田改造内閣が発足	2008.8.1
福田首相が退任	2008.9.1
太田農水相と白須次官が辞任	2008.9.19
麻生内閣が発足	2008.9.24
中山国交相が辞任、後任に金子元行政改革相	
	2008.9.28
麻生首相、参院選の先送りを表明	2008.10.30
麻生内閣の支持率急落、21%	2008.12.8
麻生首相が施政方針演説	2009.1.28
中川財務・金融相が辞任	2009.2.17
平田財務副大臣が株売却問題で辞任	2009.3.26
鴻池官房副長官が辞任、後任は浅野参院議員	
	2009.5.12
鳩山総務相が辞任	2009.6.12
麻生首相、2閣僚を補充	2009.7.1
麻生内閣が総辞職、鳩山内閣が発足	2009.9.16
事業仕分けが実施	2009.11.11
普天間移設問題、先送り決定	2009.12.15
行政刷新相に枝野就任	2010.2.10
独立行政法人の事業仕分けが終了	2010.5.25
辺野古移設を閣議決定、社民党が連立離脱へ	
	2010.5.28
鳩山首相が退陣、小沢幹事長も辞任	2010.6.2
菅直人が首相に選出、菅内閣が発足	2010.6.4
亀井金融・郵政改革相辞任	2010.6.11
菅改造内閣が発足	2010.9.17
特別会計の仕分け前半が終了	2010.10.30
国会軽視発言で柳田法相を更迭	2010.11.22
新防衛大綱を閣議決定	2010.12.17
菅第2次改造内閣が発足	2011.1.14
前原外相が辞任	2011.3.6
原発被害賠償の紛争審査会発足	2011.4.11
原発賠償支援を決定	2011.5.13
原発相、復興相が決定	2011.6.27
菅首相、辞任3条件を明言	2011.6.27
松本復興相辞任	2011.7.5
政府が復興基本方針を決定	2011.7.29
原発賠償の中間指針を決定	2011.8.5
菅内閣、総辞職	2011.8.30
新首相に野田代表	2011.8.30
民主党主要役員が決定	2011.8.31
野田内閣が発足	2011.9.2
鉢呂経済産業相が辞任	2011.9.10
武器輸出三原則を緩和	2011.12.27
野田改造内閣が発足	2012.1.13
復興庁が発足	2012.2.10
野田首相、沖縄県を初訪問	2012.2.26
野田再改造内閣発足	2012.6.4
尖閣諸島を国有化	2012.9.11
野田第3次改造内閣が発足	2012.10.1
田中法相が辞任	2012.10.23
野田内閣が総辞職	2012.12.26
第2次安倍内閣が発足	2012.12.26
安倍首相、原発ゼロ見直しを表明	2012.12.29
「アベノミクス」出そう	2013.6.14
TPP交渉に正式参加	2013.7.23
内閣法制局長官に集団的自衛権容認派を起用	2013.8.8
五輪担当相に下村文科相を任命	2013.9.13
安倍首相、福島第一原発を視察	2013.9.19

初の国家安全保障戦略を策定	2013.12.17
小松内閣法制局長官が退任	2014.5.16
内閣人事局が発足	2014.5.30
第2次安倍改造内閣が発足	2014.9.3
小渕・松島大臣辞任	2014.10.20
第3次安倍内閣が発足	2014.12.24
西川農水相辞任	2015.2.23
オリンピック専任大臣就任	2015.6.25
安倍内閣、戦後70年談話を閣議決定	2015.8.14
第3次安倍改造内閣発足	2015.10.7

【政治】

『東洋自由新聞』創刊	1881.3.18
農商務省設置	1881.4.7
統計院設置	1881.5.30
明治14年の政変	1881.10.12
参事院設置	1881.10.21
『時事新報』創刊	1882.3.1
『自由新聞』創刊	1882.6.25
府県会中止を建議	1882.12.7
日本同志懇親会開催	1883.2.2
『官報』発行	1883.7.2
大山渡欧	1884.2.16
制度取調局設置	1884.3.17
大蔵省会計年度改正	1884.10.28
小作慣行調査通達	1885.4.6
政綱5章頒布	1885.12.26
『官報』公布制度確立	1885.12.28
師団と改称	1886.1.28
法律取調所設置	1886.8.6
『国民之友』創刊	1887.2.15
治安維持などについて訓示	1887.9.28
大同団結運動	1887.10.3
全国有志大懇親会	1887.10.4
『日本人』創刊	1888.4.3
『東京朝日新聞』創刊	1888.7.10
『大阪毎日新聞』創刊	1888.11.20
『大阪朝日新聞』創刊	1889.1.3
官吏の演説・叙述解禁	1889.1.24
大井枢密院議長就任	1889.12.24
『国民新聞』創刊	1890.2.1
金鵄勲章制定	1890.2.11
元老院廃止	1890.10.20
大木枢密院議長辞任	1891.6.1
大木枢密院議長就任	1892.8.8
神官・僧侶の政治活動禁止	1894.2.6
新聞発行停止が続出	1894.2月
非藩閥主義新聞記者大会	1894.3.28
山県枢密院議長辞任	1894.12.6
拓殖務省設置	1896.4.1
拓殖務省廃止	1897.9.2
西園寺枢密院議長就任	1900.10.27
西園寺枢密院議長辞任	1903.7.13
山県枢密院議長就任	1905.12.21
帝国鉄道庁など設置	1907.4.1
内大臣府設置	1908.1.1
伊藤枢密院議長就任	1909.6.14
山県枢密院議長就任	1909.11.17
明治天皇大喪の儀	1912.9.13

- 331 -

第1次憲政擁護運動	1912.12.19	為替相場円建制実施	1942.1.1
軍部大臣現役武官制改正を表明	1913.2.27	地方事務所設置	1942.7.1
元老会議が政局収拾を協議	1914.3.26	大東亜省設置	1942.11.1
大正天皇即位大礼	1915.11.10	軍需省・農商省・運輸通信省設置	1943.11.1
金輸出禁止	1917.9.12	学徒出陣開始	1943.12.1
全国新聞記者大会	1918.9.2	「防空法」による初の疎開命令	1944.1.26
関東庁・関東軍設置	1919.4.12	軍政・軍令一元化	1944.2.21
鉄道省など設置	1920.5.15	小笠原諸島民強制疎開	1944.4月
内閣・大臣弾劾国民大懇親会	1920.7.27	原枢密院議長死去	1944.8.7
内閣弾劾国民大会	1921.2.14	近衛文麿が戦局観を単独上奏	1945.2.14
清浦枢密院議長就任	1922.2.8	通信院設置	1945.5.19
憲政擁護民衆大会	1922.7.16	今後採るべき戦争指導の基本大綱決定	1945.6.8
関東大震災発生	1923.9.1	終戦処理会議設置	1945.8.22
「支払猶予令」など公布	1923.9.7	農林省・商工省設置	1945.8.26
浜尾枢密院議長就任	1924.1.13	終戦連絡中央事務局設置	1945.8.26
農林省・商工省設置	1925.4.1	GHQ横浜に設置	1945.8.28
中学校で軍事教練	1925.4.13	陸海軍の解体、軍需生産停止を指令	1945.9.2
浜尾枢密院議長死去	1925.9.25	マッカーサー元帥、日本管理方式について声	
穂積陳重死去	1926.4.8	明	1945.9.9
浜松市会議員選挙	1926.9.3	GHQ戦犯容疑者39名の逮捕を命令	1945.9.11
大正天皇大喪儀	1927.2.7	新聞規則に関する覚書	1945.9.19
銀行合同促進依頼	1927.8.6	外地銀行等の閉鎖を指令	1945.9.30
内務省保安科・特別高等課強化	1928.7.1	政治・宗教の自由の制限撤廃	1945.10.4
昭和天皇即位大礼	1928.11.10	政治犯3000名釈放	1945.10.10
拓務省設置	1929.6.10	マッカーサー、5大改革を要求	1945.10.10
金解禁実施	1930.1.11	第2次大戦終局恩赦	1945.10.17
統帥権干犯問題	1930.4.25	教育制度の基本方針の覚書交付	1945.10.22
統帥権干犯問題で海軍が遺憾の意を表明	1930.5.19	軍国主義・国家主義教員を排除	1945.10.30
臨時産業合理化設置	1930.6.2	財閥解体始まる	1945.11.6
幣原首相臨時代理失言問題	1931.2.3	民間航空禁止	1945.11.18
南陸相が満蒙問題について訓示	1931.8.4	小磯国昭らの逮捕命令	1945.11.19
失業対策委員会設置	1932.7.22	内大臣府廃止	1945.11.24
国民自力厚生運動開始	1932.9.5	陸海軍省廃止	1945.12.1
軍民離間声明	1933.12.9	戦犯59人の逮捕を命令	1945.12.2
皇太子誕生	1933.12.23	戦犯9名の逮捕を命令	1945.12.6
倉富枢密院議長辞任	1934.5.3	農地改革に関する覚書交付	1945.12.9
思想局設置	1934.6.1	貿易庁、石炭庁設置	1945.12.14
国体明徴を訓示	1935.4.6	国家神道禁止を指令	1945.12.15
一木枢密院議長辞任	1936.3.13	情報局廃止	1945.12.31
メーデー禁止を通達	1936.3.24	天皇の神格化を否定	1946.1.1
『国体の本義』配布	1937.5.31	公職追放の覚書交付	1946.1.4
支那事変根本処理方針決定	1938.1.11	琉球列島、小笠原等の行政権を分離	1946.1.29
厚生省設置	1938.1.11	アメリカ、日本統治体制改革に関する政策を	
自治制発布50周年記念式典	1938.4.17	決定	1946.1.7
失業対策委員会設置	1938.7.16	引揚げに関する覚書交付	1946.3.16
平沼枢密院議長辞任	1939.1.5	A級戦犯起訴状を発表	1946.4.29
近衛枢密院議長辞任	1940.6.24	極東軍事裁判所開廷	1946.5.3
世界情勢の推移に伴う時局処理要綱	1940.7.27	経済安定本部を設置	1946.5.17
官吏制度改革要綱決定	1940.8.9	皇族の特権を廃止	1946.5.21
部落会・町内会・隣保班・市町村常会整備要		極東委員会が天皇制廃止問題を論議と報道	1946.6.4
綱	1940.9.11	復員庁・俘虜情報局設置	1946.6.15
文化思想団体の政治活動禁止	1940.10.23	自営のための戦争も交戦権も放棄と言明	1946.6.26
神祇院設置	1940.11.9	通信省設置	1946.7.1
紀元2600年祝典	1940.11.10	経済安定本部設置	1946.8.12
官吏身分保障制度撤廃	1941.1.6	日本占領基本政策採用	1947.6.19
大政翼賛会の性格論争	1941.1.24	公正取引委員会設置	1947.7.1
重要産業統制協議会設立	1941.1.30	初の経済白書発表	1947.7.4
「生活必需物資統制令」公布	1941.4.1	対日借款5億ドル	1947.8.14
低物価方策・米価二重価格制決定	1941.8.12	労働省設置	1947.9.1

日本議会政治史事典	分野別索引		政治

マッカーサー、警察制度改革方針を指示	1947.9.16
復員庁廃止	1947.10.15
内務省廃止	1947.12.31
建設院設置	1948.1.1
総理庁内事局設置	1948.1.1
日本の再軍備演説	1948.1.6
地方財政委員会設置	1948.1.7
総理庁に賠償庁設置	1948.2.1
法務庁設置	1948.2.15
新警察制度発足	1948.3.7
国家消防庁設置	1948.3.8
日本の非武装化指令を発表	1948.3.23
海上保安庁設置	1948.5.1
工業技術庁設置	1948.8.1
行政管理庁等設置	1948.7.1
経済調査庁設置	1948.8.1
金融制度の改革に関する覚書	1948.8.17
引揚同胞対策審議会設置	1948.9.2
極東国際軍事裁判所判決	1948.11.12
経済安定9原則の書簡送付	1948.12.19
A級戦犯絞首刑執行	1948.12.23
外国人の対日投資を許可	1949.1.14
ドッジラインを明示	1949.3.7
外国為替管理委員会設置	1949.3.16
対日援助見返資金特別勘定の設定を指令	1949.4.1
経済安定本部が総合報告書を発表	1949.4.6
1ドル360円の単一為替レート設定	1949.4.23
通商産業省設置	1949.5.25
省庁改組	1949.6.1
シャウプ勧告を発表	1949.9.15
地方行政調査委員会設置	1949.12.24
戦犯の仮釈放を指令	1950.3.7
トルーマン大統領が対日講和交渉について声明	1950.5.18
総理庁地方財政委員会設置	1950.5.30
北海道開発庁設置	1950.6.1
警察力と海上保安力の強化を指令	1950.7.8
第2次シャウプ勧告発表	1950.9.21
政府、公職追放を解除	1950.10.13
沖縄群島政府発足	1950.11.4
旧軍人の公職追放解除を発表	1950.11.10
対日講和7原則を発表	1950.11.24
公益事業委員会設置	1950.12.15
マッカーサー、年頭声明	1951.1.1
土地調整委員会設置	1951.1.31
ダレスが対日講和草案を発表	1951.3.31
琉球臨時中央政府発足	1951.4.1
マッカーサー解任	1951.4.11
占領下諸法規の再検討権限を政府に委譲	1951.5.1
政令諮問委員会初会合	1951.5.14
ガリオア援助打切りを声明	1951.5.14
第1次追放解除発表	1951.6.20
第2次追放解除を発表	1951.8.2
政府、旧軍人の追放解除を発表	1951.8.16
芦田・吉田再軍備論争	1951.10.18
入国管理庁設置	1951.11.1
琉球中央政府発足	1952.4.2
GHQ廃止	1952.4.28
地方制度調査会設置	1952.8.18

麦の統制撤廃	1952.6.1
南方連絡事務局設置	1952.7.2
法務省設置	1952.8.1
自治庁、保安庁設置	1952.8.1
保安隊発足	1952.10.15
防衛庁設置、自衛隊発足	1954.7.1
経済企画庁設置	1955.7.20
公務員制度調査会、改革を答申	1955.11.15
総理府に原子力委員会設置	1956.1.1
総理府に科学技術庁設置	1956.5.19
運輸省に気象庁設置	1956.7.1
『経済白書』発表	1956.7.6
国連加盟で大赦令	1956.12.19
総理府に雇用審議会設置	1957.4.15
初の『外交青書』発表	1957.9.28
公務員の政治活動制限は合憲	1958.3.12
安保改定阻止国民会議結成	1959.3.28
安保改定阻止国民会議、第1次統一行動	1959.4.15
初の『教育白書』発表	1959.10.31
国防会議、次期主力戦闘機を決定	1959.11.6
衆院安保特委、厚木米軍基地問題を追及	1960.5.9
ソ連、U2型機日本駐留を非難	1960.5.20
岸首相、政局収拾で所信表明	1960.5.28
自治省を設置	1960.7.1
池田首相、所得倍増政策を発表	1960.9.5
閣議において、国民所得倍増計画を決定	1960.12.27
暴力犯罪防止対策要綱を決定	1961.2.21
国民皆保険、拠出制国民年金が発足	1961.4.1
衆議院、核実験禁止を決議	1961.10.25
臨時行政調査会を設置	1961.11.9
初の『農業白書』を公表	1961.12.26
コレラ防疫対策実施要綱を決定	1962.3.13
総理府に中央防災会議を設置	1962.7.10
社会保障制度審議会が答申	1962.8.22
第一回国政に関する公聴会を開催	1962.10.6
防衛庁に防衛施設庁を設置	1962.11.1
臨時農地等被買収者問題調査室など設置	1963.4.6
生存者に対する叙勲復活を決定	1963.7.12
臨時行政調査会、首都行政改革答申	1963.8.13
初の『漁業白書』を発表	1964.2.14
公害対策推進連絡会議を設置	1964.3.27
宇宙開発推進本部を設置	1964.7.1
米国に原子力潜水艦寄港を承認	1964.8.26
一般職国家公務員の欠員不充填	1964.9.1
臨時行政調査会が答申	1964.9.29
公務員制度審議会を設置	1965.7.3
同和対策審議会が答申	1965.8.11
佐藤首相、戦後初の沖縄視察	1965.8.19
東南アジア開発閣僚会議を開催	1966.4.6
中部圏開発整備本部を設置	1966.7.1
建国記念日審議会を設置	1966.7.8
中央教育審、後期中等教育の拡充を答申	1966.10.31
第3次防衛力整備計画大綱を決定	1966.11.29
建国記念日審議会、2月11日を答申	1966.12.8
武器禁輸の3原則を言明	1967.4.21
佐藤首相、朴韓国大統領就任式に参列	1967.6.30
臨時行政改革閣僚協議会を設置	1967.7.28
小笠原復帰準備対策本部を設置	1967.12.8
文化庁を設置	1968.6.15

| 政治 | 分野別索引 | 日本議会政治史事典 |

税制調査会、税制の簡素化などを答申	1968.7.30
沖縄の国政参加に合意	1968.10.9
沖縄、第一回行政首席直接選挙	1968.10.10
初の『公害白書』を提出	1969.5.23
米国、沖縄復帰準備委員会設置に署名	1970.3.3
沖縄・北方対策庁、管理室を設置	1970.5.1
中央交通安全対策会議を設置	1970.6.1
中国政府の尖閣列島油田調査許可に抗議	1970.8.10
第3次資本自由化措置を決定	1970.8.25
公務員制度審議会答申	1970.10.17
初の『防衛白書』を公表	1970.10.20
佐藤首相、ニクソン米大統領と会談	1970.10.24
中央公害審査委員会を設置	1970.11.1
沖縄復帰対策要綱など閣議決定	1970.11.20
中央教育審議会が答申	1971.6.11
環境庁を設置	1971.7.1
国家公務員の第2次定員削減計画	1971.8.10
経済関係閣僚協議会、円平価堅持方針	1971.8.17
円の変動為替相場制を採用	1971.8.28
中小企業緊急救済対策要綱を決定	1971.9.23
公務員制度審議会が答申	1971.10.11
スミソニアン体制	1971.12.18
佐藤首相、ニクソン米国大統領と会談	1972.1.5
第4次防衛力整備計画大綱を決定	1972.2.8
沖縄の施政返還	1972.3.15
佐藤首相、中国を唯一正統な政府と発言	1972.3.24
「日本列島改造論」を発表	1972.6.11
公害等調整委員会を設置	1972.7.1
国土総合開発推進本部を設置	1972.12.10
沖縄国際海洋博覧会推進対策本部を設置	1973.1.30
円を変動相場制に移行	1973.2.12
建設省、全国の地価上昇を発表	1973.4.2
総理府に老人対策本部を設置	1973.4.13
日本、東ドイツと国交を樹立	1973.5.15
公職選挙法改正案の提出を断念	1973.6.16
資源エネルギー庁を設置	1973.7.25
公務員制度審議会最終答申	1973.9.3
OPEC、日本を友好国とみなす	1973.12.25
石油消費国会議を開催	1974.2.11
田中首相、国旗国歌の法制化を発言	1974.3.14
生活関連物資の値上げ抑制策	1974.3.16
国土庁を設置	1974.6.26
中央選管委員長、企業ぐるみ選挙を批判	1974.7.2
石油需給の緊急事態宣言を解除	1974.8.31
佐藤栄作元首相がノーベル平和賞	1974.12.10
第3次廃棄物処理施設整備計画	1975.1.17
三木首相、野党首と個別会談	1975.3.29
南ベトナム共和国臨時政府を承認	1975.5.7
初の『国土利用白書』を提出	1975.5.16
三木首相、戦後初の靖国神社参拝	1975.8.15
国民参政85周年など記念式典	1975.10.22
三木首相、サミット出席	1975.11.15
三木首相、プエルトリコ・サミットに出席	1976.6.24
福田首相、サミット出席	1977.5.4
沖縄地籍明確化法案	1977.5.11
総合景気対策を決定	1977.9.3
経済収支の黒字削減対策	1977.9.20
福田首相・5党首個別会談	1977.12.15
国防会議、次期主力戦闘機を決定	1977.12.28

与野党、戻し税方式の減税で合意	1978.2.28
国際収支対策関係閣僚会議	1978.3.11
中道4党党首会談	1978.5.23
農林水産省を発足	1978.7.5
福田首相、ボン・サミット出席	1978.7.13
防衛庁統合幕僚会議議長が更迭	1978.7.19
福田総理、靖国神社に参拝	1978.8.15
靖国神社にA級戦犯を合祀	1978.10.17
省エネルギー・省資源対策推進会議	1979.6.22
大平首相、E2C予算執行の凍結解除を要請	1979.6.22
東京サミットが開催	1979.6.28
防衛庁、第5次防衛力整備計画	1979.7.17
安全保障特別委員会を設置	1980.4.1
大来外相・竹下蔵相らサミットに出席	1980.6.20
中小企事業団・新エネ総合開発機構を設立	1980.10.1
二党党首会談、防衛力整備で合意	1980.10.24
臨時行政調査会設置	1981.3.16
国際軍縮議員連盟結成	1981.5.13
第2次臨時行政調査会、第1次答申	1981.7.10
鈴木首相、オタワ・サミットに出発	1981.7.18
鈴木首相、北方領土を視察	1981.9.19
鈴木首相、南北サミット出席	1981.10.20
第2次臨時行政調査会、第2次答申	1982.2.10
地域改善対策室を開設	1982.4.1
グリーンカード制3年実施延期	1982.4.6
国防会議、五六中期業務見積もりを決定	1982.7.23
第2次臨時行政調査会、第3次答申	1982.7.30
財政非常事態宣言	1982.9.16
鈴木首相、故ブレジネフ書記長の国葬に出席	
	1982.11.14
第2次臨時行政調査会、第4次答申	1983.2.28
中曽根首相、靖国神社に参拝	1983.4.21
中曽根首相、ウィリアムズバーグ・サミット	
	1983.5.28
国鉄再建管理委員会を設置	1983.6.10
衆院、行政改革特別委員会を設置	1983.9.20
衆議院解散	1983.11.27
石橋社会党委員長、自衛隊は合法	1983.12.20
総理府再編、総務庁設置	1984.7.1
「閣僚の靖国神社参拝問題に関する懇談会」	
設置	1984.8.3
臨教審、第1次答申提出	1985.6.26
「行政改革の推進方策に関する答申」提出	1985.7.22
靖国神社公式参拝是認	1985.8.9
中曽根首相、靖国神社公式参拝	1985.8.15
中曽根首相、靖国神社参拝見送り	1985.10.18
内閣制度創始百周年記念式典	1985.12.22
中曽根首相、三権の関係の再検討を表明	1986.1.4
経構研、「前川レポート」を提出	1986.4.7
行革審最終答申	1986.6.10
中曽根首相、大型間接税導入を否定	1986.6.14
藤尾文相の発言が問題化	1986.9.5
中曽根首相、「知的水準発言」が問題化	1986.9.22
政府税調、税制の抜本的改革案を答申	1986.12.23
新行革審発足	1987.4.21
米国、生産者米価引下げを答申	1987.7.3
新行革審、内需拡大策を緊急答申	1987.7.14
臨教審、最終答申	1987.8.7
税制改革案決定	1988.3.25
政府税調、中間答申	1988.4.28

- 334 -

賢人会議発足	1989.1.27	国会事故調査委員会が最終報告	2012.7.5
新行革審、最終答申	1990.4.18	原子力規制委員会が発足	2012.9.19
1990年版『防衛白書』	1990.9.18	安倍首相就任から1年、靖国神社を参拝	2013.12.26
『防衛白書』了承	1992.8.7	沖縄県知事、辺野古埋め立てを承認	2013.12.27
国会議員全員の資産初公開	1993.6.14	国家安全保障局が発足	2014.1.7
田中角栄元首相死去	1993.12.16	名護市長選で、辺野古移設反対の現職が再選	
北朝鮮に危機感の『防衛白書』	1994.7.15		2014.1.19
阪神・淡路大震災発生	1995.1.17	みんなの党渡辺代表8億円借り入れ	2014.3.27
第1回政党交付金支給	1995.7.20	沖縄県知事に翁長前那覇市長	2014.11.16
沖縄県知事、代理署名拒否	1995.9.28	「大阪都構想」反対多数	2015.5.17
普天間基地の移設を発表	1996.4.12	自民勉強会で報道威圧発言	2015.6.25
首相に代行拒否文書送付	1996.8.1		
「官官接待」厳禁	1996.8.14	**【事件】**	
職務執行命令訴訟上告審、国側勝訴	1996.8.28	北海道開拓使官有物払い下げ問題	1881.7.20
沖縄県で全国初の県民投票	1996.9.8	北海道開拓使官有物払い下げ中止	1881.10.11
設置以来初の政治倫理審査会	1996.9.25	岐阜事件	1882.4.6
カンボジア情勢で自衛隊機派遣	1997.7.12	福島事件	1882.8月
名護市ヘリ基地受け入れ表明	1997.12.24	高田事件	1883.3.20
代替ヘリ基地に沖縄県知事反対表明	1998.2.6	群馬事件	1884.5.13
経済戦略会議、緊急提言	1998.10.14	加波山事件	1884.9.23
西村防衛次官、核武装発言	1999.10.19	秩父事件	1884.10.31
小渕前首相死去	2000.5.14	飯田事件	1884.11.8
森首相、「神の国」発言	2000.5.15	大阪事件	1885.11.23
森首相、「国体」発言	2000.6.3	静岡事件	1886.7月
久世金融再生委員長、更迭	2000.7.30	森文相暗殺	1889.2.11
「1府12省庁」始動	2001.1.6	大隈外相襲撃	1889.10.18
小泉首相、靖国神社参拝	2001.8.13	帝国議会議事堂焼失	1891.1.20
自衛隊派遣基本計画が閣議決定	2001.11.16	官紀振粛問題	1893.12.4
田中外相と野上次官を更迭	2002.1.20	共和演説事件	1898.8.22
内閣支持率が急落	2002.2月	星暗殺	1901.6.21
小泉首相、靖国繰り上げ参拝	2002.4.21	田中が足尾鉱毒事件について直訴	1901.12.10
政府首脳が「非核三原則」見直し発言	2002.5.31	教科書検定疑獄事件	1902.12.17
普天間代替、埋め立て方式承認	2002.7.29	秋山露探問題	1904.3.23
道路4公団民営化の動き	2002.11.12	日比谷焼討事件	1905.9.5
小泉首相、靖国神社参拝	2003.1.14	大学独立問題	1905.12.2
男女協同参画会議が最終報告	2003.4.8	日本製糖汚職事件	1909.4.11
首都機能移転、事実上断念	2003.5.28	伊藤博文暗殺	1909.10.26
道路公団民営化の枠組み決まる	2003.12.22	大逆事件	1910.5.25
小泉首相が靖国神社参拝	2004.1.1	憲政擁護運動が暴動化	1913.2.10
改正合併特例法の優遇措置終了	2005.3.31	シーメンス事件	1914.1.23
小泉首相、靖国神社参拝続行を明言	2005.5.16	国民大会が暴徒化	1914.2.10
小泉首相が靖国参拝	2005.10.17	高松汚職事件	1915.6.28
イラク自衛隊派遣を1年延長	2005.12.8	大浦内相辞表提出	1915.7.29
皇室典範改正、見送り方針	2006.2.10	大隈首相暗殺未遂事件	1916.1.12
小泉首相、終戦記念日に靖国神社を参拝	2006.8.15	満鉄重役背任事件	1921.1.30
本間政府税調会長が辞任	2006.12.21	宮中某重大事件に関する床次内相不信任決議	
民主党小沢代表が事務所費を公開	2007.2.20	案否決	1921.3.24
慰安婦問題について、首相「河野談話」継承		原敬暗殺	1921.11.4
を再表明	2007.3.5	甘粕事件	1923.9.16
北海道洞爺湖サミット開催	2008.7.7	三派連合憲政擁護関西大会	1924.1.30
消費者庁が発足	2009.9.1	陸軍機密費横領問題	1926.1.14
沖縄返還時の核密約文書が現存	2009.12.22	松島遊郭移転疑獄	1926.3.2
移設反対派が沖縄名護市長に	2010.1.24	中山艦事件	1926.3.20
民主党石川議員が離党	2010.2.11	昭和金融恐慌	1927.3.14
水俣病の救済を閣議決定	2010.4.16	陸軍機密費横領問題をめぐる議事紛糾	1927.3.24
政府と日銀が追加の経済・金融対策を決定	2010.8.30	野田醤油労働争議	1927.9.16
東日本大震災発生	2011.3.11	山本宣治暗殺事件	1929.3.5
提言型政策仕分けが始まる	2011.11.20	五私鉄疑獄事件	1929.8月
原発民間事故調は報告書を公表	2012.2.27	売勲疑獄事件	1929.8月
		浜口雄幸首相暗殺事件	1930.11.14

血盟団事件	1932.2.9	社民連・楢崎議員、リクルート問題を公表	1988.9.5
五・一五事件	1932.5.15	リクルート事件の譲渡先リスト公表	1988.10.11
熱海事件	1932.10.30	江副リクルート社前会長、病床質問	1988.10.12
滝川事件	1933.5.26	自公民3党幹事長・書記長会談	1988.11.15
足利尊氏論	1934.2.3	衆院リクルート問題特委設置	1988.11.15
五月雨演説	1934.2.15	リクルート社前会長ほか2名証人喚問	1988.11.21
帝人事件	1934.5.19	宮沢蔵相、リクルート問題で陳謝	1988.12.1
陸軍パンフレット事件	1934.10.1	リクルート社前会長ら証人喚問	1988.12.6
天皇機関説問題	1935.2.18	リクルート問題で中曽根前首相ら証人喚問要	
二・二六事件	1936.2.26	求	1989.2.16
第1次人民戦線事件	1937.12.15	リクルート問題で中曽根前首相記者会見	1989.2.27
第2次人民戦線事件	1938.2.1	リクルート問題で衆院予算委紛糾	1989.2.28
尾崎不敬事件	1942.4.24	リクルート事件で高石前文部事務次官逮捕	1989.3.28
東方同志会一斉検挙	1943.10.21	リクルート社による竹下首相のパーティ券購	
昭電疑獄事件で農林次官逮捕	1948.9.10	入が判明	1989.3.30
昭電疑獄事件で経済安定本部総務長官逮捕	1948.9.30	リクルート問題で竹下首相釈明	1989.4.11
昭電疑獄事件で前国務大臣逮捕	1948.10.6	矢野公明党委員長退陣表明	1989.5.17
衆院が芦田らの逮捕を許諾	1948.12.6	リクルート問題で中曽根前首相証人喚問	1989.5.25
保全経済会の政治献金問題について証人喚問	1954.2.1	宮沢首相、リクルート事件資料提出へ	1991.11.14
汚職容疑議員の逮捕許諾請求を期限付きで許		社会党議員、政治資金疑惑	1992.3.13
諾	1954.2.23	社会党議員、また政治資金疑惑	1992.3.17
有田議員逮捕許諾要求衆院提出	1954.3.30	竹下元首相を証人喚問	1992.11.26
造船疑獄で2議員逮捕許諾要求	1954.4.7	竹下元首相・小沢自民党幹事長、証人喚問	1993.2.17
造船疑獄事件で逮捕許諾要求	1954.4.10	佐川急便問題で予算委員会紛糾	1993.12.6
造船疑獄事件で逮捕許諾要求	1954.4.16	細川首相、佐川急便問題で質疑	1993.12.15
東京地裁、米軍駐留は違憲なため砂川事件被		住専問題で議員の参考人質疑始まる	1996.2.15
告は無罪と判決	1959.3.30	オレンジ共済組合事件で友部参院議員逮捕	1997.1.29
安保改定阻止国民会議のデモ、国会乱入	1959.11.27	大蔵省汚職事件で官僚逮捕、三塚蔵相辞任	1998.1.26
社会党顧問、右翼少年に刺される	1960.6.17	新井衆院議員が自殺	1998.2.19
浅沼稲次郎社会党委員長、刺殺される	1960.10.12	KSD疑惑で辞任相次ぐ	2001.1.15
日通事件に関して大倉精一議員を逮捕	1968.6.4	田中、鈴木を参考人招致	2002.2.20
竹入公明党委員長、暴漢に刺される	1971.9.21	元秘書給与流用疑惑で辻本議員辞職	2002.3.20
共産党スパイ査問事件	1976.1.27	大島農水相公設秘書が不正受領	2003.2.20
ロッキード事件が表面化	1976.2.4	古賀潤議員の学歴詐称問題浮上	2004.1.19
ロッキード問題に関する決議案	1976.2.23	佐藤観樹議員に秘書名義借り疑惑	2004.3.1
ロッキード事件の逮捕者	1976.6.22	年金未納問題で辞任相次ぐ	2004.5.7
ロッキード問題特委、中間報告	1977.2.24	小泉首相も年金未加入発覚	2004.5.14
ロッキード問題で中曽根康弘を証人喚問	1977.4.13	日本歯科医師会の前会長、橋本派に1億円	2004.7.14
ダグラス・グラマン事件	1979.1.4	日歯連事件で議員逮捕	2004.7.15
ダグラス・グラマン事件の捜査終結	1979.5.15	経産省で数千万円の裏金管理	2005.6.23
ロッキード事件・小佐野被告に有罪	1981.11.5	民主党、「送金指示メール」騒動	2006.2.16
ロッキード事件で6被告に有罪判決	1982.1.26	タウンミーティングでのやらせを政府が認め	
ロッキード事件で有罪判決	1982.6.8	る	2006.11.1
東京地裁、ロッキード事件論告求刑	1983.1.26	松岡農水相が議員宿舎で自殺	2007.5.28
大韓航空機事件で対ソ制裁措置	1983.9.9	赤木農水相の政治資金問題が発覚	2007.7.7
田中元首相に実刑判決	1983.10.12	防衛省前事務次官を証人喚問	2007.10.29
マルコス疑惑が問題化	1986.3.22	民主党鳩山代表、虚偽記載を認める	2009.6.30
衆院対フィリピン援助特委、マルコス疑惑の		野田首相が外国人献金を認め、返金	2011.10.31
実態解明を要求	1986.4.23	小沢被告に無罪判決	2012.4.26
撚糸工連事件、横手・稲村議員起訴	1986.5.1	小沢被告の控訴審は即日結審	2012.9.26
ロッキード事件、佐藤議員ら控訴審判決	1986.5.14	小沢被告、二審も無罪	2012.11.12
野党3党、佐藤議員の審査を申し立て	1986.5.15	首相官邸前にドローン落下	2015.4.22
ロッキード事件、田中元首相ら控訴審判決	1987.7.29	日歯連前会長ら逮捕	2015.9.30
リクルート事件発覚	1988.6.18		
リクルート事件政治問題化	1988.7.5	【外交】	
なだしお事故連合審査	1988.7.28	「済物浦条約」調印	1882.8.30
土井委員長、リクルート問題を追及	1988.8.1	下関戦争賠償金返還	1883.4.19
竹下首相・宮沢蔵相、元秘書らのリクルート		「漢城条約」調印	1885.1.9
問題関与を認める	1988.8.4	「天津条約」調印	1885.4.18
参院予算委、リクルート問題で紛糾	1988.8.22	「メートル法条約」加入	1885.10.9

| 日本議会政治史事典 | 分野別索引 | 外交 |

「日本・ハワイ国間渡航条約」調印	1886.1.28
「日米犯罪人引渡条約」調印	1886.4.29
第1回条約改正会議	1886.5.1
「万国赤十字条約」加入	1886.6.5
条約改正会議無期延期	1887.7.29
条約改正案手交	1888.11.26
条約改正案報じられる	1889.4.19
条約改正反対運動	1889.9.30
伊藤枢密院議長辞表奉呈	1889.10.11
御前会議で条約改正を審議	1889.10.15
将来外交の政略	1889.12.10
「万国郵便条約」調印	1891.7.4
条約改正案調査委員会設立	1892.4.12
条約改正に関する上奏案可決	1893.2.15
条約改正方針を閣議決定	1893.7.8
現行条約励行建議案提出	1893.12.19
陸奥外相が現行条約励行建議案に反対	1893.12.29
日英条約改正委員会	1894.4.2
「日英通商航海条約」調印	1894.7.16
日清戦争にあたって宣戦布告	1894.8.1
「大日本大朝鮮両国同盟約」調印	1894.8.26
日清戦争講和交渉開始	1895.3.20
「下関条約」調印	1895.4.17
三国干渉	1895.4.23
日清戦争賠償金受領	1895.10.31
「遼東半島還付条約」調印	1895.11.8
漢城で親露派クーデター	1896.2.11
対朝鮮失政に関する内閣処分決議案提出	1896.2.15
「小村・ウェーバー覚書」調印	1896.5.14
「山県・ロバノフ協定」調印	1896.6.9
「西・ローゼン協定」調印	1898.4.25
改正条約実施	1899.7.17
「ハーグ陸戦条約」調印	1899.7.29
清国への陸軍派兵決定	1900.6.15
第1回北京列国公使会議	1900.10.8
「北京議定書」調印	1901.9.7
「日露協商」交渉打ち切り	1901.12.23
日英同盟成立	1902.1.30
日英同盟について報告	1902.2.12
対露政策を協議	1903.4.21
日露交渉開始決定	1903.6.23
七博士意見書	1903.6.24
小村・ローゼン交渉開始	1903.10.6
『万朝報』対露主戦論に転向	1903.10.12
戦時財政について懇談	1904.1.28
対露交渉打ち切り決定	1904.2.4
対露国交断絶	1904.2.6
日露戦争開戦	1904.2.10
戦時増税で合意	1904.3.20
「第1次日韓協約」調印	1904.8.22
桂首相、施政方針演説	1904.12.3
戦時増税で妥協案成立	1904.12.9
米国大統領に講和斡旋依頼	1905.6.1
ルーズベルト大統領が講和勧告書提示	1905.6.9
立憲政友会・憲政本党が講和について決議	1905.6.28
ポーツマス会議	1905.8.10
「第2回日英同盟協約」調印	1905.8.12
「日露休戦議定書」調印	1905.9.1
「ポーツマス条約」調印	1905.9.5

憲政本党が政府間責決議案議決	1905.9.9
ポーツマス条約批准拒否を上奏	1905.9.21
「平和克復の詔勅」発布	1905.10.16
「韓国保護条約」調印	1905.11.17
「戒厳令」解除	1905.11.29
「満州に関する日清条約」調印	1905.12.22
「第3次日韓協約」調印	1907.7.24
「第1次日露協約」調印	1907.7.30
日韓併合の方針決定	1909.7.6
「第2次日露協約」調印	1910.7.4
「韓国併合に関する条約」調印	1910.8.22
韓国併合	1910.8.29
朝鮮総督府設置	1910.10.1
「日米通商航海条約」調印	1911.2.21
「排日土地法」に抗議	1913.5.10
21ヶ条要求	1915.1.18
内閣弾劾決議案否決	1915.6.3
対中不干渉決定	1917.1.9
寺内首相が対中外交で議会に協力要請	1917.1.15
臨時外交調査委員会参加を要請	1917.6.2
臨時外交調査委員会設置	1917.6.6
立憲政友会・立憲国民党が中立決議	1917.6.19
寺内内閣不信任決議案否決	1917.6.30
「石井・ランシング協定」	1917.11.2
パリ講和会議	1919.1.18
ヴェルサイユ条約	1919.6.28
第1回国際労働会議	1919.10.29
ワシントン会議	1921.11.12
「四ヵ国条約」調印	1921.12.13
「山東還付条約」調印	1922.2.4
「ワシントン海軍軍縮条約」調印	1922.2.6
「山東鉄道沿線撤兵に関する協定」調印	1922.3.28
南洋庁設置	1922.4.1
「日華郵便約定」調印	1922.12.8
枢密院が政府弾劾上奏案可決	1922.12.29
21ヶ条要求の破棄通告	1923.3.10
「石井・ランシング協定」破棄	1923.4.14
米国移民制限問題に関する声明を発表	1924.5.28
「排日移民法」施行	1924.7.1
満州派兵決定	1925.12.15
内政外交施政方針発表	1927.4.22
ジュネーブ海軍軍縮会議	1927.6.20
東方会議	1927.6.27
「日ソ漁業条約」調印	1928.1.23
中国が不平等条約改訂宣言	1928.7.7
「パリ不戦条約」調印	1928.8.27
「人民の名に於て」問題	1929.1.23
満州某重大事件の真相発表決議案否決	1929.1.31
「済南事件解決に関する文書」調印	1929.3.28
南京・漢口両事件に関する交換公文調印	1929.5.2
「パリ不戦条約」問題で内閣辞職要求	1929.6.22
枢密院が「パリ不戦条約」可決	1929.6.26
「万国郵便条約」調印	1929.6.28
満州某重大事件責任者処分	1929.7.1
ロンドン海軍軍縮会議	1930.1.21
第3次軍縮妥協案了承	1930.4.1
「ロンドン海軍軍縮条約」調印	1930.4.22
「日華関税協定」調印	1930.5.6

- 337 -

枢密院が「ロンドン海軍軍縮条約」審査開始	
	1930.8.11
「ロンドン海軍軍縮条約」批准	1930.10.2
満州事変勃発	1931.9.18
満州事変を国際連盟に提訴	1931.9.21
日中紛争解決勧告決議案採択	1931.9.23
満州事変不拡大声明	1931.9.24
満州撤兵勧告案採択	1931.10.24
リットン委員会設置	1931.12.10
第1次上海事変	1932.1.28
満蒙国家建設会議	1932.2.16
リットン調査団来日	1932.2.29
満州国建国	1932.3.1
日中停戦に関する勧告決議案採択	1932.3.4
満蒙処理方針要綱	1932.3.12
「日満議定書」調印	1932.9.15
リットン報告書手交	1932.10.1
日本軍満州撤退勧告案採択	1933.2.24
「塘沽停戦協定」調印	1933.5.31
在満機構改革問題	1934.8.6
「ワシントン海軍軍縮条約」破棄決定	1934.12.3
「北満鉄道譲渡協定」調印	1935.1.23
第2次ロンドン海軍軍縮会議	1935.12.9
「日独防共協定」調印	1936.11.25
「日ソ漁業条約効力1年延長に関する暫定協	
定」調印	1936.12.28
満州国が「重要産業統制法」公布	1937.5.1
盧溝橋事件	1937.7.7
日中全面戦争突入	1937.8.15
日中戦争を国際連盟に提訴	1937.9.13
「九ヵ国条約」会議が日本招請	1937.10.21
「日独伊防共協定」調印	1937.11.6
第1次近衛声明	1938.1.16
東京オリンピック開催権返上	1938.7.15
宇垣・クレイギー会談	1938.7.26
国際連盟との協力関係終止	1938.10.14
有田・クレイギー会談	1939.7.15
「日米通商航海条約」破棄	1939.7.26
欧州戦争不介入	1939.9.4
「日米通商航海条約」失効	1940.1.26
北部仏印進駐	1940.9.23
日独伊三国同盟成立	1940.9.27
支那事変処理要綱決定	1940.11.13
「日華基本条約」調印	1940.11.30
松岡外相欧州歴訪	1941.3.12
「日ソ中立条約」調印	1941.4.13
日米交渉開始	1941.4.16
情勢の推移に伴う帝国国策要綱決定	1941.7.2
第1次帝国国策遂行要領決定	1941.9.6
ハル4原則手交	1941.10.2
ゾルゲ事件	1941.10.15
第2次帝国国策遂行要領決定	1941.11.5
来栖大使米国派遣	1941.11.5
ハル・ノート提示	1941.11.26
対米開戦決定	1941.12.1
太平洋戦争勃発	1941.12.8
「対米英戦共同遂行・単独不講和及び新秩序	
建設に関する日独伊三国協定」調印	1941.12.11
「日本・タイ国同盟条約」調印	1941.12.21
「日独伊軍事協定」調印	1942.1.18

今後執るべき戦争指導の大綱決定	1942.3.7
「米ソ相互援助条約」など調印	1942.6.11
日華共同声明	1943.1.9
東条首相中国訪問	1943.3.12
東条首相満州国訪問	1943.3.31
東条首相フィリピン訪問	1943.5.3
大東亜政略指導大綱決定	1943.5.31
東条首相南方諸地域訪問	1943.6.30
ビルマ独立宣言	1943.8.1
日独共同声明	1943.9.15
今後執るべき戦争指導の大綱	1943.9.30
フィリピン共和国独立宣言	1943.10.14
「日華同盟条約」調印	1943.10.30
大東亜会議開催	1943.11.5
「日ソ漁業条約改定協定」など調印	1944.3.30
特派使節モスクワ派遣提議	1944.9.16
ヤルタ協定署名	1945.2.11
日ソ中立条約不延長を通告	1945.4.5
対日ポツダム宣言を発表	1945.7.26
鈴木首相、ポツダム宣言黙殺を表明	1945.7.28
ソ連、対日宣戦布告	1945.8.8
ポツダム宣言受託を申し入れ	1945.8.10
ポツダム宣言受諾を決定	1945.8.14
マニラで降伏文書受領	1945.8.20
降伏文書調印	1945.9.2
米国、対日方針を発表	1945.9.22
日本の外交機能を停止	1945.10.25
連合国極東諮問委員会開会	1945.10.30
ポーレー対日賠償委員長来日	1945.11.13
連合国対日理事会初会合	1946.4.5
ソ連未帰還者の引揚げに関する協定	1946.12.18
ストライク賠償調査団来日	1947.1.28
ドレイパー賠償調査団来日	1948.3.20
GHQ経済顧問が来日	1949.2.1
シャウプ税制使節団来日	1949.5.10
ドッジ再来日	1949.10.30
米国務省、対日講和条約を検討中と発表	1949.11.1
グラッドレー統合参謀本部議長来日	1950.1.31
米国に日本在外事務所設置を許可	1950.2.9
単独講和締結の見解発表	1950.6.1
ダレス国務長官顧問来日	1950.6.21
ドッジ来日	1950.10.7
特使ダレス来日	1951.1.25
吉田首相・ダレス特使会談	1951.1.29
ダレス特使、対日講和の基本原則表明	1951.2.2
吉田首相、米との安全保障の取り決めを歓迎	
	1951.2.11
日本のユネスコ加入を承認	1951.3.14
ダレス特使再来日	1951.4.16
ダレス・リッジウェイ・吉田会談	1951.4.18
ILOとユネスコ、日本加盟を承認	1951.6.21
ソ連が対日講和参加を通告	1951.8.12
講和全権団出発	1951.8.31
対日講和会議開催	1951.9.4
対日平和条約調印	1951.9.8
平和条約・安保条約衆院通過	1951.10.26
平和条約・安保条約参院通過、批准手続き終	
了	1951.11.18
FAO日本の加盟を承認	1951.11.21

| 日本議会政治史事典 | 分野別索引 | 外交 |

ダレス来日	1951.12.10
日本・インドネシア賠償中間協定仮調印	1952.1.18
李承晩ライン設定	1952.1.18
特使ラスク来日	1952.1.26
日米行政協定正式交渉開始	1952.1.29
第1次日華会談開始	1952.2.15
日米行政協定調印	1952.2.28
日米行政協定の国会承認に関する件を否決	1952.3.25
対日平和条約、日米安保条約発効	1952.4.28
IMF、IBRD、日本の加盟を承認	1952.5.29
日印平和条約調印	1952.6.9
国連憲章義務受諾を宣言	1952.6.23
国連の特権及び免除に関する協定署名	1952.7.25
日米民間航空運送協定調印	1952.8.11
日米船舶貸借協定調印	1952.11.12
国連の日本加入に関する決議	1952.12.21
国際電気通信条約調印	1952.12.22
韓国大統領来日	1953.1.5
日韓会談再開で合意	1953.1.6
竹島を日本領と言明	1953.3.5
日米友好通商航海条約調印	1953.4.15
第2次日韓会談開始	1953.4.15
日仏文化協定調印	1953.5.12
MSA協定文書を発表	1953.6.26
MSA日米交渉開始	1953.7.15
ダレス来日	1953.8.8
池田・ロバートソン会談	1953.10.2
第3次日韓会談開始	1953.10.6
日韓問題解決に関する決議案可決	1953.11.3
ニクソン米副大統領来日	1953.11.15
日本の戦争放棄強要は米国の誤りと発言	1953.11.19
日本の国際司法裁判所加盟を承認	1953.12.2
国連軍の地位に関する協定調印	1954.2.19
日米協定調印	1954.3.8
アメリカとの協定の批准について国会に提出	
	1954.3.11
MSA協定発効	1954.5.1
ガリオア・エロア返済で日米共同声明	1954.5.4
日米艦艇貸与協定署名	1954.5.14
竹島問題の国際司法裁判所付託を提案	1954.9.25
吉田首相、欧米7ヵ国歴訪	1954.9.26
日中・日ソ国交回復国民会議結成	1954.10.28
日本・ビルマ平和条約他調印	1954.11.5
ソ連外相が対日関係正常化について声明	1954.12.16
ビキニ被爆の補償について日米合意	1955.1.4
ソ連、国交正常化文書提示	1955.1.25
「婦人参政権に関する条約」調印	1955.4.1
日中民間漁業協定調印	1955.4.15
バンドン会議開催	1955.4.18
日米防衛分担金削減交渉妥結	1955.4.19
日米余剰農産物協定調印	1955.5.31
日ソ交渉開始	1955.6.1
ガット加入のための議定書調印	1955.6.7
日タイ特別円処理協定調印	1955.7.9
重光外相渡米	1955.8.23
日米原子力協定調印	1955.11.14
国連加盟決議案、衆院で可決	1955.12.6
日韓問題に関する決議案、衆院で可決	1955.12.14
国連加盟について論議	1955.12.15

日ソ交渉再開	1956.1.17
日米技術協定調印	1956.3.22
日ソ漁業交渉開始	1956.4.29
日比賠償協定調印	1956.5.9
日ソ交渉全権団出発	1956.10.7
国際原子力機関憲章調印	1956.10.26
日本、国連に加盟	1956.12.18
日本・ポーランド国交回復	1957.2.8
日本・チェコスロバキア国交回復	1957.2.13
日ソ漁業委員会設置	1957.2.14
原水爆禁止決議可決	1957.3.15
岸首相、東南アジア6ヵ国訪問に出発	1957.5.20
岸首相、蒋介石総統と会談	1957.6.3
岸首相渡米	1957.6.16
アメリカ、在日米地上軍の撤退開始を発表	1957.8.1
日米安全保障委員会発足	1957.8.6
安全保障に関する日米公文交換	1957.9.14
国連総会に核実験停止決議案提出	1957.9.24
日本、国連安保理非常任理事国に	1957.10.1
インドのネール首相来日	1957.10.4
岸首相、東南アジア9ヵ国訪問に出発	1957.11.18
「日ソ通商条約」調印	1957.12.6
日米安保委員会、空対空誘導弾受入れ決定	1957.12.19
日本・インドネシア間平和条約調印	1958.1.20
スカルノ大統領来日	1958.1.29
日印通商協定調印	1958.2.4
藤山外相、ベトナム賠償について発言	1958.2.8
第4次日中民間貿易協定調印	1958.3.5
米英ソに核実験停止要望	1958.4.4
日韓会談再開	1958.4.25
原水爆実験禁止に関する決議案可決	1958.4.18
日英・日米原子力協定調印	1958.6.16
日米安保条約改定で合意	1958.9.11
インド大統領来日	1958.9.26
日本・ラオス経済協力協定提出	1958.10.15
新安保条約では西太平洋は範囲外と言明	1958.10.31
フィリピン大統領来日	1958.12.2
藤山外相、安保条約改定について発言	1959.1.25
藤山外相、安保条約試案発表	1959.2.18
日本・カンボジア経済技術協力協定調印	1959.3.2
浅沼訪中施設団長、米帝国主義は日中両国の	
敵と施設	1959.3.9
安保条約改定交渉再開	1959.4.13
日本・南ベトナム賠償協定調印	1959.5.13
日加原子力協定調印	1959.7.2
岸首相、欧州・中南米11ヵ国訪問に出発	1959.7.11
日韓会談再開	1959.8.12
日本、国連経済社会理事国に	1959.10.12
ガット総会開催	1959.10.26
藤山外相、在日米軍の出動範囲について発言	
	1959.11.16
国連総会、軍縮共同決議案等採択	1959.11.20
日本・ベトナム賠償協定を承認	1959.12.23
日米新安保条約・新行政協定交渉が妥結	1960.1.6
日米新安保条約・日米新行政協定に調印	1960.1.19
ソ連、日米新安保条約を非難	1960.1.27
日米安保特委、国会の修正権など論議	1960.2.19
アデナウァー西独首相が来日	1960.3.25
第4次日韓会談が全面再開	1960.4.15

– 339 –

| 外交 | 分野別索引 | 日本議会政治史事典 |

在日米軍への防衛義務は個別的自衛権	1960.4.20
安保改定阻止国民会議、国会請願デモ	1960.4.26
全国各地の各界で安保強行採決反対	1960.5.20
社党委員長、米大使に大統領訪日延期を要請	
	1960.5.24
安保改定阻止第1次実力行使	1960.6.4
安保改定阻止国民会議統一行動	1960.6.15
日米改新安保条約・行政協定自然承認	1960.6.18
安保改正阻止国民会議統一行動	1960.6.18
参院、日米安保関係法令整理法案可決	1960.6.20
日米新安保条約・行政協定が発効	1960.6.23
小坂外相、訪韓し、日韓共同声明を発表	1960.9.6
第一回日米安保協議委員会開会	1960.9.8
第4回列国議会同盟東京会議を開催	1960.9.29
ガリオア・エロア両債務の返済交渉申し入れ	
	1961.5.10
池田首相、米国・カナダ訪問	1961.6.19
ミコヤン・ソ連第一副首相が来日	1961.8.14
第6次日韓会談を開始	1961.10.20
第一回日米貿易経済合同委員会を開催	1961.11.2
池田首相、東南アジア4か国を訪問	1961.11.16
アルゼンチン大統領夫妻が来日	1961.12.13
日タイ特別円協定に調印	1962.1.31
日米ガット関税取り決め調印	1962.3.6
外相、米国大使と沖縄援助について会談	1962.6.12
第2回日米安保協議委員会開催	1962.8.1
沖縄援助に関する日米協議委員会を設置	1962.11.2
池田首相、欧州7か国訪問	1962.11.4
日英通商航海条約に調印	1962.11.14
IMF、八国国移行の対日勧告	1963.2.8
日本、ガット11条国に移行	1963.2.20
日本ビルマ間経済及び技術協力協定	1963.3.29
日米綿製品協定調印	1963.8.27
航空機内での行為に関する条約に調印	1963.9.14
池田首相、東南アジア、大洋州訪問	1963.9.23
池田首相、ケネディ前大統領葬儀のため渡米	
	1963.11.24
日本、IMF8国国に移行	1964.4.1
ポンピドゥ仏首相夫妻が来日	1964.4.6
日本、OECDに加盟	1964.4.28
結社の自由に関する調査調停委員会設置	1964.5.12
ソ連最高会議議員団が来日	1964.5.14
世界商業通信衛星組織に暫定協定	1964.8.20
佐藤首相、日米首脳会談のため訪米	1965.1.10
ILO調査団が来日	1965.1.10
衆院、国際労働条約に関する特別委員会設置	
	1965.2.12
椎名外相、日韓基本条約に仮調印	1965.2.17
ILO87号条約批准を承認	1965.5.17
日韓基本関係条約に署名	1965.6.22
日韓特別委員会を設置	1965.11.13
日本、国連安保理非常任理事国に当選	1965.12.10
日ソ航空協定調印	1966.1.21
経済的、社会的権利に関する国際規約調印	1966.12.19
宇宙条約に署名	1967.1.27
ケネディ・ラウンドが妥結	1967.5.15
第一回日韓定期閣僚会議を開催	1967.8.9
佐藤首相、中華民国を訪問	1967.9.7
佐藤首相、東南アジア5か国訪問	1967.9.20
佐藤首相、東南アジア・大洋州訪問	1967.10.8

佐藤首相、日米首脳会談のため訪米	1967.11.12
共産党、日米軍事同盟の打破を発表	1968.1.1
インドネシア・スハルト大統領来日	1968.3.28
小笠原返還協定に調印	1968.4.5
日米自動車交渉が妥結	1968.8.20
野党3党、チェコ事件に抗議声明	1968.8.21
在日米軍基地の整理案を提示	1968.12.23
愛知外相、ソ連、米国を訪問	1969.9.4
日米航空交渉が妥結	1969.10.2
佐藤首相、日米首脳会談のために渡米	1969.11.17
核拡散防止条約に調印	1970.2.3
日中覚書貿易協定・会談コミュニケに調印	1970.4.19
日米安保条約自動延長	1970.6.23
安保条約廃棄宣言全国統一行動	1970.6.24
佐藤首相、国連総会出席のため渡米	1970.10.18
日米繊維交渉再開	1970.11.9
日中国交回復促進議員連盟が発足	1970.12.9
日米安保協議委員会在日米軍の移駐で合意	
	1970.12.21
愛知外相、駐日米大使と会談	1970.12.30
沖縄返還協定に調印	1971.6.17
佐藤首相、朴大統領就任式参列で訪韓	1971.7.1
衆院に日中国交回復決議案を提出	1971.7.23
衆院、沖縄返還協定締結承認	1971.11.24
日米繊維協定に調印	1972.1.3
田中首相の訪中を招請	1972.7.22
田中首相、訪中招請を受諾	1972.8.15
田中首相、日米首脳会談のため渡米	1972.8.31
日中国交正常化の基本方針	1972.9.8
日中国交正常化	1972.9.29
日中民間覚書貿易協定調印	1972.10.29
日中共同声明に関する決議案	1972.11.8
大平外相、インガソル駐日米大使と会談	1973.1.19
田中首相、日米首脳会談のため訪米	1973.7.29
日韓定期閣僚会議延期を決定	1973.8.24
ガット東京ラウンド	1973.9.12
田中首相、欧州ソ連訪問	1973.9.26
三木副総理、政府特使として中東8か国歴訪	
	1973.12.10
田中首相、東南アジア5か国訪問	1974.1.7
日韓大陸棚協定	1974.1.30
日中航空協定に調印	1974.4.20
田中首相、4か国訪問	1974.9.12
日中定期航空路線開設	1974.9.26
第61回列国議会同盟会議を開催	1974.10.2
田中首相、3か国訪問	1974.10.28
フォード米国大統領が来日	1974.11.18
宮沢外相、訪ソ	1975.1.15
ルーマニア大統領夫妻来日	1975.4.4
宮沢外相、日韓関係正常化のため訪韓	1975.7.23
三木首相、日米首脳会談のため訪米	1975.8.2
日ソ漁業協定承認	1975.9.20
核兵器不拡散条約を承認	1976.4.28
日米防衛協力小委員会を設置	1976.7.8
日米漁業交渉開始	1976.12.13
米副大統領モンデール来日	1977.1.30
日韓大陸棚協定締結の承認	1977.2.14
衆院予算委、日韓問題について集中審議	1977.3.15
日本・モンゴル無償経済援助協定	1977.3.17
日米長期漁業協定調印	1977.3.18

— 340 —

日本議会政治史事典　　　　　分野別索引　　　　　外交

日ソ漁業交渉に関する決議案可決	1977.3.17
福田首相、米国訪問	1977.8.19
園田官房長官、首相特使として訪ソ	1977.4.5
ソ連、日ソ漁業条約破棄を通告	1977.4.29
日ソ漁業暫定協定調印	1977.5.22
石田労相、抑留漁船員問題で訪ソ	1977.6.12
ソ日漁業暫定協定に調印	1977.8.4
福田首相、ASEAN諸国歴訪	1977.8.6
福田ドクトリンを発表	1977.8.18
日朝友好促進議員連盟、訪朝代表団派遣	1977.8.26
使用済み核燃料再処理施設に関する共同決定	
	1977.9.12
国連、ハイジャック防止決議案採択	1977.11.3
日ソ・ソ日両漁業暫定協定の1年延長	1977.12.16
日米経済交渉	1978.1.13
日中民間長期貿易取決	1978.2.16
ソ連提案日ソ善隣条約案を拒否	1978.2.22
日米犯人引き渡し条約に締結の承認	1978.3.10
日ソ漁業協力協定及びさけ・ます議定書	1978.3.21
北太平洋漁業条約改定議定書に調印	1978.3.25
国際通貨基金協定に署名	1978.4.4
福田首相、日米首脳会談のため訪米	1978.4.30
初の国連軍縮特別総会が開会	1978.5.23
国際人権規約に調印	1978.5.30
日韓大陸棚関連法案可決成立	1978.6.14
日中平和友好条約に調印	1978.8.15
福田首相、中東4か国訪問	1978.9.4
日中平和友好条約の締結を承認	1978.9.19
シュミット・西ドイツ首相来日	1978.10.10
有事の際の日米防衛協力の指針	1978.11.27
中国副首相・鄧小平来日	1979.2.6
ガット東京ラウンドが妥結	1979.4.12
大平首相、日米首脳会談のため訪米	1979.4.30
大平首相、国連貿易開発会議出席	1979.5.9
カーター米国大統領が来日	1979.6.24
国連難民会議を開催	1979.7.20
山下防衛庁長官、日韓防衛首脳会談	1979.7.25
大平首相、日中首脳会談のため中国訪問	1979.12.5
女性差別を国際法違反とした国際協定採択	
	1979.12.18
共産党代表団訪ソ	1979.12.15
大平首相、オセアニア3ヵ国訪問	1980.1.15
公明党、日米安保存続を認に方針転換	1980.1.17
園田前外相、特使として中近東訪問	1980.2.19
大平首相、米国・カナダ・メキシコ訪問	1980.4.30
大平・カーター日米首脳会談	1980.5.1
日米科学技術研究開発協力協定に調印	1980.5.1
華国鋒・中国首相が来日	1980.5.27
国連平和維持活動への派遣に関する報告書	1980.7.27
初の日中閣僚会議を開催	1980.12.3
鈴木首相ASEAN諸国訪問	1981.1.8
伊東外相、韓国を訪問	1981.3.2
鈴木首相、米国・カナダ訪問	1981.5.4
日米首脳会談で「日米同盟」初めて明記	1981.5.8
日本・東ドイツ通商航海条約調印	1981.5.28
鈴木前首相、欧州諸国歴訪に出発	1981.6.9
日豪原子力協定に署名	1982.3.5
イタリア・ペルティーニ大統領来日	1982.3.9
フランス・ミッテラン大統領来日	1982.4.14
国連軍縮会議に関する決議案	1982.5.27

中国・趙紫陽首相が来日	1982.5.31
鈴木首相、ヴェルサイユ・サミットに出席	1982.6.4
第2回国連軍縮特別総会	1982.6.9
デ・クエヤル事務総長が来日	1982.8.23
教科書問題で、日韓共同コミュニケ	1982.8.26
日米漁業協定	1982.9.10
サッチャー英国首相夫妻が来日	1982.9.17
鈴木首相、中国を訪問	1982.9.26
中曽根首相、初の韓国公式訪問	1983.1.11
日米首脳会談を開催	1983.1.18
中曽根首相、東南アジア6ヵ国歴訪	1983.4.30
コール西ドイツ首相夫妻が来日	1983.10.31
レーガン米国大統領夫妻が来日	1983.11.9
胡・中国共産党総書記が来日	1983.11.23
中曽根首相、訪中	1984.3.23
中曽根首相、パキスタン・インド訪問	1984.4.30
中曽根首相、ロンドンサミットへ出席	1984.6.6
韓国大統領来日	1984.9.6
ソ連最高会議議員団、6年ぶりに来日	1984.10.25
中曽根首相、国葬参列のためインドに出発	1984.11.2
中曽根首相、首脳会談のため訪米	1985.1.1
中曽根首相、オセアニア4ヵ国歴訪	1985.1.13
中曽根首相、ソ連書記長の国葬参列へ	1985.3.12
女子差別撤廃条約案件国会提出	1985.4.5
中曽根首相、ボン・サミットに出発	1985.4.29
中曽根首相、西欧4ヵ国訪問	1985.7.12
中曽根首相、国連で演説	1985.10.19
中曽根首相訪加	1986.1.12
シェワルナゼ外相来日	1986.1.15
中曽根首相訪米	1986.4.12
東京サミット開幕	1986.5.4
中曽根首相訪韓	1986.9.20
中曽根首相訪中	1986.11.8
アキノ大統領来日	1986.11.10
中曽根首相西欧4ヵ国訪問	1987.1.10
中曽根首相訪米	1987.4.29
中曽根首相訪中	1987.9.19
日米防衛首脳会談	1987.10.2
竹下首相、日本・ASEAN首脳会議に出席	1987.12.15
竹下首相、米・加訪問	1988.1.12
竹下首相、韓国大統領就任式に出席	1988.2.24
在日米軍労務費特別協定改正議定書調印	1988.3.2
竹下首相、西欧4ヵ国歴訪	1988.4.29
竹下首相、国連軍縮特別総会に出席	1988.5.30
竹下首相、トロント・サミットに出席	1988.6.16
竹下首相訪中	1988.7.1
竹下首相訪中	1988.8.25
竹下首相、ソウル五輪開会式に出席	1988.9.16
石橋前社会党委員長ら訪韓	1988.10.12
北朝鮮労働党代表団、初来日	1989.1.21
竹下首相、訪米	1989.1.31
竹下首相、北朝鮮との関係改善を提唱	1989.3.30
李鵬首相来日	1989.4.12
FSX日米共同開発交渉結着	1989.4.28
竹下首相、ASEAN諸国訪問	1989.4.29
海部首相、米国・カナダ・メキシコ歴訪	1989.8.30
第1回日米構造問題協議	1989.9.4
日中友好議員連盟訪中団出発	1989.9.17
ソ連最高会議代表団来日	1989.11.12

− 341 −

外交　　　　　　　　　　　　分野別索引　　　　　　　　日本議会政治史事典

社会党初の訪韓団出発	1989.12.21	日独協議を毎年開催	1996.11.1
海部首相、欧州8ヵ国に出発	1990.1.8	フランス大統領来日	1996.11.18
自由民主党訪ソ団出発	1990.1.13	日米安保協議委員会で最終報告	1996.12.2
海部首相訪米	1990.3.2	橋本首相、ASEAN各国へ出発	1997.1.7
海部首相、アジア歴訪	1990.4.28	北朝鮮問題で日韓連携強化	1997.1.25
在日韓国人の待遇改善	1990.4.30	日米防衛新ガイドライン中間報告	1997.6.7
韓国大統領来日	1990.5.24	橋本首相訪中	1997.9.4
北朝鮮との国交樹立提案	1990.9.24	日米ガイドライン決定	1997.9.23
海部首相中東訪問	1990.10.1	日露首脳会談	1997.11.1
ネルソン・マンデラ来日	1990.10.27	日朝国交正常化交渉再開で合意	1997.11.12
海部首相が訪韓	1991.1.9	地球温暖化防止への京都会議	1997.12.1
第1回日韓国交正常化交渉	1991.1.30	イラクへの米武力行使に賛成	1998.2.13
ゴルバチョフ・ソ連大統領来日	1991.4.16	橋本首相、3ヵ国の首脳と会談	1998.4.2
海部首相、ASEAN歴訪	1991.4.27	日中両共産党、関係正常化で合意	1998.6.11
海部首相が訪中	1991.8.10	緊急通貨会議開催	1998.6.20
海部首相、モンゴル訪問	1991.8.13	北朝鮮ミサイル発射	1998.8.31
南ア制裁措置解除	1991.10.22	日米首脳会談	1998.9.22
米国務長官来日	1991.11.11	対人地雷禁止条約批准	1998.9.30
アメリカ大統領来日	1992.1.7	金大中大統領来日	1998.10.7
第2回日米首脳会談	1992.1.9	小渕首相ロシア訪問	1998.11.11
南アフリカと外交再開	1992.1.13	初の日韓閣僚懇談会	1998.11.28
宮沢首相が訪韓	1992.1.16	ソウルで日韓首脳会談	1999.3.20
安保理常任理事国入り意欲	1992.1.31	ケルン・サミット開幕	1999.6.18
中国の江沢民総書記来日	1992.4.6	中国で日中首脳会談	1999.7.9
前熊本県知事が新党結成	1992.5.22	小渕首相、東南アジア3ヵ国歴訪	2000.1.10
国連環境開発会議開幕	1992.6.3	北朝鮮、日本人拉致疑惑調査開始	2000.3.13
南アフリカ大統領来日	1992.6.3	米国防長官、沖縄航空管制権返還を表明	2000.3.16
アメリカ、「PKO法」を評価	1992.7.1	九州・沖縄サミット蔵相会合開催	2000.7.8
北方領土問題平行線	1992.9.2	九州・沖縄サミット開幕	2000.7.21
日朝国交正常化交渉決裂	1992.11.5	クリントン大統領、返還後初の沖縄訪問	2000.7.21
日韓、北朝鮮問題で連携	1992.11.8	森首相、南西アジア4ヵ国歴訪	2000.8.19
ガリ国連事務総長が来日	1993.2.15	第10回日朝国交正常化交渉	2000.8.22
統一ドイツ首相来日	1993.2.26	プーチン大統領初来日	2000.9.3
宮沢首相訪米	1993.4.16	森首相、アフリカ・ヨーロッパ訪問へ出発	2001.1.7
東京サミット開幕	1993.7.7	日中外相会談	2001.5.24
新日米経済協議で合意	1993.7.10	田中外相が米国務長官と会談	2001.6.18
社会党委員長が初の訪韓	1993.9.4	小泉首相、ブッシュ大統領と日米首脳会談	2001.6.30
アメリカ大統領、新政権へ期待	1993.9.28	ジェノバ・サミット開催	2001.7.20
ロシア大統領が来日	1993.10.11	日米首脳会談で支援立法を公約	2001.9.25
細川首相、朝鮮半島の植民地支配謝罪	1993.11.6	小泉首相が訪中	2001.10.8
日米包括協議、合意ならず	1994.2.11	小泉首相が訪韓	2001.10.15
アメリカの国務長官来日	1994.3.9	日ロ首脳会談、北方領土問題に提案	2001.10.21
細川首相、訪中	1994.3.20	ASEAN首脳会議開幕	2001.11.4
韓国大統領来日	1994.3.24	日・EU首脳、緊急協力へ	2001.12.8
村山首相、米大統領と会談	1994.7.8	アフガン復興支援国際会議開幕	2002.1.21
国連常任理入り目指す	1994.9.16	北方領土「平行協議」取り下げ	2002.3.13
イスラエル首相が来日	1994.12.12	小泉首相が訪韓、拉致解決へ協力要請	2002.3.22
北朝鮮国交正常化交渉再開	1995.3.30	小泉首相、朱鎔基首相と会談	2002.4.12
北朝鮮代表団来日	1995.5.26	小泉首相、東南アジアなどを歴訪	2002.4.27
日韓併合条約発言で謝罪	1995.6.3	G7が世界経済の回復確認	2002.4.20
核実験で中国への無償資金援助凍結	1995.8.17	カナナスキス・サミット開催	2002.6.26
沖縄米軍基地に関する協議機関設置	1995.11.1	日韓首脳、南北交戦に冷静対応確認	2002.7.1
韓国大統領に謝罪の親書	1995.11.14	日朝国交正常化交渉再開と過去精算協議へ	2002.8.26
人種差別撤廃条約を採択	1995.11.21	江沢民主席、首相訪朝を全面支持	2002.9.8
日米防衛協力見直し着手	1996.4.14	小泉首相、米大統領と会談	2002.9.12
日米首脳会談	1996.4.17	小泉首相、訪朝	2002.9.17
日ロ『東京宣言』再確認	1996.4.19	北朝鮮の核問題について日米韓会談	2002.10.26
「国連海洋法」条約批准	1996.6.7	日中韓首脳会談、ASEAN首脳会議	2002.11.4
橋本首相、韓国訪問	1996.6.22	安保理で日本、米英支持表明	2003.2.18

– 342 –

アフガニスタン支援に41億表明	2003.2.22	安倍首相がTPP交渉参加の意向を表明	2013.2.22
小泉首相、米国務長官と会談	2003.2.22	安倍首相がTPP交渉参加を正式に表明	2013.3.15
小泉首相、盧韓国大統領と初会談	2003.2.25	北方領土交渉再開で一致	2013.4.29
イラク戦争について論戦	2003.3.20	ハーグ条約を国会承認	2013.5.22
小泉首相が露中首脳と会談	2003.5.30	日仏、原子力協力で共同声明	2013.6.7
韓国の盧武鉉大統領が来日	2003.6.6	中欧4か国と首脳会談	2013.6.16
小泉首相、欧州歴訪	2003.8.18	北方領土協議再開	2013.8.19
国連総会で拉致問題について演説	2003.9.23	対シリアでオバマ大統領と会談	2013.9.5
6か国協議、次回協議を決めて閉会	2004.2.28	日本とロシア、初の2プラス2	2013.11.2
日米合同委員会で地位協定新運用合意	2004.4.2	安倍首相、ASEAN全10か国を訪問	2013.11.17
日朝首脳会談、拉致被害者の家族帰国	2004.5.22	安倍首相、中東・アフリカ4か国を訪問	2014.1.9
小泉首相、自衛隊の多国籍軍参加を表明	2004.6.8	安倍首相、オバマ大統領と会談	2014.4.24
民主党岡田代表、海外武力行使を容認発言	2004.7.29	日本人拉致被害者の再調査で合意	2014.5.29
小泉首相が国連演説で常任理事国入りの訴え		中国の習近平国家主席と会談	2014.11.10
	2004.9.21	日米豪、安保連携を強化する方針	2014.11.16
日米首脳、在日米軍再編問題について会談	2004.9.21	安倍首相中東歴訪に出発	2015.1.16
日朝実務協議開催、拉致の新たな安否情報無		メルケル首相来日	2015.3.9
し	2004.9.25	安倍首相、リー首相国葬に参列	2015.3.29
イラク復興基金拠出国会議開会	2004.10.13	安倍首相、バンドン会議出席	2015.4.21
町村外相がパウエル米国務長官と会談	2004.10.24	安倍首相訪米	2015.4.26
日米首脳会談でイラク支援継続を表明	2004.11.20	「日米防衛協力のための指針」改定	2015.4.27
小泉首相、胡錦濤中国国家主席と会談	2004.11.21	エルマウ・サミット開幕	2015.6.7
沖縄の航空管制権、2007年に返還	2004.12.10	安倍首相国連総会出席	2015.9.26
小泉首相、ブッシュ米大統領と会談	2005.11.16	安倍首相モンゴル及び中央アジア5ヵ国訪問	
小泉首相、韓国の盧武鉉大統領と会談	2005.11.18	に出発	2015.10.22
小泉首相、プーチン露大統領と会談	2005.11.21		
ミサイル防衛システムの日米共同開発を決定			
	2005.12.15		
普天間基地移設、国と名護市が基本合意	2006.4.7		
小泉首相、サミットに出席	2006.7.15		
小泉首相、モンゴルを訪問	2006.8.16		
小泉首相、中央アジア2か国訪問へ	2006.8.24		
安倍首相、中国と韓国を訪問	2006.10.8		
北朝鮮の核実験への抗議、衆院が決議採択	2006.10.10		
北朝鮮への独自制裁を閣議決定	2006.10.13		
安倍首相、ハノイで各国首脳と会談	2006.11.18		
日豪安保共同宣言に署名	2007.3.13		
安倍首相、温家宝中国首相と会談	2007.4.11		
福田首相、初めての日米首脳会談	2007.11.16		
福田首相が韓国の李大統領と会談	2008.4.21		
日露首脳会談で北方領土の交渉進展を合意	2008.4.26		
日中首脳会談、戦略的互恵強化で一致	2008.5.7		
東シナ海のガス田開発、日中が正式合意	2008.6.18		
日本、安保理非常任理事国に	2008.10.17		
日中間首脳のサミットが初の開催	2008.12.13		
日露首脳会議がサハリンで開催	2009.2.18		
日米首脳が会談	2009.2.24		
鳩山首相、国連に出席し各国首脳と会談	2009.9.22		
日中韓首脳が会談	2009.10.10		
鳩山首相、来日した米大統領と会談	2009.11.13		
鳩山首相、中国副主席と会談	2009.12.14		
日韓併合100年で首相談話	2010.8.10		
中国がガス田交渉延期	2010.9.11		
菅首相、「日米同盟が基軸」と演説	2011.1.20		
日米、「思いやり予算」に署名	2011.1.21		
日米首脳会議、普天間移設に全力	2011.9.21		
野田首相、TPP交渉への参加を表明	2011.11.11		
4か国との原子力協定が可決	2011.12.9		
在日米軍再編計画を見直し	2012.2.8		
野田首相がオバマ米大統領と会談	2012.4.30		

事項名索引

【あ】

愛国公党
愛国公党設立表明　　　　　　　　　1889.12.19
愛国公党設立　　　　　　　　　　　1890.5.5
庚寅倶楽部設立決定　　　　　　　　1890.5.14
民党各派解散　　　　　　　　　　　1890.8.4
立憲自由党設立決定　　　　　　　　1890.8.25
立憲自由党分裂　　　　　　　　　　1891.2.24

愛国社
浜口雄幸首相暗殺事件　　　　　　　1930.11.14

愛国党
浅沼稲次郎社会党委員長、刺殺される　1960.10.12

相沢 英之
久世金融再生委員長、更迭　　　　　2000.7.30

愛新覚羅 溥儀
満蒙国家建設会議　　　　　　　　　1932.2.16
満州国建国　　　　　　　　　　　　1932.3.1

アイゼンハワー, ドワイト・D.
ニクソン米副大統領来日　　　　　　1953.11.15
岸首相渡米　　　　　　　　　　　　1957.6.16
日米新安保条約・日米新行政協定に調印　1960.1.19
社党委員長、米大使に大統領訪日延期を要
　請　　　　　　　　　　　　　　　1960.5.24

愛知 和男
改憲発言で防衛庁長官交代　　　　　1993.12.1
新進党党首選　　　　　　　　　　　1995.12.8

愛知 揆一
第1次佐藤内閣第2次内閣改造　　　　1966.8.1
愛知外相、ソ連、米国を訪問　　　　1969.9.4
佐藤首相、日米首脳会談のために渡米　1969.11.17
米国、沖縄復帰準備委員会設置に署名　1970.3.3
中国政府の尖閣列島油田調査許可に抗議　1970.8.10
愛知外相、駐日米大使と会談　　　　1970.12.30
第2次田中改造内閣が発足　　　　　　1973.11.25

アイヌ新法 → アイヌ文化の振興並びにアイヌの伝統
等に関する知識の普及及び啓発に関する法律を見よ

**アイヌ文化の振興並びにアイヌの伝統等に関す
る知識の普及及び啓発に関する法律**
アイヌ新法成立　　　　　　　　　　1997.5.8

愛野 興一郎
リクルート問題で原田経企庁長官辞任　1989.1.25

青木 一男
阿部内閣成立　　　　　　　　　　　1939.8.30
大東亜省設置　　　　　　　　　　　1942.11.1

青木 茂
全国サラリーマン同盟が結成　　　　1983.5.8

青木 周蔵
第1次山県内閣成立　　　　　　　　　1889.12.24
第1次松方内閣成立　　　　　　　　　1891.5.6
青木外相ら辞任　　　　　　　　　　1891.5.29

青木 孝義
民主自由党役員決定　　　　　　　　1948.10.26

赤井 景詔
高田事件　　　　　　　　　　　　　1883.3.20

赤木 徳彦
松岡農水相が議員宿舎で自殺　　　　2007.5.28
赤木農水相の政治資金問題が発覚　　2007.7.7
赤木農水相を更迭　　　　　　　　　2007.8.1

赤木徳彦後援会
赤木農水相の政治資金問題が発覚　　2007.7.7

あかぢ銀行
昭和金融恐慌　　　　　　　　　　　1927.3.14

『赤旗』
『赤旗』創刊　　　　　　　　　　　1928.2.1
『アカハタ』30日間発行停止の指令　　1950.6.26

赤松 克麿
社会民衆党分裂　　　　　　　　　　1932.4.15
日本国家社会党設立　　　　　　　　1932.5.29

赤松 広隆
社会党新委員長に山花貞夫書記長　　1993.1.6
衆院議長に伊吹元幹事長を選出　　　2012.12.26

赤松 良子
細川護熙内閣成立　　　　　　　　　1993.8.9
羽田内閣発足　　　　　　　　　　　1994.4.28

秋田 清
第61回帝国議会召集　　　　　　　　1932.3.18
議会振粛要綱　　　　　　　　　　　1932.7.15
爆弾動議　　　　　　　　　　　　　1934.12.5

秋田 大助
第71回国会召集　　　　　　　　　　1972.12.22

アキノ, コラソン
アキノ大統領来日　　　　　　　　　1986.11.10

秋山 定輔
秋山露探問題　　　　　　　　　　　1904.3.23

秋山露探問題
秋山露探問題　　　　　　　　　　　1904.3.23

阿具根 登
第99回国会召集　　　　　　　　　　1983.7.18

アクブルト, ユルドゥルム
海部首相中東訪問　　　　　　　　　1990.10.1

浅尾 慶一郎
みんなの党、江田幹事長を更迭　　　2013.8.7
みんなの党分裂、結いの党結成　　　2013.12.9
渡辺みんなの党代表が辞任　　　　　2014.4.7
みんなの党、解党　　　　　　　　　2014.11.28

浅沼 稲次郎
農民労働党設立　　　　　　　　　　1925.12.1
日本労農党設立　　　　　　　　　　1926.12.9
日本社会党分裂　　　　　　　　　　1951.10.24
社会党議員に懲罰動議　　　　　　　1954.6.9
浅沼訪中施設団長、米帝国主義は日中両国
　の敵と発言　　　　　　　　　　　1959.3.9
社会党臨時大会を開催　　　　　　　1960.2.24
社党委員長、米大使に大統領訪日延期を要
　請　　　　　　　　　　　　　　　1960.5.24
浅沼稲次郎社会党委員長、刺殺される　1960.10.12
山崎公安委員長・自治相が辞任　　　1960.10.13

— 347 —

浅野 勝人
鴻池官房副長官が辞任、後任は浅野参院議
　　員　　　　　　　　　　　　　　2009.5.12

旭倶楽部
増税諸法案について交渉提案　　　　1901.3.2

『朝日新聞』
『大阪朝日新聞』創刊　　　　　　　1889.1.3
内閣支持率が急落　　　　　　　　2002.2月

麻布 久
日本労農党設立　　　　　　　　　1926.12.9

アジア欧州会議
橋本首相、3ヵ国の首脳と会談　　　1998.4.2

足尾鉱毒事件
田中が足尾鉱毒事件について直訴　1901.12.10

足利尊氏論
足利尊氏論　　　　　　　　　　　1934.2.3

芦田 均
衆議院帝国憲法改正委員選定　　　　1946.6.28
帝国憲法改正案委、小委員選定　　　1946.7.23
民主党大会　　　　　　　　　　　1947.5.18
片山内閣組閣完了　　　　　　　　1947.6.1
次期内閣総理大臣を芦田均に決定　　1948.2.23
芦田均内閣成立　　　　　　　　　1948.3.10
芦田首相、施政方針演説　　　　　　1948.3.20
マッカーサー、国家公務員法改正を指示　1948.7.22
芦田内閣総辞職　　　　　　　　　1948.10.7
衆院が芦田らの逮捕を許諾　　　　　1948.12.6
民主党総裁に犬養健　　　　　　　1948.12.10
芦田・吉田再軍備論争　　　　　　1951.10.18
憲法9条の解釈で参考人聴取　　　　1952.3.14
保安隊の自衛軍化巡り防衛論争　　　1953.7.30

飛鳥田 一雄
社会党大会　　　　　　　　　　　1977.12.13
福田首相・5党首個別会談　　　　　1977.12.15
社会党、初の全党員による委員長選挙　1978.3.1
大平正芳首相、死去　　　　　　　1980.6.12
社会党委員長選挙で、飛鳥田一雄が選出　1981.12.22
社会党大会、党綱領見直し　　　　　1982.2.6

東 武
爆弾動議　　　　　　　　　　　　1934.12.5

麻生 太郎
閣僚の公的年金保険料納付問題　　　2004.4.23
小泉改造内閣が発足　　　　　　　2004.9.27
自民党新総裁に安部晋三選出　　　　2006.9.20
安倍内閣が発足　　　　　　　　　2006.9.26
安部改造内閣が発足　　　　　　　2007.8.27
自民党総裁に福田康夫選出　　　　　2007.9.23
福田改造内閣が発足　　　　　　　2008.8.1
自民党総裁に麻生太郎が選出　　　　2008.9.22
第170回国会召集　　　　　　　　2008.9.24
麻生内閣が発足　　　　　　　　　2008.9.24
中山国交相が辞任、後任に金子元行政改革
　　相　　　　　　　　　　　　　2008.9.28
麻生首相、所信表明演説　　　　　　2008.9.29
麻生首相、参院選の先送りを表明　2008.10.30
麻生首相が小沢代表と初の党首討論　2008.11.28
日中間首脳のサミットが初の開催　2008.12.13
麻生首相が施策方針演説　　　　　　2009.1.28

中川財務・金融相が辞任　　　　　　2009.2.17
日露首脳会議がサハリンで開催　　　2009.2.18
日米首脳が会談　　　　　　　　　2009.2.24
鴻池官房副長官が辞任、後任は浅野参院議
　　員　　　　　　　　　　　　　2009.5.12
鳩山総務相が辞任　　　　　　　　2009.6.12
麻生首相、2閣僚を補充　　　　　　2009.7.1
第45回衆議院選挙で民主党が308議席、政
　　権交代　　　　　　　　　　　2009.8.30
麻生内閣が総辞職、鳩山内閣が発足　2009.9.16
第3次安倍改造内閣発足　　　　　2015.10.7

麻生 久
全国大衆党設立　　　　　　　　　1930.7.20
全国労農大衆党設立　　　　　　　1931.7.5
社会大衆党設立　　　　　　　　　1932.7.24

安達 謙蔵
大同倶楽部設立　　　　　　　　1905.12.23
協力内閣論　　　　　　　　　　1931.11.21
第2次若槻内閣総辞職　　　　　　1931.12.11
安達らが立憲民政党離党　　　　　1931.12.13
国民同盟設立　　　　　　　　　1932.12.22
久原・安達が新党結成同意　　　　　1940.5.27

熱海事件
熱海事件　　　　　　　　　　　1932.10.30

あっせん利得処罰法
あっせん利得処罰法成立　　　　　2000.11.22

アデナウァー, コンラート
アデナウァー西独首相が来日　　　　1960.3.25

阿南 惟幾
鈴木貫太郎内閣成立　　　　　　　1945.4.7
阿南惟幾自殺　　　　　　　　　　1945.8.15

アフガニスタン支援
アフガニスタン支援に41億表明　　　2003.2.22

アフガン復興支援国際会議
アフガン復興支援国際会議開幕　　　2002.1.21

安部 磯雄
普通選挙期成同盟会設立　　　　　1899.10.2
社会民主党設立　　　　　　　　　1901.5.18
普通選挙連合会設立　　　　　　　1905.12.1
新無産政党設立　　　　　　　　　1926.11.4
社会民衆党設立　　　　　　　　　1926.12.5
社会大衆党設立　　　　　　　　　1932.7.24
社会大衆党が反軍演説で大量除名　　1940.3.9

安倍 源基
鈴木貫太郎内閣成立　　　　　　　1945.4.7

阿部 昭吾
社民連代表に江田五月　　　　　　1985.2.10
社民連、統一会派結成を決定　　　　1986.7.22

安倍 晋三
政府首脳が「非核三原則」見直し発言　2002.5.31
自民幹事長に安部晋三　　　　　　2003.9.21
公明党、陸上自衛隊先遣隊派遣を了承　2004.1.8
自民党新総裁に安部晋三選出　　　　2006.9.20
自民党三役が決定　　　　　　　　2006.9.25
自公連立維持で合意　　　　　　　2006.9.25
安倍内閣が発足　　　　　　　　　2006.9.26
安倍首相、所信表明演説　　　　　　2006.9.29
安倍首相、中国と韓国を訪問　　　　2006.10.8

タウンミーティングでのやらせを政府が認める		2006.11.1
安倍首相、ハノイで各国首脳と会談		2006.11.18
改正教育基本法成立		2006.12.15
本間政府税調会長が辞任		2006.12.21
佐田行革相が辞任、後任は渡辺内閣府副大臣		2006.12.27
防衛省が発足		2007.1.9
自民党大会、首相が改憲に意欲		2007.1.17
安倍首相が初の施策方針演説		2007.1.26
慰安婦問題について、首相「河野談話」継承を再表明		2007.3.5
日豪安保共同宣言に署名		2007.3.13
安倍首相、温家宝中国首相と会談		2007.4.11
国民投票法が成立		2007.5.14
松岡農水相が議員宿舎で自殺		2007.5.28
久間防衛相が辞任、後任に小池前首相補佐官		2007.7.3
初代海洋相に冬柴国交相		2007.7.3
赤木農水相を更迭		2007.8.1
安倍改造内閣が発足		2007.8.27
遠藤農水相が辞任、後任は若林前環境相		2007.9.3
第168回国会召集		2007.9.10
安部首相が退陣		2007.9.12
自民党総裁に安倍元首相		2012.9.26
自民党三役に女性2人を起用		2012.12.25
第182回国会召集		2012.12.26
第2次安倍内閣が発足		2012.12.26
安倍首相、原発ゼロ見直しを表明		2012.12.29
第183回国会召集		2013.1.28
安倍首相がTPP交渉参加の意向を表明		2013.2.22
安倍首相がTPP交渉参加を正式に表明		2013.3.15
小選挙区の区割り改訂案勧告		2013.3.28
北方領土交渉再開で一致		2013.4.29
安倍首相、憲法96条改正に言及		2013.5.1
日仏、原子力協力で共同声明		2013.6.7
「アベノミクス」出そろう		2013.6.14
中欧4か国と首脳会談		2013.6.16
首相の問責決議が可決		2013.6.26
対シリアでオバマ大統領と会談		2013.9.5
五輪担当相に下村文科相を任命		2013.9.13
安倍首相、福島第一原発を視察		2013.9.19
第185回国会召集		2013.10.15
安倍首相、ASEAN全10か国を訪問		2013.11.17
特定秘密保護法が成立		2013.12.6
安倍首相就任から1年、靖国神社を参拝		2013.12.26
安倍首相、中東・アフリカ4か国を訪問		2014.1.9
第186回国会召集		2014.1.24
安倍首相、オバマ大統領と会談		2014.4.24
安倍首相が集団的自衛権限定容認へ検討表		2014.5.15
日本人拉致被害者の再調査で合意		2014.5.29
第2次安倍改造内閣が発足		2014.9.3
第187回国会召集		2014.9.29
中国の習近平国家主席と会談		2014.11.10
日米豪、安保連携を強化する方針		2014.11.16
衆議院解散		2014.11.21
第188回国会召集		2014.12.24
第3次安倍内閣が発足		2014.12.24
安倍首相中東歴訪に出発		2015.1.16

安倍首相、施政方針演説		2015.2.12
メルケル首相来日		2015.3.9
安倍首相「我が軍」発言		2015.3.20
安倍首相、リー首相国葬に参列		2015.3.29
安倍首相、バンドン会議出席		2015.4.21
安倍首相訪米		2015.4.26
安保11法案、衆院通過		2015.7.16
安倍内閣、戦後70年談話を閣議決定		2015.8.14
自民党総裁選、安倍首相が無投票で再選		2015.9.8
安保法成立		2015.9.19
安倍首相国連総会出席		2015.9.26
第3次安倍改造内閣発足		2015.10.7
安倍首相モンゴル及び中央アジア5ヵ国訪問に出発		2015.10.22

安倍 晋太郎

自民党総裁候補者決定選挙告示		1982.10.16
ソ連最高会議議員団、6年ぶりに来日		1984.10.25
第2次中曽根第1次改造内閣成立		1984.11.1
第2次中曽根内閣第2次改造内閣		1985.12.28
シェワルナゼ外相来日		1986.1.15
自民党次期総裁に竹下指名		1987.10.20
リクルート事件政治問題化		1988.7.5
自由民主党訪ソ団出発		1990.1.13

阿部 知子

政治団体「日本未来の党」を届け出		2012.12.28
嘉田日本未来の党の代表辞任		2013.1.4

阿部 信行

平沼内閣総辞職		1939.8.28
阿部内閣成立		1939.8.30
野村外相任命		1939.9.25
阿部内閣総辞職要求決議		1939.12.26
阿部内閣総辞職		1940.1.14
翼賛政治体制協議会設立		1942.2.23
翼賛政治会設立		1942.5.20

安倍 能成

教育刷新委員会設置		1946.8.10
貴族院憲法改正案特別委員選定		1946.8.30

安部井 磐根

大日本協会設立		1893.10.1

安保 清種

「ロンドン海軍軍縮条約」批准		1930.10.2

アボット, トニー

日米豪、安保連携を強化する方針		2014.11.16

天岡 直嘉

売勲疑獄事件		1929.8月

甘粕 正彦

甘粕事件		1923.9.16

天野 貞祐

天野貞祐文部大臣就任		1950.5.6
天野文相辞任		1952.8.12

奄美群島特別復興措置法

奄美群島復興特別措置法公布		1954.6.21

奄美群島返還

ダレス来日		1953.8.8
奄美群島返還		1953.12.25

甘利 明

安倍首相がTPP交渉参加を正式に表明		2013.3.15

綾部 健太郎
第53回国会召集 ... 1966.11.30

新井 将敬
新井衆院議員が自殺 ... 1998.2.19

荒井 広幸
新党日本、荒井ら2人離党 ... 2007.7.26
「新党改革」結党 ... 2010.4.23

荒木 貞夫
犬養内閣成立 ... 1931.12.13
荒木陸相が国策提言 ... 1933.9.9
荒木陸相辞任 ... 1934.1.23
第1次近衛内閣改造 ... 1938.5.26
国民精神総動員委員会設置 ... 1939.3.28
小磯国昭らの逮捕命令 ... 1945.11.19

荒木 万寿夫
造船疑獄事件で逮捕許諾要求 ... 1954.4.16

荒舩 清十郎
荒舩運輸相辞任 ... 1966.10.14
第63回国会召集 ... 1970.1.14

あらゆる形態の人種差別の撤廃に関する国際条約
人種差別撤廃条約を採択 ... 1995.11.21

有栖川宮 熾仁
国会開設意見書奉呈 ... 1881.3.18

有田 二郎
汚職容疑議員の逮捕許諾請求を期限付きで許諾 ... 1954.2.23

有田 八郎
有田八郎外相就任 ... 1936.4.2
宇垣外相辞任 ... 1938.9.30
平沼内閣成立 ... 1939.1.5
有田・クレイギー会談 ... 1939.7.15
米内内閣成立 ... 1940.1.16

有田 義光
有田議員逮捕許諾要求衆院提出 ... 1954.3.30

有馬 頼寧
国民精神総動員中央連盟設立 ... 1937.10.12
大政翼賛会発会式 ... 1940.10.12

アルコール専売法
「母子保護法」など公布 ... 1937.3.31

ある種類の政党、協会、結社その他の団体の廃止に関する覚書
公職追放の覚書交付 ... 1946.1.4

阿波丸事件
国会、阿波丸事件に基づく請求権を放棄を決定 ... 1949.4.6

安 重根
伊藤博文暗殺 ... 1909.10.26

安全保障会議設置法
有事関連法案が閣議決定 ... 2002.4.16

安全保障特別委員会
安全保障特別委員会の設置 ... 1980.4.1

安全保障の法的基盤の再構築に関する懇談会
安倍首相が集団的自衛権限定容認へ検討表明 ... 2014.5.15

安藤 紀三郎
安藤大政翼賛会副総裁入閣 ... 1942.6.9

安藤 正純
軍民離間声明 ... 1933.12.9

アントニオ猪木
猪木議員に登院停止30日 ... 2013.11.22
「日本を元気にする会」設立 ... 2015.1.8

【い】

李 承晩
韓国大統領来日 ... 1953.1.5

李 明博
福田首相が韓国の李大統領と会談 ... 2008.4.21
日中間首脳のサミットが初の開催 ... 2008.12.13
鳩山首相、国連に出席し各国首脳と会談 ... 2009.9.22
日中韓首脳が会談 ... 2009.10.10

飯島 勲首
小泉首相も年金未加入発覚 ... 2004.5.14

飯田事件
飯田事件 ... 1884.11.8

五十嵐 広三
村山内閣成立 ... 1994.6.30

違警罪即決例
「違警罪即決例」制定 ... 1885.9.24

池田 成彬
「臨時内閣参議官制」公布 ... 1937.10.15
第1次近衛内閣改造 ... 1938.5.26

池田 大作
公明党を結成 ... 1964.11.17
公明党と創価学会を完全分離 ... 1970.5.3
公明党大橋議員、池田大作を批判 ... 1988.5.10

池田 大蔵
通商産業大臣不信任案否決 ... 1950.3.4

池田 勇人
第4次吉田茂内閣成立 ... 1952.10.30
池田通産相の発言が問題化 ... 1952.11.27
池田通産大臣辞任 ... 1952.11.29
池田・ロバートソン会談 ... 1953.10.2
自民党3閣僚辞任 ... 1958.12.27
自由民主党、池田総裁を選出 ... 1960.7.14
第35回国会召集 ... 1960.7.18
第1次池田内閣が成立 ... 1960.7.19
池田首相、所得倍増政策を発表 ... 1960.9.5
浅沼稲次郎社会党委員長、刺殺される ... 1960.10.12
第37回国会召集 ... 1960.12.5
第2次池田内閣が成立 ... 1960.12.8
池田首相、所信表明演説 ... 1960.12.12
閣議において、国民所得倍増計画を決定 ... 1960.12.27
池田首相、施政方針演説 ... 1961.1.30
池田首相、米国・カナダ訪問 ... 1961.6.19
ミコヤン・ソ連第一副首相が来日 ... 1961.8.14
池田首相、施政方針演説 ... 1961.9.28
池田首相、東南アジア4か国を訪問 ... 1961.11.16
藤山経済企画庁長官が辞任 ... 1962.7.6
自民党、池田首相を総裁に再選 ... 1962.7.14
池田首相、所信表明演説 ... 1962.8.10
池田首相、欧州7か国訪問 ... 1962.11.4

日本議会政治史事典　　　事項名索引　　　いたか

池田首相、所信表明演説　1962.12.10
池田首相、所信表明演説　1963.1.23
池田首相、東南アジア、大洋州訪問　1963.9.23
池田首相、所信表明演説　1963.10.18
池田首相、ケネディ前大統領葬儀のため渡
　米　1963.11.24
第3次池田勇人内閣が成立　1963.12.9
池田首相、所信表明演説　1963.12.10
池田首相、所信表明演説　1964.1.21
ソ連最高会議議員団が来日　1964.5.14
池田内閣不信任決議案を否決　1964.6.24
池田勇人総裁が3選　1964.7.10
池田首相、退陣を表明　1964.10.25
第47回国会召集　1964.11.9

池田 正之輔
日通事件に関して大倉精一議員を逮捕　1968.6.4

池田 行彦
第1次橋本内閣成立　1996.1.11
第2次橋本内閣成立　1996.11.7
日米安保協議委員会で最終報告　1996.12.2
自民党総裁選　1998.7.24
自民党、小渕総裁再選　1999.9.21

石井 郁子
タウンミーティングでのやらせを政府が認
　める　2006.11.1

石井 菊次郎
ジュネーブ海軍軍縮会議　1927.6.20

石井 光太郎
第55回国会召集　1967.2.15

石井 光次郎
政府、公職追放を解除　1950.10.13
「極東」の範囲の政府統一見解　1960.2.1
石井衆院議長が辞任　1969.7.16

石井 みどり
日歯連前会長ら逮捕　2015.9.30

石井・ランシング協定
「石井・ランシング協定」　1917.11.2
「石井・ランシング協定」破棄　1923.4.14

医師開業試験規則
「医師免許規則」など制定　1883.10.23

石川 知裕
民主党石川議員が離党　2010.2.11

イシコフ, アレクサンドル
日ソ漁業交渉開始　1956.4.29

石田 幸四郎
矢野公明党委員長退陣表明　1989.5.17
「永末ビジョン」発表　1989.10.16
5党首公開討論会　1990.2.2
細川護熙内閣成立　1993.8.9

石田 博英
自民党五役、内閣改造・党人事刷新を提示
　1976.8.30
石田労相、抑留漁船員問題で訪ソ　1977.6.12

石破 茂
閣僚の公的年金保険料納付問題　2004.4.23
「新テロ特措法」を再可決、海自インド洋
　の給油活動再開へ　2008.1.11
自民党総裁に安倍元首相　2012.9.26

石橋 湛山
第1次吉田内閣成立　1946.5.22
第1次追放解除発表　1951.6.20
自由民主党大会　1956.12.14
石橋内閣成立　1956.12.23
石橋首相、岸外相を首相代理に指名　1957.1.31
石橋内閣総辞職　1957.2.23

石橋 政嗣
社会党委員長選挙　1983.8.1
石橋社会党委員長、自衛隊は合法　1983.12.20
社会党委員長が、自衛隊は適法性なしと表
　明　1984.2.27
社会党委員長に、石橋政嗣　1985.11.18
石橋前社会党委員長ら訪韓　1988.10.12

石原 慎太郎
「太陽の党」結成　2012.11.13
日本維新の会に太陽の党が合流　2012.11.17
日本維新の会が分裂　2014.5.29
「次世代の党」発足　2014.8.1

石原 伸晃
安部改造内閣が発足　2007.8.27
自民党新役員人事を決定　2011.9.30

医師法
医師法等公布　1948.7.30

医師免許規則
「医師免許規則」など制定　1883.10.23

石渡 荘太郎
平沼内閣成立　1939.1.5
小磯内閣成立　1944.7.22

維新会
維新会設立　1917.6.15

維新の党
維新の党、結党大会を開く　2014.9.21
橋下維新の党共同代表が辞任　2014.12.23
「大阪都構想」反対多数　2015.5.17
維新の党、分裂へ　2015.8.27
「おおさか維新の会」設立　2015.10.31

イズヴォリスキー, アレクサンドル
「第1次日露協約」調印　1907.7.30

伊勢電鉄
五私鉄疑獄事件　1929.8月

磯貝 詮三
憲法小委員会の修正案に再修正申立て　1946.8.17
衆院磯貝議員不信任決議案　1946.8.21
磯貝衆院議長辞任　1946.8.23

礒崎 陽輔
首相補佐官、安保関連法案について「法的
　安定性は関係ない」と発言　2015.7.26

板垣 征四郎
杉山陸相辞任　1938.6.3

板垣 退助
自由党設立　1881.10.29
岐阜事件　1882.4.6
『自由新聞』創刊　1882.6.25
板垣・後藤渡欧　1882.11.11
愛国公党設立表明　1889.12.19
愛国公党設立　1890.5.5

－ 351 －

板垣が立憲自由党離党	1891.1.19
自由党と改称	1891.3.20
大隈・板垣が会談	1891.11.8
板垣入閣	1896.4.14
伊藤首相・板垣内相辞表奉呈	1896.8.28
板垣自党総理就任	1897.1.10
朝野和衷	1898.2.6
伊藤首相が板垣入閣拒否	1898.4.15
伊藤首相辞表奉呈	1898.6.24
第1次大隈内閣成立	1898.6.30
尾崎文相辞任	1898.10.24
憲政党の内部対立激化	1898.10.28
第1次憲政擁護運動	1912.12.19

板倉 中

政友倶楽部設立	1903.5.8
高松汚職事件	1915.6.28

板野 勝次

参院の混乱で4名の懲罰動議可決	1949.5.30
議員4名の登院停止処分を決定	1949.10.31

市川 房枝

新婦人協会設立	1920.3.28
婦人参政権獲得期成同盟会設立	1924.12.13
新日本婦人同盟結成	1945.11.3

一川 保夫

2大臣の問責可決	2011.12.9

一木 喜徳郎

第2次大隈内閣改造	1915.8.10
倉富枢密院議長辞任	1934.5.3
一木枢密院議長辞任	1936.3.13

市田 忠義

第22回共産党大会	2000.11.24

一票の格差

東京高裁、衆院議員の定数は合憲	1978.9.11
1975年の衆院選無効訴訟	1983.11.7
参院議員定数訴訟、最高裁で合憲判決	1986.3.27
参院議員定数訴訟、東京高裁で合憲判決	1986.8.14
衆院議員定数訴訟、最高裁で合憲判決	1988.10.21
第39回衆議院選挙で自民党安定多数確保	1990.2.18
選挙制度審議会答申	1991.6.25
参院定数「4増4減」が成立	2006.6.1
「一票の格差」拡大	2011.12.27
参院選も「違憲状態」	2012.10.17
衆院選挙制度改革法が成立	2012.11.16
改正公職選挙法が成立	2012.11.16
衆院選、初の無効判決	2013.3.25
2012年の衆院選は「違憲状態」	2013.11.20
参院選、初の無効判決	2013.11.28
参院選、「違憲状態」の判決13件	2013.12.26
参院選10増10減	2015.7.28

一萬田 尚登

第1次鳩山内閣成立	1954.12.10
一萬田蔵相、インドネシア債権放棄への予	
算措置について遺憾の意を表明	1958.1.30

一般職の職員給与に関する法律

一般職の職員給与に関する法律公布	1950.4.3

伊藤 修

参院法務委員会が国政調査権について声明	
	1949.5.24

伊藤 宗一郎

第138回国会召集	1996.11.7

伊藤 野枝

甘粕事件	1923.9.16

伊藤 宏

ロッキード事件で逮捕者	1976.6.22

伊藤 博文

明治14年の政変	1881.10.12
伊藤渡欧	1882.3.14
制度取調局設置	1884.3.17
第1次伊藤内閣成立	1885.12.22
「内大臣および宮中顧問官官制」公布	1885.12.22
政綱5章頒布	1885.12.26
条約改正会議無期延期	1887.7.29
治安維持などについて訓示	1887.9.28
「枢密院官制」公布	1888.4.30
黒田内閣成立	1888.4.30
超然主義を宣言	1889.2.12
伊藤枢密院議長辞表奉呈	1889.10.11
初代貴族院議長任命	1890.10.24
大木枢密院議長辞任	1891.6.1
伊藤貴族院議長辞任	1891.7.21
選挙干渉善後策協議	1892.2.23
条約改正案調査委員会設立	1892.4.12
第2次伊藤内閣成立	1892.8.8
井上首相臨時代理、施政方針演説	1892.12.1
伊藤内閣不信任上奏案可決	1893.2.7
「在廷の臣僚及帝国議会の各員に告ぐ」詔	
勅発布	1893.2.10
条約改正方針を閣議決定	1893.7.8
伊藤首相、施政方針演説	1893.12.2
官紀振粛問題	1893.12.4
伊藤首相、衰竜の袖に隠れる	1893.12.18
衆議院解散	1893.12.30
貴族院議員有志が内閣との提携拒否	1894.1.24
伊藤首相、施政方針演説	1894.5.16
内閣不信任案否決	1894.5.18
衆議院解散	1894.6.2
伊藤首相が日清戦争について演説	1894.10.19
伊藤首相、施政方針演説	1895.1.8
日清戦争講和交渉開始	1895.3.20
三国干渉	1895.4.23
自由党が伊藤内閣と提携	1895.11.22
伊藤首相、施政方針演説	1896.1.10
伊藤首相・板垣内相辞表奉呈	1896.8.28
伊藤首相辞任	1896.8.31
松方内閣総辞職	1897.12.28
第3次伊藤内閣成立	1898.1.12
朝野和衷	1898.2.6
伊藤首相が板垣入閣拒否	1898.4.15
伊藤首相、施政方針演説	1898.5.25
「停会詔書」発布	1898.6.7
衆議院解散	1898.6.10
自由党・進歩党解党	1898.6.21
伊藤首相が新党設立表明	1898.6.24
伊藤首相辞表奉呈	1898.6.24
憲政党が政府との提携断絶	1900.5.31
伊藤ら新党設立準備	1900.7月
伊藤と星が新党について協議	1900.8.23

立憲政友会設立	1900.9.15
第2次山県内閣総辞職	1900.9.26
第4次伊藤内閣成立	1900.10.19
伊藤首相、施政方針演説	1901.2.13
貴族院特別委員会が増税諸法案否決	1901.2.25
「停会詔書」発布	1901.3.9
内閣不信任決議案提出	1901.3.18
伊藤内閣辞表奉呈	1901.5.2
伊藤首相辞任	1901.5.10
「日露協商」交渉打ち切り	1901.12.23
立憲政友会・憲政本党が提携	1902.12.3
地租増徴継続断念	1903.1.2
対露政策を協議	1903.4.21
西園寺枢密院議長辞任	1903.7.13
伊藤枢密院議長就任	1909.6.14
伊藤博文暗殺	1909.10.26
山県枢密院議長就任	1909.11.17

伊東 正義

大平正芳首相、死去	1980.6.12
税制改革協議会発足	1987.5.25
日中友好議員連盟訪中団出発	1989.9.17
政治改革挫折	1991.10.4

伊東 巳代治

伊藤渡欧	1882.3.14
伊藤ら新党設立準備	1900.7月
枢密院が「ロンドン海軍軍縮条約」審査開始	1930.8.11

稲垣 平太郎

民主党役員決定	1949.2.9
通商産業省設置	1949.5.25

稲田 正次

憲法懇談会が憲法草案を発表	1946.3.5

稲嶺 進

移設反対派が沖縄名護市長に	2010.1.24
名護市長選で、辺野古移設反対の現職が再選	2014.1.19

稲村 佐近四郎

撚糸工連事件、横手・稲村議員起訴	1986.5.1

犬養 健

民主党総裁に犬養健	1948.12.10
民主党が入閣巡り分裂	1949.2.14
民主党野党は犬養健を除名	1949.3.8
第4次吉田茂内閣成立	1952.10.30
犬養法相が指揮権を発動	1954.4.21
犬養法相辞任	1954.4.22

犬養 毅

明治14年の政変	1881.10.12
東洋議政会設立	1882.2.12
大同倶楽部・大同共和会設立	1889.5.10
中国進歩党設立	1894.4.3
尾崎文相辞任	1898.10.24
憲政党の内部対立激化	1898.10.28
大隈首相辞表奉呈	1898.10.31
「地租増徴案」妥協案提示	1902.12.25
立憲政友会・憲政本党が提携	1903.12.3
戦時増税で妥協案成立	1904.12.9
立憲国民党設立	1910.3.13
第1次憲政擁護運動	1912.12.19

3党党首会談	1916.5.24
寺内首相が対中外交で議会に協力要請	1917.1.15
臨時外交調査委員会参加を要請	1917.6.2
犬養立憲国民党総理就任	1917.6.10
革新倶楽部設立	1922.11.8
第2次山本内閣成立	1923.9.2
普選断行決定	1923.10.15
護憲三派連盟結成	1924.1.18
加藤内閣成立	1924.6.11
犬養立憲政友会総裁就任	1929.10.12
犬養立憲政友会総裁が政府追求	1930.1.21
衆議院解散	1930.1.21
統帥権干犯問題	1930.4.25
第2次若槻内閣総辞職	1931.12.11
犬養内閣成立	1931.12.13
芳沢外相就任	1932.1.14
犬養首相、施政方針演説	1932.1.21
衆議院解散	1932.1.21
中橋内相辞任	1932.3.16
犬養首相、施政方針演説	1932.3.22
比例代表制を主張	1932.5.8
五・一五事件	1932.5.15
犬養内閣総辞職	1932.5.16

伊能 繁次

岸内閣改造	1959.1.12
攻撃的兵器を持つことは憲法の趣旨ではないとの政府統一見解を発表	1959.3.19

井上 圓了

『日本人』創刊	1888.4.3

井上 馨

第1次伊藤内閣成立	1885.12.22
第1回条約改正会議	1886.5.1
条約改正会議無期延期	1887.7.29
選挙干渉善後策協議	1892.2.23
井上首相臨時代理、施政方針演説	1892.12.1
明治26年度総予算案修正議決	1893.1.12
伊藤ら新党設立準備	1900.7月
元老が増税諸法案に関して調停	1901.3.6

井上 吉夫

金融再生担当相を新設	1998.10.23

井上 毅

岩倉意見書	1881.7.6

井上 準之助

山本首相、施政方針演説	1923.12.13
浜口内閣成立	1929.7.2
浜口首相、施政方針演説	1930.4.25
禁輸出再禁止断行決議	1931.11.10
血盟団事件	1932.2.9

井上 伝蔵

秩父事件	1884.10.31

井上 裕

井上議長、辞表を提出	2002.4.18

井上 義久

公明党、新体制が整う	2009.9.8

伊庭 想太郎

星暗殺	1901.6.21

伊吹 文明

安倍内閣が発足	2006.9.26

自民党人事、四役体制に	2007.9.24
福田改造内閣が発足	2008.8.1
衆院議長に伊吹元幹事長を選出	2012.12.26

今井 敬
道路4公団民営化の動き	2002.11.12

今泉 昭
角田参院副議長が辞任	2007.1.26

イラク暫定政府
イラク復興基金拠出国会議開会	2004.10.13

イラク復興支援特別措置法
イラク特別措置法案、国会へ提出	2003.6.13
イラク特措法、強行裁決で成立	2003.7.26
自衛隊イラク派遣の基本計画が決定	2003.12.9
自衛隊イラク派遣を1年延長	2004.12.9
イラク自衛隊派遣を1年延長	2005.12.8
改正イラク特措法が成立、2年延長	2007.6.20

医療改革協議会
医療制度改革の大綱が決定	2005.12.1

医療・介護総合確保推進法
医療・介護総合確保推進法が成立	2014.6.18

医療制度改革関連法
2003年4月から医療費3割負担	2002.2.11

医療制度改革大綱
医療制度改革大綱発表	2001.11.29
医療制度改革の大綱が決定	2005.12.1

医療保護法
「医療保護法」公布	1941.3.6

岩倉 具視
岩倉意見書	1881.7.6
府県会中止を建議	1882.12.7

岩永 峯一
小泉郵政解散	2005.8.8

岩波 茂雄
憲法懇談会が憲法草案を発表	1946.3.5

岩村 通俊
第1次山県内閣成立	1889.12.24

インガソル, ロバート
大平外相、インガソル駐日米大使と会談	1973.1.19

印刷局官制
「会計検査院官制」など公布	1886.4.17

飲食業営業緊急措置令
飲食業営業緊急措置令公布	1947.7.1

隠匿物資等緊急措置令
新円発行、旧円預貯金封鎖	1946.2.17

【う】

ウィッテ, セルゲイ
ポーツマス会議	1905.8.10

ウィリアムズ, ジャスティン
解散権論争終わる	1948.11.28

植木 枝盛
大同倶楽部・大同共和会設立	1889.5.10

植木 庚子郎
小林法相が辞任	1971.2.9

植木 正張
岸田参院事務総長が辞任	1977.8.3

殖田 俊吉
第3次吉田内閣成立	1949.2.16

上田 哲
土井たか子、社会党委員長選挙で圧勝	1986.9.6
社会党新委員長に田辺誠	1991.7.23

上野 建一
社会党議員、政治資金疑惑で辞任	1992.3.13

ウェーバー, カール
「小村・ウェーバー覚書」調印	1896.5.14

植原 悦二郎
軍部大臣武官制撤廃を主張	1919.3.25
第61回帝国議会召集	1932.3.18

上原 勇作
2個師団増設問題	1912.11.22
上原陸相辞任	1912.12.2

ヴェルサイユ条約 → 同盟及び連合国と独逸国との
平和条約を見よ

鵜飼 信成
憲法9条の解釈で参考人聴取	1952.3.14

宇垣 一成
広田内閣総辞職	1937.1.23
「臨時内閣参議官制」公布	1937.10.15
第1次近衛内閣改造	1938.5.26
宇垣・クレイギー会談	1938.7.26
宇垣外相辞任	1938.9.30

ウグイス嬢報酬
最高裁、選挙ウグイス嬢への報酬は買収	1978.1.26

牛場 信彦
福田改造内閣発足	1977.11.28

臼田 貞夫
日本歯科医師会の前会長、橋本派に1億円	2004.7.14
日歯連事件で議員逮捕	2004.7.15

内ヶ崎 作三郎
第79回帝国議会召集	1941.12.24
第80回帝国議会召集	1942.5.25

内田 康哉
原敬暗殺	1921.11.4
加藤首相死去	1923.8.24
枢密院が「パリ不戦条約」可決	1929.6.26
内田外相辞任	1933.9.14

内田 信也
岡田内閣成立	1934.7.8

内田 常雄
三木改造内閣・自民党役員を決定	1976.9.15

内村 鑑三
『万朝報』対露主戦論に転向	1903.10.12

内山 晃
「新党きづな」設立	2012.1.4

宇宙開発推進本部
宇宙開発推進本部を設置	1964.7.1

宇宙条約
宇宙条約に署名	1967.1.27

宇都宮 徳馬
国際軍縮議員連盟結成　1981.5.13
内海 英男
奥野国土庁長官更迭　1988.5.13
宇野 宗佑
山中通産相が辞任　1983.6.10
竹下内閣発足　1987.11.6
竹下改造内閣発足　1988.12.27
自民党総裁に宇野選出　1989.6.2
宇野内閣発足　1989.6.3
第15回参議院選挙で社会党圧勝、与野党逆
　転　1989.7.23
宇野首相退陣表明　1989.7.24
梅津 美治郎
降伏文書調印　1945.9.2
売上税
政府税調、税制の抜本的改革案を答申　1986.12.23
第47回自民党大会開催　1987.1.20
第108回国会（常会）開会式　1987.1.26
自民党税制改革推進全国会議開催　1987.2.10
参院岩手補選、社会党圧勝　1987.3.8
売上税等粉砕闘争協議会
売上税等粉砕闘争協議会結成　1987.1.16
売上税法
売上税法案、所得税法等改正法案提出　1987.2.4
4野党、売上税法案撤回と中曽根首相退陣
　を要求　1987.4.13
売上税法案、衆院議長預かりに　1987.4.23
与野党国対委員長会談、売上税法案廃止で
　合意　1987.5.12
運輸通信省
軍需省・農商省・運輸通信省設置　1943.11.1

【え】

映画法
「映画法」など公布　1939.4.5
営業収益税法
「地租条例」改正など公布　1926.3.27
「地租法」案など提出　1931.1.19
営業税法
「葉煙草専売法」など公布　1896.3.28
「営業税法」中改正法律案提出　1914.2.3
「地租条例」改正など公布　1926.3.27
衛生局
厚生省設置　1938.1.11
永代借地権の整理に関する件
「永代借地権の整理に関する件」公布　1942.3.28
江木 翼
内閣総辞職却下　1925.8.2
亦政会
亦政会設立　1913.12.19
亦楽会
亦楽会設立　1913.12.19

江崎 真澄
西村防衛庁長官が辞任　1971.12.3
江副 浩正
リクルート事件政治問題化　1988.7.5
竹下首相・宮沢蔵相、元秘書らのリクルー
　ト問題関与を認める　1988.8.4
江副リクルート社前会長、病床質問　1988.10.12
衆院リクルート問題特委設置　1988.11.15
リクルート社前会長ほか2名証人喚問　1988.11.21
リクルート社前会長ら証人喚問　1988.12.6
リクルート問題で衆院予算委紛糾　1989.2.28
江田 憲司
みんなの党、江田幹事長を更迭　2013.8.7
みんなの党分裂、結いの党結成　2013.12.9
結いの党、結党大会　2014.1.18
維新の党、結党大会を開く　2014.9.21
「大阪都構想」反対多数　2015.5.17
江田 五月
社民連代表に江田五月　1985.2.10
社民連、統一会派結成を決定　1986.7.22
4野党党首会談　1989.4.7
細川護熙内閣成立　1993.8.9
第167回国会召集　2007.8.7
菅第2次改造内閣が発足　2011.1.14
原発相、復興相が決定　2011.6.27
江田 三郎
社会党臨時大会を開催　1960.2.24
社会党大会、江田ビジョン批判決議　1962.11.27
社会党大会を開催　1968.9.11
社会市民連合を結成　1977.3.26
枝野 幸男
行政刷新相に枝野就任　2010.2.10
菅第2次改造内閣が発足　2011.1.14
原発相、復興相が決定　2011.6.27
鉢呂経済産業相が辞任　2011.9.10
民主党、新役員決定　2014.9.16
民主党代表選　2015.1.18
越後鉄道
小橋文相辞任　1929.11.29
江渡 聡徳
第3次安倍内閣が発足　2014.12.24
江藤 源九郎
天皇機関説問題　1935.2.18
衛藤 征士郎
沖縄米軍基地に関する協議機関設置　1995.11.1
第172回国会召集　2009.9.16
江藤 隆美
オフレコ発言で江藤総務庁長官辞任　1995.11.8
榎本 武揚
第1次伊藤内閣成立　1885.12.22
黒田内閣成立　1888.4.30
青木外相ら辞任　1891.5.29
後藤農相辞任　1894.1.22
エリツィン, ボリス
安保理常任理事国入り意欲　1992.1.31
北方領土問題平行線　1992.9.2
東京サミット開幕　1993.7.7

えん　　　　　　　　　　　事項名索引　　　　　　　　日本議会政治史事典

ロシア大統領が来日	1993.10.11
日ロ『東京宣言』再確認	1996.4.19
日露首脳会談	1997.11.1

袁 世凱

大隈首相暗殺未遂事件	1916.1.12

沿岸漁業等振興法

初の『漁業白書』を発表	1964.2.14

遠藤 武彦

遠藤農水相が辞任、後任は若林前環境相	2007.9.3

遠藤 利明

オリンピック専任大臣就任	2015.6.25

エンフボルト

小泉首相、モンゴルを訪問	2006.8.10

【お】

及川 古志郎

吉田海相辞任	1940.9.5

汪 兆銘

「日華基本条約」調印	1940.11.30
日華共同声明	1943.1.9
「日華同盟条約」調印	1943.10.30

扇 千景

自由党連立離脱・分裂	2000.4.1
森連立内閣発足	2000.4.5
「自公保」連立継続で合意	2001.4.25
扇保守党首が辞任	2001.9.17
第160回国会召集	2004.7.30

大井 憲太郎

大阪事件	1885.11.23
大同倶楽部・大同共和会設立	1889.5.10
自由党設立	1889.12.19
大井枢密院議長就任	1889.12.24
立憲自由党結党式	1890.9.15
東洋自由党設立	1892.11.6
中正倶楽部設立	1898.10.18
憲政本党設立	1898.11.3

大石 正巳

大隈首相辞表奉呈	1898.10.31
「地租増徴案」妥協案提示	1902.12.25
立憲政友会・憲政本党が提携	1903.12.3
戦時増税で合意	1904.3.20
立憲国民党設立	1910.3.13
立憲国民党分裂	1913.1.21
立憲同志会結党式	1913.12.23

大石 ヨシエ

社会党議員に懲罰動議	1954.6.9

大内 啓伍

民社党も野党連合政権協議を白紙	1990.4.26
細川護熙内閣成立	1993.8.9
大内啓伍民社党委員長辞意	1994.6.1

大内 兵衛

第2次人民戦線事件	1938.2.1

大浦 兼武

立憲同志会結党式	1913.12.23
第12回衆議院選挙	1915.3.25
大浦内相弾劾決議案否決	1915.6.7
高松汚職事件	1915.6.28
大浦内相辞表提出	1915.7.29
大隈内閣弾劾決議案否決	1915.12.18

大岡 育造

戦時増税で妥協案成立	1904.12.9
第28回帝国議会召集	1911.12.23
第29回帝国議会召集	1912.8.21
大岡衆議院議長辞任	1914.3.6
第39回帝国議会召集	1917.6.21

大木 喬任

第1次山県内閣成立	1889.12.24
大井枢密院議長就任	1889.12.24
大木枢密院議長辞任	1891.6.1
大木枢密院議長就任	1892.8.8

大木 浩

外相に川口環境相	2002.2.1

大来 佐武郎

大平正芳を内閣総理大臣に指名	1979.11.6
大来外相・竹下蔵相らサミットに出席	1980.6.20

大久保 利春

ロッキード事件で逮捕者	1976.6.22

大久保 直彦

第24回公明党大会開催	1986.12.5
第39回衆議院選挙で自民党安定多数確保	1990.2.18

大隈 重信

国会開設意見書奉呈	1881.3.18
北海道開拓使官有物払い下げ中止	1881.10.11
明治14年の政変	1881.10.12
立憲改進党結党式	1882.4.16
大隈ら立憲改進党離党	1884.12.17
黒田内閣成立	1888.4.30
条約改正案手交	1888.11.26
伊藤枢密院議長辞表奉呈	1889.10.11
大隈外相襲撃	1889.10.18
将来外交の政略	1889.12.10
大隈・板垣が会談	1891.11.8
大隈が立憲改進党入党	1891.12.28
進歩党設立	1896.3.1
伊藤首相・板垣内相辞表奉呈	1896.8.28
第2次松方内閣成立	1896.9.18
進歩党と松方内閣が対立	1897.10.31
伊藤首相辞表奉呈	1898.6.24
第1次大隈内閣成立	1898.6.30
尾崎文相辞任	1898.10.24
大隈首相辞表奉呈	1898.10.31
立憲政友会・憲政本党が提携	1902.12.3
憲政本党党則改正	1907.1.20
清浦に大命降下	1914.3.31
第2次大隈内閣成立	1914.4.16
大隈首相が皇太后哀悼演説	1914.5.6
大隈首相、施政方針演説	1914.6.23
大隈首相が対独参戦について演説	1914.9.5
大隈首相、施政方針演説	1914.12.8
衆議院解散	1914.12.25
大隈首相、施政方針演説	1915.5.22
内閣不信任決議案審議が紛糾	1915.6.8

– 356 –

日本議会政治史事典　　　　事項名索引　　　　おおひ

大隈首相辞表奉呈　　　　　　　　　　　　　1915.7.30
第2次大隈内閣改造　　　　　　　　　　　　1915.8.10
立憲政友会が内閣留任反対　　　　　　　　　1915.8.11
大正5年度総予算案提出　　　　　　　　　　1915.12.6
大隈首相、施政方針演説　　　　　　　　　　1915.12.7
大隈内閣弾劾決議案否決　　　　　　　　　　1915.12.18
大隈首相暗殺未遂事件　　　　　　　　　　　1916.1.12
第2次大隈内閣総辞職　　　　　　　　　　　1916.10.4

大倉 精一
日通事件に関して大倉精一議員を逮捕　　　　1968.6.4

大蔵省
大蔵省会計年度改正　　　　　　　　　　　1884.10.28
銀行合同促進依頼　　　　　　　　　　　　　1927.8.6
大蔵省、財政の中期展望を提出　　　　　　　1981.1.30
第2次橋本内閣成立　　　　　　　　　　　　1996.11.7
日債銀を全面支援　　　　　　　　　　　　　1997.3.27
経済関連法成立　　　　　　　　　　　　　　1997.6.11
大蔵省汚職事件で官僚逮捕、三塚蔵相辞任
　　　　　　　　　　　　　　　　　　　　1998.1.26

『大阪朝日新聞』
『大阪朝日新聞』創刊　　　　　　　　　　　1889.1.3

大阪医科大学
「大学令」・「高等学校令」公布　　　　　　1918.12.6

おおさか維新の会
「おおさか維新の会」設立　　　　　　　　　2015.10.31

大阪維新の会
日本維新の会が発足　　　　　　　　　　　　2012.9.28
「大阪都構想」反対多数　　　　　　　　　　2015.5.17
維新の党、分裂へ　　　　　　　　　　　　　2015.8.27

大阪事件
大阪事件　　　　　　　　　　　　　　　　1885.11.23

大阪都構想
「大阪都構想」反対多数　　　　　　　　　　2015.5.17

『大阪日報』
『大阪毎日新聞』創刊　　　　　　　　　　　1888.11.20

『大阪毎日新聞』
『大阪毎日新聞』創刊　　　　　　　　　　　1888.11.20

大島 理森
大島農水相公設秘書が不正受領　　　　　　　2003.2.20
大島農水相が辞任　　　　　　　　　　　　　2003.3.31
自民党新役員人事を決定　　　　　　　　　　2011.9.30
町村衆院議長辞任　　　　　　　　　　　　　2015.4.20

大杉 栄
日本社会主義同盟設立　　　　　　　　　　　1920.12.9
甘粕事件　　　　　　　　　　　　　　　　　1923.9.16

大角 岑生
岡田海相辞任　　　　　　　　　　　　　　　1933.1.9

太田 昭宏
公明党代表に太田昭宏が無投票当選　　　　　2006.9.26
自民党と公明党、連立維持で合意　　　　　　2007.9.25
公明党の太田代表が無投票再選　　　　　　　2008.9.16
公明党、新体制が整う　　　　　　　　　　　2009.9.8

太田 誠一
太田農水相と白州次官が辞任　　　　　　　　2008.9.19

大田 弘子
安倍内閣が発足　　　　　　　　　　　　　　2006.9.26

大田 昌秀
沖縄県知事、代理署名拒否　　　　　　　　　1995.9.28
首相に代行拒否文書送付　　　　　　　　　　1996.8.1
沖縄県に特別調整費50億円計上　　　　　　1996.9.10
名護市ヘリ基地受け入れ表明　　　　　　　1997.12.24
代替ヘリ基地に沖縄県知事反対表明　　　　　1998.2.6

大槻 文平
新行革審発足　　　　　　　　　　　　　　　1987.4.21

大手倶楽部
新党設立決議　　　　　　　　　　　　　　　1896.2.20
進歩党設立　　　　　　　　　　　　　　　　1896.3.1

大野 伴睦
昭電疑獄事件で農林次官逮捕　　　　　　　　1948.9.10
第14回国会召集　　　　　　　　　　　　　1952.8.26
第15回国会召集　　　　　　　　　　　　1952.10.24

大橋 武夫
第3次吉田内閣第1次改造　　　　　　　　　1950.6.28

大橋 敏雄
公明党大橋議員、池田大作を批判　　　　　　1988.5.10

大畠 章宏
菅改造内閣が発足　　　　　　　　　　　　　2010.9.17
民主党新代表に海江田元経済産業相　　　　2012.12.25

大東 義徹
大隈首相辞表奉呈　　　　　　　　　　　　1898.10.31

大平 梧
憲法9条の解釈で参考人聴取　　　　　　　　1952.3.14

大平 正芳
沖縄援助に関する日米協議委員会を設置　　　1962.11.2
田中首相の訪中を招請　　　　　　　　　　　1972.7.22
田中首相、日米首脳会談のため渡米　　　　　1972.8.31
大平外相、インガソル駐日米大使と会談　　　1973.1.19
蔵相、外相など辞任　　　　　　　　　　　　1974.7.16
三木改造内閣・自民党役員を決定　　　　　　1976.9.15
自民党、全党員による総裁候補者決定選挙
　　　　　　　　　　　　　　　　　　　　1978.11.1
自民党大会で、大平正芳総裁を選出　　　　　1978.12.1
第86回国会召集　　　　　　　　　　　　　1978.12.6
第1次大平正芳内閣　　　　　　　　　　　　1978.12.6
大平首相、施政方針演説　　　　　　　　　　1979.1.25
中国副首相・鄧小平来日　　　　　　　　　　1979.2.6
予算修正問題　　　　　　　　　　　　　　　1979.3.1
大平首相、日米首脳会談のため訪米　　　　　1979.4.30
大平首相、国連貿易開発会議出席　　　　　　1979.5.9
大平首相、E2C予算執行の凍結解除を要請
　　　　　　　　　　　　　　　　　　　　1979.6.22
東京サミットが開催　　　　　　　　　　　　1979.6.28
大平首相、所信表明演説　　　　　　　　　　1979.9.3
大平正芳を内閣総理大臣に指名　　　　　　　1979.11.6
文相に谷垣専一任命　　　　　　　　　　　1979.11.20
大平首相、所信表明演説　　　　　　　　　1979.11.27
大平首相、日中首脳会談のため中国訪問　　　1979.12.5
大平首相、オセアニア3ヵ国訪問　　　　　　1980.1.15
大平首相、施政方針演説　　　　　　　　　　1980.1.25
園田前外相、特使として中近東訪問　　　　　1980.2.19
大平首相、米国・カナダ・メキシコ訪問　　　1980.4.30
大平・カーター日米首脳会談　　　　　　　　1980.5.1
衆議院解散　　　　　　　　　　　　　　　　1980.5.19
華国鋒・中国首相が来日　　　　　　　　　　1980.5.27

－ 357 －

おおふ　　　　　　　　　　　　　事項名索引　　　　　　　　　　　　日本議会政治史事典

大平正芳首相、死去　　　　　　　　　1980.6.12
大渕 絹子
　参院新潟補選、社会党圧勝　　　　　1989.6.25
大村 襄治
　有事法制研究について中間報告　　　1981.4.22
大村 清一
　第9条に対する政府の統一見解を発表　1954.12.22
大山 郁夫
　労働者農民党設立　　　　　　　　　1928.12.22
　労農党設立　　　　　　　　　　　　1929.11.1
大山 巌
　大山渡欧　　　　　　　　　　　　　1884.2.16
　第1次伊藤内閣成立　　　　　　　　1885.12.22
　黒田内閣成立　　　　　　　　　　　1888.4.30
　森文相暗殺　　　　　　　　　　　　1889.2.11
　選挙干渉善後策協議　　　　　　　　1892.2.23
　元老会議が政局収拾を協議　　　　　1914.3.26
岡崎 勝男
　外務大臣に岡崎勝男　　　　　　　　1952.4.30
　第4次吉田茂内閣成立　　　　　　　1952.10.30
　竹島を日本領と言明　　　　　　　　1953.3.5
　MSA協定文書を発表　　　　　　　　1953.6.26
　MSA交渉中間報告　　　　　　　　　1953.8.6
岡崎 久次郎
　立憲政友会・憲政会提携　　　　　　1924.2.12
　立憲政友会・憲政会が決裂　　　　　1925.7.30
　内閣総辞職却下　　　　　　　　　　1925.8.2
岡崎 トミ子
　新党「民主党」結成呼びかけ　　　　1996.9.11
小笠原 三九郎
　池田通産大臣辞任　　　　　　　　　1952.11.29
小笠原復帰準備対策本部
　小笠原復帰準備対策本部を設置　　　1967.12.8
小笠原返還協定
　小笠原返還協定に調印　　　　　　　1968.4.5
岡田 朝太郎
　ポーツマス条約批准拒否を上奏　　　1905.9.21
岡田 克也
　民主党代表選　　　　　　　　　　　2004.5.17
　民主党岡田代表、海外武力行使を容認発言
　　　　　　　　　　　　　　　　　　2004.7.29
　民主党代表に岡田克也再選　　　　　2004.8.30
　民主党の新代表に前原誠司　　　　　2005.9.17
　民主党新代表に鳩山由紀夫　　　　　2009.5.16
　民主党議員総会で新人事を承認　　　2010.9.17
　民主党小沢系議員が会派離脱届提出　2011.2.17
　野田改造内閣が発足　　　　　　　　2012.1.13
　民主党、新役員決定　　　　　　　　2014.9.16
　民主党代表選　　　　　　　　　　　2015.1.18
岡田 啓介
　岡田海相辞任　　　　　　　　　　　1933.1.9
　斎藤内閣総辞職　　　　　　　　　　1934.7.3
　岡田内閣成立　　　　　　　　　　　1934.7.8
　10大政策発表　　　　　　　　　　　1934.7.20
　在満機構改革問題　　　　　　　　　1934.8.6
　岡田首相、施政方針演説　　　　　　1934.11.30
　爆弾動議　　　　　　　　　　　　　1934.12.5

岡田首相、施政方針演説　　　　　　　1935.1.22
　国体明徴を訓示　　　　　　　　　　1935.4.6
　第1次国体明徴声明　　　　　　　　1935.8.3
　第2次国体明徴声明　　　　　　　　1935.10.15
　岡田首相、施政方針演説　　　　　　1936.1.21
　衆議院解散　　　　　　　　　　　　1936.1.21
　岡田内閣総辞職　　　　　　　　　　1936.2.26
　有田八郎外相就任　　　　　　　　　1936.4.2
岡田 五郎
　造船疑獄で2議員逮捕許諾要求　　　1954.4.7
緒方 貞子
　外相に川口環境相　　　　　　　　　2002.2.1
緒方 竹虎
　東久邇内閣成立　　　　　　　　　　1945.8.17
　自由党総会開催　　　　　　　　　　1954.12.8
　民主・自由党首会談　　　　　　　　1955.6.4
岡田 忠彦
　第69回帝国議会召集　　　　　　　　1936.5.1
　第80回帝国議会召集　　　　　　　　1942.5.25
岡田 春夫
　第89回国会召集　　　　　　　　　　1979.10.30
岡野 清豪
　自治庁、保安庁設置　　　　　　　　1952.8.1
　天野文相辞任　　　　　　　　　　　1952.8.12
岡野 敬次郎
　普選断行決定　　　　　　　　　　　1923.10.15
岡本 一己
　五月雨演説　　　　　　　　　　　　1934.2.15
岡本 道雄
　臨時教育審議会設置　　　　　　　　1984.8.21
小川 郷太郎
　平沼枢密院議長辞任　　　　　　　　1939.1.5
小川 仁一
　参院岩手補選、社会党圧勝　　　　　1987.3.8
小川 平吉
　立憲政友会・憲政会が決裂　　　　　1925.7.30
　内閣総辞職却下　　　　　　　　　　1925.8.2
　五私鉄疑獄事件　　　　　　　　　　1929.8月
沖縄群島政府
　沖縄群島政府発足　　　　　　　　　1950.11.4
沖縄国際海洋博覧会推進対策本部
　沖縄国際海洋博覧会推進対策本部を設置　1973.1.30
沖縄社会大衆党
　沖縄社会大衆党結成　　　　　　　　1950.10.31
沖縄社会党
　沖縄社会党結成　　　　　　　　　　1958.2.16
沖縄選挙区
　第11回衆議院選挙　　　　　　　　　1912.5.15
沖縄復帰準備委員会
　米国、沖縄復帰準備委員会設置に署名　1970.3.3
沖縄復帰対策閣僚協議会
　沖縄復帰対策閣僚協議会を設置　　　1969.11.28
沖縄復帰対策要綱
　沖縄復帰対策要綱など閣議決定　　　1970.11.20
　沖縄復帰対策要綱を閣議決定　　　　1971.3.23
　沖縄復帰対策要綱を決定　　　　　　1971.9.3

－ 358 －

沖縄返還

佐藤首相、日米首脳会談のため訪米	1965.1.10
愛知外相、ソ連、米国を訪問	1969.9.4
佐藤首相、日米首脳会談のために渡米	1969.11.17
沖縄返還時の核密約文書が現存	2009.12.22

沖縄返還協定

沖縄返還協定に調印	1971.6.17
衆院、沖縄返還協定締結承認	1971.11.24

沖縄・北方特別委員会

沖縄関係議案5件を可決	1971.12.30

沖縄問題閣僚協議会

沖縄問題閣僚協議会を設置	1965.8.27

沖縄問題懇談会

沖縄問題懇談会を発足	1967.8.1

奥 繁三郎

長谷場衆院議長死去	1914.3.15
第43回帝国議会召集	1920.6.29
「衆議院議員選挙法」中改正法律案提出	1922.2.11
奥議長の処決を促す決議案否決	1922.12.28

奥 むめお

新婦人協会設立	1920.3.28

奥野 誠亮

奥野法相、自主憲法議論は望ましいと発言	
	1980.8.27
奥野国土庁長官更迭	1988.5.13

奥宮 健之

車界党設立	1883.9.24

小此木 彦三郎

「政治改革関連3法」案廃案	1991.9.30

尾崎

衆院予算委員長解任決議案提出	1953.7.31

尾崎 秀実

ゾルゲ事件	1941.10.15

尾崎 行雄

明治14年の政変	1881.10.12
東洋議政会設立	1882.2.12
「保安条例」公布	1887.12.26
尾崎外務参事官ら罷免	1897.11.5
共和演説事件	1898.8.22
尾崎文相辞任	1898.10.24
憲政本党が尾崎ら除名	1900.8.27
立憲政友会設立	1900.9.15
桂内閣が立憲政友会と妥協	1903.5.21
第1次憲政擁護運動	1912.12.19
立憲政友会分裂	1913.2.23
第2次大隈内閣成立	1914.4.16
憲政会が尾崎・田川を除名	1921.2.3
軍備制限に関する決議案否決	1921.2.10
軍備縮小同志会設立	1921.9.17
全国普選断行同盟設立	1921.11.12
革新倶楽部設立	1922.11.8
革新倶楽部分裂	1925.5.10
革新党設立	1927.6.3
鈴木内相の処決其の他に関する決議案提出	
	1928.4.27
永年在職議員表彰	1935.3.14
尾崎不敬事件	1942.4.24
第21回衆議院選挙	1942.4.30

憲法懇談会が憲法草案を発表	1946.3.5
尾崎行雄に名誉議員の称号	1953.7.17

小里 貞利

地震対策担当相新設	1995.1.20

小佐野 賢治

ロッキード事件・小佐野被告に有罪	1981.11.5

オザル, トゥルグト

海部首相中東訪問	1990.10.1

小沢 一郎

衆議院で政治倫理協議会発足	1984.2.6
税制問題等に関する両院合同協議会設置	1990.6.26
第2次海部改造内閣発足	1990.12.29
小沢幹事長が引責辞任	1991.4.8
自民党が「憲法」解釈の変更求める	1992.2.20
竹下派会長に小渕恵三	1992.10.22
自衛隊合憲を答申	1993.2.3
竹下元首相・小沢自民党幹事長、証人喚問	
	1993.2.17
自民党分裂、新党結成	1993.6.23
野党各派が新党結成へ	1994.9.6
新進党旗揚げ	1994.12.10
新進党党首選	1995.12.8
羽田元首相、新進党離党	1996.12.16
新進党党首選	1997.12.18
新進党解党	1997.12.27
自民・自由、党首会談	1998.11.19
小渕連立内閣発足	1999.1.14
自民党、小渕総裁再選	1999.9.21
自由党連立離脱・分裂	2000.4.1
民主党と自由党、合併へ	2003.7.23
民主党と自由党が合併	2003.9.24
民主党代表選	2004.5.17
民主党代表に小沢一郎選出	2006.4.7
民主党代表に小沢一郎再選	2006.9.12
民主党大会で「与野党逆転」掲げる	2007.1.16
民主党小沢代表が事務所費を公開	2007.2.20
民主党と新党日本、統一会派に正式合意	2007.9.5
民主党と国民新党が統一会派に合意	2007.10.23
福田首相が民主に連立を打診、民主は拒絶	
	2007.11.2
民主党大会で小沢代表が政権交代の決意表明	
	2008.1.16
民主党代表選、小沢一郎が無投票で3選目	2008.9.8
麻生首相が小沢代表と初の党首討論	2008.11.28
民主党、小沢代表辞任へ	2009.3.27
民主党新代表に鳩山由紀夫	2009.5.16
民主党大会で小沢幹事長続投を了承	2010.1.16
民主党石川議員が離党	2010.2.11
自民党が審議拒否も、予算案や法案の審議進む	
	2010.2.22
鳩山首相、小沢幹事長の続投を表明	2010.4.28
鳩山首相が退陣、小沢幹事長も辞任	2010.6.2
民主代表戦で菅首相が再選	2010.9.14
小沢の招致について政治倫理審議決の方針	
	2010.12.27
小沢一郎元代表が離党要求を拒否	2011.2.10
民主党小沢系議員が会派離脱届提出	2011.2.17
民主党、小沢元代表の党員資格停止を決定	
	2011.2.22
民主党・松木政務官が辞表	2011.2.24

民主党主要役員が決定	2011.8.31
消費税法案、閣議決定	2012.3.30
小沢被告に無罪判決	2012.4.26
小沢元代表の党員資格を回復	2012.5.8
野田首相と小沢元代表の会談は平行線	2012.5.30
消費増税、衆院通過	2012.6.26
小沢元代表ら50人が離党届	2012.7.2
民主党、法案反対議員の処分を決定	2012.7.9
小沢新党発足	2012.7.11
小沢被告の控訴審は即日結審	2012.9.26
小沢被告、二審も無罪	2012.11.12
「日本未来の党」が分裂、「生活の党」に党	
名変更	2012.12.27
生活の党新代表に小沢一郎を選出	2013.1.25
生活の党が改称	2014.12.26
「生活の党」共同代表制に	2015.1.26

小沢 久太郎
手島郵政相が辞任	1963.1.8

小沢 佐重喜
省庁改組	1949.6.1

オタワ条約 → 対人地雷全面禁止条約を見よ

尾辻 秀久
第175回国会召集	2010.7.30

翁長 雄志
沖縄県知事に翁長前那覇市長	2014.11.16

小野 梓
立憲改進党結党式	1882.4.16

小野塚 喜平次
七博士意見書	1903.6.24

小畑 敏四郎
東久邇内閣成立	1945.8.17

オバマ, バラク
日米首脳が会談	2009.2.24
鳩山首相、国連に出席し各国首脳と会談	2009.9.22
鳩山首相、来日した米大統領と会談	2009.11.13
日米首脳会議、普天間移設に全力	2011.9.21
野田首相、TPP交渉への参加を表明	2011.11.11
野田首相がオバマ米大統領と会談	2012.4.30
安倍首相がTPP交渉参加の意向を表明	2013.2.22
対シリアでオバマ大統領と会談	2013.9.5
安倍首相、オバマ大統領と会談	2014.4.24
日米豪、安保連携を強化する方針	2014.11.16
安倍首相訪米	2015.4.26

小原 直
加藤法務大臣辞任	1954.6.19

小渕 恵三
竹下内閣発足	1987.11.6
竹下改造内閣発足	1988.12.27
小沢幹事長が引責辞任	1991.4.8
竹下派会長に小渕恵三	1992.10.22
第2次橋下改造内閣発足	1997.9.11
イラクへの米武力行使に賛成	1998.2.13
自民党総裁選	1998.7.24
第143回国会召集	1998.7.30
小渕内閣発足	1998.7.30
金融再生法案修正	1998.9.18
日米首脳会談	1998.9.22
金大中大統領来日	1998.10.7

経済戦略会議、緊急提言	1998.10.14
金融再生担当相を新設	1998.10.23
小渕首相ロシア訪問	1998.11.11
自民・自由、党首会談	1998.11.19
第144回国会召集	1998.11.27
初の日韓閣僚懇談会	1998.11.28
小渕連立内閣発足	1999.1.14
第145回国会召集	1999.1.19
ソウルで日韓首脳会談	1999.3.20
ケルン・サミット開幕	1999.6.18
中国で日中首脳会談	1999.7.9
自民党、小渕総裁再選	1999.9.21
小渕新連立内閣発足	1999.10.5
小渕首相、東南アジア3ヵ国歴訪	2000.1.10
「定数削減法」成立	2000.2.2
自由党連立離脱・分裂	2000.4.1
小渕首相緊急入院	2000.4.2
小渕前首相死去	2000.5.14

小渕 優子
小渕・松島大臣辞任	2014.10.20

覚せい剤取締法
覚せい剤取締法公布	1951.6.30

尾身 幸次
安倍内閣が発足	2006.9.26

オランド, フランソワ
日仏、原子力協力で共同声明	2013.6.7

オレンジ共済組合
オレンジ共済組合事件で友部参院議員逮捕	
	1997.1.29

温 家宝
安倍首相、温家宝中国首相と会談	2007.4.11
日中間首脳のサミットが初の開催	2008.12.13
日中韓首脳が会談	2009.10.10

恩給金庫法
「国民健康保険法」など公布	1938.4.1

恩給局
「官吏恩給令」制定	1884.1.4

恩給法
恩給法改正法公布	1953.8.1

恩赦詔書
大正天皇即位大礼	1915.11.10
大正天皇大喪儀	1927.2.7
昭和天皇即位大礼	1928.11.10
皇太子誕生	1933.12.23
憲法発布50周年祝賀式典	1938.2.11
「紀元2600年に際し時艱克服の詔書」など	
発布	1940.2.11
第2次大戦終局恩赦	1945.10.17

恩赦に関する詔書
明治天皇大喪の儀	1912.9.13

恩赦令
明治天皇大喪の儀	1912.9.13

【か】

華 国鋒
大平首相、日中首脳会談のため中国訪問　1979.12.5
華国鋒・中国首相が来日　1980.5.27

海運組合法
「映画法」など公布　1939.4.5

海運統制令
「陸運統制令」・「海運統制令」公布　1940.2.1

海江田 万里
菅改造内閣が発足　2010.9.17
民主党新代表に海江田元経済産業相　2012.12.25
民主党、新役員決定　2014.9.16
海江田民主党代表が辞任表明　2014.12.15

改革
社会党連立離脱　1994.4.25
野党会派、統一会派を結成　1994.9.28

改革クラブ
「新党改革」結党　2010.4.23

改革の会
社会党連立離脱　1994.4.25

海軍軍事参議官会議
統帥権干犯問題で海軍が遺憾の意を表明　1930.5.19

海軍軍備制限に関する条約
「ワシントン海軍軍縮条約」調印　1922.2.6

海軍軍備の制限及び縮小に関する条約
「ロンドン海軍軍縮条約」調印　1930.4.22

海軍軍令部
第3次軍縮妥協案了承　1930.4.1
統帥権干犯問題で海軍が遺憾の意を表明　1930.5.19

海軍軍令部令
「海軍軍令部令」公示　1933.9.27

海軍刑法
「陸軍刑法」・「海軍刑法」制定　1881.12.28

海軍罪治法
「陸軍治罪法」制定　1883.8.4

海軍参謀部条例
「参謀本部条例」など公布　1889.3.9

海軍参謀本部条例
「参軍官制」など公布　1888.5.14

海軍省
蕃勇演説　1891.12.22
軍民離間声明　1933.12.9

海軍省官制
軍部大臣現役武官制廃止　1913.6.13
軍部大臣現役武官制復活　1936.5.18

海軍条例
「海軍条例」公布　1886.4.26

海軍大学校官制
「陸軍大学校条例」公布　1887.10.8

会計検査院官制
「会計検査院官制」など公布　1886.4.17
「会計検査院法」公布　1889.5.10

会計検査院法
「会計検査院法」公布　1889.5.10

会計法
「会計法」制定　1881.4.28
「大日本帝国憲法」発布　1889.2.11

戒厳令
「戒厳令」制定　1882.8.5
日比谷焼討事件　1905.9.5
「戒厳令」解除　1905.11.29
関東大震災発生　1923.9.1
二・二六事件　1936.2.26

外交関係閣僚等懇談会
外交関係閣僚等懇談会を設置　1965.2.9

『外交青書』
初の『外交青書』発表　1957.9.28

外国為替及び外国貿易管理法
外為・外国貿易管理法公布　1949.12.1

外国為替管理委員会
外国為替管理委員会設置　1949.3.16

外国為替管理法
「米穀統制法」など公布　1933.3.29

外国人登録法
「外国人登録法」政令改正　1985.5.14

外国米の輸入等に関する件
「外国米の輸入等に関する件」公布　1918.4.25

介護保険法
「介護保険法」成立　1997.12.9
改正介護保険法が成立　2011.6.15

外資審議会
資本自由化の基本方針決定　1967.6.6
第3次資本自由化措置を決定　1970.8.25

会社職員給与臨時措置令
「国家総動員法」関係6勅令公布　1939.10.18

海上自衛隊
自衛隊派遣基本計画が閣議決定　2001.11.16
福田首相、初めての日米首脳会談　2007.11.16

改進党
改進党結成　1952.2.8
日本民主党結成　1954.11.24

ガイドライン → 日米防衛協力のための指針を見よ

ガイドライン関連法 → 日米防衛協力のための指針
　関連法を見よ

海難救助協定
日ソ漁業交渉開始　1956.4.29

海浜汚染防止法
公害対策基本法改正案関連法を可決　1970.12.18

海部 俊樹
自民党総裁に海部選出　1989.8.8
首相指名、衆院優越で海部に　1989.8.9
第1次海部内閣発足　1989.8.10
海部首相、米国・カナダ・メキシコ歴訪　1989.8.30
第116回国会召集　1989.9.28
自民党、海部総裁再選　1989.10.31
ソ連最高会議代表団来日　1989.11.12
海部首相、欧州8ヵ国に出発　1990.1.8
5党首公開討論会　1990.2.2

第2次海部内閣発足	1990.2.28
海部首相、施政方針演説	1990.3.2
海部首相訪米	1990.3.2
第2次海部内閣、資産公開	1990.3.30
選挙制度審第1次答申	1990.4.26
海部首相、アジア歴訪	1990.4.28
韓国大統領来日	1990.5.24
選挙制度審第2次答申	1990.7.31
中東支援策を決定	1990.8.29
海部首相中東訪問	1990.10.1
第119回国会召集	1990.10.12
「国連平和協力法」案提出	1990.10.16
ネルソン・マンデラ来日	1990.10.27
第2次海部改造内閣発足	1990.12.29
海部首相が訪韓	1991.1.9
湾岸戦争始まる	1991.1.17
海部首相、施政方針演説	1991.1.25
ゴルバチョフ・ソ連大統領来日	1991.4.16
海部首相、ASEAN歴訪	1991.4.27
第3次行革審	1991.6.12
選挙制度審議会答申	1991.6.25
第121回国会召集	1991.8.5
海部首相が訪中	1991.8.10
海部首相、モンゴル訪問	1991.8.13
政治改革挫折	1991.10.4
国連環境開発会議開幕	1992.6.3
2人目の社会党首相誕生	1994.6.29
新進党旗揚げ	1994.12.10

海防費補助の詔勅
「海防費補助の詔勅」発布	1887.3.14

外務公務員法
外務公務員法公布	1952.3.31

外務省
第1回条約改正会議	1886.5.1
法律取調所設置	1886.8.6
初の『外交青書』発表	1957.9.28
第2次橋本内閣成立	1996.11.7

外務省東亜局・南洋局
大東亜省設置	1942.11.1

海洋基本法
初代海洋相に冬柴国交相	2007.7.3

海洋法に関する国際連合条約
「国連海洋法」条約批准	1996.6.7

嘉悦 氏房
九州改進党設立	1882.3.12

科学技術新体制確立要綱
科学技術新体制確立要綱決定	1941.5.27

科学技術庁
総理府に科学技術庁設置	1956.5.19
第2次中曽根内閣第2次改造内閣	1985.12.28

価格統制令
「国家総動員法」関係6勅令公布	1939.10.18

郭 松齢
満州派兵決定	1925.12.15

学位令
「学位令」公布	1887.5.21

核拡散防止決議
国連総会、軍縮共同決議案等採択	1959.11.20

核拡散防止条約
核拡散防止条約に調印	1970.2.3

核実験停止決議
国連総会に核実験停止決議案提出	1957.9.24

学習院
七博士意見書	1903.6.24

各省官制通則
「各省官制通則」公布	1886.2.27
政務次官・参与官設置	1924.8.12

革新倶楽部
革新倶楽部設立	1922.11.8
加藤内閣不信任決議案否決	1923.2.19
第2次憲政擁護運動	1924.1.7
護憲三派連盟結成	1924.1.18
護憲三派同盟成立	1924.1.29
三派連合憲政擁護関西大会	1924.1.30
護憲三派が共同声明書発表	1924.2.25
清浦内閣総辞職を決議	1924.5.18
護憲三派党大会	1925.1.19
三派合同覚書	1925.5.5
革新倶楽部分裂	1925.5.10
新正倶楽部設立	1925.6.1
内閣総辞職却下	1925.8.2
革新党設立	1927.6.3

革新自由連合
革新自由連合結成	1977.4.26

革新党
革新党設立	1927.6.3
第55回帝国議会召集	1928.4.20

学童疎開促進要綱
学童疎開促進要綱決定	1944.6.30

学徒勤労令
「学徒勤労令」・「女子挺身勤労令」公布	1944.8.23

学徒戦時動員体制確立要綱
学徒戦時動員体制確立要綱決定	1943.6.25

各派交渉会
議会振粛要綱	1932.7.15
永年在職議員表彰	1935.3.14
翼賛政治会設立	1942.5.20

学歴詐称問題
古賀潤議員の学歴詐称問題浮上	2004.1.19

過激社会運動取締法
「過激社会運動取締法」案提出	1922.2.20
奥議長の処決を促す決議案否決	1922.12.28

過激社会運動取締法案反対新聞同盟
「過激社会運動取締法」案提出	1922.2.20

火災保険貸付勅令案
「火災保険貸付勅令案」撤回勧告	1924.3.5

火災保険助成金の件
「火災保険貸付勅令案」撤回勧告	1924.3.5

風見 章
日中・日ソ国交回復国民会議結成	1954.10.28

貸金業の規制等に関する法律
「サラ金規制法」案を議決	1983.4.20

貸家組合法
「国防保安法」など公布 　　　　1941.3.7

梶山 静六
ネルソン・マンデラ来日 　　　　1990.10.27
宮沢喜一改造内閣発足 　　　　1992.12.11
第1次橋本内閣成立 　　　　1996.1.11
第2次橋本内閣成立 　　　　1996.11.7
自民党総裁選 　　　　1998.7.24
「危機突破・改革議連」発足 　　　　1998.12.11

春日 一幸
民社党大会を開催 　　　　1971.8.2
共産党スパイ査問事件 　　　　1976.1.27

粕谷 義三
第43回帝国議会召集 　　　　1920.6.29
粕谷衆議院議長就任 　　　　1923.2.17
第49回帝国議会召集 　　　　1924.6.25
衆議院正副議長の党籍離脱に関する希望決
　議案可決 　　　　1925.3.24
衆議院正副議長が引責辞任 　　　　1927.3.25

加瀬 亮
第81回国会召集 　　　　1977.7.27

華族世襲財産法
「華族世襲財産法」公布 　　　　1886.4.29

華族令
「華族令」制定 　　　　1884.7.7

カーター, ジミー
福田首相、日米首脳会談のため訪米 　　　　1978.4.30
大平首相、日米首脳会談のため訪米 　　　　1979.4.30
カーター米国大統領が来日 　　　　1979.6.24
東京サミットが開催 　　　　1979.6.28
大平・カーター日米首脳会談 　　　　1980.5.1

嘉田 由紀子
「日本未来の党」結成 　　　　2012.11.27
「日本未来の党」が分裂、「生活の党」に党
　名変更 　　　　2012.12.27
政治団体「日本未来の党」を届け出 　　　　2012.12.28
嘉田日本未来の党の代表辞任 　　　　2013.1.4

片岡 健吉
立憲自由党結党式 　　　　1890.9.15
立憲自由党分裂 　　　　1891.2.24
第6回帝国議会召集 　　　　1894.5.12
第12回帝国議会召集 　　　　1898.5.14
憲政党設立 　　　　1898.6.22
第13回帝国議会召集 　　　　1898.11.7
第17回帝国議会召集 　　　　1902.12.6
第18回帝国議会召集 　　　　1903.5.8
桂内閣が立憲政友会と妥協 　　　　1903.5.21

片岡 直温
内閣総辞職却下 　　　　1925.8.2
昭和金融恐慌 　　　　1927.3.14

片山 潜
社会主義研究会設立 　　　　1898.10.18
普通選挙期成同盟会設立 　　　　1899.10.2
社会民主党設立 　　　　1901.5.18
社会党設立 　　　　1911.10.25

片山 哲
社会大衆党が反軍演説で大量除名 　　　　1940.3.9
日本社会党結成 　　　　1945.11.2

片山哲内閣成立 　　　　1947.5.24
片山内閣組閣完了 　　　　1947.6.1
片山首相、施政方針演説 　　　　1947.7.1
片山首相が連合国に感謝の演説 　　　　1947.8.14
農林大臣罷免 　　　　1947.11.4
片山内閣総辞職 　　　　1948.2.10
日本社会党が分裂 　　　　1950.1.19
憲法擁護国民連合結成 　　　　1954.1.13
2人目の社会党首相誕生 　　　　1994.6.29

片山 虎之助
維新の党、分裂へ 　　　　2015.8.27

学校教育法
教育基本法・学校教育法公布 　　　　1947.3.31

ガット → 関税及び貿易に関する一般協定を見よ

合併特例法
改正合併特例法の優遇措置終了 　　　　2005.3.31

勝間田 清一
社会党大会を開催 　　　　1967.8.20
社会党大会を開催 　　　　1968.9.11

桂 太郎
伊藤首相辞任 　　　　1901.5.10
第1次桂内閣成立 　　　　1901.6.2
桂首相、施政方針演説 　　　　1901.12.12
北清事変賠償金財政問題 　　　　1901.12.26
日英同盟について報告 　　　　1902.2.12
海軍拡張案など提出決定 　　　　1902.10.28
桂首相、施政方針演説 　　　　1902.12.13
「地租増徴案」否決 　　　　1902.12.16
「地租増徴案」妥協案提示 　　　　1902.12.25
衆議院解散 　　　　1902.12.28
地租増徴継続断念 　　　　1903.1.2
対露政策を協議 　　　　1903.4.21
地租増徴撤回発表 　　　　1903.4.28
桂首相、施政方針演説 　　　　1903.5.16
桂内閣が立憲政友会と妥協 　　　　1903.5.21
七博士意見書 　　　　1903.6.24
対清韓方針決定 　　　　1903.12.30
戦時増税で合意 　　　　1904.3.20
桂首相、施政方針演説 　　　　1904.3.23
桂首相、施政方針演説 　　　　1904.12.3
戦時増税で妥協案成立 　　　　1904.12.9
立憲政友会・立政本党が講和について決議
　　　　1905.6.28
大学独立問題 　　　　1905.12.2
桂内閣総辞職 　　　　1905.12.19
西園寺内閣総辞職 　　　　1908.7.4
第2次桂内閣成立 　　　　1908.7.14
桂首相、施政方針演説 　　　　1909.1.21
日韓併合の方針決定 　　　　1909.7.6
桂首相、施政方針演説 　　　　1910.1.22
桂首相、施政方針演説 　　　　1911.1.21
情意投合 　　　　1911.1.26
第2次桂内閣総辞職 　　　　1911.8.25
西園寺内閣総辞職 　　　　1912.12.5
第3次桂内閣成立 　　　　1912.12.21
立憲政友会・立憲国民党が憲政擁護宣言 　　　　1913.1.19
「停会詔書」発布 　　　　1913.1.21
桂首相、施政方針演説 　　　　1913.2.5
大正2年度総予算案提出 　　　　1913.2.5

桂内閣不信任決議案提出	1913.2.5
立憲同志会宣言書発表	1913.2.7
大正の政変	1913.2.11

加藤 寛治
| 統帥権干犯問題で海軍が遺憾の意を表明 | 1930.5.19 |

加藤 勘十
| 第1次人民戦線事件 | 1937.12.15 |

加藤 紘一
宮沢首相、リクルート事件資料提出へ	1991.11.14
自民党新総裁に橋本龍太郎	1995.9.22
住専問題で議員の参考人質疑始まる	1996.2.15
新進党のピケ解除	1996.3.25
設置以来初の政治倫理審査会	1996.9.25
加藤派結成	1998.12.22
自民党、小渕総裁再選	1999.9.21
森内閣不信任案否決	2000.11.21
加藤紘一が自民党離党	2002.3.18
自衛隊イラク派遣が衆院で承認	2004.1.30

加藤 高明
立憲政友会・憲政本党が提携	1903.12.3
立憲同志会結党式	1913.12.23
第2次大隈内閣成立	1914.4.16
3党首会談	1916.5.24
第2次大隈内閣総辞職	1916.10.4
憲政会設立	1916.10.10
寺内首相が対中外交で議会に協力要請	1917.1.15
臨時外交調査委員会参加を要請	1917.6.2
加藤内閣成立	1922.6.12
憲政擁護民衆大会	1922.7.16
加藤首相、施政方針演説	1923.1.23
加藤内閣不信任決議案否決	1923.2.19
加藤首相死去	1923.8.24
護憲三派連盟結成	1924.1.18
立憲政友会・憲政会提携	1924.2.12
清浦内閣総辞職	1924.6.7
加藤内閣成立	1924.6.11
加藤首相、施政方針演説	1924.7.1
加藤首相、施政方針演説	1925.1.22
加藤内閣不信任決議案否決	1925.3.29
立憲政友会・憲政会が決裂	1925.7.30
加藤内閣総辞職	1925.7.31
内閣総辞職却下	1925.8.2
満州派兵決定	1925.12.15
加藤首相、施政方針演説	1926.1.21
加藤首相死去	1926.1.28
「停会詔書」発布	1926.1.28

加藤 孝
| リクルート社前会長ほか2名証人喚問 | 1988.11.21 |

加藤 武徳
| 造船疑獄で議員逮捕許諾要求 | 1954.4.10 |

加藤 友三郎
ワシントン会議	1921.11.12
高橋首相辞表奉呈	1922.6.6
加藤内閣成立	1922.6.12
加藤首相死去	1923.8.24

加藤 政之助
| 憲政会設立 | 1916.10.10 |

加藤 六月
| 税制問題等に関する両院合同協議会設置 | 1990.6.26 |

加藤 鐐五郎
犬養法相辞任	1954.4.22
加藤法務大臣辞任	1954.6.19
国会周辺のデモ規制立法化を要請	1959.12.2
加藤衆院議長が辞任	1960.2.1

過度経済力集中排除法
| 過度経済力集中排除法公布 | 1947.12.18 |

金井 延
| 七博士意見書 | 1903.6.24 |
| ポーツマス条約批准拒否を上奏 | 1905.9.21 |

金光 庸夫
| 第72回帝国議会召集 | 1937.9.3 |

金森 徳次郎
| 国務大臣に金森徳次郎が就任 | 1946.6.19 |
| 衆院帝国憲法改正案委、審議開始 | 1946.7.1 |

カニエ 邦彦
| 参院の混乱で4名の懲罰動議可決 | 1949.5.30 |
| 議員4名の登院停止処分を決定 | 1949.10.31 |

金子 一平
| 河本大臣辞任 | 1985.8.14 |

金子 一義
| 中山国交相が辞任、後任に金子元行政改革相 | 2008.9.28 |

金子 堅太郎
| 伊藤ら新党設立準備 | 1900.7月 |

金子 洋文
| 参院の混乱で4名の懲罰動議可決 | 1949.5.30 |
| 議員4名の登院停止処分を決定 | 1949.10.31 |

金丸 信
自民党役員を決定	1983.12.26
自民党、三役決定	1984.10.30
第3次中曽根内閣発足	1986.7.22
税制問題等特別委員会設置	1988.9.9
江副リクルート社前会長、病床質問	1988.10.12
北朝鮮との国交樹立提案	1990.9.24
自民党副総裁に金丸信	1992.1.8
金丸自民党総裁辞任	1992.8.27
金丸自民党元副総裁議員辞職	1992.10.14
竹下元首相を証人喚問	1992.11.26

金光 庸夫
| 第71回帝国議会召集 | 1937.7.23 |

鹿野 道彦
| 新進党党首選 | 1997.12.18 |
| 鹿野民主党副代表が離党 | 2002.2.6 |

加波山事件
| 加波山事件 | 1884.9.23 |

樺山 資紀
| 蕃勇演説 | 1891.12.22 |
| 松方首相辞表奉呈 | 1892.7.30 |

株式価格統制令
| 「重要産業団体令」など公布 | 1941.8.30 |

貨幣法
| 「貨幣法」公布 | 1897.3.29 |

釜石鉱山
| 「日本製鉄株式会社法」公布 | 1933.4.6 |

鎌田 栄吉
第1回国際労働会議	1919.10.29

亀井 亜紀子
国民新党、亀井代表を解任	2012.4.5
新会派「みどりの風」結成	2012.7.24

亀井 静香
「危機突破・改革議連」発足	1998.12.11
自民党、小渕総裁再選	1999.9.21
新党が相次いで結成	2005.8.17
民・社・国が連立に合意	2009.9.9
普天間移設問題、先送り決定	2009.12.15
亀井金融・郵政改革相辞任	2010.6.11
原発相、復興相が決定	2011.6.27
新首相に野田代表	2011.8.30
消費税法案、閣議決定	2012.3.30
国民新党、亀井代表を解任	2012.4.5
「減税」と「反TPP」が新党結成	2012.11.22
「日本未来の党」が分裂、「生活の党」に党名変更	2012.12.27
「みどりの風」が政党に	2012.12.28
みどりの風、代表発表	2013.1.28

亀井 正夫
政治臨調が提言	1993.4.17

亀井 義之
大島農水相が辞任	2003.3.31

賀屋 興宣
第1次近衛内閣成立	1937.6.4
東条内閣成立	1941.10.18

樺太庁
帝国鉄道庁など設置	1907.4.1

樺太に施行すべき法令に関する法律
「樺太に施行すべき法令に関する法律」公布	1907.3.29

ガリ, ブトロス
ガリ国連事務総長が来日	1993.2.15

ガリオアおよびエロア輸入物資の円勘定に関する覚書
対日援助見返資金特別勘定の設定を指令	1949.4.1
ガリオア援助打切りを声明	1951.5.14
ガリオア・エロア返済で日米共同声明	1954.5.4
ガリオア・エロア両債務の返済交渉申し入れ	1961.5.10

カリフォルニア州外国人土地法
「排日土地法」に抗議	1913.5.10

カリモフ, イスラム
小泉首相、中央アジア2か国訪問へ	2006.8.24

仮谷 忠雄
仮谷忠雄建設相が死去	1976.1.15

ガルシア, カルロス
フィリピン大統領来日	1958.12.2

がれき処理特別措置法
がれき処理特別措置法が成立	2011.8.12

過労死等防止対策推進法
過労死等防止対策推進法が成立	2014.6.20

河合 隼雄
文化庁長官に河合隼雄	2002.1.4

河合 弥八
第16回国会召集	1953.5.18

川上 貫一
川上議員の除名を決定	1951.3.29

河上 丈太郎
第2次追放解除を発表	1951.8.2
社会党顧問、右翼少年に刺される	1960.6.17
日本社会党大会を開催	1961.3.8

川口 順子
外相に川口環境相	2002.2.1
外務省改革指針を発表	2002.2.12
田中、鈴木を参考人招致	2002.2.20
外務省「行動計画」発表	2002.8.21
江沢民主席、首相訪朝を全面支持	2002.9.8
小泉首相、靖国神社参拝	2003.1.14
アフガニスタン支援に41億表明	2003.2.22
国連総会で拉致問題について演説	2003.9.23
小泉改造内閣が発足	2004.9.27
川口参院環境委員長を解任	2013.5.9

川越 茂
第1次近衛声明	1938.1.16

川崎 卓吉
若槻立憲民政党総裁辞任	1934.11.1

川島 正次郎
オリンピック担当相に川島国務相	1962.5.29

川島 義之
林陸相辞任	1935.9.5

為替手形・約束手形条例
「為替手形・約束手形条例」制定	1882.12.11

川原 茂輔
元田衆議院議長辞任	1929.3.14

川辺 虎四郎
マニラで降伏文書受領	1945.8.20

河村 たかし
「減税」と「反TPP」が新党結成	2012.11.22

瓦 力
瓦防衛庁長官辞任	1988.8.24

菅 直人
社民連、統一会派結成を決定	1986.7.22
第1次橋本内閣成立	1996.1.11
新党「民主党」結成呼びかけ	1996.9.11
民主党結党	1996.9.28
民主党、二人代表制廃止	1997.9.18
民主党結党大会	1998.4.27
第143回国会召集	1998.7.30
金融再生法案修正	1998.9.18
民主党、菅代表再選	1999.1.18
鳩山由紀夫、民主党代表に	1999.9.25
民主党代表に鳩山由紀夫が3選	2002.9.23
民主党鳩山代表が辞任表明	2002.12.3
小泉首相「公約破り、大したことじゃない」発言	2003.1.23
民主党と自由党、合併へ	2003.7.23
民主党と自由党が合併	2003.9.24
古賀潤議員の学歴詐称問題浮上	2004.1.19
閣僚の公的年金保険料納付問題	2004.4.23
年金未納問題で辞任相次ぐ	2004.5.7

かんい　　　　　　　　　　　　事項名索引　　　　　　　　　　日本議会政治史事典

民主党の新代表に前原誠司	2005.9.17
民主党代表に小沢一郎再選	2006.9.12
菅直人が首相に選出、菅内閣が発足	2010.6.4
日韓併合100年で首相談話	2010.8.10
政府と日銀が追加の経済・金融対策を決定	
	2010.8.30
民主代表戦で菅首相が再選	2010.9.14
第176回国会召集	2010.10.1
国会軽視発言で柳田法相を更迭	2010.11.22
小沢の招致について政治倫理審議決の方針	
	2010.12.27
民主党がマニフェストを見直す方針	2011.1.13
菅第2次改造内閣が発足	2011.1.14
菅首相、「日米同盟が基軸」と演説	2011.1.20
第177回国会召集	2011.1.24
菅首相、初の党首討論	2011.2.9
小沢一郎元代表が離党要求を拒否	2011.2.10
民主党・松木政務官が辞表	2011.2.24
前原外相が辞任	2011.3.6
東日本大震災発生	2011.3.11
衆院で菅内閣不信任案を否決	2011.6.2
原発相、復興相が決定	2011.6.27
菅首相、辞任3条件を明言	2011.6.27
松本復興相辞任	2011.7.5
2法案が成立し、菅首相は辞任を表明	2011.8.26
民主党新代表に野田財務相	2011.8.29
菅内閣、総辞職	2011.8.30
原発民間事故調は報告書を公表	2012.2.27

簡易生命保険法
「簡易生命保険法」案提出	1916.2.7
簡易生命保険法公布	1949.5.16

官営八幡製鉄所
「日本製鉄株式会社法」公布	1933.4.6

官紀振粛問題
官紀振粛問題	1893.12.4

環境アセスメント法
環境影響評価実施要項を決定	1984.8.28

環境庁
環境庁を設置	1971.7.1

監軍部条例
「軍事参議官条例」など公布	1887.6.2

韓国統一民主党
石橋前社会党委員長ら訪韓	1988.10.12

韓国の国号を改め朝鮮と称する件
韓国併合	1910.8.29

韓国併合に関する詔書
韓国併合	1910.8.29

韓国併合に関する条約
「韓国併合に関する条約」調印	1910.8.22

監獄法
「監獄法」など公布	1908.3.28
拘禁2法案再提出	1987.4.30

韓国保護条約
「韓国保護条約」調印	1905.11.17

神崎 武法
新党平和、黎明クラブ結党	1998.1.4
公明党復活	1998.11.7
自民党、小渕総裁再選	1999.9.21

自由党連立離脱・分裂	2000.4.1
森連立内閣発足	2000.4.5
「自公保」連立継続で合意	2001.4.25
新保守党が発足	2002.12.25
年金未納問題で辞任相次ぐ	2004.5.7
公明党代表に神埼武法4選	2004.10.25
自公連立継続を確認	2005.9.12
自公連立維持で合意	2006.9.25
公明党代表に太田昭宏が無投票当選	2006.9.26

ガンジー, インディラ
中曽根首相、国葬参列のためインドに出発	
	1984.11.2

ガンジー, ラジブ
中曽根首相、国葬参列のためインドに出発	
	1984.11.2

漢城条約
「漢城条約」調印	1885.1.9

関税及び貿易に関する一般協定
ガット加入のための議定書調印	1955.6.7
ガット総会開催	1959.10.26
日米ガット関税取り決め調印	1962.3.6
日本、ガット11条国に移行	1963.2.20
ケネディ・ラウンドが妥結	1967.5.15
ガット東京ラウンド	1973.9.12
ガット東京ラウンドが妥結	1979.4.12

関税審議会
社会政策審議会など設置	1929.7.19

関税定率法
増税諸法案提出	1901.1.26
「関税定率法」改正法律案提出	1910.1.19
「輸出補償法」など公布	1930.5.22

間接税
大型間接税問題で紛糾	1985.2.5
中曽根首相、大型間接税導入を否定	1986.6.14
政府税調、税制の抜本的改革案を答申	1986.12.23
第111回国会召集	1987.11.27
竹下首相「6つの懸念」を表明	1988.3.10
税制改革素案決定	1988.3.25
政府税調、中間答申	1988.4.28
羽田孜を首相を後継	1994.4.22

環太平洋経済連携協定
野田首相、TPP交渉への参加を表明	2011.11.11
「新党きづな」設立	2012.1.4
野田首相がオバマ米大統領と会談	2012.4.30
安倍首相がTPP交渉参加の意向を表明	2013.2.22
安倍首相がTPP交渉参加を正式に表明	2013.3.15
TPP交渉に正式参加	2013.7.23
安倍首相、オバマ大統領と会談	2014.4.24
安倍首相訪米	2015.4.26

艦隊令
「海軍軍令部令」公示	1933.9.27

関東軍
関東庁・関東軍設置	1919.4.12

関東大震災
関東大震災発生	1923.9.1
震災手形処理問題	1927.1.26
「震災手形両法」など公布	1927.3.30

関東庁
関東庁・関東軍設置 1919.4.12
対満事務局設置 1934.12.26
関東局
対満事務局設置 1934.12.26
関東都督府
関東庁・関東軍設置 1919.4.12
関東都督府官制
「関東都督府官制」公布 1906.8.1
樺 美智子
安保改定阻止国民会議統一行動 1960.6.15
『官報』
『官報』発行 1883.7.2
『官報』公布制度確立 1885.12.28
官民人材交流センター
公務員制度改革関連法成立 2007.6.30
官吏遺族扶助法
「官吏恩給法」など公布 1890.6.21
官吏恩給法
「官吏恩給法」など公布 1890.6.21
官吏恩給令
「官吏恩給令」制定 1884.1.4
管理職手当法 → 市町村立学校職員給与負担法を見よ
官吏制度改革要綱
官吏制度改革要綱決定 1940.8.9
官吏任用叙級令
官吏任用叙級令廃止 1949.1.15

【き】

議員汚職に関する法律案
「議員汚職に関する法律案」提出 1899.12.5
議院協議会
翼賛政治会設立 1942.5.20
議員倶楽部
公同会設立 1897.10.6
翼賛議員同盟設立 1941.9.2
議員倶楽部解散 1942.5.6
議員集会所
議員集会所設立 1890.8.30
議院証言法 → 議院における証人の宣誓及び証言等に関する法律を見よ
議院制度調査会
議会制度革正に関する決議案など可決 1936.5.23
議会制度審議会設置 1938.6.10
議員定数
「貴族院令」改正案提出 1925.3.9
衆院選挙制度改革案を決定 1973.5.11
公選法、政治資金改正法が成立 1975.7.15
衆院議員選挙の議員定数を違憲 1976.4.14
東京高裁、衆院議員の定数は合憲 1978.9.11
1975年の衆院選無効訴訟 1983.11.7
広島高裁、定数不均衡訴訟で現行違憲判決 1984.9.28
第102回国会召集 1984.12.1
自民党、衆院定数是正案提出 1985.5.31
最高裁、定数配分規定に違憲判決 1985.7.17
中曽根首相が、各党党首に書簡 1985.12.6
中曽根首相、三権の関係の再検討を表明 1986.1.4
参院議員定数訴訟、最高裁で合憲判決 1986.3.27
定数是正問題の調停案提示 1986.5.8
公職選挙法改正案、衆院可決 1986.5.21
参院議員定数訴訟、東京高裁で合憲判決 1986.8.14
衆院議員定数訴訟、最高裁で合憲判決 1988.10.21
選挙制度審第1次答申 1990.4.26
「政治改革関連法」案決定 1991.7.10
自民党「政治改革関連4法」案党議決定 1993.3.31
小渕新連立内閣発足 1999.10.5
「定数削減法」成立 2000.2.2
郵政4法、「5減5増」改正公職選挙法成立 2002.7.18
参院定数「4増4減」が成立 2006.6.1
衆院選挙制度改革法が成立 2012.11.16
改正公職選挙法が成立 2012.11.16
小選挙区の区割り改訂案勧告 2013.3.28
「0増5減」の新区割り法が成立 2013.6.24
参院選10増10減 2015.7.28
議院における証人の宣誓及び証言等に関する法律
「議員証言法」改正案、衆院可決 1988.11.17
「議院証言法」改正 1998.10.14
議員法
国会法公布 1947.4.30
議院法
枢密院、憲法などについて上奏 1889.2.5
「大日本帝国憲法」発布 1889.2.11
木内 四郎
平泉科学技術庁長官が辞任 1971.11.16
議会振粛要綱
議会振粛要綱 1932.7.15
議会制度改革
軍部が中央行政機構・地方行政機構・議会制度改革案提出 1936.9.21
議会制度審議会
議会制度審議会設置 1938.6.10
議会制度審議会設置 1945.10.5
議会における三原則
マッカーサー、議会における三原則を声明 1946.6.21
議会並議員保護の件
「議会並議員保護の件」公布 1889.11.8
企画院
企画院設置 1937.10.25
国民生活新体制要綱発表 1940.8.17
軍需省・農商省・運輸通信省設置 1943.11.1
企画庁
企画庁設置 1937.5.14
企画院設置 1937.10.25
危機突破・改革議員連盟
「危機突破・改革議連」発足 1998.12.11
起業合理化促進法
起業合理化促進法公布 1952.3.14
企業整備資金措置法
「企業整備資金措置法」公布 1943.6.26

きくち　　　　　　　　　　事項名索引　　　　　　　　日本議会政治史事典

菊池 武夫
天皇機関説問題　　　　　　　　　　1935.2.18
期限等の定めのある法律につき当該期限等を変更するための法律
法律の期限を変更する法律公布　　　　1953.3.26
紀元2600年に際し時艱克服の詔書
「紀元2600年に際し時艱克服の詔書」など
　発布　　　　　　　　　　　　　1940.2.11
気候変動枠組み条約
地球温暖化防止への京都会議　　　　　1997.12.1
木越 安綱
第3次桂内閣成立　　　　　　　　　1912.12.21
岸 信介
東条内閣第1次改造　　　　　　　　　1943.4.20
日本民主党結成　　　　　　　　　　1954.11.24
石橋首相、岸外相を首相代理に指名　　1957.1.31
岸首相代理、施政方針演説　　　　　　1957.2.4
第1次岸内閣成立　　　　　　　　　　1957.2.25
岸首相、所信表明演説　　　　　　　　1957.2.27
自由民主党大会　　　　　　　　　　1957.3.21
岸首相、自衛のための核兵器の保有は合憲
　と発言　　　　　　　　　　　　1957.5.7
岸首相、東南アジア6ヵ国訪問に出発　1957.5.20
岸首相、蔣介石総統と会談　　　　　　1957.6.3
岸首相渡米　　　　　　　　　　　　1957.6.16
第1次岸改造内閣成立　　　　　　　　1957.7.10
岸首相、施政方針演説　　　　　　　　1957.11.1
岸首相、東南アジア9ヵ国訪問に出発　1957.11.18
岸首相、施政方針演説　　　　　　　　1958.1.29
自民・社会党首会談　　　　　　　　　1958.4.18
第2次岸内閣成立　　　　　　　　　　1958.6.12
岸首相、所信表明演説　　　　　　　　1958.6.17
岸首相、施政方針演説　　　　　　　　1958.9.30
新安保条約では西太平洋は範囲外と言明
　　　　　　　　　　　　　　　　1958.10.31
自民・社会党首会談　　　　　　　　　1958.11.22
自由民主党大会　　　　　　　　　　1959.1.24
岸首相、施政方針演説　　　　　　　　1959.1.27
第2次岸改造内閣成立　　　　　　　　1959.6.18
岸首相、所信表明演説　　　　　　　　1959.6.25
岸首相、欧州・中南米11ヵ国訪問に出発　1959.7.11
岸首相、災害対策等について演説　　　1959.10.28
日米新安保条約・日米新行政協定に調印　1960.1.19
「極東」の範囲の政府統一見解　　　　1960.2.1
加藤衆院議長が辞任　　　　　　　　　1960.2.1
在日米軍への防衛義務は個別的自衛権　1960.4.20
衆院安保特委、厚木米軍基地問題を追及　1960.5.9
岸首相、政局収拾で所信表明　　　　　1960.5.28
岸首相、退陣を表明　　　　　　　　　1960.6.23
自由民主党、池田総裁を選出　　　　　1960.7.14
岸田 文雄
消費者相に岸田沖縄相　　　　　　　　2008.2.6
自民党新役員人事を決定　　　　　　　2011.9.30
岸田 実
岸田参院事務総長が辞任　　　　　　　1977.8.3
議事堂焼失
帝国議会議事堂焼失　　　　　　　　　1891.1.20

岸本 建男
代替ヘリ基地に沖縄県知事反対表明　　1998.2.6
技術院
技術院設置　　　　　　　　　　　　1942.1.31
気象庁
運輸省に気象庁設置　　　　　　　　　1956.7.1
規制緩和一括法
「規制緩和一括法」案可決　　　　　1985.11.28
規制緩和推進計画
「規制緩和推進計画」890項目追加　　1997.3.28
貴族院制度調査会
貴族院機構の改正に関する建議案可決　1936.5.12
議会制度審議会設置　　　　　　　　　1938.6.10
貴族院調査委員会
貴族院調査委員会設置　　　　　　　1924.10.10
貴族院令
枢密院、憲法などについて上奏　　　　1889.2.5
「大日本帝国憲法」発布　　　　　　　1889.2.11
「貴族院令」改正公布　　　　　　　　1905.3.22
「貴族院令」改正公布　　　　　　　　1909.4.13
「貴族院令」改正公布　　　　　　　　1918.3.25
「貴族院令」改正案提出　　　　　　　1925.3.9
北樺太に於ける日本国の石油及び石炭の利権の委譲に関する議定書
「日ソ漁業条約改定協定」など調印　　1944.3.30
北側 一雄
公明党、新体制が整う　　　　　　　　2009.9.8
北朝鮮の核開発問題をめぐる6か国協議
6か国協議、次回協議を決めて閉会　　2004.2.28
北朝鮮労働党
北朝鮮労働党代表団、初来日　　　　　1989.1.21
北村 直人
自民党、単独過半数回復　　　　　　　1997.9.5
木戸 幸一
厚生省設置　　　　　　　　　　　　1938.1.11
戦犯9名の逮捕を命令　　　　　　　　1945.12.6
極東国際軍事裁判所判決　　　　　　1948.11.12
偽党撲滅演説会
偽党撲滅演説会　　　　　　　　　　　1883.5.13
木下 尚江
普選運動開始　　　　　　　　　　　1895.12月
普通選挙期成同盟会設立　　　　　　　1899.10.2
普通選挙連合会設立　　　　　　　　　1905.12.1
揮発油税法
「揮発油税法」など公布　　　　　　　1937.3.30
木原 稔
自民勉強会で報道威圧発言　　　　　　2015.6.25
岐阜事件
岐阜事件　　　　　　　　　　　　　　1882.4.6
木部 佳昭
自民党総裁に河野洋平　　　　　　　　1993.7.30
基本国策要綱
基本国策要綱　　　　　　　　　　　　1940.7.26
金 日成
北朝鮮との国交樹立提案　　　　　　　1990.9.24

－ 368 －

金 正日
小泉首相、訪朝	2002.9.17
日朝首脳会談、拉致被害者の家族帰国	2004.5.22

金 鍾泌
初の日韓閣僚懇談会	1998.11.28

金 大中
橋本首相、3ヵ国の首脳と会談	1998.4.2
金大中大統領来日	1998.10.7
ソウルで日韓首脳会談	1999.3.20
小泉首相が訪韓	2001.10.15
ASEAN首脳会議開幕	2001.11.4
小泉首相が訪韓、拉致解決へ協力要請	2002.3.22
日韓首脳、南北交戦に冷静対応確認	2002.7.1
北朝鮮の核問題について日米韓会談	2002.10.26
日中韓首脳会談、ASEAN首脳会議	2002.11.4
小泉首相、靖国神社参拝	2003.1.14

金 弘集
漢城で親露派クーデター	1896.2.11

金 養建
北朝鮮労働党代表団、初来日	1989.1.21

金 泳三
社会党初の訪韓団出発	1989.12.21
細川首相、朝鮮半島の植民地支配謝罪	1993.11.6
韓国大統領来日	1994.3.24
韓国大統領に謝罪の親書	1995.11.14
橋本首相、韓国訪問	1996.6.22
北朝鮮問題で日韓連携強化	1997.1.25

金 容淳
北朝鮮国交正常化交渉再開	1995.3.30

義務教育学校編制・教職員定数標準法
改正義務教育標準法が成立	2011.4.15

義務教育諸学校における教育の政治的中立の確保に関する法律
教育2法案成立	1954.5.29

木村 小左衛門
木村小左衛門農相就任	1947.2.15

木村 小左衛門
片山内閣組閣完了	1947.6.1

木村 小兵衛
建設院設置	1948.1.1
省庁改組	1949.6.1

木村 篤太郎
第3次吉田内閣第3次改造完了	1951.12.27
法務省設置	1952.8.1
第4次吉田茂内閣成立	1952.10.30
防衛庁設置、自衛隊発足	1954.7.1

木村 俊夫
福永内閣官房長官が辞任	1967.6.22
蔵相、外相など辞任	1974.7.16

木村 睦男
第99回国会召集	1983.7.18
ソ連最高会議議員団、6年ぶりに来日	1984.10.25
中曽根首相が、各党党首に書簡	1985.12.6

九ヵ国条約
日中戦争を国際連盟に提訴	1937.9.13
「九ヵ国条約」会議が日本招請	1937.10.21

救護法
「救護法」公布	1929.4.2

九州改進党
九州改進党設立	1882.3.12
九州改進党解党	1885.5.8

九州製鋼
「日本製鉄株式会社法」公布	1933.4.6

九州同志会
九州同志会設立	1890.7.22
立憲自由党設立決定	1890.8.25

九州連合同志会
九州同志会設立	1890.7.22

宮中某重大事件
宮中某重大事件に関する床次内相不信任決議案否決	1921.3.24

久間 章生
日米安保協議委員会で最終報告	1996.12.2
防衛省が発足	2007.1.9
久間防衛相が辞任、後任に小池前首相補佐官	2007.7.3
防衛省前事務次官を証人喚問	2007.10.29

教育委員会法
教育委員会法公布	1948.7.15

教育改革タウンミーティング
タウンミーティングでのやらせを政府が認める	2006.11.1

教育基本法
教育基本法・学校教育法公布	1947.3.31
第149回国会召集	2000.7.28
タウンミーティングでのやらせを政府が認める	2006.11.1
改正教育基本法成立	2006.12.15

教育公務員特例法
教育公務員特例法公布	1949.1.12
教育2法案成立	1954.5.29

教育刷新委員会
教育刷新委員会設置	1946.8.10

教育刷新審議会
教育刷新委員会設置	1946.8.10

教育審議会
教育審議会設置	1937.12.10

教育勅語
「教育勅語」発布	1890.10.30
教育勅語排除を可決	1948.6.19

『教育白書』
初の『教育白書』発表	1959.10.31

教科書検定疑獄事件
教科書検定疑獄事件	1902.12.17

教科書問題
歴史教科書に関する質問書提出	1911.2.4
教科書問題で、日韓共同コミュニケ	1982.8.26
日中外相会談	2001.5.24

教科用図書検定条例
「教科用図書検定条例」公布	1886.5.10

業際都市開発研究所
鹿野民主党副代表が離党	2002.2.6

凶作地に対する政府所有米穀の臨時交付に関す

きよう　　　　　　　　　　　　　事項名索引　　　　　　　　日本議会政治史事典

る法律
「凶作地に対する政府所有米穀の臨時交付
　に関する法律」公布　　　　　　　　　1934.12.10

共産「インターナショナル」ニ対スル協定
「日独防共協定」調印　　　　　　　　　1936.11.25
「日独伊防共協定」調印　　　　　　　　1937.11.6

共産党
日本共産党創立大会　　　　　　　　　　1922.7.15
日本共産党解党　　　　　　　　　　　　1924.3月
日本共産党再建大会　　　　　　　　　　1926.12.4
『赤旗』創刊　　　　　　　　　　　　　1928.2.1
三・一五事件　　　　　　　　　　　　　1928.3.15
熱海事件　　　　　　　　　　　　　　　1932.10.30
佐野学らが転向　　　　　　　　　　　　1933.6.7
第1次人民戦線事件　　　　　　　　　　1937.12.15
日本共産党再建大会　　　　　　　　　　1945.12.1
共産党憲法草案発表　　　　　　　　　　1946.6.29
徳田要請問題で証人喚問　　　　　　　　1950.3.16
日本共産党大会　　　　　　　　　　　　1958.7.21
参院本会議、50日間の会期延長　　　　 1960.5.26
野党4書記長、国会解散へ結束強化　　　 1966.12.5
共産党、日米軍事同盟の打破を発表　　　1968.1.1
野党3党、チェコ事件に抗議声明　　　　1968.8.21
安保条約廃棄宣言全国統一行動　　　　　1970.6.24
衆院、沖縄返還協定締結承認　　　　　　1971.11.24
4野党、小選挙区制導入阻止の院内共闘　 1973.4.24
小選挙区制反対の全国統一行動　　　　　1973.5.15
田中内閣不信任案を否決　　　　　　　　1974.7.31
共産党・創価学会、不干渉協定　　　　　1975.7.27
共産党、袴田里美前副委員長を除名　　　1978.1.4
与野党、戻し税方式の減税で合意　　　　1978.2.28
共産党代表団訪ソ　　　　　　　　　　　1979.12.15
衆院、会期延長を議決　　　　　　　　　1984.5.23
「国会法」改正案可決　　　　　　　　　1985.6.14
共産党覇権主義批判等綱領改正を決定　　1985.11.24
定数是正問題の調停案提示　　　　　　　1986.5.8
参院大阪補選、共産候補当選　　　　　　1988.2.28
竹下首相・宮沢蔵相、元秘書らのリクルー
　ト問題関与を認める　　　　　　　　　1988.8.4
税制改革6法案趣旨説明　　　　　　　　1988.9.22
リクルート事件の譲渡先リスト公表　　　1988.10.11
5党首公開討論会　　　　　　　　　　　1990.2.2
共産党大会開催　　　　　　　　　　　　1990.7.9
自衛隊機派遣は違憲　　　　　　　　　　1991.1.28
政治改革挫折　　　　　　　　　　　　　1991.10.4
共産党、野坂名誉議長解任　　　　　　　1992.9.20
細川護煕内閣成立　　　　　　　　　　　1993.8.9
改憲発言で防衛庁長官交代　　　　　　　1993.12.1
野党党派が新党結成へ　　　　　　　　　1994.9.6
野党議員が新党結成へ準備　　　　　　　1994.9.28
新進党旗揚げ　　　　　　　　　　　　　1994.12.10
第1回政党交付金支給　　　　　　　　　1995.7.20
日中両共産党、関係正常化で合意　　　　1998.6.11
「定数削減法」成立　　　　　　　　　　2000.2.2
共産党、自衛隊活用を容認　　　　　　　2000.9.19
第22回共産党大会　　　　　　　　　　 2000.11.24
田中、鈴木を参考人招致　　　　　　　　2002.2.20
有事関連3法案が衆院通過、成立へ　　　 2003.5.15
共産党が綱領改定案提示　　　　　　　　2003.6.21

共産党大会、綱領改定案を採択　　　　　2004.1.17
年金改革法が成立　　　　　　　　　　　2004.6.5
共産党の不破議長が退任　　　　　　　　2006.1.14
タウンミーティングでのやらせを政府が認
　める　　　　　　　　　　　　　　　　2006.11.1
第2次補正予算が成立　　　　　　　　　2011.7.25
共産党、野党選挙協力を呼びかけ　　　　2015.9.19

共産党スパイ査問事件
共産党スパイ査問事件　　　　　　　　　1976.1.27

教職員の除去、修業禁止及復職等の件
教職員追放令公布　　　　　　　　　　　1946.5.7

行政改革会議
行政改革会議集中討議　　　　　　　　　1997.8.18

行政改革推進法
第164回国会召集　　　　　　　　　　　2006.1.20
改革推進法含む関連5法が成立　　　　　2006.5.25

行政改革大綱
行政改革大綱を決定　　　　　　　　　　1977.9.2
行政改革大綱、国鉄再建について声明　　1982.9.24
行政改革大綱を了承　　　　　　　　　　1994.9.19
行政改革大綱決定　　　　　　　　　　　1995.12.25

行政改革特別委員会
衆院、行政改革特別委員会を設置　　　　1983.9.20

行政改革特例法
行政改革特例法案　　　　　　　　　　　1981.10.29

行政改革本部
行政改革本部を設置　　　　　　　　　　1963.8.20

行政簡素化令
行政簡素化具体案決定　　　　　　　　　1942.7.28

行政官吏服務紀律
「行政官吏服務紀律」制定　　　　　　　1882.7.27

行政機関職員定員法
行政機関職員定員法案衆院提出　　　　　1949.5.11
行政機関定員法改正修正案可決　　　　　1951.11.30

行政機構改革案要綱
行政機構改革案要綱を閣議決定　　　　　1956.3.30

行政機構刷新及び人員整理要綱
行政機構刷新及び人事整理に関する件　　1949.2.25

行政機構刷新審議会
行政機構刷新審議会設置　　　　　　　　1949.1.4

行政裁判法
「行政裁判法」公布　　　　　　　　　　1890.6.30

行政査察規程
「戦時行政特例法」など公布　　　　　　1943.3.18

行政刷新会議
独立行政法人の事業仕分けが終了　　　　2010.5.25
特別会計の仕分け前半が終了　　　　　　2010.10.30
提言型政策仕分けが始まる　　　　　　　2011.11.20

行政制度審議会
行政制度審議会設置　　　　　　　　　　1927.6.15

行政手続における特定の個人を識別するための番号の利用等に関する法律
共通番号法が成立　　　　　　　　　　　2013.5.24
改正個人情報保護法・マイナンバー法成立　2015.9.3

共通番号制度法 → 行政手続における特定の個人を

識別するための番号の利用等に関する法律を見よ

教頭職法制化法
教頭職法制化法案を可決 　　　　　　　　1974.5.22

協同民主党
国民協同党結成 　　　　　　　　　　　　1947.3.2

京都議定書
地球温暖化防止への京都会議 　　　　　　1997.12.1
小泉首相、ブッシュ大統領と日米首脳会談
　　　　　　　　　　　　　　　　　　　2001.6.30
ジェノバ・サミット開催 　　　　　　　　2001.7.20
衆院、京都議定書批准を承認 　　　　　　2002.5.21

京都大学
臨時教育審議会設置 　　　　　　　　　　1984.8.21

京都帝国大学法学科
大学独立問題 　　　　　　　　　　　　　1905.12.2

京都帝国大学法学部
滝川事件 　　　　　　　　　　　　　　　1933.5.26

清浦 奎吾
清浦に大命降下 　　　　　　　　　　　　1914.3.31
清浦枢密院議長就任 　　　　　　　　　　1922.2.8
第2次山本内閣総辞職 　　　　　　　　1923.12.27
清浦内閣成立 　　　　　　　　　　　　　1924.1.7
第2次憲政擁護運動 　　　　　　　　　　1924.1.7
浜尾枢密院議長就任 　　　　　　　　　　1924.1.13
立憲政友会分裂 　　　　　　　　　　　　1924.1.16
護憲三派連盟結成 　　　　　　　　　　　1924.1.18
清浦首相、施政方針演説 　　　　　　　　1924.1.22
護憲三派同盟成立 　　　　　　　　　　　1924.1.29
衆議院解散 　　　　　　　　　　　　　　1924.1.31
「火災保険貸付勅令案」撤回勧告 　　　　1924.3.5
清浦内閣総辞職を決議 　　　　　　　　　1924.5.18
清浦内閣総辞職 　　　　　　　　　　　　1924.6.7

共和
設置以来初の政治倫理審査会 　　　　　　1996.9.25

共和演説事件
共和演説事件 　　　　　　　　　　　　　1898.8.22

許可認可等臨時措置法
「戦時行政特例法」など公布 　　　　　　1943.3.18

許可認可等臨時措置令
「許可認可等臨時措置令」公布 　　　　　1944.5.20

虚偽献金
民主党鳩山代表、虚偽記載を認める 　　　2009.6.30

漁業水域暫定措置法
領海法案・漁業水域暫定措置法案が成立 　1977.5.2

『漁業白書』
初の『漁業白書』を発表 　　　　　　　　1964.2.14

漁業法
漁業法公布 　　　　　　　　　　　　　1949.12.15

極東委員会
極東委員会が天皇制廃止問題を論議と報道 　1946.6.4

清瀬 一郎
「衆議院議員選挙法」中改正法律案提出 　1922.2.11
陸軍機密費横領問題をめぐり議事紛糾 　　1927.3.24
革新党設立 　　　　　　　　　　　　　　1927.6.3
第55回帝国議会召集 　　　　　　　　　1928.4.20
清瀬議員、現行憲法をマッカーサー憲法と
　発言 　　　　　　　　　　　　　　　　1955.7.5

清瀬議員、現行憲法をマッカーサー憲法と
　再び発言 　　　　　　　　　　　　　1956.3.15
加藤衆院議長が辞任 　　　　　　　　　　1960.2.1
安保関連法案、自民党による強行採決 　　1960.5.19
第4回列国議会同盟東京会議を開催 　　　1960.9.29
第37回国会召集 　　　　　　　　　　　1960.12.5

挙党協 → 挙党体制確立協議会を見よ

挙党体制確立協議会
自民党反三木派、挙党体制確立協議会を結
　成 　　　　　　　　　　　　　　　　　1976.8.19

金貨幣・金地金輸出許可に関する件
金輸出禁止 　　　　　　　　　　　　　　1917.9.12

金管理法
金管理法公布 　　　　　　　　　　　　　1953.7.15

近畿圏整備法
近畿圏整備法を公布 　　　　　　　　　　1963.7.10

近畿圏整備本部
近畿圏整備法を公布 　　　　　　　　　　1963.7.10

近畿自由党
近畿自由党設立 　　　　　　　　　　　　1881.9月

緊急学徒勤労動員方策要綱
緊急国民勤労動員方策要綱など決定 　　　1944.1.18

緊急国民勤労動員方策要綱
緊急国民勤労動員方策要綱など決定 　　　1944.1.18

緊急失業対策法改正法
職安法、緊急失対法改正案を強行採決 　　1963.6.18

緊急石油対策推進本部
石油供給制限などの緊急対策要綱を決定
　　　　　　　　　　　　　　　　　　　1973.11.16

緊急通貨会議
緊急通貨会議開催 　　　　　　　　　　　1998.6.20

緊急土地対策要綱
税制改革方針決定 　　　　　　　　　　　1987.10.16

銀行券の金貨兌換に関する緊急勅令
金輸出再禁止 　　　　　　　　　　　　1931.12.13

銀行法
「震災手形両法」など公布 　　　　　　　1927.3.30

金鵄勲章創設の詔
金鵄勲章制定 　　　　　　　　　　　　　1890.2.11

金鵄勲章年金令
「金鵄勲章年金令」公布 　　　　　　　　1894.10.3

金鵄勲章の等級製式佩用式
金鵄勲章制定 　　　　　　　　　　　　　1890.2.11

金銭債務臨時調停法
「金銭債務臨時調停法」案提出 　　　　　1932.8.23

金属類回収令
「重要産業団体令」など公布 　　　　　　1941.8.30

金大中事件
日韓定期閣僚会議延期を決定 　　　　　　1973.8.24
宮沢外相、日韓関係正常化のため訪韓 　　1975.7.23

金融機関更生手続き特例法
「住専関連法」案可決 　　　　　　　　　1996.6.18

金融機関の経営健全化法
「住専関連法」案可決 　　　　　　　　　1996.6.18

金融機能安定化緊急措置法
金融安定化2法成立 　　　　　　　　　　1998.2.16

金融機能再生緊急措置法
金融再生法案修正 　　　　　　　　　1998.9.18
金融緊急措置令
新円発行、旧円預貯金封鎖 　　　　　　1946.2.17
金融再生委員会設置法
金融再生法案修正 　　　　　　　　　1998.9.18
金融再生トータルプラン
「金融再生トータルプラン」決定 　　　1998.7.2
金融システム改革法
「金融システム改革法」成立 　　　　　1998.6.5
金融制度の全面的改革に関する覚書
金融制度の改革に関する覚書 　　　　　1948.8.17

【く】

「食い逃げ解散」
食い逃げ解散 　　　　　　　　　　　1937.3.31
楠本 正隆
星議長を除名 　　　　　　　　　　　1893.12.13
第6回帝国議会召集 　　　　　　　　1894.5.12
第7回帝国議会召集 　　　　　　　　1894.10.15
楠本衆議院議長辞任 　　　　　　　　1896.6.8
久世 公堯
久世金融再生委員長、更迭 　　　　　2000.7.30
工藤 行幹
憲政本党設立 　　　　　　　　　　　1898.11.3
工藤ら憲政本党離党 　　　　　　　　1901.2.15
宮内省
制度取調局設置 　　　　　　　　　　1884.3.17
共和演説事件 　　　　　　　　　　　1898.8.22
クナエフ, D.
ソ連最高会議議員団、6年ぶりに来日　1984.10.25
国の補助金等の臨時特例等に関する法律
補助金等臨時特例法案、修正議決 　　1986.4.17
久野 忠治
日朝友好促進議員連盟、訪朝代表団派遣　1977.8.26
久原 房之助
水野文相優諚問題 　　　　　　　　　1928.5.22
政党連合運動表面化 　　　　　　　　1933.10.22
立憲政友会後継総裁問題 　　　　　　1939.4.12
立憲政友会分裂 　　　　　　　　　　1939.4.30
久原・安達が新党結成同意 　　　　　1940.5.27
久布白 落実
婦人参政権獲得期成同盟会設立 　　　1924.12.13
久保 亘
社会党、「政治改革関連4法」案成立めざす
　　　　　　　　　　　　　　　　　1993.9.25
第1次橋本内閣成立 　　　　　　　　1996.1.11
久保社民党副党首、離党 　　　　　　1997.1.6
久保田 円次
久保田防衛庁長官辞任 　　　　　　　1980.2.1
久保田 貫一郎
第3次日韓会談開始 　　　　　　　　1953.10.6
久保田 鶴松
第37回国会召集 　　　　　　　　　1960.12.5

久保田 真苗
細川護熙内閣成立 　　　　　　　　　1993.8.9
久保田 譲
大学独立問題 　　　　　　　　　　　1905.12.2
熊谷 弘
羽田内閣発足 　　　　　　　　　　　1994.4.28
新保守党が発足 　　　　　　　　　　2002.12.25
保守新党が自民党に合流 　　　　　　2003.11.10
倉石 忠雄
倉石農相発言問題 　　　　　　　　　1968.2.6
第1次大平正芳内閣 　　　　　　　　1978.12.6
クラーク, ジョー
東京サミットが開催 　　　　　　　　1979.6.28
倉田 寛之
井上議長、辞表を提出 　　　　　　　2002.4.18
年金改革法が成立 　　　　　　　　　2004.6.5
グラッドレー, オマール
グラッドレー統合参謀本部議長来日 　1950.1.31
倉富 勇三郎
穂積陳重死去 　　　　　　　　　　　1926.4.8
倉富枢密院議長辞任 　　　　　　　　1934.5.3
栗栖 弘臣
防衛庁統合幕僚会議議長が更迭 　　　1978.7.19
クリストファー, ウォーレン
アメリカの国務長官来日 　　　　　　1994.3.9
クーリッジ, カルビン
米国移民制限問題に関する声明を発表　1924.5.28
栗原 祐幸
日米防衛首脳会談 　　　　　　　　　1987.10.2
栗山 良夫
スト規制法案中間報告を求める 　　　1953.8.3
クリントン, ビル
宮沢首相訪米 　　　　　　　　　　　1993.4.16
アメリカ大統領、新政権へ期待 　　　1993.9.28
村山首相、米大統領と会談 　　　　　1994.7.8
日米首脳会談 　　　　　　　　　　　1996.4.17
日米首脳会談 　　　　　　　　　　　1998.9.22
ケルン・サミット開幕 　　　　　　　1999.6.18
クリントン大統領、返還後初の沖縄訪問　2000.7.21
来島 恒喜
大隈外相襲撃 　　　　　　　　　　　1889.10.18
来栖 三郎
日独伊三国同盟成立 　　　　　　　　1940.9.27
来栖大使米国派遣 　　　　　　　　　1941.11.5
栗栖 赳夫
矢野蔵相辞任 　　　　　　　　　　　1947.6.25
昭電疑獄事件で経済安定本部総務長官逮捕
　　　　　　　　　　　　　　　　　1948.9.30
クレイギー, ロバート・レスリー
宇垣・クレイギー会談 　　　　　　　1938.7.26
有田・クレイギー会談 　　　　　　　1939.7.15
黒川 武雄
第3次吉田内閣第1次改造 　　　　　1950.6.28
黒田 清隆
黒田内閣成立 　　　　　　　　　　　1888.4.30
超然主義を宣言 　　　　　　　　　　1889.2.12

黒田首相辞任 1889.10.24
選挙干渉善後策協議 1892.2.23
第2次伊藤内閣成立 1892.8.8
山県枢密院議長辞任 1894.12.6
伊藤首相辞任 1896.8.31
松方内閣総辞職 1897.12.28

黒田 寿男
労働者農民党結成 1948.12.2

黒田 英雄
帝人事件 1934.5.19

黒田 保久二
山本宣治暗殺事件 1929.3.5

軍機保護法
国防保安法等廃止 1945.10.13

軍事公債条例
「軍事公債条例」公布 1894.8.16

軍事参議官条例
「軍事参議官条例」など公布 1887.6.2

軍需会社法
「軍需会社法」公布 1943.10.31

軍縮共同決議
国連総会、軍縮共同決議案等採択 1959.11.20

軍需工業動員法の適用に関する法律
「軍需工業動員法の適用に関する法律」な
ど公布 1937.9.10

軍需省
軍需省・農商省・運輸通信省設置 1943.11.1

軍需局
鉄道省など設置 1920.5.15

軍需品工場事業場検査令
「国家総動員法」関係6勅令公布 1939.10.18

軍人恩給法
「官吏恩給法」など公布 1890.6.21

軍人勅諭
「軍人勅諭」 1882.1.4

郡制
「府県制」・「郡制」公布 1890.5.17

郡制廃止に関する法律
「郡制廃止に関する法律」公布 1921.4.12

郡制廃止法律案
「郡制廃止法律案」提出 1907.2.19

軍備縮小同志会
軍備縮小同志会設立 1921.9.17

群馬事件
群馬事件 1884.5.13

軍用資源秘密保護法
「軍用資源秘密保護法」公布 1939.3.25
国防保安法等廃止 1945.10.13

【け】

経構研 → 経済構造調整研究会を見よ

経済安定本部
経済安定本部設置 1946.8.12

初の経済白書発表 1947.7.4

経済安定本部に関する覚書
経済安定本部を設置 1946.5.17

経済関係閣僚協議会
経済関係閣僚協議会、円平価堅持方針 1971.8.17

経済企画庁
経済企画庁設置 1955.7.20
『経済白書』発表 1956.7.6

経済危機突破緊急対策要綱
経済危機突破緊急対策要綱を発表 1947.6.11

経済協力開発機構
日本、OECDに加盟 1964.4.28

経済構造調整研究会
国際協調のための経済構造調整研究会発足
1985.10.31
経構研、「前川レポート」を提出 1986.4.7

経済産業省
経産省で数千万円の裏金管理 2005.6.23

経済諮問会議
政府、総合デフレ対策を決定 2002.2.27

経済社会基本計画
経済社会基本計画を閣議決定 1973.2.13

経済審議会
経済審議会設置 1928.9.7
閣議において、国民所得倍増計画を決定 1960.12.27
経済審議会、新経済社会7ヵ年計画 1979.8.3

経済新体制確立要綱
経済新体制確立要綱 1940.12.7

経済戦略会議
経済戦略会議、緊急提言 1998.10.14

経済措置協定
日米協定調印 1954.3.8
アメリカとの協定の批准について国会に提
出 1954.3.11
MSA協定発効 1954.5.1

経済対策閣僚委員会
経済対策閣僚委員会、内需拡大策など 1982.10.8

経済対策閣僚会議
経済対策閣僚会議を設置 1974.12.10
経済対策閣僚会議、第1次不況対策を決定 1975.2.14
経済対策閣僚会議、第2次不況対策を決定 1975.3.24
経済対策閣僚会議、第3次不況対策 1975.6.16
経済対策閣僚会議、第4次不況対策 1975.9.15
経済対策閣僚会議、経済成長推進対策 1978.9.2
非関税障壁改善対策を決定 1982.1.30
経済対策閣僚会議、景気対策決定 1983.4.5

『経済白書』
『経済白書』発表 1956.7.6

経済的、社会的権利に関する国際規約
経済的、社会的権利に関する国際規約調印
1966.12.19

警察官等職務執行法
警察官等職務執行法公布 1948.7.12
改正「警職法」案提出 1958.10.8
自民・社会党首会談 1958.11.22

警察制度改正要綱
警察制度改正要綱を閣議決定 1954.1.14

－ 373 －

警察法
警察法公布	1947.12.17
警察法案公布	1954.6.8
警察法案国会提出	1954.2.15
参院、警察法案中間報告請求	1954.6.7

警察予備隊令
警察予備隊令公布	1950.8.21

刑事施設法
拘禁2法案再提出	1987.4.30

刑事訴訟法
「刑事訴訟法」など公布	1890.10.7
「刑事訴訟法」公布	1922.5.5
刑事訴訟法公布	1948.7.10
組織犯罪対策3法成立	1999.8.12
殺人事件などの時効の廃止・延長が決定	2010.4.27

警視庁
翼賛政治体制協議会設立	1942.2.23

警視庁官制
「裁判所官制」など公布	1886.5.5

刑事補償法
「刑事補償法」など公布	1931.4.2

警職法 → 警察官等職務執行法を見よ

刑法
「刑法」改正公布	1907.4.24
ウイルス作成罪新設、改正刑法など成立	2011.6.17

刑法施行法
「監獄法」など公布	1908.3.28

『刑法読本』
滝川事件	1933.5.26

ケーエスデー中小企業経営者福祉事業団
KSD疑惑で辞任相次ぐ	2001.1.15

結核予防法
結核予防法公布	1951.3.31

結社の自由及び団結権の保護に関する条約
ILO87号条約批准を承認	1965.5.17

結社の自由に関する実情調査調停委員会
結社の自由に関する調査調停委員会設置	1964.5.12

決戦教育措置要綱
決戦教育措置要綱閣議決定	1945.3.18

決戦非常措置要綱
決戦非常措置要綱決定	1944.2.25

血盟団
血盟団事件	1932.2.9

ケネディ, ジョン・F.
池田首相、米国・カナダ訪問	1961.6.19
池田首相、ケネディ前大統領葬儀のため渡米	1963.11.24

研究会
増税諸法案について交渉提案	1901.3.2

減刑令
大正天皇即位大礼	1915.11.10
大正天皇大喪儀	1927.2.7
昭和天皇即位大礼	1928.11.10
皇太子誕生	1933.12.23
憲法発布50周年祝賀式典	1938.2.11

健康・医療戦略推進法
健康・医療戦略推進法が成立	2014.5.23

元号法
衆院、元号法案を提出	1979.2.2

健康保険法
「健康保険法」公布	1922.4.23
医療制度改正案	1984.7.13
医療保険制度改革関連法成立	1997.6.16

建国記念日審議会
建国記念日審議会を設置	1966.7.8
建国記念日審議会、2月11日を答申	1966.12.8

検察審査会
鳩山首相、小沢幹事長の続投を表明	2010.4.28

原子力安全改革法
原子力安全改革法案を閣議決定	2012.1.31

原子力安全・保安院
原子力規制委員会設置法が成立	2012.6.20

原子力委員会
総理府に原子力委員会設置	1956.1.1
米国に原子力潜水艦寄港を承諾	1964.8.26

原子力委員会設置法
「原子力委員会設置法」「原子力基本法」成立	1955.12.16

原子力規制委員会
原子力規制委員会設置法が成立	2012.6.20
原子力規制委員会が発足	2012.9.19
原発新規準を決定	2013.6.19

原子力規制委員会設置法
原子力規制委員会設置法が成立	2012.6.20

原子力規制庁
原子力安全改革法案を閣議決定	2012.1.31

原子力基本法
「原子力委員会設置法」「原子力基本法」成立	1955.12.16

原子力協定
4か国との原子力協定が可決	2011.12.9

原子力損害賠償支援機構法
原子力損害賠償支援機構法が成立	2011.8.3

原子力損害賠償紛争審査会
原発被害賠償の紛争審査会発足	2011.4.11
原発賠償の中間指針を決定	2011.8.5

原子炉等規制法
原発新規準を決定	2013.6.19

賢人会議 → 政治改革に関する有識者会議を見よ

憲政会
憲政会設立	1916.10.10
寺内首相が対中外交で議会に協力要請	1917.1.15
憲政会・立憲国民党・公正会が寺内内閣反対決議	1917.1.21
寺内内閣不信任決議案提出	1917.1.23
臨時外交調査委員会参加を要請	1917.6.2
立憲政友会・立憲国民党が中立決議	1917.6.19
寺内内閣不信任決議案否決	1917.6.30
米騒動について政府の処決を要求	1918.8.17
「衆議院議員選挙法」中改正法律案提出	1919.1.27
軍部大臣武官制撤廃を主張	1919.3.25
「衆議院議員選挙法」中改正法律案提出	1920.1.22

「衆議院議員選挙法」中改正法律案提出	1920.7.1
「西にレーニン、東に原敬」発言	1920.7.8
原内閣不信任決議案否決	1920.7.10
「衆議院議員選挙法」中改正法律案提出	1921.1.18
大学昇格問題	1921.1.25
憲政会が尾崎・田川を除名	1921.2.3
大正11年度総予算案提出	1922.1.21
加藤内閣不信任決議案否決	1923.2.19
第2次憲政擁護運動	1924.1.7
護憲三派連盟結成	1924.1.18
護憲三派同盟成立	1924.1.29
三派連合憲政擁護関西大会	1924.1.30
立憲政友会・憲政会提携	1924.2.12
護憲三派が共同声明書発表	1924.2.25
清浦内閣総辞職を決議	1924.5.18
第49回帝国議会召集	1924.6.25
護憲三派党大会	1925.1.19
衆議院正副議長の党籍離脱に関する希望	
議案可決	1925.3.24
立憲政友会・憲政会が決裂	1925.7.30
内閣総辞職却下	1925.8.2
協調決裂の声明書	1925.8.13
政友本党・立憲政友会が提携	1925.12.5
若槻憲政会総裁就任	1926.1.29
第1次若槻内閣成立	1926.1.30
3党首会談で政争中止申し合わせ	1927.1.20
憲本連盟	1927.2.25
衆議院正副議長が引責辞任	1927.3.25
立憲民政党設立	1927.6.1
憲政倶楽部	
憲政倶楽部設立	1898.10.19
憲政党	
憲政党結党式準備委員会	1898.6.18
自由党・進歩党解党	1898.6.21
憲政党設立	1898.6.22
伊藤首相が新党設立表明	1898.6.24
共和演説事件	1898.8.22
中正倶楽部設立	1898.10.18
憲政倶楽部設立	1898.10.19
憲政党の内部対立激化	1898.10.28
憲政党分裂	1898.10.29
憲政本党設立	1898.11.3
第13回帝国議会召集	1898.11.7
第2次山県内閣成立	1898.11.8
肝胆相照	1898.11.30
憲政党が政権配分について政府と交渉	1900.4.11
憲政党が政府との提携断絶	1900.5.31
伊藤と星が新党について協議	1900.8.23
憲政党解党	1900.9.13
減税日本	
「減税」と「反TPP」が新党結成	2012.11.22
減税日本・反TPP・脱原発を実現する党	
「減税」と「反TPP」が新党結成	2012.11.22
「日本未来の党」結成	2012.11.27
憲政本党	
憲政本党設立	1898.11.3
「地租条例」中改正法律案など提出	1898.12.8
憲政本党が尾崎ら除名	1900.8.27
工藤ら憲政本党離党	1901.2.15

内閣不信任決議案提出	1901.3.18
立憲政友会・憲政本党が提携	1902.12.3
「地租増徴案」撤回勧告	1902.12.19
「地租増徴案」妥協案提示	1902.12.25
内閣弾劾上奏案提出	1903.5.26
立憲政友会・憲政本党が提携	1903.12.3
立憲政友会・憲政本党党大会	1903.12.4
第19回帝国議会召集	1903.12.5
立憲政友会・憲政本党が戦争協力を決議	1904.3.16
第20回帝国議会召集	1904.3.18
戦時増税で合意	1904.3.20
戦時増税で妥協案成立	1904.12.9
立憲政友会・憲政本党が講和について決議	
	1905.6.28
憲政本党が政府問責決議案議決	1905.9.9
憲政本党党則改正	1907.1.20
各派連合幹事会	1908.7.1
第25回帝国議会召集	1908.12.22
立憲国民党設立	1910.3.13
憲政擁護運動	
上原陸相辞任	1912.12.2
第1次憲政擁護運動	1912.12.19
立憲国民党分裂	1913.1.21
憲政擁護運動が暴動化	1913.2.10
大正の政変	1913.2.11
立憲政友会が山本内閣と提携	1913.2.19
第2次憲政擁護運動	1924.1.7
護憲三派連盟結成	1924.1.18
立憲政友会・憲政会提携	1924.2.12
憲政擁護関西大会	
三派連合憲政擁護関西大会	1924.1.30
憲政擁護のための三派連合会	
第2次憲政擁護運動	1924.1.7
憲政擁護民衆大会	
憲政擁護民衆大会	1922.7.16
玄葉 光一郎	
民主党議員総会で新人事を承認	2010.9.17
原発ゼロ見直し	
安倍首相、原発ゼロ見直しを表明	2012.12.29
憲法	
枢密院、憲法などについて上奏	1889.2.5
「大日本帝国憲法」発布	1889.2.11
「日本銀行非常貸出補償令案」決定	1927.4.13
若槻内閣総辞職	1927.4.17
平沼枢密院議長辞任	1939.1.5
「日本国憲法」成立	1946.10.29
靖国神社公式参拝を認	1985.8.9
参院で補正予算案否決	1990.3.22
1990年度暫定補正予算否決	1990.5.18
1990年度予算成立	1990.6.7
自衛隊機派遣は違憲	1991.1.28
自民党が「憲法」解釈の変更求める	1992.2.20
自衛隊合憲を答申	1993.2.3
改憲発言で防衛庁長官交代	1993.12.1
憲法改正草案	
日本政府、憲法改正草案を提出	1946.2.8
自民党が憲法改正草案を公表	2005.8.1

憲法改正の国民投票制度要綱
憲法改正の国民投票制度要綱を答申　1952.12.2
憲法改正要綱
自由党が憲法改正要綱発表　1946.1.21
進歩党が憲法改正要綱を決定　1946.2.14
憲法記念日式典
政府主催の憲法記念日式典を開催　1976.5.3
憲法研究会
憲法研究会が草案を政府に提出　1945.12.27
憲法懇談会
憲法懇談会が憲法草案を発表　1946.3.5
『憲法撮要』
天皇機関説問題　1935.2.18
憲法取調所
制度取調局設置　1884.3.17
憲法草案
GHQが憲法草案を提示　1946.2.13
政府が憲法改正草案を発表　1946.3.6
政府が憲法改正法案を発表　1946.4.17
枢密院、帝国憲法改正草案可決　1946.6.8
帝国憲法改正案委員会、修正案可決　1946.8.21
衆院、帝国憲法改正案修正議決　1946.8.24
貴族院で憲法審議始まる　1946.8.26
貴族院特別委員会で憲法改正案修正議決　1946.10.3
衆院、帝国憲法改正案回付案同意成立　1946.10.7
憲法調査会
内閣に憲法調査会設置　1956.6.11
憲法調査会初会合　1957.8.13
第147回国会召集　2000.1.20
憲法調査会法
議院運営委員会紛糾　1955.7.30
「憲法調査会法」案提出　1956.2.11
憲法反対発言
鳩山首相、現行憲法に反対と発言　1956.1.31
憲法問題調査委員会
憲法問題調査委員会が改正案を決定　1946.2.2
憲法擁護国民連合
憲法擁護国民連合結成　1954.1.13
元老院
全国有志大懇親会　1887.10.4
条約改正反対運動　1889.9.30
大井枢密院議長就任　1889.12.24
「集会及政社法」公布　1890.7.25
元老院廃止　1890.10.20
第2次大隈内閣総辞職　1916.10.4
元老会議
大正の政変　1913.2.11
元老会議が政局収拾を協議　1914.3.26
大隈首相辞表奉呈　1915.7.30
寺内内閣総辞職　1918.9.21
言論、出版、集会、結社等臨時取締法
国防保安法等廃止　1945.10.13
言論、出版、集会、結社等臨時取締法
「戦時犯罪処罰の特例に関する法律」など
　公布　1941.12.19

【こ】

呉 儀
小泉首相、靖国神社参拝続行を明言　2005.5.16
胡 錦濤
小泉首相が露中首脳と会談　2003.5.30
小泉首相、胡錦濤中国国家主席と会談　2004.11.21
安倍首相、中国と韓国を訪問　2006.10.8
安倍首相、ハノイで各国首脳と会談　2006.11.18
日中首脳会談、戦略的互恵強化で一致　2008.5.7
鳩山首相、国連に出席し各国首脳と会談　2009.9.22
胡 耀邦
胡・中国共産党総書記が来日　1983.11.23
中曽根首相訪中　1986.11.8
小池 百合子
前熊本県知事が新党結成　1992.5.22
久間防衛相が辞任、後任に小池前首相補佐
　官　2007.7.3
肥塚 龍
第25回帝国議会召集　1908.12.22
小泉 純一郎
自民党新総裁に橋本龍太郎　1995.9.22
第2次橋下改造内閣発足　1997.9.11
自民党総裁選　1998.7.24
自民党総裁に小泉純一郎　2001.4.23
「自公保」連立継続で合意　2001.4.25
小泉内閣が発足　2001.4.26
構造改革の基本方針策定　2001.6.21
小泉首相、ブッシュ大統領と日米首脳会談
　2001.6.30
第19回参議院選挙で自民大勝　2001.7.29
小泉総裁再選　2001.8.10
小泉首相、靖国神社参拝　2001.8.13
日米首脳会談で支援立法を公約　2001.9.25
第153回国会召集　2001.9.27
小泉首相が訪中　2001.10.8
小泉首相が訪韓　2001.10.15
日ロ首脳会談、北方領土問題に提案　2001.10.21
ASEAN首脳会議開幕　2001.11.4
自衛隊派遣基本計画が閣議決定　2001.11.16
日・EU首脳、緊密協力へ　2001.12.8
衆院選挙区の区割り見直し案を勧告　2001.12.19
文化庁長官に河合隼雄　2002.1.4
田中外相と野上次官を更迭　2002.1.20
外相に川口環境相　2002.2.1
2003年4月から医療費3割負担　2002.2.11
田中、鈴木を参考人招致　2002.2.20
小泉首相が訪韓、拉致解決へ協力要請　2002.3.22
小泉首相、朱鎔基首相と会談　2002.4.12
小泉首相、靖国繰り上げ参拝　2002.4.21
小泉首相、東南アジアなどを歴訪　2002.4.27
内閣支持率下落、不支持上昇　2002.5.28
政府首脳が「非核三原則」見直し発言　2002.5.31
日韓首脳、南北交戦に冷静対応確認　2002.7.1
江沢民主席、首相訪朝を全面支持　2002.9.8

小泉首相、米大統領と会談	2002.9.12
小泉首相、訪朝	2002.9.17
小泉改造内閣が発足	2002.9.30
第155回国会召集	2002.10.18
北朝鮮の核問題について日米韓会談	2002.10.26
日中韓首脳会談、ASEAN首脳会議	2002.11.4
道路4公団民営化の動き	2002.11.12
新保守党が発足	2002.12.25
小泉首相、靖国神社参拝	2003.1.14
小泉首相「公約破り、大したことじゃない」発言	2003.1.23
小泉首相、米国務長官と会談	2003.2.22
小泉首相、盧韓国大統領と初会談	2003.2.25
イラク戦争について論戦	2003.3.20
大島農水相が辞任	2003.3.31
小泉首相が露中首脳と会談	2003.5.30
韓国の盧武鉉大統領が来日	2003.6.6
小泉首相、自民総裁選に出馬表明	2003.7.29
小泉首相、欧州歴訪	2003.8.18
自民党総裁選で小泉首相が圧勝	2003.9.20
自民幹事長に安部晋三	2003.9.21
小泉改造内閣が発足	2003.9.22
第43回衆議院選挙で自民伸びず民主躍進	2003.11.9
保守新党が自民党に合流	2003.11.10
自公連立の第2次小泉内閣が発足	2003.11.29
自衛隊イラク派遣の基本計画が決定	2003.12.9
小泉首相が靖国神社参拝	2004.1.1
第159回国会召集	2004.1.19
小泉首相も年金未加入発覚	2004.5.14
日朝首脳会談、拉致被害者の家族帰国	2004.5.22
小泉首相、自衛隊の多国籍軍参加を表明	2004.6.8
第20回参議院選挙で民主が躍進、自民不振	2004.7.11
小泉首相が国連演説で常任理事国入りの訴え	2004.9.21
日米首脳、在日米軍再編問題について会談	2004.9.21
小泉改造内閣が発足	2004.9.27
第161回国会召集	2004.10.12
日米首脳会談でイラク支援継続を表明	2004.11.20
小泉首相、胡錦濤中国国家主席と会談	2004.11.21
第162回国会召集	2005.1.21
小泉首相、靖国神社参拝続行を明言	2005.5.16
小泉郵政解散	2005.8.8
小泉内閣、戦後60年談話を閣議決定	2005.8.15
自公連立継続を確認	2005.9.12
第3次小泉内閣が発足	2005.9.21
小泉首相、所信表明演説	2005.9.26
小泉首相が靖国参拝	2005.10.17
小泉首相、ブッシュ米大統領と会談	2005.11.16
小泉首相、韓国の盧武鉉大統領と会談	2005.11.18
小泉首相、プーチン露大統領と会談	2005.11.21
第164回国会召集	2006.1.20
皇室典範改正、見送り方針	2006.2.10
改革推進法含む関連5法が成立	2006.5.25
小泉首相、サミットに出席	2006.7.15
小泉首相、モンゴルを訪問	2006.8.10
小泉首相、終戦記念日に靖国神社を参拝	2006.8.15
小泉首相、中央アジア2か国訪問へ	2006.8.24

小泉 又三郎

衆議院正副議長が引責辞任	1927.3.25

小泉 又次郎

第49回帝国議会召集	1924.6.25
衆議院正副議長の党籍離脱に関する希望決議案可決	1925.3.24

小磯 国昭

東条内閣総辞職	1944.7.18
小磯内閣成立	1944.7.22
小磯首相、施政方針演説	1944.9.7
小磯首相、施政方針演説	1945.1.21
小磯内閣総辞職	1945.4.5
小磯国昭らの逮捕命令	1945.11.19

五・一五事件

五・一五事件	1932.5.15

江 沢民

日中友好議員連盟訪中団出発	1989.9.17
海部首相が訪中	1991.8.10
中国の江沢民総書記来日	1992.4.6
細川首相、訪中	1994.3.20
日中両共産党、関係正常化で合意	1998.6.11
中国で日中首脳会談	1999.7.9
小泉首相が訪中	2001.10.8
江沢民主席、首相訪朝を全面支持	2002.9.8

興亜院

宇垣外相辞任	1938.9.30
興亜院設置	1938.12.16
大東亜省設置	1942.11.1

興亜議員同盟

翼賛議員同盟設立	1941.9.2
議員倶楽部解散	1942.5.6

興亜総本部

興亜運動一元化	1943.5.26

公安審査委員会設置法

破防法案国会提出	1952.4.17
衆院、破防法案修正議決	1952.5.15
参院法務委、破防法案ほか公安2法案否決	1952.6.19
参院、破防法・関連2法案修正議決	1952.7.3
衆院、破防法関連回付案に同意	1952.7.4

公安調査庁設置法

破防法案国会提出	1952.4.17
衆院、破防法案修正議決	1952.5.15
参院法務委、破防法案ほか公安2法案否決	1952.6.19
参院、破防法・関連2法案修正議決	1952.7.3
衆院、破防法関連回付案に同意	1952.7.4

庚寅倶楽部

庚寅倶楽部設立決定	1890.5.14

公営住宅法

公営住宅法案公布	1951.6.4

公益事業委員会

公益事業委員会設置	1950.12.15

公益事業令

「電気事業再編成令」、「公益事業令」公布	1950.11.24

公益質屋法

「公益質屋法」公布	1927.3.31

こうか　　　　　　　　　　　　　事項名索引　　　　　　　　　　日本議会政治史事典

公害対策関連法
　第64回国会召集　　　　　　　　　　　　　　1970.11.24
公害対策基本法
　公害対策基本法を公布　　　　　　　　　　　1967.8.3
　初の『公害白書』を提出　　　　　　　　　　1969.5.23
　公害対策基本法改正案関連法を可決　　　　　1970.12.18
公害対策推進連絡会議
　公害対策推進連絡会議を設置　　　　　　　　1964.3.27
公害等調整委員会
　公害等調整委員会を設置　　　　　　　　　　1972.7.1
『公害白書』
　初の『公害白書』を提出　　　　　　　　　　1969.5.23
公害犯罪処罰法
　公害対策基本法改正案関連法を可決　　　　　1970.12.18
公共企業体労働関係法
　公共企業体労働関係法公布　　　　　　　　　1948.12.20
工業技術庁設置法
　工業技術庁設置　　　　　　　　　　　　　　1948.8.1
航空機疑惑問題防止協議会
　航空機疑惑問題防止協議会設置を決定　　　　1979.5.22
航空機製造事業法
　「工作機械製造事業法」など公布　　　　　　1938.3.30
航空協定
　佐藤首相、日米首脳会談のため訪米　　　　　1965.1.10
航空法
　首相官邸にドローン落下　　　　　　　　　　2015.4.22
工作機械製造事業法
　「工作機械製造事業法」など公布　　　　　　1938.3.30
鉱山保安法
　鉱山保安法公布　　　　　　　　　　　　　　1949.5.16
庚子会
　増税諸法案について交渉提案　　　　　　　　1901.3.2
公式令
　「公式令」公布　　　　　　　　　　　　　　1907.2.1
皇室経済法
　皇室典範公布　　　　　　　　　　　　　　　1947.1.16
皇室典範
　枢密院、憲法などについて上奏　　　　　　　1889.2.5
　「大日本帝国憲法」発布　　　　　　　　　　1889.2.11
　「皇室典範」増補公布　　　　　　　　　　　1918.11.28
　皇室典範公布　　　　　　　　　　　　　　　1947.1.16
　皇室典範改正、見送り方針　　　　　　　　　2006.2.10
工場事業場管理令
　「工場事業場管理令」公布　　　　　　　　　1938.5.4
工場事業場技能者養成令
　「工場就業時間制限令」など公布　　　　　　1939.3.31
工場事業場使用収用令
　「土地工作物管理使用収用令」など公布　　1939.12.29
工場就業時間制限令
　「工場就業時間制限令」など公布　　　　　　1939.3.31
公証人規則
　「登記法」など公布　　　　　　　　　　　　1886.8.13
工場法
　「工場法」公布　　　　　　　　　　　　　　1911.3.29
　「工場法」改正など公布　　　　　　　　　　1923.3.30

工場労働者最低年齢法
　「工場法」改正など公布　　　　　　　　　　1923.3.30
公職資格審査会
　総理府に公職資格審査会設置　　　　　　　　1951.6.18
公職選挙法
　公職選挙法成立　　　　　　　　　　　　　　1950.4.11
　衆院、公職選挙法改正案可決　　　　　　　　1952.6.5
　「公職選挙法」改正案提出　　　　　　　　　1956.3.19
　田中首相、公職選挙法の今国会で改正を表
　　明　　　　　　　　　　　　　　　　　　　1973.4.10
　公職選挙法改正案の提出を断念　　　　　　　1973.6.16
　三木首相、野党党首と個別会談　　　　　　　1975.3.29
　公選法、政治資金正法が成立　　　　　　　　1975.7.15
　公職選挙法の一部を改正案　　　　　　　　　1981.5.26
　参院、公職選挙法改正案を提出　　　　　　　1982.4.28
　公職選挙法改正案を参院で可決　　　　　　　1982.7.16
　公職選挙法を公布　　　　　　　　　　　　　1982.8.24
　自民党、衆院定数是正案提出　　　　　　　　1985.5.31
　野党共同で「公職選挙法」改正案提出　　　　1985.6.17
　第103回国会召集　　　　　　　　　　　　　1985.10.14
　公職選挙法改正案、衆院可決　　　　　　　　1986.5.21
　第105回国会召集　　　　　　　　　　　　　1986.6.2
　衆参同日選挙で自民党圧勝　　　　　　　　　1986.7.6
　改正「公職選挙法」成立　　　　　　　　　　1989.12.13
　「政治改革関連法」案決定　　　　　　　　　1991.7.10
　「政治改革関連3法」案廃案　　　　　　　　1991.9.30
　政治改革挫折　　　　　　　　　　　　　　　1991.10.4
　自民党「政治改革関連4法」案党議決定　　　1993.3.31
　第128回国会召集　　　　　　　　　　　　　1993.9.17
　「政治改革関連4法」案決定　　　　　　　　1993.9.17
　社会党、「政治改革関連4法」案成立めざす
　　　　　　　　　　　　　　　　　　　　　　1993.9.25
　衆議院「政治改革関連法」案可決　　　　　　1993.11.16
　「政治改革関連4法」案否決　　　　　　　　1994.1.21
　「政治改革関連4法」案で両院協議会設置　　1994.1.26
　「政治改革関連4法」案可決　　　　　　　　1994.1.29
　第129回国会召集　　　　　　　　　　　　　1994.1.31
　「政治改革関連4法」改正案を可決　　　　　1994.3.1
　政治改革関連3法案可決　　　　　　　　　　1994.11.21
　「定数削減法」成立　　　　　　　　　　　　2000.2.2
　改正公職選挙法成立　　　　　　　　　　　　2000.5.9
　改正「公職選挙法」成立　　　　　　　　　　2000.10.26
　郵政4法、「5減5増」改正公職選挙法成立　　2002.7.18
　参院定数「4増4減」が成立　　　　　　　　2006.6.1
　改正公職選挙法が成立　　　　　　　　　　　2007.2.21
　改正公職選挙法が成立　　　　　　　　　　　2012.11.16
　インターネットでの選挙運動が解禁に　　　　2013.4.19
　成年被後見人に選挙権を認める　　　　　　　2013.5.27
　18歳選挙権成立　　　　　　　　　　　　　　2015.6.17
　参院選10増10減　　　　　　　　　　　　　　2015.7.28
公職追放令
　公職追放令廃止　　　　　　　　　　　　　　1952.4.21
公職適否審査委員会
　公職適否審査委員会設置　　　　　　　　　　1946.7.1
**公職にある者等のあっせん行為による利得等の
　処罰に関する法律**
　あっせん利得処罰法成立　　　　　　　　　　2000.11.22
**公職に関する就職禁止、退官、退職等に関する
　勅令を改正する件・市町村長の立候補禁止等**

－ 378 －

に関する件
公職追放令改正 1947.1.4

公職に関する就職禁止、退職等に関する勅令の一部を改正する制令・公職資格審査会設置令
総理府に公職資格審査会設置 1951.6.18

公職に関する就職禁止、退職等に関する勅令の規定による覚書該当者の指定の解除に関する法律
公職追放覚書該当者指定解除法公布 1951.11.29

甲辰倶楽部
大同倶楽部設立 1905.12.23

公正会
公正会設立 1916.12.25
憲政会・立憲国民党・公正会が寺内内閣反対決議 1917.1.21
綱紀粛正に関する建議案 1922.3.22
天皇機関説問題 1935.2.18

厚生省
厚生省設置 1938.1.11
失業対策委員会設置 1938.7.16

公正取引委員会
公正取引委員会設置 1947.7.1

厚生年金保険法
厚生年金保険法公布 1954.5.19

公政連 → 公明政治連盟を見よ

厚生労働省
65歳までの継続雇用を企業の義務に 2004.1.20

高宗
漢城で親露派クーデター 1896.2.11

皇族に関する覚書
皇族の特権を廃止 1946.5.21

行田 邦子
新会派「みどりの風」結成 2012.7.24

公同会
公同会設立 1897.10.6
進歩党が松方内閣と絶縁 1897.12.18

高等学校令
「大学令」・「高等学校令」公布 1918.12.6

高等官官等俸給令
官吏俸給減俸 1931.5.27

幸徳 秋水
普通選挙期成同盟会設立 1899.10.2
社会民主党設立 1901.5.18
『万朝報』対露主戦論に転向 1903.10.12
平民社設立 1903.11.15
大逆事件 1910.5.25

河野 一郎
日ソ漁業交渉開始 1956.4.29

河野 謙三
第49回国会召集 1965.7.22
第66回国会召集 1971.7.14
第73回国会召集 1974.7.24

河野 太郎
自民党総裁に谷垣禎一 2009.9.28

河野 敏鎌
立憲改進党設立 1882.3.14

立憲改進党結党式 1882.4.16
大隈ら立憲改進党離党 1884.12.17

河野 広中
福島事件 1882.8月
大同倶楽部・大同共和会設立 1889.5.10
立憲自由党結党式 1890.9.15
松方首相辞表奉呈 1892.7.30
憲政倶楽部設立 1898.10.19
憲政本党設立 1898.11.3
普通選挙期成同盟会設立 1899.10.2
普選法案提出 1902.2.12
第19回帝国議会召集 1903.12.5
勅語奉答文事件 1903.12.10
各派連合幹事会 1908.7.1
又新会設立 1908.12.21
立憲国民党設立 1910.3.13
立憲国民党分裂 1913.1.21
立憲同志会結党式 1913.12.23
普通選挙期成大会 1919.2.9

河野 洋平
新自由クラブ結成 1976.6.25
福田首相・5党首個別会談 1977.12.15
予算修正問題 1979.3.1
新自由クラブ、新代表に田川誠一 1979.11.26
新自由クラブ代表に河野洋平 1984.6.23
第2次中曽根内閣第2次改造内閣 1985.12.28
新自由クラブ、解党を決議 1986.8.12
宮沢喜一改造内閣発足 1992.12.11
婦人問題担当大臣設置 1992.12.12
自民党総裁に河野洋平 1993.7.30
「慰安婦」問題で談話 1993.8.4
第127回国会召集 1993.8.5
「政治改革関連4法」案で両院協議会設置 1994.1.26
自民党が村山首相支持 1994.6.28
村山内閣成立 1994.6.30
村山改造内閣発足 1995.8.8
核実験で中国への無償資金援助凍結 1995.8.17
自民党新総裁に橋本龍太郎 1995.9.22
沖縄米軍基地に関する協議機関設置 1995.11.1
加藤派結成 1998.12.22
米国防長官、沖縄航空管制権返還を表明 2000.3.16
第2次森連立内閣発足 2000.7.4
古賀潤議員の学歴詐称問題浮上 2004.1.19
佐藤観樹議員に秘書名義借り疑惑 2004.3.1
第163回国会召集 2005.9.21

鴻池 祥肇
鴻池官房副長官が辞任、後任は浅野参院議員 2009.5.12

公文式
「登記法」など公布 1886.8.13

公文式制定の件
「公文式制定の件」公布 1886.2.26

神戸高等商業学校
大学昇格問題 1921.1.25

黄埔軍官学校
中山艦事件 1926.3.20

– 379 –

皇民党
竹下元首相・小沢自民党幹事長、証人喚問
1993.2.17

皇民党事件
竹下元首相を証人喚問 1992.11.26

公務員制度改革関連法
公務員制度改革関連法成立 2007.6.30

公務員制度審議会
公務員制度審議会を設置 1965.7.3
公務員制度審議会答申 1970.10.17
公務員制度審議会が答申 1971.10.11
公務員制度審議会最終答申 1973.9.3

公務員制度調査会
公務員制度調査会、改革を答申 1955.11.15

公務員法
第3回国会召集 1948.10.11
施政方針演説要求を可決 1948.11.15
解散権論争終わる 1948.11.28
「公務員法改正法」成立 1948.11.30
公務員の政治活動制限は合憲 1958.3.12

高村 正彦
第2次橋本内閣成立 1996.11.7
安部改造内閣が発足 2007.8.27

公明
新党平和、黎明クラブ結党 1998.1.4
公明党復活 1998.11.7

公明政治連盟
公明党を結成 1964.11.17

公明選挙に関する決議案
第36回国会召集 1960.10.17

公明党
公明党を結成 1964.11.17
野党4書記長、国会解散へ結束強化 1966.12.5
第31回衆議院選挙 1967.1.29
公明党大会を開催 1967.2.13
公明党、非武装中立路線を発表 1968.1.1
野党3党、チェコ事件に抗議声明 1968.8.21
公明党と創価学会を完全分離 1970.5.3
佐藤内閣不信任決議案を否決 1972.6.15
4野党、小選挙区制導入阻止の院内共闘 1973.4.24
小選挙区制反対の全国統一行動 1973.5.15
田中内閣不信任案を否決 1974.7.31
公明党、現実路線への転換 1978.1.11
与野党、戻し税方式の減税で合意 1978.2.28
中道4党党首会談 1978.5.23
予算修正問題 1979.3.1
社会・公明、連合政権構想に合意 1980.1.10
公明党、日米安保存続是認に方針転換 1980.1.17
公明党、自民党との連合については当面静
観 1984.4.26
衆院、会期延長を議決 1984.5.23
公明党、自民党との連合で論議 1984.12.4
野党共同で「公職選挙法」改正案提出 1985.6.17
4野党、予算修正案を共同提出 1986.2.20
野党3党、佐藤議員の審査を申し立て 1986.5.15
第24回公明党大会開催 1986.12.5
売上税等粉砕闘争協議会結成 1987.1.16

4野党、売上税法案撤回と中曽根首相退陣
を要求 1987.4.13
売上税法案、衆院議長預かりに 1987.4.23
与野党国対委員長会談、売上税法案廃止で
合意 1987.5.12
4野党、予算修正案を共同提出 1988.2.27
公明党大橋議員、池田大作を批判 1988.5.10
自公民3党幹事長・書記長会談 1988.11.15
4野党党首会談 1989.4.7
矢野公明党委員長退陣表明 1989.5.17
4野党書記長会談 1989.7.25
第116回国会召集 1989.9.28
「代替財源関連5法」案提出 1989.10.26
5党首公開討論会 1990.2.2
公明党、中道主義を明確化 1990.4.16
野党「消費税廃止関連法」案提出 1990.4.19
政治改革挫折 1991.10.4
自民党「政治改革関連4法」案党議決定 1993.3.31
宮沢内閣不信任案を可決 1993.6.18
細川護熙内閣成立 1993.8.9
羽田内閣発足 1994.4.28
野党党派が新党結成へ 1994.9.6
公明党復活 1998.11.7
自民党、小渕総裁再選 1999.9.21
小渕新連立内閣発足 1999.10.5
自由党連立離脱・分裂 2000.4.1
森連立内閣発足 2000.4.5
第2次森連立内閣発足 2000.7.4
「自公保」連立継続で合意 2001.4.25
小泉改造内閣が発足 2002.9.30
新保守党が発足 2002.12.25
小泉改造内閣が発足 2003.9.22
自公連立の第2次小泉内閣が発足 2003.11.29
公明党、陸上自衛隊先遣隊派遣を了承 2004.1.8
年金未納問題で辞任相次ぐ 2004.5.7
小泉改造内閣が発足 2004.9.27
公明党代表に神埼武法4選 2004.10.25
小泉首相、靖国神社参拝続行を明言 2005.5.16
自公連立継続を確認 2005.9.12
第3次小泉内閣が発足 2005.9.21
補正予算が成立 2006.2.3
自公連立維持で合意 2006.9.25
安倍内閣が発足 2006.9.26
公明党代表に太田昭宏が無投票当選 2006.9.26
安部改造内閣が発足 2007.8.27
自民党と公明党、連立維持で合意 2007.9.25
首相問責決議が現憲法下で初の可決 2008.6.11
公明党の太田代表が無投票再選 2008.9.16
公明党、新体制が整う 2009.9.8
公明党代表、山口が再選 2010.10.2
首相、初の党首討論 2011.2.9
衆院で菅内閣不信任案を否決 2011.6.2
野田首相、解散は「近いうちに」 2012.8.8
内閣不信任案を否決 2012.8.9
公明党、山口代表3選 2012.9.14
第2次安倍内閣が発足 2012.12.26
第23回参議院選挙で自公が過半数、衆参の
ねじれは解消 2013.7.21
公明党、山口代表4選 2014.9.21
第47回衆議院選挙で自公圧勝 2014.12.14

- 380 -

第3次安倍内閣が発足 2014.12.24

河本 大作
満州某重大事件責任者処分 1929.7.1

河本 敏夫
自民党、全党員による総裁候補者決定選挙
　1978.11.1
第1次大平正芳内閣 1978.12.6
自民党三木派が派閥解散宣言 1980.6.27
自民党総裁候補者決定選挙告示 1982.10.16
河本敏夫通産大臣を特命大臣に任命 1984.11.6
河本大臣辞任 1985.8.14

公友倶楽部
憲政会設立 1916.10.10
公正会設立 1916.12.25

港湾整備緊急措置法
港湾整備緊急措置法を公布 1961.3.31

コーエン, ウィリアム
米国防長官、沖縄航空管制権返還を表明 2000.3.16

古賀 清志
五・一五事件 1932.5.15

古賀 潤一郎
古賀議員の学歴詐称問題浮上 2004.1.19

古賀 誠
自民党人事、四役体制に 2007.9.24

国際緊急援助隊派遣法改正法
「PKO協力法」案提出 1991.9.19

国際軍縮議員連盟
国際軍縮議員連盟結成 1981.5.13

国際原子力機関
国際原子力機関憲章調印 1956.10.26

国際司法裁判所
日本の国際司法裁判所加盟を承認 1953.12.2

国際収支対策関係閣僚会議
国際収支対策関係閣僚会議 1978.3.11

国際人権規約
国際人権規約に調印 1978.5.30

国債整理基金特別会計法
「国債整理基金特別会計法」など公布 1906.3.2

国際貸借審議会
社会政策審議会など設置 1929.7.19

国際通貨基金
IMF、IBRD、日本の加盟を承認 1952.5.29
IMF、八条国移行の対日勧告 1963.2.8
日本、IMF8条国に移行 1964.4.1
経済収支の黒字削減対策 1977.9.20
国際通貨基金協定に署名 1978.4.4

国際復興開発銀行
IMF、IBRD、日本の加盟を承認 1952.5.29

国際平和支援法
安保11法案、国会提出 2015.5.15
安保法制は違憲見解 2015.6.4
安保11法案、衆院通過 2015.7.16
首相補佐官、安保関連法案について「法的
　安定性は関係ない」と発言 2015.7.26
自民議員が安保反対の学生を非難ツイート
　2015.7.31
安保法成立 2015.9.19

国際連合
吉田首相、施政方針演説 1950.7.14
国連の特権及び免除に関する協定署名 1952.7.25
国連の日本加入に関する決議 1952.12.21
国連加盟決議案、衆院で可決 1955.12.6
国連加盟について論議 1955.12.15
日本、国連に加盟 1956.12.18
国連加盟で大赦令 1956.12.19
国連総会に核実験停止決議案提出 1957.9.24
国連総会、軍縮共同決議案等採択 1959.11.20
佐藤首相、国連総会出席のため渡米 1970.10.18
女性差別を国際法違反とした国際協定採択
　1979.12.18
中曽根首相、国連で演説 1985.10.19
国連常任理入り目指す 1994.9.16
安保理で日本、米英支持表明 2003.2.18
国連総会で拉致問題について演説 2003.9.23
小泉首相が国連演説で常任理事国入りの訴
　え 2004.9.21
安倍首相国連総会出席 2015.9.26

国際連合安全保障理事会
日本、国連安保理非常任理事国に 1957.10.1
日本、国連安保理非常任理事国に当選 1965.12.10
安保理常任理事国入り意欲 1992.1.31
日本、安保理非常任理事国に 2008.10.17

国際連合海洋法 → 海洋法に関する国際連合条約を
見よ

国際連合環境開発会議
国連環境開発会議開幕 1992.6.3

国際連合気候変動首脳級会合
鳩山首相、国連に出席し各国首脳と会談 2009.9.22

国際連合教育科学文化機関
日本のユネスコ加入を承認 1951.3.14
ILOとユネスコ、日本加盟を承認 1951.6.21

国際連合軍
国連軍の地位に関する協定調印 1954.2.19

国際連合軍縮特別総会
初の国連軍縮特別総会が開会 1978.5.23
国連軍縮会議に関する決議案 1982.5.27
鈴木首相、ヴェルサイユ・サミットに出席 1982.6.4
第2回国連軍縮特別総会 1982.6.9
竹下首相、国連軍縮特別総会に出席 1988.5.30

国際連合経済社会理事会
日本、国連経済社会理事国に 1959.10.12

国際連合憲章
国連憲章義務受諾を宣言 1952.6.23
安全保障に関する日米公文交換 1957.9.14

国際連合食糧農業機構
FAO日本の加盟を承認 1951.11.21

国際連合難民会議
国連難民会議を開催 1979.7.20

国際連合平和維持活動
国連平和維持活動への派遣に関する報告書
　1980.7.27
中国の江沢民総書記来日 1992.4.6
『防衛白書』了承 1992.8.7
ガリ国連事務総長が来日 1993.2.15

国際連合平和維持活動等に対する協力に関する

法律
「PKO協力法」案提出	1991.9.19
「PKO協力法」案強行採決	1991.11.27
宮沢首相が訪韓	1992.1.16
141議員が集団辞職願	1992.6.15
「PKO法」成立	1992.6.15
アメリカ、「PKO法」を評価	1992.7.1
ルワンダ活動に「PKO法」初適用	1994.9.13
「PKO協力法」改正	1998.6.5
組織犯罪対策3法成立	1999.8.12
安保11法案、国会提出	2015.5.15
安保法制は違憲見解	2015.6.4
安保11法案、衆院通過	2015.7.16
首相補佐官、安保関連法案について「法的安定性は関係ない」と発言	2015.7.26
自民議員が安保反対の学生を非難ツイート	2015.7.31
安保法成立	2015.9.19

国際連合平和協力法
第119回国会召集	1990.10.12
「国連平和協力法」案提出	1990.10.16
「国連平和協力法」案廃案	1990.11.8

国際連合貿易開発会議
大平首相、国連貿易開発会議出席	1979.5.9

国際連盟
満州事変を国際連盟に提訴	1931.9.21
日中紛争解決勧告決議案採択	1931.9.23
満州撤兵勧告案採択	1931.10.24
日中停戦に関する勧告決議案採択	1932.3.4
日本軍満州撤退勧告案採択	1933.2.24
日中戦争を国際連盟に提訴	1937.9.13
国際連盟との協力関係終止	1938.10.14

国際連盟規約
ヴェルサイユ条約	1919.6.28

国際連盟日支紛争調査委員会
リットン委員会設置	1931.12.10
リットン調査団来日	1932.2.29
リットン報告書手交	1932.10.1

国際労働機関
ヴェルサイユ条約	1919.6.28
第1回国際労働会議	1919.10.29
ILOとユネスコ、日本加盟を承認	1951.6.21
結社の自由に関する調査調停委員会設置	1964.5.12
ILO調査団が来日	1965.1.10
ILO87号条約批准を承認	1965.5.17

国際労働条約
衆院、国際労働条約に関する特別委員会設置	1965.2.12

国策研究倶楽部
国民同盟設立	1932.12.22

国勢院
鉄道省など設置	1920.5.15

国政調査に関する調査
「国勢調査に関する法律」公布	1902.12.2

国勢調査に関する法律
「国勢調査に関する法律」公布	1902.12.2

国税徴収法
「国税徴収法」公布	1889.3.14

国籍法
国籍法法公布	1950.5.4

『国体の本義』
『国体の本義』配布	1937.5.31
社会大衆党新綱領決定	1937.11.15

国鉄 → 日本国有鉄道を見よ

国鉄改革特別委員会
国鉄改革特別委員会設置	1986.9.25

国鉄経営再建促進特別措置法
国鉄経営再建促進特別措置法など可決成立	1980.11.28

国鉄再建管理委員会
国鉄再建管理委員会を設置	1983.6.10

国鉄再建対策推進本部
国鉄再建対策推進本部を設置	1982.12.7

国鉄清算事業団 → 日本国有鉄道清算事業団を見よ

国鉄分割・民営化法
第107回国会召集	1986.9.11
国鉄分割・民営化関連8法案、衆院可決	1986.10.28

国土交通省
沖縄の航空管制業務、2007年に返還	2004.12.10

国土総合開発推進本部
国土総合開発推進本部を設置	1972.12.10

国土総合開発法
全国総合開発計画を閣議決定	1962.10.5

国土庁
国土庁を設置	1974.6.26

国土利用計画法
初の『国土利用白書』を提出	1975.5.16

『国土利用白書』
初の『国土利用白書』を提出	1975.5.16

国防会議
内閣に国防会議設置	1956.7.2
国防会議、次期主力戦闘機を決定	1959.11.6
国防会議、次期主力戦闘機を決定	1977.12.28
国防会議、五六中期業務見積もりを決定	1982.7.23

国防会議条例
「国防会議条例」制定	1885.4.10

国防会議の構成等に関する法律
議院運営委員会紛糾	1955.7.30
国防会議法案提出	1956.3.1

国防会議法 → 国防会議の構成等に関する法律を見よ

『国防の本義と其強化の提唱』
陸軍パンフレット事件	1934.10.1

国防保安法
「国防保安法」など公布	1941.3.7
政治・宗教の自由の制限撤廃	1945.10.4
国防保安法等廃止	1945.10.13

国民医療法
「国民医療法」など公布	1942.2.25

国民学校令
「国民学校令」公布	1941.3.1

国民協会
国民協会同志懇親会	1892.6.22
国民協会大会	1892.11.20
進歩党が松方内閣と絶縁	1897.12.18

日本議会政治史事典　　　事項名索引　　　こくみ

第12回帝国議会召集　1898.5.14
第13回帝国議会召集　1898.11.7
国民協会解散　1899.7.4
帝国党設立　1899.7.5

国民協同党
国民協同党結成　1947.3.2
国民民主党結成　1950.4.28

国民勤労動員令
国民勤労動員令公布　1945.3.6

国民勤労報国協力令
「国民勤労報国協力令」公布　1941.11.22

国民倶楽部
公同会設立　1897.10.6

国民健康保険法
「国民健康保険法」など公布　1938.4.1
中小企業近代化促進法などを公布　1963.3.30
医療保険制度改革関連法成立　1997.6.16

国民職業能力申告令
「国民職業能力申告令」公布　1939.1.7

国民新党
新党が相次いで結成　2005.8.17
国民新党と新党日本、衆院で統一会派結成
　2005.9.20
民主党と国民新党が統一会派に合意　2007.10.23
首相問責決議が現憲法下で初の可決　2008.6.11
民・社・国が連立に合意　2009.9.9
麻生内閣が総辞職、鳩山内閣が発足　2009.9.16
普天間移設問題、先送り決定　2009.12.15
2010年度予算が成立　2010.3.24
菅直人が首相に選出、菅内閣が発足　2010.6.4
亀井金融・郵政改革相辞任　2010.6.11
菅改造内閣が発足　2010.9.17
原発相、復興相が決定　2011.6.27
新首相に野田代表　2011.8.30
野田内閣が発足　2011.9.2
国民新党、亀井代表を解任　2012.4.5
新会派「みどりの風」結成　2012.7.24
国民新党、解党　2013.3.21

国民新党・日本・無所属の会
国民新党と新党日本、衆院で統一会派結成
　2005.9.20

『国民新聞』
『国民新聞』創刊　1890.2.1

国民新聞社
日比谷焼討事件　1905.9.5
憲政擁護運動が暴動化　1913.2.10

国民生活安定緊急措置法
石油2法が成立　1973.12.21

国民生活安定緊急対策本部
生活関連物資の値上げ抑制策　1974.3.16

国民生活新体制要綱
国民生活新体制要綱発表　1940.8.17

国民精神総動員委員会
国民精神総動員委員会設置　1939.3.28

国民精神総動員実施要綱
国民精神総動員実施要綱決定　1937.8.24

国民精神総動員中央連盟
国民精神総動員中央連盟設立　1937.10.12

国民大会
国民大会が暴徒化　1914.2.10

国民体力法
「国民体力法」など公布　1940.4.8

国民徴用令
「国民徴用令」公布　1939.7.8
「物資統制令」など公布　1941.12.16

国民貯蓄組合法
「蚕糸業統制法」など公布　1941.3.13

国民党
国民協同党結成　1947.3.2

国民同志会
国民同志会と改称　1929.4.17

国民投票法
安倍首相が初の施策方針演説　2007.1.26
国民投票法が成立　2007.5.14
成年被後見人に選挙権を認める　2013.5.27
改正国民投票法が成立　2014.6.13

国民同盟
国民同盟設立　1932.12.22
斎藤内閣不信任決議案否決　1934.3.8
久原・安達が新党結成同意　1940.5.27
政党相次ぎ解散　1940.7月

国民同盟会
国民同盟会　1900.9.24

国民年金法
国民年金法案提出　1959.2.4
改正国民年金法が成立　2011.8.4
改正国民年金法が成立　2011.12.7

国民の声
民政党結党大会　1998.1.23

国民の祝日に関する法律
国民の祝日に関する法律公布　1948.7.20
国民の祝日法改正の公布　1966.6.25
祝日「山の日」成立　2014.5.23

国民の生活が第一
小沢新党発足　2012.7.11
小沢被告の控訴審は即日結審　2012.9.26
小沢被告、二審も無罪　2012.11.12
「日本未来の党」結成　2012.11.27
「日本未来の党」が分裂、「生活の党」に党
　名変更　2012.12.27

『国民之友』
『国民之友』創刊　1887.2.15

国民福祉税
新税「国民福祉税」創設発言　1994.2.3
「国民福祉税」白紙撤回　1994.2.4

国民保護に関する基本指針
国民保護指針が閣議決定　2005.3.25

国民保護法
有事法制関連7法が成立　2004.6.17

国民民主党
国民民主党結成　1950.4.28
改進党結成　1952.2.8

こくみ　　　　　　　　　　　　事項名索引　　　　　　　　　　日本議会政治史事典

国民優生法
「国民優生法」公布　　　　　　　　　　1940.5.1
国民労務手帳法
「国防保安法」など公布　　　　　　　　1941.3.7
国有財産法
国有財産法公布　　　　　　　　　　　1948.6.30
国立学校設置法
国立学校設置法公布　　　　　　　　　1949.5.31
国立国会図書館
議会開設100年　　　　　　　　　　　1990.11.29
国立国会図書館法
国立国会図書館法公布　　　　　　　　1948.2.9
護憲三派連盟
護憲三派連盟結成　　　　　　　　　　1924.1.18
小坂 善太郎
小坂外相、訪韓し、日韓共同声明を発表　1960.9.6
ガリオア・エロア両債務の返済交渉申し入
れ　　　　　　　　　　　　　　　　1961.5.10
池田首相、米国・カナダ訪問　　　　　1961.6.19
外相、米国大使と沖縄援助について会談　1962.6.12
第3次佐藤内閣第1次改造　　　　　　　1971.7.5
小作調停法
「小作調停法」案提出　　　　　　　　1924.7.5
小作料統制令
「小作料統制令」公布　　　　　　　　1939.12.6
コザ事件
愛知外相、駐日米大使と会談　　　　　1970.12.30
輿石 東
民主党主要役員が決定　　　　　　　　2011.8.31
第184回国会召集　　　　　　　　　　2013.8.2
五私鉄疑獄事件
五私鉄疑獄事件　　　　　　　　　　　1929.8月
55年体制
自由民主党結成　　　　　　　　　　　1955.11.15
第40回衆議院選挙で新党躍進、「55年体制」
崩壊　　　　　　　　　　　　　　　1993.7.18
個人情報保護委員会
改正個人情報保護法・マイナンバー法成立　2015.9.3
個人情報保護法
「個人情報保護法」案が衆院通過、成立へ　2003.4.15
改正個人情報保護法・マイナンバー法成立　2015.9.3
コスイギン, アレクセイ
愛知外相、ソ連、米国を訪問　　　　　1969.9.4
田中首相、欧州ソ連訪問　　　　　　　1973.9.26
石田労相、抑留漁船員問題で訪ソ　　　1977.6.12
戸籍法
「法例」改正など公布　　　　　　　　1898.6.21
改正民法公布　　　　　　　　　　　1947.12.22
五相会議
五相会議設置　　　　　　　　　　　1938.6.10
小平 久雄
石井衆院議長が辞任　　　　　　　　　1969.7.16
小滝 彬
核兵器保有は違憲　　　　　　　　　　1957.4.25
児玉 誉士夫
ロッキード事件が表面化　　　　　　　1976.2.4

国家安全保障会議
「国家安全保障会議設置法」、成立　　2013.11.27
国家安全保障局が発足　　　　　　　　2014.1.7
国家安全保障会議設置法
「国家安全保障会議設置法」、成立　　2013.11.27
国家安全保障戦略
初の国家安全保障戦略を策定　　　　　2013.12.17
国家安全保障局
国家安全保障局が発足　　　　　　　　2014.1.7
『国会開設意見書』
国会開設意見書奉呈　　　　　　　　　1881.3.18
国会開設の勅諭
「国会開設の勅諭」発布　　　　　　　1881.10.12
国会事故調査委員会
国会事故調査委員会が最終報告　　　　2012.7.5
国会審議権尊重に関する決議案
国会審議権尊重に関する決議案可決　　1950.11.27
国会の審議権の確保のための秩序保持に関する法律
国会周辺のデモ規制立法化を要請　　　1959.12.2
デモ規制法案提出　　　　　　　　　　1959.12.21
国会法
国会法案最終案決定　　　　　　　　　1946.12.14
国会法案提出　　　　　　　　　　　1946.12.17
国会法案衆院提出　　　　　　　　　　1947.2.3
国会法公布　　　　　　　　　　　　1947.4.30
国会改正法案可決成立　　　　　　　　1949.10.26
「国会法」改正案可決　　　　　　　　1985.6.14
「国会法」改正案可決　　　　　　　　1991.9.11
原発事故調査委法など成立　　　　　　2011.9.30
国家行政組織法
国家行政組織法改正案　　　　　　　　1983.10.11
国家公務員給与減額特例法
国家公務員給与減額法が成立　　　　　2012.2.29
国家公務員総定員法
国家公務員総定員法が成立　　　　　　1969.5.16
国家公務員等退職手当法
改正地方公務員法など公布　　　　　　1981.11.20
国家公務員に対する臨時年末手当の支給に関する法律
国家公務員に対する臨時年末手当の支給に
関する法律公布　　　　　　　　　　1949.12.19
国家公務員法
国家公務員法公布　　　　　　　　　1947.10.21
マッカーサー、国家公務員法改正を指示　1948.7.22
国家公務員法の一部を改正する法律公布　1948.12.3
ILO87号条約批准を承認　　　　　　　1965.5.17
改正国家公務員法公布　　　　　　　　1981.6.11
国家公務員定年制度実施　　　　　　　1985.3.31
国家総動員審議会
国家総動員審議会設置　　　　　　　　1938.5.4
国家総動員法
企画庁設置　　　　　　　　　　　　1937.5.14
「国家総動員法」案提出　　　　　　　1938.2.19
黙れ事件　　　　　　　　　　　　　1938.3.3
「スターリンの如く」発言　　　　　　1938.3.16
「国家総動員法」公布　　　　　　　　1938.4.1

- 384 -

| 日本議会政治史事典 | 事項名索引 | こむら |

「工場事業場管理令」公布　　　　　1938.5.4
「国家総動員法」関係6勅令公布　　1939.10.18
「国家総動員法」改正公布　　　　　1941.3.3
国家総動員法廃止　　　　　　　　　1945.12.20
国家総動員法等の施行の統括に関する件
「国家総動員法等の施行の統括に関する件」
　公布　　　　　　　　　　　　　　1939.9.30
国家秘密法
「スパイ防止法」案継続審議　　　　1985.6.25
国旗及び国歌に関する法律
国旗・国歌法成立　　　　　　　　　1999.8.9
国境取締法
「国境取締法」公布　　　　　　　　1939.4.1
後藤 象二郎
自由党設立　　　　　　　　　　　　1881.10.29
板垣・後藤渡欧　　　　　　　　　　1882.11.11
大同団結運動　　　　　　　　　　　1887.10.3
後藤通信相就任　　　　　　　　　　1889.3.22
第2次伊藤内閣成立　　　　　　　　1892.8.8
官紀振粛問題　　　　　　　　　　　1893.12.4
後藤農相辞任　　　　　　　　　　　1894.1.22
後藤 新平
鉄道院設置　　　　　　　　　　　　1908.12.5
寺内内閣不信任決議案否決　　　　　1917.6.30
第2次山本内閣成立　　　　　　　　1923.9.2
普選断行決定　　　　　　　　　　　1923.10.15
後藤 文夫
岡田内閣成立　　　　　　　　　　　1934.7.8
岡田内閣総辞職　　　　　　　　　　1936.2.26
後藤田 正晴
総理府再編、総務庁設置　　　　　　1984.7.1
第2次中曽根内閣第2次改造内閣　　　1985.12.28
第3次中曽根内閣発足　　　　　　　1986.7.22
政治改革挫折　　　　　　　　　　　1991.10.4
宮沢喜一改造内閣発足　　　　　　　1992.12.11
渡辺外相辞任　　　　　　　　　　　1993.4.6
阪神・淡路復興委員会設置　　　　　1995.2.10
子ども手当つなぎ法
子ども手当つなぎ法が成立　　　　　2011.3.31
子ども手当特別措置法
子ども手当特別措置法が成立　　　　2011.8.26
子ども手当法
子ども手当法が成立　　　　　　　　2010.3.26
近衛 篤麿
近衛篤麿貴族院議長就任　　　　　　1896.10.3
国民同盟会　　　　　　　　　　　　1900.9.24
増税諸法案の成立を命じる詔勅　　　1901.3.12
「地租増徴案」撤回勧告　　　　　　1902.12.19
対外硬同志会設立　　　　　　　　　1903.7.26
徳川家達貴族院議長就任　　　　　　1903.12.4
近衛 文麿
徳川家達貴族院議長辞任　　　　　　1933.6.9
近衛文麿に大命降下　　　　　　　　1936.3.4
林内閣総辞職　　　　　　　　　　　1937.5.31
第1次近衛内閣成立　　　　　　　　1937.6.4
近衛貴族院議長辞任　　　　　　　　1937.6.7
近衛首相、施政方針演説　　　　　　1937.7.27

日中全面戦争突入　　　　　　　　　1937.8.15
近衛首相、施政方針演説　　　　　　1937.9.5
第1次近衛声明　　　　　　　　　　1938.1.16
近衛首相、施政方針演説　　　　　　1938.1.22
第1次近衛内閣改造　　　　　　　　1938.5.26
宇垣外相辞任　　　　　　　　　　　1938.9.30
第2次近衛声明　　　　　　　　　　1938.11.3
第3次近衛声明　　　　　　　　　　1938.12.22
第1次近衛内閣総辞職　　　　　　　1939.1.4
平沼内閣成立　　　　　　　　　　　1939.1.5
平沼枢密院議長辞任　　　　　　　　1939.1.5
近衛枢密院議長辞任　　　　　　　　1940.6.24
米内内閣総辞職　　　　　　　　　　1940.7.16
第2次近衛内閣成立　　　　　　　　1940.7.22
新体制準備会第1回総会　　　　　　1940.8.28
大政翼賛会発会式　　　　　　　　　1940.10.12
近衛首相、施政方針演説　　　　　　1941.1.21
大政翼賛会の性格論争　　　　　　　1941.1.24
大政翼賛会が公事結社であると言明　1941.2.8
第2次近衛内閣総辞職　　　　　　　1941.7.16
第3次近衛内閣成立　　　　　　　　1941.7.18
第3次近衛内閣総辞職　　　　　　　1941.10.16
近衛文麿が戦局観を単独上奏　　　　1945.2.14
東久邇内閣成立　　　　　　　　　　1945.8.17
マッカーサー、憲法改正の必要を示唆　1945.10.4
近衛文麿憲法改正を検討　　　　　　1945.10.10
憲法改正への関与を否定　　　　　　1945.11.1
近衛文麿憲法改正案奉呈　　　　　　1945.11.22
戦犯9名の逮捕を命令　　　　　　　1945.12.6
好ましくない人物の公職よりの除去に関する
覚書
公職追放の覚書交付　　　　　　　　1946.1.4
小橋 一太
小橋文相辞任　　　　　　　　　　　1929.11.29
小林 興起
新党が相次いで結成　　　　　　　　2005.8.17
小林 武治
小林法相が辞任　　　　　　　　　　1971.2.9
小林 与三次
選挙制度審第1次答申　　　　　　　1990.4.26
小日山 直登
通信院設置　　　　　　　　　　　　1945.5.19
小松 一郎
内閣法制局長官に集団的自衛権容認派を起
　用　　　　　　　　　　　　　　　2013.8.8
小松内閣法制局長官が退任　　　　　2014.5.16
小松 秀熙
リクルート事件発覚　　　　　　　　1988.6.18
小松原 英太郎
歴史教科書に関する質問書提出　　　1911.2.4
コミンテルン
日本共産党創立大会　　　　　　　　1922.7.15
小村 寿太郎
「小村・ウェーバー覚書」調印　　　1896.5.14
第1次桂内閣成立　　　　　　　　　1901.6.2
「北京議定書」調印　　　　　　　　1901.9.7
日英同盟について報告　　　　　　　1902.2.12
対露政策を協議　　　　　　　　　　1903.4.21

こむら　　　　　　　　　　　　　事項名索引　　　　　　　　　日本議会政治史事典

七博士意見書　　　　　　　　1903.6.24
小村・ローゼン交渉開始　　　1903.10.6
対露国交断絶　　　　　　　　1904.2.6
米国大統領に講和斡旋依頼　　1905.6.1
ポーツマス会議　　　　　　　1905.8.10
第2次桂内閣成立　　　　　　1908.7.14
「日米通商航海条約」調印　　1911.2.21

小村・ウェーバー覚書
「小村・ウェーバー覚書」調印　1896.5.14

小村条約
「日米通商航海条約」調印　　　1911.2.21

米及び籾の輸入税の低減又は免除に関する緊急勅令
「米及び籾の輸入税の低減又は免除に関す
る緊急勅令」公布　　　　　1918.10.30

小山　松寿
第58回帝国議会召集　　　　1930.4.21
第71回帝国議会召集　　　　1937.7.23
第72回帝国議会召集　　　　1937.9.3
反軍演説　　　　　　　　　1940.2.2
衆議院正副議長辞任　　　　1941.12.22

小山　孝雄
KSD疑惑で辞任相次ぐ　　　2001.1.15

雇用審議会
総理府に雇用審議会設置　　　1957.4.15

雇用の分野における男女の均等な機会及び待遇の確保等に関する法律
「男女雇用機会均等法」案修正議決　1984.7.27
「男女雇用機会均等法」案成立　1985.5.17
均等法改正　　　　　　　　1997.6.11

コール, ヘルムート
コール西ドイツ首相夫妻が来日　1983.10.31
竹下首相、西欧4ヵ国歴訪　　1988.4.29
統一ドイツ首相来日　　　　1993.2.26
日独協議を毎年開催　　　　1996.11.1

ゴルバチョフ, ミハイル
中曽根首相、ソ連書記長の国葬参列へ　1985.3.12
自由民主党訪ソ団出発　　　1990.1.13
ゴルバチョフ・ソ連大統領来日　1991.4.16

コレラ防疫対策実施要綱
コレラ防疫対策実施要綱を決定　1962.3.13

今後採るべき戦争指導の基本大綱
今後採るべき戦争指導の基本大綱決定　1945.6.8

今後執るべき戦争指導の大綱
今後執るべき戦争指導の大綱決定　1942.3.7
今後執るべき戦争指導の大綱　1943.9.30

【さ】

西園寺　公望
『東洋自由新聞』創刊　　　　1881.3.18
伊藤ら新党設立準備　　　　1900.7月
立憲政友会設立　　　　　　1900.9.15
西園寺枢密院議長就任　　　1900.10.27
伊藤首相辞任　　　　　　　1901.5.10

西園寺枢密院議長辞任　　　1903.7.13
桂内閣総辞職　　　　　　1905.12.19
第1次西園寺内閣成立　　　　1906.1.7
西園寺首相、施政方針演説　　1906.1.25
西園寺首相、施政方針演説　　1907.1.22
西園寺首相、施政方針演説　　1908.1.23
内閣不信任決議案提出　　　1908.1.21
西園寺内閣総辞職　　　　　1908.7.4
情意投合　　　　　　　　1911.1.26
第2次桂内閣総辞職　　　　1911.8.25
第2次西園寺内閣成立　　　1911.8.30
西園寺首相、施政方針演説　　1912.1.23
明治天皇哀悼演説　　　　　1912.8.24
西園寺内閣総辞職　　　　　1912.12.5
桂内閣不信任決議案提出　　　1913.2.5
内閣不信任決議案撤回の詔勅　1913.2.9
西園寺の違勅問題　　　　　1913.2.10
西園寺立憲政友会総裁辞任　　1914.6.18
寺内内閣総辞職　　　　　　1918.9.21
パリ講和会議　　　　　　　1919.1.18
原敬暗殺　　　　　　　　　1921.11.4
加藤首相死去　　　　　　　1923.8.24
第2次山本内閣総辞職　　　1923.12.27
斎藤内閣総辞職　　　　　　1934.7.3

災害対策基本法
災害対策基本法を公布　　　1961.11.19
東日本大震災発生　　　　　2011.3.11

西郷　従道
第1次伊藤内閣成立　　　　1885.12.22
黒田内閣成立　　　　　　　1888.4.30
第1次松方内閣成立　　　　1891.5.6
青木外相ら辞任　　　　　　1891.5.29
選挙干渉善後策協議　　　　1892.2.23
国民協会同志懇親会　　　　1892.6.22
国民協会大会　　　　　　　1892.11.20
元老が増税諸法案に関して調停　1901.3.6

最高戦争指導会議
最高戦争指導会議設置　　　1944.8.5
今後採るべき戦争指導の基本大綱決定　1945.6.8

再生可能エネルギー特別措置法
2法案が成立し、菅首相は辞任を表明　2011.8.26

財政構造改革法
「財政構造改革法」成立　　1997.11.28
過去最大の総合経済対策決定　1998.4.24

財政法
財政法公布　　　　　　　　1947.3.31
財政特例法案可決　　　　　1975.12.5

最低賃金法
最低賃金法案提出　　　　　1958.12.10
社会党、最低賃金法案採決で審議拒否　1959.2.19

在廷の臣僚及帝国議会の各員に告ぐ
「在廷の臣僚及帝国議会の各員に告ぐ」詔
勅発布　　　　　　　　　1893.2.10

斎藤　邦吉
第1次大平正芳内閣　　　　1978.12.6

斉藤　邦吉
斉藤厚相が辞任　　　　　　1980.9.19

- 386 -

斉藤 十朗
第133回国会召集　1995.8.4

斎藤 隆夫
陸軍パンフレット事件　1934.10.1
粛軍演説　1936.5.7
軍人の政治関与排撃決議　1936.11.5
「国家総動員法」案提出　1938.2.19
反軍演説　1940.2.2
社会大衆党が反軍演説で大量除名　1940.3.9
民主党結成　1947.3.31
民主党大会　1947.5.18

斉藤 鉄夫
公明党、新体制が整う　2009.9.8

斎藤 博
ロンドン海軍軍縮会議　1930.1.21

斎藤 実
第3次桂内閣成立　1912.12.21
ジュネーブ海軍軍縮会議　1927.6.20
犬養内閣総辞職　1932.5.16
斎藤内閣成立　1932.5.26
4大政綱決定　1932.5.30
斎藤首相、施政方針演説　1932.6.3
斎藤首相、施政方針演説　1932.8.25
斎藤首相、施政方針演説　1933.1.21
斎藤首相、施政方針演説　1934.1.23
足利尊氏論　1934.2.3
五月雨演説　1934.2.15
斎藤内閣不信任決議案否決　1934.3.8
帝人事件　1934.5.19
斎藤内閣総辞職　1934.7.3
二・二六事件　1936.2.26

在日米軍再編計画
在日米軍再編計画を見直し　2012.2.8

在日米軍労務費特別協定
在日米軍労務費特別協定改正議定書調印　1988.3.2

歳入出予算条規
「歳入出予算条規」制定　1885.3.16

サイバーセキュリティ基本法
サイバーセキュリティ基本法が成立　2014.11.6

サイバーセキュリティ戦略本部
サイバーセキュリティ基本法が成立　2014.11.6

裁判員制度法
「裁判員制度法」が成立　2004.5.21

裁判所官制
「裁判所官制」など公布　1886.5.5

裁判所構成法
「裁判所構成法」公布　1890.2.10

裁判所法
裁判所法公布　1947.4.16

済物浦条約
「済物浦条約」調印　1882.8.30

堺 利彦
『万朝報』対露主戦論に転向　1903.10.12
平民社設立　1903.11.15
日本社会党設立　1906.1.28
日本社会主義同盟設立　1920.12.9
日本共産党創立大会　1922.7.15

堺屋 太一
小渕内閣発足　1998.7.30

坂田 道太
岸内閣改造　1959.1.12
福永衆院議長辞任　1985.1.24
中曽根首相が、各党党首に書簡　1985.12.6
定数是正問題の調停案提示　1986.5.8

坂本 三十次
第2次海部内閣発足　1990.2.28
第2次海部改造内閣発足　1990.12.29

佐川 清
細川首相、佐川急便問題で質疑　1993.12.15

佐川急便
社会党議員、また政治資金疑惑　1992.3.17
金丸自民党副総裁辞任　1992.8.27
金丸自民党元副総裁議員辞職　1992.10.14
第125回国会召集　1992.10.30
竹下元首相を証人喚問　1992.11.26
竹下元首相・小沢自民党幹事長、証人喚問　1993.2.17
佐川急便問題で予算委員会紛糾　1993.12.6
細川首相、佐川急便問題で質疑　1993.12.15
細川首相、辞意表明　1994.4.8

さきがけ
新党さきがけ解党　1998.10.20

桜井 新
桜井環境庁長官更迭　1994.8.12

桜内 幸雄
立憲民政党設立　1927.6.1
米内内閣成立　1940.1.16

桜内 義雄
三木改造内閣・自民党役員を決定　1976.9.15
第118回国会召集　1990.2.27
韓国大統領来日　1990.5.24
集団議員辞職願認めず　1992.6.30

さけ・ます議定書
日ソ漁業協力協定及びさけ・ます議定書　1978.3.21

佐郷屋 留雄
浜口雄幸首相暗殺事件　1930.11.14

佐々木 更三
第2次人民戦線事件　1938.2.1

佐々木 惣一
近衛文麿憲法改正を検討　1945.10.10
近衛文麿憲法改正案奉呈　1945.11.22

佐々木 正峰
文化庁長官に河合隼雄　2002.1.4

佐々木 義武
大来外相・竹下蔵相らサミットに出席　1980.6.20

佐々木 良作
民社党大会で、佐々木良作委員長選出　1977.11.28
福田首相・5党首個別会談　1977.12.15
予算修正問題　1979.3.1
二党党首会談、防衛力整備で合意　1980.10.24
民社党、自民党との連合に意欲　1984.4.23

佐田 玄一郎
佐田行革相が辞任、後任は渡辺内閣府副大臣　2006.12.27

佐竹 春記
社会民主党結成 1951.2.10

サッカーくじ法 → スポーツ振興投票法を見よ

雑穀収用令
「雑穀収用令」公布 1918.8.16

佐々 友房
大同倶楽部設立 1905.12.23

サッチャー, マーガレット
東京サミットが開催 1979.6.28
サッチャー英国首相夫妻が来日 1982.9.17
中曽根首相、ロンドンサミットへ出発 1984.6.6
竹下首相、西欧4ヵ国歴訪 1988.4.29

佐藤 栄作
佐藤国務相が辞任 1964.6.29
池田勇人総裁が3選 1964.7.10
第47回国会召集 1964.11.9
佐藤首相、所信表明演説 1964.11.21
自民党、佐藤総裁を選出 1964.12.1
佐藤首相、日米首脳会談のため訪米 1965.1.10
佐藤首相、所信表明演説 1965.1.25
佐藤首相、所信表明演説 1965.7.30
佐藤首相、戦後初の沖縄視察 1965.8.19
佐藤首相、所信表明演説 1965.10.13
佐藤首相、所信表明演説 1966.1.28
佐藤内閣不信任決議案提出 1966.5.14
佐藤首相、所信表明演説 1966.7.12
自民党大会で、佐藤総裁を再選 1966.12.1
第1次佐藤内閣第3次改造 1966.12.3
佐藤首相、所信表明演説 1966.12.5
第2次佐藤内閣が成立 1967.2.17
佐藤首相、所信表明演説 1967.3.14
武器禁輸の3原則を言明 1967.4.21
佐藤首相、朴韓国大統領就任式に参列 1967.6.30
佐藤首相、所信表明演説 1967.7.28
佐藤首相、中華民国を訪問 1967.9.7
佐藤首相、東南アジア5か国訪問 1967.9.20
佐藤首相、東南アジア・大洋州訪問 1967.10.8
佐藤首相、日米首脳会談のため訪米 1967.11.12
佐藤首相、所信表明演説 1967.12.5
佐藤首相、所信表明演説 1968.1.27
インドネシア・スハルト大統領来日 1968.3.28
佐藤首相、所信表明演説 1968.8.3
自民党臨時大会、佐藤総裁の3選 1968.11.27
佐藤首相、所信表明演説 1969.1.27
佐藤内閣不信任決議案を否決 1969.7.30
佐藤首相、日米首脳会談のために渡米 1969.11.17
佐藤首相、所信表明演説 1969.12.1
第3次佐藤内閣が成立 1970.1.14
佐藤首相、所信表明演説 1970.2.14
佐藤首相、国連総会出席のため渡米 1970.10.18
佐藤首相、ニクソン米大統領と会談 1970.10.24
自民党臨時党大会、佐藤総裁4選 1970.10.29
佐藤首相、所信表明演説 1970.11.25
佐藤首相、所信表明演説 1971.1.22
佐藤首相、朴大統領就任式参列で訪韓 1971.7.1
佐藤首相、所信表明演説 1971.7.14
佐藤首相、所信表明演説 1971.10.19
佐藤首相、ニクソン米国大統領と会談 1972.1.5

佐藤首相、所信表明演説 1972.1.29
佐藤首相、中国を唯一正統な政府と発言 1972.3.24
佐藤首相、退陣を表明 1972.6.17
自民党大会で、田中角栄総裁を選出 1972.7.5
佐藤栄作元首相がノーベル平和賞 1974.12.10
沖縄返還時の核密約文書が現存 2009.12.22

佐藤 栄三
日中覚書貿易協定・会談コミュニケに調印 1970.4.19

佐藤 観樹
社会党、党名変更 1996.1.19
佐藤観樹議員に秘書名義借り疑惑 2004.3.1

佐藤 賢了
黙れ事件 1938.3.3

佐藤 孝行
ロッキード事件で逮捕者 1976.6.22
ロッキード事件で有罪判決 1982.6.8
ロッキード事件、佐藤議員ら控訴審判決 1986.5.14
野党3党、佐藤議員の審査を申し立て 1986.5.15
自民党総裁に宮沢喜一 1991.10.27
宮沢喜一改造内閣発足 1992.12.11
第2次橋下改造内閣発足 1997.9.11
第141回国会召集 1997.9.29

佐藤 三郎
加藤紘一が自民党離党 2002.3.18

佐藤 達夫
防衛2法案について質疑 1954.4.16

佐藤 勉
鳩山総務相が辞任 2009.6.12
麻生首相、2閣僚を補充 2009.7.1

佐藤 尚武
佐藤尚武外相就任 1937.3.3
特派使節モスクワ派遣提議 1944.9.16
松平参院議長死去 1949.11.14

砂糖消費税法
増税諸法案提出 1901.1.26
増税諸法案提出 1908.1.21

佐野 学
佐野学らが転向 1933.6.7

サミット
三木首相、サミット出席 1975.11.15
三木首相、プエルトリコ・サミットに出席 1976.6.24
福田首相、サミット出席 1977.5.4
福田首相、ボン・サミット出席 1978.7.13
カーター米国大統領が来日 1979.6.24
東京サミットが開催 1979.6.28
大来外相・竹下蔵相らサミットに出席 1980.6.20
鈴木首相、オタワ・サミットに出発 1981.7.18
鈴木首相、ヴェルサイユ・サミットに出席 1982.6.4
中曽根首相、ウィリアムズバーグ・サミット 1983.5.28
中曽根首相、ロンドンサミットへ出発 1984.6.6
中曽根首相、ボン・サミットに出発 1985.4.29
東京サミット開幕 1986.5.4
竹下首相、トロント・サミットに出席 1988.6.16
東京サミット開幕 1993.7.7
村山首相、米大統領と会談 1994.7.8

ケルン・サミット開幕	1999.6.18
九州・沖縄サミット蔵相会合開催	2000.7.8
九州・沖縄サミット開幕	2000.7.21
クリントン大統領、返還後初の沖縄訪問	2000.7.21
ジェノバ・サミット開催	2001.7.20
カナナスキス・サミット開催	2002.6.26
小泉首相、自衛隊の多国籍軍参加を表明	2004.6.8
小泉首相、サミットに出席	2006.7.15
北海道洞爺湖サミット開催	2008.7.7
エルマウ・サミット開幕	2015.6.7

サラ金規制法 → 貸金業の規制等に関する法律を見よ

サラリーマン新党
全国サラリーマン同盟が結成	1983.5.8
参院福岡補選、非自民党当選	1990.6.10

茶話会
増税諸法案について交渉提案	1901.3.2
綱紀粛正に関する建議案	1922.3.22

参院憲法審査会規程
参院憲法審査会規程が可決	2011.5.18

参議院議員選挙法
公職選挙法案成立	1950.4.11

参議院規則の一部を改正する規則
参議院規則の一部を改正する規則案	1982.3.3

参議院テロ防止特別委員会
「テロ関連3法」が成立	2001.10.16

参議院同志会
緑風会、参議院同志会に改称	1960.1.30

産業活力再生特別措置法
産業再生法成立	1999.8.6

産業合理化審議会
社会政策審議会など設置	1929.7.19

産業再生法
産業再生法成立	1999.8.6

産業設備営団法
「産業設備営団法」公布	1941.11.26

産金法
「産金法」公布	1937.8.11

参軍官制
「参軍官制」など公布	1888.5.14
「参謀本部条例」など公布	1889.3.9

三公社分割・民営化
第2次臨時行政調査会、第3次答申	1982.7.30

参事院
参事院設置	1881.10.21

蚕糸業組合法
「抵当証券法」など公布	1931.3.30

蚕糸業統制法
「蚕糸業統制法」など公布	1941.3.13

三四倶楽部
工藤ら憲政本党離党	1901.2.15

三条 実美
「内大臣および宮中顧問官官制」公布	1885.12.22
黒田首相辞任	1889.10.24

参政権獲得民衆大会
参政権獲得民衆大会・普選促進大会	1920.2.11

山東 昭子
第2次海部改造内閣発足	1990.12.29
第167回国会召集	2007.8.7
町村衆院議長辞任	2015.4.20

山東還付条約
「山東還付条約」調印	1922.2.4

山東鉄道沿線撤兵に関する協定
「山東鉄道沿線撤兵に関する協定」調印	1922.3.28

参謀本部条例
「参謀本部条例」など公布	1889.3.9

【し】

志位 和夫
共産党大会開催	1990.7.9
第22回共産党大会	2000.11.24
共産党の不破議長が退任	2006.1.14

椎名 悦三郎
椎名外相、日韓基本条約に仮調印	1965.2.17
軍事行動中の米艦立ち寄り答弁	1966.5.25
自民党、三木武夫総裁を選出	1974.12.4

自衛隊
社会党委員長が、自衛隊は適法性なしと表明	1984.2.27
海部首相、施政方針演説	1991.1.25
海部首相、ASEAN歴訪	1991.4.27
社会党、党改革案修正	1991.7.30
自衛隊合憲を答申	1993.2.3
改憲発言で防衛庁長官交代	1993.12.1
村山首相、自衛隊の合憲を明言	1994.7.20
社会党基本政策の大転換	1994.9.3
ルワンダ活動に「PKO法」初適用	1994.9.13
「自衛隊法」改正公布	1994.11.18
大震災緊急対策を決定	1995.1.18
カンボジア情勢で自衛隊機派遣	1997.7.12
共産党、自衛隊活用を容認	2000.9.19
第22回共産党大会	2000.11.24
自衛隊派遣基本計画が閣議決定	2001.11.16
小泉首相、自衛隊の多国籍軍参加を表明	2004.6.8
自衛隊多国籍軍参加を閣議決定	2004.6.18
自衛隊イラク派遣を1年延長	2004.12.9
「防衛省」成立	2006.12.15

自衛隊法
防衛2法案について質疑	1954.4.16
防衛2法案可決成立	1954.6.2
自衛隊法公布	1954.6.9
「防衛庁設置法」「自衛隊法」改正	1959.5.1
参院、防衛2法が可決	1961.4.27
筑波大学法案、防衛2法案を強行採決	1973.6.22
湾岸地域に自衛隊機派遣	1991.1.24
「自衛隊法」改正公布	1994.11.18
ガイドライン関連法案閣議決定	1998.4.28
ガイドライン関連法成立	1999.5.24
有事関連法案が閣議決定	2002.4.16
自衛隊法改正案、現場判断でミサイル撃墜可能に	2005.2.15

− 389 −

しえわ　　　　　　　　事項名索引　　　　　　日本議会政治史事典

シェワルナゼ, エドゥアルド
　シェワルナゼ外相来日　　　　　　　　1986.1.15
ジェンキンズ, ロイ
　東京サミットが開催　　　　　　　　　1979.6.28
塩川 正十郎
　藤尾文相の発言が問題化　　　　　　　1986.9.5
　自民党新総裁に橋本龍太郎　　　　　　1995.9.22
　第154回国会召集　　　　　　　　　　2002.1.21
　第156回国会召集　　　　　　　　　　2003.1.20
塩崎 恭久
　安倍内閣が発足　　　　　　　　　　　2006.9.26
塩専売法
　「臨時事件費支弁に関する法律」など修正
　　議決　　　　　　　　　　　　　　1904.12.17
塩谷 立
　自民党新役員人事を決定　　　　　　　2011.9.30
志賀 重昂
　『日本人』創刊　　　　　　　　　　　1888.4.3
志賀 義雄
　共産党代表団訪ソ　　　　　　　　　　1979.12.15
志賀 良雄
　政治犯3000名釈放　　　　　　　　　1945.10.10
糸価安定施設法
　「揮発油税法」など公布　　　　　　　1937.3.30
糸価安定融資補償法
　「糸価安定融資補償法」公布　　　　　1929.3.28
歯科医師法
　医師法等公布　　　　　　　　　　　　1948.7.30
歯科衛生士法
　医師法等公布　　　　　　　　　　　　1948.7.30
次期支援戦闘機
　日米防衛首脳会談　　　　　　　　　　1987.10.2
　FSX日米共同開発交渉結着　　　　　　1989.4.28
次期主力戦闘機
　次期主力戦闘機選定で論議　　　　　　1958.8.22
　国防会議、次期主力戦闘機を決定　　　1959.11.6
　国防会議、次期主力戦闘機を決定　　　1977.12.28
式場 英
　リクルート社前会長ら証人喚問　　　　1988.12.6
資金運用部資金法
　資金運用部資金法公布　　　　　　　　1951.3.31
資金逃避防止法
　「資金逃避防止法」公布　　　　　　　1932.7.1
重野 安正
　社民党大会が開催、新執行部を選出　　2007.12.23
重政 誠之
　昭電疑獄事件で農林次官逮捕　　　　　1948.9.10
重政 庸徳
　松野参院議員長が辞任　　　　　　　　1962.8.6
重光 葵
　東条内閣第1次改造　　　　　　　　　1943.4.20
　小磯内閣成立　　　　　　　　　　　　1944.7.22
　東久邇内閣成立　　　　　　　　　　　1945.8.17
　降伏文書調印　　　　　　　　　　　　1945.9.2
　外務大臣に吉田茂任命　　　　　　　　1945.9.17
　極東国際軍事裁判所判決　　　　　　　1948.11.12

　吉田茂を内閣総理大臣に指名　　　　　1953.5.19
　日本民主党結成　　　　　　　　　　　1954.11.24
　重光外相渡米　　　　　　　　　　　　1955.8.23
重宗 雄三
　松野参院議員長が辞任　　　　　　　　1962.8.6
　第49回国会召集　　　　　　　　　　1965.7.22
　第59回国会召集　　　　　　　　　　1968.8.1
資源エネルギー庁
　資源エネルギー庁を設置　　　　　　　1973.7.25
資源調査法
　「資源調査法」公布　　　　　　　　　1929.4.12
資源局
　資源局設置　　　　　　　　　　　　　1927.5.27
自作農創設特別措置法
　「自作農創設特別措置法」公布　　　　1946.10.21
『時事新報』
　『時事新報』創刊　　　　　　　　　　1882.3.1
自主憲法期成議員同盟
　自主憲法期成議員同盟結成　　　　　　1955.7.11
静岡事件
　静岡事件　　　　　　　　　　　　　　1886.7月
ジスカールデスタン, ヴァレリー
　東京サミットが開催　　　　　　　　　1979.6.28
市制
　「市制及町村制」公布　　　　　　　　1888.4.25
　「市制」・「町村制」改正公布　　　　1921.4.11
　「府県制」改正など公布　　　　　　　1926.6.24
史蹟名勝天然記念物保存法
　「史蹟名勝天然記念物保存法」公布　　1919.4.10
次世代の党
　「次世代の党」発足　　　　　　　　　2014.8.1
　太陽の党解散　　　　　　　　　　　　2015.5.1
　次世代の党、中山党首選出　　　　　　2015.8.28
私設鉄道条例
　「私設鉄道条例」公布　　　　　　　　1887.5.18
私設鉄道買収法
　「鉄道国有法」案・「私設鉄道買収法」案提
　　出　　　　　　　　　　　　　　　1900.2.12
思想局
　思想局設置　　　　　　　　　　　　　1934.6.1
思想犯保護観察法
　「思想犯保護観察法」など公布　　　　1936.5.29
　治安維持法廃止　　　　　　　　　　　1945.10.15
師団司令部条例
　「参軍官制」など公布　　　　　　　　1888.5.14
自治省
　自治省を設置　　　　　　　　　　　　1960.7.1
七生義団
　山本宣治暗殺事件　　　　　　　　　　1929.3.5
自治庁
　自治省を設置　　　　　　　　　　　　1960.7.1
市町村立学校職員給与負担法
　「管理職手当法」改正　　　　　　　　1958.6.18
失業対策委員会
　失業対策委員会設置　　　　　　　　　1932.7.22
　失業対策委員会設置　　　　　　　　　1938.7.16

－ 390 －

実業同志会
進歩党が松方内閣と絶縁	1897.12.18
政実協定成立	1928.4.8
国民同志会と改称	1929.4.17

実業同志倶楽部
実業同志倶楽部設立	1897.1.27

私的独占の禁止及び公正取引の確保に関する法律
独占禁止法公布	1947.4.14
独占禁止法改正案を決議	1977.5.13
経済関連法成立	1997.6.11

幣原 喜重郎
ワシントン会議	1921.11.12
浜口内閣成立	1929.7.2
浜口首相、施政方針演説	1930.4.25
浜口雄幸首相暗殺事件	1930.11.14
幣原首相臨時代理、施政方針演説	1931.1.22
幣原首相臨時代理失言問題	1931.2.3
幣原首相臨時代理解任	1931.3.9
南陸相が満蒙問題について訓示	1931.8.4
幣原喜重郎内閣成立	1945.10.9
マッカーサー、5大改革を要求	1945.10.10
憲法問題調査委員会設置を決定	1945.10.13
幣原首相、施政方針演説	1945.11.28
幣原内閣打倒人民大会開催	1946.4.7
幣原内閣総辞職	1946.4.22
第1次吉田内閣成立	1946.5.22
復員庁・俘虜情報局設置	1946.6.15
民主党結成	1947.3.31
民主党大会	1947.5.18
民主自由党役員決定	1948.10.26
第5回国会召集	1949.2.11
地方税法案衆院通過	1950.4.20
衆議院議長に林譲治当選	1951.3.13

児童虐待防止法
「児童虐待防止法」公布	1933.4.1

自動車排出ガス対策閣僚協議会
自動車排出ガス対策閣僚協議会	1975.1.7

児童手当法
改正児童手当法が成立	2012.3.30

児童の権利に関する宣言
国連総会、軍縮共同決議案等採択	1959.11.20

児童福祉法
「親権2年停止」成立	2011.5.27
難病医療法、改正児童福祉法が成立	2014.5.23

児童扶養手当法
児童扶養手当法を公布	1961.11.29

児童ポルノ禁止法
改正児童ポルノ禁止法が成立	2014.6.18

品川 弥二郎
青木外相ら辞任	1891.5.29
品川内相辞任	1892.3.11
国民協会同志懇親会	1892.6.22
国民協会大会	1892.11.20

支那事変処理要綱
支那事変処理要綱決定	1940.11.13

支那事変特別税法
「支那事変特別税法」公布	1938.3.31

支那事変に関する臨時軍事費支弁の為公債発行に関する法律
「軍需工業動員法の適用に関する法律」など公布	1937.9.10

支払猶予令
「支払猶予令」など公布	1923.9.7
「支払猶予令」可決	1927.4.22

師範学校令
「師範学校令」など公布	1886.4.10

渋沢 栄一
地租増徴期成同盟会設立	1898.12.15
選挙法改正期成同盟会設立	1899.1.9

司法省
法律取調所設置	1886.8.6

私法上の金銭債務の支払延期及び手形等の権利保存行為の期間延長に関する件 → 支払猶予令を見よ

私法上の金銭債務の支払延期及手形等の権利保存行為の期間延長に関する緊急勅令 → 支払猶予令を見よ

資本利子税法
「地租条例」改正など公布	1926.3.27

島尻 安伊子
参院補選で与野党が1勝1敗	2007.4.22

島田 三郎
明治14年の政変	1881.10.12
第7回帝国議会召集	1894.10.15
政交倶楽部設立	1905.12.29
又新会設立	1908.12.21
立憲国民党分裂	1913.1.21
シーメンス事件	1914.1.23
第36回帝国議会召集	1915.5.17
島田衆議院議長不信任決議案否決	1915.6.9

嶋田 繁太郎
軍政・軍令一元化	1944.2.21
嶋田海相辞任	1944.7.17

島田 俊雄
鈴木立憲政友会総裁辞意表明	1937.2.17
衆議院議長島田俊雄任命	1945.6.8

島根自由党
日本大衆党設立	1928.12.20

島袋 吉和
普天間基地移設、国と名護市が基本合意	2006.4.7
移設反対派が沖縄名護市長に	2010.1.24

島村 宜伸
小泉郵政解散	2005.8.8

自見 庄三郎
亀井金融・郵政改革相辞任	2010.6.11
消費税法案、閣議決定	2012.3.30
国民新党、解党	2013.3.21

自民党
自由民主党結成	1955.11.15
自由民主党臨時党大会	1956.4.5
党首会談で国会正常化申合せ	1956.12.12
自由民主党大会	1956.12.14

しみん　　　　　　　　　　　事項名索引　　　　　　　日本議会政治史事典

自由民主党大会	1957.3.21
自民・社会党首会談	1958.4.18
自民・社会党首会談	1958.11.22
自民党3閣僚辞任	1958.12.27
自由民主党大会	1959.1.24
第5回参議院選挙	1959.6.2
自由民主党、池田総裁を選出	1960.7.14
第6回参議院選挙	1962.7.1
自民党、池田首相を総裁に再選	1962.7.14
松野参院議員長が辞任	1962.8.6
池田勇人総裁が3選	1964.7.10
第47回国会召集	1964.11.9
自民党、佐藤総裁を選出	1964.12.1
自民党、党近代化の基本憲章を決定	1965.1.19
自民党大会で、佐藤総裁を再選	1966.12.1
自民党臨時大会、佐藤総裁の3選	1968.11.27
第32回衆議院選挙	1969.12.27
自民党臨時大会、佐藤総裁4選	1970.10.29
自民党、総裁任期を3年に延長	1971.1.21
第3次佐藤内閣第1次改造	1971.7.5
自民党大会で、田中角栄総裁を選出	1972.7.5
日中国交正常化の基本方針	1972.9.8
筑波大学法案、防衛2法案を強行採決	1973.6.22
靖国神社法が可決	1974.4.12
自民党、福田派解散	1977.3.9
自民党、総裁候補者決定選挙の導入	1977.4.25
自民党、全党員による総裁公選規程	1978.1.20
自民党派閥の復活	1978.1.21
与野党、戻し税方式の減税で合意	1978.2.28
自民党、全党員による総裁候補者決定選挙	
	1978.11.1
自民党党大会で、大平正芳総裁を選出	1978.12.1
第1次大平正芳内閣	1978.12.6
予算修正問題	1979.3.1
自民党三木派が派閥解散宣言	1980.6.27
自民党両院議員総会で、鈴木善幸総裁を選	
出	1980.7.15
鈴木内閣改造	1981.11.30
グリーンカード制3年実施延期	1982.4.6
自民党総裁候補者決定選挙告示	1982.10.16
中曽根政権継続を了承	1983.12.23
自民党役員を決定	1983.12.26
自民党副総裁に田中派の二階堂を指名	1984.4.11
民社党、自民党との連合に意欲	1984.4.23
公明党、自民党との連合については当面静	
観	1984.4.26
衆院、会期延長を議決	1984.5.23
自民党、総裁立候補者の一本化調整を申合	
せ	1984.10.16
自民党、三役決定	1984.10.30
自民党総裁中曽根再選	1984.10.31
公明党、自民党との連合で論議	1984.12.4
福永衆院議長辞任	1985.1.24
衆院で会期延長を議決	1985.4.26
自民党、衆院定数是正案提出	1985.5.31
「スパイ防止法」案継続審議	1985.6.25
防衛費の対GNP比1%枠撤廃先送り	1985.9.6
4野党、予算修正案を共同提出	1986.2.20
衆参同日選挙で自民党圧勝	1986.7.6
自民党・中曽根総裁の任期延長が決定	1986.9.11

第47回自民党大会開催	1987.1.20
進歩党結成	1987.1.22
参院岩手補選、社会党圧勝	1987.3.8
与野党国対委員長会談、売上税法案廃止で	
合意	1987.5.12
4野党、予算修正案を共同提出	1988.2.27
参院大阪補選、共産候補当選	1988.2.28
自公民3党幹事長・書記長会談	1988.11.15
自民党「政治改革大綱」決定	1989.5.19
第15回参議院選挙で社会党圧勝、与野党逆	
転	1989.7.23
首相指名、衆院優越で海部に	1989.8.9
参院茨城補選、自民新人当選	1989.10.1
自民党、海部総裁再選	1989.10.31
自由民主党訪ソ団出発	1990.1.13
5党首公開討論会	1990.2.2
第39回衆議院選挙で自民党安定多数確保	1990.2.18
第118回国会召集	1990.2.27
野党に予算と法案の並行審議を要請	1990.3.8
参院福岡補選、非自民党当選	1990.6.10
北朝鮮との国交樹立提案	1990.9.24
第2次海部改造内閣発足	1990.12.29
自衛隊機派遣は違憲	1991.1.28
小沢幹事長が引責辞任	1991.4.8
中曽根元首相復党	1991.4.26
政治改革挫折	1991.10.4
自民党総裁に宮沢喜一	1991.10.27
自民党副総裁に金丸信	1992.1.8
自民党が「憲法」解釈の変更求める	1992.2.20
参院宮城補選でも非自民党候補当選	1992.3.8
第16回参議院選挙で自民議席回復	1992.7.26
金丸自民党副総裁辞任	1992.8.27
金丸自民党元副総裁議員辞職	1992.10.14
竹下派会長に小渕恵三	1992.10.22
自民党羽田が新派閥結成	1992.12.10
宮沢喜一改造内閣発足	1992.12.11
自衛隊合憲を答申	1993.2.3
竹下元首相・小沢自民党幹事長、証人喚問	
	1993.2.17
自民党「政治改革関連4法」案党議決定	1993.3.31
国会議員全員の資産初公開	1993.6.14
宮沢内閣不信任案を可決	1993.6.18
「新党さきがけ」旗揚げ	1993.6.21
自民党分裂、新党結成	1993.6.23
宮沢内閣退陣	1993.7.22
自民党総裁に河野洋平	1993.7.30
第127回国会召集	1993.8.5
細川護熙内閣成立	1993.8.9
社会党、「政治改革関連4法」案成立めざす	
	1993.9.25
改憲発言で防衛庁長官交代	1993.12.1
渡辺美智雄が離党示唆	1994.4.15
羽田内閣不信任案提出	1994.6.23
自民党が村山首相支持	1994.6.28
村山内閣成立	1994.6.30
桜井環境庁長官更迭	1994.8.12
北朝鮮代表団来日	1995.5.26
日韓併合条約発言で謝罪	1995.6.3
戦後50年国会決議、衆院で採択	1995.6.9
第133回国会召集	1995.8.4

－ 392 －

村山改造内閣発足	1995.8.8
自民党新総裁に橋本龍太郎	1995.9.22
村山首相辞意表明	1996.1.5
第135回国会召集	1996.1.11
新進党のピケ解除	1996.3.25
自社さ政策合意	1996.10.31
第138回国会召集	1996.11.7
第2次橋本内閣成立	1996.11.7
自民党、単独過半数回復	1997.9.5
自民党、橋本総裁を再選	1997.9.8
日朝国交正常化交渉再開で合意	1997.11.12
貸し渋り対策に公的資金投入	1997.12.24
新井衆院議員が自殺	1998.2.19
第18回参議院選挙で自民惨敗	1998.7.12
自民党総裁選	1998.7.24
自民・自由、党首会談	1998.11.19
山崎派結成	1998.11.30
森派結成	1998.12.11
「危機突破・改革議連」発足	1998.12.11
加藤派結成	1998.12.22
小渕連立内閣発足	1999.1.14
自民党、小渕総裁再選	1999.9.21
小渕新連立内閣発足	1999.10.5
第2次森連立内閣発足	2000.7.4
森内閣不信任案否決	2000.11.21
KSD疑惑で辞任相次ぐ	2001.1.15
森首相、退陣の意向を表明	2001.3.10
自民党総裁に小泉純一郎	2001.4.23
「自公保」連立継続で合意	2001.4.25
小泉内閣が発足	2001.4.26
第19回参議院選挙で自民大勝	2001.7.29
小泉総裁再選	2001.8.10
医療制度改革大綱発表	2001.11.29
田中外相と野上次官を更迭	2002.1.20
鈴木宗男、離党	2002.3.11
井上議長、辞表を提出	2002.4.18
田中元外相党員資格停止、のちに辞職	2002.6.20
新保守党が発足	2002.12.25
自民幹事長に安部晋三	2003.9.21
小泉改造内閣が発足	2003.9.22
第43回衆議院選挙で自民伸びず民主躍進	2003.11.9
保守新党が自民党に合流	2003.11.10
自公連立の第2次小泉内閣が発足	2003.11.29
公明党、陸上自衛隊先遣隊派遣を了承	2004.1.8
第20回参議院選挙で民主が躍進、自民不振	
	2004.7.11
日本歯科医師会の前会長、橋本派に1億円	2004.7.14
日歯連事件で議員逮捕	2004.7.15
第160回国会召集	2004.7.30
小泉改造内閣が発足	2004.9.27
郵政民営化関連法案を閣議決定	2005.4.25
小泉首相、靖国神社参拝続行を明言	2005.5.16
自民党、郵政法案反対組は公認しないと決定	
定	2005.8.8
新党が相次いで結成	2005.8.17
第44回衆議院選挙で自民圧勝	2005.9.11
第163回国会召集	2005.9.21
第3次小泉内閣が発足	2005.9.21
自民党が郵政民営化関連法案を了承	2005.9.22

自民党が立党50年の記念大会	2005.11.22
補正予算が成立	2006.2.3
皇室典範改正、見送り方針	2006.2.10
民主党、「送金指示メール」騒動	2006.2.16
自民党三役が決定	2006.9.25
自公連立維持で合意	2006.9.25
安倍内閣が発足	2006.9.26
竹中平蔵が参院議員を辞職	2006.9.27
郵政民営化反対組11人が自民党に復党	2006.11.27
自民党大会、首相が改憲に意欲	2007.1.17
松岡農水相が議員宿舎で自殺	2007.5.28
第21回参議院選挙で自民党が歴史的大敗、民主党が第1党に	
民主党が第1党に	2007.7.29
第167回国会召集	2007.8.7
安部改造内閣が発足	2007.8.27
自民党人事、四役体制に	2007.9.24
自民党と公明党、連立維持で合意	2007.9.25
福田首相が就任	2007.9.25
自民党大会、「党再生元年」の運動方針	2008.1.17
首相問責決議が現憲法下で初の可決	2008.6.11
自民党総裁に麻生太郎が選出	2008.9.22
自民党・民主党が党大会開催	2009.1.18
平田財務副大臣が株売却問題で辞任	2009.3.26
鴻池官房副長官が辞任、後任は浅野参院議員	
員	2009.5.12
第172回国会召集	2009.9.16
自民党総裁に谷垣禎一	2009.9.28
自民党大会が開催	2010.1.24
自民党が審議拒否も、予算案や法案の審議進む	
進む	2010.2.22
「たちあがれ日本」結党	2010.4.10
「新党改革」結党	2010.4.23
自民党、与謝野と舛添を除名	2010.4.27
自民党大会で政権奪取を表明	2011.1.23
菅首相、初の党首討論	2011.2.9
衆院で菅内閣不信任案を否決	2011.6.2
原発相、復興相が決定	2011.6.27
自民党新役員人事を決定	2011.9.30
国交相と防衛相の問責可決	2012.4.20
野田首相と小沢元代表の会談は平行線	2012.5.30
野田首相、解散は「近いうちに」	2012.8.8
内閣不信任案を否決	2012.8.9
首相問責決議を可決	2012.8.29
自民党総裁に安倍元首相	2012.9.26
日本維新の会が発足	2012.9.28
第46回衆議院選挙で自民党が圧勝	2012.12.16
自民党三役に女性2人を起用	2012.12.25
第182回国会召集	2012.12.26
第2次安倍内閣が発足	2012.12.26
衆院議長に伊吹元幹事長を選出	2012.12.26
第23回参議院選挙で自公が過半数、衆参のねじれは解消	
ねじれは解消	2013.7.21
第184回国会召集	2013.8.2
第2次安倍改造内閣が発足	2014.9.3
第47回衆議院選挙で自公圧勝	2014.12.14
西川農水相辞任	2015.2.23
町村衆院議長辞任	2015.4.20
次世代の党、中山党首選出	2015.8.28
自民党総裁選、安倍首相が無投票で再選	2015.9.8
共産党、野党選挙協力を呼びかけ	2015.9.19

しみん　　　　　　　　　　　　　　　　事項名索引　　　　　　　　　　　　　　日本議会政治史事典

日歯連前会長ら逮捕	2015.9.30
第3次安倍改造内閣発足	2015.10.7

自民党・改革クラブ
「新党改革」結党	2010.4.23

自民党挙党協
自民党挙党協、党刷新を決議	1976.8.24
自民党挙党協、三木総裁退陣要求	1976.10.21

自民党新憲法起草委員会
自民党が憲法改正草案を公表	2005.8.1

自民党税制調査会
政府税調、税制の抜本的改革案を答申	1986.12.23
政府税調、中間答申	1988.4.28
「税制抜本改革大綱」決定	1988.6.14

自民党・無所属の会
「新党改革」結党	2010.4.23

自民党両院議員総会
自民党、後継総裁に福田赳夫を選出	1976.12.23

シーメンス事件
シーメンス事件	1914.1.23

下岡 忠治
大学昇格問題	1921.1.25

下地 幹郎
国民新党、亀井代表を解任	2012.4.5

下関条約
「下関条約」調印	1895.4.17

下村 博文
五輪担当相に下村文科相を任命	2013.9.13
オリンピック専任大臣就任	2015.6.25

下村 宏
陸軍大臣下村宏任命	1945.8.23

シャウプ, カール
シャウプ税制使節団来日	1949.5.10
シャウプ勧告を発表	1949.9.15
地方税法案衆院通過	1950.4.20

社会開発懇談会
社会開発懇談会を開催決定	1965.1.8

社会革新党
社会民主党結成	1951.2.10

社会クラブ
社会党分裂	1959.10.25
民主社会主義新党準備会結成	1959.11.30
民主社会クラブ結成	1959.12.28
社会クラブを結成	1977.9.27

社会事業法
「国民健康保険法」など公布	1938.4.1

社会市民連合
社会市民連合を結成	1977.3.26

社会主義協会
社会主義研究会設立	1898.10.18

社会主義研究会
社会主義研究会設立	1898.10.18

社会政策審議会
社会政策審議会など設置	1929.7.19

社会大衆党
社会大衆党設立	1932.7.24
「日独防共協定」調印	1936.11.25

第20回衆議院選挙	1937.4.30
3党が内閣即時陣要求	1937.5.3
社会大衆党新綱領決定	1937.11.15
「スターリンの如く」発言	1938.3.16
社会大衆党が反軍演説で大量除名	1940.3.9
政党相次ぎ解散	1940.7月

社会局
厚生省設置	1938.1.11

社会党
日本社会党設立	1906.1.28
日本社会党設立	1906.2.24
日本社会党第2回党大会	1907.2.17
日本社会党結社禁止	1907.2.22
社会党設立	1911.10.25
日本社会党結成	1945.11.2
第1回国会召集	1947.5.20
日本社会党が分裂	1950.1.19
日本社会党分裂	1951.10.24
社会党、左右両派統一促進決議	1955.1.18
社会党統一	1955.10.13
鳩山首相、敵基地侵略容認発言	1956.2.29
党首会談で国会正常化申合せ	1956.12.12
労農党解党大会	1957.1.16
衆議院解散要求を否決	1957.2.28
憲法調査会初会合	1957.8.13
自民・社会党首会談	1958.4.18
抜き打ち会期延長	1958.11.4
自民・社会党首会談	1958.11.22
社会党、最低賃金法案採決で審議拒否	1959.2.19
浅沼訪中施設団長、米帝国主義は日中両国 　の敵と発言	1959.3.9
安保改定阻止国民会議結成	1959.3.28
第5回参議院選挙	1959.6.2
社会党大会で西尾末広を統制委員会へ	1959.9.13
社会党分裂	1959.10.25
社会党河上派離党	1959.11.25
民主社会党結党大会	1960.1.24
社会党臨時大会を開催	1960.2.24
参院本会議、50日間の会期延長	1960.5.26
社会党、代議士会で議員総辞職の方針	1960.6.1
社会党顧問、右翼少年に刺される	1960.6.17
浅沼稲次郎社会党委員長、刺殺される	1960.10.12
第37回国会召集	1960.12.5
社会党、構造改革論を軸とする新運動方針	1961.2.5
日本社会党大会を開催	1961.3.8
社会党大会、江田ビジョン批判決議	1962.11.27
野党4書記長、国会解散へ結束強化	1966.12.5
佐藤内閣不信任決議案を否決	1967.8.7
社会党大会を開催	1967.8.20
野党3党、チェコ事件に抗議声明	1968.8.21
社会党大会を開催	1968.9.11
安保条約廃棄宣言全国統一行動	1970.6.24
衆院、沖縄返還協定締結承認	1971.11.24
沖縄返還を巡る密約問題で質疑	1972.3.27
佐藤内閣不信任決議案を否決	1972.6.15
4野党、小選挙区制導入阻止の院内共闘	1973.4.24
小選挙区制反対の全国統一行動	1973.5.15
教頭職法制化法案を可決	1974.5.22
田中内閣不信任案を否決	1974.7.31

- 394 -

日本議会政治史事典　　事項名索引　　しやか

社会党、二段階政権構想発表	1976.8.17
社会市民連合を結成	1977.3.26
社会クラブを結成	1977.9.27
社会党大会	1977.12.13
与野党、戻し税方式の減税で合意	1978.2.28
社会党、初の全党員による委員長選挙	1978.3.1
社会・公明、連合政権構想に合意	1980.1.10
社会党委員長選挙で、飛鳥田一雄が選出	1981.12.22
社会党大会、党綱領見直し	1982.2.6
社会党委員長選挙	1983.8.1
社会党委員長が、自衛隊は適法性なしと表明	1984.2.27
衆院、会期延長を議決	1984.5.23
社会党、原発容認部分を削除	1985.1.19
野党共同で「公職選挙法」改正案提出	1985.6.17
社会党委員長に、石橋政嗣	1985.11.18
社会党、連合政権構想・原発問題等をめぐり紛糾	1985.12.18
社会党「新宣言」を採択	1986.1.22
4野党、予算修正案を共同提出	1986.2.20
野党3党、佐藤議員の審査を申し立て	1986.5.15
衆参同日選挙で自民党圧勝	1986.7.6
社民連、統一会派結成を決定	1986.7.22
土井たか子、社会党委員長選挙で圧勝	1986.9.6
売上税等粉砕闘争協議会結成	1987.1.16
参院岩手補選、社会党圧勝	1987.3.8
4野党、売上税法案撤回と中曽根首相退陣を要求	1987.4.13
売上税法案、衆院議長預かりに	1987.4.23
与野党国対委員長会談、売上税法廃止で合意	1987.5.12
4野党、予算修正案を共同提出	1988.2.27
参院大阪補選、共産候補当選	1988.2.28
竹下首相・宮沢蔵相、元秘書らのリクルート問題関与を認める	1988.8.4
税制改革6法案趣旨説明	1988.9.22
リクルート事件の譲渡先リスト公表	1988.10.11
石橋前社会党委員長ら訪韓	1988.10.12
北朝鮮労働党代表団、初来日	1989.1.21
参院福岡補選、自民大敗	1989.2.12
4野党党首会談	1989.4.7
参院新潟補選、社会党圧勝	1989.6.25
第15回参議院選挙で社会党圧勝、与野党逆転	1989.7.23
4野党書記長会談	1989.7.25
首相指名、衆院優越で海部に	1989.8.9
「土井ビジョン」発表	1989.9.10
第116回国会召集	1989.9.28
「永末ビジョン」発表	1989.10.16
「代替財源関連5法」案提出	1989.10.26
社会党、防衛費3年間の凍結を提唱	1990.1.2
衆議院で消費税解散	1990.1.24
5党首公開討論会	1990.2.2
第118回国会召集	1990.2.27
土井委員長3選	1990.3.9
社会党規約改正案	1990.4.5
野党「消費税廃止関連法」案提出	1990.4.19
参院福岡補選、非自民党当選	1990.6.10
北朝鮮との国交樹立提案	1990.9.24
自衛隊機派遣は違憲	1991.1.28

土井委員長、辞意	1991.6.21
社会党新委員長に田辺誠	1991.7.23
社会党、党改革案修正	1991.7.30
政治改革挫折	1991.10.4
社会党政権再編に意気込み	1991.12.19
参院宮城補選でも非自民党候補当選	1992.3.8
社会党議員、政治資金疑惑で辞任	1992.3.13
社会党議員、また政治資金疑惑	1992.3.17
集団議員辞職願認めず	1992.6.30
社会党委員長電撃辞意	1992.12.24
社会党新委員長に山花貞夫書記長	1993.1.6
自民党「政治改革関連4法」案党議決定	1993.3.31
宮沢内閣不信任案を可決	1993.6.18
女性初の衆院議長	1993.8.3
細川護熙内閣成立	1993.8.9
社会党委員長が初の訪韓	1993.9.4
社会党、「政治改革関連4法」案成立めざす	1993.9.25
社会党連立離脱の構え	1994.2.3
羽田孜を首相を後継	1994.4.22
社会党連立離脱	1994.4.25
大内啓伍民社党委員長辞意	1994.6.1
羽田内閣総辞職	1994.6.25
自民党が村山首相支持	1994.6.28
2人目の社会党首相誕生	1994.6.29
村山首相、自衛隊の合憲を明言	1994.7.20
社会党基本政策の大転換	1994.9.3
新会派「民主連合・民主新党クラブ」結成へ	1995.1.16
社会党、民主・リベラル新党の方針案採択	1995.5.27
第17回参議院選挙	1995.7.23
社会党、党名変更	1996.1.19
元秘書給与流用疑惑で辻本議員辞職	2002.3.20

車界党

車界党設立	1883.9.24

社会党再建同志会

社会党大会で西尾末広を統制委員会へ	1959.9.13
社会党分裂	1959.10.25

社会党左派

社会党左派が党内野党声明	1947.12.13
最高裁、警察予備隊違憲訴訟を却下	1952.10.8

社会平民党

社会民主党設立	1901.5.18

社会保険庁改革関連法

徹夜国会で社会保険庁改革・年金法が成立	2007.6.30

社会保障制度改革基本法

消費増税で3党合意	2012.6.15

社会保障制度審議会

社会保障制度審議会が答申	1962.8.22

社会民衆党

社会民衆党設立	1926.12.5
社会民衆党分裂	1929.12.10
全国民衆党設立	1930.1.15
全国労農大衆党設立	1931.7.5
社会民衆党が三反主義決議	1932.1.19
社会民衆党分裂	1932.4.15
日本国家社会党設立	1932.5.29

－ 395 －

社会大衆党設立	1932.7.24

社会民主党 → 社民党を見よ

社会民主連合 → 社民連を見よ

借地法
「借地法」・「借家法」公布	1921.4.8

借家法
「借地法」・「借家法」公布	1921.4.8

若干の外郭地域の日本からの政治上及行政上の分離に関する覚書
琉球列島、小笠原等の行政権を分離	1946.1.29

社民党
社会民主党設立	1901.5.18
社会民主党結成	1951.2.10
4野党、小選挙区制導入阻止の院内共闘	1973.4.24
中道4党党首会談	1978.5.23
社会党、党名変更	1996.1.19
社会民主党第1回定期大会	1996.3.9
新党「民主党」結成呼びかけ	1996.9.11
衆議院解散前に社民党議員、民主党参加	1996.9.12
民主党移行方針撤回	1996.9.17
土井たか子議長が社民党新党首に	1996.9.24
自社さ政策合意	1996.10.31
久保社民党副党首、離党	1997.1.6
駐留軍用地特別措置法改正	1997.4.17
第2次橋下改造内閣発足	1997.9.11
日朝国交正常化交渉再開で合意	1997.11.12
ガイドライン関連法案閣議決定	1998.4.28
社民党、閣外協力解消を決定	1998.5.30
「定数削減法」成立	2000.2.2
有事関連3法案が衆院通過、成立へ	2003.5.15
社民党土井党首、辞任を否定	2003.7.19
社民党土井党首辞任	2003.11.13
年金改革法が成立	2004.6.5
社民党党主に無投票再選で福島瑞穂	2005.12.2
社民党大会が開催、新執行部を選出	2007.12.23
首相問責決議が現憲法下で初の可決	2008.6.11
民・社・国が連立に合意	2009.9.9
麻生内閣が総辞職、鳩山内閣が発足	2009.9.16
普天間移設問題、先送り決定	2009.12.15
2010年度予算が成立	2010.3.24
辺野古移設を閣議決定、社民党が連立離脱へ	2010.5.28
社民党・福島党首が無投票5選	2012.1.20
福島社民党党首が辞任	2013.7.25
社民党首に吉田党政審会長を選出	2013.10.14

社民連
社会民主連合が結党	1978.3.26
衆院、会期延長を議決	1984.5.23
社民連代表に江田五月	1985.2.10
野党共同で「公職選挙法」改正案提出	1985.6.17
4野党、予算修正案を共同提出	1986.2.20
社民連、統一会派結成を決定	1986.7.22
売上税等粉砕闘争協議会結成	1987.1.16
4野党、売上税法案撤回と中曽根首相退陣を要求	1987.4.13
売上税法案、衆院議長預かりに	1987.4.23
与野党国対委員長会談、売上税法案廃止で合意	1987.5.12
4野党、予算修正案を共同提出	1988.2.27

社民連・楢崎議員、リクルート問題を公表	1988.9.5
4野党党首会談	1989.4.7
4野党書記長会談	1989.7.25
参院福岡補選、非自民党当選	1990.6.10
参院宮城補選でも非自民候補当選	1992.3.8
集団議員辞職願認めず	1992.6.30
細川護熙内閣成立	1993.8.9
社民連解散	1994.5.22

上海停戦協定
第1次上海事変	1932.1.28

朱 鎔基
橋本首相、3ヵ月の首脳と会談	1998.4.2
中国で日中首脳会談	1999.7.9
小泉首相が訪中	2001.10.8
ASEAN首脳会議開幕	2001.11.4
小泉首相、朱鎔基首相と会談	2002.4.12
日中韓首脳会談、ASEAN首脳会議	2002.11.4

周 恩来
日中覚書貿易協定・会談コミュニケに調印	1970.4.19
日中国交正常化	1972.9.29

習 近平
鳩山首相、中国副主席と会談	2009.12.14
中国の習近平国家主席と会談	2014.11.10
安倍首相、バンドン会議出席	2015.4.21

自由改革連合
新進党旗揚げ	1994.12.10

集会及政社法
「集会及政社法」公布	1890.7.25
「集会及政社法」改正公布	1893.4.14
「治安警察法」公布	1900.3.10

集会条例
「集会条例」改正	1882.6.3

衆議院解散の有効・無効
最高裁、衆議院解散の有効無効は権限外	1960.6.8

衆議院議員倶楽部
衆議院議員倶楽部設立	1940.12.20

衆議院議員選挙区画定審議会設置法
自民党「政治改革関連4法」案党議決定	1993.3.31
第128回国会召集	1993.9.17
「政治改革関連4法」案決定	1993.9.17
社会党、「政治改革関連4法」案成立めざす	1993.9.25
衆議院「政治改革関連法」案可決	1993.11.16
「政治改革関連4法」案否決	1994.1.21
「政治改革関連4法」案で両院協議会設置	1994.1.26
「政治改革関連4法」案可決	1994.1.29
第129回国会召集	1994.1.31
「政治改革関連4法」改正案を可決	1994.3.1

衆議院議員選挙法
枢密院、憲法などについて上奏	1889.2.5
「大日本帝国憲法」発布	1889.2.11
「衆議院議員選挙法」改正法律案提出	1898.5.21
伊藤首相、施政方針演説	1898.5.25
「衆議院議員選挙法」改正法律案提出	1899.2.8
「衆議院議員選挙法」中改正法律案提出	1899.12.16
普通法案提出	1902.2.12
「衆議院議員選挙法」中改正法律案提出	1902.2.24

「衆議院議員選挙法」改正公布	1908.4.25
「衆議院議員選挙法」中改正法律案提出	1912.2.24
「衆議院議員選挙法」中改正法律案提出	1918.12.28
「衆議院議員選挙法」中改正法律案提出	1919.1.27
「衆議院議員選挙法」中改正法律案提出	1919.2.25
「衆議院議員選挙法」中改正法律案提出	1920.1.22
「衆議院議員選挙法」中改正法律案提出	1920.7.1
「衆議院議員選挙法」中改正法律案提出	1921.1.18
憲政会が尾崎・田川を除名	1921.2.3
「衆議院議員選挙法」中改正法律案提出	1922.2.11
「衆議院議員選挙法」中改正法律案提出	1923.2.11
「普通選挙法」案提出	1925.2.20
「衆議院議員選挙法」中改正法律案提出	1928.12.27
「衆議院議員選挙法」中改正法律案提出	1929.3.7
元田肇衆議院議長辞任	1929.3.14
「衆議院議員選挙法」中改正法律案提出	1934.2.22
議会制度改正に関する決議案など可決	1936.5.23
改正衆議院議員選挙法公布	1945.12.17
改正衆議院議員選挙法公布	1947.3.31
公職選挙法案成立	1950.4.11

衆議院議員の任期延長に関する法律
議員任期1年延長	1941.2.24

衆議院倶楽部
翼賛議員同盟設立	1941.9.2

衆議院選挙区確定審議会
衆院選挙区の区割り見直し案を勧告	2001.12.19

衆議院選挙制度改革案
政治臨調が提言	1993.4.17

衆議院選挙制度改革法
衆院選挙制度改革法が成立	2012.11.16

衆議院帝国憲法改正案委員会
衆院帝国憲法改正案委、審議開始	1946.7.1

従業者雇入制限令
「工場就業時間制限令」など公布	1939.3.31

宗教団体法
「宗教団体法」公布	1939.4.8
宗教法人令公布	1945.12.28

宗教法
「宗教法」案提出	1899.12.9

宗教法人法
第134回国会召集	1995.9.29

宗教法人令
宗教法人令公布	1945.12.28

自由倶楽部
立憲自由党分裂	1891.2.24

従軍慰安婦問題
宮沢首相が訪韓	1992.1.16
「慰安婦」問題で談話	1993.8.4
「戦後50年に向けての首相談話」発表	1994.8.31
慰安婦問題について、首相「河野談話」継承を再表明	2007.3.5

『自由新聞』
『自由新聞』創刊	1882.6.25

住専 → 住宅金融専門会社を見よ

住専債権時効停止特別措置法
「住専関連法」案可決	1996.6.18

終戦処理会議
終戦処理会議設置	1945.8.22

住専処理法
「住専処理法」案を決定	1996.2.9
「住専関連法」案可決	1996.6.18

住専問題
第136回国会召集	1996.1.22
住専問題で議員の参考人質疑始まる	1996.2.15
住専処理問題で追加措置	1996.3.4
新進党がピケ	1996.3.4
日債銀を全面支援	1997.3.27

住宅金融専門会社
第136回国会召集	1996.1.22
「住専処理法」案を決定	1996.2.9

集団示威運動等の秩序保持に関する法律
衆院、デモ取締法案可決	1952.6.10

自由党分党派
自由党2党首会談	1953.11.17
自由党分党派が復党	1953.11.29
日本自由党結成	1953.12.9

自由党離党派
日本民主党結成	1954.11.24

自由党（明治）
自由党創立会議	1881.10.18
自由党設立	1881.10.29
『自由新聞』創刊	1882.6.25
福島事件	1882.8月
板垣・後藤渡欧	1882.11.11
高田事件	1883.3.20
偽党撲滅演説会	1883.5.13
車界党設立	1883.9.24
群馬事件	1884.5.13
加波山事件	1884.9.23
自由党解党決議	1884.10.29
秩父事件	1884.10.31
飯田事件	1884.11.8
大阪事件	1885.11.23
静岡事件	1886.7月
愛国公党設立表明	1889.12.19
自由党設立	1889.12.19
自由党結党式	1890.1.21
庚寅倶楽部設立決定	1890.5.14
民党各派解散	1890.8.4
立憲自由党設立決定	1890.8.25
立憲自由党結党式	1890.9.15
自由党と改称	1891.3.20
自由党宣言・党則発表	1891.5.29
自由党党則改正	1891.10.15
大隈・板垣が会談	1891.11.8
自由党大会	1893.11.15
自由党分裂	1893.12.2
星が自由党離党	1893.12.4
内閣不信任案否決	1894.5.18
内閣不信任上奏案可決	1894.5.31
自由党が伊藤内閣と提携	1895.11.22
板垣入閣	1896.4.14
板垣自由党総理就任	1897.1.10
新自由党設立	1897.2.28

しゅう　　　　　　　　　　　事項名索引　　　　　　　　日本議会政治史事典

政府が自由党に提携要望	1897.11.8
第3次伊藤内閣成立	1898.1.12
朝野和衷	1898.2.6
伊藤首相が板垣入閣拒否	1898.4.15
自由党が政府反対決議	1898.5.5
第12回帝国議会召集	1898.5.14
自由党・進歩党が合同を決議	1898.6.11
憲政党結党式準備委員会	1898.6.18
自由党・進歩党解党	1898.6.21
共和演説事件	1898.8.22
憲政党の内部対立激化	1898.10.28
憲政党分裂	1898.10.29
大同倶楽部設立	1905.12.23

自由党（昭和）

自由党結成	1950.3.1
自由党2党首会談	1953.11.17
自由党分党派が復党	1953.11.29
日本自由党結成	1953.12.9
自由党総会開催	1954.12.8
民主・自由党首会談	1955.6.4
自由民主党結成	1955.11.15

自由党（平成）

社会党連立離脱	1994.4.25
自民・自由、党首会談	1998.11.19
小渕連立内閣発足	1999.1.14
小渕新連立内閣発足	1999.10.5
自由党連立離脱・分裂	2000.4.1
民主党鳩山代表が辞任表明	2002.12.3
民主党と自由党、合併へ	2003.7.23
民主党と自由党が合併	2003.9.24

周辺事態に際して我が国の平和及び安全を確保するための措置に関する法律

ガイドライン関連法案閣議決定	1998.4.28
ガイドライン関連法成立	1999.5.24
安保11法案、国会提出	2015.5.15
安保法制は違憲見解	2015.6.4
安保11法案、衆院通過	2015.7.16
首相補佐官、安保関連法案について「法的安定性は関係ない」と発言	2015.7.26
自民議員が安保反対の学生を非難ツイート	2015.7.31
安保法成立	2015.9.19

周辺事態法 → 周辺事態に際して我が国の平和及び安全を確保するための措置に関する法律を見よ

住民基本台帳法

組織犯罪対策3法成立	1999.8.12
改正住民基本台帳法成立	1999.8.12

自由民主党 → 自民党を見よ

住民登録法

住民登録法公布	1951.6.8

重要影響事態法

安保11法案、国会提出	2015.5.15
安保法制は違憲見解	2015.6.4
安保11法案、衆院通過	2015.7.16
首相補佐官、安保関連法案について「法的安定性は関係ない」と発言	2015.7.26
自民議員が安保反対の学生を非難ツイート	2015.7.31
安保法成立	2015.9.19

重要機械製造事業法

「重要機械製造事業法」公布	1941.5.3

重要鉱物増産法

「重要鉱物増産法」公布	1938.3.29

重要産業団体令

「重要産業団体令」など公布	1941.8.30

重要産業統制協議会

重要産業統制協議会設立	1941.1.30

重要産業の統制に関する法律

「重要産業統制法」公布	1931.4.1
満州国が「重要産業統制法」公布	1937.5.1

重要肥料業統制法

「思想犯保護観察法」など公布	1936.5.29

重要輸出品取締法

「米穀自治管理法」など公布	1936.5.28

祝日法 → 国民の祝日に関する法律を見よ

酒精及び酒精含有飲料税法

増税諸法案提出	1901.1.26

酒税等の増徴等に関する法律

「酒税等の増徴等に関する法律」公布	1941.11.22

酒税法

「葉煙草専売法」など公布	1896.3.28
増税諸法案提出	1908.1.21

酒造税法

増税諸法案提出	1901.1.26

出入国管理長設置令

出入国管理長設置令公布	1950.9.30

出入国管理令

出入国管理令公布	1951.10.4

出入国の管理に関する政令

出入国の管理に関する政令公布	1949.8.10

出版権

改正著作権法が成立	2014.4.25

出版条例

改正「新聞紙条例」など公布	1887.12.29

出版法

出版法及び新聞紙法を廃止する法律公布	1949.5.24

ジュネーブ海軍軍縮会議

ジュネーブ海軍軍縮会議	1927.6.20

シュピドラ, ヴラジミール

小泉首相、欧州歴訪	2003.8.18

シュミット, ヘルムート

シュミット・西ドイツ首相来日	1978.10.10
東京サミットが開催	1979.6.28

シュレーダー, ゲアハルト

小泉首相、欧州歴訪	2003.8.18

純正国民党

純正国民党設立	1919.3.10

叙位条例

「叙位条例」公布	1887.5.6

蔣 介石

中山艦事件	1926.3.20
第1次近衛声明	1938.1.16
第2次近衛声明	1938.11.3
岸首相、蔣介石総統と会談	1957.6.3

- 398 -

省エネルギー・省資源対策推進会議
省エネルギー・省資源対策推進会議　1979.3.15

障害者基本法
改正障害者基本法が成立　2011.7.29

障害者虐待防止法
障害者虐待防止法など成立　2011.6.17

生涯設計計画検討連絡会議
生涯設計計画検討連絡会議設置　1975.9.18

小学校令
「師範学校令」など公布　1886.4.10
「小学校令中改正の件」公布　1903.4.13

賞勲局官制
「賞勲局官制」公布　1890.9.20

昭憲皇太后
大正3年度追加予算案提出　1914.5.5
大隈首相が皇太后哀悼演説　1914.5.6

商工会議所法
「商工会議所法」公布　1927.4.5

商工組合中央金庫法
「商工組合中央金庫法」など公布　1936.5.27

商工省
農林省・商工省設置　1925.4.1
臨時産業合理局設置　1930.6.2
軍需省・農商省・運輸通信省設置　1943.11.1

城島 光力
野田第3次改造内閣が発足　2012.10.1

情勢の推移に伴う帝国国策要綱
情勢の推移に伴う帝国国策要綱決定　1941.7.2

小選挙区制
「衆議院議員選挙法」中改正法律案提出　1912.2.24
「衆議院議員選挙法」中改正法律案提出　1919.2.25
「衆議院議員選挙法」中改正法律案提出　1929.3.7
「公職選挙法」改正案提出　1956.3.19
田中首相、公職選挙法の今国会で改正を表明　1973.4.10
4野党、小選挙区制導入阻止の院内共闘　1973.4.24
衆院選挙制度改革案を決定　1973.5.11
小選挙区制反対の全国統一行動　1973.5.15
選挙制度審第1次答申　1990.4.26
選挙制度審議会答申　1991.6.25
「政治改革関連法」案決定　1991.7.10
自民党「政治改革関連4法」案党議決定　1993.3.31
日本新党・新党さきがけが基本政策発表　1993.7.23
「政治改革関連4法」案決定　1993.9.17
政治改革関連3法案可決　1994.11.21
第41回衆議院選挙　1996.10.20
郵政4法、「5減5増」改正公職選挙法成立　2002.7.18

勝田 主計
水野文相優諚問題　1928.5.22

省庁再編
省庁再編　1996.11.8
第140回国会召集　1997.1.20
行政改革会議集中討議　1997.8.18
第141回国会召集　1997.9.29
「中央省庁改革基本法」成立　1998.6.9
中央省庁改革関連法、地方分権一括法成立　1999.7.8
「1府12省庁」始動　2001.1.6

昭電疑獄事件
昭電疑獄事件で農林次官逮捕　1948.9.10
昭電疑獄事件で経済安定本部総務長官逮捕　1948.9.30
昭電疑獄事件で前国務大臣逮捕　1948.10.6
芦田内閣総辞職　1948.10.7
吉田首相、施政方針演説　1948.12.4
衆院が芦田らの逮捕を許諾　1948.12.6

商店法
「商店法」公布　1938.3.26

少年院法
少年院法公布　1948.7.15

少年救護法
「少年救護法」公布　1933.5.5

少年法
改正少年法が成立　2014.4.11

消費者行政推進会議
消費者相に岸田沖縄相　2008.2.6

消費者庁
消費者庁が発足　2009.9.1

消費者庁設置関連法
消費者庁設置関連法が成立　2009.5.29

消費者保護基本法
消費者保護基本法を公布　1968.5.30

消費譲与税法
野党「消費税廃止関連法」案提出　1990.4.19

消費税
大型間接税問題で紛糾　1985.2.5
「税制抜本改革大綱」決定　1988.6.14
税制改革要綱閣議決定　1988.6.28
参院福岡補選、自民大敗　1989.2.12
自民党、消費税見直し案決定　1989.12.1
税制改革関連4法案可決　1994.11.25
消費税5%へ　1996.12.12
小渕新連立内閣発足　1999.10.5
麻生首相、参院選の先送りを表明　2008.10.30
菅首相、初の党首討論　2011.2.9
第180回国会召集　2012.1.24
増税大綱を閣議決定　2012.2.17

消費税解散
衆議院で消費税解散　1990.1.24

消費生活協同組合法
消費生活協同組合法公布　1948.7.30

消費税法
税制改革関連6法案提出　1988.7.29
税制改革6法案趣旨説明　1988.9.22
自民党、税制改革関連6法案強行採決　1988.11.10
税制改革関連6法案、衆院修正可決　1988.11.16
自民党、税制改革関連6法案強行採決　1988.12.21
税制改革関連6法成立　1988.12.24
4野党書記長会談　1989.7.25
第116回国会召集　1989.9.28
消費税廃止関連9法案、参院可決　1989.12.11
野党「消費税廃止関連法」案提出　1990.4.19
「消費税廃止関連」案で質疑　1990.6.11
「消費税法」改正　1991.5.8
消費税法案、閣議決定　2012.3.30

しよう 事項名索引 日本議会政治史事典

消費増税で3党合意 2012.6.15
消費増税、衆院通過 2012.6.26
「消費税増税関連法」が成立 2012.8.10
商法
「商法」公布 1890.4.26
「商法」改正公布 1938.4.5
情報委員会
情報委員会設置 1936.7.1
内閣情報部設置 1937.9.25
情報公開法
情報公開法成立 1999.5.7
消防法
消防法公布 1948.7.24
情報保全諮問会議
特定秘密保護法が成立 2013.12.6
条約改正案調査委員会
条約改正案調査委員会設立 1892.4.12
条約改正会議
第1回条約改正会議 1886.5.1
条約改正会議無期延期 1887.7.29
昭和会
昭和会設立 1935.12.23
昭和会解散 1937.5.21
昭和金融恐慌
昭和金融恐慌 1927.3.14
昭和天皇
水野文相優諚問題 1928.5.22
昭和天皇即位大礼 1928.11.10
フォード米国大統領が来日 1974.11.18
諸学校通則
「師範学校令」など公布 1886.4.10
職業安定法
職安法、緊急失対法改正案を強行採決 1963.6.18
食糧確保臨時措置法
食糧確保臨時措置法改正案めぐり紛糾 1949.12.3
食糧管理法
「食糧管理法」公布 1942.2.21
食糧管理法改正法案不成立 1951.5.10
食料緊急措置令
新円発行、旧円預貯金封鎖 1946.2.17
食糧保持臨時措置法
食糧保持臨時措置法公布 1948.7.20
叙勲条例
「叙勲条例」 1883.1.4
女子挺身勤労令
「学徒勤労令」・「女子挺身勤労令」公布 1944.8.23
女性活躍推進法
女性活躍推進法成立 2015.8.28
女性差別
女性差別を国際法違反とした国際協定採択 1979.12.18
所得税法
「所得税法」公布 1887.3.23
売上税法案、所得税法等改正法案提出 1987.2.4
税制改正3法案提出 1987.7.31
税制改正3法案成立 1987.9.19

所得倍増計画
池田首相、所得倍増政策を発表 1960.9.5
閣議において、国民所得倍増計画を決定 1960.12.27
衆院、昭和36年度予算案を提出 1961.1.28
池田首相、施政方針演説 1961.1.30
庶民金庫法
「国民健康保険法」など公布 1938.4.1
ジョンソン、リンドン
池田首相、ケネディ前大統領葬儀のため渡
米 1963.11.24
佐藤首相、日米首脳会談のため訪米 1965.1.10
佐藤首相、日米首脳会談のため訪米 1967.11.12
白川 友一
高松汚職事件 1915.6.28
白川 方明
政府と日銀が追加の経済・金融対策を決定 2010.8.30
シラク, ジャック
フランス大統領来日 1996.11.18
白須 敏朗
太田農水相と白須次官が辞任 2008.9.19
白根 専一
松方蔵相辞任 1895.8.27
白浜 一良
新党平和、黎明クラブ結党 1998.1.4
私立学校振興会法
私立学校振興会法公布 1952.3.27
私立学校法
私立学校法案公布 1949.12.15
新安保反対関西各界懇談会
全国各地の各界で安保強行採決反対 1960.5.20
新エネルギー総合開発機構
中小企業事業団・新エネ総合開発機構を設立 1980.10.1
神祇院
神祇院設置 1940.11.9
新教育委員会法 → 地方教育行政の組織及び運営に関する法律を見よ
新区割り法
「0増5減」の新区割り法が成立 2013.6.24
新経済社会発展計画
新経済社会発展計画を閣議決定 1970.5.1
清国に対する宣戦布告の詔書
日清戦争にあたって宣戦布告 1894.8.1
震災手形善後処理法
震災手形処理問題 1927.1.26
「震災手形両法」など公布 1927.3.30
震災手形損失補償公債法
震災手形処理問題 1927.1.26
「震災手形両法」など公布 1927.3.30
震災復興基本方針・組織法
「震災復興基本方針・組織法」など可決 1995.2.22
新産業都市建設促進法
新産業都市建設促進法を公布 1962.5.10
新自由クラブ
新自由クラブ結成 1976.6.25

- 400 -

| 日本議会政治史事典 | 事項名索引 | しんと |

与野党、戻し税方式の減税で合意　1978.2.28
中道4党党首会談　1978.5.23
予算修正問題　1979.3.1
新自由ク・西岡武夫幹事長が離党　1979.7.16
新自由クラブ、新代表に田川誠一　1979.11.26
衆院、会期延長を議決　1984.5.23
新自由クラブ代表に河野洋平　1984.6.23
第2次中曽根第1次改造内閣成立　1984.11.1
「スパイ防止法」案継続審議　1985.6.25
第2次中曽根内閣第2次改造内閣　1985.12.28
新自由クラブ、解党を決議　1986.8.12
進歩党結成　1987.1.22

新自由国民連合
衆院で会期延長を議決　1985.4.26

信州大衆党
日本大衆党設立　1928.12.20

新自由党
新自由党設立　1897.2.28
公同会設立　1897.10.6
進歩党が松方内閣と絶縁　1897.12.18

人種差別撤廃条約 → あらゆる形態の人種差別の撤廃に関する国際条約を見よ

新進党
新進党旗揚げ　1994.12.10
戦後50年国会決議、衆院で採択　1995.6.9
第17回参議院選挙　1995.7.23
新進党党首選　1995.12.8
新進党がピケ　1996.3.4
新党「民主党」結成呼びかけ　1996.9.11
第138回国会召集　1996.11.7
消費税5%へ　1996.12.12
羽田元首相、新進党離党　1996.12.16
オレンジ共済組合事件で友部参院議員逮捕　1997.1.29
細川元首相、新進党離党　1997.6.18
自民党、単独過半数回復　1997.9.5
新進党党首選　1997.12.18
新進党解党　1997.12.27
新党平和、黎明クラブ結党　1998.1.4

新政会
「衆議院議員選挙法」中改正法律案提出　1920.1.22

新政クラブ
新政クラブ結成　1951.9.5
改進党結成　1952.2.8

新政倶楽部
新政倶楽部設立　1924.1.20
陸軍機密費横領問題をめぐり議事紛糾　1927.3.24

新正倶楽部
新正倶楽部設立　1925.6.1

新政治協議会
国民民主党結成　1950.4.28

新生党
自民党分裂、新党結成　1993.6.23
細川護熙内閣成立　1993.8.9
改憲発言で防衛庁長官交代　1993.12.1
渡辺美智雄が離党示唆　1994.4.15
羽田孜を首相を後継　1994.4.22
社会党連立離脱　1994.4.25

羽田内閣発足　1994.4.28
野党党派が新党結成へ　1994.9.6
新進党旗揚げ　1994.12.10

人造石油製造事業法
「人造石油製造事業法」など公布　1937.8.10

身体障害者福祉法
身体障害者福祉法案公布　1949.12.26

新体制準備会
新体制準備会委員決定　1940.8.23
新体制準備会第1回総会　1940.8.28

新体制促進同志会
新体制促進同志会設立　1940.8.8

「死んだふり解散」
第105回国会召集　1986.6.2

新テロ特措法 → テロ対策海上阻止活動に対する補給支援活動の実施に関する特別措置法を見よ

真藤 恒
リクルート問題で中曽根前首相ら証人喚問要求　1989.2.16

新党改革
「新党改革」結党　2010.4.23
国交相と防衛相の問責可決　2012.4.20

新党きづな
「新党きづな」設立　2012.1.4

新東京国際空港の安全確保に関する緊急措置法
衆院、「成田新法」を提出　1978.4.27

新党倶楽部
立憲民政党分裂　1928.8.1
新党倶楽部が立憲政友会に合流　1929.7.5

新党さきがけ
「新党さきがけ」旗揚げ　1993.6.21
日本新党・新党さきがけが基本政策発表　1993.7.23
細川護熙内閣成立　1993.8.9
自民党が村山首相支持　1994.6.28
村山内閣成立　1994.6.30
村山首相辞意表明　1996.1.5
新党「民主党」結成呼びかけ　1996.9.11
自社さ政策合意　1996.10.31
第2次橋本改造内閣発足　1997.9.11
日朝国交正常化交渉再開で合意　1997.11.12
社民党、閣外協力解消を決定　1998.5.30
新党さきがけ解党　1998.10.20

新党大地
新党が相次いで結成　2005.8.17
「みどりの風」が政党に　2012.12.28

新党日本
新党が相次いで結成　2005.8.17
国民新党と新党日本、衆院で統一会派結成　2005.9.20
新党日本、荒井ら2人離党　2007.7.26
民主党と新党日本、統一会派に正式合意　2007.9.5

新党平和
新党平和、黎明クラブ結党　1998.1.4
公明党復活　1998.11.7

新党友愛
民主党結党大会　1998.4.27

－ 401 －

新日本婦人同盟
新日本婦人同盟結成 　　　　　1945.11.3
新婦人協会
新婦人協会設立 　　　　　　　1920.3.28
新聞・雑誌の取締に関する件
日比谷焼討事件 　　　　　　　1905.9.5
「戒厳令」解除 　　　　　　　1905.11.29
新聞紙条例
「新聞紙条例」改正 　　　　　1883.4.16
改正「新聞紙条例」など公布 　1887.12.29
「新聞紙条例」改正公布 　　　1897.3.24
「新聞紙法」公布 　　　　　　1909.5.6
新聞紙等掲載制限令
「新聞紙等掲載制限令」公布 　1941.1.11
新聞紙法
「新聞紙法」公布 　　　　　　1909.5.6
出版法及び新聞紙法を廃止する法律公布 1949.5.24
新聞出版用紙割当事務庁設置法
新聞出版用紙割当事務庁設置法公布 1948.8.3
新防衛計画大綱
初の国家安全保障戦略を策定 　2013.12.17
進歩党
進歩党設立 　　　　　　　　　1896.3.1
進歩党が内閣督励決議 　　　　1896.11.1
第10回帝国議会召集 　　　　　1896.12.22
進歩党と松方内閣が対立 　　　1897.10.31
尾崎外務参事官ら罷免 　　　　1897.11.5
進歩党が松方内閣と絶縁 　　　1897.12.18
同志会設立 　　　　　　　　　1897.12.21
第3次伊藤内閣成立 　　　　　1898.1.12
遼東半島に関する上奏案否決 　1898.5.30
自由党・進歩党が合同を決議 　1898.6.11
憲政党結党式準備委員会 　　　1898.6.18
自由党・進歩党解党 　　　　　1898.6.21
憲政党の内部対立激化 　　　　1898.10.28
憲政本党設立 　　　　　　　　1898.11.3
民主党結成 　　　　　　　　　1947.3.31
進歩党結成 　　　　　　　　　1987.1.22
新民主連合
新会派「民主連合・民主新党クラブ」結成
へ 　　　　　　　　　　　　　1995.1.16
人民戦線事件
第1次人民戦線事件 　　　　　1937.12.15
第2次人民戦線事件 　　　　　1938.2.1
進民連
野党「消費税廃止関連法」案提出 1990.4.19
新無産政党
新無産政党設立 　　　　　　　1926.11.4
信用金庫法
信用金庫法公布 　　　　　　　1951.6.15

【す】

水産業団体法
「日本証券取引所法」など公布 　1943.3.11

水産庁設置法
水産庁設置法公布 　　　　　　1948.7.1
水質汚濁防止法
公害対策基本法改正案関連法を可決 1970.12.18
水防法
水防法公布 　　　　　　　　　1949.6.4
枢密院
「枢密院官制」公布 　　　　　1888.4.30
枢密院開院式 　　　　　　　　1888.5.8
枢密院第1回会議 　　　　　　1888.5.25
枢密院、憲法などについて上奏 1889.2.5
条約改正反対運動 　　　　　　1889.9.30
伊藤枢密院議長辞表奉呈 　　　1889.10.11
大井枢密院議長就任 　　　　　1889.12.24
大木枢密院議長辞任 　　　　　1891.6.1
条約改正案調査委員会設立 　　1892.4.12
大木枢密院議長就任 　　　　　1892.8.8
伊藤首相、衰竜の袖に隠れる 　1893.12.18
山県枢密院議長辞任 　　　　　1894.12.6
伊藤首相辞任 　　　　　　　　1896.8.31
松方内閣総辞職 　　　　　　　1897.12.28
共和演説事件 　　　　　　　　1898.8.22
西園寺枢密院議長就任 　　　　1900.10.27
伊藤首相辞任 　　　　　　　　1901.5.10
西園寺枢密院議長辞任 　　　　1903.7.13
山県枢密院議長就任 　　　　　1905.12.21
伊藤枢密院議長就任 　　　　　1909.6.14
山県枢密院議長就任 　　　　　1909.11.17
清浦に大命降下 　　　　　　　1914.3.31
清浦枢密院議長就任 　　　　　1922.2.8
枢密院が政府弾劾上奏案可決 　1922.12.29
第2次山本内閣総辞職 　　　　1923.12.27
浜尾枢密院議長就任 　　　　　1924.1.13
「火災保険貸付勅令案」撤回勧告 1924.3.5
「普選法」案決定 　　　　　　1924.12.12
浜尾枢密院議長死去 　　　　　1925.9.25
穂積陳重死去 　　　　　　　　1926.4.8
若槻内閣総辞職 　　　　　　　1927.4.17
「支払猶予令」可決 　　　　　1927.4.22
衆議院が枢密院を弾劾 　　　　1927.5.7
「治安維持法」改正緊急勅令案可決 1928.6.28
枢密院が「パリ不戦条約」可決 1929.6.26
枢密院が「ロンドン海軍軍縮条約」審査開
始 　　　　　　　　　　　　　1930.8.11
倉富枢密院議長辞任 　　　　　1934.5.3
一木枢密院議長辞任 　　　　　1936.3.13
平沼枢密院議長辞任 　　　　　1939.1.5
近衛枢密院議長辞任 　　　　　1940.6.24
枢密院官制
「枢密院官制」公布 　　　　　1888.4.30
平沼枢密院議長辞任 　　　　　1939.1.5
末次 信正
第3次軍縮妥協案了承 　　　　1930.4.1
「臨時内閣参議官制」公布 　　1937.10.15
末広 重恭
自由党設立 　　　　　　　　　1881.10.29
大同倶楽部・大同共和会設立 　1889.5.10

- 402 -

末松 謙澄
伊藤ら新党設立準備　　　　　　　　　1900.7月
菅 義偉
第3次安倍改造内閣発足　　　　　　　　2015.10.7
スカルノ
スカルノ大統領来日　　　　　　　　　1958.1.29
菅原 通済
建国記念日審議会を設置　　　　　　　　1966.7.8
杉 道助
第6次日韓会談を開始　　　　　　　　1961.10.20
杉浦 重剛
『日本人』創刊　　　　　　　　　　　1888.4.3
大成会設立　　　　　　　　　　　　1890.8.21
明治24年度総予算案修正議決　　　　　1891.3.2
杉田 定一
第18回帝国議会召集　　　　　　　　　1903.5.8
松田衆議院議長辞任　　　　　　　　　1906.1.19
杉原 荒太
杉原防衛庁長官辞任　　　　　　　　　1955.7.31
杉村 寛正
新自由党設立　　　　　　　　　　　　1897.2.28
杉山 元
中村陸相辞任　　　　　　　　　　　　1937.2.9
黙れ事件　　　　　　　　　　　　　　1938.3.3
杉山陸相辞任　　　　　　　　　　　　1938.6.3
杉山 秀二
経産省で数千万円の裏金管理　　　　　2005.6.23
杉山 元治郎
労働農民党設立　　　　　　　　　　　1926.3.5
鈴木 永二
第3次行革審発足　　　　　　　　　1990.10.31
鈴木 貫太郎
原枢密院議長死去　　　　　　　　　　1944.8.7
鈴木貫太郎内閣成立　　　　　　　　　1945.4.7
鈴木首相、施政方針演説　　　　　　　1945.6.9
鈴木首相、ポツダム宣言黙殺を表明　　1945.7.28
鈴木内閣総辞職　　　　　　　　　　　1945.8.15
鈴木 喜三郎
鈴木内相が議会中心主義否認　　　　　1928.2.19
鈴木内相の処決其の他に関する決議案提出
　　　　　　　　　　　　　　　　　1928.4.27
中橋内相辞任　　　　　　　　　　　　1932.3.16
鈴木立憲政友会総裁就任　　　　　　　1932.5.20
鈴木立憲政友会総裁辞意表明　　　　　1937.2.17
立憲政友会後継総裁問題　　　　　　　1939.4.12
鈴木 重遠
憲政本党設立　　　　　　　　　　　　1898.11.3
鈴木 善幸
自民党両院議員総会で、鈴木善幸総裁を選
　出　　　　　　　　　　　　　　　1980.7.15
第92回国会召集　　　　　　　　　　1980.7.17
鈴木首相、所信表明演説　　　　　　　1980.10.2
二党党首会談、防衛力整備で合意　　　1980.10.24
鈴木首相、所信表明演説　　　　　　　1981.1.26
鈴木首相、米国・カナダ訪問　　　　　1981.5.4
日米首脳会談で「日米同盟」初めて明記　1981.5.8
鈴木首相、欧州諸国歴訪に出発　　　　1981.6.9

鈴木首相、オタワ・サミットに出発　　1981.7.18
鈴木首相、北方領土を視察　　　　　　1981.9.10
鈴木首相、所信表明演説　　　　　　　1981.9.28
鈴木首相、南北サミット出席　　　　　1981.10.20
鈴木内閣改造　　　　　　　　　　　1981.11.30
昭和59年度まで特例公債依存体質脱却　1982.2.3
中国・趙紫陽首相が来日　　　　　　　1982.5.31
鈴木首相、ヴェルサイユ・サミットに出席　1982.6.4
第2回国連軍縮特別総会　　　　　　　1982.6.9
財政非常事態宣言　　　　　　　　　　1982.9.16
鈴木首相、中国を訪問　　　　　　　　1982.9.26
鈴木首相、退陣を表明　　　　　　　　1982.10.12
自民党総裁候補者決定選挙告示　　　　1982.10.16
鈴木首相、故ブレジネフ書記長の国葬に出
　席　　　　　　　　　　　　　　　1982.11.14
鈴木 善三
自民党臨時大会、佐藤総裁の3選　　　1968.11.27
鈴木 大地
スポーツ庁設置法、成立　　　　　　　2015.5.13
鈴木 文治
友愛会設立　　　　　　　　　　　　　1912.8.1
日本農民組合総同盟設立　　　　　　　1927.3.6
社会大衆党が反軍演説で大量除名　　　1940.3.9
鈴木 宗男
田中外相と野上次官を更迭　　　　　　2002.1.20
田中、鈴木を参考人招致　　　　　　　2002.2.20
鈴木宗男、離党　　　　　　　　　　　2002.3.11
新党が相次いで結成　　　　　　　　　2005.8.17
新党「大地・真民主」を結成　　　　　2011.12.28
鈴木 茂三郎
無産大衆党設立　　　　　　　　　　　1928.7.22
日本社会党が分裂　　　　　　　　　　1950.1.19
日本社会党分裂　　　　　　　　　　1951.10.24
党首会談で国会正常化申合せ　　　　　1956.12.12
自民・社会党首会談　　　　　　　　　1958.4.18
自民・社会党首会談　　　　　　　　　1958.11.22
鈴木 義男
法務庁設置　　　　　　　　　　　　　1948.2.15
スターリン, ヨシフ
松岡外相欧州歴訪　　　　　　　　　　1941.3.12
ヤルタ協定署名　　　　　　　　　　　1945.2.11
対日ポツダム宣言を発表　　　　　　　1945.7.26
周東 英雄
自治庁、保安庁設置　　　　　　　　　1952.8.1
山崎公安委員長・自治相が辞任　　　1960.10.13
スト規制法
スト規制法国会提出　　　　　　　　　1953.2.21
衆院労働委員会スト規制法案を巡り紛糾　1953.7.3
参院、スト規制法案質疑巡り紛糾　　　1953.7.29
スト規制法案中間報告を求める　　　　1953.8.3
スト規制法公布　　　　　　　　　　　1953.8.7
スト権問題
三公社五現業のスト権問題　　　　　　1974.4.10
ストライク, C.
ストライク賠償調査団来日　　　　　　1947.1.28
砂川事件
東京地裁、米軍駐留は違憲なため砂川事件
　被告は無罪と判決　　　　　　　　1959.3.30

すはい　　　　　　　　　　事項名索引　　　　　　　　日本議会政治史事典

スパイ防止法
「スパイ防止法」案継続審議　　　　　　　1985.6.25
スハルト
インドネシア・スハルト大統領来日　　　1968.3.28
スポーツ基本法
スポーツ基本法が成立　　　　　　　　　2011.6.17
スポーツ振興投票法
「サッカーくじ法」成立　　　　　　　　1998.5.12
住吉 徳彦
参院福岡補選、非自民党当選　　　　　　1990.6.10

【せ】

生活関連物資等の買占め及び売惜しみに対する緊急措置に関する法律
生活関連物資の買占売惜しみへの緊急措置
法　　　　　　　　　　　　　　　　　1973.7.6
生活の党
「日本未来の党」が分裂、「生活の党」に党
名変更　　　　　　　　　　　　　　2012.12.27
生活の党新代表に小沢一郎を選出　　　　2013.1.25
生活の党が改称　　　　　　　　　　　2014.12.26
生活の党と山本太郎となかまたち
生活の党が改称　　　　　　　　　　　2014.12.26
「生活の党」共同代表制に　　　　　　　2015.1.26
生活必需品に関する暴利取締りの件
「支払猶予令」など公布　　　　　　　　1923.9.7
生活必需物資統制令
「生活必需物資統制令」公布　　　　　　1941.4.1
税関官制
「税関官制」公布　　　　　　　　　　　1886.3.26
請願規則
「請願規則」制定　　　　　　　　　　　1882.12.12
請願法
「請願法」公布　　　　　　　　　　　　1890.10.10
請願法公布　　　　　　　　　　　　　1947.3.13
請願令
「請願令」公布　　　　　　　　　　　　1917.4.5
星議長暗殺
星暗殺　　　　　　　　　　　　　　　1901.6.21
政教社同人
『日本人』創刊　　　　　　　　　　　　1888.4.3
政交倶楽部
政交倶楽部設立　　　　　　　　　　　1905.12.29
猶興会設立　　　　　　　　　　　　　1906.12.25
正交倶楽部
正交倶楽部と改称　　　　　　　　　　1919.3.20
生産増強勤労緊急対策要綱
生産増強勤労緊急対策要綱決定　　　　　1943.1.20
政治改革協議会
政治改革挫折　　　　　　　　　　　　1991.10.4
政治改革大綱
自民党「政治改革大綱」決定　　　　　　1989.5.19

政治改革に関する有識者会議
賢人会議発足　　　　　　　　　　　　1989.1.27
政治改革法
日本新党・新党さきがけが基本政策発表　1993.7.23
政治資金規正法
政治資金規制法公布　　　　　　　　　1948.7.29
三木首相、野党党首と個別会談　　　　　1975.3.29
公選法、政治資金改正法が成立　　　　　1975.7.15
「政治改革関連法」案決定　　　　　　　1991.7.10
「政治改革関連3法」案廃案　　　　　　1991.9.30
政治改革挫折　　　　　　　　　　　　1991.10.4
金丸自民党元副総裁議員辞職　　　　　1992.10.14
自民党「政治改革関連4法」案党議決定　1993.3.31
第128回国会召集　　　　　　　　　　　1993.9.17
「政治改革関連4法」案決定　　　　　　1993.9.17
社会党、「政治改革関連4法」案成立めざす
　　　　　　　　　　　　　　　　　1993.9.25
衆議院「政治改革関連法」案可決　　　　1993.11.16
「政治改革関連4法」案否決　　　　　　1994.1.21
「政治改革関連4法」案で両院協議会設置　1994.1.26
「政治改革関連4法」案可決　　　　　　1994.1.29
第129回国会召集　　　　　　　　　　　1994.1.31
「政治改革関連4法」改正案を可決　　　1994.3.1
政治改革関連3法案可決　　　　　　　1994.11.21
改正政治資金規正法が成立　　　　　　2007.6.29
改正政治資金規正法が成立　　　　　　2007.12.21
日歯連事前会長ら逮捕　　　　　　　　2015.9.30
政治浄化特別措置法
政治臨調が提言　　　　　　　　　　　1993.4.17
政治的行為に対する人事院規則
政治的行為に関する人事院規則制定　　　1949.9.19
政治的公民的及び宗教的自由に対する制限の撤廃に関する覚書
政治・宗教の自由の制限撤廃　　　　　1945.10.4
政治犯人等の資格回復に関する件
政治犯の資格回復　　　　　　　　　1945.12.29
政治倫理協議会
衆議院で政治倫理協議会発足　　　　　　1984.2.6
政治倫理綱領
「政治倫理審査会規程案」議決　　　　　1985.6.25
政治倫理審査会
「政治倫理審査会規程案」議決　　　　　1985.6.25
設置以来初の政治倫理審査会　　　　　1996.9.25
政治倫理審査会規程案
「政治倫理審査会規程案」議決　　　　　1985.6.25
精神衛生法
精神衛生法公布　　　　　　　　　　　1950.5.1
税制改革協議会
税制改革協議会発足　　　　　　　　　1987.5.25
税制改革法
第108回国会召集　　　　　　　　　　1986.12.29
税制改革関連6法案提出　　　　　　　1988.7.29
税制改革関連6法案可決　　　　　　　1994.11.25
税制改革要綱
税制改革要綱閣議決定　　　　　　　　1988.6.28
税制再改革基本法
第116回国会召集　　　　　　　　　　1989.9.28

－ 404 －

消費税廃止関連9法案、参院可決 1989.12.11
野党「消費税廃止関連法」案提出 1990.4.19
税制調査会
税制調査会、税制の簡素化などを答申 1968.7.30
税制特例法
被災者支援、初の法成立 2011.4.27
復興特区法、被災者軽減税法が成立 2011.12.7
税制抜本改革大綱
「税制抜本改革大綱」決定 1988.6.14
税制問題等調査特別委員会
税制問題等調査特別委員会設置 1990.5.17
税制問題等特別委員会
税制問題等特別委員会設置 1988.9.9
税制問題等に関する両院合同協議会
税制問題等に関する両院合同協議会設置 1990.6.26
聖戦貫徹議員連盟
聖戦貫徹議員連盟設立 1940.3.25
製鉄業奨励法
「製鉄業奨励法」公布 1917.7.25
製鉄事業法
「製鉄事業法」公布 1937.8.13
『青鞜』
青鞜社設立 1911.6.1
政党解消連盟
松岡衆議院議員辞任 1933.12.8
青鞜社
青鞜社設立 1911.6.1
政党助成法
「政治改革関連法」案決定 1991.7.10
「政治改革関連3法」案廃案 1991.9.30
政治改革挫折 1991.10.4
自民党「政治改革関連4法」案党議決定 1993.3.31
第128回国会召集 1993.9.17
「政治改革関連4法」案決定 1993.9.17
社会党、「政治改革関連4法」案成立めざす 1993.9.25
衆議院「政治改革関連法」案可決 1993.11.16
「政治改革関連4法」案否決 1994.1.21
「政治改革関連4法」案で両院協議会設置 1994.1.26
「政治改革関連4法」案可決 1994.1.29
第129回国会召集 1994.1.31
「政治改革関連4法」改正案を可決 1994.3.1
政治改革関連3法案可決 1994.11.21
第1回政党交付金支給 1995.7.20
制度取調局
制度取調局設置 1884.3.17
済南事件解決に関する文書
「済南事件解決に関する文書」調印 1929.3.28
青年学校教員養成所令
「青年学校令」など公布 1935.4.1
青年学校令
「青年学校令」など公布 1935.4.1
政府職員の新給与実施に関する法律
政府職員の新給与実施に関する法律 1948.5.18
政府所有米穀特別処理法
「臨時米穀移入調節法」など公布 1934.3.29

政府税制調査会
政府税調、税制の抜本的改革案を答申 1986.12.23
税制改革素案決定 1988.3.25
政府税調、中間答申 1988.4.28
本間政府税調会長が辞任 2006.12.21
政府弾劾上奏案
遼東半島に関する上奏案否決 1898.5.30
政友会
日本自由党結成 1945.11.9
日本進歩党結成 1945.11.16
政友倶楽部
政友倶楽部設立 1903.5.8
立憲政友会分裂 1913.2.23
軍部大臣現役武官制改正を表明 1913.2.27
亦政会設立 1913.12.19
政友本党
新政倶楽部設立 1924.1.20
護憲三派同盟成立 1924.1.29
内閣総辞職却下 1925.8.2
政友本党・立憲政友会が提携 1925.12.5
立憲政友会・政友本党提携 1926.12.14
若槻内閣不信任決議案提出 1927.1.20
3党首会談で政争中止申し合わせ 1927.1.20
憲本連盟 1927.2.25
衆議院正副議長が引責辞任 1927.3.25
立憲民政党設立 1927.6.1
政友有志会
政友有志会結社禁止 1895.6.19
政令諮問委員会
政令諮問委員会初会合 1951.5.14
世界商業通信衛星組織
世界商業通信衛星組織に暫定協定 1964.8.20
世界情勢の推移に伴う時局処理要綱
世界情勢の推移に伴う時局処理要綱 1940.7.27
世界貿易機関
中国で日中首脳会談 1999.7.9
関 直彦
第29回帝国議会召集 1912.8.21
石炭対策関係閣僚会議
石炭対策関係閣僚会議を設置 1961.10.3
石炭配給統制法
「国民体力法」など公布 1940.4.8
関谷 勝利
造船疑獄で2議員逮捕許諾要求 1954.4.7
石油業法
「石油業法」公布 1934.3.28
石油需給適正化法
石油2法が成立 1973.12.21
石油需給の緊急事態宣言を解除 1974.8.31
石油消費税法
増税諸法案提出 1908.1.21
世耕 弘一
岸内閣改造 1959.1.12
瀬戸山 三男
中部圏開発整備本部を設置 1966.7.1
福田法相が辞任 1977.10.5

全アジア反共青年連盟
浅沼稲次郎社会党委員長、刺殺される　1960.10.12
船員保険法
「船員保険法」公布　1939.4.6
医療保険制度改革関連法成立　1997.6.16
尖閣諸島
中国政府の尖閣列島油田調査許可に抗議　1970.8.10
尖閣諸島を国有化　2012.9.11
選挙延期特例法
震災被災地選挙延期法、成立　2011.5.20
選挙区画定審議会
衆院選、初の無効判決　2013.3.25
小選挙区の区割り改訂案勧告　2013.3.28
選挙粛正委員会
第19回衆議院選挙　1936.2.20
選挙粛正委員会令
「選挙粛正委員会令」公布　1935.5.8
選挙粛正中央連盟
「選挙粛正委員会令」公布　1935.5.8
選挙制度審議会
選挙制度審第1次答申　1990.4.26
選挙制度審第2次答申　1990.7.31
選挙制度審議会答申　1991.6.25
選挙制度調査会
議会制度革正に関する決議案など可決　1936.5.23
議会制度審議会設置　1938.6.10
選挙法改正期成全国各市連合会
選挙法改正期成全国各市連合会設立　1899.11.21
選挙法改正期成同盟会
選挙法改正期成同盟会設立　1899.1.9
仙谷 由人
行政刷新相に枝野就任　2010.2.10
菅第2次改造内閣が発足　2011.1.14
千石 興太郎
農林省・商工省設置　1945.8.26
全国サラリーマン同盟
全国サラリーマン同盟が結成　1983.5.8
全国新聞記者大会
全国新聞記者大会　1918.9.2
全国大衆党
全国大衆党設立　1930.7.20
全国労農大衆党設立　1931.7.5
全国農業協同組合中央会
農協改革関連法成立　2015.8.28
全国普選期成連合会
全国普選期成連合会設立　1920.1.31
全国普選断行同盟
全国普選断行同盟設立　1921.11.12
全国民衆党
社会民衆党分裂　1929.12.10
全国民衆党設立　1930.1.15
全国大衆党設立　1930.7.20
全国有志大懇親会
全国有志大懇親会　1887.10.4
全国労農大衆党
全国労農大衆党設立　1931.7.5

社会大衆党設立　1932.7.24
『戦後日本の移り変り』
単独講和締結の見解発表　1950.6.1
戦時海運管理令
「戦時海運管理令」公布　1942.3.25
戦時官吏服務令
「戦時官吏服務令」など公布　1944.1.4
戦時教育令
戦時教育令公布　1945.5.22
戦時行政職権特例
「戦時行政特例法」など公布　1943.3.18
戦時行政特例法
「戦時行政特例法」など公布　1943.3.18
戦時緊急措置委員会
戦時緊急措置委員会設置　1945.6.29
戦時緊急措置法廃止法
国家総動員法廃止　1945.12.20
戦時金融金庫法
「戦時金融金庫法」など公布　1942.2.20
戦時刑事特別法
「戦時民事特別法」・「戦時刑事特別法」な
ど公布　1942.2.24
戦時災害保護法
「国民医療法」など公布　1942.2.25
戦時特殊損害保険法
「戦時特殊損害保険法」公布　1944.2.15
戦時犯罪処罰の特例に関する法律
「戦時犯罪処罰の特例に関する法律」など
公布　1941.12.19
戦時民事特別法
「戦時民事特別法」・「戦時刑事特別法」な
ど公布　1942.2.24
戦争放棄に関する条約
「パリ不戦条約」調印　1928.8.27
戦争保険臨時措置法
「戦時特殊損害保険法」公布　1944.2.15
全日本学生自治会総連合
安保改定阻止国民会議統一行動　1960.6.15
全日本無産青年同盟
労働農民党など結社禁止　1928.4.10
全日本労働総同盟
銃後三大運動　1937.10.17
専売特許条例
「専売特許条例」制定　1885.4.18
船舶保護法
「船舶保護法」公布　1941.3.17
戦没者等の妻に対する特別給付金支援法
中小企業近代化促進法などを公布　1963.3.30
占領目的阻害行為処罰令
占領目的阻害行為処罰令公布　1950.10.31
戦力増強企業整備要綱
戦力増強企業整備要綱決定　1943.6.1

【そ】

創価学会
公明党を結成　1964.11.17
公明党と創価学会を完全分離　1970.5.3
共産党・創価学会、不干渉協定　1975.7.27

臓器移植法
「臓器移植法」成立　1997.6.17
改正臓器移植法「脳死は人の死」が成立　2009.7.13

送金指示メール
民主党、「送金指示メール」騒動　2006.2.16

総合安全保障関係閣僚会議
総合安全保障関係閣僚会議設置を決定　1980.12.2

総合エネルギー対策閣僚会議
総合エネルギー対策閣僚会議設置　1975.4.15
総合エネルギー政策の基本方向を決定　1975.12.19

総合海洋政策本部
初代海洋相に冬柴国交相　2007.7.3

倉庫業法
「倉庫業法」公布　1935.4.6

増税諸法
増税諸法案成立　1901.3.16

増税大綱
増税大綱を閣議決定　2012.2.17

造船疑獄事件
汚職容疑議員の逮捕許諾請求を期限付きで
　許諾　1954.2.23
造船疑獄で2議員逮捕許諾要求　1954.4.7
造船疑獄で議員逮捕許諾要求　1954.4.10
造船疑獄事件で逮捕許諾要求　1954.4.16
犬養法相が指揮権を発動　1954.4.21

造船事業法
「映画法」など公布　1939.4.5

相続税法
「臨時事件費支弁に関する法律」など修正
　議決　1904.12.17

総動員物資使用収用令
「総動員物資使用収用令」公布　1939.12.16

曽禰 荒助
第3回帝国議会召集　1892.5.2
第1次桂内閣成立　1901.6.2
北清事変賠償金財政問題　1901.12.26
「地租増徴案」妥協案提示　1902.12.25
地租増徴継続断念　1903.1.2

曽弥 益
民主社会党結党大会　1960.1.24

総評
安保改定阻止国民会議結成　1959.3.28
安保条約廃棄宣言全国統一行動　1970.6.24
小選挙区制反対の全国統一行動　1973.5.15
社会党「新宣言」を採択　1986.1.22

造幣局官制
「会計検査院官制」など公布　1886.4.17

総務庁
オフレコ発言で江藤総務庁長官辞任　1995.11.8

総務庁設置法
国家行政組織法改正案　1983.10.11

総力戦研究所
総力戦研究所設置　1940.10.1

副島 種臣
品川内相辞任　1892.3.11

組織的犯罪処罰法 → 組織的犯罪の処罰及び犯罪収
　益の規制等に関する法律を見よ

組織的犯罪対策法
「組織的犯罪対策法」を閣議決定　1998.3.13

**組織的犯罪の処罰及び犯罪収益の規制等に関す
る法律**
組織犯罪対策3法成立　1999.8.12

租税特別措置法
租税特措法が2か月延長、道路特定財源は
　期限切れ　2008.3.31

ソ日漁業暫定協定
ソ日漁業暫定協定に調印　1977.8.4
日ソ・ソ日両漁業暫定協定の1年延長　1977.12.16

園田 直
第51回国会召集　1965.12.20
第55回国会召集　1967.2.15
園田官房長官、首相特使として訪ソ　1977.4.5
初の国連軍縮特別総会が開会　1978.5.23
国際人権規約に調印　1978.5.30
日中平和友好条約に調印　1978.8.15
園田前外相、特使として中近東訪問　1980.2.19
斉藤厚相が辞任　1980.9.19

園田 博之
太陽の党解散　2015.5.1
次世代の党、中山党首選出　2015.8.28

ソマレ, マイケル
中曽根首相、オセアニア4ヵ国歴訪　1985.1.13

ゾルゲ, リヒャルト
ゾルゲ事件　1941.10.15

ソ連未帰還者引揚げ
ソ連未帰還者の引揚げに関する協定　1946.12.18

孫 平化
田中首相の訪中を招請　1972.7.22
田中首相、訪中招請を受諾　1972.8.15

【た】

対外経済協力基金
衆院対フィリピン援助特委、マルコス疑惑
　の実態解明を要求　1986.4.23

対外経済対策
対外経済対策を決定　1985.4.9

対外硬同志会
対外硬同志会設立　1903.7.26

大学運営に関する臨時措置法
大学運営に関する臨時措置法を公布　1969.8.7

大学独立問題
大学独立問題　　1905.12.2
大学令
「大学令」・「高等学校令」公布　　1918.12.6
大韓航空機事件
大韓航空機事件で対ソ制裁措置　　1983.9.9
大逆事件
大逆事件　　1910.5.25
大勲位菊花章頸飾等各種勲章製式の件
「大勲位菊花章頸飾等各種勲章製式の件」
　公布　　1888.1.4
代言人規則
「弁護士法」公布　　1893.3.4
『大綱領』
岩倉意見書　　1881.7.6
対支政策要綱
東方会議　　1927.6.27
大赦令
明治天皇大喪の儀　　1912.9.13
大正天皇大喪儀　　1927.2.7
国連加盟で大赦令　　1956.12.19
大正天皇
大正天皇即位大礼　　1915.11.10
3党首会談で政争中止申し合わせ　　1927.1.20
大正天皇大喪儀　　1927.2.7
退職積立金及退職手当法
「退職積立金及退職手当法」公布　　1936.6.3
対人地雷全面禁止条約
対人地雷禁止条約批准　　1998.9.30
大成会
大成会設立　　1890.8.21
第1回帝国議会召集　　1890.11.25
中央交渉部設立　　1892.4.27
大政翼賛会
新体制準備会第1回総会　　1940.8.28
大政翼賛会綱領など決定　　1940.9.27
大政翼賛会発会式　　1940.10.12
衆議院議員倶楽部設立　　1940.12.20
大政翼賛会事務の内閣所管決定　　1940.12.20
大政翼賛会の性格論争　　1941.1.24
大政翼賛会が公事結社であると言明　　1941.2.8
翼賛議員同盟設立　　1941.9.2
翼賛政治体制協議会設立　　1942.2.23
大政翼賛会の機能刷新に関する件　　1942.5.15
安藤大政翼賛会副総裁入閣　　1942.6.9
部落会などに大政翼賛会世話役設置　　1942.8.14
翼賛政治会・大政翼賛会一元化反対　　1943.2.8
興亜運動一元化　　1943.5.26
代替財源関連法
消費税廃止関連9法案、参院可決　　1989.12.11
大地・真民主
新党「大地・真民主」を結成　　2011.12.28
対中国政策審議会
東方会議　　1927.6.27
大東亜会議
大東亜会議開催　　1943.11.5

大東亜共同宣言
大東亜会議開催　　1943.11.5
大東亜建設審議会
大東亜建設審議会設置　　1942.2.21
大東亜省
東郷外相辞任　　1942.9.1
大東亜省設置　　1942.11.1
大東亜政略指導大綱
大東亜政略指導大綱決定　　1943.5.31
大同共和会
大同倶楽部・大同共和会設立　　1889.5.10
自由党設立　　1889.12.19
大同倶楽部
大同倶楽部・大同共和会設立　　1889.5.10
庚寅倶楽部設立決定　　1890.5.14
民党各派解散　　1890.8.4
立憲自由党設立決定　　1890.8.25
大同倶楽部設立　　1905.12.23
各派連合幹事会　　1908.7.1
中央倶楽部設立　　1910.3.1
第2憲政擁護会
第2次憲政擁護運動　　1924.1.7
対日講和会議
対日講和会議開催　　1951.9.4
対日実情調査委員会
結社の自由に関する調査調停委員会設置　　1964.5.12
大日本育英会法
「大日本育英会法」公布　　1944.2.17
大日本協会
大日本協会設立　　1893.10.1
大日本言論報国会
大日本言論報国会設立　　1942.12.23
大日本航空株式会社法
「米穀配給統制法」など公布　　1939.4.12
大日本政治会
大日本政治会結成　　1945.3.30
大日本政治会解消　　1945.9.14
日本進歩党結成　　1945.11.16
大日本製糖会社
日本製糖汚職事件　　1909.4.11
大日本青年党
大日本青年党設立　　1936.10.17
大日本大朝鮮両国盟約
「大日本大朝鮮両国盟約」調印　　1894.8.26
大日本帝国及「ソヴィエト」社会主義共和国連邦間中立条約
「日ソ中立条約」調印　　1941.4.13
大日本帝国国民服令
「大日本帝国国民服令」公布　　1940.11.2
大日本翼賛壮年団
大日本翼賛壮年団設立　　1942.1.16
大日本帝国憲法 → 憲法を見よ
対米英戦共同遂行・単独不講和及び新秩序建設に関する日独伊三国協定
「対米英戦共同遂行・単独不講和及び新秩序建設に関する日独伊三国協定」調印　　1941.12.11

― 408 ―

太平洋方面における島嶼たる属地及び島嶼たる領地に関する四ヵ国条約

「四ヵ国条約」調印	1921.12.13

大本営政府連絡会議

「大本営令」公示	1937.11.18
世界情勢の推移に伴う時局処理要綱	1940.7.27
ハル・ノート提示	1941.11.26
今後執るべき戦争指導の大綱決定	1942.3.7
最高戦争指導会議設置	1944.8.5

大本営令

「大本営令」公示	1937.11.18

大麻取締法

大麻取締法公布	1948.7.10

対満事務局

対満事務局設置	1934.12.26
大東亜省設置	1942.11.1

太陽党

羽田元首相、新進党離党	1996.12.16
民政党結党大会	1998.1.23

太陽の党

「太陽の党」結成	2012.11.13
日本維新の会に太陽の党が合流	2012.11.17
太陽の党解散	2015.5.1

平良 辰雄

沖縄社会大衆党結成	1950.10.31
沖縄群島政府発足	1950.11.4

対露同志会

対外硬同志会設立	1903.7.26

台湾銀行

「日本銀行非常貸出補償令案」決定	1927.4.13

台湾事務局

拓殖務省廃止	1897.9.2

台湾に施行すべき法令に関する法律

「台湾に施行すべき法令に関する法律」公布	1896.3.31

台湾の金融機関に対する資金融通に関する法律

「日本銀行特別融通及損失補償法」など公布	1927.5.9

高石 邦男

リクルート社前会長ほか2名証人喚問	1988.11.21
リクルート事件で高石前文部事務次官逮捕	1989.3.28

高市 早苗

自民党三役に女性2人を起用	2012.12.25

高木 冨代

婦人参政権獲得同盟設立	1923.2.2

高木 幹正

日歯連前会長ら逮捕	2015.9.30

多額納税者

第1回貴族院多額納税者議員選挙	1890.6.10
第2回貴族院多額納税者議員選挙	1897.6.10
第3回貴族院多額納税者議員選挙	1904.6.10
第4回貴族院多額納税者議員選挙	1911.6.10
第5回貴族院多額納税者議員選挙	1918.6.10
第6回貴族院多額納税者議員選挙	1925.9.10
第7回貴族院多額納税者議員選挙	1932.9.10
第8回貴族院多額納税者議員選挙	1939.9.10

高碕 達之助

バンドン会議開催	1955.4.18
岸内閣改造	1959.1.12

高島 鞆之助

松方首相辞表奉呈	1892.7.30
拓殖務省設置	1896.4.1

高瀬 荘太郎

天野貞祐文部大臣就任	1950.5.6

高田事件

高田事件	1883.3.20

高辻 正己

リクルート問題で中曽根前首相証人喚問	1989.5.25

高野 岩三郎

日本大衆党設立	1928.12.20
全国民衆党設立	1930.1.15
憲法研究会が草案を政府に提出	1945.12.27

高橋 是清

原内閣成立	1918.9.29
原敬暗殺	1921.11.4
高橋内閣成立	1921.11.13
高橋立憲政友会総裁就任	1921.11.16
高橋首相、施政方針演説	1922.1.21
一蓮托生を否認	1922.3.2
高橋内閣不信任決議案否決	1922.3.16
内閣改造をめぐり立憲政友会が分裂	1922.5.2
高橋首相辞表奉呈	1922.6.6
第2次憲政擁護運動	1924.1.7
護憲三派連盟結成	1924.1.18
立憲政友会・政友会提携	1924.2.12
高橋貴族院議員辞職	1924.3.8
加藤内閣成立	1924.6.11
農林省・商工省設置	1925.4.1
高橋が引退表明	1925.4.4
田中内閣成立	1927.4.20
高橋蔵相辞任	1927.6.2
犬養内閣成立	1931.12.13
犬養内閣総辞職	1932.5.16
斎藤首相、施政方針演説	1932.6.3
荒木陸相が国策提言	1933.9.9
藤井蔵相辞任	1934.11.27
二・二六事件	1936.2.26

高橋 作衛

七博士意見書	1903.6.24

高橋 千代

婦人参政権獲得同盟設立	1923.2.2

高原 須美子

第1次海部内閣発足	1989.8.10

高平 小五郎

米国大統領に講和斡旋依頼	1905.6.1
ポーツマス会議	1905.8.10

高松汚職事件

高松汚職事件	1915.6.28
大浦内相辞表提出	1915.7.29

田上 穣治

憲法9条の解釈で参考人聴取	1952.3.14

多賀谷 直稔

社会党大会	1977.12.13

財部 彪
「ロンドン海軍軍縮条約」批准	1930.10.2

田川 誠一
新自由クラブ、新代表に田川誠一	1979.11.26
第2次中曽根康弘内閣が成立	1983.12.27
新自由クラブ、解党を決議	1986.8.12
進歩党結成	1987.1.22

田川 大吉郎
憲政会が尾崎・田川を除名	1921.2.3
尾崎不敬事件	1942.4.24

兌換銀行券条例
「兌換銀行券条例」制定	1884.5.26

滝 実
新党日本、荒井ら2人離党	2007.7.26
田中法相が辞任	2012.10.23

滝川 幸辰
滝川事件	1933.5.26

拓殖局
拓殖局設置	1910.6.22

拓殖局官制
拓殖局設置	1910.6.22

拓殖省
田中首相、施政方針演説	1929.1.22

拓殖務省
拓殖務省設置	1896.4.1
拓殖務省廃止	1897.9.2

田口 卯吉
日本同志懇親会開催	1883.2.2
帝国財政革新会設立	1894.3.24

宅地地価修正法
「地租条例」改正など公布	1910.3.25

拓務省
拓務省設置	1929.6.10
在満機構改革問題	1934.8.6
大東亜省設置	1942.11.1

ダグラス・グラマン事件
ダグラス・グラマン事件	1979.1.4
ダグラス・グラマン事件の捜査終結	1979.5.15

竹入 義勝
公明党大会を開催	1967.2.13
竹入公明党委員長、暴漢に刺される	1971.9.21
福田首相・5党首個別会談	1977.12.15
予算修正問題	1979.3.1
公明党、自民党との連合については当面静観	1984.4.26

竹下 登
仮谷忠雄建設相が死去	1976.1.15
大来外相・竹下蔵相らサミットに出席	1980.6.20
第2次中曽根第1次改造内閣成立	1984.11.1
第2次中曽根内閣第2次改造内閣	1985.12.28
自民党次期総裁に竹下指名	1987.10.20
自民党総裁に竹下選出	1987.10.31
竹下内閣発足	1987.11.6
第111回国会召集	1987.11.27
竹下首相、日本・ASEAN首脳会議に出席	1987.12.15
竹下首相、米・加訪問	1988.1.12

第112回国会（常会）開会式	1988.1.25
竹下首相、韓国大統領就任式に出席	1988.2.24
竹下首相「6つの懸念」を表明	1988.3.10
竹下首相、西欧4ヵ国歴訪	1988.4.29
奥野国土庁長官更迭	1988.5.13
竹下首相、国連軍縮特別総会に出席	1988.5.30
竹下首相、トロント・サミットに出席	1988.6.16
竹下首相訪豪	1988.7.1
リクルート事件政治問題化	1988.7.5
竹下首相・宮沢蔵相、元秘書らのリクルート問題関与を認める	1988.8.4
竹下首相訪中	1988.8.25
竹下首相、ソウル五輪開会式に出席	1988.9.16
リクルート問題で宮沢蔵相辞任	1988.12.9
竹下改造内閣発足	1988.12.27
竹下首相、訪米	1989.1.31
竹下首相施政方針演説	1989.2.10
竹下首相、北朝鮮との関係改善を提唱	1989.3.30
リクルート社による竹下首相のパーティ券購入が判明	1989.3.30
リクルート問題で竹下首相釈明	1989.4.11
李鵬首相初来日	1989.4.12
竹下首相、退陣表明	1989.4.25
竹下首相、ASEAN諸国訪問	1989.4.29
国連環境開発会議開幕	1992.6.3
竹下元首相を証人喚問	1992.11.26
竹下元首相・小沢自民党幹事長、証人喚問	1993.2.17

竹島
竹島を日本領と言明	1953.3.5
竹島問題の国際司法裁判所付託を提案	1954.9.25
民主党・土肥議員が離党	2011.3.15

竹田 儀一
地方財政委員会設置	1948.1.7

武富 時敏
戦時増税で妥協案成立	1904.12.9

竹中 平蔵
小泉改造内閣が発足	2002.9.30
小泉改造内閣が発足	2003.9.22
閣僚の公的年金保険料納付問題	2004.4.23
小泉改造内閣が発足	2004.9.27
竹中平蔵が参院議員を辞職	2006.9.28

竹内 綱
自由党設立	1881.10.29

武部 勤
民主党、「送金指示メール」騒動	2006.2.16

建部 遯吾
ポーツマス条約批准拒否を上奏	1905.9.21

武村 正義
「新党さきがけ」旗揚げ	1993.6.21
日本新党・新党さきがけが基本政策発表	1993.7.23
細川護煕内閣成立	1993.8.9
村山内閣成立	1994.6.30
村山改造内閣発足	1995.8.8
村山首相辞意表明	1996.1.5
住専問題で議員の参考人質疑始まる	1996.2.15
社民党、閣外協力解消を決定	1998.5.30

日本議会政治史事典　　　　　　事項名索引　　　　　　　たなか

田子 一民
衆議院正副議長辞任	1941.12.22
第79回帝国議会召集	1941.12.24
広川農林大臣罷免	1953.3.3

多国籍軍
小泉首相、自衛隊の多国籍軍参加を表明	2004.6.8
自衛隊多国籍軍参加を閣議決定	2004.6.18

田沢 吉郎
瓦防衛庁長官辞任	1988.8.24

太政官
統計院設置	1881.5.30
参事院設置	1881.10.21
「官吏恩給令」制定	1884.1.4
内閣制度創設	1885.12.22

たちあがれ日本
「たちあがれ日本」結党	2010.4.10
菅第2次改造内閣が発足	2011.1.14
衆院で菅内閣不信任案を否決	2011.6.2
「太陽の党」結成	2012.11.13

橘 宗一
甘粕事件	1923.9.16

立花 隆
田中首相の金脈問題で質疑	1974.10.22

竜野 周一郎
政友倶楽部設立	1903.5.8

田中 伊三次
憲法9条の解釈で参考人聴取	1952.3.14
第45回国会召集	1963.12.4

田中 角栄
自民党臨時大会、佐藤総裁の3選	1968.11.27
第3次佐藤内閣第1次改造	1971.7.5
「日本列島改造論」を発表	1972.6.11
自民党大会で、田中角栄総裁を選出	1972.7.5
第69回国会召集	1972.7.6
第1次田中内閣が成立	1972.7.7
田中首相、所信表明演説	1972.7.12
田中首相の訪中を招請	1972.7.22
田中首相、訪中の招請を受諾	1972.8.15
田中首相、日米首脳会談のため渡米	1972.8.31
日中国交正常化	1972.9.29
田中首相、所信表明演説	1972.10.28
田中首相、所信表明演説	1973.1.27
田中首相、公職選挙法の今国会で改正を表明	1973.4.10
公職選挙法改正案の提出を断念	1973.6.16
田中首相、日米首脳会談のため訪米	1973.7.29
田中首相、欧州ソ連訪問	1973.9.26
田中首相、東南アジア5か国訪問	1974.1.7
田中首相、所信表明演説	1974.1.12
田中首相、国旗国歌の法制化を発言	1974.7.12
三木副総理、首相の政治姿勢批判し辞任	1974.7.12
田中首相、4か国訪問	1974.9.12
田中首相の金脈問題で質疑	1974.10.22
田中首相、3か国訪問	1974.10.28
フォード米国大統領が来日	1974.11.18
自民党、三木武夫総裁を選出	1974.12.4
ロッキード事件で逮捕者	1976.6.22
東京地裁、ロッキード事件論告求刑	1983.1.26

田中議員辞職勧告決議案	1983.2.9
田中元首相に実刑判決	1983.10.12
中曽根政権継続を了承	1983.12.23
自民党副総裁に田中派の二階堂を指名	1984.4.11
ロッキード事件、田中元首相ら控訴審判決	1987.7.29
田中角栄元首相死去	1993.12.16

田中 一昭
道路公団民営化の枠組み決まる	2003.12.22

田中 義一
第2次山本内閣成立	1923.9.2
高橋が引退表明	1925.4.4
三派合同覚書	1925.5.5
陸軍機密費横領問題	1926.1.14
立憲政友会・政友本党提携	1926.12.14
3党首会談で政争中止申し合わせ	1927.1.20
立憲政友会が総裁公選制導入	1927.3.28
若槻内閣総辞職	1927.4.17
田中内閣成立	1927.4.20
内政外交施政方針発表	1927.4.22
衆議院が施政方針演説を要求	1927.5.5
東方会議	1927.6.27
地租委譲延期	1927.11.10
田中首相、施政方針演説	1928.1.21
衆議院解散	1928.1.21
田中首相、施政方針演説	1928.4.25
田中内閣不信任決議案提出	1928.4.27
鈴木内相の処決其の他に関する決議案提出	1928.4.27
水野文相優諚問題	1928.5.22
田中首相、施政方針演説	1929.1.22
「人民の名に於て」問題	1929.1.23
田中内閣不信任決議案否決	1929.2.10
田中首相の措置に関する決議案可決	1929.2.22
拓務省設置	1929.6.10
「パリ不戦条約」問題で内閣辞職要求	1929.6.22
田中内閣総辞職	1929.7.2

田中 慶秋
田中法相が辞任	2012.10.23

田中 耕太郎
第1次吉田内閣成立	1946.5.22

田中 俊一
原子力規制委員会が発足	2012.9.19

田中 正造
足尾銅山に関する質問書提出	1891.12.18
田中が足尾鉱毒事件について直訴	1901.12.10

田中 善立
軍部大臣武官制撤廃を主張	1919.3.25

田中 沢二
農地制度改革同盟・立憲養成会解散命令	1942.3.17

田中 龍夫
鈴木内閣改造	1981.11.30

田中 直紀
国交相と防衛相の問責可決	2012.4.20
野田再改造内閣発足	2012.6.4

田中 不二麿
青木外相ら辞任	1891.5.29

－ 411 －

田中 真紀子
村山内閣成立	1994.6.30
日中外相会談	2001.5.24
田中外相が米国務長官と会談	2001.6.18
田中外相と野上次官を更迭	2002.1.20
内閣支持率が急落	2002.2月
田中、鈴木を参考人招致	2002.2.20
田中元外相党員資格停止、のちに辞職	2002.6.20
野田第3次改造内閣が発足	2012.10.1

田中 光顕
勅語奉答文事件	1903.12.10

田中 康夫
新党が相次いで結成	2005.8.17
新党日本、荒井らと2人離党	2007.7.26
民主党と新党日本、統一会派に正式合意	2007.9.5

田中 隆三
小橋文相辞任	1929.11.29

田中 六助
鈴木内閣改造	1981.11.30
自民党役員を決定	1983.12.26

田名部 匡省
住専問題で議員の参考人質疑始まる	1996.2.15

田辺 誠
社会党委員長選挙	1983.8.1
北朝鮮との国交樹立提案	1990.9.24
社会党新委員長に田辺誠	1991.7.23
社会党、党改革案修正	1991.7.30
社会党政権再編に意気込み	1991.12.19
社会党議員、また政治資金疑惑	1992.3.17
社会党委員長電撃辞意	1992.12.24

谷 干城
第1次伊藤内閣成立	1885.12.22
地租増徴期成同盟会設立	1898.12.15

谷 正之
東郷外相辞任	1942.9.1

谷岡 郁子
新会派「みどりの風」結成	2012.7.24
「みどりの風」が政党に	2012.12.28
みどりの風、代表発表	2013.1.28

谷垣 禎一
閣僚の公的年金保険料納付問題	2004.4.23
小泉改造内閣が発足	2004.9.27
自民党新総裁に安部晋三選出	2006.9.20
自民党人事、四役体制に	2007.9.24
自民党総裁に谷垣禎一	2009.9.28
自民党大会が開催	2010.1.24
自民党大会で政権奪取を表明	2011.1.23
菅首相、初の党首討論	2011.2.9
自民党新役員人事を決定	2011.9.30
野田首相、解散は「近いうちに」	2012.8.8
第2次安倍改造内閣が発足	2014.9.3

谷垣 専一
文相に谷垣専一任命	1979.11.20

煙草専売法
「非常特別税法」など公布	1904.4.1

田畑地価修正法律
「地租条例」中改正法律案など提出	1898.12.8

田村 元
原衆院議長、辞任願提出	1989.6.1

樽井 藤吉
東洋社会党設立	1882.5.25

樽床 伸二
菅直人が首相に選出、菅内閣が発足	2010.6.4
民主党議員、離党届提出	2011.12.28

ダレス, ジョン・フォスター
ダレス国務長官顧問来日	1950.6.21
特使ダレス来日	1951.1.25
吉田首相・ダレス特使会談	1951.1.29
ダレス特使、対日講和の基本原則表明	1951.2.2
吉田首相、ダレス会談について国会に報告	1951.2.13
ダレスが対日講和草案を発表	1951.3.31
ダレス特使再来日	1951.4.16
ダレス・リッジウェイ・吉田会談	1951.4.18
ダレス来日	1951.12.10
ダレス来日	1953.8.8
重光外相渡米	1955.8.23
日米安保条約改定で合意	1958.9.11

団 琢磨
血盟団事件	1932.2.9

塘沽停戦協定
「塘沽停戦協定」調印	1933.5.31

男女協同参画会議
男女協同参画会議が最終報告	2003.4.8

男女雇用機会均等法 → 雇用の分野における男女の均等な機会及び待遇の確保等に関する法律を見よ

団体等規正令
改正団体等規正令公布	1949.4.4
破壊活動防止法公布	1952.7.21

【ち】

チアーノ, ガレアッツォ
日独伊三国同盟成立	1940.9.27

治安維持の為にする罰則に関する件
「支払猶予令」など公布	1923.9.7

治安維持法
「治安維持法」案・「労働争議調停法」案等反対デモ	1925.2.11
「治安維持法」案提出	1925.2.18
三・一五事件	1928.3.15
「治安維持法」中改正法律案提出	1928.4.27
「治安維持法」改正緊急勅令案可決	1928.6.28
山本宣治暗殺事件	1929.3.5
第1次人民戦線事件	1937.12.15
第2次人民戦線事件	1938.2.1
「治安維持法」改正公布	1941.3.10
政治・宗教の自由の制限撤廃	1945.10.4
治安維持法廃止	1945.10.15

治安維持令
「支払猶予令」など公布	1923.9.7

治安警察法
「治安警察法」案提出	1896.1.17

「治安警察法」公布	1900.3.10
「治安警察法」改正公布	1922.4.20
労働農民党など結社禁止	1928.4.10
治安警察法廃止	1945.11.21

地域改善対策臨時措置法
地域改善対策室を開設	1982.4.1

地域再生法
地方創生関連2法が成立	2014.11.21

地域主権改革関連法
地域主権3法が成立	2011.4.28

崔 成泓
小泉首相、靖国神社参拝	2003.1.14

チェルネンコ, コンスタンティン
中曽根首相、ソ連書記長の国葬参列へ	1985.3.12

地価対策閣僚会議
地価対策閣僚会議を開催	1968.11.26

地価対策閣僚協議会
地価対策閣僚協議会を設置	1965.8.17
土地対策要綱を決定	1973.1.26

『逐条憲法精義』
天皇機関説問題	1935.2.18

治罪法
「刑事訴訟法」など公布	1890.10.7

地租条例
「地租条例」制定	1884.3.15
「地租条例」中改正法律案など提出	1898.5.26
「停会詔書」発布	1898.6.7
衆議院解散	1898.6.10
「地租条例」中改正法律案など提出	1898.12.8
「地租増徴案」提出	1902.12.11
「地租増徴案」否決	1902.12.16
「地租増徴案」撤回勧告	1902.12.19
「地租増徴案」妥協案提示	1902.12.25
衆議院解散	1902.12.28
「地租条例」中改正法律案提出	1903.5.14
「地租条例」改正など公布	1910.3.25
「地租条例」改正など公布	1926.3.27
「地租法」案など提出	1931.1.19

地租増徴案
「地租増徴案」提出	1902.12.11
「地租増徴案」否決	1902.12.16
「地租増徴案」撤回勧告	1902.12.19
「地租増徴案」妥協案提示	1902.12.25

地租増徴期成同盟会
地租増徴期成同盟会設立	1898.12.15

地租増徴反対同盟会
地租増徴期成同盟会設立	1898.12.15

地租法
「地租法」案など提出	1931.1.19

地代家賃統制令
「国家総動員法」関係6勅令公布	1939.10.18

秩父事件
秩父事件	1884.10.31

チトー, ヨシップ
大平首相、米国・カナダ・メキシコ訪問	1980.4.30

千葉 三郎
民主党役員決定	1949.2.9

地方移転
四全総閣議決定	1987.6.30
政府機関の地方移転方針決定	1988.1.22
国会の地方移転決議	1990.11.7
首都機能移転、事実上断念	2003.5.28

地方官官制
「地方官官制」公布	1886.7.20
地方事務所設置	1942.7.1

地方教育行政の組織及び運営に関する法律
「新教育委員会法」案提出	1956.3.8
国会に警官隊導入	1956.6.2

地方教育行政法
改正地方教育行政法が成立	2014.6.13

地方行政協議会令
「地方行政協議会令」公布	1943.7.1

地方行政調査委員会
地方行政調査委員会設置	1949.12.24

地方交付税法
地方交付税法公布	1954.5.15
野党「消費税廃止関連法」案提出	1990.4.19

地方公務員等共済組合法
地方議員年金制度を廃止	2011.5.20

地方公務員法
地方公務員法修正可決成立	1950.12.9
改正地方公務員法など公布	1981.11.20

地方財政委員会
地方財政委員会設置	1948.1.7
総理庁地方財政委員会設置	1950.5.30

地方財政平衡交付金法の一部を改正する法律
地方交付税法公布	1954.5.15

地方自治法
地方自治法公布	1947.4.17

地方制度調査会設置法
地方制度調査会設置	1952.8.18

地方税法
「地方税法」など公布	1940.3.29
地方税法案衆院通過	1950.4.20
地方税法案否決	1950.5.1
地方税法案可決成立	1950.7.31
租税特措法が2か月延長、道路特定財源は	
期限切れ	2008.3.31
被災者支援2法が成立	2011.8.5

地方選再延期法
地方選再延期法が成立	2011.8.3

地方分権の推進を図るための関係法律の整備等に関する法律
中央省庁改革関連法、地方分権一括法成立	1999.7.8
権限移譲を進める第2次一括法が成立	2011.8.26

地方分与税法
「地方税法」など公布	1940.3.29

チーホノフ, ニコライ
中曽根首相、国葬参列のためインドに出発	
	1984.11.2

チャウシェスク, ニコラエ
ルーマニア大統領夫妻来日	1975.4.4

茶業組合規則
「日本証券取引所法」など公布	1943.3.11

チャーチル, ウィンストン
ヤルタ協定署名	1945.2.11
対日ポツダム宣言を発表	1945.7.26

チャン・ドク・ルオン
小泉首相、東南アジアなどを歴訪	2002.4.27

中央教育審議会
中央教育審、後期中等教育の拡充を答申	1966.10.31
中央教育審議会が答申	1971.6.11

中央倶楽部
中央倶楽部設立	1910.3.1
無所属団と称する	1913.2.15

中央経済会議
中央経済会議設置	1937.7.1

中央公害審査委員会
中央公害審査委員会を設置	1970.11.1
公害等調整委員会を設置	1972.7.1

中央交渉部
中央交渉部設立	1892.4.27
第3回帝国議会召集	1892.5.2

中央交通安全対策会議
中央交通安全対策会議を設置	1970.6.1

中央省庁改革基本法
「中央省庁改革基本法」成立	1998.6.9

中央新聞社
国民大会が暴徒化	1914.2.10

中央選挙管理委員
参議院緊急集会	1952.8.31

中央防災会議
総理府に中央防災会議を設置	1962.7.10

中学校令
「師範学校令」など公布	1886.4.10

中期防衛力整備計画
初の国家安全保障戦略を策定	2013.12.17

中国共産党
中山艦事件	1926.3.20
内政外交施政方針発表	1927.4.22
日中両共産党、関係正常化で合意	1998.6.11

中国国民党
中山艦事件	1926.3.20

中国進歩党
中国進歩党設立	1894.4.3
新党設立決議	1896.2.20
進歩党設立	1896.3.1

中山艦事件
中山艦事件	1926.3.20

中小企業基本法
中小企業基本法を公布	1963.7.20

中小企業緊急救済対策要綱
中小企業緊急救済対策要綱を決定	1971.9.23

中小企業近代化促進法
中小企業近代化促進法などを公布	1963.3.30

中小企業事業団
中小企業事業団・新エネ総合開発機構を設立	
	1980.10.1

中小企業団体の組織に関する法律
「中小企業団体法」成立	1957.11.14

中小企業団体法 → 中小企業団体の組織に関する法律を見よ

中正会
赤政会設立	1913.12.19
山本内閣弾劾決議案否決	1914.2.10
山本内閣弾劾上奏決議案提出	1914.3.19
第36回帝国議会召集	1915.5.17
憲政会設立	1916.10.10
公正会設立	1916.12.25

中正倶楽部
中正倶楽部設立	1898.10.18
中正倶楽部設置	1924.5.30
三派合同覚書	1925.5.5
新正倶楽部設立	1925.6.1

中部圏開発整備本部
中部圏開発整備本部を設置	1966.7.1

中部民衆党
日本大衆党設立	1928.12.20

駐留軍用地特別措置法
駐留軍用地特別措置法改正	1997.4.17

趙 紫陽
中国・趙紫陽首相が来日	1982.5.31
中曽根首相、訪中	1984.3.23
竹下首相訪中	1988.8.25

張作霖爆殺事件
満州某重大事件の真相発表決議案否決	1929.1.31

朝鮮総督府
韓国併合	1910.8.29
朝鮮総督府設置	1910.10.1

朝鮮に施行すべき法令に関する法律
「朝鮮に施行すべき法令に関する法律」公布	
	1911.3.25

朝鮮問題に関する覚書
「小村・ウェーバー覚書」調印	1896.5.14

朝鮮問題に関する日露議定書
「山県・ロバノフ協定」調印	1896.6.9

朝鮮労働党
日朝国交正常化交渉再開で合意	1997.11.12

町村合併促進法
町村合併促進法公布	1953.9.1

町村制
「市制及町村制」公布	1888.4.25
「市制」・「町村制」改正公布	1921.4.11
「府県制」改正など公布	1926.6.24

懲罰解散
衆議院解散	1924.1.31

徴兵適齢臨時特例
「徴兵適齢臨時特例」公布	1943.12.24

徴兵令
「徴兵令」改正	1883.12.28
「徴兵令」改正	1889.1.22
「兵役法」公布	1927.4.1

長屋良 朝苗
沖縄、第一回行政首席直接選挙	1968.10.10

日本議会政治史事典　　　事項名索引　　　ていこ

著作権法
　改正著作権法が成立　　　　　　　　2014.4.25
全 斗煥
　中曽根首相、初の韓国公式訪問　　　1983.1.11
　韓国大統領来日　　　　　　　　　　1984.9.6
　中曽根首相訪韓　　　　　　　　　　1986.9.20
賃金統制令
　「工場就業時間制限令」など公布　　1939.3.31
賃金臨時措置令
　「国家総動員法」関係6勅令公布　　1939.10.18
鎮守府官制
　「会計検査院官制」など公布　　　　1886.4.17
鎮守府条例
　「鎮守府条例」制定　　　　　　　　1884.12.15
鎮守府令
　「海軍軍令部令」公示　　　　　　　1933.9.27

【つ】

通行税法
　「代替財源関連5法」案提出　　　　1989.10.26
通信傍受法 → 犯罪捜査のための通信傍受に関する
　法律を見よ
塚原 俊郎
　原労相が辞任　　　　　　　　　　　1972.1.28
塚本 三郎
　民社党大会で、佐々木良作委員長選出　1977.11.28
　民社党、自民党との連合に意欲　　　1984.4.23
　民社党第31回全国大会開催　　　　　1986.4.24
　リクルート問題で塚本民社党委員長退陣表
　明　　　　　　　　　　　　　　　　1989.2.7
筑波研究学園都市
　筑波研究学園都市建設を了解　　　　1963.9.10
筑波大学法
　筑波大学法案、防衛2法案を強行採決　1973.6.22
辻本 清美
　元秘書給与流用疑惑で辻本議員辞職　2002.3.20
　社民党土井党首、辞任を否定　　　　2003.7.19
津田 真道
　第1回帝国議会召集　　　　　　　　1890.11.25
土屋 義彦
　韓国大統領来日　　　　　　　　　　1990.5.24
堤 清六
　売勲疑獄事件　　　　　　　　　　　1929.8月
堤 ツルヨ
　社会党議員に懲罰動議　　　　　　　1954.6.9
堤 直文
　日歯連前会長ら逮捕　　　　　　　　2015.9.30
堤 康次郎
　第16回国会召集　　　　　　　　　　1953.5.18
　衆院議長不信任決議案否決　　　　　1953.8.1
　吉田内閣不信任決議案否決　　　　　1954.4.24
　衆議院、警官隊を導入し会期延長を議決　1954.6.3
　社会党議員に懲罰動議　　　　　　　1954.6.9

角田 義一
　角田参院副議長が辞任　　　　　　　2007.1.26
津村 重舎
　皇軍将校侮辱演説　　　　　　　　　1936.5.14
鶴見 祐輔
　明政会届出　　　　　　　　　　　　1928.4.17

【て】

丁亥倶楽部
　大同団結運動　　　　　　　　　　　1887.10.3
停会詔書
　選挙干渉に関する諸案議決　　　　　1892.5.11
　「停会詔書」発布　　　　　　　　　1893.1.23
　「停会詔書」発布　　　　　　　　　1898.6.7
　貴族院特別委員会が増税諸法案否決　1901.2.25
　「停会詔書」発布　　　　　　　　　1901.3.9
　桂内閣が立憲政友会と妥協　　　　　1903.5.21
　「停会詔書」発布　　　　　　　　　1913.1.21
　桂内閣不信任決議案提出　　　　　　1913.2.5
　「停会詔書」発布　　　　　　　　　1913.2.10
　「停会詔書」発布　　　　　　　　　1914.3.23
　「停会詔書」発布　　　　　　　　　1926.1.28
　若槻内閣不信任決議案提出　　　　　1927.1.20
　「停会詔書」発布　　　　　　　　　1928.4.28
　「停会詔書」発布　　　　　　　　　1937.2.4
帝国学士院
　「貴族院令」改正案提出　　　　　　1925.3.9
　第1回貴族院帝国学士院会員議員選挙　1925.9.20
　第2回貴族院帝国学士院会員議員選挙　1932.9.20
　天皇機関説問題　　　　　　　　　　1935.2.18
　第3回貴族院帝国学士院会員議員選挙　1939.9.20
帝国教育会
　共和演説事件　　　　　　　　　　　1898.8.22
帝国鉱業開発株式会社法
　「米穀配給統制法」など公布　　　　1939.4.12
帝国財政革新会
　帝国財政革新会設立　　　　　　　　1894.3.24
　進歩党設立　　　　　　　　　　　　1896.3.1
帝国人造絹糸株式会社
　五月雨演説　　　　　　　　　　　　1934.2.15
　帝人事件　　　　　　　　　　　　　1934.5.19
帝国大学
　「帝国大学令」公布　　　　　　　　1886.3.2
帝国大学令
　「帝国大学令」公布　　　　　　　　1886.3.2
帝国鉄道庁
　帝国鉄道庁など設置　　　　　　　　1907.4.1
帝国党
　帝国党設立　　　　　　　　　　　　1899.7.5
　大同倶楽部設立　　　　　　　　　　1905.12.23
帝国燃料興業株式会社法
　「人造石油製造事業法」など公布　　1937.8.10

－ 415 －

帝人 → 帝国人造絹糸株式会社を見よ

帝人事件
帝人事件	1934.5.19

逓信省
軍需省・農商省・運輸通信省設置	1943.11.1

定数削減法
「定数削減法」成立	2000.2.2

抵当証券法
「抵当証券法」など公布	1931.3.30

帝都復興院
帝都復興院設置	1923.9.27

帝都復興計画法
「特別都市計画法」公布	1923.12.24

帝都復興に関する詔書
「帝都復興に関する詔書」公布	1923.9.12

ディーニ, ランベルト
田中外相が米国務長官と会談	2001.6.18

手形法
「手形法」公布	1932.7.15

敵産管理法
「敵産管理法」公布	1941.12.23

デクラーク, フレデリック・ウィレム
南アフリカ大統領来日	1992.6.3

手島 栄
手島郵政相が辞任	1963.1.8

鉄建公団 → 日本鉄道建設公団を見よ

鉄道院
鉄道院設置	1908.12.5
鉄道省など設置	1920.5.15

鉄道院官制
鉄道院設置	1908.12.5

鉄道公債法
「鉄道公債法」案提出	1892.5.7

鉄道国有法
「鉄道国有法」案・「私設鉄道買収法」案提出	1900.2.12
「鉄道国有法」案提出	1906.3.3

鉄道省
鉄道省など設置	1920.5.15
官吏減俸案決定	1929.10.15
軍需省・農商省・運輸通信省設置	1943.11.1

鉄道敷設法
「鉄道公債法」案提出	1892.5.7

デモ規制法 → 国会の審議権の確保のための秩序保持に関する法律を見よ

寺内 寿一
広田内閣成立	1936.3.9
粛軍演説	1936.5.7
議会制度革正に関する決議案など可決	1936.5.23
閣議で陸軍省見解発表	1936.7.14
軍部が中央行政機構・地方行政機構・議会制度改革案提出	1936.9.21
軍人の政治関与排撃決議	1936.11.5
腹切り問答	1937.1.21

寺内 正毅
第2次大隈内閣総辞職	1916.10.4
寺内内閣成立	1916.10.9
対中不干渉決定	1917.1.9
寺内首相が対中外交で議会に協力要請	1917.1.15
憲政会・立憲国民党・公正会が寺内内閣反対決議	1917.1.21
寺内首相、施政方針演説	1917.1.23
寺内内閣不信任決議案提出	1917.1.23
衆議院解散	1917.1.25
臨時外交調査委員会参加を要請	1917.6.2
立憲政友会・立憲国民党が中立決議	1917.6.19
寺内首相、施政方針演説	1917.6.26
寺内内閣不信任決議案否決	1917.6.30
寺内首相、施政方針演説	1918.1.22
寺内首相が両院で演説	1918.3.26
米価暴騰で警告	1918.8.10
全国新聞記者大会	1918.9.2
寺内内閣総辞職	1918.9.21

寺尾 亨
七博士意見書	1903.6.24
ポーツマス条約批准拒否を上奏	1905.9.21

テロ対策海上阻止活動に対する補給支援活動の実施に関する特別措置法
「テロ関連3法」が成立	2001.10.16
自衛隊派遣基本計画が閣議決定	2001.11.16
自衛隊派遣が国会で承認	2001.11.27
イラク特別措置法案、国会へ提出	2003.6.13
福田首相、初めての日米首脳会談	2007.11.16
「新テロ特措法」を再可決、海自インド洋の給油活動再開へ	2008.1.11

田 健治郎
普選断行決定	1923.10.15
「保険会社に対する貸付金に関する法律案」提出	1923.12.11

田 英夫
社会クラブを結成	1977.9.27
社会民主連合が結党	1978.3.26
社民連代表に江田五月	1985.2.10

電気事業及び石炭鉱業における争議行為の方法の規制に関する法律
スト規制法国会提出	1953.2.21
スト規制法公布	1953.8.7

電気事業再編成令
「電気事業再編成令」、「公益事業令」公布	1950.11.24

電気通信事業法
「電電公社民営化法」案等議決	1984.12.14

天津条約
「天津条約」調印	1885.4.18

電電公社民営化法
「3公社民営化法」案修正議決	1984.7.20
「電電公社民営化法」案等議決	1984.12.14

天皇機関説
天皇機関説問題	1935.2.18

天皇制廃止問題
極東委員会が天皇制廃止問題を論議と報道	1946.6.4

「天の声解散」
衆議院解散	1955.1.24

電波法
震災3県地デジ延期法が成立	2011.6.8

電力国家管理法
電力管理2法公布	1938.4.6

電力調整令
「国家総動員法」関係6勅令公布	1939.10.18

電力動員緊急措置要綱
電力動員緊急措置要綱決定	1943.12.31

【と】

土井 たか子
土井たか子、社会党委員長選挙で圧勝	1986.9.6
土井委員長、リクルート問題を追及	1988.8.1
北朝鮮労働党代表団、初来日	1989.1.21
4党党首会談	1989.4.7
第15回参議院選挙で社会党圧勝、与野党逆転	1989.7.23
首相指名、衆院優越で海部に	1989.8.9
「土井ビジョン」発表	1989.9.10
5党首公開討論会	1990.2.2
土井委員長3選	1990.3.9
土井委員長、辞意	1991.6.21
女性初の衆議院議長	1993.8.3
土井たか子議員が社民党新党首に	1996.9.24
自社さ政策合意	1996.10.31
社民党、閣外協力解消を決定	1998.5.30
元秘書給与流用疑惑で辻本議員辞職	2002.3.20
社民党土井党首、辞任を否定	2003.7.19
社民党土井党首が辞任	2003.11.13
福島社民党党首が辞任	2013.7.25

土肥 隆一
民主党・土肥議員が離党	2011.3.15

唐 家璇
日中外相会談	2001.5.24
小泉首相、靖国神社参拝続行を明言	2005.5.16

鄧 小平
日中平和友好条約の締結を承認	1978.9.19
中国副首相・鄧小平来日	1979.2.6
中曽根首相訪中	1986.11.8
竹下首相訪中	1988.8.25
日中友好議員連盟訪中団出発	1989.9.17

統一地方選を延期する臨時特例法
統一選延期法が成立	2011.3.18

灯火管制規則
「灯火管制規則」公布	1938.4.4

統監府
朝鮮総督府設置	1910.10.1

登記法
「登記法」など公布	1886.8.13

『東京朝日新聞』
『東京朝日新聞』創刊	1888.7.10
七博士意見書	1903.6.24

同交会
議員倶楽部解散	1942.5.6

東京高等工業学校
大学昇格問題	1921.1.25

東京宣言
日ロ『東京宣言』再確認	1996.4.19

東京大学
「帝国大学令」公布	1886.3.2

東京地検
ロッキード事件で逮捕者	1976.6.22
ダグラス・グラマン事件の捜査終結	1979.5.15

東京帝国大学
七博士意見書	1903.6.24
大学独立問題	1905.12.2

東京電力
東日本大震災発生	2011.3.11
原発被害賠償の紛争審査会発足	2011.4.11
原発賠償支援を決定	2011.5.13
原子力損害賠償支援機構法が成立	2011.8.3
原発賠償の中間指針を決定	2011.8.5
被災者支援2法が成立	2011.8.5
汚染土壌の対処特別措置法が成立	2011.8.26
鉢呂経済産業相が辞任	2011.9.10
原発事故調査委法など成立	2011.9.30
原発民間事故調は報告書を公表	2012.2.27
国会事故調査委員会が最終報告	2012.7.5
安倍首相、福島第一原発を視察	2013.9.19

東京電力福島原子力発電所事故調査委員会設置法
原発事故調査委法など成立	2011.9.30

東京都制
「東京都制」公布	1943.6.1

東京渡辺銀行
昭和金融恐慌	1927.3.14

統計院
統計院設置	1881.5.30

東郷 茂徳
東条内閣成立	1941.10.18
東郷外相辞任	1942.9.1
鈴木貫太郎内閣成立	1945.4.7
極東国際軍事裁判所判決	1948.11.12

同攻会
政交倶楽部設立	1905.12.29

同志会
同志会設立	1897.12.21

同志倶楽部
自由党分裂	1893.12.2
立憲革新党設立	1894.5.3
憲政党結党式準備委員会	1898.6.18

投資保証協定
日米協定調印	1954.3.8
アメリカとの協定の批准について国会に提出	1954.3.11
MSA協定発効	1954.5.1

東条 英機
第2次近衛内閣成立	1940.7.22
第3次近衛内閣総辞職	1941.10.16
東条内閣成立	1941.10.18
東条首相、施政方針演説	1941.11.17

とうし　　　　　　　　　事項名索引　　　　　　　日本議会政治史事典

東条首相、施政方針演説	1941.12.16
東条首相、施政方針演説	1942.1.21
東条首相、施政方針演説	1942.5.27
安藤大政翼賛会副総裁入閣	1942.6.9
東条首相、施政方針演説	1943.1.28
翼賛政治会・大政翼賛会一元化反対	1943.2.8
東条首相中国訪問	1943.3.12
東条首相満州国訪問	1943.3.31
東条内閣第1次改造	1943.4.20
東条首相フィリピン訪問	1943.5.3
東条首相、施政方針演説	1943.6.16
東条首相南方諸地域訪問	1943.6.30
東条首相、施政方針演説	1943.10.26
軍需省・農商省・運輸通信省設置	1943.11.1
東条首相、施政方針演説	1944.1.21
軍政・軍令一元化	1944.2.21
重大戦局に対応する政府の所信	1944.3.22
嶋田海相辞任	1944.7.17
東条内閣総辞職	1944.7.18
GHQ戦犯容疑者39名の逮捕を命令	1945.9.11
A級戦犯起訴状を発表	1946.4.29
極東国際軍事裁判所判決	1948.11.12
A級戦犯絞首刑執行	1948.12.23
靖国神社にA級戦犯を合祀	1978.10.17

同人倶楽部
翼賛議員同盟設立	1941.9.2

同成会
綱紀粛正に関する建議案	1922.3.22

東南アジア開発閣僚会議
東南アジア開発閣僚会議を開催	1966.4.6

東南アジア諸国連合
福田首相、ASEAN諸国歴訪	1977.8.6
鈴木首相ASEAN諸国訪問	1981.1.8
竹下首相、日本・ASEAN首脳会議に出席	
	1987.12.15
竹下首相、ASEAN諸国訪問	1989.4.29
海部首相、ASEAN歴訪	1991.4.27
橋本首相、ASEAN各国へ出発	1997.1.7
ASEAN首脳会議開幕	2001.11.4
日中韓首脳会談、ASEAN首脳会議	2002.11.4
安倍首相、ASEAN全10か国を訪問	2013.11.17

道府県会議員等の任期延長に関する法律
「道府県会議員等の任期延長に関する法律」	
案提出	1943.6.16

東方会
東方会設立	1936.5.25
東方会解党	1940.10.22
議員倶楽部解散	1942.5.6
翼賛政治会設立	1942.5.20
東方同志会一斉検挙	1943.10.21

東方同志会
東方同志会一斉検挙	1943.10.21

東北行政委員会
満蒙国家建設会議	1932.2.16

東北興業株式会社法
「商工組合中央金庫法」など公布	1936.5.27

同盟及び連合国と独逸国との平和条約
ヴェルサイユ条約	1919.6.28

同盟倶楽部
立憲革新党設立	1894.5.3

堂本 暁子
自社さ政策合意	1996.10.31

頭山 満
国民同盟会	1900.9.24
対外硬同志会設立	1903.7.26

東洋議政会
東洋議政会設立	1882.2.12

東洋社会党
東洋社会党設立	1882.5.25

『東洋自由新聞』
『東洋自由新聞』創刊	1881.3.18

東洋自由党
東洋自由党設立	1892.11.6

道路関係4公団民営化推進委員会
道路4公団民営化の動き	2002.11.12

登録税法
「葉煙草専売法」など公布	1896.3.28

道路公団民営化
道路4公団民営化の動き	2002.11.12
小泉首相、自民総裁選に出馬表明	2003.7.29
道路公団民営化の枠組み決まる	2003.12.22

道路公団民営化法
道路公団民営化法が成立	2004.6.2

道路整備財源特例法
道路財源法が再可決で成立	2008.5.13

道路整備事業財政特別措置法
道路財源一般化法が成立	2009.4.22

同和対策審議会
同和対策審議会が答申	1965.8.11

徳川 家達
徳川家達貴族院議長就任	1903.12.4
徳川家達貴族院議長再任	1910.12.5
元老会議が政局収拾を協議	1914.3.26
徳川家達貴族院議長再任	1917.12.5
ワシントン会議	1921.11.12
徳川家達貴族院議長再任	1924.12.5
徳川家達貴族院議長再任	1931.12.5
議会振粛要綱	1932.7.15
徳川家達貴族院議長辞任	1933.6.9
永年在職議員表彰	1935.3.14

徳川 圀順
松平貴族院議長死去	1944.9.13

徳川 宗敬
国会、講和全権委員を決定	1951.8.18

特殊法人民営化
構造改革の基本方針策定	2001.6.21

独占禁止法 → 私的独占の禁止及び公正取引の確保に関する法律を見よ

独ソ不可侵条約
平沼内閣総辞職	1939.8.28

徳田 球一
政治犯3000名釈放	1945.10.10
日本共産党再建大会	1945.12.1
徳田要請問題で証人喚問	1950.3.16

－ 418 －

特定非営利活動促進法
NPO法成立 　1998.3.19
改正NPO法が成立 　2011.6.15

特定秘密保護法
特定秘密保護法案、衆院を通過 　2013.11.26
特定秘密保護法が成立 　2013.12.6

徳富 猪一郎
『国民之友』創刊 　1887.2.15
『国民新聞』創刊 　1890.2.1
大日本言論報国会設立 　1942.12.23

徳富 蘇峰 → 徳富猪一郎を見よ

徳永 正利
第92回国会召集 　1980.7.17

特別高等課
内務省保安科・特別高等課強化 　1928.7.1

特別都市計画法
「特別都市計画法」公布 　1923.12.24

特例公債法
2法案が成立し、菅首相は辞任を表明 　2011.8.26

土光 敏夫
臨時行政推進審議会を設置 　1983.6.28

床次 竹二郎
原内閣成立 　1918.9.29
宮中某重大事件に関する床次内相不信任決
　議案否決 　1921.3.24
立憲政友会分裂 　1924.1.16
新政倶楽部設立 　1924.1.20
政友本党・立憲政友会が提携 　1925.12.5
立憲政友会・政友本党提携 　1926.12.14
3党首会談で政争中止申し合わせ 　1927.1.20
立憲民政党分裂 　1928.8.1
岡田内閣成立 　1934.7.8
床次逓信相死去 　1935.9.8

都市計画法
「都市計画法」公布 　1919.4.5

都市疎開実施要綱
都市疎開実施要綱 　1943.12.21

土地工作物管理使用収用令
「土地工作物管理使用収用令」など公布 　1939.12.29

土地収用法
「土地収用法」公布 　1889.7.31
土地収用法公布 　1951.6.9

土地対策要綱
土地対策要綱を決定 　1973.1.26

土地台帳規則
「土地台帳規則」公布 　1889.3.23

土地調整委員会
土地調整委員会設置 　1951.1.31
公害等調整委員会を設置 　1972.7.1

土地問題特別委員会
土地問題特別委員会設置 　1987.11.10

ドッジ、ジョゼフ
GHQ経済顧問が来日 　1949.2.1
ドッジラインを明示 　1949.3.7
ドッジ再来日 　1949.10.30
ドッジ来日 　1950.10.7

苫米地 義三
西尾国務大臣辞任 　1948.7.6
民主党が入閣巡り分裂 　1949.2.14
国民民主党結成 　1950.4.28
国会、講和全権委員を決定 　1951.8.18
第14国会の抜打ち解散は違憲と提訴 　1952.10.4

富井 政章
七博士意見書 　1903.6.24

戸水 寛人
七博士意見書 　1903.6.24
ポーツマス条約批准拒否を上奏 　1905.9.21
大学独立問題 　1905.12.2

富田 幸次郎
憲政会設立 　1916.10.10
政党連合運動表面化 　1933.10.22
第69回帝国議会召集 　1936.5.1

ドムニツキー
ソ連、国交正常化文書提示 　1955.1.25

友部 達夫
オレンジ共済組合事件で友部参院議員逮捕
　 　1997.1.29

豊田 貞次郎
第3次近衛内閣成立 　1941.7.18

ドライヤー、エリック
結社の自由に関する調査調停委員会設置 　1964.5.12
ILO調査団が来日 　1965.1.10

取引所条例
「取引所条例」公布 　1887.5.14

度量衡法
「度量衡法」案提出 　1890.12.2

トルーマン、ハリー・S.
対日ポツダム宣言を発表 　1945.7.26
トルーマン大統領が対日講和交渉について
　声明 　1950.5.18
マッカーサー解任 　1951.4.11

ドローン
首相官邸にドローン落下 　2015.4.22

屯田兵条例
「屯田兵条例」制定 　1885.5.5

【な】

内閣官制
「内閣官制」公布 　1889.12.24

内閣広報室
内閣広報室を設置 　1973.5.1

内閣資源局
企画院設置 　1937.10.25

内閣情報局
内閣情報局設置 　1940.12.6
最高戦争指導会議設置 　1944.8.5

内閣情報部
内閣情報部設置 　1937.9.25
内閣情報局設置 　1940.12.6

ないか　　　　　　　　　　　事項名索引　　　　　　　　　日本議会政治史事典

内閣所属部局及職員官制中改正の件
大政翼賛会事務の内閣所管決定　　　　1940.12.20
内閣審議会
内閣審議会設置　　　　　　　　　　　1935.5.11
内閣審議会廃止　　　　　　　　　　　1936.5.6
内閣人事局
内閣人事局が発足　　　　　　　　　　2014.5.30
内閣制度創始に関する詔勅
「内閣制度創始に関する詔勅」　　　　1885.12.23
内閣総理大臣の施政方針演説に関する決議案
施政方針演説要求を可決　　　　　　　1948.11.15
内閣・大臣弾劾国民大懇親会
内閣・大臣弾劾国民大懇親会　　　　　1920.7.27
内閣拓殖局
拓務省設置　　　　　　　　　　　　　1929.6.10
内閣弾劾国民大会
内閣弾劾国民大会　　　　　　　　　　1921.2.14
内閣調査局
内閣審議会設置　　　　　　　　　　　1935.5.11
企画庁設置　　　　　　　　　　　　　1937.5.14
内閣統計局
鉄道省など設置　　　　　　　　　　　1920.5.15
内閣府設置法
中央省庁改革関連法、地方分権一括法成立　1999.7.8
内閣法
皇室典範公布　　　　　　　　　　　　1947.1.16
内閣法改正法の公布　　　　　　　　　1966.6.28
内大臣および宮中顧問官官制
「内大臣および宮中顧問官官制」公布　1885.12.22
内大臣府
内大臣府設置　　　　　　　　　　　　1908.1.1
内務省
第2回衆議院選挙　　　　　　　　　　1892.2.15
拓殖務省廃止　　　　　　　　　　　　1897.9.2
帝都復興院設置　　　　　　　　　　　1923.9.27
「労働組合法」案発表　　　　　　　　1925.8.18
内務省保安科・特別高等課強化　　　　1928.7.1
失業対策委員会設置　　　　　　　　　1932.7.22
国民自力厚生運動開始　　　　　　　　1932.9.5
メーデー禁止を通達　　　　　　　　　1936.3.24
厚生省設置　　　　　　　　　　　　　1938.1.11
部落会・町内会・隣保班・市町村常会整備
　要綱　　　　　　　　　　　　　　　1940.9.11
神祇院設置　　　　　　　　　　　　　1940.11.9
農地制度改革同盟・立憲養成会解散命令　1942.3.17
中井 洽
戦争発言で法相更迭　　　　　　　　　1994.5.3
永井 道雄
三木武夫内閣が成立　　　　　　　　　1974.12.9
永井 柳太郎
「西にレーニン、東に原敬」発言　　　1920.7.8
第1次近衛内閣成立　　　　　　　　　1937.6.4
仲井真 弘多
野田首相、沖縄県を初訪問　　　　　　2012.2.26
沖縄県知事、辺野古埋め立てを承認　　2013.12.27
沖縄県知事に翁長前那覇市長　　　　　2014.11.16

中江 兆民
「保安条例」公布　　　　　　　　　　1887.12.26
明治24年度総予算案修正議決　　　　　1891.3.2
中岡 艮一
原敬暗殺　　　　　　　　　　　　　　1921.11.4
長岡 半太郎
「文化勲章令」公布　　　　　　　　　1937.2.11
中川 一郎
自民党総裁候補者決定選挙告示　　　　1982.10.16
中川 昭一
閣僚の公的年金保険料納付問題　　　　2004.4.23
経産省で数千万円の裏金管理　　　　　2005.6.23
自民党三役が決定　　　　　　　　　　2006.9.25
麻生内閣が発足　　　　　　　　　　　2008.9.24
中川財務・金融相が辞任　　　　　　　2009.2.17
中川 秀直
第2次森連立内閣発足　　　　　　　　2000.7.4
中川官房長官、更迭　　　　　　　　　2000.10.27
自民党三役が決定　　　　　　　　　　2006.9.25
郵政民営化反対組11人が自民党に復党　2006.11.27
中川 正春
復興庁が発足　　　　　　　　　　　　2012.2.10
中沢 美代
婦人参政権獲得期成同盟会設立　　　　1924.12.13
中島 久万吉
政党連合運動表面化　　　　　　　　　1933.10.22
足利尊氏論　　　　　　　　　　　　　1934.2.3
帝人事件　　　　　　　　　　　　　　1934.5.19
中島 知久平
鈴木立憲政友会総裁辞意表明　　　　　1937.2.17
第1次近衛内閣成立　　　　　　　　　1937.6.4
立憲政友会後継総裁問題　　　　　　　1939.4.12
立憲政友会分裂　　　　　　　　　　　1939.4.30
農林省・商工省設置　　　　　　　　　1945.8.26
中島 信行
自由党設立　　　　　　　　　　　　　1881.10.29
立憲政党設立　　　　　　　　　　　　1882.2.1
「保安条例」公布　　　　　　　　　　1887.12.26
第1回帝国議会召集　　　　　　　　　1890.11.25
永末 英一
リクルート問題で塚本民社党委員長退陣表
　明　　　　　　　　　　　　　　　　1989.2.7
4野党党首会談　　　　　　　　　　　1989.4.7
「永末ビジョン」発表　　　　　　　　1989.10.16
5党首公開討論会　　　　　　　　　　1990.2.2
中曽根 康弘
第3次佐藤内閣第1次改造　　　　　　　1971.7.5
三木武夫内閣が成立　　　　　　　　　1974.12.9
自民党五役、内閣改造・党人事刷新を提示
　　　　　　　　　　　　　　　　　　1976.8.30
自民党実力者四者会談　　　　　　　　1976.9.11
ロッキード問題で中曽根康弘を証人喚問　1977.4.13
自民党、全党員による総裁候補者決定選挙
　　　　　　　　　　　　　　　　　　1978.11.1
自民党総裁候補者決定選挙告示　　　　1982.10.16
第97回国会召集　　　　　　　　　　　1982.11.26
中曽根首相、所信表明演説　　　　　　1982.12.3
中曽根首相、防衛費1％の突破やむなし　1982.12.14

－ 420 －

中曽根首相、初の韓国公式訪問	1983.1.11
日米首脳会談を開催	1983.1.18
中曽根首相、施政表明演説	1983.1.24
中曽根首相、靖国神社に参拝	1983.4.21
中曽根首相、東南アジア6ヵ国歴訪	1983.4.30
中曽根首相、ウィリアムズバーグ・サミット	
ト	1983.5.28
中曽根首相、所信表明演説	1983.9.10
中曽根政権継続を了承	1983.12.23
第101回国会召集	1983.12.26
第2次中曽根康弘内閣が成立	1983.12.27
中曽根内閣、全閣僚の資産初公開	1984.1.24
中曽根首相、施政方針演説	1984.2.6
中曽根首相、訪中	1984.3.23
自民党副総裁に田中派の二階堂を指名	1984.4.11
中曽根首相、パキスタン・インド訪問	1984.4.30
中曽根首相、ロンドンサミットへ出発	1984.6.6
「閣僚の靖国神社参拝問題に関する懇談会」	
設置	1984.8.3
韓国大統領来日	1984.9.6
ソ連最高会議議員団、6年ぶりに来日	1984.10.25
自民党総裁中曽根再選	1984.10.31
第2次中曽根第1次改造内閣成立	1984.11.1
中曽根首相、国葬参列のためインドに出発	
	1984.11.2
河本敏夫通産大臣を特命大臣に任命	1984.11.6
中曽根首相、首脳会談のため訪米	1985.1.1
中曽根首相、オセアニア4ヵ国歴訪	1985.1.13
第102回通常国会開会	1985.1.25
防衛費の対GNP比1%枠問題で答弁	1985.1.31
中曽根首相、ソ連書記長の国葬参列へ	1985.3.12
中曽根首相、ボン・サミットに出発	1985.4.29
中曽根首相、西欧4ヵ国訪問	1985.7.12
防衛庁「59中業」政府計画へ	1985.8.7
中曽根首相、靖国神社公式参拝	1985.8.15
中曽根首相、靖国神社参拝見送り	1985.10.18
中曽根首相、国連で演説	1985.10.19
国際協調のための経済構造調整研究会発足	
	1985.10.31
中曽根首相が、各党党首に書簡	1985.12.6
第2次中曽根内閣第2次改造内閣	1985.12.28
中曽根首相、三権の関係の再検討を表明	1986.1.4
中曽根首相訪加	1986.1.12
第104回国会(常会)開会式	1986.1.27
経構研、「前川レポート」を提出	1986.4.7
中曽根首相訪米	1986.4.12
東京サミット開幕	1986.5.4
定数是正問題の調停案提示	1986.5.8
第105回国会召集	1986.6.2
中曽根首相、大型間接税導入を否定	1986.6.14
第3次中曽根内閣発足	1986.7.22
新自由クラブ、解党を決議	1986.8.12
藤尾文相の発言が問題化	1986.9.5
自民党・中曽根総裁の任期延長が決定	1986.9.11
中曽根首相訪韓	1986.9.20
中曽根首相、「知的水準発言」が問題化	1986.9.22
中曽根首相訪中	1986.11.8
アキノ大統領来日	1986.11.10
第108回国会召集	1986.12.29
中曽根首相東欧4ヵ国訪問	1987.1.10

第108回国会(常会)開会式	1987.1.26
自民党税制改革推進全国会議開催	1987.2.10
4野党、売上税法案撤回と中曽根首相退陣	
を要求	1987.4.13
中曽根首相訪米	1987.4.29
臨教審、最終答申	1987.8.7
中曽根首相訪米	1987.9.19
自民党次期総裁に竹下指名	1987.10.20
リクルート事件政治問題化	1988.7.5
リクルート問題で中曽根前首相ら証人喚問	
要求	1989.2.16
リクルート問題で中曽根前首相記者会見	1989.2.27
リクルート問題で衆院予算委紛糾	1989.2.28
リクルート問題で中曽根前首相証人喚問	1989.5.25
中曽根元首相復党	1991.4.26
小泉首相、終戦記念日に靖国神社を参拝	2006.8.15
永田 鉄山	
皇軍将校侮辱演説	1936.5.14
永田 寿康	
民主党、「送金指示メール」騒動	2006.2.16
中田 宏	
「日本創新党」結党	2010.4.18
中谷 元	
自衛隊派遣基本計画が閣議決定	2001.11.16
第3次安倍内閣が発足	2014.12.24
中津川 博郷	
民主党、法案反対議員の処分を決定	2012.7.9
長妻 昭	
民主党代表選	2015.1.18
中西 一善	
強制わいせつ容疑で現役議員が辞職	2005.3.10
中西 啓介	
改憲発言で防衛庁長官交代	1993.12.1
中西 功	
参院の混乱で4名の懲罰動議可決	1949.5.30
議員4名の登院停止処分を決定	1949.10.31
永野 修身	
第2次ロンドン海軍軍縮会議	1935.12.9
軍部が中央行政機構・地方行政機構・議会	
制度改革案提出	1936.9.21
中野 寛成	
民社党委員長に米沢隆	1994.6.8
民主党、菅代表再選	1999.1.18
民主党代表に鳩山由紀夫が3選	2002.9.23
永野 茂門	
羽田内閣発足	1994.4.28
戦争発言で法相更迭	1994.5.3
中野 四郎	
日本農民党結成	1947.2.20
中野 正剛	
東方会設立	1936.5.25
東方同志会一斉検挙	1943.10.21
中橋 徳五郎	
大学昇格問題	1921.1.25
風教に関する決議案否決	1921.3.11
一蓮托生を否認	1922.3.2
内閣改造をめぐり立憲友会が分裂	1922.5.2

高橋首相辞表奉呈	1922.6.6
立憲政友会分裂	1924.1.16
中橋内相辞任	1932.3.16

中平 立
第1回日朝国交正常化交渉	1991.1.30

中村 梅吉
第71国国会召集	1972.12.22

中村 啓次郎
「人民の名に於て」問題	1929.1.23
第60回帝国議会召集	1931.12.23

中村 孝太郎
中村陸相辞任	1937.2.9

中村 正三郎
国連環境開発会議開幕	1992.6.3
第2次橋本内閣成立	1996.11.7

中村 進午
七博士意見書	1903.6.24
ポーツマス条約批准拒否を上奏	1905.9.21

中村 八郎
普選運動開始	1895.12月

中村 弥六
普選法案提出	1902.2.12

中山 恭子
次世代の党、中山党首選出	2015.8.28

中山 太郎
第1次海部内閣発足	1989.8.10
第2次海部内閣発足	1990.2.28
第2次海部改造内閣発足	1990.12.29
「臓器移植法」成立	1997.6.17

中山 千夏
革新自由連合結成	1977.4.26

中山 成彬
中山国交相が辞任、後任に金子元行政改革相	2008.9.28
麻生首相、所信表明演説	2008.9.29

中山 マサ
第1次池田内閣が成立	1960.7.19

中山 正暉
オフレコ発言で江藤総務庁長官辞任	1995.11.8

ナザルバエフ、ヌルスルタン
小泉首相、中央アジア2か国訪問へ	2006.8.24

梨本宮 守正
戦犯59人の逮捕を命令	1945.12.2

灘尾 弘吉
自民党3閣僚辞任	1958.12.27
三木武夫内閣が成立	1974.12.9
自民党五役、内閣改造・党人事刷新を提示	1976.8.30
参院、議長選挙で灘尾弘吉が当選	1979.2.1
大平首相、E2C予算執行の凍結解除を要請	1979.6.22
第89国国会召集	1979.10.30

なだしお事故
なだしお事故連合審査	1988.7.28

夏時刻法
サマータイム実施	1948.5.2

鍋山 貞親
佐野学らが転向	1933.6.7

楢崎 弥之助
沖縄返還を巡る密約問題で質疑	1972.3.27
社会クラブを結成	1977.9.27
社会民主連合が結党	1978.3.26
社民連、統一会派結成を決定	1986.7.22
社民連・楢崎議員、リクルート問題を公表	1988.9.5

奈良電鉄
五私鉄疑獄事件	1929.8月

成田 知巳
社会党大会、江田ビジョン批判決議	1962.11.27
社会党大会を開催	1968.9.11

成田新法 → 新東京国際空港の安全確保に関する緊急措置法を見よ

難病医療法
難病医療法、改正児童福祉法が成立	2014.5.23

南方開発金庫法
「戦時金融金庫法」など公布	1942.2.20

南北サミット
鈴木首相、南北サミット出席	1981.10.20

南洋庁
南洋庁設置	1922.4.1

【に】

二・二六事件
二・二六事件	1936.2.26

二院クラブ
佐藤内閣不信任決議案を否決	1972.6.15

二階 俊博
新保守党が発足	2002.12.25
保守新党が自民党に合流	2003.11.10
安部改造内閣が発足	2007.8.27
自民党人事、四役体制に	2007.9.24

二階堂 進
鈴木内閣改造	1981.11.30
自民党副総裁に田中派の二階堂を指名	1984.4.11

ニクソン，リチャード
ニクソン米副大統領来日	1953.11.15
日本の戦争放棄強要は米国の誤りと発言	1953.11.19
佐藤首相、日米首脳会談のために渡米	1969.11.17
佐藤首相、ニクソン米大統領と会談	1970.10.24
佐藤首相、ニクソン米国大統領と会談	1972.1.5
田中首相、日米首脳会談のため訪米	1973.7.29
沖縄返還時の核密約文書が現存	2009.12.22

西 徳二郎
「西・ローゼン協定」調印	1898.4.25

西尾 末広
「スターリンの如く」発言	1938.3.16
片山内閣組閣完了	1947.6.1
西尾国務大臣辞任	1948.7.6
昭電疑獄事件で前国務大臣逮捕	1948.10.6
社会党大会で西尾末広を統制委員会へ	1959.9.13

社会党分裂　　　　　　　　　　　1959.10.25
民主社会党結党大会　　　　　　　1960.1.24

西岡 武夫
新自由ク・西岡武夫幹事長が離党　1979.7.16
第175回国会召集　　　　　　　　 2010.7.30
子ども手当つなぎ法が成立　　　　2011.3.31
平田参院議長を選出　　　　　　　2011.11.14

西川 光二郎
普通選挙連合会設立　　　　　　　1905.12.1
日本平民党設立　　　　　　　　　1906.1.14

西川 公也
西川農水相辞任　　　　　　　　　2015.2.23

西川 太一郎
西村防衛次官、核武装発言　　　　1999.10.19

西川 善文
鳩山総務相が辞任　　　　　　　　2009.6.12

西野 文太郎
森文相暗殺　　　　　　　　　　　1889.2.11

西原・マルタン協定
北部仏印進駐　　　　　　　　　　1940.9.23

西松建設
民主党、小沢代表辞任へ　　　　　2009.3.27

西村 栄一
吉田首相、憲法改正は意図しないと言明 1950.11.26
条約局長がリッジウェイ声明について発言
　　　　　　　　　　　　　　　　1951.5.17
吉田首相のバカヤロー発言　　　　1953.2.28
民社党大会を開催　　　　　　　　1967.6.21

西村 英一
国土庁を設置　　　　　　　　　　1974.6.26

西村 真悟
西村防衛次官、核武装発言　　　　1999.10.19

西村 直己
倉石農相発言問題　　　　　　　　1968.2.6
増原防衛庁長官が辞任　　　　　　1971.8.2
西村防衛庁長官が辞任　　　　　　1971.12.3

西村 康稔
自民党総裁に谷垣禎一　　　　　　2009.9.28

二重ローン救済法
「二重ローン救済法」が成立　　　2011.11.21

西・ローゼン協定
「西・ローゼン協定」調印　　　　1898.4.25

日印通商協定
日印通商協定調印　　　　　　　　1958.2.4

日英原子力協定
日英・日米原子力協定調印　　　　1958.6.16

日英条約改正委員会
日英条約改正委員会　　　　　　　1894.4.2

日英通商航海条約
「日英通商航海条約」調印　　　　1894.7.16
日英通商航海条約に調印　　　　　1962.11.14

日英同盟協約
日英同盟成立　　　　　　　　　　1902.1.30
日英同盟について報告　　　　　　1902.2.12
「第2回日英同盟協約」調印　　　 1905.8.12

日豪原子力協定
日豪原子力協定に署名　　　　　　1982.3.5

日債銀 → 日本債券信用銀行を見よ

日独伊軍事協定
「日独伊軍事協定」調印　　　　　1942.1.18

日独伊三国間条約
日独伊三国同盟成立　　　　　　　1940.9.27

日独伊三国協定 → 対米英戦共同遂行・単独不講和
及び新秩序建設に関する日独伊三国協定を見よ

日独伊防共協定 → 共産「インターナショナル」ニ
対スル協定を見よ

日独防共協定 → 共産「インターナショナル」ニ対
スル協定を見よ

日・仏印軍事細目協定
北部仏印進駐　　　　　　　　　　1940.9.23

日仏文化協定
日仏文化協定調印　　　　　　　　1953.5.12

日米安全保障委員会
日米安全保障委員会発足　　　　　1957.8.6
日米安保委員会、空対空誘導弾受入れ決定
　　　　　　　　　　　　　　　　1957.12.19

日米安全保障協議委員会
第一回日米安保協議委員会開会　　1960.9.8
第2回日米安保協議委員会開催　　 1962.8.1
在日米軍基地の整理案を提示　　　1968.12.23
日米安保協議委員会在日米軍の移駐で合意
　　　　　　　　　　　　　　　　1970.12.21
日米防衛協力小委員会を設置　　　1976.7.8
有事の際の日米防衛協力の指針　　1978.11.27
日米安保協議委員会で最終報告　　1996.12.2

日米安全保障条約
日米行政協定正式交渉開始　　　　1952.1.29
日米行政協定調印　　　　　　　　1952.2.28
重光外相渡米　　　　　　　　　　1955.8.23
安全保障に関する日米公文交換　　1957.9.14
日米安保条約改定で合意　　　　　1958.9.11
新安保条約では西太平洋は範囲外と言明
　　　　　　　　　　　　　　　　1958.10.31
藤山外相、安保条約改定について発言 1959.1.25
藤山外相、安保条約試案発表　　　1959.2.18
東京地裁、米軍駐留は違憲なため砂川事件
　　被告は無罪と判決　　　　　　1959.3.30
安保条約改定交渉再開　　　　　　1959.4.13
日米新安保条約・新行政協定交渉が妥結 1960.1.6
日米新安保条約・日米新行政協定に調印 1960.1.19
安保関連法案、自民党による強行採決 1960.5.19
日米新安保条約・行政協定自然承認 1960.6.18
安保改定阻止国民会議統一行動　　1960.6.18
日米新安保条約・行政協定が発効　1960.6.23

日米安保条約改定阻止国民会議
安保改定阻止国民会議結成　　　　1959.3.28
安保改定阻止国民会議、第1次統一行動 1959.4.15
安保改定阻止国民会議のデモ、国会乱入 1959.11.27
安保改定阻止国民会議統一行動　　1960.6.15
安保改定阻止国民会議統一行動　　1960.6.18

日米安保条約等関係法令整理法
安保関連法案、自民党による強行採決 1960.5.19
参院本会議、50日間の会期延長　　1960.5.26

にちへ　　　　　　　　　　　　事項名索引　　　　　　　　　日本議会政治史事典

参院、日米安保関係法令整理法案可決　1960.6.20

日米科学技術研究開発協力協定
日米科学技術研究開発協力協定に調印　1980.5.1

日米艦艇貸与協定
日米艦艇貸与協定署名　1954.5.14

日米技術協定
日米技術協定調印　1956.3.22

日米協議委員会
沖縄援助に関する日米協議委員会を設置　1962.11.2

日米行政協定
特使ラスク来日　1952.1.26
日米行政協定正式交渉開始　1952.1.29
日米行政協定調印　1952.2.28
国会、行政協定に関する質疑　1952.2.29
日米行政協定の国会承認に関する件を否決
　　　　　　　　　　　　　　　1952.3.25
日米新安保条約・新行政協定交渉が妥結　1960.1.6
日米新安保条約・日米新行政協定に調印　1960.1.19
安保関連法案、自民党による強行採決　1960.5.19
日米新安保条約・行政協定自然承認　1960.6.18
安保改正阻止国民会議統一行動　1960.6.18
日米新安保条約・行政協定が発効　1960.6.23

日米漁業協定
日米漁業協定　1982.9.10

日米原子力協定
日米原子力協定調印　1955.11.14
日英・日米原子力協定調印　1958.6.16

日米交渉
日米交渉開始　1941.4.16
ハル4原則手交　1941.10.2

日米合同委員会
日米合同委員会で地位協定新運用合意　2004.4.2

日米繊維協定
日米繊維協定に調印　1972.1.3

日米繊維交渉
日米繊維交渉再開　1970.11.9

日米船舶貸借協定
日米船舶貸借協定調印　1952.11.12

日米相互防衛援助協定
MSA協定文書を発表　1953.6.26
MSA日米交渉開始　1953.7.15
MSA交渉中間報告　1953.8.6
日米協定調印　1954.3.8
アメリカとの協定の批准について国会に提
　出　1954.3.11
MSA協定発効　1954.5.1

日米相互防衛援助協定等に伴う秘密保護法
秘密保護法案衆院提出　1954.3.23

日米地位協定
沖縄県で全国初の県民投票　1996.9.8
日米合同委員会で地位協定新運用合意　2004.4.2
民・社・国が連立に合意　2009.9.9

日米長期漁業協定
日米長期漁業協定調印　1977.3.18

日米通商航海条約
「日米通商航海条約」調印　1911.2.21
「日米通商航海条約」破棄　1939.7.26

「日米通商航海条約」失効　1940.1.26

日米犯罪人引渡条約
「日米犯罪人引渡条約」調印　1886.4.29

日米物品役務相互提供協定
ガイドライン関連法成立　1999.5.24

日米防衛協力小委員会
日米防衛協力小委員会を設置　1976.7.8
日米防衛新ガイドライン中間報告　1997.6.7

日米防衛協力のための指針
有事の際の日米防衛協力の指針　1978.11.27
日米防衛協力見直し着手　1996.4.14
日米防衛新ガイドライン中間報告　1997.6.7
橋本首相訪中　1997.9.4
日米ガイドライン決定　1997.9.23
ガイドライン関連法案閣議決定　1998.4.28
安倍首相訪米　2015.4.26
「日米防衛協力のための指針」改定　2015.4.27

日米防衛協力のための指針関連法
第145回国会召集　1999.1.19
ガイドライン関連法成立　1999.5.24
中国で日中首脳会談　1999.7.9

日米貿易経済合同委員会
第一回日米貿易経済合同委員会を開催　1961.11.2

日米民間航空運送協定
日米民間航空運送協定調印　1952.8.11

日米綿製品協定
日米綿製品協定調印　1963.8.27

日米余剰農産物協定
日米余剰農産物協定調印　1955.5.31

日満議定書
「日満議定書」調印　1932.9.15

日露休戦議定書
「日露休戦議定書」調印　1905.9.1

日露協商
「日露協商」交渉打ち切り　1901.12.23

日露協約
「第1次日露協約」調印　1907.7.30
「第2次日露協約」調印　1910.7.4

日露経済協定
日露首脳会談　1997.11.1

日露交渉
日露交渉開始決定　1903.6.23
小村・ローゼン交渉開始　1903.10.6
対露国交断絶　1904.2.6

日露講和条約
「ポーツマス条約」調印　1905.9.5

日華間基本関係に関する条約
「日華基本条約」調印　1940.11.30

日華関税協定
中国が不平等条約改訂宣言　1928.7.7
「日華関税協定」調印　1930.5.6

日華基本条約
中国が不平等条約改訂宣言　1928.7.7
「日華基本条約」調印　1940.11.30
「日華同盟条約」調印　1943.10.30

- 424 -

日華協定
日華共同声明　1943.1.9
日加原子力協定
日加原子力協定調印　1959.7.2
日華条約
21ヶ条要求　1915.1.18
21ヶ条要求の破棄通告　1923.3.10
日華同盟条約
「日華同盟条約」調印　1943.10.30
日華郵便約定
「日華郵便約定」調印　1922.12.8
枢密院が政府弾劾上奏案可決　1922.12.29
日韓会談
第1次日韓会談開始　1952.2.15
日韓会談再開で合意　1953.1.6
第2次日韓会談開始　1953.4.15
第3次日韓会談開始　1953.10.6
日韓会談再開　1958.4.25
日韓会談再開　1959.8.12
第4次日韓会談が全面再開　1960.4.15
第6次日韓会談を開始　1961.10.20
日韓閣僚懇談会
初の日韓閣僚懇談会　1998.11.28
日韓基本関係条約
日韓基本関係条約に署名　1965.6.22
日韓協約
「第1次日韓協約」調印　1904.8.22
「韓国保護条約」調印　1905.11.17
「第3次日韓協約」調印　1907.7.24
日韓経済アジェンダ21
ソウルで日韓首脳会談　1999.3.20
日韓五輪安全対策連絡協議会
竹下首相、韓国大統領就任式に出席　1988.2.24
日韓新漁業協定
初の日韓閣僚懇談会　1998.11.28
日韓大陸棚関連法
日韓大陸棚関連法案可決成立　1978.6.14
日韓大陸棚協定
日韓大陸棚協定　1974.1.30
日韓大陸棚協定締結の承認　1977.2.14
日韓定期閣僚会議
第一回日韓定期閣僚会議を開催　1967.8.9
日韓定期閣僚会議延期を決定　1973.8.24
日韓投資協定
小泉首相が訪韓、拉致解決へ協力要請　2002.3.22
日韓特別委員会
日韓特別委員会を設置　1965.11.13
日韓21世紀委員会
竹下首相、韓国大統領就任式に出席　1988.2.24
日韓防衛首脳会談
山下防衛庁長官、日韓防衛首脳会談　1979.7.25
日興証券
新井衆院議員が自殺　1998.2.19
日歯連 → 日本歯科医師連盟を見よ
日清講和条約
「下関条約」調印　1895.4.17

日清通商航海条約
中国が不平等条約改訂宣言　1928.7.7
日ソ漁業委員会
日ソ漁業委員会設置　1957.2.14
日ソ漁業協定
日ソ漁業協定承認　1975.9.20
日ソ漁業協力協定
日ソ漁業協力協定及びさけ・ます議定書　1978.3.21
日ソ漁業暫定協定
日ソ漁業暫定協定調印　1977.5.22
日ソ・ソ日両漁業暫定協定の1年延長　1977.12.16
日ソ漁業条約
「日ソ漁業条約」調印　1928.1.23
日ソ漁業交渉開始　1956.4.29
日ソ漁業条約改定協定
「日ソ漁業条約改定協定」など調印　1944.3.30
日ソ漁業条約効力1年延長に関する暫定協定
「日ソ漁業条約効力1年延長に関する暫定協定」調印　1936.12.28
日ソ漁業条約の5年間効力存続に関する議定書
「日ソ漁業条約改定協定」など調印　1944.3.30
日ソ航空協定
日ソ航空協定調印　1966.1.21
日ソ交渉
日ソ交渉開始　1955.6.1
日ソ中立条約 → 大日本帝国及「ソヴィエト」社会主義共和国連邦間中立条約を見よ
日ソ通商条約
「日ソ通商条約」調印　1957.12.6
日タイ特別円協定
日タイ特別円協定に調印　1962.1.31
日タイ特別円処理協定
日タイ特別円処理協定調印　1955.7.9
日中覚書貿易協定
日中覚書貿易協定・会談コミュニケに調印　1970.4.19
日中閣僚会議
初の日中閣僚会議を開催　1980.12.3
日中航空協定
日中航空協定に調印　1974.4.20
日中国交回復促進議員連盟
日中国交回復促進議員連盟が発足　1970.12.9
衆院に日中国交回復決議案を提出　1971.7.23
日中・日ソ国交回復国民会議
日中・日ソ国交回復国民会議結成　1954.10.28
日中文化交流協定
大平首相、日中首脳会談のため中国訪問　1979.12.5
日中平和友好条約
日中平和友好条約の締結を承認　1978.9.19
日中覚書貿易協定
日中民間覚書貿易協定調印　1972.10.29
日中民間漁業協定
日中民間漁業協定調印　1955.4.15
日中民間貿易協定
第4次日中民間貿易協定調印　1958.3.5

日中友好議員連盟
日中友好議員連盟訪中団出発　　　　　1989.9.17
日中両国間山東懸案解決に関する条約
「山東還付条約」調印　　　　　　　　1922.2.4
日朝国交正常化交渉
竹下首相、北朝鮮との関係改善を提唱　1989.3.30
第1回日朝国交正常化交渉　　　　　　1991.1.30
日朝国交正常化交渉決裂　　　　　　　1992.11.5
日朝国交正常化交渉再開で合意　　　　1997.11.12
第10回日朝国交正常化交渉　　　　　　2000.8.22
日朝国交正常化交渉再開と過去精算協議へ
　　　　　　　　　　　　　　　　　2002.8.26
日朝修好条規続約
「済物浦条約」調印　　　　　　　　　1882.8.30
日朝友好促進議員連盟
日朝友好促進議員連盟、訪朝代表団派遣　1977.8.26
日通事件
日通事件に関して大倉精一議員を逮捕　1968.6.4
日比同盟条約
フィリピン共和国独立宣言　　　　　　1943.10.14
日比賠償協定
日比賠償協定調印　　　　　　　　　　1956.5.9
日本社会党 → 社会党を見よ
日本維新の会
日本維新の会が発足　　　　　　　　　2012.9.28
日本維新の会に太陽の党が合流　　　　2012.11.17
みんなの党と日本維新の会、選挙協力を解
消　　　　　　　　　　　　　　　　2013.5.21
猪木議員に登院停止30日　　　　　　　2013.11.22
日本維新の会が分裂　　　　　　　　　2014.5.29
「次世代の党」発足　　　　　　　　　2014.8.1
維新の党、結党大会を開く　　　　　　2014.9.21
日本医療研究開発機構
健康・医療戦略推進法が成立　　　　　2014.5.23
日本・インドネシア間平和条約調印
日本・インドネシア間平和条約調印　　1958.1.20
日本・インドネシア賠償中間協定
日本・インドネシア賠償中間協定仮調印　1952.1.18
日本円に対する公式為替レート設定の覚書
1ドル360円の単一為替レート設定　　　1949.4.23
日本を元気にする会
「日本を元気にする会」設立　　　　　2015.1.8
日本学術会議法
日本学術会議法公布　　　　　　　　　1948.7.12
日本革新党
政党相次ぎ解散　　　　　　　　　　　1940.7月
日本・カンボジア経済技術協力協定
日本・カンボジア経済技術協力協定調印　1959.3.2
日本共産党 → 共産党を見よ
日本協同党
日本協同党結成　　　　　　　　　　　1945.12.18
日本銀行
国際協調のための経済構造調整研究会発足
　　　　　　　　　　　　　　　　　1985.10.31
日債銀を全面支援　　　　　　　　　　1997.3.27
経済関連法成立　　　　　　　　　　　1997.6.11
鳩山首相が施政方針演説　　　　　　　2010.1.29

政府と日銀が追加の経済・金融対策を決定
　　　　　　　　　　　　　　　　　2010.8.30
日本銀行金買入法
「日本銀行金買入法」など公布　　　　1934.4.7
日本銀行券預入令
新円発行、旧円預貯金封鎖　　　　　　1946.2.17
日本銀行条例
「日本銀行条例」制定　　　　　　　　1882.6.27
日本銀行特別融通及損失補償法
「日本銀行特別融通及損失補償法」など公
布　　　　　　　　　　　　　　　　1927.5.9
日本銀行非常貸出補償令案
「日本銀行非常貸出補償令案」決定　　1927.4.13
若槻内閣総辞職　　　　　　　　　　　1927.4.17
衆議院が枢密院を弾劾　　　　　　　　1927.5.7
日本銀行法
「戦時民事特別法」・「戦時刑事特別法」な
ど公布　　　　　　　　　　　　　　1942.2.24
経済関連法成立　　　　　　　　　　　1997.6.11
日本経済団体連合会
第3次行革審発足　　　　　　　　　　1990.10.31
『日本経済の成長と近代化』
『経済白書』発表　　　　　　　　　　1956.7.6
日本国憲法 → 憲法を見よ
『日本国憲法ノ基本主義』
天皇機関説問題　　　　　　　　　　　1935.2.18
日本国内での外国人の事業活動に関する覚書
外国人の対日投資を許可　　　　　　　1949.1.14
日本国有鉄道
国鉄の財政再建について閣議決定　　　1969.9.12
行政改革大綱、国鉄再建について声明　1982.9.24
衆院、国鉄再建に関する臨時措置法法議決　1983.4.15
国鉄基本方針を決定　　　　　　　　　1985.10.11
国鉄職員3万人、公的機関へ　　　　　1985.12.13
日本国有鉄道改革法
国鉄分割・民営化関連8法案、衆院可決　1986.10.28
日本国有鉄道清算事業団
旧国鉄長期債務処理法成立　　　　　　1998.10.15
日本国有鉄道清算事業団債務処理法
旧国鉄長期債務処理法成立　　　　　　1998.10.15
日本国有鉄道の経営する事業の再建の推進に関
する臨時措置法
衆院、国鉄再建に関する臨時措置法議決　1983.4.15
日本国家社会党
日本国家社会党設立　　　　　　　　　1932.5.29
日本債券信用銀行
日債銀を全面支援　　　　　　　　　　1997.3.27
日本歯科医師会
日本歯科医師会の前会長、橋本派に1億円　2004.7.14
日歯連事件で議員逮捕　　　　　　　　2004.7.15
日本歯科医師連盟
日歯連事件で議員逮捕　　　　　　　　2004.7.15
日歯連前会長ら逮捕　　　　　　　　　2015.9.30
日本社会主義同盟
日本社会主義同盟設立　　　　　　　　1920.12.9
日本自由党
日本自由党結成　　　　　　　　　　　1945.11.9

日本自由党大会開催	1946.8.18
日本自由党結成	1953.12.9
日本民主党結成	1954.11.24

日本証券取引所法
「日本証券取引所法」など公布	1943.3.11

『日本人』
『日本人』創刊	1888.4.3

日本新党
前熊本県知事が新党結成	1992.5.22
日本新党・新党さきがけが基本政策発表	1993.7.23
社民連解散	1994.5.22
野党勢派が新党結成へ	1994.9.6
細川元首相、新進党離党	1997.6.18

日本進歩党
日本進歩党結成	1945.11.16
進歩党が憲法改正要綱を決定	1946.2.14

日本人民共和国憲法草案
共産党憲法草案発表	1946.6.29

日本製鉄株式会社
「日本製鉄株式会社法」公布	1933.4.6

日本製鉄株式会社法
「日本製鉄株式会社法」公布	1933.4.6

日本製糖
日本製糖汚職事件	1909.4.11

日本創新党
「日本創新党」結党	2010.4.18

日本・タイ国同盟条約
「日本・タイ国同盟条約」調印	1941.12.21

日本大衆党
日本大衆党設立	1928.12.20
全国大衆党設立	1930.7.20

日本平民党
日本平民党設立	1906.1.14
日本社会党設立	1906.2.24

日本鉄道建設公団
旧国鉄長期債務処理法成立	1998.10.15

日本電信電話株式会社
リクルート社前会長ら証人喚問	1988.12.6
リクルート問題で中曽根前首相証人喚問	1989.5.25

日本電信電話株式会社法
「3公社民営化法」案修正議決	1984.7.20
「電電公社民営化法」案等議決	1984.12.14

日本同志懇親会
日本同志懇親会開催	1883.2.2

日本撚糸工業組合連合会
撚糸工連事件、横手・稲村議員起訴	1986.5.1

日本農民組合
無産政党組織準備委員会第1回協議会	1925.8.10

日本農民党
日本農民党設立	1926.10.17
日本大衆党設立	1928.12.20
日本農民党結成	1947.2.20

日本発送電株式会社法
電力管理2法公布	1938.4.6

日本・ハワイ国間渡航条約
「日本・ハワイ国間渡航条約」調印	1886.1.28

日本ビルマ間経済及び技術協力協定
日本ビルマ間経済及び技術協力協定	1963.3.29

日本・ビルマ同盟条約
ビルマ独立宣言	1943.8.1

日本・ビルマ平和条約
日本・ビルマ平和条約他調印	1954.11.5

日本婦人団体連合会
全国各地の各界で安保強行採決反対	1960.5.20

日本文芸家協会
全国各地の各界で安保強行採決反対	1960.5.20

日本・ベトナム賠償協定
日本・ベトナム賠償協定を承認	1959.12.23

日本ペンクラブ
憲法擁護国民連合結成	1954.1.13

日本・ポーランド国交回復協定
日本・ポーランド国交回復	1957.2.8

日本・南ベトナム賠償協定
日本・南ベトナム賠償協定調印	1959.5.13

日本未来の党
「日本未来の党」結成	2012.11.27
「日本未来の党」が分裂、「生活の党」に党名変更	2012.12.27
政治団体「日本未来の党」を届け出	2012.12.28
「みどりの風」が政党に	2012.12.28
嘉田日本未来の党の代表辞任	2013.1.4
みどりの風、代表発表	2013.1.28

日本民主党
日本民主党結成	1954.11.24
内閣総理大臣に鳩山一郎を指名	1954.12.9
衆院議長松永東当選	1954.12.11
自由民主党結成	1955.11.15

日本無産党
第1次人民戦線事件	1937.12.15

日本・モンゴル無償経済援助協定
日本・モンゴル無償経済援助協定	1977.3.17

日本郵政株式会社
鳩山総務相が辞任	2009.6.12

日本郵政公社
郵政民営化関連法案を閣議決定	2005.4.25
郵政民営化関連法案が成立	2005.10.11

日本郵政公社法
郵政4法、「5減5増」改正公職選挙法成立	2002.7.18

日本・ラオス経済協力協定
日本・ラオス経済協力協定提出	1958.10.15

日本列島改造論
「日本列島改造論」を発表	1972.6.11

日本労働組合全国評議会
第1次人民戦線事件	1937.12.15

日本労働組合総評議会
社会党「新宣言」を採択	1986.1.22

日本労働組合評議会
労働農民党など結社禁止	1928.4.10

日本労働総同盟
無産政党分裂	1925.11.29

日本労農党
日本労農党設立	1926.12.9

にほん　　　　　　　　　　　　　　事項名索引　　　　　　　　　　日本議会政治史事典

日本大衆党設立　　　　　　　　　　　1928.12.20
日本YMCA
　全国各地の各界で安保強行採決反対　　1960.5.20
『二六新報』
　秋山露探問題　　　　　　　　　　　　1904.3.23
丹羽 雄哉
　自民党三役が決定　　　　　　　　　　2006.9.25

【ぬ】

額賀 福志郎
　防衛庁の背任事件で処分　　　　　　　1998.11.19
　KSD疑惑で辞任相次ぐ　　　　　　　　2001.1.15
　自民幹事長に安部晋三　　　　　　　　2003.9.21
　普天間基地移設、国と名護市が基本合意　2006.4.7
　防衛省前事務次官を証人喚問　　　　　2007.10.29

【ね】

ネーメト ・ミクローシュ
　海部首相、欧州8ヵ国に出発　　　　　1990.1.8
根本 龍太郎
　第3次吉田内閣第2次改造　　　　　　　1951.7.4
　自民党臨時大会、佐藤総裁の3選　　　1968.11.27
ネール、ジャワハルラール
　インドのネール首相来日　　　　　　　1957.10.4
年金改革関連法
　年金改革関連法案が衆院を通過　　　　2004.5.11
　年金改革法が成立　　　　　　　　　　2004.6.5
年金・健康保険福祉施設整理機構法
　障害者虐待防止法など成立　　　　　　2011.6.17
年金時効特例法
　徹夜国会で社会保険庁改革・年金法が成立
　　　　　　　　　　　　　　　　　　2007.6.30
年金未納問題
　閣僚の公的年金保険料納付問題　　　　2004.4.23
　年金未納問題で辞任相次ぐ　　　　　　2004.5.7
　小泉首相も年金未加入発覚　　　　　　2004.5.14
撚糸工連 → 日本撚糸工業組合連合会を見よ
年齢のとなえ方に関する法律
　年齢のとなえ方に関する法律公布　　　1949.5.24

【の】

盧 泰愚
　竹下首相、韓国大統領就任式に出席　　1988.2.24
　竹下首相、ソウル五輪開会式に出席　　1988.9.16
　石橋前社会党委員長ら訪韓　　　　　1988.10.12
　韓国大統領来日　　　　　　　　　　　1990.5.24
　海部首相が訪韓　　　　　　　　　　　1991.1.9
　宮沢首相が訪韓　　　　　　　　　　　1992.1.16

　日韓、北朝鮮問題で連携　　　　　　　1992.11.8
盧 武鉉
　小泉首相、靖国神社参拝　　　　　　　2003.1.14
　小泉首相、盧韓国大統領と初会談　　　2003.2.25
　韓国の盧武鉉大統領が来日　　　　　　2003.6.6
　小泉首相、韓国の盧武鉉大統領と会談　2005.11.18
　安倍首相、中国と韓国を訪問　　　　　2006.10.8
　安倍首相、ハノイで各国首脳と会談　　2006.11.18
農会法
　「日本証券取引所法」など公布　　　　1943.3.11
農業改良助長法
　農業改良助長法公布　　　　　　　　　1948.7.15
農業基本法
　農業基本法が可決　　　　　　　　　　1961.4.29
　初の『農業白書』を公表　　　　　　　1961.12.26
　閣議、農産物の需要と生産見通し決定　1968.11.22
農業協同組合法
　農協改革関連法成立　　　　　　　　　2015.8.28
農業団体法
　「日本証券取引所法」など公布　　　　1943.3.11
『農業白書』
　初の『農業白書』を公表　　　　　　　1961.12.26
農産物価格安定法
　農産物価格安定法公布　　　　　　　　1953.8.17
農商省
　軍需省・農商省・運輸通信省設置　　　1943.11.1
農商務省
　農商務省設置　　　　　　　　　　　　1881.4.7
　農林省・商工省設置　　　　　　　　　1925.4.1
農水貯金保険法
　「住専関連法」案可決　　　　　　　　1996.6.18
農村負債整理組合法
　「米穀統制法」など公布　　　　　　　1933.3.29
農地改革に関する覚書
　農地改革に関する覚書交付　　　　　　1945.12.9
農地開発法
　「蚕糸業統制法」など公布　　　　　　1941.3.13
農地制度改革同盟
　農地制度改革同盟・立憲養成会解散命令　1942.3.17
農地調整法
　「農地調整法」公布　　　　　　　　　1938.4.2
　改正農地調整法公布　　　　　　　　1945.12.29
　「自作農創設特別措置法」公布　　　1946.10.21
農民協同党
　改進党結成　　　　　　　　　　　　　1952.2.8
農民労働党
　農民労働党設立　　　　　　　　　　　1925.12.1
　労働農民党設立　　　　　　　　　　　1926.3.5
農林漁業資金融通法
　農林漁業資金融通法公布　　　　　　　1951.3.31
農林省
　農林省・商工省設置　　　　　　　　　1925.4.1
　軍需省・農商省・運輸通信省設置　　　1943.11.1
　農林水産省を発足　　　　　　　　　　1978.7.5
農林水産省
　農林水産省を発足　　　　　　　　　　1978.7.5

－ 428 －

日本議会政治史事典　　　事項名索引　　　はくし

第2次橋本内閣成立	1996.11.7
野上 義二	
田中外相と野上次官を更迭	2002.1.20
乃木 希典	
明治天皇大喪の儀	1912.9.13
野坂 参三	
日本共産党大会	1958.7.21
共産党、野坂名誉議長解任	1992.9.20
野田 卯一	
福田副総理が辞任	1976.11.5
野田 卯太郎	
内閣総辞職却下	1925.8.2
野田 聖子	
自民党三役に女性2人を起用	2012.12.25
自民党総裁選、安倍首相が無投票で再選	2015.9.8
野田 毅	
小渕連立内閣発足	1999.1.14
自由党連立離脱・分裂	2000.4.1
扇保守党首が辞任	2001.9.17
新保守党が発足	2002.12.25
野田 佳彦	
民主党の新代表に前原誠司	2005.9.17
民主党、「送金指示メール」騒動	2006.2.16
民主党新代表に野田財務相	2011.8.29
新首相に野田代表	2011.8.30
野田内閣が発足	2011.9.2
鉢呂経済産業相が辞任	2011.9.10
第178回国会召集	2011.9.13
日米首脳会議、普天間移設に全力	2011.9.21
野田首相、所信表明演説	2011.10.28
野田首相が外国人献金を認め、返金	2011.10.31
野田首相、TPP交渉への参加を表明	2011.11.11
提言型政策仕分けが始まる	2011.11.20
2大臣の問責可決	2011.12.9
民主党議員、離党届提出	2011.12.28
野田改造内閣が発足	2012.1.13
第180回国会召集	2012.1.24
野田首相、沖縄県を初訪問	2012.2.26
野田首相がオバマ米大統領と会談	2012.4.30
野田首相と小沢元代表の会談は平行線	2012.5.30
野田再改造内閣が発足	2012.6.4
野田首相、解散は「近いうちに」	2012.8.8
「消費増税関連法」が成立	2012.8.10
首相問責決議案を可決	2012.8.29
野田首相が民主党代表再選	2012.9.21
野田第3次改造内閣が発足	2012.10.1
田中法相が辞任	2012.10.23
第181回国会召集	2012.10.29
第46回衆議院選挙で自民党が圧勝	2012.12.16
野田内閣が総辞職	2012.12.26
野田醤油	
野田醤油労働争議	1927.9.16
野中 広務	
小渕内閣発足	1998.7.30
野村 五男	
参院茨城補選、自民新人当選	1989.10.1

野村 吉三郎	
野村外相任命	1939.9.25
日米交渉開始	1941.4.16
ハル4原則手交	1941.10.2
来栖大使米国派遣	1941.11.5
野村 直邦	
嶋田海相辞任	1944.7.17
野呂田 芳成	
防衛庁の背任事件で処分	1998.11.19
国民新党と新党日本、衆院で統一会派結成	2005.9.20

【は】

配偶者からの暴力防止・被害者保護法	
「DV防止法」成立	2001.4.6
売勲疑獄事件	
売勲疑獄事件	1929.8月
ハイジャック防止決議	
国連、ハイジャック防止決議案採択	1977.11.3
陪審法	
「陪審法」公布	1923.4.18
「陪審法の停止に関する法律」公布	1943.4.1
排日移民法	
米国移民制限問題に関する声明を発表	1924.5.28
「排日移民法」施行	1924.7.1
排日土地法	
「排日土地法」に抗議	1913.5.10
パウエル, コリン	
田中外相が米国務長官と会談	2001.6.18
小泉首相、米国務長官と会談	2003.2.22
町村外相がパウエル米国務長官と会談	2004.10.24
破壊活動防止法	
破防法案国会提出	1952.4.17
衆院、破防法案修正議決	1952.5.15
参院法務委、破防法案ほか公安2法案否決	1952.6.19
参院、破防法・関連2法案修正議決	1952.7.3
衆院、破防法関連回付案に同意	1952.7.4
破壊活動防止法公布	1952.7.21
博多湾電鉄	
五私鉄疑獄事件	1929.8月
袴田 里美	
共産党、袴田里美前副委員長を除名	1978.1.4
「バカヤロー解散」	
バカヤロー解散	1953.3.14
萩野 浩基	
参院宮城補選でも非自民党候補当選	1992.3.8
朴 槿恵	
安倍首相、リー首相国葬に参列	2015.3.29
朴 正煕	
佐藤首相、朴韓国大統領就任式に参列	1967.6.30
佐藤首相、朴大統領就任式参列で訪韓	1971.7.1
ハーグ条約	
ハーグ条約を国会承認	2013.5.22

博物館法
博物館法公布	1951.12.1

ハーグ陸戦条約
「ハーグ陸戦条約」調印	1899.7.29

バジパイ, アタル・ビハリ
森首相、南西アジア4ヵ国歴訪	2000.8.19

橋本 欽五郎
大日本青年党設立	1936.10.17

橋本 実斐
帝国憲法改正案小委員選定	1946.9.28

橋下 徹
日本維新の会が発足	2012.9.28
日本維新の会に太陽の党が合流	2012.11.17
日本維新の会が分裂	2014.5.29
維新の党、結党大会を開く	2014.9.21
橋下維新の党共同代表が辞任	2014.12.23
「大阪都構想」反対多数	2015.5.17
維新の党、分裂へ	2015.8.27
「おおさか維新の会」設立	2015.10.31

橋本 登美三郎
中央選管委員長、企業ぐるみ選挙を批判	1974.7.2
ロッキード事件で逮捕者	1976.6.22
ロッキード事件で有罪判決	1982.6.8
ロッキード事件、佐藤議員ら控訴審判決	1986.5.14

橋本 龍太郎
第1次海部内閣発足	1989.8.10
第2次海部内閣発足	1990.2.28
第2次海部改造内閣発足	1990.12.29
橋本蔵相辞任	1991.10.14
自民党総裁に河野洋平	1993.7.30
村山内閣成立	1994.6.30
村山改造内閣発足	1995.8.8
自民党新総裁に橋本龍太郎	1995.9.22
村山首相辞意表明	1996.1.5
第135回国会召集	1996.1.11
第1次橋本内閣成立	1996.1.11
第136回国会召集	1996.1.22
普天間基地の移設を発表	1996.4.12
日米防衛協力見直し着手	1996.4.14
日米首脳会談	1996.4.17
日ロ『東京宣言』再確認	1996.4.19
橋本首相、韓国訪問	1996.6.22
首相に代行拒否文書送付	1996.8.1
沖縄県に特別調整費50億円計上	1996.9.10
自社さ政策合意	1996.10.31
日独協議を毎年開催	1996.11.1
第138回国会召集	1996.11.7
省庁再編	1996.11.8
フランス大統領来日	1996.11.18
第139回国会召集	1996.11.29
橋本首相、ASEAN各国へ出発	1997.1.7
第140回国会召集	1997.1.20
北朝鮮問題で日韓連携強化	1997.1.25
財政構造改革5原則提示	1997.3.18
カンボジア情勢で自衛隊機派遣	1997.7.12
行政改革会議集中討議	1997.8.18
橋本首相訪中	1997.9.4
自民党、橋本総裁を再選	1997.9.8

第2次橋下改造内閣発足	1997.9.11
第141回国会召集	1997.9.29
日露首脳会談	1997.11.1
橋本首相、特別減税を発表	1997.12.17
名護市ヘリ基地受け入れ表明	1997.12.24
第142回国会召集	1998.1.12
橋本首相、3ヵ国の首脳と会談	1998.4.2
1998年度予算成立	1998.4.8
社民党、閣外協力解消を決定	1998.5.30
第2次森改造内閣発足	2000.12.5
小泉首相、靖国神社参拝	2001.8.13
日本歯科医師会の前会長、橋本派に1億円	2004.7.14

橋本 龍伍
第3次吉田内閣第2次改造	1951.7.4
岸内閣改造	1959.1.12

長谷川 寿彦
長谷場衆議院議長死去	1914.3.15
リクルート社前会長ら証人喚問	1988.12.6

長谷場 純孝
自由党分裂	1893.12.2
同志会設立	1897.12.21
第25回帝国議会召集	1908.12.22
第2次西園寺内閣成立	1911.8.30
長谷場衆議院議長辞任	1911.9.6
大岡衆議院議長辞任	1914.3.6
長谷場衆議院議長死去	1914.3.15

畑 俊六
阿部内閣成立	1939.8.30
阿部内閣総辞職	1940.1.14
米内内閣成立	1940.1.16
畑陸相単独辞任勧告	1940.7.4
米内内閣総辞職	1940.7.16

羽田 孜
竹下派会長に小渕恵三	1992.10.22
自民党羽田が新派閥結成	1992.12.10
自民党分裂、新党結成	1993.6.23
細川護熙内閣成立	1993.8.9
アメリカの国務長官来日	1994.3.9
羽田孜を首相を後継	1994.4.22
羽田孜首相誕生	1994.4.25
戦争発言で法相更迭	1994.5.3
羽田内閣総辞職	1994.6.25
新進党党首選	1995.12.8
羽田元首相、新進党離党	1996.12.16
民政党結党大会	1998.1.23
民主党結党大会	1998.4.27
民主党、菅代表を再選	1999.1.18

秦 豊
社会クラブを結成	1977.9.27

波多野 鼎
農林大臣罷免	1947.11.4
社会党左派が党内野党声明	1947.12.13

葉煙草専売法
「葉煙草専売法」など公布	1896.3.28

蜂須賀 茂韶
伊藤貴族院議長辞任	1891.7.21
近衛篤麿貴族院議長就任	1896.10.3

鉢呂 吉雄
民主党議員総会で新人事を承認	2010.9.17
鉢呂経済産業相が辞任	2011.9.10

ハッサン
海部首相中東訪問	1990.10.1

八田 嘉明
東条内閣第1次改造	1943.4.20
軍需省・農商省・運輸通信省設置	1943.11.1

鳩山 一郎
立憲政友会分裂	1924.1.16
統帥権干犯問題	1930.4.25
五月雨演説	1934.2.15
鈴木立憲政友会総裁辞意表明	1937.2.17
立憲政友会後継総裁問題	1939.4.12
日本自由党結成	1945.11.9
鳩山一郎公職追放	1946.5.4
第2次追放解除を発表	1951.8.2
鳩山自由党結成	1953.3.18
自由党2党首会談	1953.11.17
自由党分党派が復党	1953.11.29
日本民主党結成	1954.11.24
内閣総理大臣に鳩山一郎を指名	1954.12.9
第1次鳩山内閣成立	1954.12.10
鳩山首相、施政方針演説	1955.1.22
第2次鳩山内閣成立	1955.3.19
鳩山首相、憲法改正希望を答弁	1955.3.29
総務会長、保守合同について発言	1955.4.12
鳩山首相、施政方針演説	1955.4.25
民主・自由党首会談	1955.6.4
鳩山首相、憲法改正の提案権は政府にありと発言	1955.6.11
第3次鳩山内閣成立	1955.11.23
鳩山首相、所信表明演説	1955.12.2
鳩山首相、施政方針演説	1956.1.30
鳩山首相、現行憲法に反対と発言	1956.1.31
鳩山首相、敵基地侵略容認発言	1956.2.29
自由民主党臨時党大会	1956.4.5
鳩山首相、所信表明演説	1956.11.16
党首会談で国会正常化申合せ	1956.12.12

鳩山 和夫
日本同志懇親会開催	1883.2.2
第10回帝国議会召集	1896.12.22
戦時増税で妥協案成立	1904.12.9

鳩山 邦夫
自民党分裂、新党結成	1993.6.23
新党「民主党」結成呼びかけ	1996.9.11
鳩山総務相が辞任	2009.6.12

鳩山 由紀夫
新党「民主党」結成呼びかけ	1996.9.11
民主党結党	1996.9.28
民主党、二人代表制廃止	1997.9.18
鳩山由紀夫、民主党代表に	1999.9.25
民主党、鳩山代表再選	2000.8.21
民主党代表に鳩山由紀夫が3選	2002.9.23
民主党鳩山代表が辞任表明	2002.12.3
閣僚の公的年金保険料納付問題	2004.4.23
民主党の新代表に前原誠司	2005.9.17
民主党、「送金指示メール」騒動	2006.2.16
民主党代表に小沢一郎再選	2006.9.12
民主党新代表に鳩山由紀夫	2009.5.16
民主党鳩山代表、虚偽記載を認める	2009.6.30
民・社・国が連立に合意	2009.9.9
麻生内閣が総辞職、鳩山内閣が発足	2009.9.16
鳩山首相、国連に出席し各国首脳と会談	2009.9.22
日中韓首脳が会談	2009.10.10
第173回国会召集	2009.10.26
鳩山首相、来日した米大統領と会談	2009.11.13
鳩山首相、中国副主席と会談	2009.12.14
民主党大会で小沢幹事長続投を了承	2010.1.16
第174回国会召集	2010.1.18
自民党大会が開催	2010.1.24
鳩山首相が施策方針演説	2010.1.29
行政刷新相に枝野就任	2010.2.10
水俣病の救済を閣議決定	2010.4.16
鳩山首相、小沢幹事長の続投を表明	2010.4.28
辺野古移設を閣議決定、社民党が連立離脱へ	2010.5.28
鳩山首相が退陣、小沢幹事長も辞任	2010.6.2
消費増税、衆院通過	2012.6.26
民主党、法案反対議員の処分を決定	2012.7.9

バドラン, M.
海部首相中東訪問	1990.10.1

花井 卓蔵
普選法案提出	1902.2.12

花井 貞蔵
第36回帝国議会召集	1915.5.17

「話し合い解散」
衆議院解散	1958.4.25

馬場 鍈一
広田内閣成立	1936.3.9

馬場 辰猪
自由党設立	1881.10.29

馬場 伸幸
維新の党、分裂へ	2015.8.27

馬場 昇
社会党大会、党綱領見直し	1982.2.6

浜尾 新
浜尾枢密院議長就任	1924.1.13
浜尾枢密院議長死去	1925.9.25

浜口 雄幸
立憲民政党設立	1927.6.1
立憲民政党が政府反対	1929.1.20
緊縮財政を表明	1929.6.5
浜口内閣成立	1929.7.2
10大政綱発表	1929.7.9
浜口首相、施政方針演説	1930.1.21
衆議院解散	1930.1.21
浜口首相、施政方針演説	1930.4.25
浜口雄幸首相暗殺事件	1930.11.14
幣原首相臨時代理解任	1931.3.9
浜口内閣不信任決議案否決	1931.3.20
浜口内閣総辞職	1931.4.13

浜田 和幸
原発相、復興相が決定	2011.6.27
国民新党、解党	2013.3.21

浜田 国松
第39回帝国議会召集	1917.6.21
三派連合憲政擁護関西大会	1924.1.30
第67回帝国議会召集	1934.12.24
腹切り問答	1937.1.21

浜田 幸一
「殺人者」発言で予算委紛糾	1988.2.6

浜松市議会
浜松市会議員選挙	1926.9.3

浜四津 敏子
羽田内閣発足	1994.4.28
新党平和、黎明クラブ結党	1998.1.4
公明党復活	1998.11.7

バー・モウ
ビルマ独立宣言	1943.8.1

林 毅陸
軍部大臣現役武官制改正を表明	1913.2.27

林 敬三
「閣僚の靖国神社参拝問題に関する懇談会」 設置	1984.8.3
靖国神社公式参拝是認	1985.8.9

林 修三
賢人会議発足	1989.1.27

林 譲治
衆議院議長に林譲治当選	1951.3.13

林 銑十郎
荒木陸相辞任	1934.1.23
在満機構改革問題	1934.8.6
対満事務局設置	1934.12.26
林陸相辞任	1935.9.5
広田内閣総辞職	1937.1.23
林内閣成立	1937.2.2
林首相、施政方針演説	1937.2.15
佐藤尚武外相就任	1937.3.3
食い逃げ解散	1937.3.31
第20回衆議院選挙	1937.4.30
3党が内閣即時辞表要求	1937.5.3
昭和会解散	1937.5.21
林内閣総辞職	1937.5.31

林 幹生
麻生首相、2閣僚を補充	2009.7.1

林 有造
伊藤首相が板垣入閣拒否	1898.4.15
勅語奉答文事件	1903.12.10

林 芳正
麻生首相、2閣僚を補充	2009.7.1
西川農水相辞任	2015.2.23

林 義郎
宮沢喜一改造内閣発足	1992.12.11

早速 整爾
内閣総辞職却下	1925.8.2

原 健三郎
原労相が辞任	1972.1.28
売上税法案、衆院議長預かりに	1987.4.23
原衆院議長、辞任願提出	1989.6.1

原 善三郎
実業同志倶楽部設立	1897.1.27

原 敬
伊藤ら新党設立準備	1900.7月
立憲政友会設立	1900.9.15
星通信相辞任	1900.12.21
「地租増徴案」妥協案提示	1902.12.25
立憲政友会・憲政本党が提携	1903.12.3
戦時増税で合意	1904.3.20
戦時増税で妥協案成立	1904.12.9
立憲政友会・憲政本党が講和について決議	
	1905.6.28
原立憲政友会院内総理就任	1905.12.24
第2次西園寺内閣成立	1911.8.30
第1次山本内閣成立	1913.2.20
西園寺立憲政友会総裁辞任	1914.6.18
3党党首会談	1916.5.24
寺内首相が対中外交で議会に協力要請	1917.1.15
臨時外交調査委員会参加を要請	1917.6.2
寺内内閣総辞職	1918.9.21
原内閣成立	1918.9.29
原首相、施政方針演説	1919.1.21
原首相、施政方針演説	1920.1.22
衆議院解散	1920.2.26
原首相、施政方針演説	1920.7.3
「西にレーニン、東に原敬」発言	1920.7.8
原内閣不信任決議案否決	1920.7.10
原首相、施政方針演説	1921.1.22
原内閣不信任決議案否決	1921.2.19
風教に関する決議案否決	1921.3.11
原敬暗殺	1921.11.4

原 嘉道
近衛枢密院議長辞任	1940.6.24
原枢密院議長死去	1944.8.7

原口 幸一
安保理で日本、米英支持表明	2003.2.18

原島 宏治
公明党を結成	1964.11.17

原田 憲
衆院リクルート問題特委設置	1988.11.15
リクルート問題で原田経企庁長官辞任	1989.1.25

パリ講和会議
パリ講和会議	1919.1.18

パリ不戦条約
「パリ不戦条約」調印	1928.8.27
「人民の名に於て」問題	1929.1.23
「パリ不戦条約」問題で内閣辞職要求	1929.6.22
枢密院が「パリ不戦条約」可決	1929.6.26
日中戦争を国際連盟に提訴	1937.9.13

ハル, コーデル
日米交渉開始	1941.4.16
ハル4原則手交	1941.10.2
ハル・ノート提示	1941.11.26

春木 義彰
立憲改進党結党式	1882.4.16

ハワード, ジョン
日豪安保共同宣言に署名	2007.3.13

バンカース・トラスト
日債銀を全面支援	1997.3.27

版権条例
改正「新聞紙条例」など公布 　　　1887.12.29
万国赤十字条約
「万国赤十字条約」加入 　　　　　1886.6.5
万国郵便条約
「万国郵便条約」調印 　　　　　　1891.7.4
「万国郵便条約」調印 　　　　　　1929.6.28
犯罪捜査のための通信傍受に関する法律
組織犯罪対策3法成立 　　　　　　1999.8.12
阪神・淡路大震災
阪神・淡路大震災発生 　　　　　　1995.1.17
大震災緊急対策を決定 　　　　　　1995.1.18
地震対策担当相新設 　　　　　　　1995.1.20
阪神・淡路復興委員会設置 　　　　1995.2.10
「震災復興基本方針・組織法」など可決 1995.2.22
阪神・淡路復興委員会
阪神・淡路復興委員会設置 　　　　1995.2.10
ハンセン病保障法
「ハンセン病保障法」が成立 　　　2001.6.15
バンドン会議
バンドン会議開催 　　　　　　　　1955.4.18
安倍首相、バンドン会議出席 　　　2015.4.21
判任官俸給令
官吏俸給減俸 　　　　　　　　　　1931.5.27
反TPP・脱原発・消費増税凍結を実現する党
「減税」と「反TPP」が新党結成 　2012.11.22

【ひ】

比嘉 秀平
琉球臨時中央政府発足 　　　　　　1951.4.1
琉球中央政府発足 　　　　　　　　1952.4.2
比嘉 鉄也
名護市ヘリ基地受け入れ表明 　　　1997.12.24
東大阪電鉄
五私鉄疑獄事件 　　　　　　　　　1929.8月
東久世 通禧
初代貴族院議長任命 　　　　　　　1890.10.24
東久邇 稔彦
東久邇内閣成立 　　　　　　　　　1945.8.17
陸軍大臣下村定任命 　　　　　　　1945.8.23
一億総懺悔を声明 　　　　　　　　1945.8.28
東久邇首相、施政方針演説 　　　　1945.9.5
東久邇内閣総辞職 　　　　　　　　1945.10.5
東シナ海ガス田開発
小泉首相、胡錦濤中国国家主席と会談 2004.11.21
安倍首相、温家宝中国首相と会談 　2007.4.11
東シナ海のガス田開発、日中が正式合意 2008.6.18
中国がガス田交渉延期 　　　　　　2010.9.11
東日本大震災
東日本大震災発生 　　　　　　　　2011.3.11
統一選延期法が成立 　　　　　　　2011.3.18
復興誓う決議、衆院全会一致 　　　2011.4.22
被災者支援、初の法成立 　　　　　2011.4.27
震災被災地選挙延期法、成立 　　　2011.5.20

震災3県地デジ延期法が成立 　　　2011.6.8
被災者の相続放棄に猶予 　　　　　2011.6.17
復興基本法が成立 　　　　　　　　2011.6.20
原発相、復興相が決定 　　　　　　2011.6.27
政府が復興基本方針を決定 　　　　2011.7.29
地方選再延期法が成立 　　　　　　2011.8.3
被災者支援2法が成立 　　　　　　2011.8.5
がれき処理特別措置法が成立 　　　2011.8.12
復興財確保法が成立 　　　　　　　2011.11.30
復興特区法、被災者軽減税法が成立 2011.12.7
復興庁設置法が成立 　　　　　　　2011.12.9
復興庁が発足 　　　　　　　　　　2012.2.10
国家公務員給与削減法が成立 　　　2012.2.29
東日本大震災事業者再生支援機構法
「二重ローン救済法」が成立 　　　2011.11.21
引揚同胞対策審議会
引揚同胞対策審議会設置 　　　　　1948.9.2
引揚げに関する覚書
引揚げに関する覚書交付 　　　　　1946.3.16
樋口 伝
日本平民党設立 　　　　　　　　　1906.1.14
美術品国家補償法
美術品保障法が成立 　　　　　　　2011.3.29
非常徴発令
関東大震災発生 　　　　　　　　　1923.9.1
非常特別税法
「非常特別税法」など公布 　　　　1904.4.1
「臨時事件費支弁に関する法律」など修正
議決 　　　　　　　　　　　　　1904.12.17
「国債整理基金特別会計法」など公布 1906.3.2
秘書給与問題
鹿野民主党副代表が離党 　　　　　2002.2.6
元秘書給与流用疑惑で辻本議員辞職 2002.3.20
田中元外相党員資格停止、のちに辞職 2002.6.20
社民党土井党首、辞任を否定 　　　2003.7.19
秘書不正問題
橋本蔵相辞任 　　　　　　　　　　1991.10.14
井上議長、辞表を提出 　　　　　　2002.4.18
大島農水相公設秘書が不正受領 　　2003.2.20
大島農水相が辞任 　　　　　　　　2003.3.31
佐藤観樹議員に秘書名義借り疑惑 　2004.3.1
民主党、小沢代表辞任へ 　　　　　2009.3.27
一松 定吉
通信省設置 　　　　　　　　　　　1946.7.1
ヒトラー、アドルフ
松岡外相欧州歴訪 　　　　　　　　1941.3.12
非藩閥主義新聞記者大会
非藩閥主義新聞記者大会 　　　　　1894.3.28
日比谷焼討事件
日比谷焼討事件 　　　　　　　　　1905.9.5
百田 尚樹
自民勉強会で報道威圧発言 　　　　2015.6.25
日雇労働者健康保険法
日雇労働者健康保険法公布 　　　　1953.8.14
檜山 広
ロッキード事件で逮捕者 　　　　　1976.6.22

ひやむ

事項名索引　　　　　日本議会政治史事典

ビャムバスレン, ダシン
海部首相、モンゴル訪問　　　　　　　1991.8.13
平泉 渉
平泉科学技術庁長官が辞任　　　　　1971.11.16
平岡 浩太郎
憲政倶楽部設立　　　　　　　　　　1898.10.19
憲政本党設立　　　　　　　　　　　1898.11.3
平田 健二
平田参院議長を選出　　　　　　　　2011.11.14
平田 耕一
平田財務副大臣が株売却問題で辞任　　2009.3.26
平塚 らいてう
青鞜社設立　　　　　　　　　　　　1911.6.1
新婦人協会設立　　　　　　　　　　1920.3.28
平沼 騏一郎
普選断行決定　　　　　　　　　　　1923.10.15
一木枢密院議長辞任　　　　　　　　1936.3.13
第1次近衛内閣総辞職　　　　　　　1939.1.4
平沼内閣成立　　　　　　　　　　　1939.1.5
平沼枢密院議長辞任　　　　　　　　1939.1.5
平沼首相、施政方針演説　　　　　　1939.1.21
平沼内閣総辞職　　　　　　　　　　1939.8.28
戦犯59人の逮捕を命令　　　　　　　1945.12.2
平沼 赳夫
郵政民営化反対組11人が自民党に復党　2006.11.27
「たちあがれ日本」結党　　　　　　2010.4.10
「太陽の党」結成　　　　　　　　　2012.11.13
「次世代の党」発足　　　　　　　　2014.8.1
次世代の党、中山党首選出　　　　　2015.8.28
平野 達男
松本復興相辞任　　　　　　　　　　2011.7.5
復興庁が発足　　　　　　　　　　　2012.2.10
平野 博文
民主党主要役員が決定　　　　　　　2011.8.31
平野 力三
日本大衆党設立　　　　　　　　　　1928.12.20
農地制度改革同盟・立憲養成会解散命令　1942.3.17
農林大臣罷免　　　　　　　　　　　1947.11.4
政府、公職追放を解除　　　　　　　1950.10.13
社会民主党結成　　　　　　　　　　1951.2.10
保全経済会の政治献金問題について証人喚
問　　　　　　　　　　　　　　　1954.2.1
平山 誠
「みどりの風」が政党に　　　　　　2012.12.28
麦酒税法
増税諸法案提出　　　　　　　　　　1901.1.26
比例代表制
比例代表制を主張　　　　　　　　　1932.5.8
衆院選挙制度改革案を決定　　　　　1973.5.11
参院、公職選挙法改正案を提出　　　1982.4.28
公職選挙法を公布　　　　　　　　　1982.8.24
全国サラリーマン同盟が結成　　　　1983.5.8
第13回参議院選挙、初の比例代表制導入　1983.6.26
選挙制度審第1次答申　　　　　　　1990.4.26
「政治改革関連法」案決定　　　　　1991.7.10
自民党「政治改革関連4法」案党議決定　1993.3.31
日本新党・新党さきがけが基本政策発表　1993.7.23

「政治改革関連4法」案決定　　　　1993.9.17
政治改革関連3法案可決　　　　　　1994.11.21
第41回衆議院選挙　　　　　　　　1996.10.20
改正「公職選挙法」成立　　　　　　2000.10.26
郵政4法、「5減5増」改正公職選挙法成立　2002.7.18
広川 弘禅
民主自由党役員決定　　　　　　　　1948.10.26
池田通産大臣辞任　　　　　　　　　1952.11.29
広川農林大臣罷免　　　　　　　　　1953.3.3
広島高等工業学校
大学昇格問題　　　　　　　　　　　1921.1.25
広瀬 豊作
鈴木貫太郎内閣成立　　　　　　　　1945.4.7
広田 弘毅
内田外相辞任　　　　　　　　　　　1933.9.14
岡田内閣成立　　　　　　　　　　　1934.7.8
在満機構改革問題　　　　　　　　　1934.8.6
近衛文麿に大命降下　　　　　　　　1936.3.4
広田内閣成立　　　　　　　　　　　1936.3.9
広田首相、施政方針演説　　　　　　1936.5.6
軍部が中央行政機構・地方行政機構・議会
　制度改革案提出　　　　　　　　　1936.9.21
広田首相、施政方針演説　　　　　　1937.1.21
腹切り問答　　　　　　　　　　　　1937.1.21
広田内閣総辞職　　　　　　　　　　1937.1.23
「停会詔書」発布　　　　　　　　　1937.2.4
第1次近衛内閣成立　　　　　　　　1937.6.4
戦犯59人の逮捕を命令　　　　　　　1945.12.2
A級戦犯絞首刑執行　　　　　　　　1948.12.23
靖国神社にA級戦犯を合祀　　　　　1978.10.17
広中 和歌子
細川護熙内閣成立　　　　　　　　　1993.8.9

【ふ】

ファン・バン・カイ
小泉首相、東南アジアなどを歴訪　　2002.4.27
風俗営業法
改正風営法成立　　　　　　　　　　2015.6.17
フォード, ジェラルド
田中首相、4か国訪問　　　　　　　1974.9.12
フォード米国大統領が来日　　　　　1974.11.18
三木首相、日米首脳会談のため訪米　1975.8.2
不穏文書臨時取締法
「不穏文書臨時取締法」公布　　　　1936.6.15
国防保安法等廃止　　　　　　　　　1945.10.13
深尾 韶
日本社会党設立　　　　　　　　　　1906.1.28
深谷 隆司
自民党総裁選　　　　　　　　　　　1998.7.24
武器輸出三原則
武器禁輸の3原則を言明　　　　　　1967.4.21
武器輸出三原則を緩和　　　　　　　2011.12.27
武器輸出新原則を閣議決定　　　　　2014.4.1

－ 434 －

日本議会政治史事典　　　　事項名索引　　　　ふしえ

福岡玄洋社
大隈外相襲撃	1889.10.18

福島 瑞穂
社民党土井党首が辞任	2003.11.13
社民党主に無投票再選で福島瑞穂	2005.12.2
社民党大会が開催、新執行部を選出	2007.12.23
民・社・国が連立に合意	2009.9.9
普天間移設問題、先送り決定	2009.12.15
辺野古移設を閣議決定、社民党が連立離脱へ	2010.5.28
社民党・福島党首が無投票5選	2012.1.20
福島社民党党首が辞任	2013.7.25

福島事件
福島事件	1882.8月

福島第一原子力発電所事故
東日本大震災発生	2011.3.11
原発被害賠償の紛争審査会発足	2011.4.11
原発賠償支援を決定	2011.5.13
原発相、復興相が決定	2011.6.27
原子力損害賠償支援機構法が成立	2011.8.3
原発賠償の中間指針を決定	2011.8.5
被災者支援2法が成立	2011.8.5
原発事故調査委法など成立	2011.9.30
原発民間事故調は報告書を公表	2012.2.27
安倍首相、福島第一原発を視察	2013.9.19

福島復興再生特別措置法
福島復興再生特別措置法が成立	2012.3.30

福田 和五郎
大隈首相暗殺未遂事件	1916.1.12

福田 赳夫
昭電疑獄事件で農林次官逮捕	1948.9.10
第3次佐藤内閣第1次改造	1971.7.5
第2次田中改造内閣が発足	1973.11.25
蔵相、外相など辞任	1974.7.16
三木改造内閣・自民党役員を決定	1976.9.15
自民党挙党協、三木総裁退陣要求	1976.10.21
福田副総理が辞任	1976.11.5
自民党、後継総裁に福田赳夫を選出	1976.12.23
第79回国会召集	1976.12.24
米国副大統領モンデール来日	1977.1.30
福田首相、施政方針演説	1977.1.31
福田首相、米国訪問	1977.8.19
福田首相、サミット出席	1977.5.4
福田首相、所信表明演説	1977.7.30
福田首相、所信表明演説	1977.10.3
福田改造内閣発足	1977.11.28
福田首相・5党首個別会談	1977.12.15
福田首相、施政方針演説	1978.1.21
ソ連提案日ソ善隣条約案を拒否	1978.2.22
福田首相、日米首脳会談のため訪米	1978.4.30
福田首相、ボン・サミット出席	1978.7.13
防衛庁統合幕僚会議議長が更迭	1978.7.19
福田総理、靖国神社に参拝	1978.8.15
福田首相、中東4か国訪問	1978.9.4
福田首相、所信表明演説	1978.9.20
自民党、全党員による総裁候補者決定選挙	1978.11.1

福田 一
ロッキード問題特委、中間報告	1977.2.24
福田法相が辞任	1977.10.5
第92回国会召集	1980.7.17

福田 康夫
中川官房長官、更迭	2000.10.27
政府首脳が「非核三原則」見直し発言	2002.5.31
閣僚の公的年金保険料納付問題	2004.4.23
年金未納問題で辞任相次ぐ	2004.5.7
自民党総裁に福田康夫選出	2007.9.23
自民党人事、四役体制に	2007.9.24
自民党と公明党、連立維持で合意	2007.9.25
福田首相が就任	2007.9.25
福田首相、所信表明演説	2007.10.1
福田首相が民主党に連立を打診、民主は拒絶	2007.11.2
福田首相、初めての日米首脳会談	2007.11.16
自民党大会、「党再生元年」の運動方針	2008.1.17
第169回国会召集	2008.1.18
消費者相に岸田沖縄相	2008.2.6
福田首相が韓国の李大統領と会談	2008.4.21
日露首脳会談で北方領土の交渉進展を合意	2008.4.26
日中首脳会談、戦略的互恵強化で一致	2008.5.7
首相問責決議が現憲法下で初の可決	2008.6.11
福田改造内閣が発足	2008.8.1
福田首相が退任	2008.9.1
太田農水相と白州次官が辞任	2008.9.19
麻生首相、所信表明演説	2008.9.29

福地 源一郎
立憲帝政党設立	1882.3.18

福永 健司
福永内閣官房長官が辞任	1967.6.22
第101回国会召集	1983.12.26
ソ連最高会議議員団、6年ぶりに来日	1984.10.25
福永衆院議長辞任	1985.1.24

府県会
府県会中止を建議	1882.12.7

府県会議員、市町村会議員等の任期延長に関する法律
議員任期1年延長	1941.2.24

府県会議員選挙規則
「府県会議員選挙規則」公布	1889.2.28

府県制
「府県制」・「郡制」公布	1890.5.17
「市制」・「町村制」改正公布	1921.4.11
「府県制」改正など公布	1926.6.24
「府県制」改正公布	1929.4.15

藤井 貞夫
国家公務員給与2%引上げ	1983.10.21

藤井 真信
藤井蔵相辞任	1934.11.27

藤井 裕久
住専問題で議員の参考人質疑始まる	1996.2.15

藤枝 泉介
荒舩運輸相辞任	1966.10.14
石井衆院議長が辞任	1969.7.16

- 435 -

ふしお　　　　　　　　　　　　　　事項名索引　　　　　　　　　　　日本議会政治史事典

藤尾 正行
自民党役員を決定	1983.12.26
自民党、三役決定	1984.10.30
第3次中曽根内閣発足	1986.7.22
藤尾文相の発言が問題化	1986.9.5
中曽根首相訪韓	1986.9.20

藤沢 幾之輔
第58回帝国議会召集	1930.4.21

藤沢 元造
歴史教科書に関する質問書提出	1911.2.4

富士製鋼
「日本製鉄株式会社法」公布	1933.4.6

藤波 孝生
第2次中曽根第1次改造内閣成立	1984.11.1
靖国神社公式参拝是認	1985.8.9

藤村 修
武器輸出三原則を緩和	2011.12.27

藤本 孝雄
河本大臣辞任	1985.8.14

藤山 愛一郎
第1次岸改造内閣成立	1957.7.10
藤山外相、ベトナム賠償について発言	1958.2.8
日米安保条約改定で合意	1958.9.11
藤山外相、安保条約改定について発言	1959.1.25
藤山外相、安保条約試案発表	1959.1.28
藤山外相、在日米軍の出動範囲について発言	1959.11.16
日米新安保条約・新行政協定交渉が妥結	1960.1.6
藤山経済企画庁長官が辞任	1962.7.6
藤山経企庁長官辞任	1966.11.4
日中国交回復促進議員連盟が発足	1970.12.9

婦人参政権
新婦人協会設立	1920.3.28
「衆議院議員選挙法」中改正法律案提出	1928.12.27
婦人参政権付与方針決定	1945.10.13
第22回衆議院選挙	1946.4.10

婦人参政権獲得期成同盟会
婦人参政権獲得期成同盟会設立	1924.12.13

婦人参政権獲得同盟
婦人参政権獲得同盟設立	1923.2.2

婦人参政権に関する条約
「婦人参政権に関する条約」調印	1955.4.1

婦人団体連合会
憲法擁護国民連合結成	1954.1.13

婦人問題企画推進会議
婦人問題企画推進本部など設置	1975.9.23

婦人問題企画推進本部
婦人問題企画推進本部など設置	1975.9.23

婦選獲得同盟
婦人参政権獲得期成同盟会設立	1924.12.13

普選各派連合大懇親会
普選各派連合大懇親会開催	1923.2.11

普選期成関西労働連盟
普選期成関西労働連盟設立	1919.12.15

普選期成同盟会
全国普選期成連合会設立	1920.1.31

普選促進大会
参政権獲得民衆大会・普選促進大会	1920.2.11

普選即行国民大会
普選即行国民大会	1923.2.24

普選即行全国記者大会
普選即行全国記者大会	1923.2.18

普選断行国民大会
第1回普選断行国民大会	1922.1.22

普選連合協議会
「普選法」案大綱決定	1924.9.4

渕上 貞雄
参院福岡補選、自民大敗	1989.2.12

プーチン, ウラジーミル
プーチン大統領初来日	2000.9.3
日ロ首脳会談、北方領土問題に提案	2001.10.21
小泉首相が露中首脳と会談	2003.5.30
小泉首相、プーチン露大統領と会談	2005.11.21
小泉首相、サミットに出席	2006.7.15
安倍首相、ハノイで各国首脳と会談	2006.11.18
日露首脳会談で北方領土の交渉進展を合意	2008.4.26
北方領土交渉再開で一致	2013.4.29
安倍首相国連総会出席	2015.9.26

普通選挙
普選運動開始	1895.12月
普選法案提出	1902.2.12
普選期成関西労働連盟設立	1919.12.15
立憲国民党が普選促進決議	1920.1.21
「衆議院議員選挙法」中改正法律案提出	1920.1.22
全国普選期成連合会設立	1920.1.31
衆議院解散	1920.2.26
「衆議院議員選挙法」中改正法律案提出	1920.7.1
全国普選断行同盟設立	1921.11.12
第1回普選断行国民大会	1922.1.22
普選各派連合大懇親会開催	1923.2.11
普選即行全国記者大会	1923.2.18
普選即行国民大会	1923.2.24
普選断行決定	1923.10.15
立憲政友会・憲政会提携	1924.2.12
加藤首相、施政方針演説	1925.1.22
「府県制」改正など公布	1926.6.24
浜松市会議員選挙	1926.9.3
第16回衆議院選挙	1928.2.20

普通選挙期成全国労働大連盟
普通選挙期成全国労働大連盟設立	1920.2.6

普通選挙期成大会
普通選挙期成大会	1919.2.9

普通選挙期成同盟会
普通選挙期成同盟会設立	1899.10.2
参政権獲得民衆大会・普選促進大会	1920.2.11

普通選挙調査会
普通選挙調査会設置	1922.10.20

普通選挙法
「普選法」案大綱決定	1924.9.4
「普選法」案決定	1924.12.12
護憲三派党大会	1925.1.19
「普通選挙法」案提出	1925.2.20

－ 436 －

普通選挙連合会
普通選挙連合会設立　　　　　　　　　　1905.12.1
物価対策審議会
低物価方策・米価二重価格制決定　　　　1941.8.12
物価庁
経済安定本部設置　　　　　　　　　　　1946.8.12
物価統制令
物価統制令公布　　　　　　　　　　　　1946.3.3
復権令
大正天皇大喪儀　　　　　　　　　　　　1927.2.7
昭和天皇即位大礼　　　　　　　　　　　1928.11.10
皇太子誕生　　　　　　　　　　　　　　1933.12.23
憲法発布50周年祝賀式典　　　　　　　　1938.2.11
復興基本法
復興基本法が成立　　　　　　　　　　　2011.6.20
復興財源確保法
復興財源確保法が成立　　　　　　　　　2011.11.30
復興庁
復興庁が発足　　　　　　　　　　　　　2012.2.10
復興庁設置法
復興庁設置法が成立　　　　　　　　　　2011.12.9
復興特別区域法
復興特区法、被災者軽減税法が成立　　　2011.12.7
物資統制令
「物資統制令」など公布　　　　　　　　1941.12.16
ブッシュ, ジョージ・H.W.
竹下首相、訪米　　　　　　　　　　　　1989.1.31
海部首相、米国・カナダ・メキシコ歴訪　1989.8.30
海部首相訪米　　　　　　　　　　　　　1990.3.2
アメリカ大統領来日　　　　　　　　　　1992.1.7
第2回日米首脳会談　　　　　　　　　　1992.1.9
アメリカ、「PKO法」を評価　　　　　　1992.7.1
ブッシュ, ジョージ・W.
小泉首相、ブッシュ大統領と日米首脳会談
　　　　　　　　　　　　　　　　　　　2001.6.30
日米首脳会談で支援立法を公約　　　　　2001.9.25
小泉首相、米大統領と会談　　　　　　　2002.9.12
北朝鮮の核問題について日米韓会談　　　2002.10.26
小泉首相、自衛隊の多国籍軍参加を表明　2004.6.8
日米首脳、在日米軍再編問題について会談
　　　　　　　　　　　　　　　　　　　2004.9.21
日米首脳会談でイラク支援継続を表明　　2004.11.20
小泉首相、ブッシュ米大統領と会談　　　2005.11.16
安倍首相、ハノイで各国首脳と会談　　　2006.11.18
福田首相、初めての日米首脳会談　　　　2007.11.16
物品税法
「代替財源関連5法」案提出　　　　　　1989.10.26
普天間飛行場移設
普天間基地の移設を発表　　　　　　　　1996.4.12
名護市ヘリ基地受け入れ表明　　　　　　1997.12.24
代替ヘリ基地に沖縄県知事反対表明　　　1998.2.6
普天間代替、埋め立て方式承認　　　　　2002.7.29
普天間基地移設、国と名護市が基本合意　2006.4.7
鳩山首相、来日した米大統領と会談　　　2009.11.13
普天間移設問題、先送り決定　　　　　　2009.12.15
移設反対派が沖縄名護市長に　　　　　　2010.1.24
辺野古移設を閣議決定、社民党が連立離脱
へ　　　　　　　　　　　　　　　　　　2010.5.28

日米首脳会議、普天間移設に全力　　　　2011.9.21
野田首相、沖縄県を初訪問　　　　　　　2012.2.26
沖縄県知事、辺野古埋め立てを承認　　　2013.12.27
名護市長選で、辺野古移設反対の現職が再
選　　　　　　　　　　　　　　　　　　2014.1.19
沖縄県知事に翁長前那覇市長　　　　　　2014.11.16
船田 享二
行政管理庁等設置　　　　　　　　　　　1948.7.1
船田 中
第45回国会召集　　　　　　　　　　　　1963.12.4
第63回国会召集　　　　　　　　　　　　1970.1.14
自民党実力者四者会談　　　　　　　　　1976.9.11
船田 元
宮沢喜一改造内閣発足　　　　　　　　　1992.12.11
舟山 康江
新会派「みどりの風」結成　　　　　　　2012.7.24
冬柴 鉄三
公明党復活　　　　　　　　　　　　　　1998.11.7
公明党、陸上自衛隊先遣隊派遣を了承　　2004.1.8
初代海洋相に冬柴国交相　　　　　　　　2007.7.3
部落会・町内会・隣保班・市町村常会整備要綱
部落会・町内会・隣保班・市町村常会整備
要綱　　　　　　　　　　　　　　　　　1940.9.11
プラサド, ラジェンドラ
インド大統領来日　　　　　　　　　　　1958.9.26
『フランクフルター・ツァイトゥング紙』
ゾルゲ事件　　　　　　　　　　　　　　1941.10.15
武力攻撃自体対処法
有事法制関連7法が成立　　　　　　　　2004.6.17
武力攻撃事態法
有事関連法案が閣議決定　　　　　　　　2002.4.16
有事関連3法案が衆院通過、成立へ　　　2003.5.15
安保11法案、国会提出　　　　　　　　　2015.5.15
安保法制は違憲見解　　　　　　　　　　2015.6.4
安保11法案、衆院通過　　　　　　　　　2015.7.16
首相補佐官、安保関連法案について「法的
安定性は関係ない」と発言　　　　　　　2015.7.26
自民議員が安保反対の学生を非難ツイート
　　　　　　　　　　　　　　　　　　　2015.7.31
安保法成立　　　　　　　　　　　　　　2015.9.19
ふるさと創生
第111回国会召集　　　　　　　　　　　1987.11.27
第112回国会（常会）開会式　　　　　　1988.1.25
竹下首相施政方針演説　　　　　　　　　1989.2.10
フルシチョフ, ニキータ
ミコヤン・ソ連第一副首相が来日　　　　1961.8.14
ソ連最高会議員団が来日　　　　　　　　1964.5.14
共産党代表団ソ　　　　　　　　　　　　1979.12.15
ブルワー＝リットン, ヴィクター
リットン委員会設置　　　　　　　　　　1931.12.10
ブレア, トニー
橋本首相、3ヵ国の首脳と会談　　　　　1998.4.2
ブレジネフ, レオニード
田中首相、欧州ソ連訪問　　　　　　　　1973.9.26
鈴木首相、故ブレジネフ書記長の国葬に出
席　　　　　　　　　　　　　　　　　　1982.11.14

| ふれむ | 事項名索引 | 日本議会政治史事典 |

プレム
中曽根首相、東南アジア6ヵ国歴訪 ... 1983.4.30

フロムファイブ
民政党結党大会 ... 1998.1.23

フロンディシ, アルトゥーロ
アルゼンチン大統領夫妻が来日 ... 1961.12.13

不破 哲三
共産党、不破委員長再任 ... 1989.6.8
5党首公開討論会 ... 1990.2.2
共産党大会開催 ... 1990.7.9
日中両共産党、関係正常化で合意 ... 1998.6.11
第22回共産党大会 ... 2000.11.24
共産党が綱領改定案提示 ... 2003.6.21
共産党の不破議長が退任 ... 2006.1.14

文化勲章令
「文化勲章令」公布 ... 1937.2.11

文化芸術懇話会
自民勉強会で報道威圧発言 ... 2015.6.25

文官懲戒戦時特例
「戦時官吏服務令」など公布 ... 1944.1.4

文官任用令
軍部大臣現役武官制改正を表明 ... 1913.2.27
「文官任用令」改正 ... 1913.8.1
軍部大臣武官制撤廃を主張 ... 1919.3.25

文官分限委員会
文官分限委員会設置 ... 1932.9.24

文官分限令
文官分限委員会設置 ... 1932.9.24
官吏身分保障制度撤廃 ... 1941.1.6

文教審議会
文教審議会設置 ... 1937.5.26
教育審議会設置 ... 1937.12.10

『文藝春秋』
田中首相の金脈問題で質疑 ... 1974.10.22
藤尾文相の発言が問題化 ... 1986.9.5
公明党大橋議員、池田大作を批判 ... 1988.5.10

フン・セン
小渕首相、東南アジア3ヵ国歴訪 ... 2000.1.10

【へ】

裵 義換
第6次日韓会談を開始 ... 1961.10.20

兵役法
「兵役法」公布 ... 1927.4.1
兵役の廃止 ... 1945.11.17

兵役法施行令
「兵役法施行令」改正公布 ... 1939.10.11

米価審議会
米審、生産者米価引下げを答申 ... 1987.7.3

兵器等製造事業特別助成法
「兵器等製造事業特別助成法」公布 ... 1942.2.13

米軍支援立法
日米首脳会談で支援立法を公約 ... 2001.9.25

米穀強制買取
米穀強制買取決定 ... 1918.8.13

米穀自治管理法
「米穀自治管理法」など公布 ... 1936.5.28

米穀統制法
「米穀統制法」など公布 ... 1933.3.29

米国農産物購入協定
日米協定調印 ... 1954.3.8
アメリカとの協定の批准について国会に提
出 ... 1954.3.11
MSA協定発効 ... 1954.5.1

米穀配給統制法
「米穀配給統制法」など公布 ... 1939.4.12

閉鎖機関令
閉鎖機関令公布 ... 1947.3.10

平成会
第133回国会召集 ... 1995.8.4

米ソ経済協定
「米ソ相互援助条約」など調印 ... 1942.6.11

米ソ相互援助条約
「米ソ相互援助条約」など調印 ... 1942.6.11

平民社
平民社設立 ... 1903.11.15
平民社解散 ... 1905.10.9

『平民新聞』
平民社設立 ... 1903.11.15

平和憲法擁護の会
憲法擁護国民連合結成 ... 1954.1.13

平和克復の詔勅
「平和克復の詔勅」発布 ... 1905.10.16

ベーカー, ジェイムズ
米国務長官来日 ... 1991.11.11

北京議定書
「北京議定書」調印 ... 1901.9.7

北京列国公使会議
第1回北京列国公使会議 ... 1900.10.8

ペリー, ウィリアム
沖縄米軍基地に関する協議機関設置 ... 1995.11.1
日米防衛協力見直し着手 ... 1996.4.14
日米安保協議委員会で最終報告 ... 1996.12.2

ペレス・デ・クエヤル, ハビエル
デ・クエヤル事務総長が来日 ... 1982.8.23
竹下首相、訪米 ... 1989.1.31

弁護士法
「弁護士法」公布 ... 1893.3.4
弁護士法公布 ... 1949.6.10

【ほ】

保安条例
「保安条例」公布 ... 1887.12.26
「治安警察法」案提出 ... 1896.1.17

ホイットニー, コートニー
GHQが国会審議の遅滞を警告 ... 1948.4.3

- 438 -

日本議会政治史事典　　　　　事項名索引　　　　　ほしし

防衛閣僚懇談会
防衛閣僚懇談会設置を決定　　　　　　1955.8.2
防衛計画大綱
昭和52年以降の防衛計画大綱を決定　　1976.10.29
新防衛大綱決定　　　　　　　　　　1995.11.28
新防衛大綱を閣議決定　　　　　　　2010.12.17
防衛施設庁
沖縄代理署名問題で、防衛施設庁長官更迭
　　　　　　　　　　　　　　　　　1995.10.18
防衛省
防衛省が発足　　　　　　　　　　　　2007.1.9
防衛省昇格関連法
「防衛省」成立　　　　　　　　　　2006.12.15
防衛装備移転三原則
武器輸出新原則を閣議決定　　　　　　2014.4.1
防衛庁
防衛庁統合幕僚会議議長が更迭　　　　1978.7.19
防衛庁、第5次防衛力整備計画　　　　1979.7.17
久保田防衛庁長官辞任　　　　　　　　1980.2.1
防衛庁「59中業」政府計画へ　　　　　1985.8.7
防衛費の対GNP比1%枠撤廃先送り　　1985.9.6
防衛省が発足　　　　　　　　　　　　2007.1.9
防衛庁設置法
防衛2法案について質疑　　　　　　　1954.4.16
防衛2法案可決成立　　　　　　　　　1954.6.2
「防衛庁設置法」「自衛隊法」改正　　1959.5.1
参院、防衛2法が可決　　　　　　　　1961.4.27
「防衛庁設置法」の一部改正　　　　　1970.2.24
筑波大学法案、防衛2法案を強行採決　1973.6.22
改正防衛庁設置法が可決、成立　　　　2006.5.24
防衛省が発足　　　　　　　　　　　　2007.1.9
『防衛白書』
初の『防衛白書』を公表　　　　　　1970.10.20
1990年版『防衛白書』　　　　　　　1990.9.18
『防衛白書』了承　　　　　　　　　　1992.8.7
北朝鮮に危機感の『防衛白書』　　　　1994.7.15
防衛力整備計画大綱
第3次防衛力整備計画大綱を決定　　　1966.11.29
第4次防衛力整備計画大綱を決定　　　　1972.2.8
貿易及関係産業の調整に関する法律
「貿易及関係産業の調整に関する法律」な
ど公布
　　　　　　　　　　　　　　　　　1937.8.14
貿易組合法
「貿易及関係産業の調整に関する法律」な
ど公布
　　　　　　　　　　　　　　　　　1937.8.14
貿易調節及通商擁護に関する法律
「日本銀行金買入法」など公布　　　　1934.4.7
貿易統制令
「貿易統制令」公布　　　　　　　　1941.5.14
防空法
「保健所法」など公布　　　　　　　　1937.4.5
「防空法」による初の疎開命令　　　1944.1.26
放射性物質汚染対処特措法
汚染土壌の対処特別措置法が成立　　2011.8.26
宝珠山 昇
沖縄代理署名問題で、防衛施設庁長官更迭
　　　　　　　　　　　　　　　　　1995.10.18

北条 宏
公明党を結成　　　　　　　　　　1964.11.17
法制局
「内閣制度創始に関する詔勅」　　　1885.12.23
法制局官制
「法制局官制」公布　　　　　　　　1890.6.12
法制審議会
普選断行決定　　　　　　　　　　1923.10.15
法典調査会規則
「法典調査会規則」公布　　　　　　1893.3.25
法務省
「外国人登録法」政令改正　　　　　1985.5.14
法律取調所
法律取調所設置　　　　　　　　　　1886.8.6
暴利取締令
「暴利取締令」公布　　　　　　　　1917.9.1
「支払猶予令」など公布　　　　　　1923.9.7
暴力排除に関する決議案
第36回国会召集　　　　　　　　　1960.10.17
暴力犯罪防止対策要綱
暴力犯罪防止対策要綱を決定　　　　1961.2.21
ホーク, ボブ
竹下首相訪豪　　　　　　　　　　　1988.7.1
北支事変特別税法
「北支事変特別税法」公布　　　　　1937.8.12
北清事変に関する最終議定書
「北京議定書」調印　　　　　　　　1901.9.7
北満鉄道譲渡協定
「北満鉄道譲渡協定」調印　　　　　1935.1.23
保険会社に対する貸付金に関する法律案
「保険会社に対する貸付金に関する法律案」
提出　　　　　　　　　　　　　　1923.12.11
保険業法
「ねじれ国会」で政府提出法案が初成立 2010.11.12
保健所法
「保健所法」など公布　　　　　　　　1937.4.5
保健婦助産婦看護婦法
医師法等公布　　　　　　　　　　1948.7.30
星 亨
「保安条例」公布　　　　　　　　1887.12.26
第3回帝国国会召集　　　　　　　　1892.5.2
星衆議院議長不信任決議案可決　　　1893.11.29
星が自由党離党　　　　　　　　　　1893.12.4
星議長出席停止議決　　　　　　　　1893.12.5
星議長を除名　　　　　　　　　　1893.12.13
共和演説事件　　　　　　　　　　1898.8.22
憲政党が政権配分について政府と交渉 1900.4.11
憲政党が政府との提携断絶　　　　　1900.5.31
伊藤ら新党設立準備　　　　　　　　1900.7月
伊藤と星が新党について協議　　　　1900.8.23
立憲政友会設立　　　　　　　　　1900.9.15
星逓信相辞任　　　　　　　　　　1900.12.21
星暗殺　　　　　　　　　　　　　1901.6.21
星島 二郎
民主自由党役員決定　　　　　　　1948.10.26
国会、講和全権委員を決定　　　　　1951.8.18

－ 439 －

ほしふ　　　　　　　　事項名索引　　　　　　　　日本議会政治史事典

母子福祉法
母子福祉法を公布　　　　　　　　　　1964.7.1
母子保健法
母子保健法案を提出　　　　　　　　　1965.2.23
母子保護法
「母子保護法」など公布　　　　　　　1937.3.31
保守合同
総務会長、保守合同について発言　　　1955.4.12
自由民主党結成　　　　　　　　　　　1955.11.15
保守新党
新保守党が発足　　　　　　　　　　　2002.12.25
小泉改造内閣が発足　　　　　　　　　2003.9.22
保守新党が自民党に合流　　　　　　　2003.11.10
保守党
自由党連立離脱・分裂　　　　　　　　2000.4.1
森連立内閣発足　　　　　　　　　　　2000.4.5
第2次森連立内閣発足　　　　　　　　2000.7.4
「自公保」連立継続で合意　　　　　　2001.4.25
扇保守党首が辞任　　　　　　　　　　2001.9.17
小泉改造内閣が発足　　　　　　　　　2002.9.30
新保守党が発足　　　　　　　　　　　2002.12.25
補助金削減一括法
「補助金削減一括法」案可決成立　　　1985.5.17
補助金等臨時特例法
補助金等臨時特例法案、修正議決　　　1986.4.17
戊申倶楽部
中央倶楽部設立　　　　　　　　　　　1910.3.1
穂積 陳重
浜尾枢密院議長死去　　　　　　　　　1925.9.25
穂積陳重死去　　　　　　　　　　　　1926.4.8
保全経済会
保全経済会の政治献金問題について証人喚
問　　　　　　　　　　　　　　　　　1954.2.1
細川 護熙
前熊本県知事が新党結成　　　　　　　1992.5.22
日本新党・新党さきがけが基本政策発表　1993.7.23
第127回国会召集　　　　　　　　　　1993.8.5
細川護熙内閣成立　　　　　　　　　　1993.8.9
細川首相、所信表明演説　　　　　　　1993.8.23
細川首相、朝鮮半島の植民地支配謝罪　1993.11.6
佐川急便問題で予算委員会紛糾　　　　1993.12.6
細川首相、佐川急便問題で質疑　　　　1993.12.15
「政治改革関連4法」案で両院協議会設置　1994.1.26
新税「国民福祉税」創設発言　　　　　1994.2.3
社会党連立離脱の構え　　　　　　　　1994.2.3
「国民福祉税」白紙撤回　　　　　　　1994.2.4
細川首相、施政方針演説　　　　　　　1994.3.4
アメリカの国務長官来日　　　　　　　1994.3.9
細川首相、訪中　　　　　　　　　　　1994.3.20
細川首相、辞意表明　　　　　　　　　1994.4.8
細川元首相、新進党離党　　　　　　　1997.6.18
新党「フロムファイブ」結成　　　　　1997.12.26
細田 吉蔵
蔵相、外相など辞任　　　　　　　　　1974.7.16
久保田防衛庁長官辞任　　　　　　　　1980.2.1
細田 博之
小泉首相、靖国神社参拝続行を明言　　2005.5.16

自民党総裁に麻生太郎が選出　　　　　2008.9.22
細田 博之副
年金未納問題で辞任相次ぐ　　　　　　2004.5.7
細野 豪志
大島農水相公設秘書が不正受領　　　　2003.2.20
原発相、復興相が決定　　　　　　　　2011.6.27
民主党新代表に海江田元経済産業相　　2012.12.25
民主党代表選　　　　　　　　　　　　2015.1.18
細見 卓
衆院対フィリピン援助特委、マルコス疑惑
の実態解明を要求　　　　　　　　　　1986.4.23
北海道・沖縄開発庁
地震対策担当相新設　　　　　　　　　1995.1.20
北海道開拓使
北海道開拓使官有物払い下げ問題　　　1881.7.20
北海道開拓使官有物払い下げ中止　　　1881.10.11
明治14年の政変　　　　　　　　　　　1881.10.12
北海道旧土人保護法
アイヌ新法成立　　　　　　　　　　　1997.5.8
北海道拓殖銀行
「預金保険法」改正　　　　　　　　　1997.12.12
北海道鉄道
五私鉄疑獄事件　　　　　　　　　　　1929.8月
ポツダム宣言
対日ポツダム宣言を発表　　　　　　　1945.7.26
鈴木首相、ポツダム宣言黙殺を表明　　1945.7.28
ポツダム宣言受託を申し入れ　　　　　1945.8.10
ポツダム宣言受諾を決定　　　　　　　1945.8.14
ポツダム宣言の受諾に伴い発する命令に関する緊急勅令
ポツダム緊急勅令公布　　　　　　　　1945.9.20
ポーツマス会議
ポーツマス会議　　　　　　　　　　　1905.8.10
ポーツマス条約
「ポーツマス条約」調印　　　　　　　1905.9.5
保有・債務返済機構
道路4公団民営化の動き　　　　　　　2002.11.12
保利 耕輔
第2次橋本内閣成立　　　　　　　　　1996.11.7
保利 茂
民主党役員決定　　　　　　　　　　　1949.2.9
第3次佐藤内閣第1次改造　　　　　　　1971.7.5
蔵相、外相など辞任　　　　　　　　　1974.7.16
自民党実力者四者会談　　　　　　　　1976.9.11
第79回国会召集　　　　　　　　　　　1976.12.24
参院、議長選挙で灘尾弘吉が当選　　　1979.2.1
堀内 光男
自民幹事長に安部晋三　　　　　　　　2003.9.21
堀内 光雄
宇野内閣発足　　　　　　　　　　　　1989.6.3
堀江 貴文
民主党、「送金指示メール」騒動　　　2006.2.16
堀切 善兵衛
第57回帝国議会召集　　　　　　　　　1929.12.23
堀米 正道
中央選管委員長、企業ぐるみ選挙を批判　1974.7.2

－ 440 －

日本議会政治史事典　　事項名索引　　まつか

ポーレー
ポーレー対日賠償委員長来日　　1945.11.13
本初子午線経度計算方および標準時の件
標準時制定　　1886.7.13
ポンピドゥ, ジョルジュ
ポンピドゥ仏首相夫妻が来日　　1964.4.6
本間 正明
本間政府税調会長が辞任　　2006.12.21

【ま】

マイナンバー法 → 行政手続における特定の個人を識別するための番号の利用等に関する法律を見よ
マイヤー, アーミン
米国、沖縄復帰準備委員会設置に署名　　1970.3.3
前尾 繁三郎
靖国神社法が可決　　1974.4.12
前川 春雄
国際協調のための経済構造調整研究会発足　　1985.10.31
経構研、「前川レポート」を提出　　1986.4.7
前田 佳都男
第73回国会召集　　1974.7.24
前田 武志
国交相と防衛相の問責可決　　2012.4.20
野田再改造内閣発足　　2012.6.4
前田 米蔵
鈴木立憲政友会総裁辞意表明　　1937.2.17
前原 誠司
民主党の新代表に前原誠司　　2005.9.17
民主党、「送金指示メール」騒動　　2006.2.16
民主党代表に小沢一郎選出　　2006.4.7
菅改造内閣が発足　　2010.9.17
日米、「思いやり予算」に署名　　2011.1.21
前原外相が辞任　　2011.3.6
民主党主要役員が決定　　2011.8.31
牧野 伸顕
パリ講和会議　　1919.1.18
牧野 良三
「国家総動員法」案提出　　1938.2.19
真崎 甚三郎
国体明徴を訓示　　1935.4.6
正森 成二
「殺人者」発言で予算委紛糾　　1988.2.6
増子 輝彦
参院補選で与野党が1勝1敗　　2007.4.22
舛添 要一
「新党改革」結党　　2010.4.23
自民党、与謝野と舛添を除名　　2010.4.27
増田 義一
第60回帝国議会召集　　1931.12.23
増原 恵吉
増原防衛庁長官が辞任　　1971.8.2
増原防衛庁長官、防衛力の限界で紛糾　　1973.2.1

増原防衛庁長官、天皇の発言を公にし、辞任　　1973.5.29
マゾビエツキ, タデウシュ
海部首相、欧州8ヵ国に出発　　1990.1.8
町田 忠治
若槻立憲民政党総裁辞任　　1934.11.1
「臨時内閣参議官制」公布　　1937.10.15
日本進歩党結成　　1945.11.16
まち・ひと・しごと創生法
地方創生関連2法が成立　　2014.11.21
町村 信孝
小泉改造内閣が発足　　2004.9.27
イラク復興基金拠出国会議開会　　2004.10.13
町村外相がパウエル米国務長官と会談　　2004.10.24
小泉首相が靖国参拝　　2005.10.17
安部改造内閣が発足　　2007.8.27
太田農水相と白州次官が辞任　　2008.9.19
町村衆院議長辞任　　2015.4.20
松井 一郎
日本維新の会が発足　　2012.9.28
みんなの党と日本維新の会、選挙協力を解消　　2013.5.21
橋下維新の党共同代表が辞任　　2014.12.23
維新の党、分裂へ　　2015.8.27
松井 直吉
大学独立問題　　1905.12.2
松浦 健太
2次補正予算が成立、渡辺善美が自民党を離党　　2009.1.13
松浦 五兵衛
衆議院正副議長が引責辞任　　1927.3.25
松尾 官平
第133回国会召集　　1995.8.4
松岡 駒吉
年内解散回避の要望を伝達　　1948.12.8
松岡 利勝
松岡農水相が議員宿舎で自殺　　2007.5.28
松岡 洋右
日本軍満州撤退勧告案採択　　1933.2.24
松岡衆議院議員辞任　　1933.12.8
第2次近衛内閣成立　　1940.7.22
松岡外相欧州歴訪　　1941.3.12
日米交渉開始　　1941.4.16
第2次近衛内閣総辞職　　1941.7.16
マッカーサー, ダグラス
マッカーサー元帥、日本管理方式について声明　　1945.9.9
マッカーサー、憲法改正の必要を示唆　　1945.10.4
マッカーサー、5大改革を要求　　1945.10.10
近衛文麿憲法改正を検討　　1945.10.10
憲法問題調査委員会設置を決定　　1945.10.13
アメリカ、日本統治体制改革に関する政策を決定　　1946.1.7
GHQが憲法草案作成を決定　　1946.2.3
極東委員会が憲法制定の政策を決定　　1946.3.20
マッカーサー、議会における三原則を声明　　1946.6.21
マッカーサー、警察制度改革方針を指示　　1947.9.16

－ 441 －

まつか　　　　　　　　　　　事項名索引　　　　　　　　　日本議会政治史事典

マッカーサー、国家公務員法改正を指示　1948.7.22
国家公務員法の一部を改正する法律公布　1948.12.3
経済安定9原則の書簡送付　1948.12.19
憲法第9条は自衛権を否定しないと言明　1950.1.1
米国に日本在外事務所設置を許可　1950.2.9
戦犯の仮釈放を指令　1950.3.7
日本共産党の非合法化を示唆　1950.5.3
共産党中央委員の公職追放を指令　1950.6.6
ダレス国務長官顧問来日　1950.6.21
『アカハタ』30日間発行停止の指令　1950.6.26
警察力と海上保安力の強化を指令　1950.7.8
国会審議権尊重に関する決議案可決　1950.11.27
マッカーサー、年頭声明　1951.1.1
マッカーサー解任　1951.4.11
マッカーサーへの感謝決議を可決　1951.4.16

マッカーサー, ダグラス（2世）
日米新安保条約・新行政協定交渉が妥結　1960.1.6
社党委員長、米大使に大統領訪日延期を要
　請　　1960.5.24

松方 正義
第1次伊藤内閣成立　1885.12.22
黒田内閣成立　1888.4.30
第1次松方内閣成立　1891.5.6
明治25年度総予算案提出　1891.11.28
松方首相、施政方針演説　1891.11.30
衆議院解散　1891.12.25
選挙干渉善後策協議　1892.2.23
松方首相、施政方針演説　1892.5.9
松方首相辞表奉呈　1892.7.30
第2次伊藤内閣成立　1892.8.8
松方蔵相辞任　1895.8.27
伊藤首相・板垣内相辞表奉呈　1896.8.28
伊藤首相辞任　1896.8.31
第2次松方内閣成立　1896.9.18
松方首相が施政方針発表　1896.10.12
松方首相、施政方針演説　1897.1.19
進歩党と松方内閣が対立　1897.10.31
進歩党が松方内閣と絶縁　1897.12.18
衆議院解散　1897.12.25
松方内閣総辞職　1897.12.28
元老が増税諸法案に関して調停　1901.3.6
元老会議が政局収拾を協議　1914.3.26
高橋首相辞表奉呈　1922.6.6
加藤首相死去　1923.8.24
第2次山本内閣総辞職　1923.12.27

松木 謙公
民主党・松木政務官が辞表　2011.2.24

松木 駒吉
第1回国会召集　1947.5.20

松沢 成文
次世代の党、中山党首選出　2015.8.28

松島 喜作
参議院会期延長巡り紛糾　1949.5.23

松島 みどり
小渕・松島大臣辞任　2014.10.20

松島遊郭移転疑獄
松島遊郭移転疑獄　1926.3.2
若槻内閣不信任決議案提出　1927.1.20

松田 源治
粕谷衆議院議長就任　1923.2.17
国体明徴を訓示　1935.4.6

松田 公太
「日本を元気にする会」設立　2015.1.8

松田 竹千代
石井衆院議長が辞任　1969.7.16

松田 昌士
道路公団民営化の枠組み決まる　2003.12.22

松田 正久
『東洋自由新聞』創刊　1881.3.18
伊藤ら新党設立準備　1900.7月
「地租増徴案」妥協案提示　1902.12.25
立憲政友会・憲政本党が提携　1903.12.3
第20回帝国議会召集　1904.3.18
戦時増税で合意　1904.3.20
戦時増税で妥協案成立　1904.12.9
松田衆議院議長辞任　1906.1.19
第2次西園寺内閣成立　1911.8.30

松平 恒雄
松平参院議長死去　1949.11.14

松平 頼寿
近衛貴族院議長辞任　1937.6.7
松平頼寿貴族院議長再任　1939.7.13
松平貴族院議長死去　1944.9.13

松永 東
衆院議長松永東当選　1954.12.11

松永 光
大蔵省汚職事件で官僚逮捕、三塚蔵相辞任
　　1998.1.26

松浪 健太
維新の党、分裂へ　2015.8.27

松野 鶴平
国会に警官隊導入　1956.6.2
松野参院議員長が辞任　1962.8.6

松野 頼久
「大阪都構想」反対多数　2015.5.17
維新の党、分裂へ　2015.8.27

松野 頼三
三木武夫内閣が成立　1974.12.9
自民党五役、内閣改造・党人事刷新を提示
　　1976.8.30
三木改造内閣・自民党役員を決定　1976.9.15
ダグラス・グラマン事件の捜査終結　1979.5.15

松原 弘
社民連・楢崎議員、リクルート問題を公表　1988.9.5

松村 謙三
新政クラブ結成　1951.9.5
日本民主党結成　1954.11.24
「極東」の範囲の政府統一見解　1960.2.1
日中覚書貿易協定・会談コミュニケに調印
　　1970.4.19

松本 重太郎
実業同志倶楽部設立　1897.1.27

松本 俊一
日ソ交渉開始　1955.6.1

松本 烝治

足利尊氏論	1934.2.3
幣原喜重郎内閣成立	1945.10.9
憲法問題調査委員会設置を決定	1945.10.13
憲法問題調査委員会設置	1945.10.25
憲法改正4原則を明示	1945.12.8

松本 善明

第39回衆議院選挙で自民党安定多数確保	1990.2.18

松本 剛明

民主党の新代表に前原誠司	2005.9.17
前原外相が辞任	2011.3.6

松本 龍

原発相、復興相が決定	2011.6.27
松本復興相辞任	2011.7.5

マドンナ旋風

参院新潟補選、社会党圧勝	1989.6.25
第15回参議院選挙で社会党圧勝、与野党逆転	1989.7.23

マハティール・ビン・マハマド

海部首相、ASEAN歴訪	1991.4.27

馬淵 澄夫

菅改造内閣が発足	2010.9.17
菅第2次改造内閣が発足	2011.1.14
民主党新代表に海江田元経済産業相	2012.12.25

麻薬対策関係閣僚会議

麻薬対策関係閣僚会議を設置	1962.10.15

麻薬対策推進本部

麻薬対策関係閣僚会議を設置	1962.10.15

マラ, カミセセ

中曽根首相、オセアニア4ヵ国歴訪	1985.1.13

マリク, ヤコフ

日ソ交渉開始	1955.6.1

真里谷

社会党議員、政治資金疑惑で辞任	1992.3.13

マルコス, フェルディナンド

マルコス疑惑が問題化	1986.3.22
衆院対フィリピン援助特委、マルコス疑惑の実態解明を要求	1986.4.23

マルコス疑惑

マルコス疑惑が問題化	1986.3.22
衆院対フィリピン援助特委、マルコス疑惑の実態解明を要求	1986.4.23

マルルーニー, ブライアン

竹下首相、米・加訪問	1988.1.12

満州開拓政策基本要綱

満州開拓政策基本要綱	1939.12.22

満州事変に関する経費支弁の為公債発行に関する法律

「満州事変に関する経費支弁の為公債発行に関する法律」公布	1932.3.26

満州に関する日清条約

「満州に関する日清条約」調印	1905.12.22

満鉄 →

満鉄重役背任事件

満鉄重役背任事件	1921.1.30

マンデラ, ネルソン

ネルソン・マンデラ来日	1990.10.27

満蒙国家建設会議

満蒙国家建設会議	1932.2.16

満蒙処理方針要綱

満蒙処理方針要綱	1932.3.12

【み】

三浦 梧楼

3党首会談	1916.5.24
護憲三派連盟結成	1924.1.18

三重野 栄子

参院福岡補選、非自民党当選	1990.6.10

三木 武夫

国民協同党結成	1947.3.2
改進党結成	1952.2.8
日本自由党結成	1953.12.9
自民党3閣僚辞任	1958.12.27
「極東」の範囲の政府統一見解	1960.2.1
三木外相、総裁選出馬のため辞任	1968.10.29
三木副総理、政府特使として中東8か国歴訪	1973.12.10
三木副総理、首相の政治姿勢批判し辞任	1974.7.12
自民党、三木武夫を総裁に選出	1974.12.4
三木武夫内閣が成立	1974.12.9
三木首相、所信表明演説	1974.12.14
三木首相、所信表明演説	1975.1.24
三木首相、野党党首と個別会談	1975.3.29
三木首相、日米首脳会談のため訪米	1975.8.2
三木首相、戦後初の靖国神社参拝	1975.8.15
三木首相、所信表明演説	1975.9.16
三木首相、サミット出席	1975.11.15
三木首相、所信表明演説	1976.1.23
三木首相、プエルトリコ・サミットに出席	1976.6.24
自民党実力者四者会談	1976.9.11
三木改造内閣・自民党役員を決定	1976.9.15
三木首相、所信表明演説	1976.9.24
三木首相退陣表明	1976.12.17
自民党、後継総裁に福田赳夫を選出	1976.12.23
第79回国会召集	1976.12.24

三木 武彦

日本民主党結成	1954.11.24

三木 武吉

第1次追放解除発表	1951.6.20
総務会長、保守合同について発言	1955.4.12

ミコヤン, アナスタス

ミコヤン・ソ連第一副首相が来日	1961.8.14
ソ連最高会議議員団が来日	1964.5.14

三島 通庸

福島事件	1882.8月
加波山事件	1884.9.23

水谷 長三郎

労農大衆党設立	1929.1.17
日本社会党が分裂	1950.1.19

- 443 -

水野 錬次郎
水野文相優諚問題	1928.5.22
田中首相の措置に関する決議案可決	1929.2.22

水野 錬太郎
高橋蔵相辞任	1927.6.2
議会制度審議会設置	1938.6.10

三井合名
血盟団事件	1932.2.9

三塚 博
自民党総裁に宮沢喜一	1991.10.27
宮沢喜一改造内閣発足	1992.12.11
第2次橋本内閣成立	1996.11.7
第2次橋下改造内閣発足	1997.9.11
大蔵省汚職事件で官僚逮捕、三塚蔵相辞任	
	1998.1.26
森派結成	1998.12.11

三土 忠造
高橋蔵相辞任	1927.6.2
立憲政友会後継総裁問題	1939.4.12

ミッテラン, フランソワ
フランス・ミッテラン大統領来日	1982.4.14

三菱
偽党撲滅演説会	1883.5.13

三菱信託銀行
久世金融再生委員長、更迭	2000.7.30

三菱製鉄
「日本製鉄株式会社法」公布	1933.4.6

みどりの風
新会派「みどりの風」結成	2012.7.24
「日本未来の党」結成	2012.11.27
「みどりの風」が政党に	2012.12.28
みどりの風、代表発表	2013.1.28

水俣病被害者救済法
水俣病救済法が成立	2009.7.8
水俣病の救済を閣議決定	2010.4.16

南 次郎
南陸相が満蒙問題について訓示	1931.8.4
大日本政治会結成	1945.3.30

南満州鉄道株式会社
「南満州鉄道株式会社に関する件」公布	1906.6.8
満鉄重役背任事件	1921.1.30
満州事変勃発	1931.9.18
ゾルゲ事件	1941.10.15

南満州鉄道株式会社に関する件
「南満州鉄道株式会社に関する件」公布	1906.6.8

箕浦 勝人
第20回帝国議会召集	1904.3.18
戦時増税で合意	1904.3.20

美濃部 達吉
陸軍パンフレット事件	1934.10.1
天皇機関説問題	1935.2.18

美濃部 亮吉
第2次人民戦線事件	1938.2.1

三宅 庄一
日本労農党設立	1926.12.9

三宅 雪嶺
『日本人』創刊	1888.4.3

宮崎 勇
村山改造内閣発足	1995.8.8

宮沢 喜一
第1次佐藤内閣第3次改造	1966.12.3
宮沢外相、訪ソ	1975.1.15
宮沢外相、日韓関係正常化のため訪韓	1975.7.23
自民党、三役決定	1984.10.30
第3次中曽根内閣発足	1986.7.22
自民党次期総裁に竹下指名	1987.10.20
竹下内閣発足	1987.11.6
リクルート事件政治問題化	1988.7.5
竹下首相・宮沢蔵相、元秘書らのリクルート問題関与を認める	
	1988.8.4
リクルート事件の譲渡先リスト公表	1988.10.11
宮沢蔵相、リクルート問題で陳謝	1988.12.1
リクルート問題で宮沢蔵相辞任	1988.12.9
自民党総裁に宮沢喜一	1991.10.27
第122回国会召集	1991.11.5
宮沢首相、リクルート事件資料提出へ	1991.11.14
アメリカ大統領来日	1992.1.7
第2回日米首脳会談	1992.1.9
宮沢首相が訪韓	1992.1.16
安保理常任理事国入り意欲	1992.1.31
中国の江沢民総書記来日	1992.4.6
国連環境開発会議開幕	1992.6.3
南アフリカ大統領来日	1992.6.3
アメリカ、「PKO法」を評価	1992.7.1
第125回国会召集	1992.10.30
日韓、北朝鮮問題で連携	1992.11.8
宮沢喜一改造内閣発足	1992.12.11
婦人問題担当大臣設置	1992.12.12
第126回国会召集	1993.1.22
自衛隊合憲を答申	1993.2.3
ガリ国連事務総長が来日	1993.2.15
統一ドイツ首相来日	1993.2.26
宮沢首相訪米	1993.4.16
宮沢内閣不信任案を可決	1993.6.18
宮沢内閣退陣	1993.7.22
小渕内閣発足	1998.7.30
加藤派結成	1998.12.22
第2次森連立内閣発足	2000.7.4
第2次森改造内閣発足	2000.12.5

宮下 創平
桜井環境庁長官更迭	1994.8.12

宮下 太吉
大逆事件	1910.5.25

宮本 顕治
日本共産党大会	1958.7.21
福田首相・5党首個別会談	1977.12.15
「殺人者」発言で予算委紛糾	1988.2.6
共産党大会開催	1990.7.9

宮本 英脩
滝川事件	1933.5.26

未来クラブ
野田首相が外国人献金を認め、返金	2011.10.31

ミレル, レシェク
小泉首相、欧州歴訪	2003.8.18

三輪 寿壮
日本労農党設立　　　　　　　　　　1926.12.9
民営化推進委員会
道路公団民営化の枠組み決まる　　　2003.12.22
民権党
日本大衆党設立　　　　　　　　　　1928.12.20
民事訴訟法
「民法」など公布　　　　　　　　　1890.4.21
民事調停法
民事調停法案公布　　　　　　　　　1951.6.9
民社クラブ
社会党河上派離党　　　　　　　　　1959.11.25
民主社会主義新党準備会結成　　　　1959.11.30
民主社会クラブ結成　　　　　　　　1959.12.28
民社党
民社党大会を開催　　　　　　　　　1971.8.2
佐藤内閣不信任決議案を否決　　　　1972.6.15
田中内閣不信任案を否決　　　　　　1974.7.31
共産党スパイ査問事件　　　　　　　1976.1.27
民社党大会で、佐々木良作委員長選出　1977.11.28
与野党、戻し税方式の減税で合意　　1978.2.28
中連4党首会談　　　　　　　　　　1978.5.23
予算修正問題　　　　　　　　　　　1979.3.1
民社党、自民党との連合に意欲　　　1984.4.23
野党共同で「公職選挙法」改正案提出　1985.6.17
4野党、予算修正案を共同提出　　　　1986.2.20
野党3党、佐藤議員の審査を申し立て　1986.5.15
衆参同日選挙で自民党圧勝　　　　　1986.7.6
社民連、統一会派結成を決定　　　　1986.7.22
売上税等粉砕闘争協議会結成　　　　1987.1.16
4野党、売上税法案撤回と中曽根首相退陣
　を要求　　　　　　　　　　　　　1987.4.13
売上税法案、衆院議長預かりに　　　1987.4.23
与野党国対委員長会談、売上税法案廃止で
　合意　　　　　　　　　　　　　　1987.5.12
4野党、予算修正案を共同提出　　　　1988.2.27
自公民3党幹事長・書記長会談　　　　1988.11.15
4野党党首会談　　　　　　　　　　1989.4.7
4野党書記長会談　　　　　　　　　1989.7.25
第116回国会召集　　　　　　　　　1989.9.28
「永末ビジョン」発表　　　　　　　1989.10.16
「代替財源関連5法」案提出　　　　　1989.10.26
5党首公開討論会　　　　　　　　　1990.2.2
野党「消費税廃止関連法」案提出　　1990.4.19
民社党も野党連合政権協議を白紙　　1990.4.26
自衛隊派遣は違憲　　　　　　　　　1991.1.28
政治改革挫折　　　　　　　　　　　1991.10.4
宮沢内閣不信任案を可決　　　　　　1993.6.18
細川護熙内閣成立　　　　　　　　　1993.8.9
社会党連立離脱　　　　　　　　　　1994.4.25
戦争発言で法相更迭　　　　　　　　1994.5.3
大内啓伍民社党委員長辞意　　　　　1994.6.1
民社党委員長に米沢隆　　　　　　　1994.6.8
野党党派が新党結成へ　　　　　　　1994.9.6
民主改革連合
久保社民党副党首、離党　　　　　　1997.1.6
民主党結党大会　　　　　　　　　　1998.4.27

民主社会クラブ
民主社会クラブ結成　　　　　　　　1959.12.28
民主社会主義新党準備会
民主社会主義新党準備会結成　　　　1959.11.30
民主社会党
民主社会党結党大会　　　　　　　　1960.1.24
参院本会議、50日間の会期延長　　　1960.5.26
社会党、代議士会で議員総辞職の方針　1960.6.1
野党4書記長、国会解散へ結束強化　　1966.12.5
民社党大会を開催　　　　　　　　　1967.6.21
野党3党、チェコ事件に抗議声明　　　1968.8.21
民主自由党
第24回衆議院選挙　　　　　　　　　1949.1.23
自由党結成　　　　　　　　　　　　1950.3.1
民主党
民主党大会　　　　　　　　　　　　1947.5.18
国民民主党結成　　　　　　　　　　1950.4.28
民主・自由党首会談　　　　　　　　1955.6.4
参院宮城補選でも非自民党候補当選　1992.3.8
新党「民主党」結成呼びかけ　　　　1996.9.11
衆議院解散前に社民党議員、民主党参加　1996.9.12
民主党移行方針撤回　　　　　　　　1996.9.17
民主党結党　　　　　　　　　　　　1996.9.28
民主党、政治方針決定　　　　　　　1997.3.22
民主党、二人代表制廃止　　　　　　1997.9.18
民主党結党大会　　　　　　　　　　1998.4.27
民主党、菅代表再選　　　　　　　　1999.1.18
「定数削減法」成立　　　　　　　　2000.2.2
第42回衆議院選挙で与党後退・民主躍進　2000.6.25
鳩野伍三郎代表が離党　　　　　　　2002.2.6
民主党代表に鳩山由紀夫が3選　　　　2002.9.23
民主党鳩山代表が辞任表明　　　　　2002.12.3
新保守党が発足　　　　　　　　　　2002.12.25
小泉首相「公約破り、大したことじゃな
　い」発言　　　　　　　　　　　　2003.1.23
大島農水相公設秘書が不正受領　　　2003.2.20
民主党と自由党、合併へ　　　　　　2003.7.23
民主党と自由党が合併　　　　　　　2003.9.24
第43回衆議院選挙で自民伸びず民主躍進　2003.11.9
古賀潤樹議員の学歴詐称問題浮上　　2004.1.19
佐藤観樹議員に秘書名義借り疑惑　　2004.3.1
閣僚の公的年金保険料納付問題　　　2004.4.23
年金未納問題で辞任相次ぐ　　　　　2004.5.7
年金改革関連法案が衆院を通過　　　2004.5.11
民主党代表選　　　　　　　　　　　2004.5.17
年金改革法が成立　　　　　　　　　2004.6.5
第20回参議院選挙で民主が躍進、自民不振
　　　　　　　　　　　　　　　　　2004.7.11
民主党岡田代表、海外武力行使を容認発言
　　　　　　　　　　　　　　　　　2004.7.29
民主党代表に岡田克也再選　　　　　2004.8.30
第163回国会召集　　　　　　　　　2005.9.21
民主党、「送金指示メール」騒動　　2006.2.16
民主党代表に小沢一郎選出　　　　　2006.4.7
民主党代表に小沢一郎再選　　　　　2006.9.12
民主党大会で「与野党逆転」掲げる　2007.1.16
角田参院副議長が辞任　　　　　　　2007.1.26
民主党小沢代表が事務所費を公開　　2007.2.20
参院補選で与野党が1勝1敗　　　　　2007.4.22

第21回参議院選挙で自民党が歴史的大敗、
　民主党が第1党に　　　　　　　　2007.7.29
第167回国会召集　　　　　　　　　2007.8.7
民主党と新党日本、統一会派に正式合意　2007.9.5
民主党と国民新党が統一会派に合意　2007.10.23
福田首相が民主党に連立を打診、民主は拒
　絶　　　　　　　　　　　　　　　2007.11.2
民主党大会で小沢代表が政権交代の決意表
　明　　　　　　　　　　　　　　　2008.1.16
首相問責決議が現憲法下で初の可決　2008.6.11
民主党代表選、小沢一郎が無投票で3選目　2008.9.8
麻生首相、所信表明演説　　　　　　2008.9.29
麻生首相が小沢代表と初の党首討論　2008.11.28
自民党・民主党が党大会開催　　　　2009.1.18
民主党、小沢代表辞任へ　　　　　　2009.3.27
民主党新代表に鳩山由紀夫　　　　　2009.5.16
民主党鳩山代表、虚偽記載を認める　2009.6.30
第45回衆議院選挙で民主党が308議席、政
　権交代　　　　　　　　　　　　　2009.8.30
民・社・国が連立に合意　　　　　　2009.9.9
麻生内閣が総辞職、鳩山内閣が発足　2009.9.16
第172回国会召集　　　　　　　　　2009.9.16
民主党大会で小沢幹事長続投を了承　2010.1.16
行政刷新相に枝野就任　　　　　　　2010.2.10
民主党石川議員が離党　　　　　　　2010.2.11
自民党が審議拒否も、予算案や法案の審議
　進む　　　　　　　　　　　　　　2010.2.22
2010年度予算が成立　　　　　　　　2010.3.24
鳩山首相、小沢幹事長の続投を表明　2010.4.28
菅直人が首相に選出、菅内閣が発足　2010.6.4
第22回参議院選挙で民主敗北　　　　2010.7.11
第175回国会召集　　　　　　　　　2010.7.30
民主代表選で菅首相が再選　　　　　2010.9.14
菅改造内閣が発足　　　　　　　　　2010.9.17
民主党議員総会で新人事を承認　　　2010.9.17
小沢の招致について政治倫理審議決の方針
　　　　　　　　　　　　　　　　　2010.12.27
民主党がマニフェストを見直す方針　2011.1.13
菅第2次改造内閣が発足　　　　　　2011.1.14
小沢一郎元代表が離党要求を拒否　　2011.2.10
民主党小沢系議員が会派離脱届提出　2011.2.17
民主党、小沢元代表の党員資格停止を決定
　　　　　　　　　　　　　　　　　2011.2.22
民主党・松木政務官が辞表　　　　　2011.2.24
民主党・土肥議員が離党　　　　　　2011.3.15
衆院で菅内閣不信任案を否決　　　　2011.6.2
民主党新代表に野田財務相　　　　　2011.8.29
新首相に野田代表　　　　　　　　　2011.8.30
民主党主要役員が決定　　　　　　　2011.8.31
野田内閣が発足　　　　　　　　　　2011.9.2
平田参議院長を選出　　　　　　　　2011.11.14
民主党議員、離党届提出　　　　　　2011.12.28
「新党きづな」設立　　　　　　　　2012.1.4
小沢被告に無罪判決　　　　　　　　2012.4.26
野田首相がオバマ米大統領と会談　　2012.4.30
小沢元代表の党員資格を回復　　　　2012.5.8
野田首相と小沢元代表の会談は平行線　2012.5.30
小沢元代表ら50人が離党　　　　　　2012.7.2
民主党、法案反対議員の処分を決定　2012.7.9
小沢新党発足　　　　　　　　　　　2012.7.11

新会派「みどりの風」結成　　　　　2012.7.24
内閣不信任案を否決　　　　　　　　2012.8.9
野田首相が民主党代表再選　　　　　2012.9.21
日本維新の会が発足　　　　　　　　2012.9.28
民主党新代表に海江田元経済産業相　2012.12.25
野田内閣が総辞職　　　　　　　　　2012.12.26
衆議院議長に伊吹元幹事長を選出　　2012.12.26
第184回国会召集　　　　　　　　　2013.8.2
民主党、新役員決定　　　　　　　　2014.9.16
海江田民主党代表が辞任表明　　　　2014.12.15
民主党代表選　　　　　　　　　　　2015.1.18

民主党連立派
自由党結成　　　　　　　　　　　　1950.3.1

民主・リベラル新党
社会党、民主・リベラル新党の方針案採択
　　　　　　　　　　　　　　　　　1995.5.27

民生委員法
民生委員法公布　　　　　　　　　　1948.7.29

民政党
日本進歩党結成　　　　　　　　　　1945.11.16
民政党結党大会　　　　　　　　　　1998.1.23
民主党結党大会　　　　　　　　　　1998.4.27

みんなの党
みんなの党、初の党大会開催　　　　2011.1.29
国交相と防衛相の問責可決　　　　　2012.4.20
日本維新の会が発足　　　　　　　　2012.9.28
みんなの党と日本維新の会、選挙協力を解
　消　　　　　　　　　　　　　　　2013.5.21
みんなの党、江田幹事長を更迭　　　2013.8.7
特定秘密保護法が成立　　　　　　　2013.12.6
みんなの党分裂、結いの党結成　　　2013.12.9
みんなの党渡辺代表8億円借り入れ　2014.3.27
渡辺みんなの党代表が辞任　　　　　2014.4.7
みんなの党、解党　　　　　　　　　2014.11.28

民法
「民法」など公布　　　　　　　　　1890.4.21
「刑事訴訟法」など公布　　　　　　1890.10.7
「民法」改正公布　　　　　　　　　1896.4.27
「法例」改正など公布　　　　　　　1898.6.21
改正民法公布　　　　　　　　　　　1947.12.22
「親権2年停止」成立　　　　　　　2011.5.27

民法商法施行延期法律
「民法典」論争　　　　　　　　　　1892.5.16

民法典
「民法典」論争　　　　　　　　　　1892.5.16

民法特例法
被災者の相続放棄に猶予　　　　　　2011.6.17

【む】

向井　忠晴
第4次吉田茂内閣成立　　　　　　　1952.10.30

麦統制
麦の統制撤廃　　　　　　　　　　　1952.6.1

無産政党
無産政党分裂　　　　　　　　　　　1925.11.29

無産政党組織準備委員会
無産政党組織準備委員会第1回協議会　　1925.8.10
無産政党統一全国協議会
全国大衆党設立　　1930.7.20
無産大衆党
無産大衆党設立　　1928.7.22
日本大衆党設立　　1928.12.20
ムシャラフ, パルヴェーズ
森首相、南西アジア4ヵ国歴訪　　2000.8.19
無所属会
綱紀粛正に関する建議案　　1922.3.22
無所属クラブ
参院本会議、50日間の会期延長　　1960.5.26
無所属倶楽部
増税諸法案について交渉提案　　1901.3.2
無所属団
無所属団と称する　　1913.2.15
正交倶楽部と改称　　1919.3.20
「衆議院議員選挙法」中改正法律案提出　　1920.1.22
牟田口 元学
立憲改進党結党式　　1882.4.16
陸奥 宗光
第2次伊藤内閣成立　　1892.8.8
陸奥外相が現行条約励行建議案に反対　　1893.12.29
日清戦争講和交渉開始　　1895.3.20
武藤 嘉文
渡辺外相辞任　　1993.4.6
武藤 貴也
自民議員が安保反対の学生を非難ツイート　　2015.7.31
ムバラク, ホスニー
海部首相中東訪問　　1990.10.1
無名会
立憲国民党設立　　1910.3.13
村井 知至
社会主義研究会設立　　1898.10.18
村上 弘
共産党、不破委員長再任　　1989.6.8
村上 正邦
KSD疑惑で辞任相次ぐ　　2001.1.15
村田 憲信
日歯連前会長ら逮捕　　2015.9.30
村野 常右衛門
西園寺立憲政友会総裁辞任　　1914.6.18
村松 愛蔵
飯田事件　　1884.11.8
村山 喜一
第118回国会召集　　1990.2.27
村山 達雄
リクルート問題で宮沢蔵相辞任　　1988.12.9
竹下改造内閣発足　　1988.12.27
村山 富市
社会党、「政治改革関連4法」案成立めざす　　1993.9.25
社会党連立離脱　　1994.4.25
自民党が村山首相支持　　1994.6.28
2人目の社会党首相誕生　　1994.6.29
村山首相、米大統領と会談　　1994.7.8
第130回国会召集　　1994.7.18
村山首相、自衛隊の合憲を明言　　1994.7.20
桜井環境庁長官更迭　　1994.8.12
「戦後50年に向けての首相談話」発表　　1994.8.31
国連常任理事入り目指す　　1994.9.16
第131回国会召集　　1994.9.30
イスラエル首相が来日　　1994.12.12
第132回国会召集　　1995.1.20
地震対策担当相新設　　1995.1.20
戦後50年首相談話　　1995.8.15
沖縄代理署名問題で、防衛施設庁長官更迭　　1995.10.18
韓国大統領に謝罪の親書　　1995.11.14
村山首相辞意表明　　1996.1.5
第135回国会召集　　1996.1.11
社会党、党名変更　　1996.1.19
土井たか子議長が社民党新党首に　　1996.9.24
駐留軍用地特別措置法改正　　1997.4.17

【め】

明治天皇
枢密院開院式　　1888.5.8
明治25年度追加予算案提出　　1892.5.7
元老が増税諸法案に関して調停　　1901.3.6
「停会詔書」発布　　1901.3.9
増税諸法案の成立を命じる詔勅　　1901.3.12
田中が足尾鉱毒事件について直訴　　1901.12.10
大逆事件　　1910.5.25
明治天皇哀悼演説　　1912.8.24
明治天皇大喪の儀　　1912.9.13
明政会
明政会届出　　1928.4.17
明電工
矢野公明党委員長退陣表明　　1989.5.17
『めざまし新聞』
『東京朝日新聞』創刊　　1888.7.10
メドベージェフ, ドミートリー
日露首脳会議がサハリンで開催　　2009.2.18
鳩山首相、国連に出席し各国首脳と会談　　2009.9.22
メートル法条約
「メートル法条約」加入　　1885.10.9
メルケル, アンゲラ
メルケル首相来日　　2015.3.9

【も】

毛 沢東
日中交正常化　　1972.9.29
毛利 松平
三木副総理、首相の政治姿勢批判し辞任　　1974.7.12

木材統制法
「蚕糸業統制法」など公布	1941.3.13

木曜会
増税諸法案について交渉提案	1901.3.2

モーターボート競争法
モーターボート競争法成立	1951.6.5

望月 圭介
桂内閣が立憲政友会と妥協	1903.5.21
水野文相優諚問題	1928.5.22
床次通信相死去	1935.9.8
昭和会設立	1935.12.23
昭和会解散	1937.5.21

茂木 敏充
閣僚の公的年金保険料納付問題	2004.4.23
自民党新役員人事を決定	2011.9.30

本岡 昭次
年金改革法が成立	2004.6.5

元田 肇
第12回帝国議会召集	1898.5.14
第13回帝国議会召集	1898.11.7
第17回帝国議会召集	1902.12.6
鉄道省など設置	1920.5.15
内閣改造をめぐり立憲政友会が分裂	1922.5.2
高橋首相辞表奉呈	1922.6.6
立憲政友会分裂	1924.1.16
第55回帝国議会召集	1928.4.20
元田衆議院議長辞任	1929.3.14

本野 一郎
「第1次日露協約」調印	1907.7.30

森 有礼
第1次伊藤内閣成立	1885.12.22
黒田内閣成立	1888.4.30
森文相暗殺	1889.2.11

森 裕子
「日本未来の党」が分裂、「生活の党」に党名変更	2012.12.27
生活の党新代表に小沢一郎を選出	2013.1.25

森 喜朗
自民党総裁に宮沢喜一	1991.10.27
自民党総裁に河野洋平	1993.7.30
村山改造内閣発足	1995.8.8
自民党総裁選	1998.7.24
森派結成	1998.12.11
自民党、小渕総裁再選	1999.9.21
小渕首相緊急入院	2000.4.2
森連立内閣発足	2000.4.5
森首相、所信表明演説	2000.4.7
森首相、「神の国」発言	2000.5.15
森首相、「国体」発言	2000.6.3
第148回国会召集	2000.7.4
クリントン大統領、返還後初の沖縄訪問	2000.7.21
第149回国会召集	2000.7.28
久世金融再生委員長、更迭	2000.7.30
森首相、南西アジア4ヵ国歴訪	2000.8.19
プーチン大統領初来日	2000.9.3
第150回国会召集	2000.9.21
中川官房長官、更迭	2000.10.27
第2次森改造内閣発足	2000.12.5
森首相、アフリカ・ヨーロッパ訪問へ出発	2001.1.7
実習船事故対応から首相退陣論強まる	2001.2.10
森首相、退陣の意向を表明	2001.3.10
小泉内閣が発足	2001.4.26

森田 茂
衆議院正副議長が引責辞任	1927.3.25

森戸 辰男
憲法研究会が草案を政府に提出	1945.12.27

森本 敏
野田再改造内閣発足	2012.6.4

守屋 武昌
防衛省前事務次官を証人喚問	2007.10.29

森山 真弓
第1次海部内閣発足	1989.8.10
森山真弓、女性初の官房長官に	1989.8.25
宮沢喜一改造内閣発足	1992.12.11

モロトフ, ヴァチェスラフ
特派使節モスクワ派遣提議	1944.9.16
ソ連外相が対日関係正常化について声明	1954.12.16

モンデール, ウォルター
米国副大統領モンデール来日	1977.1.30
普天間基地の移設を発表	1996.4.12

文部科学省
タウンミーティングでのやらせを政府が認める	2006.11.1

文部科学省設置法
スポーツ庁設置法、成立	2015.5.13

文部省
「小学校令中改正の件」公布	1903.4.13
滝川事件	1933.5.26
思想局設置	1934.6.1
『国体の本義』配布	1937.5.31
初の『教育白書』発表	1959.10.31

【や】

ヤコブレフ, アレクサンドル
ソ連最高会議代表団来日	1989.11.12

安井 謙
第59回国会召集	1968.8.1
第66回国会召集	1971.7.14
自民党五役、内閣改造・党人事刷新を提示	1976.8.30
第81回国会召集	1977.7.27
大平首相、E2C予算執行の凍結解除を要請	1979.6.22

安川 壮
軍事行動中の米艦立ち寄り答弁	1966.5.25

靖国神社参拝
三木首相、戦後初の靖国神社参拝	1975.8.15
福田総理、靖国神社に参拝	1978.8.15
靖国神社にA級戦犯を合祀	1978.10.17
中曽根首相、靖国神社に参拝	1983.4.21
「閣僚の靖国神社参拝問題に関する懇談会」設置	1984.8.3

日本議会政治史事典 事項名索引 やまさ

靖国神社公式参拝是認 1985.8.9
中曽根首相、靖国神社公式参拝 1985.8.15
中曽根首相、靖国神社参拝見送り 1985.10.18
奥野国土庁長官更迭 1988.5.13
日中外相会談 2001.5.24
小泉首相、靖国神社参拝 2001.8.13
小泉首相、靖国繰り上げ参拝 2002.4.21
小泉首相、靖国神社参拝 2003.1.14
小泉首相が靖国神社参拝 2004.1.1
小泉首相、胡錦濤中国国家主席と会談 2004.11.21
小泉首相、靖国神社参拝続行を明言 2005.5.16
小泉首相が靖国参拝 2005.10.17
小泉首相、韓国の盧武鉉大統領と会談 2005.11.18
小泉首相、終戦記念日に靖国神社を参拝 2006.8.15
安倍首相就任から1年、靖国神社を参拝 2013.12.26

靖国神社法
靖国神社法が可決 1974.4.12

安恒 良一
社会党議員、また政治資金疑惑 1992.3.17

谷内 正太郎
国家安全保障局が発足 2014.1.7

野党外交対策協議会
野党外交対策協議会が共同声明を発表 1950.4.26

柳沢 伯夫
金融再生担当相を新設 1998.10.23
小泉改造内閣が発足 2002.9.30

柳田 稔
国会軽視発言で柳田法相を更迭 2010.11.22

矢野 絢也
公明党大会を開催 1967.2.13
第24回公明党大会開催 1986.12.5
4野党首会談 1989.4.7
矢野公明党委員長退陣表明 1989.5.17

矢野 庄太郎
矢野蔵相辞任 1947.6.25

矢野 文雄
明治14年の政変 1881.10.12

山一証券
「預金保険法」改正 1997.12.12

山岡 賢次
2大臣の問責可決 2011.12.9

山県 有朋
第1次伊藤内閣成立 1885.12.22
黒田内閣成立 1888.4.30
第1次山県内閣成立 1889.12.24
山県首相、施政方針演説 1890.12.6
第1次松方内閣成立 1891.5.6
選挙干渉善後策協議 1892.2.23
第2次伊藤内閣成立 1892.8.8
山県枢密院議長辞任 1894.12.6
「山県・ロバノフ協定」調印 1896.6.9
伊藤首相が新党設立表明 1898.6.24
伊藤首相辞表奉呈 1898.6.24
大隈首相辞表奉呈 1898.10.31
第2次山県内閣成立 1898.11.8
肝胆相照 1898.11.30
山県首相、施政方針演説 1898.12.8

憲政党が政権配分について政府と交渉 1900.4.11
憲政党が政府との提携断絶 1900.5.31
第2次山県内閣総辞職 1900.9.26
第4次伊藤内閣成立 1900.10.19
元老が増税諸法案に関して調停 1901.3.6
地租増徴継続断念 1903.1.2
対露政策を協議 1903.4.21
山県枢密院議長就任 1905.12.21
西園寺内閣総辞職 1908.7.4
山県枢密院議長就任 1909.11.17
元老会議が政局収拾を協議 1914.3.26
大正5年度総予算案提出 1915.12.6
清浦枢密院議長就任 1922.2.8

山県・ロバノフ協定
「山県・ロバノフ協定」調印 1896.6.9

山川 健次郎
大学独立問題 1905.12.2

山川 均
日本社会主義同盟設立 1920.12.9
日本共産党解党 1924.3月
第1次人民戦線事件 1937.12.15

山口 義一
犬養立憲政友会総裁就任 1929.10.12

山口 喜久一郎
第51回国会召集 1965.12.20
国民の祝日法改正の公布 1966.6.25

山口 シヅエ
社会党議員に懲罰動議 1954.6.9

山口 仙二
鈴木首相、ヴェルサイユ・サミットに出席 1982.6.4
第2回国連軍縮特別総会 1982.6.9

山口 鶴男
土井たか子、社会党委員長選挙で圧勝 1986.9.6
リクルート問題で中曽根前首相ら証人喚問
　要求 1989.2.16
社会党初の訪韓団出発 1989.12.21

山口 敏夫
新自由クラブ、新代表に田川誠一 1979.11.26
第2次中曽根第1次改造内閣成立 1984.11.1
自民党分裂、新党結成 1993.6.23

山口 那津男
公明党、新体制が整う 2009.9.8
公明党代表、山口が再選 2010.10.2
菅首相、初の党首討論 2011.2.9
野田首相、解散は「近いうちに」 2012.8.8
公明党、山口代表3選 2012.9.14
公明党、山口代表4選 2014.9.21
第3次安倍内閣が発足 2014.12.24

山口 義三
普通選挙連合会設立 1905.12.1

山崎 巌
東久邇内閣成立 1945.8.17
浅沼稲次郎社会党委員長、刺殺される 1960.10.12
山崎公安委員長・自治相が辞任 1960.10.13

山崎 拓
自民党新総裁に橋本龍太郎 1995.9.22
山崎派結成 1998.11.30

- 449 -

やまさ　　　　　　　　　　事項名索引　　　　　　　日本議会政治史事典

自民党、小渕総裁再選　　　　　　　1999.9.21
森内閣不信任案否決　　　　　　　2000.11.21
加藤紘一が自民党離党　　　　　　　2002.3.18
自民幹事長に安部晋三　　　　　　　2003.9.21
小泉改造内閣が発足　　　　　　　　2004.9.27

山崎 猛
磯貝衆院議長辞任　　　　　　　　　1946.8.23
民主自由党結成　　　　　　　　　　1948.3.15

山崎 達之輔
岡田内閣成立　　　　　　　　　　　1934.7.8
軍需省・農商省・運輸通信省設置　　1943.11.1

山崎 正昭
第184回国会召集　　　　　　　　　2013.8.2

山下 元利
山下防衛庁長官、日韓防衛首脳会談　1979.7.25

山下 徳夫
森山真弓、女性初の官房長官に　　　1989.8.25

山下倶楽部
山下倶楽部設立　　　　　　　　　　1898.5.8
憲政党結党式準備委員会　　　　　　1898.6.18

山田 顕義
第1次伊藤内閣成立　　　　　　　1885.12.22
黒田内閣成立　　　　　　　　　　1888.4.30
第1次松方内閣成立　　　　　　　　1891.5.6
青木外相ら辞任　　　　　　　　　1891.5.29

山田 宏
「日本創新党」結党　　　　　　　　2010.4.18

山田 正彦
「減税」と「反TPP」が新党結成　　2012.11.22

山田洋行
防衛省前事務次官を証人喚問　　　2007.10.29

大和総研
村山改造内閣発足　　　　　　　　　1995.8.8

山中 貞則
増原防衛庁長官、天皇の発言を公にし、辞
任　　　　　　　　　　　　　　1973.5.29
山中通産相が辞任　　　　　　　　　1983.6.10

山花 貞夫
社会党、党改革案修正　　　　　　　1991.7.30
社会党新委員長に山花貞夫書記長　　1993.1.6
細川護煕内閣成立　　　　　　　　　1993.8.9
社会党委員長が初の訪韓　　　　　　1993.9.4
新会派「民主連合・民主新党クラブ」結成
へ　　　　　　　　　　　　　　1995.1.16

山本 県蔵
共産党、野坂名誉議長解任　　　　　1992.9.20

山本 幸一
社会党大会を開催　　　　　　　　　1967.8.20

山本 権兵衛
「地租増徴案」否決　　　　　　　1902.12.16
「地租増徴案」妥協案提示　　　　1902.12.25
大正の政変　　　　　　　　　　　　1913.2.11
立憲政友会が山本内閣と提携　　　　1913.2.19
第1次山本内閣成立　　　　　　　　1913.2.20
立憲政友会分裂　　　　　　　　　　1913.2.23
山本首相、施政方針演説　　　　　　1913.2.27
軍部大臣現役武官制改正を表明　　　1913.2.27

行政整理綱要発表　　　　　　　　　1913.6.13
山本首相、施政方針演説　　　　　　1914.1.21
山本内閣弾劾決議案否決　　　　　　1914.2.10
山本内閣弾劾上奏決議案提出　　　　1914.3.19
山本内閣総辞職　　　　　　　　　　1914.3.24
加藤首相死去　　　　　　　　　　　1923.8.24
第2次山本内閣成立　　　　　　　　1923.9.2
山本首相、施政方針演説　　　　　1923.12.13
第2次山本内閣総辞職　　　　　　1923.12.27

山本 実彦
日本協同党結成　　　　　　　　　1945.12.18

山本 条太郎
立憲政友会が総裁公選制導入　　　　1927.3.28

山本 宣治
山本宣治暗殺事件　　　　　　　　　1929.3.5

山本 達雄
立憲政友会分裂　　　　　　　　　　1924.1.16

山本 太郎
生活の党が改称　　　　　　　　　2014.12.26
「生活の党」共同代表制に　　　　　2015.1.26

弥生倶楽部
弥生倶楽部設立　　　　　　　　　　1890.8.28
第3回帝国議会召集　　　　　　　　1892.5.2

ヤルタ協定
ヤルタ協定署名　　　　　　　　　　1945.2.11
ソ連、対日宣戦布告　　　　　　　　1945.8.8

【ゆ】

湯浅 理兵
群馬事件　　　　　　　　　　　　　1884.5.13

結いの党
みんなの党分裂、結いの党結成　　　2013.12.9
結いの党、結党大会　　　　　　　　2014.1.18
維新の党、結党大会を開く　　　　　2014.9.21

友愛政経懇話会
民主党鳩山代表、虚偽記載を認める　2009.6.30

結城 豊太郎
林内閣成立　　　　　　　　　　　　1937.2.2

有限会社法
「商法」改正公布　　　　　　　　　1938.4.5

猶興会
猶興会設立　　　　　　　　　　　1906.12.25
各派連合幹事会　　　　　　　　　　1908.7.1
又新会設立　　　　　　　　　　　1908.12.21

友好の家
田中、鈴木を参考人招致　　　　　　2002.2.20

又新会
又新会設立　　　　　　　　　　　1908.12.21
立憲国民党設立　　　　　　　　　　1910.3.13
又新会解散　　　　　　　　　　　1910.12.21

郵政改革法
亀井金融・郵政改革相辞任　　　　　2010.6.11

郵政解散
小泉郵政解散　　　　　　　　　　　2005.8.8

－ 450 －

日本議会政治史事典　　　　事項名索引　　　　よした

優生保護法
優生保護法公布　　　　　　　　　　1948.7.13
郵政民営化
行政改革会議集中討議　　　　　　　1997.8.18
小泉首相、自民総裁選に出馬表明　　2003.7.29
郵政民営化の骨子発表　　　　　　　2004.8.6
郵政民営化反対組11人が自民党に復党　2006.11.27
郵政民営化法
第162回国会召集　　　　　　　　　2005.1.21
郵政民営化関連法案を閣議決定　　　2005.4.25
郵政民営化関連法案が衆院通過　　　2005.7.5
「郵政民営化関連法」案、参院で否決　2005.8.8
小泉郵政解散　　　　　　　　　　　2005.8.8
自民党、郵政法案反対組は公認しないと決
　定　　　　　　　　　　　　　　　2005.8.8
自民党が郵政民営化関連法案を了承　2005.9.22
小泉首相、所信表明演説　　　　　　2005.9.26
郵政民営化関連法が成立　　　　　　2005.10.11
改正郵政民営化法が成立　　　　　　2012.4.27
郵便条例
「郵便条例」制定　　　　　　　　　1882.12.16
郵便貯金法
郵便貯金法公布　　　　　　　　　　1947.11.30
輸出補償法
「輸出補償法」など公布　　　　　　1930.5.22
輸入原料砂糖戻税
日本製糖汚職事件　　　　　　　　　1909.4.11
輸入懇談会
輸入懇談会の設置を決定　　　　　　1964.8.7
ユネスコ → 国際連合教育科学文化機関を見よ

【よ】

楊 尚昆
海部首相が訪中　　　　　　　　　　1991.8.10
要港部令
「海軍軍令部令」公示　　　　　　　1933.9.27
予戒令
「予戒令」公布　　　　　　　　　　1892.1.28
「治安警察法」案提出　　　　　　　1896.1.17
預金保険機構
「預金保険法」改正　　　　　　　　1997.12.12
金融安定化2法成立　　　　　　　　1998.2.16
預金保険法
「住専関連法」案可決　　　　　　　1996.6.18
「預金保険法」改正　　　　　　　　1997.12.12
金融安定化2法成立　　　　　　　　1998.2.16
金融再生法案修正　　　　　　　　　1998.9.18
翼賛議員同盟
翼賛議員同盟設立　　　　　　　　　1941.9.2
第79回帝国議会召集　　　　　　　　1941.12.24
議員倶楽部解散　　　　　　　　　　1942.5.6
翼賛政治会
翼賛政治会設立　　　　　　　　　　1942.5.20
翼賛政治会・大政翼賛会一元化反対　1943.2.8

大日本政治会結成　　　　　　　　　1945.3.30
翼賛政治体制協議会
翼賛政治体制協議会設立　　　　　　1942.2.23
翼賛政治体制協議会が衆議院議員候補者推
　薦　　　　　　　　　　　　　　　1942.4.6
尾崎不敬事件　　　　　　　　　　　1942.4.24
第21回衆議院選挙　　　　　　　　　1942.4.30
翼賛選挙貫徹運動基本要綱
翼賛選挙貫徹運動基本要綱決定　　　1942.2.18
横田 千之助
内閣改造をめぐり立憲政友会が分裂　1922.5.2
横手 文雄
撚糸工連事件、横手・稲村議員起訴　1986.5.1
横畠 裕介
小松内閣法制局長官が退任　　　　　2014.5.16
横浜正金銀行条例
「横浜正金銀行条例」公布　　　　　1887.7.7
横路 孝弘
沖縄返還を巡る密約問題で質疑　　　1972.3.27
鳩山由紀夫、民主党代表に　　　　　1999.9.25
第163回国会召集　　　　　　　　　2005.9.21
第172回国会召集　　　　　　　　　2009.9.16
横山 大観
「文化勲章令」公布　　　　　　　　1937.2.11
与謝野 馨
安部改造内閣が発足　　　　　　　　2007.8.27
福田改造内閣が発足　　　　　　　　2008.8.1
自民党総裁に麻生太郎が選出　　　　2008.9.22
中川財務・金融相が辞任　　　　　　2009.2.17
麻生首相、2閣僚を補充　　　　　　　2009.7.1
「たちあがれ日本」結党　　　　　　2010.4.10
自民党、与謝野と舛添を除名　　　　2010.4.27
菅第2次改造内閣が発足　　　　　　　2011.1.14
吉井 英勝
参院大阪補選、共産候補当選　　　　1988.2.28
芳沢 謙吉
芳沢外相就任　　　　　　　　　　　1932.1.14
立憲政友会後継総裁問題　　　　　　1939.4.12
吉田 公一
民主党・松木政務官が辞表　　　　　2011.2.24
吉田 茂
吉田海相辞任　　　　　　　　　　　1940.9.5
外務大臣に吉田茂任命　　　　　　　1945.9.17
幣原喜重郎内閣成立　　　　　　　　1945.10.9
第1次吉田内閣成立　　　　　　　　　1946.5.22
帝国憲法改正案衆院提出　　　　　　1946.6.20
吉田首相、施政方針演説　　　　　　1946.6.21
自営のための戦争も交戦権も放棄と言明　1946.6.26
衆院帝国憲法改正案委、審議開始　　1946.7.1
臨時法制調査会設置　　　　　　　　1946.7.3
憲法小委員会の修正案に再修正申立て　1946.8.17
日本自由党大会開催　　　　　　　　1946.8.18
吉田首相、施政方針演説　　　　　　1946.11.27
吉田首相、施政方針演説　　　　　　1947.2.14
第1次吉田内閣総辞職　　　　　　　　1947.5.20
次期内閣総理大臣を芦田均に決定　　1948.2.23
民主自由党結成　　　　　　　　　　1948.3.15

－ 451 －

第3回国会召集	1948.10.11
国会、芦田茂を内閣総理大臣に指名	1948.10.14
第2次吉田茂内閣成立	1948.10.15
第2次吉田内閣組閣完了	1948.10.19
施政方針要求案を可決	1948.11.15
吉田首相、施政方針演説	1948.12.4
年内解散回避の要望を伝達	1948.12.8
経済安定9原則の書簡送付	1948.12.19
衆院、吉田不信任案可決	1948.12.23
第2次吉田内閣総辞職	1949.2.11
第3次吉田内閣成立	1949.2.16
吉田首相、憲法改正の意志がない旨言明	1949.4.20
吉田首相、施政方針演説	1949.11.8
吉田首相が講和問題に言及	1949.11.11
吉田首相、施政方針演説	1950.1.23
吉田首相、基地の存在を義務と答弁	1950.2.13
自由党結成	1950.3.1
野党、内閣不信任決議案提出	1950.4.30
ダレス国務長官顧問来日	1950.6.21
第3次吉田内閣第1次改造	1950.6.28
警察力と海上保安力の強化を指令	1950.7.8
吉田首相、施政方針演説	1950.7.14
吉田首相、施政方針演説	1950.11.24
「電気事業再編成令」、「公益事業令」公布	1950.11.24
吉田首相、憲法改正は意図しないと言明	1950.11.26
吉田首相、施政方針演説	1951.1.26
吉田首相・ダレス特使会談	1951.1.29
吉田首相、米との安全保障の取り決めを歓迎	1951.2.11
吉田首相、ダレス会談について国会に報告	1951.2.13
ダレス・リッジウェイ・吉田会談	1951.4.18
吉田首相、ダレス会談の経過を報告	1951.5.9
第3次吉田内閣第2次改造	1951.7.4
吉田首相兼外相が外交問題に関して演説	1951.8.16
講和全権団出発	1951.8.31
吉田首相、施政方針演説	1951.10.12
芦田・吉田再軍備論争	1951.10.18
警察予備隊の防衛隊への改組を首相言明	1952.1.31
吉田首相、自衛のための戦力は9条に違反しないと発言	1952.3.6
外務大臣に岡崎勝男	1952.4.30
衆院、吉田内閣不信任決議案否決	1952.6.26
自治庁、保安庁設置	1952.8.1
内閣総理大臣に吉田茂指名	1952.10.24
第4次吉田茂内閣成立	1952.10.30
吉田首相、施政方針演説	1953.1.30
吉田首相のバカヤロー発言	1953.2.28
吉田首相に対する懲罰動議可決	1953.3.2
広川農林大臣罷免	1953.3.3
第4次吉田内閣総辞職	1953.5.18
吉田茂を内閣総理大臣に指名	1953.5.19
吉田首相、施政方針演説	1953.6.16
保安隊の自衛軍化巡り防衛論争	1953.7.30
自由党2党首会談	1953.11.17
吉田首相、所信表明演説	1953.11.30
吉田首相、施政方針演説	1954.1.27
吉田首相、欧米7カ国歴訪	1954.9.26
吉田首相、所信表明演説	1954.11.30

衆院、内閣不信任決議案提出	1954.12.6
吉田内閣総辞職	1954.12.7

吉田 善吾

阿部内閣成立	1939.8.30
第2次近衛内閣成立	1940.7.22
吉田海相辞任	1940.9.5

吉田 忠智

社民党首に吉田党政審会長を選出	2013.10.14

吉田 之久

参院奈良補選で自民候補大敗	1992.2.9

吉田 幸弘

日歯連事件で議員逮捕	2004.7.15

吉田内閣打倒・危機突破国民大会

吉田内閣打倒・危機突破国民大会開催	1947.1.28

吉田内閣打倒国民大会

倒閣国民大会開催	1946.12.17

吉野 作造

新無産政党設立	1926.11.4

米内 光政

阿部内閣総辞職	1940.1.14
米内内閣成立	1940.1.16
米内首相、施政方針演説	1940.2.1
畑陸相単独辞任勧告	1940.7.4
米内内閣総辞職	1940.7.16
東条内閣総辞職	1944.7.18
鈴木貫太郎内閣成立	1945.4.7
東久邇内閣成立	1945.8.17

米窪 満亮

労働省設置	1947.9.1

米沢 隆

民社党も野党連合政権協議を白紙	1990.4.26
民社党委員長に米沢隆	1994.6.8
新進党党首選	1995.12.8

予防接種法

予防接種法公布	1948.6.30

『読売新聞』

小泉内閣の支持率85%	2001.5.29
内閣支持率が急落	2002.2月

『万朝報』

『万朝報』対露主戦論に転向	1903.10.12

四ヵ国条約 → 太平洋方面における島嶼たる属地及び島嶼たる領地に関する四ヵ国条約を見よ

【ら】

ライシャワー、エドウィン・O.

ガリオア・エロア両債務の返済交渉申し入れ	1961.5.10
外相、米国大使と沖縄援助について会談	1962.6.12
沖縄援助に関する日米協議委員会を設置	1962.11.2

らい予防法

ハンセン病で国会決議	2001.6.7

ラウレル, ホセ

フィリピン共和国独立宣言	1943.10.14

ラスク
特使ラスク来日	1952.1.26

拉致問題
日朝国交正常化交渉再開で合意	1997.11.12
北朝鮮、日本人拉致疑惑調査開始	2000.3.13
第10回日朝国交正常化交渉	2000.8.22
小泉首相が訪韓、拉致解決へ協力要請	2002.3.22
日朝国交正常化交渉再開と過去精算協議へ	
	2002.8.26
小泉首相、訪朝	2002.9.17
小泉首相、欧州歴訪	2003.8.18
国連総会で拉致問題について演説	2003.9.23
6か国協議、次回協議を決めて閉会	2004.2.28
日朝首脳会談、拉致被害者の家族帰国	2004.5.22
日朝実務協議開催、拉致の新たな安否情報	
無し	2004.9.25
日本人拉致被害者の再調査で合意	2014.5.29

ラビン, イツハク
イスラエル首相が来日	1994.12.12

ラマダン, ターハー・ヤスィーン
海部首相中東訪問	1990.10.1

【り】

リー ・クアンユー
安倍首相、リー首相国葬に参列	2015.3.29

李 鴻章
日清戦争講和交渉開始	1895.3.20

李 成禄
北朝鮮代表団来日	1995.5.26

李 鵬
竹下首相訪中	1988.8.25
李鵬首相初来日	1989.4.12
日中友好議員連盟訪中団出発	1989.9.17
海部首相が訪中	1991.8.10
細川首相、訪中	1994.3.20
橋本首相訪中	1997.9.4

陸運統制令
「陸運統制令」・「海運統制令」公布	1940.2.1

陸海空自衛隊
イラク特措法、強行裁決で成立	2003.7.26

陸海軍整備の詔書
「陸海軍整備の詔書」公布	1882.12.22

陸軍機密費横領問題
陸軍機密費横領問題	1926.1.14
陸軍機密費横領問題をめぐり議事紛糾	1927.3.24

陸軍刑法
「陸軍刑法」・「海軍刑法」制定	1881.12.28

陸軍現役将校学校配属令
中学校で軍事教練	1925.4.13

陸軍参謀本部条例
「参軍官制」など公布	1888.5.14

陸軍省
軍民離間声明	1933.12.9
在満機構改革問題	1934.8.6
陸軍パンフレット事件	1934.10.1
閣議で陸軍省見解発表	1936.7.14
黙れ事件	1938.3.3

陸軍省官制
軍部大臣現役武官制廃止	1913.6.13
軍部大臣現役武官制復活	1936.5.18

陸軍大学校条例
「陸軍大学校条例」公布	1887.10.8

陸軍治罪法
「陸軍治罪法」制定	1883.8.4

陸軍パンフレット事件
陸軍パンフレット事件	1934.10.1

陸山会事件
民主党小沢代表が事務所費を公開	2007.2.20
民主党大会で小沢幹事長続投を了承	2010.1.16
民主党石川議員が離党	2010.2.11
鳩山首相、小沢幹事長の続投を表明	2010.4.28
小沢の招致について政治倫理審査決の方針	
	2010.12.27
小沢被告に無罪判決	2012.4.26
小沢被告の控訴審は即日結審	2012.9.26
小沢被告、二審も無罪	2012.11.12

陸上自衛隊先遣隊
公明党、陸上自衛隊先遣隊派遣を了承	2004.1.8

陸戦の法規慣例に関する条約
「ハーグ陸戦条約」調印	1899.7.29

リクルート事件
リクルート事件発覚	1988.6.18
リクルート事件政治問題化	1988.7.5
土井委員長、リクルート問題を追及	1988.8.1
竹下首相・宮沢蔵相、元秘書らのリクルート問題関与を認める	1988.8.4
参院予算委、リクルート問題で紛糾	1988.8.22
社民連・楢崎議員、リクルート問題を公表	1988.9.5
税制問題等特別委員会設置	1988.9.9
リクルート問題の譲渡先リスト公表	1988.10.11
江副リクルート社前会長、病床質問	1988.10.12
自公民3党幹事長・書記長会談	1988.11.15
衆院リクルート問題特委設置	1988.11.15
リクルート社前会長ほか2名証人喚問	1988.11.21
宮沢蔵相、リクルート問題で陳謝	1988.12.1
リクルート社前会長ら証人喚問	1988.12.6
リクルート問題で宮沢蔵相辞任	1988.12.9
第114回国会召集	1988.12.30
リクルート問題で原田経企庁長官辞任	1989.1.25
リクルート問題で塚本民社党委員長退陣表明	1989.2.7
参院福岡補選、自民大敗	1989.2.12
リクルート問題で中曽根前首相ら証人喚問要求	1989.2.16
リクルート問題で中曽根前首相記者会見	1989.2.27
リクルート問題で衆院予算委紛糾	1989.2.28
リクルート事件で高石前文部事務次官逮捕	1989.3.28
リクルート社による竹下首相のパーティ券購入が判明	1989.3.30
リクルート問題で竹下首相釈明	1989.4.11
矢野公明党委員長退陣表明	1989.5.17
リクルート問題で中曽根前首相証人喚問	1989.5.25

りそく　　　　　　　　　　事項名索引　　　　　　　　日本議会政治史事典

中曽根元首相復党　　　　　　　　　1991.4.26
宮沢首相、リクルート事件資料提出へ　1991.11.14
利息制限法
利息制限法公布　　　　　　　　　　1954.5.15
リチャードソン, ビル
イラクへの米武力行使に賛成　　　　1998.2.13
立憲改進党
東洋議政会設立　　　　　　　　　　1882.2.12
立憲改進党設立　　　　　　　　　　1882.3.14
立憲改進党結党式　　　　　　　　　1882.4.16
偽党撲滅演説会　　　　　　　　　　1883.5.13
大隈ら立憲改進党離党　　　　　　　1884.12.17
立憲改進党大会　　　　　　　　　　1890.4.12
立憲自由党設立決定　　　　　　　　1890.8.25
議員集会所設立　　　　　　　　　　1890.8.30
立憲改進党が新党不参加　　　　　　1890.9.1
大隈・板垣が会談　　　　　　　　　1891.11.8
足尾銅山に関する質問書提出　　　　1891.12.18
大隈が立憲改進党入党　　　　　　　1891.12.28
立憲改進党大会　　　　　　　　　　1893.11.4
中国進歩党設立　　　　　　　　　　1894.4.3
立憲改進党臨時大会　　　　　　　　1894.5.5
第7回帝国議会召集　　　　　　　　1894.10.15
立憲改進党解党決議　　　　　　　　1896.1.20
新党設立決議　　　　　　　　　　　1896.2.20
進歩党設立　　　　　　　　　　　　1896.3.1
立憲革新党
立憲革新党設立　　　　　　　　　　1894.5.3
第7回帝国議会召集　　　　　　　　1894.10.15
新党設立決議　　　　　　　　　　　1896.2.20
進歩党設立　　　　　　　　　　　　1896.3.1
立憲国民党
立憲国民党設立　　　　　　　　　　1910.3.13
第29回帝国議会召集　　　　　　　　1912.8.21
立憲政友会・立憲国民党が憲政擁護宣言　1913.1.19
立憲国民党分裂　　　　　　　　　　1913.1.21
桂内閣不信任決議案提出　　　　　　1913.2.5
無所属団と称する　　　　　　　　　1913.2.15
立憲政友会が山本内閣と提携　　　　1913.2.19
立憲政友会分裂　　　　　　　　　　1913.2.23
立憲同志会結党式　　　　　　　　　1913.12.23
山本内閣弾劾決議案否決　　　　　　1914.2.10
山本内閣弾劾上奏決議案提出　　　　1914.3.19
清浦に大命降下　　　　　　　　　　1914.3.31
立憲政友会・立憲国民党が政府と敵対　1914.12.3
内閣不信任決議案審議が紛糾　　　　1915.6.8
3党首会談　　　　　　　　　　　　1916.5.24
寺内首相が対中外交で議会に協力要請　1917.1.15
憲政会・立憲国民党・公正会が寺内内閣反
　対決議　　　　　　　　　　　　1917.1.21
寺内内閣不信任決議案提出　　　　　1917.1.23
臨時外交調査委員会参加を要請　　　1917.6.2
犬養立憲国民党総理就任　　　　　　1917.6.10
立憲政友会・立憲国民党が中立決議　1917.6.19
第39回帝国議会召集　　　　　　　　1917.6.21
寺内内閣不信任決議案否決　　　　　1917.6.30
「衆議院議員選挙法」中改正法律案提出　1918.12.28
純正国民党設立　　　　　　　　　　1919.3.10

軍部大臣武官制撤廃を主張　　　　　1919.3.25
立憲国民党が普選促進議決　　　　　1920.1.21
「衆議院議員選挙法」中改正法律案提出　1920.1.22
「衆議院議員選挙法」中改正法律案提出　1920.7.1
原内閣不信任決議案否決　　　　　　1920.7.10
「衆議院議員選挙法」中改正法律案提出　1921.1.18
憲政会が尾崎・田川を除名　　　　　1921.2.3
大正11年度総予算案提出　　　　　　1922.1.21
「衆議院議員選挙法」中改正法律案提出　1922.2.11
立憲国民党解党　　　　　　　　　　1922.9.1
革新倶楽部設立　　　　　　　　　　1922.11.8
立憲自由党
立憲自由党設立決定　　　　　　　　1890.8.25
弥生倶楽部設立　　　　　　　　　　1890.8.28
立憲自由党結党式　　　　　　　　　1890.9.15
第1回帝国議会召集　　　　　　　　1890.11.25
板垣が立憲自由党離党　　　　　　　1891.1.19
立憲自由党分裂　　　　　　　　　　1891.2.24
自由党と改称　　　　　　　　　　　1891.3.20
東洋自由党設立　　　　　　　　　　1892.11.6
立憲政党
近畿自由党設立　　　　　　　　　　1881.9月
立憲政党設立　　　　　　　　　　　1882.2.1
立憲政党解散命令　　　　　　　　　1883.3.15
立憲政友会
憲政本党が尾崎ら除名　　　　　　　1900.8.27
立憲政友会設立　　　　　　　　　　1900.9.15
財政緊縮計画案提出　　　　　　　　1901.4.15
星暗殺　　　　　　　　　　　　　　1901.6.21
北清事変賠償金財政問題　　　　　　1901.12.26
立憲政友会・憲政本党が提携　　　　1902.12.3
第17回帝国議会召集　　　　　　　　1902.12.6
「地租増徴案」撤回勧告　　　　　　1902.12.19
「地租増徴案」妥協案提示　　　　　1902.12.25
地租増徴継続断念　　　　　　　　　1903.1.2
地租増徴撤回発表　　　　　　　　　1903.4.28
第18回帝国議会召集　　　　　　　　1903.5.8
政友倶楽部設立　　　　　　　　　　1903.5.8
桂内閣が立憲政友会と妥協　　　　　1903.5.21
内閣弾劾上奏案提出　　　　　　　　1903.5.26
西園寺枢密院議長辞任　　　　　　　1903.7.13
立憲政友会・憲政本党が提携　　　　1903.12.3
立憲政友会・憲政本党党大会　　　　1903.12.4
立憲政友会・憲政本党が戦争協力を決議　1904.3.16
第20回帝国議会召集　　　　　　　　1904.3.18
戦時増税で合意　　　　　　　　　　1904.3.20
戦時増税で妥協案成立　　　　　　　1904.12.9
立憲政友会・憲政本党が講和について決議
　　　　　　　　　　　　　　　　1905.6.28
桂内閣総辞職　　　　　　　　　　　1905.12.19
原立憲政友会院内総理就任　　　　　1905.12.24
松田衆議院議長辞任　　　　　　　　1906.1.19
第25回帝国議会召集　　　　　　　　1908.12.22
情意投合　　　　　　　　　　　　　1911.1.26
第28回帝国議会召集　　　　　　　　1911.12.23
第29回帝国議会召集　　　　　　　　1912.8.21
憲政擁護決議　　　　　　　　　　　1912.12.15
立憲政友会・立憲国民党が憲政擁護宣言　1913.1.19
「停会詔書」発布　　　　　　　　　1913.1.21

- 454 -

桂内閣不信任決議案提出	1913.2.5	政実協定成立	1928.4.8
西園寺の違勅問題	1913.2.10	第55回帝国議会召集	1928.4.20
立憲政友会が山本内閣と提携	1913.2.19	元田衆議院議長辞任	1929.3.14
立憲政友会分裂	1913.2.23	新党倶楽部が立憲政友会に合流	1929.7.5
国民大会が暴徒化	1914.2.10	売勲疑獄事件	1929.8月
長谷場衆議院議長死去	1914.3.15	立憲政友会が政府攻撃	1929.9.11
立憲政友会有志が超然内閣反対決議	1914.3.29	犬養立憲政友会総裁就任	1929.10.12
清浦に大命降下	1914.3.31	第57回帝国議会召集	1929.12.23
西園寺立憲政友会総裁辞任	1914.6.18	犬養立憲政友会総裁が政府追求	1930.1.21
立憲政友会・立憲国民党が政府と敵対	1914.12.3	衆議院解散	1930.1.21
内閣不信任決議案審議が紛糾	1915.6.8	立憲政友会が8大政策発表	1930.1.31
立憲政友会が内閣留任反対	1915.8.11	統帥権干犯問題	1930.4.25
3党首会談	1916.5.24	幣原首相臨時代理失言問題	1931.2.3
憲政会設立	1916.10.10	浜口内閣不信任決議案否決	1931.3.20
寺内首相が対中外交で議会に協力要請	1917.1.15	禁輸出再禁止断行決議	1931.11.10
憲政会・立憲国民党・公正会が寺内内閣反		協力内閣論	1931.11.21
対決議	1917.1.21	第2次若槻内閣総辞職	1931.12.11
臨時外交調査委員会参加を要請	1917.6.2	犬養内閣成立	1931.12.13
立憲政友会・立憲国民党が中立決議	1917.6.19	第61回帝国議会召集	1932.3.18
第39回帝国議会召集	1917.6.21	比例代表制を主張	1932.5.8
米価暴騰で警告	1918.8.10	鈴木立憲政友会総裁就任	1932.5.20
原内閣成立	1918.9.29	斎藤内閣成立	1932.5.26
第43回帝国議会召集	1920.6.29	政党連合運動表面化	1933.10.22
高橋立憲政友会総裁就任	1921.11.16	松岡衆議院議員辞任	1933.12.8
「衆議院議員選挙法」中改正法律案提出	1922.2.11	軍民離間声明	1933.12.9
内閣改造をめぐり立憲政友会が分裂	1922.5.2	斎藤内閣総辞職	1934.7.3
高橋首相辞表奉呈	1922.6.6	岡田内閣成立	1934.7.8
加藤内閣成立	1922.6.12	陸軍パンフレット事件	1934.10.1
粕谷衆議院議長就任	1923.2.17	立憲政友会・立憲民政党が提携	1934.11.26
加藤首相死去	1923.8.24	爆弾動議	1934.12.5
第2次憲政擁護運動	1924.1.7	第67回帝国議会召集	1934.12.24
立憲政友会分裂	1924.1.16	天皇機関説問題	1935.2.18
護憲三派連盟結成	1924.1.18	国体明徴決議案可決	1935.3.23
新政倶楽部設立	1924.1.20	立憲民政党と立憲政友会の提携解消	1935.5.22
護憲三派同盟成立	1924.1.29	昭和会設立	1935.12.23
三派連合憲政擁護関西大会	1924.1.30	衆議院解散	1936.1.21
立憲政友会・憲政会提携	1924.2.12	腹切り問答	1937.1.21
護憲三派が共同声明書発表	1924.2.25	林内閣成立	1937.2.2
清浦内閣総辞職を決議	1924.5.18	鈴木立憲政友会総裁辞意表明	1937.2.17
第49回帝国議会召集	1924.6.25	食い逃げ解散	1937.3.31
護憲三派党大会	1925.1.19	3党が内閣即時陣要求	1937.5.3
衆議院正副議長の党籍離脱に関する希望決		第1次近衛内閣成立	1937.6.4
議案可決	1925.3.24	第71回帝国議会召集	1937.7.23
高橋が引退表明	1925.4.4	「国家総動員法」案提出	1938.2.19
三派合同覚書	1925.5.5	「スターリンの如く」発言	1938.3.16
革新倶楽部分裂	1925.5.10	立憲政友会後継総裁問題	1939.4.12
立憲政友会・憲政会が決裂	1925.7.30	立憲政友会分裂	1939.4.30
内閣総辞職却下	1925.8.2	**立憲政友会久原派**	
協調決裂の声明書	1925.8.13	久原・安達が新党結成同意	1940.5.27
政友本党・立憲政友会が提携	1925.12.5	政党相次ぎ解散	1940.7月
陸軍機密費横領問題	1926.1.14	**立憲政友会創立委員会**	
立憲政友会・政友本党提携	1926.12.14	立憲政友会創立委員会開催	1900.8.25
若槻内閣不信任決議案提出	1927.1.20	**立憲政友会中島派**	
3党首会談で政争中止申し合わせ	1927.1.20	政党相次ぎ解散	1940.7月
震災手形処理問題	1927.1.26	**立憲帝政党**	
憲本連盟	1927.2.25	立憲帝政党設立	1882.3.18
立憲政友会が総裁公選制導入	1927.3.28	立憲帝政党解散命令	1883.9.24
田中内閣成立	1927.4.20		
地租委譲延期	1927.11.10		

りつけ 事項名索引 日本議会政治史事典

立憲同志会
立憲国民党分裂	1913.1.21
立憲同志会宣言書発表	1913.2.7
立憲同志会結党式	1913.12.23
シーメンス事件	1914.1.23
山本内閣弾劾決議案否決	1914.2.10
山本内閣弾劾上奏決議案提出	1914.3.19
第36回帝国議会召集	1915.5.17
立憲政友会が内閣留任反対	1915.8.11
3党党首会談	1916.5.24
憲政会設立	1916.10.10

立憲民政党
立憲民政党設立	1927.6.1
衆議院解散	1928.1.21
田中内閣不信任決議案提出	1928.4.27
立憲民政党分裂	1928.8.1
立憲民政党が政府反対	1929.1.20
「人民の名に於て」問題	1929.1.23
田中内閣不信任決議案否決	1929.2.10
「衆議院議員選挙法」中改正法律案提出	1929.3.7
緊縮財政を表明	1929.6.5
「パリ不戦条約」問題で内閣辞職要求	1929.6.22
浜口内閣成立	1929.7.2
第58回帝国議会召集	1930.4.21
浜口内閣総辞職	1931.4.13
若槻立憲民政党総裁就任	1931.4.13
第2次若槻内閣成立	1931.4.14
協力内閣論	1931.11.21
安達らが立憲民政党離党	1931.12.13
第60回帝国議会召集	1931.12.23
斎藤内閣成立	1932.5.26
国民同盟設立	1932.12.22
政党連合運動表面化	1933.10.22
陸軍パンフレット事件	1934.10.1
若槻立憲民政党総裁辞任	1934.11.1
立憲政友会・立憲民政党が提携	1934.11.26
立憲民政党と立憲政友会の提携解消	1935.5.22
第69回帝国議会召集	1936.5.1
粛軍演説	1936.5.7
軍人の政治関与排撃決議	1936.11.5
林内閣成立	1937.2.2
食い逃げ解散	1937.3.31
3党が内閣即時辞陣要求	1937.5.3
第1次近衛内閣成立	1937.6.4
第71回帝国議会召集	1937.7.23
「国家総動員法」案提出	1938.2.19
「スターリンの如く」発言	1938.3.16
平沼枢密院議長辞任	1939.1.5
反軍演説	1940.2.2
政党相次ぎ解散	1940.7月

立憲民政党永井派
政党相次ぎ解散	1940.7月

立憲養成会
農地制度改革同盟・立憲養成会解散命令	1942.3.17

立憲労働党
参政権獲得民衆大会・普選促進大会	1920.2.11

リッジウェイ, マシュー
マッカーサー解任	1951.4.11

ダレス・リッジウェイ・吉田会談	1951.4.18
占領下諸法規の再検討権限を政府に委譲	1951.5.1
条約局長がリッジウェイ声明について発言	
	1951.5.17

リットン委員会
リットン委員会設置	1931.12.10

リットン調査団
リットン調査団来日	1932.2.29
リットン報告書手交	1932.10.1

リッベントロップ, ヨアヒム・フォン
日独伊三国同盟成立	1940.9.27

留置施設法
拘禁2法案再提出	1987.4.30

領海法
領海法案・漁業水域暫定措置法案が成立	1977.5.2

遼東半島還付条約
「遼東半島還付条約」調印	1895.11.8

緑風会
緑風会結成	1947.5.17
参院、破防法・関連2法案修正議決	1952.7.3
緑風会、参議院同志会に改称	1960.1.30

旅券法
旅券法公布	1951.11.28

臨時外交調査委員会
臨時外交調査委員会参加を要請	1917.6.2
臨時外交調査委員会設置	1917.6.6
寺内首相、施政方針演説	1917.6.26
寺内内閣不信任決議案否決	1917.6.30

臨時教育審議会
臨時教育審議会設置	1984.8.21
臨教審、第1次答申提出	1985.6.26
臨教審、最終答申	1987.8.7

臨時行政改革閣僚協議会
臨時行政改革閣僚協議会を設置	1967.7.28

臨時行政改革推進審議会
「行政改革の推進方策に関する答申」提出	1985.7.22
行革審最終答申	1986.6.10
新行革審発足	1987.4.21
新行革審、内需拡大策を緊急答申	1987.7.14
新行革審、最終答申	1990.4.18
第3次行革審発足	1990.10.31
第3次行革審	1991.6.12

臨時行政改革推進審議会設置法
臨時行政改革推進審議会設置法	1983.5.10

臨時行政機構改革審議会
臨時行政機構改革審議会設置	1948.2.16

臨時行政財政整理審議会
臨時行政財政整理審議会設置	1931.6.22

臨時行政推進審議会
臨時行政推進審議会を設置	1983.6.28

臨時行政調査会
臨時行政調査会を設置	1961.11.9
臨時行政調査会、首都行政改革答申	1963.8.13
臨時行政調査会が答申	1964.9.29
臨時行政調査会設置	1981.3.16
第2次臨時行政調査会、第1次答申	1981.7.10
第2次臨時行政調査会、第2次答申	1982.2.10

— 456 —

第2次臨時行政調査会、第3次答申	1982.7.30
第2次臨時行政調査会、第4次答申	1983.2.28

臨時行政調査会設置法
国鉄経営再建促進特別措置法など可決成立
　　　　　　　　　　　　　　　　　1980.11.28

臨時軍事費特別会計法
臨時軍事費予算案など可決　　　　1894.10.20
「軍需工業動員法の適用に関する法律」な
ど公布　　　　　　　　　　　　　1937.9.10

臨時国鉄問題閣僚協議会
臨時国鉄問題閣僚協議会を設置　　1968.10.8

臨時産業合理局
臨時産業合理局設置　　　　　　　1930.6.2

臨時事件費支弁に関する法律
「臨時事件費支弁に関する法律」公布　1904.3.30
「臨時事件費支弁に関する法律」など修正
議決　　　　　　　　　　　　　　1904.12.17

臨時司法制度調査会
臨時司法制度調査会を設置　　　　1962.9.1

臨時食糧管理調査会
内閣に臨時食糧管理調査会設置　　1957.2.15

臨時震災救護事務局
関東大震災発生　　　　　　　　　1923.9.1

臨時石炭鉱業管理法
臨時石炭鉱業管理法案提出　　　　1947.9.25
臨時石炭鉱業管理法公布　　　　　1947.12.20

臨時船舶管理法
「軍需工業動員法の適用に関する法律」な
ど公布　　　　　　　　　　　　　1937.9.10

臨時総合交通問題閣僚協議会
臨時総合交通問題閣僚協議会を設置　1971.4.16

臨時内閣参議官制
「臨時内閣参議官制」公布　　　　1937.10.15

臨時米穀移入調節法
「臨時米穀移入調節法」など公布　　1934.3.29

臨時弁法7ヶ条
中国が不平等条約改訂宣言　　　　1928.7.7

臨時利得税法
「臨時利得税法」公布　　　　　　1935.3.30

【る】

ルース, ジョン
日米、「思いやり予算」に署名　　　2011.1.21

ルーズベルト, セオドア
米国大統領に講和斡旋依頼　　　　1905.6.1
ルーズベルト大統領が講和勧告書提示　1905.6.9

ルーズベルト, フランクリン
ヤルタ協定署名　　　　　　　　　1945.2.11

【れ】

黎明クラブ
新党平和、黎明クラブ結党　　　　1998.1.4

レーガン, ロナルド
日米首脳会談で「日米同盟」初めて明記　1981.5.8
日米首脳会談を開催　　　　　　　1983.1.18
レーガン米国大統領夫妻が来日　　1983.11.9
中曽根首相、ロンドンサミットへ出発　1984.6.6
中曽根首相、首脳会談のため訪米　1985.1.1
中曽根首相訪米　　　　　　　　　1986.4.12
中曽根首相訪米　　　　　　　　　1987.4.29
中曽根首相訪米　　　　　　　　　1987.9.19
竹下首相、米・加訪問　　　　　　1988.1.12

列国議会同盟
第4回列国議会同盟東京会議を開催　1960.9.29
第61回列国議会同盟会議を開催　　1974.10.2

列車転覆陰謀事件
三派連合憲政擁護関西大会　　　　1924.1.30

連合国極東諮問委員会
連合国極東諮問委員会開会　　　　1945.10.30

連合国占領軍の占領目的に有害な行為に対する
処罰等に関する勅令
占領目的違反行為の違反処罰に関する勅令
交付　　　　　　　　　　　　　　1946.6.12

連合国総司令部
GHQ横浜に設置　　　　　　　　1945.8.28
陸海軍の解体、軍需生産停止を指令　1945.9.2
GHQ戦犯容疑者39名の逮捕を命令　1945.9.11
新聞規則に関する覚書　　　　　　1945.9.19
ポツダム緊急勅令公布　　　　　　1945.9.20
外地銀行等の閉鎖を指令　　　　　1945.9.30
政治・宗教の自由の制限撤廃　　　1945.10.4
東久邇内閣総辞職　　　　　　　　1945.10.5
教育制度の基本方針の覚書交付　　1945.10.22
日本の外交機能を停止　　　　　　1945.10.25
軍国主義・国家主義教員を排除　　1945.10.30
憲法改正への関与を否定　　　　　1945.11.1
財閥解体始まる　　　　　　　　　1945.11.6
民間航空禁止　　　　　　　　　　1945.11.18
小磯国昭らの逮捕命令　　　　　　1945.11.19
戦犯59人の逮捕を命令　　　　　　1945.12.2
戦犯9名の逮捕を命令　　　　　　1945.12.6
農地改革に関する覚書交付　　　　1945.12.9
国家神道禁止を指令　　　　　　　1945.12.15
総選挙の日程を決定　　　　　　　1945.12.19
公職追放の覚書交付　　　　　　　1946.1.4
琉球列島、小笠原等の行政権を分離　1946.1.29
GHQが憲法草案作成を決定　　　1946.2.3
日本政府、憲法改正草案を提出　　1946.2.8
GHQが憲法草案を提示　　　　　1946.2.13
政府が憲法改正草案を発表　　　　1946.3.6
引揚げに関する覚書交付　　　　　1946.3.16
鳩山一郎公職追放　　　　　　　　1946.5.4
経済安定本部を設置　　　　　　　1946.5.17

— 457 —

れんこ　　　　　　　　　　事項名索引　　　　　　　　　日本議会政治史事典

皇族の特権を廃止	1946.5.21
国会法案最終案決定	1946.12.14
ソ連未帰還者の引揚げに関する協定	1946.12.18
政党法立案各派小委員会が共同声明	1947.7.21
対日借款5億ドル	1947.8.14
GHQが国会審議の遅滞を警告	1948.4.3
金融制度の改革に関する覚書	1948.8.17
外国人の対日投資を許可	1949.1.14
対日援助見返資金特別勘定の設定を指令	1949.4.1
1ドル360円の単一為替レート設定	1949.4.23
シャウプ勧告を発表	1949.9.15
地方税法案衆院通過	1950.4.20
ガリオア援助打切りを声明	1951.5.14
第1次追放解除発表	1951.6.20
GHQ廃止	1952.4.28

連合参議院
第116回国会召集	1989.9.28
「代替財源関連5法」案提出	1989.10.26

連合政権協議会
4野党首会談	1989.4.7
連合政権協議会初会合	1989.4.19

連合の会
参院宮城補選でも非自民党候補当選	1992.3.8

蓮舫
原発相、復興相が決定	2011.6.27
民主党代表選	2015.1.18

【ろ】

ロイヤル
日本の再軍備演説	1948.1.6

老人対策本部
総理府に老人対策本部を設置	1973.4.13

老人保健法
老人保健法案修正議決	1981.11.13
老人保健法案を修正議決	1982.8.4
第107回国会召集	1986.9.11
医療保険制度改革関連法成立	1997.6.16

労働関係調整法
労働三法改正案成立	1952.7.30

労働基準法
労働基準法公布	1947.4.7

労働組合法
「労働組合法」案発表	1925.8.18
「労働組合法」案提出	1926.2.9
「労働組合法」案など提出	1931.2.21
労働組合法公布	1945.12.22

労働者災害扶助法
「刑事補償法」など公布	1931.4.2

労働者年金保険法
「労働者年金保険法」公布	1941.3.11

労働者農民党（戦前）
労働者農民党設立	1928.12.22

労働者農民党（戦後）
労働者農民党結成	1948.12.2

労農党解党大会	1957.1.16

労働者派遣事業の適正な運営の確保及び派遣労働者の保護等に関する法律
改正労働者派遣法成立	2015.9.11

労働者派遣法 → 労働者派遣事業の適正な運営の確保及び派遣労働者の保護等に関する法律を見よ

労働政策審議会
65歳までの継続雇用を企業の義務に	2004.1.20

労働争議調停法
「治安維持法」案・「労働争議調停法」案等反対デモ	1925.2.11
「労働組合法」案など提出	1931.2.21

労働農民党
労働農民党設立	1926.3.5
社会民衆党設立	1926.12.5
日本労農党設立	1926.12.9
労働農民党など結社禁止	1928.4.10
労働者農民党設立	1928.12.22
山本宣治暗殺事件	1929.3.5

労農大衆党
労農大衆党設立	1929.1.17

労農党
労農党設立	1929.11.1
全国労農大衆党設立	1931.7.5

労農派
第1次人民戦線事件	1937.12.15

ロエスレル, ヘルマン
岩倉意見書	1881.7.6

ロシアに対する宣戦の詔勅
日露戦争開戦	1904.2.10

ロジャーズ, ウィリアム
愛知外相、ソ連、米国を訪問	1969.9.4

ローゼン, ロマン
「西・ローゼン協定」調印	1898.4.25
小村・ローゼン交渉開始	1903.10.6
対露国交断絶	1904.2.6
ポーツマス会議	1905.8.10

ロッキード事件
ロッキード事件が表面化	1976.2.4
ロッキード問題に関する決議案	1976.2.23
ロッキード事件で逮捕者	1976.6.22
三木首相、所信表明演説	1976.9.24
三木首相退陣表明	1976.12.17
ロッキード問題特委、中間報告	1977.2.24
ロッキード問題で中曽根康弘を証人喚問	1977.4.13
ロッキード事件・小佐野被告に有罪	1981.11.5
ロッキード事件で6被告に有罪判決	1982.1.26
ロッキード事件で有罪判決	1982.6.8
東京地裁、ロッキード事件被告求刑	1983.1.26
田中元首相に実刑判決	1983.10.12
ロッキード事件、佐藤議員ら控訴審判決	1986.5.14
ロッキード事件、田中元首相ら控訴審判決	1987.7.29
田中角栄元首相死去	1993.12.16
第2次橋下改造内閣発足	1997.9.11

ロバートソン, ウォルター
池田・ロバートソン会談	1953.10.2

－ 458 －

ロバノフ＝ロストフスキー, アレクセイ
「山県・ロバノフ協定」調印	1896.6.9

ロンドン海軍軍縮会議
ロンドン海軍軍縮会議	1930.1.21
第2次ロンドン海軍軍縮会議	1935.12.9

ロンドン海軍軍縮条約
ロンドン海軍軍縮会議	1930.1.21
第3次軍縮妥協案了承	1930.4.1
「ロンドン海軍軍縮条約」調印	1930.4.22
浜口首相、施政方針演説	1930.4.25
統帥権干犯問題	1930.4.25
統帥権干犯問題で海軍が遺憾の意を表明	1930.5.19
枢密院が「ロンドン海軍軍縮条約」審査開始	1930.8.11
「ロンドン海軍軍縮条約」批准	1930.10.2
幣原首相臨時代理失言問題	1931.2.3

『ロンドン・タイムズ』
条約改正案報じられる	1889.4.19

【わ】

ワインバーガー, キャスパー
日米防衛首脳会談	1987.10.2

『わが外交の近況』
初の『外交青書』発表	1957.9.28

『わが国の教育水準』
初の『教育白書』発表	1959.10.31

若狭 得治
ロッキード事件で逮捕者	1976.6.22
ロッキード事件で6被告に有罪判決	1982.1.26

若槻 礼次郎
加藤内閣成立	1924.6.11
加藤首相死去	1926.1.28
若槻憲政会総裁就任	1926.1.29
第1次若槻内閣成立	1926.1.30
若槻首相、施政方針演説	1927.1.18
若槻内閣不信任決議案提出	1927.1.20
3党首会談で政争中止申し合わせ	1927.1.20
若槻内閣総辞職	1927.4.17
ロンドン海軍軍縮会議	1930.1.21
若槻立憲民政党総裁就任	1931.4.13
第2次若槻内閣成立	1931.4.14
満州事変勃発	1931.9.18
第2次若槻内閣総辞職	1931.12.11
若槻立憲民政党総裁辞任	1934.11.1

若林 正俊
遠藤農水相が辞任、後任は若林前環境相	2007.9.3

脇 雅史
参院選10増10減	2015.7.28

ワシントン会議
ワシントン会議	1921.11.12

ワシントン海軍軍縮条約
「ワシントン海軍軍縮条約」調印	1922.2.6
「ワシントン海軍軍縮条約」破棄決定	1934.12.3

和田 博雄
第1次吉田内閣成立	1946.5.22

和田 政宗
次世代の党、中山党首選出	2015.8.28

渡辺 国武
松方蔵相辞任	1895.8.27
伊藤ら新党設立準備	1900.7月
財政緊縮計画案提出	1901.4.15
伊藤内閣辞表奉呈	1901.5.2

渡部 恒三
第138回国会召集	1996.11.7

渡辺 錠太郎
二・二六事件	1936.2.26

渡辺 尚次
ロッキード事件で逮捕者	1976.6.22

渡辺 広康
金丸自民党副総裁辞任	1992.8.27

渡辺 美智雄
自民党総裁に宮沢喜一	1991.10.27
宮沢首相、リクルート事件資料提出へ	1991.11.14
北方領土問題平行線	1992.9.2
宮沢喜一改造内閣発足	1992.12.11
渡辺外相辞任	1993.4.6
渡辺美智雄が離党示唆	1994.4.15
北朝鮮国交正常化交渉再開	1995.3.30
北朝鮮代表団来日	1995.5.26
日韓併合条約発言で謝罪	1995.6.3

渡辺 喜美
佐田行革相が辞任、後任は渡辺内閣府副大臣	2006.12.27
2次補正予算が成立、渡辺喜美が自民党を離党	2009.1.13
みんなの党、初の党大会開催	2011.1.29
みんなの党と日本維新の会、選挙協力を解消	2013.5.21
みんなの党、江田幹事長を更迭	2013.8.7
みんなの党渡辺代表8億円借り入れ	2014.3.27
渡辺みんなの党代表が辞任	2014.4.7

綿貫 民輔
自民党総裁に宮沢喜一	1991.10.27
首都機能移転、事実上断念	2003.5.28
新党が相次いで結成	2005.8.17
民主党と国民新党が統一会派に合意	2007.10.23

輪西製鉄
「日本製鉄株式会社法」公布	1933.4.6

【ABC】

ACSA → 日米物品役務相互提供協定を見よ

ASEAN → 東南アジア諸国連合を見よ

ASEM
橋本首相、3ヵ国の首脳と会談	1998.4.2

B型肝炎ウイルス特別措置法
B型肝炎特別措置法が成立	2011.12.9

DV防止法 → 配偶者からの暴力防止・被害者保護法

を見よ

FAO → 国際連合食糧農業機構を見よ

FSX → 次期支援戦闘機を見よ

GATT → 関税及び貿易に関する一般協定を見よ

GHQ → 連合国総司令部を見よ

IBRD → 国際復興開発銀行を見よ

ILO → 国際労働機関を見よ

IMF → 国際通貨基金を見よ

INTELSAT → 世界商業通信衛星組織を見よ

JA全中 → 全国農業協同組合中央会を見よ

JR

旧国鉄長期債務処理法成立　　　　　　　1998.10.15

KSD → ケーエスデー中小企業経営者福祉事業団を
見よ

MSA協定 → 日米相互防衛援助協定を見よ

NPO法 → 特定非営利活動促進法を見よ

NTT → 日本電信電話株式会社を見よ

OECD → 経済協力開発機構を見よ

PKO → 国際連合平和維持活動を見よ

PKO協力法 → 国際連合平和維持活動等に対する協
力に関する法律を見よ

SEALDs

自民議員が安保反対の学生を非難ツイート
2015.7.31

TPP → 環太平洋経済連携協定を見よ

WTO → 世界貿易機関を見よ

日本議会政治史事典
—トピックス 1881-2015

2016 年 1 月 25 日　第 1 刷発行

編　集／日外アソシエーツ編集部
発行者／大高利夫
発　行／日外アソシエーツ株式会社
　　　　〒143-8550 東京都大田区大森北 1-23-8 第 3 下川ビル
　　　　電話 (03)3763-5241(代表)　FAX(03)3764-0845
　　　　URL　http://www.nichigai.co.jp/
発売元／株式会社紀伊國屋書店
　　　　〒163-8636 東京都新宿区新宿 3-17-7
　　　　電話 (03)3354-0131(代表)
　　　　ホールセール部(営業)　電話 (03)6910-0519

電算漢字処理／日外アソシエーツ株式会社
印刷・製本／光写真印刷株式会社

不許複製・禁無断転載　　　　　　　　《中性紙三菱クリームエレガ使用》
<落丁・乱丁本はお取り替えいたします>
ISBN978-4-8169-2582-5　　　　　**Printed in Japan,2016**

本書はディジタルデータでご利用いただくことが
できます。詳細はお問い合わせください。

トピックス事典シリーズ

資源・エネルギー史事典 トピックス1712-2014

A5・510頁　定価（本体13,880円＋税）　2015.7刊

1712年から2014年まで、資源・エネルギーに関するトピック3,930件を年月日順に掲載した記録事典。石炭、石油、ガス、核燃料などの資源と、熱エネルギー、電力、火力、原子力、再生可能エネルギーなどのエネルギー史に関する重要なトピックとなる出来事を幅広く収録。

海洋・海事史事典 トピックス古代-2014

A5・540頁　定価（本体13,800円＋税）　2015.1刊

古代から2014年まで、海洋・海事に関するトピック3,357件を年月日順に掲載した記録事典。造船、海運、海難事故などの歴史から、潮汐、海底資源、深海生物など海洋学、生物学、さらには軍事、海洋レジャーまで「海」に関する出来事を幅広く収録。

科学技術史事典 トピックス原始時代-2013

A5・690頁　定価（本体13,800円＋税）　2014.2刊

原始時代から2013年まで、科学技術に関するトピック4,698件を年月日順に掲載した記録事典。人類学・天文学・宇宙科学・生物学・化学・地球科学・地理学・数学・医学・物理学・建築学など、科学技術史に関する重要な出来事を幅広く収録。

日本医療史事典 トピックス1722-2012

A5・460頁　定価（本体14,200円＋税）　2013.9刊

1722〜2012年の、日本の医療に関するトピック3,354件を年月日順に掲載した記録事典。医療に関する政策・制度・法律、病気の流行と対策、医療技術・治療法の研究と発達、医療現場での事故・事件など幅広いテーマを収録。

日本教育史事典 トピックス1868-2010

A5・500頁　定価（本体14,200円＋税）　2011.5刊

1868〜 2010年の、日本の教育に関するトピック3,776件を年月日順に掲載した記録事典。教育政策・制度、関連の法律、学校設立、教育現場の事件など幅広いテーマを収録。

データベースカンパニー
日外アソシエーツ

〒143-8550　東京都大田区大森北1-23-8
TEL.(03)3763-5241　FAX.(03)3764-0845　http://www.nichigai.co.jp/